KEMMERN
Ein fränkisches Dorf
und seine Schwestern im Wandel

Br. M. Abraham CO.

KEMMERN

Ein fränkisches Dorf
und seine Schwestern im Wandel

MICHAEL IMHOF VERLAG

© 2019
Michael Imhof Verlag GmbH & Co. KG
Stettiner Straße 25 | D-36100 Petersberg
Tel.: 0661-2919166-0 | Fax: 0661-2919166-9
info@imhof-verlag.de | www.imhof-verlag.com

Reproduktion und Gestaltung: Anja Schneidenbach, Michael Imhof Verlag
Druck: Gorenjski tisk storitve, Kranj, Slowenien

Printed in EU
ISBN 978-3-7319-0773-2

Umschlagabbildungen vorne
großes Bild: Luftbild von Kemmern, Foto: Andrea Schmitt
kleines Bild links: Schwesternhaus in Kemmern, Hauptstraße 14, Foto: Johannes Michel
kleines Bild Mitte: Die aus Kemmern stammenden Schwestern M. Salvatoris und M. Blandina mit Oberin M. Synkletia in der Mitte
kleines Bild rechts: Schwester M. Philippine, Schwester M. Helene, Pfarrer Markus Schürrer, Schwester M. Karin,
Foto: Johannes Michel

Umschlagabbildung hinten
Alois Förtsch gratuliert Schwester M. Reginharda zum 75. Geburtstag, das ganze Dorf ist dabei.

S. 2: Schwester M. Philippine, Schwester M. Helene, Pfarrer Markus Schürrer, Schwester M. Karin, Foto: Johannes Michel

INHALT

Vorwort des Verfassers 7

Grußworte 8

TEIL 1
Gründungsprozess der Dillinger Franziskanerinnen in der Gemeinde Kemmern von 1889 bis 1891. Exemplarische Analyse einer Filialgründung der Kongregation der Dillinger Franziskanerinnen O.S.F. 41

I. Allgemeine historische Hinführung: Franziskus und die Dillinger Franziskanerinnen 47

II. Gründungsprozess der Dillinger Franziskanerinnen von 1889 bis 1891 59

III. Kritische Bewertung des Gründungsprozesses 85

IV. Schlussexkurs: Ausblick auf die folgende Entfaltung des Konventes 89

TEIL 2
Aus der Pfarrei Kemmern stammende Schwestern und deren Beziehungen 103

I. Aus der Pfarrei Kemmern stammende Schwestern 104

II. Beziehungen von Ordensfrauen innerhalb einer Schwesternkommunität 215

TEIL 3
Die Dillinger Franziskanerinnen in Kemmern. Ein Konvent im Wandel 311

I. Einführung 314

II. Die Dillinger Franziskanerinnen in Kemmern 326

III. Rückblick und Zusammenschau 441

TEIL 4
Schwestern und Berufungen in Kemmern 495

I. Das Leben der Schwestern in der Pfarrei Kemmern 496

II. Schwestern im Leben von Kemmern – Berufungen 507

III. Berufungsweg von Peter Ring – jetzt Bruder M. Abraham 536

Einführung von Pfarrer Markus Schürrer in Breitengüßbach am Sonntag, den 4.11.2018, Foto: Johannes Michel

VORWORT DES VERFASSERS

Im Jahre 2017, anlässlich des 1000-jährigen Bestehens der Gemeinde Kemmern, hat Bürgermeister Rüdiger Gerst zusammen mit zahlreichen weiteren Autoren ein Werk mit dem Titel *„Kemmern Leben am Main, Ein fränkisches Dorf und seine Menschen im Wandel"* herausgegeben, die Gesamtredaktion hatte die Volkskundlerin Barbara Spies. Dies zeigt, dass innerhalb der Bevölkerung durchaus ein historisches Bewusstsein vorhanden ist. Dies gab mir die Motivation, vor allem das katholische Bewusstsein dieser Gemeinde, das sich besonders in der historischen Entwicklung der Schwesternkommunität dokumentiert, durch eine Neuauflage meiner früheren Forschungswerke zu stärken und zu fördern. Man kann diese Ausgabe somit als Extraveröffentlichung bezeichnen, die sich ausschließlich mit dem Gründungs- und Tätigkeitsprozess der Dillinger Franziskanerinnen beschäftigt. Besonders hervorzuheben sind die Namen und Lebensdaten der Ordensfrauen, die in Kemmern geboren wurden und durch ihre Berufung ein wichtiges Zeichen setzen, das nicht vergessen werden soll.

Gleichzeitig möchte ich mit diesem Werk der Bevölkerung Kemmerns ein herzliches Vergelt's Gott sagen für alle Archivalien, die sie mir innerhalb meiner fünfjährigen Forschungsarbeit überlassen hat. Durch dieses Werk gebe ich gleichsam die fast 500 unterschiedlichen Archivalien an die gesamte Bevölkerung zurück. Jeder hat somit die Möglichkeit, sich selbst durch das Lesen des Quellenmaterials einen Eindruck von der Arbeit zu verschaffen.

Zuerst aber möchte ich allen kirchlichen und politischen Vertretern für die fünfzehn Grußworte ein herzliches Vergelt's Gott aussprechen. Sie zeigen, wie verwurzelt die Schwesternkommunität im öffentlichen und kirchlichen Leben der Gemeinde Kemmern ist.

Den ersten großen Teil dieses Werkes stellt meine Diplomarbeit dar. Sie wurde bisher noch nicht veröffentlicht und beschäftigt sich mit dem Gründungsprozess der Ordensfiliale. Als ich diese Arbeit abgeschlossen hatte, war mir noch nicht klar, dass darauf noch ein weiteres Werk folgen wird. Es finden sich daher innerhalb des Werkes einige archivalische Dokumente.

Nach dieser schriftlichen Arbeit soll ein wichtiger Teil der historischen Entwicklung Kemmerns dargelegt werden, der im Werk von Frau Barbara Spies nicht erwähnt wird. Es geht dabei um 36 Ordensfrauen, die gebürtig aus der Gemeinde Kemmern stammen und bisher nirgends schriftlich erwähnt wurden. Hier soll diesen Ordensfrauen ein gebührender Platz eingeräumt werden.

Der dritte Teil dieser Veröffentlichung beschäftigt sich mit unterschiedlichen Beziehungen, welche die Ordensfrauen im Laufe ihrer historischen Entwicklung in der Pfarrei und der Gemeinde besaßen. Es ist vor allem die Beziehung zu Bischof Albert Först von Gunzendorf zu erwähnen.

Einen weiteren Schwerpunkt dieser Zusammenstellung stellt meine Promotion dar, die ich im Jahre 2007 erstmalig unter dem Titel: *„Die Dillinger Franziskanerinnen in Kemmern, Kemmern, ein Konvent im Wandel"* bei nova & vetera in der Reihe Dissertationes Theologicae veröffentlichte. Mittlerweile sind die erschienenen 1000 Exemplare vergriffen, weswegen es nun diese Neuauflage gibt, die beide Werke enthält. Zwischen den einzelnen Tätigkeitskapiteln, wie beispielsweise Schule, Kindergarten und Handarbeiten finden sich im Text zahlreiche Fotos aus den vergangenen Jahrzehnten, um das gesamte Konzept etwas abwechslungsreicher zu gestalten.

Im abschließenden Kapitel liegt der Schwerpunkt auf den Ordensfrauen selbst, die über lange Jahre in der Pfarrei Kemmern ihren Dienst verrichteten. Im sechsten Teil der Arbeit soll das Wirken der Schwesternkommunität in unterschiedlichen Bildern dargestellt werden. Der letzte Teil zeigt die acht Ordens- und Priesterberufungen auf, die im Laufe der letzten 100 Jahre aus der Pfarrei und Gemeinde hervorgegangen sind. Hier geht es nicht um die aktive Tätigkeit der Schwestern im Leben Kemmers, sondern um das spirituelle Wecken von Berufungen. Ohne ein katholisches Vorbild kann und wird es keine Berufungen geben. Man erkennt hier die soziokulturelle Entwicklung des Pfarreien- und Gemeindelebens, das sich ständig im Wandel befindet.

Für das Korrekturlesen und für das Einarbeiten der Überarbeitung sei besonders Herrn Rektor Otto Holzer ein herzliches Vergelt's Gott ausgesprochen. In gleicher Weise sei dem Verlagsleiter Herrn Dr. Michael Imhof und seinem Team ein herzliches „Dankeschön" gesagt für die Unterstützung und Verlegung der Arbeit. Eine besondere Anerkennung möchte ich Frau Anja Schneidenbach für die gestalterische Unterstützung und das ansprechende Layout aussprechen.

Ein herzliches Vergelt's Gott vor allem für alle kleinen und kleinsten Dienste!

Möge Gott Eure Mühen und Anstrengungen zugunsten unserer Ordensfrauen mit seinem reichsten Segen belohnen!

Br. Abraham M. Ring CO.

Weihbischof Herwig Gössl und Erzbischof Dr. Ludwig Schick von Bamberg, Foto: Johannes Michel

WEIHBISCHOF

GRUSSWORT

„Die Ordensleute sollen sorgfältig darauf achten, dass durch sie die Kirche wirklich von Tag zu Tag mehr den Gläubigen wie den Ungläubigen Christus sichtbar mache, wie er auf dem Berg in der Beschauung weilt oder wie er den Scharen das Reich Gottes verkündigt oder wie er die Kranken und Schwachen heilt und die Sünder zum Guten bekehrt oder wie er die Kinder segnet und allen Wohltaten erweist, immer aber dem Willen des Vaters gehorsam ist, der ihn gesandt hat." (Lumen Gentium 46)

Mit diesem Zitat aus der Kirchenkonstitution des Zweiten Vatikanischen Konzils wird sehr anschaulich und umfassend das Wesen und Wirken der Ordensleute in der Kirche beschrieben.
Die Dillinger Franziskanerinnen haben in Kemmern entsprechend diesem Auftrag seit dem Jahr 1890 über viele Jahrzehnte hinweg gelebt und gewirkt. Dies legt die vorliegende kirchenhistorische Arbeit, die nun durch Bildmaterial erweitert neu aufgelegt wird, in würdigender Weise dar. Dem Autor, Br. Abraham M. Ring CO, sei für sein Engagement an dieser Stelle ausdrücklich gedankt.
Doch es geht um mehr als nur einen Blick zurück und um eine wertschätzende Ehrung der Leistung von Ordensfrauen in der Vergangenheit. Der Dienst von Ordenschristen ist immer auch ein Indikator für die Lebendigkeit des christlichen Glaubens in einer Gesellschaft. Insofern muss uns der dramatische Schwund an Ordensnachwuchs in den unterschiedlichen Gemeinschaften, auch bei den Dillinger Franziskanerinnen, mit großer Sorge und Nachdenklichkeit erfüllen. Wer wird in Zukunft Christus als betenden, verkündenden und den Menschen in ihren unterschiedlichen Notlagen zugewandten Herrn sichtbar machen in seiner Kirche? Wo erleben junge Menschen heute überhaupt noch Ordensleute so nah und normal, wie das in Kemmern über viele Jahrzehnte hinweg der Fall war?
Ich wünsche der vorliegenden Arbeit viele interessierte Leserinnen und Leser, die sich nicht nur anregen, sondern auch anfragen lassen durch die geschichtliche Entwicklung. Ich wünsche, dass aus der historischen Betrachtung und der dankbaren Würdigung der Ordensfrauen in Kemmern ein Impuls für die Zukunft des Ordenslebens in unserem Land hervorgeht.
Gott gebe seinen Segen dazu!

Bamberg, im Juli 2018
+ Herwig Gössl, Weihbischof

Günter Raab wurde am 1. April 1990 ins Metropolitankapitel des Erzbistums Bamberg aufgenommen und im Oktober 2017 in den Ruhestand verabschiedet.

Verabschiedung in den Ruhestand: Domkapitular Günter Raab, Erzbischof Ludwig Schick, Domdekan Herbert Hauf und Weihbischof Werner Radspieler

DOMKAPITULAR

GRUSSWORT

Soweit ich mich zurückerinnern kann, gehören die „Dillinger Franziskanerinnen" und Kemmern zusammen. Das Kloster war ein ganz selbstverständlicher Teil des Ortes, und den Schwestern begegnete man eigentlich überall, wo es um wichtige Dinge ging. Das fing beim Kindergarten an, dessen Leitung sie schon vor der Zeit des sog. „Dritten Reiches" innehatten und die sie sofort wieder übernahmen, als der braune Spuk der Nazi-Zeit vorüber war. Das setzte sich fort in der Schule, an der ebenfalls eine Schwester wieder tätig wurde, die man zuvor für längere Zeit aus ideologischen Gründen aus dem Verkehr gezogen hatte. Und das endete nicht mit der Krankenschwester, die ganz einfach zur Stelle war, wenn man sie brauchte – was in einem Dorf wie Kemmern, das damals noch keinen eigenen Arzt hatte, eine geradezu unverzichtbare Hilfe war. Nicht zu vergessen natürlich das Mitwirken bei den gottesdienstlichen Feiern in der Kirche, vor allem auch durch den Organistendienst, der von dem Moment an immer wichtiger wurde, als nicht mehr jeder Volksschullehrer zugleich auch ein geeigneter und williger Organist war.

Für mich gehörten die Schwestern genauso selbstverständlich zu Kemmern wie der Pfarrer oder der Bürgermeister, und das konnte man an der Achtung und der Dankbarkeit spüren, die ihnen entgegengebracht wurden. Das galt auch für solche Schwestern, die aus Kemmern stammten, den Weg in den Franziskanerorden gefunden hatten und nun an anderen Orten tätig waren. Wenn sie – was in früheren Zeiten noch sehr restriktiv gehandhabt wurde – für ein paar Tage im Heimaturlaub in Kemmern waren, durften sie sich des allgemeinen Interesses der Dorfbevölkerung sicher sein. Ich selber erlebte das bei meiner Tante M. Dietlinde, die als junge Frau bei den Dillinger Franziskanerinnen eingetreten war und später bis zu ihrem Tod im Kloster in Hochaltingen im schwäbischen Ries lebte: Wenn sie zu Besuch nach Kemmern kam, wurde sie sofort zum Mittelpunkt der weitverzweigten Familie. Dass ich selber mich entschloss, Theologie zu studieren und Priester zu werden, hat sicher verschiedene Gründe. Ein Gutteil dazu beigetragen haben ganz bestimmt mein Elternhaus und meine tief christlich geprägten Verwandten. Mir ist aber auch durchaus bewusst, wie wichtig darüber hinaus das Gebet meiner Tante und der Schwestern von Kemmern war, verbunden mit der Mut machenden Ermunterung zu diesem Schritt, die ich immer wieder von ihnen erfuhr.

Ich muss gestehen: Heute stimmt mich der Gedanke an die Schwestern in Kemmern etwas wehmütig. Ich frage mich: Wie lange noch wird es eine Niederlassung der Dillinger Franziskanerinnen in Kemmern geben? Trotzdem – oder vielleicht gerade deshalb – möchte ich den Schwestern von damals und von heute von ganzem Herzen ein großes „Danke!" sagen. Oder noch besser: Ein „Vergelt's Gott!" für alles, was sie für mich, für uns alle und unsere ganze Gemeinde getan haben und immer noch gerne tun!

Bamberg, im Juli 2018
Günter Raab

Primizfeier von Pfarrer Georg Birkel, 1990

Feier des diamantenen Priesterjubiläums von Pfarrer Hannjürg Neundorfer: v. l. 1. Bürgermeister Rüdiger Gerst, Pfarrgemeinderatsvorsitzender Klaus Plaka, Geistl. Rat Hannjürg Neundorfer, Gesamtvorsitzende der Vereine Waltraud Ruß, 2. Bürgermeister Hans-Dieter Ruß

PFARRER NEUNDORFER †

GRUSSWORT

Vorn 1989 bis 1998 war ich Pfarrer in Kemmern. In dieser Zeit habe ich das physische Altern der Altern der Schwesternstation in Kemmern miterlebt, in dieser Zeit wurde Schwester Reginharda gebrechlich, war sie doch über 80 Jahre alt, ebenso Schwester Gerwigis (beide starben im Jahr (2000), und Schwester Helene gab die Leitung des Kindergartens auf, während Schwester Philippine bis heute weiter den Kindern im Kindergarten dient. Die tiefe Verbundenheit der Schwestern mit dem Leben des Dorfes hat mich tief beeindruckt – haben sie doch ganze Generationen begleitet und mit erzogen. Als Schwester Reginharda den täglichen Organistendienst wegen des Nachlassens der Sinne aufgab, sagte mir eine Frau: „Das ist schade, wenn ich sie nicht mehr höre, aber ich kann sie doch noch immer in der Kirche sehen. Ich war bei ihr schon in der Schule" Die Frau war etwa siebzig Jahre alt. Schwester Reginharda hat von Jugend auf ihr ganzes Leben, mehr als 60 Jahre, in Kemmern verbracht, mit Schwester Helene ist es nicht viel anders, sie lebt seit den Zweiten des Krieges hier. Das ganze Dorf nimmt wirklich an ihrem Leben Anteil. Als durch ihr Alter das Weiterbestehen des Schwesternkonvents gefährdet schien, kam oft die Rede darauf, dass die Schwestern im Dorf bleiben müssten – viele Familien halfen freundschaftlich mit, dass sie gut leben konnten. Schließlich hatten die Schwestern die Erzieherarbeit an ihnen und ihren Kindern geleistet und leben als Mitbürger in der Kirche und dem Dorf, nach ihren gesundheitlichen Möglichkeiten. Viele stimmten den zu, was Bürgermeister Förtsch bei einer Gelegenheit ausdrückte: „Wenn sie gar nichts mehr arbeiten können, so kennen sie uns doch und das Dorf. Sie leben und sie beten mit uns". So rechnet das Dorf, mindestens die alten Bürger, mit den Schwestern. Mir scheint, dass dieses Mitleben der Hauptgrund für die Berechtigung und die Existenz einer Schwesternstation ist. Dass die Schwestern mitleben und mitbeten. Die (berufliche) Sozialarbeit oder Erziehungsarbeit ist selbstverständlich notwendig, aber sie ist nur Ausdruck oder die Betätigung des zu Grunde liegenden Lebens. Die eigentliche Aufgabe ist das Leben als Vergegenwärtigung Jesu Christi. Das haben die Einwohner von Kemmern vielleicht nicht rational erkannt, aber sie haben es im Mitleben der Schwestern angenommen. Das Kloster der Schwestern mag vielleicht keine große soziale Arbeit mehr leisten (immerhin arbeitet noch eine Schwester im Kindergarten, während die Arbeit in der Schule, der Krankenpflege, das Wirken in der Kirche durch den Wegzug bzw. das Sterben der Schwestern ein Ende gefunden hat), aber es ist ein Teil des Lebens des Dorfes. Darum arbeiten Mitglieder der Pfarrei wie der Kommune um das Fortbestehen des Klosters. Wenn eines Tages das Kloster geschlossen werden sollte, geht das Leben natürlich weiter, aber es wird (zuerst unmerklich) ärmer. Das Geistliche Element im täglichen Leben wird austrocknen, allein dadurch, dass die Schwestern nicht mehr auf den Straßen zu sehen sind, nicht mehr vor und in der Kirche zu sehen sind und die scheinbar rein menschliche Beziehung abgebrochen ist. Noch ist es nicht so weit.

Bamberg, den 20. Februar 2001
Pfarrer Hannjürg Neundorfer †

v. l. Schwester M. Philippine, Schwester M. Gundula, Schwester M. Helene, Provinzoberin Schwester M. Martina, Schwester M. Luitgard

hinten v. l. Schwester M. Helene, Schwester M. Philippine, vorne v. l. Schwester M. Reginharda, Schwester M. Gerwigis

BEZIRKSTAGSPRÄSIDENT

GRUSSWORT

Gegenseitige Hilfe und Rücksichtnahme, der Blick auf den Nächsten, sind unverzichtbar für das Funktionieren einer Gesellschaft. Gerade Schwesternkommunitäten hatten und haben unter diesem Gesichtspunkt sowohl in der Geschichte als auch in der Gegenwart eine große Bedeutung für die Gemeinschaft eines Ortes. Die Gemeinde Kemmern kann sich daher glücklich schätzen, mit den Dillinger Franziskanerinnen eine so wichtige wie aktive Ordensniederlassung innerhalb der Gemeindegrenzen zu haben. Die Schwestern wirken von 1890 bis heute segensreich für alle Bürgerinnen und Bürger des Ortes und darüber hinaus.

Bis 1977 unterrichteten die Schwestern an der Volksschule, zeichneten sich für Kindergarten-Gründungen verantwortlich und sind bis heute fester Bestandteil des religiösen sowie kulturellen Lebens in Kemmern. Die Kommunität ist eingebettet in ein weitreichendes Netz an katholisch geprägten Vereinen und Organisationen. Damit bildet Kemmern ein bedeutendes katholisches Zentrum in Oberfranken.

Die vorliegende Dissertation von Bruder Abraham beschäftigt sich intensiv mit der Entstehung und dem Wirken der Dillinger Franziskanerinnen in Kemmern. Es stellt damit einen wertvollen Beitrag zur Geschichte des Ortes dar, der im vergangenen Jahr sein 1000jähriges Bestehen feierte. Die zweite Auflage des Buches verdeutlicht, dass das Interesse am Wirken der Dillinger Franziskanerinnen ungebrochen ist. In meiner Zeit als Landrat des Landkreises Bamberg konnte ich mir die Bedeutung der Schwesternkommunität selbst vor Augen führen. Zudem wurde mir viel über die wertvolle Arbeit der Dillinger Franziskanerinnen zugetragen.

Ich danke Bruder Abraham, dass er die Geschichte und das Wirken der Dillinger Franziskanerinnen in den Mittelpunkt seiner Dissertation und damit ins Bewusstsein zahlreicher Menschen gerückt hat. Damit bleibt es über die Jahre hinweg unvergessen. Den Schwestern selbst wünsche ich bei Ihren segensreichen Tätigkeiten Gottes reichen Segen.

Dr. Günther Denzler
Bezirkstagspräsident von Oberfranken
Landesvorsitzender der Katholischen Männergemeinschaften
in Bayern

Kongregation der Dillinger Franziskanerinnen seit 1241

GENERALLEITUNG DER DILLINGER FRANZISKANERINNEN

v. l. Schwester M. Bernadette Gevich, Schwester M. Roswitha Heinrich (GO), Schwester M. Paulit Kannampuzha, Schwester M. Elisabeth Schneider (GV), Schwester M. Friederike Müller

Internationale Schwesterngemeinschaft im Bamberger Montanahaus der Dillinger Franziskanerinnen: v. l. Provinzoberin Schwester M. Merey, Schwester M. Martina, Schwester M. Paulit, Schwester M. Flavia, Generaloberin Schwester M. Roswitha, Schwester M. Sueli, Schwester M. Ann Maria

PROVINZOBERIN

GRUSSWORT

Wie man den Geist des Herrn erkennt

So kann der Knecht Gottes geprüft werden, ob er am Geist des Herrn Anteil hat: Wenn sein liebes Ich, falls der Herr durch ihn etwas Gutes wirkt, sich deshalb nicht selbst hoch erhebt, weil es immer der Gegner alles Guten ist, sondern wenn er umso mehr in seinen Augen sich unbedeutend dünkt und sich für minderer hält als alle anderen Menschen.
(Franz von Assisi, Ermahnungen, Kapitel 12)[1]

1241 – Der Anfang in Dillingen an der Donau
Ohne jene namentlich nicht bekannten Frauen, die sich in Dillingen an der Donau zusammenschlossen, hätte es auch in Kemmern keine Dillinger Franziskanerinnen gegeben. Sie wollten miteinander geistlich leben und sich in der für Frauen damals möglichen Weise sozial engagieren. 1241 schenkten Graf Hartmann IV. von Dillingen und Kyburg und sein Sohn, Hartmann V., später Bischof von Augsburg, einer Sammlung von Frauen ein Haus an der Stadtmauer, einen Krautgarten, eine Wiese und einen Hof. Es handelte sich wohl um eine Gemeinschaft, die aus der religiösen Frauenbewegung der damaligen Zeit entstand. Möglicherweise waren es Beginen.

600 Jahre lang blieb die Stadt Dillingen der einzige Wirkungsort der Gemeinschaft, die aus etwa 20 bis 30 Schwestern bestand. Es gab immer wieder Krisen, welche die Frauen vor große Herausforderungen stellten. So verloren die Schwestern z. B. durch einen verheerenden Brand im Jahre 1438 fast das gesamte Klostergebäude. Der Dreißigjährige Krieg zwang fast den gesamten Konvent zur Flucht nach Tirol. Von den fünf Schwestern, die in Dillingen blieben, starben vier an der Pest, nur eine Schwester mit Aussatz überlebte. Die Geflohenen kehrten aber wieder zurück und brachten sogar eine im Exil aufgenommene neue Schwester mit. Durch die Säkularisation wurde die Gemeinschaft enteignet und zum Aussterben verurteilt. Aber keine einzige Schwester trat deswegen aus. Vielmehr gab man immer wieder bei der königlichen Regierung ein, doch weiterbestehen zu dürfen, hatten die Schwestern doch 1774 die Mädchenbildung in Dillingen übernommen und konnten somit als nützlich gelten. 1827 war es dann soweit: Die letzten fünf Schwestern, alt und gebrechlich geworden, durften den Neuanfang, die Restauration durch König Ludwig I erleben. Die ersten Novizinnen standen schon bereit.

Ab 1843 erfolgten Filialgründungen außerhalb Dillingens. Die Geschichte der Dillinger Franziskanerinnen mit Kemmern begann 1890. Hier und anderswo übernahmen die Schwestern verschiedene Aufgaben: Mädchenbildung, Erziehung, Kranken- und Altenpflege, Engagement für Menschen mit Behinderung. Später kamen Berufe im Bereich der Seelsorge und Pastoral sowie der Erwachsenenbildung und Sozialarbeit und andere mehr dazu. Die Gemeinschaft übernahm Trägerschaften von Schulen, Kindergärten, Kinderheimen, Krankenhäusern. Die Zeit des Nationalsozialismus brachte wieder einen herben Einschnitt, entzog das NS-Regime doch den Lehrerinnen die Lehrerlaubnis, schloss Kindergärten, beschlagnahmte Räume. Glaube, Mut und Durchhaltevermögen waren gefragt und die Entschlossenheit zu neuen Wegen. So gingen 1937 die ersten Dillinger Franziskanerinnen nach Brasilien, um dort neue Wirkungsfelder zu erschließen. Zuvor hatte schon der Aufbruch in die Vereinigten Staaten von Amerika stattgefunden, danach entwickelte sich in Nord- und in Südindien eine eigenständige Ordensprovinz.

Heute ist die Gemeinschaft international und weiß sich reich beschenkt von Schwestern aus verschiedenen Kulturen, die miteinander am Reich Gottes bauen wollen. Der Blick auf die 777 Jahre unserer Ordensgeschichte ermutigt uns, wie unsere Vorfahrinnen auf Gottes Weggeleit und die geschwisterliche Solidarität guter Menschen zu vertrauen. Er schenkt uns langen Atem und die Hoffnung auf das Wirken des Heiligen Geistes, der auch durch Krisenzeiten führt und neue Türen aufstößt.

Franziskanisch bewegt
Weil man die freien Gemeinschaften regulieren wollte, veranlasste Bischof Degenhard von Augsburg um 1305 den Anschluss der Frauen von Dillingen an den Franziskanerorden. Die Schwestern übernahmen die sogenannte Drittordensregel, die für Menschen gedacht ist, die in Familie und Beruf franziskanisch leben wollen. Damit sind wir Dillinger Franziskanerinnen der älteste klösterliche Dritte Orden. Uns Heutige freut es, dass die Wahl der Drittordensregel dem Ordensleben Entfaltungsräume schenkt, innerhalb derer das Leben nach den evangelischen Räten auch heute lebensnah gestaltet werden kann.

Die franziskanische Orientierung wurde im Laufe der Jahrhunderte immer wichtiger für die Identität der Gemeinschaft. Der Traum des Heiligen von Assisi von einer geschwisterlichen und solidarischen Welt, seine Gott-Verbundenheit, seine Nähe zu den Ausgegrenzten seiner Zeit, seine Liebe zur Schöpfung, seine furchtlosen Begegnungen mit Fremdem und Fremden, seine kritische Treue zur Kirche, seine innere Freiheit und Konsequenz waren und sind uns Anstoß und Herausforderung. Wir wollen unser Christsein unter franziskanischem Vorzeichen mitten in der Welt leben. Dabei verstehen wir uns nicht als bessere Christen. Wir sind nicht vollkommener als andere, die ihr Christsein auf andere Weise leben. Wir sind Frauen auf dem Weg der Nachfolge, bringen unsere individuellen Stärken und Schwächen mit, machen Fehler, versagen und fangen wieder neu an, weil Gott die Anfänge liebt und segnet. Franziskus gab seinen Brüdern die Bezeichnung fratres minores: kleine, mindere Brüder sollten sie sein, bereit zu Dienst und Engagement für andere. Dabei war ihnen bewusst, dass das Gute, das durch sie geschieht, nur weitergegebene Güte Gottes ist, die sie wie jeder Mensch empfangen darf.

Dillinger Franziskanerinnen in Kemmern
Seit 1890 bis auf den heutigen Tag gibt es Dillinger Franziskanerinnen in Kemmern. Der Konvent gehört zur Bamberger Provinz der Dillinger Franziskanerinnen, deren Provinzialat in Bamberg ist.

Pfarrer Gottfried Arnold rief die ersten Schwestern in sein Pfarrgebiet; sein Ruf wurde gehört und erhört. Anders als heute hatte die Ordensleitung größere personelle Möglichkeiten, um Schwestern auszusenden. Die Schwestern übernahmen in Kemmern zunächst die Mädchenschule, engagierten sich in Unterricht und Schulleitung. 1900 kam die Tätigkeit im Kindergarten, 1927 die ambulante Krankenpflege dazu. Auch in der caritativen Nähschule und in der Sakristei, in der Haushaltführung, in der Begleitung von Jugendgruppen und anderem mehr fanden sie ihre Wirkungsbereiche. Es gab genug Ackerboden, um Furchen zu ziehen und guten Samen zu säen.

Die Zeit des Nationalsozialismus brachte auch für unseren Konvent in Kemmern politisch gewollten Abbruch: 1938 wurden zwei Schwestern aus dem Schuldienst entlassen, sie mussten die Dienstwohnung im Schulhaus räumen. 1939 wurden sie auch aus dem Kindergarten vertrieben. Sie waren unerwünscht, galten als politisch unzuverlässig. Tatsächlich hatten sie ja auch einen anderen Herrn, der jedem ausgrenzendem und menschenfeindlichem Nationalismus diametral entgegensteht. Nur die Krankenpflege durften die Schwestern beibehalten. Sie sicherten ihr Überleben durch Handarbeiten und Organistendienst sowie durch die Unterstützung von Menschen im Ort, die treu zu ihnen hielten. Nach dem Krieg konnten die Schwestern wieder dort anknüpfen, wo sie vor der nationalsozialistischen Zeit gewirkt hatten: Sie übernahmen erneut den Dienst in Schule und Kindergarten.

Manche Schwestern leisteten Pionierarbeit, so Sr. Reginharda Nehmer in ihrer Rolle als Schulleiterin und Lehrerin und Sr. Helene Hutzler, die mit großem Engagement gleich zwei neue Kindergärten mit aufbaute. Beiden Schwestern wurde die Ehrenbürgerinnenwürde verliehen. Geht das denn zusammen – franziskanische Bescheidenheit und Ehrenbürgerwürde? Es geht dann zusammen, wenn wir Schwestern immer im Sinn behalten, wer die Quelle des Guten ist, und dass das Engagement der einzelnen Schwester immer von der Gemeinschaft mitgetragen ist und in diese zurückfließt.

Mit dem Ausscheiden der Schwestern aus dem Berufsleben entwickelten sich neue Weisen des Engagements im Bereich des Ehrenamtes: Erwachsenenbildung, Mitwirkung im Pfarrgemeinderat, Kommunionhelfer- und Besuchsdienste, Gestaltung von Wortgottesdiensten und anderes mehr. Aus dem Beruf scheidet man irgendwann aus, aus der Berufung nicht. Der wichtigste Dienst der Schwestern ist ihr Dasein, ihre Präsenz. Zuhören, ein gutes Wort geben, wo jemand eines braucht, die Menschen mit ins Gebet nehmen, Gott im eigenen Herzen und in der Konventsgemeinschaft eine Wohnung bereiten – das ist das Entscheidende.

Und heute?

Wie viele andere Ordensgemeinschaften überwiegen auch bei uns Schwestern in hohem Lebensalter. Wir sind dankbar für ihr Lebenszeugnis. Nur wenige junge Frauen entscheiden sich für ein Leben im Zeichen der evangelischen Räte im Miteinander einer Ordensgemeinschaft. Eine Prognose über den Fortbestand der kleinen Gemeinschaft in Kemmern ist nicht möglich. Grundsätzlich sehen wir in der Präsenz kleiner geistlicher Gemeinschaften nach wie vor Sinn. Gott weiß, wo und wie und wie lange er die Dillinger Franziskanerinnen braucht. Dass sein Name von Generation zu Generation geheiligt werde, dass sein Reich komme, darauf kommt es an.

Was uns Hoffnung gibt, ist der Blick über unseren Tellerrand: Weit über die Grenzen der Orden hinaus gibt es Menschen, die franziskanisch inspiriert sind. Gerne vernetzen wir uns mit ihnen. Die Ideen des heiligen Franziskus bleiben lebendig und aktuell. Wie wirksam sie sind, lernen wir am Beispiel unseres Papstes, der den Namen des hl. Franziskus durch seine Haltung buchstabiert.

Wir können nichts anderes tun, als das zu leben, was uns heute möglich ist, und dabei auf Gott zu vertrauen, bei dem nichts unmöglich ist. Und wir sind gelassen in der Hoffnung, dass das Gute, das durch unsere Mitschwestern in Kemmern und an anderen Orten gesät wurde, auf Gottes Weise weiterwächst.

Wir danken den Menschen in Kemmern für alles Miteinander, für das selbstverständliche Dazugehören, für die Wertschätzung und jede Form der Unterstützung, die sie uns schenken. Bruder Abraham Ring danken wir für sein nachhaltiges Interesse am Wirken unserer Schwestern, für seine wertvolle Erinnerungsarbeit.

Bamberg, am 25.05.2018
Sr. M. Martina Schmidt, O.S.F.,
Provinzleiterin der Dillinger Franziskanerinnen,
Provinz Bamberg

Montanahaus Bamberg, Sitz der Provinz der Dillinger Franziskanerinnen in Bamberg

1 Dieter Berg, Leonhard Lehmann (Hrsg.): Franziskus-Quellen. Die Schriften des heiligen Franziskus, Lebensbeschreibungen, Chroniken und Zeugnisse über ihn und seinen Orden, Kevelaer 2009, 50. I

PATER

GRUSSWORT

„Erinnerungsgrüße vom Kaulberg nach Kemmern"

Erinnert man sich an Personen, die uns im Leben vorausgegangen sind, dann hat man das Gefühl, dass sie ein ganzes Lexikon an Wissen, Erkenntnissen und Erlebnissen aus dieser Welt mitgenommen haben. Der Inhalt dieses Lexikons ist unwiederbringlich. Hätte nur mancher, der aus dieser Welt fortgegangen ist, zuvor alle seine Kenntnisse zu Papier gebracht. Es müsste dies ein kostbarer Schatz sein.

Solche Gedanken tauchten bei mir auf, als ich die kurze Mitteilung des Kemmerner Pfarrers Adam Heinkelmann an das Erzbischöfliche Generalvikariat in Bamberg vor mir sah.
Pfarrstempel und Unterschrift des Pfarrers trugen das Datum vom 13. August 1940.
Wie es sich damals gehörte, war alles in lateinischer Sprache abgefasst. Und was wurde da in Latein mitgeteilt? Eben an diesem 13. August im Kriegsjahr 1940 hatte der Ortspfarrer unter Assistenz des Karmelitenprovinzials P. Clemens Maria Puchner aus Bamberg die Hauskapelle der Dillinger Franziskanerinnen in Kemmern feierlich eingeweiht. Genannter P. Clemens M. Puchner von den Karmeliten in Bamberg hatte dann in der Kapelle die erste heilige Messe gefeiert und anschließend das Allerheiligste in den Tabernakel zur Aufbewahrung gegeben. Die katholische Kirche nahm und nimmt die Unterbringung des Allerheiligsten sehr genau und gestattet dies nicht in jeder Kapelle. Aber die Dillinger Schwestern beten täglich mehrmals in der Gegenwart des Herrn und halten dort auch ihre eucharistische Anbetung. Die Schwestern notierten damals in ihren Aufzeichnungen:
„Zu unserer großen Freude erhielten wir das ALLERHEILIGSTE, eine Hauskapelle."

Fragen stellen möchte ich gerne dem damaligen Provinzial der Oberdeutschen Karmelitenprovinz P. Clemens Maria Puchner. Er hatte die schwere Aufgabe, die Ordensprovinz in den turbulenten Kriegsjahren und unter argwöhnischer Beobachtung und bedrohlicher Kontrolle des Naziregimes zu leiten. 1946 durfte er von dieser Verantwortung erleichtert aufatmen. Fragen möchte ich ihn gerne, wie eng die Zusammenarbeit der Karmeliten mit Kemmern war. Vor allem über die Beziehung zu den Dillinger Franziskanerinnen in Kemmern würde ich gerne mehr wissen. In Bamberg gab es eine enge Zusammenarbeit mit den „Dillingern", die am Mittleren Kaulberg das damalige Kunigundenstift innehatten. (Das heutige Provinzhaus am Friedrichsbrunnen in Bamberg gab es damals noch nicht)
Ich vermute, in Kemmern war es so ähnlich wie bei den Schwestern am Kaulberg. Die Patres zelebrierten dort regelmäßig und waren auch die Beichtväter der Schwestern. In Schwesternhäusern mussten früher wöchentlich Beichtgelegenheiten angeboten werden. Üblich war, dass der Priester dabei einen Vortrag hielt und geistliche Impulse gab. Es ist wohl in keiner Chronik zu finden, auch nicht in den Aufzeichnungen der Schwestern, welcher Karmelit jeweils mit der Beichtseelsorge beauftragt war.
P. Thaddäus Ballsieper und P. Benno Wagenhäuser, die sicherlich daran beteiligt waren, haben auch dieses Wissen mit sich in die Ewigkeit genommen.

Zelebriert hat in der Hauskapelle der Schwestern des Öfteren ein Bamberger Pater, dessen Name ebenfalls erwähnenswert ist. Wie Schwester Helene – sie lebt im 93. Lebensjahr noch in Kemmern – war er im oberfränkischen Gunzendorf zu Hause: P. Albert Först. Er war 1952 in Bamberg zum Priester geweiht worden, ging aber einige Jahre später nach Brasilien, wo die deutschen Karmeliten im Staate Paraná tätig waren.

Schon bald hatte er als Kommissar der deutschen Niederlassungen, als Generalvikar in der Diözese Paranavai und der Diözese Dourados verantwortungsvolle Aufgaben zu bewältigen.

In Dourados wurde er 1988 zum Weihbischof-Koadjutor geweiht und leitete diese Diözese dann als verantwortlicher Bischof segensreich von 1990 bis 2001. Im Oktober 1988, bald nach seiner Bischofsweihe, hielt er in Kemmern einen festlichen Gottesdienst und berichtete von seiner Arbeit in Brasilien.

Durch P. Albert Först wurde ein junger Kemmerner zu den Karmeliten nach Bamberg geführt: Andreas Ring. (war er Ministrant bei den Schwestern?) Bei den Karmeliten besuchte er das Theresianum für Spätberufene, er wohnte im Seminar und besuchte die Schule.

Er war jahrelang mein Klassenkamerad. Nach den Schuljahren entschloss er sich allerdings, nicht das Priestertum anzustreben, sondern als Ordensbruder im Karmel zu dienen.

Bei seiner Einkleidung in Straubing erhielt er den Namen Erasmus.

Wir beide waren ein Jahr zusammen im Straubinger Kloster, er als Postulant und ich als Novize. Als er später Vollblut-Mesner der Bamberger Karmelitenkirche war, hatte er engen Kontakt zu Kemmern. Fotos zeigen ihn mit seinen Angehörigen, aber auch mit den Schwestern, einmal sogar mit P. Albert und Schwester Helene.

(Als er einmal mit dem ausgeliehenen VW-Bus des Theresianums nach einem Kemmern-Besuch nächtens heimfuhr, übersah er in Hallstadt die scharfe Kurve bei der Kirche und fuhr geradeaus. Aber da stand der Brunnen im Weg, und dabei trugen Brunnen und VW nicht übersehbare Blessuren davon, Frater Erasmus nicht.)

Wenn hier das Spätberufenenwerk Theresianum erwähnt wird, darf ein gewisser Karmelit und seine Tätigkeit sowie der Anteil Kemmerns nicht vergessen werden.

Die Rede ist von Frater Cornelius Hofmann aus dem Bamberger Kloster, der als eifriger Kollekturbruder zwei- bis dreimal im Jahr an die Kemmerner Türen klopfte. Getreide, Kartoffeln, Eier und auch Geldspenden sammelte er mit einem freundlichen „Vergelts Gott!" ein. Ohne diese Unterstützung durch die Kollektur hätte das Theresianum in den Nachkriegsjahren nicht existieren können. Es ist nicht abzuschätzen, welche soziale Leistung so erbracht wurde. Viele Priester und Ordensleute sind aus dem Theresianum hervor gegangen, aber auch viele katholische Akademiker, die in den vielfältigsten Berufen und Aufgabengebieten ihren Mann gestanden haben und noch stehen.

(Ab 1973 auch Frauen, unter Ihnen auch spätere Ordensfrauen, Ärztinnen und Lehrerinnen.) Ich bin mir sicher, dass die meisten Spender bei der Kollekur, so auch in Kemmern, sich dessen gar nicht bewusst sind, welch großartige Leistung sie vollbracht haben.

Als Fußnote sei erwähnt: Auch der Kemmerner Pfarrer Valentin Tempel ist Frucht des Theresianums.

Wenn schon vom Theresianum gesprochen wird, sei auch noch erwähnt, dass dort auch Kemmerner ihren Arbeitsplatz gefunden haben. Helmut Zahl war als engagierter Hausmeister dort viele Jahre tätig, auch seine Frau Marga arbeitete dort. Sie war nicht die einzige Frau aus Kemmern. Auch Frau Dora Ginalski, Frau Betty Wölker waren unvergessene Mitarbeiterinnen.

Erwähnt werden soll auch, dass in unserer Zeit in der Karmelitenkirche in Bamberg ein Kreis von Betern zusammengeführt worden ist, der unter der Leitung von Frau Franziska Birkel aus Kemmern allwöchentlich das gemeinsame Rosenkranzgebet pflegt.

Eine persönliche Erinnerung möchte ich zuletzt auch noch anfügen. Als ich noch junger Pater war, übernahmen wir Karmeliten an jedem Sonntag einen Gottesdienst in der Kirche von Kemmern. Ich meine, es sei der Gottesdienst um 9.30 Uhr gewesen, der hauptsächlich von Kindern besucht wurde. Da war einmal in der Fastenzeit ein Hirtenbrief des Erzbischofs zu verlesen. Er war theologisch ausgefeilt und von beachtlicher Länge. Als junger Grünschnabel nahm ich mir die Freiheit, ihn verständlicher und kürzer zu machen. Da bekam ich einen strengen Tadel von Pfarrer Kochseder: „Sie haben nicht das Recht, das Wort des Bischofs zu ändern!" Da hatte ich mein Fett weg und weiß es bis heute noch. Aber Pfarrer Kochseder hatte tatsächlich Recht, denn der Bischof ist der erste Verkündiger des Wortes Gottes in seinem Bistum und muss sich nicht von einem kleinen Pater korrigieren lassen.

Das sind einige Gedanken- und Erinnerungssplitter, die hier zu Papier gebracht und festgehalten werden. Sie sollen nicht in Vergessenheit geraten, wie vieles, das geschehen ist, aber nicht mehr aufzufinden ist. Sie sollen zugleich ein Gruß und ein Segenswunsch sein an die Dillinger Schwestern in Kemmern und an ganz Kemmern aus dem Karmelitenkloster am Kaulberg in Bamberg.

P. Titus Wegener O. Carm.

SCHWESTER ALEXANDRA LOWINSKI

GRUSSWORT

So kam ich zu den Dillinger Franziskanerinnen in Kemmern bei Bamberg

In Güterwagen gepfercht waren wir im Spätsommer 1946 durch Befehl der polnischen Besatzungsmacht aus unserer schlesischen Heimat abtransportiert worden. Nach notvollen Tagen in größter Ungewissheit über unsere Zukunft war unsere Mutter – unser Vater blieb am Ende des Zweiten Weltkriegs verschollen – mit uns sieben Geschwistern – zwischen 2 und 15 Jahre ausgewiesen und in Güterwagen abtransportiert worden ohne älteste Schwester, welche „die Russen" verschleppt hatten zum Viehtreiben Richtung Russland. – In Niedersachsen fanden wir auf notvollen Umwegen ein Dach über den Kopf. – Nach vielen, mühsamen Herumfragen bekamen wir endlich wieder Kontakt zu Vater und Schwester, die eine Bleibe in Kemmern bei Bamberg gefunden hatten. – Unsere Mutter erlaubte mir, mich zu ihnen auf den Weg machen. In Kemmern zu den dortigen Dillinger Franziskanerinnen. – Dank der „offenen Herzen und Hände" und des regen Interesses dieser guten Schwestern, ihrer zunächst materiellen Unterstützung und sicher nicht zuletzt ihres Gebetes, sowie ihrer Vermittlung konnte ich Aufnahme und Ausbildung zur Volksschullehrerin finden in ihrer damaligen privaten Lehrerinnenbildungsanstalt beim Mutterhaus in Dillingen a. d. Donau.

Bei den Dlg. Franziskanerinnen fand ich 1952 meinen Weg in deren Ordensgemeinschaft und kann Gott nicht genau dafür danken, dass ich dieser Berufung treu bleiben durfte bis heute.

Dillingen/ Donau im August 2018

Wovon ein alter 50-Reichmarkschein erzählen könnte

Es war im Nachkriegsjahr 1946 nach dem 2. Weltkrieg (1939–1945). Nach der endgültigen Vertreibung (so. „Umsiedlung") aus der schlesischen Heimat[1] durch die nunmehrige polnische Besatzungsmacht hatte unsere Mutter (Gertrud Lowinski, geb. Krätzing)[2] mit sieben ihrer Kinder[3] nach abenteuerlichen Strapazen, - verbunden mit bitteren Erfahrungen – in Deinsen Kr. Alfeld/Leine ein „Dach über dem Kopf" zugewiesen bekommen.[4]

Nach mühsamem und erfolglosen Herumfragen bei anderen Vertriebenen und bei offiziellen Suchdienststellen konnten wir in Erfahrung bringen, dass „unser Pappa" und unsere älteste Schwester Irmgard in Bayern zusammengefunden hatten und in Kemmern bei Bamberg untergekommen waren.

Zunächst hatte ich (Waltraud) den Mut, mich mit „Muttis" Einwilligung im Herbst 1946 per Bahn auf den Weg nach Kemmern in Bayern zu machen. Die Rückfahrkarte kostete damals 40 Reichsmark.

Durch Vermittlung von „Mia" Pietrucha und ihrer guten Mutter sowie Gisela Pietrucha (Sr. Adeline, OSF), meiner Banknachbarin in der Katholischen Volksschule noch in unserer schlesischen Heimat bei „Herrn Lehrer Lowinski", fand ich schnell Kontakt zu den dortigen Dillinger Franziskanerinnen.

---

1. Aus Lindenbach Kr. Glogau a.d. Oder in Niederschlesien am 16 Juli 1946 über Neusalz a.d.Oder, Oder-Neiße-Grenze zwischen Polen und Deutschland, das Auffanglager Ülzen/Niedersachsen, Hannover, Bahnstation Bantelin am 19. Juli 1946.
2. Die älteste Schwester Irmgard war bald nach Kriegsende 1945 von den Russen zum „Viehtreiben" verschleppt worden; der Vater Roman Lowinski im Krieg verschollen.
3. Im Alter von 2 bis 15 Jahren.
4. Der kinderlosen jungen Witwe „Emma Schwaddn an ne Beeke" (Frau Emma Schwarze am Bach), aufge-zwungen. Den letzten noch freien Raum ihres verwaisten Bauernhofes musste sie zur Verfügung stellen.

BÜRGERMEISTER VON KEMMERN

GRUSSWORT

Die selbstständige Gemeinde Kemmern mit ihren 2.600 Einwohnern und über 2.000 Katholiken ist ein sehr alter Ort, der 2017 sein 1000-jähriges Jubiläum feiern konnte. Mit einer von Kaiser Heinrich II. bestätigten Urkunde vom 26. Oktober 1017 waren vier Fischer zu Camerin von Bischof Heinrich von Würzburg an Bischof Eberhard von Bamberg zur Arrondierung des noch recht jungen Bistums Bamberg eingetauscht worden. Bis zur Säkularisation 1803 war Kemmern ein Obleidorf des Bamberger Domkapitels, der oberste Lehnsherr Kemmerns war damit über etwa 800 Jahre lang der Bamberger Fürstbischof. Die ursprünglich nach Hallstadt eingepfarrten Kemmerner suchten sich von Hallstadt zu emanzipieren und eine eigene Pfarrei zu bilden. Als dabei mit Segen des Bamberger Fürstbischofs Lothar Franz von Schönborn Kemmern nach intensivem Bemühen 1710 eine eigene Pfarrei wurde, bedeutete dies einen bis heute wirksamen Meilenstein in der Geschichte des Ortes.

Einen wichtigen Impuls für die Verwurzelung des religiösen Lebens in unserer Pfarrei brachte zweifellos auch die Ansiedlung des Konvents der Dillinger Franziskanerinnen im Jahr 1890, denn diese prägen seither das religiöse, pädagogische, kulturelle, gesellschaftliche und politische Leben auch im 20. Jahrhundert und bis in die Gegenwart hinein maßgeblich mit.

Während des Dritten Reiches entfalteten dabei die katholischen Milieustrukturen eine vergleichsweise nicht unerhebliche Resistenz gegenüber der Ideologie des Nationalsozialismus, und die Kemmerner Schwestern genossen so auch in diesen schwierigen Zeiten Rückhalt in großen Teilen der Bevölkerung.

Bei diesen engen Verbindungen zur Kirche ist es nicht weiter verwunderlich, dass in Kemmern kirchliche Traditionen bis zum heutigen Tag wirksam sind und sich die Gemeinde durch ein besonderes lebendiges kirchliches Leben auszeichnet.

Besonders hervorzuheben ist dabei das wirklich hervorragende Miteinander von kirchlicher und politischer Gemeinde, beide wirken bei uns in Kemmern in vielerlei Hinsicht zum Wohl der Bevölkerung besonders eng zusammen.

Seit dem Beginn des Wirkens der Dillinger Franziskanerinnen in Kemmern wurden von den Schwestern dieses Ordens in Kemmern vielfältige Aufgaben, insbesondere im Bereich der Erziehung und Bildung der Kemmerner Jugend, kontinuierlich in verdienstvollster Weise wahrgenommen:

Daneben betätigten Schwestern des Konventes sich über viele Jahre in der ambulanten Krankenpflege, in der Handarbeit, im Reinigen und Schmücken der Pfarrkirche sowie im Organistendienst.

Die eigentliche Kernaufgabe des Ordens bildete die Kindererziehung, so engagierten sich seit Errichtung des Konvents in Kemmern bis zum Jahr 1977 stets Ordensschwestern im Schuldienst, und von der Errichtung der damaligen Kinderbewahranstalt 1899 bis zum Ausscheiden von SR Philippine Schuhmann im Jahr 2003 war das Wirken der Kemmerner Schwestern auch mit den katholischen Kindergärten untrennbar verbunden.

Viele Generationen Kemmerner Kinder wurden durch die Ordensschwestern nachhaltig geprägt.

So zeigt es die Wertschätzung, die die Ordensschwestern in Kemmern genießen, dass mit SR Reginharda Nehmer als früherer Lehrerin und SR Helene Hutzler als ehemaliger Kindergartenleiterin gleich zwei verdiente Erzieherpersönlichkeiten aus dem Orden für ihr kontinuierliches engagiertes Wirken über viele Jahrzehnte hinweg schließlich zu Ehrenbürgerinnen ernannt worden sind.

Auch wenn der Orden sich aus der Bildungs- und Erziehungsarbeit nach über einem Jahrhundert zurückgezogen hat, genießen die Schwestern durch ihre Präsenz in Kirche und Ort noch immer einen beachtlichen Stellenwert im religiösen Leben der Gemeinde.

Mit dem Wirken der Dillinger Franziskanerinnen in Kemmern setzt sich die Publikation von Bruder M. Abraham auseinander.

Breite Darstellung findet dabei der durch den damaligen Pfarrer und Lokalschulinspektor Gottfried Arnold forcierte Gründungsprozess des Kemmerner Schwesternkonvents in den Jahren 1889 bis 1891.

Die Entwicklung des Ordens in Kemmern erfährt auch für das 20. Jahrhundert im Werk einen zentralen Stellenwert. Bruder Abraham schließt dabei mit seinem Buch nicht nur bisherige Forschungsdesiderate, sondern er veranschaulicht mit reichhaltigem Bildmaterial auch Wirkungszusammenhänge des religiösen Lebens über die engere Ordensgeschichte in Kemmern hinaus.

Durch die Vorbildwirkung der Kemmerner Ordensschwestern stellte Kemmern auch einen fruchtbaren Boden für geistliche Berufungen dar. Bruder Abraham Ring unternimmt hier erstmals eine Darstellung der aus Kemmern erwachsenen Ordensleute.

Pars pro Toto lässt die Untersuchung auch Rückschlüsse auf größere historische Zusammenhänge zu.

Für die vorliegende Arbeit möchte ich Bruder Abraham ausdrücklich danken!

Dipl.-Pol. Univ. Rüdiger Gerst M.A.
Erster Bürgermeister der Gemeinde Kemmern

Neunzigster Geburtstag von Schwestern M. Helene Hutzler O.S.F.
Bild links: v. l. 2. Bürgermeister Hans-Dieter Ruß, Pfarrer Valentin Tempel, Schwester M. Helene Hutzler O.S.F., Bürgermeister Rüdiger Gerst.
Bild rechts: v. l. Bürgermeister Rüdiger Gerst, Schwester M. Helene Hutzler O.S.F., Landrat des Landkreises Bamberg Johann Kalb, Fotos: Johannes Michel

Der Ehrenbürgerin Reverenz erwiesen
Schwester Reginharda feierte in Kemmern ihren 75. Geburtstag

BÜRGERMEISTER VON KEMMERN (1972–2002)

GRUSSWORT

Seit 1890 existiert in Kemmern ein Konvent der Dillinger Franziskanerinnen. Ihr Einzug in die Gemeinde vor fast 120 Jahren bezeichnet einen wichtigen Meilenstein der Ortsgeschichte. Denn trotz klösterlicher Ordnung des Konvents, der den Rückzug in die Klostergemeinschaft sowie den Vorrang der Kontemplation und Gebet vorsieht, führten die Kemmerner Ordensfrauen kein Leben in völliger Abgeschiedenheit und Weltabgewandtheit – im Gegenteil: Über viele Jahrzehnte prägten sie mit ihrer Arbeit wie kaum eine andere örtliche Einrichtung das geistlich-kirchliche, schulische und soziale Leben unserer Gemeinde mit.

Über Jahrzehnte waren sie in Kirche und Schule aktiv. Mit ihnen hielten moderne pädagogische Konzepte Einzug in Kemmern, die zuvor häufig beklagten Missstände in der Schulausbildung hatten ein Ende. In ihrer Zeit wurde der Kindergarten gegründet und bis vor wenigen Jahren von ihnen geführt. Generationen von Kemmerner Kindern und Jugendlichen sind durch ihre Hände gegangen und haben bei ihnen das Rüstzeug für ihr Leben empfangen. Von 1927 bis 1970 betrieben sie außerdem einen ambulanten Pflegedienst und nahmen sich der Alten und Kranken des Dorfes an.

Die aufopferungsvolle Tätigkeit der Schwestern in Kirche, Schule und Kindergarten sowie in der Kranken- und Altenbetreuung ließ nach und nach ein enges Vertrauensverhältnis zwischen den Menschen in Kemmern und „ihren" Schwestern entstehen. Die ausgeprägte Verwurzelung des Konvents im Ort hat sicherlich auch dazu beigetragen, dass die Schwestern die schwere Zeit des Nationalsozialismus trotz aller Repressionen verhältnismäßig unbeschadet überstehen konnten.

Die Verbundenheit unserer Kemmerner Bevölkerung mit den Ordensfrauen und die Dankbarkeit ihnen gegenüber zeigt sich u. a. auch darin, dass Schwester M. Reginharda Nehmer und Schwester M. Helene Hutzler mit der Ehrenbürgerwürde der Gemeinde ausgezeichnet wurden, außerdem wurde nach Sr. Reginharda eine Straße benannt. Wir sind sehr glücklich darüber, dass es den lebenden Schwestern möglich ist, ihren wohl verdienten Ruhestand und ihren Lebensabend hier in Kemmern zu verbringen, in der Gemeinde, der ihre jahrzehntelange Arbeit und ihr tägliches Gebet galten.

Anerkennung und Dank für seine detailreiche Studie über die Geschichte und das Wirken der „Kemmerner Schwestern" gebühren dem Autor Peter Ring. Ihm gelingt nicht nur eine umfassende Darstellung der Entstehung und Entwicklung der Schwesternkommunität in seiner Heimatgemeinde Kemmern, sondern er eröffnet mit seiner Dissertation auch neue Einblicke in zentrale Aspekte der allgemeinen Ortsgeschichte der zurückliegenden 120 Jahre.

Sein Buch gibt auch mir persönlich, der ich über 20 Jahre als Bürgermeister in Kemmern in einem vertrauensvollen Verhältnis zu den Schwestern des Konvents stand, Gelegenheit, mich für ihr segensreiches Wirken in unserer Gemeinde noch einmal herzlich zu bedanken. Möge dieses Buch dazu beitragen, dass ihr großer persönlicher Einsatz für Kemmern nicht in Vergessenheit gerät.

Kemmern, im Dezember 2007
Alois Förtsch

v. l. Schwester M. Philippine, Schwester M. Helene, Schwester M. Gundula, Schwester M. Agnes

Bischof Albert Först beim Ad-Limina-Besuch in Rom mit Papst Johannes Paul II.; Foto: Christian Först

BÜRGERMEISTER VON BUTTENHEIM

GRUSSWORT

Die heutige Zeit unterliegt einem großen gesellschaftlichen, politischen und kirchlichen Wandel. Kleine Gesten sind heute von unschätzbarem Wert:

*Nur einen Augenblick Zeit haben
für ein Gespräch,
für einen Händedruck,
für ein Lächeln.*

*Einen Augenblick Zeit haben
für den Anderen,
für seine Gedanken,
für seine Ängste und seine Freude.*

Dies spiegelt auch das Leitbild der Ordensgemeinschaft der Dillinger Franziskanerinnen von Kemmern wieder: Ihr Leben ist geprägt von Kontemplation in Stille und Aktion, Gemeinschaft in Gebet, Arbeit und Freizeit, vom Einsatz für Gerechtigkeit und Solidarität. Sie vermitteln Barmherzigkeit und Wärme.

Dies wusste auch unser Ehrenbürger Bischof Albert Först, der im Buttenheimer Ortsteil Gunzendorf seine letzte Ruhestätte fand, zu schätzen. Mehr als 50 Jahre war er ein willkommener Gast bei den Dillinger Franziskanerinnen in Kemmern.

Seit 1890 leisten die Kemmerner Ordensschwestern einen unverzichtbaren Beitrag für unsere Gesellschaft und sorgen dafür, dass die Kirche durch ein lebendiges Miteinander mit Leben erfüllt wird. Gerade in Zeiten, in denen immer wieder über Schließungen und Umwidmungen von Gotteshäusern gesprochen wird, setzen sie ein hoffnungsvolles Zeichen weit über die Gemeindegrenzen hinaus. Ihr facettenreiches Tätigkeitsfeld reicht von der Erziehung und Unterrichtung von Kindern und Jugendlichen bis hin zur Pflege von kranken und alten Menschen.

Daran fand auch Schwester M. Helene Hutzler Gefallen. Sie lebt bis zum heutigen Tag im Konvent in Kemmern und stammt gebürtig aus dem Buttenheimer Ortsteil Gunzendorf. Schwester M. Helene Hutzler hat sich mit viel Herzblut im Konvent der Dillinger Franziskanerinnen und im katholischen Kindergarten engagiert. 2001 wurde sie für ihr segensreiches Wirken zur Ehrenbürgerin von Kemmern ernannt. Wir sind stolz darauf!

Die vorliegende Neuauflage der Dissertation von Bruder Abraham lädt alle ein, die Geschichte und die Wirkung der Dillinger Franziskanerinnen in Kemmern neu zu entdecken und zu erleben!

Hierfür danke ich Herrn Bruder Abraham und wünsche ihm und den Ordensschwestern Gottes reichen Segen!

*Michael Karmann
Erster Bürgermeister, Markt Buttenheim*

Schwester M. Gundula Denk O.S.F. am Ambo in der Pfarrkirche in Kemmern, Foto: Johannes Michel

hinten v. l. Pfarrgemeinderatsvorsitzender Klaus Plaka, 1. Bürgermeister Rüdiger Gerst, Pfarrer Valentin Tempel; vorne v. l. Schwester M. Luitgard, Schwester M. Helene, Schwester M. Gundula, Foto: Johannes Michel

MONSIGNORE UND PASTORALREFERENT

GRUSSWORT

Klösterliche Gemeinschaften fragen sich heute, wie sie ihr Ursprungscharisma und ihre ursprüngliche Berufung unter den neuen Herausforderungen einer veränderten Situation in der Kirche und in der Welt verwirklichen können. Unter diesem doppelten Gesichtspunkt hat das Zweite Vatikanische Konzil die Ordensgemeinschaften zur Besinnung auf die Quellen geistlichen Lebens und den Geist ihres Ursprungs wie zur Erneuerung durch Anpassung an die veränderten Zeitverhältnisse aufgerufen. Zwar sind die nachkonziliaren Krisenerscheinungen an den Orden nicht spurlos vorübergegangen. Aber durch die Impulse des Konzils gibt es auch viele Zeichen einer Erneuerung aus dem Geist der Heiligen Schrift, der Liturgie und in einem hörbereiten Eingehen auf neue geistliche, pastorale und soziale Herausforderungen der Kirche.

In einem kleinen Büchlein „Blick hinter Bambergs Klostermauen" (Behr-Groh, Unger, Fränkischer Tag 1998 S. 29) interpretieren die Dillinger Franziskanerinnen ihr Arbeit: „Aktiv werden, wo man sie braucht" Nach diesem Motto hat die Ordensgemeinschaft im Lauf ihrer langen Geschichte immer wieder neue Aufgaben übernommen – in Deutschland und Europa ebenso wie in Südamerika, den USA und Indien. Aus der Kontemplation in die Aktion – von innen nach außen – wollen die Schwestern wirken, das Evangelium leben.

„Unsere Gegenwart ist ohne unsere Vergangenheit nicht denkbar", Denn im Gegensatz zu anderen Schwesterngemeinschaften, die für bestimmte Zwecke wie Erziehungsarbeit oder Krankenpflege gegründet worden sind, entstanden die Dillinger Franziskanerinnen nicht aus einer bestimmten Tätigkeitsintention.

Gemeinschaftlich ein religiöses Leben zu führen, war das Motiv der Frauen, die sich im Jahr 1241 in Dillingen/Donau zusammengeschlossen und bald die Regel des Dritten Ordens des heiligen Franziskus übernommen haben. Gott zu loben und zu preisen und ihm zu dienen, steht auch im ausgehenden 20. Jahrhundert für die Franziskanerinnen im Mittelpunkt ihres Strebens.

In der Berufswahl sind die Dillinger Franziskanerinnen relativ frei; berufliche Neigungen werden toleriert, sofern die Tätigkeit nicht dem Leben in der klösterlichen Gemeinschaft entgegensteht.

Als Pastoralreferent kann ich nur von Begegnungen der letzten 18 Jahren mit den Schwestern aus dem Kemmerner Konvent erzählen, persönlich gefärbte Schlaglichter aus Begegnungen mit Sr. Helene, Sr. Philippine, Sr. Gundula, Sr. Luitgard und Sr. Karin.

Es waren stets herzliche und sehr angenehme Begegnungen, am meisten natürlich in und nach den Gemeindegottesdiensten, die die Schwestern immer gerne mitfeierten. Hier spürte man, wie sehr die Schwestern in der Gemeinde beheimatet waren, wie groß die Hochschätzung zwischen Gemeinde und Schwestern immer war – und es war keine eingleisige, sondern immer eine gegenseitige Achtung und Wertschätzung.

Selbst bei anfangs ungewohnten Wort-Gottes-Feiern von Pastoralreferenten war es keineswegs so, dass man als Mangel oder Notlösung empfunden wurde: die Schwestern begleiteten jede Gottesdienstfeier mit großem Wohlwollen, großer Andacht und immer auch mit hilfreichen und ermutigenden Rückmeldungen.

Neben den Gottesdiensten brachten sich die Schwestern mit ihren Stärken und Talenten – und natürlich den altersbedingten Möglichkeiten – ein.

Sr. Gundula war im Pfarrgemeinderat nicht nur immer präsent, sondern begleitete die Arbeit engagiert mit positiver Kritik und vielen guten Ideen. Auf ihre Initiative ging z.B.

das Taizé-Gebet zurück, in dessen Folge sich jedes Jahr ein gemeinsamer ökumenischer Taizé-Gottesdienst etablierte. Dieser Gottesdienst war zugleich wesentliches verbindendes Element im ganzen Pfarreienverbund und erfreut sich heute noch großen Zuspruchs. Sr. Gundula und der Meditative Tanz, den sie auch für den ganzen Pfarreienverbund ins Leben gerufen hat, waren eine feste Einheit – mit Nachhaltigkeit: denn auch nach ihrem viel zu frühen und plötzlichen Tod ist ihre „Herzblutaufgabe" der Gemeinde erhalten geblieben.

Sr. Luitgard hat sich vor allem im Diakonischen Bereich engagiert. Sie hat jahrelang die Alten und Kranken im Seniorenheim Breitengüßbach betreut – mit Besuchen, Krankenkommunionen, Organisation von Eucharistiefeiern und auch selber gehaltenen Wort-Gottes-Feiern.

Sr. Karin, die nach dem Tod von Sr. Gundula in den Konvent kam, engagiert sich seitdem aktiv im Pfarrgemeinderat Kemmern – nicht zu vergessen ihre wichtigste Aufgabe: sich innerhalb des Konvents zu sorgen und zu kümmern um ihre älteren Mitschwestern Sr. Helene und Sr. Philippine, die zwar nicht mehr so aktiv wie in früheren Jahren das Gemeindeleben mitgestalten können, aber allein mit ihrem Dasein, mit ihrer freundlichen Ausstrahlung – nicht zuletzt mit ihrem Gebet eine große Stütze und ein Halt für die Gemeinde sind.

Ich wünsche dem Schwesternkonvent noch viele glückliche Jahre – die Schwestern sind sicher ein Segen für die Gemeinde.

Monsignore Edgar Hagel, Pfarradministrator

Manfred Herl, Pastoralreferent

v. l. Schwester M. Friedgard, Schwester M. Philippine, Schwester M. Hermengild, Schwester M. Gundula, Schwester M. Helene, Schwester M. Martina, Schwester M. Luitgard, Schwester M. Jutta, Schwester M. Iris. Hintere Reihe: 2. Bürgermeister Hans-Dieter Ruß und 1. Bürgermeister Rüdiger Gerst

Amtseinführung von Pfarrer Markus Schürrer in der Pfarrei Breitengüßbach am 4.11.2018, Fotos: Johannes Michel

KIRCHENPFLEGER

GRUSSWORT

Kemmern und seine Dillinger Franziskanerinnen: eine Segens-, Respekts- und Liebesgeschichte

Fast 130 Jahre wirken Dillinger Franziskanerinnen nun schon segensreich in Kemmern. Weder Priester noch politische Vertreter haben das Leben so nachhaltig geprägt und beeinflusst wie unsere Schwestern. Völlig gleich, mit welcher Aufgabe die jeweilige Ordensfrau betraut war, sie hat immer zum Wohle unserer Gemeinde und ihrer Gemeinschaft gewirkt. Sicherlich standen einige Schwestern aufgrund ihrer erzieherischen Tätigkeit im Kindergarten oder der Schule stärker im Blickfeld der Öffentlichkeit, aber auch die mehr im Hintergrund wirkenden Schwestern haben durch ihre Arbeit und ihr Gebet segensreich gewirkt. Kemmern wäre meiner Ansicht nach ohne unsere Schwestern nicht so stark religiös ausgerichtet, auch wenn der Zeitgeist in den letzten Jahren Vieles davon hat verschwinden lassen.

Respektspersonen waren unsere Schwestern immer gewesen, aber leider hat sich dies mittlerweile etwas geändert. Es war früher eine Selbstverständlichkeit, eine Schwester mit Handgeben und einer Verbeugung oder einem Knicks zu begrüßen. Über eine Schwester schlecht zu reden, hätte sich niemand getraut; es gab ja auch keinen Grund dafür. Durch die Erziehung im Kindergarten und in der Schule wurde bei (uns) Kindern die religiöse Grundhaltung eingeübt und gefestigt. So haben alle ein Fundament erhalten, auf dem sie haben aufbauen können.

Dass wir Kemmerner unsere Schwestern lieben und verehren, zeigt sich darin, dass man ihnen grundsätzlich mit Hochachtung begegnet. Und wir sind stolz darauf, dass wir bei allem Mangel an Ordensfrauen noch drei bis vier Schwestern in unserer Gemeinde haben. Wie groß diese Hochachtung unseren Schwestern gegenüber ist, beweist die Tatsache, dass mit den verstorbenen Schwestern Reginharda und Helene zwei Ordensfrauen Ehrenbürger unserer Gemeinde sind. Sr. Reginharda wurde darüber hinaus bereits zu ihren Lebzeiten (!) eine Straße in Kemmern gewidmet. Mit diesen Auszeichnungen sind aber auch alle anderen Schwestern, die in Kemmern wirken oder gewirkt haben, geehrt, da ohne die Mitarbeit der anderen im Hintergrund kein fruchtbares Wirken möglich gewesen wäre.

Ich danke Peter Ring (Bruder Abraham), der aus einer angesehenen und sehr religiösen Kemmerner Familie stammt, für seinen Arbeitseinsatz hinsichtlich der zweiten Auflage der Dissertation zum Thema *„Das Wirken der Dillinger Franziskanerinnen in Kemmern"*. So schafft er für die Nachwelt ein Werk, mit dem die Erinnerung an unsere Schwestern für immer erhalten bleiben wird.

Siegfried Brehm OStR i.R.,
Kirchenpfleger St. Peter und Paul in Kemmern

Dissertationes Theologicae III

Peter Ring

Die Dillinger Franziskanerinnen in Kemmern

nova & vetera

Im Juli des Jahre 2007 konnte der Verfasser an der Katholischen Fakultät der Universität Augsburg erfolgreich seine Promotion im Fach Kirchengeschichte einreichen. Es wurden 1000 Exemplare gedruckt. Diese Neuveröffentlichung erfolgt nun als Dank an die Schwestern von Kemmern und als Abschiedsgeschenk an die ehemalige Gemeinde.

DOKTORVATER

GRUSSWORT

Es freut mich, dieses kurze Vorwort zur zweiten erweiterten Auflage der Dissertation von Herr Dr. Peter Ring: Die Dillinger Franziskanerinnen in Kemmern, die im Jahre 2007 an der Universität Augsburg eingereicht und verteidigt wurde, schreiben zu dürfen. Als Herr Ring mich damals bat, ihn bei der Fertigstellung seiner Dissertation als Doktorvater zu begleiten, habe ich mich gefragt: Kannst du das überhaupt? Da ich zu jener Zeit gerade einen Lehrauftrag an der Katholisch-Theologischen Fakultät der Universität Bamberg hatte, habe ich zugesagt. Das hat mich dann auch dazu bewegt, die oberfränkische Kirchenlandschaft und das Gemeindemillieu intensiver zu beobachten, zu studieren und die Gemeinde Kemmern 2004 persönlich zweimal zu besuchen.

Das Buch verdeutlicht die tiefe Verbundenheit Peter Rings mit seiner Geburtsgemeinde und mit dem Konvent der Dillinger Franziskanerinnen in Kemmern. Im Zentrum der Publikation stehen vor allem die „Wirkungskreise" der Dillinger Franziskanerinnen, wie z.B. der Konvent, die Mädchenschule, die Kleinkinderbewahranstalt, die Arbeitsschule und der ambulante Pflegedienst, die alle mit Akribie sehr erfolgreich dargestellt wurden.

Darüber hinaus analysiert der Verfasser ausführlich die „Neue Zeit", die Zeit des Nationalsozialismus, und damit die erste umfassende nahezu Eliminierung des „Katholischen" im Gemeindemillieu und der einmaligen und vielschichtigen Tätigkeit der Schwesternkommunität in Kemmern. Der Kriegszerstörung folgten, Gott sei Dank, der erfolgreiche Neuanfang und der Neuaufbau, was auch die Entstehung neuer Tätigkeiten und neuer Wandlungsprozesse mit sich brachte, die wiederum oft zu neuen Differenzierungen und neuen Zersetzungen führten und manchmal unvermeidlich zur Bedeutungslosigkeit der liebgewonnenen Mitte führten.

Damit stellt die Publikation von Dr. Ring ein getreues Wandlungsbild eines Gemeinde-und Kirchenmillieus in der oberfränkischen Gemeinde Kemmern dar und spornt uns an, alle Hintergründe, Ursachen und Motive dieses Wandlungsprozesses genauer ins Auge zu fassen, da sich ein ähnlicher Entwicklungsvorgang bayernweit auch in anderen Land- und Kirchengemeinden sowie in den Ordensgemeinschaften im fortschrittlichen Stadium befindet.

Das Buch ist allen interessierten Kemmerern und einem breiten oberfränkischem Publikum zu empfehlen, da aus der gründlichen historischen Untersuchung ein getreues Bild der Gemeinde Kemmern entsteht und ihr fast 130jähriger Wahrzeichen und Mittelpunkt- die Präsenz und die Tätigkeit des Konvents der Dillinger Franziskanerinnen- in neuem und würdigem Licht erstrahlt.

Augsburg, im September 2018
Prof. i. R. Dr. Petar Vrankic

MEIN DANK AN DIE KEMMERNER SCHWESTERN – GRUSSWORT EINES GEISTLICHEN SOHNES

Mit diesem Grußwort möchte ich besonders den Schwestern der Dillinger Franziskanerinnen für ihr langjähriges Wirken in der Pfarrei und Gemeinde Kemmern ein herzliches Vergelt's Gott sagen. Ihr Wirken soll nicht in Vergessenheit geraten! Wenn ich heute als gebürtiger Kemmerner an unsere Schwestern denke, kommen mir vor allem drei Ereignisse in den Sinn, die meinen persönlichen Lebensweg bis zum heutigen Tage mitprägen. Ich bin jetzt Mitglied des Oratoriums des hl. Philipp Neri und bereite mich auf die Priesterweihe vor.

Der tägliche Umgang mit Ordensfrauen war in meiner Kindheit und Jugendzeit etwas völlig Normales. Mein Elternhaus, in dem sich ein kleiner Dorfladen befand, lag nahe bei dem Schwesternhaus. Die Küchenschwester M. Gerwigis machte ihren wöchentlichen Einkauf an Lebensmitteln bei meiner Tante. So war es ganz selbstverständlich, dass ich als kleiner Bub dann den Einkauf ins Schwesternhaus trug. Es kam einmal vor, dass an einem Wochenende der Einkauf aus ungewöhnlich vielen Tüten bestand und ich sogar ein Wägelchen brauchte. Anfangs dachte ich mir nichts dabei, doch dann fragte ich die Sr. Reginharda: *„Warum kaufen heute die Schwestern soviel ein, was ist da los?"* Die Antwort der Schwester war: *„Wir bekommen Besuch von Schwestern, die alle gebürtig aus Kemmern sind. Es ist doch immer eine große Freude, wenn wir sehen, wie viele Berufungen aus dieser Pfarrei hervorgehen!"* Ich konnte damals mit dieser Antwort noch nicht viel anfangen, denn ich dachte mir, wenn man neue Schwestern braucht, dann holt man diese einfach in Dillingen. Meine Großtante Gabriele Christa war ja auch bei den Dillinger Franziskanerinnen. Sie war Lehrerin am dortigen Mädchengymnasium, das die Dillinger Franziskanerinnen in Kaiserslautern leiteten. Immer wenn sie meine Tante im Urlaub besuchte, gehörte auch ein Besuch bei „unseren" Schwestern zum Standardprogramm. Ich erinnere mich noch an den letzten Besuch im Jahre 1978. Es war bereits 20.00 Uhr und meine Tante Regina sagte zu mir, ich solle jetzt Schwester Gabriele abholen, denn am nächsten Tag müsse sie ja wieder nach Kaiserslautern fahren. Ich ging also zum Schwesternhaus und läutete an der Glocke. Es öffnete Sr. Gerwigis und sie bat mich ins Gästezimmer zu kommen. Ich traute mich erst nicht recht, weil wir gelernt hatten, dass wir das Schwesternhaus nicht betreten sollten. Nach erneuter Aufforderung ging ich dann doch hinein und sah dort Sr. Gabriele. Ich sagte zu ihr, sie solle mit mir nach Hause kommen. Darauf antwortete Sr. Gabriele zu allen anwesenden Schwestern: *„Ich werde nicht mehr nach Kemmern kommen, doch ich bitte euch, sorgt Euch um Peter, dass er eine gute Ausbildung bekommt. Ihr kennt ja die familiären Verhältnisse sehr gut, ohne euer Gebet und euere Unterstützung wird er sein Ziel nicht verwirklichen können."* Ich verstand damals noch nicht, was meine Großtante damit sagen wollte. Sie hatte erkannt, dass in meinem Herzen die Berufung zum Priestertum schlummerte. Da sie selber nicht mehr viel für mich tun konnte, vertraute sie mich den Ordensfrauen von Kemmern an. Das Oratorium in Aufhausen, zu dem ich jetzt gehören darf, arbeitet sehr eng mit Ordensschwestern zusammen, nämlich mit den Dienerinnen vom Heiligen Blut. Ich bin sehr dankbar, dass ich schon von klein auf in meiner Heimatgemeinde einen selbstverständlichen Umgang mit Ordensfrauen erleben konnte. Das befähigt mich heute sehr, unkompliziert an einer geistlichen Familie teilzunehmen.

Als Kind und Jugendlicher besuchte ich täglich die Heilige Messe und es kam oftmals vor, dass ich schon einige Minuten vor Gottesdienstbeginn zum Ministieren in die Sakristei kam. Tief beeindruckt war ich von der täglichen Anwesenheit der Schwestern. Sie waren nicht nur da, sondern immer tief im Gebet versunken. Sie beteten täglich für die Nöte und Schwierigkeiten der Menschen in der Gemeinde und in aller Welt. Die Früchte dieser innigen Gebetshilfe durfte ich oftmals selber erfahren, denn die Schwestern kannten meine schulischen Schwierigkeiten sehr gut. Sie haben mir vom Besuch des Gymnasiums in Bamberg abgeraten, was ich damals noch nicht verstand. Daher blieb mir zunächst nichts anderes übrig als den Hauptschulabschluss zu machen und eine kaufmännische Lehre zu beginnen, um später das Geschäft meiner Tanten übernehmen zu können. Mein langjähriger Heimatpfarrer Georg Götz und die Schwestern kannten meinen Wunsch, einmal in eine Ordensgemeinschaft einzutreten, um Priester zu werden. Mein damaliger Pfarrer und die Schwestern waren diesbezüglich offen, aber sie bremsten mich anfangs sehr, was ich nie verstand. Dann aber kam mir Sr. M. Reginharda zu Hilfe, die mir riet: *„Peter,*

Du benötigst ein stärkeres geistliches Fundament und Du brauchst zuerst eine solide menschliche Reife. Ohne diese Voraussetzung wirst Du in Deiner Berufung niemals glücklich werden. Dieses Werkzeug kann Dir aber Deine Pfarrgemeinde und Deine Familie nicht geben, daher gehe im Vertrauen Deinen Weg, den Gott Dir zeigt. Wir Schwestern begleiten Dich durch unser Gebet". Wenn ich heute zurückblicke, kann ich den Schwestern nur von ganzen Herzen danken, denn sie hatten wirklich Recht. Durch ihr tägliches Gebet konnte ich schließlich Gymnasium und Studium erfolgreich abschließen. Ohne ihr tägliches Gebets, das bis zum heutigen Tage anhält, hätte ich auch den Weg nach Aufhausen nicht gefunden. Dafür sei Ihnen von Herzen *Vergelt's Gott* gesagt!

Als besonderes Ereignis kommt mir noch die Heiligsprechung von Pater Maximilian Kolbe am 10. Oktober 1982 ins Gedächtnis. Ich hatte damals die Gelegenheit, diese liturgische Feierlichkeit bei den Schwestern im Fernsehen anzuschauen. Ich sollte dann zwar eine Lebensbeschreibung von diesem großen Glaubenszeugen lesen, doch ich verstand noch nicht viel davon. Mein Heimatpfarrer Georg Götz war von diesem großen Märtyrer der Nächstenliebe sehr begeistert. Er war in der Zeit des Nationalsozialismus zum Priester geweiht worden. Es war für ihn ein großer Wunsch, einmal nach Ausschwitz ins Konzentrationslager zu gehen und in der Zelle des heiligen Pater Maximilian Kolbe die Heilige Messe zu feiern, dort wo tausende von Menschen zwangsweise ihr Leben lassen mussten. Im Jahre 1988 feierte der Pfarrer sein 50jähriges Priesterjubiläum. Es war für ihn eine große Freude, dass ihm die Schwestern von Kemmern diese Fahrt zusammen mit einem polnischen Priester aus dem Erzbistum Bamberg ermöglichen. Ich selber war damals nicht dabei, doch er sagte mir später, als er mit den Schwestern zurückkam. „*Peter wir haben dort in dieser kleinen Zelle auch für Dich und Deine Berufung gebetet. Beginne dich für das Fach Geschichte zu interessieren, denn Du wirst es später oft brauchen. Denke dabei an Ausschwitz und die vielen Millionen Menschen, die dort ihr Leben lassen mussten. Bete auch für alle, die dort bewusst und unbewusst gesündigt haben. Der Heilige Pater Maximilian Kolbe soll Dir ein Wegbegleiter auf deinem Weg sein. Wenn es Gottes Wille ist und Du Dein Ziel erreichst, dann gehe auch dorthin und danke Gott. Denke dabei auch an deine Schwestern von Kemmern, die dort für dich gebetet haben und immer für dich beten werden, solange es diese Ordensfiliale hier gibt.*" Als ich dann im September 2012 das erste Mal Polen besuchte, kam mir sofort die Erinnerung an Pfarrer Georg Götz. Ich besuchte auch das Konzentrationslager in Ausschwitz und dachte an diese prophetischen Worte meines alten Pfarrers.

Die Bevölkerung von Kemmern wird noch viel mehr Erinnerungen an die Dillinger Franziskanerinnen haben. Mit diesen drei Episoden aus meiner Begegnung mit ihnen möchte ich zeigen, dass den Schwestern die Förderung von geistlichen Berufungen immer ein besonderes Herzensanliegen war. Möge Gott seine segnende Hand über diese Ordensfiliale halten, so dass von dort noch ein reicher Segen auf die Gemeinde Kemmern und das ganze Erzbistum Bamberg ausgeht!

Br. Abraham CO. (Dr. Peter Ring)

Schwesternhaus in Kemmern, Hauptstraße 14, Foto: Johannes Michel

TEIL 1

Gründungsprozess der Dillinger Franziskanerinnen
in der Gemeinde Kemmern
von 1889 bis 1891

Exemplarische Analyse einer Filialgründung der Kongregation der Dillinger Franziskanerinnen O.S.F.

INHALT

Vorwort 44

Praktische Hinweise 44

Einleitung 45

I. ALLGEMEINE HISTORISCHE HINFÜHRUNG: FRANZISKUS UND DIE DILLINGER FRANZISKANERINNEN 47

1. Franz von Assisi (1182–1226) und die Gründung des Franziskanerordens 47

2. Die Grafen von Dillingen und die Gründung der Dillinger Franziskanerinnen 48

3. Neuzeitliche Entwicklung im Spannungsfeld zwischen Rückschlägen und Reifungsprozess – ein kurzer Einblick in die Entfaltung der Gemeinschaft 48

4. Entfaltung der Dillinger Franziskanerinnen im Kontext der geschichtlichen Entwicklung des 19. Jahrhunderts in Bayern 51

5. Die Auswirkungen des Liberalismus und des Kulturkampfes auf die klösterlichen Mädchenschulen in Bayern 53

6. Die soziokulturelle und ökonomische Beschaffenheit der Gemeinde Kemmern im ausgehenden 19. Jahrhundert 55

7. Die Gemeinde Kemmern im Jahr 2002 57

8. Die Persönlichkeit des Pfarrers Gottfried Arnold 58

II. GRÜNDUNGSPROZESS DER DILLINGER FRANZISKANERINNEN VON 1889 BIS 1891 59

1. Vorgeschichte des Gründungsprozesses – die schulische Situation in Kemmern 1888 bis 1889 59

1.1 Das Volksschulwesen im 19. Jahrhundert 59
1.2 Schulvisitationen in Kemmern 59

2. Die Schwesternfiliale der Dillinger Franziskanerinnen in Kemmern 62

2.1 Die Antragstellung – der Weg durch die kirchlichen und weltlichen Institutionen 62
2.2 Erste Abstimmung der Gemeinde Kemmern über die Einführung klösterlicher Lehrerinnen 62
2.3 Kontaktaufnahme der Pfarrei Kemmern mit dem Konvent in Dillingen 64
2.4 Exkurs: Geistliche Berufungen zur Zeit Pfarrer Arnolds 65
2.5 Weiterer Briefverkehr zwischen Pfarrer Arnold und den Dillinger Franziskanerinnen 66
2.6 Exkurs: Die Bedeutung des Begriffes „Laienschwester" 66
2.7 Exkurs: Die Bedeutung der Schwesternpersönlichkeit Angelina Schmid für den Gründungsprozess 67
2.8 Antrag der Gemeindeverwaltung Kemmern auf staatliche Genehmigung der klösterlichen Lehrerinnen 69
2.9 Erneute Beschlussfassung der Gemeinde Kemmern über die Einführung der Schwestern ... 70
2.10 Vertrag zwischen der Gemeindeverwaltung Kemmern und den Dillinger Franziskanerinnen 70

3. Fortgang und Abschluss der Verhandlungen 72

3.1 Grundsätzliche Zustimmung und finanzielle Bedenken des Bamberger Metropolitankapitels 72
3.2 Reaktion der Kreisregierung von Oberfranken auf die Einwände des Bamberger Metropolitankapitels – erneuter Beginn des politischen Genehmigungsverfahrens 73
3.3 Ausräumung der Bedenken durch die Gemeinde Kemmern und Pfarrer Arnold 74
3.4 Weiterleitung des Antrages der Gemeinde Kemmern an das königliche Ministerium des Innern für Schul- und Kirchenangelegenheiten 75
3.5 Allerhöchste Entschließung des königlichen Ministeriums des Innern für Kirchen- und Schulangelegenheiten am 10. September 1890 76

3.6 Notwendige Ausführungsbestimmungen der nachgeordneten Instanzen 76

3.7 Weitergabe der allerhöchsten Entschließung durch die Kreisregierung von Oberfranken nach Bamberg sowie weitere Ausführungsbestimmungen 77

3.8 Verzögerung der Bauarbeiten am Schulhausneubau 78

3.9 Staatliche Kontrollausübung über das Klosterschulwesen am Beispiel personeller Sachverhalte in Kemmern 78

4. Ringen um die staatliche Genehmigung der Pfarrer Arnold'schen Mädchenschulstiftung 80

4.1 Ablehnung des Gesuchs um die Genehmigung der Schulstiftung durch die königliche Regierung 81

4.2 Schenkungsvertrag zwischen Pfarrer Arnold und der Gemeinde Kemmern vom 14. März 1891 82

III. KRITISCHE BEWERTUNG DES GRÜNDUNGSPROZESSES 85

IV. SCHLUSSEXKURS: AUSBLICK AUF DIE FOLGENDE ENTFALTUNG DES KONVENTES 89

Das Anwachsen des Konventes und seine Integration in das Gemeindeleben nach der Gründung 89

Anmerkungen 91

QUELLEN UND LITERATURVERZEICHNIS 99

A. Quellenverzeichnis 99
1. Ungedruckte Quellen 99
2. Gedruckte Quellen 101

B. Literaturverzeichnis 101
1. Primärliteratur 101
2. Sekundärliteratur 101
3. Zeitschriften 102

VORWORT

Mit dieser Untersuchung möchte ich einen Beitrag dazu leisten, die Geschichte des Kemmerner Konvents der Dillinger Franziskanerinnen in der historischen Entwicklung der Pfarrei auch für künftige Generationen transparent zu machen. Die Wirkungsgeschichte der Dillinger Franziskanerinnen und die katholische Verwurzelung Kemmerns haben in den letzten 111 Jahren bei vielen jungen Menschen Berufungen für verschiedene Ordensgemeinschaften geweckt.

Allerdings gilt dieser „wahre Ordensgeist", den bereits Pfarrer Gottfried Arnold (1887–1902)[1] in seinem Brief an die Meisterin des Konvents der Dillinger Franziskanerinnen, Angelina Schmid (1878–1900), am 6. November 1889[2] feststellte, für die Pfarrei Kemmern schon lange nicht mehr. Mit der langsamen Auflösung des katholischen Milieus Kemmerns gerieten die Namen und Tätigkeiten vieler Ordensschwestern und kirchlicher Würdenträger aus der Pfarrei in Vergessenheit. So erinnert heute in der Gemeinde beispielsweise keine Straße und kein Platz an den Ehrenbürger Dechant Gottfried Arnold, obwohl dieser sich auch und gerade im pädagogischen Bereich große Verdienste um Kemmern erworben hat.[3] Im Rahmen meiner Analyse werde ich auf sein Wirken noch zu sprechen kommen.

Als Mitglied der Pfarrei Kemmern und als Bürger der Gemeinde hatte und habe ich seit meiner Kinder- und Jugendzeit eine tiefe Beziehung zu den Schwestern der Dillinger Franziskanerinnen. Im Kindergarten und als Ministrant durfte ich einerseits durch die Tätigkeit der Dillinger Franziskanerinnen eine kulturelle christliche Sozialisation erfahren, andererseits haben mich das Ordensleben und die Spiritualität meiner Großtante Gabriele Christa, Schwester bei den Dillinger Franziskanerinnen, und meines Onkels Erasmus, Frater im Karmelitenorden Bamberg, sehr beeindruckt. Schon in meiner Kindheit interessierte ich mich für kulturelle und lokalhistorische Ereignisse. So ergriff ich 1984 als Mitglied der Jugendblaskapelle Kemmern die Initiative für die historischen Forschungen über „100 Jahre Blaskapelle in Kemmern". Diese Kapelle war mit der Pro-Musika-Plakette vom Bundespräsidenten Richard von Weizsäcker ausgezeichnet worden. Ferner half ich dem Heimatforscher Konrad Schrott bei der Quellensammlung, als er 1982 vom Gemeinderat in Kemmern den Auftrag erhalten hatte, eine Ortschronik zu erstellen. Aus diesem Standardwerk „Kemmern – Ortsgeschichte eines ehemaligen bambergisch-domkapitelischen Obleidorfes",[4] welches er 1986 herausgab, werde ich in dieser Arbeit unter anderem zitieren.

Diese Untersuchung soll keine lokale, heimatliche Chronik über den Konvent der Schwestern von Kemmern werden, sondern aus wissenschaftlichen Erwägungen in die gesamte historische Entwicklung Bayerns eingebettet werden. Denn das Handeln Pfarrer Arnolds bei der Einführung der Dillinger Franziskanerinnen führt unter anderem vor Augen, welcher administrative Weg bei der Einführung von Schulschwestern in der Zeit um 1890 in Bayern beschritten werden musste.

PRAKTISCHE HINWEISE

Zitate, die über 2 Zeilen hinausgehen, werden einzeilig geschrieben. Quellen und Bilder werden an geeigneter Stelle in die Analyse eingebaut. Die einzelnen Daten der Schreiben von den verschiedenen Institutionen sind zur besseren Übersichtlichkeit im wissenschaftlichen Apparat fett gedruckt.

In dieser Arbeit verwende ich folgende Abkürzungen:

StABa	Staatsarchiv Bamberg
StBBa	Staatsbibliothek Bamberg
StAWü	Staatsarchiv Würzburg
EABa	Erzbischöfliches Archiv Bamberg
PfAKe	Pfarrerarchiv Kemmern
Vgl.	Vergleich
Ebd.	Ebenda

EINLEITUNG

Die dieser Diplomarbeit zugrundeliegende Thematik ist vermutlich aus fehlendem lokalgeschichtlichem Interesse der kirchlichen und politischen Verantwortlichen des Ortes bisher noch nicht erforscht und veröffentlicht worden. Während meiner mehr als dreijährigen Vorbereitungszeit habe ich im Staatsarchiv Bamberg,[5] im Staatsarchiv Würzburg,[6] im Erzbischöflichen Archiv,[7] in der Bamberger Staatsbibliothek,[8] in den Archiven der Dillinger Franziskanerinnen in Kemmern, Bamberg und Dillingen sowie bei den Einwohnern von Kemmern Quellen und Materialien zur Erstellung meiner Diplomarbeit an der Philosophisch-Theologischen Hochschule Münster gesichtet und gesammelt.

Meine Forschungsergebnisse beruhen größtenteils auf der Korrespondenz zwischen kirchlichen[9] und weltlichen Institutionen, die den Gründungsprozess der Ordensfiliale Kemmern zwischen Januar 1889 und Juni 1891 lückenlos und chronologisch belegen. Dem Procedere der Gründung des Konventes der Dillinger Franziskanerinnen kommt höchste Bedeutung für die bayerische Kirchengeschichte zu. Es wurden zu dieser Zeit viele Schwesternfilialen gegründet[10], aber gerade im Fall Kemmern ist der Gründungsprozess aufgrund der guten Quellenlage sehr transparent. Auf den ersten Blick schien die Quellenlage sehr fragmentarisch zu sein, jedoch eröffnete sich mir durch ausdauerndes Nachfragen und Nachforschen bei den oben genannten Institutionen das gesuchte Quellenmaterial, welches sich durch Sichten, Transskribieren und Ordnen wie ein Puzzle als ein zusammenhängendes chronologisches Ganzes erschloss.

Um meine Nachforschungen und Ergebnisse überhaupt in einen angemessenen Rahmen bringen zu können, musste ich Kürzungen verschiedenster Art in Kauf nehmen. Jedoch möge an dieser Stelle die Korrespondenz zwischen den kirchlichen und weltlichen Institutionen als Ganzes erwähnt werden, damit das Procedere meiner Arbeit, die Auswahl der Quellen und das Forschungsergebnis deutlich gemacht werden können. Diese Arbeit beschränkt sich auf die für die Gründung wesentlichen Quellen, welche in der Arbeit interpretiert und analysiert werden. Diese sind:
– der Brief von Pfarrer Arnold vom 6. November 1889,[11]
– der Vertrag der Gemeinde Kemmern vom 9./10. Juli 1890,[12]
– die Stellungnahme des Metropolitankapitels Bamberg vom 24. Juli 1890,[13]
– das Genehmigungsschreiben des königlichen Staatsministeriums des Innern für Kirche und Schulangelegenheiten vom 10. September 1890,[14]
– sowie die Schreiben vom 28. Januar 1891 und vom 26. Mai 1891 des königlichen Staatsministeriums des Innern für Kirchen- und Schulangelegenheiten bezüglich der Arnold'schen Mädchenschulstiftung.[15]

All diese Quellen sind amtliche Dokumente der verschiedenen Institutionen, die bisher noch nicht veröffentlicht wurden, doch bis heute unversehrt erhalten und gerade für mein Thema von großer Bedeutung sind; daher werde ich die einzelnen Quellen in der Analyse an geeigneter Stelle einfügen. Als weitere wichtige Quellen werde ich einige Bilder in den Text einfügen, die bisher in wissenschaftlichen Arbeiten noch nicht veröffentlicht worden sind.

Im ersten Teil meiner Ausführungen werde ich kurz das Leben des hl. Franziskus[16] und die Gründung des Franziskanerordens[17] beschreiben. Das anschließende Kapitel stellt einerseits die Gründung und andererseits wichtige Ereignisse in der Geschichte der Dillinger Franziskanerinnen dar.[18] Darüber hinaus bietet es einen allgemeinen historischen und kirchengeschichtlichen Überblick über Franken[19] und Bayern[20] sowie Kemmern und dessen Umgebung, um diese in das übergeordnete Ganze ausreichend einbetten zu können, denn vor allem für die Beschreibung der Vorgeschichte bis zur Gründung des Konvents der Dillinger Franziskanerinnen in Kemmern ist diese Eingliederung für das tiefere Verständnis des beschwerlichen Instanzenweges königlich-bayerischer Schul- und Kulturpolitik notwendig.

Der zweite Abschnitt wird im Gegensatz zum ersten Teil, welcher aus einer allgemeinen Perspektive auf die Lokalebene Kemmerns hinführen soll, sukzessive den Gründungsprozess des Konventes der Dillinger Franziskanerinnen in Kemmern darlegen. Ausgehend von einer Schulvisitation, welche am 29.01.1889 von der Kreisregierung in Bayreuth an der Schule in Kemmern durchgeführt wurde[21] und letztlich den Schulhausneubau nach sich zog, sollen die darauf beruhenden Initiativen und Beweggründe der Pfarrei aufgezeigt werden, welche zur Einführung von Ordensschwestern in der Gemeinde Kemmern führten. Diese hatten schließlich den komplexen administrativen Genehmigungsprozess zur Folge, den die Gemeinde gehen musste, um ihr Ziel zu verwirklichen.

Drei wichtige kirchenhistorische Erkenntnisse sollen sich wie ein roter Faden durch diese Arbeit hindurchziehen:

1. Das Wirken der Priesterpersönlichkeit Gottfried Arnold soll aus kirchengeschichtlicher Sicht deutlich analysiert werden, denn als Pfarrer von Kemmern war er den Erzbischöfen von Bamberg verantwortlich.

2. Als Lokalschulinspektor musste Pfarrer Arnold zusammen mit der Gemeinde das administrative Genehmigungsverfahren ausführen, welches das königliche Staatsministerium des Innern in dieser Frage vorschrieb. Als weltlicher Beamter war er auch Diener der Staatsgewalt und somit dem Gesetz unterstellt. Die administrativen Belange lagen primär in seiner Hand, wobei er als Pfarrer diese staatlichen Regelungen bis aufs Kleinste genau in die Praxis umzusetzen hatte, um sein Projekt, Ordensschwestern nach Kemmern zu holen, verwirklichen zu können.

3. Im Gesamtprozess der Genehmigung und der Filialgründung wird insgesamt immer wieder eine gewisse Unterordnung der Kirche unter den Staat deutlich, die im Verlauf meiner Analyse nachgewiesen werden soll.

Als eine wichtige Voraussetzung für die Realisierung des Gründungsvorhabens ist die Kooperation zwischen Pfarrei und politischen Entscheidungsträgern, nicht zuletzt der Gemeinde Kemmern, hervorzuheben, die aus soziokultureller und ökonomischer Sicht im Vergleich zu anderen Gemeinden vom Bezirksamt Bamberg I „als besonders leistungsfähig nicht"[22] eingestuft wird, aber trotzdem die nötigen Schritte unternahm, um die pädagogische Situation der einfachen ländlichen Bevölkerung zu verbessern. Eine wichtige Rolle bei diesem Vorhaben spielt die überaus große finanzielle Bereitschaft von Pfarrer Gottfried Arnold, der „für keine Verwandten zu sorgen hätte"[23], seine Pfarrei Kemmern mit großzügigen Stiftungen auszustatten, z.B. mit der Gottfried Arnold'schen Mädchenschulstiftung, welche die Sustentation der Schwestern auf Dauer sichern sollte. Den Abschluss des gesamten Genehmigungsverfahrens bildet das Ringen um die landesherrliche Genehmigung des königlichen Staatsministeriums des Innern für Kirchen- und Schulangelegenheiten, welche Pfarrer Arnold für seine Stiftung gerne erwirken wollte. Doch letztendlich muss er sich mit einem Schenkungsvertrag zufriedengeben. Mit der Schilderung dieses Ablaufes soll nochmals der beschwerliche Instanzenweg königlich-bayerischer Schul- und Kulturpolitik aufgezeigt werden. Letztlich wird offenkundig, dass Pfarrer Arnold im Großen und Ganzen zwar sein Ziel erreichte, aber sich im Formalen mit einem Kompromiss zufrieden geben musste.

Die Bewertung und Interpretation des gesamten Gründungsprozesses befindet sich im dritten Teil der Analyse. Den Abschluss der Arbeit bildet der wissenschaftliche Apparat. Darin finden sich das Quellen-, Literatur- und Bildverzeichnis.

ALLGEMEINE HISTORISCHE HINFÜHRUNG: FRANZISKUS UND DIE DILLINGER FRANZISKANERINNEN

1. Franz von Assisi (1182–1226) und die Gründung des Franziskanerordens

Die Persönlichkeit des hl. Franziskus zeichnete sich einer Charakterisierung von Laurentius CASUTT zufolge durch „eine bezaubernde Natürlichkeit, eine innige Lebensauffassung, zarte Liebe zu allen Geschöpfen, ein sangesfrohes Gemüt, große Achtung vor der persönlichen Eigenart des Einzelnen, kühne Unternehmungslust, viel Freiheit für weltweite Aktivität oder eremitische Abgeschiedenheit, bewußte Ablehnung einengender Normen und urevangelisch Frische"[24] aus.

Im Mittelpunkt der Lebensgestaltung von Franziskus stand die Verkündigung des Evangeliums in Demut und tätiger Nächstenliebe. Um sich dieser Aufgabe in der Nachfolge Christi voll und ganz widmen zu können, wählte Franziskus die Armut, die er entgegen den Idealen des feudalistischen Staates als ein wertvolles Gut zur Verwirklichung seiner geistlichen Ziele betrachtete.[25] Diese Eigenschaften des hl. Franziskus faszinierten seine Zeitgenossen und begeistern die Menschen bis heute. Neu an diesem Heiligen war wohl die Radikalität, mit der er sein weltlich-wohlhabendes Leben ordnete und sich ein neues Lebensprogramm gab, nämlich „den Fußspuren unseres Herrn Jesus Christus zu folgen.".[26]

Im Jahre 1182 wurde Franziskus als Sohn eines reichen Großkaufmanns in der mittelitalienischen Kleinstadt Assisi geboren. Seine Erfahrungen als Soldat im Krieg und eine ernsthafte Erkrankung bedeuteten einen Wendepunkt in seinem Leben. Hatte er zuvor in seinem Reichtum ein recht sorgloses Leben geführt, vollzog sich nun bei ihm eine religiöse Neuorientierung, die sowohl zu einer inneren als auch zu einer äußeren Umgestaltung seines Lebens führte.[27] Er zog durch die italienischen Städte und predigte auf Straßen und Plätzen die Armut Christi und der Apostel sowie die tätige Nächstenliebe. Viele Gleichgesinnte schlossen sich ihm an; sie nannten sich Minoriten – einfache Brüder –. Da sich die Zahl seiner Gefährten sehr schnell vergrößerte,[28] wurde eine organisierte Lebensform bald unumgänglich. Die ursprüngliche Regel des Franziskus ist heute nicht mehr erhalten, jedoch gibt die 1219 und 1223 in ihrer zweiten Fassung kirchenamtlich bestätigte Regel Auskunft über wesentliche Merkmale des franziskanischen Lebensalltags. Die getreue und radikale Nachfolge Christi bildet das Fundament dafür.[29]

Die Klöster der bisherigen Mönchsorden waren meist auf dem Lande errichtet worden. Während die Benediktiner Hügel und die Zisterzienser Wasserläufe in Tälern bevorzugten, gründeten die Minoriten ihre Klöster am Rande der Städte, also zwischen den Häusern der Armen. Gerade diese Bevölkerungsschichten der aufstrebenden Städte wollten sie gemäß ihrer Verkündigungsabsicht und Lebensauffassung erreichen.

Noch zu Lebzeiten von Franziskus griff die Minoritenbewegung von Italien aus auf Süddeutschland über. Nach dem Bericht einer Ordenschronik sprach Franziskus selbst die Ausbreitung des Ordens nach Deutschland auf einer Zusammenkunft aller 3000 Ordensbrüder bei Assisi an. Nach anfänglichen Schwierigkeiten konnte der Orden noch im selben Jahr in Deutschland Fuß fassen. Frater Caesarius von Speyer wurde „zum ersten Provinzial für Deutschland ernannt."[30] Schließlich entstanden in Augsburg, Nördlingen, München, Bamberg, Nürnberg, Lindau, Ulm, Ingolstadt, Würzburg und Regensburg erste Franziskanerklöster.[31] In dieser Zeit entstanden in Deutschland auch die ersten Klöster des zweiten Ordens der Franziskaner, der Klarissen, deren Gründung auf die hl. Klara (1193–1253) zurückgeht.[32]

Die franziskanische Bewegung stieß auf derartige Begeisterung, dass sich ihr auch immer mehr Laien anschlossen, darunter besonders viele Frauen.

„Im Zusammenhang damit bildeten sich in den meisten größeren Städten freiere Vereinigungen, meist ohne eigentliche Klausur, die sich in ihren Tertiaren-[33] oder Regelhäusern je nach Stand der Mitglieder um ein Leben im Geist des Evangeliums bemühten."[34]

Auch für diese Form der franziskanischen Lebensgestaltung wurde im Laufe der Zeit eine feste Regel notwendig, welche die Zugehörigkeit zum Franziskanerorden verbindlich regelte. Das Verbot der Lebensweise der Beginen[35] auf dem Konzil von Vienne (1312), demzufolge nur Gemeinschaften weiterbestehen durften, die sich einem anerkannten Orden angeschlossen hatten, war die Konsequenz einer seit längerem sich abzeichnenden Entwicklung.[36] Im Zuge dessen kam es im Jahr 1289 zur Entstehung der Dritt-Ordensregel, die Papst Nikolaus IV., selbst Franziskaner, dem Ordenszweig der Tertiaren gab. Die älteste Gemeinschaft dieses Dritten Ordens auf deutschem Boden sind die Franziskanerinnen zu Dillingen, welche sich bereits zu Beginn des 14. Jahrhunderts dem Franziskanerorden angeschlossen hatten. Auf deren Lebensweise und geschichtliche Entfaltung soll im Folgenden noch genauer Bezug genommen werden.

„Person, Geist, Armutsidee des hl. Franz von Assisi, sein Minoriten–Männer-Orden, sein Frauenorden der Klarissinnen und sein Dritter Orden, deren seelsorgerlich-religiöse Tätigkeit, ihre Predigt und ihre asketischen Lebensformen sind allesamt eine Absetzbewegung von der archaisch-feudalen Gesellschaft, eine Emanzipation auch von den feudalen Trends und Allüren der neureichen bürgerlich-kaufmännisch-unternehmerischen Oberschicht der unteren Klassen in den Städten."[37]

2. Die Grafen von Dillingen und die Gründung der Dillinger Franziskanerinnen

Die Gründung der Dillinger Franziskanerinnen ist zu einem wesentlichen Teil dem religiösen Bestreben der Grafen von Dillingen zu verdanken. Diese waren ein sowohl mächtiges als auch frommes Adelsgeschlecht, denn aus ihnen gingen mehrere Bischöfe hervor, u. a. auch der hl. Ulrich (923 – 973) und Hartmann V. (1248–1286)[38] als Bischöfe von Augsburg. Zudem traten sie als Stifter mehrerer Klöster in Erscheinung.[39] Graf Hartmann I. gründete im Jahre 1095 auf dem Ulrichsberg in Neresheim ein Stift für Regulierte Chorherren.[40] Die besondere Wertschätzung des Grafen Hartmann IV. gehörte den neuen Frauenorden. Das Dominikanerinnenkloster Maria Medingen und das Clarissenstift Söflingen bedachte er mit reichen Schenkungen und befreite sie dadurch aus wirtschaftlichen Schwierigkeiten[41]. Als Stadtherren haben er und sein Sohn Hartmann V. im Jahre 1241[42] einer Gruppe frommer Frauen, die sich „die große Sammlung"[43] nannte, eine Stiftung in Dillingen vermacht. Es ist anzunehmen, dass „die große Sammlung" in Verbindung mit dem Franziskanerorden stand. Der bereits beschriebene Anschluss dieser Sammlung an den Franziskanerorden geschah auf die Initiative Degenhards von Hellenstein, Bischof von Augsburg (1303–1307). Dabei handelt es sich um den Enkel Hartmanns IV. und den Neffen Hartmanns V.,[44] der beiden Stiftern des Dillinger Konventes.

Die Stiftsgüter umfassten ein Gebäude innerhalb der Stadtmauer für das Kloster, einen Hof, einen Krautgarten vor dem oberen Tor und eine Wiese mit 18 Tagwerk.[45] Damit war die materielle Grundlage für die Existenz dieser geistlichen Gemeinschaft gelegt. Nach der Meinung seiner Stifter sollte der Orden die Aufgabe haben, „Gott, unserem Schöpfer, zum Trost aller gläubigen Seelen friedlich, andächtig zu dienen, ihn zu loben und zu ehren."[46] Die Gemeinschaft wurde mit der Annahme der Dritt-Ordensregel, die Papst Nikolaus IV. 1289 bestätigt hatte, das älteste Kloster des franziskanischen Dritten Ordens in Deutschland. In der Nacht auf Maria Lichtmess 1438 zerstörte ein Brand das Kloster bis auf die Grundmauern.[47] Selbst das Archiv mit den wichtigsten Urkunden wurde vernichtet. Unterstützt vom Augsburger Bischof Kardinal Petrus von Schaumberg wurde das Kloster wiederaufgebaut. Er erneuerte die Stiftungsurkunde der Klostergründer und bestätigte die Befreiung der Stiftsgüter von allen Lasten und Abgaben, auch die Freiheit „von allen Geboten und Verboten der Stadt Dillingen".[48] Er betonte aber, dass die Klosterfrauen samt ihres Besitzes „den Bischöfen von Augsburg unterstehen"[49]. Deshalb bekam Kardinal von Schaumberg als zweiter Stifter jahrhundertelang einen Gedenktag eingeräumt.[50]

3. Neuzeitliche Entwicklung im Spannungsfeld zwischen Rückschlägen und Reifungsprozess – ein kurzer Einblick in die Entfaltung der Gemeinschaft

Sieben Jahrhunderte hindurch stand das Franziskanerinnenkloster unter dem besonderen Schutz der Bischöfe von Augsburg. Diese nahmen an wichtigen Ereignissen im Leben der

Kommunität teil, so auch Kardinal Otto Truchsess von Waldburg an der Wahl der Meisterin Margaretha Rothin im Jahr 1550.[51] Sie sahen nach dem Rechten, wie z. B. auch eben genannter Bischof, als er 1566 die Schwesterngemeinschaft besuchte und feststellte, dass „der Zeitgeist auch in unserem Kloster wirkte."[52] In der Schwesterngemeinschaft waren „Mängel und Unordnung, (...) Streitigkeiten und Uneinigkeit entstanden"[53]. Nach einer gründlichen Visitation ermahnte der Kardinal die Schwestern,

> „den Gottesdienst aus innerstem Herzen in Gottesfurcht (...) andächtig und mit Eifer zu verrichten, (...) sich aller Eintracht, Einhelligkeit des Friedens und der Einigkeit zu befleißen und schwesterliches Mitleid in Not und Krankheit miteinander zu haben".[54]

Der Orden der Dillinger Franziskanerinnen war bereits in den ersten 500 Jahren seiner Geschichte eine Gemeinschaft von Schwestern, die nach den Evangelischen Räten von Keuschheit und Ehelosigkeit, von Armut und Gehorsam in der Nachfolge Christi lebten. Dieses Leben des Konvents, der bis zur Mitte des 19. Jahrhunderts im Durchschnitt zwischen 20 und 30 Schwestern zählte, vollzog sich ausschließlich innerhalb der Klostermauern. Doch die großen Entwicklungen in Politik und Kirche, wie etwa die Reformation und das Trienter Konzil wirkten bis in die Gemeinschaft hinein. Seuchen und Kriege mussten unmittelbar erlitten werden. Dafür zwei Beispiele: Während des Dreißigjährigen Krieges floh 1632 der Großteil des Konvents unter großen Strapazen vor den Schweden bis nach Silz in Tirol, um ab 1635 nach und nach zurückzukehren. In der Stadt Dillingen wütete inzwischen die Pest. Auch im Kloster fielen ihr in wenigen Wochen vier Schwestern zum Opfer.[55]

In der Zeit des Spanischen Erbfolgekrieges berichtet die Klosterchronistin:

> „Im Jahre 1703 sind wir in großen Ängsten gewesen wegen des Krieges, denn den 23. Juni an dem Abend des Johanni ist die ganze französische Armee bei 24000 Mann hier einlogiert gewesen. (...) Wir haben gleich in der ersten Woche Quartiergeld geben müssen, (...) und was das Erbärmlichste ist, so ist auch neben dem Gras alles Getreide das wintrige und das sommrige, alles von dem leidigen Feind, dem Franzosen, abgemäht und weggefretzt worden. Es sind auch alle Krautköpfe im Krautgarten abgeschnitten worden. (...) Den 13. August ist bei Blindheim und umliegenden Örtern die Schlacht gewesen. Am Vormittag hat es das Ansehen gehabt, als ob die Unsrigen verlieren sollten, aber nachmittags gottlob hat sich das Blättlein gewendet und der Allgütige Gott hat den Unsrigen die Victori wunderbarerweise erteilt. Es ist ein schreckliches Blutbad gewesen."[56]

Unter der Meisterin Aloisia Erlacherin kam es im 18. Jahrhundert zu einem Neubau von Klosterkirche, Konventbau und Außenmauern. Dies kam daher, dass 1731 der Augsburger Bischof Alexander Sigismund von Pfalz-Neuburg Kritik am schlechten Zustand der Klostergebäude geübt hatte, sie seien „ruiniert und gefährlich"[57], und fordert dazu auf, „sie in einen besseren Zustand zu setzen oder gar völlig neu herzustellen"[58]. In den Jahren 1736 bis 1740 entstand der Kirchenbau in seiner heutigen Form, ein „einheitliches, von drei kongenialen Meistern geschaffenes Werk des früheren Rokoko."[59] Es wurde der letzte Sakralbau des berühmten Füssener Baumeisters Johann Georg Fischer. Der Stuck stammt vom Wessobrunner Meister Ignaz Finsterwald. Das Altargemälde und die Deckenfresken sind ein Werk von Christoph Thomas Scheffler, der sich damit nachdrücklich als Freskant für die Studienkirche empfahl. Das Jahr 1774 brachte eine Zäsur in der Entwicklung des Klosters.

Der aufgeklärte Landesherr, Bischof Clemens Wenzeslaus (1739–1817) zu Augsburg, zugleich Erzbischof von Trier, hatte sich entschlossen, für die Jugend in seinem Hochstift Augsburg die Volksschule einzurichten. Er wies dis damalige Meisterin Angelina Eggerin (1768–1784) in einem Schreiben an, dass die Franziskanerinnen die Betreuung der weiblichen Schuljugend übernehmen sollten. Besonders die Sorge für den Unterhalt und die Bildung der ärmeren Bevölkerungsschichten lag dem Bischof von Augsburg am Herzen. Dazu sollte der Orden neben der Beteiligung an einer „Armen Kasse"[60] das Lehrpersonal und einen Unterrichtsraum für die Bildung der „armen Mädchen im Lesen Schreiben und Rechnen"[61] unentgeltlich zur Verfügung stellen. Bischof Clemens Wenzeslaus schrieb diesbezüglich:

> „Es ist daher unser ernstlicher Befehl und gnädigster Wille, daß (...) habt ihr zur Unterrichtung der armen Mädchen im Lesen, Schreiben und Rechnen erfahrene Lehrmeisterinnen aufstellt und jene Mädchen, worüber euch von dem Armen Kasse Direktorium die Liste von Zeit zu Zeit zugestellt wird, unweigerlich aufnehmt, in einem hierzu eigens bestimmten Zimmer unentgeltlich unterrichtet, auch von eines jeden Fortgang und Unfleiß dem Armen Direktorium die monatliche Anzeige getreulich machen zu lasst."[62]

Bemerkenswert sind die Motive, die neben dem Gedanken der sozialen Fürsorge hinter dieser Politik standen. Der neue Direktor für das Normalschulwesen Josef Anton Schneller, der hauptberuflich Bibelexeget an der Universität Dillingen und zuvor ernannter neuer Pfarrherr in Wittislingen war, äußerte sich dazu folgendermaßen:

> „Die Bürger und andere Einwohner der Stadt sind gewiß zufrieden, wenn sie ihre Mädchen zu den Klosterfrauen schicken können, von denen man ohnehin eine gelindere Behandlung in allen Stücken erwartet. Auf solche Art werden die dem Staat bisher überlästigen Klosterfrauen nützlich und bekommen Gelegenheit, sich um das Gemeinwesen auch verdient zu machen."[63]

Die Schwestern kamen dem Gesuch des Augsburger Bischofs nach, wenngleich mit anfänglichen Bedenken, da sie ihre bisherige spirituelle Lebensweise gefährdet sahen. Man betrachtete die auferlegte Unterrichtstätigkeit als Hindernis für die nach den Ordensregeln vorgesehene Einsamkeit, Kontemplation und das gemeinschaftliche Gebet.[64] Dennoch wurde gerade durch diese Sorge für die Bildung der Armen ein wesentlicher Bestandteil der franziskanischen Spiritualität eingelöst. Mit der Übernahme der Volksschule für die Mädchen begann der Einstieg des Schwesternklosters in die Bildungsarbeit. Dadurch entwickelte sich der Orden zu einer stärker nach außen orientierten Gemeinschaft. Innerhalb weniger Wochen wurden vier Schwestern, die sich freiwillig gemeldet hatten, mit den Kenntnissen und Fähigkeiten der Pädagogik vertraut gemacht. Diese legten gemäß den geistlichen Gesetzen das Glaubensbekenntnis vor dem Pfarrherrn ab und wurden damit als Lehrerinnen vereidigt. Schnell erfuhr die Schultätigkeit der Dillinger Schwestern in der Folgezeit aufgrund steigender Anforderungen eine Erweiterung in verschiedene Aufgabenbereiche.[65] Neben der pädagogischen Arbeit sollten weitere Herausforderungen für die Gemeinschaft folgen.

Zunächst allerdings schien die Säkularisation 1803 das Ende des Klosters Dillingen zu bedeuten: Nach 562 Jahren seiner Existenz wurde es aufgehoben. Kirche und Kloster fielen mit allen Liegenschaften dem Deutschen Orden zu, der den gesamten Besitz 1805 an den kurbayerischen Staat verlor. Der Staat zahlte den Schwestern nur kärgliche Pensionen. Der Konvent hatte sich auf drei Chorfrauen reduziert. Im Jahre 1827 unterschrieb endlich, nach vielfältigen Bemühungen König Ludwig I. von Bayern die langersehnte Restaurationsurkunde, mit welcher der Orden wiederhergestellt werden sollte: „Wir wollen, daß das Kloster der Franziskanerinnen in Dillingen zum Zwecke des Unterrichts der weiblichen Jugend in den Elementar- und den Industriegegenständen wieder hergestellt werde"[66] so der Wortlaut der Urkunde.

Als Theresia Haselmayr (1836 – 1878) im Jahre 1836 mit 28 Jahren das Amt der Meisterin übernahm, begann eine neue Epoche in der Geschichte des Ordens. Es schien, als ob die 24 Jahre währende unfreiwillige Pause jetzt durch eine Fülle gesteigerter Aktivitäten wettgemacht werden sollte. Es ist faszinierend zu beobachten, mit welcher Ruhe und Besonnenheit die vielen Anfragen und Bitten um Schwestern von der Frau Meisterin und ihrem Konvent angenommen wurden und wie sie die einzelnen Aufgaben mit Mut und Gottvertrauen angingen und lösten, zumal sehr viele Projekte in Angriff genommen wurden. Ein wahres Gründungsfieber brach aus. Es wurden weitere schulische Einrichtungen geschaffen und bestehende übernommen. In Oggelsbeuren und in Au am Inn wurden die ersten selbstständigen Klöster gegründet.

1837 stellte der Dillinger Stadtpfarrer Remigius Vogel den Antrag an das Kloster, in Dillingen die Krankenpflege zu übernehmen. Die Schwestern lehnten zunächst aus personellen Gründen ab. Im Jahre 1883 übernahmen sie die stationäre und die ambulante Krankenpflege in Großlangheim, 1894 in Burgau und schließlich 1958 im Krankenhaus Dillingen. Ein neues Tätigkeitsfeld im karitativen Bereich erschloss sich dem Orden 1847 mit der Einrichtung einer Taubstummenanstalt. Damit war der Anfang für eine Entwicklung gesetzt, die zu einer Fülle von Betreuungseinrichtungen für behinderte Mitmenschen unter dem Dach der Regens-Wagner-Stiftung führte, die heute einer der drei bestehenden Ordensprovinzen zugeordnet ist.

Ende des 19. Jahrhunderts konnten viele Ordensfilialen – vor allem in Schwaben und auch in Franken – gegründet werden, weil die Eintritte in die Dillinger Kongregation von Jahr zu Jahr zunahmen. Im Erzbistum Bamberg, das für die vorliegende Arbeit eine besondere Relevanz besitzt, entstanden ebenfalls zahlreiche Niederlassungen und von den Schwestern geleitete Einrichtungen. So führten sie ab 1882 auf Bitte des Bamberger Erzbischofs Friedrich von Schreiber (1819–1890) den Haushalt des Bamberger Priesterseminars. Auf diese Weise fassten die Schwestern auch im Erzbistum Bamberg Fuß. Ferner wurden auf die Initiative Schreibers innerhalb des Bistums 1885 eine Taubstummenanstalt im ehemaligen Kloster Michelfeld, die zunächst von vier Franziskanerinnen betreut wurde,[67] und 1887 ein „Heim für weibliche Dienstboten" (Mariahilfanstalt) mit zwei Helferinnen der Schwesterngemeinschaft ins Leben gerufen,[68] 1890 erfolgte die Gründung der ersten Mädchenschule der Erzdiözese Bamberg in der Pfarrei Kemmern; auf diesen Prozeß werde ich im Verlauf meiner Untersuchungen noch eingehen[69].

Waren es 1847 noch 51 Schwestern gewesen, so zählte der Orden 1878 am Ende der Amtszeit der Meisterin Theresia Haselmayr bereits 320 Mitglieder. Der Höhepunkt war im Jahre 1968 mit 2306 Schwestern erreicht. Im 20. Jahrhundert wagte der Orden der Dillinger Franziskanerinnen die Ausweitung seiner Tätigkeit nach Übersee. Dieser Expansion lag kein ausgearbeitetes Konzept zugrunde. Die Entscheidungen der Ordensleitung waren nämlich auch hier sensible Reaktionen auf Ereignisse und Entwicklungen, ja Antworten auf Fragen und Herausforderungen der Zeit, die als Anruf Gottes gedeutet wurden. Im Jahre 1912 wandte sich der Abt der Benediktinerabtei in Collegeville/Minnesota an das Mutterhaus in Dillingen mit der Bitte, für die Wirtschaftsführung des Klosters, das 100 Mönche umfasste und rund 400 Studenten betreute, Schwestern zur Verfügung zu stellen. Die positive Antwort wurde wohl durch die sich abzeichnende Kriegsgefahr in Europa erleichtert. Von den ersten 24 Schwestern, die 1913 freiwillig in die USA aufbrachen, starb erst im Frühjahr 1991 die letzte Schwester, M. Castella Gaßner, im biblischen Alter von 99 Jahren. Eine vergleichbare, zur Entscheidung zwingende Situation ergab sich, als unter der Diktatur der Nationalsozialisten die katholischen Schulen in Deutschland geschlossen wurden und es damit auch einer Reihe von Dillinger Franziskanerinnen verboten wurde, ihren Lehrberuf auszuüben. Da traf es sich glücklich, dass sowohl aus dem Nordosten wie auch aus dem Süden Brasiliens Bitten um Missionarinnen im Mutterhaus eingegangen waren, denen man entsprach. So besitzt heute der Orden zwei blühende selbstständige Provinzen in Brasilien.[70]

Und ein drittes Beispiel: Als in den sechziger Jahren in Deutschland ein starker Rückgang an geistlichen Berufungen zu verzeichnen war, zeigte sich in Indien eine gegenläufige und positive Bewegung. So kamen 1965 und 1966 je zehn Mädchen aus dem südindischen Staat Kerala nach Dillingen, um sich auf den Ordensberuf als Missionarin in Deutschland vorzubereiten. Nach dem Noviziat wurden 14 Schwestern, inzwischen ausgebildet zu Krankenschwestern bzw. Erzieherinnen, nach Indien zurückgerufen, um in Nordindien missionarische Dienste zu leisten.[71]

In der Zeit nach dem Zweiten Weltkrieg rangen die Dillinger Franziskanerinnen um eine zeitgemäße effektive Organisationsstruktur. Bereits 1943 hatte die Religionskongregation des Vatikan dem Antrag der Ordensleitung entsprochen und die Dillinger Ordensgemeinschaft zu einer Kongregation päpstlichen Rechts erklärt. Dadurch wurde die Zuständigkeit des Ortsbischofs abgelöst. Dies war eine Notwendigkeit, wenn man bedenkt, dass sich die vielen Niederlassungen des Ordens inzwischen auf 18 verschiedene Diözesen verteilten. 1968 wurde das Generalat von Dillingen nach Rom, genauer La-Storta verlegt. Das Jahr 1973 brachte schließlich eine Neuordnung der Niederlassungen in Deutschland in die drei Provinzen Bamberg, Maria Medingen und die Regens-Wagner-Stiftung.[72] Aufgrund der personellen und finanziellen Situation in den Provinzen beschloss 1999 das Generalkapitel der Dillinger Franziskanerinnen, sich von ihrem Eigentum in Rom La-Storta zu trennen und es der dortigen Diözese Porto Santa Rufina in Form einer Schenkung zu übertragen. Das Generalat wurde anschließend wieder nach Dillingen verlegt.[73] 1963 zählte die Kongregation ungefähr 2300 Schwestern; zum 31. Dezember 2000 umfasste die Gemeinschaft nur noch 1044 Schwestern, welche auf sieben Provinzen verteilt waren.[74]

Die ein dreiviertel Jahrtausend umfassende Geschichte der Dillinger Franziskanerinnen ist durchaus eindrucksvoll. Über 500 Jahre lang war diese Kongregation eher ein beschaulicher, in sich gekehrter Orden. Erst mit der Übertragung der Mädchenerziehung in Dillingen durch den Befehl des Bischofs im Jahre 1774 begann die Öffnung zur Welt. Durch die Übernahme dieser erzieherischen Aufgabe bot sich für den Orden nach der Katastrophe der Säkularisation zugleich die Chance, sie zu überwinden. Ja, es ergab sich der Ansatzpunkt für einen Neubeginn. In der Meisterin Theresia Haselmayr erwuchs der Kongregation zur rechten Zeit eine charismatische Persönlichkeit, die in Johann Evangelist Wagner (1807–1886)[75] ihr starkes Pendant, ihre schöpferische Ergänzung fand. Seither hat sich der Orden der Dillinger Franziskanerinnen zu einer Gemeinschaft herausgebildet, die inmitten einer sich zunehmend verweltlichenden Gesellschaft weit über die Stadt Dillingen und Bayern hinaus bis nach Amerika und Asien eine Fülle von Aufgaben im erzieherischen und sozialkaritativen Bereich wahrnimmt. Dieses geschieht im Zeichen des Evangeliums, das die Schwestern durch ihre Tätigkeit glaubhaft bezeugen. Zugleich bleibt die Ordensgemeinschaft der Dillinger Franziskanerinnen das, was sie seit ihrer Gründung ist: ein Zentrum des Gebetes und der Meditation und ein Ort schwesterlicher Begegnung im Geiste franziskanischer Spiritualität.

4. Entfaltung der Dillinger Franziskanerinnen im Kontext der geschichtlichen Entwicklung des 19. Jahrhunderts in Bayern

So ungünstig das 19. Jahrhundert für die weitere Entfaltung der Ordenstätigkeit der Dillinger Franziskanerinnen auch begonnen hatte, so viel größere Möglichkeiten der Ausbreitung und des religiös-gesellschaftlichen Engagements boten sich den Schwestern im weiteren Verlauf des Jahrhunderts. Mit der Säkularisation wurde der Orden, wie oben bereits angedeutet wurde, zunächst seiner Eigenständigkeit und seiner gesamten „Realitäten"[76] bzw. materiellen Grundlagen entledigt. Sämtliche baulichen Einrichtungen und nahezu alle finanziellen Güter wurden aus dem Besitz der Schwestern entfernt, so dass sie ihr Leben unter ärmlichsten Bedingungen fristen mussten.[77] Die Gemeinschaft der Dillinger Franziskanerinnen bestand dennoch weiter, wenn auch unter den erschwerten Bedingungen der Verfügungsgewalt des bayerischen Staates. Sie behielten ein begrenztes Wohnrecht in den Gebäuden des Klosters und waren im Schulunterricht weiterhin eingesetzt.[78] Die Verdienste der Schwestern um die Bildung waren im Hinblick auf die spätere Wiederherstellung des Klosters von Bedeutung, wie noch näher dargelegt werden soll.

Nach den Bestimmungen des Reichsdeputationshauptschlusses vom 25. Februar 1803 zu Regensburg[79] wurde nicht nur der Orden der Dillinger Franziskanerinnen, sondern neben zahlreichen anderen kirchlichen Einrichtungen, Klöstern und Bistümern auch das bis dahin seit fast 800 Jahren bestehende Hochstift Bamberg, ein konfessioneller Staat mit etwa 195.000 Einwohnern und einer Fläche von 65 Quadratmeilen, dem bayerischen Staat zugeschlagen.[80]

> „So marschierten bayerische Truppen am 3. November 1802 in Bamberger Gebiet ein – am 22. November wurde das Hochstift als bayerisch erklärt. Fürstbischof Christoph Franz von Buseck legte am 28. November 1803 die ‚weltliche Regierung' nieder"[81].

Mittels des Reichsdeputationshauptschlusses wurden die beschriebenen Annexionen als eigentlich und ursprünglich rechtswidrige Akte, als eine Art von Diebstahl nachträglich legitimiert und rechtlich ummantelt.[82] Insgesamt „fielen (der Säkularisation) 112 kleinere Staaten und fast das gesamte Kirchengut zum Opfer."[83] Unter dem bayerischen Kurfürsten Maximilian IV. aus dem Geschlecht der Wittelsbacher, dem späteren ersten König Maximilian I. Joseph (1806–1825) von Bayern, und seinem Sekretär sowie späteren „Geheimen Staats- und Konferenzminister" Graf Maximilian von Montgelas (1759–1838) wurde Bayern innen- und außenpolitisch neu geordnet.[84] Seit dem Herrschaftsantritt Maximilians IV. im Jahr 1799 bis zu seiner Entlassung im Jahr 1817 leitete Montgelas wesentlich die politischen Geschicke Bayerns, dem ab dem Jahr 1806 der Rang eines Königreiches zukam. Er sorgte zum einen für die rasche Integration der hinzugewonnenen fränkischen und schwäbischen Gebiete in den bayerischen Staat und zum anderen für ein insgesamt

> „größeres, moderneres, geeintes Bayern (...). Doch bleibt die Art und Weise, wie Montgelas die Säkularisation durchführte, ein dunkler Schandfleck in seinem Leben, denn unter ihm nahm die Aufhebung der Klöster, der Raub des Kirchengutes und auch die Behandlung der Mönche in Bayern besonders wüste Formen an' (Neuß)."[85]

Durch die auf Initiative Montgelas' erlassenen Gesetze zur Religionsfreiheit, die unter anderem die konfessionelle Parität und religiöse Toleranz beinhalteten, kam es überdies zu einer Relativierung der Bedeutung des katholischen Glaubens von politischer Seite.[86] Erst nach der Loslösung Bayerns von Frankreich als dem Bündnispartner und dem Ende der napoleonischen Herrschaft konnte einhergehend mit der politischen Neuordnung Europas auf dem Wiener Kongress (1814/15) eine Wiederbelebung der durch die Säkularisation aufgehobenen bayerischen Bistümer und eine partielle Wiedererrichtung der Klöster erfolgen, so dass ein neues Aufblühen der katholischen Kirche in Bayern zu verzeichnen war.[87] Im Zuge dieser Restauration sowie in der Folgezeit erwachten sowohl das Bistum Bamberg als auch die Ordensgemeinschaft der Dillinger Franziskanerinnen zu neuem Leben. Mit dem Konkordat zwischen dem Heiligen Stuhl und dem Königreich Bayern vom 5. Juni 1817 wurden der Kirche neben der Wiederbelebung der verwaisten Bistümer die Erhaltung ihrer kirchlichen Rechte wie z. B. die Leitung der Diözesen durch die Bischöfe und die Ausbildung der Priester zugesichert. Allerdings behielt sich der König das Recht vor, die Bischöfe selbst zu ernennen, und er kam für deren Bezahlung auf. An eine vollständige Rückgabe des mittels der Säkularisation eingezogenen Kirchengutes war jedoch nicht mehr zu denken. Durch das Konkordat erhielt das Bistum Bamberg den Rang eines Erzbistums. Damit war Bamberg neben dem von München und Freising eines von zwei Erzbistümern in Bayern. Die Schaffung zweier Kirchenprovinzen im Königreich lag im vom zentralistischen Denken her bestimmten Leitungsinteresse Roms, das eine zu starke Stellung *eines* Metropoliten in Bayern verhindern wollte.[88]

Bis zur völligen Wiederherstellung der Ordensgemeinschaft der Dillinger Franziskanerinnen verging trotz der relativ günstigen Umstände, die durch das bayerische Konkordat geschaffen worden waren, noch eine geraume Zeit. Anfragen der Dillinger Schwestern beim bayerischen König mit der Bitte um die Sicherung der Erhaltung des Klosters und die diesbezügliche Reaktionen auf königlicher Seite gaben Anlass zur Hoffnung.[89] Allerdings stellte man erhebliche Anforderungen an die pädagogische Eignung der Kandidatinnen für einen Neueintritt in die Gemeinschaft. Nach dem Tod des Königs Maximilian I. Joseph im Jahr 1825 und zu Beginn der nachfolgenden Herrschaft Ludwigs I. (1825–1848) erhielt das Kloster Dillingen die volle Restauration.

Maßgeblich hierfür war die Bereitschaft und Eignung der Schwestern zum Schulunterricht. Am 25. April 1827 unterschrieb der König die Restaurationsurkunde. Darin heißt es:

> „Dagegen wollen wir, daß das Kloster der Franziskanerinnen in Dillingen zum Zwecke des Unterrichts der weiblichen Jugend in den Elementar- und Industriegegenständen wiederhergestellt werde."[90]

So kam das Kloster Dillingen aufgrund der erzieherischen Bedeutung der Schwestern zu neuer Blüte. Von Vorteil hierfür war eine Politik Ludwigs, welche die Idee der Wiederbelebung des katholischen Glaubens mit gesellschaftspolitischen Zielen, vor allem im Bereich der Bildung und Erziehung, verband.[91]

> „Den Bestimmungen des Konkordats gemäß widmeten sich bisher rein kontemplative Orden jetzt der Seelsorge, Jugenderziehung und Krankenpflege. Neue Ordensgemeinschaften kamen hinzu, deren Statuten von Anfang an den zeitgegebenen Erfordernissen angepaßt waren."[92]

Die Gemeinschaft der Dillinger Franziskanerinnen erfuhr einhergehend mit ihren sich ausweitenden pädagogischen und karitativen Tätigkeiten ein kontinuierliches Wachstum.

> „Aus kleinsten Anfängen entwickelte sich das Mutterkloster nach dem Aufbau einer Lehrerinnenbildungsanstalt und dem Erwerb des ehemaligen Dominikanerinnen-klosters Maria Medingen bei Dillingen (1843) zu einem überregionalen Bildungszentrum für die weibliche Jugend. Zwischen 1843 und 1914 gründeten die Schwestern 112 Filialen, übernahmen den Unterricht in zahlreichen Volksschulen und die Betreuung von Kindergärten und Heimen."[93]

Bis zur Mitte des 19. Jahrhunderts erlangte die Mädchenbildung durch Ordensschwestern, allen voran die Armen Schulschwestern von U. L. Frau und die Englischen Fräulein, aber auch die Franziskanerinnen von Dillingen, in Bayern eine herausragende Bedeutung.[94] Das königliche Reskript unter Maximilian II. (1848–1864) vom 9. Januar 1852, in welchem dem Orden der Armen Schulschwestern der besondere Auftrag zur „Obsorge für religiöse, sittliche und ökonomische Bildung in Haus, Kirche und Schule, und die Förderung wahrer, gründlicher und nachhaltiger Schulbildung"[95] erteilt und damit zugleich auch die Wahrnehmung einer gesellschaftspolitischen Aufgabe des Staates, nämlich „der drohenden Verarmung im Volke vorzubeugen"[96], zu einem großen Teil in die Hände der Schwestern gelegt wurde, verdeutlicht diesen Stellenwert.

Der weiteren Etablierung der weiblichen Ordensgemeinschaften im Schuldienst wurden allerdings während der zweiten Hälfte des 19. Jahrhunderts von politischer Seite auch und besonders im Zeichen des Kulturkampfes Grenzen gesetzt. Dieser machte sich nämlich sogar in Bayern in latenter Form bemerkbar. In der Zeit von etwa 1860 bis 1890 führten der aufkommende Liberalismus und die zunehmend kritische Haltung des Staates gegenüber dem Katholizismus zu einer Reihe von Gesetzen, welche die Einrichtung von klösterlichen Mädchenschulen und die Einflussnahme der Kirche auf die Bildung und Erziehung der Jugend erschwerten. Mit dem Beginn der Regentschaft von Prinz Luitpold (1886–1912) gegen Ende des Jahrhunderts trat aus Sicht der weiblichen Orden wieder eine allmähliche Verbesserung der Lage ein. Die gesellschaftspolitische Entwicklung und ihre Auswirkungen auf die bayerischen Klosterschulen während der zweiten Hälfte des 19. Jahrhunderts werden im Hinblick auf ihre Relevanz für die Ansiedlung der Schulschwestern in der Pfarrei Kemmern im Folgenden noch etwas eingehender beschrieben.

5. Die Auswirkungen des Liberalismus und des Kulturkampfes auf die klösterlichen Mädchenschulen in Bayern

Die oben genannten Entwicklungen verliefen in Bayern in vier unterschiedlichen Phasen, in denen sich die Auseinandersetzung zwischen liberalen und konservativ-katholischen Kräften widerspiegelte.

> „Die innerpolitische Lage des Zeitraums von 1860–70 ist charakterisiert durch die wachsende Macht des Liberalismus, der sich in der bayerischen Fortschrittspartei konsolidierte. Deren Ziel war freiheitliche Reform auf allen Gebieten des staatlichen und wirtschaftlichen Lebens, zugleich auch (...) straffere Herrschaft des Staates über Kirche und Schule."[97]

Diese politische Richtung übte wesentlichen Einfluss auf die Regierung aus, was auch in einer veränderten Haltung gegenüber den Klosterschulen zum Ausdruck kam. Die Reihe der gesetzlichen Bestimmungen, die eine Einschränkung der klösterlichen Erziehungstätigkeit mit sich brachten, nahm mit dem Schuldotationsgesetz vom 10. November 1861 ihren Anfang, nach welchem die Zustimmung der gesamten politischen Gemeinde als Voraussetzung für die Einführung von Klosterschulen und Schulschwestern an einem Ort notwendig wurde.[98] Nach der bisherigen Praxis genügte dafür die Genehmigung des Gemeindeausschusses. Diese

Neuregelung bedingte, je nach Strenge der Auslegung durch das Kultusministerium und der in einem Ort vorhandenen Einigkeit bezüglich der Klosterschulfrage, mitunter erhebliche Schwierigkeiten für die Einrichtung von klösterlichen Schulen.

„Damit war es einer kleinen Minderheit von unzufriedenen Elementen innerhalb eines Gemeindesprengels in die Hand gegeben, berechtigten Wünschen der verantwortlichen Gemeindeverwaltung und des weitaus größten Teiles der Bürgerschaft mit Erfolg entgegen zu treten. An diesem Paragraphen scheiterte zum Beispiel die Einführung der Schulschwestern in Bad Brückenau, Kötzting und Berchtesgaden."[99]

Ein weiterer Schritt war der Erlass vom 14. Januar 1867, der den Ministerialerlass (königliches Reskript) vom 9. Januar 1852[100] in einem wesentlichen Punkt veränderte bzw. neu ordnete. Dadurch verlor die königliche Regierung des jeweiligen Kreises[101] die alleinige Kompetenz, die Leitung von Volksschulen ausschließlich an arme Schulschwestern zu übertragen.[102]

„Durch den Erlaß vom 14. Januar 1867 wurde dem Ministerium wiederum die letzte Entscheidung über die Einführung einer Klosterschule zurückgegeben. Künftig mußte in allen Fällen unter Vorlage der gepflogenen Verhandlungen eingehender Bericht an das Ministerium erstattet werden."[103]

Für die Einführung klösterlicher Lehrkräfte an einem Ort bedurfte es also jetzt der ministeriellen Genehmigung. Den Ordensfrauen war es lediglich gestattet, nach den Ordensregeln zu leben sowie ihren Unterrichtspflichten und den sonstigen vertraglich mit der betreffenden Gemeinde geregelten Aufgaben nachzukommen.[104] Einhergehend mit einer zunehmenden Skepsis gegenüber der kirchlichen Lehrtätigkeit kam es zu einer Aufwertung der weltlichen Lehrkräfte.

„Wie zu Zeiten Montgelas' rückte nun die weltliche Lehrerin wieder in den Mittelpunkt des Interesses. Bis dahin hatte sie nur in der Hauptstadt und ganz vereinzelt nur in Provinzstädten Verwendung gefunden. Jetzt dachte man an ihre Verwendung in größerem Ausmaß."[105]

Bis zum Ende des Jahrhunderts verlagerte sich das Gewichtsverhältnis von klösterlichen und weltlichen Lehrkräften in Bayern zugunsten einer Überzahl der weltlichen Lehrerinnen gegenüber den Ordensfrauen, „obwohl sie von den betreffenden Gemeinden dringend gewünscht wurden."[106] Noch zu Beginn der sechziger Jahre stellten sie rund 90 Prozent der Lehrkräfte.

Während einer zweiten Phase der Auseinandersetzungen in den Jahren 1870 bis 1886, die in Verbindung mit dem in Preußen härter und offen ausgetragenen, in Bayern jedoch moderater geführten Kulturkampf stand, verschärfte sich der Interessenkonflikt zwischen den Verfechtern des Liberalismus und den Vertretern der katholischen Kirche.[107] Das schon beschriebene Misstrauen und die Abwehrhaltung gegenüber den kirchlichen bzw. klösterlichen Erziehungs- und Bildungseinrichtungen kam in heftigen Auseinandersetzungen, die von politischer Seite aus vor allem über die Presse geführt wurden, zum Ausdruck.

„In der Presse erhob sich ein heftiger Kampf für und wider die Klöster. Die Regierungen wandten sich an das Ministerium, um Weisung für die Behandlung von Klosterschulgesuchen, die vom katholischen Volk beharrlich eingereicht wurden."[108]

Man legte dem Kultusministerium bzw. der bayerischen Regierung nahe, die Verbreitung und Neueinrichtung der Klosterschulen nicht weiter zu fördern, ja geradezu zu unterbinden. Die „allgemeine Kampfesstimmung, welche in Regierungskreisen herrschte"[109] führte in letzter Konsequenz dazu, dass unter dem Kultus- und späteren Innenminister Johann von Lutz (1871–1890) in der Regel keine neuen Klosterschulen gegründet wurden.[110] Neben den im Zusammenhang mit dem Liberalismus schon genannten reglementierenden Beschlüssen zur Einrichtung und Führung von Klosterschulen in den sechziger Jahren folgten in der Phase des hauptsächlichen Kulturkampfes, die nach der Gründung des Deutschen Kaiserreiches (1871) einsetzte, die bayerische Verordnung vom 20. November 1873, welche die Staatsaufsicht über die Kirche wiederherstellte. Im Gegensatz zu Preußen kam es in Bayern nicht zum offenen Bruch zwischen Regierung und katholischer Kirche, da der König am Konkordat von 1817 festhielt.[111] Allerdings wirkten sich auch in Bayern die unter maßgeblicher Initiative des Ministers Lutz erlassenen Reichsgesetze in Form des sogenannten „Kanzelparagraphen" gegen den Missbrauch der Kanzel zu politischen Zwecken (1871) und des *„Jesuitengesetzes"*, das die Jesuiten und ihnen nahestehende Orden des Reiches verwies, aus.[112]

Eine günstigere Phase für eine weitere Entwicklung der Klosterschulen in Bayern begann, wie schon angedeutet, ab dem Jahr 1886, dem Jahr der Regierungsübernahme des Prinzregenten Luitpold.

„Die Zeit 1886–1910 ist eine Periode langsamen, aber stetigen Wachstums, wodurch sich die Zahl der Klosterschulen um rund 120 vermehrt. Diese Entwicklung ist das beste Zeugnis für den Wert der Klosterschulen –

denn nun setzt sie sich durch ohne jede Begründung oder Förderung von Seiten der Regierung. Sie ist zu gleicher Zeit ein Beweis für die Beharrlichkeit und Opferwilligkeit, mit der die Gemeinden für eine gediegene Erziehung der weiblichen Jugend eintraten."[113]

Wenn es auch nach wie vor seitens der bayerischen Regierung keine solche Unterstützung für die Etablierung von Klosterschulen wie zu Zeiten Ludwigs I. und der frühen Regentschaft Maximilians II. gab, so fand dennoch das 1861 erlassene Schuldotationsgesetz

> „nicht mehr die strenge Auslegung wie ehedem. Man hatte es namentlich bei zusammengesetzten Schulsprengeln als Unbilligkeit empfunden, daß die Einführung von Schulschwestern durch eine einzige ganz geringfügig beteiligte Gemeinde – vielleicht aus unlauteren Motiven – verhindert werden könnte, auch dann, wenn diese Maßnahme allseitig als wünschenswert erachtet wurde."[114]

Dieser gelockerte Umgang mit dem beschriebenen Gesetz und die allgemein kirchenfreundlichere Haltung der bayrischen Regierung gegen Ende des 19. Jahrhunderts begünstigten die Gründung der Schwesternfiliale der Dillinger Franziskanerinnen in der Gemeinde Kemmern, was im weiteren Verlauf der Untersuchungen noch ausführlich dargestellt werden soll. Der folgende Abschnitt konzentriert sich auf den Gründungsprozeß des Schwesternkonventes in Kemmern. Zum besseren Verständnis desselben und der Motive, welche für die Einführung der Dillinger Franziskanerinnen in der ländlich geprägten Gemeinde von Bedeutung waren, erfolgt zunächst eine Beschreibung der soziokulturellen und ökonomischen Lage Kemmerns gegen Ende des 19. Jahrhunderts.

6. Die soziokulturelle und ökonomische Beschaffenheit der Gemeinde Kemmern im ausgehenden 19. Jahrhundert

Die Gemeinde Kemmern liegt etwa sieben Kilometer nördlich der Stadt Bamberg am Ufer des Mains zwischen den Ausläufern der Haßberge und der nördlichen Frankenalb.[115] Seit 1852 gehörte Kemmern zur Distriktsgemeinde Bamberg I, die dem Bezirksamt Bamberg I zugeteilt war. Die Bezirksämter gingen in diesem Jahr als lokale Verwaltungsbehörden aus den Landgerichten, deren Funktion auf die Rechtspflege beschränkt wurde und die in ihren Sprengeln weiterbestanden, hervor.[116] In den Bezirksämtern können die Vorläufer der heutigen Landkreise gesehen werden. Am 1. Oktober 1929 erfolgte schließlich die Zusammenlegung der Bezirksämter Bamberg I und II[117] und am 28. November 1938 wurde gemäß einer Verordnung zur Umbenennung der Bezirksämter in Landkreise die Bezeichnung Landkreis Bamberg festgelegt.[118]

Zur Zeit der Einführung der Dillinger Ordensschwestern in Kemmern im Jahr 1890 zählte der Ort etwa 700 Einwohner.[119]

1 Postkarte der Gemeinde Kemmern aus dem Jahre 1910, Pfarrei Kemmern

2 Wappen der Gemeinde Kemmern, Pfarrei Kemmern

Die Gemeinde und ihre Einwohner waren finanziell nicht wohlhabend und lebten vor allem von der Landwirtschaft und aufgrund der Lage am Main auch von der Fischerei sowie vom Weinanbau, welcher sich im Gemeindewappen widerspiegelt und der am Ende des 19. Jahrhunderts durch Hopfenanbau ersetzt wurde.[120] Neben den Bauern gab es im Ort zahlreiche einfache Arbeiter. Einen Eindruck von der wirtschaftlichen Lage Kemmerns vermittelt ein Schreiben des Bezirksamts Bamberg I an die Regierung von Oberfranken, Kammer des Innern, vom 6. November 1889 bezüglich der finanziellen Belastung der Gemeinde aufgrund des geplanten Schulhausneubaus. In dem Dokument wird dargelegt:

> „die Gemeindeangehörigen von Kemmern seien als besonders leistungsfähig nicht zu erachten, sie zählten zu den Landwirten mit mittlerem oder geringem Besitz, wozu noch einige Handwerker und Arbeiter, Maurer, Fischer und Korbmacher kämen."[121]

Der ländlichen Struktur der Gemeinde und den oben beschriebenen Berufen entsprechend verfügte der überwiegende Teil der Bewohner Kemmerns lediglich über eine einfache Volksschulbildung. Die Qualität des Schulunterrichts in Kemmern befand sich gleichwohl auf einem offenbar vergleichsweise hohen Stand, wie aus folgender Beschreibung bezogen auf das Jahr 1857 hervorgeht:

> „Die Schulstelle stehe derzeit hinsichtlich ihres Unterrichtsstandes auf Note I. Nur ein Lehrer von vorzüglicher Qualifikation könne imstande sein, die Schule auf demselben Stand zu halten."[122]

Während des 19. Jahrhunderts kam es infolge steigender Schülerzahlen zu zwei Erweiterungen des Schulhauses. Das erste Schulgebäude ist in Kemmern im Jahr 1808 nachgewiesen:

> „Das Schulhaus, ein einstöckiges hölzernes Haus (...) mit einem kleinen Hofraum, einem Wurzelgärtlein, vom Schullehrer genutzt. Das Haus muß die Gemeinde unterhalten."[123]

Als die Zahl der Schüler von etwa 80 zu Beginn des Jahrhunderts in den folgenden Jahrzehnten auf etwa 100 angewachsen war, erfolgte im Jahr 1841 der erste Erweiterungsbau des Schulhauses.[124] Der zweite Schulhausneubau wurde schließlich im Jahr 1889 in Planung genommen und im folgenden Jahr fertiggestellt.

> „Die Schule in Kemmern zählte im Februar 1889 128 Schüler, weshalb die gesetzliche Voraussetzung zur Errichtung einer ‚II. Schule', d. h. einer zweiten Schul- und Lehrerstelle gegeben war."[125]

Für die relativ arme Gemeinde bedeutete der Schulhausneubau eine enorme finanzielle Belastung. Diese belief sich auf rund 21.100 Reichsmark, wovon der Gemeinde Kemmern von den Bezirksbehörden in Bamberg eine teilweise Übernahme in Aussicht gestellt wurde. Dies geht unter anderem aus dem schon genannten Schreiben des Bezirksamts vom 6. November 1889 hervor, in dem mitgeteilt wird,

> „es gereiche der Gemeinde Kemmern zur Ehre, daß sie die notwendigen Beschlüsse zu einem Schulhausneubau gefaßt habe. Sie sei schon seither mit Leistungen für Gemeindezwecke stark in Anspruch genommen und werde in der Folge, wenn die Kosten des Schulhausneubaus und die Besoldung eines weiteren Lehrers der Gemeindekasse zur Last fallen, wohl eine der belastetsten des Bezirks sein."[126]

Neben der Finanzierung des Schulhausneubaus mussten die nicht geringen Kosten für den Unterhalt der Lehrer, deren Bezahlung sich nach vielen verschiedenen Aufgaben derselben richtete, die ihnen im allgemeinen neben dem Schulunterricht zugeteilt waren, darunter auch Organisten-, Kantoren- und Küsterdienste, aufgebracht werden.[127]

Als Ausgaben für die Besoldung des Hauptlehrers errechnete der Lokalschulinspektor Pfarrer Arnold allein rund 428 Mark für das Jahr 1889, dazu kamen noch 400 Mark für die Besoldung und Wohnung des Hilfslehrers.

Seit dem Jahr 1710 ist Kemmern eine eigenständige Pfarrei, vorher gehörte die Gemeinde zur Pfarrei Hallstadt. Sicher wurde Kemmern von Hallstadt aus missioniert. Das Verhältnis zur Mutterpfarrei war nicht immer ungetrübt.[128] Von gewissen offensichtlich ganz tief in der Geschichte des Ortes verwurzelten Spannungen der Kemmerner gegenüber den Einwohnern der umliegenden Gemeinden berichtet auch Pfarrer Lukas Hermann in seiner handgeschriebenen „*Geschichte der Pfarrei Güßbach*" aus dem Jahr 1860.[129] Darin kommt neben einer gewissen Eigenwilligkeit, einer Untugendhaftigkeit und Streitsucht der Kemmerner Bevölkerung auch deren grundsätzlich vom Glauben durchdrungene Lebensweise zum Ausdruck:

> „Die Pfarrgemeinde Kemmern ist ihrem Seelsorger sehr anhänglich, besucht sehr fleißig den Gottesdienst und (ist) auf die unverdrossenste Weise immer tätig und fleißig, daher der Ort an Wohlstand zunimmt. Die Schattenseite im Charakter ist eine gewisse Streitsucht der jungen Leute und Trunksucht an Sonn- und Feiertagen. An Werktagen wird von den meisten das Wirtshaus besucht. Güßbacher, Kemmerner und Baunacher vertragen sich nicht gut. Dies Mißverständnis besteht seit unvordenklichen Zeiten."[130]

Dem in der religiösen Tradition verwurzelten Leben der Kemmerner Bevölkerung zum Trotz scheinen regelmäßige sittliche Verfehlungen ein das gesamte 19. Jahrhundert hindurch bestehendes Problem gewesen zu sein. Aus den Aufzeichnungen des Consistoriums, der obersten kirchlichen Behörde des Erzbistums zur Ahndung sittlicher Vergehen, können im Zeitraum von 1780 bis 1895 insgesamt 23 Vorfälle schwerwiegenderer Art in der Gemeinde Kemmern nachgewiesen werden.[131] Die geschilderte Spannung zwischen dem Glaubensleben einerseits und dem praktischen Sittenleben andererseits ist charakteristisch für die allgemeine Frömmigkeit des ausgehenden 19. Jahrhundert, welche auch die Bevölkerung in Kemmern pflegte.

> „Die Liturgie jener Jahrzehnte war verordnete Liturgie, von den Gläubigen übernommen, aber nicht innerlich gestaltet (...) Der ‚meßbare' Kirchenbesuch, durch Beichtzettel und Kommunion in der Osterzeit registriert, verzeichnete im Umkreis größerer Städte erhebliche Einbußen."[132]

Auf die religiöse Situation der Gemeinde Kemmern und das Problem der sittlichen Lebensgestaltung wurde auch bei der Initiative des damaligen Pfarrers Arnold zur Gründung des Schwesternkonvents Bezug genommen. Um die Einordnung der Gründungsgeschichte der Dillinger Schwestern in der Gemeinde zu ermöglichen, soll nachfolgend zusätzlich ein aktuelles Bild des Ortes vermittelt werden, bevor dann die Gründung des Konvents der Dillinger Franziskanerinnen in Kemmern dokumentiert werden kann.

7. Die Gemeinde Kemmern im Jahr 2002

Die Gemeinde Kemmern liegt im Westen des heutigen Regierungsbezirkes Oberfranken und gehört zum Verdichtungsraum Bamberg.[133] Sie liegt, wenn auch abseitig und gewissermaßen links liegengelassen, an der Entwicklungsachse Forchheim – Bamberg – Coburg. Heute besteht zwar im Gegensatz zum vergangenen Jahrhundert ein günstiger Anschluss an das überregionale Straßennetz (nicht an den Bahnverkehr), doch fahren eigentlich nur diejenigen nach Kemmern hinein, die dort leben. Kemmern entwickelte sich in den letzten 50 Jahren von einer primär landwirtschaftlich geprägten Ortschaft zu einer Wohngemeinde mit einem Anteil an Berufspendlern von rund 80 Prozent.[134] Die Anzahl der landwirtschaftlichen Betriebe ist allein von 1970 bis 1995 von 50 auf 33 zurückgegangen. Im Jahr 1949 waren es noch 139 Landwirtsbetriebe. Der Anteil der landwirtschaftlich genutzten Fläche am gesamten Gemeindegebietes

3 Postkarte der Gemeinde Kemmern aus dem Jahre 1985, Pfarrei Kemmern

von 827 Hektar hat sich in den vergangenen 20 Jahren von 493 Hektar (1980) über 237 Hektar (1995) auf 200 Hektar (2001) reduziert.[135] Derzeit sind in Kemmern ungefähr 60 Gewerbebetriebe angesiedelt, die vorwiegend im Handels- und Dienstleistungssektor arbeiten.[136] 1.643 lohnsteuerpflichtige Bürger tragen zum Wohlstand der Gemeinde bei. Die Einwohnerzahl, welche sich seit 1950 etwa verdoppelt hat, beträgt derzeit 2.644, davon sind 2.248 (85 Prozent) Katholiken und 257 (9 Prozent) Protestanten.[137]

> „Bis zum Jahr 1945 beschränkte sich die evangelische Bevölkerung von Kemmern auf zwei Familien. Bedingt durch die einsetzende Vertreibung der Deutschen aus den Ostgebieten des damaligen Deutschen Reiches und dem Sudetenland stieg ab Frühjahr 1946 auch in Kemmern die Zahl der evangelischen Christen sprunghaft an."[138]

Die soziale und kulturelle Identität der Gemeinde ist durch ein intensives Vereinsleben mit 16 aktiven Vereinen geprägt.[139] Den Mittelpunkt des Ortes bildet die im 15. Jahrhundert in ihrer ersten Form entstandene Pfarrkirche, die bis zum Jahr 1838 mit einem Turmanbau versehen war und deren Langhaus 1978 seitlich in moderner Bauform erweitert wurde.[140] Die wichtigsten Straßen des Ortes münden auf dem Kirchplatz, der durch das Pfarrhaus und das Rathaus mit-begrenzt wird.[141] Nach wie vor kommt dem katholischen Glauben sowie dem katholischen Milieu eine prägende Rolle im Leben der Gemeinde Kemmern zu. Seit Bestehen der Pfarrei ab dem Jahr 1710 wirkten bis heute in lückenloser Reihenfolge 30 Priester in der Gemeindeseelsorge.[142] Unter ihnen hat besonders einer eine hervorgehobene Bedeutung für die Entwicklung des Gemeindelebens erlangt: Es handelt sich dabei um den 20. Pfarrer in der Geschichte der Pfarrei, den Dekan und Ehrenbürger von Kemmern, Gottfried Arnold (Wirken in Kemmern vom 5. September 1887 bis zum 1. Juni 1902).[143] Auf seine Initiative hin erfolgte die Niederlassung der Dillinger Franziskanerinnen in Kemmern im Jahr 1890. Die Person des Pfarrers Arnold soll nun hinsichtlich ihrer Bedeutung für die Gemeinde Kemmern und die Gründung der Schwesternfiliale daselbst charakterisiert werden.

8. Die Persönlichkeit des Pfarrers Gottfried Arnold

Pfarrer Gottfried Arnold wurde am 10. November 1840 zu Bayreuth geboren und von Erzbischof Michael von Deinlein am 19. März 1864 im Dom zu Bamberg zum Priester geweiht. Ab dem 12. August 1864 war er Kaplan in Fürth und ab 28. Juli 1870 in Bamberg in der Pfarrei „Unsere Liebe Frau" (Obere Pfarre) tätig. Nach drei Jahren wurde er am 18. Januar 1873 Kurator am Krankenhaus in Bamberg und übernahm am 2. August 1879 die Pfarrei Gaustadt. Nach achtjähriger pastoraler Tätigkeit dort wechselte er am 5. September 1887 im Alter von 47 Jahren in seine neue Pfarrei Kemmern.

Gottfried Arnold brachte für seinen neuen, ländlich geprägten Wirkungskreis eine solide Ausbildung vom Bamberger Priesterseminar mit, wo offensichtlich seine treue Haltung zum Kirchenoberhaupt in Rom grundgelegt wurde.[144] Das Bamberger Volksblatt charakterisiert Pfarrer Arnold am 2. Juni 1902 anlässlich seines Ablebens folgendermaßen:

„In allen Zweigen der kirchlichen Wissenschaft unterrichtet, stand er namentlich in dogmatischen Fragen stets auf der streng kirchlichen Seite. Aber auch über Schlendrian, Schäden und schädliche Auswüchse innerhalb der Kirche hatte er ein richtiges und scharfes Urteil."[145]

Seine strenge und unnachgiebige Haltung äußerte sich unter anderem darin, dass er die Bevölkerung Kemmerns zur Teilnahme an den liturgischen Feiern geradezu zwang. Gerade in diesem Punkt war Pfarrer Arnold sehr streng in seiner pastoralen Auffassung und deren praktischer Umsetzung. So kann man aus seinem Verkündbuch entnehmen, dass er zum Beispiel am Vortage des Festes Maria Geburt, am 7. September 1889, die gesamte Bevölkerung zur Beichte verpflichtete und zu diesem Zweck vier weitere Priester in die Kirche holte, damit diese die Generalbeichte aller seiner Pfarrkinder abnähmen. Seinem unermüdlichen Einsatz für die Seelsorge hat die Gemeinde besonders die Einführung der Dillinger Franziskanerinnen zu verdanken, deren Hauptaufgabe schließlich die Erteilung von Schulunterricht sein sollte. Ferner geht die Errichtung einer Kleinkinderbewahranstalt primär auf ihn zurück.

Diesbezüglich resümiert SCHROTT:

„Pfarrer und Dechant Gottfried Arnold hat sich durch die Stiftung und Ausstattung der Kleinkinderbewahranstalt um die Gemeinde und hiesige Jugend verdient gemacht. Er erhielt das Ehrenbürgerrecht."[146]

4 Pfarrer Arnold, Pfarrei Kemmern

II GRÜNDUNGSPROZESS DER DILLINGER FRANZISKANERINNEN VON 1889 BIS 1891

1. Vorgeschichte des Gründungsprozesses – die schulische Situation in Kemmern 1888 bis 1889

1.1 Das Volksschulwesen im 19. Jahrhundert

Die Lage der Volksschulen in der Region im 19. Jahrhundert kann insgesamt als nur sehr dürftig bezeichnet werden. Kemmern mit seinen Problemen stellte keineswegs einen Einzelfall dar, sondern offenbarte exemplarisch jene Missstände, von denen das Volksschulwesen in jener Zeit geprägt war: Die Einführung der allgemeinen Werktagsschulpflicht im Jahre 1802 und ein allgemeines Bevölkerungswachstum führten zu drangvoller Enge in den Schulhäusern, was wiederum erhebliche Schwierigkeiten bei der Aufrechterhaltung von Disziplin zur Folge hatte. Zudem waren die Schulhäuser häufig in einem verkommenen Zustand, manche sogar so baufällig, dass sie gar nicht mehr benutzt werden konnten und der Lehrer den Unterricht in seiner eigenen Wohnung abhalten musste. Zudem waren die Lehrkräfte meistens ebenso schlecht bezahlt wie ausgebildet.

1.2 Schulvisitationen in Kemmern

Kirchliche Behörden wirkten, obwohl die Volksschulen rein staatlich waren, auf lokaler und mittlerer Ebene an der Schulaufsicht in erheblichem Maße mit. Der Pfarrer vor Ort hatte die Funktion eines Lokalschulinspektors, die Dekane führten als Distriktsschulinspektoren die jährlichen Schulvisitationen durch, von denen auch im Bezug auf Kemmern in diesem Kapitel die Rede sein wird[147].

Am 6. Mai 1888 bittet Lehrer Nikolaus Römer die Regierung von Oberfranken wegen seiner angegriffenen Gesundheit um Versetzung in den Ruhestand. Dabei erwähnt er bereits auch einige Missstände, wie z. B. die große Schülerzahl und den daraus resultierenden Abteilungsunterricht, mit dem man sich angesichts des zu kleinen Schulhauses behelfen musste.[148]

In diesem Brief wird ein Prüfungsprotokoll vom 2. Mai 1887 erwähnt. Es handelt sich hierbei um den Bericht über die Visitation des Bezirksamtes Bamberg I in der Schule in Kemmern, in dem aufgrund der großen Schülerzahlen und der schlechten räumlichen Verhältnisse ein zweiter Lehrer beantragt wird. Hauptlehrer Römer kann allerdings den Besoldungsbeitrag für einen zweiten Lehrer (Hilfslehrer) nicht selbst aufbringen, was er nach damaligen Vorschriften jedoch hätte tun müssen. Um einen Hilfslehrer finanzieren zu können, konnte aber auch von den Eltern kein Schulgeld erhoben werden, da sie dieses ebenso nicht bezahlen hätten können. Römers Wohnung reichte auch zur Unterbringung des Hilfslehrers nicht aus, überdies bezog er mehr Geld aus Kirchendiensten als aus dem Schuldienst, was zu jener Zeit absolut üblich war.

In vielen Gegenden reichte das Einkommen des Lehrers kaum zum Überleben, wodurch er gezwungen war, sich mit den unterschiedlichsten Tätigkeiten einen Zusatzverdienst zu verschaffen[149]. Diesbezüglich kann wohl von einer Art unheiliger Allianz gesprochen werden, die in jener Zeit zwischen Schülern und Lehrern bestand: Der Lehrer wurde schlecht bezahlt, daher musste er Nebenbeschäftigungen nachgehen, z. B. als Gemeindeschreiber, oder im Kirchendienst (beispielsweise durch Waschen der Kirchenwäsche, Orgel spielen, das Singen von Weihnachtsliedern in der Weihnachtszeit, wofür er Geld- und Sachspenden erhielt)[150]. Verwunderlich ist es also nicht, dass ein so in Anspruch genommener Lehrer für den Dienst in der Schule gering motiviert war und keine Autorität darstellte. Gleichzeitig waren die Kinder ebenso unmotiviert und unwillig. So bedingten beide Seiten einander und verstärkten in einer Art Teufelskreislauf den schlechten Unterricht. Die Disziplin im Klassenzimmer schwand so zusehends.

Am 1. Juni 1888 fand in Kemmern eine erneute Schulvisitation statt, bei der wiederum der schlechte Zustand des Schulhauses und die Notwendigkeit eines Neubaus festgestellt wurden. Am 4. September desselben Jahres ging Römer schließlich in den Ruhestand. Der Unterricht wurde fortan von „*Schuldienst Expectant*" Georg Oppelt, einem jungen Mann, der damit die praktische Phase seiner Ausbildung antritt, gehalten.[151] Oppelt dürfte zu diesem Zeitpunkt etwa 18 Jahre alt gewesen sein.[152] Am 8. November 1888 wird eine Lehrprobe abgenommen, die vermutlich auf die endgültige Übernahme Oppelts in den Schuldienst abzielte, da er zu dieser Zeit als einziger Lehrer in Kemmern nachgewiesen ist.[153] Oppelt hat diese jedoch nicht bestanden.

Auch am 29. Januar 1889 fand – diesmal von der Kreisregierung in Bayreuth durchgeführt – wieder eine Visitation der Schule in Kemmern statt, bei der Oppelt unterrichtete und der königliche Lokalschulinspektor (also Pfarrer Gottfried Arnold) sowie der Bürgermeister anwesend waren. Bei dieser Visitation stellte sich heraus, dass die Schüler über ungenügende Kenntnisse in Rechtschreiben, Rechnen und Vaterlandskunde verfügten. Die Handschrift der Schüler und Schülerinnen wurde ebenso bemängelt wie ihre Lesefähigkeit.[154]

> „Das Ergebnis der Prüfung in Rechtschreiben und in Rechnen muss als ein ungenügendes bezeichnet werden. Hefte vorhanden, aber in Folge eines Augenleidens des Lehrers nicht rechtzeitig korrigiert. Schriftzüge steif, ohne Fluss, vielfach unregelmäßige Kenntnisse der Schüler aus der Vaterlandskunde, sehr notdürftig."[155]

Der gesamte Unterrichtsstand der Abteilungsschule stellte sich als ein unbefriedigender dar. Die jetzt beobachteten und auch schon früher festgestellten Missstände wurden nun vollends in ihrer schädlichen Auswirkung erkannt: Die Beseitigung des Halbtagsunterrichts, die sofortige „Aufstellung" eines Hilfslehrers (der selbst noch unerfahrene Oppelt unterrichtete allein insgesamt 118 Jungen und 57 Mädchen) und die Aufnahme der Verhandlungen zum Zwecke eines Schulhausneubaues und der Einrichtung einer zweiten Schule in Kemmern seien dringend zu wünschen.[156]

Der mangelhafte Kenntnisstand der Schüler erklärt sich aber nicht allein durch die Überfüllung des Klassenzimmers, der Unerfahrenheit des Schulverwesers Oppelt und dessen Augenleiden. Die Kinder selbst erschienen oft überhaupt nicht zum Unterricht, und wenn sie es taten, waren sie für den Unterricht nicht aufgeschlossen und motiviert, weil sie zu Hause von den Eltern zur Mitarbeit in der Landwirtschaft gezwungen wurden.

Von daher und auch weil die Schüler an den primär geistigen Inhalte der Schule nicht interessiert waren, blieb dem Lehrer oft nichts anderes übrig, als zu ziemlich autoritären Unterrichtsmethoden zu greifen, wie z. B. zur körperlichen Züchtigung der Schüler. Die Kinder waren für die Schule auch deshalb nicht zu begeistern, weil schon von den Eltern kein Gewicht auf die Lerntätigkeit der Schüler gelegt wurde. Oft stellten diese sich selbst die Frage, wofür die Kinder Kenntnisse in Vaterlandskunde oder in der deutschen Sprache benötigten. Wichtig sei schließlich allein die Tätigkeit in der Landwirtschaft, denn mit ihr würde man später seinen Lebensunterhalt bestreiten. Vom Unterricht selbst könne man nicht leben, er sei allenfalls zum Zeitvertreib gut und dazu geeignet, die Kinder vom Herumtreiben auf der Straße und von der Durchführung von Streichen abzuhalten. Nun gab es aber die allgemeine Schulpflicht und die Auflage, dass

> „jeder bayerische Staatsbürger, der eine Gesellen- oder Meisterprüfung ablegen, ein bäuerliches Anwesen übernehmen oder in den Stand der Ehe eintreten wollte, ein ordnungsgemäßes Entlassungszeugnis der Werk- und Feiertagsschule"[157]

vorweisen musste. So war der Schulbesuch wohl eher ein notwendiges Übel, mehr aber auch nicht. Es ist also nicht anzunehmen, dass die Schüler von ihren Eltern zu einer engagierten Mitarbeit im Unterricht angehalten worden sind.

Am 19. April 1889 wandte sich die Gemeinde Kemmern mit einem Schreiben an die Kreisregierung Bayreuth, in dem sie zwar mitteilt, den Schulhausneubau beschlossen zu haben, an diesen Beschluss aber eine Bedingung knüpfte: Die königliche Regierung in Oberfranken solle aus Kreismitteln einen Zuschuss gewähren. Ihren Anspruch auf diesen Zuschuß begründet die Gemeinde folgendermaßen:

> „Das neue Schulhaus ist laut folgendem Kostenvoranschlag zu 22 000 Mark berechnet. Diese Summe allein zu decken ist der Gemeinde Kemmern eine Unmöglichkeit, denn
> 1. ist die Gemeinde klein und besteht nur aus 707 Seelen.
> 2. ist dieselbe im Ganzen arm, besteht fast ausschließlich aus kleinen Bauern, Fischern und Korbmachern und in Bamberg arbeitenden Maurern und Taglöhnern und zahlt im Durchschnitt nur 3164 Mark pro Kopf direkte Staatssteuern.
> 3. die Gemeindeauslagen betragen jetzt schon 130% der Staatssteuern und werden durch die vielen auswärts sich aufhaltenden Armen beständig vermehrt.

4. sind die Gemeindeglieder mit currenten Schulden und mit Hypothekenschulden bereits übermäßig belastet. Die Kirchenstiftung dahier hat allein 34 Hypotheken im Orte und hat die Kirchenverwaltung des Jahr über Rückstände der in Folge der gegenwärtigen traurigen Verhältnisse der Landwirtschaft zu klagen.

5. der zwischen den Gründstücken der Gemeindebürger hindurch fließende Main verursacht durch seine häufig vorkommenden Austritte der Gemeinde vielen Schaden. Aus obigen wahrheitsgetreuen Darlegungen, welche das königliche Bezirksamt Bamberg I gewiß nur wird bestätigen können, ersieht hohe königliche Regierung, daß die Gemeinde Kemmern fast ruiniert ist, wenn sie das neue Schulhaus auf eigene Kosten erbauen und dann noch die Mittel des Personal und Realexistenz für die Errichtung einer zweiten Schulstelle daher beschaffen muß."[158]

Die verschiedenen Gründe, welche die Gemeinde Kemmern gegenüber der Kreisregierung in Bayreuth darlegt, sprechen eine deutliche Sprache. Die Gemeinde Kemmern hat in einer Gemeindeversammlung beschlossen:

> „zur Besoldung des aufzustellenden Hilfslehrers soll nach dem Beschluß der Gemeindeversammlung vom 17.03.1889 kein Schulgeld erhoben werden, sondern das Gehalt desselben soll aus der Gemeindekasse bzw. durch Gemeindeumlagen bestritten werden."[159]

Immerhin stellte die Kreisregierung durch die Schulvisitation die schlechte schulische und pädagogische Situation fest und macht der Gemeindeverwaltung klare Auflagen, so dass eine weitere Verbesserung durch den Schulhausneubau zu erwarten war[160]. Doch bei all diesen Bestrebungen, die nun von Seiten des Staates zur Verbesserung dieser Situation zu beobachten waren, stellt sich die Frage, warum Pfarrer Arnold unbedingt Schwestern für die Schule in Kemmern gewinnen wollte.

Pfarrer Arnold, in seiner Funktion als Lokalschulinspektor mit der Lage natürlich bestens vertraut, war wohl davon überzeugt, die Probleme in und mit der Schule nicht allein durch einen weltlichen Lehrer lösen zu können. In einem Schreiben vom 29. August 1890, das die Kreisregierung von Bayreuth bereits in der Angelegenheit einer Einführung klösterlicher Lehrkräfte in Kemmern an das Ministerium in München richtet, wird die prekäre schulische Situation noch einmal deutlich dargestellt:

> „In Kemmern ist bei einer Gesamtschülerzahl von 118 Knaben und 57 Mädchen seit 1. Mai 1889 ein Hilfslehrer und zwar seit 1. Januar eine Hilfslehrerin aufgestellt, wobei die Unterrichtsabteilung in der Weise stattfindet, daß dem Schullehrer das 4. bis 7., der Hilfslehrerin das 1. bis 3. Schuljahr zugewiesen ist."[161]

Der erwähnten Forderung nach einer weiteren Lehrkraft ist zwar entsprochen worden, doch der Abteilungsunterricht bestand nach wie vor.

Am 5. September 1887 übernahm Gottfried Arnold die Pfarrstelle in Kemmern. Als Seelsorger war ihm auch die soziokulturelle und ökonomische Situation bekannt. Beides musste er als fatales Zusammenwirken unglücklicher Umstände erkannt haben und eine Besserung der Situation wird er allein den staatlichen Behörden angesichts deren verspäteter und nicht ausreichender Reaktion in dieser Angelegenheit nicht zugetraut haben. Ein radikaler Schritt war notwendig, denn die Situation konnte nicht mehr schlechter werden, als dies ohnehin schon der Fall war.

Wodurch ließ sich aber schließlich eine Besserung herbeiführen? Nach Ansicht Pfarrer Arnolds konnten wohl nur eine klare Geschlechtertrennung sowie die Übernahme des Unterrichts durch eine gebildete Schwester aus irgendeiner Ordensgemeinschaft hier Abhilfe schaffen. Schwestern waren wohl eher in der Lage, sich durch ihre Autorität und Persönlichkeit bei vielen Schülern durchzusetzen als die noch sehr jungen Lehrkräfte Georg Oppelt und Johanna Blass[162] dies vermochten. Weiterhin war ihm wohl klar, dass mit der Errichtung einer von Ordensschwestern geführten Schule auch die Möglichkeit gegeben war, ohne große zusätzliche Kosten den besonderen lokalen Bedürfnissen durch die mögliche Angliederung einer Kinderbewahranstalt, einer Näh- bzw. Arbeitsschule, in denen die Ordensfrauen ebenfalls wirken konnten, sowie durch die Erteilung von Privatunterricht in Einzelfällen durch dieselben gerecht zu werden.

Aus dem Brief der Gemeinde Kemmern an das Bezirksamt Bamberg I vom 9. April 1890 geht dies bereits deutlich hervor:

> „Zu dem Unterricht in den Gegenständen der Volksschule ist noch der Unterricht im weiblichen Handarbeiten und später eventuell die Einrichtung einer Kleinkinderbewahranstalt in Aussicht genommen"[163].

Doch bevor dieses Vorhaben Pfarrer Arnolds Wirklichkeit werden konnte, mussten einige administrative Schwierigkeiten bewältigt werden.

2. Die Schwesternfiliale der Dillinger Franziskanerinnen in Kemmern

2.1 Die Antragstellung – der Weg durch die kirchlichen und weltlichen Institutionen

Anhand von ausgewählten Quellen verschiedener Institutionen, die im folgenden Abschnitt analysiert und interpretiert werden, soll die Gründung des Konvents in ihrem Ablauf verdeutlicht und Hintergründe dieses Geschehens aufgezeigt werden. In den Entscheidungsprozess im Hinblick auf das Zustandekommen der Gründung waren folgende Institutionen eingebunden: Die Pfarrei Kemmern unter der Leitung von Pfarrer Gottfried Arnold, welcher in seiner Doppelfunktion als Lokalschulinspektor und Pfarrherr die Initiative zur Gründung der Schwesternfiliale ergriff. Dabei erhielt er von Seiten der Kirche durch das Metropolitankapitel Bamberg und weltlicherseits durch die Gemeindeverwaltung Kemmern die Genehmigung, bei den zuständigen Institutionen die notwendigen Anträge zu stellen.

Die arme und kinderreiche Gemeinde Kemmern, die damals gerade den Bau des Schulhauses finanzierte, war aufgrund der Aufteilung der Volksschule in eine Knaben- und Mädchenabteilung genötigt, qualifiziertes, jedoch kostengünstiges Lehrpersonal anzuwerben. Der königliche Bezirksamtmann des königlichen Bezirksamtes Bamberg I war der Vertreter der ersten zuständigen staatlichen Stelle für die Bearbeitung des Antrages der Gemeinde Kemmern, wobei hier aus pädagogischen Gründen nachgeordnete Schulbehörden bei der Begutachtung des Antrags und für eine Entscheidung eingebunden waren. Bei einer Befürwortung durch den königlichen Bezirksamtmann wurde der Antrag an die übergeordnete königliche Kreisregierung von Oberfranken in Bayreuth weitergeleitet.

Bei weiterer positiver Begutachtung bzw. Entschließung ging der Antrag schließlich an die letzte Instanz, an das königliche Ministerium des Innern für Kirchen- und Schulangelegenheiten. Wurde nach entsprechender Prüfung daraus eine allerhöchste Entschließung dieses Ministeriums erlassen, welche dann rechtskräftig war, ging sie den Instanzenweg, damit die nachgeordneten Behörden die rechtskräftige Entscheidung ausführten.

Auf kirchlicher Seite ging es hauptsächlich dem Metropolitankapitel des Erzbistums Bamberg unter anderem um die finanzielle Absicherung der Ordensleute. Als problematisch erschien ihm wohl das relativ hohe Angebot der ärmlichen Gemeinde Kemmern.

Der Leitung des Konventes der Franziskanerinnen in Dillingen oblag kirchlicherseits die grundsätzliche Entscheidung, einen neuen Konvent bzw. eine neue Filiale einzurichten. Die Gründung der Schwesternfiliale in Kemmern fiel in den Zeitraum von August 1889 bis Juni 1891.

2.2 Erste Abstimmung der Gemeinde Kemmern über die Einführung klösterlicher Lehrerinnen

Schon bevor Pfarrer Arnold Kontakt mit dem Kloster in Dillingen wegen der Einführung von Schwestern als Lehrerinnen für die neu geplante Mädchenschule in Kemmern aufnahm, wirkte er in der Gemeinde auf eine Akzeptanz seines Vorhabens hin und holte die nach dem Schuldotationsgesetz vom 10. November 1861 erforderliche geschlossene Zustimmung der Gesamtgemeinde ein. Dies erfolgte in einer Gemeindeversammlung am 4. August 1889. Dabei waren von 122 Bürgern 90 anwesend, womit die beschlussfähige Zahl erreicht war.[164] Der Einführung von Schulschwestern für die Besetzung der geplanten zweiten Lehrerstelle wurde von den anwesenden Gemeindebürgern einstimmig zugestimmt. Zur Rechtfertigung seines Vorhabens legte Pfarrer Arnold vor der Abstimmung den Anwesenden die finanziellen, unterrichtlichen und erzieherischen wesentlichen Gründe, die seiner Auffassung nach dafür sprachen, dar. Die von ihm aufgeführten erzieherischen Gründe hatten offensichtlich ihren Ursprung im sittlichen Verhalten der Einwohner Kemmerns und des umgebenden Bamberger Landes, worauf bereits im Rahmen der Beschreibung des soziokulturellen Milieus im 19. Jahrhundert ein Schlaglicht geworfen wurde. Wie aus Zeitungsberichten aus der Zeit von Pfarrer Arnold hervorgeht, bereiteten auf dem Lande (und nicht nur hier) vor allem häufige Wirtshausbesuche und ausschweifende Feste mit erheblichem Alkoholgenuß sowie die groben Streiche nächtlich umherziehender Jugendbanden einige Probleme. Über die überhandnehmenden Kirchweihfeste mit ihren Begleiterscheinungen lässt sich im Bamberger Volksblatt vom 25. September 1888 Folgendes lesen:

„Das Kirchweihwesen hat sich, was den weltlichen Part betrifft, in erschreckender Weise ausgewachsen (...) Bald ist's eine Kapelle, die vielleicht nie eine Weihe erhalten hat, bald ein neues Schulhaus, bald ein renoviertes Feldkreuz, bald die Feuerwehr, bald die Kriegervereine – kurz: Man sucht durch irgend einen Scheingrund die Lizenz zur Abhaltung einer getrennten Kirchweih sich zu erschleichen. In Wirklichkeit ist's aber oft der Wirt allein, ‚der das allgemeine Verlangen stellt', eigene Tanzmusik halten zu dürfen (...) Oder es sind durstige Musikanten, die sich wieder einmal einen guten Tag machen wollen."[165]

Auch wenn dies dem Bürgermeister meist weniger störte, war es dem Pfarrherrn ein Dorn im Auge, denn: „Zum Glück steht über dem windelweichen Bürgermeister noch

5 Brief von Pfarrer Arnold an die Oberin der Dillinger Franziskanerinnen Angelina Schmid vom 06.11.1889, StABa K5 Nr. 8351

einer, der energisch d'rein fährt."¹⁶⁶ Einen Eindruck von dem Unwesen, das nachts nicht selten von Jugendlichen getrieben wurde, vermittelt ein Bericht des Bamberger Volksblattes vom 10. November 1888, in dem über eine Verhandlung vor dem Schöffengericht in Bayreuth dargestellt wird, dass innerhalb von nur zwei Monaten

> „nicht weniger als 62 Personen, darunter meistens junge Leute wegen groben Unfugs auf dem Mandatswege bestraft worden seien, der nächtliche Unfug aber eher noch zugenommen habe".¹⁶⁷

Die strenge Haltung des Pfarrers Arnold angesichts derartiger sittlicher Verfehlungen kommt in seinen persönlichen Aufzeichnungen zum Ausdruck. Daraus lässt sich ersehen, dass seine besondere Sorge der sittlichen Erziehung der schulpflichtigen Jugend gegolten hat. Im Verkündbuch von Pfarrer Arnold, welches er mit der Übernahme der Pfarrei im Jahr 1887 zu führen begann, vermerkte er zum Kirchweihfest 1890 folgendes:

> „Die Eltern werden hiermit nachdrücklich ermahnt, während der Kirchweihtage strenge und gewissenhafte Zucht und Aufsicht über ihre Kinder zu führen, sie nicht nachts herumziehen zu lassen und insbesondere die noch schulpflichtige Jugend von Wirtshäusern und Tanzplätzen fernzuhalten."¹⁶⁸

Betrachtet man die beschriebenen Probleme im Bereich der Bildung und Erziehung, wird verständlich, was es mit den von ihm in Bezug auf die Einführung klösterlicher Lehrkräfte in der Gemeinde Kemmern vorgebrachten erzieherischen Gründen auf sich hat.

2.3 Kontaktaufnahme der Pfarrei Kemmern mit dem Konvent in Dillingen

Ausgehend von der Situation, dass aufgrund gestiegener Schülerzahlen in Kemmern ein Neubau des Schulhauses durchgeführt und eine zweite Lehrerstelle eingerichtet werden sollte, schrieb Pfarrer Arnold am 6. November 1889 einen Brief an die Oberin der Franziskanerinnen in Dillingen, Angelina Schmid, worin er um die Zuteilung einer Ordensschwester als Lehrerin für die Mädchenschule bat:

> „Ich erlaube mir, mich an Ew. Ehrwürden mit der Anfrage zu wenden, ob Sie mir bis zum Herbste des nächsten Jahres eine Lehrerin für die hiesige ungeteilte Mädchenschule mit 70 Kindern senden können."¹⁶⁹

Aus dem Brief geht hervor, dass bereits über die Schwestern in Michelfeld aus demselben Orden seit dem Jahr 1885 eine Verbindung zwischen Pfarrer Arnold und den Dillinger Franziskanerinnen bestanden hat. Offensichtlich war Pfarrer Arnold von dem Wirken der Schwestern in Michelfeld angetan, was ihn wohl mit dazu bewog, seine Anfrage an den Dillinger Konvent zu richten. Seiner Bitte verlieh Pfarrer Arnold durch die ausführliche Schilderung der Umstände in der Gemeinde Kemmern Nachdruck, wobei eine gewisse Werbung für den Ort als geeignete Beheimatung einer weiteren Schwesternfiliale im Erzbistum Bamberg nicht zu übersehen ist. Arnold gliedert seine diesbezüglichen Ausführungen in fünf Teile, welche die schulische, finanzielle, religiöse und geographische Situation Kemmerns betreffen.

Den geplanten und bereits von der Gemeinde genehmigten Schulhausneubau beschreibt Pfarrer Arnold sehr detailliert, um den Schwestern in Dillingen ein genaues Bild von der Wohn- und Arbeitssituation vor Ort zu vermitteln. Die geschilderte Bauplanung wird als unabänderlich bezeichnet, die Arbeiten waren demnach zum Zeitpunkt des Schreibens bereits vergeben. Somit wurden die Schwestern in dieser Hinsicht vor vollendete Tatsachen gestellt. Gleichwohl stellt Pfarrer Arnold die Vorzüge des neuen Schulhauses für die Unterbringung einer Schwester heraus. Im Gegensatz zum alten, lediglich einen Schulraum umfassenden Schulhaus soll das neue Gebäude neben zwei Unterrichtsräumen auch zwei separate Lehrerwohnungen mit jeweils einem eigenen Eingang und eigenem Keller bzw. Speicher enthalten.

> „Dieses Haus wird so gebaut, daß die zwei Lehrerwohnungen und ebenso die Gärtchen mit Hofraum, Waschküchen & Holzlegen vollständig durch eine Mauer voneinander getrennt sind, und der Lehrer seinen Eingang von Norden, die Schwester den ihrigen von Osten erhält."¹⁷⁰

Im zweiten Briefabschnitt findet das Bemühen von Pfarrer Arnold Ausdruck, die Entlohnung der Lehrschwester, die anstelle eines weltlichen Schulverwesers ihren Dienst leisten soll, sicherzustellen. Dieser Ordensfrau wurde ein festes Gehalt von jährlich 550 Mark verbindlich in Aussicht gestellt, was sich aus 500 Mark, die von der Gemeinde aufgebracht werden sollen (zuzüglich Deckung der Heizkosten) und 50 Mark aus Kreismitteln zusammensetzt. Zur Finanzierung dieser Kosten erklärt Pfarrer Arnold seine Bereitschaft, 6000 Mark aus privaten Mitteln zur Verfügung zu stellen. Durch dieses Angebot Arnolds eröffnete sich für die Gemeinde eine günstigere finanzielle Situation als im Falle der erforderlichen Besoldung eines weltlichen Schulverwesers mit rund 430 Mark.

> „Da erklärte ich aber meiner Gemeinde, daß ich bereit wäre, in Rücksicht auf den guten Zweck und auf den glücklichen Umstand, daß ich für keine Verwandten zu

sorgen hätte, ein Kapital von 6000 Mark zur Dotation der 2. Schulstelle zu schenken, wenn statt eines Schulverwesers eine Ordensschwester hierher käme. Die Gemeinde beschloß hierauf einstimmig die Einführung von Lehrschwestern."[171]

Letztere Formulierung legt nahe, dass im Vorfeld des Schreibens von Pfarrer Arnold an den Dillinger Konvent bereits eine Abstimmung in der Gemeinde stattgefunden haben muss, wie es das Schuldotationsgesetz von 1861 verlangte. Diese Abstimmung musste, wie aus später dargelegten Quellen ersichtlich wird, aus formalen Gründen im Juli des Jahres 1890 nochmals durchgeführt werden, erbrachte aber das gleiche Ergebnis. Bereits in dem Schreiben vom 6. November 1889 machte sich die Intention von Pfarrer Arnold bemerkbar, den Wirkungskreis der Schwester bzw. der Schwestern innerhalb Kemmerns zu erweitern. Diesbezüglich ist die Übernahme der Arbeitsschule durch die Schwestern nach der Dienstunfähigkeit der bisherigen Arbeitslehrerin in Aussicht gestellt, was mit insgesamt 40 Mark jährlich entlohnt werden sollte.[172] Die Formulierungen im Brief (vgl. Plural „Schwestern") weisen denn auch darauf hin, dass es nicht bei der Entsendung einer Schulschwester für die Gemeinde Kemmern bleiben sollte, sondern entsprechend verschiedener Aufgaben in der Gemeinde die Bildung eines Kleinkonventes von ihm möglicherweise ins Auge gefasst war. Erstaunlich wirkt die Bewertung der genannten Bezahlung der Schulschwester in Höhe von 550 Mark als „bescheidenes Einkommen". Bedenkt man, dass die Entlohnung der Dillinger Schwestern im Bamberger Priesterseminar zur gleichen Zeit durch den Erzbischof Friedrich von Schreiber unter ähnlichen Wohnbedingungen mit nur 100 Mark jährlich pro Schwester im Vergleich dazu noch niedriger ausfiel.[173] Pfarrer Arnold drückt demgegenüber sogar noch sein Bemühen aus, das Gehalt der Schwestern in Kemmern nach Möglichkeit zu vermehren und wirbt zusätzlich mit der absehbaren Wohltätigkeit der Gemeindemitglieder zugunsten eines künftigen Konventes.

> „Die Leute hier sind sehr wohltätig, wenn sie auch nicht reich sind, und vergessen weder ihren Pfarrer noch ihre Schwestern, letztere noch weniger, weil ich ihnen deren Unterstützungsbedürftigkeit schon nahe gelegt habe. ‚Sorget also nicht ängstlich: Was werden wir essen, was werden wir trinken?' (Mt 6, 31)"[174]

Seinen oben gemachten Aussagen über die religiös motivierte Wohltätigkeit der Kemmerner Gemeindemitglieder entsprechend legt Pfarrer Arnold der Oberin der Dillinger Franziskanerinnen die seiner Ansicht nach guten Voraussetzungen für ein fruchtbares Wirken der Ordensschwestern im Sinne geistlicher Berufungen nahe. Davon solle auch der Konvent in Dillingen profitieren. Demgemäß schreibt Pfarrer Arnold:

> „Wenn Franziskanerinnen hierher kommen, bin ich fest überzeugt, daß ich in nicht ferner Zeit dem Orden zumal bei seinen verschiedenen Berufstätigkeiten, reichlich an Kandidatinnen wieder ersetze, was derselbe von seinen Kräften hierher abgibt. Es ist ein wahrer Ordensgeist hier."[175]

Arnold bezieht sich hier auf die vielfältigen Ordensberufungen in Kemmern. Seine Werbung für den Ort durch die nähere Beschreibung des genannten „Ordensgeistes" hörte sich so an:

> „Seit den 2 Jahren meines Hierseins habe ich schon das 3. Zeugnis zum Eintritt in einen Orden ausgestellt. Jesuiten, Missionspriester, Kapuziner, barmh. Schwestern und engl. Fräulein[176] sind von hier vertreten, obwohl die Gemeinde nur 700 Seelen zählt."[177]

2.4 Exkurs: Geistliche Berufungen zur Zeit Pfarrer Arnolds

Zu den geistlichen Berufungen aus Kemmern zur Wirkungszeit von Pfarrer Arnold zählen folgende Ordenseintritte und Priesterberufungen: Am 25.05.1888 trat Adamus Albrecht bzw. Bruder Elzear, geboren am 30.12.1863, in den Orden der Bayerischen Kapuziner ein und wirkte in der Folgezeit als Missionar in Chile.[178] Im selben Orden arbeitete Johann Georg Albrecht bzw. Bruder Prokopius, geboren am 10. Februar 1867, als Schreiner. Er wurde am 12. Mai 1890 im St.-Anna-Kloster in Altötting eingekleidet und legte dort am 13. Mai 1891 seine zeitliche Profess ab.[179] Joseph Endres, geboren am 17. September 1863, feierte am 02.07.1890 seine Primiz in Kemmern und war von 1890–1892 als Priester der Diözese Luzern in Horb am Vierwaldstätter See tätig.[180] Bereits vor der Zeit von Pfarrer Arnold als Pfarrer von Kemmern gab es immer wieder geistliche Berufungen. Nachweislich gingen vom Ende des 18. bis zum Anfang des 19. Jahrhunderts aus der Pfarrei Kemmern fünf Diözesanpriester hervor.[181] Der Jesuitenpater Balthasar Eichhorn, geboren am 27.05.1848 in Kemmern, trat am 01.10.1868 in die Gesellschaft Jesu ein, empfing etwa im Jahr 1879 die Priesterweihe und war seit 1883 in Chile als Missionar tätig. 1885 erhielt er das Ehrenbürgerrecht von Kemmern.[182] Zudem stellte die Gemeinde Kemmern auch zwei Mitglieder der Barmherzigen Schwestern. Kunigunde Dorsch bzw. Schwester M. Clodualda, geboren am 10. Dezember 1854, wurde am 28. November 1877 eingekleidet und legte am 20. September 1879 ihre Ordensprofess ab. Eva Schneiderberger bzw. Schwester M. Edeltraud, geboren am 16. Februar 1848, wurde am 28. Oktober 1875 eingekleidet. Ihre Profess legte sie am 28. November 1877 ab. Beide Schwestern waren im Bereich der Krankenpflege tätig.[183] Diese Beispiele sollen zur Verdeutlichung des von Pfarrer Arnold in seinem Brief an den Konvent in Dillingen genannten „Ordensgeistes" genügen.

Den fruchtbaren Boden für geistliche Berufungen führte Arnold wesentlich auf seinen Amtsvorgänger Georg Saffer zurück, der vom 9. September 1865 bis zum 5. Mai 1887 Pfarrer von Kemmern und zugleich Distriktschulinspektor und Dechant war: „Ihr Glück" (der Gemeinde) war ein frommer, eifriger Priester, Gg. Saffer sel. A., der hier 22 Jahre Pfarrer war."[184] Über dessen Verdienste in der Pfarrseelsorge berichtet das Bamberger Volksblatt am 10. Mai 1887 anlässlich seines Todes:

> „Fast 22 Jahre hatte der Verstorbene als ein Priester nach dem Herzen Gottes in Kemmern gewirkt und in welchem Maße er die Liebe und Anhänglichkeit seiner Pfarrkinder besaß, sahen alle"[185]

Sicherlich war die von Pfarrer Arnold in seiner Anfrage an den Dillinger Konvent geschilderte Glaubenssituation in der Gemeinde Kemmern neben den baulichen und finanziellen Voraussetzungen ein bedeutender Faktor für das Gelingen seines Vorhabens, Ordensschwestern für Kemmern zu gewinnen und sie dann in das Leben der Gemeinde zu integrieren.

An vierter Stelle seines Schreibens geht Pfarrer Arnold auf den im Jahr 1889 bereits an der Dorfschule angestellten Lehrer Martin Reinhard ein, den er als „gut gesinnt"[186] bezeichnet, was für dessen Umgänglichkeit und Aufgeschlossenheit gegenüber den zu erwartenden Schwestern sprechen würde. Diese Eigenschaften waren aufgrund der räumlichen Nähe von Lehrer- und Schwesternwohnung im oben geschilderten Schulhausneubau für das Klima der täglichen Zusammenarbeit wohl von nicht geringer Bedeutung.

Schließlich hebt Pfarrer Arnold die recht günstige geographische Lage Kemmerns in der Nähe der Bahnstation Breitengüßbach (25 Minuten Fußweg), von wo aus die Stadt Bamberg innerhalb einer Viertelstunde mit dem Zug erreicht werden kann, hervor.

Der Fußweg von Kemmern nach Bamberg beträgt eineinhalb Stunden. Dies war unter anderem im Hinblick auf die räumliche Nähe Kemmerns zum Dillinger Schwesternkonvent im Bamberger Priesterseminar von Bedeutung. Die Oberin dieses möglichen Nachbarkonvents war Schwester Hieronyma Baumeister. Zu ihr schreibt Pfarrer Arnold:

> „Schw. Hieronyma freute sich außerordentlich, Mitschwestern in solche Nähe zu bekommen, und empfiehlt Ihnen sehr mein Anliegen"[187].

Nimmt man das Schreiben von Pfarrer Gottfried Arnold an die Oberin der Dillinger Franziskanerinnen zusammenfassend in den Blick, so lässt sich vor allem nochmals festhalten, dass es sich dabei um eine intensive Werbung für die Entsendung von Schwestern in die Gemeinde Kemmern handelt. Um sein Anliegen zu verwirklichen, scheute Pfarrer Arnold offensichtlich kaum Kosten und Mühen, was sich neben der als bedeutsam zu betrachtenden Stiftung von 6000 Mark zur Finanzierung der Schwestern ausdrückt. Auch seine intensive Sorge für das künftige Wohlergehen der Ordensfrauen wird nicht zuletzt in seinem Angebot, gegebenenfalls „in nächster Zeit nach Dillingen zu reisen"[188], ausgedrückt.

2.5 Weiterer Briefverkehr zwischen Pfarrer Arnold und den Dillinger Franziskanerinnen

Die Reaktion der Oberin in Dillingen auf die Anfrage von Pfarrer Arnold war, wie aus dem nachfolgenden Briefwechsel hervorgeht, zwar nicht grundsätzlich ablehnend, doch galt es, Bedenken von Seiten des Konventes in Dillingen bezüglich der Anforderung von nur einer Ordensschwester auszuräumen. Diese Bedenken wurden von Pfarrer Arnold als Missverständnis kenntlich gemacht und in einem zweiten Schreiben an die Oberin am 13. November 1889 ausgeräumt. Über die Zahl der Schwestern schreibt Pfarrer Arnold:

> „Auch ich dachte mir die Sache nicht so, daß Sie mir bloß eine Klosterfrau schicken sollten, was freilich gegen allen Ordensbrauch überhaupt wäre, sondern ich meinte nur eine Lehrerin – die Laienschwester ist als Bedienung mit eingerechnet."[189]

Diese Aussagen werfen zugleich Licht auf die untergeordnete Stellung der sogenannten „Laienschwestern" bei den Franziskanerinnen.[190] Innerhalb der Ordensgemeinschaft wurde nicht mehr zwischen Laien- und Vollschwester unterschieden. Was ist jedoch mit dem Begriff „Laienschwester" gemeint, den Pfarrer Arnold und die Oberin in ihrem Briefverkehr gebrauchen?

2.6 Exkurs: Die Bedeutung des Begriffes „Laienschwester"

In vielen Schreiben ist die Rede von einer „Laienschwester", weswegen es angebracht und notwendig erscheint, sich mit der Bedeutung dieses Begriffes auseinanderzusetzen. Als „Laienschwester" wurde eine Ordensfrau bezeichnet, welche mit der Haushaltsführung betraut war. Die Laienschwester war durch ihre ewige Profess[191] an die Gemeinschaft gebunden, jedoch bei der Wahl der Ordensoberin (Meisterin) ausgeschlossen. Die Klosterfiliale in Kemmern, ursprünglich bestehend aus zwei Schwestern, war die kleinste Einheit, welche es geben konnte. Sie bestand aus einer Schwester, die ihren Dienst aktiv in der Schule ausübte und einer weiteren Schwester, der „Laienschwester", die für die Tätigkeiten im Haushalt verantwortlich war. Doch wenn man sich den einzelnen Schreiben zuwendet, stellt man fest, dass für die „Laienschwester" unterschiedliche Begriffe gewählt werden. So wird aus den Unterlagen der königlichen Kreisregierung in Oberfranken vom 14. Juni 1890 nicht klar ersichtlich, ob die für die Mädchenschule in Kemmern vorgesehene Lehrerin für die Mädchenschule in Kemmern allein in die Klosterfiliale einzog, oder ob sie eine Ordensgenossin zur Besorgung der häuslichen Arbeiten[192] für die neu zu errichtende Ordensfiliale mitbrachte. Ferner wird im Genehmigungsschreiben vom 10. September 1890 des königlichen Staatsministeriums des Innern für Kirchen- und Schulangelegenheiten von einer Dienerin gesprochen. Im Schreiben des Metropolitankapitels Bamberg wird hingegen von einer Ordensperson gesprochen, obwohl die Mitglieder des Metropolitankapitels die Ordensgemeinschaft der Dillinger Franziskanerinnen kannten, die ja seit 1882 im Bamberger Priesterseminar tätig war. Oft wird auch der Begriff Laienschwester verwendet. Schon das Wort Laienschwester verdeutlicht den Unterschied zu der in der Schule tätigen Schwester, obwohl man innerhalb der Ordensgemeinschaft der Dillinger Franziskanerinnen selbst keinen Unterschied zwischen den Schwestern mehr machte. Der Unterschied bestand in der Geschichte des Ordens lange Zeit darin, dass man innerhalb der Gemeinschaft zwischen aktiven und häuslichen Tätigkeiten unterschied. In der früheren Ordensgeschichte wurden Laienschwestern als niederrangig angesehen und behandelt, doch war diese Ansicht um 1890 nicht mehr so stark ausgeprägt. Pfarrer Arnold dürfte dies nach seiner Aussage im Brief nicht bekannt gewesen sein.

Seine Worte veranschaulichen, welche Bedeutung eine im Haushalt tätige Schwester für Pfarrer Arnold hatte. Merkwürdig ist, dass Oberin Angelina Schmid in ihren Briefen an Pfarrer Arnold ebenfalls von einer Laienschwester spricht, z. B. in dem Brief vom 16. November 1889: „Die Zelleneinrichtung für die Lehrerin sowie für die zur Bedienung notwendige Laienschwester wird von Seiten des Klosters besorgt."[193] Hat Oberin Angelina Schmid die Formulierung des Pfarrers Arnold („nur eine Lehrerin; die Laienschwester ist als Bedienung mit eingerechnet")[194] einfach übernommen, um Missverständnissen vorzubeugen?

In fast allen Schreiben, welche sich mit der Genehmigung beschäftigen, wird der Begriff „Laienschwester" verwendet.

Interessant erscheint in diesem Zusammenhang ein Schreiben vom 14. Juli 1890 des königlichen Bezirksamtes Bamberg I an die Kreisregierung in Oberfranken, Kammer des Innern. Gegenstand desselben war die Vertragsunterzeichnung, an der die Gemeinde Kemmern und die Gemeinschaft der Dillinger Franziskanerinnen teilnahmen. In diesem Schreiben ist u. a. Folgendes zu lesen: „...aus dem Vertrag zwischen der Gemeinde Kemmern und der Gemeinschaft der Dillinger Franziskanerinnen geht hervor, daß diese eine Laienschwester mitbringt."[195] Besonders interessant ist dies deshalb, weil man sich auch innerhalb des Genehmigungsprozesses behördlicherseits mit dem Begriff „Laienschwester" schwertat, denn das königliche Bezirksamt Bamberg I musste erst die Kreisregierung in Oberfranken über die Bedeutung und Funktion der „Laienschwester" genau informieren.

2.7 Exkurs: Die Bedeutung der Schwesternpersönlichkeit Angelina Schmid für den Gründungsprozess

Die Entscheidung, ob eine neue Schwesternfiliale eröffnet werden soll, liegt nicht zuletzt in den Händen der Oberin einer Gemeinschaft – so auch bezüglich der Filiale Kemmern. Schwester Angelina Schmid schrieb am 16. November 1889 an Pfarrer Gottfried Arnold in Kemmern: „Nachdem ich mich mit meinen älteren Mitschwestern beraten habe, ...",[196]. In diesem Satz bringt Meisterin Angelina Schmid ihre letzte Entscheidungsgewalt und höchste Autorität als Oberin zum Ausdruck. Für Pfarrer Arnold war neben den verschiedenen staatlichen Institutionen die Oberin der Gemeinschaft der Dillinger Franziskanerinnen die wichtigste Ansprechpartnerin. Die gesamte Korrespondenz, welche mit der Filialgründung in Verbindung stand, lief über die Oberin. Doch wie muss man sich diese Persönlichkeit vorstellen?

6 Foto des Leichnams von Angelina Schmid

Zweite Meisterin nach der Säkularisation
Frau M. Angelina Schmid
reg. von 1878-1899

Schwester Maria Angelina wurde am 31. Dezember 1828 in Steingarten als Tochter des Bierbrauereibesitzers Franz Xaver Schmid und seiner Frau Kreszentia, geb. Ringold, geboren. In der Taufe erhielt sie den Namen Augusta Amalia. Am 27. Juli 1840 wurde sie in Schongau vom Augsburger Bischof Peter Richarz gefirmt. Ihr Schulentlassungszeugnis, ausgestellt am 1. Oktober 1841, bestätigte ihr vorzügliche Fähigkeiten, unermüdlichen Fleiß, ausgezeichnetes Betragen und in allen Fächern sehr gute Leistungen. Die Familie hatte sieben Kinder und Augusta Amalia genoß eine gute und sorgfältige Erziehung auf den Grundsätzen eines lebendigen und überzeugten Christentums. In zwei Töchtern der Familie reifte langsam die Berufung zum Ordensleben. Am 29.September 1855 trat Augusta im Alter von 26 Jahren gemeinsam mit ihrer leiblichen Schwester Hyacintha in das Kloster der Dillinger Franziskanerinnen ein. Am 4. Oktober 1855 wurden sie in das Postulat aufgenommen und am 27. Dezember 1855 eingekleidet. Augusta erhielt den Ordensnamen M. Angelina und Hyacintha den Namen M. Seraphina. Als arme Franziskanerinnen legten M. Angelina und M. Seraphina am 31. Mai 1857 im Chor der Klosterkirche ihre Ordensgelübde ab. Die Chronik berichtet: „Es war ein recht schönes und gemütliches Hausfest, an dem nur die nächsten Verwandten und einige Honoratioren der Stadt teilnahmen."[197] Obwohl ihnen der Arzt bei ihrem Ordenseintritt gute Gesundheit bescheinigt hatte, stellte sich bei M. Seraphina schon bald ein hartnäckiges Halsleiden ein. 1862 und 1864 suchte sie bei Pfarrer Kneipp in Wörishofen Heilung, 1866 und 1867 machte sie eine Molkenkur in Bad Reichenhall. Am 20. Juli 1870 starb Schwester Seraphina in Maria Medingen an einer bösartigen Leberkrankheit und fand in der dortigen Gruft ihre letzte Ruhestätte.[198]

Schwester Angelina wurde Sakristantin und Sekretärin der Frau Meisterin M. Theresia Haselmayr (diese war von 1836 bis 1878 Meisterin der Gemeinschaft). 1864 durfte M. Angelina die Oberin ins Frankenland begleiten und an der Gründung der Filiale Unterdürrbach teilnehmen sowie alle fränkischen Niederlassungen kennenlernen. An der Seite der Meisterin Schwester Theresia Haselmayr hatte Schwester Angelina inzwischen soviel Erfahrung erworben, dass diese ihr das Amt einer Superiorin in der größten Filiale Maria Medingen anvertrauen konnte. Am 8. Januar 1878 starb Theresia Haselmayr im Alter von 70 Jahren. Sie hatte das Amt der Ordensmeisterin 42 Jahre ausgeübt. Bereits zwei Wochen nach ihrem Tode wurde Schwester Angelina Schmid am 23. April 1878 mit 77 von 145 Stimmen, also von 53,1 Prozent der wahlberechtigten Schwestern zur neuen Meisterin der Gemeinschaft gewählt. Dieses Amt hatte sie 21 Jahre lang inne und aufgrund „gänzlicher Erschöpfung, das schwere und verantwortungsvolle Amt einer Vorsteherin eines so großen Klosters"[199] zu führen, wurde sie von Bischof Pankratius von Dinkel an ihrem 70. Geburtstag von ihren Amtspflichten entbunden:

„Aus diesem Grunde genehmigen Seine Bischöflichen Gnaden, wenn auch schweren Herzens, die Bitte der Frau Oberin Maria Angelina Schmid und entheben dieselbe nach Ablauf ihrer 21-jährigen Amtstätigkeit, also mit Wirkung vom 24. April 1899 von der Stelle einer Oberin des Klosters des hl. Franziskus in Dillingen."[200]

Am 10. März 1900 erkrankte Schwester Maria Angelina an Influenza und starb am 15. März 1900 im Alter von 70 Jahren.[201] In seiner Leichenrede am Grabe von M. Angelina Schmid am 19. März 1900 sagte der Stadtpfarrer von Dillingen Herr Magnus Niedermair Folgendes:

„Unter ihrer Amtsführung wurden nicht weniger als 24 auswärtige Filialen neu gegründet, in welchen, wie in den zahlreichen, schon länger bestehenden Filialen, die Frauen des hiesigen Mutterhauses in segensvoller Weise in Unterricht und Erziehung der Jugend wirken und in ersprießlichster Weise eine opfervolle, caritative Tätigkeit in der Fürsorge für die Ärmsten der Armen entfalten, in Unterricht, Erziehung und Pflege der armen Taubstummen."[202]

Auf Initiative dieser Oberin konnten die Dillinger Franziskanerinnen im Erzbistum Bamberg Fuß fassen, nachdem sie mit Wirkung vom 30. Oktober 1882 fünf Schwestern für die Haushaltsführung im Priester- und Knabenseminar nach Bamberg gesandt hatte. Die weitere Ansiedlung des Ordens setzte sich mit den Gründungen der Filialen Michelfeld am 30. September 1884, Bamberg (Mariahilfanstalt) am 8. August 1887 und schließlich mit Kemmern fort. Daher kann Schwester Angelina Schmid aus kirchen- und ordensgeschichtlicher Sicht als die ursprüngliche Gründerin der Dillinger Franziskanerinnen in der Erzdiözese Bamberg betrachtet werden, auch wenn die eigentliche Gründung der Provinz Bamberg erst 1973 erfolgte.

Schwester Angelina war es ja, die auf den zweiten Brief von Pfarrer Arnold am 16. November 1889 mit einer Zustimmung zur Entsendung von zwei Schwestern nach Kemmern bis zum Herbst des Jahres 1890 antwortete.[203] Allerdings verlieh die Meisterin ihrem Wunsch Ausdruck, dass das von Pfarrer Arnold gebotene Gehalt von 550 Mark auf 600 Mark aufgestockt werden solle. Zudem solle die Gemeinde die Einrichtung der Küche und des Refektoriums übernehmen sowie ein kleines Oratorium zur Verfügung stellen.[204]

Pfarrer Arnold ging in seinem Antwortschreiben vom 21. November 1889 vorbehaltlos auf die Wünsche der Oberin ein: „Die Schwestern bekommen 600 Mark zusammen, Oratorium, Küche und Refektorium richten wir ein."[205] Mit dieser Zusage von Pfarrer Arnold waren die Weichen für eine Niederlassung von Dillinger Schwestern in Kemmern von Seiten der Pfarrei und des Dillinger Konventes zunächst gestellt.

2.8 Antrag der Gemeindeverwaltung Kemmern auf staatliche Genehmigung der klösterlichen Lehrerinnen

Nachdem bis zum Ende des Jahres 1889 die vollständige Übereinkunft zwischen der Gemeinde Kemmern und den Dillinger Franziskanerinnen über die Entsendung von Ordensschwestern getroffen war, galt es nun, die staatliche Genehmigung der geplanten Errichtung eines Konventes in Kemmern zu erwirken. Dies vollzog sich in mehreren Schritten unter Einbeziehung des Bezirksamtes Bamberg I, der Kreisregierung von Oberfranken in Bayreuth und des bayerischen Ministeriums des Innern für Kirchen- und Schulangelegenheiten. Zunächst musste dem vorgeschriebenen Verwaltungsablauf entsprechend von der Gemeinde der Antrag auf Befürwortung der Bitte um die staatliche Genehmigung der Klosterschule und der Weiterleitung dieses Antrags an das Ministerium gestellt werden. Dies geschah in einem Schreiben der Gemeindeverwaltung Kemmern an das königliche Bezirksamt Bamberg I am 9. April 1890.[206] In dem Schreiben wird kurz das Ergebnis der intensiven Bemühungen um die Einführung von Ordensschwestern als Lehrerinnen an der Mädchenschule in Kemmern und der Verhandlungen mit den Dillinger Franziskanerinnen erläutert. Daraus geht hervor, dass die Gemeinde Kemmern bereits länger mit „verschiedenen Ordenshäusern, welche teils aus Mangel an Lehrkräften, teils wegen des Bauplans des neuen Schulhauses"[207] keine Lehrerinnen zur Verfügung stellten, in Kontakt gestanden war.[208] Das königliche Bezirksamt Bamberg I leitete durch sein Schreiben vom 22. Mai 1890 den Antrag an die kö-

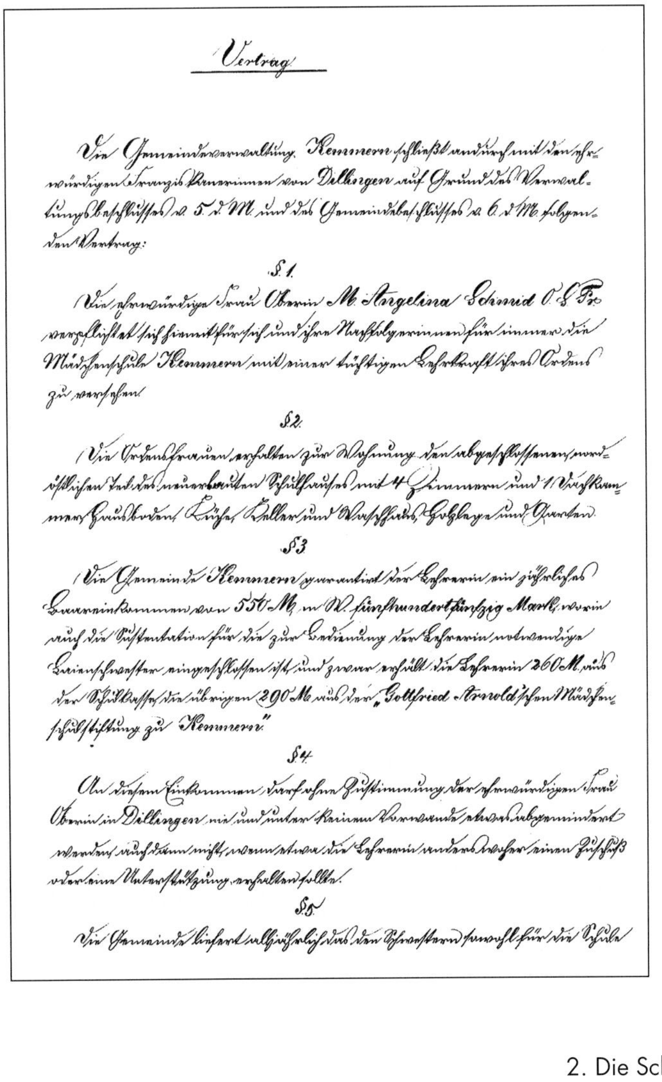

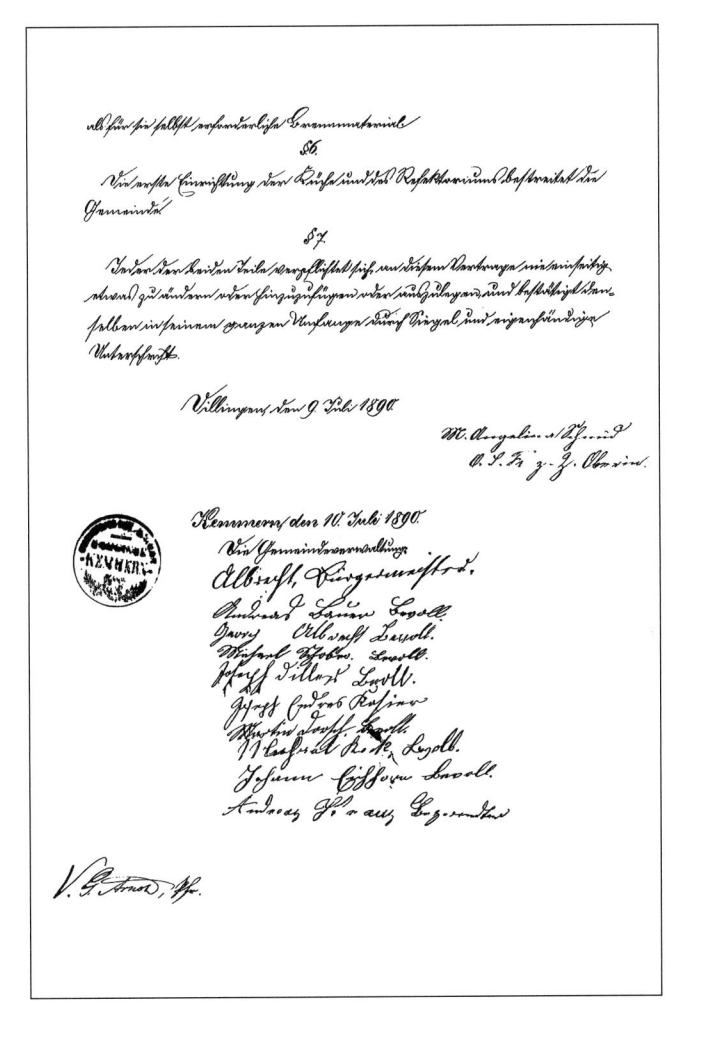

7 Vertrag der Gemeinde Kemmern mit den Dillinger Franziskanerinnen vom 09./10.07.1890, StABa K5 Nr. 8351

nigliche Regierung von Oberfranken weiter mit der Bitte, den Antrag der Gemeinde Kemmern „bestens zu befürworten."²⁰⁹ Die königliche Regierung von Oberfranken, Kammer des Innern, hat keine grundsätzlichen Einwände, kann aber dem Antrag wegen aufgetretener Formfehler und fehlender weiterer Informationen noch nicht stattgeben. Man hätte den

„Antrag der Gemeindeverwaltung Kemmern, welcher gemäß Artikel 146, Absatz 2 der Gemeindeordnung für die Landesteile diesseits des Rheins vom 29. April 1869, der am 04. August 1889 stattgehabten Gemeindeversammlung vorzulegen war, entweder im Original [oder] in beglaubigter Abschrift"²¹⁰

beifügen müssen. Ferner ging aus den an die königliche Kreisregierung weitergeleiteten Unterlagen nicht hervor, „ob die in Aussicht genommene Lehrerin die für sie bestimmten Wohnungsräumlichkeiten allein"²¹¹ oder mit einer „Ordensgenossin zur Besorgung der häuslichen Arbeiten"²¹² beziehen wollte. Auf diese fehlenden Informationen und Formfehler hätte bereits das Bezirksamt die Gemeinde Kemmern aufmerksam machen müssen. Da die Gemeindeverwaltung Kemmern²¹³ die erste positive Abstimmung nicht in einer rechtsgültigen Weise schriftlich fixiert hatte, war ein erneuter Beschluss der Gemeindeversammlung notwendig.

2.9 Erneute Beschlussfassung der Gemeinde Kemmern über die Einführung der Schwestern

Gemäß des im Jahr 1861 erlassenen Schuldotationsgesetzes musste neben der Einigung zwischen dem Pfarrer und dem Dillinger Konvent die Zustimmung der gesamten Gemeinde zu einer Entsendung der Franziskanerinnen nach Kemmern eingeholt werden. Dies war, wie oben ausgeführt, bereits bei der Gemeindeversammlung am 4. August des Jahres 1889 geschehen. Wie neben dem oben erwähnten Schreiben der Kreisregierung ein Brief von Pfarrer Arnold an die Oberin Angelina Schmid vom 7. Juli 1890 zeigt, der dem Vertrag zwischen der Gemeindeverwaltung Kemmern und den Dillinger Franziskanerinnen unmittelbar vorausging, musste die Abstimmung wegen des erwähnten Formfehlers wiederholt werden. Dies geschah am 6. Juli 1890 und brachte in Anwesenheit von 92 der insgesamt 122 stimmberechtigten Gemeindebürgern²¹⁴⁾ erneut ein einstimmiges Ergebnis hervor.²¹⁵ Bereits am vorangegangenen Tag, dem 5. Juli, hatte die Gemeindeverwaltung einmütig für die Einführung der Schwestern in Kemmern gestimmt.²¹⁶ Der anschließend folgende Vertrag der Gemeindeverwaltung mit den Dillinger Franziskanerinnen verweist in seinem ersten Satz ausdrücklich auf die durch die Gemeinde geschaffene Rechtsgrundlage:

„Die Gemeindeverwaltung Kemmern schließt mit den ehrwürdigen Fanziskanerinnen von Dillingen auf Grund des Verwaltungsbeschlusses v. 5. ds Mts. und des Gemeindebeschlusses v. 6. d. M. folgenden Vertrag: [...]"²¹⁷

2.10 Vertrag zwischen der Gemeindeverwaltung Kemmern und den Dillinger Franziskanerinnen

Nach der Unterzeichnung durch die Oberin Angelina Schmid am 9. Juli und die Gemeindeverwaltung Kemmern am 10. Juli 1890 wurde zwischen dieser und den Dillinger Franziskanerinnen der verbindliche bzw. rechtskräftige Vertrag über die ständige Lehrtätigkeit einer „tüchtigen" Ordensschwester an der Mädchenschule in Kemmern bzw. die Entsendung einer zugehörigen Laienschwester geschlossen (§ 1). Der Vertrag umfasst sieben Paragraphen, die sich neben der schon genannten Verpflichtung der Schwestern auf deren Wohnraum, Bezahlung und Zusatzversorgung, auf die Einrichtung von Küche und Refektorium sowie die Gültigkeit des geschlossenen Vertrages beziehen.²¹⁸ In seinem dem Vertrag vorausgegangenen Schreiben vom 7. Juli 1890 hatte Pfarrer Arnold die Notwendigkeit eines derartigen rechtsverbindlichen Vertrages, der die Ergebnisse der Verhandlungen zwischen der Gemeindeverwaltung Kemmern und den Dillinger Franziskanerinnen enthält, erläutert. Demnach verlangte die königliche Regierung von Oberfranken die Vorlage dieses Dokumentes, um die Genehmigung für die Einführung klösterlicher Lehrerinnen in Kemmern aussprechen zu können.²¹⁹ In § 2 des Vertrages werden die bereits im Arnold'schen Brief vom 6. November 1889 in Aussicht gestellten Wohnbedingungen für die Schwestern bestätigt, wobei jetzt zusätzlich eine Dachkammer zugesagt wurde. Das der Oberin von Pfarrer Arnold im Brief vom 21. November 1889 zugesicherte Oratorium findet offenbar keine Berücksichtigung. Aus dem Schreiben von Pfarrer Arnold vom 7. Juli 1890 an Angelina Schmid geht hervor, dass offensichtlich zwischenzeitlich über den Wegfall eines Oratoriums aufgrund der unmittelbaren Nähe des Schulhauses zur Kirche eine Übereinkunft erzielt wurde. Die Bezahlung der Schulschwester einschließlich der Vergütung für die Laienschwester wird nach § 3 mit 550 Mark festgesetzt. Dies bedeutet jedoch keine Abweichung von dem vorher ausgehandelten Gehalt von 600 Mark, da

„die fehlenden 50 M durch den letzten Landratsbeschluß des vorigen Jahres für alle ‚weltlichen und klösterlichen Lehrerinnen' Oberfrankens bereits bewilligt und genehmigt sind"²²⁰ Erst dann könne dieser Zuschuß bei der Regierung beantragt werden.²²¹

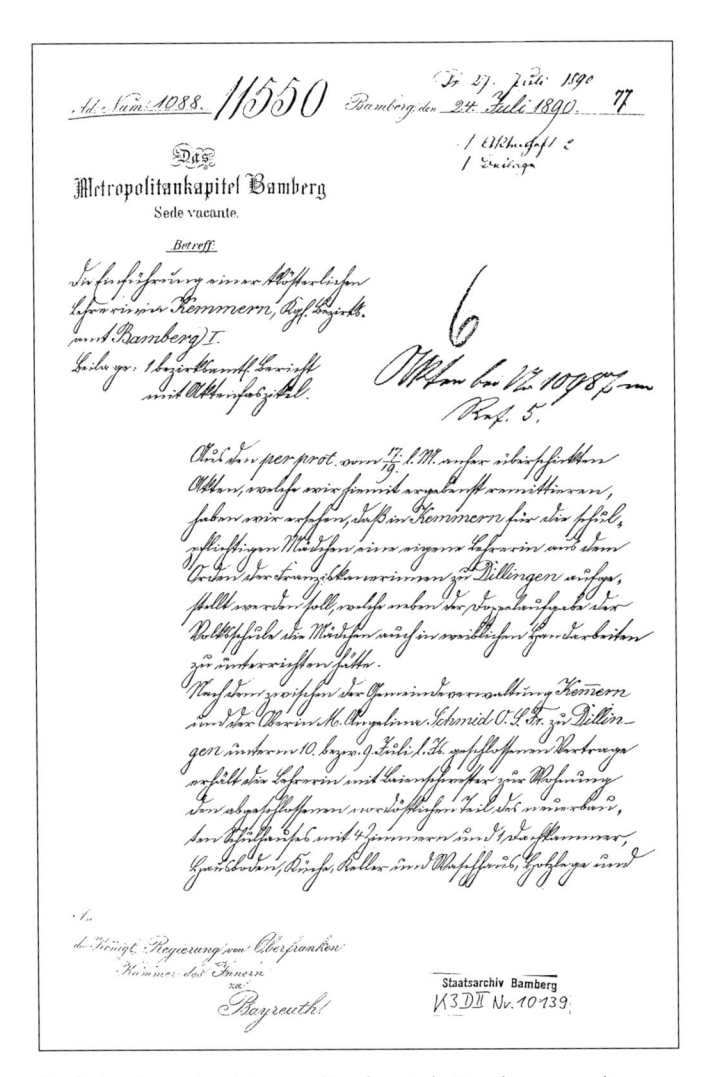

8 Schreiben des Metropolitankapitels Bamberg an die königliche Regierung von Oberfranken vom 24.07.1890, StABa K5 Nr. 8351

Gleichzeitig erklärt Pfarrer Arnold in seinem Brief vom 7. Juli 1890, dass er die erforderliche Genehmigung der Franziskanerinnen für Kemmern bereits bei der Kreisregierung von Oberfranken in Bayreuth schriftlich beantragt hat. Demnach war also geplant, daß die Schwestern 550 Mark aus Gemeindemitteln und zusätzlich 50 Mark als Kreiszuschuss erhalten sollten. Laut § 3 des Vertrages setzt sich das von der Gemeinde Kemmern gezahlte jährliche Einkommen von 550 Mark im einzelnen wie folgt zusammen: „(...) und zwar erhält die Lehrerin 260 M aus der Schulkasse, die übrigen 290 Mark aus der ‚Gottfried Arnold'schen Mädchenschulstiftung zu Kemmern'."[222] Durch diese genannte Aufteilung des Schwesterngehaltes war folglich eine Erhöhung des Stiftungskapitals von 6000 auf 7250 Mark erforderlich, auch wenn weder im Vertrag zwischen der Gemeinde Kemmern und den Dillinger Franziskanerinnen noch in dem Begleitschreiben vom 7. Juli 1890 davon die Rede ist. Die Erhöhung war deswegen zwingend erforderlich, weil bei der angenommenen und später festgelegten vierprozentigen Verzinsung des Stiftungskapitals[223], aus der das restliche Schwesterngehalt bestritten werden sollte, das Erreichen eines jährlichen Zuschusses aus der Schulstiftung von 290 Mark ein Kapital von 7250 Mark voraussetzt. Dieses wurde, unter der Bedingung, dass der Gemeindeanteil an der Finanzierung des Schwesterngehaltes mit 260 Mark jährlich konstant blieb, aufgrund der Vereinbarung des Gehaltes mit insgesamt 600 statt 550 Mark, wie es im ersten Brief von Pfarrer Arnold nach Dillingen am 6. November 1889 ursprünglich angeboten worden war, notwendig. Von der Gemeinde Kemmern

2. Die Schwesternfiliale der Dillinger Franziskanerinnen in Kemmern // 71

war es angesichts ihrer wirtschaftlichen Verhältnisse wohl auch kaum zu verlangen, einen größeren Anteil am Gehalt der Schwestern aufzubringen. Die ursprünglich von Pfarrer Arnold zugesagten 6000 Mark als Stiftungskapital hätten unter gleichen Bedingungen (vierprozentige Verzinsung und 260 Mark Gemeindeanteil am jährlichen Gehalt der Schwestern) für die Abdeckung eines jährlichen Schwesterngehaltes von 550 M (inklusive 50 M Kreismittel) ausgereicht. Die notwendige Erhöhung des Stiftungskapitals auf 7250 Mark fand trotz der schon im November 1889 zwischen Pfarrer Arnold und der Oberin in Dillingen mehr oder minder vereinbarten Gehaltszahlung von jährlich 600 Mark an die Lehrschwestern in Kemmern zunächst keine Berücksichtigung in Form einer offiziellen Erklärung von Pfarrer Arnold.

In § 4 des Vertrages zwischen der Gemeindeverwaltung Kemmern und den Dillinger Franziskanerinnen wird zur Bekräftigung der Verbindlichkeit der oben aufgeführten finanziellen Bedingungen eigens hervorgehoben, dass an dem Einkommen der Schwestern „ohne Zustimmung der ehrwürdigen Frau Oberin in Dillingen nie und unter keinem Vorwande etwas abgemindert werden"[224] darf. Diese strikte Regelung zur Garantie des Schwesterngehalts legt nahe, dass im Kloster in Dillingen großer Wert auf die finanzielle Absicherung der Schwestern gelegt wurde. In § 5 und § 6 des Vertrages verpflichtet sich die Gemeinde Kemmern, das für die Schule und die Schwestern erforderliche Brennmaterial sowie die Einrichtung der Küche und des Refektoriums zu übernehmen.[225] Die genannten vertraglich geregelten Bedingungen erfahren durch die abschließenden Ausführungen in § 7 einen für beide Seiten verbindlichen Charakter durch die vollständige Bestätigung mit Siegel und eigenhändiger Unterschrift.[226]

3. Fortgang und Abschluss der Verhandlungen

3.1 Grundsätzliche Zustimmung und finanzielle Bedenken des Bamberger Metropolitankapitels

Neben der staatlichen Genehmigung für die Einführung der Lehrschwestern in Kemmern musste die Gemeinde auch die Zustimmung des Erzbischofs einholen. Da neben dem Kloster im Bamberger Priesterseminar bereits zwei Filialen der Dillinger Franziskanerinnen in der Erzdiözese Bamberg bestanden (Kunigundenstift und Taubstummenanstalt Michelfeld), gestaltete sich dieser Vorgang weniger komplex als es bei der Neuerrichtung eines eigenständigen Klosters in derselben Diözese der Fall gewesen wäre. Da das Kloster der Dillinger Franziskanerinnen in Bamberg seit mehr als sieben Jahren existierte, war nach den für den Orden verbindlichen Bestimmungen der Diözese Augsburg für die Gründung der Kemmerner Filiale nicht die Erlaubnis des Augsburger Bischofs einzuholen, sondern die Einführung der Lehrschwestern in Kemmern fiel allein in den Verantwortungsbereich des Erzbistums Bamberg.[227] Gemäß des geltenden Kirchenrechtes musste der amtierende Ortsbischof bzw. dessen Vertreter die Genehmigung für die Neuerrichtung einer Ordensfiliale aussprechen. Im Falle des Kemmerner Konventes geschah dies durch ein Schreiben des Metropolitankapitels vom 24. Juli 1890, das an die königliche Regierung von Oberfranken gerichtet war. Darin heißt es: „Oberhirtlicherseits gestatten wir gerne die Beiziehung genannter Ordenspersonen."[228]

Das Metropolitankapitel bezieht sich ausdrücklich auf die im Vertrag zwischen der Gemeinde Kemmern und den Dillinger Franziskanerinnen vom 9. und 10. Juli 1890 festgehaltenen Bedingungen für die Entsendung einer Lehrerin an die Mädchenschule in Kemmern. Dabei fällt auf, dass in Zusammenhang mit der Lehrtätigkeit an der Volksschule von einer „Doppelaufgabe"[229] die Rede ist. Was sich hinter diesem Begriff verbirgt, wird ersichtlich, wenn man die pädagogischen und erzieherischen Motive von Pfarrer Arnold für die Einführung klösterlicher Lehrkräfte in Kemmern berücksichtigt. Diese wurden bereits in Verbindung mit der ersten Beschlussfassung der Gemeinde Kemmern über die Einrichtung eines Schwesternkonventes genannt. Somit dürfte mit der Bezeichnung „Doppelaufgabe" die Sorge um die Bildung einerseits und die Erziehung andererseits gemeint sein. Diese Deutung bestätigt sich anhand von Briefen des Pfarrers Arnold an die Oberin in Dillingen, aus denen die positiven Effekte der Schwesterntätigkeit auf die Schulbildung und das sittlich-religiöse Verhalten der Kinder hervorgehen.[230]

Auch wenn die oben zitierte Aussage des Metropolitankapitels über die Genehmigung der Dillinger Franziskanerinnen in Kemmern den Anschein einer uneingeschränkten Zustimmung erwecken mag, war dem jedoch nicht so. Nach der Überprüfung und Beurteilung des Vertrages zwischen der Gemeindeverwaltung Kemmern und den Dillinger Franziskanerinnen erteilt das Bamberger Metropolitankapitel (*sede vacante*)[231] zwar die prinzipielle Genehmigung zur Einführung klösterlicher Lehrkräfte in Kemmern, meldet jedoch zugleich seine Bedenken hinsichtlich der finanziellen Absicherung der Schwestern gemäß den Bedingungen des Vertrages an. Zur Beseitigung dieser Bedenken erläuterte die Bamberger Bistumsleitung der Bezirksregierung die Umstände der geplanten Schulstiftung von Pfarrer Arnold und stellte Forderungen zur Gewährleistung des vertraglich vereinbarten Schwesterngehaltes an die Gemeinde Kemmern.

Das Metropolitankapitel machte daraufhin ausdrücklich darauf aufmerksam, dass das Stiftungskapital von 7250 Mark „stets zu 4 % verzinst bleiben muß, wenn der jährliche Zuschuß von 290 Mark ermöglicht sein soll. Ob der 4 prozentige Zinsfuß stets angenommen werden kann, dürfte zu bezweifeln sein, mithin diese Schulstiftung gar bald nicht in der Lage sein, die 290 Mark beizubringen."[232]

Nicht ohne Grund weist das Metropolitankapitel auf die damals wie heute üblichen Fluktuationen des Zinsfußes hin, woraus – bedenkt man die mögliche Situation bei einer Erneuerung der Stiftung – ein unterschiedlicher Stiftungsertrag resultieren kann. Aus der Anzeige einer Bank im Bamberger Volksblatt vom 21. Juli 1888 geht hervor, dass abhängig vom jeweiligen Tageskurs Pfandbriefe und Obligationen mit einem Zinsfuß von 3½ bis 4 Prozent angeboten wurden.[233] Die Tatsache, dass das Metropolitankapitel auf die genauen finanziellen Rahmenbedingungen der Schulstiftung von Pfarrer Arnold und die Unsicherheit eines gleichbleibenden Zinsfußes hinweist, legt die Vermutung nahe, dass man gewisse Zweifel an der finanzpolitischen Kompetenz und Weitsicht der Gemeinde Kemmern hegte. Zumindest spricht daraus aber der Drang nach einer genauen Analyse der Vertragsbedingungen und das Bedürfnis nach einer soliden finanziellen Absicherung des vertraglich festgelegten Schwesterngehaltes. Immerhin bedeutete die von der Gemeinde Kemmern aufzubringende jährliche Mindestsumme von 260 Mark angesichts der bescheidenen Finanzkraft und der erheblichen Belastungen durch den Schulhausneubau eine große Herausforderung. Somit waren durchaus Zweifel darüber angebracht, ob die Gemeinde im Falle einer niedrigeren Verzinsung des Stiftungskapitals als mit 4 Prozent in der Lage sein würde, den am jährlichen Stiftungszuschuss von 290 Mark fehlenden Betrag selbst aufzubringen. Gerade hierüber verlangt das Metropolitankapitel jedoch eine Verpflichtung der Gemeinde Kemmern gegenüber höherer politischer Ebene.

„Die Gemeinde will nur 260 M beitragen (5. Juli), das fehlende soll die Mädchenschulstiftung ergänzen. Die Gemeinde ist aber anzuhalten, für das bei der Mädchenschulstiftung Fehlende aufzukommen."[234]

Die vorsichtige Haltung des Bamberger Metropolitankapitels, hängt sicherlich auch mit der im Zeitraum des Genehmigungsprozesses herrschenden Vakanz des Bischofsstuhles im Erzbistum Bamberg zusammen. Offensichtlich wollte der Diözesanadministrator Joseph Strätz keine leichtfertige Genehmigung für die Einführung klösterlicher Lehrkräfte in einer als relativ arm bekannten Gemeinde erteilen, deren Finanzierung nicht absolut sicher war.

Letzte Verbindlichkeit im Hinblick auf die Einrichtung der Schulstiftung fordert das Metropolitankapitel in Form eines Stiftungsbriefes.

„Zur Sicherung genannter Stiftung empfiehlt es sich den „Stiftungsbrief" fertigen zu lassen, in welchem der Zweck sowie die Kapitalien und deren Verwaltung genau ausgesprochen und auch angegeben ist, wozu die Stiftungskapitalien Verwendung finden sollen für den Fall, daß der Zweck der Stiftung unausführbar geworden ist."[235]

3.2 Reaktion der Kreisregierung von Oberfranken auf die Einwände des Bamberger Metropolitankapitels – erneuter Beginn des politischen Genehmigungsverfahrens

Die königliche Regierung von Oberfranken teilte die im vorher analysierten Schreiben des Bamberger Metropolitankapitels vom 24. Juli 1890 geäußerten Bedenken hinsichtlich der finanziellen Absicherung der Dillinger Franziskanerinnen in Kemmern. In einem Schreiben der Kreisregierung von Oberfranken vom 30. Juli desselben Jahres an das Bezirksamt Bamberg I. wurden diesem die Einwände des Metropolitankapitels mitgeteilt. Das Bezirksamt Bamberg I. erhielt die Entscheidungskompetenz bezüglich des Antrages der Gemeinde Kemmern auf Genehmigung der klösterlichen Lehrerinnen erneut zurück. Es wurde beauftragt, den Antrag an das königliche Ministerium des Innern für Kirchen- und Schulangelegenheiten weiterzuleiten, auf die Beseitigung der genannten Schwierigkeiten hinzuwirken und das Genehmigungsverfahren neu einzuleiten.[236] Somit musste der Prozess zum Erwirken der Zustimmung des königlichen Ministeriums durch die verschiedenen politischen Institutionen wiederum von Neuem begonnen werden, was letztlich eine Verzögerung der Genehmigung um etwa sechs Wochen nach sich zog. Es war dies bereits der dritte Anlauf zum Erhalt der höchsten ministeriellen Genehmigung. Nachdem der angemahnte Formfehler bei der zweiten Gemeindeabstimmung am 5. und 6. Juli 1890 korrigiert worden war, konnte am 7. Juli desselben Jahres der zweite Antrag auf Erhalt der höchsten staatlichen Genehmigung für die Schwesternschule in Kemmern beim Bezirksamt Bamberg I gestellt werden.[237] Aufgrund der oben zitierten Einwände des Bamberger Metropolitankapitels erfolgte am 30. Juli 1890 die erneute Zurückweisung des Genehmigungsantrags durch die Kreisregierung von Oberfranken. Erst beim dritten Antrag der Gemeinde Kemmern vom 21. August 1890 kam es letztlich zur Erteilung der allerhöchsten staatlichen Genehmigung für die Einführung der Dillinger Franziskanerinnen in Kemmern.[238] Zwischen der zweiten Antragstellung der Gemeinde

3. Fortgang und Abschluss der Verhandlungen // 73

an das Bezirksamt und der dritten bzw. letzten lagen gemäß dem oben beschriebenen Ablauf etwa sechs Wochen. Die Verzögerung der höchsten ministeriellen Genehmigung für die Lehrschwestern in Kemmern um diese Zeitspanne ist folglich auf die Einwände des Bamberger Metropolitankapitels zurückzuführen.

3.3 Ausräumung der Bedenken durch die Gemeinde Kemmern und Pfarrer Arnold

In Anbetracht der geschilderten Verzögerungen im Prozess der staatlichen Genehmigung der Dillinger Franziskanerinnen in Kemmern läßt sich die offensichtliche Verärgerung und Ungeduld von Pfarrer Gottfried Arnold als Reaktion auf die vom Bamberger Metropolitankapitel vorgebrachten Bedenken leicht nachvollziehen. In seinem Schreiben vom 21. August 1890 an das Bezirksamt Bamberg I kommt diese Verärgerung deutlich zum Ausdruck. Unter Bezugnahme auf zwei dem Schreiben beigefügte Erklärungen der Gemeindeverwaltung Kemmern und seiner selbst, welche die Bedenken des Metropolitankapitels und der Kreisregierung von Oberfranken ausräumen sollen, verlieh Pfarrer Arnold seiner Bitte um die rasche ministerielle Genehmigung der Lehrschwestern für Kemmern Nachdruck:

> „Der ergebenst Unterzeichnete ersucht das königliche Bezirksamt dringend die beiden Erklärungen der hiesigen Gemeindeverwaltung vom 19. des Monats und des Unterzeichneten vom 20. des Monats bald gefälligst an die königliche Regierung einzusenden, damit vielleicht doch noch bis zum 1. Oktober des Jahres die mit den Franziskanerinnen in Dillingen seit November vereinbarte Übernahme der Mädchenschule in Kemmern stattfinden kann."239

Die Betonung des angestrebten, jedoch durch die zweimalige Verzögerung im staatlichen Genehmigungsverfahren stark gefährdeten Termins für die Übernahme der Kemmerner Mädchenschule durch die Dillinger Franziskanerinnen verdeutlicht die verhältnismäßig lange Zeitspanne, die zwischen der Einigung von Pfarrer Arnold mit der Oberin Angelina Schmid und dem Zeitpunkt des relevanten Schreibens lag. Offensichtlich rechnete Pfarrer Arnold mit weiteren Hindernissen und Verzögerungen auf dem Weg zur längst überfälligen staatlichen Anerkennung der Entsendung von Franziskanerinnen in die Gemeinde Kemmern. Trotzdem versuchte der in diesem Vorhaben hartnäckige Geistliche mit aller Konsequenz und Argumentationsvermögen die Bezirksregierung in Bayreuth vollends von der Verlässlichkeit seiner Zusagen und jener der Gemeindeverwaltung Kemmern im Hinblick auf die in Aussicht gestellte Stiftung zur Finanzierung der klösterlichen Lehrerin und das Aufkommen der Gemeinde für den restlichen Teil des Schwesterngehaltes zu überzeugen.

Die dem Schreiben an das Bezirksamt beigefügte Erklärung der Gemeindeverwaltung Kemmern unter Bezugnahme auf einen Beschluss vom 9. August des Jahres enthält die Versicherung,

> „daß wir für das Bareinkommen der klösterlichen Lehrerin von 550 M unter allen Umständen garantieren und die Gemeinde auch dann, wenn der vierprozentige Zinsfuß der bayerischen Staatsobligation der Mädchenschulstiftung wirklich einmal sinken sollte, für das hierdurch Fehlende aufkommen werden, bis derselbe wieder vier Prozent erreicht."240

Die Gemeinde gab also die vom Bamberger Metropolitankapitel verlangte Garantie, für eventuelle Defizite im Zinsertrag der Schulstiftung von Pfarrer Arnold aufzukommen, so dass kein Zweifel an der Sicherung des jährlichen Schwesterngehaltes von 550 Mark (ohne Kreiszuschuss) bestehen konnte. Mit einem gewissen Verdruss über die Bedenken des Metropolitankapitels verwies die Gemeindeverwaltung auf die ihrer Auffassung nach bereits mit Abschluss des Vertrags mit den Dillinger Franziskanerinnen gegebene Garantie zur Gewährleistung des relevanten Gehaltes für die klösterliche Lehrerin. Wörtlich werden die Paragraphen 3 und 4 des genannten Vertrags zitiert.

> „Obwohl darin offenbar allen Eventualitäten zum Nachteil des Gehalts der Lehrerin bereits vorgebeugt ist und unser vorausgehender Gemeindeverwaltungsbeschluss vom 5. Juli des Jahres keinen damit in Widerspruch stehenden Sinn hat und haben sollte, so geben wir doch um die Sache nicht selbst noch länger zu verzögern auf das Bedenken des Hochwürdigsten Metropolitankapitels Bamberg hiermit die Erklärung ab, daß (...)"241

Schließlich verwies auch die Gemeindeverwaltung auf die schon lange andauernden Bemühungen um die Einführung von Dillinger Franziskanerinnen in der Gemeinde Kemmern zum Zweck des Unterrichtens und die Gefährdung des vereinbarten Termins zur Übernahme der Mädchenschule durch die Schwestern aufgrund des sich hinziehenden staatlichen Genehmigungsverfahrens. Die Gemeindeverwaltung bat die königliche Regierung deswegen

> „gehorsamst, doch dafür Sorge tragen zu wollen, daß nachdem nun einmal diese Schulsache über ein Jahr bereits in der Schwebe ist, die Franziskanerinnen bis zum

1. Oktober dieses Jahres, wie es mit denselben ausgemacht ist, die Mädchenschule in Kemmern übernehmen können und darum auch aufgrund der beifolgenden Erklärung des Herrn Pfarrers Arnold bis zur erfolgten Genehmigung der klösterlichen Lehrerin auf die Fertigung eines Stiftungsbriefes verzichten zu wollen."²⁴²

In seiner Erklärung vom 20. August 1890 stellte Pfarrer Arnold die Forderung des Bamberger Metropolitankapitels nach der Anfertigung eines Stiftungsbriefes vor der höchsten staatlichen Genehmigung der Franziskanerinnen für die Mädchenschule in Kemmern als weder notwendig noch nützlich dar. Er verwies auf seine Erklärung gegenüber der königlichen Regierung von Oberfranken am 9. April 1890,

„daß ich, sobald die Genehmigung zur Einführung klösterlicher Lehrerinnen dahier erfolgt ist, mit einem Kapitale von 6000 Mark, jetzt 7250 Mark, eine selbständige Mädchenschulstiftung zu erreichen mich verpflichte."²⁴³

Pfarrer Arnold kritisierte die vom Metropolitankapitel im Schreiben vom 24. Juli 1890 an die Kreisregierung von Oberfranken vorgetragenen Bedenken hinsichtlich der Finanzierung der Schwestern als vollkommen unangemessen. Im Falle einer gegenteiligen Annahme müsste man schon an seiner „Worttreue zweifeln"²⁴⁴. Er berief sich auf die Absicherung des Zustandekommens der von ihm zugesagten Schulstiftung auch im Falle seines unerwarteten Ablebens, wobei das Stiftungskapital von seinem „Bruder & Erben, Dechant Johann Arnold in Strullendorf unweigerlich erlegt wird."²⁴⁵ Ohnehin sei die von ihm zugesagte Mädchenschulstiftung ohne Vorliegen der staatlichen Genehmigung in Frage gestellt und „schwebt ohne diese Genehmigung in der Luft, so daß meine Stiftung dem jetzt nach nur eine eventuelle provisorische werden könnte."²⁴⁶ Sodann bezieht er sich auf die großzügige Erklärung der Gemeinde Kemmern vom 19. August 1890, worin diese erklärte, dass sie „für das Bareinkommen der klösterlichen Lehrerin von 550 M unter allen Umständen"²⁴⁷ garantiert und

„auch dann, wenn der vierprozentige Zinsfuß der bayerischen Staatsobligation der Mädchenschulstiftung wirklich einmal sinken sollte, für das hierdurch fehlende aufkommen werde, bis derselbe wieder vier Prozent erreicht."²⁴⁸

Ferner erachtet es Pfarrer Arnold als nicht „gesetzlich notwendig", den Stiftungsbrief vor der allerhöchsten Entschließung einzufordern.

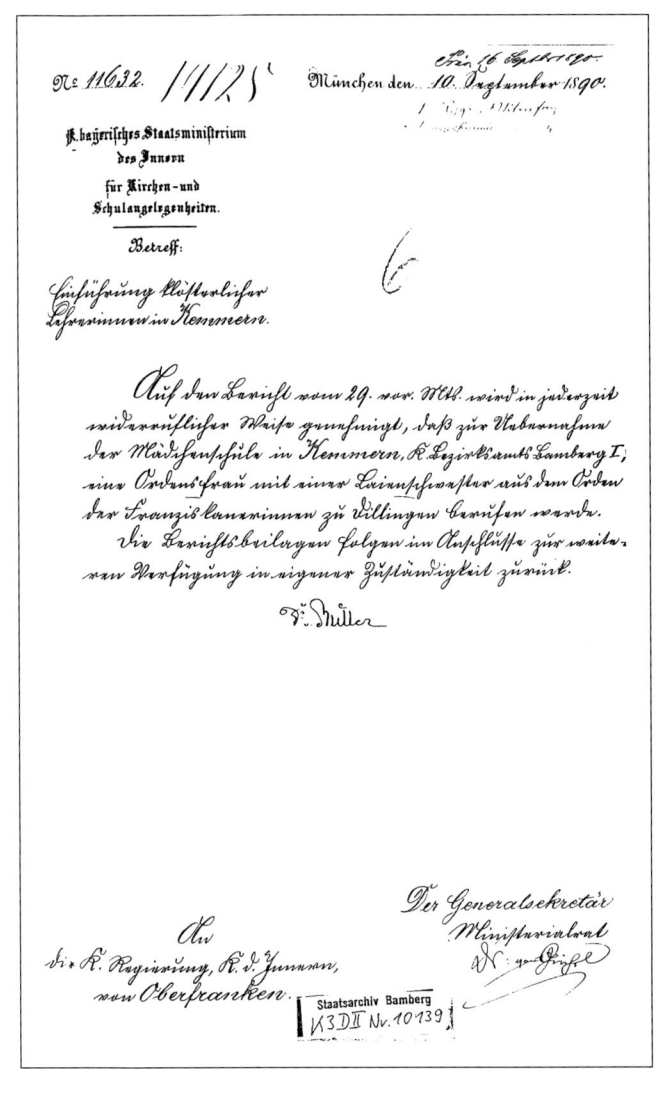

9 Schreiben des königlich Bayerischen Staatsministeriums vom 10.09.1980, StABa K5 Nr. 8351

3.4 Weiterleitung des Antrages der Gemeinde Kemmern an das königliche Ministerium des Innern für Schul- und Kirchenangelegenheiten

Die Gründung der Klosterfiliale Kemmern fiel in die Zeit des auslaufenden Kulturkampfes, der in Bayern anders als in Preußen nur schleichend zur Auswirkung kam. Er beschränkte sich hier auf administrative Maßnahmen, die sich im langen, aufwendigen Instanzenweg des Kemmerner Genehmigungsverfahrens wiederspiegelt. Um dem Erlass vom 14. Januar 1867, welcher im Gegensatz zum königlichen Rescript vom 9. Januar 1852 nicht nur eine bloße Inkenntnissetzung der Kreisregierung bei Eröffnung von Klosterschulen vorschrieb, sondern eine Genehmigung des königlichen Ministeriums des Innern erforderte, Folge zu leisten, wurde der Kemmerner Antrag von der Kreisregierung Bayreuth an die königliche Staatsregierung weitergeleitet. Als

3. Fortgang und Abschluss der Verhandlungen // 75

Begleitschreiben musste die Kreisregierung einen eingehenderen Bericht über die Verhandlungen und eine Situationsbeschreibung verfassen.²⁴⁹:

Der kurze, objektive Bericht, den die Kreisregierung Bayreuth im Fall Kemmern am 29. August 1890 an das königliche Staatsministerium, Kammer des Innern für Kirchen und Schulangelegenheiten, schrieb, kann wie folgt zusammengefasst werden:

Dem Beschluss des Gemeindeausschusses entsprechend wurde in der Gemeindeversammlung vom 6. Juli 1890 einstimmig die Einführung von Ordensschwestern an einer neu zu errichtenden Mädchenschule beschlossen. Der Vertrag hierzu wurde am 9. Juli 1890 mit der Oberin der Dillinger Franziskanerinnen und am 10. Juli 1890 mit der Gemeinde Kemmern verabschiedet. Für die zu dieser Zeit 118 Schüler, davon 57 Mädchen, war momentan der Schullehrer für die Klassen 4 bis 7 und die Hilfslehrerin für die Klassen 1 bis 3 zuständig. In Zukunft soll der Unterricht nach Geschlechtern getrennt erteilt werden. In einer Anmerkung weist die Kreisregierung besonders eindrücklich darauf hin,

„daß der Gemeinde Kemmern das Recht der Vertragskündigung gewahrt bleiben müsse und die staatlichen Aufsichts- und Organisationsrechte durch den Vertrag in keiner Weise eine Einschränkung erfahren könne"²⁵⁰.

3.5 Allerhöchste Entschließung des königlichen Ministeriums des Innern für Kirchen- und Schulangelegenheiten am 10. September 1890

Als Antwort auf den Bericht der Kreisregierung vom 29. August 1890 sprach letztendlich der Generalsekretär des königlichen Bayerischen Staatsministeriums des Innern für Kirche und Schulangelegenheiten, Dr. von Müller, am 10. September 1890 die lang erwartete Genehmigung für die Einführung klösterlicher Lehrerinnen in Kemmern aus. Darin heißt es:

„Auf dem Bericht vom 29. vorigen Monats wird in jeder Zeit widruflicher Weise genehmigt, daß zur Übernahme der Mädchenschule in Kemmern königliches Bezirksamt Bamberg I eine Ordensfrau mit einer Laienschwester aus dem Orden der Franziskanerinnen zu Dillingen berufen wird. Die Berichtsbeilagen folgen dem Anschlusse zur weiteren Verfügung mit eigener Zuständigkeit zurück."²⁵¹

3.6 Notwendige Ausführungsbestimmungen der nachgeordneten Instanzen

Nach der eindringlichen Bitte der Gemeinde und ihres Pfarrers Arnold vom 21. August um allerhöchste Entschließung, auf dass es zu einer zügigen Einführung der Schwestern komme, dauerte es nur mehr einen Monat, bis die allerhöchste Entschließung des Ministeriums und die Ausführungsbestimmungen der nachgeordneten Instanzen der Gemeinde Kemmern vorlag. Sowohl das königliche Ministerium als auch die Kreisregierung und das Bezirksamt machten der Gemeinde Kemmern bezüglich der Einführung der Schulschwestern einige Auflagen. Dadurch wird das Bestreben von politischer Seite, das erzieherische Wirken der Schwestern und die finanzielle Absicherung der Schulstiftung zu kontrollieren, deutlich. Dies stand ganz im Zeichen des schon beschriebenen Kulturkampfes. Die königliche Regierung von Oberfranken machte in ihrem Schreiben zur Weiterleitung der ergangenen allerhöchsten Entschließung an das Bezirksamt Bamberg I. ausdrücklich darauf aufmerksam, dass die allerhöchste Entschließung unter Vorbehalt, in „jeder Zeit widerruflicher Weise"²⁵² erging. In einem Anhang, welcher der ministeriellen Genehmigung beigefügt war, wurde erklärt,

„dass der Gemeinde Kemmern das Recht der Vertragskündigung gewahrt bleiben müsse und die staatlichen Aufsichts- und Organisationsrechte durch den Vertrag in keiner Weise eine Einschränkung erfahren können."²⁵³

Stellte § 7 des Vertrages zwischen der Gemeinde Kemmern und den Dillinger Franziskanerinnen vom 9. Juli 1890 die absolute Verbindlichkeit der darin getroffenen Regelungen²⁵⁴ und die Unmöglichkeit einer einseitigen Vertragsaufkündigung sicher, so wurde diese Verbindlichkeit durch die Bedingungen des königlichen Ministeriums wieder rückgängig gemacht. Demnach war es sowohl der Gemeinde Kemmern als auch dem Staatsministerium in München möglich, den Vertrag aufzuheben. Dies hat sicher neben der beabsichtigten Kontrolle der staatlichen Instanzen seinen Grund in den bereits dargestellten möglichen Fragen bezüglich der finanziellen Absicherung der klösterlichen Lehrerinnen in Kemmern. Hinsichtlich der Regelungen im Vertrag mit den Dillinger Franziskanerinnen und der Gemeinde Kemmern und den genannten Auflagen des königlichen Ministeriums ist angesichts der Tatsache, dass der Vertrag in seiner ursprünglichen Form in Kraft trat, ein gewisser sachlicher Widerspruch nicht zu übersehen. Allerdings war es dem Ministerium jederzeit möglich, die Genehmigung der Klosterschule in Kemmern bzw. deren Vertragsbedingungen zurück zu nehmen, so dass sich eine Änderung des Vertrages weitgehend erübrigte. Welche hinderlichen Auswirkungen die widerrufliche Genehmigung auf den weiteren Verlauf des Gründungsprozesses der Dillinger Franziskanerinnen in Kemmern hatte, wird an späterer Stelle noch näher ausgeführt.

3.7 Weitergabe der allerhöchsten Entschließung durch die Kreisregierung von Oberfranken nach Bamberg sowie weitere Ausführungsbestimmungen

Zusätzlich zu den vom königlichen Staatsministerium des Innern gemachten Auflagen im Rahmen der allerhöchsten staatlichen Genehmigung der Kemmerner Schulschwestern wies die Kreisregierung von Oberfranken in Bayreuth im Zuge des Instanzenweges nach unten auf weitere Ausführungsbestimmungen für die Gründung der Klosterschule in Kemmern hin. Ferner wurde gefordert, dass die als Lehrerin eingesetzte Ordensfrau unbedingt der staatlich vorgeschriebenen Qualifikation genügen muss.

Unter dieser Voraussetzung wurde genehmigt,
„daß vom 1. Oktober des laufenden Jahres an die bisher einklassige katholische Volksschule in Kemmern in eine Knaben- und eine Mädchenklasse abgeteilt und letztere mit einer nach Vorschrift qualifizierten Ordensfrau aus dem Orden der Franziskanerinnen besetzt werde."[255]

Schließlich verlangt die königliche Regierung von Oberfranken bis zum 15. Oktober eine Benachrichtigung, „ob die vorstehend bezeichneten Änderungen an der Schule in Kemmern mit dem 1. Oktober des laufenden Jahres ins Leben getreten sind."[256]

Die von der königlichen Regierung von Oberfranken auferlegten Ausführungsbestimmungen zur Einführung der klösterlichen Lehrerinnen in Kemmern werden vom königlichen Bezirksamt Bamberg I. bekräftigt und folgendermaßen ergänzt: Der Nachweis der geforderten staatlichen Qualifikation der Lehrschwester sollte zur königlichen Regierung in Oberfranken gesandt werden, und „in Benehmen mit der Kgl. Lokalschulinspektion"[257] sei „die Schulfassion[258] in Triplo aufzustellen."[259] Sodann wurde die Einführung der Ordensfrauen zum 1. Oktober 1890 durch das Bezirksamt Bamberg I.[260] vom rechtzeitigen Abschluss der Bauarbeiten abhängig gemacht. Zudem macht das Bezirksamt I darauf aufmerksam, dass nach der erfolgten allerhöchsten Entschließung „ein Gesuch um die allerhöchste Genehmigung der Gottfried Arnold'schen Stiftung einzureichen"[261] sei, dies verdeutlicht einerseits, dass diese an die verbindliche Zusage und die feste Absicht Pfarrer Arnolds, diese Stiftung einzurichten, und an die Verpflichtung der Gemeinde Kemmern

10 Grundriss der Schwestern- und Lehrerwohnungen im Schulhaus, StABa K5 Nr. 8351

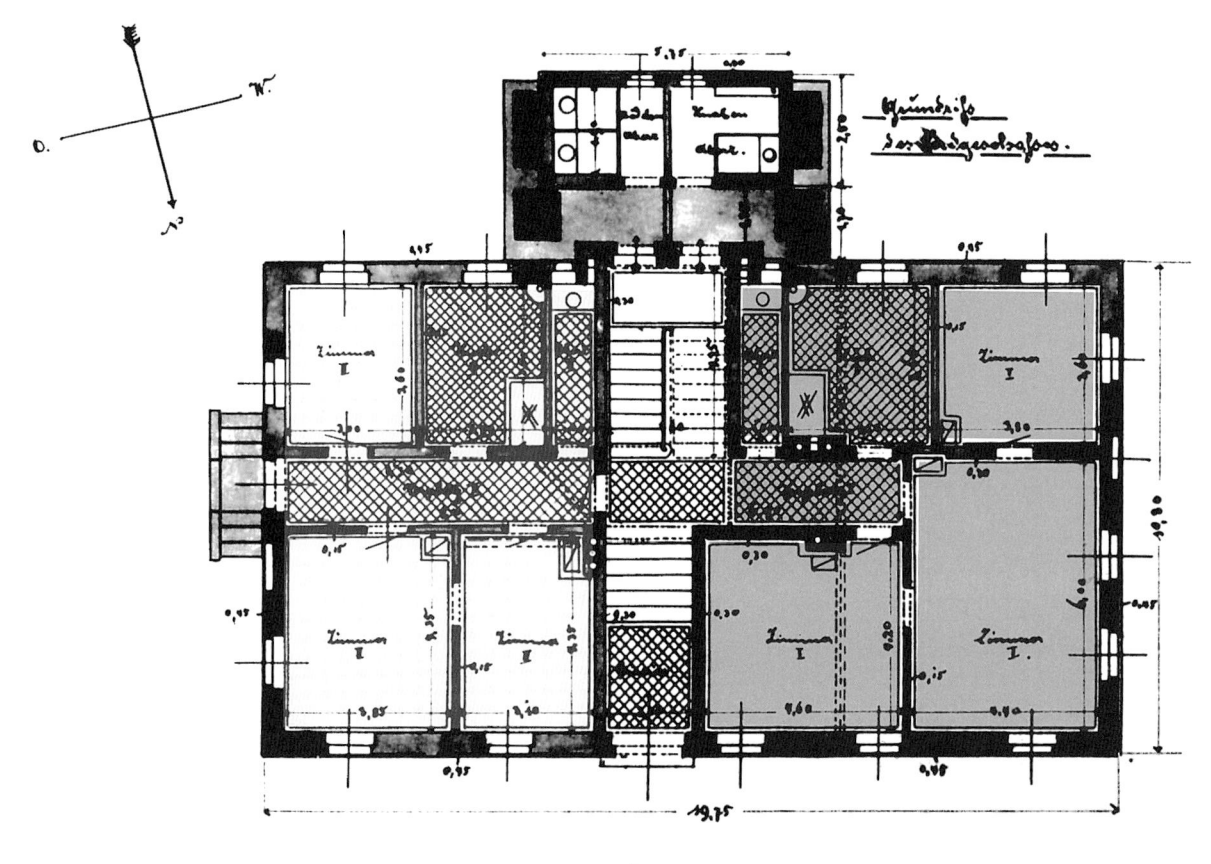

zur weiteren Absicherung der Finanzierung der Franziskanerinnen geknüpft war. Der Stiftungsbrief unter der Festlegung wichtiger finanzieller Bedingungen wurde offensichtlich letztlich nur als notwendige bloße Formalie angesehen. Denn im Falle eines Wortbruches von Pfarrer Arnold, mit dem man von keiner Seite rechnete, hätte das Ministerium in München die allerhöchste Entschließung sofort widerrufen bzw. die Gemeinde Kemmern den Vertrag mit den Dillinger Franziskanerinnen aufkündigen können. Allerdings wirft der noch eingehender zu betrachtende Prozess im Hinblick auf die Genehmigung der Schulstiftung von Pfarrer Arnold ein etwas anderes Licht auf die Einstellungen und Motive des Staates. Offensichtlich kalkulierte man weitere Hindernisse auf dem Weg zur endgültigen Einrichtung der Klosterschule mit ein.

3.8 Verzögerung der Bauarbeiten am Schulhausneubau

Hocherfreut über die positive Entwicklung in Bezug auf die erfolgte staatliche Genehmigung der Einführung klösterlicher Lehrerinnen in Kemmern musste Pfarrer Arnold nach deren Erhalt dem Bezirksamt Bamberg I bedauerlicherweise mitteilen, dass die Bauarbeiten am Schulhausneubau „durch die Saumseligkeit"[262] der Handwerker nicht rechtzeitig abgeschlossen werden können und sich somit wohl die Einführung der Ordensschwestern „auf die Mitte des Oktobers"[263] verzögern werde. Schließlich bittet er das königliche Bezirksamt Bamberg I., seine ganze Autorität einzusetzen und das Geeignete zu verfügen und allen weiteren möglichen Verzögerungen energisch entgegenzutreten

3.9 Staatliche Kontrollausübung über das Klosterschulwesen am Beispiel personeller Sachverhalte in Kemmern

Wie bereits dargelegt, führten die Verzögerungen beim Schulhausneubau dazu, dass der ursprünglich von der Gemeinde Kemmern und dem Bezirksamt Bamberg I angestrebte Termin für die Übernahme der Mädchenschule in Kemmern durch die Dillinger Franziskanerinnen zum 1. Oktober 1890 nicht eingehalten werden konnte. Statt dessen erfolgte die Einführung der Lehrschwestern erst am 20. Oktober 1890, wie dies unter anderem aus einem Schreiben der königlichen Regierung von Oberfranken an das königliche Bezirksamt Bamberg I vom 29. September 1890 hervorgeht. Die bis zur Einführung der Lehrschwestern an der Kemmerner Schule verbleibende Hilfslehrerin Johanna Blass verrichtete demgemäß auf Anordnung der Kreisregierung von Oberfranken ihren Dienst bis zum 19. Oktober 1890 an der Schule.[264] Das Ausmaß der staatlichen Kontrollausübung über die Belange des Klosterschulwesens kommt noch

11 Grundriss der Schulräume im Schulhaus, StABa K5 Nr. 8351

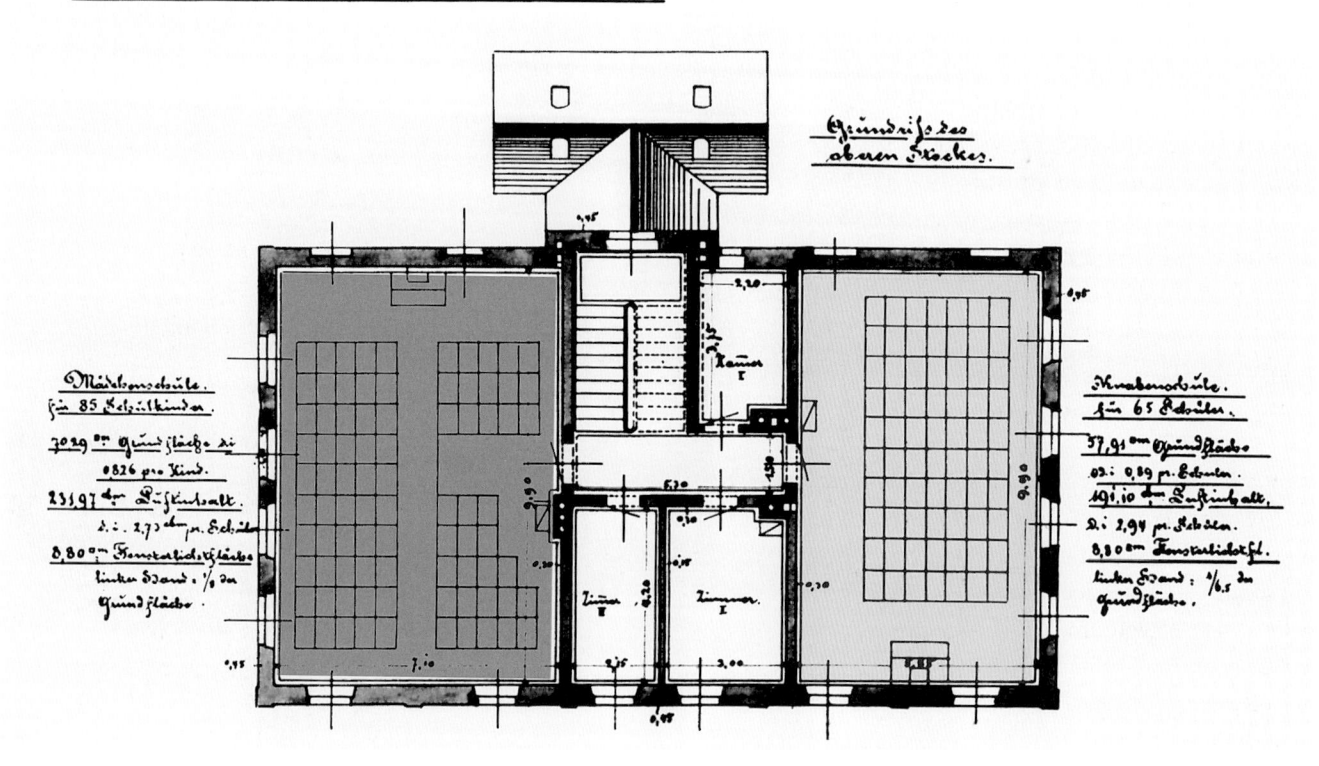

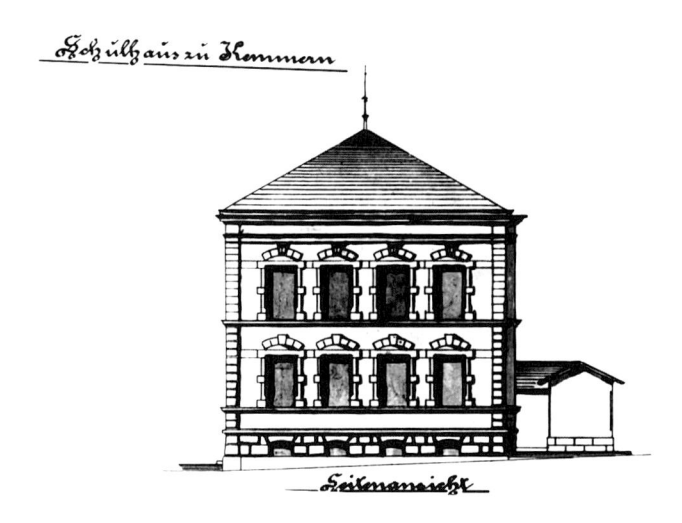

12 Seitenansicht des Schulhauses in Kemmern um 1890, StABa K5 Nr. 8351

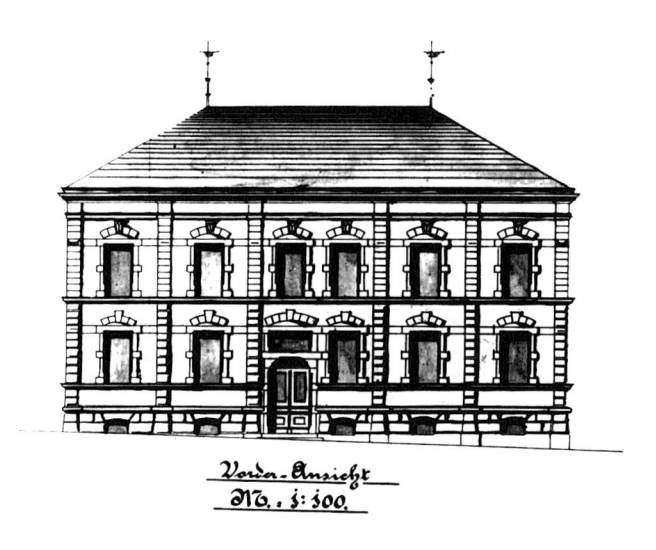

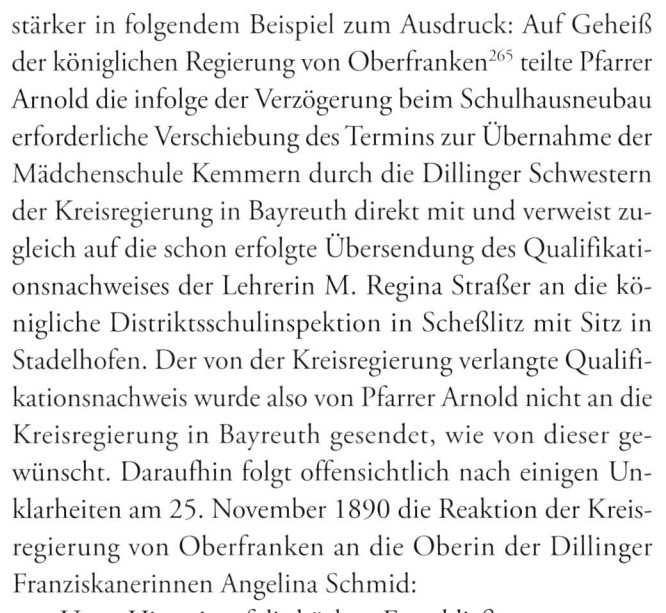

13 Vorderansicht des Schulhauses in Kemmern um 1890, StABa K5 Nr. 8351

stärker in folgendem Beispiel zum Ausdruck: Auf Geheiß der königlichen Regierung von Oberfranken[265] teilte Pfarrer Arnold die infolge der Verzögerung beim Schulhausneubau erforderliche Verschiebung des Termins zur Übernahme der Mädchenschule Kemmern durch die Dillinger Schwestern der Kreisregierung in Bayreuth direkt mit und verweist zugleich auf die schon erfolgte Übersendung des Qualifikationsnachweises der Lehrerin M. Regina Straßer an die königliche Distriktsschulinspektion in Scheßlitz mit Sitz in Stadelhofen. Der von der Kreisregierung verlangte Qualifikationsnachweis wurde also von Pfarrer Arnold nicht an die Kreisregierung in Bayreuth gesendet, wie von dieser gewünscht. Daraufhin folgt offensichtlich nach einigen Unklarheiten am 25. November 1890 die Reaktion der Kreisregierung von Oberfranken an die Oberin der Dillinger Franziskanerinnen Angelina Schmid:

„Unter Hinweis auf die höchste Entschließung genannten Staatsministeriums des Innern für Kirchen- und Schulangelegenheiten vom 3. März 1874 (...) wird Frau Adressatin beauftragt, aufzuklären, warum die vorgeschriebene Anzeige an die K. Kreisregierung unterlassen worden ist."[266]

In ihrer Antwort an die Regierung von Oberfranken verweist die Meisterin Angelina Schmid darauf, dass nach dem Bekunden von Pfarrer Arnold die Angelegenheit bereits erledigt sein sollte.[267] Da dies aber aufgrund eines Missverständnisses nicht so war, erfolgte am 20. Dezember 1890 eine allgemeine und unmissverständliche Aufforderung der Kreisregierung von Oberfranken, „daß in künftigen Fällen von allen Personalveränderungen unmittelbar hierher Anzeige zu erstatten ist."[268] Diese strikte Formulierung und das beschriebene Vorgehen der königlichen Regierung von Oberfranken führen vor Augen, wie genau von staatlicher Seite auf die Einhaltung der Vorschriften im Bereich des Klosterschulwesens geachtet und Kontrolle ausgeübt wurde. Über die genannten bürokratischen Hindernisse hinaus gab es für den Bestand der Klosterschule in Kemmern, zu der Zeit, als diese ihren Betrieb schon aufgenommen hatte, noch ein weit gravierenderes Problem hinsichtlich der finanziellen Absicherung der Lehrschwestern.

14 Ausschnitt aus einer Postkarte von Kemmern um 1910, Pfarrei Kemmern

3. Fortgang und Abschluss der Verhandlungen // 79

15 Schulhaus von Kemmern um 1920, Pfarrei Kemmern

4. Ringen um die staatliche Genehmigung der Pfarrer Arnold'schen Mädchenschulstiftung

Als hätten die Bemühungen von Pfarrer Arnold und der Gemeinde Kemmern um die höchste staatliche Genehmigung der Franziskanerinnen in Kemmern nicht schon genug Zeit und Kraft gekostet, so bedurfte es zur endgültigen Gewährleistung des dauerhaften Betriebes der Klosterschule eines weiteren Genehmigungsprozesses durch die einzelnen politischen und kirchlichen Instanzen. Die von Pfarrer Arnold zur finanziellen Absicherung der Franziskanerinnen in Kemmern zugesagte Schulstiftung wartete nach der erfolgten allerhöchsten Entschließung vergeblich auf ihre Verwirklichung. Dies lag nicht etwa an der Unzuverlässigkeit von Pfarrer Arnold, sondern vielmehr an der durch das königliche Ministerium des Innern für Kirchen- und Schulangelegenheiten verweigerten Genehmigung für die besagte Stiftung. Wie aber kam es dazu?

Infolge der Aufforderung durch das königliche Bezirksamt Bamberg I zur Beantragung der allerhöchsten Genehmigung der Gottfried Arnold'schen Schulstiftung erging von Pfarrer Arnold Anfang Dezember 1890 der entsprechende Antrag an das zuständige Bezirksamt Bamberg, welches wiederum das Gesuch an die Kreisregierung von Oberfranken weiterleitete.[269] Die Kreisregierung in Bayreuth ihrerseits bemühte sich vor der Weiterleitung des Genehmigungsgesuches an das königliche Staatsministerium des Innern nach München um die Billigung des Bamberger Metropolitankapitels. Darin wird Bezug auf einen schon bestehenden Stiftungsbrief genommen:

„Wir beehren uns deshalb, die daraus bezüglichen Akten mit dem Ersuchen um bald gefällige Rückleitung derselben behufs gefälliger Kenntnisnahme und etwaiger Erinnerungsabgabe namentlich bezüglich der Ziffer 6 des Stiftungsbriefes vom 8. 10. 1890."[270]

Das Bamberger Metropolitankapitel, welches ebenso wie im Prozess der staatlichen Genehmigung der Kemmerner Klosterschule gemäß den kirchenrechtlichen Bestimmungen in die Entscheidung mit einbezogen wurde, brachte glücklicherweise keinerlei Einwände gegen die geplante Schulstiftung vor.

In einem Schreiben vom 8. Januar 1891 erhielt die Kreisregierung in Oberfranken die Mitteilung,

„daß 1. Oberhirtlicherseits gegen den Stiftungsbrief d. 18.10.1890 an sich, und 2. Seitens des Metropolitankapitels Bamberg gegen Ziffer 6 der besagten Urkunde eine Erinnerung nicht besteht."[271]

16 Schreiben des königlich Bayerischen Staatsministeriums vom 28.01.1891, StABa K5 Nr. 8351

Nachdem das Metropolitankapitel keinerlei Einwände gegen die besagte Schulstiftung vorgebracht hatte, stellte die Kreisregierung von Oberfranken in Bayreuth mit einem Schreiben vom 16. Januar 891 den Antrag an das königliche Staatsministerium des Innern für Kirchen- und Schulangelegenheiten „Höchste Stelle geruhe für die Pfarrer Arnold'sche Mädchenschulstiftung Kemmern die Allerhöchste Landesherrliche Genehmigung zu erwirken."[272]

4.1. Ablehnung des Gesuchs um die Genehmigung der Schulstiftung durch die königliche Regierung

Der positiven Vorzeichen zum Trotz fand die Schulstiftung von Pfarrer Arnold zunächst nicht die Zustimmung des königlichen Staatsministeriums. Das lag nach den Kriterien des Ministeriums vor allem an der zu geringen Zweckgebundenheit der Stiftung. Nach diesen bedurfte es zur Anerkennung der Stiftung als solcher einer verbindlicheren bzw. dauerhaften Zuordnung von Stiftungskapital und -zweck. Da aber der Zinsertrag des Kapitales der Schulstiftung von Pfarrer Arnold in Höhe von 7300 Mark der Gemeinde Kemmern bzw. der dortigen Schule nur so lange zugute kommen sollte, wie die Dillinger Schwestern in der Gemeinde wirkten und bei einer etwaigen Auflösung des Kemmerner Konventes das gesamte Stiftungskapital samt Zinsen dem Bamberger Metropolitankapitel für Schulzwecke zufallen sollte,[273] sah das Ministerium diese Bedingung nicht erfüllt:

„Für die vorliegende Stiftung, welche von der Gemeindeverwaltung Kemmern angenommen worden ist, hat Pfarrer Arnold die Landesherrliche Bestätigung erbeten. Dieser Bitte kann jedoch aufgrund der dermaligen Aktenlage eine weitere Folge nicht gegeben werden. Die Begründung einer neuen Stiftung erfordert begriffsmäßig eine Disposition, der zu Folge ein bestimmtes Vermögen dauernd mit einem bestimmten Zwecke verbunden wird. Mit einem Zwecke, welchem es dauernd dienen sollt und dienen kann. Eine so enge, unlösliche Verbindung zwischen Gabe und Zweck liegt hier nicht vor."[274]

In der Tat war die Stiftung von Pfarrer Arnold nicht generell an die Gemeinde Kemmern und die dortige Schule als vielmehr an das Wirken der Dillinger Schwestern in Kemmern gebunden. Zwar sollte das Stiftungskapital durch die Finanzierung der klösterlichen Lehrerinnen letzten Endes der Gemeinde selbst zugute kommen, doch war die Ausführung der Stiftung im Hinblick auf ihren primären Zweck auf Dauer keineswegs gesichert. Wenn auch eine absolute Sicherheit im Hinblick auf den Bestand der Kemmerner Klosterschule sicher nicht vorhanden gewesen sein konnte, so muss man jedoch deutlich hervorheben, dass die bereits beschriebene Relativierung der Verbindlichkeit des Vertrages zwischen der Gemeinde Kemmern und den Dillinger Franziskanerinnen[275] von politischer Seite aus die Gefahr einer Nichterfüllung des hauptsächlichen Stiftungszweckes erheblich vergrößerte. So gesehen führten die einschränkenden Maßnahmen des Staates bei der Genehmigung der Kemmerner Klosterschule dazu, dass auch die für die Genehmigung der Schulstiftung erforderliche Zweckgebundenheit weiter herabgesetzt wurde.

Sicher trug auch die Absicht Pfarrer Arnolds, die Gemeinde finanziell an die Schwestern zu binden, zu den dargestellten Schwierigkeiten bezüglich der Anerkennung der Schulstiftung bei. Im Falle einer Auflösung des Schwesternkonventes in Kemmern wäre der Stiftungsertrag nicht mehr der Gemeinde Kemmern und der dortigen Schule zugeflossen, sondern das gesamte Stiftungskapital einschließlich der Zinsen dem Bamberger Domkapitel übereignet worden.[276] Für die Gemeinde Kemmern hätte dies eine erhebliche finanzielle Mehrbelastung in Form der Finanzierung eines weiteren weltlichen Lehrers für die Mädchenabteilung bedeutet. Der Druck, den Pfarrer Arnold hinsichtlich der Akzeptanz der Franziskanerinnen in der Gemeinde Kemmern ausübte, kommt auch in einem Schreiben an die Oberin der Dillinger Franziskanerinnen, Angelina Schmid, zum Ausdruck, worin auf die Bedingungen zur Verwendung des Kapitals der Schulstiftung Bezug genommen wird:

„Nun will ich nur noch sehen, ob mein Stiftungsbrief in dieser Form landesherrlich genehmigt wird. Ich habe nämlich, damit die Kemmerer auch für alle Zukunft auf ihre Schwestern zu sehen gezwungen sind, hineingesetzt: „Die Renten dieser Stiftung werden der Gemeinde Kemmern nur so lange ausgehändigt, als die dortige Mädchenschule einer Lehrerin aus einem Orden der römisch-katholischen Kirche anvertraut ist. Sollte dies aus irgendeinem Grunde nicht mehr der Fall sein, so fallen diese ohne weiteres Kapital und Zinsen an des hochwürdigste Domkapitel Bamberg oder dessen Rechtsnachfolger."[277]

Im Schreiben mit der Ablehnung der Schulstiftung unter den genannten Bedingungen schlug das Ministerium eine mögliche Änderung der Zweckbestimmung des Stiftungskapitales vor, damit die Genehmigung doch noch erfolgen konnte:

„Unter solchen Umständen könnte das Vorhaben des Pfarrers Arnold mit dem genannten Kapitale eine neue Stiftung zu errichten nur dann auf die Mitwirkung des unterzeichneten königlichen Staatsministeriums rechnen, wenn der Stiftung noch eine eventuelle zulässige Zweckbestimmung beigefügt wird, welche beim Wegfalle des primären Zweckes zur Geltung zu kommen hätte."[278]

Die von Pfarrer Arnold ursprünglich vorgesehene sekundäre Zweckbestimmung der Stiftung für den Fall der Unausführbarkeit hinsichtlich des primären Zwecks wurde vom königlichen Ministerium nicht als zulässige Bestimmung akzeptiert. Es musste sich nach dem Willen der königlichen Regierung um eine Bestimmung innerhalb der Gemeinde Kemmern handeln. Diese wurde letztlich auch gefunden und in einem gültigen Schenkungsvertrag vom 14. März 1891 zwischen der Gemeinde Kemmern und Pfarrer Arnold festgehalten. Aber selbst danach sorgte die Hartnäckigkeit des Kemmerner Seelsorgers, der sich die finanziell und ideell gesicherte Einführung der Dillinger Schwestern in der Gemeinde Kemmern auf die Fahnen geschrieben hatte, für ein zweites Genehmigungsverfahren durch die politischen und kirchlichen Institutionen. Ganz offensichtlich wollte Pfarrer Arnold einer für seine Absicht engen Bindung der Gemeinde Kemmern an die Schulschwestern eher förderlichen Variante der Stiftung doch noch zum Erfolg verhelfen. Schließlich konnte die Gemeinde Kemmern nach den ursprünglichen Bedingungen für die Verwendung des Stiftungskapitales kaum auf die Schwestern verzichten, da in diesem Falle das Kapital dem Bamberger Metropolitankapitel zugeflossen wäre. Doch auch dieses zweite Bemühen von Pfarrer Arnold blieb ohne den gewünschten Erfolg. Die erneute Ablehnung des Gesuchs um Genehmigung der Pfarrer Arnold'schen Mädchenschulstiftung erfolgte am 26. Mai 1891 durch das königliche Staatsministerium des Innern.[279]

4.2. Schenkungsvertrag zwischen Pfarrer Arnold und der Gemeinde Kemmern vom 14. März 1891

Die Anregung des königlichen Ministeriums des Innern für Kirchen- und Schulangelegenheiten zur Modifikation der Stiftung im Hinblick auf die angestrebte landesherrliche Bestätigung wurde letztlich im Schenkungsvertrag vom 14. März 1891 verwirklicht.[280] Dieser wurde zwischen der politischen Gemeinde Kemmern, vertreten durch den Bürgermeister Wolfgang Albrecht und neun Gemeinderäte, und Pfarrer Gottfried Arnold im Dillig'schen Gasthaus in Kemmern vor dem königlich Bayerischen Notar Georg Stöler aus Scheßlitz geschlossen. Es stellt sich aber die Frage, warum Pfarrer Arnold diesen Vertrag bereits vor der endgültigen Ablehnung der ursprünglich angestrebten Stiftung durch die königliche Regierung geschlossen hatte. Als entscheidender Kontrastpunkt zu dem Stiftungsbrief vom 18. Oktober 1890 sieht der oben genannte Schenkungsvertrag unter Punkt 6 vor, dass das gesamte Stiftungskapital einschließlich der Zinserträge in jedem Falle der Gemeinde Kemmern zugutekommen soll, wenn sich der Konvent der Dillinger Franziskanerinnen in Kemmern einmal dauerhaft auflösen sollte. In diesem Falle würde sich das Kapital und dessen Erträge je zur Hälfte auf die kirchliche und die politische Gemeinde verteilen:

> „Sollten aber trotzdem ununterbrochen 20 Jahre vergehen, ohne daß eine katholische weibliche Lehrkraft für die Mädchenschule Kemmern zu erhalten wäre, so hat die eine Hälfte dieses während der 20 Jahre admassierten Schenkungskapitals samt allen Zinsen und Zinseszinsen an die römisch-katholische Kirchenstiftung Kemmern, die andere Hälfte als Armenfond an die politische Gemeinde Kemmern zu fallen. Denjenigen, der es jeweils wagen sollte, diese Schenkung anzutasten und obige Bestimmungen zu verletzten, mahne ich, der Stifter, an das Ende des Judas."[281]

Die Polemik des letzten Satzes verdeutlicht den Nachdruck, mit welchem Pfarrer Arnold die Finanzierung der Schwestern nun dauerhaft gesichert wissen und sein Vorhaben der Errichtung eines Schwesternkonventes in Kemmern zum endgültigen Erfolg führen wollte. Mit dem ihm eigenen Selbstbewusstsein und einer gewissen Durchsetzungskraft gelingt es Pfarrer Arnold trotz des Einlenkens bezüglich der Verwendung des Stiftungskapitales von 7300 Mark und dessen Erträgen, die Gemeinde allein unter finanziellen Aspekten zum Einsatz für den reibungslosen Betrieb der klösterlichen Mädchenschule zu bewegen. Die Bestimmungen im Punkt 5 des Schenkungsvertrages enthalten diesbezüglich folgende Information:

> „Sollte der Fall eintreten, daß aus irgendeinem Grunde der Mädchenschule in Kemmern keine Ordensperson als Lehrerin vorstünde, so sind die Renten des Schenkungskapitals bis zur Wiederübergabe der Leitung der Mädchenschule in Kemmern an eine Katholische Ordensfrau zu admassieren. Insbesondere mache ich, Gottfried Arnold, der jeweiligen Gemeindevertretung die entschiedene Auflage, daß sie stets bestrebt sein soll, eine klösterliche Lehrkraft für die Mädchenschule in Kemmern zu akquirieren."[282]

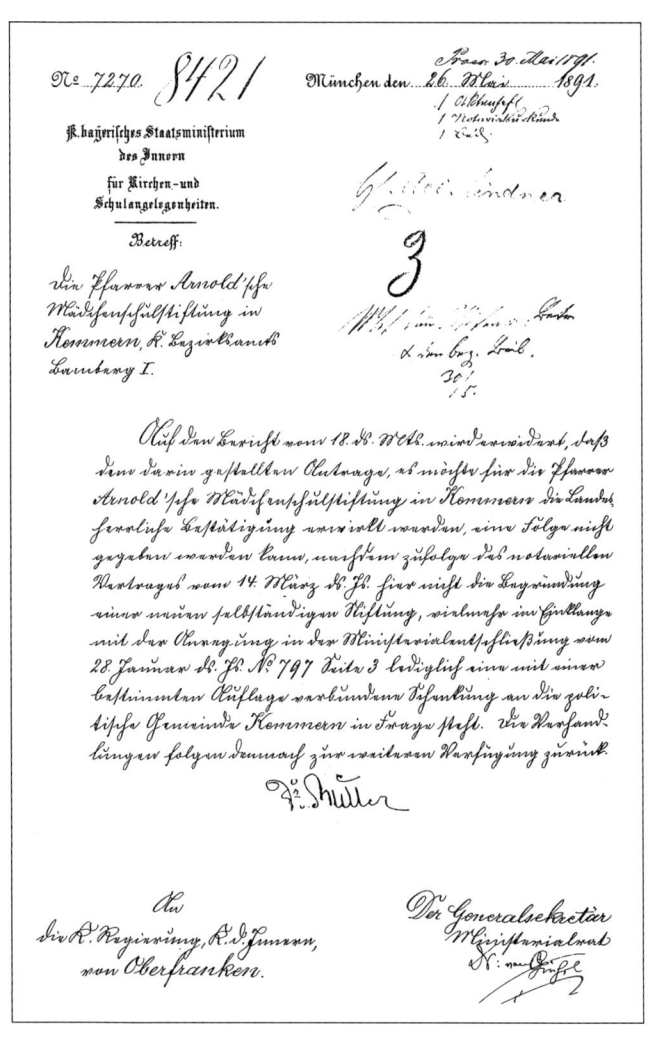

17 Schreiben des königlich Bayerischen Staatsministeriums vom 25.05.1891, StABa K5 Nr. 8351

Als Ganzes gesehen stellt sich der Schenkungsvertrag als die finanzielle Grundlage dar, welche letztlich den Aufbau und die Fortentwicklung des Kemmerner Schwesternkonventes unter den Bedingungen der königlichen Regierung von Bayern ermöglichte. Durch die Ausführungen in Punkt 6 wurde die vom bayerischen Innenministerium verlangte Zweckbindung der Stiftung von Pfarrer Arnold verwirklicht. Auch wenn dieser seine ursprüngliche Absicht, die Gemeinde Kemmern mittels finanzieller Beweggründe noch stärker an ein entschiedenes Engagement für die Schulschwestern zu binden, nicht vollkommen verwirklichen konnte, so erreichte er mit dem Abschluss des von staatlicher Seite akzeptierten Schenkungsvertrages doch eine verlässliche und zukunftssichernde finanzielle Grundlage für die Dillinger Franziskanerinnen in Kemmern. Nachdem nun nicht mehr von einer Stiftung im eigentlichen Sinne gesprochen werden konnte, sah das königliche Bezirksamt Bamberg I keine weiteren Einwände gegen die Umsetzung der Finanzierung:

4. Ringen um die staatliche Genehmigung der Pfarrer Arnold'schen Mädchenschulstiftung // 83

„Auf solche Weise dürfte die Angelegenheit erledigt sein und werde ich nur noch die nötigen aufsichtlichen Verfügungen über die Verwaltung dieses Vermögens zu treffen haben."[283]

Wie bereits angesprochen, gab sich Pfarrer Arnold mit dem Schenkungsvertrag zwischen der Gemeinde Kemmern und ihm selbst nicht zufrieden und er ersuchte ein zweites Mal beim Bayerischen Staatsministerium des Innern um eine landesherrliche Bestätigung der Schenkung vom 14. März des Jahres als Pfarrer Arnold'sche Mädchenschulstiftung. Diesem neuerlichen Antrag wurde jedoch ebenfalls nicht stattgegeben,

„nachdem zu Folge des notariellen Vertrages vom 14. 3. des Jahres hier nicht die Begründung einer neuen selbstständigen Stiftung, vielmehr im Einklange mit der Anregung in der Ministerialentschließung vom 28. 1. des Jahres Nr. 797, Seite 3 lediglich eine mit einer bestimmten Auflage verbundene Schenkung an die Gemeinde Kemmern in Frage steht."[284]

Somit blieb es bei der Schenkung. Es ist überhaupt fraglich, welche Motive Pfarrer Arnold bewogen, einen erneuten Antrag auf die ministerielle Bestätigung einer Stiftung zu stellen. War ihm nicht klar, dass seine erbrachte Schenkung gemäß den gesetzlichen Bestimmungen nicht als Stiftung gelten konnte und keiner staatlichen Genehmigung bedurfte, wie dies vom königlichen Innenministerium deutlich gemacht wurde? Oder standen andere Beweggründe im Vordergrund? Möglicherweise spielten Prestige und eine noch größere Verbindlichkeit des Engagements der Gemeinde Kemmern für den Aufbau und Erhalt des Schwesternkonventes eine Rolle.

III KRITISCHE BEWERTUNG DES GRÜNDUNGSPROZESSES

Die Forderungen der Kreisregierung in Bayreuth hinsichtlich der Verbesserung der Bildungssituation in der Gemeinde Kemmern, welche anlässlich einer Schulvisitation am 29. Januar 1889 in der Schule in Kemmern laut wurden und die großen soziokulturellen Probleme der Gemeinde Kemmern, welche mit Pfarrer Gottfried Arnold eine Persönlichkeit hatte, die alles unternahm, um sein „Herzensanliegen"[285], Schwestern in Kemmern anzusiedeln, zu verwirklichen. Dass dies letztlich zum Wohle der Gemeinde auch gelang, ist vor allem der Weitsicht und dem unermüdlichen Einsatz Arnolds zu verdanken, der zweifellos die treibende Kraft in dem schwierigen, unter den Vorzeichen des Kulturkampfes stehenden Gründungsprozess des Kemmerner Schwesternkonventes war.

Der komplexe administrative Verwaltungsprozess durch die einzelnen Institutionen führte letztlich zu zwei voneinander getrennten Genehmigungsprozessen hinsichtlich der rechtlichen und finanziellen Absicherung der Dillinger Franziskanerinnen in Kemmern. Im ersten Prozess ging es um die allerhöchste Genehmigung des Staatsministeriums des Innern für Kirche und Schulangelegenheiten, um in der Gemeinde Kemmern eine Mädchenschule errichten zu können, für die „eine Ordensfrau mit einer Laienschwester aus dem Orden der Franziskanerinnen zu Dillingen".[286] nach Kemmern berufen werden sollte. Erst im dritten Anlauf wurde der Antrag nach verschiedenartigen Einwendungen der Kreisregierung von Oberfranken und des Bamberger Metropolitankapitels an das königliche Staatsministerium weitergeleitet und schließlich am 10. Oktober 1890 von diesem die Übernahme der Mädchenschule in Kemmern durch die Dillinger Franziskanerinnen „in jeder Zeit widerruflicher Weise genehmigt".[287] Der Staat beanspruchte wie allgemein üblich für sich die Oberaufsicht über das Klosterschulwesen und achtete mit großer Genauigkeit auf die Einhaltung bestehender Rechtsvorschriften, was die Gründung des Kemmerner Schwesternkonvents erschwerte und in die Länge zog. Im zweiten Genehmigungsprozess ging es Pfarrer Arnold um die landesherrliche Bestätigung seiner Arnold'schen Mädchenschulstiftung durch das königliche Staatsministerium. Doch dieses verweigerte Pfarrer Arnold, nachdem die Mädchenschule in Kemmern unter Führung der Dillinger Ordensfrauen ihren Betrieb bereits seit einigen Monaten aufgenommen hatte, letztlich die Zustimmung zu der von ihm geplanten Stiftung mit dem Verweis auf die nach den Rechtsvorschriften notwendige, im Falle der „Arnold'schen Mädchenschulstiftung" aber nicht ausreichend vorhandene enge Bindung des Stiftungskapitals an einen Stiftungszweck. Das Ministerium schlug schließlich Pfarrer Arnold einen Kompromiss vor, der wie folgt aussieht:

„Die Absicht des Pfarrers Arnold könnte aber auch in der einfachen Form ihre Verwirklichung finden, dass die treffende Summe der politischen Gemeinde Kemmern mit der Auflage zugewendet würde, dieselbe in gesonderter Rechnung zu verwalten und die anfallenden Zinsen für den bestimmten Zweck zu verwenden, nach etwaigen Abgängen der Klosterfrauen, aber das Kapital an das Domkapitel in Bamberg zu extradieren."[288]

Auf diesen Vorschlag hin schloss Pfarrer Arnold am 14.03.1891 mit der Gemeinde Kemmern einen derartigen Schenkungsvertrag, der den Namen „Pfarrer Arnold'scher Mädchenschulfond"[289] trägt. Demnach kommt das Schenkungskapital auch im Falle einer Auflösung des Vertrages zwischen den Dillinger Franziskanerinnen und der Gemeinde Kemmern bzw. bei Nichterfüllung des primären Schenkungszweckes der dortigen Mädchenschule zugute. Der Schenkungsvertrag basierte auf dem für die damalige Zeit und auch für die Einkommensverhältnisse eines Pfarrers beachtlichen Kapital von 7300 Mark, welches Pfarrer Arnold aus privaten Mitteln zur Verfügung stellte. Dieses Kapital bildete die unbedingt notwendige finanzielle Grundlage für die Gründung des Kemmerner Schwesternkonvents und seinen Fortbestand. Daher sollte es nach dem Willen von Pfarrer Arnold unbedingt vor unberechtigtem und zweckentfremdendem Zugriff geschützt werden. Dementsprechend ist der Schenkungsvertrag mit folgenden Worten besiegelt: „Denjenigen, der es jeweils wagen sollte, diese Schenkung anzutasten und obige Bestimmungen zu verletzen, mahne ich, der Stifter, an das Ende des Judas."[290] Nachdem Pfarrer Arnold den Vorschlag des königlichen Ministeriums aufgenommen hatte und einen Schenkungsvertrag hatte anfertigen lassen, versuchte er noch einmal beim königlichem Staatsministerium in München die landesherrliche Bestätigung für seine Stiftung zu erwirken, doch am 26. Mai 1891 kommt schließlich vom königlichen Staatsministerium die endgültige Ablehnung. Pfarrer Arnold musste sich mit dem Schenkungsvertrag zufriedengeben. Der zweite Genehmigungsprozeß war somit abgeschlossen. Pfarrer Arnold hatte in seiner Pfarrei Kemmern sein „Herzensanliegen"[291] nach monatelangem Ringen mit den politischen und kirchlichen Instanzen erreicht.

Den klaren und bei allen geschilderten Schwierigkeiten zielstrebig umgesetzten Entschluss von Pfarrer Arnold für das Bemühen um die Errichtung einer Ordensschule in Kemmern kann man aus heutiger Sicht kaum hoch genug würdigen. Eine andere Entscheidung als jene, welche er mit der Gründung des Konvents der Dillinger Franziskanerinnen traf, wäre für die damaligen Bildungs- und Sozialverhältnisse des Ortes sicher weniger sinnvoll gewesen. Pfarrer Arnold sollte mit seiner Einschätzung recht behalten, dass sich durch die Anwesenheit und das Wirken der Schwestern in der Gemeinde, vor allem auf erzieherischem Feld, Bildungsstand und Sitten der Dorfbewohner deutlich zum Positiven hin entwickeln würden. Das belegen einige Erfahrungsberichte, die in einem kurzen wirkungsgeschichtlichen Abriss am Schluss dieser Zusammenfassung erwähnt werden. Durch die großzügige Schenkung von Pfarrer Arnold war es der armen Gemeinde Kemmern möglich, den Unterhalt des Schwesternkonvents zu sichern. Mit ihrem Eigenanteil an der Finanzierung der Lehrschwester zahlte sie immerhin deutlich weniger als sie für einen weiteren staatlichen Lehrer hätte aufbringen müssen. Trotz bzw. gerade wegen ihrer großen Armut stand die fromme Gemeinde Kemmern voll und ganz hinter ihrem Pfarrer, der sich mit seiner rigorosen Haltung in der Frage des Bildungswesens und der religiös-sittlichen Erziehung durchsetzte und sich dabei große Verdienste erwarb. Allerdings kann neben aller Unterstützung durch die Kemmerner Bürger nicht übersehen werden, dass Pfarrer Arnold seinen geistlichen und nicht zuletzt seinen finanziellen Einfluss zugunsten der von ihm beabsichtigten Filialgründung auch gegenüber der Gemeinde mit erheblichem Nachdruck geltend gemacht hat.

Pfarrer Arnold war als Priester im Erzbistum Bamberg beliebt und geschätzt, was daran deutlich wird, dass die Priester seines Landkapitels Bamberg ihn wie schon zuvor seinen Bruder Johann Arnold später zum Dechanten wählten[292]. Es ist denkbar, dass das Metropolitankapitel in Bamberg schon von den großen soziokulturellen Problemen Kemmerns wusste, als Gottfried Arnold am 3. September 1887 sein Amt antrat. Er war zuvor als Pfarrer in Gaustadt tätig, weshalb man gerade ihm aufgrund seiner Erfahrungen die nötige pastorale Autorität zutraute, der schwierigen Lage in Kemmern gerecht zu werden. Allerdings war die Gemeinde Gaustadt größer und wohlhabender. Daher könnte der Pfarrwechsel durchaus auch als Abstufung verstanden werden, doch deutet nichts darauf hin, dass Arnold den Wechsel als eine solche empfunden hätte. Seine Aufgabe war es, das Wort Gottes auch in einer kleinen Landpfarrei zu verkünden. Sicherlich wirkte er in einer Pfarrei, die für das Erzbistum Bamberg keine allzu große Bedeutung hatte. Im Laufe der vorigen Abhandlungen ist jedoch deutlich geworden, dass auch in einer armen christlichen Landpfarrei mit ungefähr 700 Seelen, die sich fernab des Weltgeschehens befindet, der christliche Glaube in der Praxis bedeutend und mit gesamtkirchengeschichtlicher Relevanz gelebt wird. Die Probleme, die bei dem Versuch entstanden, den christlichen Glauben in der Jugend Kemmerns durch Einrichtung einer von Ordensschwestern geleiteten Schule zu verankern, müssen im administrativen Gesetzeskontext des Königreiches Bayern zur damaligen Zeit gesehen werden: Es war z. B. erforderlich, die Genehmigung des königlichen Staatsministeriums des Innern für Kirchen- und Schulangelegenheiten einzuholen. Ferner galt es, neben der generellen Oberhoheit des Staates über das Klosterschulwesen und den staatlichen Qualifikationsnormen für Lehrkräfte das Schuldotationsgesetz zu beachten, wonach bei der Errichtung einer Klosterschule die gesamte betreffende Gemeinde in schriftlicher Form ihre uneingeschränkte Zustimmung geben musste.

Die Bedeutung der kleinen, meist armen Landpfarreien in der Geschichte Bayerns wird oft unterbewertet, da eine Konzentration auf die großen Bistumsstädte stattfindet, welche die Tatsache außer Acht lässt, dass auch auf dem Lande oft in bemerkenswerter Weise Kirchengeschichte geschrieben worden ist. Die vorangegangenen Untersuchungen sollen einen Beitrag dazu leisten, neben den allgemeinen kirchengeschichtlichen Entwicklungen einem bisher oft vernachlässigten Teil der Bayerischen Kirchen- und Schulgeschichte die Aufmerksamkeit zuteil werden zu lassen, die er verdient. Die Gründung der Schwesternfiliale der Dillinger Franziskanerinnen in Kemmern ist von einer Bedeutung, die weit über die regionalen Grenzen hinausgeht, da an ihr spezielle Probleme deutlich werden, mit denen ländlichen Gemeinden und kirchliches bzw. klösterliches Leben in Bayern zu jener Zeit generell zu kämpfen hatten. Der vorliegende Beitrag über die Gründung der Filiale der Dillinger Franziskanerinnen in Kemmern, zu der bisher keine Veröffentlichungen existierten, hat dem Leser in wesentlichen Zügen die schwierige Lage der ländlichen Bevölkerung und der Kirche in Bayern im ausgehenden 19. Jahrhundert nahegebracht und zugleich auch aufgezeigt, in welch fruchtbarer Form vom Glauben getragene Personen auch unter diesen Bedingungen sich für das Wohl ihrer Mitmenschen einsetzten und sich daraus religiöses Leben entfalten konnte. Diese Gründung kann unbeschadet der spezifischen Orts- und personenbezogenen Eigenheiten der beschriebenen Gründungsgeschichte in gewissem Sinne stellvertretend für andere Gründungen von Ordensfilialen in der damaligen Zeit stehen.

Wie aus einem Schriftwechsel von Pfarrer Arnold mit der Oberin der Dillinger Franziskanerinnen Angelina Schmid hervorgeht, war die Gemeinde Kemmern nicht der erste Ort, in dem Arnold eine Schwesternfiliale errichten wollte. Bereits als Pfarrer von Gaustadt, einem damals etwa 1900 Einwohner zählenden Vorort von Bamberg, schwebte ihm ein solches als Ziel vor Augen. Aus sicher mehreren, zum Teil unbekannten Gründen, konnte er sein Anliegen in Gaustadt aber nicht verwirklichen. Nach Abschluss der Gründung des Schwesternkonvents in Kemmern schreibt Pfarrer Arnold am 5. August 1891 an die Oberin Angela Schmid in Dillingen:

> „Was ich hier bezüglich der Einführung klösterlicher Lehrerinnen durchgeführt, das hatte ich schon in meiner vorigen Pfarrei Gaustadt vor (…). Nun will mein Nachfolger, Herr Pfarrer Rattler, meinen Plan aufnehmen und verwirklichen (…). Dass mich das sehr freut und mir selbst eine Herzensangelegenheit ist, können Sie sich denken (…). Meine Bitte, ehrwürdige Mutter, geht nun dahin, dass, wenn Pfarrer Rattler, der keine anderen Schwestern haben will als die Ihrigen, Sie doch ja ihm keine abschlägige Antwort geben möchten, wenn es Ihnen nur einigermaßen möglich ist, seiner Bitte zu willfahren."[293]

Pfarrer Arnold versuchte die Oberin zu bewegen, dass sie auch in seiner früheren Pfarrei Gaustadt eine Klosterfiliale eröffnete, doch die Oberin lehnte diesen Wunsch, der dann als Antrag von Pfarrer Rattler am 18. August 1891 an den Dillinger Konvent gestellt wurde, unter anderem mit folgender Begründung ab:

> „Da die Filiale Kemmern nur mit zwei Schwestern besetzt ist, was sonst bei keiner unserer Filialen der Fall ist, so stehen diese recht abgeschlossen, Einsiedlerinnen gleich, da und ich möchte nicht noch eine Einsiedelei errichten."[294]

Es kam zu keiner Niederlassung in Gaustadt. Neben dem Verweis auf einen Mangel an Lehrschwestern äußert die Oberin Bedenken hinsichtlich der Lebensweise der Ordensfrauen in Kemmern, welche zu Beginn der Korrespondenz mit Pfarrer Arnold bezüglich der Filialgründung in Kemmern im November 1889 offensichtlich noch nicht vorhanden war. Die Erfahrung aus der Anfangszeit des zunächst nur zweiköpfigen Schwesternkonvents hatte wohl trotz aller Akzeptanz der Ordensfrauen und ihrer Integration in das dörfliche Leben sowie der materiellen Unterstützung durch die Kemmerner Bürger gezeigt, dass eine Niederlassung mit nur zwei Schwestern dem geistlichen und sozialen Leben der Ordensfrauen wenig zuträglich ist. Für Gaustadt kam, sicher auch aufgrund des Personalmangels bei den Dillinger Franziskanerinnen, wahrscheinlich keine wesentlich größere Filiale in Frage. Was die Unterstützungsbereitschaft der Dorfbewohner für ihre Ordensschwestern betrifft, so lässt sich behaupten, dass die Schwestern in der Gemeinde Kemmern bis heute nie ein Einsiedlerleben führen mussten. Sie wurden sehr schnell ins Dorf integriert und von der Bevölkerung aufgenommen und unterstützt. Dies unterstreicht ein Schreiben von Pfarrer Arnold vom 12. November 1890, also gut drei Wochen nach der Einführung der Schwestern in Kemmern, an die Oberin Angelina Schmid:

> „Erst gestern sagte mir Frau Regina auf die Frage, ob sie denn keine Not litten, es sei noch kein Tag bisher vergangen, wo nicht jemand ihnen etwas gebracht hätte. Heute versprach mir einer, dass er, wenn auch nicht sogleich, gewiß 200 Mark mir für die Schwestern geben werde. Einer Frau musste ich 500 Mark zu demselben Zweck in ihren Testamentaufsatz einstellen. Wieder einer hat schon 1250 Mark ihnen vermacht, von einer Person erwarte ich morgen 50 Mark, wenn ihr Anliegen gut ausgeht. (…) Das sind Tatsachen, die besser sprechen als Worte."[295]

Im Gegensatz zu der Entwicklung in Gaustadt und dem hürdenreichen, zeitlich lang gezogenen Weg durch die staatlichen Genehmigungsverfahren zur Filialgründung in Kemmern waren sich Pfarrer Arnold und die Oberin nach kurzzeitigem Schriftwechsel im November 1889 schnell einig über die Gründung eines Konvents in Kemmern und deren vertragliche Rahmenbedingungen. Als ein wesentliches Forschungsergebnis meiner Untersuchungen zum Gründungsprozess seien letztlich drei wichtige Gründe angeführt, die Oberin Angelina Schmid hauptsächlich bewogen haben, auf die Anfrage von Pfarrer Arnold einzugehen und ausgerechnet in der kleinen und armen Landpfarrei Kemmern eine Ordensfiliale zu gründen:

1. Die Verhandlungen mit Pfarrer Arnold waren aus finanzieller Sicht für den Orden sehr erfolgreich, denn er ging sofort auf die Forderungen von 600 M für die jährliche Vergütung der beiden Schwestern ein, die Angelina Schmid in ihrem Brief vom 16. November 1889 stellte. Diese Bedingungen waren für die Gemeinde Kemmern mit zwei Schwestern sehr anspruchsvoll, denn zur gleichen Zeit zahlte Erzbischof Friedrich von Schreiber für fünf Schwestern, welche im Bamberger Priesterseminar Dienst taten, eine jährliche Vergütung von 500 Mark. Durch den „Pfarrer Arnold'schen Mädchenschulfond" sicherte er die Sustentation der Schwestern. Weiterhin schreibt er über die materielle Freigebigkeit der Kemmerner:

„Die Leute hier sind sehr wohltätig, wenn sie auch nicht reich sind, und vergessen weder Pfarrer noch Schwestern, letztere noch weniger, weil ich ihnen deren Unterstützungsbereitschaft schon nahe gelegt habe."[296]

2. Seit dem 18. Oktober 1882 waren fünf Schwestern aus der Gemeinschaft im Priesterseminar in Bamberg tätig. Am 30. September 1884 wurde die Filiale in Michelfeld eröffnet und am 8. August 1887 wurde die Filiale Bamberg, Marienhilfanstalt mit drei Schwestern eröffnet, doch es gab noch keine Filiale mit einer Schulschwester im Erzbistum Bamberg. Daher kam die Anfrage von Pfarrer Arnold genau zum richtigen Zeitpunkt, denn durch die Gründung der Mädchenschule in Kemmern war den Schwestern die Gelegenheit gegeben, ihren Einflussbereich im Erzbistum Bamberg auf die pädagogische Ebene auszuweiten. Zudem eröffnete die Niederlassung in Kemmern die Möglichkeit des unkomplizierten Kontaktes der dortigen Schwestern zu den Mitschwestern im nahegelegenen Bamberg.

3. Pfarrer Arnold sicherte Schwester Angelina Schmid in seinem Brief am 6. November 1889 zu, „er sei fest überzeugt, daß er in nicht ferner Zeit dem Orden (...) reichlich an Kandidatinnen wieder ersetze."[297] Pfarrer Arnold spricht in diesem Zusammenhang von einem „wahren Ordensgeist"[298] in der Gemeinde Kemmern. Die Aussicht auf Nachwuchs für den Orden auf dem Fundament einer gediegenen religiösen und sittlichen Erziehung in einem frommen, ländlichen Umfeld war sicher ein nicht zu vernachlässigendes Argument, wenngleich auch das Problem des Nachwuchsmangels für die Ordensgemeinschaft zu der damaligen Zeit nicht dermaßen akut gegeben war wie heute.

Aufgrund der genannten Anreize und der überzeugenden Argumentation von Pfarrer Arnold konnte Oberin Angelina Schmid sich mit ihren Schwestern für die Errichtung der Filiale Kemmern entscheiden. Aus der brieflichen Korrespondenz mit Pfarrer Arnold lässt sich nicht mit Sicherheit erkennen, ob den Schwestern die Entscheidung schwer gefallen ist, doch macht der weitere Verlauf der Entwicklung des Konvents deutlich, dass die Filiale Kemmern eine beachtliche Blüte bezüglich ihrer Aufgaben und auch der Wirkungen ihrer bildenden bzw. religiös-erzieherischen Arbeit im Ort erlangte. Auch personell wuchs der Konvent an und bis heute prägen Schwestern das Leben in Kemmern. Sowohl Pfarrer Arnold als auch Oberin Angelina Schmid wurden durch die für beide Seiten positiven Folgen der Filialgründung in Kemmern in ihrem diesbezüglichen Handeln bestätigt.

IV SCHLUSSEXKURS: AUSBLICK AUF DIE FOLGENDE ENTFALTUNG DES KONVENTES

Das Anwachsen des Konventes und seine Integration in das Gemeindeleben nach der Gründung

In einem Bericht des Bamberger Volksblattes vom 22. September 1890 wird nach der erfolgten Genehmigung des Schwesternkonventes in Kemmern durch die königliche Regierung Bayerns die Einführung der Dillinger Franziskanerinnen angekündigt und zugleich hervorgehoben, dass es sich bei der geplanten Klosterschule in Kemmern um die erste im Erzbistum Bamberg handelt, „welche von dem genannten Kloster aus versehen wird."[299] Am 23. Oktober 1890 berichtet das Bamberger Volksblatt vom feierlichen Einzug der Schwestern in der Gemeinde und der nachfolgenden „Eröffnung des neuen Schulhauses mit Gottesdienst und Festakt,"[300] Dabei wird insbesondere auch die Anwesenheit des Bezirksamtmannes Ordnung aus Bamberg[301] bei diesem offiziellen Akt, bei dem zahlreiche Ansprachen gehalten wurden, erwähnt.

Als die Dillinger Franziskanerinnen in Kemmern mit Schwester Regina Straßer[302] am 20. Oktober 1890 ihre Lehrtätigkeit aufnahmen, kamen neue Wertvorstellungen an die Schule in Kemmern. Durch ihre religiöse und pädagogische Ausbildung veränderte sie den Lehrbetrieb an der Schule in Kemmern nachhaltig. Der bereits dort tätige Lehrer wurde nicht entlassen, sondern war fortan für die Knabenschule zuständig, während die Verantwortung für den Unterricht in der neu eingerichteten separaten Mädchenschule in den Händen der Dillinger Schwestern lag. Die Lehrkräfte wohnten im gleichen Schulhaus, doch die Schulschwester erteilte nicht nur den Unterricht in der Mädchenschule, sondern lebte als Ordensfrau zusammen mit ihrer Mitschwester in der Gemeinde die franziskanische Spiritualität, was für die Bevölkerung von Kemmern etwas Neues darstellte und vor allem in Hinblick auf das religiös-sittliche Verhalten der Jugend Früchte trug.

Aufschluss über den Erfolg der Dillinger Franziskanerinnen in Kemmern während der ersten Wochen und Monate gewähren neben Mitteilungen in der örtlichen Presse auch Briefe von Pfarrer Arnold an die Oberin in Dillingen. Pfarrer Arnold bewertete die unmittelbaren Auswirkungen der Präsenz und des Wirkens der Schwestern nach deren Einführung in der Gemeinde in einem Brief an die Oberin in Dillingen vom 12. November 1890 wie folgt:

„Frau Meisterin, Sie haben Ihr Wort ganz Treu gehalten. `Die Mädchenschule Kemmern mit einer tüchtigen Lehrkraft ihres Ordens zu versehen` und mir nicht bloß eine gute Lehrerin, sondern auch zwei gute Klosterfrauen geschickt. Dafür sei Ihnen tausendfacher Dank und Vergelt's Gott gesagt. Wie freue ich mich auch und es freut sich ganz Kemmern mit mir, daß dieses Werk gelungen und die Barmherzigkeit Gottes sich meiner dazu bedient hat. Die Leute wissen ihre Freude besonders über das veränderte Benehmen der Kinder gar nicht genug Ausdruck zu geben"[303].

Das erwähnte „veränderte Benehmen", von dem Pfarrer Arnold spricht, ist sicherlich auf die Arbeitsmethode der Schwester Regina Straßer zurückzuführen. Sie konnte sich als Schwester bei den Mädchen im Vergleich zu einem jungen Lehrer eher durchsetzen, da sie nicht aus der fränkischen Gegend stammt, Mitglied einer Ordensgemeinschaft und schon über 20 Jahre im Schuldienst tätig ist. Durch ihre Persönlichkeit und religiöse Ausstrahlung prägt sie die Mädchen in der Schule und die Jugend in Kemmern. Weiterhin gehört sie nach einiger Zeit zum Dorfleben und wurde zum festen Bestandteil der Bevölkerung[304]

Regina Straßer stand während ihrer Zeit in Kemmern die Laienschwester Christine Eckerle zur Seite, die am 14. November 1867 in Allersberg geboren wurde und ihre Profess am 28. August 1890 abgelegt hatte.[305] In Kemmern, wo sie bis zu ihrer Abberufung nach Dillingen zwischen den Jahren 1902 und 1904 blieb[306], wurde sie im Sommer 1899 mit der Leitung der neu eingerichteten Kleinkinderbewahranstalt betraut.[307] Aus den am 17. Mai 1899 durch die Pfarrei erlassenen und am 3. Juni des gleichen Jahres vom Bezirksamt Bamberg I genehmigten Statuten der Kinderbewahranstalt lässt sich schließen, dass die Inbetriebnahme derselben wohl noch im Sommer 1899 vonstatten ging, obgleich dazu keine genauen Quellen vorliegen.

An die Stelle von Christine Eckerle als Laienschwester im Haushalt des Konventes trat nach deren Übernahme der Kindergartenleitung Schwester Gerarda Maria Anna Karbacher, geboren am 5. August 1886 in Obersteinbach bei Haßfurt. Sie legte ihre Profess am 7. September 1898 ab und wirkte für etwa zwei Jahre in Kemmern, bevor sie ins Kunigundenstift nach Bamberg versetzt wurde und dort am 30. August 1902 die ewigen Gelübde ablegte.[308] Somit gab es ab dem Jahr 1899 drei Schwestern in Kemmern, eine Lehrerin, eine Kindergärtnerin und eine Schwester, die den Haushalt führte. Als Nachfolgerin von Schwester Gerarda, die nur kurz in Kemmern weilte, zog Schwester Protasia Walburga Daiser in den Konvent ein, jedoch blieb auch sie nur relativ kurze Zeit dort.[309] Es lässt sich also feststellen, dass nach den ersten zehn Jahren des Bestehens des Schwesternkonventes, als sich der Aufgabenbereich der Ordensfrauen in der Gemeinde bereits erweitert hatte, eine relativ starke Fluktuation bei den Schwestern, welche den Haushalt führten, zu verzeichnen war.

Im Verlauf des 20. Jahrhunderts nahmen die pädagogischen, sozialen und spirituellen Aufgaben der Dillinger Schwestern in der Gemeinde Kemmern weiter zu. Damit einher ging auch eine weitere Vergrößerung des Konventes, der sich vor allem im Hinblick auf die Bildung und religiöse Erziehung der Kinder und Jugendlichen beachtliche Verdienste erwarb. Diese blieben nicht ohne Früchte, was den Nachwuchs der Dillinger Franziskanerinnen aus der Gemeinde Kemmern betrifft. Zahlreiche junge Frauen aus dem Ort mit der bodenständigen, ländlich geprägten Frömmigkeit traten in der ersten Hälfte des 20. Jahrhunderts der Ordensgemeinschaft bei. Somit erfüllten sich die Erwartungen von Pfarrer Arnold hinsichtlich der Auswirkungen der Präsenz der Schwestern in Kemmern. Der Zweite Weltkrieg bedeutete eine Wende in der Entwicklung des Schwesternkonventes. Nach der Stagnation und dem Ruhen vieler Tätigkeiten während des Krieges erfolgte in der zweiten Hälfte des Jahrhunderts ein stetiger zahlenmäßiger Rückgang der Ordensfrauen, wie dies auch den gesamten Orden betraf. Aus diesem Grund mussten sich die Schwestern auch nach und nach von ihren Verpflichtungen innerhalb der Gemeinde zurückziehen. Die nach Geschlechtern getrennte Schulbildung blieb bis zum Jahre 1965 bestehen. Erst wesentlich später, im Jahr 1977, gaben die Dillinger Ordensfrauen den Schuldienst in Kemmern auf. Viele Generationen und auch ein Grossteil der heute lebenden Kemmerner Einwohner sind durch das Wirken der Schwestern in der Gemeinde geprägt worden. Vom 20. Oktober 1890 bis zum heutigen Tag sind die Dillinger Franziskanerinnen ein fester Bestandteil des Dorflebens und für viele Bürger des Ortes kaum mehr wegzudenken. Aktuell leben in Kemmern wieder vier Schwestern, nachdem zwei weitere im Februar 2002 dazu gekommen sind, was auf ein Weiterbestehen des Konventes hoffen lässt. Welche Zukunft diesem und dem gesamten Orden beschieden sein wird, hängt von vielen Faktoren ab, so wie auch viele Faktoren die Gründung des Schwesternkonventes in Kemmern beeinflusst hatten. Neben der allgemeinen politischen und kirchlichen Lage spielen auch lokale Voraussetzungen eine Rolle. Sicher wird man, sofern Gott es zulässt, auch mit dem klugen Eifer und der Einsatzbereitschaft von Personen wie Pfarrer Gottfried Arnold rechnen dürfen.

ANMERKUNGEN

1. Gottfried ARNOLD wirkte als 20. Pfarrer in der Pfarrei Kemmern vom 5. September 1887 bis zum 1. Juni 1902.
2. Schreiben von Pfarrer Gottfried ARNOLD vom 6. November 1889 an die Oberin der Dillinger Franziskanerinnen Angelina SCHMID. Dieses Schreiben befindet sich im Archiv der Dillinger Franziskanerinnen in Dillingen. Fortan als: Schreiben von Pfarrer Gottfried ARNOLD an die Oberin der Dillinger Franziskanerinnen Angelina SCHMID vom 6. November 1889.
3. In der Gemeinde Kemmern gibt es eine Straße, welche nach einem Pfarrer benannt ist, der aus der Pfarrei Kemmern hervorging und seiner Heimatgemeinde eine größere Stiftung hinterlassen hat. Die Straße nennt sich „*Pfarrer-Endres-Straße*". Geboren wurde Pfarrer Endres am 16. Januar 1888 in der Pfarrei Kemmern, die Weihe zum Priester erfolgte am 26. Juli 1914 im Alter von 26 Jahren. Nach 40-jähriger priesterlicher Tätigkeit starb er im Alter von 66 Jahren am 27. Januar 1954 in Schönbrunn. Vgl. WACHTER, Friedrich: General-Personal-Schematismus der Erzdiözese Bamberg 1007–1907, Bamberg 1907, S. 202.
4. SCHROTT, Konrad: Ortsgeschichte eines ehemaligen bambergisch-domkapitelischen Obleidorfes, Kemmern, 1986.
5. StABa K3 DII Nr. 10139 Die Schule in Kemmern 1888–1939. StABa K5 Nr. 8348 Einführung klösterlicher Lehrerinnen in Kemmern. StABa K5 Nr. 8353 Einführung klösterlicher Lehrerinnen in Kemmern. StABa K3 DII Nr. 13536 Die Pfarrer Arnold'sche Mädchenschulstiftung in Kemmern.
6. StAWü GRNr. 113 Schenkungsurkunde vom 14. März 1891.
7. EABa HERMANN, Lukas: Geschichte der Pfarrei Güßbach, Güßbach 1860. Fortan als: HERRMANN, Lukas: Geschichte der Pfarrei Güßbach. EABa ARNOLD, Gottfried: Verkündbuch von 1887 – 1902, Kemmern 1902. Fortan als: ARNOLD, Gottfried: Verkündbuch.
8. StBBa 22-RB. Eph.13 Bamberger Volksblatt 1887– 1926
9. Bei diesem Genehmigungsprozess gibt es auf Seiten der Kirche folgende Institutionen: Das Pfarramt Kemmern in Person von Pfarrer Gottfried Arnold. Das Metropolitankapitel des Erzbistums Bamberg in Person von Joseph von Strätz: Geboren am 17. Februar 1824, ordiniert 15. Juli 1848, Domkapitular seit dem 18. Oktober 1876, seit dem 14. November 1882 Dompropst, installiert am 16. Januar 1883, Ritter des Verdienstordens der bayerischen Krone und des königlichen bayerischen Verdienstordens vom hl. Michael, päpstlicher Hausprälat. Er starb am 10. Juni 1893 in Bamberg. Das Genehmigungsverfahren für die Filiale Kemmern fiel in die Zeit einer Sedisvakanz („sede vacante"). Joseph von Strätz war in dieser Zeit, nämlich vom 24. Mai 1890 bis zum 24. Mai 1891 „Vicarius capitularius". Vgl. WACHTER, Friedrich: General-Personal-Schematismus der Erzdiözese Bamberg, S. 24. Der Sekretär des Metropolitankapitels Bamberg war damals Georg Holzschuh. Geboren am 29. September 1831 in Litzendorf, Priester seit dem 15. Dezember 1855, seit 5. Januar 1883 Domkapitular, kanonisch instituiert am 28. März 1883 und am 21. März 1883 installiert. Inhaber des päpstlichen Verdienstkreuzes „pro ecclesia et pontifice." Vgl. WACHTER, Friedrich: General-Personal-Schematismus der Erzdiözese Bamberg, S. 26
10. Vgl. ZIEGLER, Liobgid: Die Armen Schulschwestern von U.L. Frau, Ein Beitrag zur bayerischen Bildungsgeschichte, München 1934, S. 34
11. Schreiben von Pfarrer Gottfried ARNOLD an die Oberin der Dillinger Franziskanerinnen Angelina SCHMID vom 6. November 1889.
12. Vertrag zwischen der Gemeinde Kemmern und den Dillinger Franziskanerinnen vom 09./10.07.1890. Er befindet sich im StABa: K5 Nr. 8353 Einführung klösterlicher Lehrerinnen in Kemmern.
13. Schreiben des Metropolitankapitels Bamberg an die königliche Regierung von Oberfranken, Kammer des Innern in Bayreuth vom 24. Juli 1890. Es befindet sich im StABa: K3 DII Nr. 10139.
14. Schreiben des königlichen bayerischen Staatsministeriums des Innern für Kirchen- und Schulangelegenheiten an die königliche Regierung von Oberfranken, Kammer des Innern, vom 10. September 1890. Es befindet sich im StABa: K3 DII Nr.10139. Fortan als: Schreiben des königlichen bayerischen Staatsministeriums des Innern an die königliche Regierung von Oberfranken vom 10. September 1890.
15. Schreiben des königlichen Staatsministeriums des Innern für Kirchen- und Schulangelegenheiten an die königliche Kreisregierung von Oberfranken, Kammer des Innern vom 28. Januar 1891. Es befindet sich im StABa: K3 DII Nr. 13536. Schreiben des königlichen Staatsministeriums des Innern für Kirchen- und Schulangelegenheiten an die königliche Kreisregierung von Oberfranken, Kammer des Innern vom 26. Mai 1891. Es befindet sich im StABa: K3 DII Nr. 13536.
16. Vgl. CELANO, Thomas: Leben und Wunder des hl. Franziskus von Assisi, Kevelaer 2001, S. 73–95. Fortan als: CELANO, Thomas: Leben und Wunder des hl. Franziskus von Assisi. Vgl. FELD, Helmut: Franziskus von Assisi, München 2001, S. 9–35. Vgl. HOFER, Markus: Francesco, Ein Mann des Jahrtausends – Die historische Gestalt des Franz von Assisi, Innsbruck 2000, S. 11–45.
17. Vgl. WYSS, Stephan: Der hl. Franziskus von Assisi, Vom Durchschauen der Dinge, Luzern 2000, S. 78–97. Fortan als: WYSS, Stephan: Der hl. Franziskus von Assisi. Vgl. MUELLER, Joan: Franziskus, Ein historischer Roman, München 2000, S. 184–203. Fortan als: MUELLER, Joan: Franziskus
18. Vgl. SCHREYER, Lioba: Zur Geschichte des Franziskanerinnenklosters Dillingen (1241–1830), Dillingen 1931. Vgl. SCHREYER, Lioba: Geschichte der Franziskanerinnen, Von der Gründung bis zur Restauration, 1241–1817, I. Band, Dillingen, 1982. Vgl. SCHREYER, Lioba: Geschichte der Franziskanerinnen, 19. Jahrhundert seit der Restauration. II. Band, Dillingen 1980. Fortan

als: SCHREYER, Lioba: Geschichte der Franziskanerinnen, 19. Jahrhundert.
19 Vgl. GUTH, Klaus: Konfessionsgeschichte in Franken 1555–1955, Politik – Religion – Kultur, Bamberg 1990.
20 Vgl. HAUSBERGER, Karl, HUBENSTEINER, Benno: Bayerische Kirchengeschichte, München 1987. Fortan als: HAUSBERGER, Karl, HUBENSTEINER, Benno: Bayerische Kirchengeschichte. Vgl. BAUR, Andreas: Kleine bayerische Kirchengeschichte, Donauwörth 1964. Fortan als: BAUR, Andreas: Kleine bayerische Kirchengeschichte.
21 Kreisregierung von Bayreuth, Auszug aus den Vormerkungen von 1889. Über die am 29. Januar .1889 vorgenommene Visitation an der Schule in Kemmern. Es befindet sich im StABa: K3 DII Nr.10139.
22 Schreiben des königlichen Bezirksamts Bamberg I an die königliche Kreisregierung von Oberfranken, Kammer des Innern vom 6. November 1889. Es befindet sich im StAB: K3 DII Nr. 10139.
23 Schreiben von Pfarrer Gottfried ARNOLD an die Oberin der Dillinger Franziskanerinnen Angelina SCHMID vom 6. November 1889. Gottfried Arnold wählt in seinen Briefanreden immer den Begriff „Oberin". Ihm ist wahrscheinlich nicht bekannt, dass in der langen Geschichte der Dillinger Franziskanerinnen für die Ordensleiterin immer der Begriff „Meisterin" verwendet wurde. Heute ist die Gemeinschaft der Dillinger Franziskanerinnen eine Kongregation päpstlichen Rechtes, daher gibt es eine demokratisch–hierarchisch gegliederte Ordensstruktur, welche sich aus einer Generaloberin und ihrem Generalrat zusammensetzt. Weiterhin ist die Gemeinschaft in sieben selbstständige Provinzen gegliedert, die wiederum jeweils von einer Provinzoberin und einem Provinzrat geleitet werden.
24 CASUTT, Laurentius: Menschen der Kirche, in Zeugnis und Urkunde, Die Großen Ordensregeln, Einsiedeln, Zürich, Köln 1948, S. 219.
25 Vgl. BOSL, Karl: Das Armutsideal des hl. Franziskus als Ausdruck der Hochmittelalterlichen Gesellschaftsbewegung, In: Gründler, Johannes (Hrsg.): 800 Jahre Franziskanische Kunst und Kultur des Mittelalters, Wien, 1982, S. 1. Vgl. CELANO, Thomas: Leben und Wunder des hl. Franziskus von Assisi S. 73–95. Vgl. FELD, Helmut: Franziskus von Assisi, S. 9–35. Vgl. HOFER, Markus: Francesco, Ein Mann des Jahrtausends, S. 11–45.
26 CASUTT, Laurentius: Menschen der Kirche, S. 237.
27 Vgl. VAUCHEZ, André: Die Bettelorden und ihr Wirken in der städtischen Gesellschaft, in: VAUCHEZ, André (Hg.): Machtfülle des Papsttums (1054–1274), Band V., Freiburg–Basel–Wien 1990, S. 834.
28 Vgl. VAUCHEZ, André: Die Bettelorden und ihr Wirken in der städtischen Gesellschaft, S. 834.
29 Vgl. HEIMBUCHER, Max: Die Orden und Kongregationen, Band I., München – Paderborn – Wien 1965, S. 681.
30 HEIMBUCHER, Max: Orden und Kongregationen, S. 691.
31 Vgl. Ebd. S. 690 ff.
32 Vgl. VAUCHEZ, André: Die Bettelorden und ihr Wirken in der städtischen Gesellschaft, S. 834. Vgl. MUELLER, Joan: Franziskus, Ein historischer Roman, S. 203–218.
33 Vom lateinischen Wort „tertius" – „Dritter". Gemeint ist ein klösterliches Mitglied eines Drittordens (Laiengemeinschaft).
34 HEIMBUCHER, Max: Die Orden und Kongregationen, S. 13.
35 „Beginen" sind fromme Jungfrauen und Witwen, die ohne eigene Klostergelübde ein klosterähnliches, mehr oder weniger gemeinschaftliches Leben führen.
36 Vgl. SCHREYER, Lioba: Geschichte der Franziskanerinnen, S. 19.
37 BOSL, Karl: Das Armutsideal des hl. Franziskus, S.4.
38 Bischof Hartmann V. war der letzte männliche Spross des Dillinger Grafengeschlechtes, von dem wir seit dem 9. Jahrhundert Kenntnis haben. Vgl. BRAUN, Placidus: Geschichte der Bischöfe von Augsburg, Band I., Augsburg 1813, S. 179. Ebd.. Band II., Augsburg 1814, S. 266. STEICHELE, Anton: Das Bistum Augsburg, Augsburg 1872, S. 31ff.
39 Vgl. SCHREYER, Lioba: Geschichte der Dillinger Franziskanerinnen, S. 17.
40 Vgl. SCHREYER, Lioba: Geschichte der Dillinger Franziskanerinnen, S. 9.
41 Ebd. S. 15 u. 17 – 19.
42 Es fehlen schriftliche Überlieferungen aus den ersten zwei Jahrhunderten, doch zahlreiche Aufzeichnungen aus fünfeinhalb Jahrhunderten zeigen, dass die Schwestern das Andenken an die Stifter festhielten und an dem Gründungsjahr 1241 nie zweifelten.
43 SCHREYER, Lioba: Geschichte der Dillinger Franziskanerinnen, S.13. Hier sind die ersten Frauen gemeint, die sich zusammengeschlossen hatten, um gemeinsam nach dem Vorbild des hl. Franz von Assisi zu leben, im Gegensatz zur kleinen Sammlung in Dillingen, die sich den Dominikanern anschloss.
44 Vgl. SCHREYER, Lioba: Geschichte der Dillinger Franziskanerinnen, S. 19.
45 Vgl. Ebd., S. 13. 18 Tagwerk entsprechen 4,5 Hektar Fläche. 4 Tagwerk sind etwa 1 Hektar.
46 SCHREYER, Lioba: Geschichte der Dillinger Franziskanerinnen, S. 14.
47 Vgl. Ebd. S. 12–14.
48 SCHREYER, Lioba: Geschichte der Dillinger Franziskanerinnen, S. 13. Diese Urkunde bestätigte in der Folgezeit jeder Bischof aufs Neue.
49 SCHREYER, Lioba: Geschichte der Dillinger Franziskanerinnen, S. 14.
50 Vgl. Ebd. S. 12–14.
51 Vgl. Ebd. S. 58.
52 SCHREYER, Lioba: Geschichte der Dillinger Franziskanerinnen, S. 61.
53 Ebd.
54 Ebd., S. 58.
55 Vgl. SCHREYER, Lioba: Geschichte der Dillinger Franziskanerinnen, S. 121.
56 SCHREYER, Lioba: Geschichte der Dillinger Franziskanerinnen, S. 148.
57 SCHREYER, Lioba: Geschichte der Dillinger Franziskanerinnen, S. 191.
58 Ebd.

59 SCHREYER, Lioba: Zur Geschichte des Franziskanerinnenklosters Dillingen, S. 39.
60 SCHREYER, Lioba: Geschichte der Dillinger Franziskanerinnen, S. 233.
61 Ebd.
62 SCHREYER, Lioba: Geschichte der Dillinger Franziskanerinnen, S. 233f.
63 SCHREYER, Lioba: Geschichte der Dillinger Franziskanerinnen, S. 243.
64 Vgl. SCHREYER, Lioba: Geschichte der Dillinger Franziskanerinnen, S. 235.
65 Vgl. SCHREYER, Lioba: Geschichte der Dillinger Franziskanerinnen, S. 248–263.
66 Vgl. SCHREYER, Lioba: Geschichte der Dillinger Franziskanerinnen, 19. Jahrhundert, S. 31.
67 Vgl. SCHWEIGER, Josef: Geschichte des Klosters Michelfeld in der Oberpfalz, Dillingen 1919, S. 26.
68 Vgl. SCHREYER, Lioba: Geschichte der Dillinger Franziskanerinnen, 19. Jahrhundert, S. 684
69 Vgl. SCHROTT, Konrad: Kemmern, S. 415.
70 Vgl. Statuten der Dillinger Franziskanerinnen, Aus der Chronik unserer Kongregation, Rom 1982, S. 145. Fortan als: Statuten der Dillinger Franziskanerinnen.
71 Vgl. Donau – Zeitung, Nr. 176 vom 3. August 1966, S. 13.
72 Vgl. Statuten der Dillinger Franziskanerinnen, S. 147.
73 Rundbrief der Dillinger Franziskanerinnen, 4 / März 2001.
74 Vgl. Statistik des Generalats der Dillinger Franziskanerinnen vom 31. Dezember 2000
75 Regens Wagner war Regens im Priesterseminar in Dillingen, und durch seine Initiative wurde am 3. Mai 1847 die klösterliche Taubstummenschule eröffnet. Bereits zu seinen Lebzeiten wurden zahlreiche Filialen gegründet. Er verlieh den Einrichtungen den Rechtsstatus von Stiftungen und unterstellte sie dem Bischof von Augsburg. Vgl. SCHREYER, Lioba: Geschichte der Dillinger Franziskanerinnen, 19. Jahrhundert, S. 158
76 SCHREYER, Lioba: Geschichte der Dillinger Franziskanerinnen, S. 381.
77 Vgl. SCHREYER, Lioba: Geschichte der Dillinger Franziskanerinnen, S. 396.
78 Vgl. SCHREYER, Lioba: Geschichte der Dillinger Franziskanerinnen, 19. Jahrhundert, S. 58f.
79 Vgl. BAUR, Andreas: Kleine bayerische Kirchengeschichte, S. 88 u. 91. Vgl. ZEISSNER, Werner: Reformation, Katholische Reform, Barock und Aufklärung (1520–1803), in: Das Bistum Bamberg in Geschichte und Gegenwart, Teil 3, Strasbourg 1992, S. 46. VGL. URBAN, Josef: Bamberg wird Erzbistum, in: Ammerich Hrsg.): Das Bayerische Konkordat 1817, Weißenhorn 2000, S. 62. Fortan als: URBAN, Josef: Bamberg wird Erzbistum. ZEISSNER, Werner und BAUR, Andreas datieren den Reichsdeputationshauptschluss auf den 25. Februar 1803, URBAN, Josef auf den 23. November 1803.
80 Vgl. GUTH, Klaus: Konfessionsgeschichte in Franken, S. 42.
81 DENGLER – SCHREIBER, Karin, KÖBERLEIN, Paul: Leben im Bamberger Land, 150 Jahre Kreissparkasse Bamberg, in: Kreissparkasse Bamberg (Hrsg.), Bamberg 1990, S. 189. Josef URBAN schreibt dazu: „Bereits im Frühjahr 1802 – ein gutes halbes Jahr vor der Säkularisierung des Hochstifts, die in Bamberg einsetzte, noch ehe der Reichsdeputationshauptschluss als das die Säkularisierung regelnde Gesetzeswerk Gültigkeit hatte – war der in bayerischen Diensten stehende Adelige Karl Roger von Ribeaupierre (Rappoltstein) als Kundschafter durch das Hochstift gereist. Das Interesse der Wittelsbacher an den beiden fränkischen Bistümern Würzburg und Bamberg im Norden des bayerischen Kurfürstentums war groß, da eine Ausdehnung nach Süden und Osten kaum mehr möglich war. (...) Das an Bayern fallende kaiserliche Hochstift Bamberg war bereits am 1. September 1802 von pfalzbayerischen Truppen, die Stadt am 6. September besetzt worden." Fürstbischof Christoph Franz Amand Daniel Freiherr von Buseck hat am 29. November 1802 die Leitung des Bistums Bamberg endgültig abgegeben.
82 Vgl. ZEISSNER, Werner: Reformation, Katholische Reform, Barock und Aufklärung, S. 46.
83 DENGLER – SCHREIBER, Karin, KÖBERLEIN, Paul, Leben im Bamberger Land, S. 189.
84 Vgl. BAUR, Andreas: Kleine bayerische Kirchengeschichte, Donauwörth 1964, S. 87.
85 Ebd. S. 87.
86 Vgl. GUTH, Klaus: Konfessionsgeschichte in Franken, S. 141.
87 Vgl. ebd. sowie BAUR, Andreas: Kleine bayerische Kirchengeschichte, S. 92.
88 Vgl. WINFRIED Müller: Die Neuordnung des Verhältnisses von Kirche und Staat, in: BRANDMÜLLER, Walter (Hrsg.): Vom Reichsdeputationshauptschluss bis zum Zweiten Vatikanischen Konzil, Handbuch der bayerischen Kirchengeschichte, Band III, St. Ottilien 1991, S. 119.
89 Vgl. SCHREYER, Lioba: Geschichte der Dillinger Franziskanerinnen, 19. Jahrhundert, S. 58f.
90 SCHREYER, Lioba: Geschichte der Dillinger Franziskanerinnen, 19. Jahrhundert, S. 31.
91 Vgl. DOEBERL: Michael: Entwicklungsgeschichte Bayerns, Band III, München 1931, S. 5/6 und 16.
92 ROMMEL, Peter: Die Nichtmonastischen Ordensgemeinschaften, Phasen der Entwicklung, in: BRANDMÜLLER, Walter (Hrsg.): Vom Reichsdeputationshauptschluss bis zum Zweiten Vatikanischen Konzil, Handbuch der bayerischen Kirchengeschichte, Band III, St. Ottilien 1991, S. 756.
93 ROMMEL, Peter: Die Nichtmonastischen Ordensgemeinschaften, S. 774.
94 Vgl. ZIEGLER, Liobgid: Die armen Schulschwestern von unserer lieben Frau, S. 76.
95 ZIEGLER, Liobgid: Die armen Schulschwestern von unserer lieben Frau, S. 211.
96 Ebd.
97 ZIEGLER, Liobgid: Die armen Schulschwestern von unserer lieben Frau, S. 78..
98 Ebd. S. 78 f..
99 Ebd. S. 79.
100 s. o. S. 211
101 Entspricht den heutigen Bezirken.
102 Ebd.

103 Ebd.
104 Vgl. ZIEGLER, Liobgid: Die Armen Schulschwestern von Unserer Lieben Frau, S. 79 f..
105 Ebd. S. 80.
106 Ebd. S. 90.
107 Ebd. S. 81.
108 Ebd S. 82.
109 Ebd. S. 83
110 Ebd. S. 83 und S. 85.
111 Vgl. HARTMANNSGRUBER, Friedrich: Der Kulturkampf in Bayern (1871–1890), Vom Reichsdeputationshauptschluss bis zum Zweiten Vatikanischen Konzil, in: BRANDMÜLLER, Walter (Hrsg.): Handbuch der Bayerischen Kirchengeschichte, Band III, St. Ottilien 1991, S. 251.
112 Vgl. HARTMANNSGRUBER, Friedrich: Der Kulturkampf in Bayern (1871–1890), S. 248 f. .
113 ZIEGLER, Liobgid: Die Armen Schulschwestern von Unserer Lieben Frau, S. 88.
114 ebd., S. 88
115 Vgl. ALBART, Rudolf: Unser Landkreis Bamberg, Eine Broschüre des Landkreises, Bamberg 1984², S. 156.
116 Vgl. RENNER, Wolfgang: Der Landkreis und seine Bürger, in: Albart, Rudolf: Unser Landkreis Bamberg, S. 17 f. und S. 20. Der offensichtliche Widerspruch zwischen den Angaben bezüglich der Datierung der Entstehung der Bezirksämter als Vorläufer der Landkreise aus den Landgerichten legt nahe, davon auszugehen, dass 1852 als auf den Seiten 17 und 20 einerseits und auf Seite 17 oben und unten andererseits das Jahr der Entstehung der Distriktsgemeinden und Bezirksämter betrachtet werden kann.
117 Vgl. RENNER, Wolfgang: Unser Landkreis Bamberg, S. 41.
118 Vgl. RENNER, Wolfgang: Unser Landkreis Bamberg, S. 17 und S. 41.
119 Vgl. SCHROTT, Konrad: Kemmern, S. 271. Vgl. Schreiben von Pfarrer Gottfried ARNOLD an die Oberin der Dillinger Franziskanerinnen Angelina SCHMID vom 6. November 1889. Die Einwohnerzahl wird hier mit ungefähr 700 Personen angegeben. In einem Schreiben, das die Gemeinde Kemmern am 19. April 1889 an die königliche Kreisregierung richtet, wird von 707 Seelen gesprochen.
120 Vgl. DENGLER-SCHREIBER, Karin, KÖBERLEIN, Paul: Leben im Bamberger Land, S. 266.
121 SCHROTT, Konrad: Kemmern, S. 412.
122 SCHROTT, Konrad: Kemmern, S. 405.
123 SCHROTT, Konrad: Kemmern, S. 400.
124 Vgl. SCHROTT, Konrad: Kemmern, S. 404.
125 SCHROTT, Konrad: Kemmern, S. 411.
126 SCHROTT, Konrad: Kemmern, S. 412.
127 Vgl. WINKLER, Richard: „Wie der Lehrer, so die Schüler!", Das Volksschulwesen im Gebiet der Distriktschulinspektion Lichtenfels, Staffelstein, Seßlach und Michelau im 19 Jahrhundert, in: DIPPOLD, Günter, und URBAN, Josef (Hrsg.): Im Oberen Maintal auf dem Jura an Rodach und Itz, Landschaft – Geschichte – Kultur, , Lichtenfels 1990, S. 400. Fortan als: WINKLER, Richard: „Wie der Lehrer, so die Schüler!".
128 Vgl. Schrott, Konrad: Kemmern, S. 286 – 293
129 Vgl. HERMANN, Lukas: Geschichte der Pfarrei Güßbach, in: SCHROTT, Konrad: Kemmern, S. 308.
130 Ebd. S. 308.
131 Vgl. SCHROTT, Konrad: Kemmern, S. 203–212.
132 GUTH, Klaus: Konfessionsgeschichte in Franken, S. 172 ff.
133 Vgl. Gemeinde Kemmern (Hrsg.): BUNDESWETTBEWERB 1999–2001: Unser Dorf soll schöner werden, Unser Dorf hat Zukunft, Erläuterungsbericht S. 1. Fortan als: BUNDESWETTBEWERB 1999–2001.
134 Vgl. ebd.
135 Vgl. SCHROTT, Konrad: Kemmern, S. 271. Vgl. BUNDESWETTBEWERB 1999–2001: S. 33.
136 Vgl. BUNDESWETTBEWERB 1999–2001: S. 35.
137 Vgl. Daten des Einwohnermeldeamtes der Gemeinde Kemmern vom 2. Juli 2001. Vgl. SCHROTT, Konrad: Kemmern, S. 271.
138 SCHROTT, Konrad: Kemmern, S. 365.
139 Vgl. BUNDESWETTBEWERB 1999 – 2001: S. 2.
140 Vgl. SCHROTT, Konrad: Kemmern, S. 294, S. 305 ff., S. 313.
141 BUNDESWETTBEWERB 1999–2001: S. 8.
142 Vgl. SCHROTT, Konrad: Kemmern, S. 334–336.
143 Vgl. SCHROTT, Konrad: Kemmern, S. 336, S. 360.
144 Vgl. URBAN, Josef: Das Priesterseminar und die Bamberger Theologie im 19. Jahrhundert, in: HOFMANN Michael, KLAUSNITZNER, Wolfgang, NEUNDORFER, Bruno (Hrsg.): Seminarium Ernestinum, 400 Jahre Priesterseminar Bamberg, Bamberg 1986, S. 83.
145 Bamberger Volksblatt Nr. 122 vom 2. Juni 1902, S. 3.
146 SCHROTT, Konrad: Kemmern, S. 360. Vgl. WACHTER, Friedrich: General-Personal-Schematismus der Erzdiözese Bamberg, S. 15.
147 Vgl. WINKLER, Richard: „Wie der Lehrer, so die Schüler", S. 390
148 Vgl. Schreiben des Lehrers Nikolaus RÖMER am 6. Mai 1888 an die Hohe königliche Regierung in Oberfranken, Kammer des Innern. Es befindet sich im StABa: K3 DII Nr. 10139.
149 Vgl. WINKLER, Richard: „Wie der Lehrer, so der Schüler", S. 392–396.
150 Vgl. WINKLER, Richard: „Wie der Lehrer, so die Schüler", S. 393.
151 Bis ein junger Lehrer eine feste Anstellung antreten konnte, musste er den praktischen Teil seiner Ausbildung auf einer Schulgehilfen- oder Schulverweserstelle absolvieren: Vgl. dazu Richard WINKLER: „Wie der Lehrer, so der Schüler", S. 391.
152 Ebd.
153 Vgl. Schreiben der königlichen Kreisregierung von Oberfranken, Kammer des Innern an die Distriktschulinspektion Scheßlitz mit Sitz in Stadelhofen vom 8. Februar 1889. Das Schreiben befindet sich im StABa: K3 DII Nr. 10139.
154 Mehrere Schüler des 7. Schuljahres seien **nicht** in der Lage, flüssig zu lesen. So steht es in dem Visitationsbericht der Kreisregierung von Oberfranken vom 29. Januar 1889
155 Schreiben der Kreisregierung in Bayreuth über die am 29. Januar 1889 vorgenommene Visitation an der Schule in Kemmern
156 Vgl. das Schreiben der königlichen Kreisregierung von Oberfranken an die Distriktschulinspektion Scheßlitz vom 8. Februar 1889

157 WINKLER:Richard „Wie der Lehrer, so die Schüler", S. 389.
158 Schreiben der Gemeinde Kemmern vom 19. April 1889 an die königliche Kreisregierung in Bayreuth. Es befindet sich im StABa: K3 DII Nr. 10139.
159 Schreiben der königlichen Kreisregierung von Oberfranken vom 7. April 1889 an das königliche Bezirksamt Bamberg I Es befindet sich im StABa: K3 DII Nr. 10139.
160 Der Beschluss des Gemeinderates, ein neues Schulhaus zu bauen, wird einige Zeit später vom königlichen Bezirksamt Bamberg I positiv gewürdigt. In einem Schreiben des Bezirksamtes Bamberg I an die Kreisregierung in Bayreuth vom 6. November 1889 heißt es: „Es gereiche der Gemeinde Kemmern zur Ehre, dass sie die notwendigen Beschlüsse zu einem Schulhausneubau gefasst habe." Schon die Formulierung „die notwendigen Beschlüsse" sagt aus, dass die Gemeinde Kemmern ihre katastrophale Schullage eingesehen hat. Sie war dadurch zwar auf dem Wege der Besserung, doch ein Schulhausneubau allein konnte diese traurige pädagogische Lage nicht verbessern.
161 Schreiben der königlichen Kreisregierung in Oberfranken, Kammer des Innern, an das königliche Staatsministerium des Innern, für Kirchen- und Schulangelegenheiten vom 29. August1890. Es befindet sich im StABa: K3 DII Nr 10139.
162 Johanna Blass war ab 1. Januar 1890 zweite Hilfslehrerin an der Schule in Kemmern. Sie blieb an der Schule, bis am 20. Oktober 1890 Schwester Regina Straßer mit dem Unterricht an der dann neu errichteten Mädchenschule begann. Vgl. Schreiben der Distriktsschulinspektion Scheßlitz an die königliche Kreisregierung in Oberfranken vom 4. September 1888. Vgl. Schreiben der königlichen Kreisregierung von Oberfranken an das königliche Bezirksamt Bamberg I vom 29. September 1890.
163 Schreiben der Gemeinde Kemmern an das Bezirksamt Bamberg I vom 9. April 1890. (Beglaubigte Abschrift aus dem Protokollbuch vom 9. April 1890 bezüglich der Gemeindeversammlung vom 4. August 1889). Es befindet sich im StABa: K5 Nr. 8348.
164 Beglaubigte Abschrift aus dem Protokollbuch vom 9. April 1890 bezüglich der Gemeindeversammlung vom 4. August 1889.
165 Bamberger Volksblatt Nr. 217 vom 25. September 1888, S.4.
166 Ebd.
167 Bamberger Volksblatt Nr. 258 vom 10. November 1888, S.3.
168 ARNOLD Gottfried: Verkündbuch, für Sonntag, den 31.08.1890, S. 372.
169 Schreiben von Pfarrer Gottfried ARNOLD an die Oberin der Dillinger Franziskanerinnen Angelina SCHMID vom 6. November 1889.
170 Ebd.
171 Ebd.
172 Vgl. ebd.
173 Vgl. SCHREYER, Lioba: Geschichte der Dillinger Franziskanerinnen, 19. Jahrhundert, S. 654.
174 Schreiben von Pfarrer ARNOLD an die Oberin der Dillinger Franziskanerinnen Angelina SCHMID vom 6.November 1889
175 Ebd.
176 Die Nachforschungen über eine Berufung von Englischen Fräulein aus der Pfarrei Kemmern waren bisher ergebnislos.
177 Schreiben von Pfarrer ARNOLD an die Oberin der Dillinger Franziskanerinnen Angelina SCHMID vom 6. NOVEMBER 1889.
178 Vgl. Schreiben der Provinz der Bayrischen Kapuziner vom 3. Oktober 1998 an den Verfasser
179 Vgl. Schreiben der Provinz der Bayrischen Kapuziner vom 14. Oktober 1998 an den Verfasser
180 Vgl. Bamberger Volksblatt Nr. 227 vom 1. Oktober 1926, S. 4.
181 Vgl. SCHROTT, Konrad: Kemmern, S. 338. Zitiert nach: WACHTER, Friedrich: Realschematismus des Erzbistums Bamberg.
182 Vgl. das Schreiben vom Archivum Monacense Societas Jesu vom 7. Oktober 1998 an den Verfasser; Vgl. auch SCHROTT, Konrad: Kemmern, S. 338.
183 Vgl. das Schreiben der Kongregation der Barherzigen Schwestern vom hl. Vinzenz von Paul vom 15. Juli 1998 an den Verfasser.
184 Schreiben von Pfarrer Gottfried ARNOLD an die Oberin der Dillinger Franziskanerinnen Angelina SCHMID vom 6. November 1889.
185 Bamberger Volksblatt Nr. 104 vom 10. Mai 1887, S. 2
186 Schreiben von Pfarrer Gottfried ARNOLD an die Oberin der Dillinger Franziskanerinnen Angelina SCHMID vom 6.November 1889
187 Ebd.
188 Ebd.
189 Schreiben von Pfarrer Gottfried ARNOLD an Oberin der Dillinger Franziskanerinnen Angelina SCHMID vom 13.11.1889. Zitiert nach: SCHREYER, Lioba: Geschichte der Dillinger Franziskanerinnen, 19. Jahrhundert, S. 688.
190 Vgl. ebd.
191 Durch das Versprechen der „Ewigen Profess" ist eine Ordensschwester ihr ganzes Leben an ihre Ordensgemeinschaft gebunden. Sie darf als Vollmitglied der Gemeinschaft an allen Versammlungen der Schwestern teilnehmen und hat Stimmrecht bei der Wahl der Ordensoberin. Doch bei Laienschwestern war dies im 19. Jahrhundert noch nicht der Fall. Wie kommt es eigentlich im Ordensleben zur „ewigen Profess"? Wenn ein junges Mädchen in eine Ordensgemeinschaft eintreten möchte, dann lebt sie in der Gemeinschaft eine gewisse Zeit mit. Die Interessentin und die jeweilige Gemeinschaft prüfen unabhängig voneinander, ob beide Seiten zusammenleben könnten, und die jeweilige Gemeinschaft für die eintretende Person ist. Nach der Zeit des Kennenlernens durch Mitleben in der Gemeinschaft beginnt die Kandidatur. Nun lebt man für längere Zeit im Orden. Dann folgt das Postulat, was wiederum eine längeres Mitlebens in der Gemeinschaft erfordert. Nach dem Postulat kommt das Noviziat. Hier werden spirituelle Grundlagen der Gemeinschaft vermittelt, die für das spätere Ordensleben von großer Wichtigkeit sind. Nach dem Noviziat, das ein bis zwei Jahre dauern kann, folgt die zeitliche Profess. Man verspricht der Ordensoberin der Gemeinschaft, in Ehelosigkeit, Armut und Gehorsam gegenüber Gott in der Gemeinschaft zu leben. Nach drei Jahren wird, wenn alles gut läuft, die ewige Profess abgelegt. Das Versprechen, das die Schwester auf Zeit drei Jahren zuvor der Ordensoberin gegeben hat, wird in der ewigen Profess erneuert, und gilt jetzt von diesem Zeitpunkt an für die Versprechende lebenslang. Erst mit der ewigen Profess wird man zur eigentlichen Ordensschwester.

192 Schreiben der königlichen Kreisregierung von Oberfranken an das Bamberg Bezirksamt I vom 14. Juni 1890
193 Schreiben der Oberin der Dillinger Franziskanerinnen Angelina SCHMID an Pfarrer Gottfried ARNOLD vom 16. November 1889. Zitiert nach: SCHREYER, Lioba: Geschichte der Dillinger Franziskanerinnen, 19. Jahrhundert, S. 689
194 Schreiben von Pfarrer Gottfried ARNOLD an die Oberin der Dillinger Franziskanerinnen Angelina SCHMID vom 13. November 1889. Zitiert nach: SCHREYER, Lioba: Geschichte der Dillinger Franziskanerinnen, 19. Jahrhundert, S. 688.
195 Schreiben des königlichen Bezirksamts Bamberg I an die Kreisregierung in Oberfranken, Kammer des Innern vom 14. Juli 1890
196 Schreiben der Oberin der Dillinger Franziskanerinnen Angelina SCHMID an Pfarrer Gottfried ARNOLD vom 16. November 1889. Zitiert nach: SCHREYER, Lioba: Geschichte der Dillinger Franziskanerinnen, 19. Jahrhundert, S. 689
197 SCHREYER, Lioba: Geschichte der Dillinger Franziskanerinnen, 19. Jahrhundert, S.635.
198 Ebd. S. 633.
199 Ebd. S. 731
200 Ebd..
201 Vgl. SCHREYER, Lioba: Geschichte der Dillinger Franziskanerinnen, 19. Jahrhundert, S. 732
202 SCHREYER, Lioba: Geschichte der Dillinger Franziskanerinnen, 19. Jahrhundert, S. 735
203 Vgl. Schreiben von M. Angelina SCHMID an Pfarrer Gottfried ARNOLD vom 16. November 1889. Zitiert nach: SCHREYER, Lioba: Geschichte der Dillinger Franziskanerinnen, 19. Jahrhundert, S. 689.
204 Ebd.
205 Schreiben von Pfarrer Gottfried ARNOLD an Angelina SCHMID vom 21. November 1889. Zitiert nach: SCHREYER, Lioba: Geschichte der Dillinger Franziskanerinnen, 19. Jahrhundert, S. 690.
206 Vgl. Schreiben der Gemeindeverwaltung Kemmern an das königliche Bezirksamt Bamberg I vom 9 April 1890.
207 Ebd.
208 Nähere Nachfragen bei verschiedenen Ordensgemeinschaften (Arme Schulschwestern, Franziskanerinnen von Maria Stern, Englische Fräulein und Niederbronner Schwestern) haben diesbezüglich keine weiteren Erkenntnisse erbracht.
209 Schreiben des königlichen Bezirksamtes Bamberg I an die königliche Kreisregierung von Oberfranken vom 22. Mai 1890.
210 Schreiben der königlichen Regierung von Oberfranken an das königliche Bezirksamt Bamberg I vom 14. Juni 1890.
211 Ebd.
212 Ebd.
213 Die Gemeindeverwaltung Kemmern bestehend aus Bürgermeister, einem Schriftführer, zwei Beigeordneten, sechs Gemeindebevollmächtigten.
214 Stimm- und wahlberechtigt waren nur Männer, die das 21. Lebensjahr vollendet hatten und die Bürgerrechte innehatten.
215 Vgl. Schreiben vom 6. Juli 1890 über die Gemeindeversammlung Kemmern.
216 Vgl. Schreiben vom 5. Juli 1890 über den Beschluss der Gemeindeverwaltung Kemmern.
217 Vertrag zwischen der Gemeinde Kemmern und der Oberin der Dillinger Franziskanerinnen Angelina SCHMID vom 9./10. Juli .1890.
218 Vgl. ebd.
219 Vgl. Gottfried ARNOLD in einem Brief an die Oberin der Dillinger Franziskanerinnen, Angelina SCHMID, vom 7. Juli 1890.
220 Ebd. Die offizielle Bewilligung des Kreiszuschusses von 50 M für die Entlohnung der Schwestern in Kemmern teilt Pfarrer Arnold der Oberin in Dillingen in einem Brief am 12.November.1890 nach der erfolgten Genehmigung der Franziskanerinnen in Kemmern durch das königliche Ministerium des Innern für Kirchen- und Schulangelegenheiten am 10. September 1890 mit. Durch die erfolgte Bewilligung war damit die volle vertraglich vereinbarte Höhe des Schwesterngehaltes von 600 Mark gesichert.
221 Vgl. ebd.
222 Vertrag zwischen der Gemeinde Kemmern und der Oberin der Dillinger Franziskanerinnen, Angelina SCHMID, vom 9./10. Juli 1890.
223 Die angestrebte Verzinsung des Stiftungskapitals mit 4 Prozent geht nicht nur aus dem Stiftungsbrief, sondern auch aus dem Schreiben des Bamberger Metropolitankapitels an die königliche Regierung von Oberfranken vom 24. Juli 1890 zum Themenkomplex Genehmigung der Dillinger Franziskanerinnen in Kemmern hervor, das nachfolgend analysiert werden wird.
224 Vertrag zwischen der Gemeindeverwaltung Kemmern und der Oberin der Dillinger Franziskanerinnen, Angelina SCHMID, vom 09./10.07.1890.
225 Vgl. ebd.
226 Vgl. ebd.
227 Vgl. das Schreiben von Domdekan DR. JOH. EV. STADLER an die Oberin der Dillinger Franziskanerinnen Theresia HASELMAYR vom 2. März 1859 nach SCHREYER, Lioba: Geschichte der Franziskanerinnen, 19. Jahrhundert, S.439.
228 das Schreiben des Bamberger Metropolitankapitels an die königliche Regierung von Oberfranken vom 24. Juli 1890
229 Ebd.
230 Vgl. Brief von Gottfried ARNOLD an die Oberin der Dillinger Franziskanerinnen, Angelina SCHMID vom 12. November 1890; Vgl. auch Brief von Gottfried ARNOLD an die Oberin der Dillinger Franziskanerinnen, Angelina SCHMID, vom 5. August 1891
231 *Sede vacante*: bedeutet, dass. der Stuhl des Ortsbischofs zur Zeit nicht besetzt ist. Zum Zeitpunkt des relevanten Schreibens war der Bischofsstuhl im Erzbistum Bamberg vakant. Die Vakanz währte vom 23. Mai 1890 bis zum 26. August 1890. Dompropst und Domkapitular Joseph Strätz war in diesem Zeitraum als Kapitelvikar mit der Leitung des Erzbistums beauftragt.
232 Schreiben des Bamberger Metropolitankapitels an die königliche Regierung von Oberfranken vom 24. Juli 1890; Hervorhebung im Original.
233 Bamberger Volksblatt Nr. 165 vom 23. Juli 1888, S. 3.
234 Schreiben des Bamberger Metropolitankapitels an die königliche Regierung von Oberfranken vom 24. Juli 1890;
235 Ebd.; Hervorhebung im Original
236 Vgl. Schreiben der königlichen Kreisregierung von Oberfranken an das Bezirksamt Bamberg I vom 30. Juli 1890.

237 Vgl. Schreiben von Pfarrer Gottfried ARNOLD an die Oberin der Dillinger Franziskanerinnen Anglina SCHMID vom 7. Juli 1890
238 Vgl. Schreiben von Pfarrer Gottfried ARNOLD an das königliche Bezirksamt I. vom 21. August .1890.Vgl. Genehmigungsschreiben des königlich bayerischen Staatsministeriums des Innern für Kirchen und Schulangelegenheiten vom 10. September 1890.
239 das Schreiben von Pfarrer Gottfried Arnold an das Bezirksamt Bamberg I vom 21. August 1890
240 Erklärung der Gemeindeverwaltung Kemmern vom 19. August 1890
241 Ebd.
242 Ebd.
243 Erklärung von Pfarrer Gottfried ARNOLD vom 20. August 1890
244 Ebd.
245 Ebd.
246 Ebd.
247 Die Erklärung der Gemeinde Kemmern vom 19. August 1890
248 Ebd.
249 Vgl. ZIEGLER, Liobgid: Die Armen Schulschwestern von Unserer Lieben Frau, S. 78 ff
250 Schreiben der königlichen Kreisregierung von Oberfranken an das königliche Staatsministerium des Innern für Kirche und Schulangelegenheiten vom 29. August 1890.
251 Schreiben des königlich Bayerischen Staatsministeriums des Innern für Kirchen- und Schulangelegenheiten an die königliche Kreisregierung in Oberfranken vom 10. September 1890
252 Schreiben der königlichen Kreisregierung von Oberfranken an das königliche Bezirksamt Bamberg I. vom 17. September 1890.
253 Schreiben des königlichen Staatsministeriums des Innern an das königliche Bezirksamt Bamberg I. vom 29. August 1890
254 Vgl. Vertrag zwischen der Gemeinde Kemmern und der Oberin der Dillinger Franziskanerinnen Angelina SCHMID vom 09./10. Juli 1890
255 Schreiben der königlichen Kreisregierung von Oberfranken an das königliche Bezirksamt Bamberg I. vom 17. September 1890.
256 Ebd.
257 Schreiben des Bezirksamtes Bamberg I. an die Gemeinde Kemmern vom 20. September 1890
258 Vgl. Konrad Schrott, Kemmern: S. 400. Fassion: lat., Zusammenstellung über Einnahmen und Ausgaben einer Pfründe, In: HAUCK/SCHWINGE: Theologisches Fach- und Fremdwörterbuch. Göttingen: Vandenhoeck und Ruprecht, ⁷1992, S. 71.
259 Schreiben des königlichen Bezirksamtes Bamberg I. an die Gemeinde Kemmern vom 20. September.1890.
260 Vgl. ebd.
261 Schreiben vom königlichen Bezirksamt Bamberg Ian die Gemeindeverwaltung Kemmern vom 20. September 1890.
262 Schreiben vom Pfarrer Arnold an das königliche Bezirksamt Bamberg I vom 22. September 1890. Pfarrer ARNOLD beschreibt in seinem Verkündbuch (beginnend 1887) die Saumseligkeit des Schlossers und Schreiners näher. Es fehlte zum rechtzeitigen Abschluss der Bauarbeiten nur die Haupteingangstür des Schreiners und das Schloß des Schlossers. Beide fielen dem Pfarrer durch allzu häufige Wirtshausbesuche auf. Jedoch kürzte Pfarrer Arnold nur soweit den vereinbarten Lohn der Handwerker, so dass die lebensnotwendigen Bedürfnisse ihrer Familien gedeckt werden konnten.
263 Ebd.
264 Vgl. Das Schreiben der königlichen Kreisregierung von Oberfranken an das Bezirksamt Bamberg I vom 29. September 1890.
265 Das Schreiben der königlichen Kreisregierung von Oberfranken an das Bezirksamt Bamberg I vom 17. September 1890.
266 Schreiben der königlichen Regierung von Oberfranken an die Oberin der Dillinger Franziskanerinnen, Angelina SCHMID, vom 25. November.1890.
267 Vgl. Schreiben der Oberin der Dillinger Franziskanerinnen, Angelina SCHMID, an die königliche Kreisregierung in Bayreuth vom 29. November1890.
268 Schreiben der königlichen Kreisregierung von Oberfranken an die Oberin der Dillinger Franziskanerinnen Angelina SCHMID vom 20. Dezember 1890
269 Schreiben des königlichen Bezirksamtes Bamberg I. an die königliche Regierung von Oberfranken vom 5. Dezember 1890
270 Schreiben der Kreisregierung von Oberfranken an das Metropolitankapitel Bamberg vom 7. Januar 1891
271 Schreiben des Bamberger Metropolitankapitels an die königliche Kreisregierung von Oberfranken vom 8. Januar 1891.
272 Schreiben der Kreisregierung von Oberfranken an das königliche Staatsministerium des Innern für Kirchen und Schulangelegenheiten vom 16. Januar 1891.
273 Vgl. Schreiben des Ministeriums des Innern für Kirchen- und Schulangelegenheiten an die Königliche Kreisregierung von Oberfranken vom 28. Januar 1891
274 Ebd.
275 Vgl. ebd.
276 Vgl. ebd.
277 Brief von Pfarrer ARNOLD an die Oberin der Dillinger Franziskanerinnen, Angelina SCHMID, vom 12. November 1890.
278 Schreiben des königlichen Staatsministeriums des Innern für Kirche und Schulangelegenheiten an die königliche Kreisregierung von Oberfranken vom 28. Januar 1891.
279 Schreiben des königlichen Staatministeriums des Innern für Kirche und Schulangelegenheiten an die königliche Regierung von Oberfranken vom 26. Mai 1891
280 Vgl. den Schenkungsvertrag zwischen Pfarrer Gottfried ARNOLD und der Gemeinde Kemmern vom 14. März 1891
281 Schenkungsvertrag zwischen Pfarrer Gottfried ARNOLD und der Gemeinde Kemmern vom 14. März 1891
282 Ebd.
283 Schreiben des königlichen Bezirksamtes Bamberg I. an die königliche Regierung in Oberfranken vom 21. April 1891
284 Schreiben des königlichen Staatsministeriums für Kirchen- und Schulangelegenheiten an die königliche Kreisregierung in Oberfranken vom 26. Mai .1891.
285 Schreiben des königlichen Staatsministeriums des Innern für Kirchen- und Schulangelegenheiten an die königliche Kreisregierung von Oberfranken vom 10. September 1890.
286 Schreiben des königlichen Staatsministeriums des Innern für Kirche und Schulangelegenheiten an die königliche Kreisregierung von Oberfranken vom 10. Oktober 1890.

287 Ebd.
288 Schreiben des königlichen Staatsministeriums des Innern an die königliche Kreisregierung in Oberfranken vom 28. Januar 1891.
289 Schenkungsvertrag zwischen Pfarrer Gottfried ARNOLD und der Gemeinde Kemmern vom 14. März 1891
290 Ebd.
291 Schreiben von Pfarrer Gottfried ARNOLD an die Oberin der Dillinger Franziskanerinnen Angelina SCHMID vom 5. August 1891.
292 Vgl. WACHTER, Friedrich: General-Persona-Schematismus der Erzdiözese Bamberg, S. 15.
293 Schreiben von Pfarrer Gottfried Arnold an die Oberin der Dillinger Franziskanerinnen Angela Schmid vom 5. August 1891
294 Schreiben der Oberin der Dillinger Franziskanerinnen, Angela Schmid, an Pfarrer Rattler vom 26. September 1891
295 Schreiben von Pfarrer Gottfried Arnold an die Oberin der Dillinger Franziskanerinnen, Angelina Schmid, vom 12. November 1890.
296 Ebd. vom 6. November 1889.
297 Ebd. vom 6. November 1889.
298 Ebd.
299 Bamberger Volksblatt Nr. 193 vom 23. September 1890, S. 4.
300 Bamberger Volksblatt Nr. 223 vom 23. Oktober 1890, S. 3.
301 Die genannte Person ist im Hinblick auf die Genehmigung des Kemmerner Konventes durch die Regierung Oberfrankens von Bedeutung.
302 Die erste Schwester der Dillinger Franziskanerinnen, die als Lehrerin in die Gemeinde Kemmern entsandt wurde, war Regina Theresa Straßer, geboren am 20. November 1846 in Sulzdorf bei Donauwörth, die ihre Profess am 31. August 1869 in Dillingen ablegt hatte. Als ausgebildete Elementarlehrerin kam sie nach jeweils mehrjährigen Aufenthalten in Dillingen, Oettingen, Rimpar und Unterdürrbach am 15. Oktober 1890, im Alter von 43 Jahren, nach Kemmern, wo sie bis zum 18. Januar 1900 wirkte. Danach wurde sie Oberin in Höchstadt und starb dort im Alter von 76 Jahren am 25.April 1923 Nekrolog von Schwester Regina Theresa STRASSER vom 25. April 1923
303 Der Brief von Gottfried Arnold an die Oberin der Dillinger Franziskanerinnen Angelina Schmid vom 12. November 1890.
304 Schwester Regina wird in einer Würdigung ihrer Person in der Dillinger Chronik als eine „Säule des Ordens, eine treue Helferin des göttlichen Kinderfreundes, eine liebevolle Oberin und Mutter ihrer Untergebenen" Nekrolog von Schwester Regina Theresa Straßer vom am 25. April. 1923
305 Nekrolog von Christine ECKERLE im Kloster zu Dillingen
306 Vgl. Schematismus des Erzbistums Bamberg von 1902, S. 182. Vgl. Schematismus des Erzbistums Bamberg von 1904, S. 180. Das genaue Datum der Abberufung von Schwester Christine aus Kemmern lässt sich nicht feststellen.
307 Vgl. Statuten der Kleinkinderbewahranstalt Kemmern vom 17. Mai 1899.
308 Nekrolog von Gerarda Anna Maria KARBACHER im Kloster zu Dillingen. Vgl. Schematismus des Erzbistums Bamberg, 1906, S. 190.
309 Vgl. Nekrolog von Protasia Walburga DAISER im Kloster zu Dillingen Vgl. Schematismus des Erzbistums Bamberg von 1902, S. 182. Vgl. Schematismus des Erzbistums Bamberg von 1904, S. 180.

QUELLEN- UND LITERATURVERZEICHNIS

A. Quellenverzeichnis

1. Ungedruckte Quellen

Archiv der Barmherzigen Schwestern vom H. Vinzenz von Paul in München
Nekrolog:
Nekrolog für Sr. M. Ottonia ENDRES, OSV.v.P. vom **16.01.1990**
Schreiben der Kongregation der Barmherzigen Schwestern vom Hl. Vinzenz von Paul an den Verfasser der Arbeit vom **15.07.1998**

Archiv der Bayerischen Kapuziner
Schreiben der Provinz der Bayrischen Kapuziner an den Verfasser der Arbeit vom **03.10.1998**.
Schreiben der Provinz der Bayrischen Kapuziner an den Verfasser der Arbeit vom **14.10.1998**.

Archiv der Dillinger Franziskanerinnen in Bamberg
Schreiben von Pfarrer Gottfried Arnold an die Oberin der Dillinger Franziskanerinnen Angelina Schmid vom **12.11.1890**

Archiv der Dillinger Franziskanerinnen in Dillingen
Schreiben von Domdekan DR. JOH. EV. STADLER an die Oberin der Dillinger Franziskanerinnen, Theresia HASELMAYR vom **02.03.1859**.
Schreiben von Pfarrer Gottfried Arnold an die Oberin der Dillinger Franziskanerinnen Angelina Schmid vom **06.11.1889**.
Schreiben von Pfarrer Gottfried Arnold an die Oberin der Dillinger Franziskanerinnen Angelina Schmid vom **13.11.1889**.
Schreiben der Oberin der Dillinger Franziskanerinnen Angelina Schmid Pfarrer Gottfried Arnold vom **16.11.1889**.
Schreiben von Pfarrer Gottfried Arnold an die Oberin der Dillinger Franziskanerinnen Angelina Schmid vom **21.11.1889**.
Schreiben der Oberin der Dillinger Franziskanerinnen Angelina Schmid an Pfarrer Gottfried Arnold vom **07.07.1890**.
Schreiben der königlichen Regierung von Oberfranken, Kammer des Innern an die Oberin des Ordens der Dillinger Franziskanerinnen Angelina SCHMID vom **25.11.1890**.
Schreiben der Oberin der Dillinger Franziskanerinnen, Angelina SCHMID an die königliche Regierung von Oberfranken Kammer des Innern vom **29.11.1890**.
Schreiben der königlichen Regierung von Oberfranken, Kammer des Innern, an die Oberin des Ordens der Dillinger Franziskanerinnen, Angelina SCHMID vom **20.12.1890**.
Schreiben von Pfarrer Gottfried ARNOLD an die Oberin der Dillinger Franziskanerinnen Angelina SCHMID vom **05.08.1891**.
Schreiben der Oberin Angelina SCHMID an Pfarrer Gottfried ARNOLD vom **18.09.1891**.
Schreiben des Pfarrers RATTLER an die Oberin der Dillinger Franziskanerinnen Angelina SCHMID vom **12.11.1891**.

Schreiben des Generalats der Dillinger Franziskanerinnen an den Verfasser der Arbeit vom 25.12.2000 über die Statistik des Generalats der Dillinger Franziskanerinnen vom **31.12.2000**.

Nekrologe:
Nekrolog für Sr. M. Protasia Walburga DAISER, O.S.F. VOM 21.05.1908.
Nekrolog für Sr. M. Christine ECKERLE, O.S.F. VOM 25.02.1941.
Nekrolog für Sr. M. Dietlinde Maria ENDRES, O.S.F. vom 30.11.1988.
Nekrolog für Sr. M. Gerarda Anna Maria KARBACHER vom 10.01.1938.
Nekrolog für Sr. M. Dartina Rosina KELLER, O.S.F. vom 10.01.1986.
Nekrolog für Sr. M. Engelmunda Anna MOLITOR, O.S.F. vom 09.12.1978.
Nekrolog für Sr. M. Regina Theresa STRASSER, O.S.F. vom 25.04.1923.

Archiv der Dillinger Franziskanerinnen in Kemmern
Chronik von 1890 bis 2002.

Archiv der Jesuiten in München
Schreiben vom Archivum Monacense Societas Jesu an den Verfasser der Arbeit vom **7.10.1898**.

Erzbischöfliches Archiv Bamberg
EABa ARNOLD, Gottfried: Verkündbuch von 1887 – 1902, Kemmern 1902.
EABa HERMANN, Lukas: Geschichte der Pfarrei Güßbach, Güßbach 1860, in: SCHROTT, Konrad: Kemmern, Ortsgeschichte eines ehemaligen bambergisch-domkapitelischen Obleidorfes, Kemmern 1986.

Gemeindearchiv Kemmern
Schreiben der Gemeinde Kemmern an den Verfasser der Arbeit vom **02.07.2001**.
Daten des Einwohnermeldeamtes der Gemeinde Kemmern vom **02.07.2001**.

Staatsarchiv Bamberg
StABa K3 DII. Nr. 10139 Die Schule in Kemmern 1888–1939.
Schreiben von Lehrer Nikolaus Römer an die Hohe königliche Regierung in Oberfranken, Kammer des Innern in Bayreuth vom **06.05.1888**.
StABa K3 DII. Nr. 10139 Schreiben der Distriktschulinspektion Scheßlitz mit Sitz in Stadelhofen an die königliche Kreisregierung von Oberfranken, Kammer des Innern vom **04.09.1888**.
StABa K3 DII. Nr. 10139 Kreisregierung von Bayreuth: Auszug aus den Vormerkungen von 1889. Über die am **29.01.1889** vorgenommene Visitation an der Schule in Kemmern.

StABa K3 DII. Nr. 10139 Schreiben der Kreisregierung von Oberfranken, Kammer des Innern an die Katholische Distriktschulinspektion Scheßlitz mit Sitz in Stadelhofen vom **08.02.1889**.

StABa K3 DII. Nr. 10139 Schreiben der königlichen Kreisregierung von Oberfranken, Kammer des Innern an das königliche Bezirksamt Bamberg I vom **07.04.1889**.

StABa K3 DII. Nr. 10139 Schreiben der Gemeinde Kemmern an die königliche Kreisregierung in Bayreuth vom **19.04.1889**.

StABa K5 Nr. 8348 Einführung klösterlicher Lehrerinnen in Kemmern. Schreiben der Gemeinde Kemmern an das königliche Bezirksamt Bamberg I vom **04.08.1889**.

StABa K3 DII. Nr. 10139 Schreiben des königlichen Bezirksamts Bamberg I. an die Königliche Kreisregierung von Oberfranken, Kammer des Innern vom **06.11.1889**. (Tabelle vom 05.11.1889) StABa K5 Nr. 8348 Beglaubigte Abschrift aus dem Protokollbuch bezüglich der Gemeindeversammlung vom 4. August 1889 der Gemeindeverwaltung Kemmern an das königliche Bezirksamt Bamberg I vom **09.04.1890**.

StABa K5 Nr. 8348 Erklärung von Pfarrer Gottfried Arnold vom **09.04.1890**.

StABa K5 Nr. 8348 Schreiben des königlichen Bezirksamts Bamberg I. an die königliche Regierung von Oberfranken, Kammer des Innern in Bayreuth vom **22.05.1890**.

StABa K5 Nr. 8348 Schreiben der königlichen Regierung von Oberfranken, Kammer des Innern am **14.06.1890** an das königliche Bezirksamt Bamberg I.

StABa K5 Nr. 8348 Schreiben der Gemeinde Kemmern über den Beschluss der Gemeindeverwaltung über Einführung klösterlicher Lehrerinnen in Kemmern an das königliche Bezirksamt Bamberg I vom **05.07.1890**.

StAB K5 Nr. 8348 Schreiben der Gemeinde Kemmern über den Beschluss der Gemeindeversammlung über Einführung klösterlicher Lehrerinnen in Kemmern an das königliche Bezirksamt Bamberg I vom **06.07.1890**.

StABa K5 Nr. 8353 Einführung klösterlicher Lehrerinnen in Kemmern. Vertrag zwischen der Gemeinde Kemmern und den Dillinger Franziskanerinnen vom **09./10.07.1890**.

StABa K5 Nr. 8353 Schreiben des königlichen Bezirksamts Bamberg I. an die königliche Regierung von Oberfranken, Kammer des Innern vom **14.07.1890**.

StAB K5 Nr. 8348 Abschrift des Metropolitankapitels Bamberg vom **24.07.1890**.

StAB K3 DII. Nr. 10139 Schreiben des Metropolitankapitels Bamberg an die königliche Kreisregierung, Kammer des Innern in Bayreuth vom **24.07.1890**.

StABa K5 Nr. 8348 Schreiben der königlichen Kreisregierung von Oberfranken, Kammer des Innern an das königliche Bezirksamt Bamberg I vom **30.07.1890**.

StABa K5 Nr. 8348 Erklärung der Gemeinde Kemmern vom **19.08.1890**.

StABa K5 Nr. 8348 Erklärung von Pfarrer Gottfried Arnold vom **20.08.1890**.

StABa K5 Nr. 8348 Schreiben von Pfarrer Gottfried Arnold an das königliche Bezirksamt Bamberg I vom **21.08.1890**.

StABa K3 DII. Nr. 10139 Schreiben des königlichen Bezirksamtes Bamberg I an die Regierung von Oberfranken, Kammer des Innern vom **22.08.1890**.

StABa DII. Nr. 10139 königliche Kreisregierung von Oberfranken, Kammer des Innern an das königliche Staatsministerium, Kammer des Innern für Kirchen und Schulangelegenheiten vom **29.08.1890**.

StABa DII. Nr. 10139 Genehmigungsschreiben des königlich bayerischen Staatsministeriums des Innern für Kirche und Schulangelegenheiten vom **10.09.1890**, Nr. 11632.

StAB Nr. 8348 Genehmigungsschreiben der königlichen Regierung von Oberfranken, Kammer des Innern an die königliche Bezirksregierung Bamberg I vom **17.09.1890**.

StAB Nr. 8348 Schreiben des Bezirksamts Bamberg I. an die Gemeinde Kemmern vom **20.09.1890**.

StAB Nr. 8348 Schreiben des königlichen Lokalschulinspektors Gottfried Arnold an das königliche Bezirksamt Bamberg I vom **22.09.1890**.

StAB K5 Nr. 8348 Schreiben der königlichen Distriktschulinspektion Scheßlitz an das königliche Bezirksamt Bamberg I vom **22.09.1890**.

StAB DII. Nr. 10139 Schreiben des Lokalschulinspektors Gottfried Arnold an die königliche Regierung von Oberfranken, Kammer des Innern vom **27.09.1890**.

StAB K5 Nr. 8348 Schreiben der königlichen Regierung von Oberfranken, Kammer des Innern an das königliche Bezirksamt Bamberg I vom **30.09.1890**.

StAB K5 Nr. 8348 Schreiben der königlichen Regierung von Oberfranken, Kammer des Innern vom **10.10.1890** an die königliche Distriktschulinspektion Scheßlitz. StAB K5 Nr. 8348 Schreiben des königlichen Bezirksamts Bamberg I. an die königliche Distriktschulinspektion Scheßlitz vom **13.10.1890**.

StAB K5 Nr. 8348 Schreiben des königlichen Bezirksamts Bamberg I. an die königliche Regierung in Oberfranken, Kammer des Innern vom **25.10.1890**.

StAB K3 DII. Nr. 10139 Schreiben der Gemeinde Kemmern an das königliche Bezirksamt Bamberg I vom **28.10.1890**.

StABa K3 DII. Nr. 13536 Die Pfarrer Arnold'sche Mädchenschulstiftung. Schreiben des königlichen Bezirksamtes Bamberg I. an die königliche Regierung von Oberfranken, Kammer des Innern vom **05.12.1890**.

StABa K3 DII. Nr. 13536 Schreiben der königlichen Kreisregierung von Oberfranken, Kammern des Innern an das Metropolitankapitel Bamberg vom **03.01.1891**

StAB K3 DII. Nr. 13536 Schreiben der königlichen Kreisregierung von Oberfranken, Kammer des Innern an das Metropolitankapitel in Bamberg vom **07.01.1890**.

StABa K3 DII. Nr. 13536 Schreiben des Metropolitankapitels an die königliche Regierung von Oberfranken, Kammer des Innern vom **08.01.1891**.

StABa K3 DII. Nr. 13536 Schreiben der königlichen Regierung von Oberfranken, Kammer des Innern an das königliche Staatsministerium des Innern für Kirche und Schulangelegenheiten vom **16.01.1891**.

StABa K3 DII. Nr. 13536 Schreiben des königlichen Staatsministeriums des Innern für Kirche und Schulangelegenheiten an die könig-

liche Regierung in Oberfranken, Kammer des Innern vom **28.01.1891**.
StABa K3 DII. Nr. 13536 Schreiben des königlichen Bezirksamtes Bamberg I. an die Kreisregierung in Oberfranken, Kammer des Innern vom **21.04.1891**.
StABa K3 DII. Nr. 13536 Schreiben des königlichen Staatsministeriums des Innern für Kirche und Schulangelegenheiten an die königliche Kreisregierung von Oberfranken, Kammer des Innern vom **26.05.1891**.
StABa K3 DII. Nr. 13536 Schreiben der königlichen Kreisregierung von Oberfranken, Kammer des Innern an das königliche Bezirksamt Bamberg I vom **02.06.1891**.

Staatsarchiv Würzburg
StAWü GRNr. 113 Schenkungsvertrag von Pfarrer Gottfried Arnold an die Gemeinde Kemmern vom **14.03.1891**

2. Gedruckte Quellen

Archiv des Klosters der Dillinger Franziskanerinnen zu Dillingen
Donau – Zeitung, Mittwoch **03.08.1966**, Nr. 176, S. 13.
Statuten der Dillinger Franziskanerinnen, Aus der Chronik unserer Kongregation, Rom 1982.

Gemeindearchiv Kemmern
Bundeswettbewerb **1999–2001**: Unser Dorf soll schöner werden, Unser Dorf hat Zukunft, Erläuterungsbericht Hrsg. Gemeinde Kemmern.

Staatsbibliothek Bamberg
StBBa 22-RB. Eph 13 Bamberger Volksblatt vom **10. Mai 1887**, Nr. 104.
StBBa 22-RB. Eph 13 Bamberger Volksblatt vom **24. September 1888**, Nr. 217.
StBBa 22-RB. Eph 13 Bamberger Volksblatt vom **12. November 1888**, Nr.258.
StBBa 22 RB. Eph 13 Bamberger Volksblatt vom **23. September 1890**, Nr. 193.
STBBa 22 RB. Eph 13 Bamberger Volksblatt vom **23. Oktober 1890**, Nr. 223
StBBa 22-RB. Eph 13 Bamberger Volksblatt vom **2. Juni 1902**, Nr. 122.
StBBa 22-RB. Eph 13 Bamberger Volksblatt vom **1. Oktober 1926**, Nr. 227.
StBBa Hbl. M. 463 22/mf 35 Schematismus des Erzbistums Bamberg von **1900**.
StBBa Hbl. M 463 22/mf 35 Schematismus des Erzbistums Bamberg von **1902**.
StBBa Hbl. M 463 22/mf 35 Schematismus des Erzbistums Bamberg, **1904**.

B. Literaturverzeichnis

1. Primärliteratur

SCHREYER, Lioba: Geschichte der Franziskanerinnen, Von der Gründung bis zur
Restauration 1241–1817, I. Band, Dillingen, 1982.
SCHREYER, Lioba: Geschichte der Dillinger Franziskanerinnen, 19. Jahrhundert seit der Restauration, II. Band, Dillingen 1980.
SCHREYER, Lioba: Zur Geschichte des Franziskanerinnenklosters Dillingen (1241–1830), Dillingen 1931.
SCHROTT, Konrad: Ortsgeschichte eines ehemaligen bambergisch-domkapitelischen Obleidorfes, Kemmern 1986.
URBAN, Josef: Bamberg wird Erzbistum, in: Das Bayerische Konkordat 1817, Weißenhorn 2000.
WINKLER, Richard: Wie der Lehrer, so die Schüler, Das Volksschulwesen im Gebiet der Distriktschulinspektion1 Lichtenfels, Staffelstein, Seßlach und Michelau im 19.Jahrhundert, in: Im Oberen Maintal auf dem Jura an Rodach und Itz, Landschaft – Geschichte – Kultur, Hrsg. Dippold, Günter, und Urban, Josef, Lichtenfels 1990.
ZEISSNER, Werner: Reformation, Katholische Reform, Barock und Aufklärung (1520–1803), in: Das Bistum Bamberg in Geschichte und Gegenwart, Teil 3, Strasbourg 1992.
ZIEGLER, Liobgid: Die armen Schulschwestern von unserer lieben Frau, Ein Beitrag zur bayerischen Bildungsgeschichte, München 1934.

2. Sekundärliteratur

BAUR, Andreas: Kleine bayerische Kirchengeschichte, Donauwörth 1964.
BOSL, Karl: Das Armutsideal des hl. Franziskus als Ausdruck der hochmittelalterlichen Gesellschaftsbewegung: In 800 Jahre Franziskanische Kunst und Kultur des Mittelalters, Wien, 1982.
BRAUN, Placidus: Geschichte der Bischöfe von Augsburg, Band I., Augsburg 1813.
BRAUN, Placidus: Geschichte der Bischöfe von Augsburg, Band II., Augsburg 1814.
CASUTT, Laurentius: Menschen der Kirche, In Zeugnis und Urkunde, Die Großen Ordensregeln, Einsiedeln, Zürich, Köln 1948.
CELANO, Thomas: Leben und Wunder des hl. Franziskus von Assisi, Kevelaer 2001.
DENGLER – SCHREIBER, Karin, KÖBERLEIN, Paul: Leben im Bamberger Land, 150 Jahre Kreissparkasse Bamberg, Bamberg 1990.
DOEBERL, Michael: Entwicklungsgeschichte Bayerns, Band III, München 1931.
FELD, Helmut: Franziskus von Assisi, München 2001.
GUTH, Klaus: Konfessionsgeschichte in Franken 1555–1955, Politik – Religion – Kultur, Bamberg, 1990.
HARTMANNSGRUBER, Friedrich: Der Kulturkampf in Bayern (1871–1890), Vom Reichsdeputationshauptschluss bis zum Zweiten Vatikanischen Konzil, Band III., in: Handbuch der Bayerischen Kirchengeschichte, Hrsg., Brandmüller, Walter: St. Ottilien 1991.
HAUCK/SCHWINGE: Theologisches Fach- und Fremdwörterbuch. Göttingen: Vandenhoeck und Ruprecht, [7]1992.

HAUSBERGER, Karl, HUBENSTEINER, Benno: Bayerische Kirchengeschichte,
München 1987.

HEIMBUCHER, Max: Die Orden und Kongregationen, Band I., München – Paderborn – Wien 1965, S. 681.

HOFER, Markus: Francesco, Ein Mann des Jahrtausends, Die historische Gestalt des
Franz von Assisi, Innsbruck 2000.

MÜLLER, Winfried: Die Neuordnung des Verhältnisses von Kirche und Staat, Vom Reichsdeputationshauptschluss bis zum Zweiten Vatikanischen Konzil, Band III., in: Handbuch der bayerischen Kirchengeschichte, Hrsg. BRANDMÜLLER, Walter,
Ottilien 1991.

MUELLER, Joan: Franziskus, Ein historischer Roman, München 2000.

ORBAN, Josef: Das Priesterseminar und die Bamberger Theologie im 19. Jahrhundert, in: Seminarium Ernestinum, 400 Jahre Priesterseminar Bamberg, Hrsg. HOFMANN Michael, KLAUSNITZNER, Wolfgang, NEUNDORFER, Bruno, Bamberg 1986.

MUSSAK, Innocentia, METZGER, Victor: Geschichte des Frauenklosters O.S.F. zu Dillingen an der Donau, Dillingen 1925.

ROMMEL, Peter: Die Nichtmonastischen Ordensgemeinschaften, Phasen der Entwicklung, in: Vom Reichsdeputationshauptschluss zum Zweiten Vatikanischen Konzil, Band III., in: Handbuch der bayerischen Kirchengeschichte, Hrsg., BRANDMÜLLER, Walter: St. Ottilien 1991.

SCHWEIGER, Josef: Geschichte des Klosters Michelfeld in der Oberpfalz Dillingen 1919.

STEICHELE, Anton: Das Bistum Augsburg, Augsburg 1872.

URBAN, Josef: Das Priesterseminar und die Bamberger Theologie im 19. Jahrhundert, in: HOFMANN Michael, KLAUSNITZER, Wolfgang, NEUNDORFER, Bruno (Hrsg.): Seminarium Ernestinum, 400 Jahre Priesterseminar Bamberg, Bamberg 1986.

VAUCHEZ, Andre: Die Bettelorden und ihr Wirken in der städtischen Gesellschaft: in Machtfülle des Papsttums (1054–1274), Hrsg. VAUCHEZ, Andre, Band V., Freiburg – Basel – Wien 1990.

WACHTER, Friedrich: General-Personal-Schematismus der Erzdiözese Bamberg 1007–1907, Bamberg 1907.

WACHTER, Friedrich: Metropolitan – Capitel – Schematismus der Erzdiözese Bamberg von 1007–1907, Bamberg 1909.

WYSS, Stephan: Der hl. Franziskus von Assisi, Vom Durchschauen der Dinge, Luzern 2000.

3. Zeitschriften

Archiv der Dillinger Franziskanerinnen in Dillingen
Rundbrief der Dillinger Franziskanerinnen. 4. März 2001.
Gemeindearchiv Kemmern
ALBART, Rudolf: Unser Landkreis Bamberg, Eine Broschüre des Landkreises, Bamberg 1984[2].

TEIL 2

Aus der Pfarrei Kemmern stammende Schwestern und deren Beziehungen

AUS DER PFARREI KEMMERN STAMMENDE SCHWESTERN

Aus der Pfarrei Kemmern sind seit der Anwesenheit der Dillinger Franziskanerinnen 36 Ordensfrauen hervorgegangen.[1] Es folgt eine tabellarische Nekrologs- und Befragungsauswertung dieser Ordensfrauen. Die Kriterien für die Auswertung der 31 Nekrologe und fünf Befragungen wurden vom Verfasser einheitlich auf alle Ordensschwestern übertragen, wobei sich der jeweilige Quellengehalt bei jeder Schwester sehr unterschiedlich darstellt, was mit den verschiedenen Tätigkeitsbereichen der einzelnen Schwestern und jeweils unterschiedlichen Jahrzehnten zu tun hat. Zu den im Schuldienst tätigen Schwestern sind viele Aufzeichnungen erhalten, während zu den im Haushalt tätigen Schwestern nähere Angaben oft fehlen. Der Großteil der Nekrologe stammt von der Kongregation der Dillinger Franziskanerinnen, die seit den siebziger Jahren in ihren Nekrologsformulierungen mehr Wert auf Fakten legen, wobei die spirituellen Elemente etwas in den Hintergrund getreten sind, so dass der Informationsgehalt der Quelle damit gestiegen ist.

Um dem Leser ein gewisses einheitliches System zu präsentieren, wurden die in den Nekrologsauswertungen zu Grunde gelegten Kriterien auf die Befragungen übertragen. Diese wurden mittels eines Fragebogens durchgeführt. Die Resultate wurden in die tabellarische Auswertung integriert. Bei den weiteren fünf miteinbezogenen Kongregationen ist das Verhältnis ähnlich gelagert. Die Anordnung der Nekrologe und Befragungen folgt in chronologischer Reihenfolge dem Eintrittsdatum der jeweiligen Ordensfrau in das jeweilige Kloster, wobei die ersten beiden Schwester nur erwähnt werden. Sie sind vor der Eröffnung der Schwesternkommunität der Dillinger Franziskanerinnen in die Ordensgemeinschaft eingetreten.[2]

Um den Tätigkeitsbereich, das spirituelle Wirken und einiges vom gesellschaftlichen Leben einer jeden Ordensfrau konkreter und differenzierter darzustellen, wurden fünf unterschiedliche Kritikfelder gewählt, die sich wie folgt gliedern:

1. Persönliche Daten
2. Profanes Leben der Ordensschwestern, das in drei weitere Kriterien – Familie, Ausbildung, Beruf – differenziert wird
3. Berufung und klösterliches Leben
4. Persönliches Wirken
5. Verfasser der Quelle

In den Nekrologen der verschiedenen Ordensgemeinschaften befindet sich ein großer Teil spirituellen Begleitmaterials, auf dessen Auswertung bewusst verzichtet wurde.

Die Materialien erhielt ich von den Familien der Schwestern. Die Anordnung des Quellenmaterials geschieht nach keinem einheitlichen Schema, da viele Familien oftmals kein Bildmaterial mehr von ihren Vorfahren besaßen. Dies ist auch der Grund dafür, dass – vor allem bei der jüngeren Generation – ein Vergessensprozess eintritt.

In diesem Kapitel findet sich zu folgenden Ordensfrauen unterschiedliches Quellenmaterial:

1. Sr. M. Klodoalda (Kunigunde) Dorsch OSV. V. P.
2. Sr. M. Edeltraud (Eva) Schneiderberger OSV. V. P.
3. Sr. M. Oswenda (Barbara) Eichhorn, O.S.F.
4. Sr. M. Engelmunda (Anna) Molitor, O.S.F.
5. Sr. M. Delenaria (Anna) Eichhorn, O.S.F.
6. Sr. M. Chrysologa (Agathe) Albrecht, O.S.F.
7. Sr. M. Blandina (Kunigunde) Schneiderbanger, O.S.F.
8. Sr. M. Patientia (Rosa) Eichhorn, O.S.F.
9. Sr. M. Hypolyta (Barbara) Bauer, O.S.F.
10. Sr. M. Ingeberga (Barbara) Brehm, O.S.F.
11. Sr. M. Bionia (Elisabeth) Kraus, O.S.F.
12. Sr. M. Pinaria (Margareta) Haderlein, O.S.F.
13. Sr. M. Dartina (Rosina) Keller, O.S.F.
14. Sr. M. Dietlinde (Maria) Endres, O.S.F.
15. Sr. M. Salvatoris (Agnes) Görtler, O.S.F.
16. Sr. M. Gildfrieda (Oswenda) Diller, O.S.F.
17. Sr. M. Seraphine (Ottilie) Eichhorn, O.S.F.
18. Sr. M. Heladia (Kunigunde) Albrecht, O.S.F.
19. Sr. M. Gerharda (Kunigunde) Spörlein, O.S.F.
20. Sr. M. Amaltraut (Anna Maria) Albrecht, O.S.F.
21. Sr. M. Berga (Regina) Albrecht, O.S.F.
22. Sr. M. Witburga (Margaretha) Dorsch, O.S.F.
23. Sr. M. Alexandra Lowinski, O.S.F.
24. Sr. M. Adeline Pietrucha, O.S.F.
25. Sr. M. Friedgard (Margareta) Dorsch, O.S.F.
26. Sr. M. Gertrudis Lowinski, O.S.F.
27. Sr. M. Luzia (Anna Maria Agnes) Albrecht, C.J.
28. Sr. M. Regis Bauer, O.S.F.
29. Sr. M. Marzellosa Schneiderbanger, O.S.F.
30. Sr. M. Pirmina Brehm, O.S.F.
31. Sr. M. Veremunda (Josepha) Haderlein, OSV. V. P.
32. Sr. M. Ottonia (Anna) Endres, OSV. V. P.
33. Sr. M. Kuni (Kunigunde) Ring, S.A.C.
34. Sr. M. Margarita (Anni) Schütz, S.S.M.
35. Sr. M. Barbara (Ingeborg) Schütz, S.S.M.
36. Sr. M. Gabriele (Kunigunda) Christa, O.S.F.[3]

1 Es könnte möglich sein, dass jemand zukünftig bei weiteren Forschungen noch weitere Ordensfrauen findet. Dies ist ein Versuch und eine erste Zusammenstellung der Ordensfrauen, welche aus der Pfarrei gebürtig sind.
2 Pfarrer Arnold hat diese Berufungen bereits in seinem ersten Brief an die Meisterin der Dillinger Franziskanerinnen erwähnt.
3 Sie stammt nicht gebürtig aus der Pfarrei Kemmern, sondern aus der Pfarrei Hallstadt. Ihre Verwandten zogen jedoch bereits 1928 in die Pfarrei Kemmern, daher kann man sie durchaus den Kemmern Schwestern zählen. Sie verbrachte ihren Heimaturlaub immer bei ihrer Schwester in Kemmern. Nach dem Kriege im Jahre 1945 gehörte sie für eine kurze Zeit zum Konvent der Dillinger Franziskanerinnen in Kemmern.

1. Kongregation der Dillinger Franziskanerinnen

Sr. M. Klodoalda
(Kunigunde) Dorsch, OSV. V. P.

* 10.12.1854 Kemmern
† 27.02.1898 München

Profess:
20.09.1879

Profanes Leben	Berufung und klösterliches Leben	Persönliches Wirken	Quellen
Familie: Vater Fischer *Ausbildung:* k.n.A. *Beruf:* vermutlich Krankenpflegerin	„Sie war als Barmherzige Schwester in der Med. Klinik in München tätig, vermutlich in der Krankenpflege. Eine schwere Krankheit lähmte vorzeitig ihre Kräfte, so dass sie im 44. Lebensjahr und nach 21 Ordensjahren in unserem Mutterhaus am 27.02.1898 verstorben ist."	k.n.A.	Schreiben der Generaloberin Sr. M. Adelinde Schwaiberger vom 15.07.1998

Jesus! † Maria! † Joseph!
Zur frommen Erinnerung im Gebete
an die ehrw. Professschwester
Maria Klodoalda Dorsch,
geboren zu Kemmern 10 Dez. 1854
seit 21. Nov. 1876 Mitglied des Ordens d.
Barmherz. Schwest. St Vincenz v. Paul,
gestorben z. München 27. Februar 1898.
„Mein Jesus Barmherzigkeit!"
(100 Tage Ablaß)
Süßes Herz Mariä, sei meine Rettung
(300 Tage Ablaß)

Gebet.
Wir empfehlen dir, o Gott! die
Seele deiner Dienerin Maria
welche im christlichen Glauben und
in der Hoffnung auf deine Barmherzigkeit aus diesem Leben geschieden ist.
Nimm sie gnädig auf in den
Chor deiner Auserwählten, damit
sie, selig in deiner Anschauung,
auch für uns fürbitte, die wir
hienieden ihrer liebend gedenken,
durch Jesum Christum, deinen
Sohn, unsern Herrn. Amen.

Sr. M. Edeltraud (Eva) Schneiderberger, OSV. V. P.

* 16.02.1848 Kemmern
† 29.02.1894 München

Profess:
28.11.1877

Profanes Leben	Berufung und klösterliches Leben	Persönliches Wirken	Quellen
Familie: Eltern Bauern *Ausbildung:* k.n.A. *Beruf:* Küchenhilfe, Arbeit im Kinderspital	„Sie arbeitete längere Zeit mit Fleiß in der Küche der Med. Klinik in München. Aus gesundheitlichen Gründen übernahm sie dann eine leichtere Tätigkeit im Kinderspital in München, bis sie schwerkrank ins Mutterhaus zurück kam und dort am 29.02.1894 im 35. Lebensjahr und nach 13 Ordensjahren vom Herrn in die ewige Heimat abberufen wurde."	k.n.A.	Schreiben der Generaloberin Sr. M. Adelinde Schwaiberger vom 15.07.1998

Schwester Sr. M. Oswenda (Barbara) Eichhorn, O.S.F.

* 04.12.1881 Kemmern
† 21.09.1946 Dillingen

Profess:
26.04.1910

Profanes Leben	Berufung und klösterliches Leben	Persönliches Wirken	Quellen
Familie: k.n.A.	Aufenthaltsorte:	k.n.A.	Registereintrag
Ausbildung: k.n.A.	• 1910: Marktbreit • 1912: Lohr • 1915: Aschaffenburg • 1917: Regensburg • 1918: Aschaffenburg • 1930: Dillingen, Maria Schnee		
Beruf: Hausfrau			

Sr. M. Engelmunda (Anna) Molitor, O.S.F.

* 16.07.1891 Kemmern
† 09.12.1978 Sendelbach (Rectum-Carzinom)

Profess:
08.09.1913

Profanes Leben	Berufung und klösterliches Leben	Persönliches Wirken	Quellen
Familie: k.n.A. *Ausbildung:* Volksschule Königliches Schullehrer-Seminar (Bamberg) *Beruf:* Lehrerin Büroschwester	• Kontakt zu den Dillinger Franziskanerinnen im Rahmen der schulischen und beruflichen Ausbildung • 1912: Beginn des Noviziats • Lehrerin in Olching, Weiler und Neustadt • Während des Krieges Büroschwester im Reservelazarett in Dillingen • Seit 1945: Leitung des Konvents in Fahr, Lehrerin an der Volksschule in Fahr • 1965: Nach der Ausscheidung aus dem Schuldienst weiterhin als Nachhilfelehrerin tätig • 1973: diamantenes Professjubiläum • 21.09.1978: Umzug in das Schwesternheim Sendelbach aufgrund von Altersbeschwerden, Demenz	Als Lehrerin zeichnete sie eine enge Verbundenheit zu ihren Schülern aus. Sie kümmerte sich auch über ihre berufliche Lehrerinnenlaufbahn hinaus als Nachhilfelehrerin um deren Wohl. Für die Verbundenheit der Bevölkerung von Fahr zu Sr. M. Engelmunda spricht ihr öffentlich gefeiertes diamantenes Professjubiläum: Häuser wurden geschmückt, die Musikkapelle spielte und Sr. M. Engelmunda wurde nach fränkischer Art im Prozessionszug zur Kirche geleitet.	Nachruf verfasst von Sr. M. Clementine 09.12.1978 Todesanzeige: Grabesgebet aus dem Sonnengesang des Heiligen Franziskus

Nachruf für Sr. M. Engelmunda

Bamberg, 9. 12. 78

Liebe Schwestern,

Am 9. Dezember 1978 gegen Abend rief der Herr seine treue Dienerin, die Jubilarin

M. E n g e l m u n d a (Anna) Molitor, OSF,

nach kurzer schwerer Krankheit zu sich in seinen Frieden.

Sr. Engelmunda war erst am 21. 9. 1978 in das Schwesternheim Sendelbach übergesiedelt, da die Beschwerden des Alters und eine zunehmende Verkalkung einen weiteren Aufenthalt in dem kleinen Konvent Fahr unmöglich machten. Der Umzug fiel ihr nicht schwer. Sie konnte noch jeden Tag aufstehen und immer wieder sah man sie in den Gängen auf- und abgehen mit dem Rosenkranz in der Hand. Erst seit 14 Tagen war sie bettlägerig, konnte nichts mehr zu sich nehmen und hatte wohl große Schmerzen. Der Arzt hatte vor Wochen schon ein ausgedehntes Rectum-Carzinom festgestellt; eine Operation war nicht mehr möglich. So kam der Tod als ihr Erlöser und Befreier.

Die liebe Verstorbene war am 16. Juli 1891 in Kemmern/Ofr. geboren. Sie besuchte nach der Entlassung aus der Volksschule das königliche Schullehrer-Seminar in Bamberg. Als Lehramtsanwärterin bekam sie eine Aushilfe an der Volksschule in Kemmern übertragen. Sie arbeitete dort mit den Dillinger Franziskanerinnen zusammen und entschloß sich, sich unserer Gemeinschaft anzuschließen.

Sie begann ihr Noviziat im Jahre 1912, übergab sich in ihrer heiligen Profeß am 3. 9. 1913 ganz dem Herrn und unserer Gemeinschaft und begann ihre Tätigkeit als Lehrerin zunächst in Olching, dann in Weiler und in Neustadt. Während des Krieges arbeitete sie kurze Zeit als Büroschwester im Reservelazarett in Dillingen. 1945 übernahm sie die Leitung des Konventes in Fahr und unterrichtete dort an der Volksschule. Erst 1965 beendete sie den aktiven Schuldienst, diente aber den Schulkindern noch weiter, indem sie eifrig Nachhilfeunterricht erteilte. 1973 feierte sie ihr diamantenes Profeßjubiläum. Das ganze Dorf nahm Anteil und bereitete der angesehenen Lehrerin ein großes Fest: die Häuser wurden mit Fahnen geschmückt, die Musikkapelle spielte auf und Sr. Engelmunda wurde nach fränkischer Art im Prozessionszug in die Kirche geleitet. Sie war denn auch der Bevölkerung von Fahr sehr verbunden.

Doch das Alter kam auch über die sehr energische und abgehärtete Sr. Engelmunda. Ihr Augenlicht ließ stark nach und ihre geistigen Kräfte nahmen ab. Sie dachte viel an ihren Heimgang und es fiel ihr deshalb nicht schwer, nach Sendelbach zu gehen, um sich dort vorzubereiten auf die große Begegnung mit dem Herrn. Mit bewundernswerter Geduld trug sie die Schmerzen und Unannehmlichkeiten der Krankheit; sie war ja immer hart und streng gegen sich selbst gewesen.

Nun möge ihr der Herr vergelten, was sie in den vielen Jahren ihres langen Lebens für ihn gearbeitet hat!

Wir schenken der lieben Verstorbenen unser schwesterliches Fürbittgebet!

Ihre Sr. Clementine, OSF.

Sr. M. Delenaria (Anna) Eichhorn, O.S.F.

* 12.11.1887 Kemmern
† 12.02.1977 Sendelbach (Tuberkulose)

Profess:
08.09.1913

Profanes Leben	Berufung und klösterliches Leben	Persönliches Wirken	Quellen
Familie: k.n.A. *Ausbildung:* 1912: Ausbildung zur Kindergärtnerin in der Marienanstalt 1931: Ausbildung zur staatlich anerkannten Krankenpflegerin Fortbildungen zur Operations- und Röntgenschwester in Burgau und Schnaittach *Beruf:* Kindergärtnerin, Operations- und Röntgenschwester	• Nach Ausbildungsende: Wirken als Kindergärtnerin in Höchstädt • Ab 1921: Krankenpflegerin im Krankenhaus Arnstorf • 1922–1929 ambulante Krankenpflegerin in Olching • Während des Krieges: Operationsschwester im Reservelazarett im Priesterseminar Dillingen • Nach 1945: Leitende Schwester in Schnaittach • Nach 1955: Leitende Schwester in Burgau • 1962: Ruhestand	Sr. M. Delenaria wird als fleißige, gewissenhafte, aber auch immer leutselige und heitere Schwester charakterisiert. Sie soll den von ihr betreuten Patienten großes Verständnis entgegengebracht haben. Darüber hinaus gelang es ihr, „durch ihr leutseliges und heiteres Wesen die Patienten auch in trostloser Lage" aufzumuntern.	Nachruf verfasst von Sr. M. Clementine 12.02.1977 Anzeige zum vierzigjährigen Professjubiläum

Nachruf für Sr. M. Delenaria

8600 Bamberg, den 12. 2. 77

Liebe Schwestern!

Am 12. Februar verschied im Schwesternheim Sendelbach unsere liebe Mitschwester und Jubilarin

Sr. M. Delenaria (Anna) Eichhorn, OSF.

Vor sieben Jahren war sie wegen einer Tuberkuloseerkrankung von ihrem Alterssitz in M. Medingen nach Sendelbach verlegt worden. All ihre Jahre im Schwesternheim waren gefüllt mit vielen Schmerzen. Seit längerer Zeit konnte sie das Bett nicht mehr verlassen. Im Wissen, daß es für sie keine Besserung mehr gab, stellte sie sich dem Anruf des Herrn und bereitete sich mit großem Ernst vor auf Sein Kommen. Mit Geduld und Ergebung ertrug sie ihre Beschwerden und wollte nicht gerne Linderungsmittel nehmen. Bei jedem Besuch sagte sie mir von ihrem Verlangen, bald sterben zu dürfen. Nun hat der Herr ihr Sehnen gestillt. Während der letzten 14 Tage zerfielen ihre Kräfte zusehends, sie konnte keine Nahrung mehr aufnehmen und heute morgen schlief sie still ein.

Sr. M. Delenaria war am 12. 11. 1887 in Kemmern/Ofr. geboren. 1912 nahm sie teil an einem Kindergärtnerinnen-Kurs in der Marienanstalt zu Würzburg, den sie mit sehr gutem Erfolg absolvierte. Sie trat darnach in das Noviziat ein und legte am 8. 9. 1913 ihre heilige Profeß ab. Als Kindergärtnerin arbeitete sie in Höchstädt. Von 1921 bis 1922 arbeitete sie im Krankenhaus Arnstorf in der allgemeinen Krankenpflege. Darnach wirkte sie als ambulante Krankenpflegerin in Olching. Von 1929 bis 1931 war sie wieder in Arnstorf und besuchte den "Ausbildungskurs für Krankenpflegerinnen", der ihr die staatliche Anerkennung als Krankenpflegerin gab. Darüber hinaus erhielt sie Spezialausbildung in Elektro-Medicomechanischer Therapie, sowie im Operations- und Sterilisierraum. Darnach war sie als Operations- und Röntgenschwester in Burgau und Schnaittach tätig. Mit Ausbruch des Krieges wurde sie in das Reservelazarett im Priesterseminar Dillingen berufen, wo sie bis zum Ende des Krieges als Operationsschwester arbeitete. Darnach kam sie als leitende Schwester in das Krankenhaus Schnaittach und nach zehn Jahren in derselben Eigenschaft in das Krankenhaus Burgau. Mit 75 Jahren trat sie in den wohlverdienten Ruhestand.

Alle ihre Zeugnisse bestätigen, daß Sr. Delenaria die ihr übertragenen Arbeiten mit vorbildlichem Fleiß und großer Gewissenhaftigkeit ausgeführt hat, daß sie großes Verständnis für die Kranken hatte und "daß sie durch ihr leutseliges, heiteres Wesen die Patienten auch in trostloser Lage aufzumuntern verstand".

Der Herr möge ihr nun schenken, was er denen versprochen hat, die Ihm in den Kranken und Hilfsbedürftigen dienen!

Um das Fürbittgebet für die liebe Verstorbene bittet Sie

Ihre M. Clementine, OSF.

Sr. M. Chrysologa (Agathe) Albrecht, O.S.F.

* 16.11.1891 Kemmern
† 25.12.1946 Fechenbach

Profess:
08.09.1914

Profanes Leben	Berufung und klösterliches Leben	Persönliches Wirken	Quellen

Familie:
k.n.A.
 	
Ausbildung:
Vorbereitung auf den Lehrerinnenberuf während der Kandidatur
 	
Beruf:
Lehrerin
	• 1920: Lehrerin im Antoniusheim (Knabenwaisenhaus) in Aschaffenburg
	• 1943: Zerstörung der Anstalt durch einen Bombenangriff
	• Durch die Zerstörung des Waisenhauses suchte Sr. M. Chrysologa für ihre Schützlinge ein neues Zuhause und fand:
	  1. Unterschlupf bei den Schwestern in Nettelbach
	  2. eine vorübergehende Bleibe in Kürnzingen
	  3. das Schloss Fechenbach bei Mildenberg als neues dauerhaftes Zuhause
	• Seit August 1944: Gallenkolikanfälle
		„Mit großer Umsicht und Klugheit meisterte sie die schwere Aufgabe der Fürsorgeerziehung. Ihr gütiges, mütterliches Verstehen war der Schlüssel, der ihr die Herzen der Kinder öffnete […]. Mit großer Liebe und Verehrung hingen die Kinder an ihrer ‚Frau Mutter'. Auch ihren erwachsenen Kindern stand sie mit Rat und Tat zur Seite und beriet sie in vielen Lebenssituationen."
		Nekrolog
		
		„Oh Gott, du hast deiner treuen Dienerin M. Chrysologa zu den Gaben des Geistes ein liebendes, opferstarkes Herz geschenkt, das sich in selbstloser Weise einsetzte für die Verarmten, Verwaisten, für die heimat- und obdachlosen Knaben bis zu deren Schulentlassung."
		(Todesanzeige)
			Todesanzeige: „Alles allen werden, um alle für Christus zu gewinnen."
			
			Nekrolog
			25.12.1946

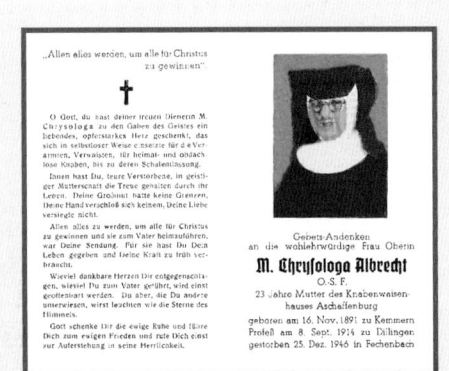

1196   25.12.1946.

Am hl. Weihnachtsfeste berief der göttliche Kinderfreund seine treue Braut u. Mutter so vieler vorm. Kinder, unsere liebe Mitschwester
Frau M. Chrysologa Albrecht, O.S.F. zu sich in den Himmel. Die liebe Verstorbene, geboren am 16.11.1891 zu Kemmern, bereitete sich in unserer Kandidatur auf den Lehrerinnenberuf vor und legte am 8.9.1914 die hl. Profeß ab. Als Lehrerin wirkte sie in Kitzingen u. seit 1920 im Knabenwaisenhaus Aschaffenburg. Mit großer Umsicht und seltener Klugheit meisterte sie die schwere Aufgabe der Knabenerziehung. Ihr gütiges, mütterliches Verstehen war der Schlüssel, der ihr die Herzen der Kinder öffnete, so daß sie jedes Kind nach seiner Eigenart richtig zu beurteilen und zu behandeln wußte. Mit großer Liebe und Verehrung hingen die Kinder an ihrer „Frau Mutter" und die der Anstalt Entwachsenen suchten mit Vorliebe die Stätten ihrer frohesten Jugend auf und holten sich Rat in den Wirrnissen des Lebens. Frau Mutter suchte allen alles zu werden trotz ihres jahrelangen schweren Herzleidens. Überaus schmerzlich traf sie die Vernichtung der Anstalt beim Bombenangriff auf Aschaffenburg. Ihre einzige Sorge war, den Kindern wieder ein Heim zu schaffen. Mit einem großen Teil derselben wanderte sie zu unsern Schwestern nach Sattelbach, dann fand sie mit ihren Schützlingen vorübergehend Unterkunft in Kitzingen, bis sich ihnen endlich im Schloß Fechenbach bei Miltenberg eine Heimstätte eröffnete. Das leidende Herz der Mutter so vieler Kinder war durch die vielen Sorgen und Mühen der letzten schwer-

ein Jahren ausgearbeitet und die geliebte Mutter
legte sich zum Sterben nieder und wartete mit
Sehnsucht auf die Ankunft des Herrn. „Komm, meine
Braut, du sollst gekrönt werden!" Könnte ob ihr entgegen
und er nahm sie auf in die ewigen Wohnungen,
sie, die so vielen armen Kindern ein Heim geschaffen.   R.J.P.

Chrysologa Albrecht, Agathe

Geburt: 16.11.1891 Kemmern Ofr.   Profess: 8.9.1914   Beruf: Lehrerin
Bamberg

Aufenthaltsort:		Bemerkungen:
Aschaffenburg, Kimbach	1920	M. Herzleiden i. Bad Neuheim Aug. 1944.
Kimpar	1912	Gallenkolikanfälle.
Aschaffenburg	1920	
† 25.12.46		

Sr. M. Blandina (Kunigunde) Schneiderbanger, O.S.F.

* 24.10.1894 Kemmern
† 09.12.1953 Kaiserslautern

Profess:
28.12.1916

Profanes Leben	Berufung und klösterliches Leben	Persönliches Wirken	Quellen
Familie: Gottesfürchtige Eltern (in der Landwirtschaft tätig), sieben Geschwister *Ausbildung:* Volksschule in Kemmern Vorbereitung auf den Lehrerinnenberuf während der Kandidatur (Kemmern) *Beruf:* Lehrerin	• Ausübung der Lehrtätigkeit: 1916: Lauingen 1920: Sperbach 1924: Volkach • Seit 1926 Institut in Kaiserslautern • Seit 1937 – nach Schließung der Schule in Kaiserslautern Aushilfslehrerin an diversen noch bestehenden klösterlichen Schulen • 1939: Lohr • 1940: Regensburg, Alta Keg. • 25.01.1943: Lauingen • 03.09.1945 Gundelfingen • 28.04.1946 Kaiserslautern • 1951: Krebs wird diagnostiziert • Mai 1953: Aufgabe des Berufs aufgrund der fortschreitenden Krankheit • Beerdigung durch Pfarrer Engel	Sr. M. Blandina trug besondere Sorge für die charakterliche Entwicklung ihrer Schülerinnen und beschränkte ihre Aufgabe als Lehrerin nicht einzig auf das Vermitteln von Wissen. Ihre ehemaligen Schülerinnen blieben ihr zeitlebens verbunden und nahmen Anteil an ihrem Leidensweg. Die Omnibusse, die zur Sonderfahrt eingesetzt wurden, um ihre ehemaligen Schülerinnen zur Begräbnisfeier zu bringen, sprechen für sich. Sr. M. Blandina empfand die Schließung ihres Instituts in Kaiserslautern als großen Verlust, der sie jedoch nicht von ihrem Lehrerinnendasein abbringen konnte. Allein das Fortschreiten ihrer Krankheit zwang sie schließlich dazu, ihren Beruf aufzugeben. Der Wunsch Sr. M. Eleonores, Sr. M. Blandina möge „in der Ewigkeit fürbittend die Erziehungsarbeit an unserer Schule begleiten", trifft ihre Lebensaufgabe. Sterbebericht	Aufzeichnung der Sr. M. Eleonore 10.12.1953 Registereintrag Nekrolog 09.12.1953 Todesanzeige

Aufzeichnung von Schwester Oberin M. Eleonore über den Tod von Schwester M. Blandina

10.12.1953

Der Todesengel ist in unserem Hause eingekehrt und hat die liebe Frau Blandina von einem schweren Leiden erlöst. Es war ein schwerer Todeskampf, ein hartes körperliches und seelisches Ringen. Zwei Jahre liegt es zurück, daß ein von ihr nicht erkanntes Krebsübel entdeckt wurde, leider zu spät. Der Zerstörungsprozeß hatte schon begonnen. Ein operativer Eingriff war bereits zwecklos. Die Ärzte versuchten durch Bestrahlungen und Spritzenkuren den Fortschritt der Krankheit aufzuhalten. Es war Frau Blandina noch immer in der Schule eingesetzt. Immer noch rechnete sie auf völlige Genesung. Ab Mai dieses Jahres war sie ans Bett gefesselt. Es machten sich Metastasen an der Wirbelsäule bemerkbar. Sie mußte sich ganz vom geliebten Beruf trennen, es ist ihr ein schweres Opfer geworden.
Die Fürsorge des Hausarztes Dr. Fölser, der sie fast täglich besuchte, die liebevolle Pflege der Krankenschwester, M. Sarkanda, die uns das Mutterhaus zur Entlastung für die letzten Wochen schickte, suchten ihr schweres Los zu erleichtern. Als erste Mitschwester unseres Ordens ist sie im marianischen Jubeljahr am 9. Dezember heimgegangen und wir hoffen, daß sie in den Armen der Gottesmutter gute Aufnahme fand.
Die Schülerinnen haben während der Krankheit ihrer Lehrerin aufrichtige Teilnahme bekundet und waren sehr betroffen bei ihrem Tod. Sie standen erschüttert vor ihrer Leiche, die zunächst in der Zelle aufgebahrt wurde. Beerdigung und Gottesdienst fanden in Enkenbach statt, wo sich das Familiengrab unserer Schwestern befindet. Herr Pfarrer Engel hat sie beerdigt. Alle Schülerinnen nahmen an der Begräbnisfeier teil. Omnibusse waren zur Sonderfahrt eingesetzt worden. Möge die liebe heimgegangene Mitschwester in der Ewigkeit fürbittend die Erziehungsarbeit an unserer Schule begleiten, der Schule, an welcher sie die meisten und besten Jahre ihres Ordenslebens in opferfreudiger Pflichterfüllung verbrachte.

Der Tod ist die Pforte zum Leben

GEBETSANDENKEN
an unsere liebe Mitschwester, Frau
M. Blandina Schneiderbanger, OSF.
geb. am 24. 10. 1894 in Kemmern
Profeß am 28. 12. 1916 in Dillingen (Donau)
gest. am 9. 12. 1953 in Kaiserslautern

Gott, Herr der Barmherzigkeit, gib der Seele Deiner Dienerin M. Blandina den Ort der Erquickung, die Seeligkeit der Ruhe und die Klarheit des ewigen Lichtes. Amen.

1375   9. Dez. 1953

Als Erste unserer Mitschwestern wurde im neunzehnten Jubeljahr unsere liebe Mitschwester
Frau M. Blandina Schneiderbarger O.S.F. zu den ewigen Freuden gerufen. Die lb. Verstorbene wurde am 24. 10. 1894 braven, gottesfürchtigen Landwirtseheleuten in Kommern/Bromberg von Gott geschenkt. Mit 7 Geschwistern wuchs sie im trauten Familienheim auf und besuchte mit großem Eifer die dortige Volkschule. Ihre weiche Begabung wurde ihr zum Ansporn, an ihrer Geistes- u. Herzensbildung weiterzuarbeiten. Von Gott gerufen, trat sie in unsere Kandidatur ein u. bereitete sich auf den Lehrerinnenberuf vor. Nach gut bestandenem Examen durfte sie ins Noviziat eintreten und i. J. 1916 hl. Profess ablegen. Als Lehrerin wirkte sie in Leuningen, Karlach, Volkach und von 1926 ab im Institut zu Kaiserslautern. Mit großem Eifer und voller Hingabe an ihren Beruf führte sie die Mädchen hinein in die verschiedenen Wissensgebiete u. strebte deren Charakterbildung an. Groß war ihr Schmerz, als 1937 die Schule geschlossen wurde. Sie wanderte nun als Büroschwester oder als Aushilfe an noch bestehenden Schulen nach Regensburg, Lohr u. Gundelfingen. Jubel aber durchdrang ihr Herz, als sie 1946 wieder nach Kaiserslautern zurückkehren

dürfte. Im zerstörten Institut mußten viele
Schwierigkeiten u. Unannehmlichkeiten ertragen werden; aber diese wankten Mut u. Begeisterung. So arbeitete die Ev. Frau Blandina unver-
drossen Tag für Tag, bis vor 2 Jahren ein von ihr
nicht erkanntes Übel ihre Lebkraft brach; Spritzen
erhielten noch ihre Kraft u. mit Genesung rech-
nend, setzte sie den Unterricht zum großen Teil
fort, bis ihre Krankheit zum Martyrium
wurde. Sie trug sie klaglos u. ergeben; nur in
ihren Gesichtszügen merkte man die ungeheuren
Schmerzen. Sie wies alle Betäubungsmittel zurück.
Mit klarem Bewußtsein wollte sie vor Gott treten,
für den sie gearbeitet u. gelitten hat. Er rief sie
am 9.12. abends zu sich. Beerdigung fand in
Lukenbach statt. Gott sei ihr ewiger Lohn! Br. Krebs
R.J.P.

Blandina Schneiderbanger, Kunigunde

Geb. 24.10.1894 Kamern Ofr. Prof. 28.12.1916 Beruf: Lehrerin
Bamberg

Aufenthaltsort:	✝. 9. 12. 53	Bemerkungen:
Kaiserslautern		
Lahr, Inst.	1939	+ 9.12.1953 in Kaiserslautern
Regensburg, Alte Kny.-	1940	
Löningen	1916	
Perlach	1920	
Volkach	1924	
Kaiserslautern	1926	
Lahr, Inst.	1939	
Regensburg	1940	Gundelfingen 3.9.1945
Löningen	21.5.1943	Kaiserslautern 29.4.1946

Sr. M. Patientia
(Rosa) Eichhorn, O.S.F.

* 21.03.1896 Kemmern
† 29.09.1990 Sendelbach (Herzversagen)

Profess:
12.09.1918
26.08.1922 (Ewige)

Profanes Leben	Berufung und klösterliches Leben	Persönliches Wirken	Quellen
Familie: Frommes Elternhaus Sechs Geschwister Ihre Schwester (→ Sr. M. Seraphine) trat ebenfalls der Dillinger Kongregation bei. *Ausbildung:* 1902–1909: Besuch der Werktagsschule in Kemmern 1916: Abschluss der Ausbildung an der Lehrerinnenbildungsanstalt *Beruf:* Volksschullehrerin Buchhalterin	• Kontakt zu den Dillinger Franziskanerinnen im Rahmen ihrer schulischen und beruflichen Ausbildung. • Ausübung des „Traumberufs" Volksschullehrerin: 1918–1928: Lauingen 1939–1943: Lauingen 1928–1939: Untereisenheim 1943–1953: Kirchheim 1953–1959: Heideck 1959–1971: Hallstadt • 1940: Durch den Abbau der klösterlichen Lehrbeauftragen erzwungene Aufgabe des Lehrberufs und Teilnahme an einem Buchführungskurs • Halbwöchentliche Tätigkeit bei der Volksbank in Burgau • 30.08.1971: Umzug in das Schwesternheim nach Sendelbach Tätigkeitsbereich in Sendelbach: Sakristeidienst, Unterstützung der Oberin bei der Buchführung	„Für Schwester Patientia war der Lehrberuf an der Volksschule ein ‚Traumberuf'. Ihre musischen Begabungen, ihre persönliche Frömmigkeit und ihre Freude, Kinder zu unterrichten und zu erziehen, vor allem religiös, machten sie hierfür sehr geeignet." Besonders gerne unterrichtete die Volksschullehrerin die bei Kindern beliebten Fächer Turnen, Singen, Zeichnen und Religion. Sterbebericht	Nachruf verfasst von Sr. M. Jutta, Bamberg 29.09.1990 Anzeige zur Erinnerung an die Einkleidung Registereintrag

„Mein Jesus ich will nichts als Dich."

Erinnerung
an meine
feierl. Einkleidung
in der Klosterkirche
der Franziskanerinnen
zu
Dillingen
am 11. September 1917.

M. Patientia Eichhorn

„Herz Jesu, Opfer der Liebe mache mich zu einer lebendigen hl. gottgefälligen Opfergabe für Dich."

Buchdruckerei J. Keller & Co., Dillingen

„Ob wir leben oder sterben, wir gehören dem Herrn."
Röm. 14,8

Wir bleiben in Gott verbunden
unserer lieben Mitschwester

M. Patientia Eichhorn

geb. am 21. 3. 1896
Profeß 12. 9. 1918
gest. am 29. 9. 1990

Herr, gib ihr die Erfüllung ihrer
Sehnsucht und vollende ihr Leben
in Dir.
Laß sie Dein Angesicht schauen.

Amen.

Patientia Eichhorn, Rosa

Geb.: 21.3.1896	Kemmern, Ofr.	Prof.: 12.9.1918	Beruf: Lehrerin
	Bamberg	ewige 26.8.1922	VOL

Aufenthaltsort: | | **Bemerkungen:**
Lauingen	1918 – 16.4.1928
Untereisenheim	Ob. 1928	Schwester von M. Seraphine OSF
Lauingen	1939
Kirchheim Ob.	1943
Heideck	1953
Hallstadt, Ob.	1959 27. 8.
Sendelbach	30. 8. 1971
† " 29. 9. 1990 um 8.10 h

Bamberg, 29. Sept. 1990

Liebe Schwestern,

das Fest der heiligen Erzengel Michael, Gabriel und Rafael wurde zum Sterbetag für unsere liebe Mitschwester

M. Patientia (Rosa) Eichhorn, OSF.

Um 8.10 Uhr ging sie heim zu Gott. Die Mitschwestern wollten Schwester Patientia gerade zur Eucharistiefeier in die Kapelle unseres Schwesternheimes in Sendelbach fahren, als ein tödliches Herzversagen einsetzte. Am Vortag ihres Sterbens wollte sie in all ihrer Gebrechlichkeit noch einmal zur gemeinsamen Vesper und zur Einsetzung des Allerheiligsten. Eine "heilige Unruhe" hatte sie erfaßt. Seit Wochen und Monaten hielt sie in großer Sehnsucht Ausschau nach ihrem Gott. Schon am 15. März dieses Jahres war sie dem Tode nahe. Mit dem ihr eigenen Humor sagte sie zu Mitschwestern: "Das war die Probe." Schwester Patientia fühlte auch Angst vor dem Sterben, aber ihr Glaube an den barmherzigen Gott war groß und ihr Gebet vertrauensvoll. Die heiligen Engel werden sie zum Throne Gottes geleiten.

Schwester Patientia war ein langes Leben geschenkt. Sie wurde am 21.03.1896 in Kemmern / Ofr. geboren und wuchs mit sechs Geschwistern in einer tieffrommen, gläubigen Familie auf. Von 1902 - 1909 besuchte sie die Werktagsschule in Kemmern. An der Volksschule unterrichteten schon Dillinger Franziskanerinnen.
Auch Schwester Patientia wählte den Weg der Nachfolge Jesu in einer Ordensgemeinschaft und ging als Kandidatin nach Dillingen. Sie absolvierte die Lehrerinnenbildungsanstalt 1916. Für Schwester Patientia war der Lehrberuf an der Volksschule ein "Traumberuf". Ihre musischen Begabungen, ihre persönliche Frömmigkeit und ihre Freude, Kinder zu unterrichten und zu erziehen, vor allem auch religiös, machten sie hierfür sehr geeignet.
Mit der gleichen Hingabe und Freude wie sie den Lehrberuf anstrebte, gab sie auch Antwort auf den Anruf Gottes zu einem Leben "in freiwilliger Armut, steter Keuschheit und gänzlichem Gehorsam" wie die Gelübdeformel 1918 lautete. Schwester Patientia legte am 12.09.1918 Erstprofeß und am 26.08.1922 ewige Profeß ab. Diesen Lebensweg wählte auch ihre Schwester M. Seraphine Eichhorn.

Schwester Patientia wirkte als Lehrerin in Lauingen, Untereisenheim, Kirchheim, Heideck und in Hallstadt. Rückblickend sagte sie: "Ich war gerne Volksschullehrerin, weil man auch die bei den Kindern beliebten Fächer (Turnen, Singen, Zeichnen, Bibel) geben darf." Nach dem Abbau der klösterlichen Lehrerinnen im Jahre 1940 schloß sie einen Buchführungskurs erfolgreich ab und arbeitete "halbwöchentlich" bei der Volksbank in Burgau.
1971 kam Schwester Patientia in unser Schwesternheim nach Sendelbach. Ihre geistigen und körperlichen Kräfte ließen es zu, daß sie noch viele Jahre, den Dienst in der Sakristei versah, die Oberin bei der Buchführung des Hauses zuverlässig unterstützte und die Chronik des Hauses schrieb. Ihr "Hauptberuf" war jedoch das treue Gebet in den großen Anliegen unserer Gemeinschaft, der Kirche und Gesellschaft. Sie nahm aufmerksam, hellhörig, einfühlsam teil am Geschehen der Zeit und versicherte uns immer wieder ihres Gebetes.

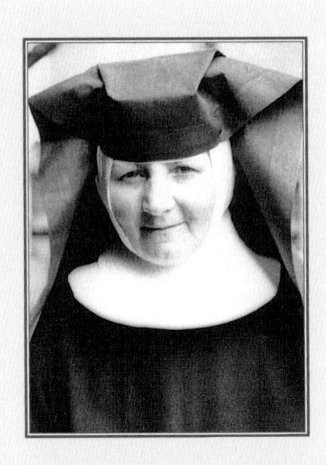

Sr. M. Hypolyta (Barbara) Bauer, O.S.F.

* 27.01.1888 Kemmern
† 18.12.1969 Medingen

Profess:
22.08.1918

Profanes Leben	Berufung und klösterliches Leben	Persönliches Wirken	Quellen
Familie: k.n.A. *Ausbildung:* k.n.A. *Beruf:* Hausfrau	Tätigkeit als Hausfrau: • 1918–1920: Bamberg (Priesterseminar) • 1920–1922: Dillingen • 1922–1924: Värhingen • 1924–1938: Bamberg (Kunigundenstift) • 1938–1954: Egg • 1954: Umzug nach Maria Medingen: Mitarbeit im Nähzimmer	„Sr. M. Hypolyta war eine ganz einfache, schlichte und fromme Schwester. Still, wie sie gelebt, ging sie heim." Nekrolog „Seit 1954 war sie in Maria Medingen eine fromme Seele und eifrige Beterin." Klosterchronik Maria Medingen	Nekrolog 22.12.1969 Klosterchronik Maria Medingen, 18.12.1969 Registereintrag

Dillingen, den 22. Dez. 1969

Liebe Schwestern!

Wieder war Ankunft des Herrn für drei unserer Mitschwestern:

Im Kloster Maria Medingen verschied am Donnerstag, den 18. 12. 69, unsere Jubilarin

    Schwester M. H i p o l y t h a (Barbara) Bauer, OSF.

Sie war geboren am 27. 1. 1888 in Kemmern/Ofr.; am 22. 8. 1918 legte sie hl. Profeß ab und wirkte als Hausfrau in Bamberg, Priesterseminar, in Vöhringen, in Bamberg, Kunigundenstift, und in Egg. Im Jahre 1954 kam sie nach Maria Medingen, wo sie sich noch im Nähzimmer nützlich machte. Die Gebrechen des Alters machten sich mehr und mehr bemerkbar. Als sie keine körperliche Arbeit mehr leisten konnte, sah sie ihre Aufgabe im eifrigen Gebet für die klösterliche Gemeinschaft. Schwester M. Hipolytha war eine ganz einfache, schlichte und fromme Schwester. Still wie sie gelebt, ging sie heim.

                        R. I. P.

H i p o l y tha Bauer Barbara

Geb. 27.1.1888 Kemmern /Ofr.   Prof.: 22.8.1918   Beruf: Köchin
            Kr. Bamberg

Aufenthaltsort: **Bemerkungen:**

    Bamberg, Pr.Sem.   1918
    Dillingen   1920
    Vöhringen   1922
    Bamberg, K.Stift   1924
    Egg   1938
    M.Medingen   1954   + 18. 12. 1969

gest. am 18. 12. 1969
in Maria Medingen

erledigt: 16.09.98

Sr. M. Ingeberga (Barbara) Brehm, O.S.F.

* 02.05.1910 Kemmern
† 15.06.1940 Jettingen (Schlaganfall)

Profess:
07.06.1932

Profanes Leben	Berufung und klösterliches Leben	Persönliches Wirken	Quellen
Familie: k.n.A. *Ausbildung:* k.n.A. *Beruf:* Säuglingsschwester	• 1939: Mönchsmünster • 1940: Jettingen	k.n.A.	Nekrolog S. 1003 Registereintrag 15.06.1940 Todesanzeige

15.6.40.

1093. „Wachet und betet; denn Ihr wisset weder den Tag noch die Stunde, wann der Herr kommt." Dieses ernste Mahnwort rief der heutige, so unerwartete Todesfall uns auch neu ins Bewußtsein. Unsere lb. Mitschwester Frau M. Ingeberga Brehm O.S.F. – geboren am 2.5.1910 zu Kemnath, Profeß am 7.6.1932, bisher Säuglingsschwester in Münchsmünster und seit 14 Tagen in der gleichen Tätigkeit in Jettingen, ist heute mittag infolge eines Schlaganfalls plötzlich aus dem Leben geschieden. Wir verlieren in der lieben Heimgegangenen eine tüchtige, umsichtige und überaus fleißige unserer Kleinen und eine sehr klösterliche, allzeit hilfsbereite Mitschwester. Möge der göttliche Kinder-freund, dem sie in den Kindern so treu gedient, sie recht bald zum himmlischen Hochzeitsmahle zulassen. R. i. P.

Ingelberga Brehm, Barbara

Geb. 2.5.1910 Kemnath Opf. Prof. 7.6.1932 Beruf: Säuglingsschw.

Aufenthaltsort:		Bemerkungen:
Münchsmünster	1939	
Jettingen	1940	† 15.6.1940

Sr. M. Pionia
(Elisabeth) Kraus, O.S.F.

* 31.08.1872 Kemmern
† 08.11.1944 Sendelbach

Profess:
08.09.1914
09.08.1920 (Ewige)

Profanes Leben	Berufung und klösterliches Leben	Persönliches Wirken	Quellen
Familie: k.n.A. *Ausbildung:* k.n.A. *Beruf:* Krankenschwester	• Einkleidung gemeinsam mit → Sr. M. Chrysologa Albrecht Aufenthaltsorte: • 1914: Sand am Main • 1918: Neukirchen • 1919: Wilhelmsthal • 1921: Burgau • 1926/1927: anscheinend schwerere Krankheit • 1927: Straubing • 1929: Kleinostheim • 1931: Sendelbach • Seit 1931: schwere Bronchitis	Sr. M. Pionia war immer dort, wo gerade etwas zu tun anfiel, sei es im Haus oder auch im Garten, Mit großem Geschick half sie in ihrer eigenen oder auch in anderen Filialen.	Nekrolog 1, S. 74, Sendelbach 8.11.1944 Registereintrag Nekrolog 2, S. 1136, 09.11.1944

74. M. Pionia (Elisabeth) Kraus

* 31. Aug. 1872
in Kemmern, Oberfr.

† 8. Nov. 1944
in Sendelbach a. M.

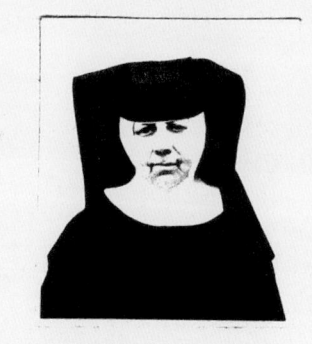

Erstprof.: 8.9.14

Ew. Gelübde:
9. 8. 1920.

Sie war eine Spätberufene u. wurde mit ihrer R. M. Chrysologa Albrecht eingekleidet. Sie versah den Beruf einer Krankenschwester. Im Jahre 1931 kam sie von Kleinostheim hierher. Sie hatte starke Bronchitis, ein Übel, das sie bis zu ihrem Tode nicht mehr los ließ. Sie schaltete sich in den Arbeitsprozeß ein, wo eben eine Kraft mangelte. Im Sommer sah man sie mit viel Geschick an Weg u. Rain das Gras mit der Sichel u. manchen Korb voll das begehrten Grünfutters brachte sie den Ökonomieschwestern. Brauchte Fr. Meisterin schnell eine Aushilfe auf einer Filiale, dann wurde M. Pionia dorthin entsandt. Im Herbst 1944 verschlimmerte sich ihre Bronchitis u. sie fühlte sich recht krank. Aber sie wollte nicht ins Bett u. schleppte sich fort bis zum letzten Tag. Am Morgen des 8. Nov. hörten ihre Zimmergenossen sie schwer atmen u. röcheln. Sie schaute nach ihr u. fand sie bewußtlos im Bett. Sie empfing die hl. Ölung u. nach einigen Stunden verschied sie im Herrn am Oktavtag von Allerheiligen, am 8. Nov. 1944.

R I P

1136   9. Nov. 1944.

Vom Schwesternheim Sindelbach traf gestern abend die Nachricht ein, daß unsere lb. Mitschwester Frau Maria Pionia Kraus, O.S.F. an einem Schlaganfall verschieden ist. Die lb. Verstorbene, geboren im Jahre 1872 zu Kemmern, legte als Gitterschwester mit 42 Jahren die H. Profeß ab. Als Krankenschwester wirkte sie auf verschiedenen Filialen mit sorgender Hingabe an ihrem Beruf. Selbst leidend, kam sie 1931 in das Schwesternhaus Sindelbach, um dort im Kreise der lb. Kranken Mitschwestern Samariterdienste zu leisten. Mit großer Bereitwilligkeit war sie jedem Gefordertsein zu einer Aushilfe entgegen. Möge Gott ihr Sehnen und all ihr Dienen an den Kranken, ihr Dulden und Beten mit Himmelslohn krönen.

R.J.P.

† 1944

Pionia Kraus, Elisabeth

Geb. 31.8.1872 Kemmern   Prof. 8.9.1914   Beruf: Krankenschwester
Bamberg

Aufenthaltsort:		Bemerkungen:	
Sindelbach, Schw.		krank	1926/27
Sand	1914		
Neukirchen	1918		
Wilhelmsthal	1919		
Burgau	1921	gest. 10.12.1931	
Straubing	1927		
Kleinostheim	1929	Sr. Pionia Kraus (Elisabeth)	
Sindelbach	1931	Krankenschwester	
		geb. 31.8.1872 in Kemmern	
" † 8.11.1944		Prof. 8.9.1914	
		gest. 8.11.44	

Sr. M. Pinaria
(Margarethe) Haderlein, O.S.F.

*27.12.1889 Kemmern
†16.12.1931 Sendelbach

Profess:
09.09.1916

Profanes Leben	Berufung und klösterliches Leben	Persönliches Wirken	Quellen
Familie: Vater war Schreiner *Ausbildung:* k.n.A. *Beruf:* Hausfrau (in Ströbing)	• 02.09.1915: Beginn des Noviziats • zunächst Köchin im Benediktinerkolleg • 1929: Umzug nach Sendelbach aufgrund schwerer Lungenerkrankung und Unterleibsbeschwerden	Sr. M. Pinaria wird als fleißig und eifrig charakterisiert. Besondere Freude sollen ihr Bastelarbeiten gemacht haben. Sie „diente 15 Jahre im heiligen Orden mit großer Treue in Küche und Haus." Nekrolog 2 Körperlich war sie geschwächt. Außerdem belasteten sie die Kriegsjahre und die Nachkriegszeit schwer.	Nekrolog, S. 97 Nekrolog 2, S. 824 Registereintrag

97. Schwester M. Pinnaria (Margareta) Haderlein.

* 27. Dez. 1889 i. Kemmern B.Bamberg. Profess: 9. Sept. 1916.

Ein Kemmerer Kind war sie u. eine gar tüchtige Köchin in München im Benediktiner Kolleg. Auch hat sie doch viel Sorgen u. Nöten durchgemacht in der Kriegs- u. Nachkriegszeit, wo man so schwer die Hungrigen speisen konnte. Dabei war immer ihre körperl. Kraft nicht auf der Höh'. Ein leichteren Posten sollte Kindling für sie sein. Aber es ging nur einige Jahre-lein. 1929 kam sie nach Landsberg schwer lungenkrank u. unterleibsleidend. Ihre Kranken Tage erlebte sie meist heiter u. gottergeben. Immer war sie fleißig u. rüstig, wo es etwas zu basteln gab. So war sie mäßig bis in Herbstmonaten 1931 das Ende kam. Gern ist sie heimgegangen obwohl sie die letzten Kräfte in langen Tagen immer wieder ihr Leben erzählte. Die 72 jährige Mutter machte ihr ins Grab sehen am Dezember 31.

R.I.P.

824.

In der Stille der Nacht des 17. Dez. 1931 holte in unserem Schwesternheim Sendelbach der Todesengel unsere liebe Mitschwester M. Pinaria Haderlein O.s.F. zur Hochzeit auf Weihnachten in den Himmel. Wie wird sie sich gefreut haben, nun nach 2 jährigem schweren Leiden, das ihre Leidenskraft mehr u. mehr steigerte, den Herrn schauen u. mit den Engeln das Gloria singen zu dürfen. Die lb. Verstorbene erreichte im Alter von 42 Jahren und diente 15 Jahre im hl. Orden mit großer Treue in Küche und Haus. Gott wird ihr Vergelter sein.   R.J.P.

Pinaria (Margaretha) Haderlein

geb. 28.12.1889 zu Kemmern, Bz Bamberg

	Noviziat	Profeß	Tod
	2.9.1915	9.9.1916	16.12.1931

Vater: Schreiner   in Sendelbach

Beruf: Hausfrau

Niederlassung:

Ströbing

Sr. M. Dartina (Rosina) Keller, O.S.F.

* 27.02.1898 Kemmern
† 10.01.1986 Aindling

Profess:
31.07.1923
31.08.1926 (Ewige)

Profanes Leben	Berufung und klösterliches Leben	Persönliches Wirken	Quellen
Familie: Eltern waren Bauern. Zwei Geschwister (Bruder und Schwester) *Ausbildung:* Volks- und Fortbildungsschule in Kemmern Ausbildung zur Handarbeitslehrerin nach der Einkleidung *Beruf:* Handarbeitslehrerin	• Kontakt zu den Dillinger Franziskanerinnen während der Schulzeit • 1921: Eintritt ins Kloster (als Grund für den späten Eintritt wird der Tod des Bruders im Ersten Weltkrieg genannt, durch den sie verpflichtet war, im Elternhaus zu helfen.) • 1922: Einkleidung • Handarbeitslehrerin in verschiedenen Konventen: 1923: Kirchenthumbach 1929: Aindling 1960: Waidhofen 1965: Senden 1967: Illerberg • Übernahme der Leitung des Konvents: 1929 und 1954: Aindling 1960: Waidhofen Aug. 1965: Senden • Seit dem 18.08.1969: Ruhestand in Aindling, Gebet und kleinere Hilfsleistungen • Überraschender Tod im Krankenhaus, in das sie aufgrund eines Sturzes eingeliefert wurde.	„Die heilige Messe war ihr ein besonderes Anliegen, keinen Tag mochte sie fehlen und keine Anstrengungen wollte sie scheuen. Sie nahm teil am Gemeinschaftsleben und interessierte sich für alles bis zum Schluss." Nachruf	Nachruf verfasst von Sr. M. Mechthildis, 10.01.1986, Maria Medingen Todesanzeige Registereintrag

Maria Medingen, 10.01.86

Liebe Schwestern!

Heute, am 10. Januar 1986 um 10.50 Uhr rief der Herr über Leben und Tod unsere liebe Mitschwester

M. Dartina, Rosina Keller, OSF.

im Krankenhaus zu Aindling ganz plötzlich zu sich. Sr. Dartina war am Tag vor dem Heiligen Abend auf dem Weg zur Kirche gefallen und dann ins Krankenhaus gebracht worden. Es ging ihr schon wieder gut und heute morgen beim Besuch von Sr. Stilla war sie recht fröhlich. Der Arzt war zuversichtlich, daß sie bald wieder nach Hause kommen könne. Um so überraschender war dann das plötzliche Verscheiden, unerwartet, doch nicht unvorbereitet. Tag für Tag, auch heute konnte Sr. Dartina die hl. Eucharistie empfangen.

Sie war geboren am 27.02.1898 in Kemmern, Kreis Bamberg. In einer Bauernfamilie wuchs sie zusammen mit einem Bruder und einer Schwester auf. Den Bruder verlor sie im ersten Weltkrieg. Schon in der Volks- und Fortbildungsschule, die Rosina in Kemmern besuchte, hatte sie Dillinger Franziskanerinnen als Lehrerinnen. Doch durch den Tod des Bruders an der Front mußten die beiden Mädchen zu Hause mithelfen, bis sie selbst dann 1921 ihrem Wunsch, ins Kloster zu gehen, nachgehen durfte. Sie wurde zur Handarbeitslehrerin ausgebildet, 1922 eingekleidet, legte am 31.07.23 ihre erste Profeß ab und schenkte sich Gott ganz am 31.07.1926.

Als Handarbeitslehrerin war sie tätig in Kirchenthumbach, Aindling, Waidhofen, Senden und Illerberg. Viermal wurde ihr die Leitung des jeweiligen Konventes übertragen. Nach dem Ausscheiden aus dem Schuldienst durfte Sr. Dartina an ihren früheren Wirkungsort Aindling - 25 Jahre war sie hier tätig - zurückkehren in den Ruhestand. 16 Jahre waren ihr noch vergönnt im alten und dann im neuen Haus und diese lange Zeit nutzte sie zu eifrigem und häufigem Gebet und zu kleineren Hilfeleistungen. Die heilige Messe war ihr ein besonderes Anliegen, keinen Tag mochte sie fehlen und auch keine Anstrengung wollte sie scheuen. Sie nahm teil am Gemeinschaftsleben und interessierte sich für alles bis zum Schluß.

Der Herr hat seiner treuen Dienerin ein schweres Krankenlager erspart und sie rasch heimgeholt in die Ewigkeit. Wir danken Sr. Dartina für alles, was sie in einem langen Leben gebetet, gearbeitet und geopfert hat, besonders ihr vieles Gebet für den Orden und für die Nöte in der Welt.

Wir wollen beten, daß unsere liebe Verstorbene bald zur vollen Anschauung des Herrn gelangen und daß sie weiterhin uns Fürsprecherin sein darf.

R. I. P.

Ihre

Sr. M. Mechthildis

Montag, 13.01.86: 13.00 Uhr Rosenkranz, anschließend Requiem und Beerdigung in Aindling

```
D a r t i n a  Keller,   Rosina
```

Geb. 27.2.1898 Kemmern /Ofr.	Prof.: 31.7.1923	Beruf: Handarbeitslehrerin
Kr.Bamberg	ewig 31.7. 26	NT 3.7. a. D.

Aufenthaltsort: **Bemerkungen:**

Kirchenthumbach	1923	Juni 1966 Staroperation
Aindling, Oberin	1929	
" "	1954	
Waidhofen, Oberin	1960	
Senden Oberin	1965 August	
Illerberg	1967	
Aindling	18. 8. 1969	

† " Kr. 10.1. 1986 um 10.50 Uhr

Als Dillinger Franziskanerin schenkte sie ihre ganze Kraft dem Herrn durch ihren hingebungsvollen Dienst an den Menschen in Aindling 47 Jahre.

Jauchzt vor dem Herrn, alle
Länder der Erde!
Dient dem Herrn mit Freude!
Kommt vor sein Antlitz mit Jubel!
(Ps. 100)

✝

Wir empfehlen dem Herrn,
unserem Schöpfer
die Seele unserer lieben Mitschwester

M. Dartina Keller OSF

geb. am 27. Febr. 1898 in Kemmern
bei Bamberg
hl. Profeß am 31. Juli 1923 in Dillingen/D.
gest. am 10. Jan. 1986 in Aindling

Hl. Franziskus bitte für sie!

Stevens — Aindling

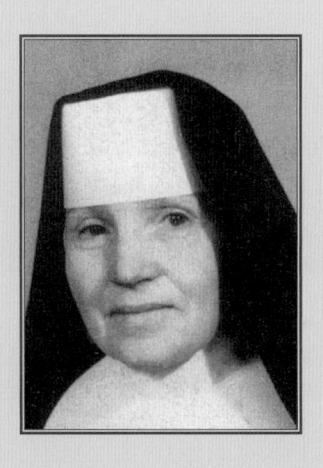

Sr. M. Dietlinde (Maria) Endres, O.S.F.

* 13.02.1904 Kemmern
† 30.11.1988 Dillingen (Schlaganfall)

Profess:
30.07.1925
01.08.1928 (Ewige)

Profanes Leben	Berufung und klösterliches Leben	Persönliches Wirken	Quellen
Familie: Vater Kaspar Endres (Bauer): Mutter: Kunigunde, geb. Albrecht Neun Geschwister *Ausbildung:* Volksschule in Kemmern Besuch der dreiklassigen Mittelschule in Dillingen Erfolgreicher Abschluss des Hausarbeitslehrerinnenseminars *Beruf:* Handarbeitslehrerin Näherin	• Kontakt zu den Dillinger Franziskanerinnen während der Volksschulzeit • 1918: Eintritt in die Kandidatur • 1924/25: Noviziat • Seit 1925: Ausübung des geliebten Berufs als Handarbeitslehrerin in Hochaltringen an der Haushaltungsschule • Zwischenzeitlich verschiedene Tätigkeiten in: 1925: Stepperg 1926: Waidhofen 1927: Lauingen • Nach dem Ausscheiden aus dem Schuldienst: Näherin • Schlaganfall inmitten ihrer Näharbeit, führte binnen einer Woche zum Tod.	Sr. M. Dietlinde war von ganzem Herzen Schwester und Lehrerin. Ihre besondere Aufmerksamkeit galt der Feier der heiligen Liturgie. So gestaltete sie den Gottesdienst mit, indem sie die Lieder aussuchte und zusammenstellte. Darüber hinaus nähte sie viel für den Konvent. „Von ganzem Herzen war sie eine Handarbeitslehrerin, beliebt bei den Schülerinnen der Hochaltringer Haushaltungsschule, von den Mitschwestern aufgesucht bis in die letzten Tage." Nachruf	Nachruf verfasst von Sr. M. Adelgart, Maria Medingen 30.11.1988 Todesanzeige Registereintrag

Komme, Herr, in Frieden such uns heim, damit wir uns mit reinem Herzen vor dir freuen. Magn. Ant. im Advent

In Liebe und Dankbarkeit gedenken
wir im Gebete
unserer lb. Mitschwester

M. Dietlinde Endres OSF

geb. am 13. 2. 1904 in Kemmern
Profeß am 30. 7. 1925 in Dillingen
Heimgang am 30. 11. 1988 in Dillingen

+

Herr, schenke ihr die ewige Ruhe
bei dir!

Wir danken Gott, daß du unser warst und noch unser bist und bleibst. Denn alles lebt dem Herrn, und wer immer heimkehrt zum Vater, bleibt in unserer Mitte. (Hl. Hieronymus)

Dietlinde Endres, Maria

Geb. 13.2.1904 Kemmern /Ofr.   Prof.: 30.7.1925   Beruf: Handarbeitslehrerin
Kr. Bamberg   ewige 1.8.1928   Näherin
Nt 22.1.

Aufenthaltsort: Bemerkungen:

Hochaltingen 1925
Stepperg 1925
Waidhofen 1926
Lauingen 1927
Hochaltingen 1931

+ Dillingen, Kr. 30.11.1988
um 19.05 Uhr

Ergänzung: Vater: Kaspar Endres, Bauer
Mutter: Kunigunde, geb. Albrecht
Geschwister: 9

Maria Medingen, 30.11.1988

Liebe Schwestern!

Heute abend um 19.05 Uhr erfüllte sich die Zeit der Erwartung für unsere liebe Mitschwester

M. D i e t l i n d e (Maria) E n d r e s , OSF.

und es wurde für sie endgültig Advent.

Vor gerade einer Woche war sie in Hochaltingen mitten in ihrer Näharbeit von einem Schlaganfall getroffen worden. In unserem Krankenhaus St. Elisabeth in Dillingen erfuhr sie diese Woche hindurch alle Hilfe und Pflege. Aber es war deutlich, daß ihr Heimgang nahe bevorstand. Begleitet vom Gebet und umgeben von der Liebe ihrer Mitschwestern und ihrer Angehörigen, ging Schwester M. Dietlinde heimwärts, als wir nach der Vesper gerade für sie beteten: "ultima in mortis hora filium pro nobis ora... daß wir selig scheiden hin, Jungfrau, Mutter, Königin"

Sr. M. Dietlinde ist am 13. Februar 1904 in Kemmern, Kreis Bamberg geboren. Mit noch neun Geschwistern wuchs sie auf dem elterlichen Anwesen auf. In Kemmern besuchte sie die Volksschule; und dann trat sie bereits 1918 in unsere Kandidatur ein, besuchte die sechsklasige Mittelschule in Dillingen und absolvierte anschließend das Handarbeitslehrerinnen-Seminar.

1924/25 war ihr Noviziatsjahr; am 30.07. feierte sie ihre Erstprofeß, am 01.08.1928 ihre Ewige Profeß.

Schon 1925 wurde Sr. Dietlinde nach Hochaltingen gesandt, und mit kurzen Unterbrechungen in Waidhofen und Lauingen, blieb Hochaltingen all die Jahrzehnte ihr Wirkungsort. Und es war trotz ihrer schwachen Körperkraft ein fruchtbares Wirken. Sr. M. Dietlinde liebte ihren Beruf und ihre Berufung. Von ganzem Herzen war sie eine frohe Schwester, und von ganzem Herzen war sie Handarbeitslehrerin, beliebt bei den Schülerinnen der Hochaltinger Haushaltungsschule, von den Mitschwestern aufgesucht bis in die letzten Tage; denn auch nach dem Ausscheiden aus der Schule nähte Sr. Dietlinde noch viel und fein für den Konvent. Und immer noch sang sie gern und sicher im Chor, suchte für jeden Gottesdienst die Lieder zusammen und hatte einen tiefen Sinn für die Feier der heiligen Liturgie.

Wir wollen Gott danken für das segensreiche Leben unserer Schwester Dietlinde und ihn bitten, daß sie für immer erfahren darf, was wir heute im Evangelium hörten: ... ich habe den Messias gefunden.

Darum bittet Sie

Ihre

Sr. M. Adelgart, OSF.

Am Samstag um 13.30 Uhr Rosenkranz, anschließend Requiem und Beerdigung in Hochaltingen

Sr. M. Salvatoris (Agnes) Görtler, O.S.F.

* 27.06.1903 Kemmern
† 29.04.1968 Dillingen (Herz / Kreislauf)

Profess:
10.04.1928

Profanes Leben	Berufung und klösterliches Leben	Persönliches Wirken	Quellen
Familie: k.n.A. *Ausbildung:* Besuch der Fortbildungsschule Seminaristische Ausbildung zur Volksschullehrerin in St. Josef 1940–1942: „ungewollte" Umschulung zur Krankenpflegerin in Arnsdorf 1942–1944: Weiterbildung zur med. Assistentin (Dip. Universität Würzburg) *Beruf:* Lehrerin Krankenschwester Med. Assistentin Provinzsekretärin	• Kontakt zu den Dillinger Franziskanerinnen während der Fortbildungsschule • 1919: Kandidatur • 1928: Lehrerin in Kaiserslautern am Jakobschen Institut • Durch die Aufhebung der klösterlichen Schulen während des Nationalsozialismus erzwungene Aufgabe des Lehrberufs • 1939: Umzug nach Ichenhausen, später Lohr • 1940: Tätigkeit in Würzburg (Laz.) • 1940–1944: Umschulung zur Krankenpflegerin und med. Assistentin (Arnsdorf, Würzburg) • 1944: Umzug über Burgau nach Arnsdorf • Ab 1945: Oberin in Arnstorf; tätig im dortigen Krankenhaus • 1951: Rückkehr nach Kaiserslautern, Ausübung ihres ursprünglichen Berufs (Lehrermangel in den 50er Jahren)	„Ihre nüchterne Frömmigkeit war echt und kraftspendend für alles, was nicht leicht war in ihrem Leben und an ihrem verantwortungsvollen Posten. Sie liebte die peinliche Ordnung und auch das Schweigen und blieb dabei mit der verborgenen Last ihres Lebens im alles wissenden und verstehenden Gott." Sr. M. Pia	Nachruf verfasst von Sr. M. Sr. Pia, Dillingen 29.04.1968 Registereintrag

Fortsetzung

Berufung und klösterliches Leben

- 1954: aushilfsweise Lehrtätigkeit an der Krankenpflegerinnenschule in Buchloe
- 1955: Tätigkeit an der Frauenfachschule in Maria Medingen
- Seit 1958: Provinzrätin
- 1958–1964: Oberin in Maria Medingen, maßgebliche Beteiligung an den Bau- und Erneuerungsarbeiten
- 1965–1968: Sekretärin in der Provinzverwaltung, Lehrerin für die höheren Klassen an der Realschule St. Bonaventura

Mein Gott u. mein Alles!

In Eurer Liebe u. Eurem Gebet gedenket der ehrw. Schwester Provinzsekretärin und Lehrerin

M. Salvatoris Görtler,
(O.S.F.)

Der Herr schenkte ihr das Leben am 27. Juni 1903 zu Kemmern.

Er rief sie zum Profeßaltar am 10. April 1928 in Dillingen/Do.

Er führte sie zur ewigen Ruhe 29. April 1968 in Dillingen/Do.

Der Herr enke ihr die ewige Ruhe!
O Maria, M tter der göttlichen Gnade bitte für sie!

Roger van der Weyden   Verlag Ettal / 672

Sr. M. Salvatoris // 141

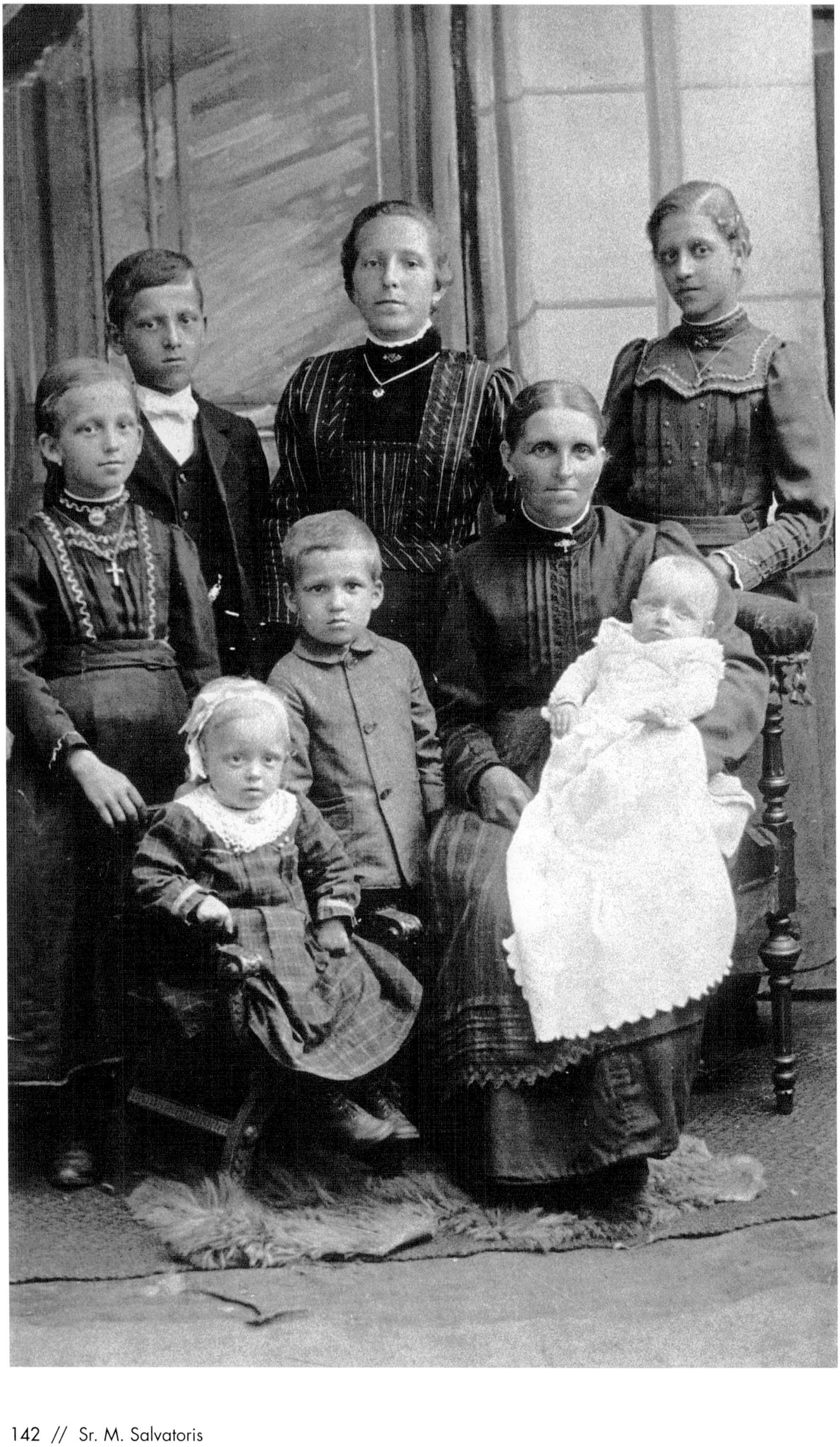

Sr. M. Salvatoris // 143

```
S a l v a t o r i s   Görtler,    Agnes
```

Geb. 27.1.1903   Kemmern /Ufr.   Prof.: 10.4.1928   Beruf: Lehrerin, Krankenschwe-
                 Kr.Bamberg   ster, med.Assistentin

Aufenthaltsort: Bemerkungen:

    Kaiserslautern   1928
    Ichenhausen   1939
    Lohr, Inst.   1939
    Würzburg, Laz.   1940
    Arnstorf,   1940
    Lauterhofen   1942   *gest. am 29.4.1968*
    Würzburg, Ausb.Ass.   1942   *in Dillingen, Frauenkloster*
    Burgau   1944
    Arnstorf   1944
    "   Oberin   1945
    Kaiserslautern   1951
    Buchloe, Kr.Haus   1954
    M.Medingen   1955

Ergänzung: M.Medingen, Oberin   1958: Provinzrätin
       Dillingen Mutterhaus   1965 Sept. Prov.Sekretärin

Dillingen, den 29. April 1968

Liebe Mitschwestern!

Nach einer schweren Sterbewoche verschied hier im Mutterhaus heute früh um 5 Uhr unsere liebe

<u>Schwester M.</u> S a l v a t o r i s Agnes Görtler, OSF.

Vor Ostern noch interessiert für alles, was in ihrem Lebensbereich wichtig schien, hingegeben an ihre Schülerinnen in der Realschule und an alles, was vom Orden her an sie herankam, glaubte niemand und wollte niemand wahrhaben, daß ihr angeschlagenes Herz die immer stärker auftretenden Kreislaufstörungen nicht mehr überwinden könne. Der liebe Gott hat sie gerufen. In ihm hoffen wir zuversichtlich, daß er sie zur ewigen Vergeltung in seinen göttlichen Frieden aufgenommen hat.

Als Oberfränkin blieb sie mit ihren noch lebenden Geschwistern und deren Familien bis zur letzten Stunde innig verbunden. Am 27. 1. 1903 war sie in Kemmern ihren Eltern in die kinderreiche Familie geschenkt worden. Nach tadelloser Führung in den Jahren der Fortbildungsschule trat sie mit 16 Jahren in unsere Kandidatur ein. In St. Josef erhielt sie ihre seminaristische Ausbildung zur Volksschullehrerin. Ihrer reichen Begabung und ihrer erzieherischen Fähigkeiten wegen wurde sie nach ihrem Noviziatsjahr 1928 im Jakob'schen Institut in Kaiserslautern als Lehrerin und Erzieherin angestellt. Der Abbau fast sämtlicher Lehrerinnen durch das Hitler-Regime wies ihr den Weg zur Krankenpflege. 1940/42 besuchte sie darum unsere Krankenpflegerinnenschule in Arnstorf; 1942/44 erwarb sie sich an der Universität Würzburg das Diplom einer medizinisch-technischen Assistentin. Das Vertrauen ihrer Vorgesetzten und Mitschwestern übertrug ihr dann wichtige Oberinnenposten, zunächst im Krankenhaus Arnstorf, 1944 - 1951. Der große Lehrerinnenmangel machte es notwendig, daß sie nach Ablauf ihrer Amtszeit in Arnstorf wiederum auf einige Jahre den Lehrerinnenposten in Kaiserslautern übernahm. 1954 wurde sie in das Krankenhaus Buchloe berufen, um dort an der Krankenpflegerinnenschule aushilfsweise als Lehrschwester an der Ausbildung junger Krankenschwestern mitzuwirken, bis die Frauenfachschule in Maria Medingen nach ihr verlangte. Von 1958 - 1964 versah sie das arbeits- und verantwortungsreiche Amt der Oberin in Maria Medingen, wo sie sich in auf Jahre hinziehenden Bau- und Erneuerungsarbeiten unvergeßliche Verdienste erwarb.

Die letzten 3 Jahre ihres Lebens war sie in der Verwaltung der Provinz tätig. Den reiferen Mädchen schenkte sie in der Realschule St. Bonaventura ihre letzten Kräfte.

Ihre nüchterne Frömmigkeit war echt und kraftspendend für alles, was nicht leicht war in ihrem Leben und an ihren verantwortungsvollen Posten. Sie liebte die peinliche Ordnung und auch das Schweigen und blieb dabei mit der verborgenen Last ihres Lebens im alles wissenden und verstehenden Gott. So reifte sie heran für den Heimgang in die Familie Gottes.

Beten und opfern wir für unsere liebe verstorbene Mitschwester, damit sie bald eingehen dürfe in die Freude des Auferstandenen.

R. I. P.

Ihre

M. Pia, OSF.

Sr. M. Gildfrieda (Oswenda) Diller, O.S.F.

* 20.12.1913 Kemmern
† 05.02.1964 Kettershausen

Profess:
05.08.1936

Profanes Leben	Berufung und klösterliches Leben	Persönliches Wirken	Quellen
Familie: Christliches Elternhaus. Eltern waren Landwirte *Ausbildung:* Volksschule Besuch der 3-klassigen Mädchenmittelschule am Institut Volkach Praktisches Jahr in Neukirchen Hl. Blut *Beruf:* Kindergärtnerin	• Während der Kandidatur: Vorbereitung auf die Tätigkeit als Kindergärtnerin in Neukirchen Hl. Blut • Eintritt in das Noviziat mit Empfehlungen des Heimatpfarrers und ihrer Vorgesetzten • Danach Kindergärtnerin in Weißenburg • 1942: Versetzung nach Kettershausen, Betreuung der Kindergartenkinder	In Kettershausen betreute Sr. M. Gildfrieda „als berufstüchtige, freundliche, gewissenhafte Erzieherin die Kleinsten der Gemeinde mit großer Freude." Ihre Arbeit als Kindergärtnerin brachte ihr „Hochschätzung und Dankbarkeit der Eltern" ein. Nach Ende der Kindergartenzeit blieben viele Kinder in engem Kontakt zu Sr. M. Gildfrieda. „In schwesterlicher Liebe und Treue wusste sie die Konventsgemeinschaft zu stärken durch Dienstgefälligkeit und franziskanisch sonniges Wesen und war vorbildlich in der klösterlichen Regeltreue, bis der Herr sie in seine Leidensschule berief." Nachruf	Nachruf verfasst o.n.A. Registereintrag Todesanzeige

Herr, nimm mich wie ich bin und mache mich, wie du mich haben willst.
(Bischof Sailer)

Zur Erinnerung

an meine

heilige Einkleidung

in der Stadtpfarrkirche
zu Dillingen a/D.
am 5. August 1935

M. Gildfrieda Diller
O. S. F.

Jesus du allein!

Ich habe den guten Kampf gekämpft, den Lauf vollendet, den Glauben bewahrt. Nunmehr ist mir die Krone der Gerechtigkeit hinterlegt.
II. Tim. 4,7.

☧

Lasset uns beten
für die Seele unserer lieben Mitschwester

Maria Gildfrieda Diller
O. S. F.

22 Jahre wirkte sie segensreich als
Kinderschwester in Kettershausen

Dem Leben geschenkt:
am 20. Dezember 1913
in Kemmern bei Bamberg

In der Hl. Profeß dem Herrn geweiht:
am 6. August 1936 in Dillingen

Vom König zur ewigen Hochzeit heimgeholt:
am 5. Februar 1964
in Kettershausen

Barmherziger Jesus,
gib ihr die ewige Ruhe!

In unserem Schulkloster Kettershausen verschied am Nachmittag des
5. Febr. unsere liebe Mitschwester

M. Gildfrieda Diller, OSF.

Sie war geboren am 20.12.1913 als Kind christlicher Landwirtseheleute zu Kemmern. Nach der Entlassung aus der Volksschule brachten ihre Eltern sie zur weiteren Ausbildung in die 3-klassige Mädchenmittelschule in das Institut Volkach. Dann bat sie um Aufnahme in die Kandidatur, wo sie für den Beruf einer Kindergärtnerin vorbereitet wurde. Ein praktisches Jahr leistete sie ab in Neukirchen hl. Blut. Mit den besten Empfehlungen ihres Heimatpfarrers und ihrer Vorgesetzten kam sie in das Noviziat und legte am 6.8.1936 die hl. Profeß ab. Die ersten Jahre ihrer Tätigkeit führten sie nach Weißenburg, bis sie 1942 nach Kettershausen versetzt wurde, wo sie nahezu 22 Jahre als berufstüchtige, freundliche, gewissenhafte Erzieherin die Kleinsten der Pfarrgemeinde mit großer Freude betreute, auf das Schulleben vorbereitete und sich die Hochschätzung und Dankbarkeit der Eltern erwarb. Mit vielen ihrer kleinen Schützlinge blieb sie auch nach der Entlassung aus dem Kindergarten in treuer Hilfsbereitschaft verbunden. In schwesterlicher Liebe und Treue wußte sie die Konventgemeinschaft zu stärken durch Dienstgefälligkeit und franziskanisch sonniges Wesen und war vorbildlich in der klösterlichen Regeltreue, bis der Herr sie in seine Leidensschule berief. Mit Geduld und Ergebung ertrug sie im letzten Jahre die größten Schmerzen, bis sie bei vollem Bewußtsein ihr Leben in Gottes Hände zurückgeben durfte.

Gildfrieda Diller, Oswenda

g °. 20.12.1913 Kemmern Ofr. Prof. 5.8.1936 Beruf: Kinderg.
Bamberg

Aufenthaltsort: ✝ 5.2.1964 Bemerkungen:

Weißenburg 1936
Kettershausen 21.3.1942

gest. am 5.2.1964
in Kettershausen

Sr. M. Seraphine
(Ottilie) Eichhorn, O.S.F.

* 06.07.1911 Kemmern
† 17.03.1995 Sendelbach (Ca-Erkrankung)

Profess:
06.08.1936
1939 (Ewige)

Profanes Leben	Berufung und klösterliches Leben	Persönliches Wirken	Quellen
Familie: Religiöse Erziehung Jüngere Schwester von → Sr. M. Patientia *Ausbildung:* 1917–1924: Besuch der Volksschule in Kemmern Während der Kandidatur: Besuch der Lehrerinnenbildungsanstalt mit gutem Erfolg Zusätzlich: Prüfung in Kurzschrift 1933: Missio Canonica *Beruf:* Lehrerin	• Kontakt zu den Dillinger Franziskanerinnen durch deren Wirken in der Heimatgemeinde und Schule • Kandidatur in Dillingen • Nach Abschluss der Ausbildung: Noviziat • Danach: Lehrerin in Dillingen und Oettingen • 1963–1969: Noviziatsleiterin • Im Anschluss daran: Lehrerin und Leiterin des Grundausbildungslehrgangs für Hauswirtschaft und Sozialberufe im Marienheim Straubing. • 1978: Ausscheidung aus dem Schuldienst, Übernahme von Arbeiten im Pfarrbüro und beim Sakristeidienst. Mitgestaltung der Gottesdienste in dem kleinen Konvent Unterdürrbach • 1988: Umzug nach Sendelbach, Übernahme des Sakristeidienstes bis vier Wochen vor ihrem Tod.	Die religiöse Erziehung im Elternhaus, das Wirken der Schwestern in ihrer Heimatgemeinde sowie in der Schule und nicht zuletzt der von ihrer älteren Schwester Sr. M. Patientia gewählte Lebensweg dürften ihre Entscheidung, ins Kloster einzutreten, beeinflusst haben. Als Lehrerin förderte Sr. M. Seraphine in Dillingen und Oettingen die „natürlichen Gaben und Begabungen ihrer Schüler und Schülerinnen." Besonderen Wert legte sie auf den Religionsunterricht.	Nachruf verfasst von Sr. M. Jutta, Bamberg 17.03.1995 Erinnerung an die Einkleidung

Mein Jesus, ich will nichts als Dich
und was Du willst, das will auch ich!

Zur Erinnerung

an meine

heilige Einkleidung

in der Stadtpfarrkirche
zu Dillingen
am Feste Maria Schnee 1935

M. Seraphine Eichhorn
O. S. F.

„Siehe, ich bin eine Magd des Herrn."

Ich bin die Auferstehung
und das Leben

Wir bleiben in Gott verbunden
unserer lieben Mitschwester

M. Seraphine Eichhorn

geb. am 6. 7. 1911
Profeß 6. 8. 1936
gest. am 17. 3. 1995

Herr, gib ihr die Erfüllung ihrer
Sehnsucht und vollende ihr Leben
in Dir.
Laß sie Dein Angesicht schauen.

Amen.

J. Grote, Lohr a. Main

"Leben wir, so leben wir dem Herrn. Sterben wir, so sterben wir dem Herrn. Ob wir leben oder ob wir sterben, wir gehören dem Herrn." Röm 14,8

Es war das Ideal unserer lieben verstorbenen Mitschwester, dem Herrn zu gehören, IHM zu dienen in großer Treue. Jesus Christus wird, durch seinen Tod und seine Auferstehung Schwester Seraphine schenken, wonach sie sich sehnte: IHM zu gehören.

Wir wollen in Dankbarkeit unserer verstorbenen Mitschwester unser fürbittendes Gebet schenken.

Ihre

Sr. M. Jutta, OSF.

Rosenkranz, Beerdigung und Requiem sind am Dienstag, 21. März 1995, um 13.30 Uhr in Sendelbach.

Bamberg, 17.03.1995

Liebe Mitschwestern,

heute, am Freitag, den 17.03.1995, um 4.30 Uhr erlöste Gott, der Herr über Leben und Tod, unsere liebe Mitschwester

M. Seraphine (Ottilie) Eichhorn, OSF.

von schwerer Krankheit. Sie fühlte schon seit Wochen, daß eine todbringende Ca-Erkrankung ihre körperlichen Kräfte zerstörte. Schwester Seraphine trug und ertrug das Leiden und die damit verbundenen großen Schmerzen mit der ihr eigenen Energie und Hingabebereitschaft an den Willen Gottes. Bis vor vier Wochen versah sie mit großer Sorgfalt und in Gewissenhaftigkeit noch den Sakristeidienst in unserem Schwesternheim in Sendelbach. Schwester Seraphine war sehr dankbar für die schwesterliche Pflege und Zuwendung. In der frühen Morgenstunde, schon im Raum der Einsamkeit des Todes, führte sie Gott heraus aus dem vergänglichen Leben hinein in das befreiende, unvergängliche Leben SEINER Liebe.

Schwester Seraphine wurde am 06.07.1911 in Kemmern geboren. In ihrem Heimatort besuchte sie die Volkshauptschule von 1917 bis 1924. In der Schule und in der Pfarrgemeinde wirkten damals schon Schwestern unserer Ordensgemeinschaft. Die religiöse Erziehung im Elternhaus, die Begegnung mit den Ordensfrauen, ein hohes persönliches Frömmigkeitsideal und wohl auch das Vorbild ihrer älteren Schwester, der 1990 verstorbenen Schwester M. Patientia, ließen sie den Weg der Nachfolge Jesu wählen.
Sr. Seraphine trat in die Kandidatur in Dillingen ein und besuchte die Lehrerinnenbildungsanstalt. In ihrem Abschlußzeugnis wird ihr eine gute Qualifikation als Volksschullehrerin bestätigt. Zusätzlich hat sie mit sehr gutem Erfolg die Prüfung in Kurzschrift abgelegt. Im Jahr 1933 erhielt sie auch die Missio Canonica.

Nach Abschluß ihrer beruflichen Ausbildung bat Schwester Seraphine um Aufnahme in das Noviziat. Am 6. August 1936 legte sie zeitliche Profeß ab und am 6. August 1939 ewige Profeß.
Schwester Seraphine wirkte als Lehrerin an den Volksschulen in Dillingen, Höchstädt, Lauingen, noch einmal Dillingen und Oettingen. Es war ihr stets ein großes Anliegen, die natürlichen Gaben und Begabungen ihrer Schüler und Schülerinnen mit Konsequenz zu fördern, sie zum guten Handeln anzuleiten und ihnen Gott nah zu bringen im Religionsunterricht.
1963 wurde Schwester Seraphine als Noviziatsleiterin eingesetzt und nahm diese Aufgabe bis 1969 wahr. 1969 wurde sie gebeten, die Leitung des Grundausbildungslehrganges für Hauswirtschaft und Sozialberufe im Marienheim Straubing zu übernehmen. Sie führte diesen Schulzweig und erteilte selbst Unterricht in verschiedenen Fächern bis 1978. Als sie aus Altersgründen aus der Schule ging, nahm sie noch einmal eine Versetzung auf sich in den kleinen Konvent Unterdürrbach. 10 Jahre stand sie der Kirche von Unterdürrbach zur Verfügung im Pfarrbüro, im Sakristeidienst und mit einer Schola trug sie auch zur Gestaltung der Pfarrgottesdienste bei. Es war ihr auch ein großes Anliegen, mit ihren beiden Mitschwestern eine gute Lebens- und Gebetsgemeinschaft zu führen. Als die Filiale 1983 aufgehoben wurde, bat Schwester Seraphine nach Sendelbach gehen zu dürfen. Sie arbeitete noch, was in ihren Kräften stand, und betete viel.

Sr. M. Heladia
(Kunigunde) Albrecht, O.S.F.

* 27.08.1914 Kemmern
† 03.09.1986 Buchloe (Bauchspeicheldrüsenerkrankung)

Profess:
30.03.1937
30.03.1940 (Ewige)

Profanes Leben	Berufung und klösterliches Leben	Persönliches Wirken	Quellen
Familie: Früher Verlust der Eltern *Ausbildung:* Besuch der Volks- und Fortbildungsschule Kemmern *Beruf:* Säuglingsschwester Pförtnerin	• 1934: Kandidatin in Baschenegg • 1936: Einkleidung • Primär tätig als Säuglingsschwester, verdingte sich aber auch als Pförtnerin und machte Garten- sowie Hausarbeiten in: 1937: Baschengg; 1944: Kleinostheim 1956: Otterbach 1959: Wunderburg bei Bamberg; Vikarin in Bamberg 1962: St. Achaz in München; Mariahilf in Bamberg • Seit dem 08.01.1972: Aufenthalt in Kalzhofen	Sr. M. Heladia hatte aufgrund des frühen Verlusts der Eltern eine schwere Jugend. Sie wird beschrieben als „stille, zufriedene Mitschwester, die mit großer Treue und Selbstverständlichkeit arbeitete und diente. Nie wollte sie sich schonen, trotz ihrer schwachen Gesundheit." Nachruf	Nachruf verfasst von Sr. M. Adelgart, Maria Medingen, 03.09.1986 Todesanzeige Registereintrag

H e l a d i a Albrecht, Kunigunde

Geb. 27.8.1914 (1914) Kemmern /Ofr. **Prof.:** 30.3.1937 **Beruf:** Säuglingsschwester
Kr. Bamberg ewige 30.3.40 Pförtnerin

Aufenthaltsort: **Bemerkungen:**

Baschenegg 1937
Kleinostheim 1944
Otterbach 1956
" Vikarin 1959
Bamberg, Wunderburg 1959
München, St. Achaz 13.9.1962
Bamberg, Mariahilf Mai 1968
Kalzhofen 8. 1. 1972
† Buchloe, Kr, 3. 9. 1986 um 11.35 Uhr

In Liebe und Gebet gedenken
wir unserer lieben Schwester

M. Heladia Albrecht
OSF

Geburt: 27. August 1914
Profeß: 30. März 1937
Heimgang: 3. September 1986

Den Gläubigen wird das Leben
nicht genommen –
vielmehr neu geschenkt.
Zerfällt die Herberge dieses
Erdenlebens in Staub –
so öffnet sich das Vaterhaus
im Himmel auf ewig.
Totenpräfation

sofortdruck eberl · Immenstadt

Maria Medingen, 03.09.1986

Liebe Schwestern!

Heute um 11.25 Uhr durfte in unserem Krankenhaus St. Josef in Buchloe unsere liebe Mitschwester

M. H e l a d i a (Kunigunde) A l b r e c h t , OSF

für immer von ihrer Pilgerschaft heimkehren.

Seit einigen Monaten schon war sie als Patientin in Buchloe, schwer leidend an einer bösen Bauchspeicheldrüsen-Erkrankung. Am vergangenen Samstag waren ihre Mitschwestern noch bei ihr. Sie freute sich, mit ihnen zusammen noch die Vesper zu beten.

Es war zwar offensichtlich, daß ihr nicht mehr geholfen werden konnte, aber daß sie so rasch Abschied nehmen würde, war eine Stunde vorher noch nicht zu ahnen. Still, doch noch begleitet vom Segen des Priesters und unter dem Gebet der Mitschwestern ging sie ins ewige Daheim.

Sr. Heladia war geboren am 27. August 1914 in Kemmern, Kreis Bamberg. Dort besuchte sie die Volks- und Fortbildungsschule. Sehr früh verlor sie ihre Eltern und hatte daher eine schwere Jugend.

1934 kam sie als Kandidatin nach Baschenegg. 1936 wurde sie eingekleidet, am 30. März 1937 legte sie ihre Erstprofeß ab, am 30. März 1940 ihre Ewige Profeß. Lange Jahre war sie als Säuglingsschwester eingesetzt, teilweise auch als Pförtnerin, viel und gern arbeitete sie im Haus und Garten. Ihre Wirkungsorte im Laufe ihres Ordenslebens waren: Baschenegg - Kleinostheim - Otterbach - München, St. Achaz - Bamberg - und seit 1972 Kalzhofen.

In Sr. Heladia hatten wir eine stille, zufriedene Mitschwester, die mit großer Treue und Selbstverständlichkeit arbeitete und diente. Nie wollte sie sich schonen, trotz ihrer immer schwachen Gesundheit. Was sie durch ihr Beten, ihre Stille, ihre liebe Aufmerksamkeit und ihren Fleiß an reichen Gaben verschenkt hat, das möge Gott ihr nun vergelten, der heute im Evangelium den Seinen verheißen hat: "Ihr sollt in meinem Reich mit mir an meinem Tisch essen und trinken..."

Um das dankbare Gebet für unsere heimgegangene Schwester bittet Sie

Ihre

Sr. M. Adelgart, OSF.

Freitag, 05.09.86: 13.30 Uhr Requiem, anschließend Beerdigung in Buchloe

Sr. M. Gerharda (Kunigunde) Spörlein, O.S.F.

* 13.02.1918 Kemmern
† 09.01.1989 Dillingen, Mutterhaus

Profess:
07.08.1939
07.08.1942 (Ewige)

Profanes Leben	Berufung und klösterliches Leben	Persönliches Wirken	Quellen
Familie: Ihre Nichte ist Sr. M. Lorita, OFS *Ausbildung:* k.n.A. *Beruf:* Handelslehrerin, Realschullehrerin	• 1939: Eintritt in den Konvent in Lohr Tätigkeiten: • 1952: Dillingen Mutterhaus: • 1953: Maria Medingen an der Mittelschule: Baschenegg: 07.09.1970–12.09.1976: Oberin Danach Aufenthalt bei den Dillinger Franziskanerinnen	k.n.A.	Registereintrag Todesanzeige

»Der Herr ist mein Hirte, nichts wird mir fehlen. Er läßt mich lagern auf grünen Auen und führt mich zum Ruheplatz am Wasser.«
(Ps 23)

In Dankbarkeit und Gebet gedenken wir unserer lieben Mitschwester

M. Gerharda Spörlein OSF
Realschullehrerin a. D.

geboren am 13. 2. 1918
Profeß am 7. 8. 1939
heimgegangen am 9. 1. 1989

Der Herr schenke ihr Frieden und Freude in seiner Herrlichkeit.

Stiftsbibliothek Engelberg, um 1335   Verlag Ettal / 9980

Gerharda Spörlein, Kunigunde

Geb. 13.2.1918 Kemmern /Ofr. Kr.Bamberg	Prof.:7.8.1939 ewige 7.8.42	Beruf: Handelslehrerin
		Nt 16. 10.

Aufenthaltsort:		**Bemerkungen:**
Lohr, Konv.	1939	Tante von M.Lorita OSF
Dillingen, Mutterh,	1952
M.Medingen, Mittelsch.	1953
Baschenegg	7. 9. 1970	Oberin 7.9.1970 - 12.9.1976
Dillingen, Fr.	12.9.1976

† " Mutterhaus 9.1.1989 um 18.20 Uhr

156 // Sr. M. Gerharda

Sr. M. Amaltraut
(Anna Maria) Albrecht, O.S.F.

* 15.10.1919 Kemmern
† 20.02.2001 Wipfeld

Profess:
07.08.1940
09.08.1943 (Ewige)

Profanes Leben	Berufung und klösterliches Leben	Persönliches Wirken	Quellen
Familie: Religiöses Elternhaus Erstgeborene von zehn Geschwistern *Ausbildung:* Volksschule Seit 1933: Besuch der Mittelschule in Dillingen als Kandidatin auf Wunsch der Eltern Bis 1938: Ausbildung zur Handarbeitslehrerin am Dillinger Seminar Gesellenprüfung im Weißnähen *Beruf:* Handarbeitslehrerin Näherin	• 1933: Kandidatin in Dillingen • Nach dem Noviziat und der Erstprofess: Handarbeitslehrerin u.a. in Olching Aschau, Straubing, Marienheim, Kleinrinderfeld und Kübelberg • Seit dem 30.10.1957: Handarbeitslehrerin in Wipfeld • 1985: Ausscheiden aus dem Schuldienst • Seit 1985: Betreuung von Ministranten, Verrichtung von Mesnerdiensten, Sorge um die Pfarrbücherei, den Kirchenschmuck und die Kirchenwäsche, Andachten und Messbestellungen	Die Lebenswege ihrer Schwester Sr. M. Berga, ihrer Cousine Sr. M. Heladia und ihres nicht näher benannten Onkels, der dem Franziskanerorden beitrat, bestärkten sie in ihrer Entscheidung, den Dillinger Franziskanerinnen beizutreten. Im Nachruf wird betont, dass Sr. M. Amaltraut über die Vermittlung manueller und gestalterischer Fähigkeiten hinaus besonders auf die religiöse Erziehung ihrer Schülerinnen achtete. Auch der Brief des Bischofs von Würzburg – anlässlich 25 Jahre Mesnerdienst – an Sr. M. Amaltraut unterstreicht ihren sorgsamen Charakter: „Sie haben an Ihrer Stelle wahr gemacht, dass eine Kirchengemeinde und eine Diözese wie überhaupt eine Gemeinschaft nicht die Summe vieler Interessen ist, sondern die Summe an Hingabe"	Nachruf verfasst von Sr. M. Jutta, Bamberg 21.02.2001 Todesanzeige

Bamberg, 21.02.2001

> „Ihr, die ihr den Herrn fürchtet, vertraut auf ihn,
> und ER wird euch den Lohn nicht vorenthalten.
> Ihr, die ihr den Herrn fürchtet, hofft auf Heil,
> auf immerwährende Freude und auf Erbarmen."   Sir. 2,16

Liebe Mitschwestern,

diese tröstlichen Worte aus der liturgischen Tageslesung vom 20.02.2001 begleiteten das Leben und Sterben unserer Mitschwester

M. Amaltraut (Anna Maria) Albrecht, OSF.

Am 20.02.2001 um 20.00 Uhr erlöste sie Gott, Herr über Leben und Tod des Menschen, von einem schweren Leiden. Sie litt an einem Bronchialkarzinom. Als Sr. Amaltraut vor einem Jahr nach längerem Aufenthalt im Krankenhaus in Schweinfurt in ihren Konvent nach Wipfeld zurückkehren durfte, konnte sie nur noch sehr leise sprechen. In gläubiger Gelassenheit nahm sie das Kreuz dieser Erkrankung auf sich. Die Schwestern des Konventes schenkten ihr aufmerksame pflegerische Fürsorge, begleitendes schwesterliches Gebet und so Geborgenheit in den ihr vertrauten Räumen. Die zuverlässige ärztliche Betreuung und die priesterliche Anteilnahme bedeuteten Sr. Amaltraut und den Schwestern des Konventes sehr viel. Gott möge ihnen den Dienst lohnen.

Sr. Amaltraut wurde am 15.10.1919 in Kemmern geboren. Als „Erstgeborene" von 10 Geschwistern lernte sie bald, Sorge und Verantwortung für andere zu übernehmen. Mit großer Ehrfurcht und Dankbarkeit sprach Sr. Amaltraut von ihren Eltern, die der großen Kinderschar nicht nur Leben und Heimat schenkten, sondern auch eine tragfähige religiöse Erziehung. Aus dem Familienkreis wurden ihre Schwester, Sr. Berga (Dillingen), ihre Cousine, Sr. Heladia und ein Onkel als Franziskaner zu einem geistlichen Leben berufen.

Nach dem Besuch der Volksschule in Kemmern durfte Sr. Amaltraut 1933 nach Dillingen als Kandidatin in die Mittelschule wechseln. Schon in jungen Jahren erkannte sie ihren Lebensweg: sie wollte Handarbeitslehrerin und Klosterfrau werden. 1938 legte sie am Handarbeitslehrerinnen-Seminar in Dillingen die Abschlussprüfung ab und ergänzte diese Ausbildung zur Handarbeitslehrerin mit der Gesellenprüfung im Weißnähen.

Nach dem Noviziat legte Sr. Amaltraut die zeitlichen Gelübde am 07. August 1940 und die ewigen Gelübde am 09.08.1943 ab. Die Hingabe an Gott, an die Menschen und an die Gemeinschaft zeichneten ihr Leben aus und wurden zum Segen für die Menschen. Der klösterliche und berufliche Lebensweg führte Sr. Amaltraut nach Olching, Aschau, Straubing Marienheim, Kleinrinderfeld, Kübelberg und schließlich nach Wipfeld am 30.10.1957.

Sr. Amaltraut war eine beliebte und hochgeschätzte Handarbeitslehrerin. Sie vermittelte im Handarbeitsunterricht an der Volksschule in Wipfeld nicht nur manuelle und gestalterische Fähigkeiten, sondern auch die Bedeutung religiöser Werte für eine sinnvolle Lebensführung.

1985 wurde Sr. Amaltraut aus dem Schuldienst entlassen. Sie stellte sich mit ihren vielseitigen Begabungen ganz in den Dienst der Pfarrei: Mesnerdienste und Ministrantenbetreuung, Pfarrbücherei, Kirchenschmuck und Kirchenwäsche, Andachten und Meßbestellungen. Sr. Amaltraut führte ein engagiertes Leben für die Kirche im Kleinen in einer Pfarrei. Es war für sie eine große, tiefe Freude, erleben zu dürfen, dass nach 100 Jahren aus der Gemeinde ein Priester berufen wurde. Er spendete Sr. Amaltraut auch die Krankensalbung im Krankenhaus.

Der Bischof von Würzburg schrieb Sr. Amaltraut zu 25 Jahren treuen Mesnerdienstes: „Sie haben an Ihrer Stelle wahrgemacht, dass eine Kirchengemeinde und eine Diözese wie überhaupt eine Gemeinschaft nicht die Summe vieler Interessen ist, sondern die Summe an Hingabe (Exupery)." Bei ihrem 40-jährigen Professjubiläum wurde ihr die Ehrennadel in Gold für die kirchlichen Dienste überreicht.

Trotz vielfältiger Dienste in der Pfarrei waren Sr. Amaltraut die klösterliche Gemeinschaft, die Pflege des gemeinsamen und individuellen Gebetes ein großes Anliegen. Gewissenhaft, verantwortungsvoll, ausgleichend versuchte sie als Oberin des Konvents mit den Schwestern den Weg der franziskanischen Berufung zu gehen.

„Ihr, die ihr den Herrn fürchtet, vertraut auf ihn und ER wird euch den Lohn nicht vorenthalten." Gott wird Sr. Amaltraut Lohn in überreichem Maß zuteil werden lassen.

In Dankbarkeit für ihr Leben mit uns, für die Treue zu ihrer Berufung, für ihre Hingabe schenken wir unserer lieben verstorbenen Mitschwester unser Gebet.

Ihre

Sr. M. Jutta, OSF.

Freitag, 23.02.2001, ist um 14.30 Requiem in der Pfarrkirche in Wipfeld, anschließend Beerdigung.

Danket dem Herrn, denn er ist gut!
Dankbar beten wir für
unsere liebe Mitschwester

M. Amaltraut Albrecht O.S.F.

geb. am 15.10.1919 in Kemmern
Profeß am 07.08.1940 in Dillingen /Do.
gest. am 20.02.2001 in Wipfeld

Herr, gib ihr die Fülle des Lebens,
und das Licht deiner Herrlichkeit leuchte ihr.
Herr, laß sie leben bei dir in Ewigkeit.

Bestattungen Meder

Sr. M. Berga (Regina) Albrecht, O.S.F.

* 15.08.1926 Kemmern
† 07.11.2001 Maria Medingen

Profess:
08.09.1947
08.09.1950 (Ewige)

Profanes Leben	Berufung und klösterliches Leben	Persönliches Wirken	Quellen
Familie: Neun Geschwister *Ausbildung:* Im Kindergarten betreut von Sr. M. Piatoni Besuch der Volksschule in Kemmern, der Mittelschule in Dillingen Praktikum im Kindergarten St. Joachim, München 1954–1956: Ausbildung zur Kindergärtnerin in Dillingen *Beruf:* Kindergärtnerin	• 08.08.1946: Einkleidung in Dillingen • 1948–1991: Tätigkeit im Kindergarten der Pfarrgemeinde St. Joachim auf Bitten des Stadtpfarrers Pongratz • Konventverantwortliche und Leiterin des Kindergartens in der Gemeinde St. Joachim • 1993: Liebevoller Abschied von St. Joachim aus gesundheitlichen Gründen (Herz-Rhythmus-Störungen, Diabetes) • Nov. 1944–Mai 2000: Leben und Mithilfe im Kinderheim Baschenegg • Seit Mai 2000: Aufenthalt im Schwesternaltenheim St. Clara	Sr. M. Berga wirkte in St. Joachim gemeinsam mit Sr. M. Rupertine und Sr. M. Magdalena. Zu ihrer Familie, besonders zu ihren Geschwistern (→ Amaltraut), stand sie in engem und stetigem Kontakt. Als St. Joachim 1993 aufgelöst werden musste, bereiteten ihr „ihr zuständiger Stadtpfarrer, der ihr freundschaftlich verbundene Herr Pfarrer Giglberger und viele dankbare Joachimer" einen liebevollen Abschied. „Wir haben nicht nur ein Original unserer Gemeinschaft verloren, sondern auch eine liebenswerte Mitschwester, die uns in ihrer kernigen, freundlichen und warmherzigen Art immer in guter Erinnerung bleiben wird." Nachruf	Nachruf von Sr. M. Bernhild, Maria Medingen 07.11.2001

ICH BIN DIE AUFERSTEHUNG UND DAS LEBEN

Maria Medingen, 07. November 2001

Liebe Mitschwestern,

mit Betroffenheit haben wir heute aus unserem Haus St. Clara die Nachricht empfangen, dass unsere liebe Mitschwester

M. Berga (Regina) Albrecht, OSF

um 18:35 Uhr plötzlich verstorben ist.
Wir können es noch gar nicht fassen, dass der Heimgang für unsere Sr. Berga so schnell kam. Vor drei Tagen feierte sie noch wach und lebendig mit uns die Übertragung der Leitungsverantwortung für das Haus St. Clara an Sr. Irmgard, und vor zwei Tagen hat sie sich noch der Herzschrittmacherkontrolle in Augsburg unterzogen.
Der Herr über Leben und Tod kennt den Tag und die Stunde!

Geboren wurde Sr. Berga am 15. August 1926 in Kemmern. „Meine Heimat ist im schönen Frankenland am Main gelegen", so schreibt sie in ihrem Lebenslauf. „Rechts und links grüßen unsere Berge, die Ausläufer vom Fränkischen Jura und der Kreuzberg. Mit noch acht Geschwistern verbrachte ich eine sehr schöne Kinderzeit. Mein Bruder Michael verstarb im Kleinkindalter.
Seit 1890 leben Dillinger Franziskanerinnen mit uns in Kemmern. Auch hatte ich das Glück, bei Sr. Piatoni, die wir sehr liebten und schätzten, in den Kindergarten zu gehen. Unsere älteste Schwester Maria war seit 1933 in der Schule in Dillingen. Im August 1940 wurde sie eingekleidet und bekam den Namen M. Amaltraut."

Es ist nicht verwunderlich, dass Regina nach dem Besuch der Volksschule in Kemmern an unsere Mittelschule nach Dillingen wechselte. In ihren Zeugnissen werden ihr Zielstrebigkeit und Begabung bestätigt. Der Versuch unserer Frau Meisterin Gonsalva, die Postulantin Regina zu einem Kindergartenpraktikum nach München St. Joachim zu schicken, erwies sich als richtige Einschätzung ihrer beruflichen Neigung. Die Liebe zu den Kindern und zu unserer Kongregation war erwacht.

Sr. Berga sagte ihr JA bei der Einkleidung am 8.8.1946 in Dillingen und bestätigte ihren Entschluss für den Weg der Nachfolge Jesu bei der Erstprofess am 9.8.1947 und der Ewigprofess am 9.8.1950. Herr Stadtpfarrer Pongratz aus München bat in Dillingen um die Jungprofessin, und Sr. Berga schlug tiefe Wurzeln im Kindergarten der Pfarrgemeinde St. Joachim, der ihr Wirkungsfeld von 1948 bis 1991 war.
In den Jahren 1954–56 hat sie sich in Dillingen die Qualifikation zur Kindergärtnerin erworben und die Ausbildung mit gutem Erfolg abgeschlossen.

Neben ihrer großen Aufgabe als Leiterin des Kindergartens hat sie über zwei Jahrzehnte treu und gewissenhaft die Konventverantwortung in der kleinen Gemeinschaft von St. Joachim getragen.

Als im Jahr 1993 bei Sr. Berga vermehrte Herz-Rhythmus-Störungen auftraten und eine internistische stationäre Abklärung auch noch schwere Diabetes nachwies, wusste Sr. Berga, dass es Zeit war loszulassen. Wenn auch mit schwerem Herzen, so war Sr. Berga mit ihren damaligen Mitschwestern Sr. Rupertine und Sr. Magdalena tapfer und bereit, da JA zur Auflösung von St. Joachim zu sagen. Ihr zuständiger Stadtpfarrer, der ihr freundschaftlich verbundene Herr Pfarrer Giglberger und viele dankbare Joachimer haben den Schwestern einen liebevollen Abschied bereitet.

In der Zeit vom November 1994 bis zum Mai 2000 hat Sr. Berga gerne im Kinderheim Baschenegg gelebt. Mit vielen kleinen Diensten hat sie sich nützlich gemacht und fühlte sich in der Konventgemeinschaft geborgen.
Der Schritt in unser Schwesternaltenheim St. Clara fiel Sr. Berga schwer, aber sie vollzog ihn bereitwillig.

Zeit ihres Lebens blieb Sr. Berga mit ihrer Familie eng verbunden. Gerne pflegte sie auch Kontakte zu Bekannten, Freunden und Mitschwestern.

Ihren noch lebenden Geschwistern und Angehörigen, wie auch unserer Schwester Rupertine im Haus St. Clara gilt unsere Anteilnahme und unser Mitgefühl.
Wir danken Sr. Berga für ihren unermüdlichen Einsatz und Dienst an vielen Kindern und für ihr frohes Glaubenszeugnis als Dillinger Franziskanerin. Wir haben nicht nur ein „Original" unserer Gemeinschaft verloren, sondern auch eine liebenswerte Mitschwester, die uns in ihrer kernigen, freundlichen und warmherzigen Art immer in guter Erinnerung bleiben wird.

Wir bitten Gott, dass er unsere Sr. Berga an der Tafel des himmlischen Festmahles zusammenführe mit ihrer lieben Sr. Amaltraut, sie Platz nehmen lasse und für immer sättige mit der Liebe, die ER selbst ist.

Ihre
Sr. Bernhild OSF

Montag, 12. November um 13:30 Uhr Rosenkranz und Beerdigung auf dem Friedhof in Dillingen, anschließend Auferstehungsgottesdienst in der Kapelle im Haus St. Clara.

Sr. M. Witburga (Margaretha) Dorsch, O.S.F.

* 19.09.1914 Kemmern
† 22.01.2001 Sendelbach

Profess:
08.04.1949
28.08.1953 (Ewige)

Profanes Leben	Berufung und klösterliches Leben	Persönliches Wirken	Quellen
Familie: Vater Lorenz Dorsch (Landwirt, Tüncher) Mutter Maria Agnes Drei Geschwister *Ausbildung:* 1920–1928: Volkshauptschule Ab 1928: Besuch der Fortbildungsschule Bis 1931: Mithilfe in der elterlichen Haus- und Landwirtschaft 1935: Anlernen zur Anlegerin in den Druckereien im St. Otto-Verlag, Bamberg Seit 1946: Besuch eines sechswöchigen Kurses im Kindergärtnerinnenseminar *Beruf:* Anlegerin, Kinderpflegerin	• 1946: Kandidatur in Kleinostheim • 1948: Einkleidung, Noviziat • 1949–1952: Tätigkeit in Wipfeld • bis 1960: Tätigkeit in Westheim • 1960–1968: Tätigkeit im Bamberger Priesterseminar, hauptsächlich als Näherin, ansonsten tätig im Speisesaal • 1968: Versetzung nach Würzburg ins Piusseminar • bis 1986: Näherin im Piusseminar • 1988: Übernahme der Pflege ihrer kranken Schwester in Kemmern • 1994: Ruhestand und Umzug nach Bamberg ins Montanahaus • 2002: Umzug nach Sendelbach aufgrund ihrer schweren Erkrankung (Beinamputation aufgrund von schweren Durchblutungsstörungen)	Sr. M. Witburga konnte den von ihr gewünschten klösterlichen Lebensweg nicht ohne Schwierigkeiten und Hürden beschreiten. Die Einbindung in ihre Familie und die Kriegsjahre – bis zum Kriegsende druckte sie Lebensmittelkarten – verhinderten einen früheren Eintritt ins Kloster. Auch während ihrer Wirkenszeit als Schwester blieb sie ihrer Familie eng verpflichtet: So stellte sie ihr klösterliches Leben ein weiteres Mal zurück, als es galt, ihre Schwester zu pflegen. Dies zeigt die enge Verbundenheit zwischen Sr. M. Witburga und ihren Mitmenschen.	Nachruf von Sr. M. Bonita, Bamberg 23.01.2001 Todesanzeige

Mit Dank- und Ehrenurkunden des Bayererischen Staatsministers für Sozialordnung, Dr. Gebhard Glück, und der Pflegemedaille in Anerkennung der langjährigen, aufopfernden Hilfe für bedürftige Menschen zeichnete Landrat Otto Neukum dieser Tage Schwester Witburga (Margaretha Dorsch) aus Kemmern, Gisela Leithner aus Hallstadt, Gertrud Hoffmann aus Zapfendorf und Andreas Stark aus Lisberg aus. Der Landrat stellte heraus, daß die Geehrten oft rund um die Uhr unentgeltlichen Dienst am Nächsten geleistet haben. Teilweise bereits seit Jahrzehnten haben sich die Genannten zu Hause pflegebedürftiger Menschen, meist enger Angehöriger, angenommen. In der heutigen Gesellschaft seien derartige Leistungen höchst selten und verdienten daher um so mehr auch öffentliche Anerkennung. Als Dank des Landkreises überreichte Neukum je ein Blumen- und ein Buchpräsent. Foto: Mader

Dem Ordensberuf ihr Leben geweiht

In Kemmern feierte Margareta Dorsch als Schwester Witburga 40. Profeßjubiläum

Kemmern (KE). Das 40. Jubiläum ihrer Ordensprofeß beging Schwester Witburga von den Dillinger Franziskanerinnen. Mit bürgerlichem Namen heißt sie Margareta Dorsch, wurde in Kemmern geboren und hatte schon von klein auf den Wunsch, Ordensfrau zu werden.

Doch Familie und Kriegszeit hinderten sie zunächst daran, ihren Plan auszuführen. Im Handwerksbetrieb und der kleinen Landwirtschaft der Eltern wurde jede Hand gebraucht, als die beiden Brüder zur Wehrmacht einrücken mußten. Margareta Dorsch arbeitete auch in Bamberg im St. Otto-Verlag bis zu dessen Schließung durch die Nationalsozialisten, später bei einer privaten Druckerei.

Erst nach dem Kriege durfte sie 1946 in Kleinostheim bei Aschaffenburg in das dortige Haus der Dillinger Franziskanerinnen eintreten, wo sie 1948 eingekleidet wurde. Ihre Profeß legte sie 1949 in Dillingen ab.

Sr. Witburga wirkte in den Kindergärten von Westheim bei Haßfurt und Wittfeld bei Schweinfurt, ab 1960 im Priesterseminar Bamberg. 1968 wechselte sie über zum St.-Pius-Seminar der Merianhiller Missionare in Würzburg.

Ihre dortige Tätigkeit in den Wirtschaftsbetrieben dieser Einrichtung bezeichnet sie als die schönste und erfüllteste Zeit ihres Lebens im Ordensberuf.

Obwohl Sr. Witburga schon im 75. Lebensjahr steht, ist sie noch immer aktiv. Seit 1986 ist sie Mitglied des Kemmerner Schwesternkonvents und dazu abgeordnet, ihre hilfsbedürftige Schwester in Kemmern zu pflegen.

„Singt dem Herrn ein neues Lied!"

Psalm 89

Wir bleiben in Gott verbunden unserer lieben Mitschwester

W. Witburga Dorsch

geb. am 19.09.1914
Profeß am 08.04.1949
gest. am 22.01.2001
im Schwesternheim Sendelbach

Herr, schenke ihr die Erfüllung ihrer Sehnsucht und vollende ihr Leben in dir!

Druckerei J. Grote, Lohr

Bamberg, 23.01.2001

Liebe Mitschwestern,

die zweite Antiphon zur Laudes des heutigen Tages bringt zum Ausdruck, was für unsere Mitschwester Witburga Wirklichkeit wurde.

"Meine Seele verlangt nach dir in der Nacht. Am Morgen erwache ich zu dir, mein Gott"

Die Vollendung ihrer Sehnsucht und Hoffnung ereignete sich für unsere liebe Mitschwester

M. Witburga (Margaretha) Dorsch, OSF

am Montag, den 22.01.2001, um 22.40 Uhr. Das Erwachen zum ewigen Leben, das Heimkommen zu Gott. Ihre letzte Wegstrecke war gekennzeichnet von schwerer Erkrankung. Sie litt an fortschreitenden Durchblutungsstörungen in den Beinen. In der Woche vor Weihnachten musste sie wegen starker Schmerzen im Bein in das Lohrer Klinikum eingeliefert werden, die Amputation eines Beines war unumgänglich. Erst nach Weihnachten konnte sie entlassen werden. Die Mitschwestern und die weltlichen Pflegeschwestern versorgten sie auf der leidvollen Wegstrecke liebevoll und aufmerksam und ließen ihr Trost und Hilfe zuteil werden. Schon nach etwa 3 Wochen wies sie der Arzt wieder in das Klinikum zur Amputation des zweiten Beines ein. Die Ärzte sahen jedoch davon ab. Auf Wunsch von Sr. Picenta wurde Sr. Witburga vom Krankenhaus entlassen. Sie starb noch am gleichen Tag in unserem Schwesternheim in Sendelbach.

Sr. Witburga wurde am 19.09.1914 als Älteste von drei Geschwistern im fränkischen Dorf Kemmern geboren. Ihre Eltern Lorenz und Maria Agnes Dorsch bearbeiteten eine kleine Landwirtschaft, der Vater arbeitete auch als Tüncher. Die Familie und ihr Heimatdorf Kemmern bedeuteten Sr. Witburga sehr viel. Dort fühlte sie sich geborgen und blieb bis ins hohe Alter in lebendigem Kontakt.

Nach dem Besuch der Volkshauptschule von 1921 bis 1928 und nach Abschluß der dreijährigen Volksfortbildungsschule in ihrem Heimatort unterstützte sie ihre Mutter in der Haus- und Landwirtschaft bis zu ihrem 21. Lebensjahr.

Ihren Wunsch, ins Kloster zu gehen, stellte sie zurück. Sie fühlte sich verpflichtet, für die Familie den Unterhalt mit zu verdienen und ließ sich 1935 als Anlegerin in der Druckerei im St. Otto-Verlag in Bamberg anlernen. Ihr beruflicher Einsatz wurde durch das nationalsozialistische Regime gravierend gestört. In elf Jahren musste sie dreimal die Druckerei wechseln und bis zum Ende des Krieges im Drucken von Lebensmittelmarken aushalten, bis Kriegsheimkehrer diese Arbeit übernahmen.

Sr. Witburga verlor ihr eigentliches Ziel, den Eintritt in unsere Kongregation, nie aus dem Auge und bat 1946 um Aufnahme in unsere Ordensgemeinschaft. Zwei Jahre verbrachte sie als Kandidatin in Kleinostheim. Sie absolvierte einen sechswöchigen Kurs im Kindergärtnerinnen-Seminar in Dillingen als Kinderpflegerin und wurde 1948 in Dillingen eingekleidet. Nach dem Noviziat legte sie am 08.04.1949 ihre Erstprofess und am 28.08.1953 ihre Profess auf Lebenszeit ab.

Ihr klösterlicher Pilgerweg führte sie 1949 für 3 Jahre nach Wipfeld, 8 Jahre nach Westheim und 8 Jahre nach Bamberg ins Priesterseminar. Dort setzte sie ihre Kraft vor allem im Nähzimmer und im Speisesaal ein. 1968 wurde sie nach Würzburg ins Piusseminar versetzt. 18 Jahre diente sie durch ihre tägliche Arbeit im Nähzimmer und mit ihrem treuen Gebet.

1988 übernahm Sr. Witburga die Pflege ihrer kranken Schwester, da keine engeren Angehörigen mehr lebten; sie wurde dem Konvent Kemmern angegliedert. Als ihre Kräfte nachließen und der Pflegedienst für sie zu anstrengend wurde, kam sie 1994 in den "Ruhestand" nach Bamberg ins Montanahaus, ihre Schwester bekam einen Platz in einem Altenheim in Bamberg.

Eine schwere Erkrankung machte einen Klinikaufenthalt in Bamberg mit anschließender Verlegung in unser Schwesternheim Sendelbach am 16.03.2000 notwendig. So musste sich Sr. Witburga von ihrem geliebten Bamberg und Kemmern trennen und fand Aufnahme in unserem Schwesternheim in Sendelbach. Aus der Begegnung mit ihrem Herrn holte sie täglich Kraft für ihren schweren Weg.

In Dankbarkeit für ihr Leben mit uns und für die Menschen schenken wir Sr. Witburga unser schwesterliches Fürbittgebet.

Ihre

Sr. M.Bonita, OSF

Am Freitag, 26.01.2001, ist um 13.30 Rosenkranz in der Schwesternkapelle in Sendelbach, anschließend Beerdigung und Requiem.

Sr. M. Alexandra Lowinski, O.S.F.

*06.03.1931 Niederschlesien

Profess:
27.08.1953

Profanes Leben	Berufung und klösterliches Leben	Persönliches Wirken	Quellen
Familie: Vater: Lehrer, zeitweilig tätig als Bahnarbeiter Acht Geschwister (Sr. M. Gertrudis) *Ausbildung:* Aufnahme in der Lehrerinnenbildungsanstalt der Dillinger Franziskanerinnen 1952: Beendigung der Ausbildung *Beruf:* Volksschullehrerin	• Kontakt zu den Franziskanerinnen während der Besuche bei Vater und Schwester: • „Dank des regen Interesses dieser guten Schwestern, ihrer materiellen Unterstützung und sicher nicht zuletzt ihres Gebetes sowie ihrer Vermittlung konnte ich Aufnahme finden in der damaligen ordenseigenen Lehrerinnenbildungsanstalt der Dillinger Franziskanerinnen an ihrem Mutterhaus in Dillingen a. d. Donau." • August 1953: Beginn des Noviziats • Sr. M. Alexandra machte selbst keine weiteren Angaben zu ihrem Berufsalltag als Lehrerin oder zu ihrem klösterlichen Leben.	Sr. M. Alexandra, geboren in Niederschlesien, östlich der Oder-Neiße-Grenze, kam erst nach 1946 in Kontakt mit den Dillinger Franziskanerinnen, wenn sie ihren Vater in Kemmern besuchte. Ihr Vater fand in Kemmern gemeinsam mit seiner Tochter Irmgard nach der Kriegsgefangenschaft ein neues Zuhause, während die Mutter mit sieben Kindern über Lindenbach (Golau a.d. Oder) nach Deinsen (Niedersachsen) zog.	Erinnerungen, von Sr. M. Alexandra, Dillingen 05.09.1998

Dillingen, 05. September 1998

Lebensbild von Sr. Alexandra Lowinski OSF

(aus der Erinnerung aufgeschrieben)

Meine Heimat ist Niederschlesien im heutigen Polen, östlich der Oder-Neiße-Grenze.

Nach seiner Entlassung aus der amerikanischen Kriegsgefangenschaft 1945 fand mein Vater auf der vergeblichen Suche nach unserer Familie in Kemmern eine vorläufige Bleibe. Durch Vermittlung seiner ehemaligen Schülerin Maria Pietrucha, deren Familie in Kemmern ein neues Zuhause gefunden hatte, gelangte unser Vater nach Kemmern.
Der Bauer Kaspar Endres gewährte ihm Unterschlupf, bis er im damaligen Schulhaus zwei Wohnräume zugewiesen bekam, zusammen mit meiner ältesten Schwester Irmgard. Sie hatte nach den Wirren des Kriegsendes als erste unserer Familie wieder zum Vater gefunden.

Meine Mutter war mit sieben meiner Geschwister im Sommer 1946 aus unserer schlesischen Heimat in Lindenbach Kreis Glogau a.d. Oder ausgewiesen worden, weil dort polnische Familien angesiedelt wurden.

Auf Umwegen gelangten wir so nach Deinsen Kreis Alfeld in Niedersachsen. Von dort aus besuchte ich Vater und Schwester in Kemmern. Dabei bekam ich Kontakt zu den dortigen Dillinger Franziskanerinnen: Frau Oberin Nathanaela und die Schwestern Myrone (Köchin), Gerwigis (Hausfrau), Luitberga (Krankenschwester), einer Kindergärtnerin und Sr. Reginharda (Volksschullehrerin).

Dank des regen Interesses dieser guten Schwestern, ihrer materiellen Unterstützung und sicher nicht zuletzt ihres Gebetes sowie ihrer Vermittlung konnte ich Aufnahme finden in der damaligen ordenseigenen Lehrerinnenbildungsanstalt der Dillinger Franziskanerinnen an ihrem Mutterhaus in Dillingen a.d. Donau.

In deren Kandidatur zur Heranbildung von Ordensnachwuchs reifte in mir der Entschluß, in die Ordensgemeinschaft der Dillinger Franziskanerinnen einzutreten.
Nach der Ausbildung zur Volksschullehrerin begann ich im August 1952 das Noviziatsjahr und schloß mich mit der Ablegung der Ordensgelübde ganz der Gemeinschaft an.

Sr. Alexandra Lowinski OSF

Sr. Alexandra Lowinski OSF
(z.Zt. Missionsprokuratorin)

Sr. M. Adeline Pietrucha, O.S.F.

*30.07.1931 Kreidelwitz/Breslau

Profess:
27.08.1953
29.08.1956 (Ewige)

Profanes Leben	Berufung und klösterliches Leben	Persönliches Wirken	Quellen
Familie: k.n.A. *Ausbildung:* Aufgrund der Flucht kein kontinuierlicher Schulbesuch. Jan.–Juli 1946: Besuch der von Schwestern geleiteten Nähschule Ausbildung zur Erzieherin *Beruf:* Erzieherin	• Enger Kontakt zu den Dillinger Franziskanerinnen nach der Ankunft in Kemmern am 27.03.1945. Sr. M. Adelina betont, dass die Schwestern sie an keiner Stelle zu einem Klostereintritt drängten, wohl aber liebevoll unterstützten. • Aug. 1946: Eintritt in den Orden als Kandidatin in Dillingen • 25.08.1952: Einkleidung • zunächst Erzieherin im Kindergarten in Kleinrinderfeld • 1953–1956: Kindergärtnerin in Senden • 1956–1991: Leben und Arbeit im Kinderheim in Kalzhofen (Gruppenleiterin) • Seit 01.09.1991: Tätigkeiten im Priesterseminar Augsburg (besondere Verantwortlichkeit für die Sakristei)	U.a. der warmherzige Kontakt zu den Dillinger Franziskanerinnen motivierte Sr. M. Adeline zu ihrem Lebensweg.	Persönliche Angaben Spruch auf dem Briefpapier: „Der Herr des Friedens gebe euch Frieden allezeit und auf alle Weise. Der Herr sei mit euch allen!" 2. Thessalonicher 3, 16.

*Der Herr des Friedens
gebe euch Frieden allezeit und auf alle Weise.
Der Herr sei mit euch allen!*   2. Thessalonicher 3, 16

Lieber Herr Ring!

Nach der Flucht kam ich am 27.3.45 nach Kemmern.
Da unsere Wohnung direkt an den Garten der Schwestern grenzte gab es von Anfang immer wieder ein Gespräch mit irgend einer Schwester.

In dieser Zeit gab es für mich keinen Schulbesuch und so wurde ich öfters ins Kloster gerufen um kleine Hilfsdienste zu leisten oder Besorgungen zu erledigen. Regelmäßig half ich ihnen beim reinigen der Kirche.
Von Januar – Juli 1946 besuchte ich bei den Schwestern die Nähschule. In dieser Zeit konnte ich eine Menge lernen.
Die Beziehung zu jeder Schwester war sehr gut. Freundlichkeit, Liebe und Güte waren die Eigenschaften mit denen sich die Schwestern für mich auszeichneten.
    Ich hielt mich sehr gern im Kloster auf und ich fühlte mich immer mehr zu ihnen hingezogen.
    Der liebevolle Umgang unter den Schwestern, ihre Offenheit und Fröhlichkeit waren für mich beispielhaft. Der Gedanke auch ins Kloster zu gehen beschäftigte mich sehr. Die Schwestern bemerkten es bald, aber

sie drängten mich nie. —
Gerne halfen sie mir die Schritte zu tun, die für den Eintritt nötig waren.
So trat ich im August 1946 als Kandidatin in Dillingen ein.
Nach der Ausbildung als Erzieherin arbeitete ich im Kindergarten in Kleinrinderfeld. —

Geburtsdatum   30.7.1931
Einkleidung am   25. 8. 1952
Profeß   27. 8. 1953

Die 3 Jahre bis zur ewigen Profeß verbrachte ich in Senden im Kindergarten.
Ewige Profeß am 29.8. 1956
Von da an lebte ich 35 Jahre in Katzhofen im Kinderheim wo ich als Gruppenleiterin tätig war.
1991 verabschiedete ich mich von der Arbeit mit den Kindern.
Ein neues Arbeitsfeld wartete auf mich im Priesterseminar in Augsburg. Hier bin ich in erster Linie für die Sakristei mit allem Zubehör verantwortlich. Ansonsten bin ich bereit überall im ganzen Haus mitzuhelfen wo es nötig.
Am 1. Sept hat hier mein 11tes Jahr begonnen.
Ich hoffe, daß ich noch eine gute Zeit meine Kraft im Priesterseminar zur Verfügung stellen kann.
Lieber Herr Ring, ich hoffe, daß Sie aus diesen Zeilen herauspicken können was Sie verwenden wollen.
Ich wünsche Ihnen für Ihre Arbeit Gottes Segen. Bitte, vernichten Sie dann diesen Brief.
Herzlich grüßt Sie   Sr. Adeline

Sr. M. Friedgard
Margarethe Dorsch, O.S.F.

* 21.12.1934 Kemmern

Profess:
30.08.1956

Profanes Leben	Berufung und klösterliches Leben	Persönliches Wirken	Quellen
Familie: Eltern waren Landwirte Drei Geschwister *Ausbildung:* Kindergarten und Schulzeit während der Zeit des Nationalsozialismus, keine schulische Erziehung durch die Schwestern 1945/46: Sr. M. Reginharda Nehmer ist ihre Lehrerin Ausbildung in Handarbeit, Nähen, Stricken bei Oberin Sr. M. Nathanaela *Beruf:* Erzieherin	• Sept. 1948: Eintritt in die Gemeinschaft als 24. Schwester seit Gründung des Konvents im Jahre 1890. Ihr Eintritt steht am Ende einer großen Eintrittswelle von jungen Mädchen. • 1955/56: Noviziat in Dillingen • 1956–1988: Erzieherin in Hüttenbach • Seit 1988: Erzieherin im Kindergarten in Enkenbach	Da ihre Familie die Dillinger Franziskanerinnen mit Lebensmitteln unterstützte, kam Sr. M. Friedgard schon als Kind in Kontakt mit den Schwestern. Die Persönlichkeit und Spiritualität ihrer Lehrerin Sr. M. Reginharda Nehmer sowie die Fürsorge und der seelische Beistand, den die Schwestern ihrer Familie zuteil werden ließen, motivierten sie schließlich zu ihrem Lebensweg.	Befragung von Sr. M. Friedgard 21.09.1998

BEFRAGUNG VON SCHWESTER MARIA FRIEDGARD DORSCH AM 21.09.1998

Margareta Dorsch wurde am 21.12.1934 in Kemmern als viertes Kind der Landwirtseheleute Clemens und Kunigunda Dorsch geboren und wuchs in einer armen kleinen christlichen Bauernfamilie auf. Zu dieser Zeit war Kemmern ein landwirtschaftlich geprägtes Dorf, in dem die Dillinger Schwester bereits im gesamten Leben dieser Ortschaft eine wichtige Funktion ausübten und im Bewußtsein der Menschen tief und fest verwurzelt waren. Deshalb gehörte es hier zur Selbstverständlichkeit, daß die Franziskaninnen von den Familien Unterstützung in verschiedener Art und Weise, speziell in Form von Lebensmitteln erhielten. Kinder und Jugendliche brachten daher oft landwirtschaftliche Erzeugnisse ins Kloster, und so kam es zu verschiedenen Begegnungen mit den Schwestern, denn diese waren damals noch nicht so viel im Ort präsent, als dies dann später der Fall war. Auch Margareta Dorsch mußte des öfteren Äpfel, Kartoffeln, einen Preßsack und anderes aus der Landwirtschaft im Auftrag ihrer Eltern bei den Schwestern abgeben und konnte so die ersten Kontakte zum Orden knüpfen.

Da ihre Kindheit in die Zeit des Nationalsozialismus fiel, hatte sie im Kindergarten und in ihren ersten Schuljahren keine Schwestern im Unterricht. Erst im Schuljahr 1945/46 wurde sie von Schwester Reginharda Nehmer unterrichtet. Deren Persönlichkeit, Spiritualität, aber auch ihre Strenge, sowie ihr Engagement für die christlichen Werte sowohl im Unterricht, als auch im Dorfleben weckten in Margareta Dorsch die Berufung zum Ordensleben, denn zu dieser Zeit war die Pfarrei Kemmern schon vom pastoralen Wirken der Schwestern ziemlich geprägt. Nähen und Stricken und andere Handarbeiten lernte sie im Unterricht bei der damaligen Oberin Schwester Nathanaela im Schwesternhaus. Die Schwester charakterisiert heute ihre damalige Handarbeitslehrerin als eine „tiefgläubige, aufrichtige Schwester, die sich immer um Gerechtigkeit und Ausgleich bemühte. Ihre Frömmigkeit und ihr Humor hielt die Gemeinschaft zusammen und als Zeichen des Vertrauens wurde ihr das Amt der Oberin übertragen."

Dies waren die Eindrücke der damals 12jährigen Margareta Dorsch. Besonders tief hat sich bei Schwester Friedgard der Dienst der Krankenschwester Luitberga eingeprägt.

Deren Sorge um die Kranken und Sterbenden, ihr gemeinsames Gebet mit den Angehörigen beim Tod von Margaretas Großeltern waren prägende Erlebnisse für das Mädchen. Bevor man einen Arzt holte, rief man die Krankenschwester Luitberga als Krankenschwester zu Hilfe.. Sie war für die Bewohner von Kemmern eine Vertrauensperson, denn niemand kannte die damaligen Familien und Gesundheitsverhältnisse besser als die Krankenschwester.

Das christliche Elternhaus, das gemeinsame Gebet und die vielfältigen Erfahrungen und Erfahrungen in Kemmern waren schließlich die ausschlaggebenden Faktoren für die Berufung der jungen Margareta Dorsch ins Kloster. Im September 1948 trat sie dann in die Gemeinschaft ein und erhielt als Ordensnamen den Namen Friedgard. In diesen Nachkriegsjahren sind außer ihr noch einige junge Mädchen bei den Dillinger Franziskanerinnen eingetreten. Zwei Mädchen kamen nach der Vertreibung aus Niederschlesien mit ihren Familien nach Kemmern und fanden dort ihre Berufung zum Ordensleben. Dies waren Sr. M. Gertrudis Lowinski, sie trat im September 1947 in den Orden ein und ihre leibliche Schwester, Sr. Alexandra. Diese begann im August 1952 mit ihrem Noviziatsjahr. Auch Schwester Maria Adeline Pietrucha, deren Familie in Kemmern ein neues Zuhause gefunden hatte, schloß sich im September 1948 dem Orden an. Gleichzeitig verspürten zu dieser Zeit sechs weitere junge Mädchen den Ruf, als Schwester im Kloster Christus zu dienen.

Die waren Lydia Kraus, Irmgart Schmitt, Renate Neppig, Anita Neppig, Rita Eichhorn, und Barbara Ratzdorf. Nach einiger Zeit intensiver Prüfung stellten diese jungen Mädchen jedoch fest, daß es Gottes Wille sei, nicht ins Kloster zu gehen, sondern in der Welt Gott zu dienen und ihn zu suchen. Schwester Friedgard ist die 24. Berufung seit der Gründung des Schwesternkonventes der Dillinger Franziskanerinnen im Jahre 1890 in Kemmern. Mit ihr endet die große Eintrittswelle junger Mädchen, die sich für einen Ordensberuf bei den Dillinger Franziskanerinnen entschieden haben. Schwester Friedgard sagt: „Die ersten Wochen und Monate im Kloster waren für mich eine gewaltige Umstellung, und es war nicht immer leicht sich sofort auf das neue Leben einzustellen. In der damaligen Zeit war das gemeinsame Ordensleben in vielen Punkten viel strenger als heute. So durfte ich im Heimaturlaub zunächst nicht bei meinen Verwandten wohnen, sondern ich mußte im Schwesternkonvent in Kemmern leben, und dort konnten mich meine Verwandten besuchen."

Weiter sagt Schwester Friedgard: „Trotz vieler Schwierigkeiten und Probleme würde ich heute die gleiche Entscheidung wieder treffen, wie vor 50 Jahren." Von 1955 bis 1956 absolvierte sie das Noviziat in Dillingen und legte dort 1956 ihre feierliche Profeß ab. Von 1956 bis 1988 war sie als Erzieherin im Kindergarten in Hüttenbach tätig. Nach 32 Jahre, kam sie 1988 nach Enkenbach, wo sie noch bis heute als Erzieherin im Kindergarten arbeitet. Möge Gott Ihr noch viel Kraft und Segen schenken, damit Sie noch viele Jahre im Weinberg des Herrn wirken kann.

Sr. M. Gertrudis Lowinski, O.S.F.

* 19.09.1934 Niederschlesien
† 10.12.2005 Neumarkt/Opf.

Profess:
31.08.1957

Profanes Leben	Berufung und klösterliches Leben	Persönliches Wirken	Quellen
Familie: Vater war Lehrer, zeitweilig tätig als Bahnarbeiter Acht Geschwister (u.a. Sr. M. Alexandra) *Ausbildung:* Sept. 1946: Besuch der Volksschule in Deinsen Sept. 1947–Apr. 1953: Ausbildung zur Lehrerin in Dillingen 1953: Junglehrerin in Oettingen *Beruf:* Lehrerin	• Kontakt zu den Dillinger Franziskanerinnen über die Berichte ihrer Schwester, die dort ab Januar 1947 eine Ausbildung absolvierte. • 1947: Beginn der Ausbildung in Dillingen • Aug. 1956: Noviziat	Sr. M. Gertrudis machte selbst keine Angaben zu ihrem Berufsalltag als Lehrerin oder ihrem klösterlichen Wirken.	Lebenserinnerungen, aufgezeichnet am 02.09.1998, Bamberg

In dankbarer Liebe beten wir für
unsere liebe Mitschwester

M. Gertrudis Renate Lowinski

OSF

Gott schenkte ihr das Leben
am 19. September 1934
in Cosel, Diözese Breslau

Sie weihte sich dem Herrn
in der Profeß am 31. August 1957
in Dillingen.

Er führte sie heim
am 10. Dezember 2005
in Neumarkt/Opf.

*Herr, gib unserer Verstorbenen
die Fülle des Lebens,
und das Licht Deiner Herrlichkeit
leuchte ihr.
Herr, lass sie leben bei Dir in Ewigkeit.*

*Gelobt seist Du,
mein Herr,
durch unseren Bruder,
den leiblichen Tod:
ihm kann
kein lebender Mensch
entrinnen.*
Hl. Franziskus

Lebensbild von Sr. Gertrudis (Renate) Lowinski

Nach der Vertreibung aus Niederschlesien im Jahre 1946 kam unsere Familie nach Deinsen Krs. Alfeld/Leine in Niedersachsen. Dort besuchte ich ab September 1946 die Volksschule.

Meine Schwester Waltraud begann im Januar 1947 eine Ausbildung bei den Franziskanerinnen in Dillingen. Während eines Ferienaufenthaltes berichtete sie von ihren Erfahrungen in Schule und Internat. Da reifte in mir der Entschluss, auch in Dillingen studieren zu dürfen.

Als mein Vater zu einem Kurzurlaub in Deinsen weilte, fragte ich ihn, ob ich auch nach Dillingen dürfe. Ihm fiel diese Anfrage sichtlich schwer, denn zu dieser Zeit arbeitete er als Bahnarbeiter und musste mit einem geringen Lohn für seine Familie mit acht Kindern auskommen (Als Lehrer hatte er zu dem Zeitpunkt noch keine Anstellung bekommen). Er überlegte aber, ob es nicht doch einen Weg gäbe, dass ich bei den Franziskanerinnen in Dillingen eine Ausbildung beginnen könnte.

Durch die Schwestern von Kemmern wurden alle Vorbereitungen getroffen, dass ich im September 1947 in die Lehrerinnenbildungsanstalt eintreten konnte.

Dieser Schritt war für mich nicht einfach, da ich durch den Schulausfall während der letzten Kriegsjahre einige Versäumnisse nachzuholen hatte. Mein Volksschullehrer half mir in 10 Nachhilfestunden, meine Wissenslücken zu schließen und bereitete mich auf die Aufnahmeprüfung vor.
Ich besuchte die LBA von September 1947 bis April 1953. Nach erfolgreicher Abschlussprüfung erhielt ich eine Anstellung als Junglehrerin in Oettingen/Bay, wo die Dillinger Franziskanerinnen eine Niederlassung hatten.

Im August 1956 wurde ich in Dillingen in das Noviziat aufgenommen. Seit der Profess im August 1957 gehöre ich der Kongrgation der der Dillinger Franziskanerinnen an.

Bamberg, 02.09.1998

Sr. Gertrudis Lowinski, OSF.

Bamberg, 12.12.05

„Komm, Herr, lass dein Antlitz leuchten, so ist uns geholfen.
Der du auf den Kerubim thronst, erscheine!" (Vgl. Ps 80)

So beteten wir am Samstag der 2. Adventswoche in der Frühe beim Gottesdienst. Diese Bitte erfüllte sich bereits am Abend dieses Tages für unsere liebe Mitschwester

M. Gertrudis (Renate Agnes) Lowinski

Als am Freitagabend ihre Mitschwester Sr. Brigitte Sr. Gertrudis traf, sagte sie ihr, dass es ihr nicht gut gehe, da sie Blut erbrochen habe. Sr. Brigitte veranlasste darauf den Besuch eines Arztes, der die Gefährlichkeit der Situation richtig einschätzte und Sr. Gertrudis mit dem Sanitätsauto ins Klinikum Neumarkt bringen ließ. Nachdem nach einer Untersuchung zwei massiv blutende Stellen im Magen- und Speiseröhrenbereich festgestellt wurden, Sr. Gertrudis trotz aller medizinischen Versorgung das Bewusstsein verlor, das auch nicht mehr zurückkehrte, schätzten die behandelnden Ärzte die Lage als sehr bedenklich und hoffnungslos ein. so wurde uns auch Auskunft beim Anruf und beim Besuch auf der Intensivstation im Klinikum Neustadt gegeben. Samstagnachmittag empfing Sr. Gertrudis noch vom Klinikseelsorger die Krankensalbung. Sr. Brigitte besuchte mit P. Marian OSB von Plankstetten die Sterbende, um von ihr Abschied zu nehmen. Die Atmosphäre auf der Intensivstation ließ es zu, dass P. Marian die Sterbegebete sprechen konnte. Ich erklärte mich bereit, bei Sr. Gertrudis zu bleiben und sie betend auf der letzten Wegstrecke ihres Lebens zu begleiten. Still und ruhig, ohne jeden Todeskampf, gab Sr. Gertrudis am 10.12.2005 um 20:07 Uhr ihre Seele in die Hände ihres Schöpfers zurück.

Sr. Gertrudis wurde am 19. September 1934 als viertes Kind den Eltern Roman und Gertrud Lowinski geschenkt. Ihr Vater war Lehrer, die Mutter Hausfrau der großen Familie, zu der drei Buben und fünf Mädchen zählten. In der Taufe erhielt sie die Namen Renate Agnes. Ihr Geburtsort war Cosel, Kreis Freystadt / Niederschlesien, in der Diözese Breslau. Die Volksschule konnte Renate nur von September 1941 bis Oktober 1944 in Lindenbach, Kreis Glogau, besuchen, wo ihr Vater an der Kath. Volksschule unterrichtete, bis er zum Kriegsdienst eingezogen wurde. Von 1944 bis 1946 war ein Schulbesuch infolge der Kriegswirren und der Vertreibung ihrer Familie aus Niederschlesien für Renate nicht möglich. Hart traf die Mutter und sieben ihrer Kinder im Sommer 1946 das Los der endgültigen Vertreibung aus der schlesischen Heimat in eine ungewisse Zukunft.

Aus der Kriegsgefangenschaft entlassen, suchte der Vater seine Familie. Dabei fand er in Kemmern bei Bamberg Leute aus der ehemaligen Dorfgemeinschaft und eine vorübergehende Bleibe. Dort entstanden die ersten Kontakte zu den Dillinger Franziskanerinnen u. a. für Sr. Alexandra und schließlich auch für Sr. Gertrudis. – Als endlich die Familie wieder zusammengefunden hatte in Deisen, Kreis Alfeld a. d. Leine bei Hannover, konnte Renate ihren Schulbesuch fortsetzen. – Lehrer Lowinski erhielt schließlich eine Schulstelle im Bezirk Aachen in Mersch, Kreis Jülich, wo es der Familie möglich wurde, eine neue Existenz aufzubauen. Renate folgte ihrer älteren Schwester nach Dillingen, wo sie von 1947 bis 1951 die Lehrerinnenbildungsanstalt der Dillinger Franziskanerinnen absolvierte und dann als Volksschullehrerin tätig war.

Nicht nur Berufsausbildung verfolgte Renate, sondern sie suchte tiefere Bindung an den Orden der Dillinger Franziskanerinnen, sodass sie 1956 ins Noviziat aufgenommen wurde und den Namen Sr. M. Gertrudis erhielt, am 31.08.1957 Erstprofess ablegte und sich dem Herrn in der Profess auf Lebenszeit am 31.08.1960 schenkte.

Sr. Gertrudis behielt ihre Talente nicht für sich. Sie suchte sie durch die Weitergabe an Kinder und Jugendliche in verschiedenen Schuleinsätzen zu vervielfältigen, so an den Volksschulen

in Kirchenthumbach von 1957 – 1959
in Furth im Wald von 1959 – 1971
in unserer Heimschule in Gersdorf von 1971 – 1977

Dem Wunsch der Provinzleitung folgend erklärte sie sich bereit, den einjährigen spirituell ausgerichteten Kurs für Ordensschwestern der VOD in München mitzumachen. Danach übernahm sie von 1978 – 1982 die Schulleitung der Grundausbildungslehrgänge für Hauswirtschaft und soziale Berufe im Marienheim in Straubing.

1983 erhielt sie auf Grund vorhergehender intensiver Studien an der Universität Bamberg die Lehrerlaubnis an Realschulen für Deutsch und Kath. Religion. Dies war Voraussetzung für die Übernahme der Schulleitung an der privaten Berufsfachschule für Hauswirtschaft und Kinderpflege mit BAS Mariahilf in Bamberg ab 1984. Erst am 28.07.1999 wurde Sr. Gertrudis aus dem Schuldienst nach insgesamt 43-jährigem Einsatz verabschiedet unter dem Thema „Dem Vergangenen: Dank! Dem Kommenden: Ja!" (Dag Hammarskjöld).

Dieser Ausspruch kann über das gesamte Leben von Sr. Gertrudis geschrieben werden. Immer war sie bereit, auf Anfrage der Ordensobern hin Abschied von liebgewonnenem beruflichem Einsatz und von Mitschwestern zu nehmen und sich auf Neues mit ganzem Ja einzustellen. Das bewies sie auch durch ihren aushilfsweisen einjährigen Einsatz im Internat von Mariahilf, nachdem sie eigentlich schon den Ruhestand verdient hätte, und seit zwei Jahren durch den Einsatz an der Pforte und bei Kirchenführungen in der Benediktinerabtei Plankstetten (mit Zuordnung zum Konvent Gersdorf). Von Ausdauer, beharrlichem Fleiß, absoluter Zuverlässigkeit war die Wahrnehmung ihrer vielfältigen Aufgaben gezeichnet bis zum letzten Tag, Freitag den 9. Dezember, an dem sie noch die ihr aufgetragenen Dienste bis zum Abend versorgte.

Nur aus immer tiefer werdender Gottverbundenheit konnte Sr. Gertrudis das Leben meistern, das schon seit mehr als zehn Jahren von Krankheit geprägt war. Ohne zu klagen ertrug sie alle Beschwerden und notwendigen Klinikaufenthalte in Erlangen.

Den Aufruf zur Wachsamkeit in der Adventszeit nahm sie sicher, bedingt durch ihre immer wieder aufflackernde Krankheit, hellhörig wahr. Nun möge ihr zuteil werden, dass sie das Antlitz des Herrn schauen darf. Um das Gebet für unsere liebe Verstorbene bittet Sie

Ihre
Sr. M. Viola, OSF

Requiem ist am 15.12.05 um 11:30 Uhr in Bamberg St. Urban, anschließend Beerdigung um 13 Uhr auf dem Bamberger Friedhof.

2. Kongregation der Englischen Fräulein in Bamberg

Sr. M. Luzia
(Anna Maria Agnes) Albrecht, C.J.

* 21.07.1876 Kemmern
† 30.07.1958 Bamberg

Profess:
22.04.1908 Ewige

Profanes Leben	Berufung und klösterliches Leben	Persönliches Wirken	Quellen
Familie: Eltern waren Wolfgang und Justine Albrecht, Bauern Drei ältere Geschwister Tante von Sr. M. Fabiana Albrecht *Ausbildung:* k.n.A. *Beruf:* Hausschwester	• 04.11.1901: Kandidatur in Bamberg • 27.12.1905: Einkleidung • 09.08.1907–1914: Tätigkeiten in Haus und Kirche in Ebingen • 10.09.1914: Tätigkeiten in Küche und Garten im Bamberger Waisenhaus • 1922: Arbeit im Haus und mit den Kindern in der Marienrettungsanstalt in Bamberg • 1923: Ebingen, Tätigkeitsfeld: Haus und Kirche • 1936: Arbeit im Bamberger Waisenhaus • 1937: Rückkehr nach Ebingen, Tätigkeitsfeld: Haus und Kirche • 08.10.1950: Umzug nach Scheßlitz (Maria-Ward-Haus) aufgrund körperlicher Schwäche • Juli 1958: Einlieferung in die Krankenabteilung in Bamberg, Holzmarkt	Sr. M. Luzia war im Dorf Ebingen eine gern gesehene Frau. Ihr Verständnis Kindern und Erwachsenen gegenüber sowie ihre aufmunternde Art brachte ihr den Kosenamen „Unsere Luzila" ein. Bei ihrer Rückkehr in Ebingen wurde sie „mit großer Freude begrüßt. Die Dorfgemeinde wusste ihr emsiges Schaffen und Sorgen in Kirche und Sakristei und die Liebe, die sie zu den Kindern hegte, zu schätzen." Auch im Patrozinium blieb die geschätzte Schwester nicht unerwähnt: „Unsere 2 Schwestern" die kleine fixe Muhme Luzie, ein zierlicher Kuckuck von Kemmern und ihre rührige Nichte Fabiana, schrubben und fegen Böden und Bänke der Kirche hell."	Lebenslauf Nekrolog, Bamberg, 30.07.1958 Patrozinium, S. 18 „Unsere Gründung in Ebingen", S. 3ff. Todesanzeige

Fortsetzung

Persönliches Wirken

Mitschwestern äußerten sich über Sr. M. Luzia folgendermaßen
„Sie war ein Mensch mit Seele."
„Eine ganz einfache Hausschwester."
„Durch ihr Gutsein von innen hat sie alle an sich gezogen."
„Alle Kinder sind auf sie zugerannt."
„Sie war wie eine Großmutter."
Nekrolog

Jesus † Maria † Josef
Zur frommen Erinnerung im Gebete an

M. Luzia Albrecht

geb. am 21. Juli 1876 zu Kemmern
gest. am 30. Juli 1958 zu Bamberg

Gebet
O gütigster Jesus, der Du die Seelen so innig liebst, ich bitte Dich durch die Todesangst Deines heiligsten Herzens, erbarme Dich der Seele Deiner nun entschlafenen Dienerin Luzia und lasse sie teilnehmen an den ewigen Freuden. Durch Jesum Christum, unsern Herrn. Amen.

Herr, gib ihr die ewige Ruhe!

Um das Einzige bitte ich Euch, daß Ihr meiner im Gebete gedenket!

ZUM FROMMEN GEDENKEN IM GEBET
UND BEIM OPFER AM ALTARE

an unsere liebe Mitschwester

M. Luzia Albrecht

im Orden der Engl. Fräulein

geb. am 21. Juli 1876 in Kemmern
eingekleidet am 27. Dezember 1905
Hl. Profeß abgelegt am 22. April 1908
gest. am 30. Juli 1958 in Bamberg

O himmlischer Vater, verleihe um des kostbaren Blutes Jesu willen und auf die Fürbitte der allerseligsten Jungfrau Maria Deiner dahingeschiedenen treuen Seele die ewige Seligkeit. Amen.

Vater unser — Ave Maria

Barmherziger Jesus, gib ihr die ewige Ruhe!

DRUCK: JOSEF RICHARD PORZELT - HALLSTADT/OFR.

Auszug aus: „Patrozinium"
über M. Luzia Albrecht
Ebing

Seite 18

Aber noch ist nicht morgen, noch ist heute. Das bedeutet für unser Häuschen am Dorfende vervielfachte Arbeit. Unsere 2 Schwestern, die kleine fixe Muhme Luzie, ein zierlicher Kuckuck von Kemmern und ihre rührige Nichte Fabiana, schrubben und fegen Böden und Bänke der Kirche hell. Die Hausmutter Karoline gibt den Messingleuchten sonn-

Schwester **M. Luzia Albrecht IBMV**

geb. 21.07.1876 in Kemmern
Tauftag: 23.07.1876 Pfarrkirche zu Kemmern
Name: <u>Anna</u> Maria Agnes

Eltern: Wolfgang und Justina Albrecht
Geschwister: Maria, Johann, Kuni, (Anna)

Eintritt in die Kandidatur:	04.11.1901	Bamberg
Einkleidung:	27.12.1905	Bamberg
Ewige Profeß:	22.04.1908	Bamberg
gestorben:	30.07.1958	Bamberg (Grab-Nr. 30 im Bamberger Friedhof)

Wirkungsorte und Tätigkeiten von Schwester Luzia:

09.08.1907	Ebing	Haushalt, Kirche
10.09.1914	Bamberg, Waisenhaus	Küche, Garten
1922	Bamberg, Holzmarkt	Haus und Kinder in der Marienrettungsanstalt
1923	Ebing	Haushalt, Kirche
1936	Bamberg, Waisenhaus	Haus, Kinder
1937	Ebing	Haushalt, Kirche
08.10.1950	Scheßlitz	Altersruhesitz
Juli 1958	Bamberg, Holzmarkt	Krankenabteilung

Aussagen von Mitschwestern, die M. Luzia noch kannten:
Sie war ein Mensch mit Seele - eine ganz einfache Hausschwester - durch ihr Gutsein von innen hat sie alle an sich gezogen - alle Kinder sind auf sie zugerannt - sie war wie eine Großmutter - im Kindergarten hat sie die Schwester abgelöst - in den Handarbeitsstunden war sie bei der anderen Schwester dabei und hat die Fehler der Schülerinnen ausgebessert - auch den Mädchen zwischendurch einen Tee gegeben.

Nichte von Schwester M. Luzia Albrecht war Schwester M. Fabiana Albrecht IBMV

geboren:	21.06.1909 in Dörfleins
Einkleidung:	30.03.1932 in Bamberg
gestorben:	12.12.1981 in Bamberg

Auszüge aus: "Unsere Gründung in Ebing" über M. Luzia Albrecht

Seite 3

Fräulein Walburga, Mater Karoline, Schwester Luzie sind die 3 Englischen Fräulein, deren Namen mit der Dorfschaft am festesten verbunden ist.

Seite 4

Wozu hatte sie Schwester Luzie? Doch nicht bloß für das kleine Küchlein und den schmalen Tisch? Doch nicht bloß zum Nähen und zum Flicken und für die Handarbeitsschule? Doch nicht bloß zum Sauberhalten der paar Räume, zum Pflanzen und Gießen im Gärtchen? Nein, Schwester Luzie, ein witziges, neckisches Persönchen, konnte mit der Zunge ebenso hantieren wie mit der Nadel; anfangs mit beiden sogar besser als mit dem Kochlöffel. Denn, als sie nach Ebing ging, konnte sie gerade einen anständigen Kaffee brauen. Doch sie war hellhörig und hellsichtig. Sie guckte und horchte der Pfarrköchin allerhand ab und bald war sie eine ganz perfekte Köchin. Auch eine sparsame Köchin. Sie ging ja durch die Schule von Fräulei Walburg, die wohl dafür war, daß man sich satt aß, aber auch immer für Askese; die immer gern noch ein leeres Räumlein in der Magengegend wußte.

Diese kleine Schwester Luzie nun, die verstand es mit den Leuten zu plaudern, zuzuhören, ein witzig Wörtlein zu sagen, die Sorgen der Bäuerinnen zu verstehen.

Seite 5

"Unser Luzila" heißt es noch heute im Dorf. Mit den Kindern war sie Kind. Lachend zwinkerte sie mit den Augen, zog die Brauen zusammen, schnurrte etwas hervor, was bös klingen sollte und doch ein Lachen war. Sie steckte den Kleinen, die zu ihr in die Küche krochen, heute einen süßen Bonbon in das Mäulchen, morgen ein rösches Plätzchen; drückte ihnen ein rosarotes Hauchbildchen ins Patschhändchen.

Seite 9

stehen. Mater Kamilla dient dem Kindergarten, Mater Heriberta auf der Orgel, Schwester Fabiana besorgt den Garten, Schwester Luzie ihr Haus, die Hausmutter ist Meßnerin, übersieht alles, hilft überall mit. Heute wird für Dorfleute gewaschen, morgen gibt es Aufträge zum Nähen, Stricken und Flicken; übermorgen sollen Torten für eine Hochzeitsfeier gebacken werden. Alles an Arbeit wird angenommen und zur Zufriedenheit der Dorfleute erledigt.

Das klösterliche Leben wickelt sich mit Arbeit und Gebet, mit Einfachheit und frohem Sinn ab wie in der großen Klostergemeinschaft im Mutterhauses. Das Kellergewölbe wird zu Küche und Wohnraum, oft auch zur Kapelle, aus der die Gebete für die Wohltäter, für Volk und Vaterland hinaufdringen zu Gott und zu seiner himmlischen Mutter.

Oberfränkische Provinz
I.B.M.V.

Nekrolog

für Mater M. Luzia Albrecht   + 30.7.1958
in Bamberg, Holzmarkt
(Scheßlitz)

In stiller Abendstunde des 30.7.58 rief der Heiland seine treue Braut, unsere 82 jährige Mitschwester, M. Luzia Albrecht, heim zur ewigen Ruhe. Ein schlichtes, wohlausgenütztes, gotterfülltes 52 jähriges Ordensleben hat damit seinen irdischen Abschluß gefunden.

Die liebe Verstorbene verlebte ihre glückliche Jugendzeit im Pfarrdorf Kemmern, Landkreis Bamberg, wo sie am 21.7.1876 als letztes von vier Kindern ihren braven Eltern, den Bauersleuten Wolfgang und Justine Albrecht, geschenkt wurde. Bei der Taufe wurde sie dem besonderen Schutz der hl. Mutter Anna anvertraut.

Als 25 Jährige pochte Anna an die Klosterpforte des Institutes der Englischen Fräulein in Bamberg und bat um Aufnahme in die Kandidatur. Sie war eine gute Hilfe in der Hausarbeit, auch das Amt der "Ausgeherin" wurde ihr anvertraut. Freundliches, offenes Wesen, frommer Sinn, rastloser Fleiß und zuverlässiger Charakter öffneten ihr den Zutritt zum Noviziat. Am 27.12.1905 erhielt Anna das geistliche Kleid und den Klosternamen M. Luzia. Nach wohlbestandener Probezeit legte Schwester M. Luzia am 22.4.1908 die "ewigen" Gelübde ab. Ein freudiger Gottesdienst, ein unermüdliches, selbstloses Sichopfern und Verschenken an die Mitmenschen war fortan der Inhalt des Ordenslebens dieser treuen Magd des Herrn bis in die letzten Tage hinein.

In der Filiale Ebing durfte sie dieses gottgefällige Wirken am längsten entfalten. Dreimal wurde ihr dort das Amt der Hausschwester anvertraut - im ganzen volle dreiunddreißig Jahre - und immer wurde ihre Rückkehr mit großer Freude begrüßt. Die Dorfgemeinde wußte ihr emsiges Schaffen und Sorgen in Kirche und Sakristei und die Liebe, die sie zu den Kindern hegte, zu schätzen. Zunehmende körperliche Schwäche bedingte im Jahre 1950 die Versetzung von M. Luzia in das Maria-Ward-Haus nach Scheßlitz. Auch hier war sie immer tätig. Mit Aufgebot ihrer letzten Kräfte schaffte sie heuer noch bei der Heuernte mit. Mit besonderer Liebe aber besorgte sie bis wenige Tage vor ihrem Tode das dreimalige Läuten des Aveglöckleins in der Klosterkirche.

In großer Feierlichkeit durfte die bescheidene Mitschwester am 27.4.1958 ihr Goldenes Professjubiläum in Maria-Ward-Haus feiern. Wie freute sie sich über die herzlichen Glückwünsche unserer Würdigen Mutter M. Edelburga und über den huldvoll gespendeten Segen des Hl. Vaters mit vollkommenem Ablaß für die Todesstunde, die schon so nahe war. Am 30.7., nach kaum eintägigem Krankenlager, durfte Mater Luzia, wohlversehen mit den heiligen Sterbesakramenten im Mutterhaus zu Bamberg die irdische Pilgerschaft beschießen. Es war eine friedvolle, selige Heimkehr in Gottes Vaterarme, der seine kleine Magd so huldvoll berufen und ihr Wirken so reichlich begnadet hat.

R. I. P.

3. Kongregation der Dienerinnen der heiligen Kindheit Jesu Mutterhaus Oberzell

Sr. M. Regis
Bauer, O.S.F.

* 27.06.1908 Kemmern
† 17.01.1981 Antoniushaus (Embolie)

Profess:
04.10.1928
04.10.1931 (Ewige)

Profanes Leben	Berufung und klösterliches Leben	Persönliches Wirken	Quellen
Familie: k.n.A. *Ausbildung:* 1932: Absolvierung des Kinderkurses in der Marienanstalt Würzburg *Beruf:* Kinder und Säuglingsschwester	• 1924: Kandidatur • 04.10.1926: Einkleidung • 1927–1938: Kinder- und Säuglingsschwester in den Filialen München-Thalkirchen, München Heim Ave, Kulmbach, Würzburg Peterpfarrgasse, Schnaittach • Danach: Ruf nach Amerika – zunächst nach Staten Island und Trenton • 1944–1980: Säuglingsschwester in Yardaville (drei Jahre davon Oberin der Gemeinschaft) • Apr. 1980: Heimatbesuch • Aufgrund des schlechten Gesundheitszustades war eine Rückkehr in die Staaten nicht mehr möglich • Aug. 1980: Antoniushaus	Im Nekrolog wird Sr. M. Regis als hilfsbereit und selbstlos beschrieben: „…nie dachte sie an sich." „Mit ihrer freundlichen und herzlichen Art und ihrem unermüdlichen Fleiß umsorgte sie ihre Kleinen."	Auszug aus dem Nekrolog, o.n.A. Todesanzeige

„Siehe, die Dienerin des Herrn, mir geschehe nach deinem Wort!" (Lk 1, 38)

Zum Gedenken im Gebete an

SCHWESTER

M. Regis Bauer

Dienerin der hl. Kindheit Jesu
Kloster Oberzell

Von Gott in dieses Leben gerufen
am 27. Juni 1908

Gott verbunden durch die Profeß
am 4. Oktober 1928

Heimgegangen zu Gott
am 17. Januar 1981

Lasset uns beten:
Herr, gedenke Deiner treuen Dienerin M. REGIS, die uns mit dem Zeichen des Glaubens vorangegangen und im Frieden entschlafen ist. Wir bitten Dich, Herr, gewähre ihr und allen, die in Christus ruhen, in Deiner Milde den Ort der Erquickung, des Lichtes und des Friedens. Durch Christus, unsern Herrn. Amen.

Fränkische Gesellschaftsdruckerei Würzburg

Christus-Ikone, gütige Darstellung des »Jaroe oko«, genannt »Das feurige Auge«, russisch, um 1600
Beuroner Kunstverlag, D-7792 Beuron. Nr. 2070

In der Morgenstunde des 17. Januar löste die Todesnachricht von Schwester M. Regis Bauer große Überraschung und Trauer aus. Beim Waschen wurde ihr plötzlich übel. Der sofort gerufene Geistliche spendete ihr die Krankensalbung und verrichtete die Sterbegebete. Eine Embolie führte den raschen Tod herbei.

Sr. M. Regis erblickte am 27. Juni 1908 in Kemmern, Lkr. Bamberg, das Licht der Welt. Im Alter von 16 Jahren folgte sie dem Ruf des Herrn in seine Nachfolge. Nach 2 Jahren Kandidatur und Postulat wurde sie am 4. Oktober 1926 eingekleidet. Am 4. Oktober 1928 legte sie die zeitliche und am 4. Oktober 1931 die ewige Profeß ab.

1932 besuchte Sr. M. Regis den Kinderkurs in der Marienanstalt Würzburg. Als Kinder- und Säuglingsschwester war sie von 1927 bis 1938 in den Filialen München-Thalkirchen, München Heim Ave, Kulmbach, Würzburg Peterpfarrgasse und Schnaittach tätig.
Dann erging an sie der Ruf nach Amerika. Nach kürzerem Einsatz in Staten Island und in Trenton wurde sie nach Yardville versetzt. In der Zeit von 1944 bis 1980 widmete sie sich mit großer Freude der Betreuung und Pflege der Säuglinge. 3 Jahre stand sie auch der Gemeinschaft als Oberin vor.

Gott hatte Sr. M. Regis reich beschenkt mit natürlichen Gaben des Herzens. Mit ihrer freundlichen herzlichen Art und ihrem unermüdlichen Fleiß umsorgte sie ihre Kleinen, die ihrer Obhut anvertraut waren. Für ihren mütterlichen verantwortungsvollen Dienst hat sie sich die Kraft aus dem Gebet geholt. In der Gemeinschaft fühlte sie sich wohl, für jede Aufmerksamkeit war sie dankbar. Sie war immer hilfsbereit, nie dachte sie an sich. So hat sie viel zu früh ihre Kräfte verbraucht. Ein allgemeiner Verfall ließ ihr Verbleiben in Deutschland bei einem Heimatbesuch im April 1980 dringend notwendig erscheinen. Nach kurzem Aufenthalt im Franziskushaus kam sie im August 1980 ins Antoniushaus. Nur wenige Monate lag sie auf der Kranstation. Zufrieden und ruhig schied sie im Alter von 72 Jahren.

Sr. M. Marzellosa
Schneiderbanger, O.S.F.

* 23.11.1899 Kemmern
† 24.12.1961 Antoniushaus

Profess:
04.10.1930

Profanes Leben	Berufung und klösterliches Leben	Persönliches Wirken	Quellen
Familie: k.n.A. *Ausbildung:* k.n.A. *Beruf:* Hausfrau	• 1928: Ordenseintritt • 05.10.1928: Einkleidung • Zunächst Verrichtung von häuslichen Arbeiten, Marthadiensten, in den Filialen Wülfershausen a. S., Kerbfeld und Aidhausen • 1934: Längere Behandlung eines Lungenleidens • Danach „treue" Hilfe für die Krankenschwestern im Antoniushaus	Sr. M. Marzellosa fand in ihrem eigenen Lungenleiden eine neue Aufgabe und kümmerte sich um die Kranken, ohne dass in ihr eine „Spur irgendwelcher Bitterkeit" aufgekommen wäre. „Betend und opfernd hat Sr. M. Marzellosa mit den lungenkranken Mitschwestern die letzten Lebenswochen geteilt, hat in nimmermüder Sorge den Sterbenden ihre Liebesdienste geschenkt, wiewohl es ihr manchmal auch schwer gefallen sein mag."	Auszug aus dem Nekrolog, o.n.A. Todesanzeige

Selig die Makellosen, die wandeln nach des
Herrn Gesetz. (Ps. 118)

✝

Zur frommen Erinnerung
an die ehrwürdige Schwester

M. Marzellosa Schneiderbanger

Dienerin der heiligen Kindheit Jesu
Mutterhaus Oberzell

Von Gott in dieses Leben gerufen
am 23. November 1899

Gott geweiht im heiligen Ordensstande
am 5. Oktober 1928

Gott verbunden durch die heilige Profeß
am 4. Oktober 1930

zu Gott heimgerufen
am 24. Dezember 1961

R. I. P.

O Jesus, Du unser Mittler und Fürsprecher beim Vater, wir bitten Dich durch Dein kostbares Blut, erbarme Dich der Seele Deiner treuen Dienerin M. Marzellosa und verleihe ihr die Krone des ewigen Lebens.   Amen.

Jesus, Maria und Josef!   (7 Jahre Ablaß)

Mein Gott und mein alles! (300 Tage Ablaß)

<u>Totengedenken</u>

Die Adventszeit des vergangenen Jahres wurde für unsere liebe Mitschwester M. Marzellosa Schneiderbanger zu einem besonderen Harren auf die Ankunft des Herrn. Es war der Mitschwester sehnlichster Wunsch, den sie auch äußerte, am Heiligen Abend sterben zu dürfen. Sie wollte Weihnachten in der Ewigkeit feiern, und diesen Wunsch hat ihr das Christkind augenscheinlich erfüllt. Am Nachmittag des Heiligen Abends trat urplötzlich eine Wendung im Befinden der lieben Kranken ein; um 22.15 Uhr holte das göttliche Kind seine treue Dienerin heim zur ewigen Weihnacht.

Schwester M. Marzellosa war am 23. November 1899 in Kemmern, Lkr. Bamberg, geboren. Mit 28 Jahren trat sie in unsere Kongregation ein und erhielt am 5. Oktober 1928 das hl. Ordenskleid. Schwester M. Marzellosa wurde von ihren Vorgesetzten für die häuslichen Arbeiten herangezogen. Sie leistete Marthadienste in den Filialen Wülfershausen a.S., Kerbfeld und Aidhausen. Bereits im Jahre 1934 wurde bei der Schwester ein Lungenleiden festgestellt. Nach längerer Behandlung verblieb sie in der Krankenabteilung des Antoniushauses und war dort jahrzehntelang die treue Hilfe der Krankenschwestern. Betend und opfernd hat Schwester M. Marzellosa mit den lungenkranken Mitschwestern die letzten Lebenswochen geteilt, hat in nimmermüder Sorge den Sterbenden ihre Liebesdienste geschenkt, wiewohl es ihr manchmal auch schwer gefallen sein mag. Die langen Leidensjahre ließen keine Spur irgendwelcher Bitterkeit aufkommen. Erst seit zwei Jahren war Schwester M. Marzellosa zwischendurch bettlägerig. Sie ertrug ihre Schmerzen mit Geduld und größter Hingabe an den Willen Gottes. Besonders die letzten Tage brachten ihr qualvolle Stunden, die sie dem göttlichen Kinde immer wieder aufopferte. Betend erwartete sie seine "Ankunft", bei vollem Bewußtsein und mit der nach Vereinigung sich sehnenden Liebe einer treuen Dienerin. R. i. P.

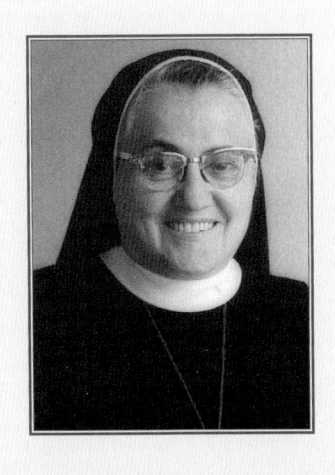

Sr. M. Pirmina Brehm, O.S.F.

* 04.07.1908 Kemmern
† 08.04.2001 Villa Maria (USA)

Profess:
04.10.1930
04.10.1933 (Ewige)

Profanes Leben	Berufung und klösterliches Leben	Persönliches Wirken	Quellen
Familie: Armes Elternhaus Sr. M. Regis ist die Schwester ihrer zweiten Mutter *Ausbildung:* Sieben Jahre lang Besuch der Volksschule der Dillinger Franziskanerinnen *Beruf:* Arbeit in Oberleitersbach bei Familie Seeman Danach Stellung beim Bürgermeister in Kemmern	• 27.10.1927: Eintritt in den Konvent • 1928–1930: Noviziat – ab dem zweiten Noviziatsjahr Tätigkeit in der Wäscherei • 1930–1935: Aufenthalt in Würzburg-Himmelspforten, tätig in der Wäscherei • 1935: Aussendung in die USA • 1935–1936: Staten Island (New York States) • 1936–1945: Tätigkeiten in der Wäscherei und im Haushalt im Seminar der Kapuziner in Pittsburgh (Pennsylvania) • 1945–1979: Oberin in Pittsburgh • 1979: Schwestern werden zurückgezogen: Umzug nach Villa Maria • Nach einigen Jahren im Ruhestand in Villa Maria	Der Wunsch, ins Kloster einzutreten, entstand durch den engen Kontakt mit den Dillinger Franziskanerinnen. Auf die Frage, warum sie nicht diesem Orden beigetreten sei, antwortet Sr. M. Pirmina, dass sie selbst kein Geld für ein Studium hätte aufbringen können. Einen weiteren Einblick in das Leben und vor allem das Missionsbestreben Sr. M. Pirminas gibt der Nekrolog: „Mit ihren Mitschwestern Sigisberta und Bablina setzte sich Schw. Pirmina sehr ein für die Armen, indem sie in der Zeit nach dem 2. Weltkrieg unzählige Care-Pakete nach Deutschland schickte. Später sandte sie viele Pakete in die Mission nach Südafrika und unterstützte mit Spenden den Aufbau unserer Mission."	Nekrolog, o.n.A. Schriftliche Anfrage an Sr. M. Pirmina vom Verfasser der Arbeit Schreiben von Sr. M. Lucentia, 04.07.1998, Villa Maria

TAUF-ZEUGNIS
(Testimonium baptismi)

Name (nomen): MARIA BREHM

Geburtstag (dies nat.): 4. JULI 1908 Geburtsort (loc. nat.): KEMMERN, HS. NR. 71

Tauftag (dies baptismi): 5. JULI 1908 Taufort (loc. bapt.): KEMMERN

Vater (pater): LORENZ BREHM Stand (status): MAURER Wohnort (loc. habit.): KEMMERN Rel. (conf.): KATH.

Mutter (mater): JOSEPHA geborene (nata): HOFMANN Rel. (conf.): KATH.

Taufspender (baptizans): HENNEMANN, PFARRER

Taufpate (patrinus): MARIA NEPPIG, KATH., BAUERSTOCHTER, KEMMERN

Bemerkungen nach can. 470 §2 (canotationes vide can. 470 §2) über Empfang der hl. Firmung, Eheschließung(en), deren Auflösung, Ordensprofeß oder höhere Weihe (Falls das Taufbuch keine diesbezüglichen Eintragungen enthält, ist „Fehlanzeige" zu machen)

KEMMERN, den 26. April 1973

Fol. H pag. 21

Pfarrer (parochus): Georg Götz, Pf.

THE UNITED STATES OF AMERICA

ORIGINAL TO BE GIVEN TO THE PERSON NATURALIZED

No. 6198730

CERTIFICATE OF NATURALIZATION

Petition No. 136619

Personal description of holder as of date of naturalization: Age 35 years; sex Female; color White; complexion Fair; color of eyes Brown; color of hair Brown; height 5 feet 3 inches; weight 150 pounds; visible distinctive marks None.

Marital status Single; former nationality Germany.

I certify that the description above given is true, and that the photograph affixed hereto is a likeness of me.

Maria Brehm
Sister Maria Pirmina
(Complete and true signature of holder)

UNITED STATES OF AMERICA
WESTERN DIST. OF PENNSYLVANIA } ss:

Be it known that at a term of the District Court of The United States held pursuant to law at Pittsburgh on February 18th, 1944 the Court having found that MISS MARIA BREHM, known as: SISTER MARIA PIRMINA then residing at Rear 207 – 36th Street, Pittsburgh, Pennsylvania, intends to reside permanently in the United States (when so required by the Naturalization Laws of the United States), had in all other respects complied with the applicable provisions of such naturalization laws, and was entitled to be admitted to citizenship, thereupon ordered that such person be and (s)he was admitted as a citizen of the United States of America.

In testimony whereof the seal of the court is hereunto affixed this 18th day of February in the year of our Lord nineteen hundred and forty-four and of our Independence the one hundred and sixty-eighth.

C. H. BERGER
Clerk of the U. S. District Court
By _____ Deputy Clerk

It is a violation of the U.S. Code (and punishable as such) to copy, print, photograph, or otherwise illegally use this certificate.

DEPARTMENT OF JUSTICE

Villa Maria, 4. Juli 1998

GRÜSS GOTT,
HERR PETER RING!

Heute feiert unsere Sr. Pirmina ihren 90. Geburtstag. Sie ist erstaunlicherweise heute in guter körperlicher u. geistiger Verfassung, sodaß ich noch einmal über Ihre gewünschten Fragen für Ihre Diplomarbeit mit ihr sprechen konnte.

Zuerst: Sr. Pirmina läßt Sie Peter Ring, herzlich grüßen u. sie freut sich über Ihre Berufung zum Priestertum.

Sr. Pirmina ist am 4. Juli 1908 in Kemmern geboren. — „Wir waren damals sehr arm, aber unser gelebter Glaube war uns eine große Hilfe." — Sie besuchte in ihrer Heimatgemeinde 7 Jahre die Volksschule, die von den Dillinger Schwestern geleitet wurde. „Ich hatte die Schwestern sehr gern. Sie waren gut zu uns. Meine Mutter schickte mich manchmal zu den Schwestern um etwas abzugeben u. die Freude bei mir." — Durch diese Verbindung wuchs in ihr der Wunsch ins Kloster zu gehen. „Warum ich nicht bei den Dillinger Franziskanerinnen eingetreten bin?" Sie fragten immer nach dem Geld für ein Studium u. wir waren sehr arm, das war der Grund.

Sr. Pirmina war als Mädchen in Oberleiterbach in Stellung b. Fam. Selmar. „Ich mußte schwer arbeiten u. das Essen war knapp." Ihre Mutter war sich dessen bewußt u. holte sie heim nach Kemmern, wo sie dann beim Bürgermeister in Stellung kam. In Oberleiterbach traten zu dieser Zeit 3 Töchter der Fam. Kemmeren ins Kloster

bei den Oberzeller Schwestern. Sr. Regis war von Sr. Pirminas 2. Mutter die Schwester. Sr. Marzelina hatte bereits Kontakt zu den Oberzeller Schwestern in Breitengüßbach, einer Filiale von Oberzell u. so wuchs der Ordensberuf auch in ihr.

„Ich erinnere mich, daß wir als Klasse in der Fastenzeit jeden Tag am Abend den Rosenkranz beteten. Im Winter wurde in der Dorfgemeinde manchmal Theater gespielt. Ansonsten lebten wir sehr einfach und arm u. doch zufrieden."

Im Okt. den 29. 19
Mit 18 Jahren faßte ich den Entschluß um Aufnahme in Oberzell zu bitten. „An genaue Zeugnisse vom Pfarrer kann ich mich nicht mehr erinnern." — Pater Liborius u. seine Eltern kannte ich sehr gut. Meine 1. Mutter war das Kindermädchen u. später, wenn er in Heimaturlaub kam, besuchte er uns. Von seinem Neffen weiß ich nichts mehr, auch nichts über seinen Kapuzinerberuf in unserer Gemeinde.

1927 – 1930 war Sr. Pirmina im Noviziate im Mutterhaus – tätig in der Wäscherei
1930 – 1935 war sie in Würzburg – Himmelspforten – Wäscherei

1935 die Aussendung in die USA
v. 1935 – 36 in Staten Island N.Y. im Staate New York
v. 1936 – 45 in Pittsburgh im Staate Penna. Pennsylvania
v. 1945 – 79 " " als Oberin
1979 wurden die Schwestern zurückgezogen u. kamen nach Villa Maria.

Sr. Pirmina ist nun seit einigen Jahren im Ruhestand. Die geistigen u. körperlichen Kräfte lassen sehr nach. Eine unserer Mitschwestern, die mit ihr lange Jahre in Pittsburg war, trägt wunderbar Sorge für sie. Sr. Pirmina ist noch täglich beim gemeinsamen Gebet u. soweit möglich am Morgen in der hl. Messe. Sie betet viel u. wird gewiß bestimmt auch für Sie beten.

So ich glaube es ist genug u. ich hoffe, es ist eine Hilfe für Ihre Arbeit.

Vielleicht darf ich mich kurz vorstellen: Ich bin Sr. Kleuentia Vössel, meine Heimatgemeinde ist Staffelbach b. Bamberg. Vor Jahren besuchte ich in Kemmern meinen Bruder, Georg Vössel, Kemmern. Ich erinnere mich an die wunderschöne Kirche u. mein Bruder erwähnte damals, daß in Kemmern eine gute Atmosphäre zu spüren ist.

Ist das nicht einmalig!

Ihnen Peter Ring wünsche ich Gottes Geist u. seine Nähe für alle Tage. Grüßen Sie die Heimat!

Betend verbunden
grüßt
Sr. Kleuentia

Schwester M. Pirmina Brehm

✝

Geboren:	04. 07. 1908 in Kemmern bei Bamberg
Eintritt:	27. 10. 1927
Einkleidung:	05. 10. 1928
Erstprofeß:	04. 10. 1930
Ewige Profeß:	04. 10. 1933
Todestag:	08. 04. 2001

Aus der Region der Heiligen Familie in USA erhielten wir die Nachricht, dass Schw. Pirmina am 8. April auf der Pflegestation in Villa Maria verstorben ist. Sie, die zeitlebens eine große Beterin war, wurde in ihrer Sterbestunde von Gebeten ihrer Mitschwestern in die Ewigkeit begleitet.

Schw. Pirmina stammt aus Kemmern bei Bamberg. Mit 19 Jahren trat sie in unsere Gemeinschaft ein. Ein Jahr später wurde sie ins Noviziat aufgenommen, um in Spiritualität und Sendung unserer Gemeinschaft hineinzuwachsen. Ab dem 2. Noviziatsjahr war ihr Einsatzort die Wäscherei in Himmelspforten, wo sie auch nach der Profeß noch vier Jahre tätig war. 1935 kam für sie ein schwerer Einschnitt in ihr Leben: sie wurde in die Region der Hl. Familie nach USA versetzt. Zunächst war sie bei den Franziskanern in Staten Island eingesetzt, dann über 40 Jahre im Seminar der Kapuziner in Pittsburgh. Dort arbeitete sie sehr engagiert aus ihrer tief gläubigen Haltung im Haushalt des Seminars und in der Wäscherei. Zeitweise übernahm sie auch den Dienst der Oberin im Schwesternkonvent. Hier und in allen Konventen hatte sie ein Herz für ihre Mitschwestern und zeichnete sich als echte Franziskanerin aus. Zu den Kapuzinern und Seminaristen hatte sie eine gute Beziehung, die von ihnen über den Tod hinaus mit großer Dankbarkeit beantwortet wurde und wird. Mit ihren Mitschwestern Sigisberta und Balbina setzte sich Schw. Pirmina sehr ein für die Armen, indem sie in der Zeit nach dem 2. Weltkrieg unzählige Care-Pakete nach Deutschland schickten. Später sandten sie viele Pakete in die Mission nach Südafrika und unterstützen mit Spenden den Aufbau unserer Mission.

1979 kam Schw. Pirmina zurück ins Regionalhaus nach Villa Maria. Auch dort half sie gern noch in Küche und Haus bis sie aus Altersgründen selbst Hilfe brauchte. Schw. Balbina stand ihr in den Jahren des Alters und der Krankheit schwesterlich zur Seite. Die letzten zwei Jahre verbrachte Schw. Pirmina bis zu ihrem Tod auf der Pflegestation in Villa Maria.

Das Requiem für Sr. Pirmina fand am 11. April in Villa Maria statt, danach wurde sie auf dem Holy Redeemer Friedhof in North Plainfield beigesetzt. Zur gleichen Zeit feierten wir auch in der Mutterhauskirche den Gottesdienst für sie.

Gott, der Herr lohne Schw. Pirmina alles Gute, das sie in seinem Dienst getan hat zum Aufbau des Reiches Gottes. ER lasse sie schauen sein Angesicht! R. I. P.

4. Kongregation der Barmherzigen Schwestern des heiligen Vinzenz von Paul

Sr. M. Veremunda (Josepha) Haderlein, OSV. V. P.

* 28.02.1897 Kemmern
† 30.05.1972 München

Profess:
13.04.1923

Profanes Leben	Berufung und klösterliches Leben	Persönliches Wirken	Quellen
Familie: Kinderreiche Familie *Ausbildung:* Besuch der Werk- und Feiertagsschule in Kemmern Seit 1920: Praktische Erlernung der Krankenpflege in der Chirurgischen Klinik und in der zweiten Frauenklinik in München *Beruf:* Krankenschwester	• 01.02.1920: Eintritt in den Orden • 13.04.1921: Einkleidung • Danach: Tätigkeit in den Krankenhäusern in Bad-Adelholzen, Reit i. Winkl., im Waldsanatorium Planegg und in Donauwörth • 1928–1941: Umzug nach Lauingen, Tätigkeit im ambulanten Pflegedienst • Seit 1941: Krankenschwester im Haus St. Hildegard in Partenkirchen • 1972: Einweisung in die Maria-Theresia-Klinik in München wegen schwerer Erkrankung	Als Grund für den Klostereintritt wird angegeben, dass Sr. M. Veremunda schon als junges Mädchen sehr gerne kranke Menschen pflegte und im Bamberger Krankenhaus, in der Nervenklinik und im Antoniusstift die Barmherzigen Schwestern kennen lernte. Den Wunsch, selbst eine Barmherzige Schwester zu werden, hatte Sr. M. Veremunda laut Zeugnis von Pfarrer Hennemann bereits nach der Feiertagsschule.	Antwortschreiben von Sr. M. Adelinde auf die schriftliche Anfrage vom Verfasser der Arbeit an die Kongregation der Barmherzigen Schwestern vom hl. Vinzent von Paul, München 10.07.1998 Todesanzeige

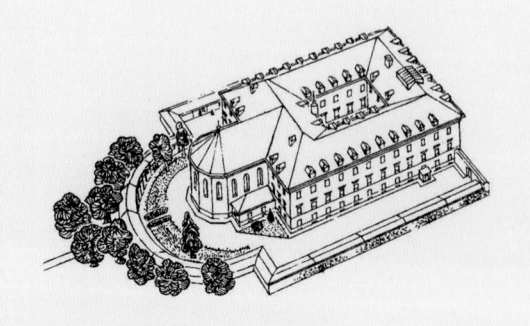

Kongregation der Barmherzigen Schwestern vom hl. Vinzenz von Paul

Nußbaumstraße 5 ~~8000~~ München ~~2~~ · Telefon 51 41 05 - 0

80336   München, 10.07.1998

Herrn Peter Ring
Mittelstraße 1
96164 Kemmern

Sehr geehrter Herr Ring!

Wir nehmen Bezug auf Ihre Anfrage vom 06.07.1998 und teilen Ihnen über unsere verstorbene Mitschwester M.Veremunda folgendes mit.
Schw. M.Veremunda, geb. Josefa Haderlein, geb. am 28.02.1897 in Kemmern, Landkr. Bamberg.   Ordenseintritt am 01.02.1920
Einkleidung am 13.04.1921   Ordensprofeß am 15.03.1923

Schw. M.Veremunda entstammte einer kinderreichen Familie in Kemmern, sie besuchte die "Werktagsschule" und anschließend die "Feiertagsschule" dortselbst. Nach beiden Schulzeugnissen war sie eine brave, aufmerksame, sehr gute Schülerin, ihr Fleiß und ihr lobenswertes Benehmen sind in beiden Zeugnissen erwähnt.
Sowohl Schw. M.Veremunda als auch ihre Familie standen in sehr gutem Ruf. Sie fragen warum Schw. M.Veremunda ausgerechnet zu den Barmh. Schwestern nach München gegangen ist, dazu können wir folgendes sagen:
Nach den uns vorliegenden Unterlagen, pflegte Josefa Haderlein schon als junges Mädchen sehr gerne kranke Menschen; und da im Bamberger Krankenhaus, in der Nervenklinik und im Antonistift die Barmherzigen Schwestern von München tätig waren, ist anzunehmen, daß sie dort unsere Schwestern kennen lernte.
Herr Pfarrer Hennemann hat in seinem Zeugnis erwähnt, daß Josefa Haderlein schon nach der Feiertagsschule den Wunsch hatte und entschlossen war, eine Barmherzige Schwester zu werden. So kam sie am 01.02.1920 zur Aufnahme in unsere Schwesterngemeinschaft. Letztlich ist jede Berufung zu einem geistlichen Leben im besonderen ein Anruf von Gott, der Frauen und Männer in seine Nachfolge führt.
Zur praktischen Erlernung der Krankenpflege wurde sie zunächst in der Chirurg.Klinik und in der II.Frauenklinik in München eingesetzt.
Nach Ablegung der Ordensprofeß, war sie in den Krankenhäusern Bad-Adelholzen, Reit i.Winkl, Waldsanatorium Planegg und in Donauwörth tätig.

Von 1928 bis 1941 war sie im ambul. Pflegedienst in Lauingen stationiert; und ab 1941 diente sie den Kranken mit viel Liebe und Hingabe im Haus St. Hildegard in Partenkirchen. 1972 wurde Schw. M. Veremunda wegen schwerer Erkrankung in die Maria-Theresia-Klinik in München eingewiesen. Es konnte ihr jedoch trotz bester, ärztlicher Bemühungen keine Hilfe mehr zuteil werden. Am 30.05.1972 gab sie nach ihrem segensreichen Wirken als Barmh. Schwester, ihr Leben zurück in die Hände des Schöpfers.
Ein Sterbebildchen von Schw. M. Veremunda Haderlein legen wir bei.
Wir wünschen Ihnen ein gutes Gelingen für die Diplomarbeit.

Mit freundlichen Grüßen

Sr. M. Adelinde Schwaiberger
Sr. M. Adelinde Schwaiberger
Generaloberin

---

†

Gebetsandenken
an die Ehrwürdige Schwester

M. Veremunda Haderlein

Barmherzige Schwester vom hl. Vinzenz v. Paul

seit 1940 tätig im Haus zu St. Hildegard
Partenkirchen

Geboren 28. 2. 1897 in Kemmern/Ldkr. Bamberg
Ordensprofeß 13. 4. 1923
Heimgang 30. 5. 1972 in München

Nicht wollen wir trauern darüber, daß wir sie verloren haben, sondern wir wollen dankbar sein, daß wir sie besitzen durften, ja noch besitzen. Denn wer in Gott heimgegangen ist, der bleibt in der Mitte der Seinen.
(Hl. Hieronymus)

O Herr, gib ihr die ewige Ruhe und das ewige Licht leuchte ihr. Herr lasse sie ruhen in Frieden.
Amen.

Sr. M. Ottonia (Anna) Endres, OSV. V. P.

* 17.02.1922 Kemmern
† 16.01.1990 Augsburg

Profess:
19.07.1949

Profanes Leben	Berufung und klösterliches Leben	Persönliches Wirken	Quellen
Familie: Zweitälteste von vier Geschwistern *Ausbildung:* k.n.A. *Beruf:* Krankenschwester März 1938–1945: Stationshilfe im Bürgerspital auf dem Michelsberg in Bamberg	• 19.10.1945: Eintritt in den Konvent • 19.07.1948: hl. Bischof Otto von Bamberg wird ihr Namenspatron • 1949–1960: Krankenschwester im städtischen Hauptkrankenhaus, Augsburg • 30.06.1960: Rückkehr ins Bürgerspital auf dem Michelsberg in Bamberg, zunächst als Stationsschwester • 1976–1989: Oberin • 1986: schwere Erkrankung • 03.05.1989: Verleihung der Verdienstmedaille des Erzbistums Bamberg in Bronze • 23.05.1989: Überreichung der Ehrenurkunde der Stadt Bamberg, Verleihung der Goldenen Stadtmedaille • 26.05.1989: Abberufung und Umzug nach Dießen am Ammersee – Ruhestand	Für ihre 35-jährige Dienstzeit, ihr „vorbildliches und segensreiches Wirken" im Bürgerspital sprach Paul Röhner Sr. M. Ottonia am 23.09.1989 seinen Dank aus: „Es ist unmöglich, im Einzelnen mit Worten zu würdigen, was Schwester Ottonia in diesen langen Jahren für unsere Stadt Bamberg und vor allem für die alten Mitbürger geleistet hat." Folgende Zitate vertiefen seine Einschätzung von Sr. M. Ottonia noch: „Ihre Welt war das Bürgerspital auf dem Michaelsberg" Michael Stöckle „Mit großer Liebe und Umsicht diente sie den Kranken im Hauptkrankenhaus Augsburg von 1949–1960." Todesanzeige	Dankschreiben von Paul Röhner, OB Bamberg, an Sr M. Ottonia, 23.09.1989 Mitteilungsblatt der Stadt Bamberg 19.05.1989 Bamberger Pfarrblatt 08.10.1989 Nekrolog, 16.01.1990 Augsburg Grabesansprache von Stadtpfarrer Michael Stöckle 18.01.1990 Todesanzeige

Fortsetzung

Persönliches Wirken

„Dass sich unsere alten Menschen hier wohl fühlen, ist nicht zuletzt das Verdienst unserer Oberin, die mit ihrer zupackenden und immer heiteren Art für ein gutes Betriebsklima sorgt und unseren Heimbewohnern immer wieder die Gewissheit gibt, dass sie hier zuhause sind."

„Auf Gott steht mein Vertrauen, sein Antlitz will ich schauen".

✝

Gebetsandenken an unsere liebe Mitschwester

M. Ottonia Endres OSV.v.P.

geb. 17. Feb. 1922 in Kemmern/Bamberg
Hl. Profeß am 19. Juli 1949
gest. 16. Jan. 1990 in Augsburg

Mit großer Liebe und Umsicht diente sie den Kranken im Hauptkrankenhaus Augsburg von 1949 - 1960. Anschließend war ihr Wirkungsfeld das Bürgerspital auf dem Michelsberg in Bamberg, wo sie von 1976 - 1989 auch das Amt der Oberin versah.

Wir bitten Herr, nichts möge verloren gehen von dem, was in ihrem Leben gut war. Nimm ihr Leben an, erfüllt von Freude und Liebe, Größe und Schwachheit.

Herr, gib ihr die ewige Ruhe!

✝ **ELMAR MARIA**
durch Gottes Erbarmen und des Apostolischen Stuhles Gnade
ERZBISCHOF VON BAMBERG

*A*ls Zeichen des Dankes und in Anerkennung besonderer Verdienste verleihe ich

Sr. Ottonia Endres

DIE VERDIENSTMEDAILLE DES ERZBISTUMS BAMBERG IN BRONZE

Bamberg, den 3. Mai 1989

Elmar Maria
ERZBISCHOF VON BAMBERG

Bamberger Pfarrblatt

b. J. 10.89

Stadt Bamberg vergaß sie nicht
Frühere Oberin des Bürgerspitals feierte 40jährige Profeß

Bamberg. – Die langjährige Oberin des Bürgerspitals Bamberg, Schwester Ottonia Endres, feierte ihr 40jähriges Profeßjubiläum im Mutterhaus Augsburg der Barmherzigen Schwestern des hl. Vinzenz von Paul. Im Auftrag des Bamberger Oberbürgermeisters Paul Röhner überbrachte der Referent für das Bürgerspital, Oberstadtdirektor Dr. Eduard Uttenreuther, der hochverdienten Oberin die herzlichsten Glück- und Segenswünsche der Stadt Bamberg.
In Anwesenheit der Generaloberin und der Vikarin des Ordens sowie der Gäste aus der Verwandtschaft Schwester Ottonias und ihrer Mitschwestern, der neuen Konventsoberin Ludmilla und Schwester Celle überreichte Uttenreuther Schwester Ottonia die vom Oberbürgermeister unterzeichnete Dankurkunde der Stadt Bamberg, die Goldene Stadtmedaille als das „Gold der Treue" sowie ein Dankschreiben. Schwester Ottonia zeigte sich über diese unerwartete Ehrung hoch erfreut und bedankte sich auf das Herzlichste. Für die Kongregation Augsburg dankte die Generaloberin, Schwester Luithildis, ebenfalls aufrichtig.
Schwester Ottonia hat gebeten, alle Bekannten in Bamberg herzlich zu grüßen, vor allem natürlich ihre ehemaligen Schutzbefohlenen im Bürgerspital. Von ihrem Zimmer im ordenseigenen Haus am Ammersee habe sie einen prächtigen Blick auf das Kloster Andechs. Jeden Morgen, wenn sie das Fenster öffne und die Klosterkirche erblicke, sei ihr erster Gedanke ein Gebet für die Stadt Bamberg und ihr geliebtes Bürgerspital.

Erzieherwallfahrt führte zum Grab des hl. Otto

Bamberg. – Auf dem vermutlich ältesten Kreuzweg Bambergs sind die zahlreichen Mitglieder und Freunde der Katholischen Erziehergemeinschaft Oberfrankens (KEG) von der St.-Elisabethen-Kirche über die Aufseßstraße zum Michelsberg gezogen, als sie ihre Erzieherwallfahrt zum Grab des hl. Bischofs Otto begingen. Sie drückten damit zum 850. Todestag und zum 800. Jahrestag seiner Heiligsprechung ihre Verbundenheit mit ihm und dem Erzbistum Bamberg aus. Domkapitular Herbert Hauf zelebrierte den Festgottesdienst in der St.-Michaels-Kirche und stellte den hl. Otto als einen Mann dar, der von der Ehrfurcht zur Liebe Gottes gekommen ist. Der Geist Ottos sei auch für den Lehrer wegweisend, und Hauf zitierte ein Lied aus dem Gebet- und Gesangbuch von 1808, wo das christliche Verhalten des Lehrers bezeichnet wird: Andere zu leiten, sie auf die Tugendbahn zu führen und selbst dem hohen Ruf gerecht zu werden. Feierlich intonierte Richard Eichfelder mit der Orgel und seinem Bläserensemble die Meßfeier.

80 Jahre in Bamberg

Bamberg. – Wie ein Geburtstagsgeschenk ist dem Sozialdienst Katholischer Frauen in Bamberg sein neues Haus, das am 16. Oktober in der Schwarzenbergstraße 8 durch den Erzbischof von Bamberg, Dr. Elmar Maria Kredel, die kirchliche Weihe erhält. Das Haus umfaßt die Beratungsdienste und die Geschäftsstelle und das Jugendwohnheim St. Hedwig II. Zur Einweihungsfeier (15.30 Uhr) werden auch der Bayerische Staatsminister für Arbeit und Sozialordnung, Dr. Gebhard Glück, und die Generalsekretärin des Sozialdienstes katholischer Frauen, Dr. Monika Pankoke-Schenk, erwartet. Mit der Einweihung des neuen Hauses feiert der SKF das 80jährige Bestehen des Vereins in Bamberg.

Paul Kupfer feiert goldenes Priesterjubiläum

Bamberg. – Einen festlichen Dankgottesdienst feiert Geistlicher Rat Paul Kupfer am Sonntag, 8. Oktober, um 9.30 Uhr in der ehemaligen Pfarrkirche St. Kunigund. An diesem Tag begeht er den 50. Jahrestag seiner Priesterweihe. Die Messe zelebriert er gemeinsam mit seinem Bruder, dem jetzigen Pfarrer Dr. Gerhard Förch, und Mitbrüdern.

> "Der Geist erleuchte die Augen eures Herzens,
> damit ihr versteht, zu welcher Hoffnung
> ihr berufen seid ...
> Eph 1,18

Nach menschlichem Ermessen allzufrüh, rief Gott unsere liebe

Sr.M. Ottonia Endres

am 16.01.1990 in der Klinik Vincentinum aus dieser Zeitlichkeit in die Ewigkeit.
Wie ganz anders hatte sich Sr.M.Ottonia noch vor einem Jahr ihre Zukunft ausgedacht! - Gott führte sie seine Wege.
Die Heimat von Sr.M. Ottonia ist Kemmern bei Bamberg, wo sie am 17.02.1922 geboren wurde.
Das Bürgerspital auf dem Michelsberg in Bamberg wurde ihr zur zweiten Heimat. 7 Jahre arbeitete sie dort als Stationshilfe. Hier vernahm sie den Ruf des Herrn, als Barmherzige Schwester den kranken und alten Menschen zu dienen.
Am 19.10.1945 trat Anna, so war ihr Taufname, in unsere Kongregation ein. Bei der Einkleidung am 19.07.1948 erhielt sie den hl. Bischof Otto von Bamberg als Namenspatron.
Am 20.07.1949 sprach sie in der hl.Profeß ihr entscheidendes Ja zum Ruf Gottes.
Von 1949 bis 1960 war Sr.M. Ottonia als Krankenschwester im Städt. Hauptkrankenhaus in Augsburg eingesetzt.
Am 30.06.1960, am Festtag des hl.Otto, durfte sie in ihre "alte Heimat" ins Bürgerspital nach Bamberg zurückkehren, zunächst als Stationsschwester. 1976 bekam Sr.M. Ottonia dann das Amt der Oberin übertragen, das sie bis 1989 ausübte.
Der Oberbürgermeister der Stadt Bamberg, Herr Paul Röhner, kennzeichnete bei der Verabschiedung das Wirken von Sr.M. Ottonia mit folgenden Worten:

> "Daß sich unsere alten Menschen hier wohlfühlen, ist nicht zuletzt das Verdienst unserer Oberin, die mit ihrer zupackenden und immer heiteren Art für ein gutes Betriebsklima sorgt und unseren Heimbewohnern immer wieder die Gewißheit gibt, daß sie hier zuhause sind."

1986 erkrankte Sr.M Ottonia schwer. Mit großer Energie nahm sie nach einigen Monaten, trotz Beschwerden, ihre Tätigkeit wieder auf. Dennoch blieb ihre Gesundheit angegriffen und ihre Kräfte ließen nach.
Als zudem ihre Amtszeit als Oberin abgelaufen war, wurde Schwester M. Ottonia am 26.05.1989 von Bamberg abberufen. Sie siedelte nach Diessen um, wo sie ihren Ruhestand verbringen wollte. Es fiel ihr sehr schwer, vom Michelsberg zu scheiden.
Sr.M. Ottonia rang sich aber durch zu einem Ja zum Willen Gottes, auch in Leid und Schmerz. Dies zeigte sich auch beim Ertragen ihrer schweren Erkrankung, die sich schon bald nach ihrer Abberufung bemerkbar machte und nun zum Tod führte.
Die letzten Wochen ihres Krankenlagers im Vincentinum hat Schwester M.Ottonia mit großer Geduld und vorbildlicher Ergebenheit getragen.
Dankbar wollen wir Sr.M. Ottonia in gutem Gedenken behalten und ihr durch unser Gebet auch über den Tod hinaus verbunden bleiben.

R I P

Der Trauergottesdienst findet am Donnerstag, 18.01.90, um 10.00 Uhr in der Stadtpfarrkirche St.Max statt, die Beerdigung um 13.30 Uhr auf dem Hermanfriedhof.

Augsburg, den 16.01.1990

Mutterhaus
der Barmherzigen Schwestern
Augsburg

PAUL RÖHNER
OBERBÜRGERMEISTER
DER STADT BAMBERG

8600 BAMBERG, 23.09.1989
Ruf: 0951/87 200

Wohlehrwürdige Schwester
Oberin Ottonia Endres
Mutterhaus der Barmherzigen Schwestern
des Hl. Vinzenz von Paul

8800 Augsburg

Hochverehrte, liebe Schwester Oberin Ottonia!

Nun sind es schon über 4 Monate her, daß Sie vom Bürgerspital in Bamberg Abschied nehmen mußten. Dennoch sind Sie für uns alle weiterhin unsere liebe Schwester Oberin geblieben und werden dies auch in Zukunft sein.

Am 23. September 1989 können Sie nun Ihr 40-jähriges Profeß-Jubiläum feiern.

Ich darf Ihnen dazu meine herzlichsten Glück- und Segenswünsche übermitteln, und zwar zugleich auch für den Stadtrat und die Bürgerschaft der Stadt Bamberg, aber auch die ungezählten Bewohner unseres Bürgerspitals, die Sie in über 35-jähriger Tätigkeit dort betreut haben. Wie schon bei der Abschiedsfeier am 3. Mai darf ich Ihnen nochmals den herzlichsten Dank und hohe Anerkennung für Ihr vorbildliches und segensreiches Wirken in unserem Bürgerspital aussprechen.

Der Referent unseres Bürgerspitals, Herr Oberstadtdirektor Dr. Uttenreuther darf Ihnen in meinem Namen eine Ehrenurkunde der Stadt Bamberg und die Medaille mit dem Stadtritter in Gold überreichen. Diese Medaille wird üblicherweise nur aus Anlaß des 40-jährigen Jubiläums im öffentlichen Dienst übergeben. Dieses 40-jährige Dienstjubiläum hätten Sie in unserem Bürgerspital beinahe, nämlich am 22. Juli 1989 erreicht, wenn Sie nicht vorher abberufen worden wären. Deshalb darf ich Ihnen diese Medaille als Ausdruck des "Goldes der Treue" ebenfalls zu Ihrem 40-jährigen Profeß-Jubiläum widmen.

Von Herzen wünsche ich Ihnen Gesundheit, Glück und Gottes reichsten Segen.

Mit freundlichen Grüßen und in stets dankbarer Verbundenheit verbleibe ich

(Paul Röhner)
Oberbürgermeister

Dank an Schwester Ottonia

Aus dem Mitteilungsblatt der Stadt Bamberg 19.5.89

Stadt Bamberg verabschiedete die Hausoberin des Bürgerspitals

Die Hausoberin des Bürgerspitals, Schwester Ottonia Endres, wurde in einer Feierstunde im Refektorium des ehemaligen Benediktinerklosters St. Michael von Oberbürgermeister Paul Röhner verabschiedet. 29 Jahre lang war sie im Bürgerspital tätig, 12 Jahre davon als Hausoberin.

Röhner verwies in seiner Rede darauf, daß Schwester Ottonia in besonderer Weise und außergewöhnlich lange mit dem Bürgerspital verbunden gewesen sei. Daher sei der Abschied sowohl für sie selbst als auch für die Stadt und das Bürgerspital ein wehmütiger Anlaß. Nach den Regeln der Kongregation der Barmherzigen Schwestern des Heiligen Vinzenz von Paul in Augsburg, der die Ordensfrau angehört, soll eine Schwester höchstens zwölf Jahre Oberin sein. Deshalb, aber auch aus gesundheitlichen Gründen, habe die Kongregation Schwester Ottonia nach Dießen am Ammersee in einen neuen Wirkungsbereich abberufen. Der Oberbürgermeister rief den Lebensweg der Ordensfrau in Erinnerung. Sie stammt aus Kemmern und hat von März 1938 an für siebeneinhalb Jahre als Stationshilfe im Bürgerspital gearbeitet. Am 18. Oktober 1945 ist sie ins Kloster bei den Barmherzigen Schwestern des Heiligen Vinzenz von Paul eingetreten, die seit 1880 im Bürgerspital tätig sind. Ihre Ausbildung als Krankenschwester gab ihr „das nötige Rüstzeug, um erfolgreich im Dienste kranker und später alter Menschen zu wirken", so Röhner. Profeß legte sie 1949 ab. Danach arbeitete sie im Städtischen Krankenhaus Augsburg, bis sie 1960 zurück ins Bürgerspital kam. 1976 wurde sie zur Hausoberin ernannt.

„Es ist unmöglich, im einzelnen mit Worten zu würdigen, was Schwester Ottonia in diesen langen Jahren für unsere Stadt Bamberg und vor allem für alte Mitbürger geleistet hat", sagte Röhner. Außerdem dankte er der Generaloberin des Ordens dafür, daß sie den Konvent ihrer Schwestern im Bürgerspital belasse. Die Pflegedienstleitung sei inzwischen dem Pflegedienstleiter Kuffer vom Antonistift mitübertragen worden.

Im Auftrag von Erzbischof Elmar Maria Kredel dankte Dompfarrer Josef Richter der Ordensfrau für ihre Tätigkeit im Bürgerspital und der Kirche St. Michael und für die Hilfe in leiblicher und seelischer Hinsicht, die sie den Menschen geleistet habe. Er überreichte Schwester Ottonia die Verdienstmedaille des Erzbistums Bamberg, leider nur in Bronze, und die Otto-Medaille.

Worte des Dankes sprachen auch der städt. Stiftungsreferent Dr. Eduard Uttenreuther, Herbert Weiß, der Heimleiter für das Bürgerspital und das Antonistift und Generaloberin Luithildis aus. Schwester Ottonia selbst zeigte sich gerührt von den Lobreden. „Ich habe meinen Dienst mit Freuden getan", bekannte sie. Um Kraft dafür zu haben, sei sie täglich zum Grab des heiligen Otto in der Michaelskirche gegangen.

Nach ihrem Weggang gehören dem Bamberger Konvent noch vier Schwestern an. *reda*

Oberbürgermeister Paul Röhner überreichte Schwester Ottonia Endres zum Abschied einen Blumenstrauß.
Foto: Bärbel Meister

+ Schwester Ottonia Endres OSV
18.1.1990

"Mortuos plango - ich beklage die Toten". So heißt es in Schillers Glocke. Als am Dienstag von den Türmen der Benediktinerkirche auf dem Michaelsberg in Bamberg die Glocken ertönten, war es, als würden sie besonders traurig erklingen. War doch die Verstorbene, deren Tod sie verkündeten, keine Geringere als die Oberin des Bürgerspitals - unsere Schwester Ottonia. Ihr Tod kurz nach dem Tod von Schwester Thea und dem Tod von Schwester Anastasia, die vorige Woche beerdigt wurden, berührt uns besonders schmerzlich. Während Schwester Thea und Schwester Anastasia mit ihren fast neunzig Jahren ein hohes Alter erreichten, mußte Schwester Ottonia bereits mit 68 Jahren sterben, d.h. in einem Alter, wo eine Ordensschwester noch voll im Einsatz steht. Man hat alles ärztliche Können angewendet, um ihr Leben zu erhalten und zu verlängern, aber was kann man machen, wenn die Krankheit eine solche ist, gegen die es keine Hilfe gibt und die unaufhaltsam zum Tod führt.

In Kemmern, einer kleinen Ortschaft unweit von Bamberg steht ihr Elternhaus. Ihre Eltern hatten vier Töchter und von diesen vier ging sie, die zweitälteste nach Bamberg zu den Barmherzigen Schwestern. Einige Jahre später, als sie ihre Profeß ablegte, (1949) erfolgte ihr erster Einsatz als Nachtschwester in Augsburg im ehemaligen Hauptkrankenhaus in der Station von Schwester Carissima. Da ich damals Kaplan in St. Max war, führte mich mein Weg zum Krankenbesuch manchmal in ihre Station. Der 30. Juni 1960 war wohl einer der schönsten Tage ihres Lebens. An diesem Tag, am Fest ihres Namenspatrons, am Fest des heiligen Bischofs Otto, durfte sie in ihre berühmte Heimatstadt zurückkehren. Vom Ordensvater Vinzenz stammt der Satz: "Ich habe Liebe, um damit eine ganze Welt zu beschenken." Ihre Welt war das Bürgerspital auf dem Michaelsberg. Was sie dort ihren Anvertrauten bedeutet hat, kommt in dem Schreiben zum Ausdruck, das ihr der Oberbürgermeister von Bamberg zu ihrem Abschied widmete. Darin heißt es: "Daß sich unsere alten Menschen hier wohlfühlen, ist nicht zuletzt das Verdienst unserer Oberin, die mit ihrer zupackenden und immer heiteren Art für ein gutes Betriebsklima sorgte und unseren Heimbewohnern immer wieder die Gewißheit gab, daß sie hier zuhause sind."

Wie sehr werden die Heimbewohner um ihre geliebte Oberin Ottonia trauern. "Herr, Deine Wege sind schwer zu gehen, man geht es nicht ohne Tränen." Wie schwer mag es ihr gefallen sein, von ihrem Bamberg Abschied zu nehmen. Ob sie es wohl ahnte, was in Augsburg auf sie wartete. Sie lebte immer in Hoffnung, aber als ihr klar wurde, daß es keine Hoffnung mehr gibt, da gab sie noch längst nicht auf, aber dann rang sie sich durch zu einem Ja zum Willen Gottes. Bewundernswert ihr Wirken im Hauptkrankenhaus, bewundernswert ihr Wirken im Bürgerspital, aber noch bewundernswerter ihre Geduld und ihre vorbildliche Ergebenheit in den letzten Wochen ihres Krankenlagers im Vincentinum.

Als ich mit den Sternsingern ins Vincentinum kam, besuchte ich auch Schwester Ottonia. Sie war bereits so krank, daß sie nicht mehr sprechen konnte, wohl aber konnte sie hören, was die Sternsinger sangen und sagten: "Als die Könige ihre Geschenke niederlegten, empfanden sie eine überaus große Freude" An diese Freude laßt uns denken. Wer in die Freude des Herrn eingeht, geht uns nicht verloren. Wohl mag es uns sein, als sei ein Stern erloschen, in Wirklichkeit ist mit ihrem Heimgang ein neuer Stern aufgegangen - ein neuer Stern am Himmel ihres Heimatortes Kemmern und am Himmel der Barmherzigen Schwestern. Blicken wir auf zu diesem Stern, dann werden wir erfahren, daß es auch in dem großen Leid, das uns bedrückt, einen Trost gibt und eine Freude - eine Freude wie sie den drei Weisen zuteil wurde. Amen.

Grabansprache von Stadtpfarrer Michael Stöckle

5. Kongregation der Theresienschwestern vom Katholischen Apostolat

Sr. M. Kuni
(Kunigunde) Ring, S.A. C.

* 16.04.1897 Kemmern
† 18.06.1968 Bamberg, städtisches Krankenhaus

Profess:
16.08.1932
26.10.1941 (Ewige)

Profanes Leben	Berufung und klösterliches Leben	Persönliches Wirken	Quellen
Familie: Vater: Georg Ring (Landwirt, Kaufmann) Mutter: Barbara, geb. Kraus Erstgeborene von acht Geschwistern *Ausbildung:* k.n.A. *Beruf:* Köchin	• 20.10.1931: Eintritt bei den Theresienschwestern vom Katholischen Apostolat • 08.12.1931: Einkleidung • Tätigkeit als Wäscherin, hauptsächlich jedoch Köchin im Christkönigsheim Stuttgart/Hohenheim, im Pallottiheim Friedberg und im Apostolatshaus Gleusdorf. Im Müttererholungsheim Gleusdorf war sie viele Jahre lang Hausoberin.	Sr. M. Kuni war immer bestrebt, eine gute Schwester zu sein und war damit den jüngeren Schwestern stets ein Vorbild. Sie war mit ganzer Seele Ordensfrau und setzte all ihre Kräfte ein für unser Apostolat der dienenden Liebe." „Sie war eine gute Köchin, die auch in schweren Zeiten, während und nach dem 2. Weltkrieg, noch gutes Essen auf den Tisch zaubern konnte." Sterbebericht	Nekrolog Todesanzeige

Schwester M. Kuni Ring SAC
Theresienschwester vom Katholischen Apostolat

Taufname:	Kunigunde
geboren in	Kemmern/Bamberg
am	16.04.1897 als erstes Kind
Vater:	Georg Ring,
Beruf des Vaters:	Landwirt und Kaufmann
Mutter:	Barbara, geb. Kraus
	Es waren 8 Geschwister
Eintritt bei den Theresienschwestern	
vom Katholischen Apostolat:	20.10.1931
Einkleidung:	08.12.1931
1. Profeß	16.08.1932
Ewige Profeß:	26.10.1941
Sterbetag:	18.06.1968

Sie wurde als Schwester eingesetzt im Christkönigsheim Stuttgart/Hohenheim, im Pallottiheim Friedberg, im Apostolatshaus Gleusdorf.
Sie hatte zeitweilig die Sorge für die Wäsche zu tragen, war aber überwiegend in den Häusern als verantwortliche Köchin eingesetzt.
Über viele Jahre trug sie als Hausoberin im Müttererholungsheim Gleusdorf Verantwortung.

Sie war eine gute Köchin, die auch in schweren Zeiten, während und nach dem 2. Weltkrieg, noch gutes Essen auf den Tisch zaubern konnte.
Sr. Kuni war immer bestrebt eine gute Schwester zu sein und war damit den jüngeren Schwestern stets ein Vorbild. Sie war mit ganzer Seele Ordensfrau und setzte all ihre Kräfte ein für unser Apostolat der dienenden Liebe.

Aus ihren Papieren geht nicht hervor, warum sie gerade die Gemeinschaft der Theresienschwestern gewählt hat. Ich nehme an, daß die Nähe des Mutterhauses Gleusdorf und das Kennen der Pallottinerpatres in Untermerzbach ihre Entscheidung beeinflußten.

Nach schwerer Krankheit verschied sie gottergeben im Städtischen Krankenhaus Bamberg im Jahre 1968.
Auf dem Gleusdorfer Friedhof fand ihr Leib die letzte Ruhestätte.

Selig, die reinen Herzens sind, sie werden Gott anschauen
Zur frommen Erinnerung im Gebete

Schwester
M. Kunigunda Ring
S. A. C.

geboren am 16. April 1897 in Kemmern
gestorben am 18. Juni 1968
im Städt. Krankenhaus Bamberg

G e b e t
Barmherziger Gott! Gib der Seele Deiner im Glauben dahingeschiedenen Dienerin M. Kunigunda auf die Fürbitte der allerseligsten Himmelskönigin ewige, selige Vereinigung mit allen Heiligen in der Glorie Deiner Anschauung.

Vater unser, Ave Maria

O Herr, gib ihr die ewige Ruhe!

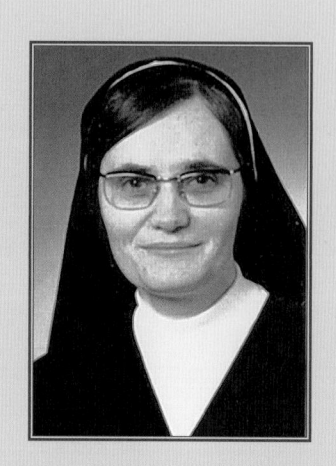

6. Kongregation von der Schmerzhaften Mutter – Abenberger Schwestern

Sr. M. Margarita
Schütz, S.S.M.

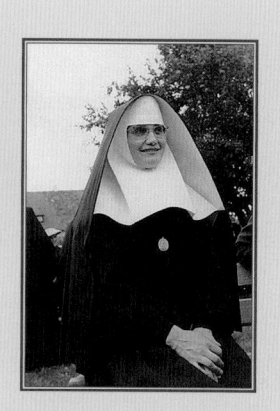

* 26.03.1938 Kemmern

Profess:
12.08.1961

Profanes Leben	Berufung und klösterliches Leben	Persönliches Wirken	Quellen
Familie: Eine Schwester Ihre Tante, Sr. M. Hermena, ist ebenfalls eine Abenberger Schwester *Ausbildung:* Volksschule bis 1952 1966–1970: Studium für das Lehramt an Realschulen *Beruf:* Lehrerin	• Okt. 1952: Eintritt in die Ordensgemeinschaft der Schwestern von der Schmerzhaften Mutter • 1960–1966: Unterricht in Handarbeit und Hauswirtschaft an der Volksschule und Haushaltungsschule in Abenberg • 1970–1983: Unterricht in Deutsch und Geschichte an der privaten, staatlich anerkannten Mädchenrealschule Marienburg in Abenberg – ab 1972 auch Leiterin dieser Schule • 1983–1992: Tätigkeit in der Generalleitung der Kongregation 1993–1998: Tätigkeit als Ordensreferentin in der Diözese Eichstätt • 1998–2002: Tätigkeit als Provinzoberin der europäischen Provinz der Schwestern von der Schmerzhaften Mutter • Seit 2002: Tätigkeit als Regionaloberin der Region Deutschland der Schwestern von der Schmerzhaften Mutter	Die Dillinger Franziskanerinnen haben auf Sr. M. Margarita eine „große Anziehungskraft" ausgeübt. Einen alternativen Lebensweg oder einen weltlichen Beruf konnte sie sich nicht vorstellen. Der zufällige Besuch ihrer Tante, Sr. M. Hermena, Mitglied der Abenberger Schwestern, motivierte sie, ihren Wunsch in die Tat umzusetzen und der Ordensgemeinschaft beizutreten.	Persönliche Angaben Berufungsgeschichte, Abenberg, 24.12.2001

Meine Erfahrungen mit den Dillinger Franziskanerinnen in Kemmern

In meiner Kindergartenzeit – es war anfangs der 1940er Jahre – wurden wir von Ordensschwestern betreut. Eines Tages wurden diese durch Frauen ersetzt, die wir mit Tante N. ansprechen mussten. Die Hintergründe für diesen Wechsel verstanden wir natürlich nicht.

Während meiner ganzen Kinder- und Jugendzeit hatten wir immer wieder Kontakt mit einzelnen Schwestern am Ort. Die Schwestern waren immer im Gottesdienst präsent, in der Kirche war eine eigene Kirchenbank für sie reserviert. Eine Krankenschwester kam in die Familie, wenn jemand krank war. Wenn ich unterwegs von einer Schwester angesprochen wurde, war das etwas Besonderes, denn die Ordensfrauen waren für mich Menschen, die neben und in der gewöhnlichen Sphäre alles Irdischen noch in einer anderen Sphäre lebten, die ich natürlich mit Gott in Verbindung brachte. Und so kam schon bald der Wunsch in mir auf, auch einmal eine Schwester zu werden.

Wir Mädchen durften während der Schulzeit regelmäßig in das Schwesternhaus kommen – auch dieses ein für mich geheimnisumwitterter Ort – da der Handarbeitsunterricht in einem Raum dieses Haus von einer Schwester gehalten wurde. Aufgrund dieser Erfahrungen wurde unsere Beziehung zu den Schwestern immer mehr auch auf die normale menschliche Ebene gerückt, während sie zuvor von einer gewissen Scheu und Zurückhaltung geprägt war.

Meine längste, nachhaltigste und durchwegs positive Erfahrung mit einer Schwester machte ich in meinen Schuljahren von der 5. bis zur 8. Klasse, da Sr. Reginharda in diesen Mädchenklassen die Lehrerin war. Nach meiner Volksschulzeit, als ich nicht mehr in Kemmern wohnte, hatte ich bei meinen Besuchen im Heimatort immer sehr gute Kontakte und Begegnungen mit den Schwestern, geprägt von Wohlwollen und gegenseitiger Achtung. Und seit ich nun selbst Ordensschwester geworden bin, verbindet uns auch das Wissen und das Gefühl der Zugehörigkeit zu einer großen geistlichen Familie.

Sr. Margarita Schütz, SSM (Schwestern von der Schmerzhaften Mutter)

Meine Berufungsgeschichte

Soweit ich mich erinnern kann, war der Wunsch, eine Schwester zu werden, schon sehr früh in mir da. Im Laufe meiner Kindheit habe ich diesen Wunsch auch öfter ausgesprochen, so dass meine Familie und meine Umgebung mit diesem Gedanken vertraut waren. Aber wahrscheinlich sahen meine Angehörigen dahinter nur eine kindliche Schwärmerei, die man nicht ernst nehmen musste.

Ich bin fest überzeugt, dass die Anwesenheit der Dillinger Franziskanerinnen in meinem Heimatort Kemmern wesentlich dazu beigetragen hat, dass ich mich so früh an dem Berufsbild „Schwester" orientiert habe. Die Schwestern, die im Kindergarten, in der Volksschule und der Krankenpflege tätig waren, haben eine große Anziehungskraft auf mich ausgeübt. Und so wollte ich, wie andere Mädchen vor mir, in Dillingen, der Zentrale der Kemmerner Schwestern, in das Kloster eintreten. Ich habe mir deshalb auch keine großen Gedanken darüber gemacht, was ich wohl nach der Entlassung aus der Volksschule im Jahr 1952 tun würde, bzw. welche berufliche Richtung ich einschlagen sollte.

Zufällig – man kann es auch als Fügung Gottes ansehen – kam meine Tante Hermena, eine Schwester meines Vaters, die auch Ordensschwester war, in dieser Zeit wieder einmal zu einem Heimatbesuch. Sie gehörte einer Ordensgemeinschaft an, von der ich bis dahin nie etwas gehört hatte, nämlich den Schwestern von der Schmerzhaften Mutter mit dem Hauptsitz in Abenberg. Durch sie lernte ich in der Folgezeit diese Gemeinschaft kennen, und es war für mich nur eine folgerichtige Selbstverständlichkeit, dass ich im Oktober 1952 in Abenberg eingetreten bin. Auch diese Ordensgemeinschaft war von der franziskanischen Spiritualität geprägt, worüber ich mich sehr freute, war mir doch durch unsere Kemmerner Schwestern die Gestalt des heiligen Franziskus von Assisi schon ein wenig vertraut. Die Gestalt der Franziska Streitel als Gründerin der Schwestern von der Schmerzhaften Mutter und das für ihre Gemeinschaft spezifische Charisma – die enge Verbindung des aktiven mit dem kontemplativen Leben – habe ich im Laufe der Zeit dann kennen und lieben gelernt.

Abenberg, 24.12.2001

Sr. M. Margarita Schütz

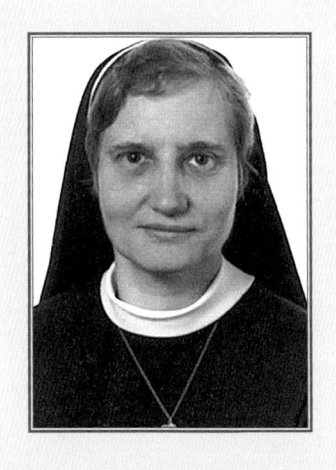

Sr. M. Barbara
(Ingeborg) Schütz, S.S.M.

* 05.01.1940 Kemmern

Profess:
12.08.1966
1971 (Ewige)

Profanes Leben	Berufung und klösterliches Leben	Persönliches Wirken	Quellen
Familie: Schwester Anni, Ordensfrau bei den Abenberger Schwestern *Ausbildung:* Volksschule (Schülerin von Sr. M. Reginharda Nehmer) Realschule, Betreuung Maria Ward Ausbildung zur Erzieherin bei den Englischen Fräulein Nach Eintritt in die Ordensgemeinschaft: Ausbildung zur Lehrerin *Beruf:* Lehrerin (Religion, Maschinenschreiben)	• Sept. 1963: Eintritt in die Ordensgemeinschaft der Franziskanerinnen von der Schmerzhaften Mutter, den Abenberger Schwestern • Aug. 1964: Einkleidung • Bis 1990: Lehrerin für Religion und Maschinenschreiben an der ordenseigenen Realschule in Abenberg • 1990: Versetzung nach Eichstätt, Tätigkeit im Caritas-Mutter-Kind-Haus	Der Eintritt in den Konvent war motiviert durch die intensive Erfahrung, die Sr. M. Barbara seit ihrer Kindheit mit Ordensschwestern gemacht hat. Ihr Gottesbild hat ihre Volksschullehrerin entscheidend mitgeprägt: „Durch sie lernte ich Gott und Jesus Christus als den Lebendigen und Liebenden kennen. Ich spürte, dass ich mich ihm anvertrauen durfte und konnte, und dass er mein Begleiter war." Sr. M. Barbara, am 01.12.2001	Persönliche Angaben von Sr. M. Barbara, Eichstätt 01.12.2001

BERUFUNGSWEG

Am 5. Januar 1940 wurde ich, Ingeborg Schütz, in Kemmern geboren. Im folgenden möchte ich eine Kurzinformation über meinen Weg ins Kloster darstellen:

Mir wurde oft die Frage gestellt: Was ist Berufung? Wie kann ich wissen, daß ich zum Ordensstand berufen bin?
In der Regel passieren keine so dramatischen Ereignisse, wie sie uns von der Bekehrung des hl. Paulus oder von Prophetenberufungen bekannt sind. Berufung ist ein langer Prozeß, ein sich ständig wiederholender Anruf Gottes an einen Menschen.

Ordensschwestern waren mir von Kindheit an vertraut. Mit ihnen begegnete ich Menschen, die mich durch ihr Dasein an Gott erinnerten. Schon in der Volksschule war in einigen Klassen eine Ordensfrau meine Lehrerin (Sr. Reginharda Nehmer, Dillinger Franziskanerin). Sie hat mein Gottesbild entscheidend mitgeprägt. Durch sie lernte ich Gott und Jesus Christus als den lebendigen und liebenden kennen. Ich spürte, daß ich mich ihm anvertrauen durfte und konnte, und daß er mein Begleiter war.

In der Realschule – damals Mittelschule – wurde ich von Maria Ward – Schwestern in Bad Reichenhall und München betreut. Neben der Schulbildung gaben sie Hilfestellung zum menschlichen Reifen und vermittelten christliche Werte. Während meiner Ausbildung zur Erzieherin, ebenfalls bei den Englischen Fräulein, pflegten wir mit einer Schwester den Bibelaustausch.

So konnte die Beziehung zu Gott wachsen und ich spürte in meinem Inneren die Anfrage: ein Leben als Schwester in einer Ordensgemeinschaft – ist das vielleicht auch ein Weg für dich?
Im Dialog mit Gott und im Gespräch mit Mitmenschen, die mir zur Seite standen, kristallisierte sich nach und nach meine Antwort heraus: Gott ruft mich – so will ich den Schritt mit ihm wagen.

Die „Abenberger Schwestern" – Franziskanerinnen von der Schmerzhaften Mutter lernte ich näher kennen, als meine Schwester Anni einige Jahre vor mir dort eintrat. Ich besuchte sie einige Male. Außerdem lebte eine Tante (Schwester meines Vaters) in dieser Ordensgemeinschaft, allerdings in Österreich.

Ich entschloß mich, bei den Franziskanerinnen von der Schmerzhaften Mutter in Abenberg einzutreten.
Der Klostereintritt erfolgte im September 1963
Einkleidung im August 1964
Erste Gelübdeablegung 1966
Ewige Gelübde 1971

Nach weiteren Ausbildungen war ich in der ordenseigenen Realschule in Abenberg als Religionslehrerin und Lehrerin für Maschinenschreiben tätig.
1990 wurde ich nach Eichstätt versetzt. Hier arbeite ich im Caritas-Mutter-Kind Kurhaus bis heute.

Eine Berufung ist mit dem Klostereintritt oder mit dem Ablegen von Gelübden nicht abgeschlossen. Es ist ein anhaltender Prozeß. Das heißt: mit Gott im Gespräch bleiben, sich immer wieder ausrichten auf ihn durch tägliche gemeinsame und persönliche Gebete und Meditation, durch geistliche Lesungen, Bibelarbeit, Exerzitien, beständige geistliche Weiterbildung.

Eichstätt, 01. 12. 2001

Sr. Barbara Schütz
(Ingeborg)

Sr. M. Gabriele (Kunigunda) Christa O.S.F.

* 17.10.1910 Hallstadt/Ofr.
† 19.01.1979 Kaiserslautern

Profess:
14.04.1936

Profanes Leben	Berufung und klösterliches Leben	Persönliches Wirken	Quellen
Familie: Eltern werden im Nekrolog nicht erwähnt *Ausbildung:* „1917–1924 Volksschule in Hallstadt; bis 1930 Kandidatin und Schülerin der Lehrerinnenbildung in Dillingen; Ausbildung zur Turnlehrerin an der Landesturnanstalt in München; 1933 Prüfung für das Turnlehramt an höheren weiblichen Unterrichtsanstalten, dann Referendarjahr, erfolgreicher Abschluss im Frühjahr 1934 mit der pädagogischen Prüfung *Beruf:* Lehrerin am ordenseigenem Gymnasium in Kaiserslautern von 1938–1940 und von 1945–19.01.1979	„Sr. Gabriele war mit Leib und Seele Lehrerin; nichts war ihr zu viel für ihre Kinder, immer stand sie ihnen zur Verfügung."	Sie pflegte ein intensives Gebetsleben und arbeitete im Gebet vieles aus, was ihr im Alltag Schwierigkeiten machte.	Nekrolog vom 19.01.1979 verfasst von Sr. M. Clementine, O.S.F.

Im Gebet wollen wir
das Andenken bewahren
an unsere liebe Verstorbene

Sr. M. Gabriele Christa
O S F

geb. 17.10.1910 Hallstadt
Profeß: 14.04.1936 Dillingen/Donau
gest. 19.01.1979 Kaiserslautern

„Deinen Gläubigen, Herr, kann ja das Leben nicht geraubt werden, es wird nur neu gestaltet." Präf.

Gott, du allein bist gut und allzeit barmherzig. Wir bitten dich für unsere Schwester M. Gabriele, die du zu dir gerufen hast. An dich hat sie geglaubt und auf dich gehofft; führe sie zur wahren Heimat, laß sie die ewige Freude genießen und in deinem Frieden geborgen sein. Darum bitten wir durch Jesus Christus.

Bamberg, den 19. 1. 1979

Liebe Schwestern!

Unerwartet rasch wurde unsere liebe Schwester

<u>M. **G a b r i e l e**   (Kunigunda) Christa, OSF.</u>

mitten aus der Arbeit heimgerufen. Ihre Mitschwestern fanden sie in der Frühe des 18. Januar bewußtlos im Bett. Der Notarzt war sofort zur Stelle und die Kranke wurde in das Krankenhaus gebracht. Der Arzt stellte fest, daß sie einen Schlaganfall mit starken Gehirnblutungen erlitten hatte. Die Bewußtlosigkeit hielt an. Sie empfing die hl. Krankensalbung und verschied heute nacht, am 19. 1. 79, kurz nach 1 Uhr ohne das Bewußtsein wieder erlangt zu haben. Der viel zu hohe Blutdruck war wohl die Ursache des Schlaganfalls.

Sr. Gabriele war am 17. 10. 1910 in Hallstadt/Ofr. geboren. Von 1917 - 1924 besuchte sie dort die Volksschule, anschließend wurde sie Kandidatin und Schülerin der Lehrerinnenbildungsanstalt in Dillingen, die sie 1930 absolvierte. Darnach begann sie die Ausbildung zur Turnlehrerin an der Landesturnanstalt in München, 1933 legte sie die Prüfung für das Turnlehramt an höheren weiblichen Unterrichtsanstalten in Bayern ab, es folgte das Referendarjahr, das sie im Frühjahr 1934 mit der pädagogischen Prüfung erfolgreich abschloß.

Nach dem Noviziatsjahr 1935/36 machte sie am 14. 4. 1936 heilige Profeß. Darnach begann sie nochmals zu lernen: sie bereitete sich zusätzlich auf die Prüfung für Lehrer der Kurzschrift vor und eine sehr gute Prüfung lohnte ihren Eifer. Sie begann ihre Lehrtätigkeit als Turnlehrerin zunächst in Dillingen. Schon 1938 wurde sie als Fachlehrerin für Turnen und Kurzschrift in das Lyceum und die Frauenschule in Kaiserslautern versetzt. Nach dem Abbau 1940 arbeitete sie im Büro eines Würzburger Reservelazaretts.

Im Oktober 1945 war sie bei den ersten Lehrerinnen, die in das durch Bomben fast ganz zerstörte Institut nach Kaiserslautern zurückkehrten. Mit Eifer und Einsatz ihrer ganzen Kraft nahm sie die Tätigkeit in der Schule auf, unterrichtete aber jetzt in den allgemeinbildenden Fächern. Sr. Gabriele war mit Leib und Seele Lehrerin; nichts war ihr zuviel für ihre Kinder, immer stand sie ihnen zur Verfügung. Daneben war sie aber auch ganz Ordensfrau, die bewußt in der Gemeinschaft der Mitschwestern stand und nie fehlte, wenn die Schwestern sich zum Gebet oder zu einer anderen gemeinschaftlichen religiösen Übung trafen. Die neuen Formen religiösen Lebens, die uns nach dem Konzil ermöglicht wurden, hat sie immer tiefer erfaßt und bejaht. Voll Aufmerksamkeit erwies sie ungesehen viele kleine Dienste, um anderen Freude zu machen. Sie pflegte ein intensives Gebetsleben und arbeitete im Gebet vieles auf, was ihr im Alltag Schwierigkeiten machte. In den letzten Wochen hat sie nach Aussagen der Mitschwestern viel vom Tod gesprochen. So kam er sicher nicht so unerwartet, wie es uns scheint.

Wir danken der lieben Sr. Gabriele für ihren tatkräftigen Einsatz als Lehrerin und Ordensschwester und schenken ihr unser dankbares Fürbittgebet.

Ihre Sr. M. Clementine, OSF.

NEKROLOGS- UND BEFRAGUNGSVERZEICHNIS

Nekrologsauswertung Nr. 1: der Nekrolog von Schwester M. Klodoalda Dorsch OSV.VP. befindet sich im Archiv der Barmherzigen Schwestern vom Hl. Vinzenz von Paul in München.

Nekrologsauswertung Nr. 2: der Nekrolog von Schwester M. Edeltraud Schneidenberger OSV.VP. befindet sich im Archiv der Barmherzigen Schwestern vom Hl. Vinzenz von Paul in München.

Nekrologsauswertung Nr. 3: der Nekrolog von Schwester M. Oswenda Eichhorn O.S.F. vom 21.09.1946 befindet sich im Archiv der Dillinger Franziskanerinnen in Dillingen.

Nekrologsauswertung Nr. 4: der Nekrolog von Schwester M. Engelmunda Molitor O.S.F. vom 09.12.1978 befindet sich im Archiv der Dillinger Franziskanerinnen in Dillingen.

Nekrologsauswertung Nr. 5: der Nekrolog von Schwester M. Delenaria Eichhorn O.S.F. vom 12.02.1977 befindet sich im Archiv der Dillinger Franziskanerinnen in Dillingen.

Nekrologsauswertung Nr. 6: der Nekrolog von Schwester M. Chrysologa Albrecht O.S.F. vom 25.12.1946 befindet sich im Archiv der Dillinger Franziskanerinnen in Dillingen.

Nekrologsauswertung Nr. 7: der Nekrolog von Schwester M. Blandina Schneiderbanger O.S.F. vom 09.12.1953 befindet sich im Archiv der Dillinger Franziskanerinnen in Dillingen.

Nekrologsauswertung Nr. 8: der Nekrolog von Schwester M. Patientia Eichhorn vom 29.09.1990 befindet sich im Archiv der Dillinger Franziskanerinnen in Dillingen.

Nekrologsauswertung Nr. 9: der Nekrolog von Schwester M. Hypolyta Bauer O.S.F. vom 18.12.1969 befindet sich im Archiv der Dillinger Franziskanerinnen in Dillingen.

Nekrologsauswertung Nr. 10: der Nekrolog von Schwester M. Ingeberga Brehm O.S.F. vom 15.06.1940 befindet sich im Archiv der Dillinger Franziskanerinnen in Dillingen.

Nekrologsauswertung Nr. 11: der Nekrolog von Schwester M. Pionia Kraus O.S.F. vom 08.11.1944 befindet sich im Archiv der Dillinger Franziskanerinnen in Dillingen.

Nekrologsauswertung Nr. 12: der Nekrolog von Schwester M. Pinaria Haderlein O.S.F. vom 16.12.1931 befindet sich im Archiv der Dillinger Franziskanerinnen in Dillingen.

Nekrologsauswertung Nr. 13: der Nekrolog von Schwester M. Dartina Keller O.S.F. vom 10.01.1986 befindet sich im Archiv der Dillinger Franziskanerinnen in Dillingen.

Nekrologsauswertung Nr. 14: der Nekrolog von Schwester M. Dietlinde Endres O.S.F. vom 30.11.1988 befindet sich im Archiv der Dillinger Franziskanerinnen in Dillingen.

Nekrologsauswertung Nr. 15: der Nekrolog von Schwester M. Salvatoris Görtler O.S.F. vom 29.04.1968 befindet sich im Archiv der Dillinger Franziskanerinnen in Dillingen.

Nekrologsauswertung Nr. 16: der Nekrolog von Schwester M. Gildfrieda Diller O.S.F. vom 05.02.1964 befindet sich im Archiv der Dillinger Franziskanerinnen in Dillingen.

Nekrologsauswertung Nr. 17: der Nekrolog von Schwester M. Seraphine Eichhorn O.S.F. vom 17.03.1995 befindet sich im Archiv der Dillinger Franziskanerinnen in Dillingen.

Nekrologsauswertung Nr. 18: der Nekrolog von Schwester M. Heladia Albrecht O.S.F. vom 03.09.1986 befindet sich im Archiv der Dillinger Franziskanerinnen in Dillingen.

Nekrologsauswertung Nr. 19: der Nekrolog von Schwester M. Gerharda Spörlein O.S.F. vom 09.01.1989 befindet sich im Archiv der Dillinger Franziskanerinnen in Dillingen.

Nekrologsauswertung Nr. 20: der Nekrolog von Schwester M. Amaltraut Albrecht O.S.F. vom 20.02.2001 befindet sich im Archiv der Dillinger Franziskanerinnen in Dillingen.

Nekrologsauswertung Nr. 21: der Nekrolog von Schwester M. Berga Albrecht O.S.F. vom 07.11.2001 befindet sich im Archiv der Dillinger Franziskanerinnen in Dillingen.

Nekrologsauswertung Nr. 22: der Nekrolog von Schwester M. Witburga Dorsch O.S.F. vom 07.11.2001 befindet sich im Archiv der Dillinger Franziskanerinnen in Dillingen.

Lebensbeschreibung Nr. 23: von Schwester M. Alexandra Lowinski O.S.F.

Lebensbeschreibung Nr. 24: von Schwester M. Adeline Pietrucha O.S.F.

Lebensbeschreibung Nr. 25: von Schwester M. Friedgard Dorsch O.S.F.

Lebensbeschreibung Nr. 26: von Schwester M. Gertrudis Lowinski O.S.F.

Nekrologsauswertung Nr. 27: der Nekrolog von Schwester M. Luzia Albrecht IBMV. vom 30.07.1958 befindet sich im Archiv der Englische Fräulein in Bamberg.

Nekrologsauswertung Nr. 28: der Nekrolog von Schwester M. Regis Bauer O.S.F. vom 17.01.1981 befindet sich im Archiv der Oberzeller Schwestern in Würzburg.

Nekrologsauswertung Nr. 29: der Nekrolog von Schwester M. Marzellosa Schneiderbanger O.S.F. vom 17.01.1981 befindet sich im Archiv der Oberzeller Schwestern in Würzburg.

Nekrologsauswertung Nr. 30: der Nekrolog von Schwester M. Pirmina Brehm O.S.F. vom 08.04.2001 befindet sich im Archiv der Oberzeller Schwestern in Würzburg.

Nekrologsauswertung Nr. 31: der Nekrolog von Schwester M. Veremunda Haderlein OSV.v.P. vom 30.05.1972 befindet sich im Archiv der Barmherzigen Schwestern vom hl. Vinzent von Paul in München.

Nekrologsauswertung Nr. 32: der Nekrolog von Schwester M. Ottonia Endres OSV.v.P. vom 16.01.1990 befindet sich im Archiv der Barmherzigen Schwestern vom hl. Vinzent von Paul in München.

Nekrologsauswertung Nr. 33: der Nekrolog von Schwester M. Kuni Ring SAC. vom 18.06.1968 befindet sich im Archiv der Theresienschwestern in Limburg.

Lebensbeschreibung Nr. 34: von Schwester M. Margarita Schütz.

Lebensbeschreibung Nr. 35: von Schwester M. Barbara Schütz.

Nekrologsauswertung Nr. 36: der Nekrolog von Schwester M. Gabriele Christa O.S.F. vom 19.01.1979 befindet sich im Archiv der Dillinger Franziskanerinnen in Bamberg

II BEZIEHUNGEN VON ORDENSFRAUEN INNERHALB EINER SCHWESTERNKOMMUNITÄT

1. GENERALAT

Das Generalat der Dillinger Franziskanerinnen befand sich von 1967–1999 in Rom, Suore Francescane di Dillingen Roma-La Storta. Dieses ist heute in Dillingen und Hauptsitz der Leitung der Gemeinschaft mit der Generaloberin sowie deren Ratsmitgliedern. Die Gemeinschaft ist im Sinne des Subsidiaritätsprinzips in sieben Provinzen gegliedert. Zu jeder Provinz gehören mehrere Filialen. Das Generalkapitel wird alle drei Jahre einberufen, alle sechs Jahre findet ein Generalwahlkapitel statt. Die Dauer des Generalkapitels ist unterschiedlich.

1, 2 Das Generalatsgebäude in Rom

3-7 Das Generalatsgebäude in Rom

Generalkapitel 1990 - Abschlußlied nach der Melodie:
Wir wollen zu Land ausfahren

Wir wollen nun heimwärts fahren
über die Berge weit;
kommen wieder nach Jahren,
zum Dienst beim Kapitel bereit.
Wenn wir nun bald auseinandergeh'n
sagen wir allen: Auf Wiederseh'n. Auf Wieder-, Wiederseh'n, auf Wieder-, Wiederseh'n.

Dank wollen wir allen singen,
die uns so gut betreut;
wollen zum Ausdruck all' bringen,
daß sie uns oft sehr gefreut.
Waren's die Blusen, so duftend frisch,
war es der sauber gedeckte Tisch.
Wir sagen Dank für alles, für alles sei der Dank.

Nicht zu vergessen die Küche
und anderes Personal;
sie scheuten keine Mühe,
umsorgten uns überall.
Auch Herrn Profesor vergelt es Gott,
der uns stets seine Hilfe anbot
in Wort und Tat und Segen, in Tat und Segen.

Schnell sind die Wochen vergangen,
die wir gemeinsam verbracht;

8 Lied zum Abschluss des Generalkapitels

M. Irmtraud Eichelbrönner neue Generaloberin

Als Nachfolgerin von Irma Staudinger gewählt

Dillingen-Rom (pm). Vom 28. Juli bis 22. August war im Generalatshaus in Rom-La Storta das Generalkapitel der Kongregation der Dillinger Franziskanerinnen versammelt, unter anderem auch, um für die kommende Amtsperiode von sechs Jahren die Generalleitung neu zu wählen. Aus der Wahl ging als Generaloberin Sr. M. Irmtraud Eichelbrönner hervor, welche die bisher amtierende Generaloberin Sr. M. Irma Staudinger als Nachfolgerin ablöst.

Sr. Irmtraud Eichelbrönner (60) stammt aus dem unterfränkischen Dorf Schwanfeld bei Würzburg. Als Dillinger Franziskanerin gehört sie näherhin der deutschen Ordensprovinz mit dem Sitz des Provinzialats in Bamberg an. In Dillingen als Lehrerin ausgebildet, wirkte sie zuerst an der Volksschule in Lohr a. Main und dann lange Jahre an der privaten Mädchenrealschule ihrer Kongregation in Volkach a. Main. Seit 1978 war sie Mitglied der Generalleitung in Rom und hatte als Generalvikarin die Vertretung der Generaloberin wahrzunehmen.

Unterstützt wird Sr. Irmtraud in ihren Amtsaufgaben von vier Rätinnen, die je aus einer anderen Ordensprovinz bzw. aus einem anderen Sprachbereich gewählt worden sind. So kommt Sr. Alexis Ortner, die jetzige Generalvikarin, aus der Schwesternschaft der Provinz in den Regens-Wagner-Stiftungen. Sie ist Taubstummenlehrerin und nahm zuletzt die Leitung der Behinderteneinrichtung und des Konvents in Michelfeld/Opf. wahr. Die Rätin Sr. Patricia Forrest entstammt der Provinz Hankinson in den Vereinigten Staaten von Nordamerika, und sie wirkte bereits von 1969 bis 1975 und wieder von 1984 bis 1990 in der Generalleitung in Rom mit.

Die beiden brasilianischen Provinzen haben als ihre Vertreterin nur Sr. Michaela Haas im Generalat. In Dillingen geboren und („im Schatten des Mutterhauses") aufgewachsen, erhielt sie bei den Dominikanerinnen in Wettenhausen ihre Ausbildung als Lehrerin. Ihre Missionsbegeisterung führte sie dann aber nach Brasilien, wo sie in Duque de Caxias – Rio de Janeiro bei den dortigen Dillinger Franziskanerinnen eintrat und fortan in deren Schulen und Pastoralstationen voll Einsatzfreude wirkte.

Das jüngste der neuen Ratsmitglieder ist Sr. Roswitha Heinrich, Schwester der deutschen Ordensprovinz mit dem Sitz in Maria Medingen. Sie war bisher tätig als Lehrerin an der Fachakademie für Sozialpädagogik und an der Berufsfachschule für Krankenpflege, beide unter der Trägerschaft des Ordens und in Dillingen, und sie arbeitete auch am „Neuen Weg" der Diözese Augsburg mit.

Die neue Generaloberin der Dillinger Franziskanerinnen heißt M. Irmtraud Eichelbrönner. Sie wurde beim Generalkapitel in Rom-La Storta gewählt. Bild: Privat

9 Zeitungsbericht über die Wahl der neuen Generaloberin Schwester M. Irmtraud Eichelbrönner O.S.F. beim Generalkapitel vom 28. Juli bis 22. August 1990.

2. PROVINZ DER DILLINGER FRANZISKANERINNEN

Neben dem Generalkapitel gibt es in der Gemeinschaft der Dillinger Franziskanerinnen einen ständigen Rat der Generaloberin. Dieser besteht aus unterschiedlichen Ratsschwestern, die für diese Aufgabe bei der Generalversammlung gewählt werden. Die Generaloberin hat das Recht, zu unterschiedlichen Themen eine Versammlung einzuberufen, bei der aktuelle Themen besprochen werden, die für die gesamte Gemeinschaft von großer Bedeutung sind.

Auf der Ebene der Provinz gibt es eine Provinzoberin, der ein Rat zugeteilt ist. Deren Sitz ist das Provinzhaus. Bei den Dillinger Franziskanerinnen gibt es momentan noch drei Provinzen: Die Bamberger Provinz, die Provinz Maria Medingen und die Regens-Wagner-Provinz. Die Provinzoberin wird vom Provinzkapitel für nicht weniger als vier und nicht mehr als sechs Jahre gewählt. Die Provinzen legen die genaue Amtszeit fest. Das ordentliche Provinzkapitel findet regelmäßig nach Ablauf der Amtszeit der Provinzoberin statt. Mit Zustimmung ihres Rates kann die Provinzoberin ein außerordentliches Provinzkapitel einberufen. Aufgabe der Provinzoberin und deren Rat ist es, sich um die einzelnen Filialen und deren Mitglieder zu kümmern. Jede Filiale hat wiederum eine Oberin, die mit Leitungsaufgaben betraut ist.

10 Stadtpfarrkirche, Klosterkirche und Mutterhaus der Dillinger Franziskanerinnen

Erzbischof Dr. Kredel feierte mit dem Ordensrat der Dillinger Franziskanerinnen und dem Konvent zu Beginn der diesjährigen Versammlung in der Kapelle des Montanahauses in Bamberg Eucharistie. Zu der Tagung, die eine regelmäßige Begegnung sowie einen Austausch der Schwestern im Leitungsdienst ermöglichen soll, kamen die ständigen Mitglieder des Rates, die Generalleitung, die drei deutschen, die zwei brasilianischen und die nordamerikanische Provinzoberin nach Bamberg. Im Mittelpunkt der Beratungen standen die Erneuerungskapitel, die sich vor allem mit der Vertiefung der franziskanischen Regel befassen und die Frage, was die Franziskanerinnen gegen die Ungerechtigkeit in der Welt tun können. Ein weiteres Anliegen der Ordensratsversammlung war, die Bamberger Niederlassung der Provinz kennenzulernen.

Foto: Bärbel Meister

11 Zeitungsbericht über eine Versammlung des ständigen Rates der Generalleitung der Dillinger Franziskanerinnen mit dem damaligen Erzbischof Dr. Elmar Maria Kredel im Montanahaus am Friedrichsbrunnen.

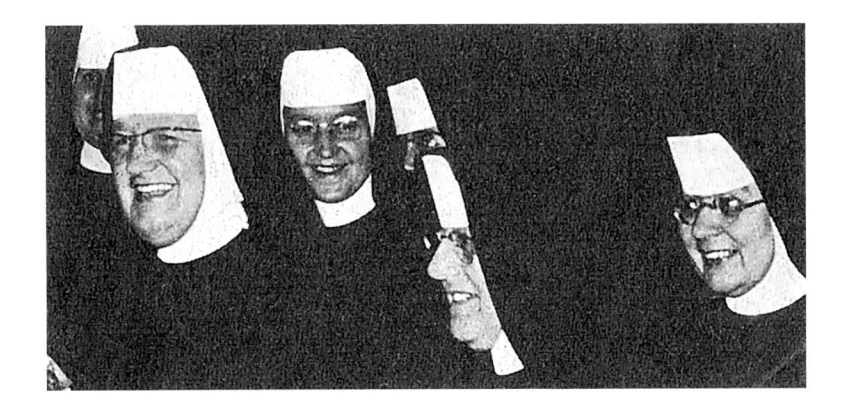

12 Schwestern der Generalleitung von 1963 bis 1969

13 Hauskapelle im Provinzialat in Bamberg

2. Provinz der Dillinger Franziskanerinnen // 219

14, 15 Gebäude des Provinzialats in Bamberg am Friedrichsbrunnen

3. GRÜNDUNG DES SCHWESTERNKONVENTES IN DER PFARREI KEMMERN

> Anhand dieser hier genannten Frömmigkeitsrituale wird deutlich, dass die Ordensfrauen in der Gemeinde gerne unterstützt wurden.

gerichte Bamberg I wegen verschiedener Diebstähle zu verantworten. Den Einbruchdiebstahl vom 27. Juli c. bei H. Sam. Treumann, sowie Pferdedeckendiebstähle u. A. haben sie bereits eingestanden.

☿ **Kemmern,** 22. Sept. Heute ist zur großen Freude der hiesigen Gemeinde die unter dem 10. l. M. nach Erfüllung der gesetzlichen Vorbedingungen bereitwillig ertheilte Genehmigung zur Errichtung einer Mädchenschule mit einer Lehrschwester aus dem Dillinger Franziskanerinnenkloster eingetroffen. Im nächsten Monate wird deren Einführung stattfinden. Die Kemmerer Schule ist die erste des Erzbisthums Bamberg, welche von dem genannten Kloster aus versehen wird, während die Diözese Würzburg bereits 8 solcher Filiale desselben, darunter auch größerer Institute in Dettelbach und Lohr, sich schon länger erfreut.

Eine Arbeiterversammlung in **Forchheim** am Samstag beschloß die Gründung eines Consumvereins und meldeten sich sofort 62 Mann zum Beitritt.

Am 22. ds. ist in **Würzburg** der Karmelitenordenspriester

16 Gründungsbericht der Mädchenschule in Kemmern im Bamberger Volksblatt.

Todes-Anzeige.

Wohlvorbereitet durch die hl. Sterbsakramente verschied dahier heute nachmittags 6 Uhr

Erw. Frau Oberin

M. Patientia Schroll, O.S.F.

Lehrerin an der hiesigen Mädchenschule.

Tieferschüttert beklagen alle Gemeindeangehörigen den jähen Hingang der hochverehrten Lehrerin. Sie war ein Vorbild treuester Pflichterfüllung, eine liebevolle Mutter der ihr anvertrauten Kinder. Wohlwollend gegen jedermann hat sie durch seltene Herzensgüte die Achtung und Liebe Aller in höchstem Maße erworben.

Ihr Andenken wird in der Gemeinde für immer auf's dankbarste in hohen Ehren bewahrt bleiben.

Kemmern, den 24. Juli 1914.

Die Schul- und Gemeindeverwaltung.

17 Todesanzeige der Oberin Schwester M. Patientia Schroll O.S.F.

Köln, 21. Okt. Eine neuerliche Meldung, Wißmann erhalte in Ostafrika einen selbstständigen Wirkungskreis, wird jetzt bestätigt. Wißmann reist am 25. Oktober zunächst nach Kairo zu kurzem Aufenthalt behufs Ueberleitung des Klimawechsels. Von dort geht er nach Ostafrika, wo er bis zum 1. April 1891 als Reichskommissar bleibt. Bis dahin wird der Dampfer für den Viktoria-Nyansa-See fertig, worauf Wißmann voraussichtlich zum Gouverneur des Gebietes der großen ostafrikanischen Binnen-Seen ernannt wird, während Baron v. Soden zum Gouverneur der ostafrikanischen Küste mit dem dazu gehörenden Hinterlande wird. Gravenreuth erwartet Beschäftigung im Auswärtigen Amte und kommt später möglicherweise nach Südwestafrika an Stelle Göhrings.

⚙ **Berlin,** 21. Okt. Preußen hat einen Antrag auf Aufhebung des Identitätsnachweises (für eingeführtes Getreide) beim Bundesrath eingebracht.

Auswärtige Staaten.

᠊ᠠ **Italien.** Vor einigen Tagen strandete bei einer Flottenübung ein italienisches Torpedoboot und ging die ganze Mannschaft zu Grunde. Der Eindruck des Unglücks ist groß. Der Marineminister hat strenge Untersuchung einleiten lassen, da das Unglück der Tollkühnheit des Eskadre-Commandanten zugeschrieben wird.

Die Enthüllungen über Boulanger werden nunmehr von **Paris** aus fortgesetzt. Der neueste Artikel berichtet über eine in London stattgehabte Zusammenkunft des Grafen von Paris mit Boulanger und über die finanzielle Lage der boulangistischen Partei. Bei Eröffnung der allgemeinen Wahlen sei die boulangistische Kasse leer gewesen, die Wahlfonds der Monarchisten hätten fünf Millionen Franken betragen, wovon 2½ Millionen durch den Grafen von Paris beigesteuert waren. Von dieser Summe seien 1'300,000 Franken für boulangistische Kandidaten bestimmt gewesen. — Auch die Angaben thun wieder dar, daß Boulanger nichts als ein Agent der Monarchisten gewesen ist, der unter dem Deckmantel einer beabsichtigten Reform der Republik die Geschäfte der Monarchie besorgt hat.

Der Anarchist Johann Most wird in **London** demnächst eintreffen und eine neue sozialistische Zeitung gründen. Das amerikanische Blatt „Freiheit" soll fortgeführt werden, aber hinfort amerikanischen Ansprüchen mehr Rechnung tragen, während die Londoner Ausgabe für englische, überhaupt für europäische Sozialisten bestimmt sein soll. Beide Blätter würden demnächst dasselbe vertreten, nämlich die Zerstörung des Monopolismus und Kapitalismus.

Aus der Stadt und Umgebung.

✻ **Bamberg,** 23. Okt. Verehel. Aufgebote sind erlassen für: Hoffmann Heinr., Pfarrer zu Gärtenroth mit Louise Pattberg, Oberlandesger.-Sekretärst. v. h.; Neukam Pankr., Müller von Mühlendorf mit Kunig. Sterzl geb. Löhr, Wwe. von Hohenau; Arm Seb., Zimmergeselle mit Dor. Schonath v. h.; Würstlein Joach., Lehrer von Bammersdorf mit Helena Schaller, Oberbahnamtsregistraturst. von Kronach; Hofmann Joh., Schuhmacher von Pettstadt, mit Maria Seufert, Schneiderst. von Obervollach; Bayer Jos., Restaurateur von Kissingen mit Marg. Jäger, Schlosserst. von Würzburg.

✻ **Bamberg,** 23. Okt. Der gestrenge Herr Winter hat uns gestern den ersten Besuch abgestattet; früh um 7 Uhr zeigte das Thermometer 2½ Grad unter Null und gegen 11 Uhr fiel, ziemlich ergiebig, der erste Schnee. Wollen wir hoffen, daß der ungebetene Gast bald wieder verschwindet; er würde namentlich den noch am Stocke befindlichen Trauben sehr nachtheilig sein. Heute Morgens hatten wir gleichfalls eine leichte Schneedecke.

✻ **Bamberg,** 22. Okt. Also zwei Fliegen mit Einem Schlage sollen durch die Zusammenlegung der seit einigen Jahren dahier üblichen allgemeinen „Stadt-Kirchweih" mit Plerrer und Herbst-Messe gefangen werden? Man verspricht sich eine weitere Steigerung der Frequenz der dies. Herbstmesse, wenn man à la Fürth auf solche Weise einen rechten Jahrmarkts-Spektakel zu begünstigen sucht? Dabei scheint mir lediglich der Umstand außer Acht gelassen, daß wir Bamberger eben mit Bamberger Verhältnissen zu rechnen haben. Fürth hat das reich bevölkerte Nürnberg in seiner Nähe, dessen Communication mit Fürth durch die Ludwigsbahn, Pferdebahn ꝛc. äußerst erleichtert ist. Wir haben in nächster Nähe nur kleinere mehr oder minder gut bevölkerte Ortschaften, die ohnedies schon namentlich an den beiden Meßdienstagen, an welchen die großen Schaf- und Rindviehmärkte abgehalten werden, und an den Markttagen das Hauptkontingent zur Herbstmesse-Frequenz stellen, welche aber durch obigen Rummel schwerlich noch gesteigert werden dürfte. Im Uebrigen hat sich die bei der allgemeinen Kirchweih getroffene Bestimmung, daß solche an Einem Tage abgehalten wird, als sehr zweckmäßig erwiesen, indem dadurch den bei der früher distriktive abgehaltenen sogen. Kirchweih-Feier häufig vorgekommenen höchst bedauerlichen Excessen ein Riegel vorgeschoben wurde. Man denke nur an die Schlägereien, die es früher abgesetzt, wenn mitunter die Burschen des einen Bezirks in einen anderen sich begaben, oder an die Reibereien, die oft zwischen dem blauen und dem grünen Tuche entstanden sind! Wir hätten einerseits freilich nichts dagegen, wenn man überhaupt den weltlichen Kirchweih-Rummel auf's denkbar geringste Maß beschränken würde, denn die Benennung „Kirchweih-Feier" ist der ärgste Mißbrauch, den wir uns denken können, und dann kommt selten etwas Gutes dabei heraus; aber andererseits möchten wir befürchten, daß durch diese Verlegung die durch Messe und Plerrer schon ohnehin stark beanspruchte polizeiliche Aufsicht noch mehr erschwert würde, ganz abgesehen von den Wirthen, Musikern ꝛc., die ja auch leben wollen. Also lasse man es beim Alten, das sich gut bewährte! Unsere Herbstmesse läßt in Bezug auf Frequenz durchaus nichts zu wünschen übrig und einer derartigen Begründung der Zusammenlegung von Kirchweih, Messe und Plerrer können wir wenigstens nicht das Wort reden.

P. **Bamberg,** 23. Okt. (Unglücksfall.) Gestern Vormittag während des Schneegestöbers brachte eine Heizersfrau ihrem zur Abfahrt bereiten Mann das Mittagessen an den Bahnhof, überschritt auf dem Heimwege, während des Rangirens von Zügen, die Geleise vom Maschinenhause aus gegen den Perron zu, wurde dabei von einem abgestoßenen Wagen, den sie wegen des aufgespannten Schirmes nicht bemerken konnte, überfahren und war sofort todt.

☐ **Kemmern,** 20. Okt. Nachdem die ehrw. Franziskanerinnen von Dillingen am vorigen Mittwoch ihren feierlichen Einzug dahier gehalten haben, fand heute die Eröffnung des neuen Schulhauses mit Gottesdienst und Festakt in der Schule statt, wobei auch der kgl. Bezirksamtmann Hr. Ordnung aus Bamberg zugegen war und mehrere Ansprachen gehalten wurden. Ein patriotisches Lied eröffnete und schloß die Feier in der Schule, der noch ein einfaches, gemeinsames Mahl, gewürzt mit verschiedenen Toasten und gemüthlicher Unterhaltung, im Dillig'schen Gasthause folgte. Was den Schulhausbau selbst betrifft, so macht derselbe durch seine Schönheit und Zweckmäßigkeit Hrn. Distriktstechniker Häberle von Bamberg, sowie den tüchtigen Herrn Baumeistern Ebelsh und Schobert von Hollstadt alle Ehre. Möge der liebe Gott seinen Segen geben, daß aus dieser Schule auch ein recht christliches und wohlunterrichtetes Geschlecht hervorgehe und auf solche Weise der Gemeinde Kemmern die große, aber unumgängliche Last, die ihr nunmehr erwachsen ist, wieder versüßt und entschädigt werde!

bm. **Weismain.** Vorigen Donnerstag wurde dahier die Aufsetzung des Dachstuhles auf der neuen Kirche vollendet. Abends halb 5 Uhr war unter allgemeiner Theilnahme von Stadt und Land die Hebefeier mit Musik (Choral: „Ein Haus voll Glorie schauet"), Zimmermannsspruch, Pistolenschüssen und Umzug der Arbeiter mit ihren Werkzeugen und Steinwägen in der Stadt. Darauf Festmahl für die geladenen Gäste; Kirchen- und Gemeindeverwaltung, Meister und Arbeiter in der Krone, mit verschiedenen Reden (interessant war die Geschichte des Kirchenbaues seit dem 14. Jahrhundert, gegeben von Hochw. Hrn. Stadtpfarrer Göller) und Toasten.

Plötze Herde aufgestellt, an denen sie stets frische Puddings und Schweinefleischpasteten backten.

Nach der Menge der Umstehenden zu urtheilen, die mit lüsternen Blicken die dampfenden Dinger umdrängten, ging das Geschäft flott, wenn auch Mancher sich resignirt entfernte, ohne seinen Appetit befriedigt zu haben, einfach deßhalb, weil die geringen Sparpfennige ihm solchen Luxus nicht erlaubten.

Einige Constabler, das Gewehr auf der Schulter, sorgten für die Ordnung, während der Werbe-Sergeant, der in England niemals da fehlt, wo die jungen Leute zusammenströmten, unter Vorauftritt eines Tambours der Menge triumphirend einen baumlangen, dumm aussehenden Rekruten vorführte, in Lumpen gekleidet und ganz mit bunten Bändern geziert, den er mit Hilfe einiger Gläser Whisky glücklich eingefangen hatte. Dieses glänzende Schauspiel sollte den dienstfähigen Burschen eine verlockende Aussicht auf den Freuden des Soldatenlebens bieten.

(Fortsetzung folgt.)

Hieran anschließend fährt der „Freimund“ fort: Wenn man alte kirchliche Ordnungen unaufhaltsam absterben sieht, wenn überhaupt die äußere Kirchlichkeit, wenigstens auf dem Land, auch in besseren Landstrichen im Rückgang begriffen ist oder doch wenigstens sich nicht mehr festigen läßt, wo sie nachläßt, so ist es kein hinreichender Trost, wenn darauf hingewiesen wird (was im Bescheid nicht geschieht), daß unsere Zeit auch neue Anregungen, Mittel und Einrichtungen auf religiösem Gebiet hervorbringt, die als Ersatz für das hinsinkende Alte dienen können. Es wird häufig an das christliche Vereinswesen, an die Werke der Inneren Mission, an die freiere Verkündigung des Wortes und dergleichen erinnert. Aber die neuen Unternehmungen und Einrichtungen fassen nicht mehr die Wurzeln im Volksleben, wie einst die alten Ordnungen. Sie kommen meist nicht über die ecclisiola (den kleinen Kreis der „Erweckten“) hinaus, sie erreichen die Massen nicht. Das Neue auf kirchlichem Boden ist zu wandelbar und experimentierend. Man treibt es eine Zeit lang, und wenn es sich herausstellt, daß es auch keine Wunder wirkt, so wendet man sich wieder davon ab und sucht etwas neues. So schien noch vor wenig Jahren die Teilnahme und das Wirken für die Innere Mission in stetem Aufsteigem begriffen zu sein. In überschwenglicher Weise pries man Wicherns*) Anstoß bei der halbhundertjährigen Jubelfeier. Jetzt hört man in den Kreisen der Innern Mission schon darüber klagen, daß das Interesse an ihren Bestrebungen erkalten will, und daß man auf andere Vorbilder schaut als auf Wichern. Jetzt gilt die Gemeinschaftspflege als das allgemeine Heilmittel. Daß sich aber damit die Volkskirche erhalten läßt, kann doch wahrlich nicht erwartet werden.

* * *

Wir haben ohne Beifügung die ernsten, ja pessimistisch klingenden Worte der höchsten protestantischen Kirchenbehörde in Bayern und die Auslassungen des „Freimund“ dazu wiedergegeben. Unsere Leser werden aus diesen Schilderungen kaum etwas von dem „aufflammenden Morgenrot des Protestantismus“ nach der Melodie der Münchener Heuhupfer herauslesen, sondern im Gegenteil hierin eine recht trübe, nebelhafte Zukunftsmalerei ohne viel Hoffnungsfreudigkeit erblicken. — Das nächstemal ein paar „römische“ Anmerkungen dazu, dem ehrlichen „Freimund“ gegenüber vom freundnachbarlichen Standpunkt aus, gegenüber den preußischen Heuschrecken aber mehr vom Gesichtskreis der landwirthschaftlichen Insektenkunde aus, welche diese Orthopteren (Geradflügler) eher als alles andere bezeichnet denn als notwendige und nützliche Geschöpfe.

*) Joh. Heinrich Wichern (1808—1881 in Hamburg), Oberkonsistorialrat und Leiter des Gefängniswesens im preuß. Ministerium des Innern, gründete 1832 die berühmte Anstalt zum „Rauhen Hause“ in Dorfe Horn b. Hamburg, die eine Rettungsanstalt für sittlich verwahrloste Kinder, ein Pensionnat für Kinder höherer Stände und eine Bildungsanstalt für solche junge Protestanten umfaßt, die sich dem Schulamt od. einer Stellung in Korrektions-, Straf- oder Krankenanstalten widmen wollen. Er gründete 1848 den Zentralverein für Innere Mission, der auf dem Gebiete der Nächstenliebe schon sehr Großes geleistet hat.

Aus der kath. Welt.

— **Der bayr. Gesamtepiskopat** hat als Frucht seiner Konferenz in Eichstätt ein weisheitsvolles Rundschreiben an die Geistlichkeit erlassen, in welchem er sich mit der Los von Rom-Propaganda und dem soz. „Reform“-Katholizismus beschäftigt. Die liberale Presse ist schon fest daran, den Erlaß zu verdrehen, zu fälschen und für sich auszunützen. Wir werden in der Folge noch öfters uns mit demselben zu beschäftigen haben.

— **Das hl. Sakrament der Firmung** werden Se. Exzellenz unser Hochwürdigster Herr Erzbischof an nachbenannten Tagen in hohen Dom dahier spenden: Dienstag, den 10. Juni c. für die Firmlinge der Pfarreien Bischberg, Frensdorf, Gaustadt, Lisberg, Priesendorf, Reundorf, Stegaurach und Trunstadt; Dienstag, den 17. Juni c. für die Firmlinge der Pfarreien Breitengüßbach, Ebing, Hallstadt, Kemmern, Memmelsdorf, Oberhaid mit Unterhaid, Rattelsdorf mit Medlitz und Zapfendorf; Mittwoch, den 25. Juni c. für die Firmlinge der Pfarreien Amlingstadt, Buttenheim, Geisfeld, Herrnsdorf, Hirschaid, Litzendorf, Lohndorf, Mistendorf, Pettstadt, Schlüsselau, Seußling und Strullendorf.

— **Diözesannachrichten.** Herr Pfarrer Güttler in Kersbach b. F. wurde als ständiger Stellvertreter des Herrn k. Distriktsschulinspektors geistlichen Rates Huber in Weißenohe aufgestellt. — Anweisung erhielt vom 22. Mai an Herr Pfarrverweser Hälz von Röttenbach als Kaplaneiverweser in Eggolsheim.

— **Die Fronleichnamsprozession** wurde bei wolkenlosem, aber heißem Himmel in herkömmlicher, prächtiger Weise abgehalten. Das Sanktissimum trug der Hochwürdigste Herr Bischof Dr. Lingg, der auch das der Prozession vorausgehende feierliche Hochamt im Dom zelebriert hat. Die Beteiligung der Bevölkerung war eine sehr große; auch zahlreiche katholische Männer nahmen an der Prozession Anteil, und verdienen insbesondere die St. Michaelsvereinigung für gediente Soldaten mit circa 600 Mitgliedern, der katholische Arbeiterverein 2c. genannt zu werden. Dem Sanktissimum folgten viele Beamte, besonders aus den Ressorts der Justiz, der kgl. Post und Eisenbahn, ferner fast sämtliche Mitglieder der beiden Gemeindekollegien, an deren Spitze Herr Justizrat Dr. von Schmitt und die HH. Rechtsräte Lutz und Wächter. Die Ulanen waren nach neuer Verordnung heuer zum ersten Male zu Fuß ausgerückt, wodurch das bisherige militärische Gepränge einige Einbuße erlitt. — Auch die Prozession am Sonntag in der Gärtnerei verlief auf das Schönste. Seit Jahren hat sie ganz bedeutend an Umfang zugenommen. Wenn's wahr ist, daß die ganze Prozession warten mußte, bis ein par Heiligenträger ihren Durst gelöscht hatten, so ist das eine Störung eines öffentlichen Gottesdienstes, die einmal gestraft gehörte.

— **Dechant Gottfried Arnold †.** Am 1. Juni morgens starb an den Folgen eines Schlagflusses Hochwürden Herr Gottfried Arnold, Pfarrer in Kemmern bei Bamberg, Dechant des Landkapitels Bamberg, im 62. Lebensjahre. Ein würdiger, tüchtiger Priester ist in ihm dahingegangen, der in all den Stellungen, welche er bekleidete, Ersprießliches leistete. Der Verlebte wirkte nach seiner am 19. März 1864 erfolgten Priesterweihe als Stadtkaplan in Fürth (bis 1870), hierauf als Kaplan bei U. L. Frau (bis 1873), als Kurat am hiesigen Krankenhanse in Bamberg (bis 1879), als Pfarrer in Gaustadt (bis 1887), endlich als Pfarrer in Kemmern, wo er in Kirche und Schule emsig thätig war, einen Männerverein gründete, Franziskanerinnen aus Dillingen als Schulschwestern berief, eine Kleinkinderschule in's Leben rief 2c. Für die neuerbaute Kirche in Gaustadt, dessen erster Pfarrer er war, stiftete er eine vollständige Sakristei-Einrichtung. Was er sonst noch ungezähltes Gute in stiller Wohlthätigkeit gethan, das weiß nur der liebe Gott. — Treue Freundesliebe hat dieser edlen Nathanaelsseele in Nr. 122 des „Bamberger Volksblatt“ bereits ein rühmendes Denkmal geschaffen und damit sich selbst geehrt. Das Landkapitel Bamberg hat in ihm einen Vorstand von seltener Vorbildlichkeit verloren, unser „St. Heinrichsblatt“ aber einen väterlichen Berater und Gönner und einen seiner allereifrigsten Förderer. Von der Macht und Wichtigkeit der Presse überzeugt, aber auch die Vorzüge unsres Blattes gerade für ländliche Verhältnisse klar erkennend, hat er für dasselbe unermüdlich gearbeitet und es in seiner Gemeinde zu höchst ansehnlicher Verbreitung gebracht. Es gibt dort fast keine Familie mehr, in denen das Heinrichsblatt nicht zur Sonntagslesung gehörte. Und wie oft hat er unserem Redakteur neuen Mut gemacht und mit seinem Idealismus ihm neue Begeisterung einzuflößen verstanden! Noch auf seinem letzten Krankenlager, wo seine fröhliche Gottergebenheit hellen Sonnenschein um ihn breitete, hat er öfters den Gedanken ausgeführt: „Sehen's, Herr Nachbar, so vielen Hunderten ich predige, vor so viel Tausenden reden Sie, und Sie finden gar manchen, den nie ein Prediger zu Gesicht bekommt, und dann, Ihr Wort ist ein geschriebenes, das greift viel tiefer. Ihre Arbeit ist eine überaus wichtige und segensreiche!“ Noch drei Tage vor seinem unerwarteten Tode sagte er uns, wenn er auch nichts mehr lesen könne, sein Heinrichsblatt müsse er haben, das müsse ihm sein Herr Kaplan vorlesen. — Das schöne Wort aus Freundesmund im „Volksblatt“: „O daß doch die Erzdiözese viele solcher Arnolde hätte!“ darf auch das Heinrichsblatt von seinem Standpunkte aus sich aneignen. — Gott lohne dem treuen Hirten seiner Herde, Gott lohne dem frommen Priester, Gott lohne dem väterlichen Freunde, der „im Wohlthun vorübergegangen,“ mit dem Lohne des guten und getreuen Knechtes! R. I. P. — Die Beerdigung war großartig. Viele, viele Lehrer und (fast 40) Geistliche, zwei Vertreter des hohen Domkapitels, offizielle und private Leidtragende in größter Zahl gaben dem toten Herrn die letzte Ehre. Und wenn auch eine Gedächtnisrede letztwillig verbeten war, die Liebe redet laut, lauter als es Worte vermögen!

— **Domkapitular Georg Freytag** ist am 1. Juni nachmittags halb 4 Uhr in seinem Geburtshause zu Scheßlitz, nahezu 80 Jahre alt, sanft verschieden. Am 19. Mai 1847 zum Priester geweiht, wirkte derselbe in den Diözesen Augsburg und München, wurde 1869 Pfarrer in Miesbach, wo er während 12 Jahren eine eifrige Thätigkeit in Kirche, Schule und katholischen Vereinen entfaltete und bei seinem Scheiden zum Ehrenbürger ernannt wurde. Besondere Verdienste erwarb er sich als Distriktsschulinspektor. Am 19. Oktober 1881 wurde er von König Ludwig II. zum Domkapitular in Bamberg ernannt. Auch hier entfaltete er eine ersprießliche Wirksamkeit und wurde mit dem Michaelsorden 4. Klasse ausgezeichnet. Namentlich suchte er den katholischen Arbeiterverein zu fördern, dessen erster Präses er war. Freytag war auch Vorstand des hiesigen historischen Vereins. Vor bereits 10 Jahren wurde er von einem Schlagflusse getroffen, dessen Folge ein ununterbrochenes schweres Siechtum war. Schon, als unser Redakteur 1895 an seinem Primiztage dem kranken Herrn seinen neupriesterlichen Segen brachte, konnte er nicht mehr gehen noch sprechen. Ein schönes Beispiel priesterlicher Geduld in schwerem Leiden hat er gegeben, bis eine Lungenentzündung ihn am Sonntag dahinraffte. Er war der Senior des Domkapitels. R. I. P.

— **Goldenes Dienstjubiläum einer „Englischen.“** In Hirschaid feierte am 2. Juni Wohlehrw. Frl. M. Aloysia Kaufmann, Mitglied des Institutes der Englischen Fräulein, ihr 50jähriges Dienstjubiläum. 42 Jahre davon hat sie allein in Hirschaid gewirkt. Die dankbare Gemeinde ließ den seltenen Festtag auch nicht unbeachtet. H. H. Kgl. Distriktsschulinspektor Karl feierte die verdiente Jubilarin, Hr. Lehrer Leicher die treue Kollegin. Unter den Erinnerungsgaben ist die sinnigste ein von den Frauen Hirschaid's, die alle ihre Schülerinnen waren, gegebener Kronleuchter für die Pfarrkirche, der beim Jubiläumsgottesdienste zum erstenmale im Kerzenschmucke erstrahlte. — Auch unserseits der freundlichen Jubilarin die besten Glückwünsche!

— **Kronach.** Die Dankprozession, welche unsere glaubenstreuen Ahnen nach dem Siege über die unsere Stadt belagernden Schweden und nach dem Abzuge derselben am 12. Juni 1632 für ewige Zeiten dem Allerhöchsten gelobt, fand in hochfeierlicher Weise auf die Veste Rosenberg statt. Bei dieser Prozession hat das zarte Geschlecht den Vortritt, weil Frauen und Jungfrauen Kronachs während des Kampfes durch Mut und Unerschrockenheit sich rühmlichst ausgezeichnet haben. Zu diesem Feste hatten sich Fremde in noch nie gesehener Zahl in unserer Stadt wie auf der Veste eingefunden.

Einige Jahre lang ging es auch wirklich ganz gut, bis mitten in ihre stille Glückseligkeit das Mißgeschick hereinbrach und sie nicht mehr verließ, bis ans Ende.

Da war zuerst eine langandauernde, schwere Krankheit über den Mann gekommen, welche ihn nicht nur am Erwerb hinderte, sondern auch alle die kleinen Ersparnisse aufzehrte.

Von den vier inzwischen geborenen Kindern starben zwei im zartesten Alter an der Schwindsucht. „Zum Glück,“ wie die Leute sagten, obgleich der armen Mutter das Herz fast darüber brach.

Nach einiger Zeit starb auch der Mann und der Wittwe oblag es nun ganz allein, mit ihrer Hände Arbeit den Unterhalt für sich und ihre beiden Kinder zu verdienen.

Doch nicht lange währte es, dann war auch ihre Kraft gebrochen!

Die schwere Arbeit, der heimliche Kummer um den frühen Tod des inniggeliebten Mannes, Not und Entbehrung aller Art, warfen sie auf das Krankenlager, von dem sie nun nicht mehr aufstehen sollte.

Eine Kette von Mühsalen war ihr Leben gewesen und sie würde den Tod als Befreier begrüßt haben, wenn der Gedanke an ihre Kinder, die sie nun hilflos zurücklassen mußte, sie nicht verzagt gemacht hätte.

Der vierzehnjährige Jakob war freilich jetzt schon schulfrei und hatte einen kleinen, zwar schlecht bezahlten, aber doch sichern Posten als Auslaufer in einem größeren Geschäfte erhalten, aber das Hannele! —

Mit der allen Frauen aus dem Volke so mit Unrecht anhaftenden Scheu dachte sie an das Waisenhaus mit seinen hohen, kahlen Mauern, seinen langen, kalten Gängen, und kalt und liebeleer schien ihr auch die Behandlung, welche den dort untergebrachten Kindern zu teil wurde; nein — dahin sollte ihr Hannele nicht kommen! — Darum hatte sie auch mit letzter Kraft dem gutherzigen, die Mutter über alles liebenden Jungen das Versprechen abgenommen, für die Kleine zu sorgen und sie nicht zu verlassen.

Hätte die Sterbende in die Zukunft sehen — hätte sie ahnen können, welche schwere Last sie damit den schwachen Schultern des Knaben auflud, — so schwer, daß er darunter zusammenbrechen mußte — sie hätte wohl nicht so friedlich die Augen zum Schlummer geschlossen, aus dem sie nicht mehr erwachen sollte.

(Fortsetzung folgt.)

19 Bericht des Bamberger Heinrichsblattes vom 2. Juni 1902 über den Tod von Pfarrer Gottfried Arnold. Er hat die Mädchenschule sowie die Kleinkinderbewahranstalt gegründet und die Gemeinschaft der Dillinger Franziskanerinnen in Kemmern eingeführt.

ST THERESIA vom KINDE JESU

PATRONIN·ALLER·MISSIONÄRE
BITTE·FÜR·UNS!

Abtei Münsterschwarzach, 18. Juni 1935

Teuere Wohltäterin!

Wir haben uns ehrlich gefreut, als wir Ihre Liebesgabe erhielten. Von Herzen "Vergelt es Gott!" Gerne wollen wir alles genau nach Ihren Angaben besorgen.

Wie schön! Sie sind nun Pate eines Heidenkindes! Sie helfen mitsorgen, dass der Missionar die vielen Täuflinge gut vorbereiten kann auf die grosse Stunde.- Sie helfen das weisse Taufkleid zubereiten,-Sie helfen, dass dieses Menschenkind einmal in den Himmel kommt.

Und der Lohn Ihres Opfers? Zunächst: Das junge Gotteskind trägt einen schönen Namen, den Sie ihm gegeben. Der höchste Lohn aber ist schliesslich doch: Gott segnet Sie! Das wird in Ewigkeit tiefste Wahrheit bleiben: An Gottes Segen ist alles gelegen!

Sie werden ihn spüren diesen Gottessegen! Und dann vergessen Sie nicht dieses hoffnungsreiche Sätzlein: Wer einem Menschenkind in den Himmel verholfen, der braucht nicht zu bangen, dass es ihm einmal vor Gottes Gericht nicht gut ergehen würde. Hunderte und Tausende von gefalteten Händen erheben sich täglich, ja stündlich zum Vater im Himmel für Ihr zeitliches und ewiges Heil! Haben Sie sich auch schon einmal überlegt, was das einst für eine Freude geben wird, wenn zwei glückliche Menschen sich im Himmel droben treffen?- Sie wissen, wen wir da meinen! Doch ein frohes Bewusstsein!-

Nun Gott befohlen! Bleiben Sie uns und unserer Mission auch weiterhin treu!

Ihre stets dankbaren:

Benediktiner-Missionäre
v. Münsterschwarzach

VERGELTS GOTT!

Den Betrag von 21 Mk. für ein Heidenkind das auf den Namen Petrus getauft werden soll, haben die Benediktiner-Missionäre von Münster-Schwarzach am 25.1.1935 erhalten. Gott lohne Ihnen dieses Opfer!

Es war in den dreißiger Jahren üblich, dass man bei den Missionsbenediktinern im Kloster Münsterschwarzach sogenannte Heidenkinder kaufen konnte. Dabei übernahm man für eine Spende an die Mission die Kosten für den Taufunterricht eines Heidenkindes. Durch das Sakrament der Taufe wurde aus dem Heidenkind ein Gotteskind. Es gab in der Pfarrei Kemmern mehrere Personen, die eine solche Spende machten.

Was diese Urkunde bedeutet:

1. Daß Du einmal in opferfreudiger Liebe eine schöne Gabe gegeben hast, die von den Missionären dazu verwendet wurde, einem Heidenkinde die hl. Taufe und christlichen Unterricht zu vermitteln.
2. Daß im fernen Missionslande ein Kind für Dich betet, denn die Missionäre halten die Kinder zu dankbarem Gebete an.
3. Daß auch Du für diesen Deinen Schützling, den Du nicht persönlich kennst, beten sollst. Du bist sein Taufpate und hast ihm einen Namen gegeben.
4. Daß Du Dich freuen sollst, einstens in der Ewigkeit jene Seele kennen zu lernen, der Du geholfen hast, daß sie den wahren Gott und Heiland kennen lernte.
5. Daß Du auch jene, die Dir nahe stehen, aufmuntern sollst, für die Bekehrung der Heiden zu beten und zu opfern, denn es ist des Heilands Wunsch und unsere große Familiensorge, daß bald alle Menschen unseren heiligen katholischen Glauben kennen und lieben lernen.

Für die treue Mithilfe im Missionswerke danken von Herzen
die Benediktiner-Missionäre von Münsterschwarzach
über Kitzingen, Ufr., Bayern — Postscheckkonto: Nürnberg 3535

20–22 Losgekaufte Heidenkinder

4. GEMEINDE GUNZENDORF

Gunzendorf. In der Talniederung zwischen Schießberg, Senftenberg und dem Lehberg liegt das Kuratiedorf Gunzendorf, ein echt fränkisches Dorf mit schönen Fachwerkhäusern, das am kommenden Sonntag in altherkömmlicher Weise das Kirchweihfest feiert. Wenn auch keine Urkunde über die Entstehung des Gunzendorfer Gotteshauses Aufschluß gibt, so hat die Kuratiekirche doch eine nachweisbar jahrhundertealte Geschichte, denn bereits 1423 wird ein Kaplan Scheublein von Gunzendorf genannt, 1582 erscheint Gunzendorf erstmals als eine Filiale von Buttenheim, und Pfarrer Erlacher, ein großer Wohltäter der Gunzendorfer Kirche und eifriger Dorfchronist, berichtete, daß die Gunzendorfer Kirche eine der armseligsten im Hochstift sei. Im Laufe der Jahrhunderte aber wurde die Gunzendorfer Kuratiekirche wiederholt umgewandelt und gehört heute sicher zu einer der schönsten Dorfkirchen unseres Gebietes. Ungewöhnlich prächtig erscheint der Hochaltar aus dem Jahre 1747 mit einem Sechs-Säulen-Bau auf stark gebrochenem Grundriß mit Türen und einer Fülle von Schnitzwerk. Das Altarblatt zeigt den Patron des Gotteshauses, den hl. Nikolaus. Der Rok.-Tabernakel, die Seitenaltäre, die Kanzel aus dem Jahre 1727 und eine spätgotische Muttergottes aus dem Jahre 1500 mit anderen religiösen Kunstgegenständen geben dem Innenraum ein besonderes Gepräge.

Die Senftenbergkapelle bei Gunzendorf ist am Ostermontag das Ziel des traditionellen Georgirittes der Reiter des Landkreises
Foto: FT-Garlt

23–29 Die Gemeinde Gunzendorf liegt in der Nähe des Senftenbergs in der Fränkischen Schweiz

4. Gemeinde Gunzendorf // 227

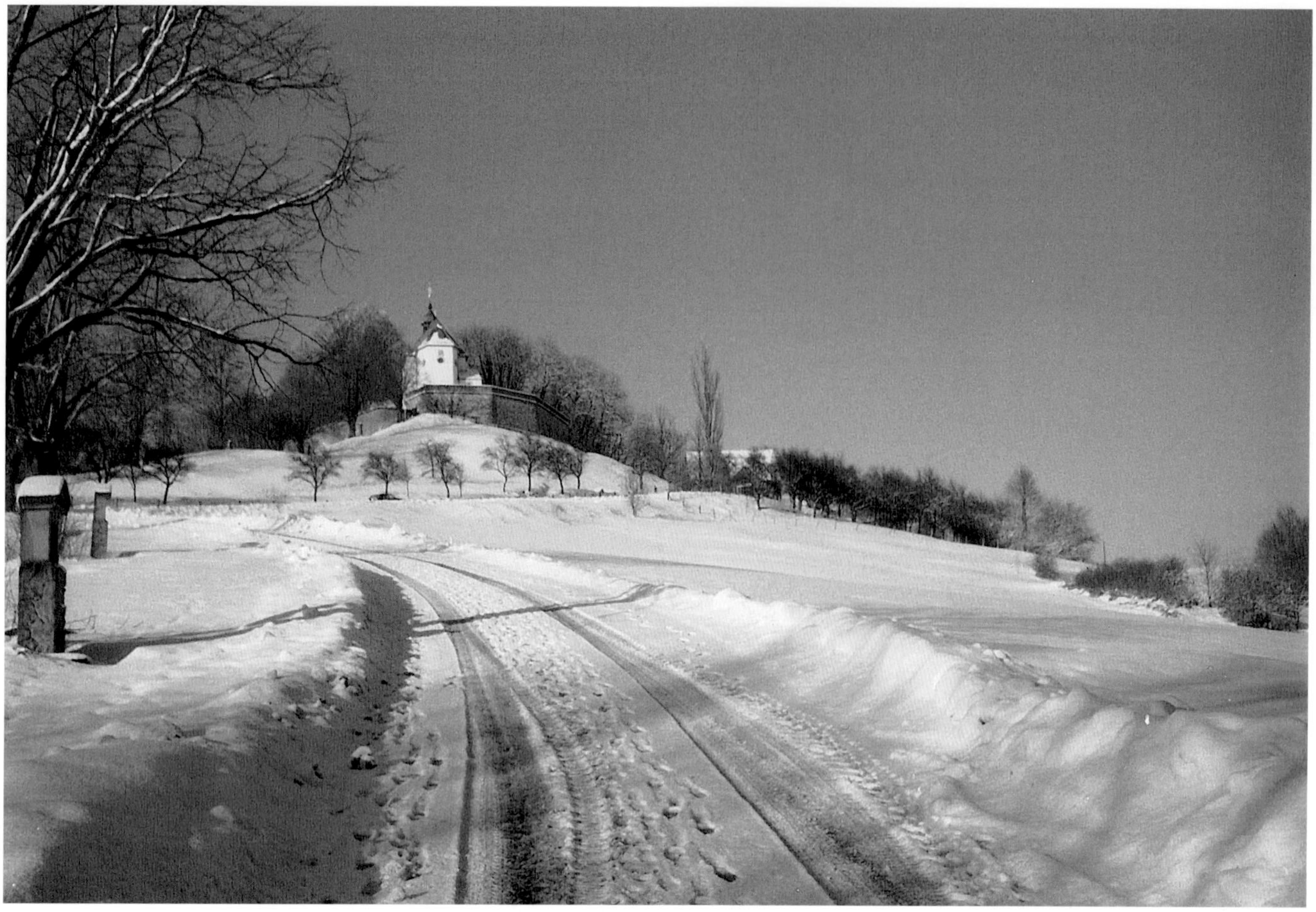

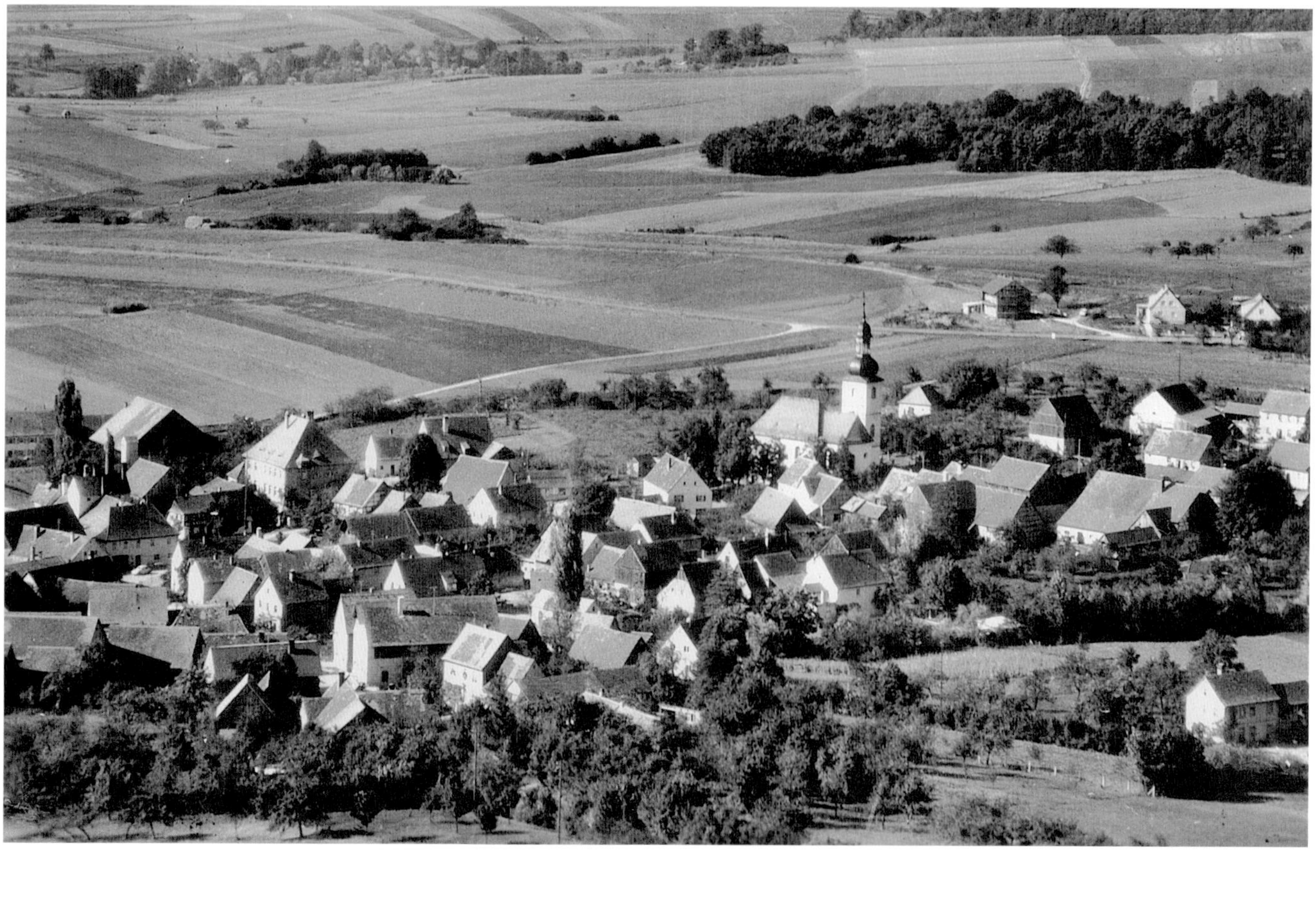

30–32 Die Gemeinde Gunzendorf liegt in der Nähe des Senftenbergs in der Fränkischen Schweiz

33 Aus der Gemeinde Gunzendorf sind zahlreiche Berufungen hervorgegangen: Pater Engelbert Schirmer O.Carm., Pater Albert Först O.Carm. und Schwester M. Helene Hutzler O.S.F. Die Berufungswege der beiden Letzteren sollen nun etwas ausführlicher dargestellt werden.

4. Gemeinde Gunzendorf // 229

5. PATER UND BISCHOF ALBERT FÖRST O.CARM.

Bischof Albert Först wurde in eine Zeit geboren, die geprägt war von Armut. Gleichzeitig war der katholische Glaube im agrarisch geprägten Gunzendorf Teil der Sozialisation des dörflichen Lebens. Ohne gemeinschaftliche Erfahrung in der Kindheit hätte der junge Albert nicht überleben können. Die Weimarer Republik und das spätere Nationalsozialistische Regime forderten von der Familie Först Einschränkungen unterschiedlicher Art. Die dörfliche katholische Prägung war für die damalige Kriegsgeneration etwas Besonderes und auch dem jungen Albert Först war klar, dass sein Leben in irgendeiner Art und Weise anders verlaufen müsste als das normale Dorfleben. Er fand Kontakt zum Bamberger Karmelitenorden, in der die karmelitanische Spiritualität in einer besonderen katholischen Prägung gelebt und praktiziert wurde. Bedeutende Persönlichkeiten, die bereits damals die karmelitanische Spiritualität in der Klostergemeinschaft in Bamberg glaubhaft vorgelebt haben, haben den jungen Albert Först im September 1947 eingeladen, in diese Gemeinschaft nach dem erfolgreichen Abitur einzutreten. So konnte er dort 1948 nach dem erfolgreichen Abschluss des Noviziates seine zeitliche Profess ablegen. Wenn man einen Blick auf die Spiritualität der damaligen Zeit wirft, dann war der tägliche Verzicht auf etwas, um es für die Armen Seelen aufzuopfern, etwas völlig Normales. Das tägliche Rosenkranzgebet neben dem normalen Stundengebet gehörte zur festen Tagesordnung, ebenso die tägliche Feier der heiligen Messe und die regelmäßige Beichte. Tägliche Schwierigkeiten und Aufopferungen, Selbstverleugnungen sowie eine gewisse Treue und Radikalität bezüglich der Einhaltung der Ordensregel wurden im alltäglichen Klosterleben eingeübt und jedem Ordensmann abverlangt. Dieses Verhalten war Teil der Einhaltung des Gehorsams und der Armut. Diese spirituellen Wertemerkmale haben beim Ordensmann Först keinen Widerspruch ausgelöst, sondern formten seine Menschlichkeit und Persönlichkeit. Sie bildeten seine sofortige Handlungsbereitschaft und die Eigenschaft, Situationen ohne Widerspruch anzunehmen, aus. Persönlichkeiten mit solcher Charakterstärke fehlen der heutigen Ordensgeneration.

Das Klosterleben in Bamberg nach dem Zweiten Weltkrieg war von Einfachheit, Schlichtheit und Armut geprägt. Die spirituellen Vorbilder des damaligen Kamelitenordens in Bamberg waren vollblütige Ordensmänner und spirituelle Seelsorger, als Beispiel seien hier Pater Ulrich Gövert, Pater Bonaventura Einberger, Pater Burkard Lippert, Pater Jakobus Beck, Pater Hartwig Wunderlich, Pater Thaddäus Ballsieper und Pater Benno Wagenhäuser genannt. Bekannt sind diese heute nur noch Insidern, im Karmel in Bamberg ist deren spirituelle Lebensweise schon lange in Vergessenheit geraten. Bei der Ordensgeneration von Pater Albert Först war dies noch völlig anders, denn die Nachkriegsgeneration lebte vom Pioniergeist des Aufbruches und der frohen Opferbereitschaft. Die Ordensleitung erkannte, dass Pater Albert die Fähigkeit besaß, Leitungskompetenz auszuüben. Dies zeigt sich auch in einem Nekrolog, in dem es heißt: „Bald nach seiner Priesterweihe kam er 1954 nach Brasilien und wirkte viele Jahre entscheidend am Aufbau und der Leitung des Provinzkommissariates mit."[1] Die Versetzung nach Brasilien war für Pater Albert anfangs nicht leicht, doch er brach im Gehorsam gegenüber Jesus Christus und seiner Oberen dorthin auf. Er setzte sein Vertrauen auf die Hilfe der Mutter Gottes und war zum sofortigen Handeln bereit. Die größte Motivation Pater Alberts war es, das Evangelium gerade in der Mission zu verkünden. „Nach drei Jahren als Prior in Paranavai wurde er zweimal (von 1958 bis 1964 und von 1970 bis 1976) mit der Leitung des Provinzkommissariats beauftragt."[2] Pater Albert war für seine Mitbrüder in Brasilien der Obere, der es gut verstand, mit allen möglichen Mitteln eine Provinz aufzubauen. Er hatte ein unheimliches Organisations- und Planungstalent, gleichzeitig konnte er sowohl in Deutschland als auch in Brasilien die richtigen Kontakte herstellen, außerdem konnte er mit Geld umgehen. Er wusste, wie man zu Geld kommt und er war immer sehr dankbar, wenn er für seine Missionstätigkeit Spendenbeiträge aus Deutschland und von den Missionseinrichtungen erhielt. Er hat diese zum Wohle seiner Provinz und der Gläubigen eingesetzt. Die Verherrlichung und die Ehre Gottes standen immer im Mittelpunkt seines Wirkens. Dies erkannte frühzeitig auch die Diözesanleitung, denn im Nekrolog heißt es weiter. „Als Pfarrer der Pfarrei Sao Sebastiao in Paranavai von 1970 bis 1985 war er gleichzeitig Pro-Generalvikar der neu errichteten Diözese Paranavai. In dieser Zeit wurden wichtige Gebäude für das Kommissariat (Konvent, Seminar und Pfarrkirche Paranavai in Graciosa) errichtet."³ Wenn er Deutschland besuchte und man ihn fragte, ob er gerne wieder nach Deutschland zurückkommen würde, da lehnte er mit der Begründung ab, dass es seine Berufung sei, in Brasilen zu wirken. Diese Aussage habe ich damals zwar verstanden, doch ich konnte mir bezüglich seines Wirkens nichts darunter vorstellen. Wenn ich jetzt rückblickend seine Tätigkeiten betrachte, dann kann ich Pater Albert klar verstehen.

Nachdem er 31 Jahre lang in der Diözese Paranavai wirkte, kam er 1985 nach Dourados und wurde sehr bald Generalvikar des dortigen Bischofs Dom Teodardo Leitz O.F.M. Der Bischof kannte die Fähigkeiten und Kompetenzen von Pater Albert und konnte diese wunderbar zum Aufbau der neuen Diözese Dourados einsetzten.

> Von Papst Johannes Paul II. wurde Pater Albert am 6. Juli 1988 zum Weihbischof-Koadjutor in Dourados ernannt und am 7. September 1988 zum Bischof geweiht. Vom 13. Mai 1990 bis zum 5. Dezember 2001 war er residierender Bischof von Dourados. Bischof Albert trug wesentlich zum geistlichen und strukturellen Aufbau seiner Diözese bei. Neben dem Bischofshaus baute er auch das Bildungszentrum der Diözese auf. Ein Herzensanliegen waren ihm über seine Emeritierung hinaus die Straßenkinder in Dourados. 1991 gründete er das ‚Centro de Integracao do Adolescente Dom Alberto' (CEIA). Die Einrichtung hat das Ziel, Kindern und Jugendlichen aus sozial schwächsten Schichten die Möglichkeit zu geben, sich in die Gesellschaft einzufügen."⁴

Die Bischöfe von Mato Grosso do Sul wählten ihn zu ihrem Regionalvorsitzenden. Nach Ablauf der ersten Periode als Regionalbeauftragter wurde er ein zweites Mal mit dieser Aufgabe betraut. Insgesamt acht Jahre übte er diese Tätigkeit aus.⁵ Im Nekrolog heißt es weiter:

> „Der Bundesstaat Mato Grosso do Sul und die Stadt Dourados würdigten die Verdienste des Bischofs mit der Ernennung zum Ehrenbürger. Mit seinem sozialen Engagement für diese Kinder blieb er auch über seine Emeritierung hinaus Dourados treu verbunden. Der Markt Buttenheim verlieh ihm im Jahr 2008 aufgrund seiner überragenden Verdienste um die Menschlichkeit und das damit verbundene Ansehen des Marktes Buttenheim die Ehrenbürgerwürde."⁶

Wenn man den missionarischen Einsatz von Bischof Albert Först betrachtet, wird man sich fragen, wie dies möglich sein konnte, dass ein einfacher Pater eine solche Pionierarbeit leistete. Nach heutigem Verständnis scheint dies fast unmöglich. Aus welchem inneren Geist heraus wirkte dieser Ordensmann?

Bischof Albert war ein Vollblutmissionar, Ordensmann und Seelsorger, dessen Herz immer für die Armen und Notleidenden in Brasilien schlug. Er blieb auch als Bischof von Dourados ein normaler Mensch und hob nicht ab. Er pflegte als Bischof weiterhin den Kontakt zu den einfachen Leuten und tat dies auch während seines Urlaubs in Deutschland. Als am 2. Juli 2000 meine Großtante Regina Christa starb und der dortige Ortspfarrer die Beerdigung nicht vornehmen konnte, war es für Bischof Albert Först eine große Freude und Gnade, diese einfache Frau in Kemmern begraben zu dürfen. Die Gnade Gottes hat es wunderbar gefügt, dass er sich gerade zu dieser Zeit auf Heimaturlaub in Deutschland befand. Die Freude, das Evangelium zu verkünden, war sein Motto, egal ob in Deutschland oder als Brasilienmissionar. Er lebte aus einer inneren Orientierung heraus, die immer nach dem Willen Gottes ausgerichtet war. In seiner unheimlichen Schaffenskraft als Missionar in Paranavai und als Bischof in Dourados war er ein Zeichen der Hoffnung und gleichzeitig ein Zeichen des Widerspruchs. Während die Welt über die Annehmlichkeiten nachdachte, verharrte er in Entsagung und in Selbstverleugnung. In einem Brief aus dem Jahre 1997, in dem er sich Gedanken über meine Berufung machte, schrieb er ehrlich und realistisch, wie er sich meine Berufung vorstellen könne. Dabei ist auffällig, dass seine Aufführungen konkret und glaubwürdig sind. Er schrieb:

> „Lieber Peter, unsere Zeit damals nach dem Zweiten Weltkrieg im Karmelitenkloster in Bamberg war geprägt von Armut, doch wir hatten alles, weil wir oftmals Entsagung und Selbstverleugnung im Sinne einer frohen Opferbereitschaft auf uns nahmen. Unsere Patres waren wahre Vorbilder der Askese, der Mystik und des Gebetes. Diese wird es heute im Bamberger Kamel nicht mehr geben, daher bete zu Jesus Christus, dass er Dir seinen Weg zeige, den er für Dich vorbereitet hat. Doch wähle nicht den einfachsten Weg, denn dieser ist nicht der Beste. Aus meiner langen Missionserfahrung kann ich Dir empfehlen, bleibe in Deutschland, Du musst kein Missionar werden, doch verharre in der Entsagung und in der Selbstverleugnung. Dies sind die wichtigsten Kriterien, die auch ich als Bischof

von Dourados täglich versuche zu bewältigen. Bleibe demütig und bete täglich für Deine Berufung, ich bete für Dich und bei meinem letzten Ad Lima Besuch habe ich beim privaten Segen von Papst Johannes Paul II. auch an Dich gedacht. Ich kenne Dich und die gesamte Familie Ring und Christa gut, weil ich schon seit 1952 euch regelmäßig besuche. Andreas Ring bzw. Frater Erasmus ist auf meine Initiative in den Karmelitenorden in Bamberg eingetreten. Es war seine Berufung, da war ich mir ganz sicher. Ich kenne Deine Großtante Schwester M. Gabriele Christa O.S.F. von den Dillinger Franziskanerinnen, die in Kaiserslautern als Lehrerin tätig war und ich kannte Deine frühere Großtante Kunigunde Ring, die als Ordensfrau bei den Pallottinerinnen in Gleusdorf tätig war und dort gestorben ist. In Euerer Familie wurde immer viel gebetet und dies bis auf den heutigen Tag, da bin ich mir sicher, dass Deine Verwandten und die Ordensschwestern in Kemmern Deine Berufung erbeten haben. Ihr wart immer einfache Leute, keine hochgebildeten Menschen, sondern Personen, die im täglichen Leben standen und stehen. Daher unterstütze ich Deine Berufung und bete für Dich, dass Du Dein Ziel zum Priestertum erreichst, wobei Du siehst, dass es bezüglich Deiner Verhältnisse schwierig sein wird, doch bei Gott ist nichts unmöglich, wenn Du ehrlich und innerlich darum betest und ihn darum bittest, denn das viele Gebet Deiner Verwandten ist bei Gott niemals umsonst gewesen. Wenn ich wieder nach Deutschland komme, dann besuche ich Euch natürlich wieder, dies ist mir eine Herzensfreude! Ich bete für Dich und für Deine Familie und segne Euch alle mit meinem bischöflichen Segen. Liebe herzliche Grüße sende ich Euch aus meinem Bistum Dourados an Deine liebe Tante Regina Christa, Deine Tante Regina Ring, Deine liebe Mutter Lotte Maria Ring, Deinen lieben Vater Ambros Ring, Deinen Bruder Josef Ring und natürlich an Dich, lieber Peter. Möge Dich Jesus Christus und seine Mutter Maria auf Deinem Weg begleiten und Dich zu einer guten Gemeinschaft hinführen!"[7]

Man kann Bischof Albert als einen Pionier seiner Zeit bezeichnen, der stets seinem Bischofswahlspruch „Auf Dein Wort hin" getreu gehandelt hat. Zur rechten Zeit am richtigen Ort sind ihm nach der Vorsehung Gottes die richtigen Menschen begegnet. Pater und Bischof Albert feierte, so lange er konnte, täglich die heilige Eucharistie. Dies war sein Mittelpunkt des Tages, mit dem er sowohl als Priester wie auch als Bischof seine Probleme und Schwierigkeiten des Alltages zu bewältigen suchte. Bischof Albert Först sagte anlässlich eines Gottesdienstes zum Tod von Frater Erasmus in der Pfarrkirche zu Kemmern.

„Frater Erasmus hat sein Ziel erreicht, er ist bereits weiter als wir, die hier für ihn beten. Er ist in der Ewigkeit, dort, wohin wir alle noch kommen wollen, daher hat er uns etwas voraus. Er lebt zwar nicht mehr unter uns hier auf der Erde, doch wir können ihn anrufen und in unseren Anliegen und Nöten zu ihm beten. Ich bin sicher, er wird uns vom Himmel her helfen, bis wir uns dort alle wieder sehen werden."[8]

Diese Worte des Trostes könnte man heute auch zu Bischof Albert Först sagen, der sicher in der Ewigkeit bei Jesus Christus weilt. Mit seinem Tode am Allerheiligentag des Jahres 2014 ist er den Menschen vorausgegangen in die Ewigkeit. Er lebt nicht mehr auf der Erde, doch es ist möglich, bei Problemen und Schwierigkeiten ihn anzurufen. Ich bin sicher, er wird dabei helfen, denn auf Erden musste er ständig Probleme und Schwierigkeiten bewältigen.

Zusammengefasst charakterisieren Albert Först drei spirituelle Elemente.

1. Er war ein Vollblutmissionar, Ordensmann und Seelsorger, dessen Herz immer für die Armen und Notleidenden in Brasilien schlug.
2. Die Freude, das Evangelium zu verkünden, war sein Motto, egal ob in Deutschland oder als Brasilienmissionar. Er lebte aus einer inneren Orientierung heraus, die immer nach dem Willen Gottes und auf die Eucharistie ausgerichtet war. Jesus Christus legte in sein Herz praktisch seit seiner Geburt ein Leitungs- und Organisationstalent, was er vor allem durch den Aufbau und die Leitung des Provinzkommissariates der Karmeliten in der Diözese Paranavai unter Beweis stellte. Durch seine Berufung zum Bischof der Diözese Dourados bewies er diese Fähigkeiten durch den geistlichen und strukturellen Aufbau seiner Diözese.
3. Die Nachkriegsgeneration lebte vom Pioniergeist des Aufbruches und der frohen Opferbereitschaft. Diese bedeutete den täglichen Verzicht auf etwas, um es für die armen Seelen aufzuopfern. Das tägliche Gebet des Rosenkranzes gehörte neben dem normalen Stundengebet zur festen Tagesordnung ebenso die Feier der täglichen Eucharistie und die regelmäßige Beichte. Tägliche Schwierigkeiten und Aufopferungen, Selbstverleugnungen sowie eine gewisse Treue und Radika-

lität zur Einhaltung der Ordensregeln wurden im alltäglichen Klosterleben eingeübt und dem einzelnen Ordensmann abverlangt. Dies gehörte zur Einhaltung des Gehorsams und der Armut. Diese spirituellen Merkmale prägten Försts Spiritualität. Diese gab ihm die Kontinuität und die notwendige Gelassenheit zur richtigen Zeit die richtigen Kontakte an den richtigen Orten zu knüpfen sowie einzusetzen und dazu die notwendigen finanziellen Mittel aufzubringen. Er zog sich nicht hinter seine Klostermauern zurück, sondern kümmerte sich um die Nöte und Sorgen aller. Wenn es einfache Menschen waren, dann sorgte er dafür, dass sie gefördert wurden, das gleiche lässt sich auf viele unterschiedliche Projekte und Objekte übertragen, die er als Bischof in seiner Diözese Dourados umsetzte. All dies kennzeichnet den Pioniergeist des Aufbruches und der frohen Opferbereitschaft, den Bischof Albert Först lebte und wirkte.

Abbildungen 34–92

Über Pater und Bischof Albert Först O.Carm. wird deshalb in diesem Werk berichtet, weil es ihm immer sehr wichtig war, bei seinen Urlaubsbesuchen in Deutschland die Bekannten in der Pfarrei Kemmern zu besuchen. Dies waren die aus seiner Heimat stammende Schwester M. Helene Hutzler O.S.F. sowie die Familie Ring, aus der Andreas Ring (Frater Erasmus Ring) in die Gemeinschaft der Karmeliten in Bamberg eingetreten ist. Pater Albert hat bei jedem seiner Besuche in Kemmern eine großzügige finanzielle Unterstützung für seinen Missionseinsatz erhalten. Ich habe ihn als Kind und Jugendlicher bei seinen Besuchen kennen gelernt, aber seine konkrete Wirkungsstätte in Brasilien kannte ich nicht. Ich bin mir sicher, Schwester M. Helene O.S.F. und andere Bekannte denken bis zum heutigen Tage im Gebet oftmals an ihn.

Mit dem Tode von solchen großen Persönlichkeiten ist deren Wirken leider oftmals vergessen, wobei es der jüngeren Generation ein Anliegen sein sollte, die Früchte dieses Wirkens in Erinnerung zu behalten. Es soll nun der Versuch unternommen werden, die Tätigkeit dieses Brasilienmissionars[9] darzustellen. Meine Ausführungen stützen sich auf das 65 Seiten umfassende Werk „Erinnerungen eines Brasilienmissionars", das Bischof Albert Först einige Jahre vor seinem Tode geschrieben hat, um Zeugnis darüber abzulegen, wie die Gnade Gottes sein Wirken bestimmt hat. Pater Albert Först O.Carm. stammt gebürtig aus Gunzendorf und trat in die Gemeinschaft der Karmeliten der Oberdeutschen Provinz mit Hauptsitz in Bamberg ein. Abbildung 33 zeigt den Primizianten Albert Först O.Carm., wie er als junger Ordenspriester in seiner Heimatpfarrei Gunzendorf den Primizsegen spendet. Anhand der Abbildung 34 wird deutlich, dass im Jahre 1963 in der Pfarrei Gunzendorf erneut eine Primizfeierlichkeit eines Paters aus dem Karmelitenorden in Bamberg stattfand: die von Pater Engelbert Schimer O.Carm. Bevor Pater Albert Först seine Missionsbestimmung nach Brasilien erhielt, kam er des Öfteren zur Feier des Gottesdienstes und zur Spendung des Beichtsakramentes in den Schwesternkonvent nach Kemmern. Aus diesen Kontakten entwickelte sich eine innige Freundschaft, die während seiner 50jährigen Missionstätigkeit in Brasilien Bestand hatte.

34

35 Titelblatt des Werkes von Bischof Albert Först

Abbildung 35

Es stellt sich die Frage, wie die Oberdeutsche Provinz der Karmeliten von Bamberg in Brasilien zu einem Missionsgebiet kam. Pater Albert schreibt dazu: „Unsere Provinz hatte kein eigenes Missionsgebiet. Darum überließ man es dem Ordensgeneral in Rom, über Mitbrüder, die sich für die Mission interessierten, zu verfügen."[10] So geschah es 1936 mit Mitbruder Pater Ulrich Gövert. Der General schickte ihn nach Recife im Bundesland Pernambuco. Brasilien, ein katholisches Land, litt unter großem Priestermangel. Pater Ulrich übernahm in der dortigen, sich im Wiederaufbau befindlichen Karmelitenprovinz das Amt des Novizenmeisters. Bald folgten weitere Mitbrüder aus unserer Provinz in Bamberg.
Pater Albert schreibt über die kirchlichen Verhältnisse in dieser Stadt.
> „Auch kirchlicherseits war die Situation nicht gerade glänzend. Der dortige einzige Seelsorger vor P. Ulrich war angeblich mehr Jäger als Seelsorger gewesen. Das kleine Kirchlein war kaum zu benutzen, denn bei jedem größeren Regen stand das Wasser im Kirchenraum. Das war so etwa die Situation, die P. Ulrich vorfand."[11]

Die Bamberger Provinz bekam ein Missionsgebiet und eine Pfarrei. Pater Albert hatte sich gerade in der Pfarrei in Fürth eingearbeitet und fühlte sich dort sehr wohl. Sein Provinzial sagte zu ihm: „Und wenn ich Sie schicke, würden Sie gehen?" Seine Antwort war: „Wenn Sie mich schicken, muss ich, werde ich wohl gehen." So kam die Berufung zum Brasilienmissionar schneller als gedacht und gewünscht. Man erkennt in diesen Aussagen von Pater Albert Först die Gelassenheit, alles in Gottes Hände zu geben. Insgeheim werden bei ihm viele konkrete Fragen aufgekommen sein. Wie wird das mit dem Klima und der Sprache werden? Was wird ihn dort für eine pastorale Situation erwarten? Ist er dieser Aufgabe überhaupt gewachsen? All diese Gedanken sind ihm durch den Kopf gegangen, doch er konnte seine Unsicherheit an Jesus Christus abgeben. Für ihn war der Gehorsam dem Oberen gegenüber wichtiger als die Beantwortung aller dieser Fragen. Als Kind und Jugendlicher sagten meine Tanten immer zu ihm, „Pater Albert, sie hat Gott besonders auserwählt und gesegnet. Wie meistern sie all diese Probleme und Schwierigkeiten, die täglich aufkommen? Worauf Pater Albert immer sagte: „Jesus Christus schenkt einem nicht nur die Schwierigkeiten und Probleme, sondern auch seine besondere Gnade dazu, diese zu meistern."

36 Die Entsende-Urkunde vom 1. Februar 1954.

37 Abreise vom Hafen Genua mit dem Schiff zum Hafen von Rio de Janeiro. Von der Stadt Sao Paulo gab es eine Flugverbindung nach Paranavai, wo sich ein Konvent der Karmeliten von Bamberg befand. Es waren dort Pater Ulrich, Pater Hartwig und Frater Estanislaus anwesend und hießen Pater Albert herzlich willkommen.

38 Der junge Missionar Pater Albert Först in Paranavai.

Abbildung 38

Um sich die Verhältnisse zu Beginn der Missionstätigkeit von Pater Albert dort in Paranavai etwas genauer vorstellen zu können, sind seine Ausführungen von großer Bedeutung:

„Es handelte sich bei unserem Konventsgebäude um einen einfachen Holzbau, unterteilt in sechs Zimmer, jeweils mit den Maßen 5 zu 3 Metern. Davor war ein breiter Gang, auf dem sich unser Gemeinschaftsleben abspielte. Dieser Gang diente übrigens auch als Pfarrbüro. Die Zimmer hatten auch noch keine Decke. Man schaute direkt bis zu den Dachpfannen hinauf. Die Ausstattung der Zimmer bestand aus einem einfachen Bett mit Seegrasmatratze, einem Tisch und einer kleinen Bank. Als Waschgelegenheit gab es nur eine Waschschüssel. Von wegen fließendes Wasser!"

Diese kurzen Schilderungen lassen auf ein großes Charisma des Paters schließen, das ihm Gott geschenkt hat. Er nimmt die Situation so an, wie er sie vorfindet und versucht daraus das Beste zu machen, was für diesen jungen Priester nicht immer einfach war. Er hatte durchaus die Wahl, in der Pfarrei Fürth zu bleiben, doch Pater Albert wählte bewusst die schwierigere Situation. Dies tat er nicht, weil er sensationslustig war, sondern weil es seine Berufung war und ihn der Wille Gottes dorthin führte.

39 Das Innere der Kirche von Paranavai, die Pater Ulrich hat bauen lassen. Er selbst schrieb dazu: „Alles war wohldurchdacht und die Kirche war für die damalige Zeit ein wirkliches Meisterwerk geworden. Mit Recht war Pater Ulrich wirklich stolz darauf."

40 Das Auto der Patres. „Unser Auto war ein Jeep aus dem Jahre 1951, wie wir ihn von den Amerikanern in Deutschland kannten." Nicht umsonst sagte man: „Der Magen der Patres ist der Friedhof für die Hühner!"

41–44 Der Bau des Seminars in Graciosa und unser „Urwaldseminar" nach der Fertigstellung.

Abbildungen 41–46

Die Gemeinschaft der Patres baute 1957/58 in Graciosa ein Seminar für ungefähr 80 Seminaristen. Grund für diese hohe Anzahl von Seminaristen war, dass es in den meisten anderen kleineren Ortschaften keine weiterführenden Schulen gab. Die Schule in Graciosa war sogar staatlich anerkannt.

Mit dem Bau des Seminars waren viele Probleme und Schwierigkeiten verbunden, die in irgendeiner Art und Weise gelöst werden mussten. Pater Albert nannte finanzielle Probleme: „Dank seines unermüdlichen Einsatzes erhielten wir die notwendigen Mittel für die Fertigstellung und die notwendige Einrichtung des Seminars in Graciosa." Auf seinen Bettelreisen kam P. Burkard auch in Kontakt mit Vertretern der Autofirma Mercedes. Durch sie erreichte er, dass die Firma für die Missionsarbeit in Brasilien einen Unimog spendete. Ein weiteres großes Problem war die Stromversorgung, da der Ort Graciosa noch nicht an das öffentliche Stromnetz angeschlossen war. Dem wurde zunächst mit einem Stromaggregat, das mit Kerosin angetrieben wurde, abgeholfen Ein weiteres Hindernis, das bis Mitte der siebziger Jahre bestand, waren die schlechten Straßenverbindungen. Die Straße nach Graciosa war bis zu diesem Zeitpunkt nicht asphaltiert. Mit Hilfe von ADVENIAT war es möglich, Ende der fünfziger Jahre und Anfang der sechziger Jahre das Seminar um neue Schulräume und

45, 46 Der Bau des Seminars in Graciosa und unser „Urwaldseminar" nach der Fertigstellung.

geeignete Wohnräume für die Patres zu erweitern. Hier zeigt sich weiterhin das große Charisma von Bischof Albert. Er konnte schnell unangenehme Situationen erfassen und sinnvolle Lösungen finden. Er sah die Bildungsnot, weswegen er eine Schule und ein Seminar bauen ließ. Gleichzeitig versuchte er, durch seine Kontakte in Deutschland und bei den großen Tierbesitzern in seiner Pfarrei Paranavai, Geld für seine Projekte zu sammeln. Pater Albert konnte in Brasilien durchaus mit Geld umgehen. Er wusste sehr genau, wo und wie er es am besten einsetzen konnte und musste. Pater Albert war eine Persönlichkeit, die nicht die Hände in den Schoß legte, sondern selbst anpackte. Auch bei seinen Besuchen in Deutschland war er sehr eifrig. Er feierte die hl. Messe, wo er gebraucht wurde. Er sprach sehr überzeugend von seiner Arbeit in der Mission. Dies merkten die Menschen in Deutschland, aber auch in Brasilen. Diese Werte bzw. dieses Charisma fehlen heute leider bei vielen Berufungen.

47, 48

Abbildung 47, 48

Zwei verschiedene Schwesternkongregationen kamen nach Paranavai und halfen dort aus, wozu Albert schreibt. „Schon vor unserer Aussendung nach Brasilien hatten Pater Burkard und ich Kontakt zu Schwestern der Kongregation „Missionarinnen von der hl. Theresia von Lisieux". Die Kongregation war von einem holländischen Karmeliten in Santa Marinella bei Rom gegründet worden." Nachdem Pater Burkard wieder nach Deutschland zurückgekehrt war, riet er diesen Schwestern, auch nach Brasilien zu kommen. Vier Schwestern erschienen daraufhin eines Tages in Paranavai, eine Österreicherin, eine Holländerin und zwei Italienerinnen, die auch bald in der Pfarrei tätig wurden.

Dann teilte der Bischof von Maringa (Paranavai gehörte inzwischen zu dieser Diözese) mit, dass er Vinzentinerinnen für die Pfarrei Paranavai gewonnen habe. Nach der Aussprache mit dem dortigen Bischof kamen sie zu der Lösung, dass zwei Schwestern ins Seminar nach Graciosa gingen. Mit der Zeit errichteten die Vinzentinerinnen eine eigene Schule, in der dann vier Klassen „Curso Primario" (Grundschule) untergebracht waren. Auch die Karmelitinnen eröffneten eine eigene Niederlassung, in der sie bis heute tätig sind.

49 Erster Heimatbesuch von Pater Albert Först

Abbildung 49

1959, nach fünf Jahren durfte Pater Albert das erste Mal nach Deutschland in den Heimaturlaub fliegen. Er schreibt darüber:

„Wir durften damals alle fünf Jahre für drei Monate in Deutschland bleiben. Aber welch ein Urlaub! Unser tüchtiger Missionsprokurator hatte schon alles vorbereitet. An fast jedem Wochenende war für mich in irgendeiner Pfarrei ein sogenannter Missionstag vorgesehen. Dieser begann normalerweise am Samstag mit einem Lichtbildervortrag und Gesprächen mit interessierten Gläubigen. Am Sonntag hatte man dann meistens zwei Gottesdienste mit Predigt. Wie im Flug sind die drei Monate vergangen. Der eigentliche Urlaub war dann meine Rückfahrt nach Brasilien."

5. Pater und Bischof Albert Först O.Carm. // 239

Später wurde der Heimaturlaub insofern abgeändert, dass sie alle drei Jahre fahren, dann aber nur für zwei Monate in Deutschland bleiben durften. Man hatte so die Gelegenheit, den Missionsgedanken unter den Gläubigen in der Heimat publik zu machen und Hilfe zu erbitten. Ich selbst habe Pater Albert Mitte der 70er Jahre bei einem seiner Urlaubsbesuche in Deutschland kennen gelernt. In meiner Familie war es üblich, dass wir bereits zwei Jahre im Vorhinein sparten, um ihm dann einen größeren Geldbetrag mitgeben zu können. Dass sich Pater Albert zum Heimaturlaub in Deutschland aufhielt, erfuhren meine Tanten durch meinen Onkel Erasmus Ring. Ich erinnere mich noch, dass er zu uns immer zweimal kam: einmal sofort nach der Ankunft in Deutschland und dann gegen Ende seines Aufenthaltes. Immer wenn er unsere Gemeinde in Kemmern besuchte, meldete er sich vorher telefonisch an. Er ging zuerst immer zu den Schwestern und hier speziell zu Schwester M. Helene Hutzler, die - wie er - gebürtig aus Gunzendorf stammt. Danach kam er zur Familie Ring und meine Tante hatte extra für ihn sein Lieblingsessen Täubchen zum Abendessen vorbereitet. Er blieb abends immer ziemlich lange bei uns. Wenn er sich verabschiedete, gab er uns stets seinen priesterlichen Segen und kündigte seinen nächsten Besuch in drei Jahren an, sofern ihm Gott noch die Gesundheit schenken sollte. Für mich als Kind und Jugendlicher war es immer etwas ganz Besonderes, wenn Pater Albert als Brasilienmissionar meine Familie besuchte. Es war mir natürlich anfangs nicht bewusst, was seine Aufgaben in der Mission waren. Ich habe ihn auch nicht gefragt, weil mir damals noch das konkrete Verständnis dazu fehlte.

Abbildung 50

Nachdem das Provinzkapitel der Oberdeutschen Provinz der Karmeliten die Entscheidung getroffen hatte, dass die Patres in Brasilien bleiben sollten, konnten diese dort ihre Zukunft planen. Die Provinz hatte zugesagt, sie in personeller und materieller Hinsicht weiterhin zu unterstützen, aber es können hier nicht alle Maßnahmen aufgezeigt werden, welche im Laufe der Zeit dort durchgeführt wurden. Die Brasilianer haben immer kräftig gefeiert, daher brauchten sie Fleisch für das Churrasco. Dabei kam es dann durchaus vor, dass jemand, der zuvor ein Rind gegeben hatte, dieses bei der Versteigerung wieder erwarb und mit nach Hause nahm. Auch bei diesen Kampagnen ging der Konvent nie leer aus. Wer kein Vieh hatte, gab eben ein paar Hühner.

Abbildung 51

Ende der fünfziger Jahre begann man sich auch Gedanken über den Bau einer neuen Kirche zu machen. Die eigentlich große Kirche wurde zu klein und der Bau, ganz aus Holz, musste nun ersetzt werden. Die neue Kirche sollte die entsprechende Größe haben, modern sein und dem Kirchenvolk gefallen. Schließlich gehört ja eine Kirche den Gläubigen, darüber hinaus sollte sie aber auch in der Stadt das Augenmerk auf sich ziehen. Es mussten zahlreiche Fragen geklärt und Probleme gelöst werden. Langsam war der Bau der neuen Kirche vorangegangen. Am Christkönigsfest 1965 war es dann endlich soweit und die neue Kirche konnte in Betrieb genommen werden. Die Innenausstattung war zwar noch nicht fertig und das war auch gut so, denn man wusste noch nicht, wie sich die Neuerungen bezüglich der Umsetzung der Konzilskonstitution auswirken würden. Die Kirche verfügte schließlich über 800 Sitzplätze und erhielt die kirchliche Weihe durch den Bischof. Zu diesem Anlass erschienen zahlreiche Gläubige und nach dem Gottesdienst gab es auf dem Kirchplatz ein großes Fest.

52

Abbildung 52

Die alte Kirche wurde zu einem Pfarrsaal umgebaut. Anhand dieser Beispiele wird erneut deutlich, wie gut Pater Albert Först organisieren konnte und dass es ihm ein Herzensanliegen war, eine große Kirche zu bauen. Er hat alles in Bewegung gesetzt, um dieses Projekt erfolgreich abschließen zu können. Er holte fachkundige Experten herbei, um mit ihnen die anstehenden Probleme zu lösen. Wie kein anderer sah er aufkommende Schwierigkeiten und konnte sie zum rechten Zeitpunkt lösen und damit Menschen in Not helfen.

53 Der Konvent im Jahr 1969

Abbildung 53

Bezüglich der Ausbildung des eigenen Nachwuchses gab es einige Umstellungen. Während eines Besuchs des Provinzials Pater Heribert wurde beschlossen, in Curitiba nur das Noviziat und das Klerikat zu belassen. Der Kurs zwischen Gymnasium und Hochschule sollte dafür in Paranavai absolviert werden, da es inzwischen an unserem Kolleg die Möglichkeit zu diesem Studium gab. Der Aufenthalt in Curitiba brachte auch gewisse Vorteile, trug er doch nicht unwesentlich zur Erweiterung des brasilianischen Horizontes bei. Im Nordwesten von Paranavai, also weit im Landesinneren, lebten die Patres ja immer noch mehr oder weniger im Urwald. In der ersten Zeit gab es keine Zeitung und kein Radio. Noch nicht angeschlossen an das öffentliche Stromnetz war an Fernsehen gar nicht zu denken. In der damals schon Fastmillionenstadt Curitiba standen alle diese Möglichkeiten offen und verhalfen den Patres zu mehr Integration in Brasilien. Wie notwendig das gerade für die deutschen Missionare war, spürten alle sehr deutlich. Schließlich hatte niemand eine spezielle Ausbildung für unser Leben und für die Arbeit in diesem Land erhalten. Die Zahl der Patres hatte mit den Jahren Gott sei Dank zugenommen.

Abbildung 54

Es war im Text die Rede von Pater Ulrich Beck, der 1952 mit dem Aufbau einer Missionsstation durch die Karmeliten bzw. Missionierung in Brasilien begonnen begann. Das Bild zeigt Pater Albert bei seinem 50. Geburtstag und Pater Ulrich, der zeitgleich seinen 80. Geburtstag feierte. Beide waren große Persönlichkeiten beim Aufbau der Karmeliten in Brasilien.

ständigkeit. So wurde zum Beispiel ab 1965 der Kommissar nicht mehr von der Provinzleitung ernannt, sondern durch das Kommissariat gewählt. Der erste Kommissar war Pater Ulrich Gövert, dem 1958 Pater Albert Först folgte. Im Jahre 1968 erfolgte die Gründung der Diözese Paranavaí, abgetrennt vom Gebiet der Diözese Maringá. Pater Albert war Pfarrer der Pfarrei St. Sebastian und Generalvikar der neu gegründeten Diözese Paranavaí. Als Generalvikar wurde er vom Bischof mit der Neuorganisierung der Seelsorge betraut. In diesem Bereich fehlte es zunächst einmal an geeigneten Räumen: ein so genanntes Pastoralzentrum stand deswegen als Nummer eins auf der Liste. Die Diözese verfügte bis dahin schließlich über keinen Raum für die Zusammenkünfte des Klerus und für die verschiedensten Kurse, z.B. für Katechetinnen und Katecheten, für Exerzitien und Ähnliches. Für die Verwaltung und Wartung des Hauses konnten Pallottinerinnen gewonnen werden, die auch die Ausbildung der Katecheten für die ganze Diözese übernahmen. In Zusammenarbeit mit öffentlichen Stellen wurden im Pastoralzentrum auch Kurse für Frauen und Jugendliche organisiert, um sie beruflich aus- und weiterzubilden."

54

Abbildung 55

„Von 1951 bis 1955 galt unsere Niederlassung in Brasilien als Missionsgebiet der Oberdeutschen Karmelitenprovinz. 1955 wurde es zum Kommissariat erhoben. Natürlich blieb die vom Ordensrecht geregelte Verbindung zur Mutterprovinz bestehen, aber gleichzeitig erhielten wir mit der Zeit, besonders in Angelegenheiten der Verwaltung, mehr Selbst-

„Als Pfarrer von St. Sebastian und als Generalvikar verblieb Först in Paranavaí bis zum Jahr 1985. Im Jahr zuvor hatte er in Dourados, im Bundesland Mato Grosso do Sul, die Pfarrei Bom Jesus übernommen. Pater Joachim wurde dort als erster Pfarrer ernannt. Da er aber in Tapira nicht gleich abkömmlich war, ging Först für eine gewisse Zeit dorthin, um alles ein wenig in die Wege zu leiten, da die Pfarrei für längere Zeit ohne eigenen Pfarrer gewesen war. Am 24. März 1984 wurde Pater Joachim als erster Karmelitenpfarrer von Bischof Dom Teodardo Leitz OFM in sein Amt eingeführt. Im Jahr darauf kam dann die große Veränderung für Först, da er nach Dourados versetzt wurde, um an der Seite von Pater Joachim in der dortigen Pfarrei tätig zu sein. Für ihn begann somit, ohne dass er es ahnte, ein ganz neuer Abschnitt als Priester und Seelsorger."

Abbildung 56

„Es war meine erste Versetzung in Brasilien überhaupt. Offiziell gehörte ich die ganzen Jahre über zum Konvent in Paranavaí. Allerdings war ich zwischendurch immer wieder für kürzere Zeit in unseren Kommunitäten tätig gewesen. Nachdem Pater Joachim die Pfarrei in Dourados übernommen hatte, machten wir uns gemeinsam daran, das Pfarrleben zu organisieren. Was

55 Pater Albert Först bei der Arbeit im Büro als Pfarrer und Generalvikar

56 Anbau eines Gemeindezentrums an die Pfarrkirche Bom Jesus in Dourados.

Abbildungen 57–60

„Ich war kaum in Dourados heimisch geworden, da lud mich der Bischof ein, in der Verwaltung der Diözese und besonders in der Koordination der Pastoral auf Diözesanebene behilflich zu sein. Die Diözese verfügte bis dahin über keinen eigenen Pastoralplan, sondern folgte soweit als möglich dem so genannten Regionalplan, zuständig für alle Diözesen in Mato Grosso do Sul. In der Praxis sah das aber so aus, dass jeder Pfarrer in seiner Pfarrei mehr oder weniger nach seinen eigenen Plänen wirtschaftete. Ich schlug vor, zunächst eine Bestandsaufnahme in der ganzen Diözese zu machen. Wir mussten versuchen, festzustellen, inwieweit dieser Regionalplan in den einzelnen Pfarreien und Dekanaten auch praktiziert wurde. Wir waren ungefähr mit unserer Arbeit fertig und bereiteten uns auf eine Vollversammlung auf Diözesanebene vor, als Dom Teodardo mit einer neuen Idee auftauchte. Er denke an eine Diözesansynode. Wir waren überrascht, zumal wir eigentlich keine rechte Idee von einer Synode hatten. Nach drei Jahren intensiver Vorbereitung konnte die Synode über die Bühne gehen. Sie erwies sich dann auch als ein wirklicher Erfolg für die Pastoral in der Diözese. Es gelang uns vor allem, die verschiedenen Vereine und Laienbewegungen sowie die Gläubigen im Allgemeinen in die Pastoral zu integrieren."

wir vorfanden? Eine recht kleine Kirche, ein ebenso kleines Pfarrhaus, ein so genanntes Pfarrzentrum ganz aus Holz gebaut und die Außenwände für die Katechetenräume. Hand in Hand ging da natürlich die eigentliche Seelsorge mit allem, was nun einmal dazu gehört. Das Gebiet der Pfarrei innerhalb der Stadt war nicht sehr groß. Dazu gehörte allerdings ein weites Umland. Die Entfernung bis zur Außenstelle Itahum betrug immerhin 60 Kilometer! Die seelsorgerische Betreuung in diesem weiten Gebiet oblag vor allem mir. Zusammen mit einem kundigen Laien aus Itahum bereiste ich das ganze Gebiet und besuchte die Gläubigen in den kleinen Siedlungen und Ortschaften. In Itahum selbst konnten wir nun an jedem Wochenende den Gottesdienst feiern."

Zwischendurch, genauer gesagt 1987, erfolgte seine Ernennung zum Generalvikar der Diözese. Für ihn bedeutete dies, dass er nun weitere Aufgaben im Dienst der Diözese übernehmen musste, dazu zählte auch die Errichtung eines eigenen Pastoralzentrums mit Hilfe der Erzdiözese Freiburg. Der Erzbischof von Freiburg legte bei seinem Besuch in

57–60 Das Pastoralinstitut IPAD sowie die dortige Hauskapelle und der Schlafraum.

Dourados den Grundstein für dieses Zentrum. Das IPAD diente und dient bis heute anfallenden Kursen und Versammlungen auf Diözesanebene. Angrenzend an das Pastoralinstitut wurde auch ein neues Bischofhaus errichtet. Der damalige Bischof der Diözese Dourados, Bischof Teodardo Leitz, kannte die herausragenden Fähigkeiten und Kenntnisse von Pater Albert Först, ansonsten hätte er ihn 1987 nicht zu seinem Generalvikar ernannt.

Abbildung 61

„Am 6 Juli 1988 erfolgte meine Ernennung zum Bischof Coadjutor (Weihbischof mit dem Recht der Nachfolge) der Diözese Dourados. Ich hatte mein „Ja" gesagt. Meine Bischofsweihe erfolgte dann am 7. September durch Bischof Teodardo Leitz. Da sich die Kathedrale für solche Feiern als viel zu klein erwies, fand die Weihe im großen und festlich geschmückten Sportzentrum des Kollegs Imaculada Conceicaco statt. Ein neuer und unerwarteter Abschnitt in meinem Leben begann. Meine Verpflichtungen innerhalb unseres Kommissariates hörten damit auf, andere und sicherlich nicht leichtere Aufgaben kamen auf mich zu, jetzt natürlich ausschließlich im Dienst der Diözese."

Abbildung 63

Am 7. Mai 1990 vollendete Dom Teodardo Leitz sein 75. Lebensjahr. Seine Emeritierung als Bischof von Dourados wurde von Rom angenommen. Fünf Tage danach, also am 12. Mai, überreichte ihm Dom Teodardo in einem feierlichen Gottesdienst den Hirtenstab des Bischofs von Dourados. Bereits zwei Monate später kehrte Dom Teodardo nach Deutschland zurück. Er bezog Wohnung im Franziskanerorden in Sigmaringen. Vor dort aus konnte er noch viel dem Bischof von Freiburg behilflich sein, besonders bei Firmungen. Eifrig nutzte er diese Gelegenheit, um seine ehemalige Diözese auch weiterhin materiell und finanziell zu unterstützen. Beide Persönlichkeiten verstanden sich gut. Ihre Zusammenarbeit kann als eine wunderbare Fügung angesehen werden, denn Bischof Dom Teodardo unterstützte Bischof Albert vor allem finanziell bei vielen seiner Projekte.

61

Beschreibung des bischöflichen Wappens
Das Wappen hat die Form und Aufteilung des Karmelwappens.
Der untere Teil zeigt ein Fischernetz mit dem Fisch „Dourado", von dem die Stadt und die Diözese ihren Namen haben.
Die linke obere Seite zeigt das Feuerschwert des Propheten Elias, der auf dem Berg Karmel für die Sache Gottes kämpfte; die kleine Wolke, die am Horizont erscheint, wird von den Kirchenvätern als Ankündigung des kommenden Erlösers durch Maria gedeutet.
Die rechte obere Seite zeigt den Bamberger Reiter.
Wahlspruch: „In verbo tuo" – „Auf Dein Wort hin" (Lk. 5,5)

62 Das Bischofswappen von Bischof Albert Först.

63 Bischof Albert Först als Bischof von Dourados

64, 65 Kathedrale Imaculada Conceicao (Unbefleckte Empfängnis) in Dourados, genauer der Innenraum der Kathedrale nach der Umgestaltung im Jahr 1990.

5. Pater und Bischof Albert Först O.Carm. // 245

Abbildung 66

Bischof Albert Först schreibt über seine Aufgabe als Bischof in der Diözese Dourados.

„Die Hauptaufgabe des Bischofs ist, Seelsorger in seiner Diözese zu sein. Das wollte auch ich in erster Linie. In meiner Diözese gab es 36 Pfarreien, davon sechs in der Stadt Dourados. Als Coadjutor war ich natürlich schon in allen Pfarreien gewesen und hatte überall vor allem die Firmung gespendet. Nun ging es aber um mehr. Es ging darum, die Pfarreien zu besuchen. Ein Besuch kann von kurzer oder auch von längerer Dauer sein. Die meisten der Pfarreien waren flächenmäßig groß. Außer dem Pfarrort gehörte auch immer eine gewisse Anzahl von Kapellen dazu. Darum war ein Besuch in den Pfarreien nicht mit ein oder zwei Tagen abgetan. Zumal ich großen Wert darauf legte, mich mit möglichst vielen Gläubigen zu treffen. Außer Firmung und anderen Gottesdiensten ging es auch immer um die Organisation der Pastoral mit allem, was dazu gehört. Vordringlich waren für mich die Katechese und das nicht etwa nur als Vorbereitung auf die Erstkommunion oder die Firmung. Ein anderer ganz wichtiger Punkt war für mich die Einbeziehung der Laien in die Pfarrseelsorge. Die Gläubigen sollten spüren, dass die Seelsorge nicht nur an ihnen geschieht, gleichsam als Objekt der Seelsorge, sondern dass sie vielmehr Mitverantwortung übernehmen müssen. Das galt zum Beispiel auch für den finanziellen Unterhalt der Pfarrei.

Abbildung 67

Eine andere und gar nicht leichte Aufgabe wartete auf eine umgehende Lösung. Es ging um die Umsetzung der Beschlüsse der Diözesansynode betreffs der Pastoral. Natürlich war das nicht die Aufgabe des Bischofs allein. Die Arbeit begann mit der Bildung verschiedener Räte. Ich nenne da besonders den Pastoralrat und den Priesterrat. Als Team haben wir uns monatlich getroffen und versucht, die Richtung der für unsere Diözese geeigneten Pastoral zu erarbeiten. Als Vorschläge wurden dann unsere Beschlüsse an die untergeordneten Stellen, wie Dekanatsrat und Pfarrräte, geschickt. Änderungswünsche und eigene Vorschläge, die von diesen Stellen kamen, wurden unsererseits studiert und soweit als möglich in den endgültigen Pastoralplan der Diözese eingearbeitet. Es war eine langwierige, aber durchaus fruchtbare Arbeit."

Abbildung 68

Eine weitere zentrale Frage stellt sich bezüglich der Leitung einer Diözese. Wie kann eine Diözese ihre so notwendigen Einrichtungen finanziell unterhalten? An erster Stelle stand unter anderem die Ausbildung des Priesternachwuchses. Dabei handelt es sich nicht nur um das Seminar in Dourados, auch die Kosten für unsere Studenten der Philosophie und Theologie im Campo Grande waren sehr hoch. Ebenso galt es, die Finanzen in den Pfarreien so weit als möglich einheitlich zu gestalten. Dankbar erkannte Först an, dass er immer wieder mit dem Verständnis und der Mitarbeit des Klerus rechnen konnte. Im Laufe der Jahre konnte er mehrere Priester für die Diözese weihen und einige neue Pfarreien gründen. Zu Beginn seiner bischöflichen Amtszeit waren nur drei Pfarreien in den Händen von Diözesanpriestern. Inzwischen waren es neun. Mit weiteren Neupriestern konnte man für die nahe Zukunft rechnen."

Abbildung 69

„Die für die Ernennung eines Bischofs zuständigen Stellen lassen sich oft viel Zeit. Darum hatte ich schon rechtzeitig um die Ernennung eines Weihbischofs mit dem

66 Audienz bei Papst Johannes Paul II. während des Ad-Limina-Besuchs in Rom im Jahr 1995.

67 Firmung in der Pfarrei Bom Jesus in Dourados durch den Bischof.

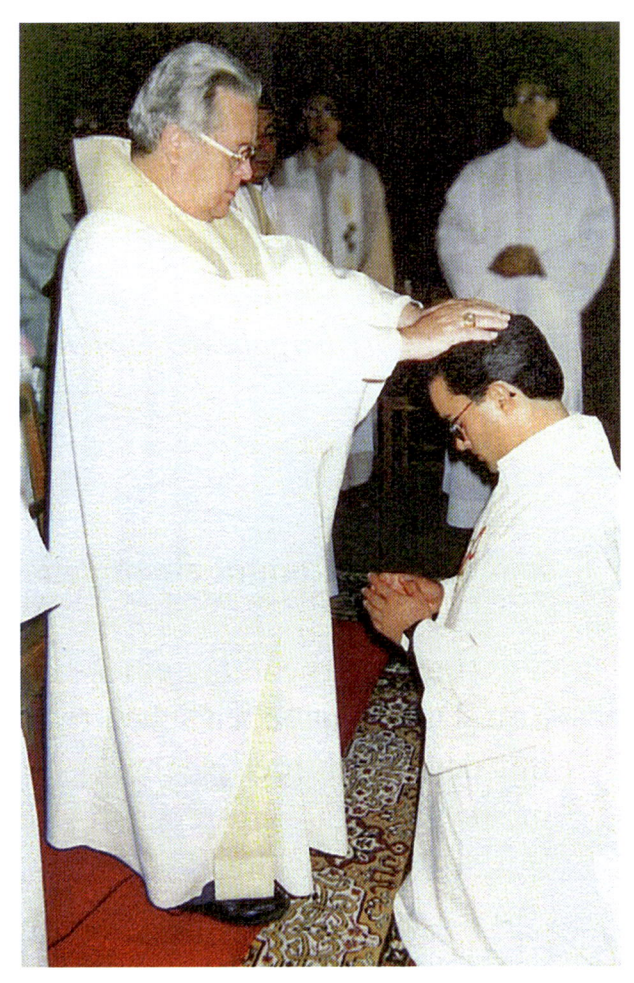

68 Albert Först bei einer Priesterweihe

69 Übergabe des Hirtenstabs an Dom Redovino Rizzardo

5. Pater und Bischof Albert Först O.Carm. // 247

Recht der Nachfolge nachgesucht. Aber erst im Januar 2001 wurde meinem Antrag entsprochen. Redovino Rizzardo, ein Ordensmann aus dem Bundesland Rio Grande do Sul, hieß der neue Bischof von Dourados. Am 25. März erteilte ich ihm in Guapore die Bischofsweihe. Ich vollendete am 26. November des gleichen Jahres mein 75. Lebensjahr. Mit 75 Jahren muss oder besser gesagt „darf"(!) der Bischof sein Amt niederlegen. Am 5. Dezember 2001 überreichte ich während eines feierlichen Gottesdienstes in unserer Kathedrale den Bischofsstab an Dom Redovino Rizzardo."

Abbildungen 69–92

Es handelt sich hier um einige Bilder aus der Diözese Dourados in Brasilien. Sie zeigen die freudige Ausstrahlung der Menschen, die ihrem Bischof Albert Först für sein bischöfliches Wirken danken, gleichzeitig erkennt man die neuen Gebäude, die er für seine Diözese errichtet hat.

Man sieht das Kinderdorf und vor allem die Schule, in welcher der Unterricht für unterschiedliche Jahrgangsstufen stattfindet; gleichzeitig gibt es für die junge Bevölkerung ein vielfältiges Kurs- und Freizeitangebot. Das letzte Bild zeigt den Altarraum der Kathedrale mit dem neuen Altarbild „Christus als König des Universums".

70–80

5. Pater und Bischof Albert Först O.Carm. // 249

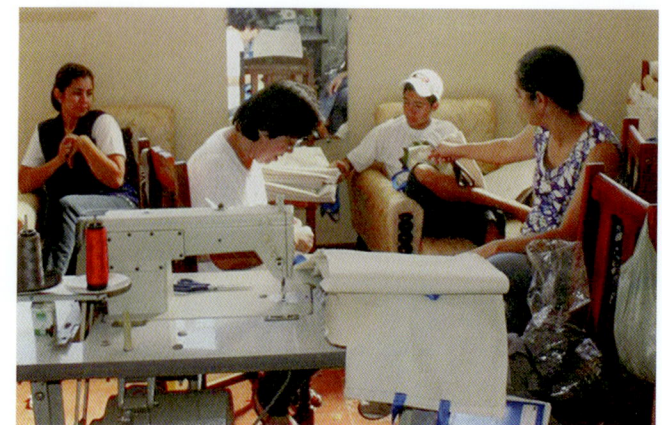

81, 82

Deutsche Provinz der Karmeliten
Karmelitenplatz 1
96049 Bamberg
Tel.: +49 (0) 9 51 - 509 866 0
Fax: +49 (0) 9 51 - 509 866 29
deutsche.provinz@karmeliten.de
www.karmeliten.de

KARMELITEN
LEIDENSCHAFT FÜR GOTT

Die deutsche Provinz der Karmeliten trauert um ihren lieben Mitbruder und verehrten Bischof emeritus

P. Albert (Johann) Först O.Carm.
Bischof emeritus von Dourados (MS) / Brasilien
Ehrenbürger von Dourados und des Marktes Buttenheim

Bischof Albert Först starb am 1. November 2014, dem Hochfest Allerheiligen, im Seniorenzentrum St. Martin in Eggolsheim, wo er seinen Lebensabend verbrachte und nach Möglichkeit täglich die hl. Messe feierte. Er starb im 88. Lebens-, im 67. Profess-, im 63. Priesterjahr und im 27. Jahr seiner Bischofsweihe.

P. Albert wurde am 26. November 1926 in Gunzendorf bei Bamberg geboren. Im September 1947 trat er in den Karmelitenorden ein und legte am 16. September 1948 im Konvent in Straubing seine zeitliche und drei Jahre später am 17. September 1951 in Bamberg seine feierliche Profess ab. Am 29. Juni 1952 wurde er von Erzbischof Joseph Otto Kolb in Bamberg zum Priester geweiht. Bald nach seiner Priesterweihe kam er 1954 nach Brasilien und wirkte viele Jahre entscheidend am Aufbau und der Leitung des Provinzkommissariates mit. Nach drei Jahren als Prior in Paranavaí wurde er zweimal (von 1958 bis 1964 und von 1970 bis 1976) mit der Leitung des Provinzkommissariates beauftragt. Als Pfarrer der Pfarrei São Sebastião in Paranavaí von 1970 bis 1985 war er gleichzeitig Pro-Generalvikar der neu errichteten Diözese Paranavaí. In dieser Zeit wurden wichtige Gebäude für das Kommissariat (Konvent, Seminar und Pfarrkirche Paranavaí, Seminar in Graciosa) errichtet. 1985 kam P. Albert nach Dourados und wurde sehr bald Generalvikar des dortigen Bischofs Dom Teodardo Leitz OFM.

Von Papst Johannes Paul II. wurde P. Albert am 6. Juli 1988 zum Weihbischof-Koadjutor in Dourados ernannt und am 7. September 1988 zum Bischof geweiht. Vom 13. Mai 1990 bis 5. Dezember 2001 war er residierender Bischof von Dourados. Bischof Albert trug wesentlich zum geistlichen und strukturellen Aufbau seiner Diözese bei. Neben dem Bischofshaus baute er auch das Bildungszentrum der Diözese auf. Ein Herzensanliegen waren ihm über seine Emeritierung hinaus die Straßenkinder in Dourados. 1991 gründete er das "Centro de Integracão do Adolescente Dom Alberto" (CEIA). Die Einrichtung hat das Ziel, Kindern und Jugendlichen aus sozial schwächsten Schichten die Möglichkeit zu geben, sich in die Gesellschaft einzufügen. Der Bundesstaat Mato Grosso do Sul und die Stadt Dourados würdigten die Verdienste des Bischofs mit der Ernennung zum Ehrenbürger. Mit seinem sozialen Engagement für diese Kinder blieb er auch über seine Emeritierung hinaus Dourados treu verbunden. Der Markt Buttenheim verlieh ihm im Jahr 2008 aufgrund seiner überragenden Verdienste um die Menschlichkeit und das damit verbundene Ansehen des Marktes Buttenheim die Ehrenbürgerwürde.

Am 17. Februar 2009 kehrte unser Mitbruder P. Albert endgültig nach Deutschland zurück, um auf Einladung des Bamberger Erzbischofs Dr. Ludwig Schick im Seniorenzentrum St.

83

Abbildungen 84–89

Sie zeigen den Bischof Albert in seiner Heimat vor dem Altenheim in Eggolsheim in seiner letzten Lebensphase. Er konnte in seiner Zeit in Deutschland noch sein 60jähriges Professjubiläum, sein 60jähriges Priesterjubiläum und sein 20jähriges Bischofsjubiläum feiern.

Abbildungen 89

Im Nekrolog des verstorbenen Bischofs Albert Först vom 1. November 2014 schreibt Provinzial Pater Dieter Lankes O.Carm.

„Am 17. Februar 2009 kehrte unser Mitbruder P. Albert endgültig nach Deutschland zurück, um auf Einladung des Bamberger Erzbischofs Dr. Ludwig Schick im Seniorenzentrum St. Martin in Eggolsheim zu leben und im Rahmen seiner gesundheitlichen Möglichkeiten dort seelsorglich tätig zu sein. Bischof Albert hat fast 60 Jahre – seit 1954 – in Brasilien gewirkt, davon 20 Jahre als Bischof der Diözese Dourados. Es ist ihm nicht leichtgefallen, seine ‚zweite Heimat' zu verlassen. Alter, gesundheitliche Beeinträchtigungen und die gewandelten kirchlichen Verhältnisse haben ihm die Rückkehr in die erste Heimat nahegelegt. Fast wie durch ein Wunder konnte er sich von einer sehr schweren Krebserkrankung im Jahre 2011 wieder erholen und seinen Seelsorgedienst im Seniorenzentrum St. Martin in Eggolsheim wieder aufnehmen. Im August 2014 brach die Krankheit erneut aus und raubte Dom Alberto schließlich seine Kräfte. Nach kurzem Krankenhausaufenthalt konnte er ins Seniorenzentrum St. Martin zurückkehren, war fortan allerdings auf intensive Pflege angewiesen, die er seitens der Assisi-Schwestern und des Pflegepersonals liebevoll erfuhr. Nicht mehr zelebrieren zu können, war für ihn sehr schwer. Er starb am 1. November 2014, dem Hochfest Allerheiligen, im Seniorenzentrum St. Martin in Eggolsheim im 88. Lebens-, im 67 Profess-, im 63 Priesterjahr und im 27. Jahr seiner Bischofsweihe."[12]

84–86

87

88

89 Totenbild von Bischof Albert Först und Nekrolog von Bischof Albert Först

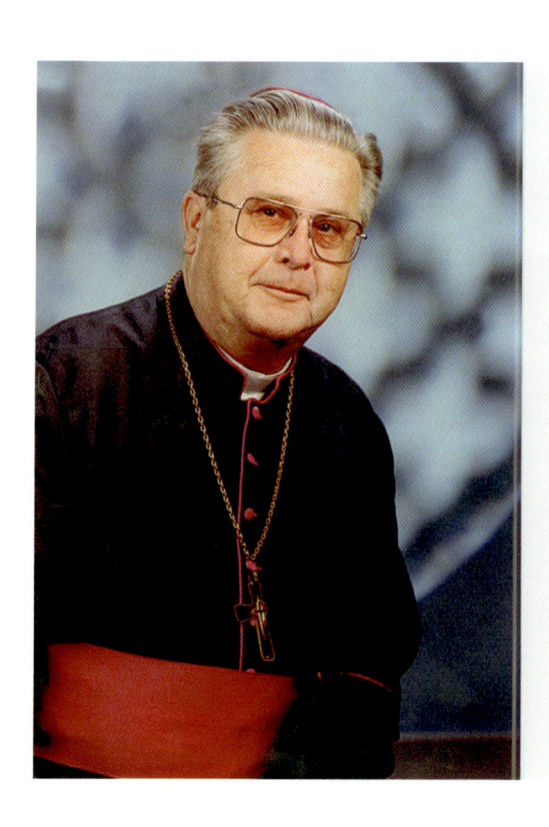

Gedenket im Gebet des verstorbenen Dieners Gottes Bischof em.

Albert Först O.Carm.

Geboren am 26. November 1926 in Gunzendorf

Profess im Karmelitenorden am 16. September 1948 in Straubing

Priesterweihe am 29. Juni 1952 in Bamberg

Entsendung als Karmelitenmissionar nach Brasilien am 1. Februar 1954

Ernennung zum Weihbischof-Koadjutor in Dourados / Brasilien am 6. Juli 1988

Bischofsweihe am 7. September 1988 in Dourados

Residierender Bischof von Dourados ab 13. Mai 1990

Emeritierung am 5. Dezember 2001

Verstorben am 1. November 2014 in Eggolsheim

6. DILLINGER FRANZISKANERINNEN IN KAISERLAUTERN

In der Zeit nach dem Zweiten Weltkrieg war es üblich, dass größere Ordensgemeinschaften eine ordenseigene Schule betrieben haben. Anfangs wurde das Ziel verfolgt, ordenseigenen Nachwuchs heranzubilden. Das Ordensgymnasium St. Franziskus von Kaiserslautern soll hier erwähnt werden, weil Schwester M. Gabriele Christa O.S.F und Schwester Salvatoris O.S.F. dort als Lehrerinnen tätig waren. Von Schwester M. Salvatoris O.S.F. waren leider keine Schulbilder aufzufinden. Auf den Abbildungen 93 und 94 ist auch die damals junge Lehrerin Schwester M. Jutta Müller O.S.F. zu sehen. Sie wurde nach dem Tode von Schwester M. Gabriele Christa O.S.F im Jahre 1979 ins Provinzhaus nach Bamberg versetzt, wo sie zur Provinzoberin gewählt wurde.

Wenn man die Bilder des Lehrerkollegiums betrachtet, dann fällt deutlich auf, dass ungefähr ein Drittel des Kollegiums aus ordenseigenem Nachwuchs bestand. Dies hat sich heute dramatisch verändert. Mittlerweile tut sich eine Ordensgemeinschaft wie beispielsweise die Dillinger Franziskanerinnen schwer, ausreichend Lehrerinnen für das ordenseigene Gymnasium oder die Realschule zu finden. Heute finden junge Frauen ihre Berufung vor allem in Kurzexerzitien oder durch das Mitleben in weiblichen Ordensgemeinschaften.

90–92 Schülerbilder mit Schwester M. Gabriele Christa O.S.F.

254 // Beziehungen von Ordensfrauen innerhalb einer Schwesternkommunität

93, 94 Lehrerkollegium des Mädchengymnasiums St. Franziskus in Kaiserslautern.

95 Schwester M. Gabriele Christa O.S.F. im Klassenzimmer. Rechts erkennt man eine alte Holztafel.

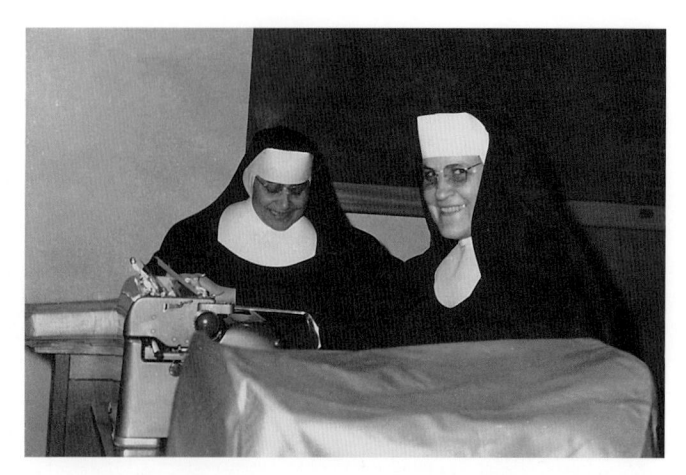

96 Schwester M. Gabriele Christa O.S.F. und Schwester M. Reginharda Nehmer O.S.F. Sie sitzen beide in einem Klassenzimmer an einer Schreibmaschine. Neben den Schwestern erkennt man eine weitere abgedeckte Schreibmaschine. Dieses Bild könnte im Urlaub von Schwester M. Gabriele Christa O.S.F. anlässlich ihres Heimaturlaubes gemacht worden sein.

97 Schwester M. Gabriele Christa O.S.F. und Schwester M. Salvatoris O.S.F. Beide Ordensfrauen waren als Lehrerinnen am ordenseigenen Gymnasium in Kaiserslautern als Lehrerinnen tätig.

98 Passbild von Schwester M. Gabriele Christa O.S.F.

99 Passbild von Schwester M. Salvatoris O.S.F.

100–102 Unterschiedliche Bilder mit Schwester M. Gabriele Christa O.S.F. Auf allen Bildern sind die Ordensfrauen noch in der alten, traditionellen Tracht abgebildet.

6. Dillinger Franziskanerinnen in Kaiserslautern // 257

7. SCHWESTER M. HELENE O.S.F. UND IHRE BERUFUNG ALS ORDENSFRAU

Anhand dieser Bilder soll das Leben der Familie Hutzler von Gunzendorf dargestellt werden, wobei der Schwerpunkt auf dem religiösen Leben liegt, in das die junge Tochter Irmgart hineingeboren wurde. Die Eltern heirateten am 18. Juni 1922 (Abbildung 103). Die Familie Hutzler (Abbildungen 104–109) besteht aus dem Vater Josef, der Frau Barbara sowie den vier Kindern Irmgard, Karl, Regina und Hans. wobei Karl sehr früh gestorben ist. Wenn man die Bilder aus der Kindheit der Familie Hutzler betrachtet, dann ist die innige Freude der Kinder zu erkennen, besonders strahlt die kleine Irmgard. Ob es ihr damals schon klar war, dass sie einmal eine Ordensfrau werden würde? Irmgard Hutzler besuchte mit 15 Jahren die Haushaltungsschule „Mariahilf" in Bamberg. (Abbildung 113). Damals wurde diese schulische Einrichtung von Schwestern der Dillinger Franziskanerinnen geleitet. Auf der Abbildung 114 sieht man den Kurs des Jahres 1939/40. Die Oberin des Hauses, Schwester M. Irmingard O.S.F., befindet sich im Mittelpunkt des Bildes. Für das 15jährige Mädchen Irmgard war dieser Besuch die erste Begegnung mit der Gemeinschaft der Dillinger Franziskanerinnen, wahrscheinlich hat Schwester M. Irmingard O.S.F. das junge Mädchen so begeistert, dass sie später ihre Berufung bei dieser Gemeinschaft fand. Interessant ist bei der Abbildung 114, dass das Kopfbild von Oberin Schwester M. Irmingard O.S.F. nachträglich einsetzt wurde. Die Abbildungen 115–122 zeigen den Besuch der jungen Irmgard Hutzler in Dillingen an der Mädchenmittelschule. Diese schulische Einrichtung wurde ebenso wie die Mariahilfschule in Bamberg von Ordensfrauen der Dillinger Franziskanerinnen geleitet. Sie besuchte diese Anstalt in den Kriegsjahren von 1940 bis 1943. Für die junge Irmgard und vor allem für die geistliche Begleitung auf ihrem Weg als Ordensfrau war Oberstudienrat Scheider eine wichtige Persönlichkeit. Die Abbildungen 118–122 zeigen die jungen Mädchen einige Jahre vor ihrem Eintritt in die Gemeinschaft der Dillinger Franziskanerinnen. Die Abbildungen 123–131 stellen ihren Besuch an der Säuglings- und Kleinkinderpflegeschule in Mönchberg bei Würzburg dar. Die Tätigkeit mit Kleinkindern und Säuglingen hat die junge Irmgard immer schon sehr begeistert. Sie kehrte 1946 nach Dillingen zurück und entschied sich endgültig für einen Eintritt in die Gemeinschaft der Dillinger Franziskanerinnen. Am 8. August 1946 fand in der Studienkirche der Gemeinschaft der Dillinger Franziskanerinnen die Einkleidung von Irmgard Hutzler statt. (Abbildung 137) Aus heutiger Sichtweise ist gerade die Abbildung 138 von großer Bedeutung, da diese einen Blick auf die 16 anderen jungen Frauen gewährt, die mit Irmgard eingekleidet worden sind. Fast alle entschieden sich im Zuge ihrer Einkleidungsfeierlichkeiten für eine Namensänderung, so auch Irmgard. Sie erhielt den Namen Helene, so wird sie in der Gemeinde Kemmern bis zum heutigen Tage von allen Leuten genannt. Ihre Erste Profess legte sie am 9. August 1947 in Dillingen ab. Eine wichtige Persönlichkeit, die sie auf ihrem Weg begleitete, war der damalige Spiritual bei den Dillinger Franziskanerinnen, Abt. Dr. Gislarius Stieber. Dieser unterrichtete Schwester M. Helene, wenn sie das ordenseigene Kindergärtnerinnenseminar besuchte. Die Abbildung 139 zeigt Schwester M. Helene mit weißem Schleier als junge Novizin in der Gemeinschaft, während sie auf Abbildung 140 inmitten des Schwesternkonventes der Filiale in Kemmern zu sehen ist. Die junge Irmgard war als Kandidatin knapp ein Jahr in der Pfarrei Kemmern. Sie lebte im dortigen Schwesternkonvent und arbeitete in der Kleinkinderbewahranstalt am Bächla.

103

104–109

7. Schwester M. Helene O.S.F. und ihre Berufung als Ordensfrau // 259

110–112

113

114 Besuch der Haushaltungsschule von 1939/40. Schwester Oberin M. Irmingard, OSF.

260 // Beziehungen von Ordensfrauen innerhalb einer Schwesternkommunität

115

116 117

7. Schwester M. Helene O.S.F. und ihre Berufung als Ordensfrau // 261

118–122

262 // Beziehungen von Ordensfrauen innerhalb einer Schwesternkommunität

123

124, 125

7. Schwester M. Helene O.S.F. und ihre Berufung als Ordensfrau // 263

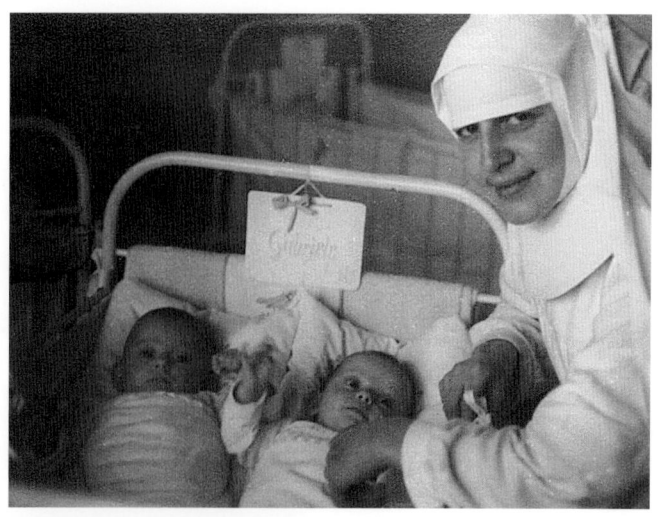

126–131

264 // Beziehungen von Ordensfrauen innerhalb einer Schwesternkommunität

132 133

134 135

7. Schwester M. Helene O.S.F. und ihre Berufung als Ordensfrau // 265

H. H. Abt Dr. Gislarius Stieber O.S.B. gestorben

Dillingen. Am frühen Morgen des 19. Januar verschied in Dillingen nach langer, schwerer Krankheit der Hochwürdigste Herr Prälat Dr. Gislarius Stieber, O.S.B., Spiritual des Mutterhauses der Franziskanerinnen und Religionsprofessor am Deutschen Gymnasium und Institut für Lehrerbildung, des Mädchenrealprogymnasiums und der Mädchenmittelschule in St. Josef, der einklassigen Handelsschule in St. Benedikt, des Kindergärtnerinnenseminars und des Handarbeitslehrganges in St. Immakulata.

Er war geboren am 6. Mai 1891 zu Trossenfurt, Bez.-A. Haßfurt, und trug die Sonne von Unterfranken in Geist und Gemüt bis in seine letzte Krankheit hinein. Er studierte an der Oblatenschule der Benediktiner in Volders und vollendete die Studien am staatlichen Gymnasium der Franziskaner in Hall. Am 6. Juni 1907 trat er in Innsbruck in den Benediktinerorden ein und legte dort am 6. Juli 1908 die hl. Profeß ab. Den theologischen Studien oblag er bei den Jesuiten in Innsbruck. Am 7. September 1913 spendete ihm Se. Em. der eben ernannte Bischof Dr. Waitz in Feldkirch die hl. Priesterweihe. Kaum ein Jahr war ihm vergönnt als Religionslehrer zu wirken, da wurde er zum Kriegsdienst einberufen. Als Feldgeistlicher und Divisionspfarrer wirkte er im 1. Weltkrieg an der Front und verdiente sich das Eiserne Kreuz 2. Klasse. Zurückgekehrt aus dem Grauen des Krieges und der Revolution, sandten ihn seine Ordensobern 1921 als Prior in die Missionsniederlassungen der Benediktiner nach Brasilien. Die Missionsbegeisterung, hervorquellend aus innerster seelsorglicher Verantwortung, blieb zeitlebens ein Hochgefühl seines Priesterherzens, so daß er auch andere, vor allem die Dillinger Schwestern, für die Mission zu entflammen vermochte. 1926 beriefen ihn seine Obern leider schon zurück und übertrugen ihm das Priorat von Volders und 1927 das Priorat von Niederaltaich.

Nach Wiedererhebung der Niederlassung zur Abtei wurde er in Anerkennung seiner Verdienste und der Würde seiner Persönlichkeit zum 1. Abt erwählt und am 22. Juni 1930 feierlich geweiht. Sieben Jahre lang trug er mit dem goldenen Kreuz an goldener Kette die ungeheure Last der Arbeit und Verantwortung für den Ausbau der neuen Abtei. 1937 resignierte er auf das Amt und übernahm 1941 im Auftrage des Hochwürdigsten Herrn Bischofs von Augsburg die Stelle eines Spirituals bei den Franziskanerinnen in Dillingen und des Militärpfarrers in den Dillinger Lazaretten. Mit Beendigung des Krieges und dem Wiederaufbau der Klosterschulen in St. Josef übertrug ihm die Ordensleitung die verantwortungsvolle Stelle eines Religionsprofessors an diesen Schulen. War er zuvor Hilfe und Trost für die vom Kriege und dem nat.-soz. Regime schwer Heimgesuchten, so stand seine markante Persönlichkeit seit dem Jahre 1945 als „Herr Prälat" mitten unter der studierenden Jugend in St. Josef und erwarb sich deren Vertrauen und Zuneigung, sowohl durch sein väterliches Herz, als auch durch seinen überragenden Geist, mit dem er sie im Religionsunterricht und in den Schulgottesdiensten zu führen suchte.

Etwa 500 Schüler und Schülerinnen stehen heute mit leidbewegtem Herzen an seiner Bahre. Mit ihnen trauert die ganze Kongregation der Dillinger Franziskanerinnen mit ihren 2200 Schwestern, für die er seit 1941 den Ordensnachwuchs schulte und deren Schwestern er im Mutterhaus mit der ganzen Fülle seiner priesterlichen Kraft betreute. Alltäglich trug er die schwere Bürde seines Amtes vom frühen Morgen bis zum späten Abend: brennend im Eifer für die Ehre Gottes und die Anliegen der heiligen Kirche, flammend und entflammend im Geiste des hl. Franziskus, sich verzehrend im Dienste der Jugend. Kein Wunder, daß ob solcher Arbeits- und Herzenslast im August vergangenen Jahres ein Zusammenbruch seiner Kräfte erfolgte, demzufolge er seit September nur mehr in beschränktem Maße arbeitsfähig war. Doch hoffte er mit dem starken Willen seiner Persönlichkeit und mit der Glut seiner tieffrommen Priesterseele auf nochmalige Besserung und weitere Arbeit im Weinberge des Herrn; er vertraute auf das Gebet der Ordensfamilie und seiner Schüler. Doch Gott hatte in seiner Vorsehung es anders beschlossen. Seit dem 1. Dezember 1955 mußte er seinen Dienst am Altare, im Beichtstuhle und in der Schule aufgeben und den bitteren Kelch schweren Leidens trinken. Nachdem eine Behandlung in der St. Barbara-Klinik in Augsburg keine Besserung erzielen konnte, kehrte er am 17. Januar 1956 als Todgeweihter heim und verbrachte seine letzten Lebenstage unter der Pflege und dem Gebete seiner von ihm so sehr geliebten Dillinger Schwestern. Eine Herzlähmung machte seinem schweren Leiden ein Ende: seine Seele ging heim zu Gott, wo er den Lohn für sein unablässiges Beten und unermüdliches Arbeiten und die Lösung all der brennenden Fragen des Diesseits erwartete. „Komm guter und getreuer Knecht! Geh ein in die Freuden Deines Herrn!" Für uns aber, die wir ihn im Leben gekannt, gilt nach seinem Tode: „Diejenigen, welche viele in der Gerechtigkeit unterwiesen haben, werden glänzen wie die Sterne des Himmels."

Seine sterbliche Hülle ist in der Klosterkirche aufgebahrt, wo er tagtäglich mit der Klostergemeinde das hl. Meßopfer feierte mit Christus dem Gekreuzigten, tagtäglich die großen Anliegen der Welt dem Erbarmen des himmlischen Vaters und dem Schutze der Gottesmutter empfahl, tagtäglich den Heiligen Geist herabrief zur Erneuerung des christlichen Lebens. Am Samstag, den 21., wird sie heimkehren in die Gruft der Abtei von Niederaltaich, die das erste Werk seiner Arbeit und seiner Opfer war, wo am Montag, den 23., die Beisetzung stattfinden wird. R.I.P.

136

137

138 Einkleidung in der Klosterkirche in Dillingen von Schwester M. Helene O.S.F.

7. Schwester M. Helene O.S.F. und ihre Berufung als Ordensfrau // 267

139

140

141

Abbildung 141

Das Schwesternhaus des Konventes von Kemmern im festlichen Fronleichnamsschmuck, hier ging immer die jährliche Prozession vorbei. Nach der Kandidatur ging die junge Irmgard wieder nach Dillingen zurück, um dort mit der feierlichen Einkleidung endgültig in die Gemeinschaft der Dillinger Franziskanerinnen aufgenommen zu werden. Nach ihrer feierlichen Profess kam Schwester Helene O.S.F. vom 31. Januar 1948 bis zum 31. August 1951 nach Marktbreit bei Kitzingen, um dort als Erzieherin im dortigen Kindergarten mitzuarbeiten. Bereits zum September des Jahres 1951 kam sie aber in die Schwesternkommunität nach Kemmern, wo sie noch bis zum heutigen Tage lebt. Es kann als etwas Besonderes betrachtet werden, dass eine Ordensfrau so lange ohne Versetzung ununterbrochen an einem Ort wirken kann und darf. Ohne Zweifel hat Schwester Helene in der langen Zeit ihres Wirkens die Bevölkerung Kemmerns geprägt.

142

143

144 Die Kandidatin Irmgard steht am offenen Fenster.

145

7. Schwester M. Helene O.S.F. und ihre Berufung als Ordensfrau // 269

8. PFARRER HANS TECKENBERG UND DER ZWEITE KINDERGARTEN IN KEMMERN

Als 1952 Pfarrer Hans Teckenberg die Seelsorge in der Pfarrei Kemmern übernahm, war die Pfarrei agrarisch geprägt und die Bevölkerung lebte unter recht armseligen Verhältnissen. Pfarrer Teckenberg hat sich frühzeitig dafür eingesetzt, einen zweiten Kindergarten zu bauen. Dieser wurde in der unmittelbaren Nähe des Schwesternhauses errichtet, so dass die Ordensfrauen immer sofort vor Ort sein konnten. Durch diesen Kindergarten war es den Ordensfrauen möglich, den Kindern eine bessere pädagogische Begleitung zu bieten. So gab es in den fünfziger Jahren beispielsweise Wettbewerbe, an denen sich verschiedene Kindergärten beteiligten, um dabei einen Preis zu gewinnen. Der Kindergarten von Kemmern beteiligte sich so an einem Legowettbewerb und bekam dabei den ersten Preis. (Abbildungen 151, 152). Die freundschaftliche Verbindung, die Pfarrer Hans Teckenberg zu diesem Kindergarten, zu den einzelnen Kindern, aber auch zu den Ordensfrauen pflegte, beweist eine Postkarte (Abbildung 150), auf der es heißt:

„Meine lieben Kleinen vom Marienheim. Ich habe mich so über Euere guten Wünsche gefreut, dass ich Euch gleich dafür danken möchte. Betet nur manchmal auch für Euren alten Pfarrer, seid recht froh und folgt der guten Schwester Helene. Wenn Ihr Kasperltheater spielt, lache ich im Geiste mit Euch. Grüßt die lieben Schwestern und seid selbst gesegnet von Euerem Hans Teckenberg."

146 147

Ein neues Heim für Kemmerns jüngste Bürger
Weihbischof Dr. Landgraf wohnte der Einweihung des neuen Kindergartens bei

Kemmern. – Zu einem außergewöhnlichen Fest für die ganze Gemeinde gestaltete sich die Einweihung des Kindergartens am Sonntag. Noch am späten Vorabend wurden die umfassenden Arbeiten abgeschlossen und der Kinderheim-Neubau für den festlichen Akt hergerichtet. Am Sonntag zelebrierte Weihbischof Dr. Landgraf eine Pontifikalmesse.

In seiner Predigt nannte er als das Wesentlichste des neuen Kindergartens die verantwortungsbewußte Durchführung der damit übernommenen Pflichten. Anschließend zogen die Gläubigen mit ihrem Bischof, begleitet von den mit Fahnen und Standarten vertretenen Vereinen und der Musikkapelle Brehm, die auch die weitere Feier umrahmte, in Prozessionsordnung durch das mit Fahnen geschmückte Dorf zum Kindergarten. Begrüßt wurden die hohen Gäste, unter ihnen der frühere Pfarrer von Kemmern, Geistl. Rat Heinkelmann, von einer Vertretung der Allerkleinsten, die in heiteren von Schwester Helene eingelernten, Wechselgesprächen Sinn und Zweck des Kindergartens andeuteten.

In seiner Ansprache dankte Pfarrer berg mit sichtlich bewegtem Herzen näch und seiner heiligen Mutter, zu deren E Kindergarten den Namen „Marienheim" dem Erzbischof und dem bischöflichen riat für die tatkräftige Förderung am Zu kommen des Neubaues sowie Schwester der die Leitung des Heimes anvertraut als dessen eigentlicher Mittelpunkt ang werden muß. Besonders dankte er auch Vorgänger, Geistl. Rat Stahl, der mit H anerkennenswerten Aktivität von Bürger Neppig als Initiator des Unternehmens g ben Direktor Kröner von der Caritas u laten Rauh für die finanzielle Unters wurde auch Adam Neppig als Mitglied c chenrates, den Klosterschwestern, der K gend und allen andern nichtgenannten und Gönnern ein herzliches „Vergelts G sagt. In Anerkennung des Segens, den denschwestern für die Gemeinde bedeut Pfarrer Teckenberg die anwesende Pro oberin, den Orden in seiner jetzigen mensetzung noch recht lange für die Ge wirken zu lassen.

Auch Weihbischof Dr. Landgraf dan sonders den Schwestern für ihr uneigen Wirken, das sich besonders segensreich Betreuung der Kinder erweise. Er lob christlichen Familienssinn der Gemeinde, Beziehung auf die Kinderzahl einen Ehr in der Diözese einnehme.

Nach der Weihehandlung betonte D Kröner, daß nicht durch viele Worte, v heute vielerorts gemacht würden, der deten Jugend geholfen werde, sondern die christliche Tat barmherziger Mensche schließend zog die gesamte Pfarrgemeind der zur Kirche zurück.

Am Nachmittag war der moderne u allen Feinheiten ausgestattete Bau zur al nen Besichtigung freigegeben.

April 1958 nahm H.H. Pfarrer Teckenberg, der große Wohltäter unseres Kindergartens Abschied von Kemmern. Durch den Neubau des Marienheimes hat er der Gemeinde Kemmern ein nützliches u. schönes Werk geschaffen. Der HERR möge ihm sein Gutsein u. sein feines, priesterliches Verstehen reichlich lohnen. Er übernahm die kleinere Pfarrei Geisfeld bei Bbg. und späteren tat er priesterlichen Dienst in der neuen St. Laurentius-Kirche zu Bad Bocklet. Priester und Künstler, vorzügl. Violist an der Kurkap. u. es findet sich ein dankbares Konzertpublikum.

Von Bad Bocklet aus schreibt er uns:

Meine lieben Kleinen vom Marienheim! Ich habe mich so über Eure guten Wünsch gefreut, daß ich Euch gleich dafür danken möchte. Betet nur [...] auch für Euren alten Pfarrer, seid recht froh und folgt der guten Schwester Helene. Wenn Ihr Kaspertheater spielt, lache ich im Geiste mit Euch. Grüßt die lieben Schwestern und seid selbst gegrüßt von

Euer Hans Teckenberg

LEGO

Herzlichen Glückwunsch

zum

__1.__ Preis

in unserem Wettbewerb

Das schönste Lego-Haus

151, 152

153

272 // Beziehungen von Ordensfrauen innerhalb einer Schwesternkommunität

9. PFARRER GEORG GÖTZ UND DIE DILLINGER FRANZISKANERINNEN

Im Oktober 1967 hat Pfarrer Georg Götz die pastorale Seelsorge in der Pfarrei Kemmern übernommen. Zu Weihnachten 1967 gab es dort ein gewaltiges Hochwasser, das die Zusammenarbeit der ganzen Gemeinde forderte. Man sieht dies in den Abbildungen 157–161. Pfarrer Georg Götz hat sich bereits im ersten Jahr seines Daseins in der Pfarrei für die Ordensfrauen eingesetzt, was sich schon dadurch zeigte, dass er das bisherige Schwesternhaus innen und außen neu renovieren ließ. Die Abbildungen 162–164 geben Zeugnis über diese Aktivitäten. Die Kosten der Renovierung wurden durch die Pfarrei, die Kirchenstiftung und durch private Spender finanziert. Bei den Einweihungsfeierlichkeiten (Abbildung 164) im Jahre 1968 hob der damalige Landrat Otto Neukum die Anwesenheit der Ordensfrauen in einem Dorf wie der Gemeinde Kemmern besonders hervor. „Er wisse um den Segen schwesterlichen Wirkens und was es bedeute, sie zu verlieren. Sie in seinen Mauern zu beherbergen, sei für das Dorf Anlass für eine besondere Gratulation." Abbildung 168 zeigt fünf Ordensfrauen in ihrer früheren Tracht. Schwester M. Luitberga O.S.F. und Schwester M. Gerwigis O.S.F. (hintere Reihe von links) sowie Schwester M. Rupertis O.S.F., Schwestern M. Regindarda O.S.F. und Schwester M. Helene O.S.F. (vordere Reihe von links).

Im Laufe der pastoralen Tätigkeit von Pfarrer Götz in der Gemeinde kam Schwester M. Philippine O.S.F. als zweite Erzieherin an den Kindergarten und zwei Ordensfrauen aus Bamberg – Schwester Miligha O.S.F. und Schwester Frieda O.S.F. – haben in der Ordensfiliale in Kemmern ihren Ruhestand verbracht.

Durch den Hof und den Garten hatten die Ordensfrauen mehr Möglichkeiten Blumen, Kräuter und sonstige Gartengewächse anzupflanzen. Pfarrer Georg Götz wirkte bis zum Oktober 1989 in der Pfarrei Kemmern, er pflegte zu den Ordensfrauen stets ein gutes freundschaftliches Verhältnis. Jeden Donnerstag und oftmals auch am Samstagmorgen feierte er in deren Hauskapelle die heilige Messe.

154

155

Feierliche Pfarrinstallierung
Festlicher Empfang des neuen Seelsorgers durch Pfarrei und Gemeinde

Kemmern empfing seinen neuen Pfarrherrn
Pfarrer Götz wurde am Sonntag in sein neues Amt eingeführt — Hohes Lob für die Gläubigen

K e m m e r n (el). Nach dreimonatiger Vakanz hat Kemmern wieder einen neuen Pfarrherrn. Zu seinem Empfang am Samstag hatten sich die Pfarrangehörigen am Ortseingang versammelt, voran Bürgermeister, Gemeinde- und Kirchenrat, die Klosterschwestern, Neupriester Raab, Dekan Paulus von Kaltenbrunn, Pfarrverweser Dr. Klinger und Benefiziat Eizenhöfer. Nach einem Choral der örtlichen Blaskapelle begrüßte Bürgermeister Felkel während des Geläutes der Kirchenglocken den bisherigen Stadtpfarrer Götz von Seßlach als neuen Ortsgeistlichen.

Es sei ihm ein Herzensbedürfnis, im Namen der Gemeinde den Pfarrherrn, dem der Ruf eines erfahrenen und guten Seelsorgers vorausgeeilt sei, willkommen zu heißen. Kemmern sei ein gläubiges Volk von christlicher Gesinnung, wenn auch von derber Sprache. Das Ortsoberhaupt bat für den Gemeinderat um Vertrauen, um alle bevorstehenden Probleme gemeinsam zu lösen.

Sein Dank galt Benefiziat Eizenhöfer, Dr. Klinger und Neupriester Günter Raab für die Betreuung der Pfarrei während der vergangenen Monate.

Unter Gebet und Gesang geleitete die Gemeinde ihren Pfarrherrn durch die beflaggten Ortsstraßen zum Gotteshaus, wo ihn vor dem Kirchenportal Schüler Harald Förtsch mit einem Gedicht und Blumen willkommen hieß. Verweser Dr. Klinger begrüßte ihn im Namen der Pfarrei und der Kirchenverwaltung als den vom Bischof bestellten Seelsorger.

Er bezeichnete Kemmern als eine Gemeinde, „in die man sich verlieben könnte" und bedauerte, Ab...che Gemeinde verlassen könne, daß es kein Risiko bedeute, sich auf ihre Vorschläge einzulassen, und man gut beraten sei, ihren Wünschen nachzugeben. Dem neuen Seelsorger wünschte er Glück, Frieden und geistlichen Erfolg.

Dekan Paulus, der die Installation vornahm und dem Pfarrherrn die Schlüssel der Kirche und des Tabernakels übergab (um das ihm anvertraute Volk zu leiten und die Sakramente zu spenden) sprach den Wunsch aus, die Gemeinde möge mit ihrem Pfarrer „ein heilig Volk werden und bleiben". Man könne neidisch werden, wenn man erlebt habe, mit welcher Freude die Gemeinde ihren Seelsorger empfangen habe. Namens der bischöflichen Behörde dankte er dem Vorgänger Kochseder und den beiden Pfarrverwesern Eizenhöfer und Dr. Klinger. „Mein Kommen ist friedlich; ich bin gekommen, dem Herrn ein Opfer zu bringen", sei die Antwort auf die augenblicklich vorherrschende Frage nach der Bedeutung seines Erscheinens.

Der neue Pfarrherr werde die gestellten Erwartungen und Hoffnun...Herrn, dem er das Gelöbnis seiner Liebe und Treue wiederholte, dankte er dem Oberhirten für die vertrauensvolle Aufgabe, in Kemmern wirken zu dürfen, seinem priesterlichen Freund Dekan Paulus für die wegweisenden Worte, den Pfarrverwesern Benefiziat Eizenhöfer und Dr. Klinger für die seelsorgliche Tätigkeit während der Vakanz, seinem Vorgänger Pfarrer Kochseder für die eifrige seelsorgliche Arbeit und gewissenhafte Amtsführung, Bürgermeister, Gemeinde- und Kirchenrat für die aufrichtigen Wünsche, den Schwestern für das Gebet und schließlich der ganzen Gemeinde, **deren festlicher Empfang ihn froh, mutig und zuversichtlich stimme und ihm die Achtung und Wertschätzung des Geistlichen im Ort beweise.**

Sein Versprechen war, nach besten Kräften ein guter Hirte zu sein, der alle, die Kinder, Jugendlichen, Erwachsenen, Alten, Kranken und Verstorbenen in sein priesterliches Herz aufnehmen und den Reichtum Gottes in der Verkündung seines Wortes und in der Spendung der Sakramente mitteilen wolle. Gegenseitiges Vertrauen stellte er als die Grundlage für eine gute Zusammenarbeit mit der Gemeinde, Kirchenverwaltung und den Ortsvereinen heraus und bat um das Gebet der Gläubigen.

Nachdem er sich und seine Pfarrgemeinde dem Herrn, der Gottesmutter und allen Heiligen übergeben

156

157 „So sah es am ersten Feiertag in Kemmern im Landkreis Bamberg aus."

158, 159

In Kemmern dankte in der Gemeindekanzlei in Anwesenheit der Gemeinderäte und des Ortspfarrers Bgm. Felkel dem Staatsminister. Wenngleich Menschenleben nicht zu beklagen seien,

so sei die Gemeinde doch wirtschaftlich sehr, sehr stark getroffen. Der Schaden an der neugebauten Schule, deren Heizungsanlage völlig unbrauchbar wurde, läßt sich noch nicht abschätzen. Noch etwa 60 Keller stehen unter Wasser und werden durch acht eingesetzte Pumpen entleert.

Das neue Haus des Schulleiters stand gleichfalls im gesamten Kellergeschoß unter Wasser. Wegen seiner Abwesenheit entstand hier besonderer Schaden. Erst an den Weihnachtsfeiertagen konnte er durch eine Münchner Funkstreife von dem erlittenen Unheil benachrichtigt werden.

Auch in Kemmern dankte Bgm. Felkel den freiwilligen Helfern, dem Landratsamt, der Wasserwacht und dem Technischen Hilfswerk für den hervorragenden Einsatz.

Finanzminister Dr. Konrad Pöhner informierte sich gestern in den vom Hochwasser betroffenen Gemeinden des Landkreises Bamberg über das Ausmaß der Schäden und versprach, dem Kabinett einen ausführlichen Bericht zu geben. Unser Bild zeigt den Minister (ganz rechts) in Kemmern im Gespräch mit Schulleiter Pöllein (von links nach rechts), Bürgermeister Josef Felkel und CSU-Bundestagsabgeordneten Paul Röhner. Interessierter Zuhörer ist Bezirkstagspräsident Anton Hergenröder (rechts im Hintergrund) Foto: FT-Gerhard Urban

160 **161**

162, 163

Ein Haus des Segens für alle
Weihe des erweiterten Schwesternhauses in der Gemeinde Kemmern

KEMMERN. Zu einer eindrucksvollen Sympathiekundgebung des ganzen Dorfes zu den hiesigen Klosterschwestern wurde am Sonntag nachmittag die kirchliche Weihe des umgebauten und erweiterten Schwesternhauses.

Von der Kirche aus zogen die Pfarrangehörigen zum Klostergebäude, wo Pfarrer Götz den Offiziator Domkapitular Mizera, Landrat Neukum, den früheren Ortsgeistlichen Kochseder, die aus Kemmern stammende Novizenmeisterin M. Seraphim als Vertreterin des Mutterhauses Dillingen, die Oberin von Hallstadt, Bürgermeister und Gemeinderäte, die Kirchenräte mit Adam Neppig, Hauptlehrer Pöllein, Baumeister Richard Brehm und alle übrigen am Bau beteiligten Geschäftsleute und Arbeiter begrüßte. Die zahlreiche Teilnahme der Bürger wertete er als Beweis inniger Verbundenheit mit den Schwestern, an die er besondere Grüße richtete. Er gab einen Rückblick über die Geschichte des 1890 gegründeten Klosters unter Hervorhebung des segensreichen Wirkens in Schule, Krankenpflege, Kindergarten und Handarbeit. Er rühmte auch die Treue der Bürgerschaft zu den Schwestern während der Bedrängnis im Dritten Reich, als man sie durch den spontanen Bau eines Schwesternwohnhauses am Ort halten konnte. Auch als das Haus jetzt einer zeitgerechten Wohnweise nicht mehr entsprach und sich die zwingende Notwendigkeit einer völligen Umgestaltung ergab, habe die Gemeinde ihre Treue erneut bestätigt. Durch eine hochherzige Spendenaktion mit einer Zulage aus der Kirchenstiftung, die Zuschußgewährung, dem Architekten Steinbrückner und Landrat Neukum für die rasche Bearbeitung der Pläne, der Baufirma Brehm sowie allen übrigen beteiligten Firmen und Arbeitern für die solide Ausführung der Arbeiten, den freiwilligen Helfern, den Bürgern für die hochherzige Spende und den Schwestern selbst, die in jeder Weise das Ihre zum flotten Fortgang der Arbeiten beitrugen, dem Bürgermeister und Gemeinderat für die brauchbare Vorplanung und der Pfarrjugend für die Überlassung des Jugendheims als Schlafraum für die Schwestern während ihrer Ausquartierung. Er wünsche, daß das Haus den Schwestern stets eine warme Heimstatt bleiben möge. Landrat Otto Neukum äußerte seine Genugtuung darüber, nach mehreren Besuchen in der Gemeinde bei Notsituationen bei diesem freudvollen Ereignis anwesend sein zu dürfen. Er habe die Bürger als mutig und tatkräftig kennengelernt, was durch den Bau des Schwesternhauses erneut in augenscheinlicher Weise bewiesen worden sei. Er wisse um den Segen schwesterlichen Wirkens und was es bedeute, sie zu verlieren. Sie in seinen Mauern zu beherbergen, sei für das Dorf Anlaß für besondere Gratulation. Er wünschte, ebenso wie anschließend Bgm. Josef Felkel, der das Haus einen Dankesbeweis für die segensreiche Tätigkeit an mehreren Dorfgenerationen nannte, daß sich seine Bewohner darin stets wohlfühlen möchten.

Domkapitular Mizera vermittelte die Glückwünsche des Oberhirten. Wenn ein Haus auch keine bleibende Stätte sei, kenne man doch die densleute die Kraft aus einer lebendigen Christusliebe. Unter dem Hinweis auf den Marschbefehl der Orden zur Ausbreitung des Reiches Gottes und dem bestehenden Nachwuchsmangel, richtete er das Wort der Kirche „Zeuge gesucht" an die Eltern. Doch könne das beispielhafte Leben und Wirken der Schwestern selbst den fruchtbarsten Ackerboden für Ordensnachwuchs auftun. Anschließend nahm er die kirchliche Weihe des Hauses vor.

Während des Nachmittags war das neugestaltete Kloster zur Besichtigung freigegeben, wobei sowohl die Angemessenheit der Einrichtung für die Klosterbewohnerinnen selbst wie auch die gediegene Ausstattung des Nähsaales und Krankenpflegezimmers und insbesondere die zweckmäßige Gesamteinteilung uneingeschränkte Anerkennung fanden. —ar—

164

165 166 167

168

169, 170

9. Pfarrer Georg Götz und die Dillinger Franziskanerinnen // 277

171

172

173

174

278 // Beziehungen von Ordensfrauen innerhalb einer Schwesternkommunität

10. KRANKENSCHWESTERN

In der historischen Entwicklung der Schwesternkommunität Kemmerns gab es drei Ordensfrauen, die den Dienst als Krankenschwester ausübten: Schwester M. Hubelina Beck O.S.F., Schwester M. Luifried Graser O.S.F. und Schwester M. Luitberga Franz O.S.F. Aus ihrer aktiven Zeit als Krankenschwestern sind keine Abbildungen zu finden.

175, 176

Kemmerner Ordensfrauen werden geehrt

Kemmern ⓕⓑ Die Vorstände der Ortsvereine in Kemmern kamen im Café Schrenker zu ihrer gemeinsamen Sitzung zusammen, um die Profeßfeier im August zu besprechen. Gesamtvorstands-Vorsitzender Walter Blume begrüßte insbesondere Pfarrer Götz und die beiden Bürgermeister Alois Förtsch und Richard Hofmann. Hauptpunkt der Tagesordnung waren die Feierlichkeiten im August. Pfarrer Götz entwickelte aus seiner Sicht den Ablauf dieser Tage und gab einen Rückblick bis zum Jahre 1897, als Ordensschwestern nach Kemmern kamen. Bürgermeister Alois Förtsch würdigte ebenfalls das Wirken der Schwestern in der Gemeinde und fand es daher angebracht, das Jubiläum feierlich zu begehen. Er fand volle Zustimmung über die Bildung eines Festausschusses.

Kemmern. Ihren 70. Geburtstag feierte am Mittwoch M. Luitfrieda Graser von der Niederlassung der Schwestern vom Allerheiligsten Heiland in Kemmern. Am Vorabend des Geburtstages gratulierten Bürgermeister Felkel und Theodor Haderlein im Namen der politischen Gemeinde und der Pfarrgemeinde der Jubilarin und dankte ihr für ihren unermüdlichen Dienst in der Krankenpflege. Die Kapelle Kemmern spielte ein Geburtstagsständchen. Für die Glückwünsche bedankte sich Oberin M. Helene Hutzler im Namen ihrer Mitschwestern herzlich. Foto: ⓕⓑ-r

177

„Der Born des Lebens ist in Dir, o Herr.
Du wirst uns laben mit dem Strome
Deiner Wonne."

✝

In Eurer Liebe und Eurem Gebete
bewahrt treu das Andenken an unsere
liebe Mitschwester
Frau

M. Luitberga Franz
O. S. F.

29 Jahre Krankenschwester in
Rimpar und Kemmern
geb. am 5. 9. 1893 in Neustadt/Main
Profeß am 6. 6. 1931 in Dillingen
vom König zur ewigen Hochzeit
heimgeholt:
am 6. 6. 1956 in Buchloe/Schwaben
am Tage ihrer Silberprofeß.

„Deinen Gläubigen, o Herr, wird das Leben nicht genommen, sondern nur neu gestaltet, wenn die Herberge ihres Erdenwallens in Staub zerfällt, gewinnen sie eine ewige Heimstätte im Himmel."
(Aus der Präfation der Totenmesse)
R. I. P.

Mein Gott, mein alles.

178

Kemmern. M a t e r L u d b e r g a ✝. Im Krankenhaus Buchloe starb an den Folgen einer Operation Schwester Ludberga der Dillinger Franziskanerinnen die über 15 Jahre als Krankenschwester in Kemmern tätig war. Durch ihr selbstloses, unermüdliches Wirken im Dienste der Caritas hat sie sich die Liebe aller Bewohner erworben, die ihr auch über das Grab hinaus ein treues Andenken bewahren werden. Möge Gott, der sie am Tage ihrer silbernen Ordensprofeß in seine Herrlichkeit geholt hat, ihr alles Gute, das sie gewirkt, vergelten.

179

✝

Mein Gott und mein Alles!

In dankbarem Gedenken
für unsere liebe Mitschwester

M. Luitfrieda Graser
O.S.F.

Krankenschwester in Kemmern

geb. 23. Oktober 1898
in Oberotterbach/Ndby.
gest. 5. Mai 1971 in Buchloe

Herr, schenke ihr die ewige Ruhe!
Maria, Mutter der Barmherzigkeit,
bitte für sie!

180

280 // Beziehungen von Ordensfrauen innerhalb einer Schwesternkommunität

11. DIE GEMEINDE KEMMERN FEIERT IHRE ORDENSFRAUEN

Ein Zeichen der Verbundenheit zwischen Bürgermeister und Pfarrer war die enge Zusammenarbeit, wenn es um die Frage der Erhaltung des Schwesternkonventes in der Pfarrei Kemmern ging. Obwohl die Bamberger Provinz der Gemeinschaft der Dillinger Franziskanerinnen schon seit einigen Jahren mit Nachwuchsproblemen zu kämpfen hatte, wurde bisher noch immer darauf geachtet, dass die Filiale Kemmern weiterbestehen kann. Dies veranlasste Gemeinde und Pfarrei dazu, alles zu tun, um die verschiedenen Jubiläen sowie die Geburtstage der einzelnen Ordensfrauen gebührend zu feiern. Man kann bei jeder Feierlichkeit eine besonders Festkultur erkennen, was als ein besonderes Kennzeichen der Gemeinde bezeichnet werden kann und diese Provinz der Dillinger Franziskanerinnen so besonders macht. Kirchliche und politische Vertreter sowie die Vereine der Gemeinde versuchten sich gleichermaßen in die Festkultur zu Ehren einer Ordensfrau einzubringen (Abbildung 190, 191).

Diese Filiale in der Pfarrei Kemmern kann auch deswegen als etwas Außerordentliches betrachtet werden, weil die Ordensfrauen dort schon mehr als eine Generation im Konvent leben und somit zum festen Teil der Bevölkerung gehören. Aus diesem Grund wird von Seiten der katholischen Kirchenstiftung alles getan, um die Ordensfrauen so lange wie möglich in der Filiale zu belassen. Diese Lösung ist von Seiten der Ordensfrauen zu begrüßen, denn sie müssten nicht etwa im hohen Alter Kemmern verlassen und sich einer völlig neuen Lebenssituation anpassen. Gleichzeitig gibt dies vor allem der älteren Generation Kemmerns die Möglichkeit, ihre bekannten Schwestern zu besuchen. Durch die Anwesenheit des Konventes in der Pfarrei spürt man eine tiefe spirituelle Dimension, die sich vor allem im täglichen Gebetsleben der Gemeinschaft manifestiert. Wenn diese Filiale in Kürze geschlossen wird, geht das normale Leben in Kemmern natürlich weiter, doch es wird spirituell ärmer werden.

181

183–193 Jubiläen und Geburtstage von Ordensfrauen

Durch Opfer und Gebet viel Gutes getan

Kemmern zollte zwei verdienten Ordensschwestern Dank und Anerkennung

K e m m e r n (ad). Am 40- und 25jährigen Profeßjubiläum von Schwester Reginharda und Schwester Helene beteiligte sich die gesamte Bevölkerung der Gemeinde. Am Sonntag wurden die Schwestern vom Kloster von den Fahnenabordnungen der Ortsvereine, der Gemeindeverwaltung, Kirchenverwaltung und Pfarrgemeinderat zum Festgottesdienst geleitet, wo der Gesangverein Cäcilia für die festliche Gestaltung sorgte.

Bereits am Samstagabend des Doppeljubiläums überbrachten Pfarrer Götz, Behördenvertreter, Schulleitung und der Gesamtvorstand der Ortsvereine den Jubilarinnen in einer von der Blaskapelle umrahmten Feierstunde die herzlichsten Glück- und Segenswünsche. Zu den Gratulanten zählte auch die evangelische Kirchengemeinde.

Pfarrer Götz nannte es ein großes Glück der Gemeinde, daß die Schwestern noch in Kemmern tätig sind und dankte ihnen für alles, was sie **durch Opfer und Gebet der Gemeinde Gutes getan haben. Es war sein besonderer Wunsch, daß sie der Pfarrgemeinde noch lange erhalten bleiben.**

Auch Bürgermeister Alois Förtsch würdigte das segensreiche Wirken der Schwestern und vermerkte die herzliche Verbundenheit mit der Bevölkerung. Er dankte Schwester Reginharda insbesondere für ihre Lehrtätigkeit an der Volksschule, wobei sie jetzt auf ein 40jähriges Wirken als Lehrerin in Kemmern zurückblicken könnte, wenn diese Erziehungsarbeit nicht durch die Nazizeit gewaltsam unterbrochen worden wäre. Schwester Helene dankte er besonders für ihre vorbildliche Arbeit als Erzieherin im Kindergarten, wobei es ihr gelungen sei,

aus der einstigen Kinderbewahranstalt einen vorbildlichen Kindergarten zu machen.

Für Schulleitung und Lehrerkollegium hob Lehrer Silberhorn die pädagogische Arbeit von Schw. Reginharda sowie das erzieherische Schaffen von Schw. Helene im Vorschulalter der Kinder besonders hervor. Walter Blume beglückwünschte die Jubelschwestern im Namen der Ortsvereine mit einem selbstverfaßten Gedicht. Pfarrgemeinderatsvorsitzener A. Dilling dankte den Schwestern für den Organistendienst, den stets vorbildlichen Blumenschmuck in der Pfarrkirche und vornehmlich für das durch Wort und Beispiel in Schule und Kindergarten vermittelte religiöse Wissen. Kindergartenkinder und Schuljugend brachten ihre Glückwünsche und Dank in Versen zum Ausdruck.

In einem stattlichen Festzug mit Abordnungen sämtlicher Ortsvereine wurden die Ordensschwestern zum Festgottesdienst geleitet (linkes Bild). — Die jubilierenden Klosterfrauen mit den jüngsten Gratulanten (mittleres Bild). — Pfarrer Götz beim Einzug ins Gotteshaus (rechtes Bild)

Fotos: FT-r

Freitag, 25. Mai 1984

Im Kreis ihrer Mitschwestern beging die Ehrenbürgerin von Kemmern ihren 75. Geburtstag. Unter den zahlreichen Gratulanten befand sich auch Bürgermeister Förtsch (rechts außen), der Schwester Reginharda Nehmer namens der Gemeinde beglückwünschte
Foto: FT-Rudolf Mader

Selbst von auswärts kamen viele ehemalige Schüler angereist

Der Ehrenbürgerin Reverenz erwiesen

Schwester Reginharda feierte in Kemmern ihren 75. Geburtstag

Kemmern (WA). Schwester Reginharda Nehmer feierte ihren 75. Geburtstag. Die Ehrenbürgerin von Kemmern, nach der auch eine Straße benannt ist, erhielt Glückwünsche von den Vertretern der Gemeinde, der Vereine und der Kirche. Vor allem aber gratulierten ihre ehemaligen Schülerinnen und Schüler, die sich mit Freude an die Zeit bei „ihrer Schwester" erinnerten.

Die Franziskusschwester Reginharda Nehmer kam 1932 nach Kemmern, wo sie als Volksschullehrerin zunächst die erste und zweite Klasse betreute. Von 1940 an unterrichtete sie die fünfte und sechste Klasse und später alle Mädchen der Klassen fünf bis acht zusammen. Bis zur Pensionierung im Juli 1977 oblag ihr der Unterricht in der vierten Klasse.
Aber auch nach der Pensionierung war Schwester Reginharda noch aktiv und kümmerte sich neben dem Orgelspiel als Oberin um die Belange des Hauses und ihrer Mitschwestern.
In den 52 Jahren ihres Wirkens in der Gemeinde ist Schwester Reginharda zu einer allseits beliebten Persönlichkeit geworden.
Zum Geburtstag erhielt sie Glückwünsche von Landrat Neukum. Die beiden Bürgermeister Alois Förtsch und Hans Vogel gratulierten zusammen mit dem gesamten Gemeinderat. Bürgermeister Förtsch betonte, daß er schon oft zu Jubiläen und Geburtstagen von Schwester Reginharda kommen durfte. Er hoffe, daß dies auch in Zukunft der Fall sein werde.
Geistlicher Rat Georg Götz hatte bereits während des Dankgottesdienstes die Tätigkeit der Schwester gewürdigt und verband mit seinen Glückwünschen den Wunsch für viele weitere gesunde Lebensjahre.
Für die Kirchenverwaltung sprachen Fritz Birkel und für den Pfarrgemeinderat dessen Vorsitzender Ekkehard Engelmann die Glückwünsche aus. Der Gesangverein „Cäcilia" Kemmern und die Jugendblaskapelle umrahmten die Gratulationscour musikalisch. Für den Kath. Männerverein wünschte Wolfgang Dorsch und für die Kath. Jugend Klaus Diller alles Gute.
Der Kath. Frauenbund ehrte Schwester Reginharda mit einem von ihr einstudierten Lied und mit einem Gedicht. Auch die Freiwillige Feuerwehr, der CSU-Ortsverband und die Raiffeisenbank Kemmern zählten zu den Gratulanten. Als Vertreter des Gesangvereins „Cäcilia" und der übrigen Vereine ergriff Heinz Gerst das Wort.
Die Volksschule Kemmern und die ehemaligen Kollegen waren durch Rektor Pöllein und Fr. Flamm vertreten. Selbst von auswärts kamen zahlreiche ehemalige Kemmerner, die bei Schwester Reginharda die Schulbank gedrückt hatten, angereist.

Schwester Reginharda 75 Jahre

Kemmern. – Schwester Reginharda Nehmer feierte kürzlich ihren 75. Geburtstag. Die Ehrenbürgerin von Kemmern, nach der auch eine Straße benannt ist, erhielt Glückwünsche von den Vertretern der Gemeinde, der Vereine und der Kirche. Die Franziskusschwester Reginharda Nehmer kam 1932 nach Kemmern, wo sie als Volksschullehrerin zunächst die erste und zweite Klasse betreute.

Von 1940 an unterrichtete sie die fünfte und sechste Klasse und später alle Mädchen der Klassen fünf bis acht zusammen. Bis zur Pensionierung im Juli 1977 oblag ihr der Unterricht in der vierten Klasse.

Aber auch nach der Pensionierung war Schwester Reginharda noch aktiv und kümmerte sich neben dem Orgelspiel als Oberin um die Belange des Hauses und ihrer Mitschwestern. In den 52 Jahren ihres Wirkens in der Gemeinde ist Schwester Reginharda zu einer allseits beliebten Persönlichkeit geworden. – Nachträglich herzliche Glückwünsche.

Bundesverdienstkreuz für Dekan Donner

Forchheim. – Mit dem Verdienstkreuz am Bande des Verdienstordens der Bundesrepublik Deutschland wurde der Forchheimer Dekan Otto Donner in einem Festakt bei der Regierung in Bayreuth ausgezeichnet. Staatssekretär Georg Waldenfels, der die Ehrung im Auftrag des Bundespräsidenten vornahm, betonte, der Geistliche habe sich durch sein außergewöhnliches Engagement im seelsorgerlichen Bereich, bei der Erhaltung kulturhistorisch wertvoller Bausubstanz und in der Jugendarbeit und Altenbetreuung auszeichnungswürdige Verdienste erworben. Der Staatssekretär erinnerte insbesondere an die Restaurierung der Pfarrkirche St. Martin in Forchheim und der zur Pfarrei gehörenden Marienkapelle; dem großen Einsatz von Pfarrer Donner sei es zu verdanken, daß dieses Gebäude samt seiner prachtvollen barocken Einrichtung erhalten blieb. Als weitere Verdienste Pfarrer Donners nannte Waldenfels den Ausbau von Gruppenräumen für die Jugend im Martinsheim.

Aus dem Bamberger Umland

Geistl. Rat Götz, Bgm. Förtsch und die Mitschwestern gratulierten Sr. Reginharda zum Ehrentag. Foto: FT-Rudolf Made[r]

Ganz Kemmern feierte den 80. Geburtstag von Ehrenbürgerin Sr. Reginharda mit

Die ersten Schüler waren die letzten Gratulanten

Sogar Straße nach der Jubilarin benannt – 50 Jahre Organistin – Gütig und hilfsbereit

Kemmern (KE). Die ganze Ortschaft nahm teil an der Feier des 80. Geburtstages von Ehrenbürgerin Sr. Reginharda. Priester und Ministranten, Gemeindevertretung, Kirchenrat, Pfarrgemeinderat und die Fahnenabordnungen der Ortsvereine holten die Jubilarin vom Schwesternhaus ab und geleiteten sie zur Kirche. Der Jubel- und Dankgottesdienst wurde musikalisch vom gemischten Chor des Gesangvereins „Cäcilia" unter der Leitung von Herbert Forster sowie der Bläsergruppe umrahmt.

Bei seiner Begrüßung betonte Geistl. Rat Götz die Hochschätzung, die Sr. Reginharda in Kemmern zuteil werde. Als jüngstes von acht Kindern hatte sie am 15. Mai 1909 in Kettershausen im Unterallgäu das Licht der Welt erblickt. Ursula – diesen Namen hatten die Eltern ihr gegeben – ging 1924 nach Dillingen zu den Franziskanerinnen in die Lehrerinnenbildungsanstalt.

Nach ihrer Profeß im April 1932 kam sie an ihren ersten und einzigen Wirkungsort: nach Kemmern. Hier sind bereits seit 1890 Dillinger Franziskanerinnen tätig. Sr. Reginharda unterrichtete in der Volksschule, die damals im jetzigen Rathaus der Gemeinde untergebracht war, wo auch die Schwestern wohnten.

Mit Begeisterung hatte die junge Ordensfrau ihre Lehrtätigkeit begonnen, da traf sie und ihre Mitschwestern ein schwerer Schlag: 1938 wurde vom Ministerium ein Erlaß herausgegeben, wonach klösterliche Lehrkräfte nicht mehr unterrichten durften. Das Abstimmungsergebnis der Erziehungsberechtigten fand keinerlei Berücksichtigung; von 207 hatten sich 205 für den Verbleib der Schwestern ausgesprochen.

Mit dem Verlust der Arbeit wurde den Schwestern auch die Wohnung genommen. Da sorgte die Pfarrgemeinde für die Ordensfrauen: am 15. Juli 1938 konnten sie in das noch nicht ganz fertiggestellte Haus in der Hauptstraße 14 einziehen. In den folgenden bitteren Jahren erlernte Sr. Reginharda das Orgelspiel, um für den Unterhalt des Konvents zu sorgen.

Somit versieht sie heuer seit 50 Jahren den Organistendienst in Kemmern.

Ab November 1945 durfte die Schwester wieder unterrichten bis 1977. Mit einem herzlichen Vergelt's Gott für das segensreiche Wirken und mit dem Wunsch, der Herrgott möge weiterhin ihr Beistand und Helfer sein, dankte Geistl. Rat Götz der Jubilarin.

Die Gratulationscour leiteten die Sänger ein. Bürgermeister Alois Förtsch erinnerte, daß der Jubilarin bereits die Ehrenbürgerwürde verliehen wurde.

Anläßlich ihres 65. Geburtstages 1974 habe man eine Straße nach ihr benannt, die Reginharda-Nehmer-Straße.

An den verschiedensten Orten war die Lehrerin tätig: Am Bächlein, im Café Sauermann, im Tanzsaal Eichhorn und im alten Schulhaus, bis endlich das neue Schulgebäude erstellt war. Immer habe sich Sr. Reginharda durch Güte, Hilfsbereitschaft und Aufgeschlossenheit für jedermann ausgezeichnet.

Für den Kirchenrat dankte Fritz Birkel; Sr. Reginharda bemühe sich um den Orgeldienst, Kirchenwäsche und Kirchenschmuck. Ekkehard Engelmann dankte der Jubilarin namens des Pfarrgemeinderates für die positive Mitarbeit in diesem Gremium. Eingebettet in zwei meditative Tänze des Katholischen Frauenbundes, einstudiert von Waltraud Ruß, würdigte dessen Vorsitzende Steffi Engelmann die Jubilarin. Aus Dankbarkeit hätten die Frauen an das Mutterhaus in Dillingen 1000 DM für die Arbeit in der Mission überwiesen. Karsten Wolfschmitt gratulierte für die Katholische Jugend, Karl Urbasch für den Männerverein St. Wendelin. Dank und Glückwünsche der Volksschule Kemmern auszusprechen, hatte Oberlehrer Heinz Gerst übernommen, gleichzeitig Vertreter der Kemmerner Ortsvereine.

Den Kreis der Gratulanten schlossen diejenigen, bei denen Sr. Reginharda einst in Kemmern begonnen hatte: der Einschulungsjahrgang 1932/33; Otto Schrenker war ihr Sprecher.

Die Jubilarin bekannte aus vollem Herzen, der Beruf der Ordensfrau und Lehrerin habe sie froh und glücklich gemacht. Hätte sie noch einmal zu wählen, sie würde sich ebenso entscheiden.

Fast alle Kemmerner unterrichtet
Ehrenbürgerin Schwester Reginharda Nehmer wird morgen 85

Kemmern. Eine für Kemmern bedeutende Frau, Ehrenbürgerin Schwester Reginharda Nehmer, begeht am morgigen Sonntag ihren 85. Geburtstag. Sie stammt aus dem Unterallgäu; in Kettershausen verlebte sie als jüngstes von acht Kindern eine frohe Kindheit.

1924 begann sie das Studium an der Lehrerinnenbildungsanstalt der Franziskanerinnen in Dillingen an der Donau. Nach der Abschlußprüfung erfolgte im Mutterhaus die Einkleidung im April 1931, die Profeß im April 1932. Unmittelbar danach trat Schwester Reginharda in Kemmern ihren Dienst als Lehrerin an und ist seitdem dem Ort aufs engste verbunden.

Ihr wurde die 1./2. Klasse anvertraut. 60 munteren Buben und Mädchen brachte sie die Grundlagen des Lesens, Rechnens und Schreibens bei und gab ihnen das Rüstzeug für die Zukunft mit. In der alten Schule am Bächlein, bescheiden und klein, übte sie mit Begeisterung ihren Beruf aus.

Im April 1938 wurde die Nonne von den braunen Machthabern entlassen. Sie blieb aber bei den Kemmernern, reinigte die Kirche, und 1940 übernahm sie den Organistendienst, den sie bis heute – also seit fast 55 Jahren – gewissenhaft ausübt.

Im November 1945 – wieder zum Schuldienst zugelassen – übernahm sie 74 Schülerinnen der 5. bis 8. Jahrgangsstufe, später die 4./5. Mädchenklasse und während ihrer letzten 16 Jahre in der Volksschule Kemmern die 4. Klasse. So hatten fast alle Kemmerner in Schwester Reginharda eine konsequente, dabei aber gütige und gerechte Lehrerin. Als sie im Juli 1977 aus dem Schuldienst ausschied, hatte sie wie kein anderer die jüngste Geschichte der Kemmerner Volksschule miterlebt und mitgeprägt.

In der Nachkriegszeit bewährte sie sich in ungewöhnlichen Situationen: sie lehrte ihre Schützlinge im Café Sauermann und im Tanzsaal Eichhorn. Schließlich zog sie um in die Volksschule, ins heutige Gemeindeamt. Seit 1965 war es ihr vergönnt, auch im modern ausgestatteten neuen Schulhaus zu wirken.

Schwester Reginharda wurde am 15. April 1962 mit der Ehrenbürgerwürde ausgezeichnet. Auch heute noch bringt sich die Jubilarin in die Dorfgemeinschaft ein. Auch der ⓕ wünscht zum Ehrentag einen gesegneten Lebensabend im Kreise ihrer Mitschwestern. KE

Fast ganz Kemmern ging bei Schwester Reginharda in die Schule. Foto: Rudolf Mader

187

Als Ordensfrau der Dillinger Franziskanerinnen in Kemmern hat sie als Lehrerin in jahrzehntelanger Tätigkeit Generationen von Schülern aufs Leben vorbereitet: Ehrenbürgerin Schwester Reginharda Nehmer. Jetzt feierte sie ihren 90. Geburtstag, und die ganze Gemeinde feierte mit. Eine besondere Ehrung wurde ihr in einem Festgottesdienst mit einer anschließenden Feierstunde in der Pfarrkirche zuteil. Dabei sorgten die Jugendblaskapelle, der Chor des Gesangvereins „Cäcilia" und die Fahnenabordnungen der Vereine für einen würdigen Rahmen. Pfarrer Valentin Tempel überreichte eine große Schultüte, gefüllt mit kleinen Geschenken, die seine guten Wünsche für die Zukunft symbolhaft ausdrückten. Zahlreiche Gratulanten schlossen sich an, an der Spitze Bürgermeister Alois Förtsch, der das segensreiche Wirken der Schwester im Ort würdigte, nach der im Neubaugebiet eine Straße benannt wurde. Die Provinzoberin der Dillinger Franziskanerinnen, Schwester Bonita aus Bamberg, dankte den Kemmernern für „die unterstützende Begleitung ihrer Mitschwestern im Alltag". KE/Foto: R. Rinklef

188

189–191 Die Konventsgemeinschaft in Kemmern in den achtziger Jahren

189

190

191

192

193

11. Die Gemeinde Kemmern feiert ihre Ordensfrauen // 287

194 Schwester M. Reginharda und Provinzoberin Schwester M. Jutta

195 Pfarrer Hannjörg Neundorfer

288 // Beziehungen von Ordensfrauen innerhalb einer Schwesternkommunität

Der Ordensberuf ist ein Geschenk Gottes

Schwester Gerwigis Zacherl feierte ihre 40. Ordensprofeß

Kemmern (RHD). In festlicher Weise feierte die Pfarrgemeinde das 40. Profeß-Jubiläum der Ordensschwester Gerwigis Zacherl. Im feierlichen Zug, an dem die Ortsvereine mit Fahnenabordnungen, Gemeinde- und Kirchenverwaltung teilnahmen, wurde die Jubilarin unter festlichem Geläute in die Pfarrkirche geleitet.

Pfarrer Georg Götz sprach von dem Wirken der Ordensschwestern für Kirche und Welt durch ihr Gebet und Opfer. Sie geben der Welt den Segen der Krankenpflege, der Kinderbetreuung in Kindergärten und Heimen, bringen Freude in Altersheime, stehen im Caritasdienst, führen junge Menschen in der Schule ins Leben ein und dienen in den Missionen den Armen und Kranken, wie einst Schwester Theresa in Indien.

Die Jubilarin wurde am 30. November 1909 in Oberdorf (Kreis Dachau) als älteste von acht Geschwistern geboren. Mit 22 Jahren trat sie am 15. Februar 1933 in das Kloster der „Armen Franziskanerinnen" zu Dillingen an der Donau ein. Am 6. August 1938 legte sie in feierlicher Profeß die Gelübte der Armut, Jungfräulichkeit und des Gehorsams ab. Die erste Anstellung erhielt sie in der Pfalz als Köchin und Haushälterin. 1940 kam sie erstmals nach Kemmern, von 1943 bis 1945 wurde sie nach Aschaffenburg in das Antoniusheim gerufen und kehrte dann nach Kemmern zurück.

Als Köchin ist Schwester Gerwigis nun schon 36 Jahre im Schwesternhaus tätig.

Pfarrer Götz dankte der Jubilarin für ihren Dienst und ihr Gebet und Opfer für die Pfarrgemeinde. Wenn heute viele Stationen wegen Schwesternmangel aufgehoben werden müßten und Ordensberufe immer weniger würden, so sei daran schuld der Mangel an guten christlichen Familien. Kinder würden nicht mehr zum Verzicht angehalten und es fehlten christliche Ideale für die Jugend.

Schundlektüren, der frühe Flirt, Sex und Fernsehen seien die Totengräber der Ordensberufe.

Der Ordensberuf sei ein Geschenk der Gnade Gottes, die man erbeten müsse. Mit Liedern aus der Schubert-Messe umrahmte der Gesangverein „Cäcilia" unter Leitung von Wolfgang Deusel den Gottesdienst.

Nach dem Rückzug zum Schwesternhaus entbot die Gemeinde durch Zweiten Bürgermeister Richard Hofmann Glück- und Segenswünsche. Er würdigte ihr stilles Wirken als Küchenschwester und wünschte noch recht viele Jahre in der Gemeinde. Des weiteren gratulierten die Kirchenverwaltung durch Kirchenpfleger Fritz Birkel, Pfarrgemeinderat durch Alfred Dillig, der Männerverein durch Wolfgang Dorsch und der Frauenbund durch Elisabeth Bauer sowie im Namen der Ortsvereine Oberlehrer Heinz Gerst.

Herzliche Dankesworte entbot allen Gratulanten der Bruder der Jubilarin, Professor Klaus Zacherl. Abschließend lautete der Wunsch, daß Schwester Gerwigis noch recht viele Jahre in Kemmern bleiben möge.

33 Jahre wirkt sie schon segensreich in Kemmern — Foto: FT-r

197–199 Die Konventsgemeinschaft in Kemmern in den achtziger Jahren

197

198

199

290 // Beziehungen von Ordensfrauen innerhalb einer Schwesternkommunität

In der Kemmerner Pfarrkirche fand der Festakt anläßlich der 100jährigen Präsenz der Dillinger Franziskanerinnen am Ort statt.
Foto: FT-Rudolf Mader

Kemmerner Ortsgeschichte wird seit 100 Jahren von den Dillinger Franziskanerinnen mitgeprägt

„Das Evangelium gelernt, gelehrt und gelebt"

Unterstützung durch materielle Hilfe und menschliches Vertrauen erfahren – Dienst am Menschen

Kemmern (KE). Viel Lob für ihre segensreiche Tätigkeit ernteten die Ordensfrauen beim Festakt anläßlich der 100jährigen Präsenz der Dillinger Franziskanerinnen in Kemmern. In den Laudationes wurde immer wieder das Engagement der Nonnen um Kindergarten und Schule sowie in der Krankenpflege hervorgehoben. Dabei hat man sogar von einem „Schatz" gesprochen, den Kemmern durch das Schwesternhaus besitzt.

Eingeleitet wurde der Festtag mit einer Kirchenparade. Bürgermeister und Gemeinderäte, Vertreter von Kirchenverwaltung und Pfarrgemeinderat, Fahnenabordnungen der Ortsvereine und Trachtengruppe marschierten zu den Klängen der Jugendblaskapelle durch das geschmückte Dorf zum Schwesternhaus, um die Ordensfrauen und ihre Gäste zum Festgottesdienst abzuholen.

Sonnengesang zur Einstimmung

Pfarrer Hannjürg Neundorfer, sein Vorgänger und Ehrenbürger Geistlicher Rat Georg Götz sowie Neupriester Kaplan Georg Birkel feierten den Gottesdienst in Konzelebration. Eine Singgemeinschaft Kemmerner Frauen unter Leitung von Sigrid Burkard, begleitet von Barbara Schachten auf der Gitarre, stimmte mit dem „Sonnengesang" des heiligen Franziskus in die Spiritualität des Ordensgründers ein. In seiner Predigt verglich Pfarrer Neundorfer das Leben der Schwestern mit dem des Abraham: auch sie seien ausgezogen und Gottes Ruf gefolgt. Pfarrgemeinderatsvorsitzender Ekkehard Engelmann begrüßte zum Festakt in der Kirche u. a. die aus Kemmern gebürtigen Schwestern, die das Jubiläum des Ordenshauses zum Anlaß für einen Besuch im Heimatort genommen hatten. Die Kleinen aus dem Kindergarten trugen ein Gedicht vor, einstudiert von Antje Ginalski. Pfarrer Hannjürg Neundorfer zeigte auf, wie die Ordensfrauen in Kemmern das Evangelium gelernt, gelehrt und gelebt haben.

Im Stillen gewirkt

Bürgermeister Alois Förtsch schilderte u. a. die Schwierigkeiten, mit denen die Schwestern in den 100 Jahren konfrontiert wurden. Nichts habe sie davon abgehalten, immer voll und ganz für die Menschen im Dorf da zu sein. Förtsch vergaß nicht die Haushalts- und Küchenschwestern, die durch ihr stilles und zuverlässiges Wirken den engagierten Einsatz ihrer Mitschwestern erst möglich gemacht hätten. Die Schwestern seien mit Kemmern fest verwurzelt, was nicht zuletzt durch die Verleihung der Ehrenbürgerwürde an die seit 1932 im Ort tätige Sr. M. Reginharda Nehmer und eine nach ihr benannte Straße dokumentiert sei.

Namens des Ordens dankte Provinzoberin Sr. M. Jutta Müller für materielle Hilfe und menschliches Vertrauen, das den Schwestern in Kemmern allzeit entgegengebracht worden sei. Bereits vor der Gründung der Niederlassung habe der damalige Pfarrer Arnold 1889 an das Mutterhaus in Dillingen geschrieben, man möge sich nicht sorgen: Wenn die Schwestern auch nur 550 Mark Gehalt im Jahr bekämen, so würden die wohltätigen und opferbereiten Kemmerner die Frauen bestimmt unterstützen. Das habe sich bestätigt und sei heute noch nicht anders.

Dem Pfarrer ein Ständchen

Schulrat Dr. Walter Siegel dankte für 87 Jahre Dienst in der Schule mit einem über das übliche Maß weit hinausgehenden Engagement. Geistl. Rat Georg Götz, der ehemalige Ortspfarrer, unterstrich die Leistungen der Schwestern in der religiösen Erziehung und im Dienst an den Kranken. Schulleiter Fritz Walter betonte den engen Zusammenhalt zwischen Schule und Schwesternhaus, und Heinz Gerst sprach für alle Ortsvereine eine Laudatio in Gedichtform. Die Jugendblaskapelle unter Leitung von Frank Hugo brachte zum Abschluß Geistl. Rat Georg Götz, der genau an dem Festtage seinen 78. Geburtstag begehen konnte, ein Ständchen.

Generationen von Kemmerern erzogen

Schwester Helene Hutzler zur Ehrenbürgerin von Kemmern ernannt

Kemmern (ke) – In einer Feierstunde im Pfarrheim St. Franziskus wurde Schwester Helene Hutzler von den Dillinger Franziskanerinnen zur Ehrenbürgerin Kemmerns ernannt. Sie war vor 50 Jahren in den Kemmerner Schwesternkonvent berufen worden. Jetzt erhielt sie die höchste Auszeichnung, die eine Gemeinde vergeben kann.

Schwester Helene Hutzler, die 1946 dem Orden der Dillinger Franziskanerinnen beitrat, übernahm am 1. September 1951 die Leitung des Kindergartens St. Maria in Kemmern, den sie in den 39 Jahren ihrer Tätigkeit entscheidend prägte. Erster Bürgermeister Alois Förtsch würdigte in der Feierstunde das pädagogische Wirken Schwester Helenes, das nie einseitig gewesen sei: „Alle Kinder, gleich welcher Herkunft, wurden von ihr freudig und von ganzem Herzen angenommen."

IN VIELEN BEREICHEN TÄTIG

Außerdem erinnerte Förtsch an die immer gute Zusammenarbeit Schwester Helenes mit der Schule und an ihren Einsatz im kirchlichen Bereich: Schmücken der Kirche, Sorge um die Kirchenwäsche, Vorbereitung der Kinder auf Erstkommunion und Firmung, Tätigkeit im Pfarrgemeinderat

Neben dem Bürgermeister würdigten auch Rektor Zwosta von der Volksschule Kemmern, Ingeborg Ledermann, die jetzige Kindergartenleiterin, Waltraud Ruß für die Kemmerner Ortsvereine und Pfarrer Valentin Tempel die langjährige Arbeit der Franziskanerin in Kemmern.

In einem Dankgottesdienst wird die Kirchengemeinde Kemmern die neue Ehrenbürgerin sowie ihre Mitschwester Philippine Schuhmann für ihre 50-jährige beziehungsweise 25-jährige Tätigkeit in Kemmern ehren.

STOLZ AUF DIE PERSÖNLICHKEITEN

Schwester Helen Hutzler bedankte sich für die erwiesenen Ehrungen und betonte, dass sie stolz auf die Persönlichkeiten sei, die sich in den Jahren in Kemmern entwickelt hätten. Sie freue sich über den Anteil, „den ich dazu beitragen durfte".

Im Namen des Ordens dankte Provinzialoberin Schwester Bonita Mall für die Schwester Helene erwiesene Ehrung. Alle Mitschwestern seien stolz auf diese Ehrung, sie gelte ja auch dem gesamten Orden. Schwester Bonita hob hervor, wie sich die Schwestern von den Bürgern unterstützt fühlten und dankte der Kirchenstiftung und den ehrenamtlichen Helfern für die Erneuerung des Schwesternhauses.

Die Feierstunde wurde von den „Kemmerä Kuckuck" musikalisch umrahmt und klang mit einem

12. TOD VON SCHWESTERN AUS DER SCHWESTERNKOMMUNITÄT IN KEMMERN

Hier sind Totenbilder und Nekrologe einiger Ordensfrauen abgedruckt, die in den letzten dreißig Jahren in der Schwesternkommunität Kemmern tätig waren und inzwischen gestorben sind. Seit dem Bestehen dieser Filiale sind viele dort ansässige Ordensfrauen verstorben. Es wäre daher unmöglich, alle einzelnen Schwestern mit Totenbild und Nekrolog abzubilden. Beispielhaft aufgeführt werden aber
Schwester M. Frieda O.S.F. (Abbildung 203)
Schwester M. Milgitha O.S.F. (Abbildung 204)
Schwester M. Rupertis O.S.F. (Abbildung 205):
Schwester M. Gerwigis O.S.F. (Abbildung 206)
Schwester M. Reginharda Nehmer O.S.F. (Abbildung 207)
Schwester M. Gundula Denk O.S.F. (Abbildung 208)
Wenn heute in der Ordensfiliale in Kemmern Ordensfrauen sterben, werden diese nicht mehr auf dem Friedhof in Kemmern beigesetzt, sondern auf dem Friedhof in Bamberg. So hat es die Provinzleitung der Dillinger Franziskanerinnen entschieden.

202

203–208 Totenbilder und Nekrologe von Ordensfrauen, die in der Filiale in Kemmern gewirkt haben.

Bamberg, 29.05.92

Liebe Schwestern,

am Fest Christi Himmelfahrt, am 28.05.1992, um 6.45 Uhr starb in unserem Schwesternheim Sendelbach unsere liebe Mitschwester

M. F r i e d a   (Barbara) Gebhard, OSF.

Vor zwei Wochen mußte Sr. Frieda wegen starker Leibschmerzen in das Krankenhaus Lohr gebracht werden. Die Ärzte bemühten sich um Erleichterung von den Schmerzen. Kräfte konnte Sr. Frieda jedoch nicht mehr sammeln. Sie kam für ihre letzten Lebenstage wieder in die Betreuung und Pflege der Mitschwestern nach Sendelbach. Eine Lungenentzündung, begleitet von hohem Fieber, führte zum Tod.

Sr. Frieda kam am 17.05.1990 von Kemmern nach Sendelbach. Sie konnte nicht mehr ohne Hilfe gehen und war schließlich ganz an den Rollstuhl gebunden. Es war schwer für sie, aber Sr. Frieda war zufrieden und dankbar für die Pflege, für jede Geste der Zuwendung. Sie ließ sich gern im Rollstuhl in die Kapelle fahren zur Anbetungsstunde. Die Mitschwestern schenkten ihr in der Stunde des Todes tröstliche Nähe und Gebet. Ein liturgischer Festtag, ein Tag der Hoffnung auf das ewige Leben, wurde für unsere Sr. Frieda zum Sterbetag.

Sr. Frieda vollendete am 05.05.1992 achtzig Lebensjahre. Geboren wurde sie am 5. Mai 1912 in Krausenbechhofen, Gemeinde Gremsdorf. Ihre Eltern bewirtschafteten einen Bauernhof. Auf die junge Familie, der Mutter mit drei Kindern, senkten sich Leid und Schmerz. Der Vater fiel im ersten Weltkrieg 1918. Sr. Frieda war erst sechs Jahre alt.

Nach der Volks- und Volkshauptschule besuchte Sr. Frieda die Haushaltungsschule Mariahilf in Bamberg. Über den Kontakt mit den Schwestern kam sie nach Dillingen als Kandidatin. Sie hatte den Wunsch, Gott und den Menschen in unserer Ordensgemeinschaft zu dienen. In dieser Hingabe wirkte sie 59 Jahre.

Am 10. Juni 1933 legte Sr. Frieda nach dem einjährigen Noviziat Erstprofeß ab und am 10. Juni 1936 übergab sie Gott ihr Leben in der "Ewigen Profeß".

Schon als Kandidatin war Sr. Frieda im Kinderheim der Pfarrei Mariahilf / Wunderburg in Bamberg tätig. Nach der Profeß kam Sr. Frieda wieder in die "Wunderburg" - so wurde das Heim bezeichnet. 42 Jahre schenkte sie ihre ganze Kraft den Kindern zwischen 1 1/2 und drei Jahren. Kinder waren ihre Freude, aber auch ihre Arbeit bei Tag und bei Nacht. Mit ihnen erlebte sie Zeiten der Not und Bedrängnis und für diese Kinder ohne Elternhaus ging sie in die Pfarrei und bat um eine Spende für das Kinderheim. Bei Wind und Wetter machte sie sich auf diesen wahrhaftig nicht leichten Weg.

Diese 42 Jahre sind ein hohes Lied auf die Treue im Kleinen und Unscheinbaren; auf eine selbstverständliche Pflichterfüllung; auf das Vertrauen in Gottes unendliche Barmherzigkeit.

1975 wurde das Kinderheim aufgehoben. Sr. Frieda und mit ihr Sr. Milgitha kamen in den Konvent Kemmern. Beide verrichteten für die Gemeinschaft noch kleine Dienste und nahmen nach Möglichkeit teil am Leben der Pfarrgemeinde und an den Pfarrgottesdiensten. Als Sr. Frieda nicht mehr fähig war, in die Pfarrkirche zu gehen, wußte sie, daß sie ihr "Zelt" noch einmal abbrechen mußte. Es war ihr ein sehr großer Trost, daß Sr. Milgitha mit ihr nach Sendelbach ging.

Im Hymnus von Christ Himmelfahrt singt die Kirche: "Du bist der Weg zur Seligkeit und unsrer Sehnsucht letztes Ziel. Du bist die Freude ohne Leid und unsres Lebens ew'ger Lohn."

Unsere Sr. Frieda ist "am Ziel ihrer Sehnsucht" angekommen. Für sie wird sich die Verheißung erfüllen: "Komm, gute Magd, im Kleinen treu erfunden, geh ein in deines Gottes Seligkeit".

In großer Dankbarkeit wollen wir unserer lieben verstorbenen Mitschwester gedenken.

Um das schwesterliche Gebet bittet Sie

Ihre

Sr. M. Jutta, OSF.

203 Nekrolog von Schwester M. Frieda O.S.F. vom 11.03.1994.

Bamberg, 11.03.1994

Liebe Mitschwestern,

"Wer weise ist, begreife dies alles,
wer klug ist, erkenne es.
Ja, die Wege des Herrn sind gerade;
die Gerechten gehen auf ihnen". (Aus dem Propheten Hosea 14,10)

Diese Stelle aus den Tageslesungen vom Freitag in der dritten Fastenwoche erinnert mich an unsere liebe, verstorbene Mitschwester

M. Milgitha (Maria) Höfling, OSF.

Sie ging den Weg des Herrn in "Weisheit", das Recht suchend und nach dem Rechten handelnd, bis zu ihrem Sterbetag und ihrer Sterbestunde am 11.03.1994 um 4.30 Uhr in unsrem Schwesternheim in Sendelbach.

Als Anfang des Jahres viele Schwestern von einer Grippewelle heimgesucht wurden, erkrankte auch Schwester Milgitha schwer und kam nicht mehr zu Kräften. Sie bat um das Sakrament der Krankensalbung und lebte dankbar und still der letztgültigen Begegnung mit ihrem Gott entgegen. Die Schwestern begleiteten sie durch aufmerksame Pflege, durch ihre Nähe und ihr Gebet.

Schwester Milgitha wurde am 17. Sept. 1907 in Kettersbach / Mfr. Krs. Ansbach geboren. Ihre Eltern führten ein bäuerliches Anwesen und Schwester Milgitha war von Kindheit an vertraut mit einer einfachen, arbeitsamen, frommen Lebensweise. In Veitsaurach besuchte sie die Volkshauptschule und Volksfortbildungsschule.

Schwester Milgitha entschied sich für ein Leben der Nachfolge Christi in unserer Ordensgemeinschaft, legte am 04.08.1930 Erstprofeß und am 11.08.1933 Profeß auf Lebenszeit ab.

Von 1930 - 1932 erhielt sie am Städtischen Krankenhaus in München-Schwabing die Ausbildung zur Säuglings- und Kinderkrankenschwester. Der damalige Chefarzt bestätigte "große Umsicht, Fleiß und Hingebung" an die gestellten Aufgaben. "Ihre Tüchtigkeit in der Pflege, sowie ihre ausgezeichneten theoretischen Kenntnisse befähigten sie das Staatsexamen in Säuglings- und Kleinkinderkrankenpflege mit Note 1 zu absolvieren."
Diese in diesem Zeugnis testierten beruflichen und menschlichen Qualifikationen, verbunden mit einer Hingabe an ihre Berufung als Ordensfrau stellte sie in einem manchmal sehr harten Alltag unter Beweis. Von 1935 bis 1975, vier Jahrzehnte, übte sie ihren Beruf als Säuglings- und Kinderkrankenschwester im Kinderheim "Mariahilf" Wunderburg in Bamberg aus. In großer Bescheidenheit, in Unauffälligkeit, in Treue und Hingabe hat Schwester Milgitha gearbeitet und gebetet und hinterließ so Spuren der Menschenfreundlichkeit und Güte.

Als das Kinderheim 1975 aufgehoben wurde, ging sie mit Schwester Frieda (gest. 28.05.1993) in unseren kleinen Konvent nach Kemmern. Sie übernahm für die Gemeinschaft noch Dienste im Haus und in der Küche und als Schwester Frieda immer gebrechlicher wurde, stand sie ihr bei in großer aufmerksamer Hilfsbereitschaft. Schwester Milgitha hätte wohl noch einige Zeit in Kemmern bleiben können. Sie war noch beweglich. Aber als Schwester Frieda wegen zunehmender Pflegebedürftigkeit 1990 nach Sendelbach übersiedelte, ging Schwester Milgitha mit aus treuer jahrzehntelanger Verbundenheit.

Die Schwester Milgitha noch geschenkten Jahre bei unseren Schwestern in Sendelbach vollendeten ihr Leben. Wir wissen nicht viel über ihre "Berufungsgeschichte", aber ihr Leben in mehr als 60 Ordensjahren ist ein hohes Lied auf die Treue Gottes und auf seine "Dienerin".

Wir wollen unserer lieben, verstorbenen Mitschwester unser dankbares betendes Gedenken und Erinnern schenken.

Ihre

Sr. M. Jutta, OSF.

Rosenkranz, Beerdigung und Requiem sind am Montag, 14.03.1994 um 13.30 Uhr in Lohr / Sendelbach.

204 Nekrolog von Schwester M Milgitha O.S.F. vom 11.03.1994.

Bamberg, 03.02.1999

Liebe Mitschwestern,

am Fest „Darstellung des Herrn", am 02.02.1999, um 11:20 Uhr erlosch für unsere liebe Mitschwester

Sr. M. Ruperits (Maria) Pfister, OSF.

das Licht ihres zeitlichen Lebens.

In den zurückliegenden Wochen klagte Sr. Rupertis wiederholt über starke Herzbeschwerden. Sie suchte ihren Arzt auf, der sie sofort mit Verdacht auf Herzinfarkt in das Juliusspital in Würzburg einwies. Nach einer Woche stationärer Behandlung entschied sich das Ärzteteam für das Legen eines Herzkatheters. Nach Aussagen der Ärzte kam es zu einer unvorhersehbaren schweren Komplikation. Trotz intensiver ärztlicher Bemühungen und dem Einsatz moderner medizinisch-technischer Geräte konnte eine selbständige Funktionsfähigkeit des Herzens nicht mehr erreicht werden.

Sr. Cyrilla und Sr. Sabine Lunz besuchten sie jeden Tag im Juliusspital und blieben Stunden an ihrem Krankenlager, sprachen sie an, beteten und schenkten Sr. Rupertis menschliche Nähe. Sie empfing das Sakrament der Krankensalbung und am Sterbetag kamen die beiden Mitschwestern in dem Augenblick, als sie die Augen für immer schloß. Gott weiß um den Anfang und das Ende jedes Menschen.

Sr. Rupertis erblickte das Licht dieser Welt am 04.11.1930 in Günz, Krs. Memmingen. Die Eltern, der Vater war Landwirt und Schmiedemeister, schenkten ihren sechs Kindern, Geborgenheit in der Familie, eine lebenstüchtige Erziehung und eine im katholischen Glauben wurzelnde Frömmigkeit. Sr. Rupertis besuchte die Volksschule und ein Jahr die landwirtschaftliche Berufsschule. Ihre berufliche Ausbildung führte sie über das Kloster der Englischen Fräulein in Klosterwald zu den Dillinger Franziskanerinnen. Nach einer zweijährigen Ausbildung als Wäscheschneiderin bei Sr. Angelicia legte sie am 18. Sept. 1950 die „Gesellen-Prüfung im Wäscheschneider-Handwerk" ab. Außerdem besuchte Sr. Rupertis einen Sonderkurs für Handarbeitslehrerinnen und legte am 18.12.1951 die Prüfung ab.

Neben ihrer beruflichen Ausbildung behielt Sr. Rupertis ihr Lebensziel im Auge. Sie fühlte sich zu einem Leben der Nachfolge Jesu in einer Ordensgemeinschaft berufen. Am 26. Aug. 1952 wurde sie in das Noviziat unserer Gemeinschaft aufgenommen, am 27.08.1953 legte sie Erstprofeß und am 29.08.1956 ewige Profeß ab.

Der klösterliche Lebensweg führte Sr. Rupertis von 1953 bis 1974 nach Kemmern und anschließend nach Marktbreit.

21 Jahre von 1974 bis 1995 wirkte sie als Handarbeitslehrerin und Werklehrerin am Gymnasium in Marktbreit. Anläßlich der Verabschiedung aus dem Schuldienst sagte ein Kollege u.a. „Wir schätzten und schätzen sie sehr. Ihrer christlichen Glaubensüberzeugung stets treu, nahm sie die Unterrichtsverpflichtung mit äußerstem Pflichtbewußtsein und bewundernswerter Hingabe wahr. Die Kinder, die ihr anvertraut waren, liebten sie. Mit

> In Liebe und Dankbarkeit
> gedenken wir unserer lieben
> Schwester
> **Maria Rupertis Pfister**
> OSF.
> geb. am 4.11.1930 in Günz
> gest. am 2.2.1999 in Würzburg
>
> Ihr Leben war geprägt von tiefen Glauben an die christliche Frohbotschaft. In sorgender Liebe und unermüdlichem Dienst am Mitmenschen erfüllte sie die Nachfolge Jesu Christi
>
> *Du hast mich gerufen, Herr, siehe ich komme*
>
> Bestattungsinstitut "Gorhau", Würzburg/Karlstadt

großem Einfühlungsvermögen und Geschick verstand es Sr. Rupertis, bei den Schülern die handwerklichen Fähigkeiten zu entwickeln."

Neben ihren schulischen Verpflichtungen, besonders auch nach dem Schuldienst, stand sie ihren beiden Mitschwestern treu zur Seite in den vielfältigen Arbeiten im Haus, in Kirche und Pfarrei und pflegte mit ihnen das gemeinsame Gebet. Sie selbst betete auch persönlich viel und vertraute ihre Lebenssituationen Gott in großer Gläubigkeit an.

Von ernstzunehmenden, kompetenten Kennern des Phänomens „Störzonen, Erdstrahlenbelastung" wurde Sr. Rupertis eine außergewöhnliche Veranlagung für die Wahrnehmung solcher belasteter Plätze bestätigt. Sie nahm an einem Sonderkurs für Radiästhesie mit Erfolg teil und erhielt ein Zertifikat. Sie stellte diese Fähigkeit ganz in den Dienst der Menschen und hat vielen geholfen. Sr. Rupertis war auch unermüdlich tätig weiterzugeben, was sie selbst empfangen hat. Dieser Einsatz zehrte nicht zuletzt an ihren Kräften.

In der Liturgie des Festtages betet die Kirche „Seht, Christus, der Herr kommt in Macht und Herrlichkeit, er wird die Augen seiner Diener erleuchten." Sr. Rupertis wird schauen dürfen das unvergängliche, ewige Licht in Gott.

In Dankbarkeit wollen wir Sr. Rupertis unser fürbittendes Gebet schenken.

Ihre

Sr. M. Jutta, OSF.

Am Montag, 08.02.1999, ist um 13:30 Uhr Rosenkranz in der Aussegnungshalle des Friedhofes in Dillingen, anschließend Beerdigung. Danach ist Requiem in der Klosterkirche.

205 Nekrolog von Schwester M. Rupertis O.S.F. vom 2.02.1999.

Bamberg, 15.07.1999

„Kommt her, die ihr von meinem Vater gesegnet seid, nehmt das Reich in Besitz, das seit Anfang der Welt für euch bestimmt ist." Mt 28,34

Liebe Mitschwestern,

heute am 15.07.1999 um 14:45 Uhr hat Gott, der Herr über Leben und Tod, unsere liebe Mitschwester

M. Gerwigis (Anna) Zacherl, OSF.

überraschend schnell in sein Reich geholt.

Sr. Gerwigis mußte wegen cerebraler Störungen und starker Schmerzen in das Bamberger Klinikum eingeliefert werden. Sie meinte dazu: „Jetzt gehe ich in das Paradies". Als Sr. Gerwigis aus der Klinik entlassen und zur weiteren Pflege in unser Schwesternheim Sendelbach verlegt werden sollte, führte ein plötzliches Herzversagen zum raschen Tod. Wir dürfen darauf vertrauen, dass sie in der ihr eigenen Treue zum Gebet der Sterbestunde entgegengelebt hat. Sie wird ihrem Herrn „im hochzeitlichen Gewand" begegnet sein.

Die irdische Heimat von Sr. Gerwigis war Oberndorf, Kreis Dachau. Dort wurde sie am 30. Nov. 1909 als älteste von acht Geschwistern geboren. Eine gediegene religiöse Erziehung im Elternhaus und die Offenheit ihres Herzens ließen sie den Ruf zu einem Leben nach den Evangelischen Räten hören und Antwort geben. Mit 22 Jahren ging sie als Kandidatin nach Dillingen. Nach dem Postulat und dem Noviziat legte Sr. Gerwigis 1938 zeitliche Gelübde ab und am 08.08.1941 schenkte sie ihr Leben Gott, den Menschen und unserer Ordensgemeinschaft in der Ewigen Profess.

Ihr erster Einsatz nach der Profess 1938 war in Dirmstein / Pfalz. Dort war sie Köchin und Haushälterin. Im Dezember 1939 kam Sr. Gerwigis erstmals nach Kemmern. 1943 wurde sie nach Aschaffenburg in das Antoniusheim gerufen und kehrte nach zwei Jahren wieder nach Kemmern zurück, das ihr zur zweiten Heimat wurde. Als Köchin und Gärtnerin diente sie ihren Mitschwestern sechs Jahrzehnte. Sie lebte ihre Professjahre in menschenfreundlicher, froher und echter Frömmigkeit, in franziskanischer Einfachheit und Zufriedenheit und im „Geiste der Hingabe und des Gebetes".. So wirkte sie über den kleinen Kreis des Schwesternkonventes und ihres Aufgabenbereiches in die Pfarrei von Kemmern hinein. Allen galt ihre Anteilnahme, ihr Interesse und ihre Sorge. Fast bis zuletzt hatte sie ihren festen Platz in der Pfarrkirche beim täglichen Gottesdienst und bei der Anbetung, wo sie Kraft schöpfte für ihren Alltag und für die ihr Anvertrauten.

Positive Lebenseinstellung und sorgfältiger Umgang mit Menschen und Dingen waren franziskanische Züge im Leben unserer lieben Mitschwester. Sie hat bewußt gelebt und die Schönheiten der Schöpfung wahrgenommen. Sie sah in allem Geschaffenen die Größe und Liebe Gottes und war als Gärtnerin offen für die kleinen Wunder der Natur. Mit Vorliebe beschäftigte sie sich mit Säen, Pflanzen und Pflegen. Ihre Lebensfreude bewahrte sie bis in die letzten Stunden ihres Lebens. Wie ein kleines „Testament" empfand ich ihre Worte auf dem Krankenbett: „Es ist so schön auf dieser Welt. Wir starren nur immer auf das andere, man muß das Schöne sehen. Gott meint es so gut mit uns."

In Liebe und im Gebet bewahren wir das Andenken an unsere liebe Mitschwester

M. Gerwigis Zacherl, OSF

geboren am 30. 11. 1909 in Oberndorf/Obb.
Profess am 6. 8. 1938 in Dillingen/Donau
gestorben am 15. 7. 1999 in Bamberg

† † †

Gelobt seist Du, Herr, durch unseren Bruder, den leiblichen Tod; ihm kann kein Lebender entrinnen. Lobet und preiset den Herrn! Danket und dient Ihm in großer Demut.

Hl. Franziskus von Assisi

Herr, gib unserer Sr. Gerwigis die Fülle des Lebens und das Licht Deiner Herrlichkeit leuchte ihr. Herr, laß' sie leben bei Dir in Ewigkeit.

In dieser Lebensfreude feierte Sr. Gerwigis zusammen mit ihrer Mitschwester M. Reginharda schon im Mai ihren 90. Geburtstag. Pfarrei und Gemeinde brachten an diesem Tag ihren Dank und ihre herzliche Verbundenheit mit den Schwestern zum Ausdruck. Bald darauf bauten sich die körperlichen und geistigen Kräfte bei Sr. Gerwigis jedoch auffallend ab.

Wir hoffen und glauben, dass Gott unsere Sr. Gerwigis hineinnehmen wird in den Raum SEINER liebenden und beglückenden Nähe

In Dankbarkeit für ihr Leben in unserer Gemeinschaft wollen wir Sr. Gerwigis unser betendes Gedenken schenken

Ihre

Sr. M. Bonita, OSF

Die Beerdigung ist am Montag, 19.07.1999 um 13:30 Uhr auf dem Friedhof in Bamberg; das Requiem ist um 18:00 Uhr in der Pfarrkirche in Kemmern.

206 Nekrolog von Schwester M. Gerwigis O.S.F. vom 15.07.1999.

Bamberg, 4.10.2000

Liebe Mitschwestern,

"Ich komme wieder und werde euch zu mir holen, dass auch ihr dort seid, wo ich bin."

dieses Wort wurde für unsere Mitschwester

M. Reginharda (Ursula) Nehmer, OSF

Wirklichkeit. Gott, der Herr über Leben und Tod, beendete am 03.10.2000 in der frühen Morgenstunde um 4.25 Uhr ihren zeitlichen Lebenslauf. Nach einem langen Leben der Hingabe an Gott und die Menschen darf Sr. Reginharda das verheißene Erbe in Empfang nehmen, so hoffen und glauben wir.

Die irdische Heimat von Sr. Reginharda war Kettershausen, Kreis Illertissen, wo sie am 15.Mai 1909 geboren wurde. Mit sechs Brüdern und einer Schwester wuchs sie als Jüngste auf dem elterlichen Bauernhof auf. In ihrer Familie und ihrem schwäbischen Heimatort lagen die Wurzeln ihrer Frömmigkeit, ihrer Arbeitsamkeit und ihrer Freundlichkeit. In ihrem Heimatort besuchte sie die Volksschule, dort knüpfte sie den ersten Kontakt zu den Dillinger Franziskanerinnen. Mit 15 Jahren bat sie um Aufnahme in die Kandidatur. Sie kam zum Studium an die Lehrerinnenbildungsanstalt in Dillingen und absolvierte 1931 die staatliche Lehramtsprüfung zur Volksschullehrerin.

Sr. Reginharda entschied sich für ein Leben der Nachfolge Jesu in unserer Ordensgemeinschaft. Sie legte am 16. April 1932 Erstprofess und am 16.April 1935 Ewige Profess ab.

Ihr erster und einziger Wirkungsort nach der Profess war Kemmern, wo sie von 1932 - 1977 in der Volksschule unterrichtete. 1938/39 wurde ihr, wie allen unseren Lehrerinnen, vom nationalsozialistischen Regime "wegen politischer Unzuverlässigkeit" die Unterrichtsgenehmigung entzogen. Die Schwestern mussten ihre Wohnung räumen, aber sie konnten in dieser schwierigen Zeit immer auf die Hilfe der "Kemmerer" bauen. 1941 übernahm Sr. Reginharda den Organistendienst in der Pfarrei bis 1995. Nach 7 1/2jähriger Zwangspause durfte Sr. Reginharda unter kaum vorstellbaren unzumutbaren Verhältnissen mit überfüllten Klassenräumen und fehlendem Unterrichtsmaterial den Schuldienst wieder aufnehmen. In großer Verantwortung, Gewissenhaftigkeit, Pflichttreue und Hingabe unterrichtete Sr. Reginharda. Sie hat sich mit Leib und Seele in den Dienst der jungen Menschen gestellt.

1977 wurde Sr Reginharda als Lehrerin verabschiedet. Das Ende ihrer hauptamtlich beruflichen Tätigkeit bedeutete für sie kein "Ruhestand". Ihr Engagement in und für die Gemeinde und für die Pfarrei Kemmern, ihre unermüdliche Sorge für den Aufbau des Reiches Gottes ließen sie noch in vielerlei Weise tätig sein, in den vielfältigen Aufgaben im Haus, in der Kirche und Pfarrei stand sie ihren Mitschwestern treu zur Seite.
Für sie war die Gebets- und Lebensgemeinschaft der Schwestern sehr wichtig, viele Jahre ließ sie sich als verantwortliche Schwester in den Dienst ihrer Mitschwestern nehmen.

1962 wurde Sr. Reginharda von der Gemeinde Kemmern zur Ehrenbürgerin ernannt. Sie hat als Mensch und Lehrerin Spuren hinterlassen. Die Hochschätzung ihrer Verdienste brachte die Gemeinde von Kemmern 1974 zudem durch die Namensgebung einer Straße zur "Reginharda-Nehmer-Straße" zum Ausdruck.

> In dankbarer Erinnerung
> und zum Gedenken im Gebet
> an unsere liebe Mitschwester
>
> **M. Reginharda Nehmer**
> OSF
>
> Der Herr schenkte ihr das Leben
> am 15. Mai 1909 in Kettershausen
> Sie weihte sich ihm in der Profeß
> am 16. April 1932 in Dillingen
> Er führte sie in die ewige Freude
> am 3. Oktober 2000 in Dillingen
> 68 Jahre diente sie mit Liebe und Hingabe
> Gott und den Menschen in Kemmern
>
> ✛
>
> "Kostbar ist in den Augen des Herrn
> das Sterben seiner Frommen."
>
> Ich danke dem, der mir Kraft gegeben hat:
> Christus Jesus, unserem Herrn.
> Er hat mich für treu gehalten
> und in seinen Dienst genommen.
> Übergroß war die Gnade unseres Herrn,
> die mir in Christus Jesus den Glauben
> und die Liebe schenkte.
> 1. Tim.

Sr. Reginharda hat sehr darunter gelitten als sie wahrnahm, dass ihre körperlichen und geistigen Kräfte immer mehr schwanden. Alles, was ihr lieb geworden war, musste sie nach und nach loslassen. Die Jahre, die ihr noch geschenkt waren, nahm sie dankbar an, ihre körperlichen Gebrechen ertrug sie ohne zu Jammern und zu Klagen. Ganz besonders pflegte sei die lebendige Beziehung zu Gott, der Rosenkranz war ihr treuer Begleiter. Ihre beiden Mitschwestern, besonders Sr. Helene, versorgten und pflegten sie in ihrer Hilfsbedürftigkeit in aufopfernder Weise bei Tag und bei Nacht. Gott möge ihnen diesen zuverlässigen, beispielhaften schwesterlichen Dienst vergelten.

Als ihre körperlichen Kräfte und ihre Orientierungsfähigkeit immer mehr nachließen, verbunden mit großer Unruhe, wurde die Umsiedlung in ein Pflegeheim unumgänglich. Sr. Reginharda bat, in ihre schwäbische Heimat nach Dillingen St. Clara gehen zu dürfen. Dort war sie näher bei ihren Angehörigen, deren Leben sie in ihre Sorge und in das Gebet einschloss. Nach fast 7o Jahren war ihr Kemmern zur Heimat geworden und der Abschied fiel schwer. Am 2. August dieses Jahres zog sie nach St. Clara, wo sie unter der liebevollen Fürsorge der Schwestern die letzten Wochen ihres irdischen Lebens verbringen durfte. Wir danken Sr. Harlinde und den pflegenden Schwestern für alle menschliche Zuwendung und pflegerische Fürsorge, die sie unserer Sr. Reginharda in Liebe geschenkt haben. Gott möge ihren Dienst vergelten.

Sr. Reginharda ging ihren Weg im Vertrauen auf Gott, ihre Kraftquelle war das Gebet. Sie ist am Ende ihrer langen Pilgerreise angelangt. Sie wird schauen die Herrlichkeit Gottes und wird eintreten in das ewige Jerusalem.

Wir wollen unserer lieben verstorbenen Mitschwester in dankbarer Erinnerung für ihr Leben mit uns und für unsere Gemeinschaft unser schwesterliches Fürbittgebet schenken.

Darum bittet Sie

Ihre

Sr. Bonita, OSF

Freitag, 6.Oktober, 13.30 Uhr Rosenkranz und Beerdigung auf dem Friedhof in Dillingen, anschließend Requiem in der Kapelle im Haus St. Clara.

207 Nekrolog von Schwester M. Reginharda O.S.F. vom 15. 05.1999.

Bamberg, am 18. Januar 2017

Meine Zeit steht in deinen Händen.

Den unerbittlichen Ernst und die größere Hoffnung dieses Liedverses lernen wir im plötzlichen Tod unserer lieben

Schwester M. Gundula (Anna) Denk

neu zu buchstabieren. Am Abend des 17. Januar 2017 mündete ihre Zeit in Gottes Ewigkeit.

„Ich tanze jetzt mit meiner Gruppe, was wir eben im Gottesdienst gesungen haben: Bewahre uns Gott, behüte uns Gott!" Mit diesen Worten verabschiedete sich Sr. Gundula beim Abendessen von uns Schwestern im Montanahaus, um ihre Tanzgruppe in Empfang zu nehmen. Niemand von uns, auch nicht sie selbst, ahnte, dass es ein endgültiger Abschied war. Der Tanzabend stand unter dem Motto „Der du die Zeit in Händen hast". Die Melodien und Titel der meditativen Tänze sowie die geistlichen Texte kreisten zu Beginn des Jahres um die Themen „Zeit" und „Vertrauen". Wie immer, hatte sich Sr. Gundula mit Hingabe und innerer Freude auf ihren Tanzabend vorbereitet. Der Herzinfarkt traf sie plötzlich, ohne Vorwarnung. Alle Versuche der Reanimation durch Gruppenmitglieder, Sanitäter und Notarzt waren vergeblich. Einige von uns Schwestern waren dabei. Unsere Erschütterung war und ist groß.

Anna wurde ihren Eltern Anna und Josef Denk am 20.06.1942 als drittes von fünf Kindern geboren. Die Landwirtsfamilie lebte in Westerndorf, Kreis Dachau. Vieles, was Sr. Gundula wichtig war, wurde in ihrer Kindheit grundgelegt: das Eingebundensein in eine Gemeinschaft, die Freude an Natur und Musik, die Bereitschaft, Mitverantwortung zu übernehmen. So schreibt sie in ihrem Lebenslauf: „Mit meinen vier Geschwistern erlebte ich eine glückliche Kindheit. Der nahegelegene Bach und der kleine Wald waren für uns ein Spielparadies. Wir wurden aber auch angehalten, bestimmte Aufgaben auf dem elterlichen Hof zu übernehmen. Mein Vater war nebenamtlich Organist […] und als kleines Mädchen durfte ich oft auf der Orgelbank beim Vater sitzen." Auch das Interesse für den Ordensberuf reicht weit zurück in die Kindheit. Die Vierjährige war von Sr. Rutanda, ihrer Tante mütterlicherseits, die in Garmisch-Partenkirchen wirkte, beeindruckt. Von diesem Zeitpunkt an reifte in ihr der Wunsch, Schwester zu werden. Auch ihre Tante, Sr. Pazifika (Aschaffenburg) bedeutete ihr viel.

Nach dem Besuch der Volksschule in Fahrenzhausen (1948-1956) arbeitete Anna in einem Geschäftshaushalt in Dachau, anschließend in einem Schülerheim in Kempten im Allgäu und besuchte parallel die Hauswirtschaftliche Berufsschule in Dachau, Kempten und Burgau. Im Schülerheim in Kempten hatten die Dillinger Franziskanerinnen die Wirtschaftsleitung, hier lebte und arbeitete auch Annas Cousine, Sr. Waldeberta, als Köchin. Aus dem kindlichen Interesse wurde 1958 ein Entschluss: Anna bat um Aufnahme in die Kandidatur der Dillinger Franziskanerinnen.

Seit Herbst 1958 fand auch eine berufliche Neuausrichtung statt: Die Kinder traten jetzt in den Mittelpunkt. Nach einem längeren Praktikum im Kindergarten Jettingen wurde Anna im Kindergärtnerinnenseminar in Dillingen ausgebildet (1959 bis 1961). Im Januar 1961 begann sie das Postulat, nach Abschluss der Berufsausbildung im Sommer 1961 das Noviziat. Die Erstprofess feierte Sr. Gundula am 29.08.1962, die Profess auf Lebenszeit am 30.08.1967.

Ihren ersten beruflichen Einsatz hatte unsere Mitschwester in Oettingen, wo sie einen eingruppigen Kindergarten leitete. Hier lebte sie von 1962 bis 1970. Im September 1970 kam die Versetzung nach Mömlingen, Kreis Miltenberg. Hier sollte für 28 Jahre ihr Wirkungskreis sein. Sr. Gundula liebte es, für Kinder da zu sein, sie zu ermutigen und herauszufordern. Von vielen Eltern wurde sie als Impuls- und Ratgeberin geschätzt. Als Leiterin des Gemeindekindergartens trug sie zeitweise Verantwortung für bis zu zehn Halbtagsgruppen. In einer Zeit pädagogischer Neuaufbrüche war sie offen für neue Entwicklungen und nahm 1972/73 an einem berufsbegleitenden Lehrgang für Frühpädagogik in Würzburg teil. Es war ihr wichtig, religiöse Themen kindgerecht und zeitgemäß zu vermitteln. Wovon sie überzeugt war, dafür setzte sie sich sowohl im Beruf wie im ehrenamtlichen Engagement in der Pfarrgemeinde ein. Vielfältig war ihr Engagement: Ob Pfarrgemeinderat oder Pfarrchor, ob liturgische Mitwirkung oder Kirchenschmuck – Sr. Gundula packte gern und selbstverständlich mit an, wo sie gebraucht wurde.

Ab September 1985 übernahm sie die Konventleitung in Mömlingen. Kontakte mit benachbarten Konventen wurden gerne gepflegt. Die gemeinsamen Faschingsfeiern der Konvente am Untermain gelten als legendär. Mit ihrem kernigen Humor und ihrem Unterhaltungstalent hatte Sr. Gundula ihren Anteil daran.

Natürlich gab es auch in Sr. Gundulas Leben Krisenzeiten, die sie durchzustehen und zu bewältigen hatte. Eine große Hilfe dabei war für sie die Entdeckung der christlichen Tanzmeditation in einem speziellen Ausbildungskurs. Tanzend sich nach Gott auszustrecken und zu beten wurde ihr ein Grundbedürfnis und ein Glück bis in ihre Todesstunde hinein. Und wie gerne gab sie an andere weiter, was sie selbst erfüllte.

Die Auflösung des Mömlinger Konventes 1998 war ein tiefer Einschnitt. Dankbar nahm Sr. Gundula das Angebot ihrer Provinz an, sich im Rahmen eines VOD-Kurses für Ordensfrauen in München Zeit zum Nachdenken und zur Orientierung nehmen zu können. Danach war die Franziskushöhe in Lohr von 1999-2002 Einsatzort für unsere Mitschwester. Sie engagierte sich in der Begleitung von Gruppen, die hier Familien- oder Seniorenfreizeiten durchführten, und betreute junge Leute im Praktikum.

Von 2002 bis zu ihrem Tod wurde Kemmern immer mehr zu einer neuen Heimat für Sr. Gundula. Im kleinen Konvent dort übernahm sie Leitungsverantwortung. Ähnlich wie schon in Mömlingen engagierte sie sich in hohem Maß für die Pfarrgemeinde in Seniorenarbeit und Krippenspielregie, im Pfarrgemeinderat, als Kommunionhelferin und Lektorin. Unermüdlich war Sr. Gundula als Tanzanleiterin unterwegs. Ihre Lebensfreude war spürbar. In Kemmern, Bamberg und an zwei weiteren Orten bot sie über Jahre hin monatlich einen oder zwei meditative Tanzabende an. Ihre Tanztage und -wochenenden im Montanahaus erlebten viele Menschen als Bereicherung, als Geschenk. Für Sr. Gundula war das Tanzen Glaubensausdruck und Glaubensverkündigung zugleich. Beeindruckend zusammengefasst ist dies in einem Satz von Mechthild von Magdeburg, den sie auf der letzten Seite ihrer Vorbereitungsmappe eingeklebt hat: „Ich tanze, Herr, wenn du mich führst."

Voller Dankbarkeit schauen wir auf Sr. Gundulas Leben. Die Lücke, die ihr plötzlicher Tod reißt, ist groß.

Ihren vier Geschwistern und deren Familien, denen sie sich sehr verbunden wusste, ihrer Cousine Sr. Waldeberta in Dillingen und den Mitschwestern in Kemmern gilt unsere besondere Anteilnahme.

Unsere Zeit liegt in Gottes Händen. Unser Leben liegt in Gottes Händen. Seiner bergenden Liebe vertrauen wir Sr. Gundula an.

Ihre Schwester M. Martina Schmidt mit den Schwestern des Provinzrates

Die Beerdigung findet am 24.01.2017 um 12:15 Uhr im Zentralfriedhof Bamberg, Hallstadter Straße, statt. Den Auferstehungsgottesdienst feiern wir um 14:30 Uhr in der Pfarrkirche St. Peter und Paul in Kemmern.
Bitte melden Sie sich bei Sr. Iris an, wenn Sie teilnehmen wollen.

208 Nekrolog von Schwester M. Gundula Denk O.S.F. vom 17.01.2017.

13. ZUSAMMENSETZUNG DER SCHWESTERN-KOMMUNITÄT VON KEMMERN IM JAHRE 2018

Pfarrer Valentin Tempel übte seine pastorale Tätigkeit von 1998 bis 2018 in der Pfarrei Kemmern aus. In dieser Zeit kam es aufgrund des Priestermangels im Erzbistum Bamberg zu einer Zusammenlegung der Pfarreien Breitengüßbach mit der Kuratie Hohengüßbach und der Pfarrei Kemmern. Während seiner zwanzigjährigen Amtszeit als Pfarrer in Kemmern war es für Pfarrer Tempel immer von großer Wichtigkeit, die Ordensfrauen in Kemmern zu fördern und zu unterstützen. Als er im Jahre 1998 die pastorale Seelsorge übernahm, pflegte er einen freundschaftlichen Kontakt zum Konvent in Kemmern. Einmal wöchentlich feierte er in deren Hauskapelle die heilige Messe. In seiner Amtszeit wurden viele Geburtstage und Professjubiläen von Schwestern gefeiert. Schwester M. Reginharda Nehmer O.S.F. und Schwester M. Gundula Denk O.S.F wurden von ihm beerdigt. Er setzte sich stets dafür ein, dass der Konvent so lange wie möglich erhalten blieb. Trotz seiner umfangreichen pastoralen und seelsorgerischen Aufgaben nahm sich Pfarrer Tempel immer Zeit, freundschaftlichen Kontakt zu den Ordensfrauen vor Ort zu suchen und zu pflegen. Unvergesslich sind die Bilder, die bei der 1000-Jahr-Feier im Jahre 2017 im Festzelt aufgenommen wurden – und die sich auch in dieser Veröffentlichung finden –, bei der er sich trotz seiner Krankheit um den freundschaftlichen Kontakt zu den Schwestern kümmerte. So lässt sich festhalten, dass die Ordensschwestern des Konventes von Kemmern seit seiner Gründung im Jahre 1890 durch Pfarrer Gottfried Arnold bis zum heutigen Tage stets ein liebevolles und freundschaftliches Verhältnis zu ihren Seelsorgern hatten.

Durch den Tod von Schwester M. Gundula Denk O.S.F. im Jahre 2017 kam es im November 2017 zu einer weiteren Veränderung in der Besetzung der Schwesternkommunität: Schwester M. Karin Günther O.S.F. stieß zu der Konventsgemeinschaft hinzu und bekam von der Provinz Bamberg auch die Leitungsverantwortung für diese Filiale übertragen.

Ende September 2018 wechselte dann Schwester M. Luitgard O.S.F., die seit 2006 der Konventsgemeinschaft in Kemmern angehörte und mit der Aufgabe des AWO-Altenheim-Besucherdienstes in Breitengüßbach vertraut war, in das Schwesternaltenheim nach Lohr-Sendelbach. Am Sonntag, den 4. November 2018, wurde in der Pfarreikirche in Breitengüßbach der neue Pfarrer für die Pfarreiengemeinschaft Kemmern, Breitengüßbach mit der Kuratie Hohengüßbach, Markus Schürrer, in sein Amt eingeführt. Es ist aufgrund des Priestermangels in den nächsten Jahren zu erwarten, dass zu dieser bisherigen Pfarreiengemeinschaft noch weitere Pfarreien hinzukommen werden.

Dem Schwesternkonvent in dieser Pfarreiengemeinschaft gehören momentan drei Ordensfrauen an: Schwester M. Helene Hutzler O.S.F. Ehrenbürgerin, Schwester M. Philippine Schuhmann O.S.F. und Schwester M. Karin Günther O.S.F.

209 Verabschiedung von Schwester M. Luitgard: v. l.
2. Bürgermeister Dieter Ruß, Schwester M. Luitgard,
Pfarrgemeinderatsvorsitzender Uwe Altenbach,
Foto: Johannes Michel

210 Zusammensetzung des Schwesternkonventes am
5. September 2018. Oben: Bürgermeister Rüdiger Gerst,
Br. Abraham M. Ring CO., Mrgs. Edgar Hagel
Mitte: Schwester M. Philippine Schuhmann O.S.F.,
Schwester M. Luitgard O.S.F.
Unten: Provinzoberin Schwester M. Martina Schmidt O.S.F.
Schwester M. Karin Günther O.S.F. und Schwester
M. Helene Hutzler O.S.F., Foto: Johannes Michel

211–215 Amtseinführung des neuen Pfarrers Markus Schürrer am 10. November 2018, alle Fotos: Johannes Michel

Die Pfarrei St. Peter und Paul begrüßen ihren neuen Pfarrer Markus Schürrer ganz herzlich

ANMERKUNGEN

1. Lankes, Dieter: Nekrolog von P. Albert (Johann) Först O.Carm. Bischof emeritus von Dorados (MS) / Brasilien Ehrenbürger von Douradas und des Marktes Buttenheim vom 3. 11.2014, S. 1f., hier S. 2.
2. Ebda.
3. Ebda.
4. Först, Albert: Auf Dein Wort hin, Erinnerungen eines Brasilienmissionars, S. 53f.
5. Lankes, Dieter: Nekrolog von P. Albert (Johann) Först O.Carm. Bischof emeritus von Dorados (MS) / Brasilien Ehrenbürger von Douradas und des Marktes Buttenheim vom 3. 11.2014, S. 1f., hier S. 2
6. Ebda.
7. Brief von Bischof Albert Först an Peter Ring vom 7. September 1997, S.1f., hier S. 2.
8. Text aus einer Predigt, die Bischof Albert Först am 20. August 1990 anlässlich des Todes von Frater Erasmus Ring während eines Besuches in Kemmern in der dortigen Pfarrkirche hielt, in S. 1f., hier S. 2.
9. Först, Albert: Auf Dein Wort hin, Erinnerungen eines Brasilienmissionars, S.12.
10. Ebda.
11. Ebda.
12. Lankes, Dieter: Nekrolog von P. Albert (Johann) Först O.Carm. Bischof emeritus von Dorados (MS) / Brasilien Ehrenbürger von Douradas und des Marktes Buttenheim vom 3. 11.2014, S. 1f., hier S. 2.

BILDNACHWEIS

1. Generalat
Abbildungen Nr. 1–9: Archiv Schwester Helene Hutzler

2. Provinz der Dillinger Franziskanerinnen
Abbildungen Nr. 10–15: Archiv Schwester Helene Hutzler

3. Gründung des Schwesternkonventes in der Pfarrei Kemmern
Abbildungen Nr. 16–22: Sammlung bezüglich der Forschungsarbeit zu meiner Promotion. Archiv Verfasser

4. Gemeinde Gunzendorf
Abbildungen Nr. 23–32: Archiv Schwester Helene Hutzler

5. Pater und Bischof Albert Först O.Carm.
Abbildungen Nr. 33–89: Bilder und Text stammen aus den Aufzeichnungen von Bischof Albert Först, die unter dem Titel *Erinnerungen eines Brasilienmissionars* erschienen. Archiv Christine Heinaus Eggolsheim

6. Dillinger Franziskanerinnen in Kaiserlautern
Abbildungen Nr. 90–102: Sammlung bezüglich der Forschungsarbeit zu meiner Promotion. Archiv Verfasser

7. Schwester M. Helene O.S.F. und ihre Berufung als Ordensfrau
Abbildungen Nr. 103–145: Archiv Schwester Helene Hutzler

8. Pfarrer Hans Teckenberg und der zweite Kindergarten in Kemmern
Abbildungen Nr. 146–153: Archiv Schwester Helene Hutzler

9. Pfarrer Georg Götz und die Dillinger Franziskanerinnen
Abbildungen Nr. 154–174: Archiv Schwester Helene Hutzler

10. Krankenschwestern
Abbildungen Nr. 175–180: Sammlung bezüglich der Forschungsarbeit zu meiner Promotion. Archiv Verfasser

11. Gemeinde Kemmern feiert ihre Ordensfrauen
Abbildungen Nr. 181–201: Sammlung bezüglich der Forschungsarbeit zu meiner Promotion. Archiv Verfasser

12. Tod von Schwestern aus der Schwesterkommunität in Kemmern
Abbildungen Nr. 202–208: Sammlung bezüglich der Forschungsarbeit zu meiner Promotion. Archiv Verfasser .

13. Zusammensetzung der Schwesterkommunität von Kemmern im Jahre 2018
Abbildungen Nr. 209, 210: Archiv Verfasser
Abbildungen Nr. 211–215: Johannes Michel

Priester, gebürtig aus der Pfarrei Kemmern, bevor die Schwestern kamen

Der Historiker Konrad Schrott hat in seiner Chronik „Kemmern, Ortsgeschichte eines ehemaligen bambergisch-domkapitelischen Obleidorfes" (S. 338) begonnen, ein Verzeichnis von Geistlichen zu erstellen, die gebürtig aus der Pfarrei Kemmern waren.

1. Endres, Leonhard, geb. 9. November 1824, gestorben 1. Februar 1879
2. Heinz, Andreas, geb. 20. Januar 1798, gestorben 9. April 1874
3. Loch, Georg, geb. 3. Oktober 1777, gestorben als Kaplan in Memmelsdorf
4. Schmitt, Johann Jakob, geb. 14. August 1832, gestorben 9. November 1885
5. Wittmann, Michael, geb. 17. März 1805, gestorben 2. April 1887
6. Eichhorn, Balthasar, geb. 27. Mai 1848, gestorben 31. März 1913

Im Mai 1885 erhielt der Jesuitenpater Balthasar Eichhorn, damals Missionspriester in Chile, das Ehrenbürgerrecht in Kemmern

Pfarrer Schmitt, Johann Jakob, geb. 14. August 1832, gestorben 9. November 1885

Porträt und Totenbild von Pfarrer Johann Jakob Schmitt, Archiv Familie Schmitt

Einladung zur Primizfeier in der St. Martin Kirche in Bamberg am 19.03.1859, Archiv Familie Schmitt

Kommorant Josef Endres

Einladung zur Primizfeier von Joseph Endres von 1890, Archiv Familie Endres

Todesanzeige von Kommorant Josef Endres vom 26.09.1926, Bamberg Volksblatt vom 1.10.1926, Nr. 227, S. 11

TEIL 3

Die Dillinger Franziskanerinnen in Kemmern

Ein Konvent im Wandel

INHALT

I. EINFÜHRUNG 314

1. Vorgehensweise und Forschertagebuch 314

2. Quellen, Auswertungsmethoden und deren Anwendung 316

    2.1 Die Quellen 316
    2.2 Auswertungsmethoden und Anwendung der Quellen 320

II. DIE DILLINGER FRANZISKANERINNEN IN KEMMERN 326

1. Der Konvent der Dillinger Franziskanerinnen in Kemmern 326

    1.1 Gründung der Schwesternkommunität der Dillinger Franziskanerinnen 326
    1.2 Räumlichkeiten der Schwesternkommunität 327
    1.3 Integration durch die Bevölkerung 327
    1.4 Klosternachwuchs 329
    1.5 Konfliktbewältigung in der Konventsgemeinschaft 337

2. Die Mädchenschule 338

    2.1 Klösterliche Mädchenschulen und der Kulturkampf 338
    2.2 Schulvisitationen in Kemmern 340
    2.3 Übernahme der Mädchenschule durch die Schwestern 342
    2.4 Vorschriften des Bayerischen Staatsministeriums für Unterricht und Kultus 343
    2.5 Die Lehrerin als Vorbild 346
    2.6 Anstellung und Bezahlung der Lehrkräfte 349
    2.7 Genehmigungsverfahren zur Errichtung einer dritten Schulstelle 350
    2.8 Genehmigungsverfahren über die Besetzung einer dritten Schulstelle 352
    2.9 Wiederaufnahme des Schulbetriebs 364
    2.10 Rektorenwechsel zum Schuljahresbeginn 1961/62 365
    2.11 Droht der Teilhauptschule das endgültige Aus? 366

3. Die Kleinkinderbewahranstalt 372

    3.1 Aufkommen von Kleinkinderbewahranstalten 372
    3.2 Gründung der Kleinkinderbewahranstalt in Kemmern 372
    3.3 Räumlichkeiten der Kleinkinderbewahranstalt 378
    3.4 Erziehung in der Kleinkinderbewahranstalt 381
    3.5 Erneute Gründung eines Kindergartens nach Kriegsende 383
    3.6 Bau eines zweiten Kindergartens 393
    3.7 Entwicklung des Kindergartens in der Gemeinde 395

4. Die Arbeitsschule 406

    4.1 Gründung und Übernahme durch die Ordensfrauen 406
    4.2 Anstellung und Bezahlung von Fachkräften 407
    4.3 Pädagogische Vermittlung des Handarbeitsunterrichts 412
    4.4 Konflikte bezüglich der Erteilung des Handarbeitsunterrichtes 413

5. Der ambulante Pflegedienst 415

    5.1 Berufsbild der Krankenschwester 415
    5.2 Gründung der ambulanten Krankenpflegestation 416
    5.3 Tätigkeit der Krankenschwester 417
    5.4 Entwicklung der medizinischen Versorgung 419

6. Die „Neue Zeit" 420

    6.1 Die Zeit des Nationalsozialismus 420
    6.2 Landwirtschaftspolitik
    der Nationalsozialisten 421
    6.3 Erzbischof Jakobus von Hauck
    und der Nationalsozialismus 422
    6.4 Die NSDAP übernimmt die Macht –
    Bürgermeister Pius Kraus 423
    6.5 Die Sorge Pfarrer Heinkelmanns
    um den Erhalt des Konventes 425
    6.6 Schulhausneubau unter den
    Nationalsozialisten 426
    6.7 Gründung des Erntekindergartens 428
    6.8 Wohnung der Lehrerin Anna Thomann....... 428
    6.9 Leben der Schwestern nach ihrem
    Ausscheiden aus dem aktiven Dienst................. 429
    6.10 Kriegerische Auseinandersetzungen
    in der Gemeinde 430

7. Wirken der Dillinger Franziskanerinnen
von 1945 bis 2002 430

    7.1 Versetzungen innerhalb der
    Schwesternkommunität 430
    7.2 75-jähriges Gründungsfest des
    Schwesternkonventes 432
    7.3 Umbau des Schwesternhauses 432
    7.4 Beginn des Wandlungsprozesses –
    Bedeutungsverlust des Konventes..................... 436
    7.5 Kontinuität und Ausblick 439

III. RÜCKBLICK UND ZUSAMMENSCHAU ... 441

1. Gründung des katholischen Milieus
in Kemmern 441

    1.1 Schwesternkommunität
    der Dillinger Franziskanerinnen........................ 442
    1.2 Errichtung einer dritten Schulstelle
    an der Volksschule 445
    1.3 Pädagogisches Wirken
    der Ordensfrauen und Ordensnachwuchs 446

2. Erschütterung zur Zeit des Nationalsozialismus ... 447

    2.1 Die Schwesternkommunität
    und das Bildungswesen in Kemmern 447
    2.2 Die Ordensfrauen nahmen
    ihre pädagogische Tätigkeit wieder auf.............. 448

3. Zersetzungsprozesse des katholischen Milieus ... 449

    3.1 Schwesternkommunität
    der Dillinger Franziskanerinnen........................ 449

Anmerkungen 451

BIBLIOGRAPHIE... 476

1. Ungedruckte Quellen....................................... 476
2. Gedruckte Quellen 482
3. Literaturverzeichnis.. 487

EINFÜHRUNG

Die vorliegende Arbeit stellt die Veröffentlichung des Hauptteils meiner Dissertation dar.[1] Diese befasste sich neben dem Wirken der Dillinger Franziskanerinnen in der Gemeinde Kemmern zusätzlich mit dem Begriff des „katholischen Milieus" und lieferte neben einer ausführlichen Darstellung der allgemeinen Milieustudie eine eingehendere Milieuanalyse der oberfränkischen Gemeinde Kemmern. Dabei wurde auch die Zivilgemeinde in die Analyse eingeschlossen. Von einer Publikation der vollständigen Arbeit habe ich allerdings abgesehen, um den Blick konzentrierter auf das erfolgreiche Wirken katholischer Ordensschwestern im Allgemeinen und der Dillinger Franziskanerinnen in Kemmern im Besonderen zu richten. Nachdem ich mich nun nahezu ein Jahrzehnt mit dem Wirken dieser Schwestern beschäftigt habe und ihnen auch meine unveröffentlichte Diplomarbeit widmete,[2] soll nun die Frucht dieser Forschungen der Öffentlichkeit zugänglich gemacht werden.

Das Kapitel über die historische Entfaltung und die Entwicklung der Kongregation der Dillinger Franziskanerinnen umfasst den Wirkungsprozess der Dillinger Franziskanerinnen in Kemmern mit ihren unterschiedlichen Tätigkeitsbereichen – Mädchenschule, Kleinkinderbewahranstalt, Arbeitsschule und ambulanter Pflegedienst – und soll die Aufmerksamkeit des Lesers direkt auf den eigentlichen Forschungsgegenstand lenken. Die Betrachtung reicht von der Gründung des Ordens 1890 bis ins Jahr 2002. Das Wirken der Ordensfiliale muss dabei immer vor dem Hintergrund des historischen Entwicklungsprozesses der Ordensgemeinschaft und der Einbindung der Kemmerner Filiale in die Gesamtkongregation gesehen werden.

Den Abschluss bilden die Bibliographie mit ungedruckten und gedruckten Quellen sowie das Literaturverzeichnis.

1. Vorgehensweise und Forschertagebuch

Nachdem ich im März 2002 meine Diplomarbeit über den Gründungsprozess des Schwesternkonventes der Dillinger Franziskanerinnen erstellt hatte, verfügte ich noch weiteres unveröffentlichtes Material über die Ordensgemeinschaft der Dillinger Franziskanerinnen. Dieses wollte ich in irgendeiner Weise wissenschaftlich aufarbeiten. Konkreter wurde dieser Gedanke durch das abzusehende Ende des Konvents in Kemmern. Die Diplomarbeit hatte sich mit der Gründung des Konvents befasst. Angesichts der aktuellen Entwicklung kam mir der Gedanke an eine Aufarbeitung des Wirkungsprozesses bis in die heutige Zeit. Dies war mir auch deswegen ein Anliegen, weil ich das Wirken der Ordensfrauen im Kindergarten noch selbst erlebt hatte. Des Weiteren gehörte auch meine Tante, Schwester M. Gabriele Christa, zu der Kongregation der Dillinger Franziskanerinnen.

In vielen Gemeinden des Landkreises Bamberg gab es zu Beginn des 20. Jahrhunderts Schwesternkommunitäten verschiedener Kongregationen. Davon sind heute im gesamten Landkreis nur noch zwei erhalten, die beide der Gemeinschaft der Dillinger Franziskanerinnen angehören. Diese befinden sich in der Stadt Hallstadt und in der Gemeinde Kemmern, wobei die in Kemmern die älteste Filiale im Landkreis Bamberg mit einer mehr als 100 Jahre andauernden pädagogischen Tätigkeit ist.

So begann ich im Jahre 1998 mit meinen Forschungsarbeiten. Dabei beschäftigten mich anfangs folgende Fragen:
– Welche Tätigkeiten üben die Schwestern eigentlich aus und
– wie verläuft die geschichtliche Entwicklung der einzelnen Tätigkeitsbereiche der Ordensfrauen?

Um mir einen ersten Überblick über die Thematik zu verschaffen, führte ich in der Gemeinde auf der Basis der genannten Fragen narrative Interviews mit den Ordensschwestern durch. Sie sollten mir Einblick in ihren Berufsalltag geben. Dabei stellte ich fest, dass die Ordensschwestern auf eine lange Tradition zurückblicken und vermutete daher, dass der historische Wirkungsprozess der Ordensfrauen auch ein umfangreiches Quellenmaterial voraussetzt. Zur Informationsabsicherung und -vertiefung habe ich im Provinzarchiv der Dillinger Franziskanerinnen in Bamberg und Dillingen nach ordenseigenen schriftlichen Quellen gesucht. Gleichzeitig führte ich mit der emeritierten Generaloberin und Provinzoberin Schwester M. Clementine Laufer, mit der emeritierten Provinzoberin Schwester M. Jutta Müller und mit der amtierenden Provinzoberin Schwester M. Bonita Interviews in Form von narrativen Befragungen durch.

Nachdem ich alle diese Quellen gesammelt hatte, konnte ich diese in die einzelnen Tätigkeitsbereiche der Schwestern: Schule, Kleinkinderbewahranstalt, Arbeitsschule und ambulante Krankenpflege einteilen. Dabei erschienen mir besonders die Spiritualität und die Lebensweise der Ordensfrauen von großer Bedeutung. Ich stellte mir dabei die Frage, nach welcher Spiritualität die Dillinger Franziskanerinnen in der Filiale Kemmern lebten.

Diese Frage war für mich auch deshalb von Bedeutung, weil ich an der Philosophisch-Theologischen Hochschule der Rheinisch-Westfälischen Kapuzinerprovinz in Münster den Studiengang Lizentiat für Spiritualität belegte und sich dieses Thema für meine Abschlussarbeit anbot. Nach einer ersten Durchsicht der Quellen stellte ich fest, dass sie sehr fragmentarisch sind und sich einseitig fast nur auf die Festkultur oder besonders herausragende Ereignisse in den unterschiedlichen Tätigkeitsbereichen der Schwestern bezogen und besonders für den Bereich der Spiritualität nicht besonders ergiebig waren. Des Weiteren fehlte bei vielen Quellen die kritische Sichtweise. Nach mehreren Bitten an die Ordenskongregation musste ich feststellen, dass ich keinen Einblick in diejenigen Quellen bekam, die das Innenleben der Konventgemeinschaft betrafen. Da mir vor allem Quellen wie Visitationsprotokolle oder die ordenseigene Chronik vorenthalten wurden, war mein Plan, den Wirkungsprozess der Dillinger Franziskanerinnen im Studiengang „Spiritualität" als Abschlussarbeit darzustellen, letztlich gescheitert.

Ich kehrte also wieder zu meiner Ausgangsfrage zurück und überlegte mir, wo ich weitere Quellen über den Wirkungsprozess der Dillinger Franziskanerinnen finden könnte. Ich suchte diesmal gezielter und von Anfang an unterteilt in folgende Kategorien: pädagogischer Prozess, katholische Prägung der Bevölkerung durch die Ordensfrauen, soziale Tätigkeiten der Ordensfrauen sowie franziskanische Spiritualität. Ich dehnte meine Suche auf das Staatsarchiv Bamberg, auf Archive in Würzburg und Dillingen und auf die Staatsbibliothek Bamberg, auf das Pfarrarchiv sowie das Gemeindearchiv in Kemmern aus, um weiteres Material über die Konventsgemeinschaft der Filiale Kemmern zu finden. Von Privatleuten aus der Bevölkerung Kemmerns habe ich ebenfalls Fotos und Filme zu meiner Thematik erhalten. Wie bei der ersten Materialsammlung habe ich auch diesmal mein Material nach den unterschiedlichen Tätigkeiten zunächst chronologisch geordnet. Dabei stellte ich wiederum fest, dass das Material zur Spiritualität der Ordensfrauen dünn ausfiel. Nach einer erneuten Anfrage bei der Generaloberin der Dillinger Franziskanerinnen in Dillingen musste ich konstatieren, dass mir in wesentliche Bereiche, die das Innenleben des Konventes betreffen, kein Einblick gewährt wurde. Wieder musste ich auf Visitationsprotokolle und die ordenseigene Chronik verzichten.

Ich änderte daraufhin meine Strategie, indem ich Kontakt zu verschiedenen franziskanischen Ordensgemeinschaften aufnahm, um sie zum Thema Spiritualität zu befragen. Da ich aber letztlich kein verwertbares Material erhielt, entschloss ich mich dazu, die spirituelle Ebene außen vor zu lassen und konzentrierte mich ausschließlich auf den Wirkungsprozess der Dillinger Franziskanerinnen. Als Ersatz für die fehlende offizielle Chronik habe ich zunächst aus dem gesammelten und geordneten Quellenmaterial eine Chronik des Schwesternkonventes mit einer Zeittafel erstellt. Dabei zeigte sich, dass sich die verschiedenen Tätigkeitsbereiche unterschiedlich rasch entfalteten und aufgrund des lückenhaften Quellenmaterials nicht so vollständig dargestellt werden können wie beabsichtigt. Insgesamt habe ich vom 4. bis zum 28. August 2002 in der Gemeinde Kemmern bei 110 verschiedenen Personen eine Befragung in Form des narrativen Interviews durchgeführt. Ich habe innerhalb der Bevölkerung alle Personen befragt, die das 85. Lebensjahr bereits vollendet hatten, sowie jeweils 10 bis 15 Personen aus den Altersgruppen zwischen 60 bis 80 Jahren, 40 bis 59 Jahren, 30 bis 39 Jahren und von 10 bis 19 Jahren. Ich wählte die Befragten nach unterschiedlichsten Kriterien aus, beispielsweise nach dem Grad der Kenntnis über das katholische Milieu oder nach der Breite des Altersspektrums, befragte Einheimische und Zugezogene, sowohl männliche als auch weibliche Personen, möglichst viele Berufsgruppen abdeckend, sowie unterschiedliche Konfessionen berücksichtigend, um ein repräsentatives Ergebnis zu erhalten.

Die Befragungen analysierte und interpretierte ich. Dabei stellte sich heraus, dass die Befragten über die einzelnen Ereignisse der vergangenen Jahrzehnte nur noch am Rande informiert waren. Einen Kontrast gab es zwischen Älteren und Jüngeren. Bei den Befragungen stellte sich fast durchgängig eine Prägung durch religiöse Autoritäten heraus, die oft zu einer gewissen Einseitigkeit führte. Der Lehrer betätigte sich lange Zeit als zusätzliche Autorität neben dem Pfarrer, da er einen Knabenchor leitete, den Gesangverein Cäcilia gründete und in der Kirche die Orgel spielte. Der jeweilige Bürgermeister der Gemeinde spielte dagegen bis 1972 keine besondere Rolle. Die Rolle des Bürgermeisters war durch die Jahrzehnte hindurch sehr schwach, daher wurde die Gemeindeverwaltung oftmals von anderen Autoritäten aus der Gemeinde ausgeführt.

2. Quellen, Auswertungsmethoden und deren Anwendung

2.1 Die Quellen

Befragungen
Es wurden zwei Arten von Befragungen durchgeführt: narrative Interviews, die ich im Haus der jeweils befragten Person vornahm und auf Tonband aufzeichnete sowie Kurzfragebögen.

Darauf standen Fragen nach Erinnerungen an bestimmte Feste, an die rituelle Festkultur, der zu bestimmten Zeiten in der Gemeinde nachgegangen wurde sowie nach Erinnerungen an Personen, denen eine herausragende Rolle in der Gemeinde zukam.

Zeitungsberichte
Über größere lokale Ereignisse wird im Allgemeinen in Zeitungen berichtet – auch schon Ende des 19. Jahrhunderts. – Eine normale Zeitungsausgabe bestand am Ende dieses Jahrhunderts aus fünf bis sechs Seiten, an den Wochentagen und an den Samstagen aus zehn bis vierzehn Seiten, wobei sich der überwiegende Teil aus Anzeigen unterschiedlichster Art zusammensetzte.[3] Im Laufe des 20. Jahrhunderts sind die Zeitungsausgaben immer umfangreicher geworden, denn neben den vielen Anzeigen entwickelte sich ein immer größer werdender redaktioneller Teil.

Der erste Zeitungsbericht aus der Gemeinde Kemmern ist ein Bericht über den Tod von Pfarrer Georg Saffer im Mai 1887, der im *Bamberger Volksblatt* abgedruckt ist. Seitdem erschienen häufiger ausführliche Berichte über religiöse Ereignisse in der lokalen Presse.[4] Im Umland der Gemeinde gab es im Untersuchungszeitraum fünf Zeitungen, die über lokale Ereignisse berichteten und täglich erschienen[5] sowie eine Zeitung des Erzbistums Bamberg, das *St. Heinrichsblatt Bamberg*,[6] das wöchentlich erschien. Lokale Tageszeitungen für dieses Gebiet waren innerhalb des Untersuchungszeitraumes das *Bamberger Tagblatt*[7] und das *Bamberger Volksblatt*.[8] Seit 1945 erschien das *Bamberger Tagblatt* unter dem Namen *Fränkischer Tag*. Im Januar 1970 schloss sich das *Bamberger Volksblatt* mit dem *Fränkischen Tag* zusammen. Seitdem gibt es im Landkreis Bamberg nur noch den *Fränkischen Tag*. Alle Tageszeitungen sind in der Staatsbibliothek Bamberg archiviert. Seit Mitte der achtziger Jahre werden die unterschiedlichen Zeitungsberichte, die das kirchliche, politische und soziokulturelle Leben der Gemeinde behandeln, in der Gemeindeverwaltung gesammelt und aufbewahrt.

Chroniken
Laut Statuten der Dillinger Franziskanerinnen von 1883 sind die einzelnen Ordensfilialen verpflichtet, eine Konventschronik zu führen, die aber nicht öffentlich zugänglich ist.

Aus der Konventschronik der Dillinger Franziskanerinnen in Kemmern wurde von Schwester M. Reginharda für die kirchliche und politische Gemeinde eine Chronik mit dem Titel: „*100 Jahre Dillinger Franziskanerinnen*" erstellt, die ausschließlich auf unterschiedliche Feierlichkeiten der Konventsgemeinschaft konzentriert ist. Da sich dort kein detailliertes Datenverzeichnis über die Ordensfrauen findet, die seit 1890 in den unterschiedlichen Tätigkeitsbereichen der Gemeinde eingesetzt wurden, ist sie für diese Arbeit nur bedingt von Nutzen.

Für die Bereiche der Schule und des Kindergartens gibt es seit 1934 bzw. 1951 umfangreiche Chroniken, die durch die Ordensfrauen im Auftrag der Gemeinde Kemmern erstellt wurden und vermutlich sehr eng an die Konventschronik der Schwesternkommunität angelehnt sind. Die Schulchronik wurde von Schwester M. Reginharda mit ihrem Dienstantritt im April 1934 begonnen und seitdem lückenlos fortgeführt.[9] Sie enthält Aufzeichnungen und Berichte über verschiedene schulische Aktivitäten und Veranstaltungen, Personalversetzungen sowie über die unterschiedlichen Umbaumöglichkeiten und enthält umfangreiches Klassenbildmaterial.

Im Bereich des Kindergartens existiert von Schwester M. Helene eine zweibändige Kindergartenchronik, die 1951 begonnen wurde. Sie gibt Auskunft über die verschiedenen Kindergartenaktivitäten und Veranstaltungen sowie über die personellen Veränderungen, die während dieser Zeit in den drei verschiedenen Kindergärten bis 1990 durchgeführt wurden. Sie enthält außerdem einige wenige historische Informationen über die Zeit der Gründung der Kleinkinderbewahranstalt bis zum eigentlichen Beginn der Chronik im Jahre 1951.

Verkünd- und Predigtbücher

Neben dem bereits genannten Quellenmaterial sind zwei weitere Quellen aus dem Pfarrarchiv unumgänglich: die Verkünd- und Predigtbücher, die vom jeweiligen Pfarrer während seiner Amtsperiode geschrieben werden mussten. Sie sind lückenlos chronologisch nach dem liturgischen Jahreskreis der damaligen Zeit geordnet.

Die Verkündbücher zeugen von einem reichhaltigen pastoralen Angebot. Neben den liturgischen Feierlichkeiten finden sich im Buch häufig Mahnungen und Aufforderungen an die Gläubigen.

Das Predigtbuch stellt eine Sammlung von oft sehr allgemein gehaltenen Predigten zu verschiedenen Sonn- und Feiertagen dar. Meist sind es sehr lange und umfangreiche Darlegungen über Bibeltexte. Am Rande befinden sich oftmals Notizen, die der Pfarrer in Steno festhielt. Diese Quellen befinden sich im Erzbischöflichen Archiv in Bamberg.

Gottesdienstordnungen und Pfarrbriefe

Seit den fünfziger Jahren gibt es in Kemmern wöchentliche Gottesdienstordnungen. Pfarrer Georg Kochseder (1958–1967) nutzte die Gottesdienstordnung, um neben den liturgisch pastoralen Informationen den Gläubigen auch seine private Meinung über das kirchliche Leben mitzuteilen. Am Ende seiner Informationen fanden sich mahnende Worte, beispielsweise über das Verhalten der Jugendlichen während des Gottesdienstes.

Die Gottesdienstordnungen sind zunächst nach den Gottesdiensten vom Pfarrer verkündet worden und lagen seit 1967 in der Kirche aus. Sie enthalten die wichtigsten liturgischen und pastoralen Veranstaltungen. Daneben findet man zusätzliche Informationen über Vereine oder die Pfarrei, die das katholische Leben der Gemeinde betreffen. Diese Methode der Präsentation hat sich bewährt, so dass sie bis heute in der Pfarrei beibehalten wird.

Pfarrer Georg Götz nutzte den Pfarrbrief mehrmals in unregelmäßigen Abständen, indem er eine beidseitig bedruckte DIN A4-Seite an alle Haushalte verteilte. Er forderte darin die Bevölkerung zu Spenden auf, wobei er auf die Notwendigkeit seiner baulichen Tätigkeit aufmerksam machte, die fehlende infrastrukturelle Entwicklung der Pfarrei ansprach und über das Procedere seiner Bauvorhaben informierte. Pfarrer Hannjürg Neundorfer (1989–1998) führte einen monatlichen Pfarrbrief ein und nannte ihn „*Kirche im Dorf*". Auf einer DIN A3-Doppelseite informierte er die Gläubigen über das liturgisch-pastorale Leben in der Gemeinde.

Als Pfarrer Valentin Tempel im September 1998 in der Pfarrei sein pastorales Wirken begann, führte er diese Tradition weiter, jedoch nennt er diesen Pfarrbrief „*Aktuelles aus der Pfarrei Sankt Peter und Paul – Kemmern*". Er wurde seitdem dreimal im Jahr herausgebracht und an alle Haushalte kostenlos verteilt. Zum September 2005 wurde der Pfarrbrief eingestellt.[10] Er erschien zuletzt als eine einfarbige gebundene DIN A5-Zeitschrift mit 30 bis 40 Seiten und enthielt einen Überblick über das Leben in der kirchlichen Gemeinde Kemmern.

Protokolle des Pfarrgemeinderates

In der pastoralen Amtszeit von Pfarrer Georg Götz (1967–1989) wurde der Pfarrgemeinderat Ende des Jahres 1968 gegründet. Alle erhaltenen Satzungen und Protokolle der Sitzungen befinden sich im Pfarrarchiv.

Wahlplakat zur katholischen Kirchenverwaltung, Kirchenrechnungen, Protokolle der Kirchenverwaltung und Jahresstatistiken

Im Archiv der Pfarrei befindet sich ein Wahlplakat im Format DIN A 3 zur Wahl der katholischen Kirchenverwaltung aus dem Jahre 1964. Im Pfarrarchiv Kemmern sind Kirchenrechnungen aus dem Untersuchungszeitraum fragmentarisch vorhanden und geben Einblick in die finanzielle Situation der Pfarrei. Am Ende eines jeden Jahres findet sich eine Aufstellung in Form einer Ein- und Ausgabenliste, ein Spendenverzeichnis, eine Jahresabschlussstatistik über die einzelnen Sakramentenspendungen, ein Webersteuerverzeichnis sowie ein Inventar- und Reliquienverzeichnis der Pfarrei.

Die Jahresstatistiken der Pfarrei wurden von allen Pfarrern genau geführt und beschrieben. In ihnen sind neben den Sakramentenspendungen (bis zum Weggang von Pfarrer Georg Götz 1989 auch die Anzahl der Osterbeichten) auch die Anzahl der ausgeteilten Hostien, auf das Jahr bezogen, erwähnt.

Aus den Kirchenrechnungen wird ersichtlich, wie die Bevölkerung den Pfarrer jährlich mit Naturalien unterstützte. Obwohl der Pfarrer sein jährliches Gehalt aus den Pfründen der Pfarrei – und später vom Erzbistum Bamberg – erhielt, gehörte die Webersteuer zu den wichtigsten Einnahmequellen des Pfarrers. Jede Familie musste diese Steuer einmal im Jahr in Form einer Naturalabgabe leisten. Das Webersteuerverzeichnis gibt Auskunft über die Spender und über den Umfang der einzelnen Naturalien, die der Pfarrer jährlich erhielt. Innerhalb der Kirchenrechnungen finden sich fragmentarisch Aufzeichnungen von Mitteilungen der Mitglieder der Kirchenverwaltung. Die Notizen sind nicht in Berichtsform abgefasst, sondern befinden sich teils auf den Rechnungen oder auf deren Rückseiten. Das

Pfarrarchiv Kemmern befindet sich im Erzbischöflichen Archiv in Bamberg.

Theaterstücke
Die Ordensfrauen haben Theaterstücke geschrieben und mit den Schülern eingeübt, die zu bestimmten festlichen Anlässen in der Gemeinde aufgeführt wurden. Im Pfarrarchiv findet sich nur noch ein Theaterstück aus dem Jahre 1968: „Das Konzil von Kemmern".

Festreden
Zu bestimmten festlichen Anlässen, beispielsweise Ordensjubiläen, sind von den Vertretern der politischen und kirchlichen Gemeinde oder den Vereinen Vorträge gehalten worden, in denen das Wirken der Schwestern besonders gewürdigt wurde. Ein Teil dieser Reden befindet sich ungeordnet im Pfarrarchiv Kemmern.

Nekrologe
Aufschluss über Lebens- und Eintrittsdaten sowie das Wirken von Schwestern geben die Nekrologien, die zur Gattung der Memorialbücher zählen. Diese Quellengattung hat in den Ordensgemeinschaften eine lange Tradition, denn ihre Aufgabe ist es, Namen für das Totengedenken festzuhalten und zu verwalten.[11] Ihre Geschichte geht bis auf die Martyrologien zurück, in denen die Namen und Sterbedaten von Märtyrern und Heiligen festgehalten wurden. Um die anfallende Flut von Daten zu bewältigen, erhielten diese im Laufe der Jahrhunderte eine chronologische Ordnung, wodurch die eigentliche Form des Nekrologs entstand:

> „Nekrologien lösten die Gedenkbücher seit dem 10. Jahrhundert ab, dienen aber wie diese der Namen- und Personenkunde. Sie spiegeln, über die Liturgiegeschichte hinaus, ebenfalls Binnenstruktur und Außenbeziehungen der Klöster und Kirchen wieder und lassen so, etwa anhand der Königseinträge, auch den jeweiligen ‚Wirkungskreis' erkennen."[12]

Statuten, Regeln und Konstitutionen der Kongregation der Dillinger Franziskanerinnen
Statuten, Regeln und Konstitutionen sind Richtlinien für das Zusammenleben innerhalb einer Schwesternkommunität. In dieser Untersuchung werden anfangs überwiegend die Statuten aus dem Jahre 1883 herangezogen, in denen das tägliche rituelle Ordensleben der Schwestern bestehend aus Gebet, Arbeit und Freizeit, bis ins Kleinste geregelt ist.[13] Es gehörte zum klösterlichen Alltagsleben einer jeden Ordensfrau, diese Regeln und Vorschriften aufs Genaueste einzuhalten. Nur durch eine entsprechende Dispens der vorgesetzten Oberin konnte eine Schwester nach entsprechender Begründung beispielsweise vom täglichen Chorgebet entbunden werden. Die Ordensfrauen lebten in ihren Filialen in Klausur, was die Ordensregeln von 1883 vorschrieben und letztlich eine völlige Zurückhaltung aus dem gesellschaftlichen Leben bedeutete und von der jeweiligen Oberin des Konventes überwacht wurde. Gleichzeitig waren die Ordensfrauen im pädagogischen, religiösen und sozialen Bereich der Gemeinde beschäftigt und somit in das soziokulturelle Leben im Ort integriert. In den einzelnen Ordensfilialen der Dillinger Franziskanerinnen waren die Ordensregeln an den jeweiligen örtlichen Tagesablauf gebunden. Man kann davon ausgehen, dass auch in der Schwesternkommunität Kemmern die Ordensregeln von 1883 und 1951[14] umgesetzt wurden, wie aber die praktische Umsetzung letztlich aussah und zu welchen unterschiedlichen Problemen und Schwierigkeiten es innerhalb der Ordensgemeinschaft gekommen ist, lässt sich in dieser Arbeit nur begrenzt nachweisen. Mt den Konstitutionen aus dem Jahr 1982 wurden für die Ordensfrauen Rahmenvorgaben erstellt, die den Schwestern ihre Grenzen aufzeigen. Sie führten zu einer für die Gemeinschaft weiteren wichtigen Veränderung: Die Kongregation wechselte ihren kirchenrechtlichen Status, wodurch sie nicht mehr direkt dem Bischof von Augsburg unterstellt war, sondern eine Kongregation päpstlichen Rechtes wurde. Die vom Generalkapitel 1981 in endgültiger Fassung überarbeiteten Konstitutionen erhielten am 18. Januar 1982 die Bestätigung vom Hl. Stuhl.[15]

Visitationsberichte
Um einen Einblick in die Missstände, Probleme und Schwierigkeiten im Leben einer Pfarrei zu erhalten, sind die Visitationsprotokolle von großer Bedeutung.[16] In der Pfarrei Kemmern wurden und werden durch das Erzbistum in regelmäßigen Abständen Visitationen durchgeführt. Die mir vorliegenden Protokolle von Visitationen der Pfarrei Kemmern von 1883 bis 1989 sahen stets folgendermaßen aus: Der Erzbischof beauftragte Priester der Diözese, die Pfarrei zu visitieren. Sie führten einen Fragenkatalog mit etwa 160 Fragen mit sich, die in folgende sechs Bereiche aufgeteilt wurden:

– Pastorale Tätigkeit
– Pädagogische Tätigkeit
– Zustand der kirchlichen Gebäude, Gewänder und Geräte
– Mitarbeiter in der Pfarrei
– Finanzielle Situation der Pfarrei
– Verhältnis zu den Gläubigen

Sie mussten in doppelter Ausfertigung zuerst vom Ortspfarrer und anschließend von den Mitarbeitern der Pfarrei beantwortet werden. Bereits einige Wochen vor der Visitation wurden die Fragebögen durch das Erzbistum Bamberg dem Ortspfarrer zugeschickt. Bei der eigentlichen Visitation fand zuerst ein Gottesdienst statt, zu dem die gesamte Gemeinde eingeladen war; anschließend stellten die Visitatoren Fragen an die Schuljugend, wobei vorwiegend Katechismuswissen abgefragt wurde. Nach der öffentlichen Visitation fand ein Gespräch mit dem Ortspfarrer und den Mitarbeitern der Gemeinde – in Kemmern sind dies der Lehrer und die in der Pfarrei beschäftigten Ordensschwestern der Dillinger Franziskanerinnen – statt. Nach einigen Wochen erstellten die Visitatoren auf der Basis der durch die Fragebögen und Gespräche gewonnenen Informationen einen Visitationsbericht, den sie dem Pfarrer und dem Erzbischof vorlegten. Wurden Mängel festgestellt, zählte der Bericht diese detailliert auf und der Pfarrer vor Ort wurde zur Behebung derselben aufgerufen.

Visitationen gab es nicht nur in der kirchlichen Gemeinde, sondern wurden auch innerhalb der Schwesternkommunität in Kemmern – bis 1973 durch die Meisterin der Dillinger Franziskanerinnen und seit der Gründung der Bamberger Provinz durch die Provinzoberin der Dillinger Franziskanerinnen von Bamberg – in regelmäßigen Abständen durchgeführt.

Korrespondenzen
Der überwiegende Teil dieser Arbeit über die Schwesternkommunität der Dillinger Franziskanerinnen stützt sich auf bisher unveröffentlichte Korrespondenzen. Die Schwestern führten einen umfangreichen Schriftverkehr, der zum einen aus offizieller Korrespondenz mit staatlichen und kirchlichen Institutionen (wie Schule, Kindergarten, Pfarrei und staatliches Bezirksamt,) bestand und zum anderen aus regelmäßigen Briefen zwischen den einzelnen Filialen und dem Mutterhaus in Dillingen. Dieser regelmäßige Kontakt zu Filialen und Mutterhaus wird in den Statuten der Dillinger Franziskanerinnen von 1883 vorgeschrieben. Diese schreiben zudem vor, dass der gesamte Schriftverkehr im Mutterhaus in Dillingen zu archivieren ist. Der Schriftverkehr zwischen den kirchlichen und staatlichen Institutionen ist zusätzlich bei diesen Institutionen archiviert worden. Die Briefe zwischen den Filialen und dem Mutterhaus der Dillinger Franziskanerinnen mussten laut Statuten von 1883 bis 1943 (solange die Schwesternkommunität direkt dem Bischof von Augsburg unterstand) als Duplikate an den jeweiligen Ortspfarrer der Filiale geschickt werden, der sie ebenfalls archivieren musste. Die gesamte kirchliche Korrespondenz, welche die Ordensgemeinschaften und die Pfarrei betreffen, befindet sich im Erzbischöflichen Archiv Bamberg.

Wegen dieser vorgeschrieben Archivierungen ist die Korrespondenz der Dillinger Franziskanerinnen in Kemmern heute noch erhalten und zugänglich. Der Schriftverkehr mit den staatlichen und kirchlichen Institutionen sowie die Briefe zwischen der Filiale in Kemmern und dem Mutterhaus der Dillinger Franziskanerinnen bis 1943 ist verteilt im Staatsarchiv in Bamberg, im Erzbischöflichen Archiv in Bamberg und im Staatsarchiv in Würzburg zu finden

Aus dem Archiv der Dillinger Franziskanerinnen in Bamberg konnte aus den letzten 40 Jahren noch einige Korrespondenz zwischen den damaligen Oberinnen in Kemmern und der Provinzleitung der Dillinger Franziskanerinnen zur Forschung herangezogen werden. Durch die frühere Generaloberin Schwester M. Clementine Laufer konnte die Freigabe wichtiger Korrespondenzquellen sowie Nekrologe über das Wirken der Schwesternkommunität in Kemmern erreicht werden. Im Provinzialat der Dillinger Franziskanerinnen in Bamberg befindet sich in einer Akte über die Filiale Kemmern eine Lose-Blatt-Sammlung verschiedener Quellen. Ob und in welchem Umfang der Schriftverkehr der Filiale der Dillinger Franziskanerinnen in Kemmern im Mutterhaus in Dillingen archiviert ist, war nicht nachzuprüfen. Neben der Korrespondenz der Dillinger Franziskanerinnen ist der Briefverkehr des Pfarrers mit dem Erzbischöflichen Ordinariat auf liturgisch-pastoraler Ebene beachtenswert. Es finden sich darin Aufzeichnungen, die das Schul-, Gemeinde- und Vereinswesen betreffen.

Protokollbücher der Gemeinde
Protokollbücher enthalten Protokolle der Gemeinderatssitzungen. In seiner Funktion als Gemeindeschreiber verfasste der Lehrer der Knabenschule bis 1941 (später ein Mitglied des Gemeinderats) einzelne Berichte anlässlich von Gemeinderatssitzungen, die sich im Protokollbuch der Gemeinde befinden. Für meine Arbeit habe ich die Einträge aus den Protokollbüchern von 1911 bis 1953 verwendet. Eine Einsicht in die Protokollbücher der Gemeinde der letzten 50 Jahre war aus datenschutzrechtlichen Gründen nicht möglich.

Über die Zeit des Nationalsozialismus gab es in der Gemeinde noch eine Geheimakte, die der jeweilige Bürgermeister aufbewahrte. Als Bürgermeister Alois Förtsch 2002 die Amtsgeschäfte an Rüdiger Gerst übergab, erhielt dieser auch diese Geheimakte. Für die Erstellung dieser Arbeit erhielt ich durch Bürgermeister Rüdiger Gerst Einblick in diese Akte und konnte dabei bisher noch unveröffentlichtes

Quellenmaterial für meine Arbeit verwerten. Diese Akte ist eine lose Blattsammlung und enthält Aufzeichnungen über die Nationalsozialistische Partei in Kemmern sowie über die Bürgermeister des Ortes. Hauptteil dieser Sammlung sind Streitigkeiten, welche die Nationalsozialisten mit der Bevölkerung führten. Die Akte in den Händen des Bürgermeisters ist im Gemeindearchiv öffentlich einsehbar.

Notarielle Urkunden
In dieser Arbeit werden notarielle Urkunden über Schenkungen an den Konvent der Dillinger Franziskanerinnen verwendet. Sie umfassen die Jahre 1890 bis 1910 und sind im Staatsarchiv in Würzburg zu finden. Neuere notarielle Urkunden waren aus rechtlichen Gründen nicht einsehbar.

Diagramme
Es wurde ebenfalls statistisches Datenmaterial über die politische, kirchliche, schulische und vereinsmäßige Entwicklung der Gemeinde bei den unterschiedlichen Institutionen wie der Pfarrei, der Gemeinde, der Schule und in den Archiven der einzelnen Vereine gefunden und ausgewertet.

Filme und Fotos
Auch zahlreiche Fotos und insgesamt 14 Filme mit einer Gesamtlänge von 30 Stunden, die in der Gemeinde Kemmern entstanden sind, wurden gesichtet. Das reichhaltige Filmmaterial bestand überwiegend aus Vereinsfilmen, die vor Jahren unter großen Aufwendungen von Bürgern der Gemeinde angefertigt wurden, doch bis heute wenig Beachtung innerhalb der Bevölkerung fanden.

Literatur
In der Arbeit habe ich historisch-theologische, soziologische und pädagogische Fachliteratur verwendet. Speziell zu historisch-theologischen Themen wurde von mir vor allem Literatur aus dem fränkischen Gebiet sowie aus der Stadt Bamberg und deren Umgebung herangezogen. Um die historische Entwicklung von Kemmern dazustellen, verwendete ich neben den genannten Quellen noch die Chronik des Heimatforschers Konrad Schrott. Gleichzeitig kommt der Literatur zur bayerischen und schwäbischen Kirchengeschichte, speziell zur Ordensgeschichte der Dillinger Franziskanerinnen, eine große Bedeutung zu.

Telefonate
Zur Nachfrage über spezielle Ereignisse sowie zur Vergewisserung und Bestätigung von aktuellen Daten bei unterschiedlichen Institutionen, die mit der Thematik der Arbeit zu tun hatten, dienten häufig Telefonate.

2.2 Auswertungsmethoden und Anwendung der Quellen

Befragungen
Die Interviews wurden ausgewertet, indem ich als ersten Schritt die Tonbandaufzeichnung angehört und schriftlich fixiert habe. Dies diente zum einen dazu, das narrative Interview in schriftlicher Form – und somit für eine Textanalyse zugänglich – vorliegen zu haben. Anschließend wurde der Text von mir in zusammenhängende Sinnabschnitte eingeteilt, mit Überschriften versehen und kategorisiert. Um den Text zu reduzieren, habe ich dann private Mitteilungen, Wiederholungen und nicht zur Thematik gehörende Informationen ausgemerzt.

Im Hauptteil meiner Arbeit finden sich sehr viele Zitate aus den unterschiedlichen Befragungen. In ihnen spiegeln sich auch direkt für den Leser zugängliche Informationen über die Lebenswelt und Lebensumstände der Befragten wie beispielsweise die Einfachheit und Schlichtheit der Bevölkerung. Weiterhin drücken die Zitate sehr deutlich die enge Beziehung der Befragten zu den einzelnen Autoritäten aus. Bereits drei oder vier Sätze aus der Befragung bringen oft Lebensumstände, Lebensgewohnheiten, Ausbildungsstand, innere Einstellung des Befragten auf den Punkt – viel besser und prägnanter als jede Beschreibung und Analyse das könnte. Ferner ermöglichen die Zitate Vergleiche zwischen einzelnen Personen und deren individuelle Sichtweisen des Erlebten. Gleichzeitig werden die starken Kontraste durch den persönlichen Hintergrund jedes Einzelnen deutlich herausgestellt.

Einige Aussagen der Befragten bedurften der Erläuterung und Nachforschung, weil Zusammenhänge und Hintergründe mancher Äußerungen unklar waren. Dazu waren teilweise vergleichende Analysen mit anderen Textquellen sowie narrativen Interviews oder auch das Studium von Fachliteratur (z.B. zur Pädagogik der sechziger Jahre) notwendig. Außerdem mussten fränkische Ausdrücke und Ausdrucksweisen eindeutig ge- und erklärt werden.

Die Interviews waren allerdings auch mit vielen Schwierigkeiten verbunden. Das gravierendste Problem war, dass die Befragten häufig nichts Negatives, Belastendes oder Kritisches über die Dillinger Franziskanerinnen und sonstige Mitbürger äußern wollten. Ich kannte diese Leute persönlich, daher war die Hemmschwelle, mir etwas zu erzählen, insgesamt deutlich geringer als bei einem Fremden. Allerdings waren sich alle Befragten darüber im Klaren, dass ich eine wissenschaftliche und vor allem kritische Aufarbeitung ihrer Kemmerner Geschichte vornehmen wollte, was eine starke Zurückhaltung der Befragten zur Folge hatte. Eine weitere Schwierigkeit bestand in der im katholischen Milieu verankerten Neigung zu impliziten Wertungen, die bei der Erwähnung bestimmter Worte bei den Befragten sofort positive oder negative Konnotationen hervorriefen. Bei den aus dem Milieu stammenden und im Milieu erzogenen Befragten musste ich mir daher stets bewusst sein, dass die moralischen Wertvorstellungen des Katholizismus immer mitschwangen und wahrscheinlich oft auch Auskünfte verhinderten.[17] Manchmal gestaltete sich das Interview recht schwierig, oft musste ich erst wieder zum Ausgangspunkt der Frage zurückkehren, denn gerade ältere Leute öffneten sich oft erst nach 20 bis 30 Minuten einem Gespräch und neigten außerdem dazu, abzuschweifen. Skepsis brachten viele dem Aufnahmegerät entgegen, das für sie eine gewisse Gefahr dazustellen schien, so dass einige Fragen nicht oder nur unvollständig beantwortet wurden. Erst als das Gerät abgeschaltet war, lieferten sie mehr Informationen, wollten aber namentlich nicht damit in Verbindung gebracht werden. Umso außergewöhnlicher war es, dass viele unerwarteterweise bei der Befragung dennoch sehr offen waren. Zuweilen riefen Interviews auch eine völlige Blockade hervor, wie im Falle einer 90jährigen Frau, die ich im Altersheim in Bamberg befragt habe. Das Interview musste abgebrochen werden, weil die Befragte durch ihre Erinnerungen zu sehr aufgewühlt wurde und in Tränen ausbrach. Ich konnte das Gespräch erst zwei Wochen später wieder aufnehmen, wobei sie sich nur sehr vorsichtig über die Schwestern äußern wollte.

Zusammenfassend ließe sich sagen, dass die Bevölkerung auf Grund des engen Zusammenlebens innerhalb der Dorfgemeinschaft über das Leben der Schwestern und das Innenleben des katholischen Milieus sehr gut Bescheid wusste, doch kaum bereit war, darüber Auskunft zu geben. Gerade die ältere Bevölkerung der Gemeinde ist über die Thematik gut unterrichtet, da sie das Wirken der Schwestern und die unterschiedlichen Aktivitäten des katholischen Milieus der Gemeinde in verschiedenen Bereichen noch selbst erfahren hat. Zur effektiven Analyse und Interpretation für die wissenschaftliche Arbeit eigneten sich letztlich nur 50 der 110 geführten narrativen Interviews.[18] Diese 50 Befragungen sind so aussagekräftig, dass sie in allen Teilen dieser Arbeit die zentralen Quellen bilden. Die Kurzfragebögen lieferten kein für diese Arbeit verwendbares Material.

Die im Folgenden aufgeführten vielfältigen Textquellen sind alle im Sinne der qualitativen Sozialforschung ausgewertet worden. Jede Quelle habe ich zunächst einmal als Ganzes gelesen, um einen Gesamteindruck zu erhalten. Anschließend habe ich den Text in Sinnabschnitte gegliedert. Dann habe ich die für die jeweilige Fragestellung irrelevanten Abschnitte herausgestrichen. Die restlichen Sinnabschnitte habe ich im Zusammenhang mit der jeweiligen Fragestellung ausgewertet, indem ich Inhalte zusammengehöriger Sinnabschnitte zusammengefasst oder wie etwa bei den narrativen Interviews treffende Zitate herausgeschrieben habe. Bei einigen Textstellen war es für ein tieferes Verständnis notwendig, Hintergrundinformationen in der Fachliteratur nachzulesen und in die Arbeit einfließen zu lassen. Häufig führte eine vergleichende Analyse mehrerer Quellen (z.B. Zeitungsartikel, narrative Interviews und die Festschriften eines Vereins) zu erhellenden Erkenntnissen.

Zeitungen

Die Verwendung von Zeitungsberichten ist stets problematisch, besonders, wenn sie die einzigen vorhandenen Quellen zu einem bestimmten Sachverhalt sind, weil stets berücksichtigt werden muss, dass die Berichte nicht von einem außenstehenden, unabhängigen Autor verfasst wurden. Vor allem während der ersten Jahre ist die Berichterstattung über die Gemeinde Kemmern von einem Milieuträger der Gemeinde, wahrscheinlich dem Lehrer oder Pfarrer verfasst worden. Auch heute ist noch eine unabhängige lokale Berichterstattung über kirchliche, politische und gesellschaftliche Ereignisse des Landkreises Bamberg nicht gewährleistet. Die abgedruckten Berichte über Kemmern werden noch immer von einem Mitglied der Gemeinde erstellt, wenn auch seit September 1989 die politische Gemeinde offiziell einen freien Redakteur mit dieser Tätigkeit beauftragt hat.[19]

Obwohl mir die Problematik der Verwendung von Zeitungsberichten bewusst ist, kann auf diese Quellengattung in dieser Arbeit nicht verzichtet werden. Zeitungen sind in vielen Fällen die einzige Quelle, da weder in der umfangreichen Dorfchronik Kemmerns von Konrad Schrott noch in den Archiven der Pfarrei und der Gemeinde exakte Angaben vorhanden sind. Daher war ich gezwungen, ohne genauere zeitliche Angaben in der Staatsbibliothek Bamberg, in der alle regionalen und überregionalen Zeitungen des Landkreises Bamberg lückenlos aufbewahrt werden, nach Einträgen über die Pfarrei und die Gemeinde zu suchen. Bis Ende des Jahres 1989 konnte ich Zeitungsartikel des *Bamberger Volksblatts* mit Zeitungsberichten des *Bamberger Tagblattes* und später mit denen des *Fränkischen Tages* vergleichen. Auf katholischer Ebene war noch eine Analyse mit der Bistumszeitung des Erzbistums Bamberg, dem *St. Heinrichsblatt,* möglich. Bei der Analyse von Berichten über gleiche Ereignisse fällt auf, dass das *Bamberger Volksblatt* viel ausführlicher berichtete als das *Bamberger Tagblatt*. Die Zeitungsredaktion des *Bamberger Volksblatts* war überwiegend katholisch, so dass bei katholischen Themen kritische Berichterstattung nur bedingt möglich war. Hingegen berichtete das *Bamberger Tagblatt* viel kritischer, doch es finden sich dort bzw. im Nachfolgeblatt, dem *Fränkischen Tag*, weniger religiöse Ereignisse, was die Berichterstattung bis zum Ende des Jahres 1969 betrifft. Bis gegen Ende der 80er Jahre fällt bei einem Vergleich des *St. Heinrichsblattes* mit dem *Fränkischen Tag* auf, dass im Bistumsblatt über kirchliche Ereignisse aus dem Dekanat Hallstadt/Schießlitz nur faktenmäßig, ganz kurz und in unübersichtlicher Form in einer kleinen Spalte mit der Überschrift „Aus dem Dekanat Hallstadt/Schießlitz" berichtet wurde. Damit der Leser die gesuchten Ereignisse überhaupt finden kann, muss er sich durch andere Quellen erst einmal genauere Informationen über die gesuchte Begebenheit verschaffen, denn die kirchlichen Berichte sind sehr unübersichtlich abgedruckt. Wenn überhaupt Berichte zu kirchlichen Geschehnissen im Bistumsblatt vorhanden sind, dann findet sich vor dem jeweiligen Bericht über das entsprechende Ereignis in fetten Lettern die entsprechende Ortsangabe geschrieben. Anders sind die Berichte im *Fränkischen Tag* aufgebaut. Wenn beispielsweise Artikel zu kirchlichen Ereignissen in der Rubrik des Landkreises Bamberg gedruckt sind, dann findet sich dazu eine detaillierte Beschreibung über den Ablauf des Ereignisses. Die grafische Präsentation des Textes in der Tageszeitung ist übersichtlich und oftmals sind die Berichte mit einem Schwarzweißbild versehen.[20] Seit Mitte des Jahres 2005 wurde das gesamte grafische und textliche Layout des *Fränkischen Tages* neu gestaltet und angeordnet, so dass sich jetzt fast jede Woche mehrere Berichte mit verschiedenen farbigen Bildern von unterschiedlichen Ereignissen in der Tageszeitung finden. Seit September 1989 werden auch die Berichte im *St. Heinrichsblatt* von einem freien Redakteur, den die Gemeinde offiziell beauftragt hat, erstellt. Die Berichte sind inhaltlich informativer und aussagekräftiger formuliert als zuvor. Gleichzeitig hat sich Mitte der 90er Jahre auch die Präsentation der Wochenzeitung verändert, somit kommt den kirchlichen Ereignissen aus dem Dekanat Hallstadt/Schießlitz eine größere Bedeutung zu. Dies wird dadurch deutlich, dass die Berichte übersichtlicher und von der Redaktion oftmals mit Bildern (seit 2000 auch farbig) vom entsprechenden Ereignis versehen sind.

Für eine weitere Analyse dieser Arbeit waren Vergleiche von Zeitungsberichten mit Protokollbüchern und Festschriften der Vereine, Gottesdienstordnungen, Pfarrbüchern, Verkündbüchern, Chroniken, Handzetteln, Reden und narrativen Interviews notwendig. Dabei ist festzuhalten, dass neben den narrativen Interviews Zeitungsberichte die wichtigste und bedeutendste Quelle für diese Arbeit sind. Ohne die Zeitungsberichte könnte keine Aussage über eine prozesshafte Veränderung getroffen werden.

Chroniken

Sowohl in der Schul- als auch in der Kindergartenchronik sind die Berichte sehr ausführlich, aber mit vielen persönlichen, emotionalen Beschreibungen und Sichtweisen der jeweiligen Autorinnen versehen. Bei einer vergleichenden Analyse der Chroniken mit den narrativen Interviews, mit den Zeitungen und den Berichten des Pfarrgemeinderates und der Kirchenverwaltung sowie mit den Gottesdienstordnungen erkennt man, dass Probleme und Schwierigkeiten mit Institutionen, die beispielsweise beim ersten und zweiten Kindergartenbau aufgetreten sind, in den Chroniken einfach unerwähnt bleiben. Ebenso werden Konflikte und Meinungsverschiedenheiten zwischen Ordensfrauen und der Bevölkerung oder den Ordensfrauen untereinander so gründlich verschwiegen, dass z. B. weder der Weggang noch die Verabschiedung einer Mitschwester erwähnt sind. Wenn hingegen bei Geburtstagsfeierlichkeiten, Einweihungs-, Priester- und Ordensjubiläen Ansprachen gehalten wurden, dann sind diese im Bericht wörtlich wiedergegeben worden; weiterhin sind äußere Rituale der Feierlichkeiten bis ins Kleinste genau beschrieben. Um das gesamte Ereignis lebendig darzustellen, sind neben dem Bericht auch viele farbige Fotos abgebildet. Im Gegensatz dazu beschränken sich die Zeitungsberichte hier auf eine Beschreibung des eigentlichen Ereignisses. Die Chroniken sollten bei künftigen Generationen wohl einen ausschließlich positiven Eindruck der christlichen Erziehung durch die Ordensfrauen in der Gemeinde erwecken. Die Beziehungen und Verhältnisse der Ordensfrauen untereinander und zur Bevölkerung sind stets idealisierend dargestellt. Den einzelnen Berichten fehlt die kritische Sichtweise, daher sind sie für eine wissenschaftliche Auswertung nur bedingt zu verwenden.

Verkünd- und Predigtbücher

Wichtige kirchliche Verlautbarungen sind im Predigtbuch sehr ausführlich und im Verkündbuch nur stichpunktartig erwähnt. Für eine wissenschaftliche Auswertung ist daher eine vergleichende Analyse beider Bücher notwendig. Diese Primärquellen sollten niemals isoliert gesehen werden, sondern müssen immer im Gesamtzusammenhang mit anderen Quellen bewertet werden. Nicht alle Priester führten so ausführlich und intensiv Buch, wie dies Gottfried Arnold getan hat. Manche beschränken sich in ihrem Verkündbuch auf wesentliche Daten und liturgische Ereignisse, wobei sie im Predigtbuch oft ihre Meinung und Kommentare zu bestimmten pastoralen Ereignissen niederschreiben.

Bei einer vergleichenden Analyse von Verkündbüchern mit den Zeitungsberichten ist festzuhalten, dass der Verfasser beider Quellen oftmals der Pfarrer war. Über besondere Ereignisse berichtete er in Stichpunkten recht ausführlich. Wenn er über das gleiche Ereignis im *Bamberger Volksblatt* schrieb, beschreibt er noch viel detaillierter alle liturgisch-rituellen Handlungen bis ins kleinste Detail. Ein Beispiel:

> Der Domkapitular Ritter von Stahl (Mitglied des Metropolitankapitels Bamberg) trug beim Einzug in die Gemeinde den Brokatrauchmantel der Pfarrei. Die Bevölkerung säumte winkend den Weg. Die Kinder streuten Blumen für den hohen Gast. Alle Häuser entlang des Weges waren beflaggt und die Fenster prangten mit Blumen, um dem Hochwürdigen Herrn Domkapitular, der als Vertreter des Herrn Erzbischofs die Gemeinde besuchte, einen würdigen Empfang zu bereiten.[21]

Der Leser soll den Eindruck bekommen, dass das Erzbistum Bamberg seine Aufmerksamkeit auch auf die kleine unbedeutende Gemeinde im Landkreis Bamberg richtet und dass die Bevölkerung für den Ehrengast in gleicher Weise ein Begrüßungsritual ausrichtet wie dies in anderen Gemeinden des Erzbistums üblich war.

Gottesdienstordnungen und Pfarrbriefe

Im Vergleich zu den Verkündbüchern haben die Gottesdienstordnungen für meine Nachforschungen den Vorteil, dass alle Informationen korrekt und aktuell sind. Dies liegt daran, dass man liturgische Feierlichkeiten hier nicht mehr ohne große Probleme nachtragen konnte, weil bereits eine Woche vorher der Inhalt der Gottesdienstordnungen geplant und organisiert sein musste. Der Nachteil der Gottesdienstordnungen im Vergleich zu den Verkündbüchern besteht darin, dass sie öffentlich in der Gemeinde auslagen und von jedem einsehbar waren. Sie enthielten aus diesem Grund keine detaillierten und persönlichen Informationen über das pastorale Leben der Gemeinde. Pfarrbriefe sind ausführlicher als die Gottesdienstordnungen gestaltet, der Pfarrer erhält eine weitere Möglichkeit, sich direkt an die Bevölkerung zu wenden.

Protokolle des Pfarrgemeinderates

Aus der Amtszeit von Pfarrer Georg Götz (1967–1989) sind Satzungen und Protokolle von den Sitzungen des Pfarrgemeinderates nur aus der Anfangszeit erhalten. So gab es beispielsweise im Dezember 1968 erstmals sogar eine öffentliche Pfarrgemeinderatssitzung und eine Pfarrbefragung in der Pfarrei, deren Ergebnis noch erhalten ist. Über spätere Pfarrversammlungen oder Umfragen – falls solche stattgefunden haben sollten – sind keine Dokumente erhalten. Protokolle über Berichte zu den einzelnen Pfarrgemeinderatssitzungen sind nur fragmentarisch vorhanden. Erst seit dem pastoralen Wirken von Pfarrer Hannjürg Neundorfer (1989–1998) sind Protokolle von Pfarrgemeinderatssitzungen chronologisch geordnet und lückenlos vorhanden. Bei deren Analyse fällt auf, dass sie in einer ganz einfachen und direkten Sprache formuliert sind. In ihnen sind keine Meinungsverschiedenheiten oder Kritiken an den Handlungen und Vorschlägen des Pfarrers (oder der Schwestern) erwähnt. Aus einer vergleichenden Analyse der Pfarrgemeinderatsprotokolle mit den Zeitungsartikeln sowie den Protokollen der katholischen Kirchenverwaltung und mit den narrativen Interviews konnte ich schlussfolgern, dass die in den Protokollen geschilderten Fakten alle korrekt sind. Daher liefert die Gesamtheit der Protokolle – trotz der oben erwähnten Problematiken und Vorbehalte – einen Einblick in das Innenleben der Pfarrgemeinde und den Wandlungsprozess der Gemeinde.

Kirchenrechnungen, Protokolle der Kirchenverwaltung und Jahresstatistiken

Die verschiedenen Statistiken und Aufzeichnungen geben einen Einblick in das liturgisch pastorale Leben der Pfarrei. Beispielsweise lassen die Kirchenrechnungen auf die Vermögenssituation der Pfarrei schließen und die Spendenaufzeichnungen sagen etwas über die Spendenfreudigkeit der Bevölkerung aus. Bei einer Analyse der unterschiedlichen Statistiken und Verzeichnisse lässt sich schon aufgrund der genauen und detaillierten Aufzeichnung feststellen, dass die zahlenmäßige Erfassung der Sakramentenspendungen von den damaligen Pfarrern ganz korrekt und wahrheitsgetreu aufgezeichnet wurde.

Theaterstücke

Aus dem Film über die Schuleinweihung von 1965 und aus den Zeitungsberichten über die verschiedenen festlichen Anlässe in der Gemeinde Kemmern geht hervor, dass es mehrere Theaterstücke gegeben hat. Diese sind aber bis auf *„das Konzil von Kemmern"* verloren gegangen.

Festreden

Ich habe die bei kirchlichen und gesellschaftlichen Feierlichkeiten gehaltenen Reden mit den Berichten in den lokalen Tageszeitungen verglichen. Zuerst habe ich überprüft, ob die Rede im Zeitungsbericht überhaupt erwähnt wird. Dann ging es mir darum, zu sehen, ob der Redner in der Zeitung namentlich erwähnt und ob aus der Rede zitiert wird. Wenn dies alles zutraf, interessierte es mich, ob die gesamte Rede im Bericht abgedruckt ist oder ob nur gewisse Absätze, Sätze oder Wörter aus der Rede zitiert werden. Bei einer vergleichenden Analyse desselben Ereignisses ging es darum, zu sehen, was letztlich die Zeitungen über das gleiche Ereignis berichteten.

Nekrologe
Neben den Namen und Sterbedaten sind häufig mehr oder weniger ausführliche Informationen über das Leben der verstorbenen Person festgehalten, allerdings nicht über jede Schwester gleichermaßen. So wird beispielsweise der Tätigkeitsbereich einer Lehr- oder Krankenschwester an ihren unterschiedlichen Wirkungsorten mitunter sehr detailliert beschrieben, während bei einer Laienschwester[22] oder anderen mit „geringerwertigen" Tätigkeiten betrauten Ordensfrauen der Nekrolog oftmals nur tabellarisch, d. h. nur mit Nennung von Einsatzorten und Jahreszahlen, geführt wird.

Bei der Auswertung von Nekrologen aus der Gemeinschaft der Dillinger Franziskanerinnen kann man feststellen, dass in den Jahren von 1890 bis 1975 ein von kindlich anmutender Frömmigkeit geprägter Stil gegenüber historischen Fakten vorherrscht. Diese Art der Nekrologbeschreibung hat sich bei der Kongregation seit der Aufteilung in drei verschiedene Ordensprovinzen Anfang der siebziger Jahre verändert. Bei der jeweiligen Provinzleitung gewann der Lebensweg der einzelnen Ordensfrau an Bedeutung, zugleich wurde deren persönliche Entfaltung und Entwicklung neu entdeckt. Es gibt seitdem von der Provinzoberin für jede verstorbene Schwester einheitlich in Berichtsform gestaltete, sehr ausführlich formulierte Nekrologe, die neben dem religiösen Bezug auch Sozialisationselemente und historische Fakten beinhalten.[23]

Ich habe der Übersichtlichkeit wegen alle Nekrologe der Ordensfrauen, die gebürtig aus der Pfarrei Kemmern sind, in einer Tabelle zusammengestellt. Somit erhielt ich ein Nachschlagswerk, in dem alle Lebensdaten der Schwestern nach gewissen Kriterien geordnet sind und sich vergleichend gegenüberstehen. Bei allen Ordensfrauen der Dillinger Franziskanerinnen, die in der Gemeinde tätig waren, habe ich deren Originalnekrolog mit den narrativen Interviews verglichen.

Regeln und Statuten bzw. Konstitutionen der Kongregation der Dillinger Franziskanerinnen
Ich habe die Regeln und Statuten bzw. Konstitutionen von 1883, von 1951 und von 1982 miteinander verglichen. Anschließend habe ich die Konstitutionen den narrativen Interviews gegenübergestellt, wobei mir folgende Frage wichtig war: Was haben die Befragten über die Ordensfrauen ausgesagt und wie hätten die Ordensfrauen laut Regeln und Statuten bzw. Konstitutionen aussehen sollen?

Visitationsberichte
Die Visitationsprotokolle des Erzbistums Bamberg und die des Bezirksamtes Bamberg I – später Landratsamt Bamberg – sind von mir miteinander verglichen worden. Dabei stellte ich fest, dass in den Protokollen einmal die positiven Entwicklungen dargestellt und zum anderen die bisherigen Veränderungsprozesse aufgezeigt wurden. In gleicher Weise legte der Bericht den verantwortlichen Institutionen auf kirchlicher und politischer Ebene auch klar und deutlich die Missstände und Probleme der Gemeinde dar. Er setzte den Verantwortlichen in den einzelnen Institutionen eine Frist, in der sie diese Schwierigkeiten beseitigen sollten, ansonsten drohte ihnen eine Geldstrafe. Bei der vergleichenden Analyse mit den narrativen Interviews war mir wichtig zu erfahren, ob die Befragten überhaupt mitbekommen haben, dass es in der Gemeinde bei den einzelnen Institutionen Visitationen gab und was sie von diesen erfahren haben. Hier war mir vor allem wichtig, von den befragten Personen zu erfahren, welche Mängel benannt werden und wie sie benannt werden, ob sie eventuell geschönt dargestellt oder wahrheitsgetreu wiedergegeben werden.

Die Visitationsprotokolle vom Bezirksamt Bamberg I konnte ich mit den Zeitungsberichten vergleichen und feststellen, welche positiven Prozesse und welche Mängel und Probleme, die während der abgehaltenen Visitation herauskamen, letztlich dem Leser in der Zeitung mitgeteilt wurden.

In dieser Arbeit kommt den Visitationsprotokollen eine besondere Bedeutung zu, weil sie die einzigen schriftlichen Quellen sind, in denen eine Person von außerhalb Lebenszustände und -umstände der Gemeinde Kemmern überprüfte und zu einem Ergebnis gelangte, welches schriftlich festgehalten wurde. Wenn beispielsweise bei einer kirchlichen Visitation beauftragte Priester des Erzbischofs die Visitation durchführten, stellt sich auch heute noch die Frage, wie unabhängig diese Personen dies taten. Ebenfalls offen bleibt, zu welchen Visitationsergebnissen sie letztlich gelangten.

Korrespondenzen
Bei der gesamten mir vorliegenden Korrespondenz der Dillinger Franziskanerinnen sowie dem mir vorliegenden Briefverkehr zwischen dem Pfarrer von Kemmern und dem Erzbischöflichen Ordinariat Bamberg fielen mir besonders die Sprachstile innerhalb der einzelnen Briefe auf.

Protokollbücher der Gemeinde, Geheimakte des Bürgermeisters
Die verschiedenen Protokollbücher aus den zwanziger Jahren sind für diese Arbeit von großer Bedeutung. Es lassen sich aus den jeweiligen zusammenhängend formulierten Berich-

324 // I. Einführung

ten des Schriftführers Informationen über unterschiedliche Aktivitäten und Festlichkeiten sowohl von der politischen als auch von der kirchlichen Gemeinde ablesen. Die Berichte sind sehr ausführlich und detailliert beschrieben, die Sorgfalt, Übersichtlichkeit und Genauigkeit der einzelnen Berichte hing dabei vom jeweiligen Lehrer ab. So findet sich im Protokollbuch über den Zeitraum von 1911 bis 1920 jeweils am Anfang ein Verzeichnis über die einzelnen Gemeinderatssitzungen, die im betreffenden Jahr stattfanden. Schwieriger ist dies schon bei den Berichten von 1920 bis 1934. Ich habe an manchen Stellen der Arbeit für diesen Zeitraum auch diese Protokollbücher als Quellen verwendet, jedoch musste ich die Informationen noch mit anderen Quellen untermauern. Das Protokollbuch von 1935 bis 1945 enthält nur einige Seiten, auf denen Parteipropaganda der Nationalsozialistischen Partei Kemmerns und propagandistische Ziele und Vorhaben vermerkt sind. Im Protokollbuch von 1945 bis 1953 fehlt eine klare Gliederung der einzelnen Sitzungsberichte. Es finden sich nur noch stichpunktartige Informationen über verschiedene Aktivitäten von unterschiedlichen politischen und kirchlichen Ereignissen in der Gemeinde. Für die weitere Analyse der Arbeit war ich daher gezwungen, noch andere Quellen hinzuzuziehen. Bei einer vergleichenden Analyse mit den Zeitungsberichten und den Interviews konnte ich feststellen, ob alle Ergebnisse einer Gemeinderatssitzung in den Zeitungen erwähnt waren und ob Befragte sich noch an Einzelheiten der Gemeinderatssitzungen erinnern konnten. Für die Zeit des Nationalsozialismus kommt der während dieser Zeit vom Bürgermeister geführten Geheimakte große Bedeutung zu, da die Quellenlage speziell über diese Zeit sehr dürftig ist. Die Protokollbücher der letzten 50 Jahre sind dagegen nicht weiter wichtig.

Notarielle Urkunden
Notarielle Urkunden habe ich in dieser Arbeit vor allem bei der Untersuchung des Baus der ersten Kleinkinderbewahranstalt verwendet.

Fotos
Die gesammelten Fotos mussten historisch und zeitlich eingeordnet werden, wobei die Frage hilfreich war, wer wann, warum und zu welchem Anlass die Aufnahme gemacht hat. Nach einer kurzen Bildbeschreibung stellte ich anschließend Überlegungen an, was dieses Bild in Bezug auf die zu untersuchende Thematik aussagt. Durch Sekundärliteratur konnten die Fotos in einen übergeordneten Zusammenhang gestellt sowie thematisch und chronologisch in Sinnabschnitte geordnet werden. Jedes Foto wurde mit einem Text versehen, mit dem auf die wesentlichen aussagekräftigen Elemente des Bildes aufmerksam gemacht wird.

Meine Dissertation umfasst neben dem Textband eine Bilddokumentation im zweiten Band, auf welche in dieser Veröffentlichung aus Platzgründen verzichtet werden musste.

Filme
Ebenfalls im zweiten Band meiner Dissertation befindet sich auf einer DVD ein von mir zusammengestellter Film, der die Festkultur der Gemeinde von 1965 bis 2002 darstellt. Vom 5. Februar bis zum 31. Mai 2003 erfolgte in den Räumen des Instituts für Kommunikationswissenschaften der Westfälischen Wilhelms-Universität Münster die Zusammenstellung dieses Filmes aus dem Bildmaterial der fünf Filme und einiger Fotos.[24] Diese fünf unterschiedlichen Filme sind von mir zuerst als Ganzes betrachtet worden, dann habe ich unterschiedliche Szenen herausgeschnitten und zu einem Film zusammengestellt. Dieser Film besteht aus 36 verschiedenen Filmszenen, wobei ich bei den Szenen Nr. 20 bis Nr. 36 zusätzliche Einblendungen eingefügt habe. Der von mir so zusammengeschnittene Film stellt den Versuch dar, das Ergebnis der Filmanalyse der fünf Filme in Form eines Filmes zu dokumentieren und die Aussage des Hauptteiles dieser Arbeit über die Entwicklung des katholischen Milieus in Kemmern filmisch darzustellen.

Internet
Für das wissenschaftliche Arbeiten konnte das Internet von mir nur bedingt genutzt werden, denn bei einer vergleichenden Analyse mit anderen Quellen erkannte ich viele Lücken und Fehler im Inhalt mancher Homepages. Bei dieser Quelle fehlte mir die Sicherheit, wie lange auf die angegebene Seite überhaupt zugegriffen werden kann, da jederzeit Seiten ins Internet gestellt und herausgenommen werden können.

Telefonate
Es gibt keine Aufzeichnung der geführten Gespräche. Bei allen Telefonaten ging es ausschließlich nur um Nachfragen oder Auskünfte, die aktuelle Ereignisse betrafen.

II DIE DILLINGER FRANZISKANERINNEN IN KEMMERN

1. Der Konvent der Dillinger Franziskanerinnen in Kemmern

1.1 Gründung der Schwesternkommunität der Dillinger Franziskanerinnen

In einem Schreiben vom 6. November 1889 nahm Pfarrer Gottfried Arnold zum ersten Mal Kontakt mit der Meisterin Schwester M. Angelina Schmid von der Ordensgemeinschaft der Dillinger Franziskanerinnen auf. Er bat sie um die Zuteilung einer Ordensschwester als Lehrerin für die Mädchenschule.[25] Aus dem Brief geht hervor, dass bereits über die Schwestern in Michelfeld aus demselben Orden seit dem Jahr 1885 eine Verbindung zwischen Pfarrer Arnold und den Dillinger Franziskanerinnen bestand. Den geplanten und bereits von der Gemeinde genehmigten Schulhausneubau beschreibt Pfarrer Gottfried Arnold sehr detailliert, um den Schwestern in Dillingen ein genaues Bild von der Wohn- und Arbeitssituation vor Ort zu vermitteln. Die geschilderte Bauplanung wird als „unabänderlich"[26] bezeichnet, die Arbeiten waren demnach schon vergeben.[27]

Somit wurden die Schwestern in dieser Hinsicht vor vollendete Tatsachen gestellt. Im zweiten Briefabschnitt findet das Bemühen von Pfarrer Arnold Ausdruck, die Entlohnung der Lehrschwester, die anstelle eines weltlichen Schulverwesers ihren Dienst leisten soll, sicherzustellen. Dieser Ordensfrau wird im Brief ein festes Gehalt von jährlich 550 Mark verbindlich in Aussicht gestellt, was sich aus 500 Mark, die von der Gemeinde aufgebracht werden sollen (zuzüglich der Deckung der Heizkosten) und 50 Mark aus Kreismitteln zusammensetzt. Zur Finanzierung dieser Kosten erklärt Pfarrer Arnold seine Bereitschaft, 6000 Mark aus privaten Mitteln zur Verfügung zu stellen. Durch dieses Angebot Arnolds eröffnete sich für die Gemeinde eine günstigere finanzielle Situation als im Falle der erforderlichen Besoldung eines weltlichen Schulverwesers mit rund 430 Mark.[28]

Pfarrer Arnold drückt sein Bemühen aus, das Gehalt der Schwestern zu vermehren und wirbt zusätzlich mit der absehbaren Wohltätigkeit der Gemeindemitglieder zugunsten eines künftigen Konventes.

„Die Leute hier sind sehr wohltätig, wenn sie auch nicht reich sind, und vergessen weder ihren Pfarrer noch ihre Schwestern, letztere noch weniger, weil ich ihnen deren Unterstützungsbedürftigkeit schon nahe gelegt habe. ‚Sorget also nicht ängstlich; was werden wir essen, was werden wir trinken?'" (Mt. 6,31).[29]

Seinen getroffenen Aussagen über die religiös motivierte Wohltätigkeit der Kemmerner Gemeindemitglieder entsprechend legt Pfarrer Arnold der Meisterin der Dillinger Franziskanerinnen die seiner Ansicht nach guten Voraussetzungen für ein fruchtbares Wirken der Ordensschwestern im Sinne geistlicher Berufungen dar. Davon solle auch der Konvent in Dillingen profitieren. Pfarrer Arnold stellt in Aussicht, dass wohl viele Berufungen aus Kemmern zu erwarten seien:

„Wenn Franziskanerinnen hierher kommen, bin ich fest überzeugt, dass ich in nicht ferner Zeit dem Orden zumal bei seinen verschiedenen Berufstätigkeiten, reichlich an Kandidatinnen wieder ersetzen werde, was derselbe von seinen Kräften hierher abgibt. Es ist ein wahrer Ordensgeist hier."[30]

Arnold bezieht sich hier auf die vielfältigen Ordensberufungen in Kemmern, die nähere Beschreibung des genannten „Ordensgeistes" stellt sich folgendermaßen dar:

„Seit den 2 Jahren meines Hierseins habe ich schon das 3. Zeugnis zum Eintritt in einen Orden ausgestellt. Jesuiten, Missionspriester, Kapuziner, barmh. Schwestern und engl. Fräulein sind von hier vertreten, obwohl die Gemeinde nur 700 Seelen zählt"[31].

Die Entscheidung, ob eine neue Schwesternfiliale eröffnet werden soll, liegt nicht zuletzt in den Händen der Meisterin einer Gemeinschaft – so auch bei der Filiale Kemmern. Schwester Angelina Schmid sichert nach eingehender Beratung mit ihrer Mitschwestern am 16. November 1889 die Sendung einer Lehrschwester zu.[32]

Meisterin Schwester M. Angelina hat sich aus folgenden Beweggründen entschlossen, Ordensschwestern ihrer Kongregation in die Gemeinde zu schicken: Die Verhandlungen mit Pfarrer Arnold waren sehr erfolgreich, denn er ging sofort auf die Bedingungen von 600 Mark für die jährliche Vergütung der Schwestern ein, die Schwester Angelina Schmid in ihrem Brief vom 16. November 1889 stellte.[33] Durch den „Pfarrer Arnold'schen Mädchenschulfond"[34] sicherte er den Unterhalt der Schwestern. Seit dem 18. Oktober 1882 waren fünf Schwestern aus der Gemeinschaft im Priesterseminar in Bamberg tätig. Am 30. September 1884 wurde die Filiale in Michelfeld eröffnet und am 8. August 1887 die Filiale Marienhilfanstalt mit drei Schwestern in Bamberg, doch es gab noch keine Filiale mit einer Schulschwester im Erzbistum.[35] Daher kam die Anfrage von Pfarrer Arnold genau zum richtigen Zeitpunkt, denn durch die Gründung der Mädchenschule in Kemmern war den Schwestern die Gelegenheit gegeben, ihren Einflussbereich auf pädagogischer Ebene im Erzbistum Bamberg auszubauen. Die Oberin nahm also die bereits geschaffenen Bedingungen in der Gemeinde Kemmern an. Es gab nur einige Differenzen bezüglich der jährlichen Vergütung, doch hier erfolgte eine schnelle Einigung. Bis es aber zur endgültigen Ansiedlung der Ordensfrauen in der Gemeinde gekommen war, musste Pfarrer Gottfried Arnold noch einen zweijährigen administrativen Genehmigungsprozess gemeinsam mit den verschiedenen staatlichen Institutionen führen.[36] Die klare Überlegung Pfarrer Arnolds kann man aus heutiger Sicht nicht hoch genug würdigen

1.2 Räumlichkeiten der Schwesternkommunität

Die Schwestern, die seit der Gründung des Konvents als Lehrerinnen tätig waren, lebten und arbeiteten im Schulhaus. Das Schulhaus in Kemmern sah bis zum Umbau folgendermaßen aus: Die Etage des Untergeschosses war zweigeteilt. In der linken Hälfte war die Knabenschule untergebracht, in der rechten die Mädchenschule. Im Klassenraum der Knaben war auf 57,91 qm Platz für 65 Schüler – das bedeutete, jeder Schüler hatte 0,89 qm Platz für sich. Im Klassenraum der Mädchenschule hatten die 85 Schülerinnen 70,29 qm Platz, das sind 0,826 qm pro Schülerin[37].

Die drei Lehrerinnen hatten in der gleichen Etage zwei Schlafzimmer zur Verfügung sowie Küche, Toilette und ein Refektorium. Dieser Platz reichte allerdings nicht mehr, nachdem der Konvent auf sechs Schwestern angewachsen war. Schwester M. Reginharda äußerte sich in Bezug auf die Wohnung der Schwestern folgendermaßen:

> „Diese erste Wohnung war ungefähr 30 qm groß. Es gab einen kleinen Verbindungsgang, von dem man das Refektorium, die Küche, die Toilette und die zwei Schlafzimmer erreichen konnte. Diese Wohnung reichte für die ersten 35 Jahre für drei Schwestern völlig aus, doch als gegen Ende der dreißiger Jahre der Konvent auf sechs Schwestern anstieg, musste die damalige Oberin Schwester Synkletia eine Lösung finden, wo man noch Wohnraum für die Schwestern finden konnte. Daher wurden auf dem Speicher vier Zimmer zum Schlafen ausgebaut. Die Kosten für diesen Umbau trugen damals die Schwestern."[38]

Schwester Reginharda ist die einzige lebende Schwester, die noch in der ersten Unterkunft der Schwestern von 1890 im alten Schulhaus wohnte. In der Oberetage standen sechs Zimmer zur Verfügung[39]. Ob sie alle ausgebaut waren, ist aus der Zeichnung nicht zu ermitteln. Am 16. November 1889 schreibt die Meisterin an Pfarrer Arnold:

> „Sehr erwünscht ist die Lage des Schulhauses so nahe der Kirche, soweit, dass die Wohnung der Schwestern von jener des Lehrers durch eine Mauer geschieden, auch ein späterer Aus- und Umbau dieses Gebäudes würde für die Gemeinde geringere Kosten bedeuten als ein völlig neuer Schulhausbau."[40]

1.3 Integration durch die Bevölkerung

Mit der Ankunft der Schwestern am 15. Oktober 1890 veränderte sich das spirituelle und pastorale Leben in der 700-Personen-Pfarrei Kemmern. War das Erscheinungsbild bis zur Ankunft der Schwestern seit Erhebung zur eigenständigen Pfarrei im Jahre 1710 ausschließlich vom Pfarrer geprägt, so trifft man neben dem Pfarrer jetzt die Ordensfrauen bei den täglichen liturgischen Feierlichkeiten in der Kirche, wo sie sich außerdem mehrmals täglich zum Stundengebet im Chorraum der Kirche versammeln. Auch auf den öffentlichen Straßen der Gemeinde sind sie präsent. Die franziskanische Spiritualität der Schwestern fügte sich deshalb besonders gut in ein Dorf wie Kemmern ein, weil sie der Armut der Dorfbewohner Rechnung trug sowie Dienst und Hilfe an den Menschen als gottgefälliges Werk praktisch vor Augen führte. Die abgelegene und vernachlässigte Gemeinde sah sich ernst genommen in ihren Nöten und erlebte eine tiefe Frömmigkeit, die sie nicht nur durch die Gebetstätigkeit, sondern auch durch das Pflichtbewusstsein und den Fleiß der Schwestern wahrnahm. Trotz ihrer Klausur waren die Schwestern auf diese Weise stets präsent und jedem vertraut. Durch sie wurde der Glaube zum sichtbaren Element des täglichen Lebens, wie eine 80-jährige Bürgerin schilderte:

> „Wenn ich oft die strahlenden Gesichter der einfachen Schwestern mit ihren großen Hauben und ihrem langen schwarzen Gewand anblickte, da war mir klar, diese Ordensfrauen bringen meine Sorgen und Nöte in der heiligen Messe ganz sicher zu unserem Herrgott".

Alle Schwestern besuchten täglich die heilige Messe in der Pfarrkirche, wie es durch die Ordensregeln der Dillinger Franziskanerinnen von 1883 vorgeschrieben war. Werktags gingen die Ordensfrauen stets im Anschluss an die 6-Uhr-Laudes gleich hinüber in die Pfarrkirche. So waren die Ordensfrauen immer schon 30 Minuten vor Gottesdienstbeginn in der Kirche und beteten ihre täglichen Gebete.[41] Dazu sagt eine Kemmerner Bürgerin:

> „Ich konnte das Anwachsen der Schwesternkommunität durch die Anwesenheit der Ordensfrauen im täglichen Gottesdienst beobachten. Es gehörte zur Selbstverständlichkeit, dass die Schwestern immer gemeinsam bei jeder heiligen Messe anwesend waren. Sie kannten die Anliegen der Bevölkerung sehr gut und beteten täglich für die Nöte der Menschen im Ort. [...] War mal irgendeine Schwester nicht anwesend, so fiel dies sofort auf, denn auf die Ordensfrauen konnte man sich immer verlassen."[42]

Die Bürgerin drückt sehr deutlich aus, was für sie die Anwesenheit der Ordensfrauen in der täglichen heiligen Messe bedeutete. Sie steht hier stellvertretend für viele Kemmerner. Für die Bevölkerung war die franziskanische Gebetshaltung eine wichtige Hilfe bei der Bewältigung ihres Alltages. Gleichzeitig waren die Ordensfrauen auch in der Gemeinde unterwegs und kauften beim ortsansässigen Lebensmittelhändler ein. Was sie von der Bevölkerung nicht bekamen, mussten sie in den ortsansässigen Geschäften kaufen, dabei waren die Ordensfrauen täglich sehr bedächtig, in sich gekehrt und zu zweit unterwegs. Sie waren völlig bis zum Kopf verschlossen durch ihr schwarzes, gebügeltes und gestärktes Ordensgewand. Sie wollten von der Bevölkerung sowohl auf der Straße als auch im Geschäft nie privat angesprochen werden, denn sie lebten in Klausur. Dies wurde von mir und der gesamten Bevölkerung auch akzeptiert."[43]

Die Integration der Schwestern sowie die Entfaltung ihrer einzelnen Aufgabenbereiche schritt prozessartig voran, wobei besondere Aufmerksamkeit auf das im ersten Kapitel beschriebene katholische Milieu gelegt werden muss. Die Bevölkerung sah im Konvent der Dillinger Franziskanerinnen neben dem Pfarrer eine weitere wichtige kirchliche Autorität auf gleicher Ebene, gegenüber der man zu Respekt und Gehorsam verpflichtet war. Daher versteht es sich von selbst, dass auch die Schwestern in ihrer Tätigkeit von Anfang an keinen Widerspruch erfuhren, sondern Unterstützung und Anerkennung[44]. Ein 88-jähriger Bürger sagte dazu:

> „Es gehörte zur Selbstverständlichkeit, dass, wenn ich auf der Straße im Ort unterwegs war und eine Schwester sah, ich diese mit: „Gelobt sei Jesus Christus" grüßte. Dies hatten mir schon meine Eltern eingeprägt. In meiner Kinder- und Jugendzeit waren die Ordensfrauen immer in Gemeinschaft unterwegs. Wenn ich mit Ordensfrauen zu tun hatte, wusste ich, diese führen ein anderes Leben als ich, daher bin ich ihnen immer mit Respekt, Höflichkeit, aber manchmal auch mit etwas Angst entgegengetreten, weil ich nicht wusste, wie ich diese richtig ansprechen soll und wie sie dann reagieren. (…) Ich bin ein einfacher fränkischer Bauer und habe nicht studiert."

In dieser Aussage wird deutlich, dass das äußere Auftreten der Ordensleute bei der Bevölkerung innerlich etwas veränderte. Für die fränkisch bäuerliche Gemeinde Kemmern war der Gang der Ordensfrauen sowie die Art und Weise, wie sie sich auf den öffentlichen Straßen der Gemeinde bewegten, die gestärkte und gebügelte Ordenskleidung, ihr generelles Auftreten in der Gemeinschaft etwas völlig Neues. Dadurch wird deutlich, dass die Ordensfrauen durch ihre pädagogische Tätigkeit innerhalb der Bevölkerung Autoritätspersonen waren. Zudem stammen sie nicht aus der näheren Umgebung, sondern aus dem schwäbischen Dillingen. Sie haben einen anderen Lebensstil, wodurch sie von der Bevölkerung Kemmerns bestimmte Verhaltensweisen erwarteten. Wie diese letztlich aussahen, darüber herrschte bei den Befragten oftmals große Ratlosigkeit. Sie wussten z. B. nicht, wie sie einer Ordensfrau begegnen sollten.

> „Wenn ich als Kind den Pfarrer und eine Ordensfrau auf der Straße sah, machte ich immer einen Knicks vor dem Pfarrer und vor jeder Schwester und sagte den Gruß: „Gelobt sei Jesus Christus". Ob dies richtig war, weiß ich bis heute nicht. Ich war froh, als dies Mitte der 60ger Jahre abgeschafft wurde. Ich habe dies von meinen Eltern gelernt und an meine Kinder weitergegeben, denn nur so konnte ich mir sicher sein, dass ich als Kind den Pfarrer und die Ordensfrauen richtig grüßte."[45]

328 // II. Die Dillinger Franziskanerinnen in Kemmern

Die Integration des Konventes wurde durch verschiedene Faktoren begünstigt, beispielsweise durch die bäuerliche Schlichtheit der Bevölkerung. Diese war in sich sehr homogen und gleichzeitig von den anderen Gemeinden abgeschottet. Außerdem war das Siedlungsgebiet der politischen Gemeinde identisch mit der kirchlichen Gemeinde.

Ein weiterer wichtiger Gesichtspunkt ist die Heilige Allianz zwischen Dorfautoritäten und der Familie, die bereits angesprochen wurde. Diese war in der Gemeinde stets präsent und nur sie machte es möglich, dass sich die Autorität der Schwestern so rasch durchsetzen konnte.[46] Die Ordensfrauen konnten die Bevölkerung leicht durch ihr Wirken prägen, denn Kritik von dieser Seite war unwahrscheinlich. Mochte es auch bei Versammlungen in den lokalen Gaststätten, etwa beim täglichen Stammtisch, zu kritischen Äußerungen in Bezug auf die Schwestern kommen, so blieben diese letztendlich ohne Auswirkungen, da die dörfliche Lebensweise eher konservativ und nicht auf Veränderung ausgerichtet war. Das katholische Milieu an sich war zu stark im täglichen Leben verankert, als dass man es hätte stark verändern oder entfernen wollen. Anhand der materiellen Unterstützungsbereitschaft der Dorfbewohner für die Ordensschwestern lässt sich feststellen, dass die Schwestern in der Gemeinde Kemmern nie ein Einsiedlerleben führen mussten. Sie wurden trotz herrschender Armut von der Bevölkerung unterstützt. Dies unterstreicht auch ein Schreiben von Pfarrer Arnold vom 12. November 1890, also gut drei Wochen nach dem Einzug der Dillinger Franziskanerinnen in Kemmern, an die Oberin Angelina Schmid, indem er darauf hinweist, wie viele Kemmerner die Schwestern bereits in ihrem Testament bedacht und wie viele täglich Lebensmittel gebracht hätten:

„Erst gestern sagte mir Frau Regina auf die Frage, ob sie denn keine Not litten, es sei noch kein Tag bisher vergangen, wo nicht jemand ihnen etwas gebracht hätte. Heute versprach mir einer, dass er, wenn auch nicht sogleich, gewiss 200 M mir für die Schwestern geben werde. Einer Frau musste ich 500 M zu demselben Zweck in ihren Testamentsaufsatz einstellen. Wieder einer hat schon 1250 M ihnen vermacht, von einer Person erwarte ich morgen 50 M, wenn ihr Anliegen gut ausgeht. [...] Das sind Tatsachen, die besser sprechen als Worte." [47]

1.4 Klosternachwuchs

Durch die von der Landwirtschaft dominierte Wirtschaftsstruktur des Dorfes waren die Entfaltungsmöglichkeiten der Kinder stark eingeschränkt. Ein anderer Lebensweg als der in einem landwirtschaftlichen Betrieb war aus materiellen Gründen unmöglich und für die Kinder selbst auch oft unvorstellbar. In ihrem Umfeld befanden sich schließlich keine Personen, die einen anderen Beruf als einen im Agrarbereich ergriffen hätten. Präsent war als einzige Möglichkeit der Lebensgestaltung außerhalb der Landwirtschaft das Wirken der Ordensschwestern. Da erscheint es verständlich, dass junge Mädchen sich schon sehr früh davon angesprochen fühlten und in der Lebensform des Ordens eine Alternative begriffen. Der Orden bot außerdem eine gesicherte Lebensexistenz, die durch die ewige Profess für junge Mädchen ein neues Leben und eine gewisse Stabilität brachte[48]. Hinzu kam das Ansehen, das die Schwestern selbst als auch ihre Familien in der Bevölkerung innehatten. Die Familien sahen es als Segen an, wenn Sprösslinge ins Kloster eintraten, denn sie repräsentierten dadurch die Familie in einer anderen Umgebung[49]. So liegt es nahe, dass einige junge Mädchen überlegten, dass ein Leben im Kloster ihre Berufung sein könnte. Die Zeit von 1910 bis 1955 war gekennzeichnet von einer großen Eintrittswelle junger Mädchen in verschiedene Ordensgemeinschaften, bei der andere Kriterien als die innere Überzeugung ausschlaggebend waren.[50]

Für ein junges Mädchen, das sich zum Ordensleben berufen fühlt, beginnt mit dem Eintritt in das Kloster ein völlig neues Leben. Voraussetzung war zunächst einmal die religiöse Sozialisation, meist gegeben durch eine tief-religiöse Erziehung. Durch das Vorbild der Eltern und der Geschwister hat es erfahren, was es heißt, täglich zu beten und seine religiösen Pflichten zu erfüllen. Auf der anderen Seite ist mit religiöser Sozialisation auch das liturgische Leben in einer Pfarrei gemeint. Insbesondere Sakramentenspendungen wie etwa die Erstkommunionfeier oder die Firmung hinterließen bei jungen Menschen tiefe Spuren, so dass bei ihnen die Freude an der Botschaft Jesu Wurzeln schlug[51]. Des Weiteren kann in der Kinder- und Jugendzeit durch eine christliche Erziehung von entsprechenden Milieuträgern eine spätere Berufung begünstigt werden. Die als Vorbilder fungierenden Schwesternpersönlichkeiten stärken das junge Mädchen in seiner Sozialisation, so dass es sich berufen fühlt, den gleichen Lebensweg einzuschlagen.

In den Nekrologen der Dillinger Franziskanerinnen lassen sich manchmal Hinweise auf das Leben der Schwestern vor dem Eintritt in das Kloster finden, welche die eben genannten Eintrittsgründe bestätigen. Die eigentlichen Gründe der jungen Mädchen sind von den Verfasserinnen der Nekrologe wahrscheinlich bewusst weggelassen worden, um somit das Leben der verstorbenen Ordensschwester besser idealisieren zu können und soziokulturelle Familiendefizite zu verschweigen.[52] Edelharda Wengenmayers Eltern z.B. waren Pflugwirtsleute und wohnten ganz nahe beim Kloster. Ihre Familie war sehr religiös: Der Vater ging jeden Tag um

6 Uhr in die Frühmesse und die Kinder fehlten nie in der Schulmesse. „Aus diesem religiösen Geist der Familie heraus wuchs der Klosterberuf der Tochter."⁵³ Die Familie Albrecht aus Kemmern waren ebenfalls einfache Bauersleute mit zehn Kindern, wovon zwei Töchter bei den Dillinger Franziskanerinnen eintraten, ebenso fanden ihre Cousine und ihr Onkel ihre Berufungen bei den Franziskanern. Das Familienleben der Albrechts bestand aus der Lebensweise der katholischen Prinzipien, die von den Kindern als wesentlicher Bestandteil christlicher Sozialisation wahrgenommen wurden. Im Nekrolog von Schwester M. Amaltraut Albrecht finden sich dazu folgende Worte:

> „Als ‚Erstgeborene' von 10 Geschwistern lernte sie bald, Sorge und Verantwortung für andere zu übernehmen. Mit großer Ehrfurcht und Dankbarkeit sprach Sr. Amaltraut von ihren Eltern, die der großen Kinderschar nicht nur Leben und Heimat schenkten, sondern auch eine tragfähige religiöse Erziehung. Aus dem Familienkreis wurden ihre Schwester, Sr. Berga (Dillingen), ihre Cousine, Sr. Heladia und ein Onkel als Franziskaner zu einem geistlichen Leben berufen."⁵⁴

Bei Schwester M. Synkletia Oppelt lässt sich zumindest vermuten, dass sie sicher auch die Absicherung im Kloster gesucht hat, was zu den weltlichen Gründen zählt, denn als Kriterium findet sich in ihrem Nekrolog: „Sie hatte ihre Eltern schon früh verloren und war bei einer Tante zur Pflege untergekommen."⁵⁵ Bekannt ist nicht, ob die Tante die finanziellen Mittel für eine Ausbildung im Kloster aufbringen konnte oder ob man bei Synkletia eventuell eine Ausnahme gemacht hat, denn bei der Aufnahme eines jungen Mädchens in die Ordensgemeinschaft der Dillinger Franziskanerinnen spielte die finanzielle Situation der Eltern normalerweise eine erhebliche Rolle. Wenn die einzutretende junge Frau in Dillingen die ordenseigene Lehrerinnenbildungsschule besuchte, um dort das Lehrstudium für den späteren Unterricht zu absolvieren, dann mussten die Internatskosten von der Familie der Einzutretenden aufgebracht werden, daher war es gerade in Kemmern für Familien nicht immer einfach, die finanziellen Aufwendungen aufzubringen.⁵⁶

In den Nekrologen ist dies nur mit einem Wort angedeutet. Um von der Ordensgemeinschaft für diese Berufung als geeignet zu erscheinen, mussten diese Fähigkeiten beim Eintritt mitgebracht werden. Dies war der Fall bei Schwester M. Patientia und Seraphine Eichhorn. Von ihren Eltern wird außer deren Frömmigkeit in beiden Nekrologen nur erwähnt, dass sie die Aufwendungen der Lehrerinnenbildungsanstalt ihrer beiden Töchter getragen haben. Die Tochter Rosa hatte die Realisierung des „Lehrberufes an der Volksschule"⁵⁷ immer schon als ihren Traumberuf angesehen, doch wahrscheinlich konnte sie ihn aufgrund der Armut und des schlechten sozialen Ansehens der Eltern nur im Kloster realisieren. Daneben brachte sie musische Begabung sowie die Freunde an der Erziehung der Kinder mit.⁵⁸

Aus der Familie Eichhorn ist einige Jahre später ein weiteres Mädchen bei den Dillinger Franziskanerinnen eingetreten, in deren Nekrolog sich ein Hinweis für die Motivation ihrer Ordenlaufbahn befindet:

> „Die religiöse Erziehung im Elternhaus, sowie deren Unterstützung und die Begegnung mit den Ordensfrauen [...] ließen sie den Weg der Nachfolge Jesu wählen. [...] Sr. Seraphine trat in die Kandidatur in Dillingen ein und besuchte die Lehrerinnenbildungsanstalt, die bereits einige Jahre vorher von ihrer älteren Schwester Rosa besucht wurde."⁵⁹

Die Familie Eichhorn praktizierte ein christliches Familienleben, doch die finanziellen Aufwendungen der Familie für die Internatskosten ihrer beiden Töchter waren wahrscheinlich sehr aufwendig, denn die Familie lebte ausschließlich von der Landwirtschaft und es mussten noch vier weitere Kinder versorgt werden. Eine ähnliche Situation findet sich bei der Bauersfamilie Görtler aus Kemmern, deren älteste Tochter bereits mit 16 Jahren bei den Dillinger Franziskanerinnen als Kandidatin angenommen wurde. Im Nekrolog von Schwester M. Salvatoris Görtler heißt es: „Nach tadelloser Führung in den Jahren der Fortbildungsschule trat sie mit 16 Jahren in unsere Kandidatur ein. In St. Josef erhielt sie ihre seminaristische Ausbildung zur Volksschullehrerin, die von ihren lieben Eltern unterstützt wurde."⁶⁰ Aus der Befragung einer jüngeren Tochter der Familie Görtler wird ersichtlich, dass die finanzielle Unterstützung für das Studium der ältesten Tochter einen erheblichen finanziellen Einschnitt für die ganze Familie bedeutete:

> „Zweimal im Jahr mussten meine Eltern einen Betrag von 200 Reichsmark bei den Schwestern in Kemmern abgeben, um damit die Internatskosten für ihre älteste Tochter Agnes zu bezahlen. Wir waren acht Geschwister und alle mussten in der Landwirtschaft mithelfen, damit wir überleben konnten. [...] Es kam oftmals vor, dass wir das Geld nicht zusammen bekamen, dann mussten sich die Schwestern mit einem niedrigeren Betrag zufriedengeben, denn wir übrigen Kinder mussten ebenso überleben. [...] Oftmals versuchten meine Eltern bei Bekannten im Ort einen Teil des nötigen Geldes auszuleihen, um die Kosten aufzubringen. Mein Bruder Adam musste in Schamlesdorf als Knecht in einem landwirt-

schaftlichen Betrieb arbeiten, um die Familie bei der Finanzierung zu unterstützen."⁶¹

Wenn man die kurzen Verweise in den Nekrologen mit der Aussage von Frau Görtler vergleicht, wird deutlich, welch große finanziellen Aufwendungen mit dem Eintritt in ein Kloster für die Familie verbunden war. So setzte die Familie alles in Bewegung, um ihre älteste Tochter Agnes studieren lassen zu können. Aufgrund dieser Belastungen, die von der gesamten Familie mitgetragen werden mussten, tritt die älteste Tochter der Bauersfamilie Lorenz und Maria Dorsch erst im Alter von 32 Jahren bei den Dillinger Franziskanerinnen ein. Ihr Vater arbeitete zur Existenzsicherung der sechsköpfigen Familie in seiner kleinen Landwirtschaft und war nebenbei noch als Tüncher tätig. Die Tochter Margaretha hatte wie viele Mädchen der damaligen Zeit den Wunsch, ins Kloster zu gehen, doch sie konnte aus finanziellen Gründen ihren Wunsch nicht früher realisieren. Sie musste zur Existenzsicherung während der Zeit des Nationalsozialismus ständig einfache Tätigkeiten verrichten und somit ihre Berufung zurückstellen. Der Nekrolog von Schwester M. Witburga Dorsch berichtet darüber:

> „Ihren Wunsch, ins Kloster zu gehen, stellte sie zurück. Sie fühlte sich verpflichtet, für die Familie den Unterhalt mit zu verdienen und ließ sich 1935 als Anlegerin in der Druckerei im St. Otto-Verlag in Bamberg anlernen. Ihr beruflicher Einsatz wurde durch das nationalsozialistische Regime gravierend gestört. In elf Jahren musste sie dreimal die Druckerei wechseln und bis zum Ende des Krieges im Drucken von Lebensmittelmarken aushelfen, bis Kriegsheimkehrer diese Arbeit übernahmen."⁶²

Trotz aller Hindernisse gab sie ihr Vorhaben nicht auf: „Sr. Witburga verlor ihr eigentliches Ziel, den Eintritt in unsere Kongregation, nie aus dem Auge und bat 1946 um Aufnahme"⁶³. Bei den finanziellen Aufwendungen der Einzutretenden ist zwischen Aussteuer und Internatskosten für die Lehrerinnenbildungsanstalt differenzieren. Trotz vieler Aufwendungen ist es erstaunlich, dass 24 junge Mädchen sich für diesen Weg entschieden haben. Dies ist in Relation zur Einwohnerzahl eine beachtliche Anzahl. Die Gemeinde Kemmern wurde daher bei der Gemeinschaft der Dillinger Franziskanerinnen als das „Mistbeet für Ordensberufungen"⁶⁴ bezeichnet. Die soziokulturellen Voraussetzungen der Gemeinde waren für die Anwerbung von Nachwuchs sehr gut. So schreibt die 1931 geborene Ordensschwester M. Alexandra Lowinski:

> „Meine Mutter war mit sieben meiner Geschwister im Sommer 1946 aus unserer schlesischen Heimat in Lindenbach, Kreis Glogau a.d. Oder, ausgewiesen worden. Auf Umwegen gelangten wir so nach Deinsen, Kreis Alfeld, in Niedersachsen. Von dort aus besuchte ich Vater und Schwester in Kemmern. Dabei bekam ich Kontakt zu den dortigen Dillinger Franziskanerinnen. […] Dank des regen Interesses dieser guten Schwestern, ihrer materiellen Unterstützung und sicher nicht zuletzt ihres Gebetes sowie ihrer Vermittlung konnte ich Aufnahme finden in der damaligen ordenseigenen Lehrerinnenbildungsanstalt der Dillinger Franziskanerinnen an ihrem Mutterhaus in Dillingen a.d. Donau."⁶⁵

Aus diesen Zeilen wird deutlich, wie wichtig die Tätigkeit der Schwesternkommunität für ihr Leben war, die sich sehr für sie eingesetzt hat und so eine Aufnahme erst ermöglichte. Hier ist sogar im Gegensatz zu den bisher aufgeführten Beispielen von materieller Unterstützung die Rede, die allerdings nicht das Schulgeld erließ, das die Eltern zu zahlen hatten. Von den sieben Geschwistern trat noch eine Schwester bei den Dillinger Franziskanerinnen ein⁶⁶. Sie schreibt darüber am 2. September 1998:

> „Meine Schwester Waltraud begann im Januar 1947 eine Ausbildung bei den Franziskanerinnen in Dillingen. Während eines Ferienaufenthaltes berichtete sie von ihren Erfahrungen in Schule und Internat. Da reifte in mir der Entschluss, auch in Dillingen studieren zu dürfen. Als mein Vater zu einem Kurzurlaub in Deinsen weilte, fragte ich ihn, ob ich auch nach Dillingen dürfte. Ihm fiel diese Anfrage sichtlich schwer, denn zu dieser Zeit arbeitete er als Bahnarbeiter und musste mit einem geringen Lohn für seine Familie mit acht Kindern auskommen."⁶⁷

Es ist bemerkenswert, dass aus einer Familie gleich zwei Mädchen in eine Ordensgemeinschaft eingetreten sind.⁶⁸ Ein weiteres junges Mädchen, die heutige Schwester M. Margarita Schütz, deren Schwester ebenfalls Ordensfrau geworden ist, schreibt über die Bedeutung der Präsenz einer Schwesternkommunität in Kemmern für ihre persönliche Entscheidung:

> „Ich bin fest überzeugt, dass die Anwesenheit der Dillinger Franziskanerinnen in meinem Heimatort Kemmern wesentlich dazu beigetragen hat, dass ich mich so früh an dem Berufsbild ‚Schwester' orientiert habe. Die Schwestern, die im Kindergarten, in der Volksschule und der Krankenpflege tätig waren, haben eine große Anziehungskraft auf mich ausgeübt. Und so wollte ich, wie andere Mädchen vor mir in Dillingen, der Zentrale der Kemmerner Schwestern, in das Kloster eintreten."⁶⁹

1. Der Konvent der Dillinger Franziskanerinnen in Kemmern // 331

Beide Mädchen sind später allerdings nicht bei den Dillinger Franziskanerinnen eingetreten, sondern haben sich für die Ordensgemeinschaft der Schwestern von der Schmerzhaften Mutter entschieden. Dillingen sei bereits die „Zentrale der Kemmerner Schwestern", weil zum Zeitpunkt des Klostereintritts von Schwester M. Margarita Schütz[70] im Oktober 1952 bereits 24 junge Mädchen aus der Gemeinde bei den Dillinger Franziskanerinnen eingetreten waren. Aus diesem Grund war es für die jungen Mädchen ratsam, sich für eine andere Ordensgemeinschaft zu entscheiden,[71] weil Schwester M. Reginharda ihr keine Empfehlung für die Ordensgemeinschaft der Dillinger Franziskanerinnen ausstellte.[72] Man konnte ohne Zustimmung der Schwesternkommunität nämlich nicht einfach in einen Orden eintreten, so dass es wesentlich im Kompetenzbereich der Ordensfrauen lag, ob jemand seine Berufung verwirklichen konnte[73]. Aus der spärlichen Quellenlage lässt sich nicht ersehen, inwieweit die Ordensfrauen der zu analysierenden Filiale bewusst Berufungen verhindert oder gefördert haben. Margareta Dorsch, die spätere Schwester M. Friedgard[74], ist im September 1948 als letztes junges Mädchen aus der Pfarrei bei den Dillinger Franziskanerinnen eingetreten. Sie schreibt am 23. September 1998 über ihre Berufung:

> „Im Schuljahr 1945/46 wurde ich von Schwester Reginharda Nehmer unterrichtet. Deren Persönlichkeit, Spiritualität, aber auch ihre Strenge sowie ihr Engagement für die christlichen Werte sowohl im Unterricht als auch im Dorfleben weckten in mir die Berufung zum Ordensleben. [...] Besonders tief hat sich bei mir der Dienst der Krankenschwester Luitberga eingeprägt. Deren Sorge um die Kranken und Sterbenden, ihr gemeinsames Gebet mit den Angehörigen beim Tod meines Vaters waren bei mir prägende Erlebnisse. [...] Das christliche Elternhaus, das gemeinsame Gebet und die vielfältigen Erfahrungen in Kemmern waren schließlich die ausschlaggebenden Faktoren für meine Berufung."[75]

Die Äußerungen von Schwester M. Friedgard rufen eine tiefe heimatliche und spirituelle Verwurzelung hervor. Die Schwestern waren Teil ihrer Kindheit und Vorbilder, denen sie nacheifern wollte. Ihre Frömmigkeit, aber auch ihre strenge Lebensweise beeindruckten sie tief. Wie bereits erwähnt, prägte die Gemeinschaft der Dillinger Franziskanerinnen die Gemeinde in pädagogischer Hinsicht durch die Kinderbewahranstalt, die Schule und die Arbeitsschule für Mädchen. Die Schwestern besaßen auf diese Weise eine Sozialisationsfunktion gegenüber den jungen Mädchen, durch die die katholische Ausrichtung, die sie in den Familien kennen gelernt hatten, noch vertieft wurde. Der Handarbeitsunterricht bot vielen jungen Mädchen die Möglichkeit, die Ordensschwestern näher kennen zu lernen. Durch die Vorbildfunktion der Lehrerinnen haben zahlreiche Schülerinnen den Wunsch verspürt, selbst in einen Orden einzutreten. Die vergleichsweise kleinen Klassen boten gleichzeitig auch den Schwestern die Möglichkeit, intensiveren Kontakt zu den Mädchen zu bekommen. So konnten sie entsprechende Wünsche fördern sowie geeigneten Nachwuchs für den eigenen Orden ausfindig machen. Dies war auch eine ausdrückliche Motivation der Meisterin, Schwestern nach Kemmern zu entsenden.[76] Mit Ingeborg Schütz ist im September 1963 das letzte Mädchen aus der Pfarrei Kemmern in eine Ordensgemeinschaft eingetreten.[77] Damit ist seit mehr als 40 Jahren kein junges Mädchen aus der Pfarrei mehr in eine Ordensgemeinschaft eingetreten, obwohl es bis heute in der Gemeinde noch eine Konventsgemeinschaft gibt.

1 Schwester M. Dietlinde als Postulantin

2 Verschiedene Postulantinnen

3 Eine neu eingekleidete Schwester

4 Eine Postulantin

5 Schwester M. Gabriele Christa bei der Einkleidung

1. Der Konvent der Dillinger Franziskanerinnen in Kemmern // 333

6–9 Schwester Gabriele bei der Einkleidung mit Familie und Verwandten

1. Der Konvent der Dillinger Franziskanerinnen in Kemmern // 335

10 Einkleidung von Schwester M. Gertrudis Lowinski

11 Einkleidung der Schwestern M. Gertrudis und M. Alexandra Lowinski

12 Einkleidung der Schwestern M. Margarita und M. Barbara Schütz im Hochzeitsgewand

13 Einzug der eingekleideten Schwestern M. Margarita und M. Barbara Schütz

14 Einkleidung der Schwester M. Friedgard Dorsch

15 Schwester M. Seraphine Eichhorn als Kandidatin

1.5 Konfliktbewältigung in der Konventsgemeinschaft

Wenn man das spirituelle Ordensleben der Schwestern aus heutiger Sicht analysiert, muss man konstatieren, dass diese Art von Leben nur dann praktiziert werden konnte, wenn man sich dazu von Jesus Christus berufen fühlte. Den einzelnen Schwestern wurde viel abverlangt: so standen die persönliche Freiheit und der eigene Wille bei vielen Entscheidungen nicht im Vordergrund. Trotzdem oder gerade deswegen ist es im alltäglichen Zusammenleben der Schwestern zu Problemen und Schwierigkeiten gekommen. Es ist wahrscheinlich, dass die Einbindung in den strengen Ablauf und die Omnipräsenz von Hierarchie in der Gestaltung des gesamten Lebens auch bei den Diszipliniertesten Unzufriedenheit hervorgerufen haben wird. Kontinuität innerhalb der Lebensgemeinschaft im täglichen ritualisierten Lebensalltag der Schwestern sowie das Einhalten der kleinen Klausur, was eine gewisse Distanz zur Bevölkerung voraussetzte, ebenso die Einbindung der Kommunität in einen engen soziokulturellen Lebensraum, wie dies in der Gemeinde Kemmern der Fall war, konnten Gründe dafür gewesen sein, dass es zu Konflikten innerhalb der Schwesternkommunität gekommen ist und immer noch kommt.[78]

Im Aufbau einer Ordensgemeinschaft sind klare Strukturen Voraussetzung und spielen bei der Konfliktbewältigung eine große Rolle spielen. So unterstanden die Dillinger Franziskanerinnen bis 1982 dem Bischof von Augsburg.[79] Er visitierte in regelmäßigen Abständen die Konventsgemeinschaft,[80] wo seine direkte Ansprechpartnerin die Meisterin der Gemeinschaft war. Stellte der Bischof während seiner Visitationstage in der Gemeinschaft Mängel fest, dann machte er der Gemeinschaft Auflagen, dass diese schnellstmöglich zu beseitigen seien.[81] Er war für die Ordensregel der Gemeinschaft zuständig, weswegen er sie dekretierte und das Recht hatte, bei entsprechenden Fällen Dispens zu erteilen, die von der Meisterin beantragt werden musste. Dies ist z. B. bei der Besetzung einer Ordensfiliale mit einer ambulanten Krankenschwester der Fall. Die verantwortlichen Ordensfrauen konnten zwar ihre Bedenken äußern, aber letztlich musste das ausgeführt werden, was der Bischof anordnete.

Die gleiche Struktur findet man noch heute innerhalb der einzelnen Klosterfilialen. So ist die Meisterin der Ordensgemeinschaft die oberste verantwortliche Instanz der gesamten Schwesternkommunität, die für eine gewisse Zeit[82] von allen Ordensschwestern mit ewiger Profess, die der Gemeinschaft angehören, gewählt wird und z. B. über die Eröffnung und Schließung von Ordenskommunitäten entscheidet. Es gehört zum Kompetenzbereich der Meisterin, in regelmäßigen Abständen ihre Filialen zu visitieren und das spirituelle und aktive Leben der einzelnen Ordensfrauen zu beurteilen[83], in der gleichen Art und Weise wie dies der Bischof im Mutterhaus tat. In ihrem Kompetenzbereich liegt, welche Schwestern mit welcher Tätigkeit innerhalb der Kommunität betraut werden, was wieder direkte Auswirkung auf das Zusammenleben der Schwestern hat. So hatte die Erfahrung aus der Anfangszeit des zunächst nur zweiköpfigen Schwesternkonventes in Kemmern wohl trotz aller Akzeptanz der Ordensfrauen und trotz ihrer Integration in das dörfliche Leben sowie der materiellen Unterstützung durch die Kemmerner Bürger gezeigt, dass eine Niederlassung mit nur zwei Schwestern dem geistlichen und soziokulturellen Leben der Ordensfrauen wenig zuträglich ist, denn der Konvent wurde im Laufe der Jahre kontinuierlich erweitert. Ebenso obliegt es der Oberin der Filiale, gemeinschaftlich mit den ihr anvertrauten Schwestern nach den Ordensregeln ein Ordensleben zu führen, sich um ihr geistliches, seelisches und körperliches Wohlbefinden zu kümmern und sich somit den liturgischen und soziokulturellen Gegebenheiten des Lebensraumes anzupassen.

Der klar strukturierte Kompetenzaufbau löst Konflikte, die innerhalb und außerhalb der Ordensgemeinschaft täglich vorkommen, nach dem Subsidiaritätsprinzip. So ist der Bischof für wichtige größere äußere und innere Konflikte zuständig, die die Lösungskompetenz der Meisterin überschreiten würden. Eine Hilfe im Konfliktfall ist der durchstrukturierte, reglementierte Tagesablauf. Jeder Lebensbereich hat seine eigenen Rituale und Handlungen, die sich streng von den elementaren bürgerlich-gesellschaftlichen Handlungen unterscheiden. Als Grundmaxime gilt: Eine Ordensfrau versucht stets, in allen Ritualen und Handlungen innerhalb des Konventes oder in der Öffentlichkeit ihre Vorbildfunktion und Autorität im katholischen Milieu so wahrzunehmen, dass sie bei der Bevölkerung ernst genommen wird und dadurch – wenn möglich – Konflikte überhaupt nicht aufkommen. So müssen die Ordensfrauen über ihre Handlungsweisen vor Gott, ihrer Oberin, ihren Mitschwestern und sich selbst Rechenschaft ablegen. Entstehen dennoch Konflikte, dann sieht die Ordensregel klare Strafen vor, die von den Ordensfrauen verrichtet werden müssen, um für die begangenen Fehler Buße zu tun.[84] Dies soll für die Ordensfrau eine Hilfe darstellen, ihre Lebensweise zu reflektieren und, wenn nötig, zu ändern. Es konnte zwischen der Bevölkerung, der kirchlichen und politischen Gemeinde sowie den Ordensfrauen auch oftmals zu äußeren Konflikten kommen. Neben der Pfarrei entwickelte sich mit dem Schwesternkonvent ein weiteres kirchliches, hierarchisch gegliedertes Autoritätssystem, das aufgrund der engen Wohnverhältnisse und der schlechten Infrastruktur der Gemeinde häufig Probleme mit weltlichen Verantwortlichen hatte.

Reaktion der Bevölkerung
Auf Grund ihrer besonderen, von der Welt abgeschlossenen Lebensweise zollte man den Ordensfrauen Respekt und Anerkennung und erkannte in ihrer strengen Lebenshaltung eine gewisse Vorbildhaftigkeit. Wegen des engen Zusammenlebens mit der Bevölkerung kam es allerdings vor, dass die Bevölkerung über das Innenleben der Konventsgemeinschaft sehr wohl Bescheid wusste. Es ist verständlich, dass man über solche Konflikte der Ordensleute oft nur hinter vorgehaltener Hand sprach, denn man wollte den Ordensfrauen nie etwas Schlechtes nachsagen.[85] Deswegen wurden Informationen unter strikter Geheimhaltung weitergegeben. Eine wichtige Informations- und Dialogstätte waren die lokalen Gaststätten und Spezereien, wo die Bevölkerung Kritik üben konnte. Eine lokale Gastwirtin erinnerte sich folgendermaßen an Gespräche, die die Ordensschwestern thematisierten:

> „Am Stammtisch hat man schon manchmal des Öfteren über Pfarrer und Ordensschwestern gesprochen, aber ich kann mich nie erinnern, dass man verletzend über eine Ordensfrau sprach, denn eigentlich waren diese Themen tabu. Gesprächsanlässe waren z.B., wenn jemand im Schwesternhaus oder im Kindergarten eine Tätigkeit durchführte, zu der man von den Schwestern geholt wurde, z.B. ein Zimmer zu tapezieren oder zu tünchen oder die Grube an der Schule oder im Kindergarten zu leeren. […] So weiß ich noch, dass man sich des Öfteren über die Strenge von Oberin und Lehrerin Schwester M. Synkletia lustig machte und der Vater, dessen Sohn in nächster Zeit heiratete, meinte am Stammtisch: ‚Hoffentlich heiratet er keine Synkletia, denn dann holt er sich den lebendigen Drachen ins Haus!'"[86]

Gesprochen wurde über Sachverhalte, die Kemmerner beobachten konnten oder durch ihre Kinder aus der Schule erfuhren, beispielsweise die Probleme, die die Lehrschwester Isengardis Sauer mit der Situation in Kemmern hatte, an der die Oberin M. Synkletia wohl nicht unschuldig gewesen war und die letztlich dazu führten, dass die Lehrschwester aus dem Orden austrat.

> „Ich kann mich noch an eine interessante Thematik erinnern, an die junge und hübsche Lehrschwester M. Isengardis Sauer. Sie kam 1929 nach Kemmern, als die Ordensfrauen die dritte klösterliche Lehrstelle bekamen. Sie konnte sich bei den Schülerinnen nicht durchsetzen, so waren die Streiche der Kinder am Stammtisch das Unterhaltungsthema, denn die Oberin Synkletia appellierte an die Aufsichtspflicht der Eltern. Mitte des Jahres 1931 hat sie das Ordensgewand niedergelegt und ist aus der Gemeinschaft ausgetreten. […] So war der strenge Führungsstil der Oberin Synkletia ein sehr beliebtes Thema beim Stammtisch. Darum sagten einige ‚Sie soll ihre Schwestern besser einsperren, dann laufen sie nicht weg!'"[87]

Auch eine weitere Bürgerin erinnert sich an diesen Fall:
> „Als Schwester M. Isengardis Sauer Kemmern verlassen hatte, war dies ein Gesprächsthema in der Gemeinde. Ich weiß noch, dass viele Kemmerner mit dieser Ordensfrau noch über ihre Zeit als Ordensschwester Kontakt pflegten, was bisher noch nie der Fall gewesen war."[88]

Die Schwestern waren also sehr wohl Thema innerhalb der öffentlichen Diskussion. Der hermetisch abgeschlossene Lebensbereich der Schwestern wurde nur bei der im Zitat erwähnten Art von Arbeiten, die sie nicht selbst verrichten konnten, Außenstehenden geöffnet. Allerdings war man meistens vorsichtig in seiner Wortwahl, weil man Konsequenzen fürchtete und die Lebensweise der Ordensfrauen im Grunde sehr bewunderte. Auch beim täglichen Einkauf wurde über die Ordensfrauen gesprochen, wie eine 88-jährige Bürgerin erzählt:

> „Die Ordensfrauen waren immer zu zweit beim Einkaufen und wurden immer zuerst bedient und bekamen immer die beste Ware. Wenn sie trotzdem einmal warten mussten, dann wollte man mit ihnen ins Gespräch kommen, obwohl das nicht immer einfach war. Dann hieß es oftmals: „Was gibt es heute Gutes zu essen bei den Schwestern?" Sie gaben nur eine kurze Antwort und es folgte kein weiteres Gespräch. Es kam auch oft vor, dass sie nur mit der Verkäuferin sprachen und die anderen Personen im Geschäft nicht beachteten".[89]

Die Bevölkerung kannte und akzeptierte die Lebensweise der Ordensfrauen und sprachen diese nur an, wenn es notwendige Dinge zu besprechen gab, somit konnten schon von Anfang an gewisse Probleme und Schwierigkeiten verhindert werden.

2. Die Mädchenschule

2.1 Klösterliche Mädchenschulen und der Kulturkampf
Im Zeitraum von 1843 bis 1914 kam das Kloster Dillingen auf Grund der erzieherischen Bedeutung der Schwestern zu neuer Blüte. Von Vorteil hierfür war die Politik Ludwigs I., welche die Idee der Wiederbelebung des katholischen Glaubens mit gesellschaftspolitischen Zielen, vor allem im Bereich

der Bildung und Erziehung, verband und dem ehemals kontemplativen Orden konkrete Aufgaben zuführte.[90] Die Gemeinschaft der Dillinger Franziskanerinnen erfuhr einhergehend mit ihren sich ausweitenden pädagogischen und karitativen Tätigkeiten ein kontinuierliches Wachstum.

„Aus kleinsten Anfängen entwickelte sich das Mutterkloster nach dem Aufbau einer Lehrerinnenbildungsanstalt und dem Erwerb des ehemaligen Dominikanerinnenklosters Maria Medingen bei Dillingen (1843) zu einem überregionalen Bildungszentrum für die weibliche Jugend. Zwischen 1843 und 1914 gründeten die Schwestern 112 Filialen, übernahmen den Unterricht in zahlreichen Volksschulen und die Betreuung von Kindergärten und Heimen."[91]

Bis zur Mitte des 19. Jahrhunderts erlangte die Mädchenbildung durch Ordensschwestern, allen voran durch die Armen Schulschwestern von Unserer Lieben Frau und die Englischen Fräulein, aber auch die Franziskanerinnen von Dillingen in Bayern eine herausgehobene Bedeutung.[92] Das königliche Reskript unter Maximilian II. (1848–1864) vom 9. Januar 1852, in welchem dem Orden der Armen Schulschwestern der besondere Auftrag zur „Obsorge für religiöse, sittliche und ökonomische Bildung in Haus, Kirche und Schule und die Förderung wahrer, gründlicher und nachhaltiger Schulbildung"[93] erteilt und damit zugleich auch die Wahrnehmung einer gesellschaftspolitischen Aufgabe des Staates, nämlich „der drohenden Verarmung im Volke vorzubeugen"[94], zu einem großen Teil in die Hände der Schwestern gelegt wurde, verdeutlicht diesen Stellenwert.

Der weiteren Etablierung der weiblichen Ordensgemeinschaften im Schuldienst wurden allerdings während der zweiten Hälfte des 19. Jahrhunderts von politischer Seite, auch und besonders im Zeichen des Kulturkampfes, Grenzen gesetzt. Dieser machte sich nämlich auch in Bayern in latenter Form bemerkbar. In der Zeit von etwa 1860 bis 1890 führten der aufkommende Liberalismus und die zunehmend kritische Haltung des Staates gegenüber dem Katholizismus zu einer Reihe von Gesetzen, welche die Einrichtung von klösterlichen Mädchenschulen und die Einflussnahme der Kirche auf die Bildung und Erziehung der Jugend erschwerten. Gegen Ende des Jahrhunderts, mit dem Beginn der Regentschaft von Prinzregent Luitpold (1886–1912), trat aus Sicht der weiblichen Orden wieder eine allmähliche Verbesserung der Lage ein. Die gesellschaftspolitische Entwicklung und ihre Auswirkungen auf die bayerischen Klosterschulen während der zweiten Hälfte des 19. Jahrhunderts werden im Hinblick auf ihre Relevanz für die Ansiedlung der Schulschwestern in der Pfarrei Kemmern im Folgenden noch eingehender beschrieben. Die oben genannten Entwicklungen verliefen in Bayern in vier unterschiedlichen Phasen, in denen sich die Auseinandersetzung zwischen liberalen und konservativ-katholischen Kräften widerspiegelte. Ziel der Liberalen war eine „straffere Herrschaft des Staates über Kirche und Schule"[95]. Diese politische Richtung übte wesentlichen Einfluss auf die Regierung aus, was auch in einer veränderten Haltung gegenüber den Klosterschulen zum Ausdruck kam. Die Reihe an gesetzlichen Bestimmungen, die eine Einschränkung der klösterlichen Erziehungstätigkeit mit sich brachten, nahm mit dem Schuldotationsgesetz vom 10. November 1861, nach welchem die Zustimmung der gesamten politischen Gemeinde als Voraussetzung für die Einführung von Klosterschulen und Schulschwestern an einem Ort notwendig wurde, ihren Anfang.[96] Nach der bisherigen Praxis genügte dafür die Genehmigung des Gemeindeausschusses. Diese Neuregelung bedingte, je nach Strenge der Auslegung durch das Kultusministerium und der in einem Ort vorhandenen Einigkeit bezüglich der Klosterschulfrage, mitunter erhebliche Schwierigkeiten für die Einrichtung von klösterlichen Schulen.[97]

Ein weiterer Schritt war der Erlass vom 14. Januar 1867, der den Ministerialerlass (königliches Reskript) vom 9. Januar 1852[98] in einem wesentlichen Punkt veränderte bzw. neu ordnete. Dadurch verlor die königliche Regierung des jeweiligen Kreises[99] die alleinige Gewalt, die Leitung von Volksschulen ausschließlich an Arme Schulschwestern zu übertragen.[100] Für die Einführung klösterlicher Lehrkräfte an einem Ort bedurfte es also jetzt der ministeriellen Genehmigung. Den Ordensfrauen war es lediglich gestattet, nach den Ordensregeln zu leben sowie ihren Unterrichtspflichten und den sonstigen vertraglich mit der betreffenden Gemeinde geregelten Aufgaben nachzukommen.[101] Einhergehend mit einer zunehmenden Skepsis gegenüber der kirchlichen Lehrtätigkeit kam es zu einer Aufwertung der weltlichen Lehrkräfte, die bis dahin nur in der Hauptstadt und selten in Provinzstädten gewirkt hatten.[102] Bis zum Ende des Jahrhunderts verlagerte sich das Verhältnis von klösterlichen und weltlichen Lehrkräften in Bayern zugunsten einer Überzahl der weltlichen Lehrerinnen gegenüber den Ordensfrauen, die zu Beginn der sechziger Jahre immerhin noch rund 90% der Lehrkräfte stellten –, „obwohl sie von den betreffenden Gemeinden dringend gewünscht wurden"[103]. Während einer zweiten Phase der Auseinandersetzungen in den Jahren 1870 bis 1886, die in Verbindung mit dem in Preußen härter und offen ausgetragenen, in Bayern jedoch moderater geführten Kulturkampf stand, verschärfte sich der Interessenkonflikt zwischen den Verfechtern des Liberalismus und den Vertretern der katholischen Kirche.[104]

Das schon beschriebene Misstrauen und die Abwehrhaltung gegenüber den kirchlichen bzw. klösterlichen Erziehungs- und Bildungseinrichtungen gipfelte in heftigen Auseinandersetzungen, die von politischer Seite aus vor allem über die Presse geführt wurden.

> „Die Regierungen wandten sich an das Ministerium, um Weisung für die Behandlung von Klosterschulgesuchen zu erhalten, die vom katholischen Volk beharrlich eingereicht wurden."[105]

Das Kultusministerium bzw. die bayerische Regierung legte nahe, die Verbreitung und Neueinrichtung der Klosterschulen nicht weiter zu fördern, ja geradezu zu unterbinden. Die „allgemeine Kampfesstimmung, welche in Regierungskreisen herrschte"[106], führte in letzter Konsequenz dazu, dass unter dem Kultus- und späteren Innenminister Johann von Lutz (1871–1890) keine neuen Klosterschulen gegründet wurden.[107] Nach den im Zusammenhang mit dem Liberalismus bereits genannten reglementierenden Beschlüssen zur Einrichtung und Führung von Klosterschulen in den sechziger Jahren folgte in der Phase des eigentlichen Kulturkampfes, die nach der Gründung des Deutschen Kaiserreiches (1871) einsetzte, die bayerische Verordnung vom 20. November 1873, welche die Staatsaufsicht über die Kirche wiederherstellte. Im Gegensatz zu Preußen kam es in Bayern nicht zum offenen Bruch zwischen Regierung und katholischer Kirche, da der König am Konkordat von 1817 festhielt.[108] Allerdings wirkten sich auch in Bayern die unter maßgeblicher Initiative des Ministers Lutz erlassenen Reichsgesetze in Form des sogenannten Kanzelparagraphen gegen den Missbrauch der Kanzel zu politischen Zwecken (1871) und des Jesuitengesetzes, das die Jesuiten und ihnen nahe stehende Orden des Reiches verwies, aus.[109] Eine günstigere Phase für eine weitere Entwicklung der Klosterschulen in Bayern begann, wie schon angedeutet, ab dem Jahr 1886, dem Jahr der Regierungsübernahme des Prinzregenten Luitpold und währte bis 1910. Die Zahl der Klosterschulen stieg nun auf 120 an, klösterliche Lehrtätigkeit wurde nun von Seiten der Regierung begrüßt.[110]

Wenn es auch nach wie vor seitens der bayerischen Regierung keine solche Unterstützung für die Etablierung von Klosterschulen wie zu Zeiten Ludwigs I. und der frühen Regentschaft Maximilians II. gab, so fand dennoch das 1861 erlassene Schuldotationsgesetz

> „nicht mehr die strenge Auslegung wie ehedem. Man hatte es namentlich bei zusammengesetzten Schulsprengeln als Unbilligkeit empfunden, dass die Einführung von Schulschwestern durch eine einzige ganz geringfügig beteiligte Gemeinde – vielleicht aus unlauteren Motiven – verhindert werden könnte, auch dann, wenn diese Maßnahme allseitig als wünschenswert erachtet wurde".[111]

Dieser gelockerte Umgang mit dem beschriebenen Gesetz und die allgemein kirchenfreundlichere Haltung der bayerischen Regierung gegen Ende des 19. Jahrhunderts begünstigten die Gründung und folglich die Integration der Schwesternfiliale der Dillinger Franziskanerinnen in der Gemeinde Kemmern.

2.2 Schulvisitationen in Kemmern

Die Mitwirkung kirchlicher Behörden auf lokaler Ebene war keineswegs unüblich, obwohl die Volksschulen rein staatlich organisiert waren. Der Pfarrer hatte auch Teil an der Schulaufsicht – in der Regel in der Funktion eines Lokalschulinspektors (Distriktsschulinspektoren waren die Dekane) – was im Falle Kemmern überhaupt erst dazu führte, dass ein Konvent der Dillinger Franziskanerinnen gegründet wurde. Gottfried Arnold war nämlich anlässlich einiger so genannter „Schulvisitationen" (Unterrichtsbesuche) auf eine Vielzahl von Missständen aufmerksam geworden: Das Schulhaus war zu klein und baufällig, der Wissensstand der Kinder „ungenügend", der Unterrichtsbesuch ließ allgemein zu wünschen übrig und der Lehrer wurde obendrein als nur mäßig kompetent beurteilt[112]. Waren nun die Zustände in Kemmern besonders katastrophal? Die Situation in Kemmern war keineswegs außergewöhnlich, in ihr spiegelten sich die generellen Probleme ländlicher Gebiete in Bezug auf die Schulbildung wider. Den Gemeinden oblag die Finanzierung der Gebäude und Lehrkräfte, was dazu führte, dass arme Gemeinden nicht in der Lage waren, eine adäquate Versorgung zu gewährleisten.[113]

Bedingt durch die Einführung der Allgemeinen Schulpflicht im Jahre 1802 und ein allgemeines Bevölkerungswachstum war das Schulwesen jener Zeit geprägt von der drangvollen Enge in den Schulhäusern. Überdies waren diese häufig in einem verkommenen Zustand, manche sogar so baufällig, dass sie gar nicht mehr benutzt werden konnten und der Lehrer den Unterricht in seiner eigenen Wohnung abhalten musste[114]. Doch waren die Probleme nicht allein materieller Natur: Die Akzeptanz der Schule in der dörflichen Gesellschaft war äußerst gering, da man die Notwendigkeit von Bildung nicht einsah. Im Gegenteil: Schule hielt die Kinder von der dringend erforderlichen Mithilfe in der elterlichen Landwirtschaft ab. Vom Unterricht selbst könne man nicht leben, er sei allenfalls zum Zeitvertreib gut und dazu geeignet, die Kinder vom Herumtreiben auf der Straße abzuhalten. Nur dank der Auflage, dergemäß jeder, der eine

Gesellen- oder Meisterprüfung ablegen, einen bäuerlichen Betrieb übernehmen oder heiraten wollte, ein Entlassungszeugnis als Beweis absolvierter Schulpflicht vorlegen musste, wurde der Schulbesuch als ein notwendiges Übel akzeptiert.[115]

Man kann nicht davon ausgehen, dass die Person des Lehrers besonders respektiert wurde: Lehrer verdienten oft so schlecht, dass sie gezwungen waren, Nebenbeschäftigungen nachzugehen, z.B. in Form von Kirchendiensten (Orgel spielen, Kirchenwäsche waschen etc.) und auch durch das Singen von Weihnachtsliedern an den Haustüren der Dorfbewohner, die sie dann mit Geld- oder Sachspenden dafür belohnten. All diese Tätigkeiten waren der Autorität der Lehrer gewiss nicht zuträglich.[116] Zudem waren die Lehrkräfte meistens ebenso schlecht ausgebildet wie bezahlt. Am 6. Mai 1888 bat Lehrer Nikolaus Römer in Kemmern die Königliche Regierung in Bayreuth in Oberfranken wegen seiner angegriffenen Gesundheit um Versetzung in den Ruhestand. In dem Brief[117] nimmt er Bezug auf ein Prüfungsprotokoll vom 2. Mai 1887. Es handelt sich hierbei um den Bericht einer Visitation des Bezirksamtes Bamberg I in der Kemmerner Schule, in dem wegen der großen Schülerzahlen und der schlechten räumlichen Verhältnisse ein zweiter Lehrer beantragt wird. Hauptlehrer Römer kann allerdings den Besoldungsbeitrag für einen zweiten Lehrer (Hilfslehrer) nicht selbst aufbringen, was er nach den damaligen Vorschriften jedoch hätte tun müssen. Er bezog mehr Geld aus Kirchendiensten als aus dem Schuldienst, was zu jener Zeit absolut üblich war.[118] Um einen Hilfslehrer finanzieren zu können, konnte aber auch von den Eltern kein Schulgeld erhoben werden, da diese es ebenso nicht hätten bezahlen können. Römers Wohnung reichte auch zur Unterbringung des Hilfslehrers nicht aus.

Am 1. Juni 1888 fand in Kemmern erneut eine Schulvisitation statt, bei der wiederum der schlechte Zustand des Schulhauses und die Notwendigkeit eines Neubaus festgestellt wurden. Am 4. September desselben Jahres ging Römer schließlich in den Ruhestand. Der Unterricht wurde von „Schuldienst Expectant" Georg Oppelt, einem jungen Mann, gehalten, der damit die praktische Phase seiner Ausbildung antrat.[119] Oppelt dürfte zu diesem Zeitpunkt etwa 18 Jahre alt gewesen sein.[120] Am 8. November 1888 wurde eine Lehrprobe abgenommen, die vermutlich auf die endgültige Übernahme Oppelts in den Schuldienst abzielte, da er zu dieser Zeit als einziger Lehrer in Kemmern nachgewiesen ist.[121] Oppelt hat diese nicht bestanden, unterrichtete aber dennoch zunächst weiter. Bei der am 29. Januar 1889 von der Königlichen Kreisregierung in Bayreuth durchgeführten Schulvisitation, bei der Oppelt unterrichtete und der königliche Lokalschulinspektor Pfarrer Gottfried Arnold sowie der Bürgermeister anwesend waren, stellte sich heraus, dass die Kenntnisse der Schüler äußerst dürftig waren.

„Das Ergebnis der Prüfung in Rechtschreiben und in Rechnen muss als ein ungenügendes bezeichnet werden. Hefte vorhanden, aber in Folge eines Augenleidens des Lehrers nicht rechtzeitig korrigiert. Schriftzüge steif, ohne Fluss, vielfach unregelmäßige Kenntnisse der Schüler aus der Vaterlandskunde, sehr notdürftig. [...] Mehrere Schüler des 7. Schuljahres sind nicht in der Lage, flüssig zu lesen."[122]

Der gesamte Unterrichtsstand der Abteilungsschule stellte sich als unbefriedigend heraus. Damit hatte sich der Schulunterricht in den vorhergegangenen dreißig Jahren maßgeblich verschlechtert. Noch in den 1850er Jahren befand sich die Qualität des Schulunterrichts nämlich auf einem offenbar vergleichsweise hohen Stand.[123] Die Königliche Kreisregierung in Bayreuth konstatierte, dass die Beseitigung des Halbtagsunterrichts, die sofortige Aufstellung eines Hilfslehrers (der selbst noch unerfahrene Oppelt unterrichtete allein insgesamt 118 Jungen und 57 Mädchen) und die Aufnahme der Verhandlungen zum Zwecke eines Schulhausneubaus und der Einrichtung einer zweiten Schule in Kemmern dringend zu wünschen seien.[124] Der mangelhafte Kenntnisstand der Schüler erklärt sich aber nicht allein durch die Überfüllung des Klassenzimmers, der Unerfahrenheit des Schulverwesers Oppelt und dessen Augenleiden. Die Kinder selbst erschienen oft überhaupt nicht zum Unterricht, und wenn sie es taten, waren sie für den Unterricht nicht aufgeschlossen und motiviert, weil sie daheim von den Eltern zur Mitarbeit in der Landwirtschaft herangezogen wurden.[125]

Der von seinen Nebentätigkeiten in Anspruch genommene Lehrer hatte ebenfalls nur geringe Motivation für den Schuldienst. So bedingten beide Umstände einander und verstärkten in einer Art Teufelskreis den schlechten Unterricht. Die Disziplin im Klassenzimmer schwand so zusehends. Dem Lehrer blieb oft nichts anderes übrig, als zu autoritären Unterrichtsmethoden zu greifen, wie z. B. zur körperlichen Züchtigung der Schüler[126]. Am 19. April 1889 wendet sich die Gemeinde Kemmern in einem Schreiben an die Kreisregierung Bayreuth, in dem sie zwar mitteilt, den Schulhausneubau beschlossen zu haben, diesen Beschluss aber an eine Bedingung knüpft: Die königliche Regierung in Oberfranken – die die Gemeinde ja quasi zu einem Neubau zwingt – solle einen Zuschuss aus Kreismitteln gewähren, denn die Gemeinde könne auf Grund ihrer schwachen Finanzkraft, ihrer hohen Verschuldung, ihrer Lage in einem

Hochwassergebiet am Main und ihrer geringen Einwohnerzahl das gewaltige Projekt nicht alleine finanzieren.[127]

Die Frage der Bezahlung der Lehrkräfte stellte für die Gemeinde ein echtes Problem dar, denn die Gemeindeversammlung hatte beschlossen, dass die Besoldung des Lehrers nicht durch die Erhebung von Schulgeld, sondern aus der Gemeindekasse finanziert werden solle.[128] Dennoch wurde bereits im Mai ein Hilfslehrer eingestellt und zum Jahreswechsel durch die Hilfslehrerin Johanna Blass ersetzt.[129]

Der Abteilungsunterricht blieb also nach wie vor bestehen. Pfarrer Arnold, der mit der Lage bestens vertraut war, war skeptisch, dass sie staatlicherseits behoben werden würde, und hielt es für effektiver, den Unterricht künftig von Schwestern versehen zu lassen. Auf Grund der Auswirkungen des bereits erwähnten Kulturkampfes musste Arnold einige Hindernisse überwinden, denn die Genehmigung gestaltete sich schwierig und zog sich über einen langen Zeitraum hin.

2.3 Übernahme der Mädchenschule durch die Schwestern

In einem Bericht des Bamberger Volksblattes vom 22. September 1890 wird nach der erfolgten Genehmigung des Schwesternkonventes in Kemmern durch die Königliche Regierung Bayerns die Einführung der Dillinger Franziskanerinnen angekündigt und zugleich hervorgehoben, dass es sich bei der geplanten Klosterschule in Kemmern um die erste im Erzbistum Bamberg handelt, „welche von dem genannten Kloster aus versehen wird[130]." Am 23. Oktober 1890 berichtet das Bamberger Volksblatt vom feierlichen Einzug der Schwestern in der Gemeinde und der nachfolgenden „Eröffnung des neuen Schulhauses mit Gottesdienst und Festakt.[131]" Somit war der Grundstein für eine lange historische Entwicklung der Schwesternkommunität gelegt, wobei Pfarrer Gottfried Arnold beim Gründungsprozess eine Entfaltung der Tätigkeitsbereiche der Ordensschwestern anstrebte. Aus dem Brief der Gemeinde Kemmern an das Bezirksamt Bamberg I vom 9. April 1890 geht dies bereits deutlich hervor.[132]

Noch bevor Pfarrer Arnold wegen der Einführung der Schwestern in Kemmern Kontakt mit dem Kloster in Dillingen aufnahm, wirkte er in der Gemeinde auf die Akzeptanz seines Vorhabens hin. Auf Grund des Schuldotationsgesetzes vom 10. November 1861 konnte der Pfarrer nicht allein über das Vorhaben bestimmen, sondern musste die Zustimmung der Gesamtgemeinde einholen. Offenbar war diese Zustimmung aber nur ein formaler Akt, der in einer Gemeindeversammlung am 4. August 1889 erfolgte.[133] Die Abstimmung verlief völlig reibungslos, die anwesenden Gemeindebürger stimmten der Ansiedlung der Schulschwestern für die Besetzung der geplanten Schulstelle zu. Zur Durchsetzung seines Zieles hatte Pfarrer Arnold zuvor die finanziellen, unterrichtstechnischen und erzieherischen Gründe für die Heranziehung der Schwestern erläutert und war dabei auf keinerlei Widerspruch gestoßen[134]. Die politischen Vertreter ließen dem Pfarrer also freie Hand bei seinen Planungen. Erleichtert wurde ihnen die Zustimmung durch die Ankündigung des Pfarrers, aus dem eigenen Vermögen 6000 Mark zur Finanzierung der Schwestern beizusteuern und diesen Betrag als Grundstock für eine Stiftung zu verwenden.[135]

Bemerkenswert an dem Vorgang der Schwesternansiedlung ist insbesondere die Tatsache, dass Pfarrer Arnold in der Lage war, sein Vorhaben eins zu eins zu seinen Vorstellungen umzusetzen. Der Neubau des Schulhauses, die Trennung der Schule in Mädchen- und Knabenschule, die Ansiedlung der Schwestern und deren Versorgung und finanzielle Absicherung wurden genau so durchgeführt, wie Arnold es gewünscht und bei seiner ersten Kontaktaufnahme mit der Meisterin Schwester M. Angelina am 6. November 1889 in seinem Werbungsbrief dargelegt hatte. Sicherlich muss eingeräumt werden, dass er durch die eigene Teilfinanzierung die Durchsetzung seiner Pläne erleichtert hat. Dies erklärt allerdings nicht den offenbar völligen Verzicht der Gemeinde auf Mitwirkung an den Entscheidungen. Die Vorgänge um die Ansiedlung der Franziskanerinnen machen deutlich, mit welch großer Macht der Ortspfarrer in Kemmern im ausgehenden 19. Jahrhundert ausgestattet war. Der Pfarrer war bis 1918 als Lokalschulinspektor in der Gemeinde für das Schulwesen zuständig. Er konnte Lehrer einstellen und war für die Schulstellen in seiner Pfarrei verantwortlich.[136] Mit seiner Rolle als oberster Schulherr ging ein großes Maß an Kontrolle über die Lehrer, Schüler und auch Eltern des Ortes einher, die sich nicht nur auf den religiösen Bereich, sondern auf alle Aspekte des öffentlichen Lebens auswirkte.

Als die Dillinger Franziskanerinnen in Kemmern mit der ausgebildeten Elementarlehrerin Schwester M. Regina Strasser[137] am 20. Oktober 1890 schließlich ihre Lehrtätigkeit aufnahmen, zogen alsbald neue Wertvorstellungen in die Schule in Kemmern ein. Durch ihre religiöse und pädagogische Ausbildung veränderte Regina Strasser den Lehrbetrieb an der Schule nachhaltig. Der dort bereits tätige Lehrer wurde nicht entlassen, sondern war fortan für die Knabenschule zuständig, während die Verantwortung für den Unterricht in der neu eingerichteten separaten Mädchenschule in den Händen der Dillinger Schwestern lag. Die Lehrkräfte wohnten im gleichen Schulhaus, doch die Schulschwester unterrichtete nicht nur in der Mädchenschule, sondern lebte als Ordensfrau zusammen mit ihrer Mitschwester Christine Eckerle in der Gemeinde Kemmern die Franziskanische Spiritualität, was für die Bevölkerung von Kemmern etwas Neues darstellte und vor allem im Hinblick auf das religiös-sittliche Verhalten der Jugend Früchte trug. Aufschluss über den Erfolg der Arbeit der Dillinger Franziskanerinnen in Kemmern bereits während der ersten Wochen und Monate gewähren neben Mitteilungen in der örtlichen Presse auch Briefe von Pfarrer Arnold an die Oberin Angelina Schmid in Dillingen. Pfarrer Arnold bewertete die unmittelbaren Auswirkungen der Präsenz und des Wirkens der Dillinger Schwestern nach deren Einführung in der Gemeinde Kemmern wie folgt:

> „Frau Meisterin, Sie haben Ihr Wort ganz treu gehalten, die Mädchenschule Kemmern mit einer tüchtigen Lehrkraft Ihres Ordens zu versehen und mir nicht bloß eine gute Lehrerin, sondern auch zwei gute Klosterfrauen geschickt. Dafür sei Ihnen tausendfacher Dank und Vergelt's Gott gesagt. Wie freue ich mich auch und es freut sich ganz Kemmern mit mir, dass dieses Werk gelungen und die Barmherzigkeit Gottes sich meiner dazu bedient hat. Ich kann meiner Freude besonders über das veränderte Benehmen der Kinder gar nicht genug Ausdruck geben."[138]

Die Oberin des Konventes war in den ersten Jahrzehnten immer auch die Lehrerin der Mädchenschule und genoss neben dem Pfarrer das höchste Ansehen in der Bevölkerung. So beschloss der Gemeinderat am 21. Januar 1900: „Nachdem die Frau Oberin am 25. des Monats nach Höchstadt versetzt wird, soll eine Deputation zur Danksagung zu den Schwestern abgesandt werden."[139] Nach jeweils ungefähr zehn Jahren wurde in der Mädchenschule die Lehrschwester von der Ordensleitung der Dillinger Franziskanerinnen ausgewechselt. Dies führte dazu, dass vorwiegend junge, gut ausgebildete Schwestern in die kleine Filiale nach Kemmern versetzt wurden.[140] Wenngleich sich auch an den Lebensbedingungen in der Gemeinde lange nichts änderte, so war man doch der Überzeugung, dass das pädagogische Wirken der Schwestern sich segensreich auf die weitere Entwicklung der Kinder auswirkte.

2.4 Vorschriften des Bayerischen Staatsministeriums für Unterricht und Kultus

Pfarrer Gottfried Arnold führte als Lokalschulinspektor auf Grund der dramatischen Schulsituation, welche sich bei der Visitation am 29. Januar 1889 gezeigt hatte, mehrere einschneidende schulische Veränderungen an der Volksschule durch. So wurde die Koedukation ersetzt durch eine eigene Mädchen- und Knabenschule, die neu geschaffene Schulstelle an der Mädchenschule wurde mit einer Ordensfrau aus der Gemeinschaft der Dillinger Franziskanerinnen besetzt und der Abteilungsunterricht musste aufgelöst werden. Doch trotz aller räumlichen und infrastrukturellen Veränderungen änderte sich das Bildungsniveau der Schüler in der Knabenschule nicht, wie einer Visitation aus dem Jahre 1918 zu entnehmen ist.[141] Die Visitation vom 27. Februar 1918 ist vom Kreisschulrat Büttner unter der Anwesenheit des Lokalinspektors Pfarrer Hennemann in der Knabenschule Kemmern im Unterricht von Augustin Rössert durchgeführt worden[142]. Die Beurteilung des Kreisschulrates Büttner ist differenziert nach den verschiedenen Fächern, die an diesem Tag unterrichtet wurden, in einem Bericht dargelegt worden. Die Schüler leisteten in den meisten Fächern nicht das, was wünschenswert gewesen wäre. Sowohl die Leistungen in „Mündlicher Sprachpflege" und in „Rechnen" als auch in den Fächern „Singen" und „Naturgeschichte" befriedigten den Kreisschulrat Büttner nicht. Nur die Leistungen in „Schreiblesen" und „Schönschreiben" fanden lobende Erwähnung. Dabei bezieht sich seine Kritik vor allem auf die Unterrichtsleistung des Lehrers, die nicht immer den Vorschriften entsprach. In „Heimatkunde" beispielsweise werde „der festgesetzte Lehrstoff" nicht eingehalten; in „Naturgeschichte" wiederholte der Lehrer nur, den Schülern werde nichts Neues beigebracht. Ganz allgemein bemängelt der Kreisschulrat außerdem, dass der Lehrer eher Fertigkeiten üben und auswendig lernen lasse, als dass der Geist der Schüler geschult werde.[143]

Die desolaten Verhältnisse in den Landschulen traten bei den Visitationen immer wieder zu Tage, wobei Kemmern nur einen Fall unter vielen darstellt. Im Jahre 1920 – in der Frühzeit der Weimarer Republik – führte dies schließlich zu zwei wichtigen Neuerungen, die von den Schulreferenten der Kreisregierung seinerzeit beschlossen wurden: einerseits das Verbot der Nebenarbeit des Lehrers, andererseits die Einführung von Abteilungsunterricht oder Klasseneinteilung mit Wechselunterricht bei großer Klassenstärke. Der Lehrberuf umfasste damals neben der eigentlichen Lehrtätigkeit weitere, die Kirche betreffende Aufgaben. Die der Schulchronik von Kemmern entnommene Stellenbeschreibung von 1914 zur Ausschreibung des Postens an der Knabenschule Kemmern forderte von den Bewerbern zunächst, den normalen Schuldienst leisten zu können, d. h. in diesem Fall eine Ganztagsschule mit sieben Jahrgängen, 75 Werktagsschülern und 28 Sonntagsschülern zu unterrichten[144]. Für diese Schülerzahl war eine definitive Stelle[145] vorgesehen, die zweite definitive Stelle war der Mädchenschule vorbehalten. Deshalb musste der Lehrer jeden Tag, also auch sonntags, unterrichten. Entlastet wurde er durch den Geistlichen,

2. Die Mädchenschule // 343

der zwei Stunden Religionsunterricht pro Woche erteilte. Neben dieser, besonders im Vergleich zu heute, zeitlich bereits sehr aufwändigen Lehrtätigkeit hatte der Lehrer vier kirchliche Nebenämter auszuüben: Er sollte zusätzlich Kantor, Organist, Kirchner und Gemeindeschreiber sein.[146] Die Entscheidung über die Anstellung des Lehrers war entsprechend von der Kirche mit beeinflusst: Die Entscheidung der Schulinspektion musste von der Gemeinde abgesegnet werden.[147] Zunächst konnten sich ausgebildete Lehrer auf eine freie Stelle bei der jeweiligen Distriktsschulinspektion bewerben. Die Regierung in Oberfranken hatte das Besetzungsrecht. Doch wenn diese Behörde über die Anstellung entschieden hatte, konnte der Lokalschulinspektor der Gemeinde, das war der jeweilige Pfarrer der Gemeinde, noch einmal entscheiden, er konnte den Lehrer annehmen oder aber ablehnen. Dem Pfarrer kam damit ein gewichtiges Mitspracherecht bei der Besetzung einer Lehrerstelle zu. Kein Lehrer konnte gegen den Wunsch der jeweiligen Gemeinde eingesetzt werden, keiner ohne ihre Zustimmung eine Stelle antreten.[148] Sie war nicht nur für die Stellenausschreibung, sondern auch für den finanziellen Unterhalt des einzustellenden Lehrers verantwortlich. So lässt sich festhalten, dass bei der Besetzung einer ländlichen Schulstelle ein unterschiedliches Kompetenzgefüge zwischen politischer und kirchlicher Instanz herrschte. Nun sollte diese Koppelung aufgehoben werden.

Während einer der den Beschlüssen vorausgehenden Sitzungen wurde von Bezirksamtmann Saule darauf hingewiesen, dass die Trennung von Schul- und Kirchendienst nach dem Gesetz vom 24. März 1920 nunmehr vollzogen sei. Die Folge daraus sei, dass den Lehrern seit dem 1. Mai untersagt sei, „den Messnerdienst (sic) zu verrichten, dagegen freigestellt, den Chordienst zu übernehmen."[149] Die Trennung ist dadurch formal zwar vollzogen – gleichwohl nur halbherzig. Diese Halbherzigkeit ist bereits in dem Gesetz selbst angelegt, denn der Chordienst darf noch übernommen werden. An einer anderen Stelle des Dokuments wird darauf hingewiesen, dass die Nebentätigkeiten des Lehrers offiziell niederzulegen seien[150]. In Kemmern gehörten Kantor, Organist, Kirchner und Gemeindeschreiber zu den Aufgabenbereichen des Lehrers. In der Praxis allerdings wurde diese Niederlegung und damit die Trennung von Schul- und Kirchendienst nur unvollständig und mit großem Widerstreben der Kirchen und Gemeinden durchgeführt. So berichtet Oberregierungsrat Stenger, dass ständig Gesuche um die Erlaubnis zur Übernahme von Nebenämtern eingingen und dass der Kirchendienst regelmäßig weitergeführt würde[151]. Wenn Schul- und Mesnerhäuser vorhanden waren, beantragten die Kirchenverwaltungen häufig, nur einen Lehrer auswählen zu dürfen, der auch den Organistendienst mit versehen könne, weil sonst die Lehrerwohnung für einen extra angestellten Organisten geräumt werden müsse.[152]

Daraus lässt sich ersehen, dass die Umsetzung der Beschlüsse der Bezirksregierung an der materiellen Ausstattung der Gemeinden scheiterte. In Oberfranken mussten auch viele Gemeinden weiterhin den Lehrer als Gemeindeschreiber beschäftigen, weil niemand anderer über die entsprechenden Kenntnisse verfügte.[153] Aus den Berichten der Schulreferenten geht hervor, dass Gemeinde und Kirche wegen der gewohnten Praxis noch zu sehr miteinander verwoben waren, als dass von jetzt auf gleich ein klarer Schnitt zwischen ihnen vollzogen werden konnte. Fehlendes Geld, fehlende Wohnungen und fehlendes Personal mit adäquater Ausbildung machten es häufig notwendig, dass der Lehrer trotz klarer rechtlicher Vorgaben die kirchlichen Nebenämter weiterführte. Aus diesem Grund verkündete Bezirksamtmann Saule im April 1920,[154] „dass in der Zukunft „ein strenger Maßstab anzulegen""[155] sei bei der Zulassung von Nebengeschäften und Nebenämtern der Lehrer: „Nach einiger Zeit wird eine durchgreifende Bereinigung dieser Verhältnisse nicht umgangen werden können."[156] Eine zweite Frage, die in der Sitzung vom 20. und 21. Mai 1920 besprochen wurde, war die nach der Unterrichtsform bei großer Schülerzahl. Es stand zur Debatte, eine neue Schulstelle einzurichten und die Klassen dann in Abteilungen einzuteilen, die von verschiedenen Lehrern unterrichtet werden. Das Problem bei dieser Lösung bestand in den höheren Kosten durch zwei Lehrkräfte, die möglicherweise nicht voll hätten beschäftigt werden können. Oberregierungsrat Stenger bemerkte dazu: „Dadurch wird das Halbschulwesen nur noch weiter gefördert", weil man den Unterricht nicht so durchführen könne, dass zwei Abteilungen in einem Schulzimmer genügend unterrichtet würden.[157] Die andere Möglichkeit bestand darin, eine Klassenteilung vorzunehmen und Wechselunterricht erteilen zu lassen. Dies bedeutete aber, dass die Schüler weniger hätten unterrichtet werden können. Problematisch war diese Variante nicht nur für die Schüler, die zu wenig Unterricht erhalten hätten, sondern auch für den einzelnen Lehrer, der viel mehr hätte unterrichten müssen. Schule musste in diesem Fall nämlich jeden Tag gehalten werden, auch Samstagnachmittags.[158] Aus diesen Gründen kam Oberregierungsrat Lex zu dem Schluss, dass es von seinem Schulstandpunkt als begrüßenswerter anzusehen sei, wenn eine zweite Lehrkraft berufen würde, als wenn Halbtagsschulunterricht eingeführt werde. Der Vorsitzende der Besprechung, Matt, ist der Ansicht, dass Wechselunterricht nur dann einzuführen sei, wenn ein anderer Ausweg nicht mehr möglich erscheint.[159]

Neue Bildungsziele
1926 wurden die Bildungsziele im Amtsblatt des Bayerischen Staatsministeriums für Unterricht und Kultus neu definiert und in der Ausgabe vom 16. Dezember 1926, Nr. 16 als Lehrordnung für bayerische Volksschulen veröffentlicht. Die Volksschule wird darin als eine weitere Erziehungssäule neben der „Erziehungsmacht"[160] der Eltern verstanden; sie ist die „Erziehungsschule für die gesamte Jugend unseres Volkes"[161]. Die Lernziele wurden wie folgt festgelegt: „Ziel der Erziehung ist die im richtigen Gleichmaß entwickelte Persönlichkeit, die religiös und sittlich, deutsch und sozial empfindet, denkt und handelt."[162] Als Zweck des erziehenden Unterrichtes wird zwischen Schulung und Bildung unterschieden. Die Aufgabe der Schulung sei es, „die im Kinde vorhandenen körperlichen und geistigen Anlagen und Kräfte zu entwickeln[...]"[163]. Die Aufgabe der Bildung ist es dagegen, dem Kind „Bildungsgüter und die in ihnen enthaltenen Bildungswerte"[164] zu vermitteln. „Als Ergebnis der Schulung schwebt dem Erzieher der geweckte, selbständige, lebenstüchtige Mensch vor."[165] Bei der Schulung steht das Erlangen von Wissen und Fähigkeiten im Vordergrund, während die Bildung dagegen sittliche Werte vermitteln soll. Der damalige Bildungsbegriff war in jener Zeit modern, unterscheidet sich allerdings vom heutigen Bildungsbegriff, der eher an einer bürgerlichen Ethik, Autonomie und Urteilsfähigkeit orientiert ist.[166] Die heutzutage negativ besetzten Begriffe „Sitte" und „Nationalgefühl" spiegelten den damals herrschenden Zeitgeist wieder, stellten Ideale von verbreiteter Akzeptanz dar und gingen somit auch in den Lehrplan von 1926 ein[167]. Um die in der Lehrordnung aufgeführten Ziele zu erreichen, werden für die Volksschule bestimmte Aufgaben festgesetzt:

auf der Unterstufe:
Vermittlung kindesgemäßer Bildungswerte, angemessene Schulung der Körper- und Geisteskräfte. Erlernung unentbehrlicher schulischer Fertigkeiten.

auf der Oberstufe:
Vermittlung einfacher volkstümlicher Bildungswerte; angemessene Schulung der Körper- und Geisteskräfte; Vervollkommnung in den Fertigkeiten.[168]

Diese Formulierungen sind sehr allgemein gehalten. Erkennbar ist, dass die Komponenten der Schulung und der Bildung jeweils in Unter- und Oberstufe vertreten sein sollen. Wie genau aber das umzusetzen ist und welche Inhalte und Werte zu vermitteln sind, lässt sich erst anhand der Lehrpläne der einzelnen Fächer studieren. Der Lehrplan gab vor, welche Fächer zu unterrichten waren. War die institutionelle Trennung von Staat und Kirche zwar beabsichtigt und auch weitgehend vollzogen, blieben religiöse Inhalte dennoch feste Bestandteile des Lehrplanes. So wurde im katholischen Religionsunterricht beispielsweise als Ziel formuliert, „die Kinder zur Erfüllung ihrer übernatürlichen Lebensaufgabe zu erziehen"[169]. Der Unterricht sollte den Kindern „eine ihrer Altersstufe entsprechende Kenntnis der religiösen Heilswahrheiten" vermitteln und sie „zur Erfüllung ihrer religiös-sittlichen Pflichten sowie zur gläubigen und freudigen Teilnahme am kirchlichen Leben" anleiten." Dabei sollen in der Unterstufe zunächst ein lebendiger Glauben und die Liebe zu Gott angeregt werden. In der Oberstufe schließlich sollen die Kinder zu einem „selbständigen christkatholischen Leben nach den Vorschriften der Kirche"[170] befähigt werden. Instrumentell wird auch der übrige Unterricht aufgefasst. Dies wird auch bei der Betrachtung anderer Fächer deutlich, zum Beispiel beim Geschichtsunterricht, der das Nationalgefühl stärken sollte: „Der Geschichtsunterricht steht vor allem im Dienste des deutschen Gedankens."[171] Die Formulierung lässt deutlich erkennen, dass hinter den Lehrplänen bestimmte Absichten steckten, die ebenso zeitbedingt waren wie deren Inhalte. Es kam nicht darauf an, etwas über bestimmte historische Ereignisse zu erfahren oder in historischen Dimensionen denken zu lernen, sondern ein Nationalgefühl zu entwickeln[172]. In jener Zeit war Nationalismus nicht nur ein positiver Wert, sondern stellte auch ein gesellschaftliches Anliegen dar. Der Unterricht erscheint hier demnach als Mittel zum Zweck. In der Volksschulerziehung kam es vor allem darauf an, den Schülern praktische Fertigkeiten und grundlegende Fähigkeiten wie Rechnen, Lesen, Schreiben, Naturkunde etc., also die notwendigsten Kenntnisse für das tägliche Leben, mitzugeben. Mit wissenschaftlichen Inhalten waren die Lehrpläne nicht versehen. Diese waren Bestandteil der gymnasialen Ausbildung, die für die einfache Bevölkerung auf dem Lande in den meisten Fällen unerreichbar war.

16, 17 Beurteilungsheft für Frau Wölker Rosina. Schuleintritt: 16. April 1931. Es gab zu Beginn und am Ende des Schuljahres (hier 1934/35) eine Beurteilung der Schüler. Am Ende dieses Zeugnisses sind die Unterschriften von Schwester M. Synkletia Oppelt O.S.F. und den Eltern der Schülerin zu erkennen. (Privatbesitz)

Analyse des Zeugnisses von Gertraud Diller
Welche Fächer von wem in der Mädchenschule in Kemmern unterrichtet wurden, lässt sich anhand eines Zeugnisses verdeutlichen. Die Zeugnisse einer Schullaufbahn in der Volksfortbildungs-Schule Kemmern waren in einem so genannten Beurteilungsbüchlein zusammengefasst. Die Volksschulzeugnisse in jener Zeit hatten eher die Funktion, die Erfüllung der Schulpflicht zu dokumentieren.[173] Halbjährlich wurden dort während der gesamten sieben Klassen hindurch die Noten für Fleiß und Betragen sowie für die in jenem Halbjahr unterrichteten Fächer notiert. Die Noten waren fünffach gestuft und reichten von 1 = hervorragend bis zu 5 = ungenügend. Aus diesen Beurteilungsbüchlein lässt sich im Nachhinein ersehen, welche Fächer zur damaligen Zeit von den Schwestern unterrichtet wurden. Als Quelle zu diesem Zweck dient das Beurteilungsbüchlein von Gertraud Diller.[174] Der Schulplan sah eine ganze Reihe von Fächern vor, die in den sieben Klassen der Mädchenschule unterrichtet werden sollten. Diese Fächer wurden nicht von verschiedenen Lehrerinnen gehalten. Die jeweilige Schwester, die als Lehrerin angestellt war, unterrichtete jedes Fach. Die Schwestern gaben nicht nur die Fächer Religion, Geschichte, Rechnen und deutsche Sprache, genauso mussten sie Naturkunde, Erdkunde und Turnen unterrichten oder musisch-künstlerische Fächer wie Singen, Zeichnen und Handarbeit.[175] Um diesen breit gestreuten Fächerkanon unterrichten zu können, mussten sie vielseitig ausgebildet sein, wobei sie bessere Ausbildungs- und Arbeitschancen als weltliche Lehrer hatten[176]. Die meisten Fächer wurden durchgehend unterrichtet, nur Geschichte, Erdkunde und Naturkunde wurden erst ab der 5. Klasse gegeben. Dafür gab es ab diesem Zeitpunkt keine Heimatkunde mehr.

2.5 Die Lehrerin als Vorbild

Die Bauernkinder sollten dem einfachen Leben gemäß erzogen werden, das sie später führen würden, deshalb sollten sie die geltenden moralischen Vorstellungen verinnerlichen. Wichtig war dabei die Person des Lehrers und deren moralische Integrität. In der Lehrordnung wird deutlich darauf hingewiesen, dass die Bildung des Kindes nicht ausschließlich über „fachliche Bildungsgüter"[177] vermittelt wird, sondern dass durch das persönliche Vorleben von Bildung und Werten durch den Lehrer eine „innere Nachahmung oder Einfühlung auf das Werterleben"[178] erfolgten. „Geistiges Leben entzündet sich am leichtesten an vorgelebten Mustern."[179] Der Persönlichkeit des Lehrers wird auf diese Weise schon in den Richtlinien eine große Bedeutung zugemessen. Der ideale Lehrer ist nicht nur Vermittler von Bildungswerten, sondern zugleich ein „verkörperter Wert."[180] In diesem Sinne verdienen auch die einzelnen Lehrerpersönlichkeiten in Kemmern eine eingehende Betrachtung.

Lehrerinnen
Als erste Lehrschwester überhaupt wurde Schwester M. Regina Strasser in die neu errichtete Mädchenschule entsandt. Als ausgebildete Fachkraft kam sie nach jeweils mehrjährigen Aufenthalten in Dillingen, Oettingen, Rimpar und Unterdürrbach am 15. Oktober 1890, im Alter von 43 Jahren nach Kemmern, wo sie bis zum 18. Januar 1900 wirkte. Danach wurde sie Oberin in Höchstadt und starb dort im Alter von 76 Jahren am 25. April 1923.[181] Im Protokollbuch der Gemeinde Kemmern wird zum 21. Januar 1900 berichtet, dass die Gemeinde ihr zum Dank für ihre Tätigkeit eine Deputation schicken wolle.[182] Dies muss als ein Zeichen der Verbundenheit der politischen Gemeinde Kemmern zu ihrer ersten Lehrerin gewertet werden, insbesondere deswegen, weil der Gemeinderat bei späteren Versetzungen keine Deputation mehr schickte. In der Dillinger und der Höchstadter Chronik wird sie nach ihrem Tode charakterisiert als

> „[...] edle Jubilarin, welche eine Säule des Ordens, eine treue Helferin des göttlichen Kinderfreundes, eine liebevolle Oberin und Mutter ihrer Untergebenen war. [...] Mit ihr schied eine tüchtige Lehrerin, eine gewissenhafte Klosterfrau und eine stets auf gute Ordenszucht dringende, wohlmeinende Oberin aus dem Leben."[183]

Zwar waren die Formulierungen vermutlich standardisiert und auf eine wohlmeinende Schilderung bedacht, dennoch kann man einige vorsichtige Schlüsse ziehen. Wahrscheinlich war Schwester M. Regina Strasser eine strenge Oberin, was man aus dem Wortlaut „stets auf Ordenszucht dringend" ablesen kann. Zwar wird ihr ebenfalls das Attribut „liebevoll" zugeschrieben, doch es kommt nur ein Mal vor und steht im Vergleich zu den anderen Attributen etwas im Hintergrund. Insbesondere im Vergleich zu Patientia Schroll, die im Folgenden noch charakterisiert wird, ist dies auffällig. Auf ihre pädagogischen Fähigkeiten wird in dieser Chronik nicht intensiver eingegangen, doch muss man sicher davon ausgehen, dass sie in diesem Gebiet ihrem Charakter entsprechend gehandelt hat: gewissenhaft, tüchtig und streng. Bei all diesen Charakterisierungen muss man allerdings bedenken, dass es sich hier nur um eine einzige Quelle handelt, der diese Attribute entnommen werden. Für eine gesicherte Charakterisierung reicht dies nicht aus. Pfarrer Arnold war bestrebt, anstelle von Schwester M. Regina Strasser eine gleichwertige Mitschwester aus der Gemeinschaft für die Schwesternkommunität herbei zu rufen, daher wandte er sich in einem Schreiben mit der Bitte um eine Nachfolgerin an Meisterin M. Angelina Schmid.[184] Daraufhin kam zum Schuljahresbeginn 1900/01 Schwester M. Silvia Ruf im Alter von 35 Jahren als zweite Lehrschwester an die Mädchenschule nach Kemmern.[185] Sie unterrichtete neun Jahre dort und wurde 1909 von Kemmern nach Furth im Wald versetzt. Sie starb am 23. April 1930 im Alter von 64 Jahren in Dillingen. In ihrem Nekrolog berichtet Schwester M. Gonsalva über sie:

> „Ein langes Leben hindurch hat sie Gott und dem Orden in größter Gewissenhaftigkeit, in Ehrfurcht gegen die Vorgesetzten und schwesterlicher Liebe gedient. 45 Jahre war sie vorzügliche Lehrerin und Erzieherin der deutschen Mädchen und mehr als 30 Jahre Oberin in den Konventen Kemmern, Furth i.W. und Gundelfingen. Schließlich ging sie im Mutterhaus während des letzten Jahrzehntes noch in die besondere Leidensschule des Herrn. Aber die klaglose, liebenswürdige Art ihres Duldens offenbarte zu unserer Erbauung ihre edle, lautere Seele. Möge ihr vertrauensvolles Glauben bald in seliges Schauen übergehen."[186]

Bei der Analyse des 1942 verfassten Nekrologs erscheint dem heutigen Leser die Formulierung „der deutschen Mädchen" sehr auffällig, doch man muss sie im Kontext der damaligen Zeitgeschichte sehen. Im zweiten Teil überwiegt wiederum die spirituelle Dimension der Schwester. Auch hier sind die überlieferten Informationen so gering, dass sie für eine umfassende Beschreibung ihrer Persönlichkeit nicht ausreichen.[187] Zum Schuljahresbeginn 1909/10 kam die dritte Lehrschwester, Schwester M. Patientia Schroll im Alter von 26 Jahren an die Mädchenschule nach Kemmern, nachdem sie bereits an der Volksschule in Lohr als Lehrerin gewirkt hatte. Sie starb aber nach fünf Jahren Tätigkeit in Kemmern. Ihr Nekrolog[188] gibt Auskunft über ihren frühen Tod, mit dem in Kemmern plötzlich eine Lehrkraft wegfiel.[189] Obwohl Schwester M. Patientia Schroll nur fünf Jahre an der Schule in Kemmern tätig war, hatte sie offenbar einen großen Eindruck hinterlassen. Ihr Tod wurde mit sehr viel Trauer aufgenommen. In ihrem Nekrolog wird sie wie folgt gewürdigt:

> „Die liebe Verstorbene wirkte als Lehrerin und verstand es vorzüglich, ihren Schülerinnen alles zu werden durch ihre Güte und heiteres Wesen, Beweis dafür die vielen

Tränen, die an ihrem Grabe geweint wurden. In Bezug auf ihre Lehrtätigkeit leistete sie Großes trotz steter Kränklichkeiten, [...] Die Filiale Kemmern verlor an ihr auch eine mütterlich besorgte Oberin, die trotz ihrer Jugend allen Pflichten einer Vorsteherin gerecht zu werden verstand."[190]

Auffallend an der Charakterisierung von Schwester M. Patientia Schroll ist die Betonung ihrer Warmherzigkeit, Güte und Heiterkeit. Diese persönlichen Eigenschaften machten sie zu einer guten und von den Schülern sehr verehrten Lehrerin. Mit diesen Einschätzungen im Nekrolog korrespondiert der Text in der Todesanzeige im Bamberger Volksblatt vom 25. Juli 1914, die durch die Schul- und Gemeindeverwaltung aufgesetzt worden war. Hier ist zu lesen, dass sie ein „Vorbild treuester Pflichterfüllung, eine liebevolle Mutter der ihr anvertrauten Kinder" war, die „durch seltene Herzensgüte die Achtung und Liebe Aller in höchstem Maße erworben" hat".[191] Beide Charakterisierungen zeigen, dass die Wahrnehmung der als Lehrerinnen tätigen Schwestern als in der Öffentlichkeit stehende Personen über ihre reine Berufstätigkeit hinausging. Durch Zugehörigkeit zu einem Orden verkörperten sie im Gegensatz zu einer weltlichen Lehrerin auch ein besonderes Vorbild an Sittlichkeit und Tugendhaftigkeit, dem die Schülerinnen nacheifern sollten. Aus diesen Beispielen wird ersichtlich, welche Lehrpersönlichkeiten die Meisterin der Dillinger Franziskanerinnen nach Kemmern schickte.

Religiöse Ganzheitlichkeit und pädagogische Tätigkeit der Ordensfrauen in der Mädchenschule

Die Auswertung der Befragungen vor allem von älteren Bürgerinnen und Bürgern zeigt, dass die Ordensfrauen sowohl in ihrem Unterricht als auch im täglichen Umgang mit der Bevölkerung viel Wert auf Pünktlichkeit, Ehrlichkeit, Sauberkeit, Fleiß und religiöses Leben legten. So war es selbstverständlich, dass der Tag immer mit dem 6 Uhr-Angelus-Läuten begann und um 17.00 Uhr mit dem Abendangelus endete. Eltern und Kinder versammelten sich vor dem Kreuz und beteten gemeinsam. Dabei wurde oftmals so laut gebetet, dass das Gebet bis auf die Straße drang, wie sich eine 80-jährige Bürgerin erinnert:

> „Am Abend, als die Ordensfrauen auf dem Weg in die Kirche zu ihrem Stundengebet waren und an unserem Haus vorbeikamen, da haben wir Kinder oftmals sehr laut gebetet, damit die Schwestern dies auch wirklich hören und uns am nächsten Tag nicht fragen: (...) Hast du gestern mit deinen Geschwistern auch den Angelus gebetet?"

Das religiöse Leben prägte alle Lebenshandlungen. Im Unterricht an der Mädchenschule stand das Fach „Katholische Religionslehre" immer an erster Stelle und wurde von einer Schwester frontal unterrichtet. Diese leitete auch einen Schulchor und sorgte in der Kirche bei den Mädchen für Ruhe und Ordnung. Eine 88-jährige Bürgerin schildert dies wie folgt:

> „An der Knabenschule wurde das Fach Religion vom Pfarrer unterrichtet und gerade dieses Fach gehörte zu den wichtigsten im gesamten Fächerkanon. Es gab an der Schule zwei Chöre, wobei der Lehrer und eine Ordensschwester diese Chöre leiteten. Wir sangen in der Kirche und bei schulischen Veranstaltungen, beispielsweise bei Schulfeierlichkeiten. (...) Wichtig war auch die Ruhe während des Gottesdienstes in der Kirche. Lehrer und Ordensschwestern hatten dafür zu sorgen."

Gleichzeitig war die religiöse Unterweisung durch die Ordensfrauen von großer Bedeutung für die Kinder. Bei der Auswertung der Befragungen kommt man zu dem Ergebnis, dass sich religiöses Wissen wie ein roter Faden durch alle Fächer hindurch zog.[192] Die Pädagogik der Ordensfrauen war überwiegend auf Wissensvermittlung zur Lebensbewältigung ausgerichtet. Die christliche Sozialisation durch die Schwestern bestand im Wesentlichen im Auswendiglernen von Frömmigkeitsritualen und vorformulierten Gebeten, Gedichten, Heiligenlegenden und biblischen Geschichten, die von den Schülern im Unterricht vorgetragen werden mussten. Eine 90-jährige Frau aus Kemmern erinnert sich:

> „Jeden Tag wurden wir von den Schwestern nach irgendetwas abgefragt. Wir mussten uns vor die Klasse stellen und ein gelerntes Gebet, ein Gedicht, eine Heiligengeschichte oder eine biblische Geschichte aufsagen. Wenn die Schwester keine Zeit zum Abhören hatte, dann holte sie vom Konvent die Kranken- oder die Küchenschwestern und diese mussten nichts anderes tun als das gelernte Wissen der Schüler abfragen."[193]

Die Ordensfrauen wussten, dass sie der Bevölkerung Kemmerns keine besonderen intellektuellen Kenntnisse vermitteln konnten, daher beschränkten sie sich neben den religiösen Kenntnissen auf die Vermittlung von pragmatischen Tätigkeiten. Die Mädchen lernten bei den Schwestern im Deutschunterricht beispielsweise die Esskultur oder das Pflanzen von Blumen und Heilkräutern im Garten und zahlreiche andere Lebensunterweisungen

> „Mit dem Fach Deutsch bei der Schwester konnte ich mehr anfangen als was heute die Kinder in diesem Fach alles lernen. Bei uns war das Stoffgebiet viel praxisbezo-

gener. Von der Esskultur bis zum Pflanzen von Heilkräutern lernten wir neben dem Lesen und Schreiben viele praktische Tätigkeiten, die vor allem für den späteren Haushalt sehr wichtig waren."[194]

Die Erziehung der Ordensfrauen bestand nicht allein aus Wissensvermittlung und Hilfen zur praktischen Lebensbewältigung, sondern es fand durch die Franziskanerinnen im Alltag auch eine Sozialkontrolle der Bevölkerung statt, was zwei ältere Bürgerinnen mit den Worten: „der Wille der Schwestern setzte sich immer durch!"[195] beschrieben. Selbst bei Freundschaften spielte der katholische Glaube, der Fleiß und die Ehrlichkeit eine wichtige Rolle. So konnten sich die Partner zwar frei finden, letztlich „wurden sie vom Pfarrer und von den Ordensschwestern begutachtet",[196] denn diese hatten immer „das letzte Wort, wenn es ums Heiraten ging".[197]

„Die Eltern sagten immer zu uns Jugendlichen, die Ordensfrauen kennen euch besser, denn sie hatten euch in der Schule, daher sind deren Aussagen gewichtiger als die von euch."[198]

Keiner wagte es, den Eltern zu widersprechen.

„Durch den Einfluss der Ordensfrauen sind Freundschaften auseinandergegangen, manchmal wurden sogar Ehen nicht oder nur unter großen Schwierigkeiten geschlossen."[199]

2.6 Anstellung und Bezahlung der Lehrkräfte
Nach dem Schulgesetz des Ministeriums für Schul- und Kirchenangelegenheiten in München hatten die Pfarrer in den katholischen Gemeinden die geistliche Schulaufsicht inne und trugen den Titel „Lokalschulinspektor".[200] Die Trägerschaft für das Schulgebäude, für Anstellung, Wohnung und Finanzierung des Lehrpersonals hatte im Landkreis Bamberg die politische Gemeinde inne, so wurde dies auch im Schulsprengel der Gemeinde Kemmern gehandhabt.[201] Das Protokollbuch der Gemeinde gibt Auskunft darüber, welche Zuwendungen und Zahlungen die Gemeinde an das Lehrpersonal sowie für die Instandhaltung des Schulgebäudes und des Schulgartens aufbringen musste. Es gab bis 1925 für das Lehrpersonal der Volksschule keine Dienstverträge, was erst durch Oberin M. Synkletia 1925 neu geregelt wurde.[202] Mehrfach lassen sich Beschlüsse über die Erhöhung des Gehaltes finden, am 6. Januar 1912 z.B. wird das „Gehalt der Frau Oberin […] monatlich um 25 Mark"[203] und am 13. Januar 1918 wird das Gehalt „der Volksschullehrerin M. Theodosia Then […] auf 900 Mark erhöht,[204]" wobei darin auch das Gehalt der Arbeitslehrerin enthalten war. Es fehlte die vertragliche Vereinbarung, in welchem Zeitraum die Gemeinde verpflichtet gewesen wäre, eine Gehaltserhöhung bei den Schwestern vorzunehmen, denn durch das Anwachsen der unterschiedlichen Tätigkeitsbereiche wuchsen auch die täglichen Kosten der Ordensfrauen.[205]

Wenn die Gemeinde zu dieser Zeit handlungsfähig gewesen wäre, dann hätte sie diese gesetzliche Entscheidung umsetzen müssen, somit wäre Pfarrer Nikolaus Hennemann nicht mehr berechtigt gewesen, den Titel „Lokalschulinspektor" zu führen.[206] Durch diese Umsetzung wäre außerdem das Lehrpersonal der Volksschule Kemmern aufgewertet worden und die Gemeinde hätte die Personalkosten sowie sämtliche zusätzliche Aufwendungen streichen können, denn durch das Ministerium in München waren diese zusätzlichen Aufwendungen vor allem im kirchlichen Bereich schon seit 1918 verboten worden.[207] Des Weiteren finden sich im Protokollbuch der Gemeinde noch Einträge darüber, dass sie eine finanzielle Verantwortung auch für die Nebentätigkeiten des Lehrers der Knabenschule übernehme, denn am 7. Januar 1923 wird dem Hauptlehrer Rössert für das Orgelspielen „für die Sonn- und Feiertagsgottesdienste eine Vergütung von 1.025 Mark"[208] pro Jahr bewilligt. Noch zu Beginn des Jahres 1925 finden sich Einträge im Protokollbuch der Gemeinde, in denen es heißt: „Die Gemeinde musste nicht nur das Gehalt des Lehrpersonals bezahlen, es gab auch andere Aufwendungen." Dem Lehrer beispielsweise wurde eine Dienstwohnung gestellt, für die dieser freilich eine Mietentschädigung entrichten musste. Einige Einträge über die Höhe dieser Mietentschädigung lassen sich im Protokollbuch der Gemeinde finden.[209] Neben den Zuwendungen für die Lehrkräfte musste die Gemeinde auch Ausgaben in Bezug auf das Schulgebäude und den Schulgarten tragen. Jeden Winter beispielsweise war es notwendig, dass für Mädchen- und Knabenschule Steinkohle und Holz zum Heizen erworben wurden.[210] Neben den laufenden Kosten wurden aber auch einmalige Zahlungen fällig: Am 15. März 1925 wurde Geld für die Neuerrichtung des Zaunes für den Schulgarten bewilligt[211] und am 27. Januar 1929 wurde über Geldmittel zum Schulhausbau beraten[212]. Schließlich lassen sich Einträge finden zur Anschaffung eines Füllofens für die Knaben[213] und für die Mädchen[214], zur Anschaffung einer Deutschland-Landkarte für die Mädchen[215] und zur Anschaffung neuer Schulbänke[216]. Auch diese Nebenkosten waren für die Gemeinde erhebliche Aufwendungen, doch viel höher waren die jährlichen Personalkosten für das Lehrpersonal der Volksschule verbunden mit den Kosten für deren Nebentätigkeiten. Die Gemeinde wurde von den Institutionen nicht aufgefordert, dieses Gesetz umzusetzen, was letztlich für den jährlichen Haushalt der Gemeinde erhebliche Einsparungen gebracht hätte.[217] Erst als im Juli 1925 die Oberin Schwester M. Synkletia von der Meisterin der Dillinger Franziskanerinnen in die Konventsgemeinschaft nach Kemmern versetzt wurde, änderte sich die schulische Situation an der Volksschule. Wie aus dem Protokollbuch zu ersehen ist, wurden bereits im Oktober 1925 mit der Kreisregierung in Oberfranken und den Dillinger Franziskanerinnen sowie mit dem Lehrer an der Knabenvolksschule Stellungsverträge für die Volksschule in Kemmern abgeschlossen.[218] Dabei fällt auf, dass im Protokollbuch der Gemeinde in den weiteren Jahren keine Einträge über Ausgaben für das Lehrpersonal zu finden sind.[219]

2.7 Genehmigungsverfahren zur Errichtung einer dritten Schulstelle

Mit dem Anstieg der Geburten, der von der Kirche begrüßt und als Segen betrachtet wurde, waren oftmals in den Familien und in der Gemeinde große Probleme verbunden, über die man sich anfangs von Seiten der gesellschaftlichen Institutionen gar nicht im Klaren war. Dass ein Anstieg der Kinderzahl oftmals mit einem finanziellen Mehraufwand verbunden war, sah man einmal an der alltäglichen Lebensweise der Familie, aber weiterhin wirkte sich dies auch auf die pädagogische Infrastruktur des Ortes aus. In den Jahren zwischen 1923 und 1934 stiegen die Schülerzahlen in der Volkshauptschule Kemmern drastisch an. Schon im Schuljahr 1928/29 besuchten täglich ca. 130 Schülerinnen und Schüler die Knaben- und Mädchenschule. In der Mädchenschule unterrichtete eine Ordensschwester in einem Klassenzimmer mit einer Größe von etwa 72 qm 65 bis 70 Mädchen aller sieben Jahrgänge, desgleichen unterrichtete ein Lehrer in der Knabenschule in einem Klassenzimmer von 65 qm ungefähr 55 bis 60 Schüler aller sieben Schuljahre.

Die Raumkapazität des Schulgebäudes reichte nicht mehr aus und man benötigte unter anderem mehr Geld für die personelle Betreuung und Erziehung der Kinder und Jugendlichen. Wie sollte die arme Gemeinde Kemmern, welche sich erst vor 38 Jahren mit dem Bau eines neuen Schulhauses belastete und die erwähnten laufenden Kosten zu tragen hatte, die Mittel für ein weiteres Schulhaus und zusätzliche Lehrkräfte aufbringen? Da 1928 an den Geburtenzahlen bereits abzulesen war, dass im Jahre 1933/34 über 200 Schüler und Schülerinnen betreut werden müssten, schrieb der damalige Schulleiter Franz Xaver Bäumel einen Brief an das Bezirksamt Bamberg I, um für Geld zur Einrichtung einer gesamten dritten Schulabteilung zu bitten. Er kommentiert im Schreiben vom 3. November 1929 die demographische Entwicklung wie folgt:

„Diese Zahlen würden sich nur dann verringern, wenn Kemmern von einer ungewöhnlich großen Kindersterblichkeit betroffen werden würde oder wenn Familien wegzögen. Wegzüge sind aber gegenwärtig soviel wie ausgeschlossen. Wenn der Gemeinderat Kemmern in seinem Schreiben vom 20. Oktober 1928 feststellt, daß im Jr. 1928 bis Ende Oktober 17 Geburten und 4 Kindersterbefälle vorgekommen sind, so ist das aber nur eine Feststellung für 10 Monate."[220]

Auf Grund dieser Zahlen und Tatsachen sieht der Schulleiter Franz Xaver Bäumel die Errichtung einer dritten Schulabteilung als unbedingt notwendig an. Dass der Schwesternkonvent ein Machtfaktor in der kleinen Gemeinde war und das Bildungsmonopol innehatte, wird im Genehmigungsschreiben des Bayerischen Staatsministeriums für Unterricht und Kultus vom 11. März 1929 deutlich. Hier wird der Ordensgemeinschaft der Dillinger Franziskanerinnen von oberster Stelle die Genehmigung zur Besetzung einer dritten Schulstelle durch das Staatsministerium erteilt, trotz Erklärung des Ministers von 1924, „dass entsprechend der bisherigen Praxis das Kultusministerium auf erledigte bisher weltliche Schulstellen nur weltliche Lehrer berufen werden"[221] und obwohl die Regierung für Oberfranken sich für eine andere Lösung ausgesprochen hatte.

Auseinandersetzungen um eine koedukative Erziehung
Angesichts des dramatischen Geburtenanstieges hatte der Bezirksschulrat des Bezirksamts Bamberg I schon am 18. Dezember 1926 in einem Schreiben an die Generaloberin der Dillinger Franziskanerinnen eine Umstellung auf Koedukation zu initiieren versucht, mit dem Hinweis, dass im Bezirk überhaupt nur noch zwei Schulen Geschlechtertrennung praktizierten.[222] Es ist erstaunlich, dass erst 36 Jahre, nachdem von staatlicher Seite die Genehmigung zur Trennung in eine Mädchen- und Knabenschule vorgegeben wurde, die Bezirksschulbehörde den Vorstoß wagte, die Trennung aufzuheben und eine neue Klasseneinteilung anzustreben. Für die Bezirksschulbehörde ist die „Volkshauptschule" – so wird die Schule in Kemmern bezeichnet – relativ unbedeutend, denn sonst hätte eine Änderung schon eher erfolgen müssen. Die Absicht wird wie folgt begründet:

„Die Zeitverhältnisse und die Anforderungen an die Schulen gebieten, daß solche ungünstigen Klasseneinteilungen unbedingt dort vermieden werden müssen, wo sich zwei Lehrkräfte befinden. [...] Die Franziskanerinnen in Kemmern unterrichten gegenwärtig 54 Mädchen, der Lehrer 49 Knaben. Jede Lehrperson hat dann eine leichtere und dabei erfolgreichere Arbeit. Es ist bei den Anforderungen des Lehrplanes unmöglich, daß eine Lehrerin sieben Schuljahre von solcher Stärke wie in Kemmern ohne Schaden für ihre Gesundheit unterrichtet. Eine weltliche Lehrerin wird ja in Oberfranken grundsätzlich nicht bei einer Stelle mit 7 Schuljahren angestellt."[223]

Die Ausführungen der Bezirksschulbehörde zeigen, dass sie die äußeren schulischen Bedingungen richtig erkannt und dargelegt hat. Doch wurde durch Koedukation die Belastung für das Lehrpersonal tatsächlich geringer? Als Beispiel wird die Situation in Strullendorf angeführt, wo eine Lehrschwester aus dem Englischen Institut die Mädchenschule leitet; hier wird berichtet, dass es dort bereits Koedukation gebe.[224] Ob das angeführte Beispiel des Bezirksamtes Bamberg I als glaubwürdig angesehen werden kann, ist fraglich. Es könnte sich dahinter eine bewusste Taktik verbergen, die die Gemeinde und die Ordensfrauen von ihren ursprünglichen Plänen abbringen sollen. Zwei Monate später erteilt die Regierung von Oberfranken der Bezirksschulbehörde in Strullendorf ihre ausdrückliche Genehmigung, im gleichen Schreiben äußert sich die Regierung von Oberfranken auch zur Situation in Kemmern dahingehend, dass man die Entscheidung der Oberin in Dillingen überlassen wolle. Seitens der Gemeinde Kemmern hält man diese Änderung allerdings nicht für nötig: „[Es] sieht sich der Gemeinderat Kemmern nicht veranlasst, seine Zustimmung zu erteilen; es soll bleiben, wie bisher[225]". Am 10. März 1927 wird von der Bezirksschulbehörde Bamberg I eine wichtige rechtliche Information an den Bezirksschulinspektor gegeben: „Es wird nach Dillingen zu schreiben sein, dass die Gemeinde Einwendungen zu erheben nicht befugt ist, da die Unterrichtseinteilung deren Zuständigkeit nicht ist[226]." Das Bezirksamt Bamberg I gibt diese Regelung am 12. Februar 1927 an die Generaloberin der Franziskanerinnen in Dillingen weiter.[227]

Einerseits ist hier die Kompetenz klar geregelt, das Bezirksschulamt Bamberg I stellt aber andererseits sogar die Kenntnisse der Gemeinderatsmitglieder in Frage: „Ganz abgesehen davon wird die Gemeinde bei entsprechender Aufklärung das Vorgehen der Schulbehörde wohl begreifen[228]." Somit bleibt letztlich die Frage offen, warum der Gemeinderat sich voll und ganz auf die Seite der Schwestern stellt. Vielleicht wollte er mit seiner Entscheidung die Stellung des Schwesternkonventes in der Gemeinde wahren und unterstützte darum die Generalleitung der Schwesternkongregation in ihrer Position. Nun war sie allerdings aus den Verhandlungen ausgeschlossen und das Bezirksschulamt Bamberg I wandte sich direkt an das Mutterhaus in Dillingen mit dem Hinweis, dass die Klöster in Ebing und Strullendorf dieser Regelung zugestimmt hätten.[229]

Mit dem letzten Teil soll der Generaloberin nochmals klar aufgezeigt werden, dass andere Gemeinschaften sich bereits anders entschieden haben. Zur Verstärkung der Argumentation wird noch die Gemeinde Ebing angeführt, von der bisher überhaupt keine Rede war. Letztlich ist aber aus den Quellen nicht ersichtlich, ob jene Regelung an der Volksschule in Strullendorf tatsächlich verwirklicht wurde. Nach zwei Anfragen an die Bezirksschulbehörde Bamberg I wies die Generaloberin der Dillinger Franziskanerinnen, M. Laurentia Meinberger, am 20. Februar 1927 darauf hin, dass es nicht nur um eine Umbildung der Klassen gehe, sondern darum, „dass die Mädchen der klösterlichen Lehrerin in Unterricht und Erziehung entzogen werden sollen[230]." Ferner beabsichtige sie, die Angelegenheit dem zuständigen Staatsministerium zu unterbreiten.

Die Generalleitung der Dillinger Franziskanerinnen blieb konsequent und ließ sofort an höchster Stelle nachfragen. Der Beamte der Bezirksschulbehörde Höhn schrieb am 1. März 1927 als kurze Notiz unter den offiziellen Brief vom 20. Februar:

„Gestern erklärte Ministerialrat Lex mir persönlich in Nürnberg, daß sich das Kloster bereits an das Staatsministerium wandte und dass eine neue Klasseneinteilung in Kemmern unterbleibt. Frühere Abkommen müssen berücksichtigt werden. Wenn auch im unterrichtlichen Interesse mit der Neueinteilung eine Besserung erzielt wird, weshalb das Vorgehen der Bez.-Schulbehörde schon begründet sei, so stellt man sich hier auch nach dem Sinne der Vertragsschließenden vor allem einer Erziehungsfrage u. die neue Lehrordnung betont die Erziehung zuerst. Auch würden sich solchen Falls schließlich noch andere Kreise interessieren u. sich dafür einsetzen[231]."

Die konsequente Haltung der Generalleitung erscheint verständlich, denn diese begründet ihre Ablehnung mit der Erziehung der jungen Menschen, wobei besonders die Machtposition der Generalleitung im Ministerium gefürchtet ist. Dort traute man der Kongregation nicht zu, sich sofort an die höchste Instanz zu wenden und hegte die Vermutung, dass vielleicht noch andere Kongregationen den gleichen Verfahrensweg beschreiten könnten. Aus diesem Grund ließ man vorerst die Klasseneinteilung so wie bisher. „Ich bin deshalb der Ansicht, die Sache in Kemmern wie seither zu belassen. Es ist ja dafür auch keine Weisung oder Mitteilung ergangen".[232] Die Bezirksschulbehörde Bamberg I gestand beim Genehmigungsprozess von Strullendorf gewisse Fehler ein.[233] Zusammenfassend könnte man den Vorstoß der Bezirksschulbehörde als Lösungsvorschlag oder als Alternative betrachten, die im gleichen Bezirk bereits praktiziert wurde, allerdings werden die besonderen Verdienste der Schwestern in der Mädchenerziehung dabei nicht berücksichtigt. Diese spielen aber gerade in jener Zeit, in der materielle Unterversorgung oft auf Kosten der Erziehung junger Menschen auf dem Lande ging, eine eminent wichtige gesellschaftliche Rolle. Sie vermittelten nicht nur Wissen, sie stellten gelebte Spiritualität dar und verkörperten in der Schule christliche Werte, welche die Erziehung entscheidend prägten.

2.8 Genehmigungsverfahren über die Besetzung einer dritten Schulstelle

Ein Jahr später war etwas Ruhe eingekehrt, doch damit war das Problem noch nicht gelöst. Die dramatische Raumknappheit zwang die Mitglieder des Gemeinderats trotz der kritischen finanziellen Haushaltslage zu Überlegungen, wie man das Problem zum Wohle der Bevölkerung am besten lösen könnte. So verlangte die Bezirksschulbehörde genau ein Jahr nach Scheitern ihres Reformversuchs am 20. Februar 1928 vom Gemeinderat die Einrichtung einer dritten Schulstelle sowie eines dritten Lehrerzimmers mit Lehrerwohnung, der Bau müsse spätestens 1929 begonnen werden.[234] Auf die konkrete Aufforderung des Bezirksschulamtes Bamberg I hin erwidert der Gemeinderat am 15. April 1928 vertröstend:

> „Dem Bezirksamt wird ergebenst berichtet, daß sich der Gemeinderat noch nicht schlüssig machen konnte zum Bau eines dritten Lehrerzimmers mit Lehrerwohnung. Er ist der Ansicht, daß Herr Bezirksbaumeister Mehling den Bauplatz anschauen wolle, einen Kostenvoranschlag aufstellen u. einen Bauplan anfertigen soll[235]."

Die Reaktion des Gemeinderats kann als Beschwichtigungsversuch betrachtet werden, denn es war bisher noch nicht bemerkbar gewesen, dass die Mitglieder des Gemeinderates sich ernsthaft um einen Bauplatz bemüht hätten bzw. dass schon in einer Sitzung des Gemeinderats eine konkrete Planung in Auftrag gegeben worden ist. Mit dem Schreiben des Bezirksschulamtes Bamberg I vom 29. August 1928 begann der eigentliche Genehmigungsprozess durch die staatlichen Institutionen, welcher mit der endgültigen Errichtung einer dritten Schulstelle am 11. März 1929 durch das Bayerische Staatsministerium für Unterricht und Kultus seinen Abschluss findet. In den Unterlagen des Bezirksschulamtes Bamberg I befindet sich unter der Eintragsnummer 705 die Aufzeichnung des Bezirksschulrates Höhn vom 29. August 1928. Nach seiner Auffassung „muß bei einer Vermehrung der Schulstellen in Kemmern, die ja unbedingt notwendig ist, eine grundsätzliche Entscheidung getroffen werden[236]." Diese Einstellung hat sich inzwischen bei den staatlichen Institutionen verfestigt. Die Bezirksschulbehörde Bamberg I griff den Vorschlag der Koedukation, den sie dem Konvent der Dillinger Franziskanerinnen schon vor einem Jahr unterbreitet hatte, wieder auf, indem sie diesmal fordert, dass diese zusammen mit der Einrichtung einer dritten Lehrerstelle zu erfolgen habe.[237]

Der erneute Vorschlag der Bezirksschulbehörde kann als Kompromiss verstanden werden, wobei diesmal die Behörde vor allem in den unteren Klassen die Koedukation einführen möchte. Der Kompromiss würde sich gerade für die Gemeinde Kemmern als sehr effektiv erweisen, denn die dritte Lehrstelle könnte man mit einer weiteren Schwester aus dem Orden der Dillinger Franziskanerinnen besetzen. Der Bezirksschulrat Höhn schrieb weiter, dass ein Schulsaal für sechzig Schüler ausreiche, da den Vorschriften gemäß die Schülerzahl nicht höher sein dürfe, die Wohnung für die dritte Lehrstelle solle vier Zimmer umfassen.[238]

Wenn man die finanzielle Situation der Gemeinde Kemmern zur damaligen Zeit berücksichtigt, dann gelangt man auch aus ökonomischen Gründen zu dem Schluss, dass die Ansiedlung einer weiteren Lehrschwester für die Gemeinde Kemmern sehr sinnvoll wäre, denn sie müsste in diesem Fall keine weitere Wohnung zur Verfügung stellen. Die neue Lehrschwester würde als Mitglied der Gemeinschaft in der Ordenskommunität leben. Doch bevor der Kompromiss letztlich umgesetzt werden kann, muss sich die Generalleitung der Dillinger Franziskanerinnen für die Koedukation aussprechen. Möglicherweise war die Generalleitung nun eher als vor einem Jahr bereit, dem zuzustimmen, denn die dritte Lehrerstelle sollte ja nicht mit einer weltlichen, sondern mit einer klösterlichen Lehrkraft besetzt werden. Höhn wies in seinem Brief darauf hin, dass im Falle einer Beibehaltung der Geschlechtertrennung zwei Stellen mit entsprechenden Wohnungen geschaffen werden müssten, auf jede der vier notwendigen Lehrkräfte träfen dabei in den nächsten fünf Jahren 38 bis 45 Kinder.[239]

Wenn man den Kompromissvorschlag von Bezirksschulrat Höhn betrachtet, kommt man zu dem Ergebnis, dass dies für Kemmern im Prinzip die richtige Lösung war. Zwar müsste die Gemeinde für die unteren Klassen noch einen Unterrichtsraum zur Verfügung stellen, doch hier würde sich die bisherige Kleinkinderbewahranstalt anbieten, so dass man für diese einen neuen Ort schaffen müsste. Bis der Kompromiss des Bezirksschulrats Höhn die Institutionen durchlaufen hatte und letztlich in der Praxis verwirklicht werden konnte, verging noch ein Jahr. Es war dem Bezirksschulrat Höhn ein Anliegen, den Genehmigungsprozess möglichst schnell einzuleiten. Seinen Kompromiss konnte er nur verwirklichen, wenn die Institutionen, welche dem Bezirksschulamt Bamberg unterstellt waren, seine Initiative prüften und letztlich genehmigten. Dazu wurden sowohl die Entscheidung der Regierung von Oberfranken als auch die endgültige Genehmigung des Bayerischen Staatsministeriums für Unterricht und Kultus benötigt. Bereits am 29. August 1928 schrieb das Bezirksamt an die Regierung von Oberfranken, Kammer des Innern:

> „Die Schulverhältnisse in Kemmern sind unhaltbar. Die Sache kann jedoch bei der Gemeinde nicht weiter betrieben werden, bevor nicht eine grundsätzliche Entscheidung vorliegt, ob auch künftig die Knaben und Mädchen mit Rücksicht auf die klösterliche Lehrerin, die den Franziskanerinnen in Dillingen angehört, getrennt unterrichtet werden müssen."

Das Bezirksamt machte also für die dramatische Raumnot die konsequente Haltung der Generalleitung der Dillinger Franziskanerinnen verantwortlich.[240] Außerdem wird durch das Bezirksamt als weiterer Grund die ökonomische Lage der Gemeinde Kemmern angeführt. Die Besichtigung gemeinsam mit Bezirksbaumeister Mehling, zu der die Gemeinde die Bezirksschulbehörde am 20. Februar 1928 eingeladen hatte, musste bereits ausgeführt worden sein, denn das Bezirksamt Bamberg I war über die aktuelle finanzielle Situation der Gemeinde bestens informiert. In den Aufzeichnungen des Bezirksamts findet sich unter der Nummer 420 eine Stellungnahme des Bezirksbaumeisters Mehling vom 27. August 1928:

> „Ich nehme an, daß für den neu zu errichtenden Schulsaal eine Wohnung 2ten Ranges genügt, da bereits eine erste Lehrstelle in Kemmern besteht. Bei 1000 cbm umbauten Raum würde sich das Projekt auf ca. 25–28000 Mark stellen. Sollte jedoch eine 80-qm-Wohnung verlangt werden, ist mit einer Bausumme von mindestens 43000 Mark zu rechnen. Der in Aussicht genommene Bauplatz ist zentral gelegen, trocken, frei und von genügender Größe."[241]

Aus der Stellungnahme des Bezirksbaumeisters Mehling kann man ersehen, dass sich die Gemeinde trotz ihrer großen ökonomischen Probleme ernsthaft bemühte, eine Lösung zu finden. Beide Vorschläge – sowohl die 80qm-Wohnung als auch die Wohnung zweiten Ranges – kann die Gemeinde jedoch aus ökonomischen Gründen zu diesem Zeitpunkt nicht umsetzen, wie die Regierung von Oberfranken am 5. September 1928 feststellt: „Mit Rücksicht auf die Finanzlage des Staates kommt für Kemmern vorerst nur die Errichtung einer weiteren Schulabteilung in Frage."[242] Bei der Finanzierung dieses Projektes wäre die Gemeinde auf staatliche Zuschüsse angewiesen gewesen, wie dies bereits beim Bau des neuen Schulhauses 1890 der Fall war, doch wie aus dem Schreiben der Regierung von Oberfranken vom 5. September 1928 zu ersehen ist, ermöglicht die Haushaltslage der staatlichen Institutionen auch dies nicht, so dass man sich nun für die Errichtung einer weiteren Schulstelle und somit für den Vorschlag Höhns entscheidet. Obwohl die Regierung von Oberfranken sich bereits ablehnend gegenüber einem Schulhausneubau geäußert hat, schreibt die Bezirksschulbehörde am 24. September 1928 an den Bürgermeister von Kemmern: „Es ist nun Aufgabe der Gemeinde, baldigst Baupläne für ein Schulhaus mit einer Lehrerdienstwohnung und Kostenvoranschlag hieher in Vorlage zu bringen[243]." Es stellt sich die Frage, welche Absicht die Bezirksschulbehörde mit dem Schreiben vom 27. August 1928 letztlich verfolgte. Nach der Besichtigung des Ortes und der Rahmenplanung von Bezirksbaumeister Mehling ist die Entscheidung durch die Regierung von Oberfranken vom 7. September 1928 eindeutig gefallen, doch sollten mit der erneuten Aufforderung die Mitglieder des Gemeinderats endlich zu einer klaren und eindeutigen Stellungnahme gezwungen werden. Der Gemeinderat antwortet im Schreiben am 20. Oktober 1928 dem Bezirksamt Bamberg I bezüglich der Thematik Schulhausneubau in Kemmern in einer etwas seltsamen Weise – die Kreisregierung fordere angeblich keinen Neubau, sondern wegen der Finanzlage nur „die Errichtung einer einzigen Schulabteilung für Knaben & Mädchen der unteren Jahrgänge[244]."

Die Umsetzung dieses Vorschlages wäre für die Gemeinde aus mehreren Gründen wünschenswert. Erstens würde für die ersten beiden Jahrgänge Koedukation eingeführt, zweitens müsste die Gemeinde kein neues Schulhaus bauen, was letztlich mit einer Lehrerdienstwohnung verbunden wäre, was wiederum aufgrund „der schlimmen Finanzlage"[245] des Staates nicht in Frage kommt. Dem Bezirksamt Bamberg I wird die angespannte finanzielle Lage der Gemeinde wie folgt beschrieben:

> „Wie das heurige Jahr bereits zeigt, scheint die finanzielle Not von Familien & Gemeinde sich auch an den Geburten bemerkbar zu machen. Gerade zur finanziellen Lage der Einwohner & Gemeinde würde ein Schulhausbau passen wie ein unversicherter Hagelschlag. Meist Klein- & Kleinst-Bauern (bis zu 3 Tgw. Eigenbesitz herunter), erdrückt mit Steuern, sonst noch viele Arbeiter & Arbeitslose in den kleinsten Verhältnissen; Gemeinde gleichfalls ohne nennenswerte Einkünfte & 200% Umlagen, die gerade für die Bez.-Umlage reichen."

2. Die Mädchenschule // 353

Der letzte Teil des Briefes schildert den Stellenwert von Ausgaben für Bildung. Auf Grund der damals sehr angespannten finanziellen Lage der Bevölkerung erscheint es zwar verständlich, dass die Gemeinde im Schulhausneubau ein „nicht absolut notwendiges Unternehmen" sah, doch eine Investition für Bildung wäre gerade für diese Bevölkerung sehr notwendig gewesen. Die Einsicht war allerdings nicht vorhanden, denn man war von der Notwendigkeit anderer Projekte wie einer Mainbrücke eher überzeugt.[246] Der Gemeinderat macht dem Bezirksamt Bamberg I den Vorschlag, den Neubau einfach zu verschieben, Abteilungsunterricht durchzuführen und gegebenenfalls den Saal der Kleinkinderbewahranstalt zu nutzen. Diese solle indes „anderweitig" untergebracht werden, wobei bezeichnenderweise nicht erwähnt wird, wo genau.[247] Die Mitglieder des Gemeinderates sind zur Einsicht gekommen, dass sie mit ihrem Schreiben vom 20. Oktober 1928 die Thematik etwas zu provokant dargestellt haben, daher „erlaubt sich der Gemeinderat Kemmern einige nähere Erklärungen zur Kenntnisnahme an das Bezirksamt Bamberg zu bringen[248]". Diese lauten wie folgt:

> „[Der] Gemeinderat Kemmern ist sich bewußt & erkennt es gerne an, daß bei gegenwärtiger Schülerzahl eine enorme Ueberlastung der beiden hiesigen Lehrkräfte gegeben ist; ebenso erkennt er an, daß eine längere & weitere Belastungsprobe derselben nicht mehr tragbar erscheint; jedoch will er nicht verantworten, daß die Gemeinde sich dadurch in unüberlegte Lasten & Schulden & vielleicht in überstürzte & dadurch unpraktische Bauausführungen einlässt; vielmehr sollen mit Hilfe der bezirksamtlichen Bauberatungsstelle alle Möglichkeiten hiezu mit Zeit & Muße erwogen werden[249]."

Die Argumentation des Gemeinderates war diesmal differenzierter und konkreter, so dass das Bezirksamt Bamberg I im Gemeinderat nun einen verlässlichen Verhandlungspartner erkannte. Der Gemeinderat würdigte das Wirken der Lehrkräfte und zeigte sich ihrer Überbelastung auf Grund der hohen Schülerzahl bewusst, wobei ihm klar war, dass diese Lage sehr schnell beendet werden müsse.[250] Dass die Planungen und Ausführungen für den Schulhausneubau einstweilen vertagt werden sollten, dies betonte der Gemeinderat in fast jedem Schreiben, so stellt er am 16. November 1928 fest: „Die Verhandlungen über den Schulhausneubau können ruhig weiter gehen, da für Entlastung & Zubehör einstweilen gesorgt ist[251]."

Der Gemeinderat verfolgte gegenüber den Institutionen eine Hinhaltetaktik. Er unterbreitete den Vorschlag der Koedukation jüngerer Kinder und wies dabei auch auf die Vorteile hin, die der Unterricht durch die Schwestern für die Schüler bringen könnte, er

> „nützt sehr den Kindern, indem zumal bei den aus der Anstalt in die Schule herüberkommenden Kleinen die ‚Schwester' immer größeres Vertrauen & mehr Einfluß genießt als ein fremder Herr; zumal auch die Art ‚mütterliche' Sorgfalt der Schwester bei den Kleinen sich stets erfolgreich erweist."[252]

Der Gemeinderat stellte dem Bezirksamt Bamberg I gewisse Bedingungen, die zu erfüllen wären, um dem dramatischen Raummangel begegnen zu können. Es stellt sich die Frage, warum nicht die übergeordnete Institution Forderungen stellte, die die untergeordnete Institution, in diesem Falle die Gemeinde, zu erfüllen hatte. Doch die damaligen staatlichen Institutionen haben den Gestaltungsspielraum in die Verantwortung der Gemeinde gelegt. Bevor das Bezirksamt Bamberg I letztlich seine Zustimmung für die vorläufige Nutzung des Raumes der Kleinkinderbewahranstalt für den Schulunterricht der unteren Klassen erteilte, waren gewisse Prüfungen und Kontrollen seitens der staatlichen Institutionen erforderlich, um die notwendigen Voraussetzungen für den täglichen Unterricht der Kinder zu gewährleisten. So befindet sich in den Akten des Bezirksamtes Bamberg I ein Bericht des Herrn Mehling vom 8. November 1928 über eine Besichtigung der Kleinkinderbewahranstalt, deren besonderes Problem das häufig auftretende Hochwasser gewesen sei.[253] Herr Mehling legte gewisse bauliche Veränderungen fest, welche sofort vorzunehmen waren, wenn die Kinderzahl in den nächsten Jahren 50 übersteigen sollte. Es ist erstaunlich, dass der Bürgermeister bereits bei seiner Besichtigung der Kleinkinderbewahranstalt eine Änderung der gegebenen Verhältnisse in Aussicht stellte.[254] Da die Kleinkinderbewahranstalt nicht weit entfernt vom Main lag, konnte der Unterricht dort sehr risikoreich sein, wenn der Main über die Ufer trat. Schulleiter Franz Bäumel schrieb am 10. Oktober 1928 in einem Schreiben an das Bezirksamt Bamberg I, dass sich der seitliche Eingang der Kinderbewahranstalt „schon bei mittlerem Hochwasser im Bereiche desselben" befände.[255] So würde es auf Grund des Hochwassers jährlich zu Beeinträchtigungen im Schulbetrieb kommen, doch die Gemeinde war zu diesem Zeitpunkt nur in der Lage, für den Unterricht diesen einen größeren Raum zur Verfügung zu stellen. In den Akten des Bezirksamts Bamberg I befindet sich ein Schreiben vom 28. November 1928, in dem es heißt, dass es wünschenswert wäre, den Vorschlag des Bezirksarztes zu akzeptieren, damit der fragliche Saal ab dem Schuljahr 1929/30 zur Verfügung stünde.[256] Es ist unsicher, ob es zu den vom Bürgermeister versprochenen Änderungen vom 8. November 1928 in der Kleinkinderbewahranstalt letztlich gekommen ist. Im Bezirksamt Bamberg I findet sich unter dem 28. November 1928 dazu ein Eintrag, der besagt, dass die Schülerzahl in den folgenden fünf Jahren ohnehin unter 60 bleiben würde und der Saal „in seiner derzeitigen Gestaltung" genutzt wurde.[257]

Im weiteren Genehmigungsprozess kam es schließlich zur Entscheidung, den Raum der Kleinkinderbewahranstalt für die 1. und 2. Jahrgangsstufe zu nutzen. Eines der entscheidenden Kriterien des Genehmigungsprozesses war die Frage, ob die neu zu errichtende Lehrstelle von einer klösterlichen oder von einer weltlichen Lehrkraft besetzt werden wird. Im Schreiben offenbart sich ein Sinneswandel:

„Die Art der Besetzung, ob mit weltlicher oder klösterlicher Lehrkraft, wird wohl ganz dem Ermessen der Regierung anheimgegeben werden müssen, zumal sich nach dem Schreiben der Gemeinde Kemmern vom 16. des Monats merkwürdigerweise auf einmal eine andere Auffassung zeigt als seinerzeit bei den Verhandlungen der Bezirksschulbehörde nach dieser Seite hin."[258]

Die Gemeinde konnte dem Bezirksamt Bamberg I zwar Vorschläge unterbreiten, so dass die Regierung von Oberfranken, Kammer des Innern, zu einer Entscheidung in dieser Thematik kommen konnte, die letztlich endgültige Entscheidung traf aber das Bayerische Staatsministerium für Unterricht und Kultus in München. Und gerade hier kam das entscheidende Kriterium des gesamten administrativen Genehmigungsprozesses durch die verschiedenen staatlichen Institutionen zum Tragen, denn das Bezirksamt Bamberg I hielt die Vorschläge der Gemeinde für ausgewogen und leitete sie an die Regierung von Oberfranken, Kammer des Innern, weiter, wobei die Regierung von Oberfranken nur im Punkte der Besetzung der Lehrstelle mit einer klösterlichen oder einer weltlichen Lehrkraft zu einer anderen Entscheidung kam als das Bezirksamt. Die Kammer des Innern leitete die Vorschläge zur endgültigen Genehmigung an das Bayerische Staatsministerium für Unterricht und Kultus nach München weiter. Mit der vorläufigen Entscheidung der Regierung von Oberfranken konnte der Gemeinderat nicht einverstanden sein, daher legte er Einspruch bei der Kammer des Innern ein. Gerade in dieser zentralen Frage stellte sich das Bayerische Staatsministerium für Unterricht und Kultus auf die Seite der Gemeinde Kemmern und machte dadurch die Entscheidung der Regierung von Oberfranken hinfällig. Dieses Prozedere war hinsichtlich des Wirkungsprozesses des Schwesternkonventes von herausragender Bedeutung und sollte im Folgenden besonders herausgehoben werden. Nachdem das Bezirksamt Bamberg I den Sachverhalt durch die Eingabe der Gemeinde Kemmern zur Kenntnis genommen hatte, begann der administrative Genehmigungsprozess durch die staatlichen Institutionen, bis es letztlich zur endgültigen Genehmigung der klösterlichen Lehrerstelle durch das Staatsministerium für Unterricht und Kultus kam.

Die nächsthöhere Instanz über dem Bezirksamt ist die Regierung von Oberfranken, Kammer des Innern. Diese versprach ihre Zustimmung zur Eingabe der Gemeinde Kemmern im Schreiben vom 8. Februar 1929, wenn die Anträge dem Staatsministerium vorlagen und von ihm genehmigt würden[259]. Des Weiteren stellte die Behörde für die Genehmigung folgende Bedingungen: Der Gemeinderat musste seinen Beschluss vom 27. Januar 1929 dahingehend ändern, dass die Stelle nicht mit einer Schwester aus dem Orden der Dillinger Franziskanerinnen besetzt würde, sondern mit einer weltlichen Lehrkraft[260]. Diese Bedingung leitete die Bezirksregierung aus den Bestimmungen des Staatsministeriums für Unterricht und Kultus her sowie aus der Ansicht der Regierung, dass die Dillinger Klosterfrauen keine Genehmigung vom Mutterhaus hatten, gemischt-geschlechtliche Klassen leiten zu dürfen. Aus dieser Bedingung ergab sich eine weitere, zweite Bedingung: Die Gemeinde musste für die dritte zu besetzende Lehrerstelle eine Lehrerwohnung bereitstellen. Die Erklärung des Staatsministeriums für Unterricht und Kultus am 11. Dezember 1924 im Landtag, auf die sich die Regierung bezog, lässt sich in einem Randbericht des Staatsministeriums nachlesen. Das Staatsministerium wollte vorerst eine Vermehrung der klösterlichen Lehrkräfte nicht zulassen. Die Erklärung des Staatsministeriums lautete, dass auf bisher weltliche Schulstellen auch nur weltliche Lehrer berufen werden dürften.[261] Die Randnotiz vermerkt nach dem Zitat dieser Äußerung des Staatsministers weiterhin, „[...] dass mit Rücksicht auf die Anstellungsnot der weltlichen Schulamtsbewerberinnen von der Umwandlung bestehender weltlicher Schulstellen in klösterliche Schulstellen abgesehen werden solle."[262]

Dieser erste Teil der Randnotiz zitiert allgemeine Erklärungen und Grundsätze des Staatsministeriums, die auf alle Gemeinden und alle Ordensgemeinschaften, die an Volksschulen in Bayern unterrichteten, anzuwenden waren und bezieht sich noch nicht auf die spezielle Situation der Gemeinde Kemmern und der Gemeinschaft der Dillinger Franziskanerinnen. Von dem allgemeinen Grundsatz, der hier zitiert wird, gibt es jedoch Ausnahmen. Auf diese berief sich die Gemeinde Kemmern bei ihrer erneuten Eingabe. Der Autor der Randnotiz erwähnt diese Ausnahmen, indem er auf die Möglichkeit von Einzelfallentscheidungen verweist.[263] Die Gemeinde Kemmern legte denn auch Einspruch bei der nächsthöheren Instanz, dem Kultusministerium des Innern für Kirche und Schulangelegenheiten in München, ein. Das Einspruchsschreiben des Gemeinderates vom 20. Februar 1929[264] ist wohl strukturiert und begründet den Einspruch in vier Punkten. Diese bringen unter anderem die Gewichtung in der Beziehung zwischen Gemeinde und Ordenskommunität sehr deutlich zum Ausdruck, die die Maßnahme erforderlich machten. Der erste Punkt des Schreibens ist eine Darlegung der ökonomischen Situation der Gemeinde Kemmern. Bei der damals bereits herrschenden Schuldenlast und den generell schwierigen wirtschaftlichen Verhältnissen in der Bevölkerung war es der Gemeinde Kemmern nicht möglich, einen Schulhausneubau mit Lehrerwohnung zu bezahlen. Die Erfordernisse eines weiteren Schulsaales – neben der Lehrerwohnung der zweite Grund für die Planung des Schulhausneubaus – konnte zunächst anderweitig, durch den Kinderschulsaal, erfüllt werden[265]. Der Forderung der Regierung nach einer weltlichen Lehrkraft könne demnach nicht nachgekommen werden, weil eine Lehrerwohnung nicht zu finanzieren sei. Im zweiten Punkt weist die Gemeinde darauf hin, dass die Eltern sowie der Gemeinderat wünschen, dass eine klösterliche Lehrkraft für die gemischt-geschlechtliche Klasse eingesetzt würde[266]. Wenn man die Situation in der Gemeinde kennt, dann kann man bei diesem Punkt zu der Auffassung kommen, dass diese Wünsche von Eltern und Gemeinderat durch den Schwesternkonvent beeinflusst waren. Er hatte bereits zu dieser Zeit einen großen Einfluss auf die pädagogische Erziehung der Kinder in der Gemeinde ausgeübt.

Im dritten Punkt wird darauf verwiesen, dass es den Dillinger Schwestern sehr wohl erlaubt gewesen sei, gemischte Klassen zu unterrichten. Zum Beleg werden drei Städte angeführt, in denen die Dillinger Schwestern dies bereits taten: Wilhelmsthal in Oberfranken, Marktbreit und Aschaffenburg. Daraufhin wird betont, dass der Einspruch des Mutterhauses Dillingen gegen eine Zusammenlegung der Geschlechter im Dezember 1926 nicht auf Grund einer generellen Ablehnung des gemischt-geschlechtlichen Unterrichtes fiel, sondern aus speziell situativen Gründen: der Lehrerin waren die älteren Mädchen entzogen worden. Darüber hinaus hätte damals der Vertrag zwischen Gemeinde und Kloster von 1890 gegolten, nach dem eine Zusammenlegung der Geschlechter nicht vorgesehen war. In diesem Punkt, besonders im zweiten Teil, in dem der Vertrag erwähnt wird, kommt einerseits die enge Kooperation zwischen politischer Gemeinde und dem Orden der Dillinger Franziskanerinnen zum Ausdruck, aber auf der anderen Seite auch die Abhängigkeit zwischen Gemeinde und Schwestern. Auf den großen Einfluss der Schwestern auf die Erziehung der Kinder und auf deren Machtposition wurde bereits hingewiesen.

Im vierten Punkt weist die Gemeinde noch einmal auf die finanziellen Verhältnisse hin, nicht nur auf die der Gemeinde selbst, sondern auch auf jene des gesamten Staates. Der Gemeinderat machte deutlich, dass bei einer Güterabwägung zwischen der Vorgabe, keine Vermehrung der klösterlichen Lehrkräfte vorzunehmen, und dem Einsparen von Geld, der letztgenannte Punkt schwerer wiegen sollte. Auffallend ist gerade bei diesem vierten Argument des Schreibens, dass der Gemeinderat sehr forsch auftrat. Eine andere Abwägung als das Starkmachen des Grundsatzes gegen die Einsparungen „kommt für uns nicht in Frage"[267]. Diese Worte sind vor allem vor dem Hintergrund, dass der Antrag auf eine dritte klösterliche Lehrerstelle bereits einmal durch die Regierung von Oberfranken abgelehnt worden war, als sehr mutig und selbstbewusst einzuschätzen. Man könnte sogar zu der Auffassung kommen, dass die Mitglieder des Gemeinderates sich etwas im Ton vergriffen, wenn sie zum Abschluss schrieben: „Sparsamkeit allenthalben ist doch jetzt sehr am Platze."[268] Interessant bleibt bei der Betrachtung des gesamten Schreibens, dass neben den sachlichen Gründen für den Einspruch noch etwas anderes offenbar wird: In dem Schreiben zeigt sich die enge Zusammenarbeit zwischen dem Orden der Dillinger Franziskanerinnen und der Gemeinde Kemmern und zugleich die Machtposition, welche die Schwestern zu dieser Zeit, also 39 Jahre nach der Gründung des Konventes in der Gemeinde Kemmern, dort innehatten. Durch die Zusammenarbeit und die Unterstützung (vielleicht auch in der Formulierung dieser Eingabe) konnte die Gemeinde Kemmern ein gesundes Selbstbewusstsein an den Tag legen und durch den Einspruch ihre Meinung sehr deutlich ausdrücken und entsprechende Forderungen formulieren. Dies wäre beim Gründungsprozess der Schule noch undenkbar gewesen, hier führte nur der Pfarrer Gottfried Arnold das administrative Genehmigungsverfahren.

Letztlich genehmigte das Staatsministerium für Unterricht und Kultus mit dem Schreiben vom 11. März 1929 die dritte Schulstelle für die Volksschule in der Gemeinde Kemmern.[269] Es setzte sich somit über die Entscheidung der Regierung von Oberfranken hinweg, die sich im Schreiben vom 8. Februar 1929 gegen die Einrichtung einer dritten klösterlichen Lehrerstelle ausgesprochen hatte. Bedingung für diese Genehmigung war laut Ministerium allerdings die Erlaubnis des Mutterhauses der Franziskanerinnen in Dillingen, dass ihre Schwestern gemischt-geschlechtliche Klassen führen dürften. Das Staatsministerium bat den Gemeinderat, eine entsprechende Erklärung des Mutterhauses beizubringen. Unter dieser Voraussetzung „wird die Berufung einer solchen Lehrschwester auf die neu zu errichtende Lehrstelle genehmigt werden".²⁷⁰ Diese Entscheidung des Ministeriums lässt sich im Randbericht des Ministeriums, in dem der gesamte Beantragungsprozess der dritten Lehrerstelle in Kemmern bis zur letztgültigen Entscheidung dokumentiert ist, nachlesen.

Hier kann man, anders als im Bescheid des Ministeriums an die Regierung von Oberfranken, ersehen, aus welchen Beweggründen sich das Ministerium entschied, die dritte klösterliche Lehrerstelle zu bewilligen. Nachdem im ersten Teil der Randnotiz der bisherige Vorgang und die allgemeinen Vorschriften zitiert wurden, auf die sich die Ablehnung der Regierung bezogen hat, und dabei ebenfalls erwähnt wurde, dass Ausnahmen von der Regel, keine klösterlichen Lehrkräfte mehr einzustellen, möglich seien, kommt der Randbericht im zweiten Teil auf die spezielle Situation in Kemmern zu sprechen. Das Ministerium ging davon aus, dass in Kemmern gewichtige Gründe, vor allem finanzieller Art, vorherrschen, deretwegen es der Gemeinde die Neuerrichtung einer Lehrstelle nicht versagen will. Die Möglichkeit, zunächst auf die Errichtung einer neuen Lehrerwohnung zu verzichten und auch – da ein Unterrichtssaal zur Verfügung stand – auf die Errichtung des gesamten Schulhausneubaues, scheinen überzeugende Argumente gewesen zu sein. Diese Entscheidung des Staatsministeriums für Unterricht und Kultus ist aus historischer Sicht von großer Bedeutung für die Kirchengeschichte Kemmerns.

Mit der dritten Lehrstelle erhielt die Schwesternkommunität in der Gemeinde das absolute Bildungsmonopol, was gleichzeitig eine Verstärkung des religiösen Einflusses mit sich brachte. Durch die Genehmigung des Staatsministeriums für Unterricht und Kultus vom 11. März 1929 konnte in der Volksschule der Gemeinde Kemmern eine dritte Schulstelle errichtet werden, wobei die Kongregation der Dillinger Franziskanerinnen in einem Schreiben den Wünschen des Ministeriums nachkam und mit Schwester M. Isengardis Sauer im April 1929 eine zweite Lehrschwester für die Volksschule zur Verfügung stellte. Sie trat ihr Amt am 13. April 1929 an und verließ die Konventsgemeinschaft der Dillinger Franziskanerinnen bereits nach drei Jahren wieder, wobei die Gründe unbekannt sind.²⁷¹ Die dritte Schulstelle blieb allerdings bestehen und wurde im Folgenden durch Schwester M. Edelharda Wengenmeier besetzt. Ihr folgte bereits nach einem Jahr Schwester M. Reginharda Nehmer nach, von der noch Weiteres berichtet werden wird.

Die dritte Schulstelle, die in diesem langen Genehmigungsprozess hart erstritten wurde, ist zusammen mit der anderen klösterlichen Lehrstelle 1938 durch den NS-Staat abgebaut worden. Trotz dieser nur kurzen Zeit, in der zwei klösterliche Lehrkräfte unterrichten konnten, kann man sagen, dass für die Gemeinde die Genehmigung der dritten Schulstelle eine wesentliche Verbesserung der Ausbildungssituation für die Schülerinnen und Schüler bei im Rahmen bleibenden Mehrkosten bedeutete. Eine zweite Konsequenz dieses Genehmigungsprozesses war sicher die weitere Stärkung der Stellung des Dillinger Konventes in der Gemeinde. Der Konvent hatte geholfen, diese dritte Schulstelle zu bekommen – das allein stärkte schon seine Position. Darüber hinaus wurde seine Sozialisationsfunktion innerhalb der Gemeinde durch die zweite klösterliche Lehrkraft ausgeweitet. Dies bedeutete ebenfalls ein Mehr an Einfluss.

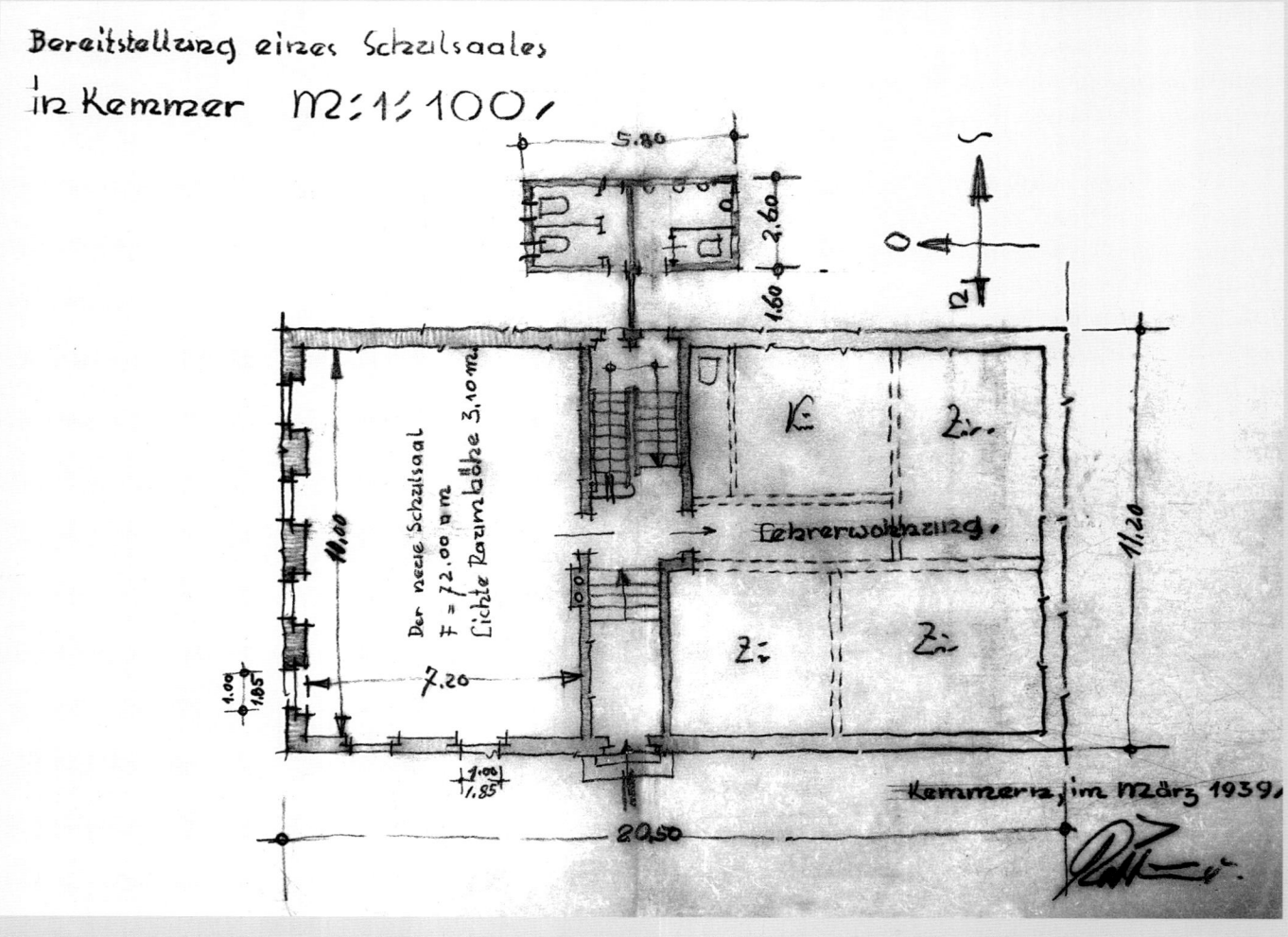

18 Plan des Schulhauses von 1890. Das Erdgeschoss ist geteilt in eine Schwesternwohnung und in einen Schulsaal. Die Schwesternwohnung besteht aus vier kleinen Wohnräumen, die besonders eng sind. Die Wohnung der Schwestern ist durch einen Gang getrennt, über den die Schülerinnen und Schüler das Schulgebäude betreten können. (StABa, Regierung von Oberfranken K3 D II Nr. 10139.)

19 Aufgrund der Platzprobleme im Schulhaus war man gezwungen, auf private Gebäude innerhalb der Gemeinde auszuweichen. (Chronik der Volksschule in Kemmern)

20 Das frühere private „Cafe Schrenker" wurde ebenfalls für den Schulunterricht genutzt. (Chronik der Volksschule in Kemmern)

21 Schuleinweihung am 4. Juli 1965. In diesem Bild erkennt man die Prozessionsordnung, wie sie bis heute bei unterschiedlichen kirchlichen Ereignissen noch gepflegt wird. Nach den jungen Frauen reihen sich die Ordensfrauen in ihrer damaligen Ordenskleidung ein. Es nehmen die Vereine, die Priester samt Ministranten mit Fahnen in der Hand sowie die eingeladenen Festgäste teil. (Chronik der Volksschule in Kemmern)

22 Schuleinweihung am 4. Juli 1965. In geordneter Weise bewegt sich ein feierlicher Zug von der Kirche zum neuen Schulgebäude. Interessant ist die Aufstellung. Kreuz, Ministranten, dann Bräutchen und an der rechten Seite Schwester M. Reginharda O.S.F. Danach die restliche weibliche Jugend. (Chronik der Volksschule in Kemmern)

23 Schuleinweihung am 4. Juli 1965. Feierlicher Zug zum neuen Schulgebäude. mit Pfarrer Kochseder, dahinter Pfarrer Hans Teckenberg mit den geladenen männlichen Ehrengästen. Die Dorfbevölkerung schließt sich an. (Chronik der Volksschule in Kemmern)

24 Auffällig ist die Ordenskleidung der drei dargestellten Schwestern. (Chronik der Volksschule in Kemmern)

2. Die Mädchenschule

25 Schuleinweihung am 4. Juli 1965. Feierliche Segnung der Kreuze durch Pfarrer Kochseder, im Hintergrund sitzend die Ehrengäste. (Chronik der Volksschule in Kemmern)

26 Schulbilder mit den Schwestern aus dem Jahre 1938, Auffällig ist die damalige Schulkleidung der Mädchen. (Chronik der Volksschule in Kemmern)

32 Schulbilder mit Jungen und Mädchen. Das Bild entstand in den dreißiger Jahren mit Schwester M. Reginharda O.F.S. (Chronik der Volksschule in Kemmern)

33 Schulbild mit Mädchen aus verschiedenen Klassen und Schwester M. Reginharda O.S.F.. Das Bild entstand vor der ersten Kinderaufbewahranstalt in den dreißiger Jahren. (Chronik der Volksschule in Kemmern)

34 Schulbild aus dem Jahre 1961 mit Schwester M. Reginharda O.S.F. Das Bild entstand vor dem alten Schulhaus. (Chronik der Volksschule in Kemmern)

2.9 Wiederaufnahme des Schulbetriebs

Nach Beendigung des Zweiten Weltkriegs waren die Kemmerner Ordensfrauen sehr früh wieder aktiv im erzieherischen Bereich eingesetzt. Im November 1945 begann Schwester M. Reginharda Nehmer zusammen mit dem „Schulhelfer" Konrad Schrott den Schulbetrieb in Kemmern wieder aufzunehmen, der in der Zeit der Nationalsozialisten eine Unterbrechung erfahren hatte. Dem war ein Bittgesuch der Regierung von Oberfranken vorausgegangen, die sich an das Mutterhaus der Dillinger Franziskanerinnen gewandt und die damalige Meisterin um die Besetzung von zwei Lehrerstellen an der Volksschule in Kemmern gebeten hatte.[272] Vorerst wollte diese jedoch nicht die angeforderten zwei Schwestern, sondern nur eine schicken.[273] Sie begründete dies mit personellen Problemen, weil auch aus anderen Gemeinden zahlreiche Anfragen zur Besetzung von Schulstellen vorlagen.[274] Zum Dezember 1946 wird von der Regierung in Oberfranken aber eine weitere Ordensfrau, Schwester M. Anna Nathanaela Buchner, für den Handarbeitsunterricht eingestellt, nachdem der Regierungspräsident von Oberfranken sich im Dezember 1946 erneut an die Meisterin der Dillinger Franziskanerinnen gewandt hatte.[275]

So wurde nach sieben Jahren Zwangspause die Ordensgemeinschaft der Dillinger Franziskanerinnen mit zwei Ordensfrauen wieder fest im Schulbetrieb etabliert. Aus der Schulchronik ist ersichtlich, dass neben dem genannten Lehrpersonal noch zwei weitere Lehrerinnen zum Gründungskollegium des Schuljahres 1945/46 gehören, nämlich Frau Hilde Grießinger und Frau Käthe Müller.[276] An der Schule gab es zu dieser Zeit vier Lehrer: zwei weltliche und zwei klösterliche Lehrkräfte. Die Schulleitung hatte eine klösterliche Lehrkraft inne.[277]

Schwester M. Reginharda unterrichtete außerdem die 5. bis 8. Klasse der Mädchen. Ihr oblag zudem die Jugendgruppe der 12- bis 14-jährigen, die sich im Abstand von 14 Tagen einmal abends von 17.30 Uhr bis 19.00 Uhr im Schwesternhaus trafen[278]. Zu dieser Gruppe zählten ca. 20 Mädchen, die in dieser Zeit in der Klosterküche durch Schwester M. Reginharda Hauswirtschaftsunterricht erhielten. Den Schwestern oblag außerdem die Schülerspeisung für 120 Kinder. Beim Theaterspielen in der Gruppe war Schwester M. Reginharda behilflich und sie leitete einen Schulchor[279]. Tanzkurse durften allerdings im Schwesternhaus nicht stattfinden, da diese nicht mit der Ordensregel vereinbar waren.

Zusätzlich zu den im Schuljahr 1945/46 besetzten vier Stellen wurde im Schuljahr 1950/51 eine weitere Schulstelle geschaffen, die von einer weiteren Ordensschwester besetzt wurde. Das katholische Milieu war im Lehrkörper sehr stark vertreten, obwohl die Trennung zwischen kirchlicher und schulischer Kompetenz bereits bei der Wiedergründung des Schulbetriebs viel stärker zum Tragen kam, als dies noch bei der Stellenausschreibung und Stellenbesetzung im Jahr 1914 der Fall gewesen ist.[280] Am 6. August 1948 war an der Volksschule die fünfte Schulstelle zu besetzen. Pfarrer Stahl bittet den Orden der Dillinger Franziskanerinnen um die Besetzung der Stelle mit einer Ordensfrau.[281]

„Mit Beginn des neuen Schuljahrs im September 1948 soll hier in Kemmern, dem kinderreichsten Dorf des Frankenlands, eine fünfte Schulstelle errichtet werden. [...] Deshalb bitten wir ehrfurchtvollst, es unter allen Umständen möglich zu machen, dass nach Kemmern eine zweite Lehrerin aus Dillingen uns bereitgestellt wird. Wird die fünfte Stelle in Kemmern nicht mit einer klösterlichen Lehrkraft besetzt, dann werden wir für alle Zukunft uns den Vorwurf der ‚verpassten Gelegenheit' machen müssen."[282]

Anhand dieses Briefes wird noch die gefestigte Stellung des Pfarrers im Ort deutlich. Eigentlich gehört die Stellenbesetzung schon lange nicht mehr zu seinem Aufgabenbereich, aber man erkennt an der Inständigkeit seiner Bitte, wie wichtig dem Pfarrer der Gemeinde dieses Anliegen ist. Man solle doch wieder an die Zeit von 1929 anknüpfen, als die Schwestern sich im Ministerium mit einer dritten Schulstelle durchsetzen konnten. Auf der anderen Seite betont er zuversichtlich, dass die Pfarr- und politische Gemeinde dies wie damals bei der Regierung schon durchsetzen werde. Doch was hält Pfarrer Stahl eigentlich von weltlichem Lehrpersonal? Würden diese die Schüler etwa nicht katholisch genug erzogen oder warum müssten sich hier spätere Generationen den Vorwurf der „verpassten Gelegenheit"[283] gefallen lassen? Geprägt waren diese Gedanken Pfarrer Stahls noch durch das alte Kirchenbild des 19. Jahrhunderts, das Kleriker oder Ordensschwestern gegenüber Laien für die Schule bevorzugte. Aber die Ordensleitung konnte die Bitte von Pfarrer Stahl nicht erfüllen. Es liegen keine Quellen vor, aus denen ersichtlich wird, warum die Meisterin der Dillinger Franziskanerinnen keine weitere Schwester nach Kemmern geschickt hat, obwohl dies bereits die zweite Aufforderung war. Bereits der Bitte der Regierung von Oberfranken vom 11. August 1945 um eine weitere Ordensschwester für den Schuldienst hatte die Meisterin nicht entsprochen. Man könnte vermuten, dass es personelle Gründe waren, denn die Kongregation war mit zwei Schwestern an der Schule vertreten und es mussten eventuell noch wichtigere schulische Stellen in anderen Orten besetzt werden.

So wurden also 247 Schülerinnen und Schüler (im Schuljahr 1945/46 waren es sogar 256 Schülerinnen und Schüler) von vier Lehrern und einer Ordensschwester unterrichtet.[284] Konrad Schrott berichtet darüber nur, dass dem Sitzungsprotokoll der Gemeinde vom 23. März 1946 zu entnehmen sei, dass „zur Schulspeisung 20 Zentner Kohle bestellt" wurden.[285] Schwester M. Reginharda erinnert sich an diese Zeit: „Die Schulraumnot wuchs. Ich musste vorübergehend eine Auslagerung ins Café Sauermann, in den Tanzsaal der Gastwirtschaft Eichhorn und Schulsaal im alten Kindergarten am Bächlein hinnehmen. Durch die beengten Räumlichkeiten und durch den häufigen Unterrichtswechsel sowie die große Anzahl von Schülern war man als Lehrerin vielen Belastungen ausgesetzt, obwohl die Freude, wieder bei den Schülern sein zu dürfen, überwog."[286]

Ein weiteres Problem stellte das Fehlen einer Schulküche dar, das Schwester M. Reginharda dadurch löste, dass sie die Klosterküche zur Verfügung stellte[287]. Sie versuchte, unter den gegebenen Umständen das Beste für die Schüler herauszuholen. Die Probleme, die sie hier schildert, waren schon 20 Jahre zuvor akut gewesen und in der Gemeinde thematisiert worden. Dennoch wurden sie auch in den fünfziger Jahren nicht gelöst. Daher liegt es nahe, die finanzielle Lage der Gemeinde dafür verantwortlich zu machen. Bei der späteren Untersuchung der Kompetenzverhältnisse wird sich zeigen, dass die politische Gemeinde diese Dauerprobleme gar nicht lösen konnte, denn die Kompetenzbereiche der übergeordneten Behörden, das Bezirksamt Bamberg und die Regierung von Oberfranken waren bezüglich finanzieller Zuwendungen für kommunale Projekte noch nicht so klar und deutlich abgegrenzt und auch noch nicht so umfassend wie in späteren Jahrzehnten. Diese konnten zwar die dramatische Situation in den Gemeinden anmahnen, aber meistens blieb es auch dabei[288]. In Kemmern versuchte man im Mai 1951 als Notlösung die Tanzsäle der örtlichen Wirtschaften als zusätzliche Unterrichtsräume zu nutzen.[289] Schließlich erklärte sich Gastwirt Eichhorn bereit, einen Saal für 25 DM im Monat zur Verfügung zu stellen, wo der Unterricht zunächst auch stattfand.[290]

2.10 Rektorenwechsel zum Schuljahresbeginn 1961/62
Mit der Rektorenbesetzung im Jahre 1961/62 wird der Wandel in der Schulstellenbesetzung des Bayerischen Kultusministeriums deutlich. Konnten noch zu Beginn des Jahrhunderts kirchliche und politische Institutionen der Gemeinde alleine über Lehrerstellenbesetzungen entscheiden, fiel nach dem Zweiten Weltkrieg das Kultur- und Unterrichtswesen und so auch die Dotation der Lehrerstellen in den Kompetenzbereich des Kultusministeriums. Zum Schuljahr 1960/61 ging der langjährige Rektor Ignaz Pickel, der zum Schuljahr 1949/50 als Hauptlehrer an die Schule nach Kemmern versetzt und zum neuen Rektor der Schule ernannt worden war, in den Ruhestand. So musste die Regierung von Oberfranken die Rektorenstelle an der Volksschule in Kemmern als offene Stelle im allgemeinen Schulanzeiger im Frühjahr 1961 ausschreiben.[291] Lehrer Hans Pöllein bewarb sich als Einziger im Juni 1961 auf diese Stelle; nachdem er schon seit zwölf Jahren als Lehrer an dieser Schule tätig gewesen war, kannte er die schulischen Bedingungen vor Ort sehr gut.[292] Gleichzeitig richtete der damalige Bürgermeister Franz Dorsch an die Regierung von Oberfranken am 11. Juli 1961 ein Empfehlungsschreiben mit der Bitte, Lehrer Hans Pöllein als Rektor für die Schule aufzustellen und Lehrer Heinz Gerst an die Schule von Kemmern zu versetzen. Er begründete dies mit großen finanziellen Problemen, denn die Gemeinde müsste für beide Lehrer keine schulischen Dienstwohnungen bereitstellen – eine ohnehin vergebliche Investition, da der Schulbau demnächst durch einen neuen ersetzt würde.[293]

Die Gemeinde wollte mit ihrem Schreiben die Entscheidung der Regierung von Oberfranken beeinflussen und ihren Wunschkandidaten durchsetzen. Hierhin findet sich noch eine gewisse Ähnlichkeit zur Lehrstellenbesetzung, wie sie zu Beginn des Jahrhunderts durchgeführt wurde. Damals konnte ohne die Zustimmung der Gemeinde kein Lehrer eingestellt werden, weil die Lehrer zu jener Zeit von der Gemeinde besoldet worden sind. Nun allerdings waren diese Staatsbeamte. In dem Schreiben an die Regierung wird weiterhin darauf verwiesen, dass Pöllein auch deshalb geeignet sei, weil er sich bereits zwölf Jahre in Kemmern befinde und allgemein akzeptiert würde.[294] Die Regierung von Oberfranken ging auf das Empfehlungsschreiben der Gemeinde vom 11. Juli 1961 ein und betraute Hans Pöllein mit der Schulleitung. Nach der Übertragung der Schulleitergeschäfte erfolgt zeitnah die Beförderung zum Hauptlehrer. Zu Pölleins großen Verdiensten gehört die Verlegung des Schulbetriebs und damit verbunden die Eröffnung der neuen Schule am 4. Juli 1965. Ab dem Schuljahr 1966/67 wurde endgültig die strenge Aufteilung, nach Geschlechtern getrennt zu unterrichten, durch Koedukation ersetzt[295], des Weiteren wurden die Jahrgangsstufen im Klassenverband räumlich getrennt voneinander unterrichtet. Dadurch ergab sich für das Lehrpersonal die Möglichkeit, eine Vielzahl methodischer und didaktischer Unterrichtskonzeptionen zu verwirklichen, die bei jahrgangsübergreifendem Unterricht unmöglich gewesen wären. Für die einzelnen Fachdisziplinen gab es ein

Angebot von neuen Einrichtungen, so dass verbesserte Möglichkeiten in Sport und Handarbeit/Werken gegeben waren.

Oberlehrerin Schwester M. Reginharda wurde am 23. Januar 1973 von der Regierung in Oberfranken zur stellvertretenden Schulleiterin der Volksschule ernannt[296], so dass man mit der Ausschreibung einer Konrektorenstelle bis Mai 1975 warten konnte. Diesmal kamen auf die ausgeschriebene Stelle sieben Bewerbungen und zum Schuljahr 1975/76 wurde Hubert Dorsch als Konrektor an der Schule eingesetzt.

Nach 38 Dienstjahren schied Oberlehrerin Schwester M. Reginharda Nehmer zum Schuljahresende 1976/77 aus dem aktiven Schuldienst aus. Im Juli 1977 wurde sie in den Ruhestand verabschiedet. Stellvertretend für viele Andere zollte Dieter Morgenroth als Vertreter des Bayerischen Landtags der Oberlehrerin seinen Dank und seine Anerkennung für ihre Arbeit, nicht ohne eine Randbemerkung über die aus seiner Sicht nachteiligen Auswirkungen des Schwindens klösterlicher Lehrkräfte zu machen[297]. Schulreferentin Schwester M. Calasantia erklärte während der Feier, dass die Ordensgemeinschaft keine Schwester für den Schuldienst mehr schicken könne und damit die lange Unterrichtstätigkeit klösterlicher Lehrkräfte in der Gemeinde und damit auch die Vereinbarungen aus dem Vertrag von 1890, der eine Beschäftigung von Schwestern im Schuldienst für immer vorsah, enden müssen[298]. Man darf annehmen, dass die Ordensfrau nochmals an den eigentlichen Gründungsgrund der Schwesternkommunität erinnern wollte. Mit ihrem Ausscheiden war das Wirken der Ordensfrauen an der Schule, das im Jahre 1890 begonnen hatte, beendet. Zum Schuljahr 1987/88 wurde mit dem Ausscheiden des bisherigen Rektors Hans Pöllein von der Regierung in Oberfranken die Rektorenstelle der Volksschule von Kemmern erneut ausgeschrieben. Diesmal gingen bei der Regierung 55 Bewerbungen ein, doch es findet sich in der Akte der Regierung von Oberfranken kein Empfehlungsschreiben der Gemeinde.[299] Die ausgeschriebene Stelle wurde von der Regierung in Oberfranken mit Oberlehrer Fritz Walter besetzt.

2.11 Droht der Teilhauptschule das endgültige Aus?

In der Schulentwicklung der Gemeinde wurden bis 1970 alle Schülerinnen und Schüler an der eigenen Schule unterrichtet. Zum Schuljahr 1969/70 wurde vom Kultusministerium die neunte Jahrgangsstufe verpflichtend eingeführt. Aufgrund von Kapazitätsproblemen konnte die Gemeinde im neuen Schulgebäude keinen Klassenraum für eine 9. Jahrgangsstufe zur Verfügung stellen. Daher mussten die Schülerinnen und Schüler für ein Jahr in die Hauptschule der Nachbargemeinde Hallstadt gebracht werden, weil die Verbandsschule Breitengüßbach sich zu dieser Zeit noch im Bau befand. Zum Schuljahr 1970/71 trat die Gemeinde Kemmern dem Schulverband Breitengüßbach bei, seitdem besuchen die Schülerinnen und Schüler der 9. Jahrgangsstufe die Verbandsschule Breitengüßbach.[300]

Auf Weisung der Regierung von Oberfranken hin mussten zum Schuljahr 1973/74 die Schülerinnen und Schüler der 7. und 8. Klasse die Verbandsschule Breitengüßbach besuchen. So betrugen die durchschnittlichen Schülerbewegungen seit Anfang der neunziger Jahre zwischen 130 und 150 Schülerinnen und Schüler[301]. Mitte des Jahres 1996 kam es im Kreisrat Bamberg zu Überlegungen, die sich für „die Einführung des ‚Schulversuchs sechsstufige Realschule' im Landkreis Bamberg aussprachen".[302] Der einzuführende Schulversuch stieß bei vielen Gemeinden des Landkreises Bamberg auf heftigen Widerstand, weil diese das Sterben ihrer Hauptschulen befürchteten.[303] So lehnten auch die Mitglieder des Gemeinderats Kemmern Anfang Februar 1997 einstimmig das Vorhaben des Kreisrats ab: „Die Gemeinderäte befürchteten das Aussterben der wohnortnahen Teilhauptschulen in den Gemeinden."[304] Für die Volksschule von Kemmern hätte dies eine weitere Verringerung der Schülerzahlen bedeutet, weil den Schülerinnen und Schülern der 4. Jahrgangsstufe neben der bereits bestehenden gymnasialen Wahlmöglichkeit eine weitere vorgezogene Wahlmöglichkeit eingeräumt worden wäre, die bis dahin erst ab der 6. Jahrgangsstufe möglich war.[305] Die Zahl der verbliebenen Schülerinnen und Schüler wäre somit sehr gering gewesen, so dass die Schülerzahl zur Klassenbildung einer 5. und 6. Jahrgangsstufe nicht ausgereicht hätte. Diese hätten mit dem Bus in die Nachbargemeinde Breitengüßbach gefahren werden müssen, „was eine Erhöhung der Schulverbandsumlage von 30.000 bis 35.000 Mark pro Jahr"[306] erforderlich gemacht hätte.[307] Am Freitag, dem 1. März 1997, einen Tag vor der Entscheidung des Kreistages, rief die Gewerkschaft Erziehung und Wissenschaft ihre Mitglieder frühmorgens zu einer Protestaktion an die Schule nach Kemmern. Sie wählten für ihre Aktion die Volksschule Kemmern aus, „da hier der Gemeinderat mit einstimmigem Beschluss gegen diese Entwicklung gestimmt hatte[308]." Ihre Aktion bestand darin, dass die Schüler und Lehrer frühmorgens die Eingangstüre „mit einem beschrifteten Tuch geschmückt und symbolisch mit Ketten verschlossen" vorfanden.[309] Die Gewerkschaft vertrat die Auffassung, die geplante Einführung der sechsstufigen Realschule bringe eine Verschlechterung für die bayerische Schullandschaft mit sich.

„So wie Kemmern würden dann mehrere Teilhauptschulen im Landkreis wahrscheinlich nicht mehr genügend Schüler für die Klassen 5 und 6 haben. [...] Das bedeute, so die GEW, längere Schulwege für die Kinder und steigende Schulbuskosten für die Gemeindekasse. Erheblich verschlimmern werde sich der Notendruck in den Klassen 3 und 4. Die Grundschule verkäme endgültig zur Sortieranstalt, wenn die grundsätzliche Weichenstellung der Schullaufbahnen bei neun- bzw. zehnjährigen Kindern vorgenommen würde."[310]

Nachdem die Gewerkschaft ihre Protestaktion durchführt hatte, fasste am Montag, 3. März 1997, der Kreistag in Bamberg den Beschluss, ab Schuljahr 1997/98 „die sechsstufige Realschule"[311] erstmals als Versuchsprojekt im Landkreis Bamberg einzuführen. Dies bedeutete – wie zu erwarten war – für die kleinen Volksschulen wie Kemmern, dass für die Bildung der 5. und 6. Jahrgangsstufe zu wenig Schüler zur Verfügung standen, so dass man die verbliebenen Schülerinnen und Schüler aus verschiedenen Gemeinden zusammenlegen musste, um eine halbwegs arbeitsfähige Klassenstärke zusammenstellen zu können. Da das Versuchsprojekt sich nach drei Jahren erfolgreich bewährte, wurde zum Schuljahre 2001/2002 die sechsstufige Realschule vom Kreistag in Bamberg als verbindlich für den Landkreis Bamberg eingeführt.[312]

Die Auswirkungen des Beschlusses des Kreistages vom 3. März 1997 über die verbindliche Einführung der sechsstufigen Realschule wurden im Schuljahr 1998/99 an der Schule in Kemmern dadurch spürbar, dass keine 5. Jahrgangsstufe mehr gebildet werden konnte. Im folgenden Schuljahr 1999/2000 zählte die Schule nur 121 Schüler, daher kam es nicht einmal mehr zu der Bildung einer 6. Jahrgangsstufe.[313] Nur in Ausnahmefällen kam es zur Bildung einer 5. oder 6. Jahrgangsstufe, – so z.B. im Schuljahr 2000/01 zur Bildung einer 5. Jahrgangsstufe, im Schuljahr 2001/02 zur Bildung einer 5. und 6. Jahrgangsstufe. Daher wurde die Teilhauptschule zunächst nicht aufgelöst, denn man wollte die Entwicklung der Schülerzahlen beobachten.[314] Vermutlich wird es langfristig in der Gemeinde nur noch eine funktionsfähige Grundschule geben.[315]

35, 36 Ausflug der Mädchen der Volksschule (linkes Bild); Jahrgangsstufe 4 mit Schwester M. Reginharda O.S.F. im Jahre 1977. Die Farbaufnahmen unterscheiden sich stark von den vorhergehenden Schwarz-Weiß-Bildern. Die schulische Atmosphäre wirkt dynamischer als zuvor. (rechtes Bild) (Chronik der Volksschule in Kemmern)

37 Schwester M. Reginharda O.S.F. am Eingang der neuen Schule in Kemmern. (Chronik der Volksschule in Kemmern)

38 Schwester M. Reginharda O.S.F. hat als Volkschullehrerin mehr als zwei Generationen Kemmerner Schülerinnen und Schüler geprägt. (Chronik der Volksschule in Kemmern)

39 Schwester M. Reginharda O.S,F. feiert an der Volksschule im Jahre 1969 ihren sechzigsten Geburtstag. Kinder singen und gratulieren ihr in Anwesenheit des Lehrerkollegiums (Chronik der Volksschule in Kemmern)

40 Bei derselben Feier sehen wir Oberlehrer Heinz Gerst, der über 30 Jahre an der Volksschule unterrichtete. Während er einen Chor dirigiert. Auf der rechten Seite sieht man die Geschenke anlässlich des Geburtstages. (Chronik der Volksschule in Kemmern)

41 Lehrer Diller überbringt stellvertretend für das Lehrerkollegium die Glückwünsche zum Geburtstag. (Chronik der Volksschule in Kemmern)

Verabschiedung von Schwester M. Reginharda O.S.F. in den Ruhestand

42 Übergabe eines Geschenkes durch ein Schulkind. (Chronik der Volksschule in Kemmern)

43 Zeitungsbericht über die Verabschiedung von Schwester M. Reginharda O.S.F. Sie wurde im Jahre 1977 in den Ruhestand versetzt und konnte diesen im Schwesternkonvent in Kemmern verbringen. Schwester M. Reginharda O.S.F. war 38 Jahre lang als Lehrerin an der Volksschule tätig. Nach ihrem Ausscheiden kam keine Ordensfrau mehr als Lehrerin zum Unterrichten an die Volksschule nach Kemmern (Chronik der Volksschule in Kemmern)

2. Die Mädchenschule // 369

44 Im Bildhintergrund sind Pfarrer Georg Götz und Rektor Hans Pöllein sowie die damalige Provinzoberin Schwester M. Clementine O.S.F. und eine weitere Ordensfrau aus dem Montanahaus in Bamberg zu erkennen. (Chronik der Volksschule in Kemmern)

45 Übergabe eines Geschenkes des damaligen Bürgermeister Alois Förtsch an Schwester M. Reginharda O.S.F. (Chronik der Volksschule in Kemmern)

46 Eltern verabschieden sich von Schwester M. Reginharda O.S.F. Auf der rechten Bildseite ist Schulleiter Hans Pöllein zu erkennen. (Chronik der Volksschule in Kemmern)

47 Man erkennt im Bild die Verbundenheit der Bevölkerung Kemmerns mit ihren Ordensfrauen. (Chronik der Volksschule in Kemmern)

48 Die Stehtische sind festlich gedeckt. (Chronik der Volksschule in Kemmern)

49 Lehrerkollegium der Volksschule Kemmern im Jahre 1978, nachdem Schwester M. Reginharda O.S.F. in den Ruhestand versetzt wurde. Eine weltliche Fachkraft hat ihre Stellung übernommen. Pfarrer Georg Götz, der links in der hinteren Reihe zu sehen ist, strahlt eine gewisse schulische Dynamik aus. (Chronik der Volksschule in Kemmern)

50 Rechts ist ein Geistlicher Rat sowie der Ehrenbürger Pfarrer Georg Götz zu sehen, in der Mitte Bürgermeister Alois Förtsch (1972–2002) sowie Schulleiter Hans Pöllein (Privatbesitz)

51 Schwester M. Reginharda O.S.F., Ehrenbürgerin und Schwester M. Helene O.S.F., Ehrenbürgerin seit 2001. (Privatbesitz)

52 Schulgebäude der heutigen Grundschule in der Gemeinde Kemmern. Von 1988 bis 1990 war das Schulgebäude einer Generalsanierung unterzogen worden. (Privatbesitz)

3. Die Kleinkinderbewahranstalt

3.1 Aufkommen von Kleinkinderbewahranstalten

Schon zu Beginn des 18. Jahrhunderts existierten vereinzelt so genannte „Spiel-, Strick- und Wartschulen[316]." welche die eigentlichen Vorläufer der Kleinkinderbewahranstalten des beginnenden 19. Jahrhunderts waren. Seit dem 18. Jahrhundert war es üblich, dass Kleinkinder in eine solche Wartschule geschickt wurden, wobei der Stand und das Geschlecht des Einzelnen ohne Bedeutung waren.[317] Zu Beginn der Industrialisierung war es häufig eine Notwendigkeit, seine Kinder in eine Kleinkinderbewahranstalt zu geben, da sie sonst den geregelten Arbeitsablauf der Eltern stark gestört hätten. Bald wurde die Verbreitung solcher Anstalten auch in Bayern durch den König ausdrücklich gefördert. Er ordnete 1852 an, dass nach Bedarf auch auf dem Lande solche Einrichtungen zu schaffen seien.[318] Dies war besonders der Fall bei Eltern, die in Heimarbeit arbeiteten. So gaben diese Bewahranstalten „[...] die Hoffnung, durch Beaufsichtigung die Kinder vor körperlicher und sittlicher Verwahrlosung zu schützen, andererseits als familienentlastendes Angebot das Familieneinkommen der unteren Schichten zu sichern[319]."

Es war notwendig und im Sinne des Staates, dass besonders die Kinder der unteren Schichten diese Anstalten besuchten, da die Eltern auf die Einnahmen aus ihren Tätigkeiten angewiesen waren und in diesen Fällen die Gefahr, dass die Kinder verwahrlosten und für die Gesellschaft nicht mehr von Nutzen waren, um ein Vielfaches höher war. Der utilitaristische Gedanke spielte in Gesellschaft und Politik dabei eine nicht geringe Rolle. Mit „dem Entlastungsangebot hoffte man die Eltern mit ihren ärmlichen Lebensumständen zu versöhnen und gleichzeitig ihre Kinder zu fügsamen Mitgliedern der gegebenen Gesellschaftsordnung zu erziehen[320]." Gerade für die unteren Schichten waren ab 1830 zunehmend kirchliche und karitative Organisationen tätig. So heißt es zum Beispiel in den Regeln und Konstitutionen der Armen Schwestern zum Thema Kinderbewahrung (Fürsorgeeinrichtung): „Die Armen Schulschwestern bevorzugten arme Kinder, mögen sie nun an Glücksgütern, an Fähigkeiten oder an Willen zum Guten arm sein. Diese bedürfen der Hilfe am notwendigsten [...][321]." Diese Anstalten sollten aber kein Ersatz für Schulen sein. So wurde Lesen, Schreiben und Rechnen nicht gelehrt, die Kinder wurden höchstens an das Alphabet herangeführt. Es sollte spielerisch gelernt und vor allem der Glaube in Wort und Bild an die Kinder herangetragen werden, um sie „[...] vor[n] dem giftige[n] Hauche der Gasse"[322] fernzuhalten. Am 26. Februar 1852 erließ das Königreich Bayern eine gesetzliche Entschließung, in der die Provinzialregierungen zur Schaffung weiterer Kinderbewahranstalten aufgefordert wurden mit der Begründung, dass Vernachlässigung nicht nur in der Stadt drohe.[323] So wurden nach dem Beschluss zahlreiche Bewahranstalten, häufig in kirchlicher Trägerschaft, gegründet.[324]

3.2 Gründung der Kleinkinderbewahranstalt in Kemmern

Bereits während des Gründungsprozesses der Dillinger Franziskanerinnen stellte die Gemeinde Kemmern in einem Schreiben vom 9. April 1890 an das Königliche Bezirksamt Bamberg I den Schwestern weitere Tätigkeitsbereiche in Aussicht.[325] Gerade wegen der großen Armut, welche bei der Bevölkerung von Kemmern herrschte, wussten Pfarrer Arnold und mit ihm der Gemeinderat von der bedeutenden erzieherischen Funktion, die einer solchen Einrichtung zukam. Worin aber lagen die Gründe dafür, dass es erst nach ungefähr zehn Jahren zur Errichtung der Kleinkinderbewahranstalt in Kemmern kam, nachdem doch die Gemeindeverwaltung Kemmern bereits in jenem Schreiben vom 9. April 1890 eine Ausweitung des Tätigkeitsfeldes der Schwestern angeregt hatte? Als Arnolds zweites großes Werk während seines pastoralen Wirkens kann also die Gründung einer Kleinkinderbewahranstalt angesehen werden. Durch den komplexen administrativen Prozess, welchen er bei der Errichtung der Ordensfiliale Kemmern sowie bei der Errichtung der Mädchenschule durchlaufen musste, war er Regierungspräsident von Burchtorff bestens bekannt. In einem Brief vom 15. Januar 1900 informiert der Königliche Lokalschulinspektor die Königliche Regierung in Oberfranken, Kammer des Innern, über die Einrichtung einer Kleinkinderbewahranstalt.[326]

Gestärkt durch die Anregung des Regierungspräsidenten von Burchtorff hatte sich Pfarrer Arnold wahrscheinlich bereits im April 1899 mit seinem Anliegen an das Königliche Bezirksamt Bamberg I gewandt.[327] Am 27. April 1899 richtete dieses an die Kirchenverwaltung Kemmern Auflagen – es sollte berichten, wer die Anstalt leiten solle, berichten, ob gegebenenfalls eine zweite Ordensfrau benötigt werde und schließlich Statuten aufstellen.[328] Die für die Errichtung einer Kleinkinderbewahranstalt nötig gewordene Grundstücksfläche wurde durch drei Schenkungen bereitgestellt.[329] Somit erfolgte die Gründung der ersten Kleinkinderbewahranstalt in Kemmern wahrscheinlich aus finanziellen Gründen vergleichsweise spät, denn in Bamberg gab es z.B. bereits 1839 eine solche Anstalt.[330] Konrad Schrott erwähnt in seiner Ortsgeschichte dazu, dass Kemmern noch im April 1899 aus Kostengründen gegen eine Kleinkinderbewahranstalt war.[331]

Man kann mit großer Sicherheit davon ausgehen, dass Pfarrer Gottfried Arnold alles tat, damit die Kosten für die Errichtung einer Kleinkinderbewahranstalt möglichst niedrig ausfielen. Als Antwort auf das erwähnte Schreiben des Königlichen Bezirksamtes Bamberg I vom 27. April 1889 erfolgte ein Schreiben der Kirchenverwaltung Kemmern, in dem die Kirchenverwaltung darauf hinwies, dass eine weitere Schwester für die Kleinkinderbewahranstalt nicht angefordert werden müsse, da die vorhandene für diese Tätigkeit gut qualifiziert sei.[332]

Am 15. Oktober 1890 zog Schwester M. Christine Eckerle als Laienschwester im Alter von 23 Jahren in den neu gegründeten Konvent in Kemmern ein. Sie diente Schwester M. Regina Straßer lange Zeit als Laienschwester im Haushalt, obwohl sie vorher während ihrer Kandidatur bereits drei Jahre in der Kinderbewahranstalt Burgau tätig war. Mit 32 Jahren übernahm sie gleichzeitig die Tätigkeit in der Kleinkinderbewahranstalt in Kemmern, daher fielen der Kirchenverwaltung Kemmern vorerst keine weiteren Personalkosten zu.[333] Dabei ist aber zu erwähnen, dass durch den zusätzlichen Tätigkeitsbereich die alltäglichen Probleme und Schwierigkeiten der Schwestern in der Ordensfiliale vielfältiger wurden. Gleichzeitig mussten parallel zur Arbeitszeit noch die Gebetszeiten und die Haushaltstätigkeiten im Kloster verrichtet werden. Aus dem Schreiben von Pfarrer Gottfried Arnold vom 17. Mai 1899 ist zu entnehmen, dass er schon nach 20 Tagen der zweiten Aufforderung des Königlichen Bezirksamtes Bamberg I nachkam. Dort schreibt er, dass die Satzung der Anstalt in Scheßlitz übernommen und angepasst werde und bald zur Genehmigung vorliege.[334] Am 3. Juni 1899 genehmigte das Königliche Bezirksamt Bamberg I der Kirchenverwaltung in Kemmern schließlich die Eröffnung.[335] Pfarrer Arnold bescheinigte der neuen Einrichtung in einem Brief an das Königliche Bezirksamt Bamberg I eine hohe Akzeptanz:

„Auf die unter dem 3. Praes. 6.6 des Monats erfolgte Genehmigung der Errichtung einer Kleinkinderbewahranstalt in Kemmern wurde diese am 7. Juni und zwar mit 45 Kindern definitiv eröffnet. Die Sache findet erfreulicher Weise großen Anklang und wird ihn noch mehr finden zur Erntezeit und bei längerem Bestande. Dem königlichen Bezirksamte aber sei hiermit der schuldige Dank für dessen gütige Mitwirkung bei der gemeinnützigen Sache und deren loyale Erledigung ausgesprochen."[336]

Am 15. Januar 1900 resümiert Pfarrer Arnold in einem Schreiben an die Hohe Königliche Regierung von Oberfranken, dass bezüglich der Kleinkinderbewahranstalt schon nach einem halben Jahr die ersten positiven Ergebnisse festzustellen seien. Die Kirchenverwaltung Kemmern habe Statuten für die Kleinkinderbewahranstalt erstellt und die Trägerschaft dem Konvent übertragen.[337]

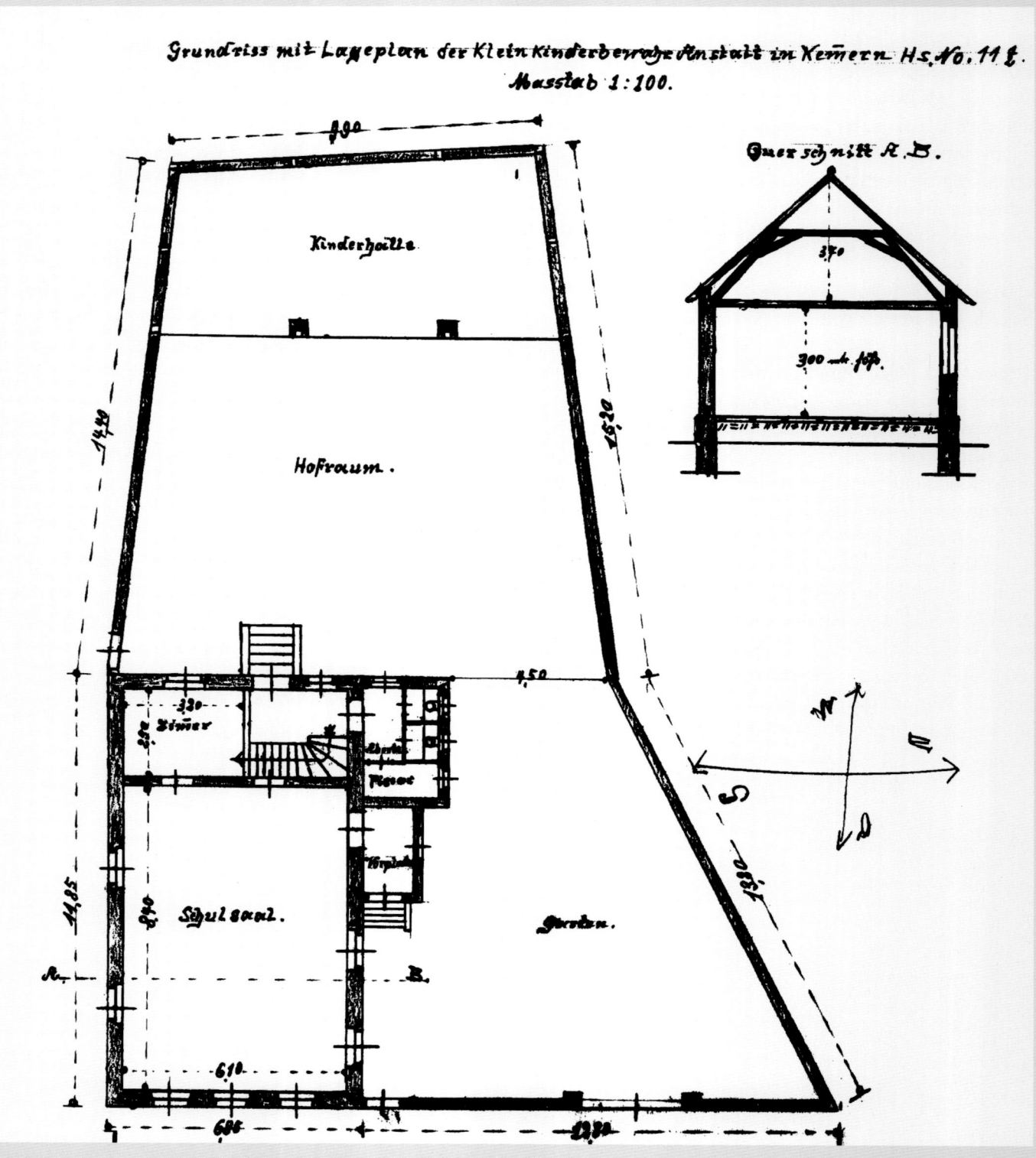

53 Die erste von Ordensschwestern geführte Kleinkinderbewahranstalt am Bächla. Man spricht hier bewusst von einer Kinderbewahranstalt, da der pädagogische Aspekt eines Kindergartens zu dieser Zeit noch nicht weit entwickelt war. Trotzdem war diese Anstalt für die Eltern und die Kinder ein großer Gewinn. Die Eltern hatten die Möglichkeit, ihre Kinder für einige Stunden am Tage abzugeben, dabei lernten die Kinder vor allem die Sozialkompetenz. Pfarrei und Gemeinde waren froh, dass es für die damalige Zeit überhaupt ein Gebäude gab, wo die Ordensfrauen mit den Kindern hingehen konnte. Da dieses in der Nähe des Maines stand, war des Öfteren mit Hochwasser zu kämpfen.

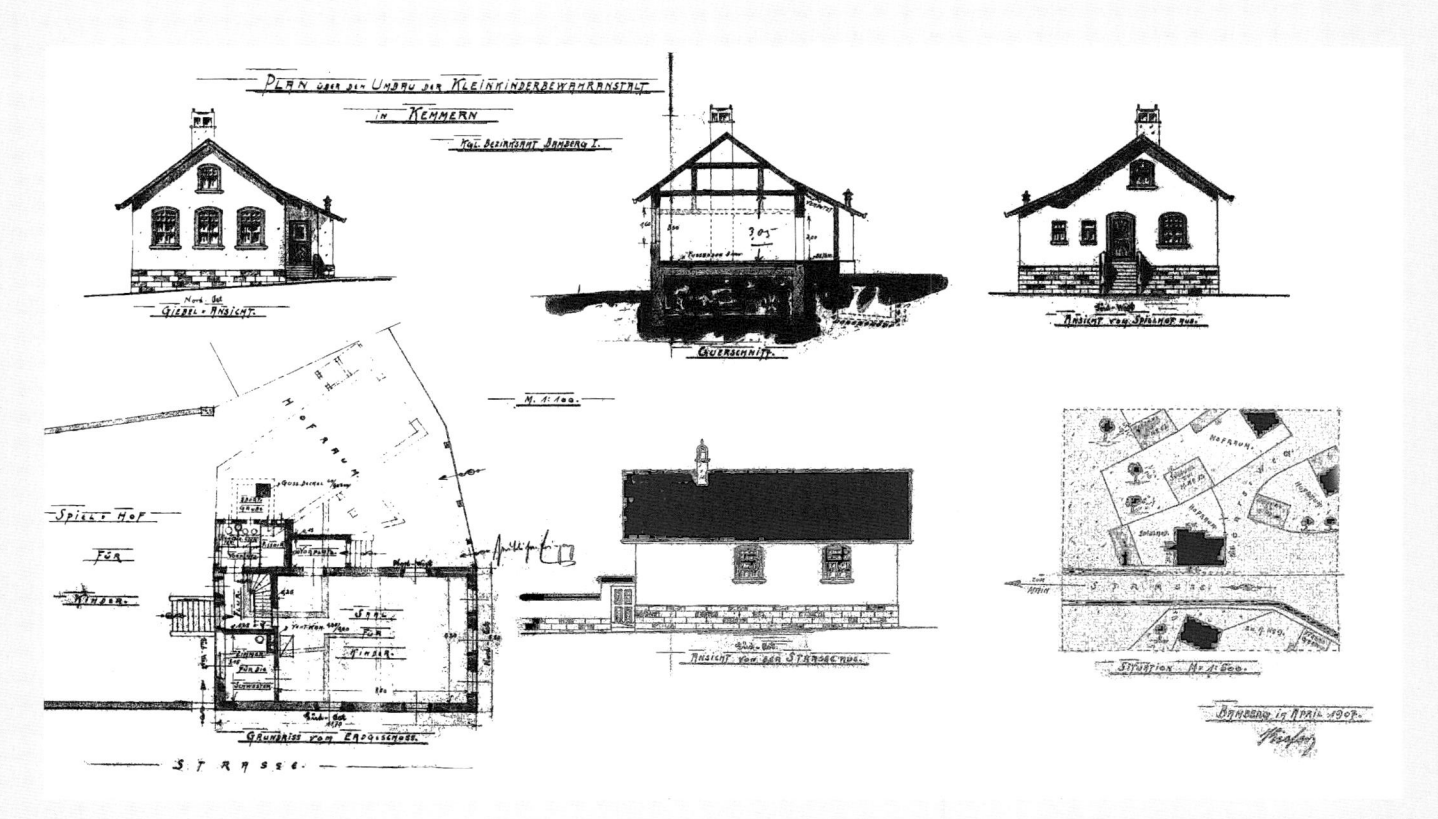

54 Planung der Kinderbewahranstalt um das Jahr 1900

55 Kinderbewahranstalt in den fünfziger Jahren

3. Die Kleinkinderbewahranstalt // 375

56 Hochwasser überflutete die Kleinkinderbewahranstalt. Die Pfarrei konnte diese ständigen Hochwasserprobleme nicht mehr ununterbrochen hinnehmen; es musste etwas unternommen werden, damit die Ordensfrauen mit den Kleinkindern der Gemeinde ordnungsgemäß arbeiten konnten. Gerade in der Nachkriegszeit war es für die Pfarrei eine große Anstrengung, einen neuen Kindergarten zu planen und letztlich zu bauen.

57 Mehrere Kinder aus den fünfziger Jahren, wahrscheinlich wurde das Bild vor der Pfarrkirche aufgenommen. Darauf erkennt man die große Armut der einzelnen Kinder. Sie tragen kleinere Kinder auf den Arm.

58, 59 Vor der Kleinkinderbewahranstalt ist Schwester M. Helene O.S.F mit „ihren" Kindern (Spies, Barbara: Kemmern Leben am Main, Ein fränkisches Dorf und seine Menschen im Wandel, hrsg. von Gerst, Rüdiger: Kemmern, S. 124). Das Bild stammt aus den fünfziger Jahren.

60 Kinderbild aus den zwanziger Jahren. Die abgebildete Ordensfrau sollte die Postulantin Josepha sein. Sie verbrachte in den zwanziger Jahren ihre Postulatszeit im Schwesterkonvent in Kemmern.

3.3 Räumlichkeiten der Kleinkinderbewahranstalt

Als die Kleinkinderbewahranstalt am 7. Juni 1899 mit 45 Kindern eröffnet wurde, standen Schwester M. Christine Eckerle für ihr Projekt ein Wohnzimmer und eine daran anstoßende Kammer sowie ein Garten zur Verfügung. Zudem gab es auf der Westseite Grund und Boden in der Länge von 14 Metern nach der Richtung des Hauses und in der Breite von 13 Metern.[338] Obwohl gerade die Innenräume nicht ausreichend erscheinen, war die erste Kinderbewahranstalt ein großer Fortschritt für die arme Gemeinde Kemmern. Die allgemein herrschende Einfachheit und Armut spiegelte sich eben auch in den Räumlichkeiten der Bewahranstalt wider. Die in der Gemeinde tätigen Schwestern hatten im Vorfeld mit der Schwierigkeit zu kämpfen, passende Räumlichkeiten für ihr Vorhaben zu finden und diese zu finanzieren. Das Problem schien gelöst, als eine ältere Dame namens Anna Schmitt ihr Wohnhaus für die Einrichtung einer Kinderbewahranstalt zur Verfügung stellte. Allerdings war die Schenkung an Bedingungen geknüpft, die mit der klösterlichen Leitung der Institution einhergingen.

„1) Diese Kleinkinderbewahranstalt muß stets unter klösterlicher Leitung bleiben. [...] 4) Von den Anstaltskindern muß täglich ein Vaterunser-Gebet für die verstorbenen Eltern der Schenkgeberin, und ein solches für letztere selbst solange verrichtet werden, als diese Anstalt besteht, auf Hypothekeintrag aller dieser Rechte wird verzichtet. § 4. [...] Behufs der Gebührenberechnung wird obige Realität auf Eintausend Mark gewertet."[339]

Die Chronik des Kindergartens berichtet, dass das Wohnhaus teilweise abgebrochen und passend umgebaut werden musste[340]." Der Umbau fand erst im Jahre 1907 statt, da Anna Schmitt die Räumlichkeiten bis dahin teilweise noch selbst nutzte. Laut Schreiben der Kirchenverwaltung Kemmern vom 1. Juli 1907 verzichtete sie erst ab dem 21. November 1906 auf die Benutzung ihrer Räumlichkeiten.[341]

So ist verständlich, dass die Kirchenverwaltung Kemmern nicht sofort nach Genehmigung der Statuten mit einem Neubau der Kleinkinderbewahranstalt begann, denn die Mittel waren knapp und frei verfügbare Gebäude waren nicht vorhanden. Die finanzielle Ausstattung wurde größtenteils durch Pfarrer Arnold getragen, der in sein Testament am 23. Dezember 1899 folgenden letzten Nachtrag einfügte: „Ich vermache [...]zu meinem Baufonds für die Kleinkinderbewahranstalt Kemmern zweitausend Mark in die hiesige Kirchenstiftung[342]." Auf diese Weise sorgte er durch finanzielle Rücklagen für den 1907 erfolgten Neubau, die allerdings noch durch Spenden ergänzt werden mussten.[343]

Nach dem endgültigen Verzicht von Anna Maria Schmitt stellte die katholische Kirchenverwaltung Kemmern „die Bitte um kuratelamtliche Genehmigung zur Ausführung des erbetenen Umbaues[344]." Am 7. August 1907 wurde der Umbau durch das Königliche Bezirksamt Bamberg I genehmigt.[345] Das Haus, in dem die Bewahranstalt untergebracht war, bot der Anzahl der Kinder mit ca. 84 Quadratmetern nicht ausreichend Platz. Es beinhaltete einen großen Saal mit einer Deckenhöhe von ca. 3 Metern und den Maßen 8,50 Meter mal 6,80 Meter, also in der Größe von 57,8 Quadratmetern[346]. Es darf nicht vergessen werden, dass in diesem Saal ausreichend Platz für über 60 kleine Kinder sein sollte, die spielen wollten und Auslauf benötigten. Besonders in den kalten Monaten stellte dieser eingeschränkte Platz ein großes Problem dar, da sich die Kinder auf Grund des Wetters nicht draußen aufhalten konnten. Neben dem Saal für die Kinder verfügte das Haus über ein Zimmer für die Schwestern, über einen Eingangsbereich mit einem kleinen Flur und über Toiletten[347]. Das Schwesternzimmer war nur 8,2 Quadratmeter groß und bot ihnen somit wenig Rückzugsmöglichkeiten oder Privatsphäre. Auch für Vorbereitungen der Spiele oder Ähnliches gab es hier keinen Platz. Über einen kleinen Vorplatz konnte man vom Saal aus direkt auf den Hof (Hofraum) gelangen. Der Spielhof im Südwesten des Hauses und der Hofraum an der Nord-West-Seite waren jeweils ungefähr so groß wie das Gebäude selbst.[348] Die Renovierung der Räumlichkeiten war vorwiegend eine Frage des Geldes. Ein 1928 vorgelegter Skizzenplan für ein neues Schulhaus wurde auf Grund der finanziellen Situation der Gemeinde nie umgesetzt[349].

Die Lage verbesserte sich nicht dauerhaft – im Gegenteil: Infolge der Unzulänglichkeit der vorhandenen Unterrichtsräume in Kemmern wurde die Kinderbewahranstalt ab 1929 als Notschule genutzt. Die Kinderbewahranstalt zog in ein anderes Haus in Kemmern um. Hierbei handelte es sich um „ein altes Bauernhaus, das im Jahre 1926 von der Gemeinde im Zwangswege erworben wurde[350]." Die Zustände waren untragbar:

> „In dem vorhandenen kleinen Aufenthaltsraum, dessen Flächenausmaße 30–35 m² und Höhe 2,50 Meter beträgt, sind zeitweise 70 bis 80 Kinder untergebracht. Diese Beengung war untragbar für einen Kindergarten! Die Räume waren dazu noch infolge ihrer außerordentlichen Feuchtigkeit sehr ungesund. Wenn nun wieder bei Eintritt der kälteren Jahreszeit nicht mehr ständig gelüftet werden kann und geheizt werden muss, rieselt wie auch früher wieder das Dunstwasser an den Wänden herunter und erzeugt eine unerträgliche Luft."[351]

Die Räumlichkeiten wurden vom früheren Vorstand des Bezirksamts Bamberg, Rat Köttnitz, als gänzlich unbrauchbar für eine Kinderbewahranstalt erklärt[352]. Die mangelnde Wärmeisolierung des Gebäudes, welche die Kinder und Schwestern bei kalten Temperaturen frieren ließ, stellte eine Gefahr für die Gesundheit der Beteiligten dar. In verschiedenen Schriftstücken liest man immer wieder von Krankheiten der Kinder, die durch diese schlechten Bedingungen hervorgerufen wurden[353]. Den Kindern stand zudem nur ein kleiner Spielhof zur Verfügung, auf dem später eine Halle errichtet wurde[354]. Die Kirchenverwaltung, die ja Träger des Kindergartens war, stellte an das Bezirksamt Bamberg im September des Jahres 1933 einen Antrag auf Freigabe der Räume der Kleinkinderbewahranstalt seitens der Gemeinde Kemmern. Dieser Antrag fand kein Gehör. Ein 1928 vorgelegter Skizzenplan für ein neues Schulhaus wurde auf Grund der schlechten Verhältnisse nie umgesetzt[355].

Statuten der Kleinkinderbewahranstalt
Wie in der Analyse des Gründungsprozesses bereits dargestellt, mussten die Statuten beim Königlichen Bezirksamt Bamberg I eingereicht und genehmigt werden. Pfarrer Gottfried Arnold ließ diese drucken und an alle Familien des Dorfes verteilen. Sie waren den Statuten der Kleinkinderbewahranstalt Scheßlitz nachempfunden. Hier heißt es im § 1: „Die Kleinkinderbewahranstalt in Kemmern ist eine Privatwohltätigkeitsanstalt."[356] Im ersten Satz wird die Betreuung der Kinder während der Monate Mai bis Oktober geregelt.[357] Wichtig war dies insofern, da in der Gemeinde fast jede Familie von der Landwirtschaft lebte. Man kann davon ausgehen, dass in den Familien damals mindestens fünf, oft auch mehr Kinder lebten. Neben Landwirtschaftsbetrieben gab es noch einige kleine Handwerksbetriebe wie Schmiede, Bäcker, Schreiner, Korbmacher sowie ein Kolonialwarengeschäft, von deren Erlösen die Bevölkerung lebte. Gerade dort, wo die Eltern „durch ihre Berufsgeschäfte ver-

hindert,"358 waren, war es wichtig, dass ihre Kinder sicher betreut wurden. Aufgabe der Anstalt war die Beaufsichtigung und Beschäftigung der Kleinkinder. Von November bis April herrschte kein Betrieb in der Kleinkinderbewahranstalt359. Besonders wichtig war für Pfarrer Arnold die „geistige Obhut360," also die religiöse Erziehung. Aus seiner Sicht konnte die entsprechende Sozialisation am besten durch Ordensfrauen garantiert werden, daher heißt es in den Statuen bereits in § 2: „Die Leitung, Pflege und Behandlung der Kinder obliegt den Ordensschwestern aus dem Franziskanerinnenkloster in Dillingen."361 Der jeweilige Pfarrer ist das Haupt und der Verantwortliche für diese Anstalt, der eigentliche Träger der Anstalt ist die Kirchenverwaltung der Pfarrei. Auch das Grundstück, auf dem die Kleinkinderbewahranstalt steht, geht nie in das Eigentum des Konventes über.362 Es stellt sich die Frage, warum die Trägerschaft nie auf den Orden übertragen worden ist.363 Da die Ordensschwestern zu dieser Zeit das Bildungsmonopol inne hatten, kam kein Mitglied aus der Kirchenverwaltung auf die Idee, die Ordensfrauen durch eine Trägerschaft zu binden und gleichzeitig zu verpflichten, den Kindergartenbetrieb materiell zu gewährleisten. Man konnte zu jener Zeit auch noch nicht absehen, dass der Orden einmal Probleme haben würde, den Kindergarten mit ausreichend eigenem Personal auszustatten.

Bezüglich der pädagogischen Ziele der Anstalt wurde noch nicht von Primär-Lernprozessen wie Lesen, Schreiben oder Rechnen gesprochen, denn „die Anstalt soll nicht eine eigentliche Schule"364 sein. Pfarrer Arnold erstrebt eher praktische Kenntnisse, beispielsweise, dass die Kleinkinder „möglichst schon sehr früh praktische und häusliche Kenntnisse bekommen365." Die Ansprüche der Bevölkerung an die erzieherischen Leistungen waren ohnehin nicht hoch, da von den Kindern nur erwartet wurde, die Volksschule so schnell wie möglich zu durchlaufen und sich so früh wie möglich im elterlichen Landwirtschaftsbetrieb einzuarbeiten. Gewissermaßen vorprogrammiert war deren weitere Zukunft: eine Übernahme des Hofes, Heirat und Familiengründung sowie die Betätigung innerhalb der familiären, dörflichen und kirchlichen Gemeinschaft366. In den Statuten werden auch die Zugangsvoraussetzungen aufgeführt, welche für den Besuch der Anstalt vorgesehen sind. Hier ist besonders hervorzuheben, dass in erster Linie die Kinder der ärmsten Bauernfamilien Berücksichtigung fanden: „Aufgenommen zum Besuch der Anstalt werden Kinder aus allen Ständen, besonders aus ärmeren Volksklassen."367

Weitere Voraussetzungen sind: „Jedes Kind, das bereits gehen kann, im Alter von etwa 2–6 Jahren steht, geimpft und gesund ist, kann aufgenommen werden."368 Die Eltern sollten die Möglichkeit haben, ihr Kind schon sehr früh in der Betreuung abzugeben. Letztendlich entscheidend für die Aufnahme in die Anstalt war aber die Meinung des Pfarrers, der die Kinder gemeinsam mit der Anstaltsleiterin auswählte.369 Manchmal war der von Gottesdienst, Gebet und Arbeit geprägte Tagesablauf der Schwestern nicht problemlos mit der erzieherischen Tätigkeit zu vereinbaren, z.B. im Falle der Öffnungszeiten. Im Sommer war die Anstalt an jedem Werktag von der heiligen Messe bis 11 Uhr und am Nachmittag von 12 bis 16 Uhr, teilweise länger, in Anpassung an die Arbeit auf dem Feld, geöffnet. Für die Schwester bedeutete dies, dass sie an den gemeinsamen Gebetszeiten, wie etwa dem Mittagsgebet und dem Abendgebet, oft nicht teilnehmen konnte.370 Ein wichtiger Punkt, auf den die Schwestern achteten, war das Erscheinungsbild der Kinder. Durch ihren von der Landwirtschaft geprägten, arbeitsintensiven Alltag gelang es den Frauen manchmal nicht, die Kinder gewaschen und gekämmt in den Gottesdienst zu schicken. Pfarrer Arnold setzte dies aber als klare Bedingungen für die Eltern voraus, denn man könne nicht verlangen, dass die alltägliche Reinigung der Kleinkinder von der Schwester in der Anstalt übernommen würde.371 Pfarrer Arnold und die Ordensschwestern waren außerdem auf die Sicherheit der Kleinkinder bedacht: „Die Kinder sind, wo dies noch geraten erscheint, unter sicherer Aufsicht in die Anstalt hinzuführen und von da abzuholen372." Hierbei ergab sich auch eine tägliche Begegnung mit den Eltern als Erziehungsberechtigten, hier konnten im Gespräch eventuelle Probleme mit ihnen besprochen werden. Der Kindergarten stellte also auch eine weitere Möglichkeit des Kontaktes der Bevölkerung mit den Ordensschwestern dar. Für die Kinder war die Bewahranstalt eine Möglichkeit, mit anderen Erziehungspersonen und anderen Kindern in Kontakt zu kommen. Auch ein intensiver, erster Kontakt mit christlichen Werten dürfte hier stattgefunden haben. Dies war aber nur bei regelmäßigem Anstaltsbesuch gewährleistet.373

Trotz der Bevorzugung armer Kinder war die Benutzung der Anstalt nicht kostenlos. § 4 setzte die Höhe des Beitrages auf 3 Pfennige täglich fest, auch wenn das Kind nur einen halben Tag anwesend war.374 Die Anstalt in Kemmern vergünstigte allerdings bei Teilnahme mehrerer Kinder aus einer Familie den Betrag. Zwei Kinder kosteten dann insgesamt 30 Pfennig, drei Kinder 40 Pfennig wöchentlich. Dieses wurde am 20. Februar 1910 in einer Sitzung von Pfarrer Hennemann in Kemmern beschlossen und zu Protokoll gegeben. Am 24. Juni 1924 wurde in einer weiteren Sitzung beschlossen, die Gebühren auf 700 Mark wöchentlich festzusetzen, wahlweise könne die Bezahlung auch in Naturalien erfolgen. Dabei war es unerheblich, ob das Kind die Anstalt nur einmal oder mehrmals wöchentlich besucht.³⁷⁵ Die Möglichkeit einer Zahlung in Naturalien zeigte deutlich die wirtschaftlichen Auswirkungen der Währungsreform vom 24. Juni 1923, vor allem aber die Auswirkungen der Inflation. Da Zahlungen oft aufgeschoben wurden, fügte Pfarrer Arnold den Zusatz hinzu: „Über eine Woche hinaus soll der Ordnung wegen die Entrichtung nicht verschoben werden."³⁷⁶ Blieb die Zahlung ganz aus, mussten die Kinder aus der Anstalt genommen werden.³⁷⁷

3.4 Erziehung in der Kleinkinderbewahranstalt
Schon früh gab es Bemühungen, die darauf zielten, die Kinder in den Anstalten nicht nur zu beaufsichtigen, sondern ihnen eine qualifizierte Erziehung zuteil werden zu lassen.³⁷⁸ So veröffentlichte Christian Heinrich Wolke bereits 1805 Anweisungen für Mütter und Kinderlehrer, zu deren Ausbildung er selbst zwar keine Institution gründete, aber sah, dass diesbezüglich ein Bedarf vorhanden war.³⁷⁹ Weiterhin prägend für die pädagogische Konzeption und Ausbildung des Personals waren in der Mitte des 19. Jahrhunderts Friedrich Fröbel und Julius Fölsing, die die relativ moderne Ansicht vertraten, dass Kinder sich spielerisch entfalten sollten. Fölsing kritisierte andere, vorwiegend konfessionell geprägte Konzepte, vor allem jenes von Fliedner wegen der Phantasielosigkeit und eines Mangels an Abwechslung.³⁸⁰

Es gab durchaus verschiedene Auffassungen davon, wie stark konfessionell ein Kindergarten zu sein hatte und welche erzieherischen Elemente überwiegen sollten. Gemeinsamkeiten lassen sich allerdings feststellen, was die ganzheitliche Förderung der Kinder anbetrifft. So wird in einem 1872 erschienenen Buch mit dem Titel „*Der katholische Kindergarten*" der Zweck des Kindergartens folgendermaßen beschrieben:

> „Er zielt dahin, das körperliche Wohl und die Selbstthätigkeit der Kinderchen durch erheiternde, sinnige Spiele, Beschäftigungen und Sinnesübungen zu fördern, deren Sprachorgane zu bilden, ihre geistigen Anlagen zu entwickeln, ihr Gedächtnis mit nützlichen Dingen zu bereichern, ihr Gefühl für das wahrhaft Schöne und Gute zu wecken und dem Willen die rechte, religiös-sittliche Richtung zu geben – alles in harmloser, kindlicher Weise, mehr spielend als streng schulgerecht –, dennoch aber die Kinder für alle Fächer der Schule vorbereitend³⁸¹".

Bei einer stark konfessionellen Ausrichtung spielte auch das frühzeitige Einwirken auf die Kinder zu missionarischen Zwecken eine Rolle. Was für die Konzeption des evangelischen Pädagogen Fliedner gilt, kann für die konfessionell ausgerichteten Bewahranstalten insgesamt angenommen werden, nämlich dass sie letztlich eine „systemstabilisierende Wirkung in der Abwehr sozialistischer Bestrebungen" beabsichtigten.³⁸² In Kemmern hat durch die Leitung der Schwestern das konfessionelle Element eine große Bedeutung gehabt. Knoblach, Amtsdistriktsarzt des Bezirksamtes Bamberg I, der für Kontrollen und Visitationen in den Kindergärten zuständig war, stellte während seiner Visitation 1909 zwar fest, dass es den Kindern gut ging, bemerkte allerdings eine Überbetonung des Religiösen, was zweifelsohne an der Erziehung durch Ordensschwestern lag. In einem Schreiben vom 13. Juli 1909 äußert sich Knoblach gegenüber der Verwaltung der Gemeinde Kemmern lobend über die Leistungen der Anstalt. ³⁸³

Konkret sah die Erziehung der Kinder in Kemmern in dieser Zeit wie folgt aus: Zwischen 8 Uhr und 9 Uhr wurden die Kinder gleichsam in einer offenen Eingangsphase im Kindergarten angenommen, so hatten die Eltern einen gewissen zeitlichen Spielraum, ihre Kinder abzugeben. Von 9.00 Uhr bis 9.15 Uhr standen das Morgengebet und die Revision auf dem Programm. Zwischen 9.15 Uhr und 9.45 Uhr war Zeit für verschiedene Dinge, z.B. für Erzählungen, Anschauungs- oder Sprechübungen, Memorieren, Stäbchenlegen oder Fingerspiele. Nach einer Pause von 15 Minuten gab es von 10 Uhr bis 10.45 Uhr Bewegungsspiele wie Marschier-, Kreis-, Ball- oder freie Spiele bzw. Turnen. Bis die Kinder dann um 11 Uhr entlassen wurden, war noch eine Viertelstunde Zeit für die Vorbereitung des Anstaltsschlusses mit Gebet. Auch hier zeigt sich der Versuch einer ganzheitlichen Förderung der Kinder, in der das konfessionelle Element aber eine entscheidende Rolle spielte.

Der Nachmittag, der samstags frei war, gestaltete sich von Montag bis Freitag folgendermaßen: Die Annahme der Kinder war in der Zeit zwischen 13 Uhr und 14 Uhr möglich und verbunden mit einer Ruhezeit. Von 14 Uhr bis 14.45 Uhr standen wieder Spiele auf dem Programm, z.B. Bewegungs-, Fang-, Such-, Rate- oder Ballspiele bzw. Spiele am Ort. Danach war bis um 15.30 Uhr eine Dreiviertelstunde Zeit für Spaziergänge, zum Singen, Marschieren, Anschauungsübungen im Freien oder ruhige Spiele. Nach einer anschließenden halbstündigen Pause gab es von 16 Uhr bis 16.45 Uhr Zeit für Erzählungen, Singen, Fingerspiele oder die Besprechung eines Gegenstandes. Bis zur Entlassung der Kinder um 17 Uhr schloss sich wiederum eine Viertelstunde zur Vorbereitung des Anstaltsschlusses mit einem Gebet an³⁸⁴.

Am Ablauf eines Tages in der Kinderbewahranstalt zeigt sich allein schon in den dreimal täglichen, relativ ausführlichen Gebeten deutlich die katholische Prägung durch die Schwestern. Diese Religiosität nimmt natürlich Einfluss auf die Kinder – gerade, weil sie sehr jung sind. Es kann also angenommen werden, dass der Einfluss der katholischen Kirche und des Glaubens durch die Einrichtung der Kinderbewahranstalt in Kemmern vergrößert wurde. Die Leitung der Anstalt durch in Klausur lebende Ordensschwestern brachte oft eine gewisse Strenge mit sich. Was verstanden die Schwestern also unter Pädagogik? Zur Beantwortung dieser Frage ist ein Vertrag zwischen der Gemeindeverwaltung Pretzfeld und der Leitung der Franziskanerinnen in Dillingen vom 3. Dezember 1894 aufschlussreich:

> „Diese Anstalt bezweckt: a) die Kinder hiesiger Einwohner im Alter von zwei Jahren bis zur beginnenden Schulpflicht in den festgesetzten Stunden zu überwachen, sie vor leiblichem Schaden zu bewahren, dem verderblichen Einfluß des Straßenlebens zu entziehen, dieselben zur Ordnung und Reinlichkeit anzuhalten und an leichte Arbeit zu gewöhnen, ihnen den ersten Unterricht in der Religion zu erteilen und ihre geistigen Fähigkeiten zu wecken."[385]

Von der spielerischen Entfaltung findet sich in diesem eher pragmatischen Programm nichts, was die Aussage einer 88-jährigen Bürgerin noch bestätigt:

> „Meine Kinder gingen Ende der zwanziger Jahre in die Kleinkinderbewahranstalt. Ich kann mich noch an die schlechten räumlichen Verhältnisse im früheren alten Bauernhaus Nr. 66 erinnern. 50 bis 60 Kinder wurden von der Ordensschwester täglich in dieser ungefähr 50 Quadratmeter großen Wohnung in drei Zimmern beaufsichtigt. Das Wichtigste in der Kleinkinderbewahranstalt war für die Kleinkinder die Gewöhnung an die Ordensschwestern, denn später hatten sie diese ja in der Schule. Für mich als Mutter war klar, je früher sich das Kind an die Schwestern gewöhnt hatte, um so eher kann ich mich auf eine religiöse Erziehung meines Kindes verlassen. Das war das Wichtigste, was ich meinem Kind geben konnte."[386]

Auf Fotografien von 1910 und von 1928[387] werden nicht nur die Armut der Gemeinde und die einfachen Verhältnisse des Kindergartens, sondern auch die Veränderungen in den pädagogischen Richtlinien sichtbar. Auf Abbildung Nr. 5 des Quellenbandes erkennt man noch etwa 80 Kinder verschiedenster Altersklassen, die durcheinander sitzen, -liegen und -stehen. Eine Ordensschwester mit einem Kind auf dem Arm ist rechts im Bild zu sehen. Auch sind andere ältere und jüngere Kinder, wahrscheinlich Geschwister an den Bildrändern zu erkennen. Die Abbildung Nr. 6 des Quellenbandes aus dem Jahr 1928 erweckt hingegen einen ganz anderen Eindruck. Sie zeigt 50 Kinder einer relativ homogenen Altersgruppe, die der Größe nach geordnet in Reihen vor dem alten Kindergartengebäude aufgestellt sind. Die Schwester, wahrscheinlich eine Kandidatin namens Josepha Roth[388], wieder mit Kind im Arm, ist links im Bild zu sehen. Den Kindern sieht man zwar an, dass sie aus ärmlichen Verhältnissen stammen, jedoch sind sie reinlich und ordnungsgemäß angezogen. Es zeigt sich also in der damaligen pädagogischen Ausrichtung eine deutliche Tendenz zur Schwerpunktsetzung auf die Erziehung zu Ordnung und Sauberkeit. Dies entspricht dem allgemeinen gesellschaftlichen Empfinden des ausgehenden 19. Jahrhunderts.

Im Jahre 1920 kam es durch die Leitsätze der Reichsschulkonferenz 1920[389] zu einer Neuregelung bezüglich der Qualifikationen für die Tätigkeit in Kleinkinderbewahranstalten. Damit kam eine lange Diskussion über die Berechtigung freier Träger in Erziehungs- und Bildungsanstalten, über die Regelung von Kindergartenangelegenheiten durch die Schul- oder die Wohlfahrtsgesetzgebung und über freiwilligen, familienergänzenden oder obligatorischen Besuch des Kindergartens aller Kinder ab dem dritten Lebensjahr zum Abschluss. Die weltlichen und konfessionellen Vorstellungen vom Zweck des Kindergartens gingen auseinander: Während Vertreter der weltlichen Konzeptionen das Fröbelsche Konzept umsetzten und den Kindergarten als erste Stufe eines allgemeinen Bildungsprogramms betrachten wollten, beabsichtigten Anhänger konfessioneller Methoden eine Art Familienfürsorge[390]. In diesem Sinne wurden die Kleinkinderbewahranstalten der Wohlfahrtspflege, nicht dem Bildungssystem zugeordnet. Dadurch wurde die Stellung der freien Träger – gemäß dem Subsidiaritätsprinzip – bestärkt, ebenso wie eine eher sozialfürsorgerische Tendenz. Die außerfamiliale Erziehung des Kleinkindes sollte vor allem Defizite in der Erziehung der Familien ausgleichen.[391] Es kann aber davon ausgegangen werden, dass sich die Vorstellungen verschiedener Träger hinsichtlich der Bedeutung pädagogischen Wissens annäherten. Die Hauptunterschiede bestanden wohl meist nur noch in der Finanzierung und dem Grad der konfessionellen Ausrichtung.[392]

Schwestern in der Kinderbewahranstalt
Die erste in der Kinderbewahranstalt tätige Schwester war Schwester M. Christine Eckerle (1890–1902). Sie gehörte von 1890 an zur Ordensfiliale Kemmern, wo sie anfangs als Laienschwester und bis 1902 für die Betreuung der Kinder und für den Haushalt verantwortlich war. Eine spezielle Ausbildung für die Kinderbetreuung besaß sie nicht, hatte aber, bevor sie nach Kemmern zog, diese Tätigkeit bereits

ausgeübt[393]. Sie war die Leiterin der Kinderbewahranstalt, während an der Schule eine andere Schwester, Schwester M. Regina Straßer, als Lehrerin eingesetzt war. Somit musste Schwester M. Christine Eckerle sich sowohl um ihr klösterliches Leben als auch um die Kinder im Kindergarten kümmern. Aufgaben, die sehr anspruchsvoll, zeitintensiv und vor allem grundverschieden waren.[394] Als zweite Kindergärtnerin kam im Jahre 1902 Schwester M. Pika Ostertag. Sie gehörte dem Konvent sechs Jahre bis 1908 an, dann wurde sie als Kindergärtnerin in den neu gegründeten Konvent nach Hallstadt versetzt.[395] Nach ihrem Weggang kam Schwester M. Pollina Kemmer in die Filiale. Über sie wurde gesagt, dass sie ihr berufliches Können in den Dienst der Jugend stellte.[396] Mit ihrem Kommen gab es eine Veränderung im Aufgabenbereich der Schwestern, die bis 1926 andauerte. Sie war nämlich einmal für die Arbeitsschule und zum anderen für die Betreuung der Kinder in der Kleinkinderbewahranstalt verantwortlich. Die Tätigkeit der Arbeitsschule wurde anfangs unabhängig vom Schulunterricht praktiziert, daher ließ sie sich mit der Betreuung der Kleinkinder koordinieren.[397]

Auf Grund der Neuordnung des Handarbeitsunterrichtes seitens des Ministeriums für Unterricht und Kultus war es ab 1926 notwendig geworden, eine weitere Schwester für die Betreuung der Kinder in der Kleinkinderbewahranstalt zu stellen. Doch die Ordensleitung verfügte zu dieser Zeit nicht über eine Schwester mit Profess, so dass sie die Kandidatin Josepha Roth schickte. Diese war bis 1929 in der Kleinkinderbewahranstalt Kemmern tätig. Man kann nicht mehr feststellen, in welchem Monat im Jahre 1929 Josepha Roth ausschied, ob sie von der Schwesternkommunität Kemmern versetzt wurde, oder ob sie die Gemeinschaft verlassen hat.[398] Ab 1929 kam Schwester M. Reingardis Fesch als Betreuerin in die Kleinkinderbewahranstalt. Sie blieb dort bis 1934, gefolgt von Schwester M. Piatone Spiegel, die dort bis zur Auflösung der Kleinkinderbewahranstalt durch die Nationalsozialisten um Ostern 1939 blieb.[399] Wegen des Ausscheidens aus dem aktiven Tätigkeitsbereich wurde sie 1939 versetzt.[400]

3.5 Erneute Gründung eines Kindergartens nach Kriegsende

Über den erneuten Beginn der Schwesterntätigkeit im Kindergarten berichtet die Schwesternchronik, dass bereits am 2. Juli 1945 die Schwestern M. Reginharda und M. Gabriele Christa den Betrieb wiederaufnahmen. Am 15. August 1945 wurde Schwester M. Gabriele durch die Provinzleitung in Dillingen an das ordenseigene Gymnasium nach Kaiserslautern versetzt.[401] Im Gegenzug wurde noch im August Schwester M. Meinhilde zur Aushilfe an den Kindergarten nach Kemmern berufen. Bereits vier Wochen später kam es wiederum zu einem Wechsel im Kindergartenpersonal. Am 12. September wurde nämlich Irmgard Hutzler, die spätere Schwester M. Helene, von der damaligen Meisterin ins Postulat aufgenommen und Ende September in die Kleinkinderbewahranstalt nach Kemmern geschickt[402]. Diese Zeit unmittelbar nach dem Krieg war geprägt durch Entbehrungen, es fehlte nicht nur an adäquaten Räumen, sondern auch an Wasser, das man aus anderen Gebäuden holen musste, ebenso wie an Material. Schwester M. Reginharda berichtet in der Konventchronik:

> „Es war eine äußerst schwere Zeit: arm, was die Räumlichkeiten und die Beschäftigungsmaterialien betraf. Das nötige Wasser musste am Pumpbrunnen bei der Gastwirtschaft Leicht, heißes Wasser bei der Bäckerei Wittmann/Hofmann geholt werden."

Der Aufenthalt in der Gemeinde dauerte zunächst ungefähr ein Jahr, da sie im August 1946 in Dillingen ins Noviziat aufgenommen wurde. Unter allen Schwestern, die mit dem Aufbau des ersten Kindergartens betraut waren, ist ihre Tätigkeit hervorzuheben. Die heutige Ehrenbürgerin Schwester M. Helene erinnert sich an diese Zeit:

> „Beschäftigungsmaterial war sehr wenig vorhanden. Die Eltern zahlten 50 Pfennig pro Woche für ihr Kind. Irgendwie waren die Spieldinge von der Zeit des NS-Kindergartens abgeschleppt worden. Man musste praktisch aus dem Nichts beginnen. Wir füllten die Tage mit Erzählen, Singen, Kreisspielen, Turnen, Fingerspielen, und arbeiteten meistens mit gesammelten Naturmaterialien. [...] Die Kleinen waren so aufnahmebereit, so anspruchslos und dankbar. Wir mochten uns einfach und hatten viel Zeit für einander. [...] Kemmern war damals das kinderreichste Dorf der Bayerischen Ostmark. Es ‚wimmelte' nur so an Kindern."[403]

Man erfährt von Schwester M. Helene einiges aus der einfachen pädagogischen Arbeitsweise mit den Kindern. Die Aussage, dass die Gemeinde zum kinderreichsten Dorf der „Bayerischen Ostmark"[404] gehört, stammt aus der nationalsozialistischen Zeit und wurde von der Bevölkerung tradiert. Sie muss als Propaganda gewertet werden, denn es fehlen Vergleichszahlen zu anderen Gemeinden. Dass es zu dieser Zeit in der Gemeinde einen großen Kinderreichtum gab und somit die räumlichen Kapazitäten nicht mehr ausreichten, um die pädagogische Arbeit angemessen ausüben zu können, wurde bereits anhand verschiedener Beispiele dargelegt. Wenn man diese armseligen Verhältnisse betrachtet, lässt sich vermuten, dass Schwester M. Helene von dem Glauben getragen wurde, Gutes bewirken zu können, so dass sie sich freute, in der Gemeinde bei der Bevölkerung „beginnen zu dürfen".

Der Eigentümer des Gebäudes der Kleinkinderbewahranstalt war die Gemeinde, die das Grundstück durch einen Tauschvertrag mit der katholischen Kirchenverwaltung 1938 erworben hatte, wobei der Zweck des Gebäudes seit 1899 im Betrieb einer Kleinkinderbewahranstalt bestand. Da die Ordensfrauen in Gebäuden arbeiteten, die ihnen nicht zustanden, musste von der Generaloberin eine Lösung gefunden werden. So kam es noch 1945 zur Unterzeichnung eines Nutzungsvertrages zwischen der politischen Gemeinde Kemmern und der Kongregation der Dillinger Franziskanerinnen.[405] Vier Paragraphen regeln seitdem die Nutzung der einzelnen Gebäude durch die Ordensfrauen: „§ 1: Die Kongregation gibt der Gemeinde Kemmern für den Kindergarten eine klösterliche Kindergärtnerin."[406] Dies war bereits seit der Gründung des Kindergartens 1899 so geregelt. „§ 2: Die Gemeinde Kemmern stellt den Saal diesem Kindergarten zur Verfügung und kommt für Licht, Beheizung und Instandhaltung desselben auf."[407] „§ 3: Die Gemeinde überlässt als Entgelt der klösterlichen Kindergärtnerin dieser das von den Kindern vereinnahmte Geld."[408] Damit ist zwar geregelt, dass die Ordensfrauen die Einnahmen aus dem Kindergarten bekommen, aber nicht, ob die erzielten Einnahmen wirklich ausreichen und wer die organisatorische Administration der Verwaltung übernimmt. „§ 4: Es besteht für beide Vertragspartner eine vierteljährige Kündigungsfrist."[409] Am 6. Oktober 1945 unterschrieben für die Kongregation der Dillinger Franziskanerinnen Schwester M. Gonsalve Staudacher und für die Gemeinde Kemmern am 30. Oktober 1945 Bürgermeister Dorsch. Mit diesem Nutzungsvertrag waren die Kindergartenverhältnisse eindeutig geregelt.

Wie aus einem Fragebogen über die Lehr- und Erziehungstätigkeiten der Dillinger Franziskanerinnen hervorgeht, besuchten im Februar 1947 40 Kinder den Kindergarten, wobei zum damaligen Zeitpunkt keine Ordensfrau, sondern eine weltliche Erzieherin im Kindergarten beschäftigt war und vom Konvent besoldet wurde. Mit dem Weggang von Postulantin Irmgard Hutzler im September 1946 bis zu deren Wiederkommen im September 1951 wurde der Kindergartenbetrieb nicht von Ordensschwestern geführt. Es sind keine Quellen darüber vorhanden, von welcher weltlichen Erzieherin und nach welchem pädagogischen Konzept in diesen fünf Jahren der Kindergartenbetrieb in Kemmern ablief, doch man kann annehmen, dass auch in dieser Zeit die Dillinger Franziskanerinnen auf eine religiöse Pädagogik großen Wert legten.

Verdienter Preisträger in einem Modellbau-Wettbewerb

Kemmern. Ein netter, weiterer Erfolg war dem hiesigen Kindergarten beschieden, der erneut die ausgezeichnete Betreuung und die guten Leistungen der Fachkräfte unter Beweis stellt. Auf Anregung von Pfr. Teckenberg, der als Förderer des Kindergartenbaues auch die vorbildliche Art der Kinderbetreuung durch die Klosterschwestern stützt, nahm der von Schwester Helene geleitete Kindergarten an einem im Bundesgebiet veranstalteten Baustein-Wettbewerb teil. Die maßstabgerechte und originalgetreue Wiedergabe des hiesigen Kinderheimes im Miniaturformat brachte dem Kindergarten im bayerischen Gebiet den ersten Preis und damit eine beachtliche Menge an weiteren Bausteinmaterialien, die natürlich für die Arbeit im Kindergarten sehr willkommen sind. Die Tatsache, daß die Miniaturnachbildung des Kinderheimes mit diesen Bausteinen den Betrag von 43 DM erforderte, während der Preis des tausendfach größeren Originals genau das Tausendfache, nämlich 43 000 DM betrug, ist nur ein Spiel des Zufalls. Das nunmehr so ehrenvoll ausgezeichnete kleine Kunstwerk fand auch bei zahlreichen Gemeindebürgern verdientes Lob und Bewunderung. (a)

Kindergarten-Modell aus Bausteinen

61 Modell des Kindergartens aus Bausteinen anlässlich eines Modellbauwettbewerbs im Oktober 1956.

62 Feierliche Einweihung des neuen Kindergartens durch den Weihbischof Dr. Landgraf im Oktober 1954 in der Pfarrei Kemmern. Nach einer feierlich zelebrierten Pontifikalmesse zog die Bevölkerung in einem feierlichen Zug zum neuen Kindergarten. Das Bild zeigt Weihbischof Dr. Landgraf und Pfarrer Hans Teckenberg, der der Initiator des neuen zweiten Kindergartens war.

3. Die Kleinkinderbewahranstalt // 385

Ein neues Heim für Kemmerns jüngste Bürger
Weihbischof Dr. Landgraf wohnte der Einweihung des neuen Kindergartens bei

Kemmern. — Zu einem außergewöhnlichen Fest für die ganze Gemeinde gestaltete sich die Einweihung des Kindergartens am Sonntag. Noch am späten Vorabend wurden die umfassenden Arbeiten abgeschlossen und der Kinderheim-Neubau für den festlichen Akt hergerichtet. Am Sonntag zelebrierte Weihbischof Dr. Landgraf eine Pontifikalmesse.

In seiner Predigt nannte er als das Wesentlichste des neuen Kindergartens die verantwortungsbewußte Durchführung der damit übernommenen Pflichten. Anschließend zogen die Gläubigen mit ihrem Bischof, begleitet von den mit Fahnen und Standarten vertretenen Vereinen und der Musikkapelle Brehm, die auch die weitere Feier umrahmte, in Prozessionsordnung durch das mit Fahnen geschmückte Dorf zum Kindergarten. Begrüßt wurden die hohen Gäste, unter ihnen der frühere Pfarrer von Kemmern, Geistl. Rat Heinkelmann, von einer Vertretung der Allerkleinsten, die in heiteren von Schwester Helene eingelernten, Wechselgesprächen Sinn und Zweck des Kindergartens andeuteten.

63 Zeitungsbericht über die Einweihung des zweiten Kindergartens.

64 Eingangsbereich des neuen Kindergartens. Ein großer Vorteil dieses Kindergartens war, dass er auf dem Gelände erbaut wurde, auf dem sich auch das Schwesternhaus befand. Die Leiterin des damaligen Kindergartens Schwester M. Helene O.S.F. war somit schnell an ihrem Arbeitsplatz.

65 Die Leiterin des Kindergartens Schwester M. Helene O.S.F. in ihrem Büro.

386 // II. Die Dillinger Franziskanerinnen in Kemmern

66 Schwester M. Helene O.S.F. spielt Flöte und Frater M. Erasmus Ring das Schifferklavier.

67–70 Die Inneneinrichtung des Kindergartens wurde nach den pädagogischen Vorschriften gestaltet. Im neuen Kindergarten gibt es unterschiedliche rund gestaltete Sitzgruppen. Auffällig ist das auf dem Bild zu erkennende Spielzeug in den Regalen und die vereinzelten grünen Pflanzen. Der Raum des Kindergartens kann durch eine Wand getrennt werden.

3. Die Kleinkinderbewahranstalt

71 Im Bildmittelpunkt erkennt man Pfarrer Hans Teckenberg, den Erbauer des zweiten Kindergartens, daneben sitzend Schwester Helene. Im Bildhintergrund erkennt man viele Frauen mit ihren kleinen Kindern auf dem Arm. Die fünfziger Jahren waren dadurch gekennzeichnet, dass es in der Gemeinde Kemmern viele Kleinkinder gab.

72 Schwester M. Helene O.S.F. mit Fräulein Maria Uttenreuther. Bevor diese ins Kloster der Dillinger Franziskanerinnen eintrat, lebte sie einige Zeit im Schwesternkonvent und arbeite mit Schwestern M. Helene O.S.F. im dortigen Kindergarten. Beide sind hier mit unterschiedlichen Instrumenten abgebildet. Schwester M. Helene mit dem Schifferklavier und Fräulein Uttenreuther spielt Flöte.

73 Schwester M. Helene O.S.F. in alter Tracht.

74 Kinder spielen im Hof des Kindergartens. Der zweite Kindergarten ermöglicht mehr Möglichkeiten der Betätigung für die Kinder. Das abgebildete Gerät nennt sich „Pferdchen" es stand im Sandkasten und war bei den Kindern ein beliebtes Spielgerät.

75 Die Kinder stehen im Kreis und tragen bereits auf den Rücken ihren Schulranzen. Schwester M. Helene O.S.F. arbeitet mit ihren Angestellten pädagogisch, indem sie die Schulkinder bewusst auf den Besuch der Schule vorbereitete.

76 Die Kindergartenkinder warten mit dem Kindergartenpersonal auf das Eintreffen des Erzbischofs. Sie tragen zur Begrüßung kleine weiße Kinderfähnchen in ihren Händen.

77 Kindergartenbild aus dem Jahr 1977. Man erkennt in den Reihen der Kinder zwei Ordensfrauen: rechts: Schwester M. Helene O.S.F. und in der Mitte der letzten Reihe Schwester M. Philippine O.S.F. Im Bildhintergrund erkennt man den zweiten Kindergarten.

3. Die Kleinkinderbewahranstalt // 389

78 Dieses Bild zeigt die moderne pädagogische Arbeitsweise des neuen Kindergartens. Dieses Bild ist dreigeteilt. Das erste Bild zeigt den Eintrag: „Unser neuer Kindergarten Marienheim" Schwester M. Helene trägt die alte Tracht, steht vorne und erzählt den Kleinkindern, die nach Geschlechtern getrennt erwartungsvoll auf ihren Bänken sitzen, etwas. Auf der Tafel findet sich der Satz: „Kommt lasst uns den Kindern leben." Die Tätigkeit der Ordensfrauen lässt erkennen, das sie den Kindern ein katholisches Leitbild vermitteln. Das zweite Bild zeigt den neuen Kindergarten mit den neuen Sitzmöbeln im Kindergarten, während das dritte Bild die Kleinkinder im Hof des Kindergartens zeigt. Sie stellen sich gerade auf zur Abholung. Man erkennt auf dem Bild ein junges Mädchen, dass wahrscheinlich ein Praktikum im Kindergarten absolviert.

79 Die Eltern von den Kindern kamen des Öfteren zum gemeinsamen Basteln zusammen. Die gebastelten Werke wurden an einem Wochenende zugunsten des Kindergartens auf einem Basar verkauft. Die Einnahmen verwendeten die Schwestern zur Anschaffung neuer Spielsachen für die Kinder. Chronik des Kindergartens

80 Kinder beim Faschingsvergnügen. Die bunte Jahreszeit wurde stets auch im Kindergarten aktiv gelebt. Chronik des Kindergartens

81 Diese Bildzusammenstellung zeigt Pfarrer Georg Götz, der im Kindergarten immer ein gern gesehener Gast war ebenso wie das gesamte Kindergartenpersonal, wobei im Jahre 1976 Schwestern M. Philippine O.S.F. als zweite Erzieherin dazukam. Das dritte Bild zeigt Kinder bei einem Rollenspiel. Das Kind in der Bildmitte soll die Sonne darstellen. Chronik des Kindergartens

82 Eine farbige Bildcollage. Die Kinder sehen alle sehr fröhlich und gut gelaunt in die Kamera. Chronik des Kindergartens

83 Schwester M. Helene O.S.F. feiert ihr 40jähriges Professjubläum. Dieses Jubiläum wurde 1987 mit der gesamten Pfarrei und Gemeinde gefeiert. Chronik des Kindergartens

84 Schwestern M. Philippine O.S.F. gehörte als zweite Erzieherin zum Kindergartenpersonal. Chronik des Kindergartens

3.6 Bau eines zweiten Kindergartens

Es lässt sich nicht genau feststellen, wann der Raum der Kleinkinderbewahranstalt wieder als Schulraum genutzt wurde. Die erste schriftliche Aufzeichnung findet sich im August 1950 im Protokollbuch der Gemeinde, ein Eintrag, der eine Übergangslösung präsentiert, die ebenfalls nicht neu ist – die Nutzung des Saales der Kleinkinderbewahranstalt als Klassenzimmer.[410]

Wie sich bereits vor 15 Jahren die Mitglieder des Gemeinderats bezüglich dieser Thematik mit unterschiedlichen Überlegungen und Vorschlägen beschäftigten, so taten dies die Mandatsträger in gleicher Weise zu Beginn der fünfziger Jahre. Konrad Schrott stellt diesbezüglich fest: „Fortan diente der Raum vormittags zum Schulunterricht der 7. und 8. Klasse Mädchen und am Nachmittag gehörte er den Kleinen. Das war wirklich eine Notlösung."[411] Es ist aus heutiger Sicht schwer vorstellbar, wie man ohne Heizung, ohne Wasser und ohne Spielsachen die vielen Kleinkinder der Gemeinde täglich betreuen konnte. Die Ehrenbürgerin Schwester M. Helene schildert die unerträgliche Situation folgendermaßen:

> „Eine förderliche Kindergartenarbeit war leider nicht möglich. Trotzdem versuchte ich das Beste daraus zu machen für unsere liebenswerten Kinder. Was nicht einfach war, vormittags beanspruchte die Schule den Kindergartenraum, so dass die Kleinen im Hof, einer offenen Halle bei Wind und Wetter sein mussten. Es werden um die 50 Kinder gewesen sein. Die Kindergartenzeit bis 17.00 Uhr war anstrengend in Ermangelung irgendeines Spielgerätes. Einziger ‚Luxusgegenstand' war der heiß begehrte Sandkasten. […] Immer wieder mal gab es Hochwasser, einmal stand das Wasser 10 cm hoch im Raum und dadurch war auch der Spielhof versandet. […] Letztlich wollte mich die Provinzleitung abberufen, sollte nicht Abhilfe geschaffen werden. Im April 1953 bahnte sich der Kindergartenneubau an. Kirchenverwaltung und politische Gemeinde errichteten auf dem Gelände des Gartens am Schwesternhaus, dem Eigentum der Kirchenstiftung, den Neubau[412]."

Die Provinzleitung wollte unter diesen Bedingungen die junge, frisch ausgebildete Ordensfrau aus der Kleinkinderbewahranstalt abberufen, obwohl sie erst ca. drei Wochen zuvor, am 1. September 1951, nach Kemmern versetzt worden war. In dem Schreiben vom 24. September 1951, das die Provinzoberin Schwester M. Hortensia an den Bürgermeister Philipp Aumüller und seine Gemeinderäte richtete, steht vor allem die Sorge um die Gesundheit der Kleinkinder im Mittelpunkt der Überlegung; auch klagte sie über die mangelnde Bereitschaft, einer jungen ausgebildeten Kindergärtnerin bessere räumliche Möglichkeiten zur Verfügung zu stellen. Sie setzte dem Bürgermeister mit seinen Räten eine Frist von sechs Wochen. Wenn sich in dieser Zeit nichts verändere, dann wollte sie Schwester M. Helene abberufen und der Kindergartenbetrieb einstellen.[413]

Sie tat diesen Schritt und stellte das Ultimatum, nachdem das Schreiben an Pfarrer Johannes Stahl und seine Kirchenverwaltung ohne Erfolg geblieben war. Er lehnte ihr Ansinnen mit der Begründung ab, dass das Gebäude zu dieser Zeit im Eigentum der Gemeinde war, obwohl der eigentliche Träger des Kindergartens bisher immer die katholische Kirchenverwaltung gewesen war.[414] Der Appell der Provinzoberin verfehlte seine Wirkung offenbar nicht, denn am 29. September 1951 beschäftigten sich die Mandatsträger der Gemeinde abermals mit dieser Thematik, – wie das Protokollbuch der Gemeinde berichtet – und rangen sich zu einem vorläufigen Kompromiss durch, laut dem der Saal eines Cafés für den Schulunterricht angemietet wurde.[415] Es war üblich, dass in den Wintermonaten auf Grund der Kälte kein Kindergartenbetrieb stattfand, so konnte der Gemeinderat noch etwas Zeit gewinnen.[416] Das Protokollbuch der Gemeinde weist neun Monate später, im Juni 1952, einen weiteren Eintrag auf, nach dem wiederum Arbeiten am Gebäude verrichtet wurden.[417]

Anhand der Quellen lässt sich nicht mehr herausfinden, wie es letztlich zum Bau des neuen Kindergartens gekommen ist.[418] Laut der Kindergartenchronik wurde mit dem Bau im April 1953 begonnen und im Oktober 1954 der Kindergartenbetrieb wieder aufgenommen, wobei die Verzögerungen ausschließlich auf finanzielle Gründe zurückgeführt werden. Es heißt dort:

> „November 1953 ist endlich der Rohbau abgeschlossen. Nun tritt wieder Stillstand ein, weil die Mittel aufgebraucht sind. Die Zuschüsse lassen lange auf sich warten. März 1954 spielten die Kleinen und die Mädchen der 8. Klasse zu Gunsten des Neubaues. Erlös 25.500 DM. Nach vielen Bittgängen durch H. H. Pfarrer Hans Teckenberg an tatkräftigen Stellen konnte im Juni 1954 der Weiter- und Ausbau des Kindergartens begonnen werden. Es kamen sorgenvolle und arbeitsreiche Wochen und Monate. Durch die vorausgehenden Trockenjahre musste ein neuer Brunnen gebohrt werden. (...) Wir hatten alle Sehnsucht nach dem Bauende[419]."

Für die Bevölkerung war es das erste große Bauprojekt, welches nach dem Krieg in Angriff genommen werden musste. Trotz vieler Probleme und Schwierigkeiten konnte am 20. Oktober 1954 der Kindergartenbetrieb im neuen Gebäude in der Klosterstraße aufgenommen werden. Über diese erfolgreiche Anstrengung konnten sich Pfarrei und Gemeinde freuen und so erhielt am 17. Oktober 1954 durch Weihbischof Dr. Artur Michael Landgraf das neue Gebäude seine kirchliche Weihe. An diesem Festtag waren alle Probleme und Schwierigkeiten vergessen. Alles erschien in einem verklärten Licht. Das Volksblatt berichtete über die besondere Feierlichkeit des Anlasses und die Teilnahme zahlreicher Vereine[420].

Durch die Art der Festlichkeit bekundete die Gemeinde nach außen, dass sie tief im katholischen Milieu verwurzelt war, was durch die Geschlossenheit der Vereine, der politischen und kirchlichen Vertreter zum Ausdruck gebracht wurde. Wie dem Zeitungsbericht weiter zu entnehmen ist, wurde in der Feierstunde besonders den Schwestern gedankt. Pfarrer Teckenberg bat die anwesende Provinzialoberin, den Orden noch lange in seiner jetzigen Zusammensetzung in der Gemeinde wirken zu lassen. Auch Weihbischof Dr. Landgraf dankte den Schwestern für ihr uneigennütziges Wirken, das sich besonders segensreich für die Betreuung der Kinder erweise. Aus dem Bericht zur Einweihung des Kindergartens, in dem Ortspfarrer Hans Teckenberg den Initiatoren des Projekts seinen Dank aussprach, lassen sich die tragenden verantwortlichen Persönlichkeiten erschließen, die diesen Neubau vorangetrieben haben.

„Besonders dankte er auch seinem Vorgänger, Geistl. Rat Stahl, der mit Hilfe der anerkennenswerten Aktivität von Bürgermeister Neppig als Initiator des Unternehmens gilt. Neben Direktor Kröner von der Caritas und Prälaten Rauh für die finanzielle Unterstützung wurde auch Adam Neppig als Mitglied des Kirchenrates, den Klosterschwestern, der kath. Jugend und allen anderen nicht genannten Helfern und Gönnern ein herzliches ‚Vergelt's Gott' gesagt."[421]

Die Planung und die Baudurchführung des Kindergartens fielen in die Amtszeit von Pfarrer Stahl[422] und von Pfarrer Hans Teckenberg.[423] Wie in der Laudatio von Pfarrer Teckenberg erwähnt, gilt Bürgermeister Neppig als der Initiator des Unternehmens. Doch was wäre dem Bürgermeister letztlich anderes übriggeblieben als ein Kindergartenneubau, wenn bereits Ende September 1951 die Provinzoberin der Dillinger Franziskanerinnen den Mandatsträgern androhte, die 26-jährige ausgebildete Ordensfrau aus dem Konvent abzuziehen, wenn nicht zukünftig eine Besserung der Lage eintrete.

Schwierigkeiten mit dem Bau des zweiten Kindergartens
Erschwerend kamen bei der Durchführung des Projekts noch außerordentliche Probleme bezüglich der Wasserleitung hinzu, was in der Kindergartenchronik unberücksichtigt blieb, aber trotzdem erläutert werden sollte.

Im Februar 1953 wurden in einem Schreiben des staatlichen Gesundheitsamts Bamberg von Seiten des Landratsamtes sechs Auflagen erteilt, die die katholische Kirchenstiftung beim Kindergartenneubau auf jeden Fall erfüllen musste, weil die damaligen Verhältnisse immer noch nicht den Vorschriften genüge taten.[424] Da der Träger des Kindergartens bereits mehrmals gemahnt worden war, kann angenommen werden, dass das Landratsamt die katholische Kirchenverwaltung und die Gemeinde mit einer Frist zum Kindergartenneubau zwang, ansonsten wäre es zur Schließung des Kindergartens gekommen. Die Resonanz ließ nicht lange auf sich warten. Aus einem Schreiben des Bayerischen Staatsministeriums des Innern wird ersichtlich, dass sich die Mandatsträger des Gemeinderats am 13. Mai 1953 dazu entschlossen, für den Kindergartenneubau 3.700 DM zur Verfügung zu stellen. Ebenso bemühte sich die katholische Kirchenverwaltung um eine Finanzierung des Projekts, z.T. aus Spenden der Pfarrgemeinde, z.T. aus Spenden des katholischen Jugendvereins. Den Rest der Kosten abzüglich der Zuschüsse der Kreisstiftung Oberfranken und des Staatsministeriums für Unterricht und Kultus deckte das Landesausgleichsamt.[425]

Neben einer Genehmigung für den Bau des Kindergartens musste die Kirchenstiftung auch eine Genehmigung für die Inbetriebnahme des Kindergartens stellen sowie einige von dem Gesundheitsamt festgestellte Mängel am Neubau beheben.[426] Nach einigen Verzögerungen und mehreren Mahnungen, die letztgenannte Genehmigung zu beantragen und die Mängel zu beseitigen, kann die Gemeindeverwaltung Kemmern am 27. Oktober 1954 mitteilen: „Die Bauarbeiten am Kindergarten in Kemmern sind abgeschlossen. Seit 20. Oktober ist der Kindergarten in Betrieb genommen worden[427]."

Am 23. Februar 1955 bestätigte das Staatliche Gesundheitsamt Bamberg in einem Schreiben an das Landratsamt, dass der Bau zu seiner Zufriedenheit ausgeführt wurde. Das einzige Problem, das festgestellt wurde, stand in Zusammenhang mit der Wasserversorgung, denn dem Kindergarten fehlte brauchbares Trinkwasser.[428] Daraufhin kam es zwischen dem Landratsamt Bamberg und der katholischen Kirchenverwaltung am 11. Mai 1955 im Landratsamt zu einem Vertrag.[429] Bei der Befragung von Schwester M. Helene stellte sich allerdings heraus, dass sie von der Existenz dieses Vertrages nichts wusste und ihr nicht bekannt war, dass die katholische Kirchenstiftung jemals irgendwelche Kosten für Getränke der Kleinkinder übernommen hatte.[430]

Es herrscht also eine Differenz zwischen vertraglicher Vereinbarung und deren praktischer Umsetzung. Es ist verständlich, dass es der katholischen Kirchenstiftung nicht angenehm erschien, die täglichen Kosten für die Getränke der Kleinkinder zu übernehmen, wozu sie nun verpflichtet war, doch von der Möglichkeit eines Widerspruchs gegen den Beschluss wurde kein Gebrauch gemacht.[431] Der Vertrag des Landratsamtes muss als Sicherheit betrachtet werden, denn wenn irgendein Kind jemals wegen des schlechten Wassers erkrankt wäre, dann musste die rechtliche Situation klar geregelt sein. Deshalb musste auf Drängen des staatlichen Gesundheitsamtes Bamberg hin dieser Vertrag unterschrieben werden. Die Bevölkerung wurde von diesen Details aber nicht unterrichtet.[432]

Die Ehrenbürgerin Schwester M. Helene war bis Juli 1980 als Kindergartenleiterin in diesem Gebäude von 1954 tätig. Sie erinnert sich an die Einrichtung des neuen Kindergartens:

> „Das neue Haus war hell und freundlich. Eingeteilt in einen großen Gruppen- und kleinen Intensivraum, einer Garderobe, saubere sanitäre Anlagen und 1 Büro. Der Spielhof war schon bestückt mit den Bäumen vom Schwesterngarten, 2 Sandkästen, 1 Blumenbeet und im Laufe der Zeit kamen ein Karussell, Klettergerüst, Kriechkamm und Rutschbahn dazu. 50–60 Kinder fanden Platz und es gab Anmeldungen über Anmeldungen."[433]

Durch den Zuzug vieler junger Familien wurde der Kindergarten schnell zu klein, denn der Pfarrgemeinderat wollte die Aufnahme aller Kinder durchsetzen. Man führte die Halbtagsbetreuung ein und begann mit den Planungen für einen neuen Kindergarten.[434] Allerdings wurden erst 20 Jahre später konkrete Schritte in dieser Hinsicht unternommen.

3.7 Entwicklung des Kindergartens in der Gemeinde

Seit Ende der fünfziger Jahre haben die Neuaufnahmen von Kindern im Kindergarten ständig zugenommen, so dass die Mitarbeiter regelmäßig vormittags und nachmittags bis zu 50 Kleinkindern elementar-pädagogische Kenntnisse und Fertigkeiten vermittelten.[435] Das Kindergartenpersonal hätte eine weitere ausgebildete pädagogische Fachkraft benötigt, um eine so große Anzahl von Kleinkindern sinnvoll zu betreuen. Da von Seiten der Ordensgemeinschaft keine Personalverstärkung zu erwarten war und die kirchlichen Verantwortlichen zu dieser Zeit weltlichen Angestellten kritisch gegenüberstanden, gab es Befürchtungen, wegen des Raummangels wieder in die alten Aufbewahrungsprovisorien der früheren Kleinkinderbewahranstalt zurückzufallen.[436]

So waren Pfarrer Teckenberg und Schwester M. Helene gezwungen, mit dem Gremium der Kirchenverwaltung eine Lösung zu finden. Das Gremium einigte sich mit den katholischen Milieuträgern auf die Kompromisslösung, den Kindergartenbetrieb halbtags im wöchentlichen Gruppenwechsel zwischen vormittags und nachmittags anzubieten.[437] So konnte man die Gesamtkinderzahl in zwei Gruppen aufteilen und eine bessere pädagogische Erziehung der Kleinkinder gewährleisten.[438] Die praktische Umsetzung des Kompromisses sah so aus, dass die zwei Gruppen abwechselnd von Schwester M. Helene und einer Helferin methodisch und didaktisch im wöchentlichen Wechsel zwischen vormittags und nachmittags betreut wurden.[439]

Die Kongregation der Dillinger Franziskanerinnen kam der erneut zugespitzten Lage entgegen, indem sie in regelmäßigen Abständen Kandidatinnen der Gemeinschaft in die Schwesternfiliale schickte.[440] Im Gremium der katholischen Kirchenverwaltung kamen während des Jahres 1961 wiederholt Fragen auf, warum die Kongregation immer nur solch junge, unausgebildete Frauen zur Mithilfe im Kindergarten schicke, wenn doch täglich so viele Kleinkinder zu betreuen waren.[441] Ein katholischer Bürger der Gemeinde, der selbst Familienvater von einigen Kindern war und dem Gremium der katholischen Kirchenverwaltung angehörte, kritisierte, dass die Schwestern in der Ausbildung befindliche Kindergärtnerinnen nach Kemmern schickten.[442]

In weiteren Sitzungen wird über diese Thematik immer wieder diskutiert, bis Pfarrer Kochseder am 23. Juli 1962 den Beschluss bekannt gibt, dass er den Orden um eine weitere ausgebildete Schwester ersuchen wolle.[443] Über das weitere Prozedere liegen keine Quellen vor, daher kann nur vermutet werden, dass Pfarrer Kochseder bei der Oberin der Schwesternkommunität, Schwester M. Reginharda, nachfragte. Diese wandte sich in einem Schreiben vom 16. September 1962 an die Provinzialoberin M. Dorothea Schwab und bat um eine Ordensfrau für den Kindergarten.

> „Ich möchte heute in einem großen Anliegen zu Ihnen kommen, ehrwürdige Mutter! Hochwürdiger Herr Pfarrer Georg Kochseder hat mich beauftragt, Sie, ehrwürdige Mutter, zu bitten, ob es möglich wäre, dass sie uns noch eine weitere Kindergärtnerin schicken würden, dann könnte unsere liebe Mitschwester M. Helene etwas entlastet werden. Hochwürdiger Pfarrer Kochseder möchte keine weltliche Kindergartenerzieherin einstellen, denn er meinte, wenn es noch möglich wäre, eine Ordensfrau zu bekommen, dann würde er diese lieber einstellen, als eine weltliche Erzieherin, denn für die christliche Kindererziehung wäre diese Lösung sinnvoller!"[444]

Aus diesem Schreiben lassen sich die Vorbehalte ablesen, welche Pfarrer Georg Kochseder weltlichen Angestellten gegenüber hatte. Nach seiner Auffassung sei die Erziehung durch Ordensfrauen intensiver gewesen als durch weltliche Erzieherinnen. Diese Auffassung von Pfarrer Georg Kochseder findet sich auch bei dem Prozedere der Vertragsunterzeichnung von November/Dezember 1963 wieder, denn eigentlich hätte sich Pfarrer Georg Kochseder als Vorsitzender der katholischen Kirchenverwaltung, in dessen Trägerschaft sich der Kindergarten immer noch befindet, direkt an die Provinzialoberin wenden müssen, diese Aufgabe wurde diesmal aber von der Oberin Schwester M. Reginharda übernommen. Diese Vorgehensweise war von Erfolg, denn zum Kindergartenbeginn des Jahres 1963 kam die bereits ausgebildete Fachkraft Annelie Görtz[445] wieder in den Kindergarten nach Kemmern zurück, wo die junge Erzieherin ihre ersten praktischen Erkenntnisse in der Elementarpädagogik bei den Kleinkindern anwenden konnte.

An den technisch-organisatorischen Gegebenheiten des Kindergartenbetriebes änderte sich nichts, doch für Schwester M. Helene kam mit Annelie Görtz eine große fachliche Hilfe, denn jetzt konnte man die Großgruppe von ungefähr 50 Kleinkindern auf zwei kleinere Arbeitsgruppen aufteilen, wovon sich eine in einem Nebenraum des Kindergartens versammelte. So wurden auch alle Vorschulkinder in projektbezogener, elementar-pädagogischer Arbeitsweise auf den Schulanfang vorbereitet. Bereits zwei Jahre später verließ die Postulantin Annelie Görtz die Gemeinde wieder, denn sie begann bei der Gemeinschaft der Dillinger Franziskanerinnen ihr Noviziat.[446]

Nach ihrem Weggang wurde eine weitere als Kindergärtnerin ausgebildete Ordensfrau in die Schwesternkommunität versetzt. Am 9. September 1965 schreibt die Provinzökonomin an Pfarrer Georg Kochseder: „Nun hat es unsere Mutter Dorothea doch möglich gemacht, eine zweite klösterliche Kindergärtnerin nach Kemmern zu schicken."[447] So kam im September 1965 Schwester M. Gerhild Schielein und blieb bis 1968 in der Gemeinde.[448] Die Kongregation der Dillinger Franziskanerinnen konnte die zweite Erziehungsstelle im Kindergarten erst wieder im Mai 1976 besetzen.

Die damalige Oberin der Provinz Bamberg, Schwester M. Clementine, versetzte die 38-jährige Ordensfrau Schwester M. Philippine nach Kemmern[449]. Damit wurde in der historischen Entwicklung der Schwesternkommunität die letzte Personalverstärkung innerhalb des aktiven Tätigkeitsbereiches des Kindergartens vorgenommen[450]. Bis zum Neubau des dritten Kindergartens im Jahr 1979 waren Schwester M. Helene als Kindergartenleiterin und Schwester M. Philippine als Erzieherin im Kindergarten an der Klosterstraße tätig. In einer Befragung äußert sich Erstere über ihr pädagogisches Konzept wie folgt:

„Die äußeren Bedingungen im Kindergarten an der Klosterstraße waren natürlich besser als das, was ich in meinen ersten Jahren im Kindergarten am Bächla erfahren musste. Von einer Aufbewahranstalt, wo mir die christliche Prägung der Kleinkinder genauso am Herzen lag wie im Kindergarten an der Klosterstraße, konnte ich meinen pädagogischen Schwerpunkt jetzt ganz auf die Wertevermittlung richten. Viele Aktivitäten im Kindergarten lassen es zu, dass Werte wie Fairness, Kameradschaft oder Nächstenliebe eingeübt werden. Die Kleinen können sich spielerisch mit dem Wertesystem vertraut machen: Miteinander leben, voneinander lernen, miteinander beten, Achtung voreinander bezeugen und Toleranz üben[451]."

Der Kindergarten an der Klosterstraße diente 25 Jahre lang seinem Zweck, bis die katholische Kirchenverwaltung unter Vorsitz von Pfarrer Georg Götz sich endgültig zu einem Neubau entschloss. Die Mitglieder des Rates hatten sich mehr als 10 Jahre mit der Thematik beschäftigt, wie sie das Problem der geburtenstarken Jahrgänge am Kostengünstigsten bewältigen könnten. Dabei stellten sie fest, dass die Raumkapazität für einen ausreichenden Kindergartenbetrieb nicht mehr den pädagogischen Anforderungen entsprach. Daher entschlossen sie sich in ihrer Sitzung im Juli 1978 unter der Leitung von Pfarrer Götz für einen Kindergartenneubau gegenüber des Geländes der Volksschule in der Breitengüßbacherstraße[452]. Zu Beginn des Schuljahres 1980/81 nahm der Kindergartenbetrieb im Haus St. Marien seinen Betrieb auf. Die Leitung des neuen dreigruppigen Kindergartens übernahm Schwester M. Helene, die noch bis zum 30. Dezember 1989 dort tätig war. Ihr pädagogischer Grundsatz, der sich wie ein roter Faden durch ihr erzieherisches Wirken als Kindergartenleiterin zog, lautete: „Erziehung ist Begleitung und Geleit."[453] Als letzte Ordensfrau war Schwester M. Philippine noch bis zum 14. Januar 2004 als Erzieherin im bereits viergruppigen Kindergarten tätig. Somit war der seit 1890 aktive Tätigkeitsbereich der Ordensfrauen der Schwesternkommunität der Konventgemeinschaft der Klosterfiliale der Dillinger Franziskanerinnen in der Gemeinde Kemmern beendet.

85 Dieses Bild zeigt den dritten Neubau des Kindergartens, der mit drei verschiedenen Einzelgruppen geplant wird. Mitte der achtziger Jahre wurde nämlich der bisherige Kindergarten zu klein, da die Anzahl der Kinder in der Pfarrei ständig anstieg. Das Kindergartengesetz stellte die Erzieherinnen schließlich vor neue Herausforderungen. Die pädagogische Arbeit mit den Kleinkindern sollte fortan mit einer bestimmten Anzahl von Kindern in eigenen Gruppen mit festen Erzieherinnen stattfinden. Hier bedurfte es einer Umstellung in der täglichen Kindergartenarbeit. Der Betrieb wurde aufgrund der vielen Kinder in eine Vormittags- und eine Nachmittagsbetreuung eingeteilt. Die pädagogische Arbeit mit den Kindern richtete sich nach einem gewissen Konzept, da es nicht ausschließlich um Kinderaufbewahrung ging, sondern die Ordensschwestern versuchten – wie die vorhergehenden Bilder gezeigt haben – den Kinder eine religiöse Prägung mit auf dem Weg zu geben.

86 Schwester M. Helene O.S.F. auf dem Schulgelände, das direkt an das neue Kindergartengelände angrenzt. Beide Gelände sind durch einen Acker getrennt.

86–89 Bau des dritten Kindergartens von 1979 bis 1980.

3. Die Kleinkinderbewahranstalt // 397

Aus dem Bamberger Umland

Die Gemeindeprominenz hatte sich mit den Kleinen des Kindergartens an der Baustelle zum Richtfest versammelt Foto: FT-Mader

Ein wichtiger Tag für die Gemeinde Kemmern   14. Dez. 1979

Vom neuen Kindergarten grüßt der Richtbaum

In knapp zwei Monaten wurde der Rohbau erstellt — Gemeinde stiftete das Baugelände

Kemmern (IA). Zum zweiten Male in diesem Jahr konnte die Gemeinde Kemmern an einem außergewöhnlichen Richtfest teilnehmen. Wurde erst am 21. Juli das Richtfest der neuerweiterten Pfarrkirche begangen, so konnte man jetzt den Richtbaum am neuen Kindergarten bestaunen. Schließlich hatte man mit dem Bau erst am 3. Oktober begonnen. Am 28. November war er zum Aufrüsten bereit. Der alte Kindergarten war zu klein geworden und entsprach nicht mehr den heute geforderten Vorschriften für Gruppen-, Intensiv- und Mehrzweckräume. inzwischen 25 Jahre alt gewordene bisherige Kindergarten den gegenwärtigen Anforderungen nicht mehr genügt habe und die Gewährung künftiger staatlicher Zuschüsse von der Erfüllung der behördlichen Auflagen abhängig gemacht worden sei.

90 Am 14. Dezember des Jahres 1979 wurde an der Baustelle das Richtfest gefeiert.

Prälat Wunder weihte Kindergarten St. Maria in Kemmern ein

Mit neuem Haus gegen die Kinderfeindlichkeit

Nach pädagogischen Erkenntnissen ausgestattet — Gesamtkosten betragen über eine Million DM

Kemmern (IA). Nach einjähriger Bauzeit fand am vergangenen Samstag die Einweihung des neuen Kindergartens St. Maria statt. Zahlreiches Publikum hatte sich dazu vor dem Gebäude eingefunden. Die örtliche Blaskapelle leitete mit einem Choral die Feier ein. Sie umrahmte auch den weiteren Verlauf.

Pfarrer Georg Götz begrüßte einen großen Kreis von Ehrengästen. Das Jahr 1980 werde, so stellte er fest, als das Jahr der Feste in die Ortsgeschichte eingehen. Nach der Feier der wiedererlangten Selbständigkeit, der Kircheneinweihung und einiger Vereinsjubiläen werde damit der Einweihung des neuen Kindergartens ein krönender Abschluß gesetzt. Damit sei ein lange gehegter Wunsch erfüllt und gleichzeitig einer dringenden Forderung von behördlicher Seite entsprochen worden. Der Geistliche mahnte, stets um das Wohl des Kindes besorgt zu sein, um seiner selbst und auch um der gesicherten Zukunft des Volkes willen. Wohl sei 1979 weltweit als das Jahr des Kindes proklamiert worden, aber die Verhältnisse in weiten Teilen der Erde sprächen eine eigene Sprache. Der Beitrag der Gemeinde Kemmern zum Jahr des Kindes hingegen sei nachträglich der Bau eines neuen, nach allen modernen Gesichtspunkten ausgestatteten Kindergartens. Der Pfarrherr dankte allen am Zustandekommen des Werkes Beteiligten. Der Kindergarten stehe unter dem Schutz Mariens, mit deren Bildnis — vom Kunstmaler Alfred Heller geschaffen — die große Aula geschmückt worden sei.

Ein freundliches Willkommen mit Liedern, Gedichten und Zwiegesprächen über das neue Heim entboten die verschiedenen Kindergruppen den Gästen, ehe Prälat Wunder die Glückwünsche des Erzbischofs übermittelte.

Er lobte das Bauwerk als eindrucksvollen Beweis gegenwarts- und zukunftsbezogenen Handelns und stellte die vorbildliche Zusammenarbeit zwischen kirchlicher und politischer Gemeinde heraus.

Wie er sagte, sei das Projekt von Beginn an von der Gemeinde gefördert worden, selbstverständlich auch seitens des Ordinariats und staatlicher Stellen. Unter Choralklängen nahm der Prälat die kirchliche Weihe der einzelnen Räume vor sowie die Segnung der Kreuze. Er führte aus, daß Kindererziehung einen ersten Stellenwert einnehmen müsse, und zwar in Verbindung mit Gott. Kinder ernst zu nehmen gelte als Grundgebot. Ebenso bedeute es eine sittliche Forderung, kindgemäße Maßstäbe im Umgang mit ihnen anzulegen, da ihnen ein natürliches Recht auf eine unbelastete Kindheit zustehe. Der Kinderfeindlichkeit in weiten Kreisen werde in Kemmern eine angenehme kinderfreundliche Atmosphäre entgegengesetzt. Die Kirche selbst habe sich seit jeher in mannigfacher Form um die Betreuung der Kinder bemüht, gemäß dem Wort ihres Herrn: Laßt die Kleinen zu mir kommen.

Bauarchitekt Rosenberg überreichte dann die Schlüssel an Pfarrer Georg Götz. Bürgermeister Förtsch erklärte, daß eine Änderung der überholten oberen Bedingungen im bisherigen Kindergarten zum Besseren hin schon lange anstanden. Nachdem schließlich, entsprechend dem neuen Kindergartengesetz, Zuschußgewährungen von bestimmten Auflagen abhängig gemacht worden waren, wie sie nur in einem Neubau erfüllt werden können, sei man zur Tat geschritten.

Die Gemeinde habe damit eine weitere große Belastung auf sich genommen. Dennoch habe trotz enormer finanzieller Opfer, im Gemeinderat stets Einstimmigkeit geherrscht.

Was für die Kinder geleistet werde, sei gut angelegt. Förtsch dankte vor allem Schwester Helene für die vorbildliche Leitung und fruchtbringende Arbeit in der Vergangenheit und der katholischen Kirchenstiftung für die Übernahme der Trägerschaft. Besondere Anerkennung sprach er dem Ortsgeistlichen Georg Götz aus, der im fortgeschrittenen Alter noch die Kirchenerweiterung und einen Kindergarten-Neubau gewagt und durchgeführt hat.

Prälat Wunder bei der Segnung der Kreuze, die ihren Platz in den verschiedenen Räumlichkeiten des neuen Hauses finden werden
Foto: FT-Rudolf Mader

Schlüsselübergabe durch Herrn Architekten H. Rosenberg an Herrn Geistl. Rat G. Götz!

Kindergartenkind Sauer Sandra beglückwünscht u. dankt Herrn Architekten Rosenberg.

91–102 Die feierliche Einweihung des dritten Kindergartens durch Domkapitular Wunder am 11. Oktober 1980. Zu dieser Einweihungsfeierlichkeit waren viele Ehrengäste zugegen, an der Spitze der Landrat des Landkreises Bamberg Otto Neukum. Die Kinder haben sich bei der Feierlichkeit durch unterschiedliche Aktivitäten miteingebracht.

400 // II. Die Dillinger Franziskanerinnen in Kemmern

103 Ansicht des dritten Kindergartens in der Gemeinde Kemmern. Chronik des Kindergartens

104 Zwei Schwestern bei der Kindergartenarbeit mit den Kleinkindern. Chronik des Kindergartens

105 Die Mosaikdarstellung der Mutter Gottes im Mittelpunkt des Kindergartens. Chronik des Kindergartens

3. Die Kleinkinderbewahranstalt // 401

8601 Kemmern, im Juni 1982

E i n l a d u n g
==================

zum Sommerfest im Kindergarten
am 27. Juni 82 – Beginn um 14.00 Uhr!

Motto: "Wenn ich einmal groß bin, ich
geb's Euch bekannt, werde ich..."

Einzugslied: "Holger, trag den Sommerbaum,
laß die Bänder fliegen..."

Vers: "Im Sommer, im Sommer, da ist
die schönste Zeit..."

Begrüßung: "Wir grüßen unsre Gäste mit
einem Liedlein fein. Wir wünschen Euch das Beste, Ihr sollt
willkommen sein. Tiralalalala..."

Prolog: "Bald ist für uns vorüber die Kindergartenzeit..."

B e r u f e präsentieren sich:
=======
"Wenn ich einmal groß bin..."

"Fußballmittelstürmer – "

"Arzt und Krankenschwester – "

"Grün, grün, grün sind alle meine Kleider!..."

Singspiele: "Mein Vater hat nen Bauernhof..."
– DANCE LITTLE BIRD –

"Auf dem Markt zu Bamberg..."

"Es war einmal ein Schwammerling..."

Um groß zu werden muß man wachsen u. wir Kinder
singen: "Wir werden immer größer, jeden Tag ein
Stück. Wir werden immer größer, das ist
ein Glück. Große bleiben gleich groß oder schrum-
peln ein. Wir werden immer größer, ganz von allein."

Den gemütlichen Teil leiten wir ein mit dem

"Schneewalzer"

Wir wünschen unseren lieben Eltern u. verehrten Gästen viel
Freude – "Willst Du mal in Himmel kimma, ja, da mußt Dich
gut benimma. Drum sei gscheit, mach die Leut' auf
der Erd' viel Freud" –

Ihr Kindergartenpersonal   I.A. Sr. Helene

106 Einladung zum Sommerfest des Kindergartens im Juni 1982.

107–109 Sommerfest im Kindergarten. Das jährliche Sommerfest war eine feste Tradition, bei der auch Eltern, Verwandte und Freude der Kinder zugegen waren. Die Kinder gestalteten gemeinsam mit dem Kindergartenpersonal das Unterhaltungsprogramm. Chronik des Kindergartens

110, 111 Im jährlichen Kindergartenprogramm wurde das Fest zum hl. Nikolaus immer festlich gefeiert. Es sollte dadurch das Gemeinschaftsleben der Kindergartenkinder und der Eltern besonders gestärkt und gefördert werden. Chronik des Kindergartens

3. Die Kleinkinderbewahranstalt // 403

Kemmern (str). Ein gelungenes Ereignis war der Nikolausbesuch im Kindergarten. Eingangs führten die Kinder Spiele vor und sangen vorweihnachtliche Lieder, ehe „Bischof" Nikolaus (Ekkehard Engelmann) all Sprößlinge bescherte. Für die Raiffeisenkasse übergab H. Ortlauf an die Kindergartenleiterin eine Spende, mit der die Kindergartenkrippen vervollständigt werden sollen.

112 Übergabe einer Spende durch den Vorsitzenden des Filialleiters der Raiffeisenbank in Kemmern. Chronik des Kindergartens

113 Kindergartengruppenbild mit Schwester M. Helene O.S.F. und Schwester M. Philippine O.S.F. Chronik des Kindergartens

114, 115 Verabschiedung von Schwester M. Helene O.S.F. im Oktober 1990. Abgebildet ist das Kindergartenpersonal.

116 Zeitungsbericht über die Verabschiedung von Schwester M. Helene O.S.F. im Oktober 1990.

Zusammenfassung

Seit dem Jahre 1900 bis zur Verabschiedung von Schwester M. Helene O.S.F. im Jahre 1990 war die Elementarpädagogik in Kemmern von Ordensfrauen geprägt, die versuchten, den Kindern eine katholische Grundbildung mitzugeben. Die unterschiedlichen Darstellungen zeigen, dass diese dörfliche Pädagogik einem Wandlungsprozess unterzogen war. Anfangs ging es oftmals schlicht um eine Aufbewahrungsmöglichkeit für Kleinkinder, bis später richtige pädagogische Fähigkeiten und Kenntnisse vermittelt worden sind. Diese Kindergartenarbeit musste stets anpassungsfähig sein, denn in der Gemeinde gab es viele Kinder, doch oftmals nur wenig Unterbringungsmöglichkeiten. Aus diesem Grund mussten innerhalb dieser 90 Jahre drei unterschiedliche Kindergärten gebaut werden. Die Nachkriegszeit war vor allem geprägt von der Tätigkeit von Schwester M. Helene O.S.F., die über 38 Jahre lang als Leiterin des Kindergartens ein großer Segen für die Gemeinde war. Als Dank für ihre lang-

jährige Tätigkeit hat sie der damalige Bürgermeister Alois Förtsch im Jahre 2001 zur Ehrenbürgerin der Gemeinde ernannt. Für die christliche Sozialisation war es begrüßenswert, dass die katholische Kirchenverwaltung in Kemmern auch weiterhin die Trägerschaft über den kirchlichen Kindergarten ausübte. Gleichzeitig brachte es die Zeit mit sich, dass auch in der Pfarrei ein neuer Kindergarten entstand, der konfessionsfrei ist. Damit hatten die Eltern die Möglichkeit zu wählen, in welchen Kindergarten sie ihr Kind schicken wollten. Wenn zukünftig keine Ordensfrauen mehr im Kindergarten beschäftigt sind, so sollte die katholische Vermittlung von christlichen Werten trotzdem immer im Vordergrund der dörflichen Elementarpädagogik stehen, da sie für die Sozialisation speziell dörflicher Kinder eine wichtige Grundvoraussetzung bildet.

Anmerkungen: Alle hier verwendeten Bilder sind aus der Chronik des Kindergartens von Schwester M. Helene Hutzler O.S.F. Diese Chronik befindet sich im Kindergarten der Pfarrei Kemmern.

4. Die Arbeitsschule

4.1 Gründung und Übernahme durch die Ordensfrauen

Kinder und Jugendliche waren in den Arbeitsprozess des Familienlebens eingebunden und mussten zur Existenzsicherung beitragen. Oft ging dies zu Lasten ihrer Schulbildung, wobei der Pfarrer als Lokalschulinspektor die Verantwortung für die Gemeinde trug. Nachfrage bestand vor allem nach praktischen Kenntnissen, die im täglichen Leben auf dem Lande Verwendung finden konnten. So kam es während der Amtszeit des Pfarrers Georg Saffer (1865–1887) zur Gründung der Arbeitsschule in der Gemeinde. Erstmals ist laut pfarramtlichen Akten das weibliche Handarbeiten im Oktober 1877 erwähnt. Von Mitte dieses Monats bis Ende März 1878 an wöchentlich zwei schulfreien Nachmittagen hielt die Tochter des verstorbenen Lehrers Georg Kaim für 36 Schülerinnen dort Unterricht.[454] Maria Kaim verrichtete ihre Arbeit zur vollsten Zufriedenheit der Behörde. „Bei der Schulprüfung im Frühjahr 1878 fanden die zur Vorlage gebrachten Arbeitsgegenstände die volle Anerkennung seitens der königlichen Distriktsschulbehörde."[455] Langfristig ging aber auch die Lehrtätigkeit in der Arbeitsschule an die Dillinger Franziskanerinnen. Bereits im ersten Brief des Pfarrers Gottfried Arnold am 6. November 1889 an die Meisterin der Dillinger Franziskanerinnen, Schwester M. Angelina Schmid, stellt er ihr die baldige Übernahme der Arbeitsschule in Aussicht, da die Lehrerin bereits 52 Jahre alt war.[456] Als Lokalschulinspektor kann er den Schwestern weitere erzieherische Tätigkeiten in Aussicht stellen, wobei er aber die weiteren Entwicklungen – sowohl die lokalen, als auch die des Schwesternkonventes – zu dem Zeitpunkt seines Briefes keineswegs abschätzen konnte. Für die Übernahme der Arbeitsschule benötigte man eine weitere Schwester oder musste eine andere Lösung finden. Bei dem Schreiben vom 6. November handelte es sich wohl um eine intensive Werbung für die Entsendung von Schwestern in die Gemeinde Kemmern, doch nach dreieinhalb Jahren muss Pfarrer Arnold feststellen, dass die Königliche Regierung von Oberfranken den Zuschuss von 20 Mark nicht mehr zu leisten bereit war. Dies wirkte sich sehr nachhaltig auf die Existenzsicherung der Handarbeitslehrerin aus. In seinem Schreiben vom 6. Juni 1893 stellt Pfarrer Arnold fest:

> „Die Arbeitslehrerin bekam 20 Mark von der Gemeinde pro Jahr und 15 Jahre lang 20 Mark von der Kgl. Regierung von Oberfranken als Renumeration [Zuzahlung, Anm. d. Verf.]; [...] unter dem Datum Bayreuth, 06.07.1891 Nr. 988 erklärte letztere auf das Bittgesuch der genannten Kaim, daß diesem eine neue Folge nicht gegeben werden kann und Mittel zu diesem Zwecke vom Landrat nicht bewilligt worden sind. Seit dieser Zeit erhält die arme Person, die sich und ihre arbeitsunfähige, 64-jährige Schwester Kunigunda kümmerlich ernähren muß, bloß noch die erwähnten 20 Mark von der Gemeinde Kemmern."[457]

Nachdem von der Königlichen Regierung von Oberfranken keine Zuzahlung mehr erfolgte, wurde die Genehmigung der Übernahme der Arbeitsschule durch die Dillinger Franziskanerinnen bei der Königlichen Regierung von Oberfranken unterlassen. Dies wäre die Aufgabe der Ordensleitung oder des Pfarrers gewesen. So wurde der Kontakt zwischen Gemeinde und Behörden in dieser Sache 25 Jahre lang unterbrochen, was jedoch zu keinen Spannungen zwischen den Institutionen führte. Erst am 2. September 1918 richtete der damalige Pfarrer Hennemann ein Schreiben an die Königliche Regierung von Oberfranken, indem er über einen Ersatz einer erkrankten Handarbeitslehrerin durch eine andere informierte.[458]

Die Königliche Regierung von Oberfranken fordert daraufhin am 24. September 1918 das Königliche Bezirksamt Bamberg I „zum Bericht, wie viele Ordensfrauen sich in Kemmern befinden und wann die Übertragung des Handarbeitsunterrichts an die Ordensfrauen genehmigt wurde", auf.[459] Es herrschte bei der Königlichen Regierung von Oberfranken bezüglich der Ordenskommunität Kemmern Unklarheit: Einmal ist die aktuelle Anzahl der Ordensfrauen der Behörde nicht bekannt und zum anderen liegt keine Genehmigung für die Übertragung der Arbeitsschule an die Ordensfrauen vor. Das administrative Genehmigungsverfahren durch die staatlichen Institutionen war seit 28 Jahren abgeschlossen. Es erfolgte zwar am 6. Juni 1899 die Genehmigung und Errichtung einer Kleinkinderbewahranstalt durch das Königliche Bezirksamt Bamberg I, doch die Übertragung der Arbeitsschule an die Ordensfrauen wurde seitdem unterlassen. Die Ordensfrau, die für die Betreuung der Kleinkinder zuständig war, übernahm ohne Genehmigungsprozess auch die Arbeitsschule, denn dies war durch Pfarrer Arnold zugesichert worden.[460] Pfarrer Nikolaus Hennemann als königlicher Lokalschulinspektor reagierte umgehend, um diesen Zustand zu beseitigen. Nach acht Tagen informierte er das Königliche Bezirksamt Bamberg I über die Anwesenheit von drei Ordensfrauen, von denen eine den Handarbeitsunterricht übernommen hatte. Eine offizielle Genehmigung lag, so behauptete es zumindest Hennemann, allerdings nicht vor:

> „Über die Genehmigung der Übertragung der Handarbeiten an die Ordensfrauen findet sich in der Registratur nichts vor. Nachdem die frühere Arbeitslehrerin, die Leh-

rerstochter Maria Kaim, wegen Alter und Krankheit den Unterricht nicht mehr erteilen konnte, übernahmen denselben die Ordensfrauen und führten ihn seither mit bestem Erfolg ohne Beanstandung fort[461]."

Die Entwicklung der kleinen Ordensfiliale wurde nach 28 Jahren von Pfarrer Hennemann als positiv beurteilt. Die Ordenskommunität wuchs auf drei Schwestern an und mit der Übernahme der Arbeitsschule unterstand ihnen ein weiteres wichtiges Tätigkeitsfeld in der Gemeinde. Durch die fehlende Genehmigung war der genaue Zeitpunkt der Übernahme unklar, so dass das Königliche Bezirksamt Bamberg I am 9. Oktober 1918 anfragte, „wann ungefähr der Handarbeitsunterricht von den Ordensfrauen in Kemmern übernommen wurde."[462]

Nach zwei Tagen konnte Pfarrer Hennemann seine Nachforschungen erfolgreich beenden: „Zurückgereicht an das Kgl. Bezirksamtsamt Bamberg I mit dem gehorsamen Beifügen, dass der Handarbeitsunterricht von den Ordensfrauen im Schuljahr 1907/08 übernommen wurde."[463] Nach 29-jähriger Tätigkeit hatte die Gründerin der Arbeitsschule, Frau Maria Kaim, altersbedingt die Arbeitsschule an die Schwester M. Pollina Kemmer übergeben.[464] Am 7. August 1907 erfolgte durch das Königliche Bezirksamt Bamberg I die Genehmigung der Umbaumaßnahmen der Kleinkinderbewahranstalt, so dass mit dem Abschluss der Baumaßnahmen die Öffnungszeiten der Kleinkinderbewahranstalt von sechs Monaten auf neun Monate erweitert werden konnten. In den übrigen drei Wintermonaten unterhielt die Schwester ab dem Schuljahr 1907/08 den Unterricht in der Arbeitsschule. Doch nicht nur die Rechtmäßigkeit der Lehrtätigkeit in der Arbeitsschule, auch diejenige in der Kleinkinderbewahranstalt wurde von den Behörden hinterfragt. Am 16. Oktober 1916 stellte die Königliche Regierung von Oberfranken an das königliche Bezirksamt Bamberg I einen Antrag zur Nachforschung, ob dem Kloster die Genehmigung zum Betrieb der Kleinkinderbewahranstalt erteilt worden ist.[465] Bereits am 16. November 1918 erfolgte schließlich die seit elf Jahren fällige Genehmigung zur Durchführung des Handarbeitsunterrichtes durch die Ordensfrauen.[466]

4.2 Anstellung und Bezahlung von Fachkräften
Eine Änderung ergab sich im Jahre 1920, als das Bayerische Staatsministerium für Unterricht und Kultus am 31. Mai 1920 einen Beschluss bekannt gab, in dem gefordert wurde, dass Handarbeitslehrerinnen ab Herbst 1923 als Bedingung für ihre Einstellung eine Prüfung an einem Seminar ablegen und eine einjährige Lehrpraxis nachweisen müssen.[467] Die Generaloberin schickte im August 1921 mit Schwester M. Mangolda Gehring die erste staatlich geprüfte Arbeitslehrerin zur frei gewordenen Stelle nach Kemmern,[468] wie aus dem Schreiben vom 26. August 1921 an die Regierung von Oberfranken hervorgeht, mit dem sie deren Prüfungszeugnis vorlegte.[469] Staatlicherseits wurden zwar Auflagen bezüglich der Qualifikation erteilt, aber seit der Streichung des Zuschusses von 20 Mark an die damalige Handarbeitslehrerin Kaim war kein Gehalt mehr gezahlt worden. Also stellte die Generaloberin an die Königliche Regierung die Bitte: „Hohe Regierung möchte genannter Lehrerin auch gütigst ein Gehalt zuweisen."[470]

Doch die Regierung von Oberfranken lehnte ab. Die Vergütung der Schwestern war durch den Vertrag vom 10. Juli 1890, der zwischen der Gemeinde und der Meisterin Angelina Schmid geschlossen worden war, geregelt. Hier wurde dem Konvent, bestehend aus zwei Schwestern, ein jährliches Gehalt von 600 Mark zugesichert.[471] Erst nach 22 Jahren des Bestehens des Konventes hat der Gemeinderat in seiner Sitzung vom 6. Januar 1912 eine Gehaltserhöhung um 25 Mark vorgenommen. Dabei muss angemerkt werden, dass der Konvent seit Übernahme der Arbeitsschule nunmehr nicht mehr aus zwei, sondern aus drei Personen bestand und dass die Schwestern im Mai 1911 auf ihre Kosten ein eigenes Waschhaus errichtet hatten.[472] Am 13. Januar 1918 beschloss der Gemeinderat eine Gehaltserhöhung für die Volksschullehrerin.[473] Ebenso werde das Gehalt der Frau Oberin vom 1. Juli 1919 monatlich um 25 Mark infolge der Lebensmittelteuerung erhöht. Schließlich kam es weitere sechs Jahre später zu einer „Neuordnung im Schulbetrieb für weibliche Handarbeiten an den Volkshauptschulen.[474]"

Nach 20-jähriger freiwilliger Tätigkeit in der Arbeitsschule wurde das Fach weibliche Handarbeit durch eine Regierungsentschließung von 1927 zum ordentlichen Lehrfach in den Fächerkanon der Volksschulen aufgenommen.[475] Für die Mädchenschule in Kemmern bedeutete diese Neuordnung eine Ausweitung des Unterrichtes von drei Monaten auf die Sommerzeit vom 1. Mai bis 30. September. Gleichzeitig musste eine ausgebildete Fachkraft, das heißt eine staatlich geprüfte Handarbeitslehrerin, den Unterricht übernehmen. Es konnte also nicht mehr wie bisher eine Schwester zwei Tätigkeitsbereiche miteinander verbinden; die Bereiche mussten von jeweils einer Ordensfrau übernommen werden. Deshalb kam zur Schwesternkommunität eine weitere Ordensschwester hinzu. Wie bereits 1921 bat die Oberin Schwester M. Synkletia Oppelt bei der Königlichen Regierung von Oberfranken um eine Besoldung für den Handarbeitsunterricht.[476]

Die Bezirksschulbehörde des Bezirksamtes Bamberg I stellte in ihrem Schreiben am 23. November 1927 aber fest:

4. Die Arbeitsschule // 407

„Dem Antrage der klösterlichen Hauptlehrerin M. Synkletia Oppelt in Kemmern auf Anweisung einer Vergütung für die klösterliche Handarbeitslehrerin, die an der dortigen Mädchenschule den Handarbeitsunterricht erteile, kann nicht entsprochen werden. Die Hauptlehrerin Oppelt wolle darauf aufmerksam gemacht werden, daß die Erteilung des Unterrichts in Mädchenhandarbeiten in erster Linie zu den hauptamtlichen Aufgaben der Volksschullehrerin gehört."[477]

Im Dezember 1927 wandte sich Schwester M. Synkletia Oppelt erneut an die Regierung von Oberfranken, diesmal mit dem Hinweis, dass auch andernorts nebenberuflich angestellte Handarbeitslehrerinnen besoldet werden.[478] Sie begründet ihr Gesuch außerdem mit der Stundenzahl, die das zulässige Maß von 30 überstiegen hätte, wenn sie den Handarbeitsunterricht allein hätte erteilen müssen.[479] Die Notwendigkeit einer eigens für diesen Zweck angestellten Handarbeitslehrerin wurde dennoch von der Regierung bezweifelt.[480] Am 30. Dezember 1927 stellt das Bezirksamt Bamberg I erneut fest, dass eine nebenberufliche Handarbeitslehrerin nicht notwendig war, denn: „eine nennenswerte Überschreitung der Stundenzahl 30 ist durchschnittlich nicht vorhanden. Auch die anderen Lehrerinnen des Bezirkes leisten dasselbe oder Ähnliches."[481] Die Bezirksschulbehörde benachrichtigte die Regierung von Oberfranken, dass dem Antrag nicht entsprochen werden kann.[482] Das Bezirksamt Bamberg I stellte immerhin in einem Schreiben an die Regierung von Oberfranken fest:

„Der Handarbeitsunterricht wird bei 64 Mädchen in zwei Abteilungen zu je zwei Std. erteilt. Wenn die Hauptlehrerin Oppelt ihn ganz gibt, hat sie im Sommer bei 28 Stunden Hauptschule, 2 Stunden Fortbildungsschule und 4 Std. Handarbeitsunterricht zusammen 34 Std., im Winter 28 + 4 + 4 = 36."[483]

Von der Gemeinde und Pfarrei konnten die Schwestern keine zusätzliche finanzielle Unterstützung erwarten, von daher ist es verständlich, dass die Oberin alles unternahm, um staatliche Zuschüsse zu erwirken. Die staatlichen Instanzen lehnten die Anträge jedoch allesamt, wie oben dargestellt, ab. Letztlich lebten die Schwestern von der materiellen Unterstützung durch die Bevölkerung, welche die Sorge für die Schwestern als selbstverständlich ansah.

Arbeitsschule Handarbeit und gemeinsames Miteinander

Es war für die weibliche Bevölkerung unheimlich wichtig, dass es im Schwesternkonvent eine Ordensfrau gab, die sich mit der Thematik Handarbeit und den dazu gehörigen praktischen Arbeiten beschäftigte. Das Erlernen dieser praktischen Handgriffe war speziell für die weibliche Bevölkerung Kemmern von großer Bedeutung, weil die jungen Mädchen dieses Wissen später in ihrer eigenen Familie anwenden konnten. Die Bevölkerung in Kemmern war sehr arm. Dies wurde in den Ausführungen über die Arbeitsschule bereits dargestellt.

Diese Bilder sollen aufzeigen, was die Gemeinschaft bei den Mädchen mit Ordensfrauen oder ohne sie bewirkte!

117 Arbeitsschule. Dieses Bild zeigt zwei Ordensfrauen nach der feierlichen zeitlichen Profess. Aufgabe der hier abgebildeten Schwestern ist es in der damaligen Arbeitsschule, den jungen Mädchen den Umgang mit der Nähmaschine zu lernen. Die jungen Mädchen sitzen an einer Nähmaschine hintereinander in Fünferreihen, wobei jedes Mädchen eine Schütze trägt. Sie bearbeiten gerade einen Stoff. Eine Ordensfrau vorne rechts ist mit dem Abschneiden des Stoffes beschäftigt. Ein Mädchen steht vorne und wartet auf den zu bearbeitenden Stoff. Auf dem Bild erkennt man 10 Arbeitsplätze. Es lässt sich aufgrund des Bildes nicht sagen, wer die Nähmaschinen finanziert hat, wahrscheinlich die Schwestern. Die Namen der Ordensfrauen sind unbekannt.

118 Gemeinsames Musizieren. Auf diesem Bild ist keine Ordensfrau zu sehen, doch man erkennt die Mädchen, wie sie miteinander Lieder singen. Vier junge Mädchen spielen ein Instrument, zwei Flöten, eine Gitarre und ein Handseiteninstrument. Die anderen Mädchen haben verscheiden Noten in den Händen und singen. Der Raum, in dem sich die Mädchen aufhalten, ist sehr einfach, was man an den einfachen Holzstühlen und an der Holzbank erkennt. Wahrscheinlich war dies der Speisesaal der Ordensfrauen, der den Mädchen zum Singen diente, denn das Fach Musik wurde auch von den Schwestern unterrichtet. Beispielsweise spielte Schwester Reginharda mehr als 50 Jahre die Orgel in der Pfarrkirche in Kemmern.

119–123 Hier werden verschiedene Mädchenklassen vorgestellt, die jeweils bei einer Ordensfrau praktischen Handarbeitsunterricht bekamen. Die einzelnen Namen und Jahrgänge lassen sich zeitlich nur sehr schwer einordnen. All diese Bilder zeigen im Hintergrund die Armut der Gemeinde, doch die jungen Mädchen strahlen richtig eine innere Freude aus. Dies wird nicht nur der Fall sein, dass sie einmal fotografiert werden. Dies war natürlich damals etwas völlig Außergewöhnliches. Aus ihren Gesichtern spricht eine unheimliche Freude. Jedes Kind wird wahrscheinlich nicht viel besitzen, doch es fällt hier vor allem die Freude an der Gemeinschaft auf. Sie freuen sich, dass sie als Gruppe unter der Leitung von Ordensfrauen irgendetwas gemeinsam unternehmen.

Prüfungs-Zeugnis.

Der Lehramtskandidatin Anna Birzle, geboren am 16ten November 1894 zu Engishausen b. A. Illertissen, wird hiemit bestätigt, daß sie nach dem Ergebnisse der im Monat März 1917 stattgehabten Prüfung aus den weiblichen Handarbeiten folgende Noten und zwar:

1.) im Stricken	die Note 2,	d. i. gut,
2.) " Nähen	" " 2,	" " gut,
3.) " Nähmaschinen-Nähen	" " 2,	" " gut,
4.) " Feston	" " 2,	" " gut,
5.) " Mollstich	" " 1,	" " sehr gut,
6.) " Tüllstich	" " 3,	" " mittelmäßig,
7.) " Kleidermachen	" " 3,	" " mittelmäßig,
8.) " Zuschneiden	" " 1,	" " sehr gut,
9.) " Schnittmuster-Zeichnen	" " 2,	" " gut,
10.) " Stramin-Sticken	" " 2,	" " gut,
11.) " Seide-Sticken	" " 1,	" " sehr gut,
12.) " Häkeln	" " 2,	" " gut,
13.) " Filet	" " 1,	" " sehr gut,
14.) " Zeichnen	" " 3,	" " mittelmäßig,
15.) in der Pädagogik	" " 2,	" " gut,
16.) im Schulhalten	" " 3,	" " mittelmäßig,

mithin die Hauptnote II, d. i. gut, erlangt habe.

Augsburg, den 16. April 1917.
K. Regierung von Schwaben und Neuburg.
Kammer des Innern.
J. V.
Müller.

124 Prüfungszeugnis von Schwester M. Anna Birzle O.S.F. aus dem Jahre 1917. Sie besuchte die ordenseigene Lehrerbildungsstätte der Dillinger Franziskanerinnen in Dillingen, machte den Abschluss als Handarbeitslehrerin und war einige Jahre an der Arbeitsschule in Kemmern tätig.

4.3 Pädagogische Vermittlung des Handarbeitsunterrichts

Wie bereits erwähnt, wurden die Lerninhalte der Arbeitsschule Mitte der zwanziger Jahre als ordentliches Unterrichtsfach in den Fächerkanon der Volksschule integriert. Gerade in dieser Zeit wuchs in der Gemeinde die Zahl der Kinder erheblich an, was zum einen zu großen Schwierigkeiten im erzieherischen Bereich führte. Zum anderen war die Infrastruktur des Ortes zur Bewältigung einer größeren Zahl an Kindern unzureichend. Daher entschied sich der Gemeinderat mit Zustimmung des Staatsministeriums für Unterricht und Kultus dazu, die dritte Schulstelle mit einer Schwester aus dem Konvent der Dillinger Franziskanerinnen zu besetzen[484].

Ein Mangel an weltlichen Lehrerinnen führte dazu, dass die Mädchenerziehung besonders auf dem Lande von Ordensschwestern versehen wurde. Aus Kostengründen wurde die Einführung von Schulschwestern in einigen Fällen sogar behördlicherseits gewünscht, denn nicht selten schlossen sich der Elementarbildung auch Möglichkeiten einer höheren Bildung an, die sonst gerade Töchtern von Bauern und einfachen Arbeitern versagt blieb.[485] Höhere Bildungsanstalten für Mädchen fanden sich sonst in den Städten und wurden von Töchtern des Bürgertums besucht. Ab 1872 machte der durch die Reichsgründung wirtschaftlich erstarkte Staat wieder mehr Einfluss geltend, indem er auch diesen Zweig mit mehr materiellen Mitteln ausstatten konnte und von klösterlichen Lehrerinnen das Ablegen staatlicher Prüfungen verlangte.[486] Über die Ziele des Handarbeitsunterrichts informiert das Amtsblatt des Bayer. Staatsministeriums für Unterricht und Kultus unter der Überschrift „Mädchenhandarbeit": „Die Mädchen sollen frühzeitig an nutzbringende Beschäftigung gewöhnt und allmählich befähigt werden, selbständig einfache Handarbeiten richtig und gefällig auszuführen."[487]

Georg Kerschensteiner definiert die Arbeitsschule mit Worten wie Kindergartenbeschäftigung und Handfertigkeitsbewegungen.[488] Der Sinn des Handarbeitsunterrichts bestehe, so Kerschensteiner in der praktischen Vorbereitung auf den späteren Alltag: „Der hauswirtschaftliche Unterricht hat die Aufgabe, in den Mädchen, die vor dem Übertritt ins Leben stehen, Sinn für die Aufgaben und Arbeiten im häuslichen Leben zu wecken und zu fördern [...]."[489] Diese Zielsetzung entspricht den damaligen Vorstellungen von Erziehung zu den entsprechenden gesellschaftlichen Aufgaben und läuft bei der Mädchenerziehung auf eine Minderqualifizierung im Vergleich zu den Jungen hinaus.[490]

In den verschiedenen Befragungen wurde die pädagogische Tätigkeit der Ordensfrauen lebendig, wie dieses Beispiel zeigt:

„Der Unterricht fand immer am Nachmittag statt, doch bevor wir mit der Arbeit begannen, wurde gebetet. Wir waren immer so 12 bis 14 Mädchen und die Ordensfrauen hatten sogar zwei Nähmaschinen, was für uns damals etwas ganz Besonderes war. Wir lernten bei der Schwester das Nähen, Stricken, Flicken, Stopfen und natürlich das Zuschneiden von Stoffen, was für uns immer etwas Außergewöhnliches war. Den Stoff besorgte die Schwester und wir zahlten ungefähr 20 Pfennig, wobei die Farbe des Stoffes keine Rolle spielte[491]."

Diese praktische Tätigkeit war für die Frauen in der damaligen Zeit in Kemmern sehr wichtig, denn aufgrund der Armut in den Familien konnte sich nicht jede Familie immer neue Kleidungsstücke kaufen, was das folgende Zitat belegt:

„Für mich war das Stricken anfangs sehr schwierig, denn die Schwester trennte das Fertige auf, wenn etwas falsch war, so musste ich immer wieder neu beginnen. Oftmals bin auch abends noch zu den Schwestern gegangen und fragte, ob dies jetzt wirklich richtig sei. Dies war mir natürlich sehr peinlich, denn viele in meiner Gruppe konnten das viel besser als ich, so auch meine Geschwister, doch ich wollte es einfach auch selbst lernen, was die Schwester immer förderte. Gerade das Fach Handarbeiten war für mich und auch noch für meine Kinder trotz vieler Schwierigkeiten sehr wichtig, denn ich lernte viele praktische Dinge von den Schwestern. So konnte ich viele Kleidungsstücke selbst fertigen und ersparte dadurch viel Geld.[492]"

Eine 70-jährige Bürgerin erinnert sich, dass die Ordensfrauen großen Wert darauf legten, dass immer alle Mädchen das Nähen, Stricken, Flicken, Stopfen und oftmals auch das Zuschneiden beherrschten, wobei die Ordensfrau den Nähvorgang den Schülerinnen zeigte, bevor sie dies dann selbstständig nachmachten. Alle Ordensfrauen konnten mit Handarbeiten umgehen, auch die Küchenschwester, daher haben sie sich besonders derer angenommen, die sich anfangs etwas schwerer damit taten.[493]"

Handarbeitslehrerinnen

Es wird deutlich, dass gerade auf dem Lande großer Wert darauf gelegt wurde, dass die Mädchen gute Handarbeiterinnen werden. Die in diesen Fächern als Lehrerinnen tätigen Schwestern waren sehr gut in ihrem Handwerk. Dies zeigen Zeugnisse und Anmerkungen in den Nekrologen der Schwestern, wie z.B. das Prüfungszeugnis der Schwester Lutrudis Anna Birzle, geboren am 16. November 1894, die im

März 1917 die Prüfung in den weiblichen Handarbeiten vor der Kammer des Innern in Dillingen ablegte, zeigt Quellenband Bild Nr. 41.[494] Von 1927 bis 1934 war sie als Handarbeitslehrerin in der Gemeinde Kemmern tätig. Zu den Handarbeitslehrerinnen gehörten auch Schwester M. Polina Kemmer[495] (1908–1915), Schwester M. Clarena Bicherl (1915–1918), Schwester M. Cäsaria Beck (1918–1919), Schwester M. Justina Wiedemann (1920), Schwester M. Veriburga Geierlos (1920–1921) und Schwester M. Mangolda Gehring (1921–1926). Diese Schwestern waren in den benannten Zeiträumen Handarbeitslehrerinnen sowie in der Kinderbewahranstalt Kemmern als Kindergärtnerinnen tätig. Über Mangolda Gehring, gestorben am 4. April 1968, ist im Nekrolog zu lesen:

> „Unsere älteren Mitschwestern aus Kemmern erinnern sich mit Freude ihrer Handarbeitslehrerin, welche viel mütterliches Verstehen und große Geduld für die ungeschickte Kinderhand zeigte."[496]

Ausschließlich Handarbeitslehrerinnen waren die Schwestern M. Theokletia Schmitt (1926–1927), M. Lutrudis Anna Birzle (1927–1934)[497], M. Festina Geigenberger (1935–1939) sowie Frau Juliana Lemmermeier (1936–1939). Ab 1939 mit unklarem Ende in den vierziger Jahren war Schwester M. Merlina Fischer als Handarbeitslehrerin in Kemmern tätig.[498]

4.4 Konflikte bezüglich der Erteilung des Handarbeitsunterrichtes

Es wurde bereits dargestellt, dass nach dem Zweiten Weltkrieg zum Schuljahr 1946/47 die Handarbeitslehrerin Schwester M. Nathanaela Buchner zur Erteilung des Handarbeitsunterrichts an der Volksschule Kemmern wieder eingesetzt wurde. Bezüglich der Handarbeitslehrerin kam es innerhalb des Konventes durch die Ordensleitung nach sechs Jahren zu einer Versetzung: Zum Jahresbeginn 1952 wurde Schwester M. Nathanaela von der Generaloberin an die private Nähschule der Mädchenschule in Eisenberg/Rheinpfalz versetzt. Die Generaloberin bat die Regierung von Oberfranken, an deren Stelle Schwester M. Lutrudis Anna Birzle nach Kemmern versetzen zu dürfen[499]. Diese gehörte bereits von 1927 bis 1934 zur Konventsgemeinschaft und hatte die Leitung der Arbeitsschule inne. Dies wurde genehmigt[500], aber auch Schwester M. Lutrudis blieb nicht lange in Kemmern. Sie schied im August 1953 wieder aus. Auf ihre Stelle als Handarbeitslehrerin folgte Schwester M. Rupertis Pfister.[501] Die Genehmigung für diese Versetzung wurde von der Regierung von Oberfranken am 27. August 1953 erteilt.[502]

Im Schuljahr 1961/62 kam es an der Volksschule Kemmern zu einem Rektorenwechsel und zugleich zu einer neuen Klassenaufteilung, denn aufgrund des starken Schülerzuwachses wurde eine weitere Schulstelle durch die Regierung von Oberfranken geschaffen.[503] Seit der Wiedergründung der Volksschule im Jahre 1945/46 wurde jahrgangsübergreifend unterrichtet, so dass beispielsweise die 1. und 2. Jahrgangsstufe zu einer Klasse zusammengefasst und von einer Lehrperson unterrichtet wurden.[504] So waren bis zum Schuljahr 1961/62 vier hauptamtliche Lehrkräfte an der Schule tätig, des Weiteren wurde Handarbeitsunterricht für Mädchen als ordentliches Unterrichtsfach durch eine Ordensfrau der Dillinger Franziskanerinnen gegeben. Ebenso wurde das ordentliche Fach Hauswirtschaft für Mädchen durch Schwester M. Reginharda seit dem Schuljahr 1949/50 unterrichtet.[505] Diese hatte sich nach dem Zweiten Weltkrieg durch eine Fortbildung im Kloster Maria Medingen einer zusätzlichen Prüfung im Unterrichtsfach Hauswirtschaft für die 8. Jahrgangsstufe unterzogen und hatte so von der Regierung in Oberfranken die Genehmigung zum Unterricht an der Volksschule erworben.[506] Den theoretischen Unterricht erteilte sie den Mädchen am Nachmittag, zur praktischen Ausführung diente die Klosterküche im Schwesternhaus:

> „Es gab in der Gemeinde keine öffentliche Gelegenheit, das Unterrichtsfach Hauswirtschaft praktisch durchzuführen. Da erklärte ich mich mit Absprache meiner Mitschwestern bereit, gruppenweise nachmittags im 2-Wochen-Rhythmus in unserer Klosterküche mit einer Schülerstärke von 7–10 Schülerinnen das Fach praktisch zu unterrichten. [...] Da bereits seit 1941 wöchentlich 10–15 Mädchen aus der Gemeinde zu uns in den Konvent kamen, um ihren Handarbeitsunterricht zu absolvieren, waren meine Mitschwestern den Schulbetrieb im Konventsgebäude gewohnt. Das Ganze praktizierte ich zwölf Jahre.[507]

Mit dem Rektorenwechsel im Jahre 1961/62 war auch ein Wechsel im Fach Hauswirtschaft verbunden. Das Bezirksschulamt Bamberg setzte Frau Klier aus der Volksschule in Hallstadt ein, Schwester M. Reginharda musste somit ihre Stunden abgeben. Warum das Bezirksschulamt Bamberg diesen Vorstoß machte, ist unklar. Es kann angenommen werden, dass das Stundendeputat[508] von Oberlehrerin Schwester M. Reginharda erschöpft war. Die Neubesetzung wirkte sich nicht unbedingt qualitativ auf die praktische Unterrichtsvermittlung der Schülerinnen aus, denn Frau Klier fand zum Schuljahresbeginn 1961/62 in der Gemeinde keinen geeigneten Ort, an dem sie mit den Schülerinnen der 8. Jahrgangsstufe die praktische Seite des Unterrichtsfaches Hauswirtschaft vermitteln konnte. Erst mit der Schuleinweihung am 4. Juli 1965 standen den Schülerinnen vier moderne, getrennte Kochnischen mit Herd, Geschirrschränken und Waschanlagen zur Verfügung.[509]

Mit der Zuteilung des Hauswirtschaftsunterrichts durch das Bezirksschulamt Bamberg an Frau Klier wurde die Gemeinschaft der Dillinger Franziskanerinnen übergangen und vor vollendete Tatsachen gestellt, denn Frau Klier erhielt neben ihren zwei Unterrichtsstunden im Fach Hauswirtschaftslehre noch zwei weitere Unterrichtsstunden im Fach weibliche Handarbeit der 7. und 8. Jahrgangsstufe, so dass sie auf vier Wochenstunden kam[510]. Aus Sicht des Bezirksschulamtes Bamberg war diese pragmatische Lösung gerechtfertigt, denn man konnte Frau Klier nicht zumuten, wegen zwei Stunden Hauswirtschaft in der Woche eigens mit dem Fahrrad aus Hallstadt nach Kemmern fahren zu müssen. Daher hat man ihr von der Schulbehörde noch weitere zwei Stunden zugeteilt, die aus Sicht der Schwesternkommunität eigentlich Schwester M. Rupertis zugestanden hätten[511]. Die Ordensgemeinschaft konnte die Übernahme des Hauswirtschaftsunterrichtes durch Frau Klier nur schwer akzeptieren. So schrieb die damalige Oberin der Schwesternkommunität, Schwester M. Reginharda, in einem Schreiben an Schulreferentin Schwester M. Desiderata: „Wir sagen nichts von den Stunden der Hauswirtschaft."[512] Doch mit der Übernahme von zwei Stunden der 7. und 8. Jahrgangsstufe im Unterrichtsfach weibliche Handarbeit wurde nach Auffassung der Kongregation der Dillinger Franziskanerinnen das Stundendeputat von Schwester M. Rupertis beschnitten, denn ihr müsste laut Gründungsurkunde der gesamte Handarbeitsunterricht zugesprochen werden. Oberin Schwester M. Reginharda brachte die Sorgen ihrer Mitschwester, Schwester M. Rupertis, der Schulreferentin in Dillingen, in einem Schreiben zum Ausdruck:

> „Wir sind überrascht, nachdem Schw. M. Rupertis im abgelaufenen Schuljahr 13 Wochenstunden erteilte. Die 2 Stunden hätte sie wirklich noch nehmen können. Frau Klier in Hallstadt hat bestimmt genügend Stunden. [...] Die lb. Schwester M. Rupertis sorgt sich nun ab. Sie hat doch ihre Pflicht wirklich getan. Und wenn ihr noch Zeit bleibt, hilft sie der lb. Schwester Gerwigis in der Küche, im Haus und bei der Wäsche. Das Schmücken in der Pfarrkirche besorgt sie auch. Sie wissen ja gut, was in einem kleinen Haus alles anfällt."[513]

Daraufhin wandte sich die Schulreferentin Schwester M. Desiderata mit einem Schreiben an das Bezirksschulamt in Bamberg und verwies auf das den Schwestern in der Gründungsurkunde zugestandene Recht, den Handarbeitsunterricht erteilen zu dürfen, sowie auf die bestehende Praxis der Erteilung des Handarbeitsunterrichts durch die Schwestern.[514]

Ansonsten gab man sich von Seiten der Schwestern kompromissbereit und verzichtete auf die Stunden in Hauswirtschaft, forderte für Schwester M. Rupertis aber die zwei Stunden in der 7. und 8. Jahrgangsstufe ein. Allerdings muss darauf hingewiesen werden, dass sich die Schulreferentin Schwester M. Desiderata ohne Unterstützung der Milieuträger der Gemeinde und des Schulleiters Hans Pöllein an das Bezirksschulamt Bamberg wandte.[515] Als rechtliche Grundlage für die Existenz des Schwesternkonventes gilt der Vertrag zwischen dem Pfarrer und der Gemeinschaft der Dillinger Franziskanerinnen, der am 1. Januar 1965 in Kraft trat. Hier wird in § 4 von der „Führung einer caritativen Nähschule"[516] gesprochen, doch mit dieser Formulierung ist nicht das Unterrichtsfach weibliche Handarbeit im Fächerkanon der Volksschule gemeint, denn die Kompetenz für die Besetzung der Lehrstelle lag nicht bei der Institution des Pfarrers, sondern beim Bezirksschulamt in Bamberg. Dieses hielt sich bei 13 Unterrichtsstunden von Schwester M. Rupertis an die rechtliche Deputatsgrundlage, die mit dem Schreiben vom 27. Dezember 1948 der Handarbeitslehrerin an der Volksschule in Kemmern zugesichert wurde. Es heißt hier:

> „Antragsgemäß wird der nebenamtl. geprüften klösterlichen Handarbeitslehrerin Schwester M. Anna Nathanaela Buchner in Kemmern ab 1. November 1946 die Unterrichtserteilung in Handarbeit an der Volksschule in Kemmern mit 13 Wochenstunden in stets widerruflicher Weise übertragen. Gesamtstundenzahl 13."[517]

So gibt es für die Argumentation von Schwester M. Desiderata keine rechtliche Grundlage, doch lässt sich daraus die Befürchtung herauslesen, dass die Ordensgemeinschaft künftig mit weniger Unterrichtsstunden an der Volksschule vertreten sei und so der Einfluss der Schwestern vor allem bei den Schülerinnen der 7. und 8. Jahrgangsstufe verloren gehen könnte. Die Schwesternkommunität musste sich letztlich mit der schulischen Lage und der Tatsache, dass ihr keine bevorzugte Behandlung zuteil wurde, abfinden.

Schwester M. Rupertis Pfister war die 13. Arbeitslehrerin und die letzte Ordensfrau, welche die Dillinger Franziskanerinnen an die Schule in Kemmern zur Erteilung des Handarbeitsunterrichts schickten.[518] Nach ihrem Ausscheiden wurde die Stelle im September 1974 von einer weltlichen Lehrerin übernommen. Schwester M. Rupertis äußerte sich einige Tage vor ihrem Tod in Marktbreit folgendermaßen über ihre Tätigkeit:

„Meine Haupttätigkeit in Kemmern bestand im Handarbeitsunterricht. Viele Menschen haben bei mir das Flicken, Nähen und Zuschneiden von Stoffen gelernt. Anfangs gab ich den Unterricht in der Nähschule im Schwesternhaus und nach dem Schulhausneubau im Jahre 1965 habe ich dann das Fach Handarbeiten im neuen Schulgebäude unterrichtet. Nach meiner Erstprofess am 27.08.1953 kam ich mit 23 Jahren in die Konventsgemeinschaft nach Kemmern. Nach mir, so denke ich, ist so jung keine Schwester mehr dorthin versetzt worden.[519]"

Es war für sie sehr schwierig, sich in der integrierten Konventsgemeinschaft einer anderen Tätigkeit zu widmen, deshalb verließ sie die Filiale auf eigenen Wunsch.[520] Eine Ordensfrau kann sich durchaus, wie auch dieses Beispiel zeigt, mit entsprechender Begründung persönlich an die Provinzoberin wenden und um Versetzung bitten[521]. Diese Versetzung war für Schwester M. Rupertis sehr erfolgreich, denn sie hat in ihrem neuen Wirkungsfeld in Marktbreit nochmals eine Umorientierung in ihrem Tätigkeitsbereich vollzogen. So schreibt die Verfasserin Schwester M. Jutta im Nekrolog von Schwester M. Rupertis:

„21 Jahre von 1974 bis 1995 wirkte sie als Handarbeitslehrerin und Werklehrerin am Gymnasium in Marktbreit. Anlässlich der Verabschiedung aus dem Schuldienst sagte ein Kollege u. a.: Wir schätzten sie sehr. Ihrer christlichen Glaubensüberzeugung stets treu, nahm sie die Unterrichtsverpflichtung mit äußerstem Pflichtbewusstsein und bemerkenswerter Hingabe wahr. Die Kinder, die ihr anvertraut waren, liebten sie. Mit großem Einfühlungsvermögen und Geschick verstand es Schwester M. Rupertis, bei den Schülern die handwerklichen Fähigkeiten zu entwickeln.[522]"

An diesem Zitat kann man sehr deutlich erkennen, wie sich die Versetzung einer Ordensfrau auf ihre Persönlichkeit und ihren weiteren Lebensweg auswirken kann, daher kann man von einer positiven Entscheidung der damaligen Provinzoberin sprechen.

5. Der ambulante Pflegedienst

5.1 Berufsbild der Krankenschwester

Die vornehmliche Aufgabe der Krankenschwester bzw. des Krankenpflegers besteht darin, kranke Menschen in Krankenhäusern, Heimen oder in häuslicher Umgebung zu pflegen und gemeinsam mit dem Arzt Untersuchungen und Behandlungen durchzuführen.[523] Daneben musste die Krankenschwester in den letzten Jahren und Jahrzehnten zunehmend andere Tätigkeiten im technischen und bürokratischen Bereich übernehmen.[524] Den traditionellen Pflegeberuf gibt es schon seit Jahrhunderten. Doch erst der französische Priester Vincent de Paul[525] setzte sich für eine gezielte Ausbildung in der Krankenpflege in Frankreich ein und machte die Krankenpflege so zu einem erlernbaren Beruf. Zusammen mit L. von Marillac stiftete er 1633 die Kongregation der Barmherzigen Schwestern. Dieser Orden (Vinzentinerinnen, nach Vinzenz von Paul benannt) galt die nächsten Jahrhunderte als institutionelles Vorbild für die Krankenpflege und wirkte auf diese Weise auch auf die Krankenpflege in Deutschland ein.[526] Zunächst waren die katholischen Orden die einzigen Säulen der Krankenpflege; 1836 wurden sie von den Diakonissen unterstützt, die durch das Wirken des Pfarrers Theodor Fliedner (1800–1864) entstanden waren.[527]

Doch in der zweiten Hälfte des 19. Jahrhunderts kam es zu starker Kritik an der konfessionsgebundenen Krankenpflege und es entstanden – zuerst in England unter der Führung von Florence Nightingale – die ersten Krankenpflegeschulen, die weder ordens- noch konfessionsgebunden waren.[528] Während der Beruf im 17. Jahrhundert noch als heiliges und würdiges Geschäft, als Liebestätigkeit par excellence aufgefasst wurde, für das die Besten gerade gut genug waren ‚[529] wird er inzwischen deutlich nüchterner gesehen. Zwar ist der Beruf noch immer mit einigen traditionellen Motiven wie der Selbstlosigkeit und der Opferbereitschaft der Schwestern behaftet,[530] doch sind inzwischen auch andere Fähigkeiten in einem sich immer mehr differenzierenden Berufsfeld verstärkt in den Vordergrund gerückt. Die Krankenpflege wird nun auch als Dienstleistung in einem medizinischen System angesehen.

Die Berufsbezeichnung „Krankenschwester" rührt von den Wurzeln des Pflegeberufes in den katholischen Orden her. Der Beruf hat allerdings schon längst die enge Bindung zu den Orden und damit zur Konfession verloren. Die Ausbildung ist inzwischen zu einer staatlichen geworden, die mit einer Prüfung abgeschlossen werden muss, wie im Krankenpflegegesetz manifestiert wurde, das am 15. Juli 1957 in Kraft trat.[531]

Die Ausbildung zur Krankenschwester hat vor allem das Ziel, eine Befähigung hinsichtlich „Gesundheitsfürsorge, Gesundheitserziehung und Rehabilitation" zu vermitteln.[532] Die Ausbildung umfasst einen praktischen und einen theoretischen Teil. In den Theorie-Stunden werden medizinische Themen wie etwa Ernährungslehre oder Frauenheilkunde behandelt. Neben der medizinischen Sachkenntnis sind für eine Schwester jedoch auch psychologische und soziologische Grundkenntnisse sowie pädagogisches Geschick zum Anleiten und Überwachen der ihr anvertrauten Patienten wichtig. Auch dies wird in theoretischen Lehrstunden vermittelt.

5.2 Gründung der ambulanten Krankenpflegestation

Zu Beginn des 21. Jahrhunderts war die weibliche Ordenskrankenschwester in den Krankenhäusern und Sozialstationen bereits eine Ausnahme. Sie ist schon fast überall durch weltliche Krankenschwestern ersetzt worden. Vor hundert Jahren dagegen war in einer ländlichen Gemeinde eine ambulante Krankenpflegestation, betrieben von einer Ordensgemeinschaft, oft die einzige Möglichkeit der Gesundheitsfürsorge vor Ort, vom Arzt abgesehen. Daher gehörte es zu den wichtigsten Aufgaben der weiblichen Kongregationen, die überwiegend im sozial-karitativen Dienst tätig waren, bei Ansiedelung oder Neugründung einer Ordensfiliale eine ambulante Krankenpflegestation zu errichten.[533] Konrad Schrott schreibt über den Fall Kemmern:

> „Ein besonderer Dienst oblag den Franziskanerinnen mit der Krankenpflege. Im Mai 1927 war der Wunsch der Gemeinde, eine ambulante Krankenschwester zu haben, in Erfüllung gegangen. Es erfolgte die Gründung eines Krankenpflegevereins, die Anfangsmitgliederzahl belief sich auf 133, der Monatsbeitrag auf 30 Pfg. Am 23. August 1927 nahm die erste Krankenschwester Hubelina Beck ihren Dienst auf."[534]

In der Chronik der Schwestern findet man noch den Hinweis, „dass die Gründung des Krankenpflegevereins durch Herrn Direktor Andreas Neppig angeregt wurde[535]." Andreas Neppig war von 1927 bis 1933 und von 1949 bis 1951 Kreisdirektor des Bayerischen Bauernvereins Bamberg sowie von 1949 bis 1951 Generalsekretär des Bayerischen Bauernverbandes. Welche Rolle Direktor Andreas Neppig bei der Gründung der ambulanten Krankenpflege spielte, lässt sich nicht sagen, doch sicherlich hatte er einmal auf Grund seiner beruflichen Position und zum anderen als gebürtiger und verwurzelter Kemmerner ein gutes Verhältnis zum Schwesternkonvent. Über Organisation und Struktur des Vereins sind keine verlässlichen Quellen mehr vorhanden,[536] wahrscheinlich wurden sie mit der Auflösung der ambulanten Krankenpflege vernichtet. Auch aus mündlichen Quellen lässt sich nicht rekonstruieren, wie die Kompetenzen zwischen Krankenpflegeverein und ambulanter Krankenschwester geregelt waren, doch man kann annehmen, dass jede Familie, welche die Hilfe der Krankenschwester in Anspruch nahm, auch Mitglied in diesem Verein war.

Der Krankenpflegeverein setzte sich aus verschiedenen Familien der Pfarrei zusammen. Der Beitrag, der einmal jährlich eingesammelt wurde, diente zur Anschaffung der ambulanten Hilfs- und Pflegemittel, welche die Krankenschwester täglich benötigte, z.B. Schere, Pflaster, Binden oder auch Medikamente[537]. Die Haupttätigkeit des Vereins war das Sammeln der Beiträge bei den Familien. Die sammelnde Person musste mit den Schwestern vertrauensvoll zusammenarbeiten, denn die Krankenschwester war auf die Einnahmen angewiesen. Im Protokollbuch der Gemeinde finden sich keine Einträge, dass die Krankenschwester von der Gemeinde irgendwelche finanziellen Zuwendungen bekam. Ein Hinweis in der Schwesternchronik gibt aber Auskunft darüber, dass sich die Schwestern um die institutionellen Angelegenheiten des Krankenvereins nicht kümmerten. Da es wahrscheinlich keine Statuten im Verein gab, kann man davon ausgehen, dass der tägliche Ablauf nach Gewohnheit und Ritualen ablief, so wie es die Schwestern bestimmten. Man benötigte keine Statuten, sondern organisierte die Angelegenheiten innerhalb der Gemeinde.

Der in der Nachbargemeinde Breitengüßbach im Mai 1930 ins Leben gerufene „Verein für Kinderfürsorge und Krankenpflege innerhalb der Pfarrei Breitengüßbach" hingegen besaß Statuten. Sie lassen durchaus auch Rückschlüsse auf den Krankenpflege-Verein in Kemmern zu. So dürfte auch hier der jeweilige Pfarrer dem Verein vorgestanden sein. Und auch der in den Statuten niedergelegte Zweck des Vereins, „die Mittel zum Unterhalt der benötigten Schwestern aufzubringen",[538] dürfte auf den Kemmerner Krankenpflege-Verein ebenso zutreffen. Der Verein deckte – ähnlich wie die Krankenversicherung heute – die Kosten des Gesundheitssystems über regelmäßige Einzahlungen der Mitglieder. Dieses System hatte einen solidarischen Anspruch und erlaubte es auch ärmeren Familien, in den Genuss der Krankenpflege zu kommen. Erst auf Grund einer offiziellen Anfrage einer dörflichen Institution wird die Meisterin der Kongregation ihre Entscheidung, eine ambulante Krankenschwester in die Gemeinde Kemmern zu schicken, getroffen haben. So muss entweder die Gemeinde oder der Pfarrer bei der Meisterin der Dillinger Franziskanerinnen nachgefragt haben, ob die Möglichkeit besteht, in der bereits bestehenden Ordensfiliale Kemmern eine ambulante Krankenpflegestation zu errichten. Aus den Forschungen von Konrad Schrott kann man schließen, dass die Gemeinde schon viel früher bei der Meisterin in Dillingen um eine Krankenschwester nachfragte, doch die damaligen Beweggründe der Gemeinde lassen sich nicht mehr eruieren[539]. Ein Grund, warum die Ordensgemeinschaft erst so spät eine Krankenschwester nach Kemmern schickte, könnte darin bestehen, dass sie zum damaligen Zeitpunkt keine Schwestern für die Filiale zur Verfügung hatte, denn mit der Entscheidung der Meisterin vom 23. August 1927 war wiederum eine Erweiterung des Konventes auf fünf Ordensfrauen verbunden[540].

Für die Bevölkerung im Umland von Bamberg war die medizinische Versorgung zu Beginn der zwanziger Jahre sehr schlecht. Die Bevölkerung lebte in sehr armseligen Verhältnissen und für eine Mitgliedschaft in einer Krankenkasse fehlten meistens die nötigen finanziellen Mittel. Der nächste Arzt, der für Kemmern die medizinische Versorgung sicherte, befand sich in der drei Kilometer entfernten, damaligen Marktgemeinde und heutigen Stadt Hallstadt.[541] Das nächstgelegene Krankenhaus war in der acht Kilometer entfernten Kreisstadt Bamberg. Von daher ist es verständlich, dass die Gemeinde bei der Meisterin in Dillingen um eine ambulante Krankenschwester bat. Ein wichtiger Grund war neben der medizinischen Betreuung auch die religiös-christliche Begleitung älterer Menschen, die in den Großfamilien lebten[542]. Da die Bevölkerung seit 1890 mit der pädagogischen Tätigkeit der Schwestern vertraut war, wünschte sie, nun endlich auch für die medizinisch-karitative Betreuung und Begleitung älterer Dorfbewohnerinnen und Dorfbewohner kompetente Ordensfrauen zu bekommen. Dass die Wahl auf eine Krankenschwester und nicht auf einen Arzt fiel, hat auch einen finanziellen Hintergrund: Für die Krankenschwester musste die Gemeinde keine weiteren finanziellen Aufwendungen aufbringen, denn als Ordensschwester gehörte sie zur Konventsgemeinschaft, somit sorgte die Gemeinschaft für den täglichen Lebensunterhalt der Schwester. Am 23. August 1927 kam schließlich Schwester M. Hubelina Beck im Alter von 43 Jahren von der ambulanten Krankenpflegestation Kleinrinderfeld als erste Krankenschwester in die Konventsgemeinschaft nach Kemmern.[543] Mit ihr schickte die Meisterin der Dillinger Franziskanerinnen eine erfahrene Fachkraft, denn sie war schon als ausgebildete Krankenschwester von 1912 bis 1922 in der Gemeinde Otterbach tätig gewesen.[544] So kann man als die wichtigsten Akteure bei der Gründung der ambulanten Krankenpflegestation neben der Gemeinde den Direktor Andreas Neppig und die erste Krankenschwester M. Hubelina Beck nennen.

5.3 Tätigkeit der Krankenschwester

Die ambulante Krankenpflege spielte sich in der lokalen Öffentlichkeit ab. Die Schwestern verbargen sich nicht hinter klösterlichen Mauern, sondern gingen durch die Stadt oder durch das Dorf, um die Kranken aufzusuchen. Die Familien bestanden zumeist aus vielen Personen,[545] mehrere Generationen lebten unter einem Dach. Es war die Pflicht des Hoferben, die Großeltern zu Hause zu versorgen, bei Krankheit zu pflegen und sie „auf den Tod würdig vorzubereiten[546]." Dabei spielte die Krankenschwester eine wichtige Rolle.

Sterbebegleitung und Nachtwache gehörten ebenso zu ihren Aufgaben wie das Gespräch mit den Angehörigen beim Tod eines Menschen. Dies war besonders in der ländlichen Gegend sehr wichtig, denn in Kemmern sind zu dieser Zeit fast alle Menschen zu Hause gestorben. Man pflegte nicht nur im Interesse der Familie, sondern häufig auch im Interesse großer Teile der Dorfgemeinschaft die mit dem Sterben verbundenen katholischen Riten.[547]

„Meine Mutter starb mit 78 Jahren und war sieben Jahre an das Bett gefesselt. Jeden Tag kam die Krankenschwester und pflegte sie. Sie betete natürlich mit ihr und sorgte dafür, dass sie jeden Monat am Herz Jesu Freitag beichtete und dann die Heilige Kommunion empfing. Für meine Mutter war die Krankenschwester eine wichtige Ansprechperson, denn ich musste mit meinen Kindern den Alltag bewältigen und hatte wenig Zeit für meine kranke Mutter, das Gleiche galt bei meinem Vater.[548]"

Die Haupttätigkeit der Krankenschwester bestand jedoch in der Grundpflege der alten und kranken Menschen des Ortes. Auch für die Angehörigen, die ihre kranken Eltern versorgten, welche oft ans Bett gefesselt waren, war der tägliche Besuch der Krankenschwester der Höhepunkt des Tages[549]. Die Angehörigen wussten, dass ein intensiver liebevoller Kontakt zu dem Kranken hergestellt wurde. Die Bettlägerigen wurden aufgerichtet, gewaschen, bekamen frische Kleidung und ihre täglichen Medikamente[550]. Dabei war das persönliche vertrauensvolle Gespräch mit der Krankenschwester oft der wichtigste Bestandteil des täglichen Besuches, denn die Angehörigen waren mit anderen Arbeiten auf dem Hof beschäftigt, so dass die Kranken oftmals alleine in ihrer Kammer lagen.[551] Eine Krankenschwester besuchte täglich 15 bis 20 ältere Menschen, von denen viele pflegebedürftig waren.[552]

„Die Krankenschwester wurde während des Tages sehr oft gerufen, wobei ihre Tätigkeit überwiegend aus der Pflege und Betreuung älterer Personen bestand. Viele empfanden die Hilfe der Krankenschwester als Erleichterung, denn sie wussten, ihre Eltern sind versorgt und können friedlich sterben. Da zur damaligen Zeit alle Menschen daheim verstorben sind, war gerade die Vorbereitung der Sterbenden und die Begleitung der Verwandten eine wichtige Aufgabe der Krankenschwester. Oftmals wurde von den Familien bei kleineren Unfällen die Krankenschwester sofort gerufen, wobei ihre Tätigkeit darin bestand, den Krankheitszustand des Patienten zu begutachten, bei aktuellen Notfällen einen Arzt zu holen bzw. mit dem Patienten zu einem Arzt in der näheren Umgebung zu fahren.[553]"

Bei solchen Besuchen musste aber nicht immer eine ernsthafte Krankheit im Hintergrund stehen. Die Krankenschwester hat alle alten und kranken Menschen besucht, auch wenn sie den Jahresbeitrag des so genannten „Krankenvereines" nicht zahlen konnten. Die Grundlage der franziskanischen Arbeitsweise der Krankenschwestern war in den Regeln und Satzungen für die Kongregation der Frauen des Regulierten Dritten Ordens vom heiligen Franziskus festgelegt. Dort heißt es im Kapitel 8 „Die Wirksamkeit der Schwester", im § 5 überschrieben mit „Die Schwestern als Krankenpflegerinnen" unter der Nr. 228, dass sie die Krankenpflege aus tiefem Glauben heraus verrichten sollten.[554] Wie groß die Aufopferungsbereitschaft war, die dabei von den Schwestern verlangt wurde, verdeutlicht Nr. 229:

> „Die Schwestern übernehmen ohne Zögern und Furcht auch die Pflege ansteckender Kranker, und sollten sie trotz Anwendung der gebotenen Vorsichtsmaßregeln ein Opfer ihrer Pflichterfüllung werden, so mögen sie sich glücklich schätzen, als Märtyrerinnen der heiligen barmherzigen Liebe Gott ihr Leben darbringen zu können."[555]

Sieht man von der heroisierenden Aussage im letzten Teil ab, dann ist die Tätigkeit der Krankenschwester ganz klar und eindeutig festgelegt und hat ihre Wurzeln im Matthäus-Evangelium, wo es heißt: „Was ihr einem meiner geringsten Brüder getan habt, das habt ihr mir getan."[556] Sie leistete erste Hilfe und war des Weiteren dafür zuständig, den Arzt zu benachrichtigen oder rechtzeitig den Pfarrer zu verständigen, damit dieser noch die Sakramente[557] spenden und christliches Sterben ermöglichen konnte[558]. Ihre enorme Bedeutung behielt die Krankenschwester bis Mitte der sechziger Jahre, als auch auf dem Land der wirtschaftliche Aufschwung eintrat, wobei die Modernisierung in Kemmern nur langsam Einzug hielt. Damit einher ging auch eine medizinische Modernisierung.[559] In diesem Zuge veränderte sich die Rolle der Krankenschwester, die wichtig blieb, aber nicht mehr die wichtigste Person war: die medizinische verlagerte sich in Richtung einer ärztlichen Versorgung.

Krankenschwestern

Als erste Krankenschwester in Kemmern wirkte Frau M. Hubelina Beck. Sie war als ausgebildete ambulante Krankenschwester von 1927 bis 1940 in Kemmern tätig. Zuvor war sie in Otterbach und in Kleinrinderfeld eingesetzt, nach Kemmern in Schurgast und Straubing. Anschließend kam sie in den Ruhestand nach Maria Medingen. Hubelina Beck entstammte einer christlichen Bauernfamilie, was alleine schon dadurch belegt werden kann, dass drei Nichten von ihr ebenfalls den Weg in den Orden gingen.[560] Im Nekrolog wird sie als einfach, bescheiden, anspruchslos und dankbar charakterisiert. Ihr wird ein energisches Temperament zugeschrieben, das sie ihr Leben lang zu zügeln bemühte, was manchmal aber auch hilfreich für ihre Tätigkeit als Krankenschwester war. Sie starb am 12. April 1961.[561]

Als zweite Krankenschwester nach ihr folgte Schwester M. Luitberga Franz, geboren am 5. September 1893, die als Kandidatin bereits im Krankendienst in Ichenhausen und Rimpar tätig war. Nach ihrer Profess blieb sie im Krankendienst und versah ihn zunächst zehn weitere Jahre in Rimpar und anschließend 15 Jahre lang in Kemmern.[562] Im Nekrolog wird sie als gewissenhaft, nimmermüde und schonungslos zu sich selbst in ihrer Arbeit charakterisiert.[563] Anlässlich ihres Todes berichtete das Bamberger Volksblatt im Juni 1956: „Durch ihr selbstloses, unermüdliches Wirken im Dienste der Caritas hat sie sich die Liebe aller Bewohner erworben."[564] Sie starb am 6. Juni 1956, ihrem 25-jährigen Professtag.

Nach Luitberga kam Schwester M. Luitfrieda Graser nach Kemmern. Sie wurde 1898 in Oberotterbach/Niederbayern geboren. 1925 trat sie in die Kongregation der Dillinger Franziskanerinnen ein. Nach ihrer Ausbildung als Krankenschwester in der Krankenpflegerinnenschule in Arnstorf wirkte sie viele Jahre in Kübelberg, Enkenbach und Reisbach. Seit 1956 betreute sie die Kranken und Alten in Kemmern. Sie starb am 5. Mai 1971 im Krankenhaus in Buchloe/Schwaben nach längerer Krankheit.[565] Über den Charakter von Luitfrieda lässt sich dem Nekrolog und dem Zeitungsbericht zu ihrem Tode nicht viel entnehmen, doch die Tatsache der regen Anteilnahme der Bevölkerung an ihrem Tod lässt darauf schließen, dass sie beliebt war.[566]

Doch neben der Trauer um den Tod der Schwester hat die Mitschwestern und die Mitglieder der Gemeinde auch die Tatsache betrübt, dass die Stelle der Krankenschwester in Kemmern nicht mehr wieder besetzt wurde. In der Chronik des Schwesternkonventes der Dillinger Franziskanerinnen in der Gemeinde Kemmern wird dazu bemerkt, dass eine Nachfolgerin nicht mehr geschickt werden kann.[567] Eine Befragung der ehemaligen Provinzoberin Schwester M. Clementine gibt Auskunft über die Gründe hierfür:

> „Als die Krankenschwester Luitfrieda im Krankenhaus lag, hat die damalige Oberin des Schwesternkonventes in Kemmern, Schwester Reginharda, bei Schwester Clementine angefragt, ob sie dem Konvent in Kemmern wieder eine Krankenschwester schicken könne, da die Schwestern die ambulante Krankenpflege dort seit 1927 führten. Wenn es nicht möglich sei, eine Krankenschwester zu schicken, dann müsse man die ambulante Krankenpflege aufgeben, da die dortigen Schwestern diese

Aufgabe nicht übernehmen könnten. Doch Schwester Clementine konnte diese Bitte der Oberin von Kemmern nicht mehr erfüllen, ‚denn ich hatte keine ambulante Krankenschwester zur Verfügung, die ich hätte nach Kemmern schicken können'. Also mussten die Schwestern die ambulante Krankenpflege wohl oder übel aufgeben."[568]

Somit war 1970 das erste der Tätigkeitsfelder der Schwestern in Kemmern aufgehoben worden. Da nun Kemmern keine Krankenschwester mehr hatte und die Gemeinde auch ohne ortsansässigen Arzt war, bat Pfarrer Götz in seiner Predigt bei den Beerdigungsfeierlichkeiten von Schwester M. Luitfrieda Graser die weibliche Jugend, für den Dienst am Nächsten soziale Berufe zu ergreifen.[569] Auch anhand dieser Aufforderung wird deutlich, wie wichtig die Krankenschwester für eine ländliche Gemeinde wie Kemmern war – sie hinterließ nicht nur eine Lücke in der Krankenversorgung, sondern der Bevölkerung fehlte eine wichtige vertrauenswürdige Gesprächsperson, die jederzeit, wenn sie gerufen wurde, zu ihnen in die Familie kam und sich dort der Probleme der Menschen annahm. Bei einer Befragung von Pfarrer Georg Götz im August 2002 bezeichnete er den Abbau der ambulanten Krankenpflegestation als großen Verlust für die damalige Bevölkerung:

> „Viele Leute kamen zu mir ins Pfarrhaus und meinten: „Herr Pfarrer bitte sprechen sie mit den Schwestern in Dillingen, damit sie uns wieder eine Krankenschwester schicken mögen!" Ich sagte zu Ihnen: „Ich könnte hier auch nichts machen, denn wenn der Orden eine Krankenschwester hätte, dann würde er sicher eine nach Kemmern schicken!" In dieser Forderung der Bevölkerung spiegelt sich das große Vertrauen, das die Krankenschwester bei der Bevölkerung damals genoss.[570]"

5.4 Entwicklung der medizinischen Versorgung

Bereits zu Beginn der siebziger Jahre war das ärztliche Versorgungsnetz auch auf dem Lande sehr gut ausgebaut. Bei Krankheiten holte man sofort den Arzt, der relativ schnell kam, sobald er gerufen wurde. Auch gab es in Bayern auf dem Land bereits ein funktionierendes Rettungssystem.[571] Durch diese Neuerungen ließ die medizinische Bedeutung der Krankenschwester in der Gemeinde nach. Für die alten Leute der Gemeinde ist dies allerdings ein Nachteil gewesen, da die Krankenschwester ja nicht nur die medizinische Grundversorgung leistete, sondern vor allem bei der Altenbetreuung menschliche Zuwendung gab und mit den Angehörigen sprach. Zwar konnte sie immer nur die notwendigsten Hilfestellungen leisten, denn oft fehlte ihr das medizinische Grundwissen und sie musste gemäß ihren Ordensregeln immer wieder sofort in ihre Konventsgemeinschaft zurückkehren, doch sie pflegte trotzdem eine innige Beziehung zu den Kranken, indem sie mit ihnen betete oder ihnen psychologisch oder seelsorgerisch zur Seite stand[572]. Die Krankenschwester kannte die Leute und konnte entsprechend auch über Privates und Religiöses mit ihnen sprechen.

Dies hat den älteren Menschen jenen geistlichen Halt gegeben, der im heutigen Gesundheitssystem oftmals zu kurz kommt. In dieser Hinsicht erfüllten die Ordensfrauen auch die Funktion einer Art „geistlichen Therapeutin in der Gemeinde". Im modernen Gesundheitswesen geht es vor allem um eine sofortige Hilfe für den Menschen, die sich aber meistens auf den Schutz vor dem Tod oder auf die Linderung von Schmerzen beschränkt, wobei sich hier der Zeit- und Kostenfaktor meistens ungünstig auf die seelische Betreuung der Kranken auswirkt.[573] Allenfalls gibt es noch das Angebot der Krankenhausseelsorge, das diesen Bereich abdeckt. Das Betätigungsfeld der Schwestern war weitreichender, denn darunter fiel auch die Pflege der Alten, die heute von Pflege- und Altenheimen übernommen wird. Zu früheren Zeiten konnten pflegebedürftige alte Menschen oft schon aus finanziellen Gründen nicht ins Altenheim gebracht werden, denn die Absicherung durch Versicherungssysteme bestand noch nicht. Gab z. B. in der Gemeinde Kemmern eine Familie einen Angehörigen in ein Altersheim in die Stadt Bamberg, so konnte es durchaus vorkommen, dass das gesamte Erbe der zu pflegenden Person oder der Verwandten für die Finanzierung der Heimkosten aufgebracht werden musste. Bis der Staat in solchen Fällen einsprang, mussten oft die Kinder noch für ihre Eltern zahlen. Da ihnen dies oft nicht möglich war, stellte die Präsenz einer Krankenschwester eine große Erleichterung dar, da durch sie die Unterbringung in einem Heim vermieden werden konnte[574].

Von 1990 bis 2000 hat sich die ärztliche Versorgung in der Gemeinde Kemmern sehr verbessert. Seitdem gibt es in der Gemeinde nicht nur einen Allgemeinarzt, sondern auch einen Zahnarzt und eine Apotheke. In der Nachbargemeinde Breitengüßbach existiert eine von der Caritas getragene ambulante Krankenpflegestation, an der weltliche Krankenschwestern arbeiten. Allerdings erfolgt die Arbeit nach einem strikten Zeitlimit, so darf z. B. das Baden eines älteren Menschen nicht länger als 30 Minuten in Anspruch nehmen. Für Gespräche bleibt in diesem schematisch festgelegten Rhythmus keine Zeit.[575] Hier hebt sich die ambulante Ordenskrankenschwester ganz deutlich von der weltlichen Krankenschwester ab. In der Kommerzialisierung liegt der entscheidende Unterschied zu der früheren ambulanten Krankenpflegestation in den Gemeinden.[576]

6. Die „Neue Zeit"

Im folgenden Teil der Arbeit sollen die Auswirkungen des Nationalsozialismus in der Gemeinde Kemmern dargestellt werden. Nach einer allgemeinen Einführung werden die speziellen Verhältnisse in Kemmern aufgezeigt, wobei der Schwerpunkt der Darstellung auf die Entwicklung der Schwesternkommunität gelegt wird.

6.1 Die Zeit des Nationalsozialismus

Wenn vom Nationalsozialismus die Rede ist, bezieht man sich in der Regel auf eine abgeschlossene Epoche, die 1933 begann und 1945 endete. Zur Geschichte des Nationalsozialismus gehören aber auch die Jahre der völkisch-nationalen Verengung des politischen und gesellschaftlichen Denkens der Weimarer Republik wie auch die Phase des politischen Aufstiegs der „Glaubens- und Kampfbewegung"[577] in der Zeit von 1929 bis 1930. Erst unter diesen Voraussetzungen war für Adolf Hitler die Machtübernahme am 30. Januar 1933 möglich. Mit der bedingungslosen Kapitulation am 8. Mai 1945 endet die Geschichte des Nationalsozialismus nicht gänzlich. Zwar war nach diesem Tag die Gewaltherrschaft endgültig zu Ende und die Auflösung des NS-Regimes von den Besatzungsmächten durchgesetzt worden, aber die Funktionsträger der Partei, die Industriellen, die Beamten und die vielen Mitläufer des Regimes sowie die kleinen Helfer der Partei in der Bevölkerung wurden im Nachkriegsdeutschland häufig wieder in Amt und Würden gesetzt.[578]

Auch wenn es angesichts der unwiderstehlich erscheinenden Dynamik der nationalsozialistischen Massenbewegung im Rückblick scheinen mag[579], als habe es einen zwangsläufigen Weg von der Niederlage 1918 über die Krisen der Weimarer Republik zur deutschen Katastrophe gegeben, so muss gesagt werden, dass die historische Entwicklung viel offener war. Die Einbahnstraße zur totalitären Herrschaft Hitlers gab es nicht.[580] Dennoch war zur Jahreswende 1932/33 der Weg zurück zur Weimarer Demokratie völlig versperrt und so stand nur noch die Entscheidung zwischen einer Fortführung des autoritären Konzepts in Form einer Art Präsidialregierung oder einer Übertragung der Regierungsgewalt an den charismatischen[581] Mann, der sich selbst den Titel „Führer" gab,[582] offen. Ein großer Teil der Bevölkerung war sich noch kurz vor dem 30. Januar 1933 darüber einig, dass Hitler und seine totalitäre Massenbewegung keine Gefahr für den Staat seien. Es waren Fehleinschätzungen seitens der Berater um Papen und der wachsende Druck der Wirtschafts- und Staatskrise der Jahre 1930 bis 1933, die den Nationalsozialisten den Weg zur Macht ebneten.[583] Nach der Machtübernahme bildeten sich immer wieder Schlüssel- und Knotenpunkte wie beispielsweise die so genannte Röhm-Affäre[584] am 30. Juni 1934, die aus einer Vielzahl von miteinander verflochtenen Ursachen, widersprüchlichen[585] Interessen und Zufällen gezielt entstand und die in der Folge des weiteren Verlaufs der Machtsicherung des Regimes prägend waren. Dies alles waren Konstellationen, die gepaart mit vorherigen kurzsichtigen Fehleinschätzungen und einer gehörigen Portion Anpassungsbereitschaft – vor allem von traditionellen Macht- und Interessengruppen aus Beamtentum, Militär und Großindustrie – eine eigene, bis dahin unbekannte Dynamik entwickelten. So wurde aus dem ideologisch motivierten Machteroberungswillen einer Massenbewegung zum Jahresende 1932 eine „pseudo-revolutionäre" Macht, die einen neuen Staat kreieren wollte.[586] Nur ein halbes Jahr später berichtete der französische Botschafter[587] in Berlin seiner Regierung in Paris von einer Rede Adolf Hitlers vom 1. Juli 1933, in der dieser den erfolgreichen Abschluss seiner nationalen Revolution und den Übergang zu einer neuen Phase der nationalsozialistischen Herrschaft erklärte. In der Tat konnte sich Hitler rühmen, alles, was in Deutschland außerhalb der Partei organisiert war, eliminiert, zerstreut oder angegliedert zu haben. François-Poncet schreibt in seinem Bericht:

> „Eine unerbittliche Zensur hat die Presse vollständig gezähmt [...]. Hitler beherrscht die einzelnen deutschen Länder durch die Statthalter, die er an ihre Spitze gestellt hat. Die Städte werden von jetzt an verwaltet durch Bürgermeister und Stadträte seiner Anhängerschaft. Die Regierungen der Länder und die Landtage sind in den Händen seiner Parteigänger. Alle öffentlichen Verwaltungen wurden gesäubert. Die politischen Parteien sind verschwunden."[588]

Das von Hitler vorgelegte Tempo überraschte die Zeitgenossen und drängt bis heute die Frage auf, wie in einer so kurzen Zeit ein nicht etabliertes System von Parteien und Verbänden, von Verwaltungen und Parlament auf einmal zusammenbrechen konnte. Hitlers Machtstellung gründete auf der Zustimmung der Masse, deren Bedürfnis nach Heroismus und Größe, nach Hingabe und Sendungsbewusstsein er erfüllte.[589] Vielen gesellschaftlichen Gruppen, ebenso wie den Kirchen, war es nicht mehr gelungen, den Menschen Rückhalt in wirtschaftlich und politisch schwierigen Zeiten zu geben. Nun versprachen sie sich von dem neuen Regime nicht nur Verständnis, sondern auch schnelle Besserung ihrer Situation. Je ärmer die Menschen waren, desto verlockender schienen die Wahlversprechen der Nationalsozialisten. Im Folgenden wird untersucht werden, wie sich die Lebensbedingungen für die Bevölkerung in Kemmern in diesen Jahren änderten und welche Auswirkungen der Regierungsantritt eines kirchenfeindlichen Regimes auf die Praxis des katholischen Glaubens in Kemmern hatten.

6.2 Landwirtschaftspolitik der Nationalsozialisten
Vor der Machtergreifung erhielten die Nationalsozialisten starke Unterstützung auch durch die Bauern in ganz Deutschland.[590] Trotz der ersten Zustimmung und den Versprechen der Nationalsozialisten, dem Bauernstand eine bessere Zukunft zu gewähren, ist der Bauer der eigentliche Verlierer der Blut-und-Boden-Politik des Dritten Reiches. So gab es für die Bauern keine Re-Agrarisierung der deutschen Gesellschaft.[591] Hervorstechende Symbolfiguren der Propaganda des Dritten Reichs waren der Krieger und der Ackermann, wobei der Ackermann zu einer tragenden Figur des Reichsnährstandes erklärt wurde. Obwohl die Hervorhebung des Bauernstandes als Ernährer der Nation nicht über die tatsächlichen Zwänge der staatlichen Wirtschaftslenkung und Agrargesetzgebung hinweg half, blieben die Bauern die „Lieblingskinder"[592] der NS-Propaganda. Ein führender Verfechter der „Blut-und-Boden-Ideologie"[593] war Walther Darré[594], der in seinen zahlreichen Schriften zum neuen „Adelsbauerntum"[595] aufforderte.

Solche Verheißungen und das Versprechen eines effektiven Bauernschutzes hatten genügt, um in der frühen Phase des Nationalsozialismus große Sympathien für die NSDAP zu sichern. Zielstrebig wurden in der ersten Zeit nach der Machtergreifung protektionistische Maßnahmen zu Gunsten des Großbauerntums verabschiedet. Gleichzeitig vermittelte die Propaganda den Bauern das Gefühl, dass ihre „Nöte gesehen und bekämpft würden[596]." Nach dem 30. Januar 1933 wurden alle landwirtschaftlichen Organisationen gleichgeschaltet und unter dem Zwangsverband des Reichsnährstandes[597] zusammengefasst. Der Reichsnährstand war nach außen weiterhin eine Selbstverwaltungskörperschaft des öffentlichen Rechtes und eine berufsständische Einheitsorganisation, tatsächlich war er aber ein Organ des Staates, ein Instrument zur Sicherung und Steigerung der Lebensmittelproduktion. So entstand ein Mammutsyndikat von Genossenschaften, Wirtschaftsvereinigungen und Fachämtern, die in ihren Betrieben alles vom Getreide bis zum Puddingpulver, vom Fleisch und Fisch bis Öl und Margarine, vom Käse bis zum Bier herstellten. Kaschiert wurde das Ganze durch völkische Rhetorik, die ihren alljährlichen Höhepunkt beim Reichs-Erntedankfest auf dem Bückeberg fand.[598] Bei Erntekrone und Volkstanz beschloss das Regime ein Festpreissystem für Brotherstellung, Getreideherstellung sowie für Milchproduktion.[599] Die Krönung der „agrarromantischen Ideologie"[600] war das Reichserbhofgesetz[601], welches den Verkauf von mittelbäuerlichem Landbesitz bis auf eine Fläche von 125 Hektar verbot. Der Großgrundbesitz allerdings war davon ausgenommen. Der einzelne Landwirt sollte an seine Scholle gebunden werden, wobei festgelegt wurde, wer sie überhaupt behalten durfte. Denn Bauer eines so genannten Erbhofes durfte nur sein, wer „deutschen oder stammesgleichen Blutes"[602] war. Ferner durfte der Erbhof nur ungeteilt auf einen Nachkommen vererbt werden, außerdem war der Verkauf des Hofes ebenso verboten wie die Belastung mit einem Kredit. Die Bilanz der agrarpolitischen Bemühungen waren zum Teil erfolgreich, auch wenn die hoch gesteckten Erwartungen nicht erfüllt werden konnten. Der Anteil der Selbstversorgung des deutschen Volkes konnte vom Beginn der Machtergreifung durch die Nationalsozialisten von 68 Prozent auf 83 Prozent bis zum Beginn des Krieges gesteigert werden.

Steigerungen erzielte man z. B. bei der Produktion von Brotgetreide, Hülsenfrüchten, Eiern, Fetten und Kartoffeln. Die Ernährungsbilanz bei Fetten, Futtermitteln, Hülsenfrüchten und pflanzlichen Ölen war dennoch immer defizitär.[603] So klafften Anspruch und Wirklichkeit mitunter weit auseinander. Das galt von so genannten Lenkungsvollmachten bis hin zu den Autarkiezielen zu Beginn des Krieges, welche nur annähernd erreicht wurden. Dies alles ging nicht an der Volkswirtschaft vorbei, auch wenn dem Regime ein geschicktes Manöver gelang:

Die Nachfrage der Bevölkerung nach Mangelwaren wurde auf solche Güter umgelenkt, die massig vorhanden waren und in der Heimat produziert werden konnten. Ehemals hochwertige Produkte wurden meist im Kampf „Erzeugungsschlacht gegen Rüstungsschlacht"[604] durch Produkte geringerer Qualität ersetzt.

„Nicht Butter und Kanonen, sondern Kanonen und Margarine und Vierfruchtmarmelade konnte das Regime hinfort bieten. [...] Die deutschen Ernährungsgewohnheiten (blieben) trotz des staunenswerten Aufschwungs bescheiden. [...] Aßen die westeuropäischen Nachbarn mehr Fleisch, Weißbrot und Zucker und Eier, kamen in Deutschland vor allem Kohl, Roggenbrot, Kartoffeln und Margarine auf den Tisch."[605]

Trotz des Versuches, durch Gesetze die Bauern klassenlos an das System zu binden, kam es immer wieder zu neuen Rivalitäten und Konflikten zwischen Bauern und Arbeitern, die unterschwellig auch weiterwirkten. Die alten Klassenspannungen blieben also bestehen.[606]

Auch das von der Landwirtschaft dominierte Kemmern erfuhr in dieser Zeit keine Förderung, wie viele der Bauern sie wohl erwartet haben dürften. An der Armut in der Gemeinde änderte sich nichts. Zwar wollten die Nationalsozialisten auch hier tonangebend sein, waren dabei aber eher destruktiv (bezüglich des katholischen Milieus) als konstruktiv, wie im Folgenden gezeigt werden wird. Der allgemeinen Einführung in den Nationalsozialismus schließt sich nun eine Beschreibung jener Personen an, die auf kirchlicher sowie auf weltlicher (d. h. vor allem nationalsozialistischer) Seite das Geschehen in Kemmern beeinflusst haben.

6.3 Erzbischof Jakobus von Hauck und der Nationalsozialismus

Die Bedeutung Jakob von Haucks für Kemmern im Nationalsozialismus besteht in seiner Funktion als Erzbischof von Bamberg von 1912–1943. Als solcher war er auch für das Gemeinde- und Ordensleben in Kemmern die oberste Instanz. Geboren wurde er 1861 in Miltenberg am Main als Sohn eines Stadtkämmerers. Er studierte in Würzburg und wurde ab 1898 Stadtpfarrer von St. Elisabeth in Nürnberg, der größten Pfarrei Bayerns mit 46.000 Seelen, zu deren Pastorisierung er bis zu elf Kapläne hatte. Zugleich war er Dechant des etwa ein Drittel der Bamberger Bistumsangehörigen umfassenden Dekanats Neukirchen am Sand und hierdurch mit den Verhältnissen in seinem Sprengel bereits bei Regierungsantritt bestens vertraut.[607]

Aufgrund seiner betont monarchistischen und nationalen Gesinnung stand Erzbischof Hauck dem Nationalsozialismus zunächst gedämpft optimistisch gegenüber und suchte Härten zu vermeiden. Nach dem Reichskonkordat gab er in einem Brief an Hitler seiner „Erwartung Ausdruck, dass nunmehr die nicht wenigen Übergriffe auf kirchliche Einrichtungen aufhören möchten[608]." Als einziger aller bayerischen Oberhirten ließ er im Anschluss an alle Pfarrgottesdienste am 17. September 1933 ein Te Deum singen.[609]

> „Dank an Gott für den Abschluss des Reichskonkordats und zur Erflehung des göttlichen Segens für das glückliche Gelingen des Friedenswerkes, in dem sich Staat und Kirche zu einträchtigem Zusammenwirken gefunden haben."[610]

Dies lässt sich im Verkündbuch des Kemmerner Pfarrers Albert nachweisen, wobei er dies an einigen Sonntagen im Jahr 1934 erwähnt, an anderen Sonntagen findet man keinen Eintrag.[611]

Hitler zeigte seine harte antiklerikale Haltung nicht sofort nach Regierungsantritt, er strebte jedoch schon von Anfang an, und zwar im Januar 1934, danach, den Klerus zur loyalen Mitarbeit im neuen Staat zu ermahnen. Rasch durchschaute Jakobus die eigentlichen Absichten des Regimes und legte bei den vorgesetzten Stellen gegen die Zerschlagung der katholischen Organisationen entschiedenen Protest ein. Er wandte sich gegen die Unterdrückung der katholischen Bekenntnisschule (1937/38), gegen die Konfiszierung ihres Vermögens, gegen den Ausschluss der Geistlichen und Ordensfrauen vom Schuldienst (1937), womit auch die Schwesternkommunität Kemmern betroffen war, und gegen die Entfernung der Kreuze aus den Schulen (1941).[612] Weiterhin sprach er sich gegen die Liquidierung des St. Otto-Verlages aus, nur weil dort die päpstliche Enzyklika „Mit brennender Sorge"[613] gedruckt worden war. Er stand zwar oft auf verlorenem Posten, doch es gelang ihm immerhin, dass die in der Fastenzeit 1941 kurzfristig erlassenen Aufhebungsbefehle für die Klöster der Bamberger Franziskaner und Karmeliten zurückgenommen wurden.[614] Ferner warnte er seine Priester mit Nachdruck vor glaubensfeindlichen Bestrebungen und hielt sie zu bekennerhaftem Auftreten an.[615]

Dem Klerus riet er allerdings, sich nicht zu weit vorzuwagen: „Ich habe kein Interesse", sagte er Anfang 1938, „euch eingesperrt zu sehen. Was ihr also auf der Kanzel sagt, das überlegt euch gut. Ich brauche Priester draußen, aber nicht im Gefängnis."[616] Im Kreise seiner Bischofskollegen gelang es Hauck, manche gefährliche Spannung zu glätten. Sein Ziel war es immer, dass die kirchlichen Kräfte dem übermächtigen Gegner in einer Einheitsfront gegenüberstehen.[617]

Daraus lässt sich erschließen, dass er die einzelnen Vorgänge um Priester, Ordensleute und Schwestern nicht guthieß, sich aber auch nicht in der Lage sah, offensiv dagegen vorzugehen. Als im Dezember 1939 die Oberin Schwester M. Synkletia durch die Ordensleitung in Dillingen aus der Schwesternkommunität Kemmern abberufen wurde, wusste wohl auch der Erzbischof um die Gründe, dies kann allerdings nicht durch Quellen belegt werden, da im Archiv der Dillinger Franziskanerinnen keine Belege mehr vorhanden sind und diese Angelegenheit wohl nur im Forum Internum besprochen worden ist.[618] Dafür, dass die Versetzung mit dem Brief in Verbindung gestanden haben muss, spricht die Tatsache, dass in der Pfarrei die Versetzung der Ordensfrau ohne Ankündigung erfolgte, um bei der Bevölkerung Kemmerns keine Proteste auszulösen. Schwester M. Synkletia war nämlich durch ihre Tätigkeit in der Kommunität und durch ihre Persönlichkeit innerhalb der Bevölkerung Kemmerns sehr bekannt[619].

Bischof Jakobus bemühte sich stets, die Apostolische Nuntiatur in Berlin oder auch den Heiligen Stuhl selbst über die Entwicklung der kirchlichen Lage in seinem Erzbistum auf dem Laufenden zu halten. Dies geschah überwiegend per Kurier, weil er von den permanenten Verletzungen des Postgeheimnisses wusste, so wurde seine seelsorgerliche Tätigkeit sowie seine Predigten durch die Gestapo seit 1933 ständig überwacht.[620] Er starb am 23. Januar 1943 im Alter von 81 Jahren und zählt zu den größten Bischöfen „die Bamberg seit der Gründung des Bistums geschenkt worden sind[621]," wie sein Weihbischof und Nachfolger Joseph Otto Kolb in der Gedächtnisrede für seinen Vorgänger herausstellte. Dieser war von 1943 bis 1955 Erzbischof von Bamberg[622].

6.4 Die NSDAP übernimmt die Macht –
Bürgermeister Pius Kraus

Zur Zeit der Machtergreifung Adolf Hitlers hatte Balthasar Neumann das Amt des ersten Bürgermeisters in Kemmern inne und im Gemeinderat hatte die bürgerliche Gruppe mit sechs zu zwei Stimmen die Mehrheit[623]. Die restlichen zwei Stimmen waren Anhänger der Nationalsozialisten, die in anderen Gemeinden oder in Bamberg Parteimitglieder waren, weil es zu dieser Zeit in Kemmern noch keine eigenständige Nationalsozialistische Partei gab[624].

Mit der Machtübernahme Hitlers in Berlin war für die Bevölkerung Kemmerns zunächst noch keine besondere Veränderung im gesellschaftlichen Leben zu erkennen. Zwar läuteten in der Gemeinde die Glocken und die Bevölkerung versammelte sich auf dem Dorfplatz, wobei nicht mehr nachgewiesen werden kann, wer dafür die Verantwortung trug[625]. Im Verkündbuch von Pfarrer Georg Albert fand sich dazu kein Eintrag, daher kann man davon ausgehen, dass dies auf Initiative von Anhängern der Nationalsozialistischen Partei geschah[626].

Über die Gründung und die Aktivitäten der NSDAP in Kemmern sind nur noch wenige Quellen vorhanden. In dieser Zeit spielte die Person des Bürgermeisters Pius Kraus eine wichtige Rolle. Er wurde am 4. Mai 1893 in Ansbach geboren und wuchs in Nürnberg auf. Von 1921 bis 1926 war er bei der Polizei in Nürnberg beschäftigt. Wegen Krankheit wurde er vorzeitig in den Ruhestand versetzt und zog 1927 nach Kemmern, wo er 1931 Mitglied der NSDAP in Bamberg wurde und sie in Kemmern vorantrieb[627].

Aufgrund des gefestigten katholischen Milieus taten sich zu Beginn des Jahres 1933 die Nationalsozialisten schwer, genügend Mitglieder für ihre Partei zu finden. Dies änderte sich erst, als im November bzw. Anfang Dezember 1933 der bisherige Bürgermeister Balthasar Endres vom nationalsozialistischen Regime Bamberg abgesetzt wurde. Auch der bestehende Gemeinderat wurde aufgelöst und Pius Kraus zum Bürgermeister Kemmerns ernannt[628].

Seine Rolle bei der Umsetzung des nationalsozialistischen Gedankengutes in Kemmern war angeblich nicht besonders groß, da er nach Kriegende mit der Begründung entlastet wurde, dass er nicht aus der Kirche ausgetreten war und an Parteiveranstaltungen nur teilgenommen hat, wenn es sein Amt als Bürgermeister verlangte.[629] In seiner Amtszeit kam es außerdem dreimal gegen ihn zu Untersuchungen. Grund dafür war, dass er auch weiterhin in jüdischen Geschäften eingekauft hat. Ferner hätte er sein Haus von Juden bauen lassen.[630] In einer vom Gauamt geforderten Beschreibung über Herrn Kraus nahm Ortsgruppenführer A. Albrecht persönlich Stellung, indem er ihn entlastete.[631] Ferner sei Kraus nicht vorbestraft, führe ein mäßiges Leben und sei auch kein Trinker und Spieler.[632] Am 12. Juni 1945 bat Bürgermeister Kraus aufgrund seiner psychosomatischen Beschwerden, ausgelöst durch die „letzten weltverändernden Ereignisse,"[633] um seinen Rücktritt.

Kraus und die Räumung des Schwesternkonventes

Kraus handelte im Sinne des Nationalsozialismus, als er für die Entfernung der Schwestern aus dem Schuldienst sorgte. So heißt es in einem Schreiben vom 28. Oktober 1938:

> „Dem Antrag des Bürgermeisters an die Gauleitung wird stattgegeben. Der Abbau aller klösterlichen Lehrkräfte samt Räumung des Gebäudes hat nunmehr auch tatsächlich bis 15. November 1938 zu erfolgen."[634]

Kraus setzte damit eine Weisung des Staatsministeriums um, die in einem Schreiben der Regierung von Ober- und Mittelfranken an die Bürgermeister der Städte und Dörfer der bayerischen Ostmark sowie an die Pfarrer der Gemeinden, die Oberinnen der betreffenden Konvente und an die Ordenshäuser der unterschiedlichen Kongregationen ergangen ist.[635]

Eilig schienen es die Kemmerner mit der Umsetzung der Weisung jedoch nicht gehabt zu haben. Am 17. Januar 1938 berichtet Kraus beschwichtigend an das Bezirksamt Bamberg, dass der Abbau der klösterlichen Lehrkräfte der Gemeinde keine besonderen Schwierigkeiten machen würde.[636] Dies entsprach allerdings nicht den Tatsachen, denn die Ordensschwestern erhoben Widerspruch. Die Oberin Schwester M. Synkletia musste mehrmals von Bürgermeister Kraus gemahnt und aufgefordert werden, ihre Wohnung zu räumen, er drohte ihr sogar mit der sofortigen Zwangsräumung.[637] Der Auszug der Schwestern verzögerte sich auch durch den Umstand, dass bis zum Jahre 1939 keine anderen Lehrkräfte zur Verfügung standen.[638] Zudem gestaltete sich die Angelegenheit schwieriger als Bürgermeister Kraus gedacht hatte, da für die Schwestern erst ein neuer Wohnraum geschaffen werden musste.

Am 4. April 1938 teilte das Bezirksamt Bamberg der Gemeinde Kemmern mit, dass nach einer Regierungsentscheidung die Räumung der bisher von den Klosterschwestern bewohnten Dienstwohnung unbedingt bis zu Beginn des neuen Schuljahres erfolgt sein müsse.⁶³⁹ Am 20. Juni 1938 bestand das Bezirksamt schon nicht mehr auf der strikten Einhaltung dieser Frist, denn es wird im Schreiben nur noch nach einem Bericht verlangt, bis wann die Räumung erfolgen könne und ob mit dem Neubau des Schwesternhauses bereits begonnen worden ist.⁶⁴⁰

Der Bürgermeister musste daraufhin in einem Schreiben vom 23. Juni 1938 eingestehen, dass die Räumung mangels einer passenden Wohnung für die Schwestern noch nicht erfolgt sei. „Der Abbruch des vertauschten Gebäudes ist bereits vollendet und der Wohnhausbau der Kirchenstiftung dürfte im Laufe der nächsten Woche beginnen. Es wird damit gerechnet, dass das Wohnhaus bis 1. September 1938 bezugsfertig ist."⁶⁴¹

Das Bezirksamt Bamberg gab diese Auskunft weiter nach Ansbach und bat um „stillschweigende Terminverlängerung"⁶⁴² für die Räumung.⁶⁴³ Die Einschätzung von Bürgermeister Kraus und dem Bezirksamt bestätigte sich allerdings nicht. Am 14. September 1938 setzte die Regierung in Ansbach eine neue Frist. Das Gebäude müsse am 10. Oktober 1938 fertig sein und die Schwestern hätten bis dahin ihr gegenwärtiges Domizil zu räumen.⁶⁴⁴ Am 18. Oktober 1938 teilte Bürgermeister Kraus dem Bezirksamt mit, dass nun er seinerseits eine neue Frist gesetzt hat.⁶⁴⁵ Das bedeutete seiner Meinung nach, dass die Wohnung bis zum 1. Dezember 1938 beziehbar wäre.⁶⁴⁶ Die Regierung antwortete, dass die Räumung nun bis zum 15. November 1938 zu erfolgen hätte.⁶⁴⁷

Die angekündigte Zwangsräumung⁶⁴⁸ ist nie durchgeführt worden, obwohl die Ordensfrauen erst einen guten Monat später ausgezogen sind. Am 10. Dezember konnte Bürgermeister Kraus endlich dem Bezirksamt Bamberg melden: „Es ist vollbracht! Die Wohnung der klösterlichen Lehrkräfte ist nun endgültig geräumt."⁶⁴⁹ Noch am 2. Dezember 1938, einige Tage vor dem Auszug der Schwesternkommunität, reagierte Oberin Schwester M. Synkletia mit einem Protestbrief sehr heftig auf die Schreiben des Bürgermeisters Kraus. Sie spricht den Bürgermeister nicht mit Namen an und schreibt ganz unpersönlich, wodurch sie sich und ihre sechs Mitschwestern mit diesem Schreiben in große Gefahr brachte, derer sie sich wahrscheinlich gar nicht bewusst war.

Man kann dieses Schreiben nur verstehen, wenn man weiß, dass sie den Schutz der Bevölkerung und des Pfarrers genoss. Sie schätzte die politische Lage nicht richtig ein, denn sie glaubte nicht, dass die Maßnahme ein Anliegen Hitlers war und in den Plan der Gestaltung des Dritten Reichs gehörte, dem sie eigentlich vertraute, wie ein Schreiben verdeutlicht, in dem sie die Regierung in Schutz nimmt. Sie wollte den Bürgermeister in ihrem Protestbrief auf einige Punkte aufmerksam machen und ihn auch politisch belehren. Er umfasst vier Seiten, bezieht sich auf das Reichskonkordat vom 20. Juli 1933 und ist in drei Punkte untergliedert, wobei sie im ersten Punkt die Situation der Gemeinde darlegt und sofort Bezug auf das Konkordat nimmt: „Wir Schwestern im Schuldienst hören immer, daß Sie für uns auf Wohnungssuche sind. [...] Mein Abbau [...] steht zwar auf dem Papier, aber Hitler hat das Konkordat unterschrieben, das dem weltl. und klösterl. Lehrpersonal gleiche Rechte einräumt."⁶⁵⁰

Mit energischem Unterton schreibt sie weiter „Warum wollen Sie ihn zwingen, sein gegebenes Wort zu brechen! Sie arbeiten ja Hitler direkt entgegen."⁶⁵¹ In Punkt 2 und 3 beschreibt sie die Gründe, warum sie das Recht habe, mit ihrem Konvent am selben Ort zu bleiben. Sie erwähnt die Gründung durch Pfarrer Gottfried Arnold im Jahre 1890 sowie die neu errichtete dritte Schulstelle, die ihrem Konvent durch ein Genehmigungsschreiben des Bayerischen Staatsministeriums für Kirchen- und Schulangelegenheiten im Jahre 1929 gewährt worden war. Als drittes Argument für ihr Bleiben nennt sie, dass auch die Eltern dies befürworten, da die Schwestern ja „nicht gegen, sondern für"⁶⁵² sie da seien. Dabei bemerkt sie, dass „das Dritte Reich doch ein Rechtsstaat sein will!"⁶⁵³ und verweist auf ihre einjährige Kündigungsfrist sowie auf den Zeitraum von drei Jahren, in dem der Abbau geschehen soll.

„Da braucht man doch nicht bei den Ersten sein. Ein Schaden bin ich nicht für die Gemeinde! Vorstehendes möge Herrn Bürgermeister den Gemeinderäten mitteilen, bitte! Und ich hoffe, daß die Herren so viel Mut aufbringen, daß sie sich für ihre Schwestern als ihre Volksgenossen im rechtlichen Sinne einsetzen! [...] Dann mögen die bolschewistischen Elemente zum Dank für das gesegnete Wirken der Schwestern dahier – sie abbauen. Heil Hitler!"⁶⁵⁴

Der Originalbrief von Schwester M. Synkletia befindet sich nicht mehr in der Akte Kemmern⁶⁵⁵, aber eine Abschrift des Briefes in der Akte der Gemeinde Bischberg⁶⁵⁶. Dies lässt sich wie folgt erklären: Bürgermeister Kraus leitete den Brief an das Bezirksamt Bamberg weiter, wo eine Abschrift in der Akte Bischberg abgelegt wurde, weil die Weiterleitung über Bischberg erfolgte und darum der dortige Bürgermeister, Herr Ley, eine Abschrift erhielt⁶⁵⁷. Er leitete diesen Brief weiter an die Geheime-Staatspolizei-Stelle München, welche sich des Falles annahm. Das Verfahren wurde allerdings eingestellt, denn Schwester Oppelt sprach sich ja nicht direkt gegen Hitler und das Regime aus. Zwar ist zwischen den Zeilen Kritik zu lesen, aber diese war aus Sicht des Amts nicht belegbar. So heißt es im Resümee, dass bei der Schwester, die als „eigensinnige, rechthaberische und streitsüchtige Person" bewertet worden war, von einer „Spezialbehandlung" abzusehen sei.[658]

Nach Ansicht der Nationalsozialisten und des Bezirksamtes Bamberg hätte das Verschwinden einer solchen Respektsperson zu großem Aufsehen in Kemmern geführt[659]. Daher erhielten Schwester M. Synkletia sowie auch die Meisterin der Ordensgemeinschaft weder von Bürgermeister Pius Kraus noch vom Bezirksamt Bamberg auf ihr Schreiben eine Antwort[660]. Die Ordensleitung erkannte die Gefahr und versetzte Oberin Schwester M. Synkletia im Dezember 1939. Aus Befragungen von Bürgern lässt sich entnehmen, dass Schwester M. Synkletia in den Jahren nach dem Zweiten Weltkrieg zu verschiedenen Personen aus Kemmern, die sie in der Schwesternkommunität Sendelbach besuchten, sagte, dass die Entlassung aus dem Schuldienst und die Räumung des Schulgebäudes ihr viel Angst, Sorge und Kummer bereitet hätten, aber noch viel härter sei für sie die sofortige Versetzung durch die Ordensleitung nach Neukirchen Hl. Blut ein Jahr später gewesen.[661]

6.5 Die Sorge Pfarrer Heinkelmanns um den Erhalt des Konventes

Der kirchlichen Gemeinde wurde bereits am 12. Oktober 1936 durch ein Schreiben der Regierung von Oberfranken und Mittelfranken angekündigt, dass zum 1. Januar 1937 alle klösterlichen Lehrkräfte durch weltliche ersetzt werden sollten. Nachdem die Schwestern der Räumung nach zweiter Mahnung nachgekommen waren, hatte die Pfarrei Zeit genug, den Schwestern ein neues Konventsgebäude zu bauen. Die Grundsteinlegung fand im Jahr 1937 statt, die Fertigstellung des Gebäudes Mitte 1938. Die Chronik der Schwestern gibt Aufschlüsse über diesen Vorgang:

> „1938 Bescheid der NS-Regierung! An Ostern Entlassung der beiden klösterlichen Lehrkräfte Schw. M. Synkletia Oppelt und Schw. M. Reginharda Nehmer aus dem Schuldienst. Die Wohnung ist frei zu machen für die nachfolgenden Lehrkräfte. Das war traurig! Herr Pfarrer Heinkelmann bemühte sich mit der Kirchenverwaltung um die Beschaffung einer Wohnung für die Schwestern. Ihren Lebensunterhalt verdienten sich die Schwestern nun durch Stricken, Nähen, Waschen, Reinigung der Pfarrkirche und durch Übernahme des Organistendienstes. Herr Oberlehrer Bäumel verzichtete zu Gunsten der Schwestern darauf."[662]

Diese Darstellung aus der Konventschronik von Schwester M. Reginharda soll als Beispiel dienen, wie die historische Entwicklung der Ordensfrauen künftigen Generationen dargestellt wird. In der Aufzeichnung der Konventschronik fehlen grundlegende historische Informationen. Es wird nichts von einem Grundstückstausch zwischen politischer und kirchlicher Gemeinde erwähnt, ebenso wenig wie der Brief von Schwester M. Synkletia an den Bürgermeister. Als einzige Information wird in der Quelle der Zeitpunkt genannt, wann die Ordensfrauen ihren Schuldienst verlassen haben. Da die Schwestern nur an einer für sie positiven historischen Darstellung interessiert waren, veröffentlichten sie historische Ereignisse idealisierend mit emotionalen Empfindungen, so dass diese Quelle für eine historische Analyse wenig Interpretationsmöglichkeiten lässt.

Um den Konvent in der Gemeinde zu erhalten, kam es zwischen der politischen Gemeinde, deren Vertreter Bürgermeister Kraus war, und der katholischen Kirchenverwaltung und deren Vertreter, dem damaligen Pfarrer Adam Heinkelmann, zu einem Grundstückstausch. Getauscht wurde das Grundstück der Kleinkinderbewahranstalt gegen den Bauplatz, den die politische Gemeinde für einen Schulhausneubau vorsah.[663] Zunächst hatte sich die Kirchenverwaltung dazu entschlossen, von dem geplanten Grundstückstausch Abstand zu nehmen, auf einem neuen Grundstück die Wohnung für die Schwestern zu errichten und in dem zu diesem Zeitpunkt als Schulsaal genutzten Raum das Kinderheim fortzuführen.[664]

Sowohl die politische als auch die kirchliche Gemeinde setzen sich damit für den Erhalt der im Jahre 1890 gegründeten Schwesternkommunität ein. Die Schwestern mussten zwar aus dem Schuldienst ausscheiden, aber sie blieben in der Gemeinde präsent. Die Schwierigkeit, ein neues Konventsgebäude zu errichten, bewältigte Kraus, indem er auf ein Grundstück zurückgriff, das 1926 in den Besitz der politischen Gemeinde für die Erweiterung der Schule gekommen war, allerdings kam es nie zur konkreten Verwirklichung eines Schulhausneubaues. Nach dem ersten Vorstoß der katholischen Kirchenverwaltung verwirft diese bereits einen Tag später dieses Vorhaben und stimmt dem Tausch zu, so dass ein neues Haus für die Schwestern errichtet werden konnte.[665]

Es ist aus heutiger Sicht nicht nachzuvollziehen, warum die katholische Kirchenverwaltung anfangs das Angebot der Gemeinde zum Grundstückstausch ablehnt und dieses bereits einen Tag später doch annahm. Man kann sich dies möglicherweise dadurch erklären, dass die Finanzierung des Wohnhauses durch die katholische Kirchenverwaltung gesichert war, denn es gab noch den „Pfarrer Arnold'schen

„Mädchenschulfond" vom 14. März 1891 mit einer Grundsumme von 7250 Mark, wobei die Zinsen noch nicht berücksichtigt sind.[666] Das reichte für die Finanzierung aus. So heißt es im Sitzungsprotokoll der katholischen Kirchenverwaltung vom 2. Oktober 1938, dass Mittel aus dem Schulfonds Pfarrer Arnolds zur Verfügung gestellt werden sollten.[667]

Die letzte Finanzierungsquelle des Gründers des Schwesternkonventes erwies sich für die Pfarrei als Segen, denn ohne diese Geldmittel hätte das Wohnhaus nicht finanziert werden können. Dechant Pfarrer Gottfried Arnold hatte also den Konvent der Dillinger Franziskanerinnen in der Gemeinde nicht nur gegründet, sondern ihn auch auf lange Zeit finanziell gut abgesichert.[668] Der Protokollant der Kirchenverwaltung hat die Wohnung der Schwestern als Mesnerwohnung bezeichnet, damit nicht gleich in Erscheinung trat, dass man eine Wohnung für die Schwestern errichtet. Eine genaue Abrechnung über den Bau der Mesnerwohnung ist nicht mehr vorhanden, dabei fehlte anfangs im neuen Konventgebäude die Hauskapelle für die Ordensgemeinschaft.

Im Jahr 1940 feierten die Dillinger Franziskanerinnen unter diesen unerfreulichen Bedingungen ihr 50-jähriges Bestehen in Kemmern.[669] Hierbei trat Pfarrer Heinkelmann wiederum hilfreich in Erscheinung, denn zum Jubiläum richtete er im Schwesternhaus eine Kapelle mit Altar ein. Die Schwestern baten den Pfarrer darum, in dieser Kapelle das Allerheiligste aufbewahren zu dürfen. Die vorgeschriebene heilige Messe sollte von der Konventgemeinschaft des Karmelitenordens in Bamberg übernommen werden.[670]

„Heuer werden es 50 Jahre, dass in Kemmern eine Niederlassung der Dillinger Franziskanerinnen besteht, die zurzeit 6 Schwestern zählt. [...] Die Schwestern haben sich durch meine Hilfe eine Hauskapelle eingerichtet und bitten nun ehrerbietigst um die Erlaubnis, in derselben das Allerheiligste aufbewahren zu dürfen. Die PP. Karmeliten in Bamberg haben sich bereit erklärt, die vorgeschriebene wöchentliche hl. Messe zu übernehmen, da der Unterzeichnete es nicht verantworten könnte, für 6 Schwestern eine hl. Messe zu halten, während ca. 150 Kirchenbesucher (im Winter viel mehr) sie entbehren müssten."[671]

Der Bitte von Pfarrer Heinkelmann kam das Erzbischöfliche Ordinariat nach und so wurde die Seelsorge für die Schwestern von den Franziskanern auf die Karmeliten in Bamberg übertragen.[672] Seitdem gibt es bis zum heutigen Tage in der Pfarrei zwei unterschiedliche Aufbewahrungsstätten für das Allerheiligste: die Pfarrkirche und das Schwesternhaus[673].

6.6 Schulhausneubau unter den Nationalsozialisten

In einem Brief vom 7. März 1933 legte Bürgermeister Endres dem Bezirksamt Bamberg den Ratsbeschluss des Gemeinderats vor, laut dem für das Jahr 1933 ein neuer Schulhausbau vorgesehen ist.

„Zur Behebung des schon lange bestehenden Mangels an Schulräumen soll, wenn möglich, noch im Laufe des Jahres 1933 ein neues Schulhaus erbaut werden, das den gegenwärtigen und auf längere Zeit hinaus zu erwartenden Verhältnissen Rechnung trägt."[674]

Das Anwesen der Kleinkinderbewahranstalt wird als Bauplatz anvisiert. Von dem alten Bauernhaus gingen gesundheitliche Gefahren für die Kinder aus. Die Räume waren nicht nur eng, sondern auch feucht, wie im September 1933 noch einmal von der Kirchenstiftungs-Pflegschaft Kemmern[675] bekräftigt wird. Durch diese Gefahren zog die Kirchenstiftungs-Pflegschaft die Konsequenz, in Zukunft die entsprechenden Räumlichkeiten nicht mehr für die Notschule zur Verfügung zu stellen. Bis zum 1. April sollen die Räume freigegeben werden.[676] Die Gemeinde bat das Bezirksamt Bamberg um einen finanziellen Zuschuss für die Realisierung ihres Vorhabens.[677]

In einem Schreiben vom 18. Dezember 1933 teilte das Bezirksamt Bamberg Genaueres zu den Plänen des neuen Schulhauses mit. Der Bau sollte aus einem Schulsaal und den entsprechenden Nebenräumen bestehen, im ersten Stock sollte eine „erstklassige"[678] Lehrerwohnung eingerichtet werden. Geplant war, dass der Lehrer in diese Wohnung einzog und dass die Schwestern in dem alten Schulgebäude verblieben und so die Räumlichkeiten des Lehrers mitbenutzen konnten.[679] Es ist aus dem Brief des Bezirksamts Bamberg allerdings nicht ersichtlich, wer zu dieser Zeit offizieller erster Bürgermeister der Gemeinde war. Anfang Dezember 1933 muss ein Briefwechsel stattgefunden haben. Es sind darüber zwar keine Quellen vorhanden, doch das Schreiben des Gemeinderats vom 8. Dezember 1933 an das Bezirksamt Bamberg wurde eindeutig nicht mehr vom bisherigen Bürgermeister Endres, sondern von Bürgermeister Kraus[680] verfasst. Daher kann man vermuten, dass zehn Tage später im Bezirksamt Bamberg noch nicht geklärt war, wer jetzt letztlich als Bürgermeister durch die Nationalsozialisten in der Gemeinde eingesetzt werden sollte. Die Kirche war gegen die Rückgabe des Grundstücks an den Gemeinderat; dies könnte als Bedenken gedeutet werden gegen eine mögliche Vereinnahmung der Schule durch die Nationalsozialisten, die dort ihre eigenen Erziehungsvorstellungen verfolgt hätten. Der Regierungswechsel verursachte zunächst einmal einen Stillstand in dieser Angelegenheit, da abgewartet werden sollte, wie sich die Dinge in Kemmern entwickelten. Andreas Friedmann schrieb an das Bezirksamt Bamberg, weil der Gemeinderat in Bezug auf einen Zuschuss, den die Gemeinde für den Neubau des Schulgebäudes erhalten hätte können, untätig war.[681]

Die Quellen aus dem Jahr 1933 lassen darauf schließen, dass noch etliche Maßnahmen bezüglich des Projektes Schulhausneubau unternommen wurden, sowohl von Seiten der Gemeinde als auch von Seiten der Bezirksregierung. Die Pläne für das Schulhaus wurden von der Gemeinde gefertigt, mussten aber auf Weisung der Bezirksregierung umgearbeitet werden, obwohl die Finanzierungsfrage noch nicht geklärt war.[682] Parallel suchte die Gemeinde ein Grundstück, auf dem das Schulhaus gebaut werden konnte. Bürgermeister Kraus meldete am 18. Januar 1934 dem Bezirksamt Bamberg, dass der vorgesehene Bauplatz nicht groß genug war und man mit dem Besitzer des angrenzenden Grundstücks in Verhandlungen stand, der sich selbst nicht in Kemmern befände.[683] Trotz dieser Bemühungen der behördlichen Stellen wird schon Anfang des Jahres 1934 klar, dass das Projekt in Gefahr war. Es wird zunächst allerdings nur verschoben. Bürgermeister Kraus schrieb am 8. August 1934 Folgendes an das Bezirksamt Bamberg:

> „Der Schulhausbau wurde einstweilen zurückgestellt, da die Bauplatzfrage noch nicht geklärt ist und der Gemeinderat bei Genehmigung des Brückenbauprojektes den Brückenbau ausführen will. Die Kirchenverwaltung dringt vorerst nicht mehr auf Räumung der Kleinkinderbewahranstalt, da der Gemeinderat den zurzeit benutzten Raum für die Kinder etwas herrichten ließ, so dass man mit dem Schulhausbau noch abwarten kann."[684]

Für beide Projekte reichte das Geld nicht aus. Der Gemeinderat war inzwischen von der NSDAP dominiert.[685] So kam es letztlich nicht zu einem Schulhausneubau. Der primäre Grund, der in den offiziellen Schreiben immer wieder genannt wird, ist das Fehlen der finanziellen Mittel, doch es liegt der Verdacht nahe, dass der Schulhausneubau gar nicht erst gewollt war. Indiz hierfür ist, dass der Bürgermeister Kraus immer wieder andere Hindernisgründe angab: Zunächst war das fragliche Grundstück zu klein und es mussten Verhandlungen über ein weiteres Grundstück geführt werden[686]. Anschließend wurde deutlich, dass das eigentlich für die Schule geplante Geld in den Bau der Mainbrücke fließen sollte[687]. Dies könnte auch eine Taktik des Bürgermeisters Kraus gewesen sein, das Projekt auf die lange Bank zu schieben. 1937 wurde das Thema Schulhausneubau wieder auf die Agenda gesetzt, weil der Abbau der klösterlichen Lehrkräfte in Bayern in den folgenden zwei Jahren vorangetrieben werden sollte.[688] Das bedeutete für Kemmern, dass das Projekt des Neubaus eine neue Dringlichkeit erfuhr, denn die Schwestern wollten nach ihrem Abzug aus dem Schuldienst in das Gebäude der Kirchenstiftung ziehen, in dem die Schule untergebracht war.[689] Aus diesem Grund kam es zu einer erneuten Ortsbegehung.[690]

Es herrschte immer noch Uneinigkeit über den Bauplatz. In diesem Schreiben wurde ein weiteres Grundstück in Betracht gezogen, das in der Folge mittels zweier Schürfgruben auf seine Eignung überprüft werden sollte. Das Bezirksamt genehmigte das weitere Vorgehen.[691] Doch im November 1938 verlief diese Initiative wieder im Sand und zwar aufgrund des Tausches eines im Eigentum der Gemeinde befindlichen bäuerlichen Gebäudes, das ungefähr 200 Meter vom Schulgebäude entfernt lag, gegen das Gebäude der Kleinkinderbewahranstalt, in dem sich der Schulsaal befand. Am 19. November 1938 war nach Einschätzung des Bürgermeisters von Kemmern und des Bezirksamtes die Errichtung eines neuen Schulhauses „nicht mehr dringend[692]."

Aufgrund weiterer Schwierigkeiten hat am 11. Mai 1939 eine weitere Ortsbesichtigung stattgefunden, weil die zu diesem Zeitpunkt benutzten Schulsäle vom staatlichen Gesundheitsamt wiederum als unzureichend und gesundheitsschädlich eingestuft wurden.[693]

> „Die Schüler sitzen zusammengedrängt in den Bänken, dass die Säle weit über das Maß besetzt sind. Bei geschlossenen Fenstern ist deshalb auch nach kurzer Zeit die Luft verbraucht, übelriechend, besonders wenn bei schlechtem Wetter die Kinder mit feuchten Kleidern zur Schule kommen. Im Winter ist die Ofenheizung insofern von nachteiliger Wirkung auf den Gesundheitszustand, als bei der starken Belegung ein Teil der Schulbänke zu nahe an den Ofen gestellt werden muß, während die zu nahe an den Fenstern sitzenden Schüler frieren. Die Abortanlagen sind für die große Schülerzahl vollkommen unzureichend."[694]

Viel wurde geplant in Bezug auf den Schulhausneubau, aber letztlich passierte in der Praxis nicht viel, außer, dass die Verwaltung sehr beansprucht wurde. Die finanzielle Lage der Gemeinde spitzte sich während des Krieges immer weiter zu: Zum Beheizen der Schule waren keine Kohlen mehr aufzutreiben und der Schulbetrieb drohte zu erliegen. Den Kohlemangel vermeldete der Bürgermeister zunächst dem Landrat in Bamberg und verwies dabei auf den Kinderreichtum Kemmerns, durch den ein Ausfall des Schulbetriebs besonders verheerend gewesen wäre.[695] Dies wurde zwar durch den Landrat bestätigt, doch auch er sah keine Möglichkeit, Kohlen zu beschaffen. Er schrieb am 25. Januar 1945 an den Bürgermeister: „Vielleicht kann wenigstens durch entsprechende Streckung der Vorräte die vollständige Einstellung des Schulbetriebes etwas hinausgeschoben werden."[696] Im Schuljahr 1944/45 fand aus diesen Gründen in der Gemeinde vermutlich gar kein Unterricht statt.[697]

6.7 Gründung des Erntekindergartens

Nachdem die Schwestern aus dem öffentlichen Leben weitestgehend verschwunden waren, hatten die Nationalsozialisten vor Ort eine Basis freien Agierens für sich geschaffen. Sie planten nun Projekte zur weiteren Umgestaltung des Ortes im nationalsozialistischen Sinne. Ein Schießplatz, eine Kampfbahn, eine neue Brücke, ein neues Schulhaus und ein Erntekindergarten sollten die vornehmlichen Bauprojekte der nächsten Jahre sein.[698] Allerdings wurde davon bis Kriegsende, abgesehen vom Erntekindergarten, nichts verwirklicht. Eine wirkliche Neuerung stellte dies nicht dar, denn die Schwestern hatten ihren Kindergarten ebenfalls während der Erntezeit betrieben. Die vorherrschende Armut war durch das neue Regime nicht beseitigt worden, letztendlich spielte Kemmern auch für die Nationalsozialisten nur eine untergeordnete Rolle.

Es kam Ende der dreißiger Jahre zum Ausfall des Kindergartenbetriebes für ungefähr ein Jahr. Als letzte Schwester hatte M. Piatone Spiegel die Verantwortung für den Kindergarten inne. Im Mai 1938 zog sie sich aus dem Kindergartenbetrieb zurück, denn im alten Bauernhaus Nr. 66 begannen die Abbauarbeiten für den Bau der neuen Schwesternwohnung. Durch den Bau des neuen Schwesternhauses benötigte die Gemeinde ein neues Gebäude für den Kindergartenbetrieb, worum sich Bürgermeister Kraus zunächst nicht kümmerte.[699] Wie beim Schulhausneubau setzte er auf Zeitgewinn und stellt erstmals am 30. März 1939 einen Antrag an das Landratsamt Bamberg. Nachdem drei Schwestern aus der Gemeinschaft der Dillinger Franziskanerinnen zum Schuljahr 1938/1939 durch das Regime aus dem aktiven Schuldienst entfernt waren, wurde behördlicherseits zum Schuljahresbeginn eine vierte Schulstelle eingerichtet. Da aber im Schulbezirk Ober- und Mittelfranken zu diesem Zeitpunkt keine Lehrkräfte zur Verfügung standen, blieb die ehemalige Schwesternwohnung leer. Daher fasste Bürgermeister Kraus den Entschluss, die Wohnung durch Entfernen einiger Wände zu einem Schulsaal umzubauen, um das Gebäude der Kleinkinderbewahranstalt frei zu bekommen, damit dort der Erntekindergarten eröffnet werden konnte. Bürgermeister Kraus schrieb am 30. März 1939 an den Landrat von Bamberg:

„Die Gemeinde Kemmern, die die kinderreichste Gemeinde in Bayern ist, beabsichtigt in Verbindung mit der NSDAP die Schaffung eines Dauerkindergartens. [...] Da auch ernste Bedürfnisse für einen Kindergarten bestehen, stelle ich beim Landrat Bamberg folgende Anträge:
1. Die im Schulhaus befindliche Lehrerwohnung 2. Ordnung aufzuheben. Nach Herausnahme der Wände gibt diese Wohnung einen für alle Ansprüche genügenden Schulsaal. [...]
2. Die Übersiedlung der jetzt in der kleinen Schule befindlichen Schulklasse in den neu zu errichtenden Schulsaal zu genehmigen."[700]

Doch es kam anders. Nach dem Auszug der Schwestern sah sich die Gemeinde nicht mehr im Stande, die Räumlichkeiten für einen weiteren Schulraum umzugestalten. Stattdessen griff Bürgermeister Kraus eine alte Gewohnheit wieder auf. In dem Gebäude, das der Gemeinde gehörte und das für den Schulbetrieb genutzt wurde, war bis 1929 bereits der Betrieb der Kleinkinderbewahranstalt untergebracht. Die Nationalsozialistische Deutsche Arbeiterpartei, Gauleitung Bayerische Ostmark, erteilte dazu die Genehmigung.[701]

Bereits einige Tage später wurde der Schulbetrieb in dem Gebäude der Gemeinde eingestellt und der Erntekindergarten nahm seinen Betrieb auf. Wer diesen leitete, ist aus den Quellen nicht zu ersehen, doch wurden die Kinder höchstwahrscheinlich nicht von ausgebildeten Erzieherinnen beaufsichtigt, sondern von Bürgern der Gemeinde, die Mitglied in der Nationalsozialistischen Partei waren. So gab es in der „kinderreichsten Gemeinde in Bayern"[702] auf Grund der Taktik des Bürgermeisters Kraus von Mai 1938 bis zum 5. Juli 1939 keinen Kindergarten. Der Partei war es nicht so wichtig, dass man ihn mit finanziellen Mitteln und ausgebildeten Erziehern gefördert hätte. Es kann auch nicht nachgewiesen werden, wie lange der Erntekindergarten letztlich betrieben wurde.

6.8 Wohnung der Lehrerin Anna Thomann

Die früheren Räume des Schwesternkonventes sollten einer politischen Nutzung zugeführt werden. So stellte das Bezirksamt Bamberg im Schreiben vom 10. August 1940 fest:

„Mangels finanzieller Belastungen und durch den Beginn des Krieges ist es letztlich in der Gemeinde zu keinem Schulhausneubau mehr gekommen. Besonders hervorzuheben ist, dass mit dem Abbau der klösterlichen Lehrerinnen zwar vom Regime eine 4. Schulstelle genehmigt wurde, aber aus personellen Gründen vorerst nicht besetzt werden konnte. Die Schwestern sind aus dem Schulgebäude ausgezogen, da aber im Moment voraussichtlich kein verheirateter Lehrer nach Kemmern versetzt wird, will die Gemeinde die Räume der Partei zur Verfügung stellen."703

Auch die NSDAP schien zu diesem Zeitpunkt nicht genügend Räumlichkeiten in der Gemeinde Kemmern zu besitzen, denn im Schreiben des Regierungspräsidenten von Oberfranken und Mittelfranken wird erwähnt, dass die Gemeinde ein Zimmer als Kanzlei nutzen und „die übrigen Räume der Partei zur Verfügung stellen will, um deren dringendem Raumbedarf abzuhelfen."704

Das heißt aber keinesfalls, dass sie in Kemmern bei der Bevölkerung noch nicht etabliert gewesen wäre, denn es ist in diesem Schreiben z.B. von „der Partei"705 von übergeordneter Stelle, also vom Landrat des Kreises Bamberg und vom Regierungspräsidenten von Ansbach, die Rede. Da aber unterschiedliche Auffassungen herrschen, wie man die Räume des Schwesternkonventes effektiv nutzen könne, wurde man sich nicht einig, so dass die ehemalige Schwesternwohnung bis Oktober 1939 leer stand.

Im Schuljahr 1938/39 befanden sich Kindergarten und Schule in der Hand der Nationalsozialisten. An der Knabenschule war weiterhin Oberlehrer Franz Xaver Bäumel tätig, in die Mädchenschule kam Frau Anna Thomann. Nach einem Nervenzusammenbruch im Januar 1941 schied Ersterer schließlich aus dem Schuldienst aus und sein Unterricht wurde von auswärtigen Lehrern aus der Umgebung übernommen706. Ein weiterer Beleg für die damals katastrophalen Verhältnisse in der Gemeinde ist das Verfahren um die Vergabe einer Wohnung an die weltliche Lehrerin Anna Thomann. Zunächst konnten die Nationalsozialisten ihr keine Wohnung, sondern nur ein Zimmer mit ungünstigen Verhältnissen verschaffen. Am 26. September 1939 richtete sie daher einen Beschwerdebrief an die Regierung von Ober- und Mittelfranken in Ansbach mit dem Betreff: „Ehrerbietige Bitte der Lehrerin Anna Thomann in Kemmern um Zuweisung der zweiten Lehrerdienstwohnung in Kemmern, der wie folgt lautet:707"

> „Ich war gezwungen, in den ersten Monaten nach meinem Dienstantritt dahier im Zimmer einer Wirtschaft Wohnung zu nehmen. Dann mietete ich mich bei einer Arbeiterfamilie ein, deren Häuschen im vorigen Herbst erst fertig wurde. Mir stehen da ein Küchlein und ein schiefwandiges, nicht heizbares Dachzimmer zur Verfügung. Dieses kann auch von der Küche aus nicht erwärmt werden. Meine Wohnungsverhältnisse sind also recht ungünstig."708

Bürgermeister Kraus hatte mitbekommen, dass sich Frau Anna Thomann aufgrund ihrer ungünstigen Wohnungsverhältnisse an die Regierung in Ober- und Mittelfranken gewandt hatte, und bot ihr daher eine bessere Wohnung an, die aber bis dato noch nicht zugewiesen werden konnte. Der Bürgermeister sah sich zu raschem Handeln verpflichtet, denn Anna Thomann war Mitglied der Partei und für diese in der Gemeinde tätig. Daher wandte er sich bereits einen Tag später selbst an die Regierung von Ober- und Mittelfranken und legte Fürsprache für Frau Thomann ein:

> „Die bisher frei gestandene 2. Lehrerdienstwohnung in Kemmern ist nun instandgesetzt und kann sofort bezogen werden. Ich bitte, sie der Lehrerin Anna Thomann dahier zuweisen zu wollen. Sie war die erste weltliche Lehrerin in Kemmern und wohnt unter recht ungünstigen Verhältnissen. Auf ihre Bitte hin habe ich ihr schon früher die Zusage für diese Wohnung gegeben, sie hat mich erneut darum gebeten, und sie verdient auch die Berücksichtigung, da sie die einzige Lehrerin der Ortschaft ist, die in der NS-Organisation mitarbeitet, nämlich als Kassenverwalterin der NS-Frauenschaft und als Stellvertreterin der NS-Frauenschaftsführerin in Kemmern."709

Mit dieser Stellungnahme ist auch der Beweis erbracht, dass in der Bevölkerung trotz des starken gelebten Katholizismus nationalsozialistische Organisationen vorhanden waren. Wie sie sich zusammensetzten und welchen Aktivitäten sie nachgingen, kann nicht mehr ermittelt werden, da entsprechende Quellen fehlen. Als Gegenpol zu dieser nationalistischen Bewegung kann das aktive Wallfahrtswesen des katholischen Frauenbundes verstanden werden, wovon noch die Rede sein wird.

6.9 Leben der Schwestern nach ihrem Ausscheiden aus dem aktiven Dienst

Außer dem gefestigten katholischen Milieu kann noch ein weiterer Grund für den Fortbestand der Schwesternkommunität in der Zeit des Nationalsozialismus angeführt werden: der Dienst der ambulanten Krankenschwester in der Gemeinde. Es gab nämlich zum damaligen Zeitpunkt keine ärztliche Versorgung. Der Dienst der Krankenschwester war somit für die Bevölkerung von großer Bedeutung, daher konnte die Ordensfrau bis zum Ende des Zweiten Weltkrieges ihren Dienst ohne Behinderung ausüben. Trotzdem fehlte ihnen durch das Ausscheiden aus dem Schuldienst das Einkommen zur Existenzsicherung, daher war man in erster Linie auf die Unterstützung durch die Bevölkerung angewiesen.⁷¹⁰ Um sich aber weiterhin ein Einkommen zu sichern, lernte Schwester M. Reginharda Orgel spielen, um den täglichen Orgeldienst in der Kirche zu übernehmen, der immerhin einige Reichsmark für die Existenzsicherung ihrer Mitschwestern einbringen sollte⁷¹¹.

Weiterhin gab es Ordensfrauen, die Handarbeitsunterricht erteilen konnten. Dass es diesen in der Mädchenschule nicht mehr gab, nutzten die Ordensfrauen als Chance und eröffneten trotz Verbot in ihrem Konvent eine private Nähschule⁷¹². Eine Schwester gab dort als ausgebildete Damenschneiderin Handarbeitsunterricht.⁷¹³ Die Nähschule der Ordensfrauen konnte durch die finanzielle Unterstützung von Pfarrer Adam Heinkelmann eingerichtet werden und stieß auf heftigen Widerstand bei den Nationalsozialisten im Landkreis Bamberg, doch sie wurde auch während des Zweiten Weltkrieges von diesen nicht aufgelöst.⁷¹⁴

Dass die Schwestern in Kemmern trotzdem noch in relativer Sicherheit weiterleben durften, war sicherlich auch durch das dort starke katholische Milieu bedingt. Dennoch sind – obwohl die Schwestern wegen ihres Engagements akzeptiert waren – auch in der Gemeinde Kemmern nationalsozialistische Einflüsse feststellbar, was weniger mit der Existenz der NSDAP zu tun hat. Verglichen mit der Situation in anderen Regionen des Reiches erging es den Dillinger Franziskanerinnen in Kemmern während der Zeit des Nationalsozialismus dennoch relativ gut.

6.10 Kriegerische Auseinandersetzungen in der Gemeinde

Die Bombardierung der nahen Gemeinde Zapfendorf bei Breitengüßbach brachte auch für die bislang von Kampfhandlungen weitestgehend verschonte Bevölkerung Kemmerns und das Kloster Gefahren mit sich. Die Bombardierung eines Munitionszuges schildert Konrad Schrott in seinem Werk und stützt sich bei seinen Ausführungen auf die Chronik der Schwesternkommunität, die als einzige Quelle über diese Thematik sehr ausführlich berichtet.⁷¹⁵

„Weißer Sonntag 1945: Vollalarm nach der Frühmesse. Die Kirchenbesucher wagten sich kaum auf die Straße. Wenige Minuten später Schießen, Krachen, Knattern, amerikanische Tiefflieger schossen in Zapfendorf auf einen mit Munition beladenen Eisenbahnzug. Die Auswirkungen für diesen Ort waren vernichtend. Auch von Kemmern eilten hilfreiche Menschen dorthin, unter Lebensgefahr."⁷¹⁶

Am 12. April war Kemmern schließlich „Kriegsschauplatz", die SS wollte nicht weichen. Es kam zu einem zweistündigen Kampf, wobei acht deutsche Soldaten ihr Leben lassen mussten. Die Anwesen Kraus, Gick und Schmitt brannten lichterloh, Schäden waren überall zu verzeichnen. Konrad Schrott berichtet von Schäden, aber auch von spontaner Hilfe amerikanischer Soldaten in Kemmern.⁷¹⁷

Anhand der Kampfhandlungen wird deutlich, dass es trotz des starken Katholizismus noch Leute gab, die bis zum Schluss für die nationalsozialistischen Interessen gekämpft haben. Die Amerikaner machten kurzfristig das Dachkämmerchen des Klosters zur Funkstation. Hallstadt ergab sich und bald endete auch der Krieg. Konrad Schrott berichtet über diverse amerikanische Aktivitäten in Kemmern, zum Beispiel die Einrichtung eines Nachtlagers im Schwesternhaus, die Vorbereitung der Eroberung Hallstadts und Nutzung Kemmerns als Anlaufstelle für deutsche Gefangene.⁷¹⁸

Zuletzt soll an dieser Stelle noch ein Dokument erwähnt werden, das Aufschluss darüber gibt, wie die Schwestern während des Krieges in unmittelbare Nähe zu Kampfhandlungen gerückt sind. In einem Brief, der von einer der Schwestern von Kemmern nach Dillingen geschickt wurde, wird von einem Fliegerangriff berichtet, der die Bewohner des Dorfes veranlasste, über den Main in die Felsenkeller zu flüchten. Die Schwestern aber blieben, im Vertrauen auf Gottes Hilfe, im Kloster.⁷¹⁹ Als dann ein Straßenkampf in unmittelbarer Nähe des Klosters losbrach, wurde das Allerheiligste in den Keller gebracht, „wo schon ein Altärchen mit Tabernakel bereitstand."⁷²⁰

Während des Krieges passierte es manchmal, dass die Schwestern wegen Tieffliegern von der Frühmesse nicht heimkehren konnten. Es wird auch davon berichtet, dass eine Beerdigung ein paar Mal verschoben werden musste.⁷²¹ Fest steht, dass die Zeit des Zweiten Weltkrieges für die Konventsgemeinschaft nicht einfach war, obwohl sie in Kemmern nicht so sehr gefährdet war wie in der Stadt lebende Gemeinschaften. Der Kampf ums tägliche Überleben im Kriegsalltag wurde von ihnen aber genauso ausgetragen wie von der übrigen Bevölkerung Kemmerns.

7. Wirken der Dillinger Franziskanerinnen von 1945 bis 2002

7.1 Versetzungen innerhalb der Schwesternkommunität

Die einzelnen Tätigkeitsfelder der Kemmerner Schwestern entfalteten sich nach dem Zweiten Weltkrieg wieder und die Ordensfrauen wurden mit ihren erzieherisch-pädagogischen Tätigkeitsbereichen im gesellschaftlichen Leben der Gemeinde wieder voll integriert. Aus einem Fragebogen über die Lehr- und Erziehungstätigkeit des Konventes der

Dillinger Franziskanerinnen vom 26. Februar 1947 lassen sich deren haupt- und nebenamtliche Tätigkeiten erkennen. Die Informationen wurden von der Generalassistentin zusammengestellt.

Schwester M. Reginharda war als Lehrerin und Schwester M. Nathanaela als Handarbeitslehrerin an der Volksschule tätig. Neben den pädagogischen Tätigkeitsbereichen der Ordensfrauen gab es noch den Posten der ambulanten Krankenschwester, außerdem übten die Ordensfrauen noch zahlreiche Dienste in der Pfarrei aus, denn sie waren für den Kirchenschmuck, für die Reinigung der Kirche, der Paramente und der Kirchenwäsche verantwortlich. Schwester M. Reginharda spielte bei den liturgischen Feierlichkeiten die Orgel.

Damit all diese Tätigkeiten überhaupt ausgeübt werden konnten, benötigte man eine Ordensfrau, die für den Haushalt, den Garten, verbunden mit zahlreichen weiteren Diensten wie dem täglichen Einkaufen, Waschen, Putzen und Bügeln usw. zuständig war.[722] Die Tätigkeiten der Laienschwester wurden bereits in einem gesonderten Kapitel näher betrachtet, nun sollen die Namen zweier Ordensfrauen besonders herausgehoben werden: Schwester M. Myrone Noppenberger und Schwester M. Gerwigis Zacherl[723]. M. Myrone kam 1918 zur Schwesternkommunität und wirkte dort im Haushalt und in der Küche viele Jahre bis zu ihrem Tode am 3. Juni 1953 in Kemmern, wo sie auch begraben ist.[724] In ihrem Nekrolog werden ihr Fleiß und ihre Bescheidenheit besonders hervorgehoben.[725] Da sie in der Gemeinde starb und begraben wurde, ist der Nekrolog wahrscheinlich von Schwester M. Reginharda verfasst worden. In den Äußerungen spiegelt sich ganz deutlich das reglementierte, ritualmäßige Ordensleben wieder. Sie verrichtete die Pflichtgebete und ging trotz ihrer Krankheit noch zu den Gottesdiensten und zu den regelmäßigen Gebetszeiten.

Die Tätigkeitsbereiche der Ordensfrauen entstanden nicht zufällig, sondern entsprachen dem Bedarf der damaligen örtlichen Gegebenheiten.[726] Es ist durch die Ordensregeln so vorgesehen, dass eine Ordensfrau die Tätigkeit ausübt, die ihr von der Ordensleitung zugeteilt wird.[727] Solange genügend Ordensfrauen der Generalleitung zur Verfügung standen, war deren Ordenspolitik auf Filialerhaltung ausgerichtet. So lief eine Filialbesetzung in den fünfziger Jahren wie folgt ab: In der Filiale, in der man eine Ordensschwester benötigte, kam durch die Oberin der Filiale oder durch den Pfarrer eine Anfrage an die Provinzleitung. Es gehörte bis 1973 zum Kompetenzbereich der Generaloberin, innerhalb der Kongregation nach einer Ordensfrau mit entsprechenden Qualifikationen zu suchen und diese dann entsprechend zu versetzen.[728]

Seit der Gründung der Schwesternkommunität im Jahre 1890 gehörte es zur Ordenspolitik der Generalleitung, die Kemmerner Filiale zu erhalten. In den ersten 50 Jahren seit der Gründung der Schwesternkommunität im Jahre 1890 kam es in der Filiale noch besonders häufig zu Versetzungen innerhalb der Schwesterngemeinschaft, so dass man von einer regelrechten Versetzungswelle z. B. der Ordensfrauen, die im pädagogischen Bereiche tätig waren, sprechen kann.[729] In den fünfziger und sechziger Jahren nahm die Versetzung von Ordensfrauen rapide ab, so dass es in den letzten vierzig Jahren innerhalb der Konventsgemeinschaft nur noch zu drei weiteren Versetzungen gekommen ist, auf die im Folgenden noch näher eingegangen werden wird.

Dieser Rückzug führte dazu, dass es in den letzten fünfzig Jahren in der Konventsgemeinschaft Kemmern immer mehr zu einer Kontinuität der ansässigen Ordensfrauen kam, was für die Bevölkerung mit großen Vorteilen verbunden war, denn die Ordensfrau prägte durch ihre kontinuierlich verrichtete pädagogische Tätigkeit einige Generationen in der Gemeinde und wurde so zum integralen Bestandteil der Ortschaft.

In den siebziger Jahren, genauer am 7. September 1975, kam es innerhalb der Ordensfiliale durch die Bamberger Provinzoberin Schwester M. Clementine zu einer Versetzung, mit der sich innerhalb der Konventsgemeinschaft eine Akzentverschiebung vollzog. Die Provinzoberin versetzte Schwester M. Milgitha Höfling im Alter von 68 Jahren sowie Schwester M. Frieda Gebhard im Alter von 63 Jahren in die Schwesternkommunität der Gemeinde. Beide Ordensfrauen konnten keinen eigenen aktiven Tätigkeitsbereich mehr übernehmen.[730] Mit ihrer Anwesenheit vollzog sich der Wandel von einer aktiven hin zu einer mehr kontemplativen Ausrichtung, die für die weitere Existenz der Konventsgemeinschaft von großer Bedeutung war.[731]

Die rechtlichen Grundlagen aller Tätigkeiten, welche die Ordensfrauen ausübten, waren vertraglich festgelegt. Wie bereits dargestellt, bildete der Vertrag aus dem Jahre 1890, welcher mit Pfarrer Gottfried Arnold, der Gemeinde Kemmern und der damaligen Meisterin der Kongregation am 09./10. Juli 1890 abgeschlossen wurde, die Grundlage aller Tätigkeiten, die von den Ordensfrauen in der Gemeinde ausgeführt wurden. In der historischen Entwicklung der Schwesternkommunität wurde dieser Vertrag 1963 durch Pfarrer Georg Kochsedler auf mehrmalige Anfrage der Kongregation erneuert[732] und auf Anregung von Pfarrer Hannjürg Neundorfer 1994 den gewandelten zeitlichen und kirchenrechtlichen Bedingungen angepasst und mit der Provinzleitung Bamberg abgeschlossen.[733]

7.2 75-jähriges Gründungsfest des Schwesternkonventes

Mitte der sechziger Jahre setzte sich innerhalb der Bevölkerung immer mehr die Auffassung durch, dass die Tätigkeiten der Ordensfrauen nicht selbstverständlich waren, weswegen sich ein gewandeltes Verständnis gegenüber der Konventsgemeinschaft entwickelte.

Da sich am 20. Oktober 1965 die 75-jährige Gründungsfeier des Schwesternkonventes näherte, sahen sowohl die politische als auch die kirchliche Gemeinde dies als willkommene Angelegenheit für eine große Feier an. Anhand eines Berichtes des Bamberger Volksblattes vom 30. November 1965 lässt sich der genaue Ablauf der Feierlichkeiten rekonstruieren.[734] Sie begannen mit einem Festgottesdienst in der Pfarrkirche, den der Gesangverein Cäcilia musikalisch gestaltete. Anschließend trafen sich die Ehrengäste sowie die Pfarrgemeinde im Saal der Brauerei Wagner zu einem Familiennachmittag, der im katholischen Milieu der Gemeinde schon zum ritualisierten Bestandteil der traditionellen Festkultur gehörte. Zur Feierlichkeit waren als Ehrengäste die Oberin der Schwesternkommunität des benachbarten Konventes Hallstadt, Schwester M. Patientia Eichhorn, als Vertreterin des Mutterhauses in Dillingen Schwester M. Engelmunda Molitor und Schwester M. Witburga Dorsch geladen.[735] Aus den Reihen der politischen Gemeinde fanden sich der Bürgermeister Franz Dorsch und die Gemeinderäte ein und als Vertreter der Volksschule war Schulleiter Hans Pöllein anwesend. Sämtliche Vereine vertrat der Vorstand des Sport-Clubs Kemmern, Richard Hoffmann. Nach einer musikalischen Eröffnung wiederum durch den Gesangverein Cäcilia trugen die Schülerinnen Sigrid Fuchs und Erika Görtler eine Jubiläumsgeschichte vor, die Pfarrer Kochseder für diesen Anlass verfasst hatte[736]. In der Laudatio gab es einen historischen Überblick über die Schwesternkommunität der vergangenen 75 Jahre:

> „Er nannte die Gründung des Ordens ein ehrendes Zeugnis der damaligen Gemeindeväter für religiöses Förderungsbestreben im Dorf, das bis auf den heutigen Tag erhalten geblieben sei. Er dankte den Gründungsmitverantwortlichen für die vorbildliche Einstellung und Weitsicht und sprach den Angehörigen des Klosters für ihre beispielhaften Leistungen ein herzliches Vergelt's Gott aus."[737]

Mit der Ansprache des Schulleiters Hans Pöllein, der besonders die christliche Erziehung durch die klösterlichen Lehrerinnen hervorhob, wurden die Feierlichkeiten fortgesetzt. Er nannte den Unterricht durch klösterliche Lehrkräfte einen „Garanten für die Erziehung der Jugend im christlichen Geist[738]." Außerdem betonte er das „stets ersprießliche Verhältnis zwischen Schule und Schwesternhaus"[739] und dankte den Ordensfrauen, besonders der Oberlehrerin Reginharda und der Handarbeitslehrerin Rupertis, für „viele gemeinsam getragene Sorgen und gemeinsam gelöste Probleme[740]." Dies ist eine eindeutige Anspielung auf die Schwierigkeiten und Probleme der vorangegangenen Zeit, in der sich Pfarrer Georg Kochseder[741] und seine Räte der katholischen Kirchenstiftung lange weigerten, den ausgefertigten Ordensvertrag der Provinzoberin der Kongregation der Dillinger Franziskanerinnen zu unterschreiben.[742] Der Festakt wurde mit einer Ansprache des Bürgermeisters Franz Dorsch fortgesetzt. Er dankte der Gemeinde, verband mit seinem Dank auch die Hoffnung auf ein weiteres, segensreiches Wirken des Ordens im Dorf und überreichte ein Geschenk[743]. Die Glückwünsche sämtlicher Ortsvereine mit einem gemeinsamen Geschenk übermittelte SCK-Vorstand Richard Hofmann.[744] In besonders deutlicher Weise sprach die Oberin aus dem Hallstadter Konvent, Schwester M. Patientia, die aktuellen Probleme in ihrer Heimatgemeinde an. Sie „überbrachte die Grüße des Mutterhauses und wünschte für die Zukunft einen fruchtbaren Nährboden früherer Jahre für den fehlenden Ordensnachwuchs, denn nur hierdurch sei der Weiterbestand einer Klosterniederlassung gesichert."[745] Abschließend dankte die Oberin der Schwesternkommunität in Kemmern, Schwester M. Helene, den Ehrengästen für die Ehrungen, die Anerkennung und die Wertschätzungen, welche die Ordensfrauen in der Bevölkerung genossen. Nach dem offiziellen Programm wurde der Familiennachmittag mit einem gemütlichen Beisammensein, das bis in den Abend reichte, beendet.

Bei einer Analyse der Feierlichkeiten ist hervorzuheben, dass im offiziellen Festakt bereits von Nachwuchsproblemen auf der Ebene der Kongregation der Konventsgemeinschaft gesprochen wurde. Es darf angenommen werden, dass Schwester Patientia Eichhorn auf heimatlichem Boden als Vertreterin des Mutterhauses ganz bewusst dieses Thema ansprach, da sich abzeichnete, dass die Kongregation der Dillinger Franziskanerinnen in einigen Jahren mit dem Abbau von Tätigkeitsbereichen in der Gemeinde würde beginnen müssen. Von diesem Zeitpunkt an werden von der politischen und kirchlichen Gemeinde ständig Anlässe, die mit den Ordensfrauen in Verbindung standen, im großen Rahmen gefeiert[746]. Die dabei angewendeten Rituale und Abläufe sind der Festkultur des katholischen Vereinsmilieus entnommen.

7.3 Umbau des Schwesternhauses

Im Oktober 1967 wurde Pfarrer Georg Götz als 28. Pfarrer durch Generalvikar Dr. Heinrich Straub der Pfarrei Kemmern zugewiesen.[747] In einer Befragung über seine ersten Eindrücke äußerte er sich wie folgt:

432 // II. Die Dillinger Franziskanerinnen in Kemmern

„Ich war Pfarrer in der Pfarrei Seßlach und mit 55 Jahren hatte ich die Überlegung, nochmals eine neue Herausforderung anzunehmen, daher entschied ich mich für eine neue Pfarrei. [...] Besonders wichtig fand ich den Schwesternkonvent, den es in der Pfarrei gab. Im Klerus des Erzbistums Bamberg war die Pfarrei Kemmern als relativ kleine, übersichtliche, homogene, geschlossene, mit den Gemeindegrenzen übereinstimmende Pfarrei bekannt, wobei dort zu dieser Zeit noch keine Umsetzung der Liturgiereform stattgefunden hatte. So sagte der damalige Generalvikar Straub zu mir: ‚Georg, da draußen musst erst einmal den neuen Wind einziehen lassen, da hat man noch nichts von einem Abschluss des Zweiten Vatikanischen Konzils gehört!' Ansonsten kann man über die Pfarrei Kemmern nichts Negatives sagen."[748]

Bei seinem ersten Besuch in Kemmern stellte er fest, dass es nicht nur um die Kenntnis von Neuerungen in der Kirche, sondern auch um die Unterbringung des Konventes nicht zum Besten stand. Das eher behelfsmäßig und in Eile errichtete Gebäude von 1938 war seither nicht renoviert worden und in schlechtem Zustand. Götz wollte sofort Abhilfe schaffen.[749]

Er musste erkennen, dass sich Pfarrer Georg Kochseder und die Mitglieder der Kirchenverwaltung wenig um organisatorische Verwaltungsangelegenheiten kümmerten und erst tätig wurden, wenn von übergeordneten Institutionen durch Auflagen, die mit Sanktionen verbunden waren, Vorschriften kamen, die sofort umzusetzen waren. Der von außen in die Gemeinde kommende Pfarrer erkannte also, dass das Leben in dieser Pfarrei verändert werden musste.[750] Die Gesellschaft hatte sich gewandelt, doch diese Veränderung hat im katholischen Leben der Pfarrei noch nicht Einzug gehalten. Das katholische Milieu war zu dieser Zeit in anderen Pfarreien im Landkreis schon voll im Umbruch,[751] doch in Kemmern waren noch viele Veränderungen notwendig.

Es ist erstaunlich, dass die Schwestern in den vorangegangenen 25 Jahren ihr tägliches Leben in sehr armseligen Verhältnissen verbringen mussten, trotz der Beliebtheit und Wertschätzung, der sie sich erfreuten. Auch wenn die Bevölkerung im täglichen Leben die Ordensfrauen mit Naturalien unterstützte, fehlte den Einzelnen die Einsicht in die genauen Lebensverhältnisse der Schwestern, die sich hinter verschlossenen Türen verbargen. Eigentlich verantwortlich für die materielle Versorgung war die Provinzleitung. So fragten die Ordensfrauen bei größeren Anschaffungen bei der Provinzialoberin an und diese gewährte ihnen eventuell ihre Anliegen, indem sie die Finanzierung sicherstellte. In einem Schreiben der Schwesternkommunität an die Provinzialoberin vom 16. November 1963 bat diese beispielsweise um Geld für eine Badewanne und ein Wägelchen. Die Kongregation gewährte den Schwestern diese Bitte und bat um Nachricht, wenn das Budget nicht ausreiche.[752]

Dieses Beispiel dokumentiert, wie sich die Kongregation den alltäglichen Problemen der Lebensbewältigung der Ordensfrauen in den Filialen annahm, doch für die äußeren wohnlichen Gegebenheiten ist in Kemmern die katholische Kirchenverwaltung verantwortlich gewesen. Wie sie ihrer Verantwortung gerecht wurde, wird aus einem Schreiben der Provinzialoberin an Pfarrer Georg Götz deutlich:

„Als Provinzoberin trägt man ein warmes Empfinden für jede Schwester. Ich freue mich über jede, welche in Opfergesinnung die hl. Armut übt. Mir ist aber auch bange, wenn ich eine Schwester versetzen muss, welche aus einem Hause mit einer Zentralheizung nun in ein Haus kommt, das noch kalte Zellen im Winter hat. [...] Einige Schwestern versorgte ich aus Notwendigkeit heraus mit einem kleinen, elektrischen Heizkörper."[753]

In diesen Zeilen zeigt sich, dass sich die katholische Kirchenverwaltung unter Leitung des Pfarrers Georg Kochseder um die Existenzbedürfnisse des Konventes kaum kümmerte, obwohl sie rechtlich dazu verpflichtet war. Sehr deutlich wird dies am Beispiel der Zentralheizung. In anderen Filialen gehörte diese schon zur Standardeinrichtung, während in Kemmern die Ordensfrauen kalte Zimmer vorfanden[754]. In der Zeit von 1958 bis 1967, als Pfarrer Georg Kochseder mit der pastoralen Jurisdiktion der Pfarrei betraut war, wurde zwar das 75-jährige Schwesternjubiläum in großem festlichen Rahmen gefeiert, aber alle anderen Angelegenheiten, ob administrativer oder baulicher Art, wurden entweder unter großen Schwierigkeiten oder gar nicht bearbeitet[755].

Umso wichtiger und notwendiger war der Pfarrerwechsel im Oktober 1967 für die Kemmerner Schwesternkommunität, weil daraufhin für die Ordensfrauen des Konventes grundlegende Verbesserungen im Konventsgebäude vorgenommen wurden, die bis dahin gefehlt hatten.[756] In kurzer Zeit hatte Pfarrer Georg Götz diese Thematik zu seinem eigenen Anliegen erklärt, so dass Organisation, Planung und Umbau letztlich schon nach sechs Monaten abgeschlossen waren[757]. Schon die Schnelligkeit, mit welcher jetzt Projekte in der Gemeinde durchgeführt wurden, zeigt den Fortschritt in der Pfarreiarbeit. So konnte bereits am 1. März 1968 die feierliche Einweihung des neugestalteten Konventsgebäudes vorgenommen werden[758].

Wie es in der Pfarrei üblich war, wurden solche Ereignisse mit entsprechender Festkultur gebührend gefeiert. Die feierliche Einweihung des neuen Schwesternhauses führte Domkapitular Franz Mizera aus dem Erzbistum Bamberg durch.[759] Die Feierlichkeit begann mit einem Festgottesdienst in der Pfarrkirche. Anschließend zog die Gemeinde mit den Ehrengästen unter den Klängen der Marschmusik im festlichen Zug zum Schwesternhaus, um dort die Einweihung des umgestalteten Schwesterngebäudes vorzunehmen.[760] Pfarrer Georg Götz sagte in seiner Ansprache, dass die Schwesternkommunität jetzt wieder ein Zuhause habe, welches den zeitgemäßen Bedingungen gerecht werde. Außerdem betonte er die aktive Bereitschaft der Bevölkerung, durch ihre großzügigen und freudigen Spenden das Projekt des Hausumbaus zu unterstützen.[761] Das Wirken der Ordensfrauen bedeute, dies betonte Pfarrer Götz, für die Gemeinde einen großen Segen.

„Er äußerte seine Genugtuung darüber, nach mehreren Besuchen in der Gemeinde bei Notsituationen bei diesem erfreulichen Ereignis anwesend sein zu dürfen. Er habe die Bürger als mutig und tatkräftig kennengelernt, was durch den Bau des Schwesternhauses erneut in augenscheinlicher Weise bewiesen worden sei. Er wisse um den Segen schwesterlichen Wirkens und was es bedeutete, sie zu verlieren."[762]

Auch hier klang bereits an, dass es innerhalb der Kongregation in den darauffolgenden Jahren zum Abbau der unterschiedlichen Tätigkeitsbereiche kommen wird. Im Auftrag des Erzbischofs Josef Schneider sprach Domkapitular Mizera, der dessen Glückwünsche übermittelte und die Hoffnung äußerte, dass durch das vorbildhafte Leben und Wirken der Schwestern innerhalb der Bevölkerung Nachwuchs für den Orden hervorgerufen werde. „Doch könne das beispielhafte Leben und Wirken der Schwestern selbst den fruchtbarsten Ackerboden für Ordensnachwuchs auftun."[763] Dies war bereits die zweite öffentliche Äußerung während des Festes, in der die Problematik des Schwesternnachwuchses gegenüber der Bevölkerung angesprochen wurde. Gleichsam sollte die Gemeinde auf den künftigen Abbau der einzelnen Tätigkeitsbereiche der Ordensfrauen vorbereitet werden.

Besonders freute sich die Provinzialoberin der Dillinger Franziskanerinnen über das neu umgestaltete Konventsgebäude. In einem Dankesschreiben an den Initiator des Umbaues, Pfarrer Georg Götz, brachte sie ihren tiefen Dank dafür zum Ausdruck, dass er sich für das Wohl der Ordensfrauen eingesetzt hat:

„Die Schwestern in Kemmern haben nun ein wohnliches, warmes Haus. Die Erstellung desselben hat Ihnen, guter Herr Pfarrer, viel Kraft und Geld gekostet. Der liebe Gott möge Ihnen alle Mühe und alle Ausgaben vergelten. Herzlichen Dank möchte ich auch der Kirchengemeinde aussprechen, welche Sie dabei unterstützte. [...] Nun gilt es, daß die Schwestern ein gutes Beispiel geben, damit wieder Priester und Ordensberufe aus Kemmern kommen. Von dort sind in den früheren Jahren zahlreiche und sehr gute Schwestern bei uns eingetreten. Ich hoffe zuversichtlich, dass der Segen, den Sie jeden Tag vom Altare aus Ihrer Gemeinde spenden, auch in dieser Weise wirksam wird."[764]

Die Provinzialoberin sprach zum Abschluss ihres Schreibens den Wunsch aus, dass sich durch das lebendige Vorleben der Ordensfrauen aus der Pfarrei doch wieder junge Menschen für einen Ordenseintritt finden, wie dies bereits in früherer Zeit in der Gemeinde der Fall war – Gottfried Arnold hatte ja seinerzeit die Dillinger Franziskanerinnen mit der Aussicht nach Kemmern geholt, dass ihr Beispiel dort viele neue Berufungen nach sich ziehen würde, was dann auch tatsächlich geschah. Die Zeiten hatten sich jedoch geändert.[765]

So kam mit Pfarrer Georg Götz eine Persönlichkeit in die Gemeinde, die ihren Schwerpunkt nicht nur auf die pastorale Seelsorge legte, sondern dem in gleicher Weise das gesamte pastorale soziokulturelle Umfeld der Gemeinde sehr am Herzen lag.[766] Dies zeigte nicht nur sein erstes Projekt, der Umbau des Schwesternhauses, sondern auch die Kirchenerweiterung (1978–1980) und der Kindergartenneubau (1979–1980). Da seine Vorgänger auf solche Belange keinen so großen Wert legten, leistete Götz durch seine Pioniertätigkeit einen großen Beitrag zur modernen Gestaltung des heutigen Dorfbildes, wobei er dies nicht ohne größere finanzielle Zuschüsse aus kirchlichen und öffentlichen Mitteln hätte bewältigen können. In der historischen Entwicklung des Pfarreilebens kam ihm die Rolle des Initiators und des Organisators zu, der es durch seine Beharrlichkeit und seine Überzeugungskraft verstand, die Bevölkerung der Gemeinde zum richtigen Zeitpunkt von der Notwendigkeit seiner Projekte zu überzeugen und ihre Hilfe zu gewinnen.

Feier verschiedener Professjubiläen in der Pfarrei Kemmern

Für die Ordensschwestern war es immer ein großer Festtag, wenn Schwestern, die in der Pfarrei Kemmern tätig waren, ebenso wie Ordensfrauen, welche gebürtig aus der Pfarrei stammten, in der Pfarrei ihr Professjubiläum feierten. Es entwickelte sich nur für diesen Anlass eine eigene Festkultur im Ort. Die Jubilarinnen wurden mit feierlicher Blasmusik unter Begleitung politischer Vertreter und verschiedener Vereinsfahnen vom Schwesternhaus abgeholt und zur Kirche begleitet. Dort fand der feierliche Festgottesdienst statt, woran sich eine Gratulation von Seiten der politischen und kirchlichen Gemeinde anschloss. Danach wurde in der lokalen Brauerei ein feierliches Mittagessen veranstaltet.

125 Aufstellung der Ehrengäste im Hof des Schwesternkonventes. Besonders hervorzuheben sind die drei Bräutchen. Im Bildhintergrund sind die Schwestern des Kemmerner Konvents vor dem zweiten Kindergarten zu sehen. Auf der linken Seite erkennt man den Garten der Schwestern.

126 Diamantenes Professjubiäum von Schwester M. Engelmunda Anna Molitor O.S.F. Neben ihr sind: Schwester M. Dartina, Rosina Keller O.S.F.

127 Professjubiäum zweier Schwestern, die gebürtig aus Kemmern stammen.

128 Schwester M. Barbara S.S.M. und M. Margareta Schütz S.S.M. von der Kongregation der Schwestern von der Schmerzhaften Mutter S.S.M. zusammen mit ihren Eltern und Verwandten. Wahrscheinlich feierte eine Ordensschwester ihr silbernes Ordensjubiläum.

129 Schwester M. Margareta Schütz S.S.M. von der Kongregation der Schwestern von der Schmerzhaften Mutter S.S.M.

7. Wirken der Dillinger Franziskanerinnen von 1945 bis 2002 // 435

130 Silbernes Profess Jubiläum von Schwester M. Gildfrieda Diller O.S.F.

131 Schwester M. Salvatoris Görtler O.S.F. gebürtig aus der Pfarrei Kemmern, neben ihrer Mutter und ihren Geschwistern. Sie war unter anderem als Lehrerin am Ordensgymnasium in Kaiserslautern als Lehrerin tätig. Auf dem Bild aus den fünfziger Jahren trägt sie die alte Tracht.

7.4 Beginn des Wandlungsprozesses – Bedeutungsverlust des Konventes

Durch den aktiven Wirkungsprozess vor allem im pädagogischen Tätigkeitsbereich hatte die Schwesternkommunität als sekundäre Milieuträgerin einen großen Einfluss auf die christliche Sozialisation der Kinder und Jugendlichen. Da es in der Gemeinde kein weiteres pädagogisches Angebot gab, waren die Kinder und Jugendlichen gezwungen, das bestehende zu nutzen. Die primäre christliche Erziehung wurde den Kindern und Jugendlichen durch die Eltern vermittelt. Sie wurden gleichsam durch das gelebte und praktizierte christliche Vorbild der Eltern und Geschwister mit dem katholischen Milieu vertraut gemacht und somit in das katholische Milieu der Gemeinde hineingeboren.[767] Eine 80-jährige Frau aus der Gemeinde erinnerte sich folgendermaßen an ihre Kindheit im katholischen Milieu und daran, auf welche Weise die Erziehung die Vermittlung von Frömmigkeit und Respekt vor Vertretern der Kirche beinhaltete:

> „So wurde ich als Mädchen schon sehr früh mit Ordensschwestern konfrontiert, weil Dillinger Franziskanerinnen in Kemmern im Kindergarten und in der Schule tätig waren. Uns wurde schon von den Eltern der Respekt und die Anerkennung vor den Ordensfrauen eingeschärft und als Kind wagte man sich nie, diesen kirchlichen Vertretern zu widersprechen."[768]

Welche Bedeutung der Kontakt zu den Schwestern in Schule und Kindergarten hatte, wird in ihren Erinnerungen ebenso deutlich. Sie wählten geeignet erscheinende Mädchen aus und traten an sie heran:

> „Ich bin in Kemmern bei Schwester Reginharda in die Schule gegangen und hier gab es schon junge Mädchen, die dann später ins Kloster gegangen sind. Sie wurden beispielsweise von Schwester Reginharda angesprochen und von den Schwestern ausgewählt und besonders bevorzugt, was in unserer Familie nicht der Fall gewesen ist."[769]

Die Schwestern kannten die Familienverhältnisse und förderten nach ihren eigenen subjektiven Vorstellungen, denn es waren nicht immer nur spirituelle Kriterien ausschlaggebend für die spätere Aufnahme in eine Ordensgemeinschaft[770]. Die Befragte erfuhr dabei auch eine gewisse Ungerechtigkeit[771]. Andere Förderungsmöglichkeiten außerhalb der örtlichen Schule fielen aufgrund der Armut ohnehin weg. Die Kinder und Jugendlichen kamen zu jener Zeit nicht auf die Idee, aus diesem vorgegebenen katholischen Milieu zu entfliehen. So war man sehr darauf bedacht, nicht das Missfallen der kirchlichen Vertreter zu erregen, denn man fürchtete, sonst innerhalb der Bevölkerung in einem schlechten Licht zu erscheinen, wie sich den Äußerungen einer 70-jährigen Einwohnerin entnehmen lässt:

> „Ich bin das vierte Kind von sieben Geschwistern, die alle in der Gemeinde Kemmern geboren sind. [...] Für mich waren der „Hochwürdige Herr Pfarrer", die „Ehrwürdige Frau Oberin" und die „Ehrwürdigen Schwestern" immer Respektspersönlichkeiten und wichtige Autoritäten, die ich niemals kritisiert und denen ich nie widersprochen hätte."[772]

Die katholische Erziehung wirkte von allen Seiten auf das Kind ein. Lehrer und Eltern hatten den gleichen katholischen Hintergrund und die gleichen katholischen Erziehungsziele. Diese wurden durch die bereits erwähnte Sozialkontrolle besonders effektiv umgesetzt:

> „[...] Wehe, ich kam nicht weiter oder konnte ein Gebet nicht richtig vortragen, da bekam ich sofort von der Schwester oder vom Pfarrer eine Ermahnung, [...] Wenn so etwas öfters vorkam, fürchtete ich mich vor meinen Eltern, denn die Schwestern erzählten ihnen dies bei nächster Gelegenheit, so dass es sehr schnell innerhalb der Familie zu irgendwelchen Konsequenzen für mich kam."[773]

Besagte Konsequenzen wurden von ihr nicht weiter konkretisiert, jedoch weiß jeder, der aus dem Milieu kommt, dass damit äußerer Druck von Seiten der Eltern gemeint ist[774]. In fast allen Befragungen wurden diese Konsequenzen von den Befragten nicht näher beschrieben, denn man mochte seine Vorgesetzten nicht in ein schlechtes Licht rücken. Der Kontakt zu Schwestern und Pfarrer entsprach dem eines Rangniederen zu einem Ranghöheren. Die Eltern trainierten den Kindern ein festes Begrüßungsritual an, das sie meist kritiklos befolgten. Dadurch lernten die Kinder auch, die Vertreter der Kirche als höhergestellte Personen zu akzeptieren.[775] Interessant sind die Schilderungen über den Wandel bezüglich der Erziehung. Ihre eigenen Kinder erzog die Befragte zwar auch in christlichem Sinne, doch ohne jenen Zwang, den sie selbst erfahren hatte und der ihr wohl als unangenehm in Erinnerung geblieben war[776]. Auch das Verhältnis zu den Schwestern war mit fortschreitendem Alter anders als zuvor, mit ihnen war nun, bei allem Respekt, eine Kommunikation auf Augenhöhe möglich, die auch persönlicher Art sein konnte.

> „Auch diese Schwestern [M. Helene, M. Reginharda] waren für mich und meine Kinder Respekts- und Autoritätspersönlichkeiten, doch ich konnte mit ihnen offen über alle Probleme sprechen, [...] was zu meiner Kindheit niemals der Fall gewesen war."[777]

Die Zitate verdeutlichen, dass ein guter Ruf innerhalb der Bevölkerung und bei den Milieuträgern der Gemeinde wichtig für eine katholische Familie war. Gleichzeitig war es eine Selbstverständlichkeit für jede Familie, dieses katholische Familienleben zu praktizieren, zu leben und den nächsten Generationen weiterzugeben. Für die Kinder und Jugendlichen der damaligen Zeit gab es innerhalb der Familie nichts Schlimmeres, als wenn sich beispielsweise die Oberin Schwester M. Reginharda bei der Mutter über das schlechte schulische Verhalten der eigenen Tochter oder der Lehrer über das schlechte schulische Verhalten des Sohnes beschwerte[778]. Dabei standen nicht in erster Linie schulische Leistungen im Vordergrund, sondern es handelte sich überwiegend um Aufmerksamkeits-, Gehorsams- und Respektsprobleme, die durch die Eltern zu beseitigen waren[779]. Aus Sicht einer unterrichtenden Schwester, Oberlehrerin Schwester M. Reginharda, stellte sich die Situation in Kemmern so dar, dass sie den Sinn ihrer Lehrtätigkeit eher darin begriff, christliche Werte als Wissen zu vermitteln. Auf intellektuelle Fähigkeiten kam es ihr dabei weniger an, wie sie in der Beschreibung ihres Unterrichtsprogramms schildert.[780] Ihre Erwartungen an Kemmerner Schüler waren dabei äußerst gering, wie der Verweis auf die Schulpflicht offenbart. Weiterhin beschreibt sie ihr Erziehungskonzept folgendermaßen:

> „Die Familie war der zentrale Ort christlicher Erziehung, dabei spielte die Mutter eine wichtige Rolle. […] So könnte man mein pädagogisches Erziehungskonzept mit drei Worten umschreiben: Beispiel, Lehre und Gewöhnung. So ist das Beispiel und die Gewöhnung Erziehungskonzept der Familie."[781]

Hierin zeigt sich wiederum, dass die Maßstäbe niedrig angesetzt wurden und die Schwestern der Bevölkerung der Gemeinde sehr wenig zutrauten. „Beispiel, Lehre und Gewöhnung" waren als Erziehungskonzept auch damals schon nicht mehr zeitgemäß und erscheinen aus heutiger Sicht recht naiv und autoritär. Als zentrales Ziel formulierte Schwester M. Reginharda den Erhalt christlicher Werte und die Fähigkeit der Schüler, später ein christliches Familienleben führen zu können.[782] Dieses Erziehungskonzept war auf die ländliche Bevölkerung zugeschnitten, mit einer starken Betonung der pragmatischen und affektiven Ebene.

Man kann dieses Konzept von Oberlehrerin Schwester M. Reginharda auf den gesamten pädagogischen Wirkungsprozess der Schwesternkommunität der Dillinger Franziskanerinnen übertragen, wenn man nochmals an den Gründungsprozess von 1889 bis 1891 denkt. Im Wirkungsprozess der Ordensfrauen über mehr als 80 Jahre hatten sich die Erwartungen bezüglich der christlichen Erziehung von Pfarrer Gottfried Arnold realisiert. Mit dem ausbleibenden Ordensnachwuchs war das Erfolgsmodell der sich selbst durch Mitwirkung der Schwestern reproduzierenden katholischen Erziehung allerdings gefährdet. Durch den schrittweisen Wegfall der klösterlichen Lehrerinnen und Erzieherinnen gerieten die Kinder nicht mehr in den lange Zeit als selbstverständlich aufgefassten Kontakt zu katholischen Werten.

Mit Antritt des Ruhestands von Schwester M. Philippine Schuhmann im Jahr 2004 endete nach über 114 Jahren die aktive pädagogische Tätigkeit der Schwestern in der Pfarrei[783]. Selbst wenn noch einige Kemmerner die Schwestern aus ihrer Kindergartenzeit kannten, so reicht selbst das mittlerweile nicht mehr für eine Reproduktion des katholischen Milieus aus, da die erwähnten Einflussfaktoren wie etwa die Familie und die Lebenswelt fehlen. Selbst wenn noch ein geringer Einfluss auf die Erziehung vorhanden ist, entsteht keine so enge Bindung mehr zu den Schwestern, wie dies in früheren Zeiten der Fall gewesen ist. Eine 20-jährige Einwohnerin erinnert sich beispielsweise so an ihre Erfahrungen mit den Schwestern:

„Ich weiß, dass sich in Kemmern noch Ordensleute befinden. Ich war 1987 im Kindergarten, der von Schwester M. Helene geleitet wurde. […] Es gab drei Gruppen und ich kann mich noch erinnern, dass wir viel spielten und miteinander beteten, was ich heute schon überhaupt nicht mehr praktiziere. […] Ich lebe mit meinem Freund in einer Wohnung in Bamberg und komme an den Feiertagen zu Besuch zu meinen Eltern nach Kemmern. Sie sind beide gebürtig aus Kemmern und mit den Schwestern aufgewachsen, somit haben diese ein innigeres Verhältnis zu ihnen als ich."[784]

Die christliche Erziehung fand zwar in gewissem Umfang noch statt, wurde aber nicht internalisiert. Eine wahre Identifikation mit dem katholischen Glauben findet allerdings nicht statt, sie erscheint hier im Gegensatz zu den Aussagen der älteren Mitbürgerinnen kein persönliches Anliegen mehr zu sein. Auf die jungen Kemmerner wirken andere Einflüsse stärker ein als die Grundzüge der christlichen Erziehung, denn die Befragte orientiert sich in ihrer Lebensführung nach modernen Maßstäben, die sich deutlich von denen der älteren Befragten unterscheiden, was sich allein schon darin ausdrückt, dass sie Kemmern verlassen hat.

„Nach meiner Geburt erhielt ich in der Pfarrkirche Kemmern die Taufe und habe an den religiösen Festlichkeiten am Ort wie erste heilige Kommunion und Firmung teilgenommen, […] doch wenn ich eines Tages selbst eine Familie habe, dann werde ich meine Kinder zwar taufen lassen und wahrscheinlich zur ersten heiligen Kommunion führen, doch ich frage mich schon, warum dies noch notwendig ist, da die Bedeutung der katholischen Kirche in der Öffentlichkeit immer weiter zurückgeht?"[785]

Das Verhältnis zu den Schwestern ist distanziert, denn die Spiritualität, die den älteren Mitbürgern noch immer so wichtig ist, stellt für diese Generation keinen Wert an sich mehr dar.[786] In der historischen Entwicklung der Schwesternkommunität kann man von einem langsamen und schleichenden Abbau der Tätigkeitsbereiche und des Einflusses auf die Bevölkerung sprechen. Als erster aktiver Tätigkeitsbereich war die zweite Ordensfrau im Kindergarten vom Abbau betroffen, denn mit dem Weggang von Schwester M. Marie Gerhild Schielein als Kindergärtnerin im Jahre 1968 zählte die Konventgemeinschaft nur noch fünf Ordensfrauen. Die Leitung des Kindergartens wurde wie bisher von Schwester M. Helene ausgeführt und die klösterliche Arbeitskraft wurde durch eine weltliche ersetzt, denn im Vertrag, den die Kongregation der Dillinger Franziskanerinnen mit der katholischen Kirchenverwaltung geschlossen hatte, war dies so vorgesehen.[787] Im Jahr 1970 musste dann durch den Tod der damaligen Krankenschwester die seit 1927 begründete ambulante Krankenpflegestation abgebaut werden. Das Fach Handarbeit wurde an der Schule als ordentliches Fach zwar weiter unterrichtet, aber von einer weltlichen Fachkraft übernommen. Die damalige Provinzoberin Schwester M. Clementine äußerte sich zu der Versetzung folgendermaßen:

„Als Provinzoberin von Bamberg habe ich 1974 mit der Versetzung der damaligen Handarbeitslehrerin Schwester M. Rupertis nach Marktbreit dazu beigetragen, dass die Nähschule der Schwestern aufgelöst wurde. Von 1909 bis 1974 konnten wir ausgebildete Handarbeitslehrerinnen zur Schwesternkommunität nach Kemmern schicken, doch jetzt war ich wiederum in derselben Situation wie im August 1970 mit der Krankenschwester. Es stand mir keine Schwester zur Verfügung, die ich hätte nach Kemmern schicken können"[788]

Personalmangel war sicherlich ein wichtiger Grund dafür, dass diese Stellen nicht mehr neu besetzt wurden, aber wie die historische Entwicklung der Schwesternkommunität dokumentiert, haben die Verantwortlichen in Gemeinde und Pfarrei nicht immer alles unternommen, um den Wünschen und Anforderungen der Ordensfrauen gerecht zu werden[789]. Pfarrer Georg Götz äußerte sich dazu resigniert, dass es vermutlich nicht nur am Nachwuchsmangel lag, dass der Konvent keinen Bestand haben würde.[790] Nach der Versetzung von Schwester M. Rupertis bestand die Konventsgemeinschaft nur noch aus drei Ordensfrauen, wobei im aktiven pädagogischen Dienst Schwester M. Helene und die Oberlehrerin Schwester M. Reginharda standen. Letztere wurde im Juli 1977 nach 38-jähriger pädagogischer Arbeit aus dem aktiven Schuldienst verabschiedet und blieb dem Schwesternkonvikt erhalten. Sie widmete sich über viele Jahre ganz der aktiven Pfarreiarbeit, so war sie beispielsweise mit Schwester M. Helene seit 1970 lange Jahre Mitglied des Pfarrgemeinderates und spielte bei liturgischen Feierlichkeiten die Orgel in der Pfarrkirche[791]. Der Bevölkerung stand sie zu Gesprächen und verschiedenen Begegnungen zur Verfügung. Die Gemeinde hat dies erkannt und besonders die langjährige Tätigkeit von Oberlehrerin Schwester M. Reginharda gewürdigt, indem sie zur Ehrenbürgerin ernannt und eine Straße nach ihr benannt wurde. Schwester M. Rupertis erinnerte sich an diese Würdigung, die aus ihrer Sicht zwei Seiten hatte.[792] – Einerseits war sie der Meinung, dass das Wirken einer Ordensfrau selbstverständlich wäre und solcher Art weltlicher Würdigungen nicht bedürfe, andererseits wusste sie es zu schätzen, dass die Gemeinde sich der Bedeutung eines Konventes vor Ort bewusst war.[793]

7.5 Kontinuität und Ausblick

Pfarrer Hannjürg Neundorfer war als 29. Pfarrer von 1989 bis 1998 in der Pfarrei Kemmern tätig. In dieser Zeit bestand die Schwesternkommunität aus vier Ordensfrauen, wobei von diesen nur noch Schwester M. Philippine als Erzieherin im Kindergarten tätig war.[794] Die lange Verweildauer der Ordensschwestern in Kemmern zeugt von großer Kontinuität und hatte den Effekt, dass die einzelnen Schwesternpersönlichkeiten über einen langen Zeitraum prägenden Einfluss auf die Menschen in Kemmern ausüben konnten. In einer Befragung sagte Pfarrer Neundorfer, dass die Präsenz von Schwestern allein schon ausschlaggebend sei, ob sie dabei einer praktischen Tätigkeit nachgingen, sei aus spiritueller Sicht gar nicht so wichtig:

> „Mir scheint, dass dieses Mitleben der Hauptgrund für die Berechtigung [...] einer Schwesternstation ist: dass die Schwestern mitleben und mitbeten. Die berufliche Sozialarbeit oder Erziehungsarbeit ist selbstverständlich notwendig, aber sie ist nur Ausdruck oder Bestätigung des zu Grunde liegenden Lebens."[795]

Pfarrer Neundorfer drückte die spirituelle Ebene der Schwesternkommunität als wesensgemäße lebendige Sendung aus, in der das Leben als Vergegenwärtigung Jesu Christi jeden Tag neu gesucht werden muss. Gerade für ältere Menschen gehören die Schwestern zum täglichen Leben, indem sie ihnen in der Kirche begegnen.[796]

Für Bürgermeister Alois Förtsch, der den Wirkensprozess der Ordensfrauen miterlebte, reichte ebenfalls alleine die Anwesenheit der Ordensfrauen in der Gemeinde. aus[797] Die ehemalige Provinzoberin Schwester M. Clementine[798] äußerte sich hierzu wie folgt: „Die Verbundenheit der Kemmerner Bevölkerung mit den Dillinger Franziskanerinnen zeigt sich bis zum heutigen Tage."[799]

Schwester M. Clementine differenzierte hier nicht, sondern übertrug ihre Erfahrungen der letzten 30 Jahre auf die gesamte historische Entwicklung der Schwesternkommunität. Zwar werden die Schwestern noch heute von vielen unterstützt, doch wie aus Umfragen zu entnehmen ist, ist der Einfluss und die Akzeptanz der Schwesternkommunität bei der jüngeren Generation am Schwinden.[800] Eine Beziehung zu den Schwestern haben vor allem jene, die sie in Kindergarten und Schule kennengelernt haben, wie die bereits zitierten älteren Kemmerner Bürgerinnen. Hinzugezogene dagegen können sich weniger mit dem Konvent identifizieren, da sie damit nichts verbinden, erst recht, wenn sie nicht katholisch sind. Diese Einflüsse haben die Bevölkerungsstruktur der Gemeinde verändert und werden in den nächsten Jahren auch die Glaubensstruktur der Pfarrei verändern. Pfarrer Neundorfer stellte bei seiner Befragung abschließend fest, dass nach der Schließung der Schwesternkommunität das gesellschaftliche Leben in der Gemeinde zwar weitergehen, das spirituelle Leben aber ärmer werden wird. „Das geistliche Element im täglichen Leben wird austrocknen."[801]

Die Ordensfrauen sind Integrationsfiguren des katholischen Milieus, sie standen und stehen für den gelebten katholischen Glauben in der Gemeinde. Aufgrund der großen Anerkennung, welche die Ordensfrauen in der Gemeinde durch die Bevölkerung stets erfahren haben, war es möglich, dass Schwester M. Gerwigis Zacherl und Schwester M. Reginharda im Mai 1999 dort ihren 90. Geburtstag feiern konnten.[802] In einer Befragung erinnerte sich Schwester M. Gerwigis, dass sie erstmals 1939 in die Schwesternkommunität versetzt wurde. Während des Krieges musste sie die Gemeinde zwar verlassen, doch 1943 wurde sie an ihre vorherige Wirkungsstätte zurück versetzt und war fortan für Haushalt, Kirchenschmuck und -reinigung, Gemüsegarten und Schülerspeisung zuständig, wobei sie den Rückhalt in der Bevölkerung als unterstützend empfand:

> „Es war ein reiches Pensum an Arbeit für mich und meine lieben Mitschwestern, [...]. Ich tat meine Arbeit sehr gerne, weil mich die Bevölkerung sehr unterstützte, daher kann ist feststellen: die Kemmerner halten zu ihren Schwestern."803

Schwester M. Gerwigis verrichtete ihre Arbeit zwar nicht direkt in der Öffentlichkeit, so wie jene, die in Schule und Kindergarten Kontakt zu vielen Menschen hatten, doch sie war die wichtigste Kontaktperson für die Bevölkerung. Sie nahm die Naturalien von der Bevölkerung Kemmerns entgegen, die wesentlich zum Unterhalt des Konventes beitrugen.804 Schwester M Gerwigis starb am 15. Juli 1999 in Sendelbach, nachdem sie in das ordenseigene Pflegeheim verlegt worden war.805 Die Ordensleitung beschloss trotz der langen Wirkungsdauer der Schwester in Kemmern, Schwester M. Gerwigis andernorts zu bestatten. Dies stieß in Kemmern nicht auf Zustimmung, wie einem Pfarrbrief aus dem Quartal 1999 zu entnehmen ist:

> „Mit großem Bedauern mussten wir die Entscheidung der Provinzleitung akzeptieren, Schwester Gerwigis in der Gruft der Dillinger Franziskanerinnen auf dem Friedhof in Bamberg beizusetzen."806

Die politische Gemeinde war sehr bemüht, die Ordensfrau auf ihrem Friedhof zu begraben, nachdem sie fast 60 Jahre in der Gemeinde gewirkt hatte. Das Motiv der Ordensleitung für die Entscheidung liegt indes auf der Hand: Es bestand und besteht noch die Gefahr, dass die Grabstätte irgendwann nicht mehr ordnungsgemäß gepflegt wird, wenn in der Gemeinde keine Schwesternkommunität mehr besteht.

Am 3. Oktober 2000 kam von Dillingen die Nachricht, dass die Ehrenbürgerin, Oberin und Oberlehrerin Schwester M. Reginharda, verstorben ist.807 Es war verständlich, dass die politische Gemeinde ihre Ehrenbürgerin gerne auf ihrem Friedhof begraben hätte, doch wie bei Schwester M. Gerwigis stimmte die Provinzoberin Schwester M. Bonita dieser Bitte nicht zu. So wurde sie auf dem Friedhof in Dillingen unter großer Anteilnahme der Bevölkerung Kemmerns beigesetzt. Die Schwesternkommunität bestand nunmehr noch aus zwei Ordensfrauen. Nach dem Tode von zwei Ordensfrauen war eine Sanierung des Schwesternhauses durch die katholische Kirchenverwaltung nach mehr als 30 Jahren erneut notwendig. Diese wurde im Jahre 2001 vom Träger des Hauses, der katholischen Kirchenverwaltung, durchgeführt.808 Im Pfarrbrief der Pfarrei Kemmern aus dem Jahre 2001 ist das Engagement der Bevölkerung für die Sanierung des Gebäudes erkennbar, die durch ehrenamtliche Arbeit und Spenden das Projekt unterstützten.809

Dieser Einsatz ist bemerkenswert. Es leben mittlerweile zwar nur noch zwei Schwestern in Kemmern, von denen die jüngste 62 Jahre alt ist, und dennoch setzten sich viele praktisch und finanziell für die Renovierung des Schwesternhauses ein810. Auch hier zeigt sich wiederum, wie wichtig für Teile der Bevölkerung der Fortbestand der Schwesternkommunität ist. Anders bei dieser Sanierung war im Vergleich zu den vorangegangenen, dass nicht wie bisher überwiegend größere Projekte durch Kollekten im Gottesdienst mitfinanziert werden, sondern dass der Kreis der Spender sich auch auf Vereine und Firmen ausgebreitet hat.811 Die Angelegenheit wird als Gemeinschaftswerk der Gemeinde bezeichnet, denn innerhalb der Bevölkerung wurden und werden die Ordensfrauen „unsere Schwestern" genannt, für die sich die Bevölkerung verantwortlich fühlt. Dies ist auch einem Brief des Pfarrgemeinderats an die beiden Ordensfrauen zu entnehmen, der eine Spende in Höhe von 1000 DM beinhaltet.812 Die enge Verbindung zwischen Bevölkerung und Ordensfrauen war der Provinzleitung der Dillinger Franziskanerinnen bekannt, daher wurde die Schwesternkommunität am 1. Februar 2002 noch einmal um zwei weitere Ordensfrauen verstärkt813. Es kamen Schwester Gundula Denk und Schwester Agnes Kahl, doch bereits zum 20. September 2002 musste Letztere Kemmern wieder verlassen, da ihr von der Provinzleitung die Führung des Haushaltes des Erzbischofs814 anvertraut wurde. Der Konvent besteht also aktuell aus drei Ordensfrauen.815 Am Sonntag, 15. September 2002, feierte Schwester Gundula Denk816 mit der Pfarrei und Gemeinde ihr 40-jähriges Professjubiläum. Pfarrer Tempel stellte in seiner Predigt fest:

> „Schwester Gundula habe sich in kurzer Zeit in Kemmern schon einen Wirkungskreis im Pfarrgemeinderat und in der Seniorenarbeit eröffnet und durch ihre Begeisterung für meditative Tänze andere angesteckt und ihnen Sammlung und Ruhe gebracht."817

Die Begeisterung vor allem der älteren Bevölkerung für die Schwestern erstreckte sich nicht nur auf jene, die schon seit längerer Zeit in Kemmern leben. Obwohl Schwester M. Gundula sich erst ein halbes Jahr in Kemmern befand, wurde sie mit dem gleichen Aufwand bedacht wie Schwester M. Helene, die ihren 80. Geburtstag in Kemmern feierte und schon 59 Jahre dort lebte.818 Der Bestand des Konventes hängt an den Schwestern, welche zur Zeit noch in ihm leben. Werden diese pflegebedürftig, wird es zur Auflösung der Schwesternfiliale kommen.

III RÜCKBLICK UND ZUSAMMENSCHAU

1. Gründung des katholischen Milieus in Kemmern

Vier Monate nach Saffers Tod übernahm Pfarrer Arnold im September 1887 als 20. Pfarrer die kirchliche Jurisdiktion in Kemmern.

Aus seiner früheren Stadtpfarrei Gaustadt brachte er einen reichen pastoralen Erfahrungsschatz mit in die einfache Pfarrei, so dass ihm innerhalb kurzer Zeit die Gründung und Etablierung eines geschlossenen katholischen Milieus gelang. In verschiedenen Situationen wie beispielsweise bei der Schulvisitation von 1889 wurde ihm die dramatische Bildungsmisere im Ort vor Augen geführt. Der durchsetzungsfähige und zielstrebige Pfarrer Arnold wusste sehr schnell, dass er dieses Problem nicht allein lösen konnte und erkannte, dass dies am besten mit Hilfe einer Ordensgemeinschaft mit pädagogischer Ausrichtung möglich sei. Aus seiner früheren Pfarrei in Gaustadt hatte er durch das Kloster Michelfeld die Ordensgemeinschaft der Dillinger Franziskanerinnen kennen gelernt. So wandte er sich in einem Werbungsschreiben am 6. November 1889 das erste Mal mit seinem Anliegen an die Meisterin Schwester M. Angelina Schmid. Diese gab letztlich ihre Zustimmung zur Errichtung einer Schwesternkommunität, weil die Ordensgemeinschaft ihren Einflussbereich im Erzbistum Bamberg auf pädagogischer Ebene erweitern wollte: Zu diesem Zeitpunkt waren Ordensfrauen aus der Gemeinschaft seit 1882 nur zur Führung des Haushalts im Klerikal- und Knabenseminar des Erzbistums tätig. Pfarrer Gottfried Arnold sicherte durch seinen „Pfarrer Arnold'schen Mädchenschulfonds" den Unterhalt der Schwesternkommunität teilweise. Der erfolgreichen Ansiedlung der Schwesternkommunität in der Gemeinde ist ein umfangreicher zweijähriger Gründungsprozess vorausgegangen, den Pfarrer Arnold durch die einzelnen politischen Institutionen und Verwaltungsebenen führte, bis es schließlich am 10. Oktober 1890 durch das Bayerische Staatsministerium des Innern für Kirchen und Schulangelegenheiten zur Genehmigung kam.

So hat Pfarrer Gottfried Arnold mit der Ansiedlung der Schwesternkommunität und der Teilung des Schulbetriebes in eine Mädchen- und Knabenschule die Grundlage für den pädagogischen Teil des katholischen Milieus in der Gemeinde gelegt. Die Schulgründung war nur ein erster Schritt und bald folgte eine Erweiterung der einzelnen pädagogischen Tätigkeitsbereiche der Ordenskommunität. So führte er 1899 den Genehmigungsprozess beim Bezirksamt Bamberg I, der zur Gründung der Kleinkinderbewahranstalt in der Gemeinde führte, und stellte für deren Betrieb die ersten Statuten auf, in denen er die pädagogische Verantwortung der Schwesternkommunität der Dillinger Franziskanerinnen übertrug. Sein umfangreiches pädagogisches Engagement, das zur Folge hatte, dass viele Kinder und Jugendliche schon früh mit dem katholischen Glauben aufwuchsen, ergänzte er durch persönlichen finanziellen Einsatz. Da er nicht für Verwandte aufkommen musste, legte er in seinem Testament die finanzielle Grundlage für den späteren Neubau der Kleinkinderbewahranstalt und sorgte dafür, dass der Lehrbetrieb in der Arbeitsschule nach dem Ausscheiden des weltlichen Lehrpersonals durch Ordensschwestern der örtlichen Schwesternkommunität übernommen wurde. Gleichzeitig schuf er in seinem Testament die finanziellen Voraussetzungen für die räumliche Ausstattung der Arbeitsschule, so dass die Ordensfrauen nach seinem Tode die notwendigen Anschaffungen tätigen konnten. Mit der kontinuierlichen Erweiterung der Schwesterkommunität bekamen die Ordensfrauen in der Gemeinde einen erheblichen Einfluss im Bereich der christlichen Erziehung und der Bildung.

Mit den Ordensfrauen kamen von außen ausgebildete pädagogische Fachkräfte in die homogene abgeschlossene Gemeinde. Durch die Statuten der Dillinger Franziskanerinnen von 1883 waren die Ordensfrauen dazu verpflichtet, eng mit dem jeweiligen Ortspfarrer zusammenzuarbeiten, was in der Pfarrei beispielsweise in folgender Weise praktiziert wurde: Der Ordensfrau, die an der Mädchenschule tätig war, oblag in Zusammenarbeit mit dem Pfarrer der Unterricht im Fach Katholischer Religionslehre. Ferner leitete sie einen Schulchor für Mädchen und sorgte in der Kirche während der liturgischen Feierlichkeiten für Ruhe und Ordnung bei den Kindern. Durch die enge Zusammenarbeit der Schwestern mit dem Pfarrer wurde die kirchliche Autorität in der Gemeinde erheblich gestärkt, was durch die stetige Verstärkung des Konventes der Dillinger Franziskanerinnen vorangetrieben wurde.

1.1 Schwesternkommunität der Dillinger Franziskanerinnen

Anfang des 20. Jahrhunderts waren die Dillinger Franziskanerinnen neben dem Pfarrer die katholischen Milieuträger in Kemmern. Die Ordensschwestern trugen also durch ihre unterschiedlichen Tätigkeitsbereiche entscheidend zur Etablierung des katholischen Milieus in der Gemeinde bei. Seit der Gründung im Jahre 1890 wurden auf Betreiben des Pfarrers schrittweise alle pädagogischen Tätigkeitsbereiche der Gemeinde von Ordensschwestern wahrgenommen, was eine stetige Erweiterung der Konventsgemeinschaft mit sich brachte. Im Jahre 1929 zählte die Kommunität sieben Schwestern: Zwei Ordensfrauen waren als Lehrschwestern an der Mädchenschule tätig, eine Franziskanerin übte ihre Tätigkeit in der Arbeitsschule aus und eine weitere Ordensfrau war in der Kleinkinderbewahranstalt beschäftigt. Für die Arbeiten in der ambulanten Krankenpflege und im Haushalt der Konventsgemeinschaft waren nochmals drei weitere Ordensfrauen zuständig.

Durch dieses langsame Anwachsen der Kommunität benötigten die Ordensfrauen, um ein halbwegs erträgliches Leben führen zu können, einen größeren Wohn- und Arbeitsbereich als sie ihn seit 1890 innehatten. Der Wohnbereich der Franziskanerinnen umfasste 1929, wie zur Gründungszeit, etwa 66 Quadratmeter. Diese Unterkunft war jedoch ursprünglich nur für zwei Ordensfrauen geplant. Pfarrer Gottfried Arnold hat ganz bewusst den Wohn- und Arbeitsbereich der Schwestern ins Schulgebäude und in ein der Kirchengemeinde vererbtes Bauernhaus gelegt, weil ein Aus- und Umbau dieser Gebäude für die Gemeinde keinen so großen finanziellen Aufwand bedeutete, als wenn neue Gebäude hätten errichtet werden müssen. Außerdem lagen sowohl die Schule als auch das ererbte Haus direkt neben der Kirche, dem Zentrum Kemmerns. Der Nachfolger von Pfarrer Gottfried Arnold, Pfarrer Nikolaus Hennemann (1902–1925) wäre eigentlich für eine Erweiterung der Wohn- und Arbeitsbereiche der Ordensfrauen zuständig gewesen, doch unter seiner 23-jährigen pastoralen Amtszeit kam es nie dazu. Somit litten die Franziskanerinnen unter katastrophalen räumlichen Verhältnisse, die das Maß des Zumutbaren überschritten. Erst mit der Versetzung von Schwester M. Synkletia (1925–1939) im Jahre 1925 änderte sich diese Situation.

Die Bevölkerung konnte die Verstärkung des Konventes im täglichen Gebetsleben der Ordensfrauen miterleben, denn die Schwestern nutzten, da es im Konvent keine Hauskapelle gab, den Chorraum der Kirche für ihr tägliches Offizium, sie trafen sich dort täglich mehrmals gemeinsam zum Gebet, was für die Bevölkerung etwas völlig Neues bedeutete. Die Franziskanerinnen waren in der Gemeinde demnach durchaus präsent. Dies war beispielsweise auch der Fall, wenn die Ordensfrauen auf den öffentlichen Straßen der Gemeinde unterwegs waren und ihre täglich benötigten Lebensmittel bei ortsansässigen Lebensmittelhändlern einkauften. Bei jedem Auftreten der Ordensfrauen im öffentlichen Gemeindeleben war deutlich sichtbar, dass sie ein anderes, kultivierteres Leben führten als die übrige ländlich geprägte fränkische Bevölkerung. Dies zeigte schon rein äußerlich die gestärkte und gebügelte Ordenskleidung der Schwestern. Auffällig waren auch ihre Bewegungen und ihr Gang: Sie gingen langsam, stets zu zweit und in sich gekehrt durch die Straßen des Dorfes. Kam es in der Gemeinde zu Begegnungen zwischen den Ordensfrauen und der übrigen Dorfbevölkerung, dann konnte hier bei den bäuerlichen Dorfbewohnern Ehrfurcht, Respekt oftmals auch ein Stück Unsicherheit und im schlimmsten Fall sogar Scheu bis hin zu Angst ausgelöst werden. Dies war dem Autoritätsgefälle geschuldet, das sich im fränkischen Alltagsleben zwischen Pfarrer, Ordensfrauen und Bevölkerung beobachten ließ. Dieses hatte im täglichen mitmenschlichen Umgang gewisse Praktiken und Verhaltensregeln zur Folge, die bisher im fränkischen Alltagsleben der Kemmerner Bevölkerung nicht vorkamen. Aufgrund der bäuerlichen Schlichtheit und Denkweise erahnten die Bürgerinnen und Bürger zwar solche Höflichkeits- und Ehrfurchtsrituale, doch sie waren sehr unsicher bei der Umsetzung im Alltagsleben. Gleichzeitig erwarteten die Ordensfrauen und der Ortspfarrer aufgrund ihrer besonderen Machtstellung, die sie innerhalb der Gemeinde innehatten, von der Bevölkerung die passenden Verhaltensregeln – einen höflichen und ehrfurchtsvollen Umgang – und forderten diese auch ein. Somit standen sich zwei Ebenen gegenüber: die schlichte fränkische und die kultivierte, schwäbische klösterliche Ebene der Ordensfrauen.

Die Ordensfrauen übernahmen durch ihren Einfluss auf Erziehung und Bildung nicht nur die religiöse Sozialisation, sondern auch die Vermittlung von Kultur und weltlichem Wissen. Hinzu kam die praktische Erziehung, etwa zu Pünktlichkeit, Ehrlichkeit, Fleiß sowie eine Essenskultur, das Nähen, das Pflanzen von Blumen und Heilkräutern im Garten und zahlreiche weitere praktische Lebensunterweisungen, die alle religiös geprägt und in das traditionsreiche Alltagsleben eingebunden waren. Diese ganzheitliche Verknüpfung von Erziehung zur Kultiviertheit und Lebenspraxis mit einem traditionellen Alltagsleben und einer religiösen Sozialisation ist gut an folgendem Beispiel zu erkennen: Die Ordensfrauen setzten durch, dass mit dem 17 Uhr-Geläute alle – Erwachsene wie Kinder – zu Hause zum Angelusgebet zu sein hatten. (anschließend aß man gemeinsam zu Abend.) Die Ordensfrauen beendeten zur gleichen Zeit ihre Tätigkeiten in der Kleinkinderbewahranstalt, in der Arbeitsschule und in der ambulanten Krankenpflege bei den Familien und gingen durch die Straßen der Gemeinde zur Kirche, um dort ihr gemeinsames Stundengebet, die Vesper zu verrichten. Dabei konnten sie feststellen, ob die Kinder wirklich alle bereits zu Hause waren und ob in den Familien gemeinsam gebetet wurde, denn die Lautstärke des Familiengebetes drang durch die Fenster auf die Straßen der Gemeinde. Somit bestand die Erziehung der Ordensfrauen nicht nur alleine aus Wissensvermittlung und Hilfen zur praktischen Lebensbewältigung, sondern es fand durch die Franziskanerinnen im fränkischen Alltagsleben auch eine Sozialkontrolle der Bevölkerung statt. Mit der Verstärkung der Konventsgemeinschaft stieg die religiöse Kontrolle und die religiös sittliche Überwachung durch die katholischen Milieuträger innerhalb der Bevölkerung. Dabei übten die Franziskanerinnen in der Gemeinde im Bereich der christlichen Erziehung und Bildung einen großen Einfluss auf die Bevölkerung aus, was zu einer erheblichen Machtkonzentration auf die katholischen Milieuträger führte. Dies verdeutlicht wiederum das Autoritätsgefälle zwischen Pfarrer, Ordensfrauen und der übrigen Bevölkerung. Diese Machtposition konnte sich bei Lebensentscheidungen des Einzelnen beispielsweise bei der Partnerwahl, positiv oder negativ auswirken. Jede heiratsfähige Person konnte zwar ihren Partner frei wählen, doch beim ersten öffentlichen Auftreten in der Gemeinde beurteilten die Ordensfrauen und der Pfarrer beide Personen und deren Beziehung zueinander. Sie konnten diese Verbindung sogar auflösen, wenn gewisse Kriterien, die das katholische Milieu einforderte, nicht erfüllt waren. Weiterhin wäre niemand aus der Bevölkerung auf die Idee gekommen, den pädagogischen Erziehungsstil und die Strenge von Ordensfrauen und Pfarrer zu kritisieren oder in Frage zu stellen. Dies führte innerhalb der Bevölkerung oftmals dazu, dass Entscheidungen der Milieuträger kritiklos und unreflektiert hingenommen und ausgeführt wurden, da man diese als quasi von Gott gewollt ansah.

In der bereits bestehenden pastoralen Pfarrstruktur, laut der seit Gründung der Pfarrei im Jahre 1710 dieser ein Pfarrer vorstand, wurde durch die Erweiterung der Schwesternkommunität ein weiteres kirchliches hierarchisch gegliedertes Autoritätssystem etabliert. Die Bevölkerung nahm dieses völlig widerspruchslos an und war mit zwei unterschiedlichen kirchenrechtlichen Systemen konfrontiert. Die rechtliche Grundlage der Ordensfrauen baut auf den Statuten der Dillinger Franziskanerinnen aus dem Jahre 1883 auf. Dadurch wurde das Zusammenleben, das Autoritätsgefälle der Ordensfrauen innerhalb der gesamten Ordensgemeinschaft der Dillinger Franziskanerinnen geregelt und zum anderen auch die Stellung, die Abhängigkeit, das Pflichtbewusstsein und die Aufgabenerfüllung der einzelnen Ordensfrau in den unterschiedlichen Ordensfilialen der Gemeinschaft. In der Filiale Kemmern wirkte sich dies beispielsweise wie folgt aus: Innerhalb der Kommunität war es üblich, dass die Lehrschwester das Amt der Oberin ausübte. Weiterhin musste die Kommunität die kleine Klausur einhalten, was sich durch eine strenge Zurückhaltung der Ordensfrauen gegenüber der Bevölkerung ausdrückte. Aufgrund der engen Wohn- und Arbeitsverhältnisse innerhalb der Gemeinde entwickelte sich zu den Ordensfrauen ein distanziertes Beziehungsverhältnis, denn die Bevölkerung stand mit den Schwestern durch deren Tätigkeiten und Lebensgewohnheiten im stetigen Kontakt, was sich beispielsweise bei der Pflege und Betreuung der Kranken und älteren Bürgerinnen in den Familien der Gemeinde oder an der Klosterpforte beim Bringen von agrarischen Erzeugnissen ausdrückte.

In der Ordensfiliale Kemmern kam es in den ersten 30 Jahren seit der Gründung im durchschnittlichen Abstand von fünf Jahren zu einer Versetzung einer jeden Ordensfrau. Wenn Ordensfrauen aus der Gemeinde von der Ordensleitung in andere Ordensfilialen versetzt wurden oder sie die Gemeinschaft verließen, pflegte die Bevölkerung normalerweise keinen Kontakt mehr zu diesen Ordensfrauen. Eine Ausnahme bildet die Lehrschwester M. Isengartis Sauer, die 1929 als ausgebildete Lehrschwester in die Ordensfiliale Kemmern kam und nach dreijährigem Aufenthalt die Gemeinschaft der Dillinger Franziskanerinnen verließ. In der historischen Entwicklung des Konventes waren sehr viele Ordensfrauen von Dillingen in die Ordensfiliale nach Kemmern versetzt worden, Schwester M. Isengartis Sauer war die einzige von allen Ordensfrauen, die aus der Ordensgemeinschaft austrat. Da sie bei den Kindern und bei einem Teil der erwachsenen Bevölkerung durch ihre Persönlichkeit, ihre Freundlichkeit und ihr kompetentes Verhalten positiv aufgefallen war, hielt ein Teil der Bevölkerung noch lange Jahre Kontakt zu ihr und die ehemalige Ordensfrau hat sich auf diesen Kontakt mit der Bevölkerung eingelassen. Somit ist ihre kurze Lehrtätigkeit in Kemmern vor allem bei der älteren Generation der Bevölkerung, heute noch lebendig präsent.

Nach dem Schulgesetz des Ministeriums für Schul- und Kirchenangelegenheiten in München hatten die Pfarrer in den katholischen Gemeinden die geistliche Schulaufsicht inne und trugen den Titel „Lokalschulinspektor". Im Landkreis Bamberg hatten die politischen Gemeinden die Trägerschaft der Schulgebäude inne und waren für die Anstellung, Wohnung und Finanzierung des Lehrpersonals verantwortlich. Die Kreisregierung von Oberfranken mit Sitz in Bayreuth fungierte als staatliche Oberbehörde. Die politischen Gemeinden waren verpflichtet, bei dieser staatlichen Institution Veränderungen im Bereich des Lehrpersonals der Volksschulen sofort zu melden. Gleichzeitig führte diese Behörde an den Volksschulen in regelmäßigen Abständen Visitationen durch. Im Landkreis waren die einzelnen Volksschulen in Schulsprengel eingeteilt, die oftmals mit den Gemeindegrenzen identisch waren. Mit Beendigung der bayerischen Monarchie im Jahre 1918 und mit Beginn der Weimarer Republik kam es an den Volksschulen im ländlichen Bereich durch das Ministerium zur Aufhebung der geistlichen Schulaufsicht und im Jahre 1919 wurde das Lehrpersonal zu Staatsbeamten erhoben. Dadurch wurde der Lehrerberuf an den Volksschulen im ländlichen Bereich aufgewertet und gleichzeitig sind die politischen Gemeinden im ländlichen Bereich finanziell entlastet worden, denn sie waren nur noch für den Schulbedarf verantwortlich, d. h. für das Schulgebäude, die Lehrmittel und den Wohnbereich des Lehrpersonals. Diese gesetzlichen Bestimmungen wurden oftmals in den Gemeinden des Landkreises Bamberg anders ausgeführt als dies gesetzlich vorgeschrieben war. In Kemmern beispielsweise hatte Pfarrer Nikolaus Hennemann von 1902 bis 1925 als Lokalschulinspektor (er verwendete diesen Titel auch nach 1918 noch auf offiziellen Dokumenten) die geistliche Schulaufsicht in seinem Schulsprengel inne und nahm gleichzeitig die schulischen Kompetenzen der politischen Gemeinde wahr, weil es zu dieser Zeit noch keine funktionsfähige administrative Verwaltung gab. Die politische Gemeinde wurde zwar nach außen hin durch Bürgermeister und Gemeinderat repräsentiert, doch die Aufgabenbereiche der politischen Gemeinde wurden von ihnen nicht wahrgenommen. Der Vertrag, welcher mit den Dillinger Franziskanerinnen und der politischen Gemeinde im Jahre 1890 geschlossen wurde, sah vor, dass die politische Gemeinde für die Wohnung und für die Besoldung der in Schule und Kleinkinderbewahranstalt tätigen Ordensfrauen verantwortlich war. Der Gemeinderat Kemmern konnte aufgrund seiner Handlungsunfähigkeit die Gesetzesänderung des Ministeriums für Kirchen- und Schulangelegenheiten aus dem Jahre 1919 nicht umsetzen. Man kann davon ausgehen, dass Pfarrer Hennemann, auch wenn dieser Aufgabenbereich nicht in seinem eigentlichen Kompetenzbereich lag, die Gesetzesänderung in der politischen Gemeinde hätte umsetzen können, doch er tat es nicht. Das Lehrpersonal, das während seiner pastoralen Tätigkeit an der Volksschule in Kemmern tätig war, wurde noch bis 1925 von der politischen Gemeinde besoldet. In den Jahren 1920, 1922 und 1925 kam es an der Mädchenschule und im Jahre 1923 an der Knabenschule zu Neubesetzungen der Lehrstellen, wobei diese der Kreisregierung in Bayreuth gemeldet werden mussten. Die politische Gemeinde Kemmern wurde jedoch selbst dann noch von keiner staatlichen Institution dazu aufgefordert, die Änderungen aus dem Jahre 1919 im Schulsprengel Kemmern zu realisieren. Wäre die politische Gemeinde bereits zur damaligen Zeit in der Lage gewesen, die geänderte Gesetzgebung umzusetzen, dann hätte sie durch Einsparungen beim Personaletat zusätzliche finanzielle Mittel zur Verfügung gehabt, um beispielsweise eine Erweiterung der Volksschule vorzunehmen, die zur damaligen Zeit bereits vom Bezirksamt Bamberg und von der Kreisregierung in Bayreuth mehrmals gefordert wurde.

Im Jahre 1925 vollzogen sich auf politischer und kirchlicher Ebene Änderungen in der Gemeinde. Pfarrer Nikolaus Hennemann verließ im Mai seine Pfarrei und im Konvent der Dillinger Franziskanerinnen wurde im Juli eine Versetzung an der Mädchenschule vorgenommen. Schwester M. Synkletia Oppelt (1925–1938) wurde von der Gemeinschaft der Dillinger Franziskanerinnen aus der Ordensniederlassung als Lehrschwester und Oberin in die Konventsgemeinschaft nach Kemmern versetzt. Nach welchen Kriterien diese Versetzungen von der Gemeinschaft der Dillinger Franziskanerinnen vorgenommen wurde, lässt sich aus den vorliegenden Quellen nicht ersehen. Mit Schwester M. Synkletia kam es im Innenleben der Konventsgemeinschaft auf schulischer und sozialer Ebene zu Veränderungen. So kam es innerhalb der Konventsgemeinschaft zu einer längeren kontinuierlichen Anwesenheit der Ordensfrauen (ca. 15 bis 20 Jahre). Auf schulischer Ebene sorgte sie bei den staatlichen Institutionen für neue Dienstverträge für ihre Mitschwestern. Die finanziellen Zuwendungen der politischen Gemeinde wurden neu geregelt, denn das Lehrpersonal an der Volksschule wurde nun doch nicht mehr von der politischen Gemeinde besoldet, sondern vom Land Bayern, was den Gemeindeetat erheblich entlastete. Schwester M. Synkletia trug bei der

Meisterin der Ordenskongregation die Bitte vor, dass in der Gemeinde eine ambulante Krankenpflegestation zusammen mit der Gründung eines Krankenvereins errichtet werden sollte, was letztlich vom Bezirksamt Bamberg genehmigt und realisiert wurde. 1927 übernahm der Orden schließlich die ambulante Krankenpflegestation in der Gemeinde. Der Krankenverein gab sich eine Satzung und alle finanziellen Aufwendungen wurden über diesen eingetragenen Verein finanziert. All diese Maßnahmen, die von Schwestern M. Synkletia innerhalb kurzer Zeit durchgeführt wurden, dokumentieren deren außergewöhnliche Einsatzbereitschaft und ihr Engagement, mit dem sie für jedes Problem eine Lösung fand. Dadurch entwickelte sich die Konventsgemeinschaft innerhalb der politischen Gemeinde, getrennt von der Institution Pfarrer zu einer eigenständigen institutionellen Einrichtung in Kemmern. Dadurch wurde das religiöse Milieu in Kemmern gefestigt.

1.2 Errichtung einer dritten Schulstelle an der Volksschule

Gegen Ende der zwanziger Jahre fehlten der politischen Gemeinde ausreichend Räumlichkeiten und eine dritte Lehrstelle, um bei den steigenden Schülerzahlen einen halbwegs erträglichen Unterrichtsablauf zu ermöglichen. Der Gemeinderat hatte sich mehrmals mit der Thematik „Bau eines neuen Schulhauses" beschäftigt und sogar Mitte der zwanziger Jahre einen Bauplatz mit einem Bauernhaus käuflich erworben, doch die Realisierung dieses Projektes wurde aus finanziellen Gründen ständig auf die lange Bank geschoben. Die kirchliche und politische Gemeinde war gezwungen, zusammen mit Schulleiter Franz Xaver Bäumel und Oberin Schwester M. Synkletia nach Zwischenlösungen zu suchen, wie diese Problematik ohne Schulhausneubau gelöst werden könne. Die politische Gemeinde wollte die preisgünstigste Lösung anstreben, um die finanziellen Belastungen der Bevölkerung möglichst gering zu halten, daher kamen Lehrer Bäumel und Schwester M. Synkletia zu der Überlegung, als zusätzliche Unterrichtsmöglichkeit die Räumlichkeiten der Kleinkinderbewahranstalt, die groß genug waren, zu nutzen. Sie begründeten ihre Überlegung mit der zentralen Lage des Gebäudes. Die gesetzlichen Bestimmungen für den Aufbewahrungsbetrieb der Kleinkinder wurden durch eine hauseigene Satzung geregelt, somit gab es für diesen Betrieb keine staatliche Institution, die durch eine Visitation die pädagogische Aufsicht vornahm und dem Träger Auflagen machen konnte, die erfüllt werden mussten, wie dies im Volksschulwesen mit der Kreisregierung in Bayreuth der Fall war. Daher lag die Überlegung nahe, das Gebäude als Unterrichtsraum zu nutzen und den Aufbewahrungsbetrieb der Kleinkinder in ein anderes Gebäude zu verlegen, wobei zunächst einmal der Eigentümer der Kleinkinderbewahranstalt seine Zustimmung geben musste.

Der Nachfolger von Pfarrer Nikolaus Hennemann war Pfarrer Johannes Schwendfür (1925–1932), der als Eigentümer der Kleinkinderbewahranstalt dieser Überlegung zustimmte. Die Vertreter des Gemeinderates taten es ihm gleich und stellten für den Aufbewahrungsbetrieb der Kleinkinder ihr erworbenes Grundstück mit dem Bauernhaus zur Verfügung. Schwester M. Synkletia stellte Bedingungen, die mit der Besetzung der dritten Lehrstelle verbunden waren. Sie forderte, dass die Aufteilung von Knaben- und Mädchenschule auch bei der Besetzung einer dritten Schulstelle erhalten blieb und die neu zu besetzende Lehrstelle mit einer Ordensfrau aus der Gemeinschaft der Dillinger Franziskanerinnen besetzt würde. Sie begründete ihre Überlegung mit finanziellen Ersparnissen für die politische Gemeinde, denn für eine weltliche Lehrkraft hätte die Gemeinde eine zusätzliche Wohnung finanzieren müssen, wohingegen durch eine klösterliche Lehrkraft auf die politische Gemeinde keine Wohnungskosten zukamen, da diese einfach im Konvent mit leben konnte. Zur Verlegung der Kleinkinderbewahranstalt in das erworbene Bauerngebäude gab es von Schwester M. Synkletia keinen Widerspruch, auch wenn damit die pädagogische Arbeit ihrer Mitschwester erheblich beeinträchtigt wurde. Diese Überlegung erschien den Verantwortlichen Kemmerns als tragbarer Kompromiss, so dass das Projekt von der politischen Gemeinde im administrativen Genehmigungsprozess durch die staatlichen Institutionen durchgesetzt werden konnte. Dabei standen der Bürgermeister und die Vertreter des Gemeinderates vor der Problematik, eine Person auszuwählen, die in der Lage war, den Schriftverkehr mit den staatlichen Institutionen zu führen, weil zur damaligen Zeit innerhalb der Kemmerner Bevölkerung außer dem Pfarrer und dem Lehrpersonal nur wenige Personen dafür in Frage kamen. Bei der Analyse des Schriftverkehrs fällt auf, dass verschiedene Dokumente von Schwester M. Synkletia verfasst wurden, so dass sie vom Bürgermeister und von den Vertretern des Gemeinderates nur noch unterzeichnet werden mussten. Somit stand die politische Gemeinde in einem Abhängigkeitsverhältnis, womit deren Handlungsunfähigkeit auf schulischer Ebene überwunden wurde. Die Kreisregierung von Bayreuth gab sich mit dem vorgeschlagenen Kompromiss der politischen Gemeinde nur teilweise zufrieden, denn die neue Lehrstelle sollte nach Auffassung der staatlichen Behörde nicht mit einer klösterlichen, sondern mit einer weltlichen Lehrkraft besetzt werden. Ferner wollte die Behörde die Trennung in Knaben- und Mädchenschule durchbrechen. Beides wollte die Gemeinschaft der Dillinger Franziskanerinnen jedoch nicht akzeptieren. Aufgrund ihrer Autorität und ihres Ansehens hatte Schwester M. Synkletia die politische Gemeinde dazu gebracht, dass sie gegen den vorläufigen Bescheid der Kreisregierung von Oberfranken Einspruch beim Staatsministerium in München einlegte. Die dafür notwendigen Briefe schrieb abermals Schwester M. Synkletia. Durch dieses Abhängigkeitsverhältnis mischten sich die Ordensfrauen erstmals in die politische Ebene der Gemeinde ein, damit die Pläne der Kreisregierung von Oberfranken in Kemmern nicht realisiert wurden. Dieser Einspruch hatte letztlich dazu geführt, dass das Ministerium nicht darauf bestand, die neu zu besetzende Schulstelle mit einer weltlichen Lehrkraft besetzen zu lassen. Die Trennung der Volksschule in eine Mädchen- und eine Knabenschule wurde durch das Ministerium für die Jahrgangsstufen fünf bis acht bestätigt, doch für die ersten vier Jahrgangsstufen wurde sie aufgehoben. Das Ministerium stellte in seinem Genehmigungsschreiben ausdrücklich klar, dass diese Entscheidung einmalig und unter Berücksichtigung der speziellen Verhältnisse der Gemeinde Kemmern getroffen wurde. Diese Entscheidung des Ministeriums stellte für die damalige Zeit in der bayerischen Geschichte für die Volksschulen im Landkreis Bamberg etwas ganz Besonderes dar, denn die Schulpolitik der bayerischen Staatsregierung setzte nicht mehr auf eine Unterrichtstrennung von beiden Geschlechtern und das Ministerium war an eine ausschließliche Besetzung des Lehrerskollegiums mit klösterlichen Lehrkräften nicht mehr interessiert. Es kam somit an den ländlichen Volksschulen des Landkreises Bamberg zu einer Mischung des Lehrerkollegiums, in dem weltliche und klösterliche Lehrkräfte gleichberechtigt zusammenarbeiten.

Der Unterricht der ersten vier Jahrgangsstufen sollte ins Gebäude der Kleinkinderbewahranstalt verlegt werden und von einer klösterlichen Lehrkraft aus der Gemeinschaft der Dillinger Franziskanerinnen für beide Geschlechter erteilt werden. Diese zusätzliche Ordensfrau wohnte in der Ordenskommunität der Gemeinde, somit musste die Dachwohnung des Schulhauses, in der die Ordensfrauen der Konventgemeinschaft untergebracht waren, ausgebaut werden. Die Finanzierung dieses Projektes wurde auf Kosten der Ordensfrauen realisiert.

Durch die Entscheidung des Ministeriums erhöhte sich der Anteil der klösterlichen Lehrkräfte an der Volksschule auf drei Schwestern und damit nahm der Einfluss der Ordensfrauen im Bereich der christlichen Erziehung, im Unterricht und der damit zusammenhängenden Bildung erheblich zu. Durch die durchsetzungsfähige Persönlichkeit von Oberin Schwester M. Synkletia wurde der Einfluss und die Autorität sowie das Ansehen der Ordensfrauen bei der politischen Gemeinde und bei den staatlichen Institutionen gestärkt.

Hier wird zum ersten Mal in der Geschichte des katholischen Milieus in Kemmern deutlich, dass die Konventgemeinschaft der Dillinger Franziskanerinnen eine eigenständige institutionelle Autorität neben dem Pfarrer darstellte.

1.3 Pädagogisches Wirken der Ordensfrauen und Ordensnachwuchs

Wie in vielen Landschulen fand der Unterricht überwiegend klassenübergreifend statt, wobei auf methodischer Ebene in der Regel frontal vermitteltes Wissen reproduziert wurde. Im Fächerkanon der Volksschule stand das Fach „Katholische Religionslehre", das vom Pfarrer und der Ordensschwester unterrichtet wurde, immer an erster Stelle, dabei zog sich das religiöse Wissen wie ein roter Faden durch alle Fächer. Die Pädagogik der Ordensfrauen war auf Wissensvermittlung zur Lebensbewältigung ausgerichtet, was sich im Erlernen von lebenspraktischen alltäglichen Handlungen zeigte. Die christliche Sozialisation der Schwestern bestand im Wesentlichen aus dem Lernen von vorformulierten Gebeten, Gedichten, Heiligenlegenden, biblischen Geschichten und Frömmigkeitsritualen, die von den Schülern im Unterricht vorgetragen werden mussten. Bildung stand in Kemmern weniger im Vordergrund als die religiöse Erziehung. Als wichtigstes Lernziel galt in der Kleinkinderbewahranstalt, in der Volksschule und Arbeitsschule die Praktizierung und Festigung eines katholischen Glaubenslebens. Im fränkischen Alltagsleben waren alle Handlungen und Tätigkeiten, die von der bäuerlichen Bevölkerung verrichtet wurden, vom katholischen Glauben durchdrungen. Dieser katholische Alltag begann mit dem Angelusläuten um 6 Uhr und endete mit dem Nachtgebet am Abend. Somit wurde den einzelnen Familien ein religiöses Ritual vorgegeben, das darin bestand, die Kleinkinderbewahranstalt und die Volksschule pflichtbewusst so schnell wie möglich zu durchlaufen, im elterlichen Haushalt und im landwirtschaftlichen Betrieb mitzuarbeiten, zu heiraten, in dieser Ehe viele Kinder für die künftige Existenzsicherung zu zeugen und sich für die familiäre, dörfliche und kirchliche Gemeinschaft zu engagieren. So bekam der Einzelne eine klar vorgegebene Zielperspektive und eine religiöse Strukturierung seines Alltags mit auf seinen täglichen Lebensweg. Gleichzeitig fand er in diesem vorgegebenen Ritual, das vom katholischen Glaubensleben durchdrungen war, – beispielsweise die unterschiedlichen Familienfeierlichkeiten wie Taufe, Erste Heilige Kommunion, Hochzeit, Goldene Hochzeit und Beerdigung –, eine sinnige und lebenswerte Zielvorgabe, die dem Einzelnen eine Abwechslung vom harten agrarischen Alltagsleben bot. Durch diese Hilfestellungen konnte er seinen Lebens- und Tagesablauf in der agrarischen fränkischen Lebenswelt sinnvoller und abwechslungsreicher gestalten als dies vorher der Fall gewesen war. So wurde durch diesen Einfluss der Schwesternkommunität der Dillinger Franziskanerinnen bei der Bevölkerung das römisch-katholische Milieu in Kemmern gefestigt."

In dieser Zeit fanden viele junge Mädchen ihre Berufung in einer Ordensgemeinschaft, denn durch die einzelnen Tätigkeitsbereiche der Ordensfrauen lernten sie Alternativen zu dem in Kemmern üblichen Leben kennen, das durch viele Kinder, eine zeitintensive, wenig ertragreiche Landwirtschaft, einen niedrigen Bildungsstand und eine bäuerliche Schlichtheit geprägt war und erfuhren von Möglichkeiten, einen Beruf zu ergreifen, der sonst völlig außerhalb ihrer Möglichkeiten gestanden hätte. Aufgrund des Kinderreichtums (Quellenband Abb. Nr. 28–30) galt dies seitens der Familie als wünschenswerter Schritt, war doch die Versorgung dieses Kindes langfristig gesichert. Eine Familie galt bei der Bevölkerung als besonders gesegnet, wenn ein Kind in einen Orden eintrat. Gleichzeitig boten die Ordensfrauen mit ihrer Lebensperspektive den jungen Menschen die Fluchtmöglichkeit aus der Beschränkung des ländlichen Milieus. Dabei brachten Kandidatinnen aus Kemmern besonders gute Voraussetzungen mit, da sie in einem stark katholisch dominierten Umfeld aufwuchsen, die Lebensweise und die Tätigkeiten der Schwestern aus eigener Beobachtung kannten und weder Wohlstand noch größere persönliche Freiheit gewohnt waren.

2. Erschütterung zur Zeit des Nationalsozialismus

2.1 Die Schwesternkommunität und das Bildungswesen in Kemmern

In der Schulbehörde Ansbach des Regierungsbezirkes Ober- und Mittelfranken gab es eine Regierungsentscheidung, die vorsah, dass bis zum 1. Januar 1937 alle klösterlichen Lehrerinnen durch weltlich Lehrkräfte ersetzt werden mussten. Zu dieser Zeit waren in diesem Bezirk noch 50 Lehrstellen an den Volksschulen mit Ordensfrauen besetzt., wovon drei Schwestern von der Gemeinschaft der Dillinger Franziskanerinnen an der Mädchenschule in Kemmern tätig waren. Über diese Regierungsentscheidung der Schulbehörde wurden am 12. Oktober 1936 Pfarrer Adam Heinkelmann, Bürgermeister Pius Kraus, Oberin Schwester M. Synkletia Oppelt und die Meisterin der Kongregation der Dillinger Franziskanerinnen schriftlich unterrichtet. Alle benachrichtigten Institutionen ließen den Termin verstreichen, so dass lange nichts geschah. Erst als am 4. April 1938 das Bezirksamt Bamberg die Gemeinde Kemmern aufforderte, die zuvor erfolgte Regierungsentscheidung umzusetzen, wurde Bürgermeister Pius Kraus tätig. Er forderte Schwester M. Synkletia auf, ihre Wohnung bis zum Beginn des Schuljahres 1938/39 zu räumen. Die Ordensfrauen sollten dann an der Mädchenschule ihren Unterricht aufgeben.

Für die sieben Schwestern, die bisher im Schulhaus untergebracht waren, suchte der Pfarrer eine Ersatzwohnung, nachdem er – ebenso wie Schwester M. Synkletia – die Regierungsentschließung erhalten hatte.

Der Auszug der Ordensfrauen erwies sich schwieriger als man anfangs erwartet hatte, denn die Pfarrei musste erst ein Grundstück für eine Ersatzwohnung der Schwestern suchen. Es war dem damaligen Pfarrer Adam Heinkelmann ein großes Anliegen, ein Grundstück zu erwerben, um für die Ordensgemeinschaft ein neues Konventsgebäude errichten zu können. Die politische Gemeinde hatte 1926 ein Grundstück erworben, das seit der Besetzung der dritten Schulstelle als Aufbewahrungsbetrieb der Kleinkinder diente. Im Zuge der Räumung der Schwesternkommunität wurde dieses Grundstück der politischen Gemeinde mit der Kinderbewahranstalt mit der katholischen Kirchenstiftung getauscht. Die politische Gemeinde stimmte dem Tauschvertrag zu, was sie eigentlich nicht hätte tun müssen. Die Fertigstellung des neuen Gebäudes zog sich bis Mitte des Jahres 1938 hin. Möglich wurde der Neubau nur durch die finanziellen Mittel, die noch aus dem von Pfarrer Arnold gestifteten Fond stammten. Erst durch die Liquidation dieser finanziellen Rücklage konnte die Existenz der Schwesternkommunität gewährleistet werden, denn sowohl die kirchliche als auch die politische Gemeinde hätte den Neubau zur damaligen Zeit nicht finanzieren können.

In einem Schreiben vom 23. Juni 1938 an das Bezirksamt Bamberg musste Bürgermeister Pius Kraus bezüglich der Umsetzung des Regierungsentscheides vom 1. Januar 1937 Fehler einräumen. Am 14. September 1938 setzte die Regierung in Ansbach eine neue Frist, den 10. Oktober 1938. Oberin Schwester M. Synkletia legte gegen das Schreiben des Bürgermeisters Widerspruch ein und musste daraufhin mehrmals von Bürgermeister Kraus gemahnt und aufgefordert werden, ihre Wohnung zu räumen, ansonsten würde die sofortige Zwangsräumung erfolgen.

Doch diese ist nie durchgeführt worden. Am 10. Dezember 1938 konnte Bürgermeister Kraus endlich dem Bezirksamt Bamberg Vollzug melden. Die Wohnung der klösterlichen Lehrkräfte war nun endgültig geräumt und die

Ordensfrauen hatten ihren Unterrichtsbetrieb bereits zu Ostern 1938 an der Mädchenschule beendet, somit konnte die von den Nationalsozialisten geschickte Lehrerin ihren Dienst antreten. Durch den Neubau in der Klosterstraße war die Existenz der Schwesternkommunität in Kemmern ohnehin gesichert. Die Ordensfrauen wurden zwar aus dem Schuldienst, aber nicht völlig aus der Gemeinde entfernt.

Einige Tage vor dem Auszug schrieb die damalige Oberin des Konventes, Schwester M. Synkletia Oppelt, einen Brief an den Bürgermeister der Gemeinde, in dem sie sich gegen den zwangsweisen Ausschluss aus dem Schuldienst aussprach. Sie begründete dies mit dem von Adolf Hitler am 12. September 1933 geschlossenen Konkordat, das dem weltlichen und klösterlichen Lehrpersonal gleiche Rechte einräumte. Ihre Anwesenheit begründete sie damit, dass sie durch ihre Tätigkeit an der Volksschule in Kemmern kein Schaden für die Gemeinde wäre, außerdem sei ihr und ihren Mitschwestern vom Bezirksamt Bamberg eine Kündigungsfrist von einem Jahr zugesichert worden. Schwester M. Synkletia wie auch die Meisterin der Ordensgemeinschaft der Dillinger Franziskanerinnen erhielten weder vom Bürgermeister noch vom Bezirksamt Bamberg auf ihr Schreiben eine Antwort. Die Ordensleitung erkannte die Gefahr, die von dem Brief ausging, und versetzte Oberin Schwester M. Synkletia im Dezember 1939.

Es zeigte sich sehr schnell, dass sich mit dem Ausscheiden der Ordensfrauen aus dem Schuldienst die pädagogische Situation in der Gemeinde radikal verschlechterte. Ersetzt wurden die drei fehlenden Lehrkräfte durch eine einzige Lehrerin, die von den Nationalsozialisten 1938 an die Schule in Kemmern geschickt wurde. Die Räume der Ordensgemeinschaft im Schulgebäude standen anfangs leer und wurden schließlich der neuen Lehrkraft zur Verfügung gestellt, die noch weitere Aufgaben in der Partei übernommen hatte, wie etwa das Amt der Kassenverwalterin und gleichzeitig war sie Stellvertreterin der NS-Frauenschaftsführerin in Kemmern.

Oberlehrer Franz Xaver Bäumel war bis 1933 KPD-Mitglied und trat erst 1938 in die NSDAP Kemmern ein. Er schied im Januar 1941 aus gesundheitlichen Gründen als Lehrer an der Knabenschule aus, danach musste der Unterricht provisorisch von auswärtigen Lehrern übernommen werden.

Neben den bereits beschriebenen schulischen Tätigkeiten der Ordensfrauen musste auch die Kindergartenschwester ihre Tätigkeit aufgeben. So wurde zwar durch die Nationalsozialisten ein Erntekindergarten eingerichtet, doch aufgrund organisatorischer Schwierigkeiten gab es vom Mai 1938 bis Juli 1939 keinen Kindergartenbetrieb. Wie sich der Betrieb im Erntekindergarten abspielte, lässt sich nicht mehr rekonstruieren.

Neben dem gefestigten Milieu in Kemmern kann noch ein weiterer Grund für den Fortbestand der Schwesternkommunität in der Zeit des Nationalsozialismus angeführt werden: der Dienst der ambulanten Krankenschwester in der Gemeinde. Denn zur damaligen Zeit gab es in der Gemeinde keine ärztliche Versorgung. Der Dienst der Krankenschwester war somit für die Bevölkerung von großer Bedeutung, daher konnte diese bis Kriegsende ihren Dienst ohne Behinderung ausüben.

Für die Ordensgemeinschaft war die Zeit des Nationalsozialismus die schwerste Zeit seit der Gründung des Konventes, denn die Ordensfrauen waren hinsichtlich ihrer Existenzsicherung nun ganz auf die Unterstützung durch die Bevölkerung angewiesen. Der einzige Verdienst kam daher, dass eine Ordensfrau bei liturgischen Feierlichkeiten in der Kirche die Orgel spielte und dafür eine kleine finanzielle Entschädigung erhielt. Da es an der Mädchenschule keinen Handarbeitsunterricht mehr gab, nutzten die Ordensfrauen außerdem diese Chance und eröffneten trotz Verbot in ihrem Konvent für die Mädchen der Gemeinde eine private Nähschule. Eine Ordensfrau gab dort als ausgebildete Damenschneiderin Handarbeitsunterricht. Diese private Nähschule der Ordensfrauen konnte durch finanzielle Unterstützung von Pfarrer Adam Heinkelmann eingerichtet werden und stieß auf heftigen Widerstand bei den Nationalsozialisten im Landkreis Bamberg. Wie gefestigt in dieser Zeit das katholische Milieu in der geographisch abgeschnittenen Enklave Kemmern war, sieht man daran, dass die Nähschule nicht aufgelöst wurde. Verglichen mit der Situation in anderen Regionen Ober- und Mittelfrankens erging es den Dillinger Franziskanerinnen in Kemmern während der Zeit des Nationalsozialismus noch relativ gut. Sie konnten zwar ihren pädagogischen Tätigkeiten in Schule und Kindergarten nicht mehr nachgehen, trotzdem aber noch in relativer Sicherheit weiterleben. Kemmern hatte demnach in dieser Beziehung eine Sonderstellung inne, gelang es dort doch im Gegensatz zu den meisten anderen fränkischen Orten, die Ordensschwestern vor Verfolgung weitestgehend zu bewahren.

2.2 Die Ordensfrauen nahmen ihre pädagogische Tätigkeit wieder auf

Nachdem das nationalsozialistische Lehrpersonal nach dem Zweiten Weltkrieg aus dem Schulbetrieb entfernt wurde, hat man zum Schuljahr 1945/46 den Lehrbetrieb an der Volksschule Kemmern wieder aufgenommen. Die Teilung der Volksschule in eine Mädchen- und Knabenschule blieb erhalten. Der Regierungspräsident von Oberfranken schickte als Lehrpersonal zum Schuljahr 1945/46 zwei männliche und eine weibliche Lehrkraft an die Volksschule nach Kemmern, des Weiteren war er bemüht, die in Kemmern ansässigen Ordensfrauen wieder in das Lehrerkollegium zu integrieren.

Im August 1945 erhielt die Kongregation der Dillinger Franziskanerinnen eine Anfrage vom Regierungspräsidenten in Oberfranken, ob es möglich wäre, zwei Ordensfrauen für den Unterricht an der örtlichen Volksschule zur Verfügung zu stellen.

Ein Jahr später, im Dezember 1946, erfolgte eine weitere Anfrage nach einer Handarbeitslehrerin für den im Fächerkanon der Volksschule aufgenommenen Unterricht, der vor dem Zweiten Weltkrieg an der Arbeitsschule erteilt worden war. Dieser Bitte kam die Ordensleitung nach, indem sie die Handarbeitslehrerin einsetzte, die bereits während des Zweiten Weltkrieges diesen Unterricht erteilte.

Neben dem Volksschulbetrieb wurde bereits im Juli 1945 auf Anfrage der politischen und kirchlichen Gemeinde von der Ordensschwester M. Reginharda Nehmer und einer Mitschwester der Kindergartenbetrieb in der alten Kleinkinderbewahranstalt wieder aufgenommen.

In den ersten Nachkriegsjahren änderte sich an den desolaten äußeren Rahmenbedingungen der Gemeinde nichts. So musste der Unterricht aufgrund der Raumnot vormittags und nachmittags – in zwei Gruppen – erteilt werden. Vormittags fand er im zu kleinen Schulhaus und in der Kleinkinderbewahranstalt statt. Am Nachmittag nutzte die Kindergartenschwester die Kleinkinderbewahranstalt für ihren Kindergartenbetrieb und der Schulunterricht fand im Schulhaus und in von der Gemeinde angemieteten privaten Tanzsälen und Cafees im Ort statt. Die Situation wurde immer unerträglicher, so dass sich die Provinzoberin Schwester M. Hortensia am 24. September 1951 an den damaligen Bürgermeister Philipp Aumüller und an den Gemeinderat wandte und forderte, dass der Betrieb der Kleinkinderbewahranstalt sofort wieder ganztägig im dafür vorgesehenen Gebäude aufgenommen werden sollte und sich die 50 Kinder mit der jungen Ordensschwester vormittags nicht länger in einer Halle im Hof aufhalten mussten. Im Vertrag mit den Schwestern sei ausdrücklich geregelt gewesen, dass den Ordensfrauen für den Kindergartenbetrieb die Kleinkinderbewahranstalt zur Verfügung gestellt wird. Zwei Wochen zuvor hatte die Provinzoberin aus Dillingen Pfarrer Johannes Stahl (1945–1953) über diese Thematik unterrichtet, doch es war nichts unternommen worden. Sie setzte Bürgermeister und Gemeinderat eine Frist von sechs Wochen, diese Verhältnisse zu ändern, ansonsten würde sie die junge, ausgebildete Kindergärtnerin, Schwester M. Helene, in eine andere Schwesternkommunität versetzen. Die Kongregation der Dillinger Franziskanerinnen vertrat nun ihren Standpunkt auch massiv auf politischer Ebene und schließlich mit Erfolg, denn Schwester M. Helene konnte den Kindergartenbetrieb in der früheren Kleinkinderbewahranstalt wieder aufnehmen. Außerdem wurden nach diesen Vorkommnissen innerhalb der katholischen Kirchenverwaltung und des Gemeinderates konkrete Planungen für eine weitere Verbesserung des Kindergartenbetriebes aufgenommen: Das alte, für den Kindergartenbetrieb eigentlich ungeeignete Gebäude der Kleinkinderbewahranstalt sollte durch ein neues Kindergartengebäude ersetzt werden. Dieses wurde dann auch gebaut und im Oktober 1954 zog der Kindergarten in das neue Gebäude in der Klosterstraße ein.

In kurzer Zeit hatte nun die Gemeinschaft der Dillinger Franziskanerinnen in Kemmern alle ihre früheren Tätigkeitsbereiche zurückerlangt und die Konventsgemeinschaft konnte ihre bereits bestehende eigenständige institutionelle Autorität neben dem Pfarrer ausbauen, so dass das katholische Milieu vor allem durch den pädagogischen Einfluss der Ordensfrauen in der Gemeinde sehr schnell wieder gefestigt wurde. Die weltlich-klösterliche Zusammensetzung des Lehrerkollegiums hatte sich – im Vergleich zur Zeit vor dem Zweiten Weltkrieg – zu Ungunsten der Klosterschwestern verschoben. Das Lehrpersonal der Volksschule setzte sich jetzt aus zwei weiblichen sowie einer männlichen weltlichen Lehrkraft und nur noch zwei Ordensfrauen zusammen.

3. Zersetzungsprozesse des katholischen Milieus

3.1 Schwesternkommunität der Dillinger Franziskanerinnen

Die Zersetzung des katholischen Milieus in der Gemeinde kann an der Entwicklung der Schwesternkommunität der Dillinger Franziskanerinnen festgemacht werden. Sie bildet in der Gemeinde zwar noch heute eine eigenständige institutionelle Autorität neben dem Pfarrer und trotzdem kann an drei unterschiedlichen Faktoren dieser Prozess deutlich gemacht werden: Der ehemals starke pädagogische und soziale Einfluss der Ordensfrauen auf die Bevölkerung ging gegen Ende der siebziger Jahre immer mehr zurück, denn das Kommunitätsleben der Ordensfrauen entwickelte sich altersbedingt von einem aktiven zu einem kontemplativen Gemeinschaftsleben. In der politischen und der kirchlichen Gemeinde begann damit auch eine Verehrung der Ordensschwestern, wie es sie in deren historischen Entwicklung seit 1890 noch nicht gegeben hatte, wohl in dem Wissen, dass die Präsenz eines Schwesternkonventes in Kemmern ihrem Ende entgegen geht.

Bereits in den siebziger Jahren begann bei den Dillinger Franziskanerinnen der sukzessive Abbau von Tätigkeitsbereichen. So konnte die Kongregation 1970 die ambulante Krankenpflegestation auf Grund von Nachwuchsmangel nicht mehr besetzen. Das Gleiche geschah 1974 mit der Stelle der Handarbeitslehrerin und 1977 mit der Lehrschwester an der Volksschule, denn Schwester M. Reginharda Nehmer konnte nach langer Tätigkeit nicht ersetzt werden. Im Januar 1990 wurde die Kindergartenleiterin Schwester M. Helene und im Januar 2004 Schwester M. Philippine als Erzieherin aus ihren aktiven Tätigkeiten verabschiedet, so dass keine Ordensfrau mehr in der Gemeinde ein pädagogisches Amt ausübte. Gerade die pädagogische Tätigkeit war aber einmal der eigentliche Anlass für die Konventsgründung im Jahre 1890 gewesen. Durch ihre Präsenz im erzieherischen und pflegerischen Bereich erlangten die Schwestern nicht nur einen hohen Bekanntheitsgrad in Kemmern, sie verliehen der Sozialisation der in Kemmern aufwachsenden Personen eine entsprechende katholische Komponente außerhalb der Familienerziehung. Durch den Abbau der einzelnen Tätigkeitsbereiche der Ordensschwestern hat das katholische Milieu in der Gemeinde einen prägenden Bestandteil eingebüßt. Nur die ältere Bevölkerung erinnert sich heute noch an Ordensfrauen in allen Tätigkeitsbereichen, jüngere Generationen kennen die Ordensfrauen dagegen nur noch aus der Tätigkeit im Kindergarten und danach in der Schule. Die Sozialisation außerhalb der Familie ist bei ihnen schon säkular geprägt.

Die Meisterin der Kongregation der Dillinger Franziskanerinnen und seit 1973 die Provinzoberin hatten in den letzten 50 Jahren in der Ordensfiliale Kemmern wenig personelle Versetzungen vorgenommen, daher waren die Ordensfrauen mit der Bevölkerung eng verbunden. Vereinzelt wurde dies nicht als Vorteil für die persönliche Entwicklung der Ordensfrauen wahrgenommen. So beantragte beispielsweise Schwester M. Rupertis 1974 bei der Generaloberin in Bamberg ihre Versetzung, nachdem sie 21 Jahre als Handarbeitslehrerin in Kemmern tätig war. Ihrem Wunsch wurde entsprochen und sie wurde nach Marktbreit versetzt, wo sie noch 22 Jahre als Lehrerin am dortigen Gymnasium wirkte. Sie konnte sich dort auch andere Tätigkeitsfelder erschließen, was in Kemmern nicht möglich gewesen war, denn dort gab es keine Möglichkeiten zur beruflichen oder persönlichen Weiterbildung. Wenn eine Ordensfrau wie Schwester M. Reginharda seit 1932 erfolgreich als Lehrerin tätig war, sah die Provinzleitung in Bamberg keinen Anlass, diese Ordensfrau zu versetzen. Dies führte zu einer langen Verweildauer der Schwestern in Kemmern, so dass die Provinzleitung es auch genehmigte, dass die Ordensfrauen nach ihrer jahrzehntelangen Tätigkeit in Kemmern dort auch ihren Ruhestand verbringen durften.

Als Persönlichkeiten, welche die Konventsgeschichte der letzten 50 Jahre besonders geprägt haben, können folgende Ordensfrauen genannt werden: Schwester M. Reginharda, die seit 1932 dem Konvent angehörte und als Lehrerin an der Volksschule bis 2002 tätig war, Schwester M. Rupertis, die von 1953 bis 1974 als Handarbeitslehrerin wirkte. Schwester M. Gerwigis, die von 1938 bis 1943 und von 1945 bis 1999 in der Konventsgemeinschaft die Haushaltsführung inne hatte und schließlich Schwester M. Helene, die 1951 nach Kemmern kam und als Kindergartenleiterin in drei Kindergärten tätig war.

Die Schwesternkommunität bestand im Jahre 2006 noch aus drei Ordensfrauen im Ruhestand, die schließlich nur einen entsprechend geringen religiösen Einfluss auf das katholische Leben der Bevölkerung ausübten. Die kirchliche und die politische Gemeinde unterstützen und fördern die Ordensfrauen noch heute in allen Bereichen, wie beispielsweise bei der Sanierung des Schwesterngebäudes im Jahre 2001. Gleichzeitig sind die Ordensfrauen vorwiegend bei der älteren Bevölkerung im Bewusstsein verankert. So wird vieles unternommen, damit der Konvent in Kemmern zumindest noch bis zum Tode der drei verbliebenen Ordensfrauen fortbesteht.

In der Amtszeit von Bürgermeister Alois Förtsch wurden beispielsweise viele runde Jubiläen, Geburtstage und Professjubiläen der Ordensfrauen öffentlich begangen. Dadurch wurde bei der Bevölkerung die Erinnerung an die früheren Verdienste der Ordensfrauen wachgehalten und gleichzeitig wurde bei der Provinzoberin und deren Ratsschwestern der Eindruck hinterlassen, dass die Bevölkerung die Leistungen ihrer Ordensfrauen angemessen würdigte und daran interessiert war, dass die Ordensfiliale noch einige Jahre weiter bestehen konnte. Bürgermeister Alois Förtsch hat dazu beigetragen, dass das Wirken der Ordensfrauen auch bei künftigen Generationen im Bewusstsein lebendig bleiben wird, unter anderem durch die Straßenbenennung nach und die Ehrenbürgerwürdeverleihungen an Schwester M. Reginharda Nehmer und Schwester M. Helene. Als indirekter Hinweis auf diese Zeit kann auch die Klosterstraße dienen, in der sich noch heute das Haus der Schwesterkommunität befindet. Alle diese Maßnahmen können aber nicht darüber hinwegtäuschen, dass Ordensfrauen in Kemmern nicht mehr prägend sind, auch wenn sie noch vereinzelt in der Kirche und auf den Straßen der Gemeinde am Dorfleben teilnehmen.

ANMERKUNGEN

1 Die vollständige Dissertationsschrift ist einsehbar an der Katholisch-Theologischen Fakultät der Universität Augsburg.
2 RING, Peter: Der Gründungsprozess des Schwesternkonventes der Dillinger Franziskanerinnen in der Gemeinde Kemmern von 1889 bis 1891. Exemplarische Analyse einer Filialgründung der Kongregation der Dillinger Franziskanerinnen O.S.F., Münster 2002. (unveröffentlicht).
3 Auch an Sonntagen gab es eine Zeitungsausgabe, die aus drei bis vier Seiten bestand.
4 Ich habe in der Bamberger Staatsbibliothek, im Bamberger Stadtarchiv und in der Bayerischen Staatsbibliothek in München sehr intensiv nach Zeitungsberichten über den genannten Zeitraum geforscht und kam zu diesem Ergebnis. In all diesen Zeitungen wurde über die Gemeinde Kemmern nichts berichtet. Es ist anzunehmen, dass sie im Einzugsgebiet der Gemeinde bei der Bevölkerung keine Bedeutung hatten und die jeweiligen Zeitungsredaktionen an kirchlichen Ereignissen der Gemeinde kein Interesse zeigten. Man könnte annehmen, dass der Pfarrer alle lokalen Zeitungsausgaben des Bamberger Umlandes kannte, wobei er seine Priorität auf das Bamberger Volksblatt, das *St. Heinrichsblatt* und auf das *Bamberger Tagblatt* setzte. Es ist anzunehmen, dass bei der Bevölkerung überwiegend nur diese Zeitungsausgaben gelesen wurden. Nicht mehr nachzuweisen ist, wer zum damaligen Zeitpunkt schon regelmäßig Tageszeitungen abonnierte.
5 *Bamberger Tagblatt, Bamberger Volksblatt, Baunach & Izgrundbote, Neue Allgemeine Zeitung für Franken und Thüringen, Bamberger neueste Nachrichten und Bistumsblatt für die Erzdiözese Bamberg.*
6 *St. Heinrichsblatt Bamberg, Bistumsblatt für die Erzdiözese Bamberg* von 1884–1887, 1893–1910, 1919–1990, seit 1990 erscheint es als: *Heinrichsblatt*, StBBa RB.Eph.9.
7 Das *Bamberger Tagblatt* erschien von 1865 bis 1945, StBBa 22/MFZ3.
8 Das *Bamberger Volksblatt* erschien zum ersten Mal am 1. Februar 1849. 1871 wurde es für einige Zeit wegen des Kulturkampfes eingestellt. Am 22. Dezember 1872 erschien eine weitere Probeausgabe, die Zeitung erschien bis 1939 täglich. Mit Beginn des Zweiten Weltkrieges wurde sie eingestellt und erschien als Volksblatt für das Frankenland wieder von 1953 bis 1969; auf Grund der geringen Auflage wurde die Zeitung zum Ende des Jahres 1969 aber wieder eingestellt, StBBa 22/MFZ4.
9 Aus der Zeit des Nationalsozialismus sind die wichtigsten Daten und Fakten der einzelnen Jahre vorhanden. Die Chronik befindet sich in der Volksschule Kemmern.
10 ALTENBACH, Uwe: Protokoll der Pfarrversammlung vom 26.01.2006, S. 1
11 WOLLASCH, Joachim: Art. „Necrologien". In: LThK³ Band 6, Freiburg u.a. 1998, Sp. 720 f.
12 Definition von GOETZ, HANS-WERNER: Proseminar Geschichte, Mittelalter, Stuttgart² 1993, S. 221–222.
13 Statuten für den Frauenkonvent Ord. St. Fr. zu Dillingen und dessen Filialen, München 1883, Dill. Franz.. A. Dill. Titelseite. Die Statuten aus dem Jahre 1883 wurden zusammengestellt aus denen von 1628 sowie aus den Statuten von Bischof Ignaz Albert aus dem Jahre 1829, ergänzt durch die Visitationsbestimmungen des päpstlichen Visitators Bischof Karl August von 1839 sowie einiger weiterer Ergänzungen, die sich auf aktuelle Gegebenheiten beziehen.
14 Vgl. Regeln und Satzungen für die Kongregation der Frauen des regulierten Dritten Ordens vom hl. Franziskus, Dill. Franz. A. Dill, Dillingen / Donau 1951.
15 Vgl. Regeln und Konstitutionen der Kongregation der Dillinger Franziskanerinnen von Rom 1982, Dill. Franz. A. Dill.
16 Codex Iuris Canonici, Codex des kanonischen Rechtes, Can. 628 § 1. Die Oberen, die aufgrund des institutseigenen Rechts zu diesem Amt bestimmt werden, haben zu festgesetzten Zeiten die ihnen anvertrauten Niederlassungen und Mitglieder nach den Vorschriften dieses Eigenrechts zu visitieren.
17 SCHEUCH, Erwin: Das Interview in der Sozialforschung. In: König, Rene (Hrsg.): Handbuch der empirischen Sozialforschung, Band I, Stuttgart 1973, S. 66–190, hier S. 143.
HOPF, Christel / WEINGARTEN, Elmar (Hrsg.): Qualitative Sozialforschung, Heilbronn 1994, S. 45.
18 Viele Befragte versuchten, sehr viel aus ihrem Leben zu erzählen, doch für eine wissenschaftliche Auswertung eignete sich das Material nicht.
19 Eine unabhängige Berichterstattung ist somit oftmals nicht gegeben.
20 Die Bilder wurden von einem Fotografen des Fränkischen Tages erstellt.
21 OHNE VERFASSER: Art: „Kemmern" In: Bamberger Volksblatt, 16. Juni 1889, Jahrgang 28, Nr. 133, S. 4, StBBa22/MFZ5.
22 Bei der zu untersuchenden Schwesternkongregation sind Laienschwestern Ordensfrauen, deren Tätigkeitsbereich sich auf Haushaltstätigkeiten innerhalb des Klosters beschränkt.
23 Nekrolog von Schwester M. AGATHA (Schneller) O.S.F. vom 18. November 1913, Dill. Franz. A. Dill.
Nekrolog von Schwester M. LUDRIEDA (Graser) O.S.F. vom 5. Mai 1971, Dill. Franz. A. Dill.
Wenn man beide Nekrologe vergleicht, fällt auf, dass bei Schwester M. AGATHA außer den Lebensdaten keine Informationen zu entnehmen sind, während der Nekrolog von Schwester LUDRIEDA ausformuliert ist.
24 Die beiden Super-8-Filme mussten zunächst gereinigt und durch mechanische Bearbeitung vorführfähig gemacht werden. Anschließend wurden sie auf Videofilm kopiert. Zusammen mit den drei anderen Videofilmen konnten sie daraufhin digitalisiert werden. Diese technische neuartige Herangehensweise dient dazu, einen wissenschaftlichen Zugriff auf das Material zu ermöglichen und die Überprüfbarkeit der Untersuchungsergebnisse zu gewährleisten.

25 Schreiben von Pfarrer GOTTFRIED ARNOLD an die Meisterin Schwester M. ANGELINA SCHMID vom 6. November 1889: „Ich erlaube mir, mich an Ewe. Ehrwürden mit der Anfrage zu wenden, ob Sie mir bis zum Herbste des nächsten Jahres eine Lehrerin für die hiesige ungeteilte Mädchenschule mit 70 Kindern senden können."
26 Ebd.
27 Ebd.
28 Ebd.
29 Ebd.
30 Ebd.
31 Ebd.
32 Schreiben der Meisterin Schwester M. ANGELINA SCHMID an Pfarrer GOTTFRIED ARNOLD vom 11. November 1889: „Nachdem ich mich mit meinen älteren Mitschwestern beraten habe, teile ich Ihnen mit, dass wir bereit sind, bis zum Herbst nächsten Jahres für die ungeteilte Mädchenschule ihrer Pfarrgemeinde eine Lehrschwester zu senden."
33 Schreiben der Meisterin Schwester M. ANGELINA SCHMID an Pfarrer GOTTFRIED ARNOLD vom 16. November 1889, Dill. Franz. A. Dill.
34 Vgl. Schenkungsvertrag zwischen Pfarrer GOTTFRIED ARNOLD und der Gemeinde Kemmern vom 14. März 1891.
35 SCHWEIGER, GESCHICHTE DER DILLINGER FRANZISKANERINNEN IM 19. JAHRHUNDERT, S. 732.
36 Siehe RING, PETER, Der Gründungsprozess des Schwesternkonventes der Dillinger Franziskanerinnen in der Gemeinde Kemmern von 1889 bis 1891. Exemplarische Analyse einer Filialgründung der Kongregation der Dillinger Franziskanerinnen O.S.F., (unveröffentlichte Examensarbeit), Münster 2002.
37 Siehe Quellenband Abb. Nr. 7 und 8.
38 Befragung von Schwester M. REGINHARDA NEHMER O.S.F. am 23. Oktober. 1998 in Kemmern, S. 2. Aus dem Interview entstand ein unveröffentlichtes Skript, das den Titel *Das gemeinsame Klosterleben im alten Schulhaus* trägt.
Es befindet sich im Archiv des Verfassers.
39 Siehe Quellenband Abb. Nr. 7.
40 Schreiben der Meisterin ANGLINA SCHMID an Pfarrer GOTTFRIED ARNOLD vom 16. November 1889.
41 Vgl. NEHMER, REGINHARDA, Konventsgeschichte der Dillinger Franziskanerinnen Kemmern, 1998. S. 10.
42 Befragung einer 80-jährigen Bürgerin am 22. August. 2002 in Kemmern, S. 1. Das nicht veröffentlichte Interview befindet sich im Archiv des Verfassers.
43 Befragung einer 90-jährigen Bürgerin am 24. August in Kemmern, S. 1.
Das nicht veröffentlichte Interview befindet sich im Archiv des Verfassers.
44 Dafür sprechen beispielsweise Naturaliengeschenke und Berücksichtigung im letzten Willen. Schreiben von Pfarrer GOTTFRIED ARNOLD an die Meisterin der Dillinger Franziskanerinnen ANGELINA SCHMID vom 6. November 1889.
45 Befragung einer 90-jährigen Bürgerin am 24.August.2002 in Kemmern, S. 3

46 Vgl. BECK, Der Pfarrer und das Dorf, S. 108.
Vgl. HELLER, Katholizismus und Weltanschauung, S. 30–31. Diese Thematik wurde im Kapitel 2 der Analyse, das die Definition des Begriffes „das katholische Milieu" thematisierte, angesprochen.
47 Schreiben von Pfarrer GOTTFRIED ARNOLD an die Meisterin der Dillinger Franziskanerinnen ANGELINA SCHMID vom 6. November 1889.
48 Quellenband Abb. Nr. 17–29, 45–51. Die ewige Profess bedeutet eine Bindung auf Lebenszeit und kann frühestens im Alter von 21 Jahren abgelegt werden. Ihr geht eine mindestens dreijährige zeitliche Bindung an den Orden voraus. Vgl. MEIER, DOMINICUS, Stichwort „Profess, klösterliche Profess", in: LTHK, Freiburg, Basel, Rom, Wien, ³1999, S. 613–614.
49 Die ewige Profess bedeutete auch, dass man nach Belieben der Ordensleitung versetzt werden konnte.
50 Vgl. NEHMER, REGINHARDA, Chronik der Dillinger Franziskanerinnen von 1890 bis 1998, Kemmern 1998, S. 8.
51 Quellenband Abb. Nr. 121–130.
52 Im Archiv der Dillinger Franziskanerinnen befindet sich eine Personalakte von jeder Ordensfrau. Sie dient als Vorlage für die Formulierung des Nekrologes einer verstorbenen Ordensfrau. In diesen Akten befinden sich die Sittenzeugnisse der Heimatpfarrer, sowie alle Gutachten und Empfehlungen, die über diese Person jemals ausgestellt wurden. Der Verfasser der Arbeit bekam in diese Akten trotz mehrmaligen Nachfragens bei Schwester M. ROSWITA keine Einsicht.
53 Nekrolog von Schwester M. EDELHARDA WENGENMAYERS O.S.F., 31. Oktober 1939, Dill. Franz. A. Dill.
54 Nekrolog von Schwester M. Amaltraut Albrecht O.S.F., 21. Februar. 2001, (Quellenband Abbildung Nr. 42) Dill. Franz. A. Dill.
55 Nekrolog von Schwester M. SYNKLETIA OPPELT O.S.F., 29. Juli1967, Dill. Franz. A. Dill.
56 Vgl. WITTMANN, ANGELIKA, Das geschichtliche Werden katholischer Mädchenbildung in Dillingen und die Entwicklung ihrer Anliegen, Dillingen 1984, S. 55. Die Aufwendungen für das Internat mussten von den Eltern übernommen werden, wobei die jungen Frauen mit dem Besuch der Lehrerinnenbildungsanstalt immer noch die Möglichkeit hatten, sich gegen einen Eintritt in das Kloster auszusprechen. Siehe auch HEIGENMOOSER, JOSEPH, Überblick über die geschichtliche Entwicklung des höheren Mädchenschulwesens in Bayern bis zur Gegenwart; in: Beihefte zu den Mitteilungen der Gesellschaft für deutsche Erziehungs- und Schulgeschichte. Beiträge zur Geschichte der Erziehung und des Unterrichts in Bayern, Berlin⁸ 1905. S. 45–65. Bei Befragungen von Verwandten, deren Geschwister bei den Dillinger Franziskanerinnen eingetreten sind, stellt der Verfasser der Arbeit fest, dass die Verwandten immer vom Erbteil sprachen, den die Eltern der einzutretenden jungen Mädchen aufgebracht haben.
57 Nekrolog von Schwester M. von PATIENTIA EICHHORN, O.S.F., 29. September 1990, Dill. Franz. A. Dill.
58 Ebd.: „Mit der Hilfe ihrer Eltern absolvierte sie die Lehrerinnenbildungsanstalt 1916. Für Schwester Patientia war der Lehrerberuf an der Volksschule ein ‚Traumberuf'. Ihre musischen Begabun-

59 Nekrolog von Schwester M. von SERAPHINE EICHHORN O.S.F., 17. März 1995, Dill. Franz. A. Dill.
60 Nekrolog von Schwester M. SALVATORIS GÖRTLER O.S.F., 29. April 1968, Dill. Franz. A. Dill.
61 Befragung von ELISABET GÖRTLER, der Schwägerin von Schwester M. SALVATORIS, in deren Wohnung in Hallstatt am 25. August 2002. S. 2. Die unveröffentlichten Aufzeichnungen befinden sich im Archiv des Verfassers.
62 Nekrolog von Schwester M. WITBURGIS DORSCH O.S.F., 23. Januar 2001, Dill. Franz. A. Dill.
63 Ebd.
64 Gespräch mit Schwester M. REGINHARDA am 23. Oktober 1998, S. 3.
65 Schreiben von Schwester M. ALEXANDRA LOWINSKI an den Verfasser der Arbeit vom 5. September 1998.
Das Schreiben befindet sich in dessen Archiv.
66 Quellenband Nr. 45, 46.
67 Schreiben von Schwester GERTRUDIS LOWINSKI vom 2. September 1998 an den Verfasser der Arbeit. Das Schreiben befindet sich in dessen Archiv.
68 Insgesamt traten 33 jungen Mädchen aus Kemmern in Ordensgemeinschaften ein. Es gab dabei sogar drei Familien, von denen jeweils zwei Mädchen eintraten.
69 Schreiben von Schwester M. MARGARTIA SCHÜTZ an den Verfasser der Arbeit vom 24. Dezember. 2001.
Schreiben befindet sich im Archiv des Verfassers.
70 Quellenband Nr. 48–50.
71 Vgl. ebd.
72 Wenn ein junges Mädchen in eine Ordensgemeinschaft eintreten wollte, benötigte es eine Empfehlung von einer Ordensfrau und dem Heimatpfarrer. Da in der Gemeinde eine Ordensfiliale der Dillinger Franziskanerinnen bestand, ist es verständlich, dass die jungen Mädchen zuerst bei dieser Kongregation nachfragten, denn hier hatten sie Kontaktpersonen. Doch ob ein junges Mädchen von der Kongregation angenommen wurde, entschied die Meisterin in Absprache mit den Schwestern in den jeweiligen Schwesternkommunitäten der Bewerberinnen. In diesem Fall gab es von Schwester M. REGINHARDA Einwände, weshalb sich diese jungen Mädchen für eine andere Ordensgemeinschaft entschieden haben. Vgl. hierzu die Befragung von Schwester M. REGINHARDA NEHMER O.S.F. vom 23. Oktober 1998 in Kemmern, S. 5.
73 Ebd.
74 Quellenband Nr. 47.
75 Schreiben von Schwester M. FRIEDGARD DORSCH an den Verfasser der Arbeit von 21.September 1998. Das Schreiben befindet sich in dessen Archiv.
76 SCHREYER, Geschichte der Dillinger Franziskanerinnen, S. 687: „Wenn Franziskanerinnen hierherkommen, bin ich fest überzeugt, dass ich in nicht ferner Zeit dem Orden zumal bei seinen verschiedenen Berufstätigkeiten, reich an Kandidatinnen wieder ersetze, was derselbe von seinen Kräften hierher abgibt."
77 Schreiben von Schwester BARBARA SCHÜTZ an den Verfasser der Arbeit vom 1. Dezember 2001. Das Schreiben befindet sich in dessen Archiv.
78 Befragung von Schwester M. REGINHARDA NEHMER O.S.F. vom 23. 1Oktober 1998, S. 2.
79 Durch die Promolgierung der Konstitutionen der Kongregation der Dillinger Franziskanerinnen im Jahre 1982 erhält die Gemeinschaft den kirchenrechtlichen Status, eine Gemeinschaft päpstlichen Rechts zu sein.
80 Das Kloster, in dem die Meisterin mit ihren unmittelbaren Mitarbeiterinnen des Schwesternkonventes lebt, wird oft als Mutterhaus oder Mutterkloster bezeichnet.
81 SCHREYER, Geschichte der Dillinger Franziskanerinnen von der Gründung bis zur Restauration, S. 264 f.
82 Noch zu Beginn des 20. Jahrhunderts verblieben die Meisterinnen bis zum Tode in ihrem Amt. Erst nach dem Tode der Meisterin wurde eine Nachfolgerin gewählt. Die gesamte Ordensstruktur hat sich aber mit der Ordensregel von 1982 grundlegend verändert.
83 Die Beanstandungen innerhalb einer Visitation waren klosterintern und sind somit streng geheim gehalten worden. Von daher ist es verständlich, dass die Gemeinschaft der Dillinger Franziskanerinnen keine Visitationsprotokolle zur Forschung herausgibt, wobei dies gerade für die zu untersuchende Thematik primäre Quellen wären.
84 Seit der Gründung der Filiale fand sich jede Woche ein Pater aus dem Franziskanerkloster von Bamberg ein, um bei den Ordensfrauen die seelsorgerische Begleitung vorzunehmen. Im Verkündbuch von Pfarrer Gottfried Arnold finden sich Einträge, dass Franziskanerpatres aus Bamberg beispielsweise für die Beichtseelsorge zum Fest Mariä Geburt verantwortlich sind. Vgl. ARNOLD, Verkündbuch von 1887–1902, Kemmern, September 1892, S. 139. Vgl. auch Schematismus der Erzdiözese Bamberg, 1888, StBBa Hbl M 463 22/mf 35-a, 1888. Seit 1945 wurde dem Karmelitenkonvent Bamberg die seelsorgerische Betreuung anvertraut. Vgl. Quellenband Abb. Nr. 43–54.
85 Dies stellte ich bei Befragungen in der Gemeinde fest. Viele Bürgerinnen und Bürger weigerten sich, über diese Thematik etwas auszusagen, weil sie Angst hatten, sie würden dem Verfasser der Arbeit etwas erzählen, was mit ihren Namen veröffentlicht wird. Daher sagten sie lieber nichts, obwohl sie etwas wussten.
86 Aus einer Befragung der früheren Besitzerin der Brauerei Wagner am 26. März 2003, S. 2. Die unveröffentlichte Befragung befindet sich im Archiv des Verfassers.
87 Ebd.
88 Befragung einer 80-ährigen Bürgerin am 22. August 2002 in Kemmern, S. 4. Das unveröffentlichte Protokoll befindet sich im Archiv des Verfassers.
89 Befragung einer 80-jährigen Bürgerin am 27. August 2002 in Kemmern, S. 4. Das unveröffentlichte Protokoll befindet sich im Archiv des Verfassers.
90 Vgl. DOEBERL, MICHAEL, Entwicklungsgeschichte Bayerns, München³ 1931, S. 5 f und 16. Siehe auch ROMMEL, PETER, Die Nichtmonastischen Ordensgemeinschaften, Phasen der Entwicklung, in: BRANDMÜLLER, Reichsdeputationshauptschluss, S. 756.

91 ROMMEL, Die nichtmonastischen Ordensgemeinschaften, S. 774.
92 Vgl. ZIEGLER, LIOBGID, Die Armen Schulschwestern von Unserer Lieben Frau. Ein Beitrag zur bayerischen Bildungsgeschichte, München 1934, S. 76.
93 Ebd. S. 211.
94 Ebd.
95 Ebd., S. 78.
96 Ebd. S. 78f.
97 Ebd. S. 79: „Damit war es einer kleinen Minderheit von unzufriedenen Elementen innerhalb eines Gemeindesprengels in die Hand gegeben, berechtigten Wünschen der verantwortlichen Gemeindeverwaltung und des weitaus größten Teiles der Bürgerschaft mit Erfolg entgegen zu treten. An diesem Paragraphen scheiterte zum Beispiel die Einführung der Schulschwestern in Bad Brückenau, Kötzting und Berchtesgaden."
98 ebd. S. 211f.
99 Entspricht den heutigen Bezirken.
100 ZIEGLER, Die Armen Schulschwestern von Unserer Lieben Frau.
101 Ebd. S. 79f.
102 Ebd. S. 80.
103 Ebd. S. 90.
104 Ebd., S. 81.
105 Ebd., S. 82.
106 Ebd. S. 83.
107 Ebd. S. 83 und S. 85.
108 Vgl. HARTMANNSGRUBER, FRIEDRICH, Der Kulturkampf in Bayern (1871–1890), Vom Reichsdeputationshauptausschuß bis zum Zweiten Vatikanischen Konzil, in: BRANDMÜLLER, WALTER (hrsg.), Handbuch der Bayerischen Kirchengeschichte, St. Ottilien³ 1991, S. 251.
109 Vgl. ebd. S. 248 f.
110 ZIEGLER, Die Armen Schulschwestern, S. 88.
111 Ebd.
112 RING, Gründungsprozess, S. 41–42.
113 WINKLER, Wie der Lehrer, so die Schüler, S. 350.
114 RING, Gründungsprozess, S. 41.
115 WINKLER, Wie der Lehrer, so die Schüler, S. 389.
116 Ebd. S. 389 f.
117 RING, Gründungsprozess, S. 40.
118 Ebd. S. 41.
119 Bis ein junger Lehrer eine feste Anstellung antreten konnte, musste er den praktischen Teil seiner Ausbildung auf einer Schulgehilfen- oder Schulverweserstelle absolvieren. Ebd. S. 391.
120 Ebd.
121 Vgl. Schreiben der Königlichen Kreisregierung von Oberfranken, Kammer des Innern, an die Distriktschulinspektion Scheßlitz mit Sitz in Stadelhofen vom 8. Februar 1889, StABa. K3 DII Nr. 10139.
122 Schreiben der Kreisregierung in Bayreuth über die am 29. Januar. 1889 vorgenommene Visitation an der Schule in Kemmern, StABa. K3 DII Nr. 10139.
123 SCHROTT, Kemmern, S. 405.
124 Vgl. Schreiben der Königlichen Kreisregierung von Oberfranken an die Distriktschulinspektion Scheßlitz vom 8. Februar 1889, StABa. K3 DII Nr. 10139.
125 RING, Gründungsprozess, S. 43.
126 Ebd.
127 Schreiben der Gemeinde Kemmern an die Königliche Kreisregierung in Bayreuth vom 19. April 1889, StABa. K3 DII Nr. 10139.
128 Schreiben der Königlichen Kreisregierung von Oberfranken an das Königliche Bezirksamt Bamberg I. vom 7. April 1889, StABa. K3 DII Nr. 10139.
129 Schreiben der Königlichen Kreisregierung in Oberfranken, Kammer des Innern, an das Königliche Staatsministerium des Innern für Kirchen- und Schulangelegenheiten vom 29. August 1890, StABa. K3 DII Nr 10139: „In Kemmern ist bei einer Gesamtschülerzahl von 118 Knaben und 57 Mädchen seit 1. Mai 1889 ein Hilfslehrer und zwar seit 1. Januar eine Hilfslehrerin aufgestellt, wobei die Unterrichtsabteilung in der Weise stattfindet, daß dem Schullehrer das 4. bis 7., der Hilfslehrerin das 1. bis 3. Schuljahr zugewiesen ist."
130 Bamberger Volksblatt vom 23. September 1890, „Kemmern", Nr. 193, S. 4, StBBa 22/MFZ5.
131 Edd. Vom 23. Oktober 1890.
132 Schreiben der Gemeinde Kemmern an das Bezirksamt Bamberg I vom 9. April 1890, StABa. K5 Nr. 8348.
Beglaubigte Abschrift aus dem Protokollbuch vom 9. April 1890 bezüglich der Gemeindeversammlung: „Zu dem Unterricht in den Gegenständen der Volksschule ist noch der Unterricht in weiblichen Handarbeiten und später eventuell die Einrichtung einer Kleinkinderbewahranstalt in Aussicht genommen."
133 Beglaubigte Abschrift aus dem Protokollbuch vom 9. April 1890 bezüglich der Gemeindeversammlung am 4. August 1889.
134 RING, Gründungsprozess, S. 50, S. 112 f.
135 Der von Pfarrer ARNOLD gestiftete Betrag belief sich letztlich sogar auf 7300 Mark. Die zusätzlichen Mittel waren nötig geworden, weil die Dillinger Franziskanerinnen auf einer Erhöhung der jährlichen Dotationen bestanden hatten.
Vgl. RING, Gründungsprozess, S. 40 f.
136 HEIM, DIETER, Verordnung der Unterrichtspflicht (1802–1870), Regionalgeschichtliche Ergänzung Oberfranken, in: Handbuch der Geschichte des bayerischen Bildungswesens, Geschichte der Schule in Bayern von 1800 bis 1918. Bad Heilbronn², 1993, S. 184. Der ohnehin fragwürdige soziale Status des „armen Dorfschulmeisterleins" erhielt einen langfristigen wirksamen Rückschlag durch die Abschaffung der Kreisschulräte, die 1832 durch sog. Kreisscholarchen ersetzt wurden. Diese waren in Oberfranken ausschließlich Geistliche. Damit wurde die geistliche Schulaufsicht mit all ihren persönlichen Abhängigkeitsverhältnissen für Lehrer installiert und die Schule von der Staatsanstalt in eine weitgehend kirchliche Institution zurückverwandelt. Einer Gängelung und Bevormundung des eben sich erst formierenden Lehrerstandes war damit über Jahrzehnte bis 1918 Tür und Tor geöffnet".
137 Schwester M. REGINA THERESA STRASSER, O.S.F., geboren am 20. November 1846 in Sulzdorf bei Donauwörth. Sie legte ihre Profess am 31. August. 1869 in Dillingen ab.
138 Schreiben von Pfarrer GOTTFRIED ARNOLD an die Meisterin der Dillinger Franziskanerinnen ANGELINA SCHMID vom 12. November 1890, Dill. Franz. A. Ba.

139 Gemeindearchiv Kemmern, Protokollbuch der Gemeinde Kemmern von 1891–1911, S. 23.
140 Dies ist aus den Nekrologen zu ersehen. Gründe für die Versetzung von Schwestern ließen sich nicht aus den vorliegenden Quellen ermitteln.
141 Eine Visitation an der Mädchenschule wurde vom Verfasser der Arbeit im Staatsarchiv Bamberg gesucht, aber nicht gefunden, daher kann über die Verhältnisse dort keine Aussage gemacht werden.
142 Visitationsprotokoll des Kreisschulrates Büttner über die Visitation, die er am 27. Februar 1918 an der Knabenschule in Kemmern vorgenommen hat; 27.02.1918, StABa K3 DII Nr. 10138.
143 Visitationsprotokoll des Kreisschulrats Büttner über die Visitation, die er am 27 Februar 1918 an der Knabenschule in Kemmern im Unterricht von Lehrer Augustin Rössert unter Anwesenheit des Lokalinspektors Pfarrer Hennemann durchführte, StABa K3 DII. Nr. 10138.
144 Stellenbeschreibung des Königlichen Bezirksamtes Bamberg I für die Knabenschule in der Gemeinde Kemmern vom Juli 1914.
145 Das Wort „definitiv" stammt aus der schulischen Verwaltungssprache, womit eine Ganztagslehrerstelle an einer ländlichen Volksschule gemeint ist. Vgl. Heim, Oberfranken, S. 504.
146 Ebd.
147 Ebd.
148 Heim, Oberfranken, S. 497 f.
149 Niederschrift über die am 20. und 21. Mai 1920 im Sitzungssaal des Staatsministeriums für Unterricht und Kultus abgehaltene Besprechung mit den Administrativ-Schulreferenten der Kreisregierungen über Schulfragen, S. 35, StABa K3 Präs Ra Nr. 2132.
150 Ebd.
151 Ebd.
152 Vgl. Heim, Oberfranken, S. 23. Niederschrift über die am 20. und 21. Mai 1920 im Sitzungssaale des Staatsministeriums für Unterricht und Kultus abgehaltene Besprechung mit den Administrativ-Schulreferenten der Kreisregierungen über Schulfragen, S. 35, StABa K3 Präs Ra Nr. 2132.
153 Vl. Niederschrift über die am 20. und 21. Mai 1920 im Sitzungssaal des Staatsministeriums für Unterricht und Kultus, S. 24.
154 Vgl. ebd., S. 23.
155 Ebd. S. 24.
156 Ebd.
157 Ebd. S. 25.
158 Vgl. ebd. S. 26.
159 Vgl. ebd., S. 26.
160 StBBa EPH. Jur.o.66, Lehrordnung für die bayerischen Volksschulen vom 15.Dezember. 1926, in: Amtsblatt des Bayerischen Staatsministeriums für Unterricht und Kultus, Nr. 16 vom 29. Dezember 1926, S. 129.
161 Ebd., S. 129.
162 Ebd.
163 Ebd.
164 Ebd., S. 130.
165 Ebd.
166 Amtsblatt des Bayerischen Staatsministeriums für Unterricht und Kultus, amtlich herausgegeben vom Staatsministerium für Unterricht und Kultus, vom 29. Dezember 1926, Nr. 16, StBBa EPH.Jur.o.66.
167 Ebd.
168 Ebd. S. 132.
169 Vgl. auch Keck, Rudolf W., Das Verhältnis von Kirche und Schule, in: Handbuch der Geschichte des bayerischen Bildungswesens, Band 3, Geschichte der Schule in Bayern von 1918 bis 1997, Bad Heilbrunn, ^{9}1997.
170 Ebd.
171 Ebd.
172 Als Lernziel für das Fach Geschichte formuliert der Lehrplan: „Der Geschichtsunterricht steht vor allem im Dienste des deutschen Gedankens. Durch ihn soll die Entwicklung des geschichtlichen Sinnes angebahnt werden. Er erzählt den Schülern von den Taten unserer Väter und lässt sie wichtige Ereignisse in der Entwicklung des deutschen Volkes nacherleben." Amtsblatt des Bayerischen Staatsministeriums für Unterricht und Kultus, amtlich herausgegeben vom Staatsministerium für Unterricht und Kultus, vom 29. Dezember 1926, Nr. 16, S. 164.
173 Breitschuh, Gernot, Das Volksschulzeugnis, in: Liedtke, Max (Hrsg), Handbuch der Geschichte des Bayerischen Bildungswesens, Geschichte der Schule in Bayern von 1800 bis 1918. Bad Heilbronn^2 1993, S. 6. „Anders als die Zeugnisse der weiterführenden Schulen diente das in Bayern seit 1802 in der Form des Entlassscheins vorgeschriebene Volksschulzeugnis ausschließlich der Durchsetzung und Überwachung der allgemeinen Schulpflicht. Berechtigungen irgendwelcher Art kamen ihm nicht zu."
174 Beurteilungsbüchlein von Gertrud Diller, Quellenband Abbildung Nr. 10.
175 Ebd.
176 Heim, Oberfranken, S. 110.
177 Lehrordnung für die bayerischen Volksschulen vom 15. Dezember 1926, S. 130 f.
178 Ebd.
179 Ebd.
180 Ebd, S. 131.
181 Nekrolog von Schwester, M. Regina Strasser O.S.F., 25. April 1923, Dill. Franz. A. Dill. Aus den vorliegenden Quellen konnte der Verfasser der Arbeit den Grund ihrer Abberufung nicht herausfinden.
182 Vgl. Auszug aus dem Protokollbuch der Gemeinde Kemmern von 1891–1911, S. 35.
183 Nekrolog von Schwester. M. Regina Strasser O.S.F., 25. April 1923, Dill. Franz. A. Dill.
184 Schreiben von Pfarrer Gottfried Arnold an die Meisterin Angelina Schmid vom 12. Juni 1900, Dill. Franz. A. Dill.
185 Schwester M. Gonsalva verfasste den Nekrolog von Schwester M. Silvia Ruf O.S.F., Dill. Franz. A. Dill. 2. September 1942.
186 Schwester M. Gonsalva verfasste den Nekrolog von Schwester M. Silvia Ruf O.S.F., 2. September 1942, Dill. Franz. A. Dill.
187 Im Quellenband ist auf der Abbildung Nr. 121 die Schwester M. Silvia Ruf abgebildet. Es ist das erste und früheste Bild, welches eine Lehrschwester in der Gemeinde Kemmern darstellt.

Zu dieser Zeit war es nicht üblich, eine Schwester zu fotografieren.

188 Sie erlag einer plötzlich aufgetretenen Krankheit. Es ist nicht bekannt, wer den Nekrolog der Patientia Schroll verfasst hat, was gleichfalls bei anderen Nekrologen festgestellt werden kann.

189 Bereits einen Tag nach ihrem Tod ist die Nachricht an die Kgl. Lokalschulinspektion Kemmern gelangt, von dort zur Kgl. Katholischen Distriktsschulinspektion Schesslitz in Straßgiech weitergeleitet worden und von dort wiederum pflichtgemäß an die Königliche Regierung von Oberfranken, Kammer des Innern in Bayreuth. Zugleich wurde die Lokalschulinspektion Kemmern von der Distriktsschulinspektion angewiesen, eine Nachfolgerin vom Mutterhaus in Dillingen zu erwirken. Diese Nachfolgerin wird Frau M. THEODOSIA THEN.

190 Nekrolog von Schwester M. PATIENTIA SCHROLL O.S.F., 24. Juni 1914, Dill. Franz. A. Dill.

191 Bamberger Volksblatt vom 25. Juli 1914, „Kemmern" Nr. 170, S. 8, StBBa 22/MFZ5.
Fränkischer Tag, 25. Juli 1914, Todesanzeige von Schwester M. Patientia Schroll O.S.F., Nr. 170, S. 7, StBBa22/MFZ3.

192 Ergebnis aus mehreren Befragungen, die in der Gemeinde vom 4. bis 28.August. 2002 durchgeführt wurden.

193 Befragung einer 90-jährigen Bürgerin am 24. August 2002 in Kemmern, S. 3.

194 Befragung einer 80-jährigen Bürgerin am 22. August 2002 in Kemmern, S. 5.

195 Ebd. und Befragung einer 90-jährigen Bürgerin am 24. August 2002 in Kemmern, S. 4.

196 Ebd.
197 Ebd.
198 Ebd.
199 Ebd.

200 HEIM: Regionalgeschichtliche Ergänzung: Oberfranken: S. 108 f.

201 Ebd. Vgl. Auszug aus dem Protokollbuch der Gemeinde Kemmern von 1892–1911, S. 45.

202 Grundlage für das Gehalt der Ordensfrauen war bis 1925 der Vertrag der Gemeinde Kemmern mit Pfarrer Arnold vom Juli 1890. Zwar wurde das Gehalt der Ordensfrauen in unregelmäßigen Abständen erhöht, was alleine im Ermessen der politischen Gemeinde lag, denn es fehlten die Dienstverträge für das Lehrpersonal an der Volksschule. Die einzigen Quellen, die über das Gehalt der Ordensfrauen Auskunft geben, sind die Protokollbücher der Gemeinde. Vgl. das Protokollbuch der Gemeinde Kemmern von 1921–1935, S. 35.

203 Gemeindearchiv Kemmern, Auszug aus dem Protokollbuch der Gemeinde Kemmern von 1891–1911, S. 12.

204 ebd. S. 19.

205 Im Vertrag vom Juli 1890 waren für zwei Ordensfrauen noch 600 Mark jährlich vorgesehen. Zu diesem Zeitpunkt bestand der Konvent bereits aus drei Schwestern.

206 Aus offiziellen Dokumenten von Pfarrer Nikolaus Hennemann lässt sich erkennen, dass er noch nach 1918 den Titel Lokalschulinspektor führte, obwohl er nach dem Ministerium für Kirchen- und Schulangelegenheiten dazu gar nicht mehr berechtigt war.

207 Vgl. HEIM: Regionalgeschichtliche Ergänzung: Oberfranken, S. 108 f. Vgl. BUCHINGER, Hubert: Die Schule in der Zeit der Weimarer Republik. In: LIEDTKE, Max (Hrsg.): Handbuch der Geschichte des Bayerischen Bildungswesens, Geschichte der Schule in Bayern von 1918 bis 1990, Band III, Regensburg 1997, S. 15–75, hier: S. 38, 40 und 63

208 Ebd, S. 24.
209 Vgl. ebd, S. 10.
210 Vgl. ebd, S. 11, S. 25, S. 4, S. 5.
211 Vgl. ebd, S. 15.
212 Vgl. ebd, S. 8.
213 Vgl. ebd, S. 22.
214 Vgl. ebd, S. 18.
215 Vgl. ebd, S. 20.

216 Vgl. Auszug aus dem Protokollbuch der Gemeinde Kemmern von 1891–1911, S. 27, S. 8.

217 Die politische Gemeinde kaufte im Jahre 1926 ein zusätzliches Grundstück für den Bau eines neuen Schulhauses. Es kann angenommen werden, dass sich, nachdem die hohen Personalkosten für die Besoldung des Lehrpersonals an der Volksschule wegfielen, sich für den Haushalt der Gemeinde zusätzliche finanzielle Möglichkeiten. Die Gemeinde benutzte diese Mittel für den Grundstückskauf.

218 Im Protokollbuch der Gemeinde befinden sich keine Abschriften der Stellungsverträge. Im Schulakt der Gemeinde Kemmern StABaK3 DII Nr. 10138 ist aber von Stellungsverträgen die Rede. Vgl. das Schreiben des Bürgermeisters Endres an das Bezirksamt Bamberg I vom 24. September 1925. Es befinden sich keine weiteren Stellungsverträge im Archiv der Gemeinde Kemmern. Daher kann angenommen werden, dass in der Gemeinde Kemmern diese Unterlagen verloren gegangen sind. Des Weiteren müssten sich im Archiv der Dillinger Franziskanerinnen in Dillingen Unterlagen zur Geschichte sowie die Stellungsverträge vom Oktober 1925 der Schwesternkommunität Kemmern finden. Das Datum ist aus dem Protokollbuch der Gemeinde übernommen, doch kann es nicht mit dem eigentlichen Datum der Stellungsverträge verglichen werden, weil dem Verfasser der Arbeit keine Stellungsverträge vorliegen.

219 Vgl. das Protokollbuch der Gemeinde Kemmern von 1921–1935, S. 36, 37 und 40.

220 Schreiben des Schulleiters der Volksschule Kemmern, FRANZ XAVER BÄUMEL, an das Bezirksamt Bamberg I vom 3. November 1928, StABa K3 DII Nr. 10138.

221 Schreiben des Bayerischen Staatsministeriums für Unterricht und Kultus an die Regierung von Oberfranken, Kammer des Innern, vom 11.03.1929. Mit dem Begriff „Volkshauptschule" sind die 7. und 8. Jahrgangsstufe gemeint, StABa K3 DII Nr. 10138.

222 Schreiben des Bezirksschulrats Bamberg I an die Meisterin der Dillinger Franziskanerinnen vom 18. Dezember 1926, StABa K3 DII Nr. 10138, „Die Bezirksschulbehörde für das Bezirksamt Bamberg I ist veranlasst, die Klasseneinteilung an der Volkshauptschule in Kemmern zu ändern. Im ganzen Bezirk befinden sich nur noch 2 Schulen, bei denen die Geschlechter getrennt in 7 Jahrgängen unterrichtet werden: Kemmern und Strullendorf."

223 Schreiben des Bezirksschulrats Bamberg I an die Meisterin der Dillinger Franziskanerinnen vom 18. Dezember. 1926.

224 Schreiben des Bezirksschulamts Bamberg I an die Regierung von Oberfranken, Kammer des Innern, 29. August 1928, StABa K3 DII Nr. 10138.

225 Schreiben des Gemeinderats Kemmern an die Bezirksschulbehörde Bamberg I vom 16. Januar 1927, StABa K3 DII Nr. 10138.

226 Schreiben der Regierung von Oberfranken, Kammer des Innern an die Bezirksschulbehörde Bamberg I vom 5. Februar 1927, StABa K3 DII Nr. 10138.

227 Schreiben des Bezirksamts Bamberg I an die Meisterin der Franziskanerinnen in Dillingen vom 12. Februar 1927, StABa K3 DII Nr. 10138.

228 Ebd.

229 Ebd.

230 Schreiben der Meisterin Schwester M. Laurentia Meinberger an das Bezirksschulamt Bamberg I vom 20. Februar. 1927, StABa K3 DII Nr. 10138.

231 Ebd.

232 Ebd.

233 Schreiben der Meisterin Schwester M. Laurentia Meinberger an das Bezirksschulamt Bamberg I vom 20. Februar 1927: „Wegen Strullendorf befragt, wurde erklärt, man könne, nachdem die Frau Oberin ihre Einwilligung erteilt, die Neugestaltung ‚schließlich' belassen. Aber es klang auch hier so, dass es nicht erwünscht wäre. Ich möchte bitten, dass die Bez.-Schulbehörde auch in Strullendorf die Sache wie seither belässt. Wenn es bei den Klosterfrauen nicht im Allgemeinen möglich ist, Voraussetzungen bez. der Klassenführung vorzunehmen, wollen wir keine Ausnahmen schaffen. Sonst setzen sich in diesem Falle vielleicht die Engl. Frl. hintennach auch beim Ministerium ein."

234 Schreiben der Bezirksschulbehörde Bamberg I an den Gemeinderat vom 20. Februar 1928. „Es ist schlüssig zu machen, in welcher Weise dem Missstand abgeholfen werden will. Beschluss ist bis 20. März vorzulegen."

235 Ebd.

236 Schreiben des Bezirksschulamts Bamberg I an die Regierung von Oberfranken, Kammer des Innern vom 29. August 1928, StABa K3 DII Nr. 10138.

237 „Wenn nur eine 3. Lehrstelle errichtet wird, dann müssen Knaben und Mädchen vereinigt werden, da sonst eine schulisch richtige Verteilung der Schüler auf 3 Lehrkräfte, wie sie die neue Lehrordnung auch vorschreibt, nicht möglich wäre. Eine Lehrkraft würde dann in den nächsten 5 Jahren 50–60 Schüler zu unterrichten haben."

238 Ebd.

239 Ebd.

240 Ebd.: „Der Orden hat sich seinerzeit im Gegensatz zu den Englischen Schwestern gegen eine Zusammenlegung der Schüler beiderlei Geschlechts ausgesprochen, andererseits können nun doch nicht 2 Schulsäle deswegen gebaut werden."

241 Schreiben des Bezirksamts Bamberg I an den Bürgermeister in Kemmern vom 27. August 1928, StABa K3 DII Nr. 10138. Im Protokollbuch der Gemeinde Kemmern findet sich kein Eintrag zur Ortsbesichtigung, welche vom Bezirksbaumeister Mehling vorgenommen wurde.

242 Schreiben der Regierung von Oberfranken, Kammer des Innern, an die Bezirksschulbehörde Bamberg I vom 5. September 1928, StABa K3 DII Nr. 10138.

243 Schreiben der Bezirksschulbehörde Bamberg I an den Herrn Bürgermeister in Kemmern vom 24. September 1928, StABa K3 DII Nr. 10138.

244 Schreiben des Gemeinderats an das Bezirksamt Bamberg I vom 20. Oktober 1928, StABa K3 DII Nr. 10138.

245 Ebd.

246 Ebd.: „[...] bräuchten wir viel eher eine Brücke über den Main, statt des sicherheits- & lebensgefährlichen Holzsteges, den der hochgehende Main bei den Überschwemmungen jährlich 2–3 Mal wegreißt, & der mit großen Kosten immer wieder erneuert werden muß."

247 Ebd.

248 Schreiben des Gemeinderats an das Bezirksamt Bamberg I vom 16. November 1928, StABa K3 DII Nr. 10138.

249 Ebd.

250 Ebd.

251 Ebd.

252 Ebd.

253 Schreiben des Bezirksamtes Bamberg I an die Regierung von Oberfranken, Kammer des Innern vom 8. November 1928, StABa K3 DII Nr. 10138: „Der derzeitige Saal, wie er ist, bietet Platz für 50 Schulkinder, die Abortverhältnisse sind hier leicht den Bedürfnissen anzupassen. Wird der Saal um Treppenhaus und Schwesternzimmer vergrößert – wie der Bürgermeister angibt – so lassen sich hier 65 Kinder unterbringen. Hierbei sind aber umfangreichere bauliche Maßnahmen, so insbesondere an den Aborten vorzunehmen, die schätzungsweise 3000 Mk betragen dürften. Das normale Hochwasser reicht bis zur seitlichen Eingangstüre und dann ist der Zugang jeweils 1 Tag überflutet. Das Hochwasser 1900 war so hoch, dass der Fußboden im Saal 1 m unter Wasser stand."

254 Im Protokollbuch der Gemeinde ist von einer Besichtigung der Kleinkinderbewahranstalt nicht die Rede. Man findet auch nichts über irgendwelche Änderungsversuche, die in der Kleinkinderbewahranstalt vorgenommen wurden, damit das Bezirksamt Bamberg I der Nutzung der Kleinkinderbewahranstalt für den Schulunterricht zustimmen konnte.

255 Schreiben des Schulleiters der Volksschule Kemmern, Franz Xaver Bäumel, an das Bezirksamt Bamberg I vom 10. November 1928, StABa K3 DII Nr. 10138.

256 Schreiben des Bezirksamtes Bamberg I an den Bürgermeister von Kemmern vom 28. November 1928, StABa K3 DII Nr. 10138.

257 Auszug aus dem Protokollbuch des Bezirksamtes Bamberg I vom 28. November 1928, StABa K3 DII Nr. 10138.

258 Schreiben der Regierung von Oberfranken, Kammer des Innern, an das Bezirksamt Bamberg I vom 5. Februar 1929, StABa K3 DII Nr. 10138.

259 Schreiben der Regierung von Oberfranken, Kammer des Innern, an die Bezirksschulbehörde Bamberg I, 8. Februar 1929, StABa K3 DII Nr. 10138.

Anmerkungen // 457

260 Eintrag aus dem Beschlussbuch der Gemeinde Kemmern vom 27 Januar 1929, StABa K3 DII Nr. 10138.

261 Ebd.

262 Schreiben des Bayerischen Staatsministeriums für Unterricht und Kultus an die Regierung von Oberfranken, Kammer des Innern, Nr. 8435 vom 11. März 1929, S. 2 f, StABa K3 DII Nr. 10138.

263 Ebd.: „[...] der Würdigung von Fall zu Fall [müsse] es vorbehalten bleiben [...], ob bei der Errichtung neuer Schulstellen den Anträgen von Gemeinden auf Besetzung mit klösterlichen Lehrkräften entsprochen werden könne."

264 Schreiben des Gemeinderates Kemmern an das Kultusministerium des Innern für Kirche und Schulangelegenheiten München vom 20. Februar 1929, StABa K3 DII Nr. 10138.

265 Schreiben des Gemeinderates Kemmern an das Bayerische Staatsministerium für Unterricht und Kultus, 20. Februar 1929, StABa K3 DII Nr. 10138.

266 Ebd.

267 Ebd.

268 Ebd.

269 Vgl. Schreiben des Bayerischen Staatsministeriums für Unterricht und Kultus an die Regierung von Oberfranken, Kammer des Innern, Nr. 8435 vom 11. März 1929, S. 1–5, StABa K3 DII Nr. 10138.

270 Ebd.

271 Vgl. Chronik der Dillinger Franziskanerinnen und deren einzelnen Filialen, Dillingen 1870, vom 26. Mai 1930, S. 223 Dill, Franz. A. Dill. Nach ihrer Tätigkeit an der Mädchenschule in Kemmern hat sie die Ordensgemeinschaft der Dillinger Franziskanerinnen verlassen. Als Nachfolgerin kam Schwester M. REGINHARDA NEHMER als Lehrerin an die Mädchenschule nach Kemmern.

272 Schreiben der Regierung von Oberfranken an das Mutterhaus der Dillinger Franziskanerinnen vom 11. August 1945, Dill. Franz. A. Ba: „Die Unterzeichnete wurde ersucht, wieder zwei klösterliche Lehrerinnen für die Volksschule zu Kemmern bereit zu stellen. Sie möchte vorerst eine Lehrerin, nämlich Frau M. Reginharda Ursula Nehmer [...], die an genannter Schule von 1932 bis zum Abbau 1938 tätig war, der Regierung zur Genehmigung in Vorschlag bringen."

273 Vgl. Schreiben des Mutterhauses der Dillinger Franziskanerinnen an die Regierung von Oberfranken vom 11. August 1945.

274 Ebd.

275 Schreiben des Regierungspräsidenten von Oberfranken an das Bezirksschulamt in Bamberg vom 5. Dezember 1946, Dill. Franz. A. Ba.

276 Schulchronik der Gemeinde Kemmern ab 1945, die sich an der heutigen Volksschule befindet.
Verzeichnis der Stellenbesetzung, S. 1.

277 Mit Übernahme des Schulunterrichts hatte Schwester M. REGINHARDA bis zum Schuljahr 1953/54 die Schulleitung inne, die dann von Lehrer Ignaz Pickel übernommen wurde. Vgl. Fragebogen über Lehr- und Erziehungstätigkeit der Dillinger Franziskanerinnen über den Konvent in Kemmern vom 26.02.1947. Vgl. SCHROTT, Kemmern S. 419.

278 Vgl. Fragebogen über Lehr- und Erziehungstätigkeit der Dillinger Franziskanerinnen über den Konvent in Kemmern, 26. Februar. 1947, Dill. Franz. A. Ba.

279 Ebd.

280 Nach der Gründung des Bundeslandes Bayern im Jahre 1946 wurde das Ministerium des Innern für Kirchen und Schulangelegenheiten in zwei selbstständige Ministerien umbenannt. So entstand daraus das Innenministerium und das Kultusministerium, das seitdem für alle schulischen Angelegenheiten zuständig ist.

281 Vgl. Schreiben von Pfarrer STAHL an die Frau Meisterin der Dillinger Franziskanerinnen vom 6. August 1948, Dill. Franz. A. Ba.

282 Schreiben von Pfarrer STAHL an die Frau Meisterin der Dillinger Franziskanerinnen vom 6. August 1948, Dill. Franz. A. Ba.

283 Vgl. Schreiben von Pfarrer STAHL an die Frau Meisterin vom 6. August 1948, Dill. Franz. A. Ba.

284 Schulchronik der Gemeinde Kemmern, Verzeichnis der Stellenbesetzung, S. 5 f.

285 SCHROTT schreibt: „Der Schulbetrieb sei erst im November 1945 eröffnet worden, warum kaufte dann die Gemeinde bereits am 23. März 1945 zur Schulspeisung 20 Zentner Kohlen?" SCHROTT hat aber irrtümlich die Gemeinderatssitzung vom 23. März. 1946 in das Jahr 1945 vorverlegt, als noch das Dritte Reich bestand. Siehe SCHROTT, Kemmern, S. 418.

286 Befragung von Schwester M. REGINHARDA O.S.F. am 23. Oktober 1998, S. 4.

287 Ebd.

288 Ebd.

289 Gemeindearchiv Kemmern, Protokollbuch der Gemeinde Kemmern 1935–1953, Eintrag vom 16. Mai 1951.

290 Protokollbuch der Gemeinde Kemmern 1935–1953, Eintrag vom 6. März 1953. „Gemeinderatsmitglied Spörlein wurde beauftragt, mit Peter Eichhorn Rücksprache zu nehmen zwecks Unterrichtserteilung für die obere Mädchenschulklasse in seinem Saal. Peter Eichhorn hat sich damit einverstanden erklärt, seinen Saal bis zur Vollendung des Kindergartens zur Verfügung zu stellen. Als Pachtpreis wurde monatlich 25 DM vereinbart."

291 Regierung von Oberfranken, Schulabteilung, Vgl. Schulakte der Gemeinde Kemmern über die Beförderungen bei der Regierung von Oberfranken vom 20. August 1952 bis heute.

292 Ebd.

293 Schreiben des Bürgermeisters FRANZ DORSCH an die Regierung von Oberfranken vom 11. Juli 1961. Das Schreiben befindet sich im Schulakt der Gemeinde Kemmern über die Beförderungen bei der Regierung von Oberfranken vom 20.August1952 bis heute.

294 Ebd.

295 Im ersten Schuljahr 1945/56 nach Eröffnung der Schule wurde der Unterricht in Koedukation gegeben. Ab dem Schuljahr 1946/47 wurden die 6. bis 8. Klasse jeweils geschlechtergetrennt unterrichtet, ab dem Schuljahr 1966/67 wurden alle Klassen wieder in Koedukation unterrichtet. Vgl. Schulchronik der Gemeinde Kemmern, Verzeichnis der Stellenbesetzung, S. 5.

296 Schreiben über die Beförderung von Schwester M. Reginharda Nehmer vom 23. Januar 1973 von der Regierung von Oberfranken. Vgl. Schulakte der Gemeinde Kemmern über die Beförderungen bei der Regierung von Oberfranken vom 20.August 1952 bis heute.
297 Vgl. Ebd.: „Es stimme wehmütig und sorgenvoll, wenn man den Abschied einer klösterlichen Lehrkraft aus dem Schuldienst miterlebe und damit eine starke Position schwinden sehe, wissend, dass anderswo gleichzeitig oft höchst zweifelhafte Kräfte in eben solche freigewordenen Positionen drängen."
298 Ebd.
299 Ebd.
300 Schrott, Kemmern, S. 419.
Schulchronik der Gemeinde Kemmern, Verzeichnis der Stellenbesetzung, S. 6.
301 Quellenband Grafik Nr. 15 und 17.
302 Fränkischer Tag, Nr. 52, S. 13, 04.03.1997, StBBa 22/MFZ3, „Im Landkreis wird der sechsstufige Realschulversuch eingeführt".
303 Fränkischer Tag, Nr. 40, S. 11, 18.02.1997, StBBa 22/MFZ3, „Sterben der Hauptschulen befürchtet".
304 Ebd.
305 Nach der 4. Jahrgangsstufe haben alle Schülerinnen und Schüler die Volksschule verlassen, die das Gymnasium besuchten. So blieben nur noch die 5. und 6. Jahrgangsstufe, was eine ausreichende Schülerzahl ergab. Mit der Einführung des Schulversuches der sechsstufigen Realschule wird den Schülern in der 4. Jahrgangsstufe eine erneute Wahlmöglichkeit gegeben, die sie bisher erst nach Beendigung der 6. Jahrgangsstufe hatten. Sie können sich für den Besuch der Realschule oder Wirtschaftsschule entscheiden. Da die Zahl derer, die das Angebot in Anspruch nahmen, relativ hoch war, kam es aufgrund der geringen Schülerzahlen zu Problemen, eine 5. und 6. Jahrgangsstufe an der Schule in Kemmern zu bilden. Wenn die Schülerzahlen zu gering waren, dann musste auf die Schule in Breitengüßbach ausgewichen werden.
306 Ebd.
307 Bürgermeister Alois Förtsch gehörte zu den Initiatoren im Landkreis Bamberg, die gegen die Einführung des sechsstufigen Realschulversuches plädierten und initiierte einen Bürgerentscheid, doch der Kreistag lehnte diesen mit der Begründung ab, „dass die Einrichtung des Schulversuches ‚Sechsstufige Realschule' zu diesem Zeitpunkt bereits vollzogen und nach geltendem Recht keine Rechtswidrigkeit zu erkennen war." Fränkischer Tag, Nr. 130, 10.06.1997, S. 15StBBa 2/MFZ3, „Bürgerentscheid nicht zugelassen".
308 Fränkischer Tag, Nr. 49, S. 14, 02.03.1997, StBBa 22/MFZ3, „Kinder und Lehrer ‚ausgesperrt'".
309 Ebd.
310 Ebd.
311 Fränkischer Tag, Nr. 52, S. 13, 04.03.1997, StBBa 22/MFZ3. „Im Landkreis wird der sechsstufige Realschulversuch eingeführt", S. 13.
312 Ebd.
313 Schulchronik der Gemeinde Kemmern, Verzeichnis der Stellenbesetzung, S. 6–7.
314 Schreiben der Regierung von Oberfranken an die Schulleitung der Volksschule in Kemmern vom 21. November 2002.
315 Fränkischer Tag, Nr. 20, S. 26, 16. November. 2002, StBBa 22/MFZ3, „Gegen andere Schulorganisation".
316 Händel, Frank Bernhard, Die erste Bamberger Kleinkinderbewahranstalt unter der Trägerschaft eines Privatvereins, Berlin 1997, S. 27 f. Fortan als: Händel, Kleinkinderbewahranstalt. Hierbei ist zu beachten, dass zwar diese Vorschulform für alle Schichten der Gesellschaft zugänglich war, aber jedes Kind in einer Gruppe seines Standes unterwiesen wurde.
317 Eming, Günter; Neumann Karl; Reyer, Jürgen (hrsg.), Geschichte des Kindergartens, Freiburg/Breisgau[1], 1987, S. 16.
318 Anordnung des Staatsministeriums des Innern, Nr. 3072 § 1595 vom 22. Februar 1852/Ordensarchiv.
Amtsblatt des Bayerischen Staatsministeriums für Unterricht und Kultus vom 5. März 1852, Nr. 5, S. 25, StBBa EPH. Jur.o.66, Eintrag: unter der Nr: 3072 die Beschäftigung in den Kleinkinderbewahranstalten betreffend, § 1595 vom 22. Februar 1852.
319 Händel, Kleinkinderbewahranstalt, S. 40 f.
320 Ebd., S. 43.
321 Ziegler, Die Armen Schulschwestern, S. 166 f.
322 Ebd. S. 169.
323 Entschließung des Königlichen Staatsministeriums des Innern vom 26. Februar 1852, StABa C2 6353a, über die Beschäftigung in den Kleinkinderbewahranstalten, Nr. 15408. „[…] daß auch in vielen Landgemeinden dasselbe Bedürfnis obwaltet und namentlich gar viele Eltern auf dem platten Lande gleichfalls wie in Städten durch ihre Berufsarbeiten gezwungen sind, den Tag über vom Hause abwesend zu seyn und ihre Kinder daselbst entweder ohne alle oder doch ohne genügende Aufsicht zurücklassen."
324 Ziegler, Die Armen Schulschwestern, S. 170.
325 Schreiben der Gemeindeverwaltung Kemmern an das Königliche Bezirksamt Bamberg I vom 9. April 1890, StABa K5 Nr. 8348.
326 Schreiben der Königlichen Lokalschulinspektion Kemmern an die Hohe Königliche Regierung von Oberfranken, Kammer des Innern in Bayreuth vom 15. Januar 1900, StABa K5 Nr. 8348.
327 Das Schreiben von Pfarrer Gottfried Arnold an das Königliche Bezirksamt Bamberg I, in dem der die Bitte um Errichtung einer Kleinkinderbewahranstalt stellt, ist nicht mehr erhalten, StABa K5 Nr. 8348.
328 Schreiben des Königlichen Bezirksamtes Bamberg I an die Kirchenverwaltung in Kemmern vom 27. April 1899, StABa K5 Nr. 8348: „Bevor zu der Errichtung einer Kleinkinderbewahranstalt und zu der Annahme der hierauf bezüglichen Schenkung die Genehmigung erteilt wird, sind noch verschiedene Punkte zu regeln, und zwar ist zu berichten, ob die schon in Kemmern befindliche Ordensschwester auch die neue Anstalt mit besorgen soll oder ob eine zweite Ordensfrau für dieselbe aufgestellt werden soll; letzteren Falls wäre ein ausführlich begründetes Gesuch an das Königliche Staatsministerium des Innern für Kirchen- und Schulangelegenheiten vorzulegen. Die Kirchenverwaltung – welche anscheinend die Leitung der Anstalt übernehmen soll –, hat Satzungen für die Kleinkinderbewahranstalt aufzustellen und

329 Schenkungsvertrag von Andreas Görtler an die Kirchenverwaltung Kemmern vom 31. Mai 1900, StAWü Gesch. Reg. Nr. 685 vom 31.05.1900: „[…] auf Grund des Gemeindeverwaltungsbeschlusses vom 25. des laufenden Monats verfasste Schenkungsurkunde vorgelegt, der zufolge die Gemeinde Kemmern an die Kirchenstiftung zu einem Garten für die dahier neu zu errichtende Kleinkinderbewahranstalt den auf der Westseite an die Scheune des Hauses Nr. 11 ½ anstoßenden Grund und Boden […], soweit dies Eigentum der Gemeinde ist, als Schenkung für immer abtritt. Der Schenkungswert beträgt 25 M. Schenkungsvertrag der Gemeinde Kemmern an die Kirchenverwaltung Kemmern vom 31. Mai 1900. Von Andreas Görtler, Ökonom, Hausnummer 12, daher, wurde persönlich die Erklärung abgegeben, dass auch er zur Vergrößerung und besseren Arrondierung dieses Anstaltsgartens […] aus gutem Willen der Kirchenstiftung als Eigentum hiermit umsonst übergibt. Der Schenkungswert beträgt 10 M".

330 Händel, Kleinkinderbewahranstalt, S. 149.

331 Schrott, Kemmern, S. 359.

332 Schreiben der Kirchenverwaltung Kemmern an das Königliche Bezirksamt Bamberg I vom 17. Mai 1899, StABa K5 Nr. 8348: „Für die dahier zu errichtende Kleinkinderbewahranstalt ist keine weitere Ordensschwester notwendig. Die Anstalt wird vielmehr von der schon von Anfang an dahier befindlichen Klosterfrau M. Christine Eckerle geleitet werden. Dieselbe ist auch hierzu vollkommen geeignet und durch eine dreijährige Tätigkeit in der Kleinkinderbewahranstalt zu Burgau & durch einjährige in der Krippenanstalt zu Dillingen sehr gut geschult."

333 Nekrolog von Schwester M. Christine Eckerle O.S.F. 25. Februar 1941, Dill. Franz. A. Dill.

334 Schreiben der Kirchenverwaltung Kemmern an das Königliche Bezirksamt Bamberg I vom 17. Mai 1899, StABa K5. Nr. 8348,

335 Schreiben der Katholischen Kirchenverwaltung an das Königliche Bezirksamt Bamberg I vom 3. Juni 1899, StABa K5 Nr. 8348.

336 Schreiben der Kirchenverwaltung Kemmern an das Königliche Bezirksamt Bamberg I vom 12. Juni 1899, StABa K5 Nr. 8348.

337 Schreiben der Königlichen Lokalschulinspektion Kemmern an die Hohe Königliche Regierung von Oberfranken, Kammer des Innern in Bayreuth vom 15. Januar 1900, StABa K5 Nr. 8348.

338 Schenkungsvertrag zwischen Pfarrer Gottfried Arnold und Frau Anna Maria Schmitt vom 31. Mai 1900, Nr. 685. Schenkungsvertrag von der Gemeinde Kemmern an die Kirchenverwaltung Kemmern vom 31. Mai 1900, StAWü Gesch. Reg. Nr. 685.

339 Ebd.

340 Hutzler, Helene, Werdegang des Kindergartens in Kemmern von 1945–1989, Kemmern 1987 S. 1. Mit den erwähnten Bauarbeiten kann eine kleine Baumaßnahme anlässlich der Eröffnung zum 7. Juni 1899 gemeint sein, doch gibt es hierzu keine Quellen. Der eigentliche Umbau fand dann im August 1907 statt.

341 Schreiben der Kirchenverwaltung Kemmern an das Königliche Bezirksamt Bamberg I vom 1. Juni 1907, StABa 131/6 Nr. 41/102: „Laut Nachtrag des beiliegenden notariellen Schenkungsvertrages vom 21. November 1906 hat die ledige großjährige Ökonomentochter Marie Schmitt für alle Zukunft auf die Benützung der Räumlichkeiten in ihrem der Kirchenstiftung Kemmern bereits im Jahre 1900 geschenkten Anwesen Verzicht geleistet, so dass die Kirchenstiftung nunmehr über das ganze Anwesen frei verfügen kann."

342 Testament von Pfarrer Gottfried Arnold vom 28. Juli 1890.

343 Schreiben der Kirchenverwaltung Kemmern an das Königliche Bezirksamt Bamberg I vom 1.Juli 1907, StABa K5 Nr. 8348: „Zur Deckung der Kosten soll das vom † Dechantenpfarrer Gottfried Arnold mit den bisher erzielten Zinsen – nach noch 700 M freiwillige Gaben kommen –, so daß also ein Betrag von rund 3000 M zur Verfügung steht."

344 Schreiben der Kirchenverwaltung Kemmern an das Königliche Bezirksamt Bamberg I vom 1. Juli 1907, StABa K3 Nr. 1306.

345 Bauplanverzeichnis des Königlichen Bezirksamtes Bamberg I Nr. 195, vom 7. August 1907, StABa K5 Nr. 8348.

346 Bauplan über den Umbau der Kleinkinderbewahranstalt in Kemmern, Königliches Bezirksamt Bamberg I, StABa K5 Nr. 8353.

347 Ebd.

348 Ebd. Der Spielhof war insgesamt etwas größer und der Hofraum einige m² kleiner.

349 Vgl. Schreiben des Gemeinderates an das Bezirksamt Bamberg I vom 20. Oktober 1928 mit vorgelegtem Skizzenplan für ein neues Schulhaus in Kemmern, StABa K3DII Nr. 10138.

350 Schreiben von der Kirchenstiftungs-Pflegschaft Kemmern an das Bezirksamt Bamberg vom 2. September 1933, StABa K5 Nr. 8348.

351 Ebd.

352 Ebd.

353 Ebd.

354 Ebd.

355 Ebd.

356 Diese Unterstreichung befindet sich schon im Original.

357 Statuten der Kleinkinderbewahranstalt Kemmern vom 17. Mai 1899, StABa K5 Nr. 8348.

358 Statuten der Kleinkinderbewahranstalt Kemmern vom 17. Mai. 1899.

359 Jene Ordensschwester, die von März bis November die Kleinkinderbewahranstalt betreute, erteilte im Winter den Handarbeitsunterricht. Schreiben des Königlichen Bezirksamtes Bamberg I an den Lokalschulinspektor Pfarrer Nikolaus Hennemann, 9. Oktober 1918, StABa K 3 DII [b]Nr. 3552 II.

360 Statuten der Kleinkinderbewahranstalt Kemmern vom 17. Mai 1899.

361 Ebd.

362 Siehe ebd. S. 107–108.

363 Dadurch hätte man den Konvent noch viel enger in den Erziehungsprozess der Gemeinde integrieren können und für die Kongregation wäre es viel schwieriger gewesen, diese Filiale sofort aufzulösen. Mit dem Ausscheiden von Schwester M. Philippine am 11. Januar 04 als Erzieherin im Kindergarten endet in der Gemeinde ein fast 113-jähriger pädagogischer Wirkungsprozess der Dillinger Franziskanerinnen.

364 Statuten der Kleinkinderbewahranstalt Kemmern vom 17. Mai 1899.

365 Ebd.
366 Wahlmöglichkeit bezüglich der Familienform, in der man lebt, besteht erst seit kurzem. Vgl. SCHWEIZER, HERBERT, Familie im Wandel. Eine Einführung in die gesellschaftlichen Bedingungen heutigen Familienlebens, Freiburg im Breisgau, 1982, S. 15.
367 Statuten der Kleinkinderbewahranstalt Kemmern vom 17. Mai 1899.
368 Ebd.
369 Ebd.
370 Vorausgesetzt, die Gebetzeiten sind so anzunehmen, wie Schwester M. REGINHARDA sie in der Befragung am 23. Oktober 1998 dargelegt hat."
371 Ebd. „Die in der Anstalt erscheinenden Kinder sollen reinlich, mit einem Sacktüchlein versehen und von den Eltern ordentlich zusammengerichtet sein, wie sie denn auch in gutem Zustande jeden Tag abends wieder entlassen werden."
372 Ebd.
373 Statuten der Kleinkinderbewahranstalt Kemmern vom 17. Mai 1899: „Der Eintritt und Austritt der Kinder steht jederzeit frei. Doch sollen dieselben sowohl als nur möglich, um den erziehlichen Zweck der Anstalt erreichen zu können, regelmäßig und ohne willkürliche Unterbrechung die Anstalt besuchen."
374 Ebd.
375 Schreiben von der Kirchenstiftungs-Pflegschaft Kemmern an das Bezirksamt vom 24. Juni 1924, StABa K5 Nr. 8348.
376 Statuten der Kleinkinderbewahranstalt Kemmern vom 17. Mai 1899.
377 Ebd.
378 ERNING, GÜNTER; NEUMANN, KARL; REYER, JÜRGEN (hrsg.), Geschichte des Kindergartens, „Institutionelle Aspekte, systematische Perspektiven, Entwicklungsverläufe", Freiburg im Breisgau ²1987, S. 18, 29–41.
379 Vgl. METZINGER, Adalbert, Kindsein heute: Zwischen zuviel und zuwenig, München 2003, S. 32 f.
380 FÖLSING, JOHANNES; LAUCKHARD, CARL FRIEDRICH, Die Kleinkinderschulen, wie sie sind und was sie sein sollen. Erfurt, Langensalza, Leipzig 1848, S. 121, in: KRECKER, MARGOT, Aus der Geschichte der Kleinkinderbewahranstalt, Quellentexte, Berlin 1959, S. 125: „Die Schülerinnen Fliedners, welche wir kennenlernten, verstanden nichts als Beten, Wundergeschichten erzählen, Commandiren: Hände auf! Ab! Hände auf den Kopf! Ab! etc., die Geschichte vom barmherzigen Samariter dramatisch aufzuführen, und einige ziemlich langweilige Spielliedchen. An eine frische, fröhliche, sinnige Unterhaltung war gar nicht zu denken."
381 KRECKER, Aus der Geschichte der Kleinkinderbewahranstalt, S. 158.
382 ERNING, u.a., Geschichte des Kindergartens, S. 29–41.
383 Schreiben des Amtes für die Aufsicht für Erziehungs- und Unterrichtsanstalten an die Verwaltung der Gemeinde Kemmern vom 13. Juli 1909, StABa K5, Nr. 8348: „Es ist die höchste Anerkennung der dortigen Kinderbewahranstalt im abgelaufenen Jahre anzugeben und dabei zu bemerken, warum sich Kinder auf die eingehenden Religionsbekenntnisse berufen."
384 Beschäftigungsplan für den Kindergarten, StABa K5, Nr. 10885. Regelmäßige Gebetzeiten sind, wie bereits erwähnt, Ausdruck franziskanischer Spiritualität, von der ein kleiner Teil auf diesem Wege – auch heute noch – an die Kinder weitergegeben werden soll.
385 SCHREYER, 19. Jahrhundert seit der Restauration, S. 699.
386 Befragung einer 80-jährigen Bürgerin am 27. August 2002, S. 3.
387 Quellenband, Abbildungen Nr. 5 und 6.
388 Vgl. NEHMER, Chronik S. 8.
389 Vgl. DERSCHAU, DIETRICH (hrsg.), Entwicklungen im Elementarbereich. Fragen und Probleme der qualitativen, quantitativen und rechtlichen Situation, Frankfurt 1976 S. 68 ff.
390 KRECKER, Aus der Geschichte der Kleinkinderbewahranstalt, S. 130.
391 DERSCHAU, Entwicklungen im Elementarbereich, S. 71.
392 Vgl. ebd. S. 72.
393 Schreiben der Kirchenverwaltung Kemmern an das Königliche Bezirksamt Bamberg I, 17. Mai 1899, StABa K 5 Nr. 8348.
394 Vgl. die Statuten für den Frauenkonvent zu Dillingen und dessen Filialen, München 1883, S. 46 f. sowie den Schematismus der Erzdiözese Bamberg von 1900, S. 221, StBBa HblM 463 22/mf 35-a 1908.
395 Verzeichnis der Lehrerinnen im Mutterhaus Dillingen, der Schulfilialen und der Wagnerischen Anstalten von 1774–1937, Dill. Franz. A. Dill, S. 70.
396 Ebd. Vgl. den Nekrolog von Schwester M. POLLINA KATHARINA KEMMER O.S. F., 18. Januar 1971.
397 Vgl. den Schematismus der Erzdiözese Bamberg von 1900, S. 221, StBBa HblM 463 22/mf 35-a 1908. S. 219; S. 215. Vgl. NEHMER, Chronik, S. 8.
398 Eine telefonische Nachfrage bei Schwester M. ROSWITHA am 5. Mai 2004 brachte kein Ergebnis. Schwester M. ROSWITHA ist Generalrätin und für das Archiv der Dillinger Franziskanerinnen verantwortlich.
399 Vgl. SCHROTT, Kemmern, S. 360. Vgl. Nekrolog von Schwester M. PIATONE SPIEGEL O.S.F., 19. Januar 1958, Dill. Franz. A. Dill.
400 Verzeichnis der Lehrerinnen im Mutterhaus Dillingen, seiner Schulfilialen und der Wagnerschen Anstalten von 1774–1937, S. 69 f., Dill. Franz. A. Dill.
401 NEHMER, Chronik, S. 25.
402 Befragung von Schwester M. HELENE O.S.F am 5. Mai 1999.
403 Befragung von Schwester M. HELENE O.S.F. am 5. Mai 1999 in der Gemeinde Kemmern, S. 2.
404 Die Bezeichnung „Bayerische Ostmark" für das Land Bayern wurde im „Dritten Reich" nach ihrer Ideologie durch die Nationalsozialisten des Germanischen Reiches eingeführt.
405 Vgl. den Nutzungsvertrag zwischen der Kongregation der Dillinger Franziskanerinnen und der Gemeinde Kemmern vom 6. Oktober 1945 und 30. Oktober 1945, Dill. Franz. A. Ba.
406 Ebd.
407 Ebd.
408 Ebd.
409 Ebd.
410 Protokollbuch der Gemeinde Kemmern 1935–1953, Eintrag vom 6. August 1950: „Bei dem gänzlich unzulänglichen Schul-

raum muss baldmöglichst an die Beschaffung von neuem Schulraum herangegangen werden. Dabei wird an den Ausbau des Erdgeschosses gedacht. [...] Um vorerst wenigstens eine kleine Verbesserung in den Schulraumverhältnissen zu erreichen, soll mit dem Schulbeginn nach den ersten Sommerferien der Saal des Kindergartens als Schulraum benützt werden, bis weiterer Schulraum geschaffen ist. Die Ausstattung dieses Schulraumes wird mit dem vorhandenem, ausgebessertem Material behelfsmäßig durchgeführt."

411 SCHROTT, Kemmern, S. 360. Wenn die Mandatsträger des Gemeinderates bereits am 29. September 1951 beschlossen haben, den Schulbetrieb in den Saal vom Café Sauermann zu verlegen, dann konnte das Gebäude seinem ursprünglichen Zwecke, dem Kindergartenbetrieb, wieder zugeführt werden. Es bleibt offen, ob der Besitzer des Cafés Sauermann vom Gemeinderat gezwungen wurde, sein Lokal für schulische Zwecke zur Verfügung zu stellen, oder ob er es freiwillig tat. Bei SCHROTT fehlen die Belege.

412 Befragung von Schwester M. HELENE O.S.F. am 5. Mai 1999, S. 3.

413 Schreiben der Provinzoberin Schwester M. HORTENTIA an den Bürgermeister PHILIPP AUMÜLLER vom 24. September 1951, Dill. Franz. A. Ba.: „Vor vier Wochen wurde Schwester M. Helene, eine ausgebildete Kindergärtnerin, nach Kemmern versetzt und muss mit 50 Kindern täglich im Freien, nur von einer Halle geschützt, morgens den Kindergartenbetrieb abhalten. Im Vertrag, welchen die Gemeinde Kemmern am 6. Oktober 1945 mit der Kongregation der Dillinger Franziskanerinnen geschlossen hat, wird von der Gemeinde in § 2 geregelt, dass der Ordensschwester der Saal für den Kindergartenbetrieb zur Verfügung steht. […] Wenn sich diese Situation nicht unmittelbar im Interesse der Kleinkinder ändert, dann bin ich nicht mehr bereit, ihnen eine ausgebildete Kindergartenschwester zur Verfügung zu stellen. Ich kann es meiner Gemeinschaft nicht länger zumuten, wenn Kleinkinder unter diesen dramatischen Bedingungen gesundheitliche Probleme bekommen. Dann werden die Schwestern dafür verantwortlich gemacht, daher soll lieber der Kindergartenbetrieb eingestellt werden. Ich bitte die Verantwortlichen, innerhalb von 6 Wochen eine Lösung herbeizuführen, sonst werde ich Schwester M. Helene wieder versetzen."

414 Der Eigentümer der Kleinkinderbewahranstalt war seit der Gründung 1899 die Katholische Kirchenverwaltung, doch mit Bezug des Neubaues des Schwesternkonventes 1938 schloss die katholische Kirchenverwaltung mit der politischen Gemeinde einen Tauschvertrag, Dill. Franz. A. Ba.

415 Gemeindearchiv Kemmern, Protokollbuch der Gemeinde Kemmern 1935–1953, Eintrag vom 29. September 1951.

416 HUTZLER, Chronik des Kindergartens von 1945–1987, S. 3.

417 Gemeindearchiv Kemmern, Protokollbuch der Gemeinde Kemmern 1935–1953, Eintrag vom 20. Juni 1952. „Der Kindergarten befindet sich z. Zt. in einem schlechten Zustand; nachdem das Gebäude Eigentum der Gemeinde ist, soll die Instandsetzung durchgeführt werden. Gemeinderatsmitglied Albrecht soll mit der Durchführung beauftragt werden, sich mit einigen Fachleuten in Verbindung zu setzen, damit die Kosten nicht zu hochkommen."

418 Im Staatsarchiv Bamberg gibt es zwar einen Akteneintrag zum Kindergartenneubau, aber grundsätzlich ist wenig Datenmaterial vorhanden Vgl. StABa K5, Nr. 10875. Im Protokollbuch der Gemeinde findet sich zu dieser Thematik keine Aufzeichnung. Vgl. HUTZLER, Chronik des Kindergartens von 1945–1987, S. 3. Im April 1953 wurde von der Kirchenverwaltung und der politischen Gemeinde die Planung eines neuen Kindergartens in Angriff genommen.

419 HUTZLER: Chronik des Kindergartens von 1945–1987, S. 25

420 Vgl. Artikel: *„Ein neues Heim für Kemmerns jüngste Bürger"* in Bamberger Volksblatt, 18. Oktober 1954, Nr. 85, Nr. 164, S. 6, StBBA 22/MFZ5: „Anschließend zogen die Gläubigen mit ihrem Bischof, begleitet von den Fahnen und Standarten der vertretenen Vereine und der Musikkapelle Brehm, die auch die weitere Feier umrahmte, in Prozessionsordnung durch das mit Fahnen geschmückte Dorf zum Kindergarten. Begrüßt wurden die hohen Gäste, unter ihnen der frühere Pfarrer von Kemmern, Geistl. Rat Heinkelmann, von einer Vertretung der Allerkleinsten, die in heiteren von Schwester M. Helene eingelernten Wechselgesprächen Sinn und Zweck des Kindergartens andeuteten."

421 Bamberger Volksblatt, den 18. Oktober 1954, *„Ein neues Heim für Kemmerns jüngste Bürger"*, Nr. 164, S. 6, StBBa 22/MFZ5.

422 Pfarrer JOHANNES STAHL war vom 16. November 1945 bis 12. Mai 1953 Pfarrer der Pfarrei Kemmern. Vgl. SCHROTT, Kemmern, S. 336.

423 Pfarrer HANS TECKENBERG war vom 16. Juni 1953 bis 25. April 1958 Pfarrer der Pfarrei Kemmern. Vgl. SCHROTT, Kemmern, S. 336.

424 Schreiben des Staatl. Gesundheitsamtes an das Landratsamt Bamberg vom 27. Februar 1953, StABa K5, Nr. 10875.

425 Vgl. das Schreiben des Staatsministeriums des Inneren an die katholische Kirchenstiftung vom 7. Juli 1953, StABa K5, Nr. 10875.

426 Vgl. das Schreiben vom Regierungsrat GÖRTLER an die Gemeindeverwaltung Kemmern vom 18. Januar 1954, StABa K5, Nr. 10875.

427 Schreiben der Gemeindeverwaltung an das Landratsamt Bamberg vom 27. Oktober 1954, StABa K5, Nr. 10875,

428 Schreiben des Staatl. Gesundheitsamts Bamberg an das Landratsamt Bamberg vom 23. Februar 1955, StABa K5, Nr. 10875.

429 Ebd. „1. Die Verwendung des neuerrichteten Gebäudes für den Betrieb des Kindergartens der kath. Kirchenstiftung wird genehmigt. 2. Bis zur Einrichtung einer zentralen Wasserversorgung sind den Kindern mangels Trinkwassers andere Getränke in genügender Menge zur Verfügung zu stellen [...]."

430 Befragung von Schwester M. HELENE O.S.F. in Kemmern am 5. Mai 1999, S. 3. „Es gehörte zu den täglichen Pflichten der Eltern, ihren Kindern in einem Fläschchen ausreichend Getränke mitzugeben, das Gleiche gilt für das Vesperbrot. [...] Dies gehörte zur Grundausstattung eines jeden Kindes und solange ich in dem Kindergarten arbeitete, also von Oktober 1954 bis Juni 1980, wurde dies so praktiziert."

431 Schreiben des Landratsamts Bamberg an die Katholische Kirchenstiftung Kemmern, 11. Mai 1955, Dill. Franz. A. Ba.

432 Weitere Beispiele zu der Thematik „Transparenz und Offenheit" findet sich in Kapiteln der Arbeit unter der Überschrift: „Stellung des Pfarrers in der Pfarrei Kemmern" und Transparenz und Offenheit im pastoralen Wirken von Pfarrer Tempel.

433 Befragung von Schwester M. Helene O.S.F. am 5. Mai 1999, S. 5.

434 Ebd.

435 Der Anstieg ist aus den Aufzeichnungen der Kindergartenleiterin Schwester M. Helene zu entnehmen.
1960 25 Schulanfänger und 29 Neuanmeldungen, insgesamt 88 Kleinkinder
1961 28 Schulanfänger und 34 Neuanmeldungen, insgesamt 94 Kleinkinder,
1962 31 Schulanfänger und 36 Neuanmeldungen, insgesamt 99 Kleinkinder,
1963 28 Schulanfänger und 35 Neuanmeldungen, insgesamt 106 Kleinkinder,
1964 25 Schulanfänger und 30 Neuanmeldungen, insgesamt 111 Kleinkinder,
1965 41 Schulanfänger und 36 Neuanmeldungen, insgesamt 108 Kleinkinder. Von 1960 bis 1965 ist ein Anstieg der Kleinkinder im Kindergarten von 22,8% zu verzeichnen, EAB PfAKe, Vgl. Rechnungen der katholischen Kirchenverwaltung, Kemmern von 1960–1965.

436 Vgl. Befragung von Schwester M. Helene O.S.F. in Kemmern am 5. Mai 1999, S. 5.

437 Vgl. die Sitzungsprotokolle der katholischen Kirchenverwaltung Kemmern von 1955, EAB PfAKe. Diese sind sehr lückenhaft vorhanden und oftmals an die Rechnungsprotokolle angeheftet. Es fällt schwer, diese unzusammenhängende Gedankensammlung als Sitzungsprotokolle zu erkennen, weil sie nicht in Berichtsform geschrieben sind, sondern stichpunktartig im fränkischen Dialekt. Trotz der ungenügenden Form muss es sich um Sitzungsprotokolle handeln, denn die entsprechenden Termine für die Sitzungen der katholischen Kirchenverwaltung sind den wöchentlichen Gottesdienstordnungen zu entnehmen.

438 Vgl. Befragung von Schwester M. Helene O.S.F. am 5. Mai 1999, S. 4.

439 Ebd.

440 Vgl. ebd. S. 7. Als Kandidatinnen waren folgende Personen im Kindergarten tätig: Resi Streb von 1946 bis 1947, Maria Riess von 1947 bis 1948, Stella Schütz von 1949 bis 1950, Notburga Lösch einige Monate im Jahre 1950, Anna Rudrof von 1950 bis 1951, Hermine Huscher von 1955 bis 1956, Kunigunde Forster von 1957 bis 1959, Karin Heinzl von 1962 bis 1963 und Annelie Görtz von 1963 bis 1965, Schwester M. Annegret Pecht O.S.F. kam als ausgebildete Kindergärtnerin nach ihrer Profess im September 1968 bis zum November 1968 in die Schwesternkommunität nach Kemmern.

441 Vgl. die Sitzungsprotokolle der katholischen Kirchenverwaltung von 1961, EAB PfAKe.

442 Protokoll der Kirchenverwaltungssitzung vom 14. März. 1962, S. 1, EAB, PfAKe. „[...] jetzt haben wir einen neuen Kindergarten gebaut, der uns sehr viel Arbeit und Geld gekostet hat, jetzt schicken die uns junge Frauen, die in unserem neuen Kindergarten ausgebildet werden und dann in Dillingen als Schwester eingesetzt werden."

443 Ebd.

444 Schreiben von Oberin Schwester M. Reginharda Nehmer an die Provinzialoberin Schwester M. Dorothea vom 16. September 1962, Dill. Franz. A. Ba. Dem Verfasser der Arbeit liegt kein Antwortschreiben der Provinzialoberin vor.

445 Sie war bereits als Kandidatin von 1959 bis 1960 im Kindergarten in Kemmern tätig.
Vgl. dazu Hutzler, Chronik des Kindergartens von 1945–1987, S. 35.

446 Mündliche Information über ein Telefonat mit Schwester M. Iris von den Dillinger Franziskanerinnen, das der Verfasser der Arbeit am 3. März 04 führte.

447 Schreiben der Provinzökonomin der Dillinger Franziskanerinnen an den Pfarrer Georg Kochseder von Kemmern vom 9. September 1965, Dill. Franz. A. Ba.

448 Mündliche Information über ein Telefonat mit Schwester M. Gerhild Schielein von den Dillinger Franziskanerinnen, das der Verfasser der Arbeit am 2. März 04 führte.

449 Vgl. Schreiben der Provinzoberin der Dillinger Franziskanerinnen Schwester M. Clementine an Pfarrer Georg Götz vom 21.05.1976, StBBA Dill. Franz. A. Ba: „Nach dem Anhören des Elternbeirates des Kindergartens und nach dem Beschluss der Kirchenverwaltung am 4. Oktober 1976 darf ich Ihnen mitteilen, dass Sr. Philippine (Schumann) als Fachkraft im Kindergarten Kemmern eingesetzt wird."

450 Befragung von Schwester M. Helene O.S.F. Am 5. Mai 1999, S. 3.

451 Ebd.

452 Entnommen aus den Aufzeichnungen der Kirchenrechnungen aus den Jahren 1978 und 1979, EAB PfAKe.
Vgl. Befragung von Pfarrer Georg Götz am 6. August 2002, S. 6.

453 „Ich erzählte und spielte mit den Kindern biblische Geschichten und feierte gemeinsam die Feste des Kirchenjahres auf kindliche Weise. (….) Zu meiner Erziehung gehörte das Feiern von Festen in der kirchlichen und politischen Gemeinde. So ließ ich beispielsweise bei runden Geburtstagen des Pfarrers und bei Jubiläen Gedichte und Lieder von den Kindern lernen, so dass diese dann bestimmte Verse vorgetragen haben."

454 Schrott, Kemmern, S. 411.

455 Schrott, Kemmern, S. 411.

456 Schreiben von Pfarrer Gottfried Arnold an die Meisterin der Dillinger Franziskanerinnen, Schwester Angelina Schmid, vom 6. November 1889. „Nach dem Tod oder Dienstunfähigkeit der jetzigen, 52-jährigen, armen Schullehrertochter und Arbeitslehrerin Maria Kaim dahier geht auch die Arbeitsschule an die Schwestern über. M. Kaim bekommt dafür 20 M von der Gemeinde, 20 M von der Regierung."

457 Schreiben von Pfarrer Gottfried Arnold an das Königliche Bezirksamt
Bamberg I vom 6. Juni 1893, StABa K3 DII^{b}Nr. 3552 II.

458 Schreiben des Königlichen Lokalschulinspektors Pfarrer Nikolaus Hennemann an die Königliche Regierung von Oberfranken vom 2. September 1918, StABa K3 DII^{b}Nr. 3552 II. „Gehor-

samst Unterzeichneter bringt der hohen Königlichen Kreisregierung ehrerbietigst zur Anzeige, daß für die wegen Krankheit abberufene Arbeitslehrerin M. Clarena Bicherl durch die Generaloberin der Franziskanerinnen zu Dillingen M. Caesarea Beck als Arbeitslehrerin in Kemmern ernannt wurde."

459 Schreiben der Königlichen Regierung von Oberfranken an das Königliche Bezirksamt Bamberg I vom 28. September 1918, StABa K3 DII^b Nr. 3552 II.

460 Schreiben von Pfarrer GOTTFRIED ARNOLD an die Meisterin der Dillinger Franziskanerinnen Schwester ANGELINA SCHMID vom 6. November 1889.

461 Schreiben des Lokalschulinspektors Pfarrer NIKOLAUS HENNEMANN an das Königliche Bezirksamt Bamberg I vom 2. Oktober 1918, StABa K3 DII^b Nr. 3552 II.

462 Schreiben des Königlichen Bezirksamtes Bamberg I an den Lokalschulinspektor Pfarrer NIKOLAUS HENNEMANN vom 9. Oktober 1918, StABa K3 DII^b Nr. 3552 II.

463 Schreiben des Lokalschulinspektors Pfarrer NIKOLAUS HENNEMANN an das Königliche Bezirksamt Bamberg vom 11. Oktober 1918, StABa K3 DII^b Nr. 3552 II,

464 Schematismus des Erzbistums Bamberg von 1910, S. 188, StBBa Hbl M 463 22 / mf 35–a 1910.
Verzeichnis der Lehrerinnen im Mutterhaus Dillingen, seiner Schulfilialen und der Wagnerschen Anstalten von 1774–1937, S. 69 f., Dill. Franz. A. Dill.

465 Schreiben der Königlichen Regierung von Oberfranken an das Königliche Bezirksamt Bamberg I vom 16. Oktober 1918, StABa K3 DII^b Nr. 3552 II.

466 Ebd.: „Die im Jahre 1906/07 erfolgte Berufung einer dritten Klosterschwester aus dem Orden der Franziskanerinnen von Dillingen nach Kemmern zur Übernahme des Handarbeitsunterrichts wird gemäß minist. Entschl. vom 24. Oktober 1914 (R.M.Bl.7b31) in jederzeit widerruflicher Weise nachträglich klosteraufsichtlich genehmigt."

467 Amtsblatt des Bayerischen Staatsministeriums für Unterricht und Kultus vom 12.06.1920 Nr. 13, S. 1 f., StABa K3 DII^b Nr. 3552 II.

468 Im Schematismus der Dillinger Franziskanerinnen von 1925 sind unter der Filiale Kemmern drei Schwestern aufgeführt. Schwester M. SYNKLETIA OPPELT als Oberin, Schwester M. MANGOLDA GEHRING als Arbeitslehrerin und Betreuerin der Kleinkinderbewahranstalt, sowie Schwester M. MYRONE NOPPENBERGER als Laienschwester, Dill. Franz. A. Dill.

469 Schreiben der Meisterin an die Hohe Königliche Regierung von Oberfranken, Kammer des Innern, vom 26. August 1921, StABa K3 DII^b Nr. 3552 II.

470 Schreiben der Meisterin der Dillinger Franziskanerinnen an die Hohe Königliche Regierung von Oberfranken vom 26. August 1921, StABa K3 DII^b Nr. 3552 II.

471 Vertrag zwischen der Gemeinde Kemmern und den Dillinger Franziskanerinnen vom 10. Juli 1890, StABa K5 Nr. 8353.

472 Gemeindearchiv Kemmern, Protokollbuch der Gemeinde Kemmern von 1911–1920, S. 115.

473 Ebd. S. 86 und S. 110. Das Protokollbuch berichtet am 25.07.1920: „Das Gehalt des 1. Bürgermeisters soll wegen Überhäufung von Arbeit auf jährlich 800 Mark erhöht werden." Außerdem: „Das Gehalt der Volksschullehrerin M. Theodosia Then in Kemmern soll vom 1. Januar 1918 auf 900 Mark erhöht werden. Desgleichen soll eine Ergänzung von 100 Mark für das bereits abgelaufene Jahr 1917 entrichtet werden."

474 Schreiben der Oberin des Konventes der Dillinger Franziskanerinnen SYNKLETIA OPPELT an die Regierung von Oberfranken vom 4. November. 1927, StABa K3 DII^b Nr. 3552 II.

475 „Auch weiterhin erwies sich die Verwirklichung des Industrieunterrichts trotz der Schulpflichtverordnung von 1802 als schwierig. Dies änderte sich erst, als der Handarbeitsunterricht in Lehrplänen unter den nützlichen Kenntnissen aufgeführt und durch mehrfache Regierungsentschließungen als obligatorischer Unterrichtszweig erklärt' wurde." APEL, HANS JÜRGEN, Mädchenerziehung, in: Handbuch der Geschichte des Bayerischen Bildungswesens, Geschichte der Schule in Bayern. Epochenübergreifende Spezialuntersuchungen, Bad Heilbronn⁴ 1997, S. 21. Lehrordnung für die bayerischen Volksschulen vom 15. Dezember 1926, S. 129.

476 Schreiben der Regierung von Oberfranken an das Bezirksamt Bamberg I vom 23. November 1927, StABa K3 DII^b Nr. 3552 II, „Da nun nach Reg. Entschl. für Erteilung des Handarbeitsunterrichtes eine besondere Besoldung überall dort, wo er erteilt wird durch gepr. Handarbeitslehrerinnen, ausgeworfen wurde, so stellt die ergebenst Unterzeichnete den Antrag um Honorierung des Handarbeitsunterrichtes durch unsere klösterliche Lehrerin vom 1. Mai 1927."

477 Ebd.

478 Schreiben von Schwester M. SYNKLETIA OPPELT an die Hohe Königliche Regierung von Oberfranken, Kammer des Innern vom 12. Dezember 1927, StABa K3 DII^b Nr. 3552 II. Sie begründet ihr Gesuch wie folgt: „Meine Unterrichtszeit überschreitet 30 Wochenstunden – 28 in der Volkshauptschule, 4 in der Volksfortbildungsschule – mit Handarbeitsunterricht dann 36 Wochenstunden. Wenn die Wochenstundenzahl 30 übersteigt, kann ja doch eine Enthebung von der Pflicht erfolgen."

479 Ebd.

480 Schreiben der Regierung von Oberfranken, Kammer des Innern an das Bezirksamt Bamberg I vom 23. Dezember 1927, StABa K3 DII^b Nr. 3552 II: „Sollte die Bezirksschulbehörde auf Grund der Nachprüfung zu der Anschauung kommen, daß sich die Aufstellung einer nebenberuflichen Handarbeitslehrerin in Kemmern nicht umgehen lässt, so wäre entsprechender Antrag zu stellen."

481 Schreiben des Bezirksamtes Bamberg I an die Regierung von Oberfranken, Kammer des Innern, vom 30. Dezember 1927, StABa K3 DII^b Nr. 3552 II.

482 Schreiben der Bezirksschulbehörde Bamberg an die Regierung von Oberfranken, Kammer des Innern, vom 2. Januar 1928, StABa K3 DII^b Nr. 3552 II.

483 Schreiben vom Bezirksamt Bamberg I an die Regierung von Oberfranken, Kammer des Innern, vom 14. Dezember 1927, StABa K3 DII^b Nr. 3552 II.

484 Siehe Kapitel 2.7, Genehmigungsverfahren zur Errichtung einer dritten Schulstelle, S. 96.

485 Vgl. APEL, Mädchenerziehung, S. 20.

486 Ebd, S. 20–22.

487 Amtsblatt des Bayerischen Staatsministeriums für Unterricht und Kultus, amtlich herausgegeben vom Staatsministerium für Unterricht und Kultus, vom 29. Dezember1926, Nr. 16, S. 186, StBBa EPH.Jur.o.66.

488 KERSCHENSTEINER, GEORG, Begriff der Arbeitsschule, Leipzig, Berlin 1930, S. 119.

489 Vgl. APEL, Mädchenerziehung, S. 15.

490 Ebd, S. 16.

491 Befragung einer 90-jährigen Bürgerin am 24.08.2002, S. 6.

492 Befragung einer 80-jährigen Bürgerin am 22.08.2002, S. 5.

493 Ebd.

494 Sie wurde in den Fächern Mollstich, Zuschneiden, Seide-Sticken und Filet mit sehr gut, im Stricken, Nähen, Nähmaschinen-Nähen, Feston [*Stickrand*], Schnittmuster-Zeichnen, Stramin-Sticken, Häkeln und in der Pädagogik mit gut sowie in Tüllstich, Kleidermachen, Zeichnen und im Schulhalten mit mittelmäßig beurteilt. Aus dem Schnitt der Noten dieser 16 Kategorien erhielt sie die Hauptnote gut. Im Nekrolog wird unter LUTRUDIS ANNA BIRZLE, gest. 14. Januar 1974, ihre Ausbildung zur Handarbeitslehrerin erwähnt und auch als Beruf angegeben. Vgl. Prüfungszeugnis von LUTRUDIS ANNA BIRZLE vom 16. April 1917. Es befindet sich im Quellenband der Arbeit unter der Nr 3. Dill. Franz. A. Dill., Nekrolog von Schwester M. LUTRUDIS ANNA BIRZLE O.S.F., 14.Januar 1974.

495 POLINA KEMMER, 1885–1971, bestand 1906 die Prüfung in weiblichen Handarbeiten mit gutem Erfolg. Vgl. Nekrolog von Schwester M. POLINA KATHARINA KEMMER O.S.F., 18. Januar 1971, Dill. Franz. A. Dill.

496 Vgl. hierzu den Nekrolog von Schwester M. MANGOLDA MARIA GEHRING O.S.F., 4. April 1968, Dill. Franz. A. Dill.

497 Ebd.

498 Vgl. NEHMER, Chronik, S. 1.
Chronik der Dillinger Franziskanerinnen und deren einzelnen Filialen, Dillingen 1870, Eintrag vom: 26. Mai 1920. S. 184, Dill. Franz. A. Dill.
Verzeichnis der Lehrerinnen im Mutterhaus Dillingen, seiner Schulfilialen und der Wagnerschen Anstalten von 1774–1937, Dill. Franz. A. Dill., S. 69 f.

499 Vgl. das Schreiben der Generaloberin an die Regierung von Oberfranken vom 2. Januar 1952, Dill. Franz. A. Ba.

500 Vgl. das Schreiben der Regierung von Oberfranken an das Mutterhaus vom 17. Januar 1952, Dill. Franz. A. Ba.

501 Vgl. das Schreiben des Mutterhauses der Franziskanerinnen an das Bezirksschulamt vom 19. August1 953 und vom 23. Oktober 1953, Dll. Franz. A.Ba.

502 Vgl. Schreiben der Regierung von Oberfranken an das Mutterhaus vom 27. August 1953, Dill. Franz. A. Ba.

503 Im Schuljahr 1957/58 haben 76 Schülerinnen und Schüler die 4.–8. Jahrgangsstufen besucht.
Im Schuljahr 1959/60 haben 90 Schülerinnen und Schüler die 4.–8. Jahrgangsstufen besucht.
Im Schuljahr 1962/63 haben 127 Schülerinnen und Schüler die 4.–8. Jahrgangsstufen besucht.
Im Schuljahr 1965/66 haben 109 Schülerinnen und Schüler die 4.–8. Jahrgangsstufen besucht.
Diese Zahlen dokumentieren, dass die Gesamtschülerzahlen in den Schuljahren 1957–1963 in den Jahrgangsstufen 4.–8. um 66,2 Prozent gestiegen sind. Vgl. hierzu die Chronik der Volksschule in Kemmern, Schülerbewegungen von 1945–2004, S. 3.

504 In gleicher Weise wurde die 2. und 3. Jahrgangsstufe klassenübergreifend von einer weiteren Lehrperson unterrichtet.
Das Gleiche geschah mit der 4. und 5. Jahrgangsstufe und der 6. bis 8. Jahrgangsstufe. Vgl. die Chronik der Volksschule in Kemmern, Schülerbewegungen von 1945–2004, S. 3.

505 Vgl. Schreiben des Provinzialates des Mutterhauses in Dillingen an das Bezirksschulamt Bamberg vom 31. Juli 1964, Dill. Franz. A. Dill.

506 Zertifikat von Schwester M. REGINHARDA über eine Fortbildungsmaßnahme von sechs Wochen im Bereich Hauswirtschaft im Kloster Maria Medingen vom 12. September 1949, Dill. Franz. A. Dill. Durch den erfolgreichen Besuch dieser Fortbildungsmaßnahme erhält Schwester M. Reginharda für das Schuljahr 1949/50 von der Bezirksschulbehörde in Oberfranken die Erlaubnis, an der Volksschule in Kemmern in der 8. Jahrgangsstufe das Fach Hauswirtschaft zu unterrrichten. Schreiben der Regierung von Oberfranken an Schwester M. REGINHARDA vom 15. Oktober 1959, Dill. Franz. A. Dill.

507 Befragung von Schwester M. REGINHARDA O.S.F. am 23. Oktober 1998.

508 Mit Schuldeputat ist eine feste Anzahl von Stunden gemeint, die von der Regierungsbehörde monatlich entlohnt werden. Stunden, die das Schuldeputat überschreiten, werden nicht entlohnt.

509 Vgl. Ohne Verfasser: Art: „Die Schule ist die Wiege des Ortes". In Fränkischer Tag, 6. Juli 1965, Jahr gang 132, Nr. 153, S. 15, StBBa 22/MFZ3.

510 Schulchronik der Gemeinde Kemmern 1945. Lehrerverzeichnis seit 1945, Stundenverzeichnis im Schuljahr 1965/66, S. 50, Archiv der Gemeinde Kemmern.

511 Ebd.

512 Schreiben von Schwester M REGINHARDA O.S.F. an die Schulreferentin Schwester M. DESIDERATA vom 30. Juli 1964, Dill. Franz. A. Dill.

513 Ebd.

514 Schreiben von Schwester M. DESIDERATA an das Bezirksschulamt Bamberg vom 31. Juli 1964, Dill. Franz. A. Dill.

515 „Laut Gründungsurkunde der Filiale Kemmern ist der dort anfallende Handarbeitsunterricht einer klösterlichen Handarbeitslehrerin zugesprochen. Dürfen wir die Anfrage stellen, warum Schwester M. Rupertis Pfister den Handarbeitsunterricht in der 7. und 8. Klasse nicht zugeteilt erhält? Schwester M. Reginharda Nehmer hat seinerzeit den Lehrgang für Erteilung des Hauswirtschaftsunterrichtes in 8. Klassen mitgemacht und laut ministerieller Bestätigung die Erlaubnis erhalten, diesen Unterricht erteilen zu dürfen. Sollte sie aus gesundheitlichen Gründen diesen Unterricht nicht mehr erteilen können, dann stünde dem Kloster das Recht zu, diesen Unterricht auf eine klösterliche Handarbeits- und Hauswirtschaftslehrerin zu übertragen. Dürfen wir höflichst bitten, der Ordensleitung über die Neuplanung für

515 Kemmern Aufschluss zu geben." Schreiben von Schwester M. Desiderata an das Bezirksschulamt Bamberg, 31. Juli 1964, Dill. Franz. A. Dill.
516 Ebd.
517 Schreiben des Regierungspräsidenten von Ansbach an das Bezirksschulamt Bamberg vom 27. Dezember 1948, Dill. Franz. A. Ba.
518 Vgl. Vezeichnis der Lehrerinnen, die an der Mädchenschule von 1908–1974 tätig waren. Es waren dies: 1. Schwester M. Pollina KEMMER O.S.F., 1908 bis 1915, 2. Schwester M. Clarena BICHERL O.S.F., 1915 bis 1918, 3. Schwester M. Cäsaria BECK O.S.F., 1918 bis 1919, 4. Schwester M. Justina WIEDEMANN O.S.F., 07.09.1920, 5. Schwester M. Veriburga GEIERLOS O.S.F., 1920 bis 1921, 6. Schwester M. Mangolda GEHRING, 1921 bis 1926, 7. Schwester M. Theokletia SCHMITT O.S.F., 1926 bis 1927, 8. Schwester M. Lutrudis BIRZLE O.S.F., 1927 bis 1934, 9. Schwester M. Festina GEIGENBERGER O.S.F., 1935 bis 1939, 10. Schwester M. Juliane LEMMERMEIER O.S.F., 1936 bis 1939, 11. Schwester M. Merlina FISCHER, 1939 bis 1940, 12. Schwester M. Nathanaela BUCHNER, 1941 bis 1952, 13. Schwester M. Lutrudis BIRZLE, 1952 bis 1953, 14. Schwester M. Rupertis PFISTER, 1952 bis 1974
519 Befragung von Schwester M. Rupertis PFISTER O.S.F. am 22. November 1998 im Konvent in Marktbreit, S. 2. Das unveröffentlichte Gespräch befindet sich im Archiv des Verfassers.
520 Vgl. die Befragung von Schwester M. Rupertis PFISTER O.S.F. Am 22. November 1998, S. 3.
521 Dies wäre nach den Ordensregeln von 1883 unmöglich gewesen. Demnach bleibt eine Ordensfrau solange in ihrer Filiale, bis sie von der Provinzleitung versetzt wird. Vgl. Regel und Konstitutionen der Kongregation der Dillinger Franziskanerinnen von Rom, 1982, S. 50, Absatz 2.23 und 2.24.
522 Nekrolog von Schwester M. Rupertis PFISTER O.S.F., 3. Februar 1999. Dort ist auch vermerkt, dass sie sich in Marktbreit noch besondere Kenntnisse über Störzonen und Erdstrahlenbelastungen erworben hatte.
523 Bundesanstalt für Arbeit (Hrsg.), Blätter zur Berufskunde, Nürnberg² 1990, S. 120.
524 Ebd.
525 Er wurde am 24. April 1581 geboren und starb am 27. September 1660. De Paul war Organisator der Caritas in Frankreich; stiftete 1625 die Kongregation der Lazaristen (innere Mission, Armenfürsorge, Heranbildung des Klerus), und 1633 zusammen mit L. von Marillac die ongregation der Barmherzigen Schwestern (Krankenpflege). KÖNCZÖL, LASZLO; KRABBE, BERNHARD, Stichwort „Vinzenz von Paul" in: LTHK Freiburg-Basel-Rom-Wien³, 2001.
526 Vgl. PUJO, BERNARD, Vincent de Paul, the Trailblazer, translated by Gertrud Champe, Notre Dame 2003, S. 123–128.
527 Vgl. ebd.
528 Vgl. SCHNEIDER, RAINER; KUNZ WINFRIED, Systematik der Krankenpflege, Hagen 1991, S. 98. Fortan als: SCHNEIDER; KUNZ, Systematik der Krankenpflege.
529 Vgl. BISCHOFF-WANNER, CLAUDIA, Frauen in der Krankenpflege. Zur Entwicklung von Frauenrolle und Frauenberufstätigkeit im 19. und 20. Jahrhundert, Frankfurt am Main 1994, S. 156–166.
530 Vgl. ebd.
531 Ebd. S. 135.
532 Bundesanstalt für Arbeit, Vgl. Blätter zur Berufskunde, S. 120.
533 SCHNEIDER; KUNZ, Systematik der Krankenpflege, S. 78. Vgl. BISCHOFF-WANNER, Frauen in der Krankenpflege, S. 178.
534 SCHROTT, Ortsgeschichte der Gemeinde Kemmern, S. 358. Im Archiv der Gemeindeverwaltung Kemmern wurde kein Beleg gefunden, der diese Aussage bestätigt.
535 NEHMER, Chronik der Dillinger Franziskanerinnen von Kemmern, S. 6.
536 Im Bamberger Staatsarchiv findet sich nichts über den Krankenverein und über die ambulante Krankenstation. Der Verfasser der Arbeit hat im Generalat der Kongregation der Dillinger Franziskanerinnen in Dillingen schriftlich bei Provinzrätin Schwester M. ROSWITHA am 25. März 2000 nachgefragt, doch sie verweist auf die Filiale Kemmern, in der es aber auch keine Quellen gibt. Das Schreiben vom 25. März 2000 an Provinzrätin Schwester M. ROSWITHA, dem Generalat der Kongregation der Dillinger Franziskanerinnen in Dillingen befindet sich im Archiv des Verfassers.
537 Befragung von Schwester M. REGINHARDA NEHMER O.S.F. am 23. Oktober 1998
538 Statuten des Vereins für Kinderfürsorge und Krankenpflege innerhalb der Pfarrei Breitengüßbach vom 4. Mai 1930, StABa K5 Nr. 5438.
539 Vgl. Schrott, Kemmern, „S. 358: Im Mai 1927 war der Wunsch der Gemeinde, eine ambulante Krankenschwester zu haben, in Erfüllung gegangen." Vgl. Befragung von Schwester M. Helene O.S.F. Am 5. Mai 1999, S. 4. 1999.
540 Wie bereits im Kapitel über die Kleinkinderbewahranstalt erwähnt, konnte die Meisterin von 1902 bis 1926 auch keine Schwester für die Kleinkinderbewahranstalt nach Kemmern schicken.
541 Vgl. telefonische Befragung des Arztes ERICH DUMRAUF am 7. April 2003.
542 Befragung einer 80-jährigen Bürgerin am 22.August 2002, S. 4. Sowie die Regeln und Satzungen für die Kongregation der Frauen des regulierten Dritten Ordens vom heiligen Franziskus von Dillingen an der Donau, Dillingen, 1951, S. 113, Dill. Franz. A. Hier ist bezüglich der Krankenschwester Folgendes genauer geregelt: Absatz 231: „Mit Liebe und Sanftmut mögen die Schwestern die Kranken zum Gebet, zum Gottesvertrauen und zum Empfang der hl. Sakramente mahnen. Nichtkatholischen religiösen Handlungen sollen sie nicht anwohnen. Doch sollen sie für den nicht katholischen Kranken beten und mit ihm alle wahre Reue und Liebe zu Gott erwecken. Die ist Ausdruck der franziskanischen Lebensweise in deren täglicher Lebenspraxis."
543 Vgl. Nekrolog von Schwester M HUBELINA BECK O.S.F., 13. April 1961, Dill. Franz. A. Dill.
544 Ebd.
545 DANIEL, UTE; HAUSENS, KARIN; WUNDER, HEIDE; Arbeiterinnen des Herrn, Frankfurt 2000, S. 162.
546 KLÖCKER, MICHAEL, Katholisch – von der Wiege bis zur Bahre, Eine Lebensmacht im Zerfall?, München 1991, S. 395.

547 Ebd. S. 400: „[...]begegnete Wirklichkeit und tiefgreifender Frömmigkeit, eingebunden in gemeinschaftlichen Bräuchen und kirchlichen Riten, an denen Familie, Verwandtschaft und Nachbarn beteiligt sind. Letztes Abschiednehmen vom Sterbenden, Wachen beim Toten, Zug zum Grab, Leichenmahl, Gedenken über das Ableben hinaus."

548 Befragung einer 80-jährigen Bürgerin am 22. August 2002, S. 5.

549 Befragung von Schwester M. Reginharda Nehmer O.S.F. Am 23. Oktober 1998und einer 70-jährigen Bürgerin am 20. August 2002.

550 Ebd.

551 Vgl. Befragung des Arztes Dr. Erich Dumrauf am 7. April. 2003, der im Juli 1964 in Breitengüßbach seine Arztpraxis eröffnete und sieben Jahre mit der damaligen Krankenschwester M. Luitfrieda Graser zusammenarbeitete. Sie war von 1956–1971 als Krankenschwester im Schwesternkonvent Kemmern. Vgl. Nehmer, Chronik der Dillinger Franziskanerinnen in Kemmern S. 5.

552 Vgl. Schriftliche Befragung von Schwester M. Helene O.S.F. in der Pfarrei Kemmern am 5. Mai 1999.

553 Befragung einer 80-jährigen Bürgerin am 22. August 2002, S. 5.

554 Regel und Satzungen für die Kongregation der Frauen des Regulierten Dritten Ordens vom heiligen Franziskus, Dillingen/Donau, 1951, S. 113, Dill. Franz. A. Dill. „Aus tiefem Glauben heraus sollen sie im leidenden Menschen den leidenden Christus sehen. Den Kranken gegenüber sollen sich die Schwestern in Wort und Tat gütig, liebevoll und gleichmütig zeigen."

555 Ebd.

556 Matthäus 25,45.

557 Bis vor kurzem war das Sterbesakrament der Krankensalbung bei der Bevölkerung unter dem Namen „die letzte Ölung" bekannt.

558 Vgl. Befragung einer 90-jährigen Bürgerin am 24.August 2002, S. 5.

559 Vgl. Schneider; Kunz, Systematik der Krankenpflege, S. 155 und Bischoff-Wanner, Frauen in der Krankenpflege, S. 188.

560 Vgl. Nekrolog von Schwester M. Hubelina Beck O.S.F., 13. April 1961, Dill. Franz. A. Dill.

561 Ebd.

562 Vgl. Nekrolog von Schwester M Luitberga Franz O.S.F., 6. Juni 1956, Dill. Franz. A. Dill.

563 Ebd.

564 Bamberger Volksblatt, 8.Juni 1956, Nr. 201, S. 8, StBBa 22/MFZ5.

565 Vgl. Nekrolog von Schwester M Luitfried Graser O.S.F., 5. Mai 1971, Dill. Franz. A. Dill.

566 Fränkischer Tag, 13. Mai 1971, Nr. 109, S. 16, StBBa 22/MFZ3. „Ein Omnibus mit 55 Personen war zur Beerdigung nach Buchloe gefahren. Bürgermeister Wittmann und Pfarrer Götz sagten am Grabe ein Vergelt's Gott für den wertvollen Krankenpflegedienst in der Gemeinde. In der Pfarrkirche hielt Pfarrer Georg Götz unter großer Beteiligung der Bevölkerung nach ehrendem Nachruf das Requiem."

567 Nehmer, Chronik, S. 8: „Seit dem 4. September 1956 war M. Luitfrieda unsere Mitschwester im Kemmerner Konvent und diese Lücke bleibt nun, weil keine Nachfolgerin mehr geschickt werden kann. Das ist sehr schmerzlich."

568 Schriftliche Befragung der ehemaligen Provinzoberin Schwester M. Clementine O.S.F. im Montanahaus in Bamberg am 23. September 1998.

569 Vgl. Fränkischer Tag, 13. Mai 1971, Nr. 109, S. 16, StBBa 22/MFZ3.

570 Befragung von Pfarrer Götz am 6. August 2002, S. 6.

571 Vgl. Schneider; Kunz, Systematik der Krankenpflege, S. 131.

572 Vgl. Befragung einer 80-jährigen Bürgerin am 22. August 2002 S. 5

573 Vgl. ebenda, S. 144. Vgl. Bischoff-Wanner, Frauen in der Krankenpflege, S. 190.

574 Vgl. Befragung einer 88-jährigen Bürgerin am 27. August 2002, S. 3.

575 Vgl. Schriftliche Befragung bei der Sozialstation Breitengüßbach am 25. August 2002. Weitere Informationen über die Caritasstation Breitengüßbach und noch weitere Stationen finden sich im Internet auf der Homepage der Caritas Bamberg. Online abrufbar unter: http://www.caritas-bamberg.de.

576 Vgl. Schneider; Kunz, Systematik der Krankenpflege, S. 167, sowie Bischoff-Wanner, Frauen in der Krankenpflege, S. 190.

577 Vgl. Thamer, Hans-Ulrich, Der Nationalsozialismus. Stuttgart¹ 2002, S. 5–25.

578 Ebd. S. 23.

579 Dies wurde von den belasteten Zeitzeugen des „Dritten Reichs" nachträglich auch gerne so gesehen.Vgl. Ebd. S. 19.

580 Vgl. Thamer, Hans-Ulrich, Die Deutschen und ihre Nation, Verführung und Gewalt, Berlin³ 1996, S. 156 f.

581 Das Wort „charismatisch" wird hier nach Max Weber wie folgt definiert: „Unter Charisma werden die außerordentlichen, außeralltäglichen Rettungs- und Führungsqualitäten verstanden, die einer Person, ob zu Recht oder zu Unrecht, zugeschrieben werden." Vgl. hierzu Thamer, Der Nationalsozialismus, S. 123. Vgl. auch Thamer, Die Deutschen und ihre Nation, S. 169.

582 Ebd. S. 14.

583 Ebd. S. 168 f.

584 Ernst Röhm war deutscher Offizier im Ersten Weltkrieg, dann nationalsozialistischer Politiker, der am 28. November 1887 geboren wurde und am 1. Juli 1934 wegen angeblichen Umsturzversuchs auf Befehl Hitlers ermordet wurde. Er war am Hitler-Putsch in München 1923 beteiligt und wurde 1931 Stabschef der SA sowie im Dezember 1933 Reichsminister. Vgl. hierzu Killy, Walter u.a. (Hrsg.): Art: „Röhm Ernst (Julius). In: Deutsche Biographische Enzyklopädie. Killy, Walter u.a. (Hrsg.): Band 8, München 1998, S. 350 f.

585 Vgl. Thamer, Die Deutschen und ihre Nation, S. 157.

586 Ebd. S. 168 f.
Vgl. Thamer, Der Nationalsozialismus, S. 25.

587 François-Poncet, André, geboren am 13. Juni 1887 und gestorben am 13. Juni 1978, er war französischer Diplomat. Und 1931 bis 1938 Botschafter in Berlin, 1938 bis 1940 in Rom. 1943 bis 1945 in Deutschland interniert, 1949 Hochkommissar

für Deutschland, 1953 bis 1955 Botschafter in Bonn, 1955 bis 1967 Präsident des französischen Roten Kreuzes. Seit 1952 Mitglied der ‚Académie française'. Vgl. hierzu THAMER, HANS-ULRICH, Die Deutschen und ihre Nation, Verführung und Gewalt, S. 140.

588 FREI, NORBERT, Der Führerstaat, Nationalsozialistische Herrschaft 1933– 1945, München 1993, S. 122 f.

589 Vgl. THAMER, Die Deutschen und ihre Nation, S. 223.

590 Vgl. THAMER, Die Deutschen und ihre Nation, S. 491 f.

591 Ebd.

592 Ebd, S. 493.

593 Ebd. S. 223.

594 DARRÉ, RICHARD WALTHER, (1895- 1953) war Diplomkolonialwirt und im III. Reich Reichsbauernführer und Reichsminister für Ernährung und Landwirtschaft. Vgl. hierzu auch: THAMER, Die Deutschen und ihre Nation, S. 211.

595 Vgl. ZEHNPFENNIG, Hitlers ‚Mein Kampf', S. 124.

596 SCHULZ, GERHARD, Aufstieg des Nationalsozialismus, Krise und Revolution in Deutschland. Frankfurt a. M. 1975, S. 120.

597 Der Dachverband des Reichsnährstandes hatte Mitte der dreißiger Jahre ca. 17 Mio. Mitglieder. Vgl. hierzu THAMER, Die Deutschen und ihre Nation, S. 495 f.

598 http://www.vikilu.de/faecher/Deutsch/Hameln-ns/Reichs-1.htm.

599 Vgl. THAMER, Der Nationalsozialismus, S. 135.

600 Ebd. S. 176.

601 Das Reichserbhofgesetz wurde schon im September 1933 beschlossen. Vgl. THAMER, Die Deutschen und ihre Nation, S. 366.

602 Ebd. S. 495 f.

603 Ebd. S. 492.

604 Ebd. S. 469.

605 Ebd., S. 489 f.

606 Ebd. S. 468 f.

607 Vgl. DENZLER, GEORG, Erzbischof Jacobus von Hauck, in: URBAN, JOSEF, (hrsg.), Die Bamberger Erzbischöfe, Lebensbilder, S. 287f.

608 Vgl. BREUER, THOMAS, Verordneter Wandel? Der Widerstand zwischen nationalsozialistischem Herrschaftsanspruch und traditionaler Lebenswandel im Erzbistum Bamberg, Mainz 1992, S. 234.

609 Vgl. DENZLER, Erzbischof Jacobus von Hauck, S. 300.

610 Ebd.

611 Vgl. ALBERT, GEORG, Verkündbuch von 1932–1935. S. 123–131, EAB, PfAKe.

612 Es wurde kein Beleg gefunden, ob an der Volksschule in Kemmern die Kreuze entfernt wurden. Vgl. BREUER, Verordneter Wandel? S. 281.

613 Ebenda, S. 133.

614 Vgl. DEUERLEIN, ERNST, Erzbischof Jacobus Hauck in der kirchenpolitischen Entwicklung Deutschlands 1912–1943, in: SEIDEL, HANNS, (hrsg.): Festschrift zum 70. Geburtstag von Dr. Hans Erhard, München 1957, S. 225–231, hier S. 230.

615 Vgl. BREUER, Verordneter Wandel? S. 94f.

616 Ebd. S. 345.

617 Vgl. DENZLER, Erzbischof Jacobus von Hauck, S. 299.

618 Dem Verfasser der Arbeit wurde auf eine schriftliche Anfrage bei Schwester M. ROSWITHA am 25. März 2000, sowie in einem Telefonat vom 5. Mai 2004 versichert, dass keine Quellen zu dieser Thematik in den einzelnen Archiven der Dillinger Franziskanerinnen vorhanden sind.

619 Vgl. ALBERT: Verkündbuch von 1932–1935. Es gab in den Verkündbüchern der Pfarrer vereinzelt Einträge, wenn Ordensfrauen die Filiale Kemmern verlassen haben, doch bei Schwester M. Synkletia gab es diesen nicht, daher kann angenommen werden, dass diese Versetzung durch die Ordensleitung in aller Stille geschah.

620 Vgl. DENZLER, Erzbischof Jacobus von Hauck, S. 298 f. Erzbischof Jakobus von Hauck hat in seiner pastoralen Wirkungszeit viele Priester geweiht, davon wirkten sieben in der Pfarrei Kemmern. Als längster von ihnen wirkte Pfarrer Georg Götz von 1967–1989. Er ist 92 Jahre und lebt in seiner Heimatgemeinde Kirchehrenbach. (Stand 30. März. 2005)

621 Ebd, S. 287.

622 Vgl. DENZLER: Erzbischof Jacobus von Hauck, S. 303.

623 Vgl. Verschlussakte über den Nationalsozialismus in Kemmern TGBN 14821. Diese Akte befindet sich im Gemeindearchiv Kemmern.

624 Ebd.

625 Vgl. ebd. Vgl. Befragung des Steinmetzmeisters Heinz BREHM in seiner Wohnung am 6. .Juni 2002, S. 3. Diese befindet sich im Archiv des Verfassers.

626 Vgl. ALBERT: Verkündbuch von 1932–1935, S. 56.

627 Vgl. Entlastungsschreiben vom 12.Juni1945, gerichtet an den Landrat Thomas Telher von der Landjägerei Breitengüßbach, TGBN. 14821 S. 5.

628 Vgl. Verschlussakte über den Nationalsozialismus in Kemmern. TGBN 14821.

629 Ebd.

630 Ebd.

631 Ebd. „In politischer und spionagepolizeilicher Hinsicht ist nichts bekannt."

632 Ebd.

633 Ebd.

634 Schreiben an den Bürgermeister in Kemmern, Betreff: Abbau der klösterlichen Lehrkräfte in Kemmern. Zum Bericht vom 18. Oktober 1938. Bezirksamt Bamberg für die Regierung der bayerischen Ostmark, Aktenzeichen 11848, StABa K5 Nr. 8354.

635 Schreiben der Regierung von Oberfranken und Mittelfranken an die Stadtschulbehörden vom 12. Oktober 1936: „nach Weisung des Staatsministeriums für Unterricht und Kultus muß mit Wirkung vom 1. Januar 1937 der erste Teil der klösterlichen Lehrkräfte an den öffentlichen Volksschulen durch weltliche ersetzt werden. Im Regierungsbezirk Oberfranken und Mittelfranken sind zum genannten Zeitpunkt 50 klösterliche Volksschullehrerinnen (einschließlich der Aushilfskräfte) durch weltliche Lehrkräfte zu ersetzen", StABa K5 Nr. 8354.

636 Schreiben des Bürgermeisters der Gemeinde Kemmern an das Bezirksamt Bamberg vom 17. Januar 1938, StABa K5 r. 8354. Betreff: Abbau der klösterlichen Lehrkräfte Aktenzeichen 47/431, S. 4.

637 Vgl. Schreiben der Regierung von Oberfranken und Mittelfranken an das Bezirksamt Bamberg vom 14. September 1938, StABa K5 Nr. 8354. In diesem Schreiben wurde die Zwangsräumung der Schwestern angedroht, falls sie nicht bis zum angegebenen Zeitpunkt die Wohnung geräumt hätten, doch sie wurde nicht durchgeführt.
638 Vgl. Schreiben der Regierung von Oberfranken und Mittelfranken an den Bürgermeister Kraus vom 12. Oktober 1939, StABa K5 7916. Außer Lehrerin Anna Thomann kann bisher keine weitere Lehrkraft für die Schule in Kemmern zur Verfügung gestellt werden.
639 Schreiben des Bezirksamtes Bamberg an den Bürgermeister in Kemmern vom 4. April 1938, StABa K5 Nr. 8354.
640 Vgl. Schreiben des Bezirksamtes Bamberg an den Bürgermeister in Kemmern vom 20. Juni 1938, StABa K5 Nr. 8354.
641 Schreiben des Bürgermeisters in Kemmern an das Bezirksamt Bamberg vom 23. Juni 1938, StABa K5 Nr. 8354.
642 Schreiben vom Bezirksamt Bamberg an die Regierung von Oberfranken und Mittelfranken vom 5. August 1938, StABa K5 Nr. 8354.
643 Schreiben vom Bezirksamt Bamberg an die Regierung von Oberfranken und Mittelfranken vom 5. August 1938,
644 Schreiben der Regierung von Oberfranken und Mittelfranken an das Bezirksamt Bamberg vom 14. September 1938, StABa K5 Nr. 8354.
645 Schreiben des Bürgermeisters Kraus an das Bezirksamt Bamberg vom 18. Oktober 1938: „Zum bezirksamtlichen Auftrag im nebenbezeichneten Betreff Nr. 11846 wird berichtet, dass die Wohnungsinhaberin Oberin Oppelt von mir letztmals aufgefordert wurde, die Wohnung bis zum 15. November zu räumen, andernfalls nach Ablauf dieser Frist die sofortige Zwangsräumung durchgeführt wird." StABa K5 Nr. 8354.
646 Schreiben vom Bürgermeister in Kemmern an das Bezirksamt Bamberg vom 18 Oktober 1938.
647 Schreiben an den Bürgermeister in Kemmern, Betreff: Abbau der klösterlichen Lehrkräfte in Kemmern. Zum Bericht vom 18. Oktober 1938, StABa K5 Nr. 8354. Schreiben des Bezirksamtes Bamberg für die Regierung der bayerischen Ostmark an den Bürgermeister der Gemeinde Kemmern vom 28. Oktober 1938.
648 Quellenband Abb. Nr. 12.
649 Schreiben des Bürgermeisters der Gemeinde Kemmern an das Bezirksamt Bamberg vom 10. Dezember 1938, StABa K5 Nr. 8354.
650 Abschrift des Schreibens von Schwester M. Synkletia Oppelt an den Bürgermeister vom 2. Dezember 1938, StABa K5 Nr. 8354. Betreff: Abbau der klösterlichen Lehrstelle, S. 1–3.
651 Ebd.
652 Ebd.
653 Ebd.
654 Ebd.
655 Akte der geheimen Staatspolizei München Dezember 1938, StABa K 5 Nr. 7916.
656 Akte der Nationalsozialisten der Gemeinde Bischberg von 1933–1945, StABa K 5 Nr. 5395.
657 Auch in Bischberg musste eine Schwesternkommunität abgebaut werden. Da sich wenige Ordensleute gegen das Regime gewandt haben und der Bürgermeister von Bischberg mit dem Bürgermeister von Kemmern befreundet war, kann angenommen werden, dass der Bürgermeister von Kemmern seinem Freund eine Abschrift dieses Briefes zeigte. Der Bürgermeister von Bisberg gab wahrscheinlich die Abschrift nicht mehr zurück, so dass diese zu den Unterlagen der Schwesternkommunität geheftet wurde. Der Brief befindet sich in der Akte der Nationalsozialisten der Gemeinde Bischberg von 1933–1945, SaABa K 5 Nr. 5395.
658 Schreiben der Geheimen Staatspolizei, Leitstelle München vom 24. Dezember 1938. Betreff: Abbau der klösterlichen Lehrkräfte. Erl. M. 30. 12. 1938 Aktenzeichen 15701 des Staatsarchivs Bamberg, StABa K 5 Nr. 7916.
659 Ebd. Es heißt in dem Schreiben: „Sie ist als Oberin bei der Bevölkerung Kemmern sehr beliebt."
660 Nach intensiver Suche von Schwester M. Roswita im Archiv der Dillinger Franziskanerinnen wurde kein Antwortschreiben gefunden. Eine Abschrift des Schreibens von Schwester M. Synkletia befindet sich im Archiv der Dillinger Franziskanerinnen in Dillingen. Auskunft bei einem Telefonat mit Schwester M. Roswita am 5. Mai 2004. Eine Aufzeichnung des Gesprächs befindet sich im Besitz des Verfassers.
661 Vgl. Befragung einer 80-jährigen Bürgerin am 22. August 2002, S. 4. Vgl. Nekrolog von Schwester M. Synkletia (Oppelt) O.S.F. Vom 29. Juli 1967.
662 Vgl. Nehmer, Chronik, S. 9.
663 Vgl. das Schreiben des Notars Dr. Altstätter an das Bezirksamt Bamberg vom 15. Juni 1938, StABa K 5 Nr. 7916.
Vgl. die Abschrift des Sitzungsprotokolls der Gemeinde Kemmern vom 1. Februar 1938, StABa K5 Nr. 8354.
664 Vgl. das Schreiben der katholischen Kirchenstiftung Kemmern an das Bezirksamt Bamberg vom 18. Mai 1938, EAB PfaKe: „Die Kirchenverwaltung sieht sich daher veranlasst, ihr Gesuch vom 12. April zurückzuziehen, so dass sich dessen weitere Bearbeitung erübrigt. Die Kirchenverwaltung nimmt von dem geplanten Grundstücktausch mit der Gemeinde Abstand und wird auf einem anderen Platz eine Wohnung für die Schwestern bauen. Nach deren Fertigstellung wird sie das Kinderheim in dem ihr gehörigen Anwesen Nr. 1 ½ wie früher fortführen."
665 Schreiben der katholischen Kirchenstiftung Kemmern an das Bezirksamt Bamberg vom 19. Mai 1938, EAB PfaKe: „Die Kirchenverwaltung Kemmern hat sich nunmehr entschlossen, auf den Grundstücktausch mit der Gemeinde einzugehen und auf dem eingetauschten Grundstück Pl. 85 ein Wohnhaus nach den unterm 7. April 1938 genehmigten Bauplänen zu errichten."
666 Vgl. Schenkungsvertrag zwischen Pfarrer Arnold und der Gemeinde Kemmern vom 14. März 1891, StAWü GRNR. 113.
667 Sitzungsprotokoll der katholischen Kirchenverwaltung vom 2. Oktober 1938, EAB PfaKe. Den Beschluss haben unterzeichnet: Heinkelmann, Pfarrer; Diller, Kirchenpfleger, Endres, Kaspar; Endres, Franz; Spörlein, Josef.
668 Vgl. das Schreiben des Pfarrers von Kemmern an das Erzbischöfliche Generalvikariat vom 25.06.1940, EAB PfaKe.

669 Als lokale Presse gibt es zu dieser Zeit nur noch den Fränkischen Tag. Das Bamberger Volksblatt war auf Veranlassung der NS-Regierung schon seit 1936 eingestellt.

670 Vgl. das Schreiben von Pfarrer HEINKELMANN an das Erzbischöfliche Generalvikariat Bamberg vom 25. Juni 1940, EAB PfAKe.

671 Schreiben von Pfarrer HEINKELMANN an das Erzbischöfliche Generalvikariat Bamberg vom 25. Juni 1940, EAB PfAKe.

672 Besonders hervorzuheben ist von den Patres aus dem Karmelitenkloster Pater ALBERT FÖRST. Er wurde am 26. November 1926 als zweiter von vier Söhnen der Eheleute MARTIN UND KATHARINA FÖRST in Gunzendorf bei Bamberg geboren. 1947 trat er in das Noviziat der Karmeliten in Straubing ein und legte am 16. September 1948 die ersten Gelübde ab. Er studierte an der Phil.-Theologischen Hochschule in Bamberg und wurde am 29. Juni 1952 zum Priester geweiht. Im März 1954 wurde er in das Missionsgebiet im Staate Paraná in Brasilien ausgesandt; er wirkte 31 Jahre lang in Paranavai. Im Jahre 1985 wurde er nach Dourados versetzt. Hier begann seine pastorale Tätigkeit im Staate Mato Grosso do Sul. Schon ein Jahr später wurde er Generalvikar der Diözese Dourados. Am 6. Juli 1988 kam aus Rom seine Ernennung zum Bischof-Coadjutor von Dourados. Er ist im Quellenband in den Abbildungen Nr. 43 und 44 dargestellt.

673 Quellenband Abb. Nr. 14.

674 Schreiben des Gemeinderats Kemmern an das Bezirksamt Bamberg vom 7. März 1933, StABa K5 Nr. 5395.

675 Gemeint ist hier die katholische Kirchenverwaltung, welche die Trägerschaft über den Kindergarten ausübt.

676 Ebd.

677 Ebd.: „Der Gemeinderat Kemmern ersucht hierdurch das verehrte Bezirksamt höflichst um seine Unterstützung in der Erlangung eines ansehnlichen Zuschusses zu dem Schulhausbau sowie um die Beschaffung eines Darlehens zu tragbaren Bedingungen, damit die Finanzierung des Baues sichergestellt werden kann."

678 Ebd.

679 Vgl. Beilage zum Gesuch um einen Zuschuss aus Kreismitteln zum Schulhausbau, StABa K5 Nr. 5395.

680 Vgl. Schreiben des Gemeinderats Kemmern an das Bezirksamt Bamberg vom 8. Dezember 1933, StABa K5 Nr. 5395.

681 Vgl. das Schreiben von ANDREAS FRIEDMANN an das Bezirksamt Bamberg vom 22. Januar 1933, StABa K5 Nr. 5395. „Infolge der jetzt stattgefundenen Neuwahlen wurde in Kemmern die Sache etwas beiseitegelegt und vielleicht auch mit Absicht. Soviel bekannt ist, bekommt Kemmern einen Zuschuss, wenn die Sache bis 25. V. verabschiedet ist. Es wurde auch von einem Gemeinderat geäußert: ‚Wir machen nichts mehr, es soll nur der neu gewählte Gemeinderat und der neue Bürgermeister machen'.

682 Vgl. das Schreiben vom Bezirksamt Bamberg an die Gemeinde Kemmern vom 18. Dezember 1933, StABa K5 Nr. 5395.

683 Schreiben des Bürgermeisters KRAUS an das Bezirksamt Bamberg vom 18. Januar 1934, StABa K5 Nr. 5395.

684 Schreiben der Gemeinde Kemmern an das Bezirksamt Bamberg vom 8. August 1934, StABa K5 Nr. 5395.
Vgl. das Schreiben der Gemeinde Kemmern an das Bezirksamt Bamberg vom 16. Juli 1935, StABa K5 Nr. 5395.

685 Vgl. das Schreiben der Gemeinde Kemmern an das Bezirksamt Bamberg vom 8. August 1934.

686 Vgl. das Schreiben der Gemeinde Kemmern an das Bezirksamt Bamberg vom 16. Juli 1935, StABa K 5 Nr. 5395.

687 Vgl. Schreiben der Gemeinde Kemmern an das Bezirksamt Bamberg vom 8. August 1934.

688 Schreiben der Regierung von Oberfranken und Mittelfranken an die Stadtschulbehörden und an die Bezirksschulbehörden vom 12. Oktober 1936, StABa K5 Nr. 5395.

689 Schreiben des Bezirksamts Bamberg vom 9. November 1936, sowie Schreiben der Regierung von Oberfranken und Mittelfranken an die Stadtschulbehörden und die Bezirksschulbehörden vom 12. Oktober 1936, StABa K5 Nr. 5395.

690 Schreiben des Bezirksamts Bamberg an die Gemeinde Kemmern vom 10. Dezember 1937, StABa K5 Nr. 5395. Betreff Schulhausneubau: „Am 9. November 1937 wurde mit dem Herrn Bürgermeister und dem Gemeindekassierer von Kemmern eine neuerliche Ortsbegehung vorgenommen. Neben dem bereits in Aussicht genommenen Platze unweit des Friedhofes wurde ein neuer Platz in Vorschlag gebracht, welcher besser als der erstere entspricht. Es wurde auch über das Gelände bei der jetzigen Kleinkinderbewahranstalt Rücksprache genommen und dieses als nicht geeignet anerkannt."

691 Vgl. das Schreiben des Bezirksamts Bamberg an die Gemeinde Kemmern vom 10. Dezember 1937. Betreff Schulhausneubau.

692 Vgl. das Schreiben des Bezirksamts Bamberg an die Gemeinde Kemmern vom 12. Februar 1938. Betreff: Schulhausneubau, StABa K5 Nr. 5395. Vgl. Schreiben des Staatlichen Gesundheitsamtes an das Bezirksamt Bamberg vom 6. Juni 1939, StABa K5 Nr. 5395.

693 Vgl. das Schreiben des Staatlichen Gesundheitsamtes an das Bezirksamt Bamberg vom 06.06.1939, StABa K5 Nr. 5395.

694 Ebd.

695 Schreiben des Bürgermeisters KRAUS an den Landrat vom 19. Januar 1945, StABa K5 Nr. 5395: „Wenn der Kohlenvorrat in der Volksschule Kemmern aufgebraucht ist und Kohlenlieferungen nicht zu erwarten sind, dann muß der Unterrichtsbetrieb eingestellt werden. [...] Gerade für das außergewöhnlich kinderreiche Dorf Kemmern ist die Stilllegung der Schule sehr nachteilig."

696 Schreiben vom Landrat an den Bürgermeister in Kemmern vom 25. Januar 1945, StABa K5 Nr. 5395.

697 Vgl. die Schreiben des Landrates in Bamberg an den Bürgermeister von Kemmern vom 16. Januar 1945 und vom 25. Januar 1945, StABa K5 Nr. 5395.

698 Protokollbuch des Krieger- und Militärvereins Kemmern 1919–1938, S. 39. „Herr Hauptmann v. DÖRING sprach über Luftfahrtkrieg und Heimatschutz und über Schießausbildung. Beide Referate fanden großen Beifall. Herr 1. Bürgermeister PIUS KRAUS erwähnte, dass die Gemeinde Kemmern einen Schießplatz stellen würde."

699 Vgl. SCHROTT, Kemmern, S. 360. Aus der Chronik lässt sich entnehmen, dass man als Ausweichraum für die Kleinkinder den Tanzsaal der Gastwirtschaft DORSCH nutzte. Es lässt sich nicht feststellen, auf welche Initiative sich die Besitzer der Gastwirt-

schaft bereit erklärten ihren Tanzssaal als Ausweichraum für die Kleinkinder zur Verfügung zu stellen. Man kann aber davon ausgehen, dass Vertreter der Gemeinde oder der Kirche sich um eine Lösung bemühten, wobei aus den vorliegenden Quellen eindeutig hervorgeht, dass Bürgermeister KRAUS in dieser Richtung nichts unternahm.
700 Schreiben des Bürgermeisters der Gemeinde Kemmern an den Landrat von Bamberg vom 30. März 1939, StABa K5 Nr. 5395.
701 Schreiben der Nationalsozialistischen Deutschen Arbeiterpartei, Gauleitung Bayerische Ostmark an das Bezirksamt Bamberg vom 5. Juli 1938, StABa K5 Nr. 5395: „Aufgrund der bestehenden Sachlage erkläre ich mich damit einverstanden, daß der Kleinkinderbewahranstalt in Kemmern die Genehmigung zum Betrieb in stets widerruflicher Weise erteilt wird. Die Gauleitung, Amt für Volkswohlfahrt behält sich vor, in den nächsten Jahren dort selbst einen Kindergarten zu betreiben. Heil Hitler! Gauamtsleiter."
702 Schreiben des Bürgermeisters der Gemeinde Kemmern an den Landrat von Bamberg vom 30. März 1939, StABa K5 Nr. 5395.
703 Schreiben des Bezirksamts Bamberg an den Regierungspräsidenten von Oberfranken und Mittelfranken vom 10. August 1940, StABa K5 Nr. 5395.
704 Schreiben des Regierungspräsidenten von Oberfranken und Mittelfranken an das Bezirksschulamt in Bamberg vom 24. April 1941.
705 Ebd.
706 Vgl. Befragung von Schwester Reginharda (Nehmer) O.S.F. am 23. Oktober 1998, S. 4.
707 Schreiben von Frau ANNA THOMANN an die Regierung von Oberfranken und Mittelfranken vom 26. September 1939, StABa K5 Nr. 5395.
708 Ebd.
709 Schreiben des Bürgermeisters KRAUS an die Regierung in Oberfranken und Mittelfranken vom 27. September 1939, StABa K5 Nr. 5395.
710 Vgl. NEHMER: Chronik der Dillinger Franziskanerinnen in Kemmern von 1890 bis 1998, S. 14
711 Vgl. Befragung von Schwester M. REGINHARDA (Nehmer) O.S.F. Am 23. Oktober 1998, S. 13. Da Schwester M. Reginharda in diesem Beruf Anfängerin war, spielte Oberlehrer Bäumel an diesen Tagen die schwierigen Passagen. Des Weiteren tat er wie bisher den Dienst an der Orgel. Von Ostern 1938 bis 1939 nahm Reginharda Stunden bei der Musiklehrerin Fräulein Roppelt von Baunach, die einmal wöchentlich ins Kloster kam. Nach dem Nervenzusammenbruch von Lehrer Bäumel übernahmen die Schwestern den Dienst vollständig.
712 Vgl. Befragung von Schwester M. REGINHARDA Nehmer O.S.F. Am 23. Oktober1998, S. 5–6.
713 Dies war Schwester M. Oberin NATHANAELA Buchner O.S.F.
714 Vgl. Schreiben von Schwester Oberin M. NATHANAELA an die Meisterin der Dillinger Franziskanerinnen vom 22. Juli 1941, Dill. Franz. A. Ba. Ebd.
715 Über die Kriegshandlungen und das Ende des Zweiten Nachkriegsjahres berichtet die Chronik der Dillinger Franziskanerinnen sehr ausführlich. SCHROTT stützt seine Forschung in seinem Kapitel „Zweiter Weltkrieg" hauptsächlich auf diese Quelle. Vgl. SCHROTT, Ortsgeschichte, S. 436–439.
716 Ebd, S. 438.
717 Ebd. „Auf der linken Seite dorfeinwärts waren bis zum Schwesternhaus sämtliche Dächer abgedeckt. Letzteres wies an der Ostseite einen Durchschuss, das Dach kleinere Schäden auf. Auch aus dem Klosterbrunnen holten die Leute das Wasser zum Löschen. Nach Aussagen von Leuten sollen sogar amerikanische Soldaten beim Bekämpfen der Flammen geholfen haben."
718 Ebd. „Auch das Schwesternhaus diente den US-Soldaten als Nachtlager. Nach einer kleinen Stärkung aus der Klosterküche nutzten sie jeden freien Winkel zum Schlafen. Der Rest der Nacht war jedoch von Schüssen und Detonationen begleitet. Am Morgen (13. April) bauten die Amerikaner auf der nördlichen Seite der Hauptstraße Geschütz an Geschütz ein. Im Dachzimmer des Klosters war die Funkstation untergebracht – es ging um die Einnahme Hallstatts. Nachdem von dort keine Gegenwehr erfolgte, rückten die Amerikaner weiter nach Süden vor. Für einige Tage war auf den Wiesen vor dem östlichen Dorfeingang das amerikanische Feldlazarett mit vielen Zelten aufgeschlagen. In den folgenden Tagen und Wochen wurden immer wieder deutsche Gefangene durch Amerikaner nach Kemmern verbracht. Im Anwesen Fuchs (nunmehr Hauptstraße 1) waren es einmal an die tausend Mann, darunter auch zwei Kemmerner. Deutsche Soldaten hatten sich im Wald jenseits des Mains versteckt gehalten, die sich schließlich den US-Soldaten stellten. In den Sommermonaten 1945 suchte noch so mancher Landser das Kloster oder auch andere Kemmerner Anwesen auf. So gut es ging, erhielt jeder Hilfe. Auch Nachtquartier wurde gewährt. Man dachte dabei an die eigenen Angehörigen in der Ferne, an ihr etwaiges Schicksal, an ihre Kriegsgefangenschaft".
719 Schreiben der Schwesternkommunität Kemmern, wahrscheinlich gegen Ende des Krieges an die Meisterin der Dillinger Franziskanerinnen, Dill. Franz. A, Ba.
720 Ebd.
721 Vgl. das Schreiben der Schwesternkommunität Kemmern, ohne Angabe von Datum wahrscheinlich gegen Ende des Krieges an die Meisterin der Dillinger Franziskanerinnen, Dill. Franz. A, Ba.
722 All diese Tätigkeiten waren für einen aktiven Schwesternkonvent lebensnotwendig, wobei die Ausübung fast immer im Verborgenen geschah.
723 Quellenband Abb. Nr. 53.
724 Vgl. Nekrolog von Schwester M. MYRONE NOPPENBERGER O.S.F., 3. Juni 1953, Dill. Franz. A. Dill.: „Schwester M. Myrone war eine äußerst gewissenhafte, fleißige Klosterfrau mit kindlich froher, resoluter Art, voll aufrichtiger schwesterlicher Liebe. Bis in ihre späten Tage verrichtete sie trotz vieler Arbeit ihr Pflichtgebet, schleppte sich mit großer Mühe in die Pfarrkirche und zum Heiland in die Hauskapelle. Still, bescheiden und anspruchslos, nur für andere sorgend, war ihr Leben, waren ihre Krankheitstage und ihr Heimgang. Obwohl Kemmern damals keinen Pfarrer hatte, vermittelten ihr wohl ihre oftmaligen trauten Besuche des Heilands die Gnade der hl. Sterbesakramente. Am

725 Ebd.

726 Bevor die Meisterin der Dilllinger Franziskanerinnen Mitschwestern in eine neue Ordensfiliale schickt, erfolgt eine Anfrage durch eine kirchliche Institution. Diese wird geprüft und nach Beratung mit ihrer Mitschwester werden entweder Ordensschwestern geschickt, wenn solche zur Verfügung stehen, oder die Bitte muss abgelehnt werden. Das gleiche Verfahren wurde bei der Gründung der Schwesternkommunität der Dillinger Franziskerinnen in Kemmern angewendet. Vgl. Ring Peter: der Gründungsprozess des Schwesternkonventes der Dillinger Franziskanerinnen in der Gemeinde Kemmern von 1989–1891. Exemplarische Analyse einer Filialgründung der Kongregation der Dillinger Franziskanerinnen O:S:F, S. 41f.

727 Statuten für den Frauenkonvent Ord. St. Fr. Dillingen und dessen Filialen, 1883, Kapitel V, Abschnitt 2, S. 17. „Daher haben alle Schwestern der ihnen von Gott vorgesetzten Oberin ohne Verzug und Widerrede zu gehorchen in allen Dingen."

728 Mit Teilung der deutschen Provinz in drei Provinzen im Jahre 1973 hat sich diese Kompetenz auf die Provinzoberinnen verlagert. Vgl. Regel und Konstitutionen der Kongregation der Dillinger Franziskanerinnen von Rom, 1982, S. 50, Absatz 2. 23 und 2. 24.

729 Vgl. das Verzeichnis der Lehrerinnen im Mutterhaus Dillingen, seiner Schulfilialen und der Wagnerschen Anstalten von 1774–1937, 1941–1942, S. 69–70. 1. Schwester M. REGINA STRASSER, 1890–1900, 2. Schwester M. SILVA RUF, 1900–1909, 3. Schwester M. PATIENTIA SCHROLL, 1909–1914, 4. Schwester, M. THEODORA VÖGLEIN 1920–1922, 5. Schwester M. ARNOLDA HAHN 1922–1925, 6. Schwester M. SYNKLETIA OPPELT 1925–1940, 7. ISENGARDIS SAUER 1929–1932, 8. Schwester M. EDELHARDA WENGENMAYER 1931–1932, 9. Schwester M. REGINHARDA NEHMER 1932–2000.

730 1990 gingen beide Schwestern in das ordenseigene Alten- und Pflegeheim nach Sendelbach. Schwester M. FRIEDA GEBHARD starb am 29. Mai 1992 in Sendelbach. Der Nekrolog von Schwester M. FRIEDA schreibt dazu: „1975 wurde das Kinderheim aufgehoben. Schwester M. FRIEDA und mit ihr Schwester M. MILGITHA kamen in den Konvent Kemmern. Beide verrichteten für die Gemeinschaft noch kleinere Dienste und nahmen nach Möglichkeit teil am Leben der Pfarrgemeinde und an den Pfarrgottesdiensten. Als Schwester M. FRIEDA nicht mehr fähig war, in die Pfarrkirche zu gehen, wusste sie, dass sie ihr ‚Zelt' noch einmal abbrechen musste. Es war ihr ein sehr großer Trost, dass Schwester M. MILGITHA mit ihr nach Sendelbach ging."
Nekrolog von Schwester M. FRIEDA (BARBARA) GEBHARD O.S.F., 29. Mai 1992, StBBa Franz. A. Dill. Schwester M. MILGITHA starb am 11. März 1994 in Sendelbach. Nekrolog von Schwester M. MILGITHA (MARIA) HÖFLING O.S.F., 11. März 1994, StBBa Franz. A. Dill.

731 Schwester M. Reginharda und Schwester M. Helene waren zu dieser Zeit noch im pädagogischen Bereich tätig.

732 Schreiben der Provinzökonomin der Dillinger Franziskanerinnen an Pfarrer GEORG KOCHSEDLER von Kemmern, 9. September 1965, Dill. Franz. A. Ba. Ebenso der Vertrag der Dillinger Franziskanerinnen mit der katholischen Kirchenstiftung vom 4. Dezember 1963, Dill. Franz. A. Ba.

733 Schriftliche Befragung des Pfarrers HANNJÜRG NEUNDORFER am 20. Februar 2001, S. 1

734 Vgl. Bamberger Volksblatt, den 30. November 1965 „75 Jahre Schwesternkonvent", Nr. 278, S. 10, StBBa 22/MFZ5.

735 Diese Schwestern waren alle gebürtig aus der Pfarrei Kemmern.

736 Vgl. Ohne Verfasser: Art: „75 Jahre Schwesternkonvent". In: Bamberger Volksblatt 30. Oktober1965, Jahrgang 96, Nr. 278, S. 10.

737 Bamberger Volksblatt, 30. November 1965, „75 Jahre Schwesternkonvent", Nr. 278, S. 10, StBBa 22/MFZ5.

738 Ebd.

739 Ebd.

740 Ebd.

741 Quellenband Abb. Nr. 59.

742 Quellen des ersten Vertrages liegen nicht vor, doch wenn es im zweiten Vertrag vom 4. Dezember 1963 zu Änderungen in dieser Thematik gekommen ist, könnte angenommen werden, dass die Wünsche des Pfarrers beim ersten Vertrag nicht berücksichtigt wurden und er deshalb die Angelegenheit hinauszögerte, weil es in seinem Sinne nichts zu regeln gab. Erst nachdem abermals nach vier Jahren wieder ein Vorstoß von der Kongregation kam, bemühte sich Pfarrer Kochseder um eine endgültige Regelung, wobei die Kongregation dem Pfarrer und seinen Räten sehr entgegen kam, indem sie in dem bereits vorgefertigten Vertrag die Wünsche des Pfarrers berücksichtige und diese zur Genehmigung und zur Unterschrift dem Gremium vorlegte. Vertrag der Dillinger Franziskanerinnen mit der katholischen Kirchenstiftung vom 4. Dezember 1963.

743 Vgl. Ohne Verfasser: Art: „75 Jahre Schwesternkonvent", Nr. 278, S. 10, StBBa 22/MFZ5.

744 Ebd.

745 Ebd.

746 Die vielen Auszeichnungen der Ordensschwestern und die ständigen Lobesreden der Bürgermeister sowie von den verschiedenen Pfarrern der Pfarrei seit 1965 sind Zeichen der Wertschätzung den Ordensfrauen und der Kongregation der Dillinger Franziskanerinnen gegenüber.

747 SCHROTT, Kemmern, S. 334. Siehe auch Quellenband Abb. Nr. 58

748 Befragung von Pfarrer GEORG GÖTZ am 6. August 2002, S. 4.

749 Ebd.: „Wenn ich an meinen ersten Besuch im Schwesternhaus denke, so sagte mir die Schwester M. Reginharda, seit dem Auszug aus der alten Schule im Dezember 1938 wurde in unserem Haus nicht viel baulich verändert, dies waren jetzt fast bald 30 Jahre! Als wir vor 30 Jahren in das Haus eingezogen sind, waren noch nicht einmal die Wände trocken! Ich kann mich jetzt nicht mehr so genau an die Kleinigkeiten erinnern, doch der innere Zustand des Hauses war katastrophal und die Schwestern ertrugen dies in größter Demut, [...] Hier war klar, es muss sofort gehandelt werden."

750 Die Liturgiekonstitution von 1963 war noch nicht umgesetzt und die infrastrukturelle Einrichtung der Pfarrei war nicht der aktuellen gesellschaftlichen Entwicklung angepasst.

751 Vgl. ALBART, Rudolf: Unser Landkreis Bamberg, eine Broschüre des Landkreises, Bamberg 1984, S. 35–48 und 65–66. RENNER, Der Landkreis und seine Bürger, in: ALBART, RUDOLF: Unser Landkreis Bamberg, eine Broschüre des Landkreises Bamberg, 1984, S. 9–32. URBAN, Josef: Das Bistum Bamberg in Geschichte und Gegenwart, Die Zeit des Erzbistums, Straßburg ⁴ 1996, S. 52.

752 Vgl. Schreiben der Schwesternkommunität Kemmern an die Provinzialoberin der Dillinger Franziskanerinnen vom 16. November 1963, Dill. Franz. A. Ba. „Für die gewünschten Dinge haben wir vorläufig 500.- DM überwiesen. Niemand, weder Schw. Oberin Sigmunda noch wir haben eine Ahnung, was eine Badewanne oder ein Wägelchen kostet. Falls die Überweisung nicht reicht, schreiben Sie doch bitte noch mal ein Kärtchen."

753 Schreiben der Provinzialoberin an Pfarrer GEORG GÖTZ vom 8. März 1968, Dill. Franz. A. Ba.

754 Vgl. ebd. Bei Umbauten wurden bereits Mitte der sechziger Jahre Zentralheizungen eingebaut. doch in Kemmern wurde dies aufgrund der armen Verhältnisse erst einige Jahre später möglich. Die Provinzoberin kannte die Filialen in ihrer Provinz, daher stellte sie der Filiale Kemmern ein sehr schlechtes Zeugnis aus.

755 Pfarrer Georg Kochseder war ein Priester, der sehr viel Wert auf liturgisch pastorale Feierlichkeiten legte, wobei ihn bauliche und organisatorische Angelegenheiten wenig kümmerten. Man findet in den Gottesdienstordnungen fast keine kirchlichen Aktivitäten außer liturgischen Festlichkeiten. Auch bei den Pfarrrechnungen findet man in seiner Zeit außer einer Kirchenrenovierung keine besonderen Aussagen, daher kann angenommen werden, dass er sich um die sonstige Infrastruktur der Pfarrei wenig gekümmert hat. Vgl. dazu die Befragung einer 90-jährigen Bürgerin am 24. August 2002, S. 5 und die Befragung einer 80-jährigen Bürgerin am 22. August 2002, S. 6.

756 Dies dokumentieren die Pfarrrechnungsprotokolle der katholischen Kirchenverwaltung aus den fünfziger und sechziger Jahren. Man findet in den Quellen keine größere Investition, die von Seiten der katholischen Kirchenverwaltung am Gebäude des Schwesternkonventes in den genannten Jahren durchgeführt wurde.

757 Sofort nach der Einführung im Oktober 1967 hatte er dieses Projekt in Angriff genommen und bereits im März 1968 konnte die Schwesternhaussanierung mit der Einweihungsfeierlichkeit abgeschlossen werden.

758 Vgl. Ohne Verfasser: Art: „Die Treue verbindet Schwestern und Gemeinde". In: Fränkischer Tag, 3. März1968, Jahrgang 135, Nr. 34, S. 19, StBBa 22/MFZ3.

759 Vgl. Fränkischer Tag, 03.03.1968, StBBa 22/MFZ3. „Die Treue verbindet Schwestern und Gemeinde", Nr. 34, S. 19. In die Schar der Ehrengäste reihten sich Landrat Neukum, der frühere Ortsgeistliche Georg Kochseder, als Vertreterin des Mutterhauses die aus Kemmern stammende Novizenmeisterin Schwester M. Seraphim, die Oberin des Konventes aus Hallstadt, Bürgermeister, Mitglieder des Gemeinderats, der Kirchenverwaltung und des Pfarrgemeinderates sowie viele Vereine und Bürger der Gemeinde ein.

760 Ebd.

761 Ebd.

762 Ebd.

763 Ebd.

764 Ebd.

765 Seit Beginn der sechziger Jahre haben nur zwei junge Männer aus der Pfarrei den geistlichen Weg eingeschlagen. Es handelt sich dabei um NORBERT KRAUS, der als Bruder in die Gesellschaft des katholischen Apostolats der Pallottiner eingetreten ist, und um GEORG BIRKEL, der als Diözesanpriester des Erzbistums Bamberg seinen pastoralen Dienst verrichtet. Bei den weiblichen Berufungen sind keine Eintritte in irgendwelche Kongregationen zu verzeichnen.

766 Nach dem Umbau des Schwesternhauses widmete er sich in den Jahren 1972/73 dem Neubau des Jugendheimes in der Gemeinde.

767 Vgl. SCHULZE: Die Erlebnisgesellschaft, S. 165

768 Befragung einer 80jährigen Bürgerin am 22. August 2002 in der Gemeinde Kemmern, S. 8.

769 Ebd.

770 Vgl. Befragung einer 70-jährigen Bürgerin am 20. August 2002, S. 4.

771 Ebd.

772 Vgl. Befragung einer 70-jährigen Bürgerin am 24. August 2002, S. 2.

773 Ebd.

774 Der äußere Druck der Eltern bedeutete Ermahnungen, Ohrfeigen bis hin zur körperlichen Züchtigung.

775 Ebd.

776 Ebd.

777 Ebd.

778 Vgl. die Befragung einer 80-jährigen Bürgerin am 22. August 2002, S. 4, und einer 70-jährigen Bürgerin am 24. August 2002, S. 3.

779 Ebd.

780 Befragung von Oberlehrerin Schwester M. REGINHARDA O.S.F. am 23. Oktober 1998, S. 11. „Während meiner Schulzeit hier in Kemmern war das oberste Ziel, meine Schülerinnen und Schüler zu guten Christen zu erziehen, dabei spielte mehr die spätere Führung eines eigenen Haushaltes eine wichtigere Rolle als theoretische Schulkenntnisse, daher wurde von einer Mitschwester unserer Gemeinschaft noch das Fach weibliche Handarbeit erteilt. Wenn ich jetzt nach fast 21 Jahren Ruhestand auf meinen aktiven Schulalltag zurückblicke, dann war für die Schülerinnen und Schüler das Wichtigste, ihre Schulpflicht halbwegs sinnvoll zu erfüllen. Dazu hatten sie ein Heftchen, wo jedes halbe Jahr die Leistungen in Form von Noten von mir eingetragen wurden, dabei war die Eintragung bei der Spalte ‚Versäumnisse' sehr wichtig, denn es war bei vielen nicht immer selbstverständlich, regelmäßig den Unterricht zu besuchen. Nach Vollendung der 8. Klasse hatten die Schülerinnen und Schüler ihre Volksschulpflicht erfüllt, dann folgten noch zwei Jahre Fortbildungsschule".

781 Ebd.

782 Ebd. „Als Letztes ging es mir um spezifische emotionale Empfindungen der Schülerinnen und Schüler, wobei nicht immer das intellektuelle Wissen im Mittelpunkt stand, sondern mehr die Entwicklung der Schülerinnen und Schüler zu guten Chris-

ten, die von ihrem Wesen her eine Familie gründen und selbstständig führen konnten und somit den christlichen Glauben an die nächsten Generationen weitergeben konnten."

783 Quellenband Abb. Nr. 15, 16.
784 Befragung einer 20-jährigen gebürtigen Kemmerin der Gemeinde am 26. Februar 2003 in Kemmern, S. 1.
785 Ebd.
786 Ebd.: „Viele von meiner Generation hatten außer im Kindergarten zu den Ordensfrauen wenig Kontakt. Manchmal kam es auf der Straße zu einer kurzen Begegnung mit den Schwestern, denn sie hatten die Angewohnheit, alle mit Namen zu grüßen, was mir eigentlich immer sehr peinlich war, denn oft fehlten mir die richtigen Worte! [...] Wenn es in der Gemeinde keine Ordensschwestern mehr gibt, dann würde dies meine Eltern härter treffen als mich."
787 Vertrag der Dillinger Franziskanerinnen mit der katholischen Kirchenstiftung vom 4. Dezember 1963.
788 Befragung der ehemaligen Provinzoberin Schwester M. CLEMENTINE O.S.F. Am 23. September 1998.
789 Hier seien nur die Vertragsunterzeichnung, die Stundenregelung im Fach Handarbeit bei Schwester M. Rupertis und der verspätete Umbau des Konventsgebäudes, der auf die initiativarme Haltung von Pfarrer Georg Kochseder und der Mitglieder der katholischen Kirchenverwaltung zurückzuführen ist, erwähnt.
790 Befragung von Pfarrer GEORG GÖTZ am 6. August 2002, S. 5: „Natürlich war mir dies nicht egal, wenn's plötzlich von der Provinzleitung heißt, wir können keine Krankenschwester, keine Handarbeitslehrerin, keine Volksschullehrerin, keine Kindergärtnerin mehr schicken, weil der Nachwuchs fehlt; aber haben die Verantwortlichen der Gemeinde und in der Pfarrei immer alles unternommen, um den Konvent am Leben zu erhalten?"
791 vgl. Befragung von Oberlehrerin M. REGINHARDA O.S.F. Am 23. Oktober 1998, S. 10.
792 Befragung von Schwester M. RUPERTS (Pfister) O.S.F. im Konvent in Marktbreit am 22. November1998, S. 7. „Gerne erinnere ich mich an die lange Zeit von fast 24 Jahren in der Konventsgemeinschaft in Kemmern. Ich war als ausgebildete Handarbeitslehrerin lange Jahre in der Volksschule tätig und bot im Volksbildungswerk Nähkurse an. (...) Als ich 1974 die Konventsgemeinschaft verlassen habe, war mir eigentlich schon klar, dass die Provinzoberin keine Handarbeitslehrerin mehr schicken konnte, denn zur damaligen Zeit gab es schon weniger Novizinnen als vor ungefähr 25 Jahren, als ich noch in Dillingen das Noviziat absolvierte."
793 Vgl. Befragung von Schwester M. RUPERTIS PFISTER O.S.F. am 22. November1998, S. 2: „Ich kann mich noch gut daran erinnern, als 1962 Schwester M. Reginharda zur Ehrenbürgerin ernannt wurde. Damit wurde nicht nur ihr langes segensreiches pädagogisches Wirken gewürdigt, sondern das Wirken aller Ordensfrauen in der Gemeinde. [...] Dadurch wird einmal die Tätigkeit der Ordensfrau aber auch der gesamten Gemeinschaft gewürdigt. [...] Dies ist nicht der Auftrag der Ordensfrauen, denn jede Schwester lebt ihre Berufung, für die sie ihr Ordensgelübde einst abgelegt hat, aber trotzdem sollte die Tätigkeit nicht als Selbstverständlichkeit hingenommen werden [...] dies hat die politische Gemeinde mit dem Abbau der einzelnen Tätigkeitsbereiche erkannt."
794 Die Schwesternkommunität bestand von 1989 bis 1998 aus vier Ordensfrauen. Es waren dies: Schwester M. GERWIGIS O.S.F., Schwester M. PHILIPPINE O.S.F., Schwester M. HELENE O.S.F. und Schwester M. REGINHARDA. O.S.F..
795 Befragung des Pfarrers HANNJÜRG NEUNDORFER am 20. Februar 2001, S. 1.
796 Ebd.: „Als Schwester Reginharda den täglichen Organistendienst wegen des Nachlassens der Sinne aufgab, sagte mir eine Frau bedauernd: ‚Das ist schade, wenn ich sie nicht mehr höre, aber ich kann sie doch noch immer in der Kirche sehen. Ich war bei ihr schon in der Schule.' Die Frau war etwa siebzig Jahre alt.
797 Ebd.: „Viele stimmten dem zu, was Bürgermeister Förtsch bei einer Gelegenheit ausdrückte: ‚Wenn sie gar nichts mehr arbeiten können, so kennen sie uns doch und das Dorf. Sie leben und sie beten mit uns.'
798 Ebd.
799 Ebd, S. 4.
800 Feststellung des Verfassers der Arbeit aufgrund von verschiedenen Befragungen, die er zu unterschiedlichen Zeiten bei jüngeren Personen im August 2002 in der Gemeinde durchführte, z. B. Befragung einer 40-jährigen Bürgerin am 24. Februar 2003, S. 2. Und die Befragung einer 20-jährigen Bürgerin, die in der Gemeinde ihre christliche Sozialisation erfahren hat, am 26. Februar 2003, S. 1.
801 Befragung des Pfarrers HANNJÜRG NEUNDORFER am 20. Februar 2001, S. 1.
802 Vgl. die Befragung von Schwester M. GERWIGIS O.S.F. am 6. Oktober 1998, S. 4.
Vgl. die Befragung von Schwester M. REGINHARDA, O.S.F. am 23. Oktober 1998, S. 9, sowie Heinrichsblatt, 13.06.1999, „Treue und fromme Ordensfrau", Nr. 24, S. 21, StBBa RB.Eph.9, Fränkischer Tag, 18. Mai 1999 „Als Ordensfrau der Dillinger Franziskanerinnen in Kemmern", Nr. 112, S. 14, StBBa 22/MFZ3.
803 Vgl. Befragung von Schwester M. GERWIGIS O.S.F. am 6. Oktober 1998, S. 2 f.
804 Ebd.: „Es kamen zu unterschiedlichen Festen aus der Bevölkerung verschiedene landwirtschaftliche Erzeugnisse, die ich alle dankend angenommen habe. Oft wusste ich, von der Familie bekomme ich im Mai und September zweimal drei Zentner Kartoffeln, zwei Zentner Äpfel, oder 10 Stauden Salat, wenn die Ernte gut ausgefallen ist. Dies wurde mir von den gebenden Familien bereits einige Wochen vorhergesagt, so konnte ich beim täglichen Einkauf genau planen."
805 Nekrolog von Schwester M. GERWIGIS ZACHERL O.S.F., 15. Juli 1999, Dill. Franz A. Dill.
806 Pfarrarchiv Kemmern, Pfarrbrief, Aktuelles aus der Pfarrgemeinde Sankt Peter und Paul Kemmern, Kemmern 2/1999, S. 5.
807 Nekrolog von Schwester M. REGINHARDA NEHMER O.S.F., 3. Oktober 2000, Dill. Franz A. Dill.
808 ENGELMANN, Klaus: „Schwesternhaus erneuert" in: Pfarrbrief, Aktuelles aus der Pfarrgemeinde Sankt Peter und Paul Kemmern, Kemmern 2/2001, S. 11.

809 Ebd. S. 11. „Zahlreiche freiwillige Helferinnen und Helfer stellten sich unentgeltlich zur Verfügung und leisteten viele Arbeitsstunden, sei es Handwerksarbeit oder die anschließende Baureinigung. [...] Privatleute, Vereine und Firmen spendeten erhebliche Beträge. Große Zuschüsse kamen vom Erzbischöflichen Ordinariat und von der Gemeinde Kemmern. Außerdem musste die Kasse der Kirchenstiftung kräftig herhalten. Nur so konnte das Werk gelingen – ein echtes Gemeinschaftswerk, auf das Kemmern stolz sein kann! Mögen sich unsere Schwestern darin wohl fühlen!"

810 Ebd.

811 Ebd.

812 Schreiben von LORE EICHHORN an die Konventgemeinschaft der Dillinger Franziskanerinnen in Kemmern vom 19. Juli 2001. Das Schreiben ist abgedruckt in: Pfarrbrief, Aktuelles aus der Pfarrgemeinde Sankt Peter und Paul Kemmern, Kemmern 2/2001, S. 5: „Auch wir sind dankbar und glücklich, dass das Schwesternhaus jetzt so schön geworden ist, dass unsere Schwestern die große Wertschätzung spüren, die ‚ihre Kemmerner' für sie haben. [...] Ganz besonders danken wir ihnen für ihr Gebet und ihre Mitarbeit in der Liturgie." Hervorzuheben ist besonders der spirituelle Gesichtspunkt, der im Schlusssatz erwähnt wird. Man dankt den Ordensfrauen für ihr Gebet und ihre Mitarbeit bei der Liturgie – ein Dienst, der nicht als selbstverständlich aufgefasst, sondern von Mitgliedern des Gremiums gewürdigt wird.

813 Telefongespräch mit Schwester M. Bonita O.S.F. Am 9. September 2003. Sie war zu dieser Zeit Provinzoberin von Bamberg. Das Gespräch wurde aufgezeichnet und befindet sich im Archiv des Verfassers. Schwester M. Helene gehört seit 1951 und Schwester M. Philippine seit 1977 zum Schwesternkonvent der Filiale Kemmern. Beide Ordensfrauen waren bis 9. September 2003 noch nicht pflegebedürftig, daher ist es verständlich, dass die Provinzoberin ihre beiden Mitschwestern vorerst in der Ordensfiliale Kemmern belässt und die Konventgemeinschaft mit einer weiteren Ordensfrau verstärkt.

814 Quellenband Abb. Nr. 62.

815 Schwester M. GUNDULA DENK ist seit Januar 2002 die Oberin der Kommunität sowie Mitglied des Pfarrgemeinderates. Sie hält Vorträge beim Seniorenverein und ist in der Pfarrei als Kommunionhelferin tätig. Schwester AGNES KAHL ist für die Führung des Haushaltes zuständig. Befragung von Schwester M. GUNDULA O.S.F. am 3. Oktober 2003, S. 1.

816 Quellenband Abb. Nr. 62.

817 Fränkischer Tag, 17. September 2002, [Engelmann], „Den Menschen Gottes Nähe zeigen", Nr. 215, S. 14, StBBa 2/MFZ3.

818 Kirchliche und politische Gemeinde feierten am 8. Februar 2005 den 80. Geburtstag von Ehrenbürgerin Schwester M. Helene. Fränkischer Tag, 18. Februar 2005, [ENGELMANN] „38 Jahre für die Kinder tätig", Nr. 41, StBBa 22/MFZ3. Heinrichsblatt, 27.02.2005, „Mit fröhlichem Wesen die Herzen erobert", Nr. 9, StBBa RB.Eph.9.

BIBLIOGRAPHIE

Die Bibliographie führt alle in der Dissertation verwendeten Quellen an, auch jene, die in dieser Arbeit nicht zitiert wurden.

1. Ungedruckte Quellen

Die Archive sind alphabetisch geordnet und die Quellen aus den Archiven sind chronologisch geordnet.

1.1 Staatsarchiv Bamberg

Entschließung des Königlichen Staatsministeriums des Innern vom 26.02.1852, Nr. 15408, über die Beschäftigung in den Kleinkinderbewahranstalten, StABa C2 6353a.

Schreiben von Pfarrer Gottfried Arnold an das Königliche Bezirksamt Bamberg I, 06.06.1893, StABa K3 DII Nr 10139.

Schreiben der Kreisregierung in Bayreuth über die am 29.01.1889 vorgenommene Visitation an der Schule in Kemmern, 29.01.1889, StABa K3 DII Nr. 10139.

Schreiben der Königlichen Kreisregierung von Oberfranken, Kammer des Innern, an die Distriktschulinspektion Scheßlitz mit Sitz in Stadelhofen, 08.02.1889, StABa K3 DII Nr. 10139.

Schreiben der Königlichen Kreisregierung von Oberfranken an das Königliche Bezirksamt Bamberg I, 07.04.1889, StABa K3 DII Nr. 10139.

Schreiben der Gemeindeverwaltung Kemmern an das Königliche Bezirksamt Bamberg I, 09.04.1890, StABa K 5 Nr. 8348.

Schreiben der Gemeinde Kemmern an die Königliche Kreisregierung in Bayreuth, 19.04.1889, StABa K 3 DII Nr. 10139.

Schreiben der Gemeinde Kemmern an das Bezirksamt Bamberg I, 09.04.1890, StABa K 5 Nr. 8348.

Schreiben der Königlichen Kreisregierung in Oberfranken, Kammer des Innern, an das Königliche Staatsministerium des Innern für Kirchen- und Schulangelegenheiten, 29.08.1890, StABa K 3 DII Nr. 10139.

Schreiben der Königlichen Kreisregierung von Oberfranken an das Bezirksamt Bamberg I, 14.06.1890, StABa K 5 Nr. 834.

Schreiben des Königlichen Bezirksamts Bamberg I an die Kreisregierung in Oberfranken, Kammer des Innern, 14.07.1890, StABa K 5 Nr. 8353.

Testament von Pfarrer Gottfried Arnold vom 28.06.1890, Bamberg, Staatsarchiv, StABa K 131/6 Nr. 41/1902.

Schreiben der Königlichen Kreisregierung von Oberfranken an das Königliche Bezirksamt Bamberg I, 30.09.1890, StABa K 5 Nr. 8348.

Schreiben von Pfarrer Arnold, Gottfried an das Königliche Bezirksamt Bamberg I, 06.06.1893, StABa K 3 DII ᵇ Nr. 3552 II.

Schreiben des Königlichen Bezirksamtes Bamberg I an die Kirchenverwaltung in Kemmern, 27.04.1899, StABa K 5 Nr. 8348.

Schreiben der Kirchenverwaltung Kemmern an das Königliche Bezirksamt Bamberg I, 17.05.1899, StABa K 5 Nr. 8348.

Statuten der Kleinkinderbewahranstalt Kemmern vom 17.05.1899, Bamberg, Staatsarchiv, StABa K 5 Nr. 8348.

Schreiben der katholischen Kirchenverwaltung an das Königliche Bezirksamt Bamberg I, 03.06.1899, StABa K 5 Nr. 8348.

Schreiben der Königlichen Lokalschulinspektion Kemmern an die hohe Königliche Regierung von Oberfranken, Kammer des Innern, 15.01.1900, StABa K 5 Nr. 8348.

Schreiben der Kirchenverwaltung Kemmern an das Königliche Bezirksamt Bamberg I, 01.07.1907, StABa K 5 Nr. 8348.

Bauplanverzeichnis des Königlichen Bezirksamtes Bamberg I, Nr. 195, 07.08.1907, StABa K 5 Nr. 8348.

Schreiben des Amtes für die Aufsicht für Erziehungs- und Unterrichtsanstalten an die Verwaltung der Gemeinde Kemmern, 13.07.1909, StABa K 5 Nr. 8348.

Beschäftigungsplan für die Kleinkinderbewahranstalt, 1909, Bamberg, Staatsarchiv, StABa K 5 Nr. 10885.

Schreiben des Königlichen Bezirksamtes Bamberg I an die Königliche Regierung von Oberfranken, 24.06.1911, StABa K 5 Nr. 8352.

Schreiben der Königlichen Regierung von Oberfranken an das Königliche Bezirksamt Bamberg I, 3.07.1911, StABa K 5 Nr. 8352.

Schreiben des Königlichen Bezirksamtes Bamberg I an die Gemeindeverwaltung Kemmern, 19.07.1911, StABa K 5 Nr. 8352.

Visitationsprotokoll des Kreisschulrates Büttner vom 27.02.1918, Bamberg, Staatsarchiv, StABa K3 DII Nr. 10138.

Schreiben des Königlichen Lokalschulinspektors Pfarrer Hennemann Nikolaus an die Königliche Regierung von Oberfranken, 02.09.1918, StABa K 3 DII ᵇNr. 3552 II.

Schreiben des Lokalschulinspektors Pfarrer Nikolaus Hennemann an das Königliche Bezirksamt Bamberg I, 02.10.1918, StABa K 3 DII ᵇNr. 3552 II.

Schreiben des Königlichen Bezirksamtes Bamberg I an den Lokalschulinspektor Pfarrer Nikolaus Hennemann , 09.10.1918, StABa K 3 DII ᵇNr. 3552 II.

Schreiben des Lokalschulinspektors Pfarrer Nikolaus Hennemann an das Königliche Bezirksamt Bamberg I, 11.10.1918, StABa K 3 DII ᵇNr. 3552 II.

Schreiben der Königlichen Regierung von Oberfranken an das Königliche Bezirksamt Bamberg I, 16.10.1918, StABa K 3 DII ᵇNr. 3552 II.

Niederschrift über die am 20. und 21.05.1920 im Sitzungssaale des Staatsministeriums für Unterricht und Kultus abgehaltene Besprechung mit den administrativen Schulreferenten der Kreisregierungen über Schulfragen, 21.05.1920, StABa K3 Präs Ra Nr. 2132.

Amtsblatt des Bayerischen Staatsministeriums für Unterricht und Kultus, 12.06.1920, StABa K 3 DII ᵇNr. 3552 II.

Schreiben der Generaloberin an die Hohe Regierung von Oberfranken, Kammer des Innern, 26.08.1921, StABa K 3 DII ᵇNr. 3552 II.

Schreiben von der Kirchenstiftpflegschaft Kemmern an das Bezirksamt Bamberg, 24.06.1924, StABa K5 Nr. 8348.

Schreiben des Bezirksamtes Bamberg I an den Bürgermeister Endres, 28.07.1925, StABa K 3 DII Nr. 10139.

Schreiben des Bezirksamtes Bamberg I an den Bürgermeister Endres, 16.08.1925, StABa K 3 DII Nr. 10139.

Schreiben des Bürgermeisters Endres an das Bezirksamt Bamberg I, 24.09.1925, StABa K 3 DII Nr. 10139.

Schreiben des Bezirksschulrats Bamberg I an die Meisterin der Dillinger Franziskanerinnen, 18.12.1926, StABa K3 DII Nr. 10138.

Schreiben der Regierung von Oberfranken, Kammer des Innern, an die Bezirksschulbehörde, 05.02.1927, StABa K3 DII Nr. 10138.

Schreiben des Bezirksamts Bamberg I an die Meisterin der Dillinger Franziskanerinnen, 12.02.1927, StABa K3 DII Nr. 10138.

Schreiben der Meisterin Schwester M. Laurentia (Meinberger) O.S.F., an das Bezirksschulamt Bamberg I, 20.02.1927, StABa K3 DII Nr. 10138.

Schreiben der Oberin des Konventes der Dillinger Franziskanerinnen, Schwester M. Synkletia (Oppelt) O.S.F., an die Regierung von Oberfranken, 04.11.1927, StABa K 3 DII ᵇNr. 3552 II.

Schreiben der Regierung von Oberfranken an das Bezirksamt Bamberg I, 23.11.1927, StABa K 3 DII ᵇNr. 3552 II.

Schreiben der Oberin des Konventes der Dillinger Franziskanerinnen an die Hohe Königliche Regierung von Oberfranken, Kammer des Innern, 12.12.1927, StABa K 3 DII ᵇNr. 3552 II.

Schreiben des Bezirksamtes Bamberg I an die Hohe Regierung von Oberfranken, Kammer des Innern, 14.12.1927, StABa K 3 DII ᵇNr. 3552 II.

Schreiben der Hohen Regierung von Oberfranken, Kammer des Innern, an das Bezirksamt Bamberg I, 23.12.1927, StABa K 3 DII ᵇ Nr. 3552 II.

Schreiben des Bezirksamtes Bamberg I an die Hohe Regierung von Oberfranken, Kammer des Innern, 30.12.1927, StABa K 3 DII ᵇNr. 3552 II.

Schreiben der Bezirksschulbehörde Bamberg an die Hohe Regierung von Oberfranken, Kammer des Innern, 02.01.1928, StABa K 3 DII ᵇNr. 3552 II.

Schreiben der Bezirksschulbehörde Bamberg I an den Gemeinderat Kemmern, 20.02.1928, StABa K3 DII Nr. 10138.

Schreiben des Bezirksamts Bamberg I an den Bürgermeister in Kemmern, 27.08.1928, StABa K3 DII Nr. 10138.

Schreiben des Bezirksschulamts Bamberg I an die Regierung von Oberfranken, Kammer des Innern, 29.08.1928, StABa K3 DII Nr. 10138.

Schreiben der Regierung von Oberfranken, Kammer des Innern an die Bezirksschulbehörde Bamberg I, 05.09.1928, StABa K3 DII Nr. 10138.

Schreiben der Bezirksschulbehörde Bamberg I an den Bürgermeister in Kemmern, 24.09.1928, StABa K3 DII Nr. 10138.

Schreiben des Gemeinderats an das Bezirksamt Bamberg I, 20.10.1928, StABa K3 DII Nr. 10138.

Schreiben des Schulleiters der Volksschule Kemmern, Franz Xaver Bäumel an das Bezirksamt Bamberg I, 03.11.1928, StABa K 3 DII Nr. 10138.

Schreiben des Bezirksamtes Bamberg I an die Regierung von Oberfranken, Kammer des Innern, 08.11.1928, StABa K3 DII Nr. 10138.

Schreiben des Schulleiters der Volksschule Kemmern an das Bezirksamt Bamberg I, 10.11.1928, StABa K3 DII Nr. 10138.

Schreiben des Gemeinderats an das Bezirksamt Bamberg I, 16.11.1928, StABa K3 DII Nr. 10138.

Schreiben des Bezirksamtes Bamberg I an den Bürgermeister von Kemmern, 28.11.1928, StABa K3 DII Nr. 10138.

Auszug aus dem Protokollbuch des Bezirksamtes Bamberg I, 28.11.1928, StABa K3 DII Nr. 10138.

Schreiben der Regierung von Oberfranken, Kammer des Innern, an das Bezirksamt Bamberg I, 05.02.1929, StABa K3 DII Nr. 10138.

Schreiben der Regierung von Oberfranken, Kammer des Innern, an die Bezirksschulbehörde Bamberg I, 08.02.1929, StABa K3 DII Nr. 10138.

Schreiben des Gemeinderates Kemmern an das Bayerische Staatsministerium für Unterricht und Kultus, 20.02.1929, StABa K3 DII Nr. 10138.

Schreiben des Bayerischen Staatsministeriums für Unterricht und Kultus an die Regierung von Oberfranken, Kammer des Innern, 11.03.1929, StABa K 3 DII Nr. 10138.

Statuten des Vereins für Kinderfürsorge und Krankenpflege innerhalb der Pfarrei Breitengüßbach, 04.05.1930, StABa K 5 Nr. 5438.

Schreiben von FRIEDMANN, Andreas an das Bezirksamt Bamberg, 22.01.1933, StABa K 5 Nr. 5395.

Schreiben des Gemeinderats Kemmern an das Bezirksamt Bamberg, 07.03.1933, StABa K 5 Nr. 5395.

Schreiben der Kirchenstiftspflegschaft Kemmern an das Bezirksamt Bamberg, 02.09.1933, StABa K 5 Nr. 8348.

Schreiben des Gemeinderats Kemmern an das Bezirksamt Bamberg, 08.12.1933, StABa K 5 Nr. 5395.

Schreiben des Bezirksamts Bamberg an die Gemeinde Kemmern, 18.12.1933, StABa K 5 Nr. 5395.

Schreiben des Bürgermeisters KRAUS an das Bezirksamt Bamberg, 18.01.1934, StABa K 5 Nr. 5395.

Schreiben der Gemeinde Kemmern an das Bezirksamt Bamberg, 08.08.1934, StABa K 5 Nr. 5395.

Schreiben der Gemeinde Kemmern an das Bezirksamt Bamberg, 16.07.1935, StABa K 5 Nr. 5395.

Schreiben der Regierung von Ober- und Mittelfranken an die Stadtschulbehörden und an die Bezirksschulbehörden, 12.10.1936, StABa K 5 Nr. 5395.

Schreiben des Bezirksamtes Bamberg an die Stadtschulbehörden und die Bezirksschulbehörden, 09.11.1936, StABa K 5 Nr. 5395.

Schreiben des Bezirksamtes Bamberg an die Gemeinde Kemmern, 10.12.1937, StABa K 5 Nr. 5395.

Abschrift des Sitzungsprotokolls der Gemeinde Kemmern, 01.02.1938, StABa K 5 Nr. 8354.

Schreiben des Bezirksamtes Bamberg an die Gemeinde Kemmern, 12.02.1938, StABa K 5 Nr. 5395.

Schreiben des Bezirksamtes Bamberg an den Bürgermeister in Kemmern, 04.04.1938, StABa K 5 Nr. 8354.

Schreiben des Notars Dr. ALTSTÄTTER an das Bezirksamt Bamberg, 15.06.1938, StABa K 5 Nr. 7916.

Schreiben des Bezirksamtes Bamberg an den Bürgermeister in Kemmern, 20.06.1938, StABa K 5 Nr. 8354.

Schreiben des Bürgermeisters in Kemmern an das Bezirksamt Bamberg, 23.06.1938, StABa K 5 Nr. 8354.

Schreiben der Nationalsozialistischen Arbeiterpartei, Gauleitung Bayerische Ostmark, an das Bezirksamt Bamberg, 05.07.1938, StABa K 5 Nr. 5395.

Schreiben des Bezirksamtes Bamberg an die Regierung von Ober- und Mittelfranken, 05.08.1938, StABa K 5 Nr. 8354.

Schreiben der Regierung von Ober- und Mittelfranken an das Bezirksamt Bamberg, 14.09.1938, StABa K 5 Nr. 8354.

Schreiben des Bezirksamtes Bamberg an den Bürgermeister in Kemmern, 18.10.1938, StABa K 5 Nr. 8354.

Schreiben der Regierung von Ober- und Mittelfranken an die Stadtschulbehörden, 12.10.1938, StABa K5 Nr. 8354.

Schreiben des Bürgermeisters der Gemeinde Kemmern an das Bezirksamt Bamberg, 17.01.1938, StABa K 5 Nr. 8354.

Schreiben des Bezirksamtes Bamberg an den Bürgermeister der Gemeinde Kemmern, 28.10.1938, StABa K 5 Nr. 8354.

Schreiben an das Bezirksamt Bamberg, 10.12.1938, StABa K 5 Nr. 8354.

Abschrift des Schreibens von Schwester M. SYNKLETIA (Oppelt) O.S.F., an den Bürgermeister, 02.12.1938, StABa K 5 Nr. 8354.

Akte der Geheimen Staatspolizei München, Dezember 1938, StABa K 5 Nr. 7916.

Schreiben der Geheimen Staatspolizei, Leitstelle München, 24.12.1938, StABa K 5 Nr. 7916.

Schreiben des Bürgermeisters der Gemeinde Kemmern an den Landrat von Bamberg, 30.03.1939, StABa K 5 Nr. 5395.

Schreiben des Regierungspräsidenten von Ober- und Mittelfranken an das Bezirksschulamt in Bamberg, 24.04.1939, StABa K 5 Nr. 5395.

Schreiben des staatlichen Gesundheitsamtes an das Bezirksamt Bamberg, 06.06.1939, StABa K 5 Nr. 5395.

Schreiben von Frau Anna THOMANN an die Regierung von Ober- und Mittelfranken, 26.09.1939, StABa K 5 Nr. 5395.

Schreiben des Bürgermeisters KRAUS an die Regierung in Ober- und Mittelfranken, 27.09.1939, StABa K 5 Nr. 5395.

Schreiben der Regierung von Ober- und Mittelfranken an den Bürgermeister KRAUS, 12.10.1939, StABa K 5 Nr. 7916.

Schreiben des Bezirksamtes Bamberg an den Regierungspräsidenten von Ober- und Mittelfranken, 10.08.1940, StABa K 5 Nr. 5395.

Schreiben des Regierungspräsidenten von Ober- und Mittelfranken an das Bezirksschulamt in Bamberg, 24.04.1941, StABa K5 Nr. 5395.

Schreiben des Regierungspräsidenten von Ansbach an das Bezirksamt Bamberg, 08.07.1941, StABa K 5 Nr. 5395.

Akte der Nationalsozialistischen Arbeiterpartei der Gemeinde Bischberg, 1943–1945, StABa K5 Nr. 5395

Schreiben des Landrates an den Bürgermeister in Kemmern, 16.01.1945, StABa K 5 Nr. 5395.

Schreiben des Bürgermeisters KRAUS an den Landrat, 19.01.1945, StABa K 5 Nr. 5395.

Schreiben des Landrates an den Bürgermeister in Kemmern, 25.01.1945, StABa K 5 Nr. 5395.

Schulakte der Gemeinde Kemmern über die Beförderungen bei der Regierung von Oberfranken, 20.08.1952 bis heute.

Schreiben des staatlichen Gesundheitsamtes an das Landratsamt Bamberg, 27.02.1953, StABa K 5 Nr. 10875.

Schreiben des Staatsministeriums des Innern an die katholische Kirchenstiftung, 07.07.1953, StABa K 5 Nr. 10875.

Schreiben des Regierungsrats GÖRTLER an die Gemeindeverwaltung Kemmern, 18.01.1954, StABa K 5 Nr. 10875.

Schreiben der Gemeindeverwaltung an das Landratsamt Bamberg, 27.10.1954, StABa K 5 Nr. 10875.

Schreiben des staatlichen Gesundheitsamtes Bamberg an das Landratsamt Bamberg, 23.02.1955, StABa K 5 Nr. 10875.

Schreiben der Regierung von Oberfranken an Schwester M. REGINHARDA (Nehmer) O.S.F., 15.10.1959.

Schreiben des Bürgermeisters DORSCH, Franz an die Regierung von Oberfranken, 11.07.1961.

Schreiben über die Beförderung von Schwester M. REGINHARDA (Nehmer) O.S.F von der Regierung von Oberfranken, 23.01.1973.

Schreiben der Regierung von Oberfranken an die Schulleitung der Volksschule in Kemmern, 21.11.2002.

1.2 Erzbischöfliches Archiv Bamberg: Pfarrei Kemmern

HERMANN, Lukas: Geschichte der Pfarrei, Güßbach, 1860, EAB PfAKe.

SAFFER, Georg: Verkündbuch von 1865–1887, EAB PfAKe.

SAFFER, Georg: Predigtbuch von 1865–1887, EAB PfAKe.

Visitationsbericht der katholischen Pfarrei Kemmern, 30.10.1885, EAB PfAKe.

ARNOLD, Gottfried: Verkündbuch der Pfarrei Kemmern von 1887–1902, EAB PfAKe.

ARNOLD, Gottfried: Predigtbuch der Pfarrei Kemmern von 1887–1902, EAB PfAKe.

HENNEMANN, Nikolaus: Verkündbuch von 1902–1925, EAB PfAKe.

HENNEMANN, Nikolaus: Predigtbuch von 1902–1925, EAB PfAKe.

SCHWENDFÜR, Johannes: Verkündbuch von 1925–1932, EAB PfAKe.

SCHWENDFÜR, Johannes: Predigtbuch von 1925–1932, EAB PfAKe.

ALBERT, Georg: Verkündbuch von 1932–1935, EAB, PfAKe.

HEINKELMANN Adam: Verkündbuch der Pfarrei Kemmern von 1933–1938, EAB PfAKe.

Kanonischer Visitationsbericht des Erzbistums Bamberg an die katholische Pfarrei Kemmern, 30.10.1912, EAB PfAKe.

Kanonischer Visitationsbericht des Erzbistums Bamberg an die katholische Pfarrei Kemmern, 20.01.1929, EAB PfAKe.

Schreiben des Erzbischofs von Bamberg an das katholische Pfarramt Kemmern bezüglich der Kanonischen Pfarr- und Kirchenvisitation, 07.12.1929, EAB PfAKe.

Schreiben des Hochwürdigsten Erzbischöflichen Generalvikariats Bamberg an den Pfarrer Georg ALBERT, vom 15.03.1933, EAB PfAKe.

Schreiben von Pfarrer Georg ALBERT an das Hochwürdigste Erzbischöfliche Generalvikariat Bamberg vom 06.12.1933, EAB PfAKe.

Schreiben von Pfarrer Georg ALBERT an den Hochwürdigen Herrn Erzbischof von Bamberg Jacobus VON HAUCK, 22.10.1934, EAB PfAKe.

Schreiben des Hochwürdigen Herrn Erzbischofs von Bamberg Jacobus VON HAUCK an den Pfarrer von Kemmern, 28.10.1934, EAB PfAKe.

Schreiben der Kirchenstiftung Kemmern an das Bezirksamt Bamberg, 18.05.1938, EAB PfAKe.

Schreiben der Kirchenstiftung Kemmern an das Bezirksamt Bamberg, 19.05.1938, EAB PfAKe.

Sitzungsprotokoll der Kirchenverwaltung, 02.10.1938, EAB PfAKe.

Schreiben des Pfarrers von Kemmern an das Erzbischöfliche Generalvikariat, 25.06.1940, EAB PfAKe.

Sitzungsprotokolle der katholischen Kirchenverwaltung, 1955, EAB PfAKe.

Rechnungen der katholischen Kirchenverwaltung Kemmern, 1960–1965, EAB PfAKe.

Protokoll der Kirchenverwaltungssitzung, 14.03.1962, EAB PfAKe.

1.3 Archiv der Dillinger Franziskanerinnen in Bamberg

Schreiben von Pfarrer Gottfried ARNOLD an die Meisterin ANGELINA SCHMID, 12.11.1890, Dill. Franz. A. Ba.

Schreiben von Pfarrer Adam HEINKELMANN an den Bischof von Augsburg, 18.09.1940, Dill. Franz A. Ba.

Schreiben von Bischof JOSEF von Augsburg an die Meisterin der Dillinger Franziskanerinnen, 20.09.1940, Dill. Franz A. Ba.

Schreiben der Generalassistentin an den Pfarrer von Kemmern, 23.09.1940, Dill. Franz. A. Ba.

Schreiben der Generaloberin der Dillinger Franziskanerinnen an den Bischof von Augsburg, 02.10.1940, Dill. Franz A. Ba.

Schreiben von Schwester M. NATANAELA (Buchner) O.S.F. an die Meisterin der Dillinger Franziskanerinnen, 22.07.1941, Dill. Franz. A. Ba.

Schreiben der Schwesternkommunität in Kemmern an die Meisterin der Dillinger Franziskanerinnen 1945, Dill. Franz. A. Ba.

Schreiben der Regierung von Oberfranken an das Mutterhaus der Dillinger Franziskanerinnen, 11.08.1945, Dill. Franz. A. Ba.

Nutzungsvertrag zwischen der Kongregation der Dillinger Franziskanerinnen und der Gemeinde Kemmern, 06.10.1945 und 30.10.1945, Dill. Franz. A. Ba.

Schreiben der Schwesternkommunität Kemmern an die Meisterin der Dillinger Franziskanerinnen. (Ohne Angabe von Datum, wahrscheinlich gegen Ende des Krieges 1945), Dill. Franz. A. Ba.

Schreiben des Regierungspräsidenten von Oberfranken an das Bezirksschulamt in Bamberg, 05.12.1946, Dill. Franz. A. Ba.

Fragebogen über die Lehr- und Erziehungstätigkeit der Dillinger Franziskanerinnen über den Konvent in Kemmern, 26.02.1947, Dill. Franz. A. Ba.

Schreiben von Pfarrer JOHANNES STAHL an die Meisterin der Dillinger Franziskanerinnen, 06.08.1948, Dill. Franz. A. Ba.

Schreiben des Regierungspräsidenten von Ansbach an das Bezirksschulamt Bamberg, 27.12.1948, Dill. Franz. A. Ba.

Schreiben der Provinzoberin Schwester M. HORTENTIA O.S.F. an den Bürgermeister PHILLIP Aumüller, 24.09.1951, Dill. Franz. A. Ba.

Schreiben der Generaloberin an die Regierung von Oberfranken, 02.01.1952, Dill. Franz. A. Ba.

Schreiben der Regierung von Oberfranken an das Mutterhaus der Dillinger Franziskanerinnen, 17.01.1952, Dill. Franz. A. Ba.

Schreiben des Mutterhauses der Dillinger Franziskanerinnen an das Bezirksschulamt, 19.08.1953, Dill. Franz. A. Ba.

Schreiben der Regierung von Oberfranken an das Mutterhaus der Dillinger Franziskanerinnen, 24.08.1953, Dill. Franz. A. Ba.

Schreiben des Mutterhauses der Dillinger Franziskanerinnen an das Bezirksschulamt, 23.10.1953, Dill. Franz. A. Ba.

Schreiben des Landratsamtes Bamberg an die Katholische Kirchenstiftung Kemmern, 11.05.1955, Dill. Franz. A. Ba.

Schreiben von Oberin Schwester M. Reginharda O.S.F. an die Provinzialoberin Schwester M. Dorothea, 16.09.1962, Dill. Franz. A. Ba.

Schreiben der Schwesternkommunität Kemmern an die Provinzialoberin der Dillinger Franziskanerinnen, 16.11.1963, Dill. Franz. A. Ba.

Vertrag der Dillinger Franziskanerinnen mit der katholischen Kirchenstiftung, 04.12.1963, Dill. Franz. A. Ba.

Schreiben der Provinzökonomin der Dillinger Franziskanerinnen an Pfarrer Kochseder, Georg von Kemmern, 09.09.1965, Dill. Franz. A. Ba.

Schreiben der Provinzialoberin an Pfarrer Georg Götz, 08.03.1968, Dill. Franz. A. Ba.

Schreiben der Provinzoberin der Dillinger Franziskanerinnen Schwester M. Clementine O.S.F. an Pfarrer Götz, Georg 21.05.1976, Dill. Franz. A. Ba.

1.4 Archiv der Dillinger Franziskanerinnen in Dillingen

Verzeichnis der Lehrerinnen im Mutterhaus Dillingen, seiner Schulfilialen und der Wagnerischen Anstalten von 1774–1937, Dill. Franz. A. Dill.

Chronik der Dillinger Franziskanerinnen und deren einzelne Filialen, Dillingen 1870, Dill. Franz. A. Dill.

Schreiben von Pfarrer Gottfried Arnold an die Oberin der Dillinger Franziskanerinnen Schmid, Angelina, 06.11.1889, Dill. Franz. A. Dill.

Schreiben der Oberin der Dillinger Franziskanerinnen Schmid, Angelina an Pfarrer Arnold, Gottfried, 16.11.1889, Dill. Franz A. Dill.

Schreiben von Pfarrer Arnold, Gottfried an die Meisterin Schmid, Angelina 12.06.1900, Dill. Franz. A. Dill.

Schreiben der Generaloberin der Dillinger Franziskanerinnen an die Oberin des Schwesternkonventes in Kemmern, Schwester M. Natanaela, (Buchner) O.S.F., 15.08.1945, Dill. Franz. A. Dill.

Zertifikat von Schwester M. Reginharda, (Nehmer) O.S.F. über eine Fortbildungsmaßnahme von sechs Wochen in Hauswirtschaft im Kloster Maria Medingen, Dill. Franz. A. Dill.

Schreiben von Schwester M. Reginharda an die Schulreferentin Schwester M. Desiderata, O.S.F. 30.07.1964, Dill. Franz. A. Dill.

Schreiben von Schwester M. Desiderata O.S.F. an das Bezirksschulamt Bamberg, 31.07.1964, Dill. Franz. A. Dill.

Schreiben des Generalrates der Dillinger Franziskanerinnen an den Verfasser der Arbeit, 03.01.2001, Dill. Franz. A. Dill.

Nekrologien der Dillinger Franziskanerinnen in Dillingen

Schwester M. Agatha (Schneller) O.S.F.	18.11.1913.
Schwester M. Patientia (Schroll) O.S.F.	24.07.1914.
Schwester M. Regina (Strasser) O.S.F.	25.04.1923.
Schwester M. Edelharda (Wengemmayers) O.S.F.	31.10.1939.
Schwester M. Christine (Eckerle) O.S.F.	25.02.1941.
Schwester M. Silvia (Ruf) O.S.F.	02.02.1942.
Schwester M. Festina (Geigenberger) O.S.F.	24.10.1952.
Schwester M. Myrone (Noppenberger) O.S.F.	03.06.1953.
Schwester M. Ludberga (Franz) O.S.F.	06.06.1956.
Schwester M. Piatone (Spiegel) O.S.F.	19.01.1958.
Schwester M. Hubelina (Beck) O.S.F.	13.04.1961.
Schwester M. Synkletia (Oppelt) O.S.F.	29.07.1967.
Schwester M. Mangolda (Gehring) O.S.F.	04.04.1968.
Schwester M. Salvatoris (Görtler) O.S.F.	29.04.1968.
Schwester M. Pollina Katharina (Kemmer) O.S.F.	18.01.1971.
Schwester M. Luidrieda (Graser) O.S.F.	05.05.1971.
Schwester M. Lutrudis Anna (Birzle) O.S.F.	14.01.1974.
Schwester M. Gabriele (Christa) O.S.F.	19.01.1979.
Schwester M. Patientia (Eichhorn) O.S.F.	29.09.1990.
Schwester M. Frieda (Gebhard) O.S.F.	29.05.1992.
Schwester M. Milgitha (Höfling) O.S.F.	11.03.1994.
Schwester M. Seraphine (Eichhorn) O.S.F.	17.03.1995.
Schwester M. Rupertis (Pfister) O.S.F.	03.02.1999.
Schwester M. Gerwigis (Zacher) O.S.F.	15.07.1999.
Schwester M. Reginharda (Nehmer) O.S.F.	03.10.2000.
Schwester M. Witburgis (Dorsch) O.S.F.	23.01.2001.
Schwester M. Amaltraud (Albrecht) O.S.F.	21.02.2001.

1.5 Archiv der Dillinger Franziskanerinnen in Kaiserslautern

Schreiben der Generaloberin der Dillinger Franziskanerinnen an die Oberin des Schwesternkonventes in Kemmern, Schwester M. Nathanaela (Buchner) O.S.F., 15.08.1945.

1.6 Archiv der Dillinger Franziskanerinnen in Michelfeld

Rechnungsbuch der Dillinger Franziskanerinnen von Michelfeld aus der Paramentenstickerei vom 16. Juli 1896 über die Fahne des Krieger- und Militärvereins der Gemeinde Kemmern, Michelfeld 1896, S. 25, Nr. 4.

1.7 Gemeindearchiv Kemmern

Stellenbeschreibung des Königlichen Bezirksamtes Bamberg I für die Knabenschule in der Gemeinde Kemmern vom Juli 1914.

Protokollbuch der Gemeinde Kemmern, 1891–1911.

Protokollbuch der Gemeinde Kemmern, 1911–1921.

Protokollbuch der Gemeinde Kemmern, 1935–1953.

Schulchronik der Gemeinde Kemmern ab 1945.

Tabelle: Schülerbewegungen an der Volksschule Kemmern, 1945–1991.

Verschlussakte über den Nationalsozialismus in Kemmern TGBN, 14821.

1.8 Staatsarchiv Würzburg

Schenkungsvertrag zwischen Pfarrer ARNOLD Gottfried und der Gemeinde Kemmern, 14.03.1891, StAWü Gr.Nr. 113.

Schenkungsvertrag der Gemeinde Kemmern an die Kirchenverwaltung Kemmern, 31.05.1900, StAWü Gr.NR. 685.

2. Gedruckte Quellen

2.1 Staatsarchiv Bamberg

Vertrag zwischen dem Landratsamt Bamberg und der katholischen Kirchenstiftung, 11.05.1957, StABa K5. Nr. 10875.

2.2 Zeitungen aus dem Raum Augsburg

OHNE VERFASSER: Art: „Dillingen". In: Donau-Zeitung vom 03.08.1966, Jahrgang Nr. 22, Nr. 176, S. 13.

2.3 Staatsbibliothek Bamberg

Amtsblatt des Bayerischen Staatsministeriums für Unterricht und Kultus, 05.03.1852, StBBa EPH Jur. o.66.

Lehrordnung für die bayerischen Volksschulen vom 15.12.1926 in: Amtsblatt des Bayerischen Staatsministeriums für Unterricht und Kultus vom 29.12.1926, Nr. 16, StBBa EPH. Jur. o.66.

2.3.1 Bamberger Volksblatt

OHNE VERFASSER: Art. „Kemmern", 10.05.1887, Jahrgang Nr. 15, Nr. 104, S. 3, StBBa 22/MFZ5.
OHNE VERFASSER: Art. „Kemmern", 24.05.1887, Jahrgang Nr. 15, Nr. 115, S. 5, StBBa 22/MFZ5.
OHNE VERFASSER: Art. „Kemmern", 26.05.1887, Jahrgang Nr. 15, Nr. 117, S. 5, StBBa 22/MFZ5.
OHNE VERFASSER: Art. „Kemmern", 23.09.1890, Jahrgang Nr. 18, Nr. 193, S. 4, StBBa 22/MFZ5.
OHNE VERFASSER: Art. „Kemmern", 23.10.1890, Jahrgang Nr. 18, Nr. 223, S. 3, StBBa 22/MFZ5.
OHNE VERFASSER: Art. „Kemmern", 30.04.1894, Jahrgang Nr. 22, Nr. 97, S. 3, StBBa 22/MFZ5.
OHNE VERFASSER: Art. „Kemmern", 16.06.1889, Jahrgang Nr. 27, Nr. 133, S. 4, StBBa 22/MFZ5.
OHNE VERFASSER: Art. „Kemmern", 02.06.1902, Jahrgang Nr. 30, Nr. 122, S. 3, StBBa 22/MFZ5.
OHNE VERFASSER: Art. „Kemmern", 06.02.1909, Jahrgang Nr. 37, Nr. 30, S. 3, StBBa 22/MFZ5.
OHNE VERFASSER: Art. „Kemmern", 14.05.1910, Jahrgang Nr. 38, Nr. 108, S. 4, StBBa 22/MFZ5.
OHNE VERFASSER: Art. „Kemmern", 25.07.1914, Jahrgang Nr. 42, Nr. 170, S. 12, StBBa 22/MFZ5.
OHNE VERFASSER: Art. „Ein neues Heim für Kemmerns jüngste Bürger", 18.10.1954, Nr. 85, Nr. 164, S. 6, StBBa 22/MFZ5.
OHNE VERFASSER: Art. „Brückenbau und neue Wasserleitung in Kemmern", 24.09.1955, Jahrgang Nr. 86, Nr. 148, S. 6, StBBa 22/MFZ5.
OHNE VERFASSER: Art. „Eine der schönsten Brücken am Obermain vollendet", 10.12.1955, Jahrgang Nr. 86, Nr. 192, S. 7, StBBa 22/MFZ5.
OHNE VERFASSER: Art. „Kemmerns moderne Brücke der Bestimmung übergeben", 12.12.1955, Jahrgang Nr. 86, Nr. 193, S. 8, StBBa 22/MFZ5.
OHNE VERFASSER: Art. „Nach dem Brückenbau nun auch die Wasserversorgung", 13.12.1955, Jahrgang Nr. 86, Nr. 194, S. 9, StBBa 22/MFZ5.
OHNE VERFASSER: Art. „Kemmern", 08.06.1956, Nr. 201, Jahrgang Nr. 87, S. 8, StBBa 22/MFZ5.
OHNE VERFASSER: Art. „Kirchweih in Kemmern", 02.09.1959, Jahrgang Nr. 90, Nr. 201, S. 8, StBBa 22/MFZ5.
OHNE VERFASSER: Art. „Gemeinderäte nehmen die Arbeit auf – Dank des neuen Bürgermeisters", 10.05.1960, Jahrgang Nr. 91, Nr. 108, S. 10, StBBa 22/MFZ5.
OHNE VERFASSER: Art. „Bürgermeisterwahl in Kemmern", 25.07.1960, Jahrgang Nr. 91, S. 11, Nr. 168, StBBa 22/MFZ5.
OHNE VERFASSER: Art. „Kemmern", 03.06.1965, Jahrgang Nr. 173, Nr. 127, S. 13, StBBa 22MFZ3.
OHNE VERFASSER: Art. „75 Jahre Schwesternkonvent", 30.10.1965, Jahrgang Nr. 96, Nr. 278, S. 10, StBBa 22/MFZ5.
OHNE VERFASSER: Art. „Basteln machte allen Freude", 15.03.1966, Jahrgang Nr. 97, Nr. 61, S. 10, StBBa 22/MFZ5.
OHNE VERFASSER: Art. „Aufgeschlossen für zeitnahe Fragen", 20.12.1967, Jahrgang Nr.98, Nr. 294, S. 14, StBBa 22/MFZ5.
OHNE VERFASSER: Art. „Jugendseminar mit Boogie-Woogie", 29.12.1967, Jahrgang Nr.98, Nr. 302, S. 16, StBBa 22/MFZ5.

2.3.2 Bamberger Tagblatt

OHNE VERFASSER: Art. „Kemmern", 06.02.1909, Jahrgang Nr. o.A., S. 3 f., Nr. 30, StBBa 22/MFZ3.

Ohne Verfasser: Art. „Kemmern", 10.02.1909, Jahrgang Nr. o.A., Nr. 33, S. 3, StBBa 22/MFZ3.
Ohne Verfasser: Art. „Kemmern", 13.02.1909, Jahrgang Nr. o.A., Nr. 36, S. 4, StBBa 22/MFZ3.

2.3.3 Fränkischer Tag

Ohne Verfasser: Art. „Todesanzeige von Schwester M. Patientia (Schroll)", 25.07.1914, O.S.F., Jahrgang Nr. O.A., Nr. 170, S. 7, StBBa 22/MFZ3.
Ohne Verfasser: Art. „Kemmern", 30.03.1946, Jahrgang Nr. 126, Nr. 24, S. 14, StBBa 22/MFZ3.
Ohne Verfasser: Art. „Parteiveranstaltungen CSU", 26.06.1946, Jahrgang Nr. 126, S. 14, Nr. 49, StBBa 22/MFZ3.
Ohne Verfasser: Art. „Fahnenweihe der Freiwilligen Feuerwehr Kemmern", 28.06.1950, Jahrgang Nr. 28, Nr. 77, S. 7, StBBa 22MFZ3.
Ohne Verfasser: Art. „Zweimal gewählt – und doch kein neuer Bürgermeister", 21.06.1960, Jahrgang Nr. 127, Nr. 140, S. 12, StBBa 22/MFZ3.
Ohne Verfasser: Art. „Die Fachleute bestätigen es, der Bauplatz liegt richtig", 23.02.1962, Jahrgang Nr. 129, Nr. 45. S. 11, StBBa 22/MFZ3.
Ohne Verfasser: Art. „Kinderreichtum zwang zum Bau einer neuen Schule", 31.01.1963, Jahrgang Nr. 130, Nr. 26. S. 12, StBBa 22/MFZ3.
Ohne Verfasser: Art. „Die Schule ist die Wiege des Ortes", Jahrgang Nr. 132, 06.07.1965, Nr. 153, S. 15, StBBa 22/MFZ3.
Ohne Verfasser: Art. „Bisheriger Erster ist jetzt Zweiter", 06.05.1966, Jahrgang Nr. 133, Nr. 164, S. 14, StBBa 22/MFZ3.
Ohne Verfasser: Art. „Ein Diener Christi im Dienste der Menschen", 11.07.1967, Jahrgang Nr. 134, Nr. 156, S. 7, StBBa 22/MFZ3.
Ohne Verfasser: Art. „Jugendseminar war ein Erfolg", 22.12.1967, Jahrgang Nr. 134, Nr. 295, S. 8, StBBa 22/MFZ3.
Ohne Verfasser: Art: „Die Treue verbindet Schwestern und Gemeinde", 03.03.1968, Jahrgang Nr. 135, S. 19, Nr. 34, StBBa 22/MFZ3.
Ohne Verfasser: Art. „Er führte sein Dorf an den Fortschritt heran",
16.08.1969, Jahrgang Nr. 136, Nr.186, S. 18, StBBa 22/MFZ3.
Ohne Verfasser: Art. „Bürgermeisterwahl in Kemmern und Aschbach", 20.10.1969, Jahrgang Nr. 136, Nr. 241, S. 18, StBBa 22/MFZ3.
Ohne Verfasser: Art. „Segen der Kirche für die Kläranlage", 07.07.1970, Jahrgang Nr. 137, Nr. 152, S. 16, S. 17, StBBa 22/MFZ3.
Ohne Verfasser: Art. „Am Grabe noch einmal Dank gesagt", 13.05.1971, Jahrgang Nr. 138, Nr. 109, S. 16, StBBa 22/MFZ3.
Ohne Verfasser: Art. „Gegen hauptamtlichen Bürgermeister", 08.06.1972, Jahrgang Nr. 139, Nr. 129, S. 18, StBBa 22/MFZ3.
Ohne Verfasser: Art. „Zunächst in der Gemeinde umgesehen", 21.07.1972, Jahrgang Nr. 139, Nr. 171, S. 16, StBBa 22/MFZ3.

Ohne Verfasser: Art. „Kemmerner Kerwa war wieder zünftig", 31.08.1972, Jahrgang Nr. 139, Nr. 200, S. 19, S. 16, StBBa 22/MFZ3.
Ohne Verfasser: Art. „Kemmerner Eltern zum Schulstreik entschlossen", 18.09.1972, Jahrgang Nr. 139, Nr. 215, S. 15, StBBa 22/MFZ3.
Ohne Verfasser: Art. „Im Kemmerner Schulstreik war Dienstag alles offen", 20.09.1972, Jahrgang Nr. 139, Nr. 217, S. 14, StBBa 22/MFZ3.
Ohne Verfasser: Art. „Die Regierung beharrte auf ihrem Standpunkt", 21.09.1972, Jahrgang Nr. 139, Nr. 218, S. 18, StBBa 22/MFZ3.
Ohne Verfasser: Art. „In den Herzen ihrer Schüler ein Denkmal gesetzt", 29.07.1977, Jahrgang Nr. 144, Nr. 172, S. 17, StBBa 22/MFZ3.
Ohne Verfasser: Art. „Überschwemmungsgefahr in Kemmern", 14.10.1980, Jahrgang Nr. 147, Nr. 237, S. 18, StBBa 22/MFZ3.
Ohne Verfasser: Art: „50 Jahre Ordensschwester", 27.04.1982, Jahrgang Nr. 149, Nr. 96, S. 19, StBBa 22/MFZ3.
Ohne Verfasser: Art. „Kirchweih in Kemmern", 28.08.1982, Jahrgang Nr. 149, Nr. 197, S. 27, StBBa 22/ MFZ3.
Ohne Verfasser: Art. „Die Ehrenbürgerschaft verliehen", 13.10.1982, Jahrgang Nr. 149, Nr. 236, S. 20, StBBa 22/MFZ3.
Ohne Verfasser: Art. „Der Ehrenbürgerin Reverenz erweisen", 25.05.1984, Jahrgang Nr. 151, Nr. 121, S. 15, StBBa 22/MFZ3.
Ohne Verfasser: Art. „Eine gottbegnadete Erzieherin", 13.02.1985, Jahrgang Nr. 152, Nr. 37, S. 18, StBBa 22/MFZ3.
Ohne Verfasser: Art. „Verdienste als Seelsorger und Bauherr", 10.10.1987, Jahrgang Nr. 154, Nr. 233, S. 45, StBBa 22/MFZ3.
Engelmann, Klaus: Art. „Kemmern" Theaterstück von Ridi Waldried „Die höllnere Jungfrau", 23.02.1989, Jahrgang Nr. 156, Nr. 45, S. 25, StBBa 22/MFZ5.
Engelmann, Klaus: Art. „Die ersten Schüler waren die letzten Gratulanten", 20.05.1989, Jahrgang Nr. 156, Nr. 114, S. 27, StBBa 22/MFZ3.
Engelmann, Klaus: Art. „Für Früchte priesterlichen Wirkens gedankt", 04.10.1989, Jahrgang Nr. 156, Nr. 228, S. 27, StBBa 22/MFZ3.
Engelmann, Klaus: Art. „Immer eine Erzieherin mit Herz gewesen", 09.01.1990, Jahrgang Nr. 157, Nr. 6, S. 25, StBBa 22/MFZ3.
Engelmann, Klaus: Art. „Das Leben im Dorf wesentlich mitgestaltet", 12.06.1991, Jahrgang Nr. 158, Nr. 133, S. 20, StBBa 22/MFZ3.
Engelmann, Klaus: Art. „Dorffest in Kemmern: Ein Gang durch Geschichte und Gegenwart", 28.07.1992, Jahrgang Nr. 159, Nr. 172, S. 25, StBBa 22/MFZ3.
Engelmann, Klaus: Art. Fast alle Kemmerner unterrichtet", 14.05.1994, Jahrgang Nr. 161, Nr. 110, S. 25, StBBa 22/MFZ3.
Engelmann, Klaus: Art. „Gegenwart und Zukunft christlich gestalten", 16.06.1994, Jahrgang Nr. 161, Nr. 136, S. 23, StBBa 22/MFZ3.
Ohne Verfasser: Art: „Ständiger Zulauf beim Sportverein Kemmern", 06.04.1996, Jahrgang Nr. 163, Nr. 81, S. 19, StBBa 22/MFZ3.
Ohne Verfasser: Art. „Eine überschaubare Gemeinde", 13.05.1996, Jahrgang Nr. 163, Nr. 110, S. 17, StBBa 22/MFZ3.

ENGELMANN, Klaus: Art. „Von Ruhestand keine Rede", 20.05.1996, Jahrgang Nr. 163, Nr. 115, S. 13, StBBa 22/MFZ3.

OHNE VERFASSER: Art. „Sterben der Hauptschulen befürchtet", 18.02.1997, Jahrgang Nr. 164, Nr. 40, S. 11, StBBa 22/MFZ3.

OHNE VERFASSER: Art. „Kinder und Lehrer ausgesperrt", 28.02.1997 Jahrgang Nr. 164, Nr. 49, S. 14, StBBa 22/MFZ3.

OHNE VERFASSER: Art. „Im Landkreis wird der sechsstufige Realschulversuch eingeführt", 04.03.1997, Jahrgang Nr. 164, Nr. 52, S. 13, StBBa 22/MFZ3.

OHNE VERFASSER: Art. „Zu höheren Steuern und Abgaben gezwungen", 18.04.1997, Jahrgang Nr. 164, Nr. 89, S. 15, StBBa 22/MFZ3.

OHNE VERFASSER: Art. „Bürgerentscheid nicht zugelassen", 10.06.1997, Jahrgang Nr. 164, Nr. 130, S. 15, StBBa 22/MFZ3.

OHNE VERFASSER: Art. „SC Kemmern macht sein Meisterstück", 16.02.1998, Jahrgang Nr. 165, Nr. 38, S. 15, StBBa 22/MFZ3.

OHNE VERFASSER: Art. „Basketball – Damen schreiben mit Aufstieg Vereinsgeschichte", 01.04.1998, Jahrgang Nr. 165, Nr. 76, S. 16, StBBa 22/MFZ3.

OHNE VERFASSER: Art. „Kemmern feierte Basketballerinnen", 12.05.1998, Jahrgang Nr. 165, Nr. 108, S. 17, StBBa 22/MFZ3.

ENGELMANN, Klaus: Art. „Die Kommunalpolitik in Kemmern trägt seine Handschrift", 09.07.1997, Nr. 155, S. 16, StBBa 22/MFZ3.

ENGELMANN, Klaus: Art. „Goethe-Wort Motto fürs Jubiläum", 14.05.1998, Jahrgangs Nr. 165, Nr. 110, S. 15, StBBa 22/MFZ3.

ENGELMANN, Klaus: Art. „Die Chronik der Trachtengruppe mit Volkstänzen gewürzt", 14.05.1998, Jahrgang Nr. 165, Nr. 110, S. 20, StBBa 22/MFZ3.

ENGELMANN, Klaus: Art. „Runde Zahlen als gutes Omen genommen", 09.09.1998, Jahrgang Nr. 165, Nr. 207, S. 13, StBBa 22/MFZ3.

ENGELMANN, Klaus: Art. „Als Ordensfrau der Dillinger Franziskanerinnen in Kemmern", 18.05.1999, Jahrgang Nr. 166, Nr. 112, S. 14, StBBa 22/MFZ3.

ENGELMANN, Klaus: Art. „Pfarreien werden neu besetzt", 28.04.2000, Jahrgang Nr. 167, Nr. 98, S. 13, StBBa 22/MFZ3.

OHNE VERFASSER: Art. „Kemmerner Kirche mit ‚Sendungsbewusstsein'", 29.06.2000, Jahrgang Nr. 167, Nr. 147, S. 18, StBBa 22/MFZ3.

SCHÜLLING, Christoph: Art. „Neuer Götze, Mobilfunk'", 22.07.2000, Nr. 167, Jahrgang Nr. 167, S. 4, StBBa 22/MFZ3.

RUSS, Hans Dieter und Waltraud: Art. „Panikmache der falsche Weg", 22.07.2000, Jahrgang Nr. 167, Nr. 175, S. 12, StBBa 22/MFZ3.

SCHUG, Karl Josef: Art. „Der Streit um Funkantenne ist in Kemmern eskaliert", 27.07.2000, Jahrgang Nr. 167, Nr. 171, S. 13, StBBa 22/MFZ3.

OHNE VERFASSER: Art. „Keine Gefahren zu erkennen", 27.07.2000, Jahrgang Nr. 167, Nr. 175, S. 20, StBBa 22/MFZ3.

OHNE VERFASSER: Art. „Weiteren Schaden für die Dorfgemeinschaft vermeiden", 29.07.2000, Jahrgang Nr. 167, Nr. 173, S. 18, StBBa 22/MFZ3.

WINKLER, Josef: Art. „Deutlich mehr Teilnehmer bei Solidaritätskundgebung", 01.08.2000, Jahrgang Nr. 167, Nr.175, S. 12, StBBa 22/MFZ3.

PORZELT, Alfred: Art. „Predigt trifft die Situation", 08.08.2000, Jahrgang Nr. 167, Nr. 181, S. 7, StBBa 22/MFZ3.

MOLITOR, Manuel: Art. „Rabiate Christen in Kemmern", 08.08.2000, Jahrgang Nr. 167, Nr. 181, S. 7, StBBa 22/MFZ3.

GLÜCKERT, Ursula: Art. „Wissenschaftliche Studien ignoriert", 07.10.2000, Jahrgang Nr. 167, Nr. 231, S. 8, StBBa 22/MFZ3.

TÖPPKE, Marion: Art. „Wer verzichtet?", 10.02.2001, Jahrgang Nr. 168, Nr. 34, S. 18, StBBa 22/MFZ3.

OHNE VERFASSER: Art. „Die Verantwortung liegt beim Kirchenrat", 17.02.2001, Jahrgang Nr. 168, Nr. 40, S. 20, StBBa 22/MFZ3.

MAINBAUER, Ursula: Art. „Ist das alles Zufall?", 17.02.2001, Nr. 168, Nr. 40, S. 20, StBBa 22/MFZ3.

OHNE VERFASSER: Art. „Bei den Fußballern geht es personell sehr eng zu", 07.05.2001, Jahrgang Nr. 168, Nr. 104, S. 15, StBBa 22/MFZ3.

OHNE VERFASSER: Art. „Herzlichkeit ist Trumpf", 23.05.2001, Jahrgang Nr. 168, Nr. 118, S. 16, StBBa 22/MFZ3.

PORZELT, Heidrun: Art. „Sender aus dem Kirchturm verbannen", 28.07.2001, Jahrgang Nr. 169, Nr. 172, S. 21, StBBa 22/MFZ3.

ENGELMANN, Klaus: Art. „Ein Kapitel der Ordensgeschichte geschrieben", 18.08.2001, Jahrgang Nr. 168, Nr. 186, S. 24, StBBa 22/MFZ3.

OHNE VERFASSER: Art. „Geißbockreiten' ist der Kirchweih-Höhepunkt", 29.08.2001, Jahrgang Nr. 168, Nr. 198, S. 16, StBBa 22/MFZ3.

ENGELMANN, Klaus: Art. „Verantwortlich für Weitergabe des Glaubens", 24.10.2001, Jahrgang Nr. 168, Nr. 245, S. 12, StBBa 22/MFZ3.

OHNE VERFASSER: Art. „Geißbockreiten verspricht Angriff auf die Lachmuskeln", 24.08.2002, Jahrgang Nr. 169, Nr. 195, S. 5, StBBa 22/MFZ3.

ENGELMANN, Klaus: Art. „Den Menschen Gottes Nähe zeigen", 17.09.2002, Jahrgang Nr. 169, Nr. 215, S. 14, StBBa 22/MFZ3.

OHNE VERFASSER: Art. „Gegen andere Schulorganisation", 16.11.2002, Jahrgang Nr.169, Nr. 265, S. 26, StBBa 22/MFZ3.

ENGELMANN, Klaus: Art. „Für christliche Werte eintreten", 28.01.2003, Jahrgang Nr.170, Nr. 22, S. 13, StBBa 22/MFZ3.

OHNE VERFASSER: Art. „Keiner wollte Vorsitzender werden", 16.05.2003, Jahrgang Nr. 170, Nr. 111, S. 16, StBBa 22/MFZ3.

FAHNER, Gerd: Art. „Vorstandsfrage ungelöst – SC Kemmern droht Auflösung", 07.07.2003, Jahrgang Nr. 170, Nr. 153, S. 14, StBBa 22/MFZ3.

ENGELMANN, Klaus: Art: „In der Gemeinschaft den Glauben gelebt", 25.05.2004, Jahrgang Nr. 171, Nr. 119. S. 17, StBBa 22/MFZ3.

ENGELMANN, Klaus: Art. „38 Jahre für die Kinder tätig", 18.02.2005, Jahrgang Nr.172, Nr. 41, S. 18, StBBa 22/MFZ3.

2.3.4 St. Heinrichsblatt

OHNE VERFASSER: Art. „Schwester Reginharda 75 Jahre", 15.05.1982, Jahrgang Nr. 89, Nr. 20, S. 16, StBBa RB.Eph.9.

OHNE VERFASSER: Art. „Sr. Helene feierte 40. Profeß", 30.08.1987, Jahrgang Nr. 94, Nr. 35, S. 18, StBBa RB. Eph.9.

ENGELMANN Klaus: Art. „Kemmerner Pater in Indien und Russland", 25.01.1998, Jahrgang Nr. 105, Nr. 4, S. 10, StBBa RB. Eph.9.

ENGELMANN Klaus: Art. „Christi Wort unverfälscht verkünden" 20.09.1998, Jahrgang Nr. 105, Nr. 2, S. 17, StBBa RB. Eph. 9.

Engelmann Klaus: Art. „Treue und fromme Ordensfrau" 13.06.1999, Jahrgang Nr. 106, Nr. 24, S. 21, StBBa RB.Eph. 9.

Engelmann Klaus: Art. „Mit fröhlichem Wesen die Herzen erobert", 27.02.2005, Jahrgang Nr. 112, Nr. 9, S. 18, StBBa RB.Eph. 9.

Ohne Verfasser Art. „Fünf neue Seelsorgebereiche vorgestellt". 26.03.2006, Jahrgang 113, Nr. 13, S. 20

Ohne Verfasser: Art. „Meer der Zeit" erfordert gemeinsames Schiff, 09.04.2006. Jahrgang 113, Nr. 15, S. 23, StBBaRB.Eph.9.

2.3.5 Die Welt

Ohne Verfasser: Art. „Kemmern" vom 18.01.1979, Jahrgangs Nr. 33, Nr. 14, S. 25.

2.3.6 Schematismus des Erzbistums Bamberg

1888	StBBa Hbl M 463 22/mf 35-a, 1888, S. 187.
1900	StBBa Hbl M 463 22/mf 35-a, 1900, S. 221.
1908	StBBa Hbl M 463 22/mf 35-a, 1908, S. 231.
1910	StBBa Hbl M 463 22/mf 35-a, 1910, S. 188.
1918	StBBa Hbl M 463 22/mf 35-a, 1910, S. 85.

2.4 Erzbischöfliches Archiv Bamberg: Pfarrei Kemmern

Wahlplakat anlässlich der Wahlen zur katholischen Kirchenverwaltung am 12.12.1964, EAB, PfAKe.

Meinungsumfrage des Pfarrgemeinderates, 26.10.1968, EAB, PfAKe.

Ergebnis der Meinungsbefragung, 03.11.1968, EAB, PfAKe.

Theaterstück, das anlässlich einer Pfarrversammlung in der Pfarrei Kemmern am 01.12.1968 gespielt wurde, EAB, PfAKe.

Sitzungsprotokoll des Pfarrgemeinderates, 10.12.1968, 30.11.1969, 1970, 1971, EAB, PfAKe.

Sitzungsprotokolle der katholischen Kirchenverwaltung, 1969, 1970, 1971, EAB, PfAKe.

Aufruf an alle Familien der Pfarrei zur Gründung eines Förderkreises für den Kirchbau, 1971, EAB, PfAKe.

Pfarrbrief von Pfarrer Georg Götz anlässlich der Kirchenerweiterung, 18.03.1979, EAB, PfAKe.

2.5 Archiv der Dillinger Franziskanerinnen in Dillingen

Statuten für den Frauenkonvent Ord. St. Fr. zu Dillingen und dessen Filialen, München 1883, Dill. Franz. A. Dill.

Schematismus der Dillinger Franziskanerinnen von 1925, Dill. Franz. A. Dill.

Regeln und Satzungen für die Kongregation der Frauen des Regulierten Dritten Ordens vom heiligen Franziskus von Dillingen an der Donau, Dillingen 1951, Dill. Franz. A. Dill.

Regeln und Konstitutionen der Kongregation der Dillinger Franziskanerinnen von Rom, 1982, Dill. Franz. A. Dill.

Statistik des Generalats der Dillinger Franziskanerinnen, 31.12.2000, Dill. Franz. A. Dill.

Rundbrief der Dillinger Franziskanerinnen, 4/ 03 2001, Dill. Franz. A. Dill.

Rundbrief der Dillinger Franziskanerinnen, 4/03 2001, Dill. Franz. A.

2.6 Gemeindearchiv Kemmern

Sitzungsprotokolle des Gemeinderates der Gemeinde Kemmern von 2000.

Mitteilungsblatt der Gemeinde Kemmern, 30.04.2002.

Bauer, Johann: Beilage zum Mitteilungsblatt der Gemeinde Kemmern, April 2002.

2.7 Pfarreiarchiv Kemmern

Altenbach Uwe: Protokoll der Pfarrversammlung vom 26.01.2006, Pfarrarchiv Kemmern

Eichhorn, Lore: Schreiben an die Konventgemeinschaft der Dillinger Franziskanerinnen vom 19.07.2001. In: Pfarrbrief: Aktuelles aus der Pfarrgemeinde St. Peter und Paul Kemmern, Auflage 2, Kemmern 2001, S. 5.

Engelmann, Klaus: Schwesternhaus erneuert. In: Pfarrbrief. Aktuelles aus der Pfarrgemeinde St. Peter und Paul Kemmern, Auflage 2, Kemmern 2001, S. 7.

Engelmann, Klaus: Schwesternhaus erneuert. In: Pfarrbrief. Aktuelles aus der Pfarrgemeinde St. Peter und Paul Kemmern, 1/1999, PfAKe

Pfarrbrief der Pfarrgemeinde St. Peter und Paul Kemmern, Kemmern, 1/1999, PfAKe.

Pfarrbrief der Pfarrgemeinde St. Peter und Paul Kemmern, Kemmern, 2/1999, PfAKe.

Pfarrbrief der Pfarrgemeinde St. Peter und Paul Kemmern, Kemmern, 2/2002, PfAKe.

2.8 Archiv des Verfassers

2.8.1 Befragungen

Schreiben der Schülerinnen des landwirtschaftlichen Haushaltskurses in Waldsassen vom Mai 1921.

Schreiben von Schwester M. GERTRUDIS (Lowinski) O.S.F. vom 02.09.1998.

Schreiben von Schwester M. ALEXANDRA (Lowinski) O.S.F. vom 05.09.1998.

Schreiben von Schwester M. FRIEDGARD (Dorsch) O.S.F. vom 21.09.1998.

Schriftliche Befragung der ehemaligen Provinzoberin Schwester M. CLEMENTINE O.S.F. im Montanerhaus in Bamberg, 23.09.1998.

Schreiben der Provinz der Bayerischen Kapuziner vom 03.10.1998.

Befragung von Schwester M. GERWIGIS O.S.F. vom 06.10.1998.

Schreiben des Archivum Monacense Societas Jesu an den Verfasser der Arbeit vom 07.10.1998.

Befragung von Schwester M. REGINHARDA (Nehmer) O.S.F. vom 23.10.1998.

Schreiben der Bayerischen Franziskanerkongregation an den Verfasser der Arbeit vom 11.11.1998.

Befragung von Schwester M. RUPERTIS (Pfister) O.S.F. vom 22.11.1998.

Befragung von Schwester M. HELENE (Hutzler) O.S.F. vom 05.05.1999.

Schreiben des Verfassers der Arbeit an die Provinzrätin Schwester M. ROSWITHA O.S.F. vom 25.03.2000.

Schreiben von BORZELT Heidrun an Pfarrer Valentin TEMPEL, vom 27.06.2000.

Befragung von SCHMITT Luise, der Tochter des Lehrers BÄUMEL, im Bamberger Altenheim St. Otto vom 20.08.2000.

Schriftliche Befragung des Pfarrers NEUNDORFER Hannjürg vom 20.02.2001.

Schreiben von Schwester M. BARBARA (Schütz) O.S.F. an den Verfasser der Arbeit am 01.12.2001.

Schreiben von Schwester M. MARGARITA (Schütz) O.S.F. an den Verfasser der Arbeit am 24.12.2001.

Schreiben von Herrn Engelmann an den Verfasser der Arbeit vom 18.02.2002.

Schriftliche Aufzeichnungen aus der Familiengeschichte des Verfassers der Arbeit vom 04.05.2002.

Befragung des Steinmetzmeisters Heinz BREHM vom 06.08.2002.

Befragung von Pfarrer Georg GÖTZ am 06.08.2002.

Befragung des Altbürgermeisters Alois FÖRTSCH vom 15.08.2002.

Befragung einer 60-jährigen Bürgerin vom 20.08.2002.

Befragung einer 70-jährigen Bürgerin vom 20.08.2002.

Befragung einer 80-jährigen Bürgerin vom 22.08.2002.

Befragung einer 50-jährigen Bürgerin vom 23.08.2002.

Befragung einer 60-jährigen Bürgerin vom Breitengüßbach vom 23.08.2002.

Befragung einer 70-jährigen Bürgerin vom 24.08.2002.

Befragung von ELISABETH Görtler vom 25.08.2002.

Schriftliche Befragung der Sozialstation Breitengüßbach vom 25.08.2002.

Befragung der Familie ROSA UND KARL DINKEL vom 28.08.2002.

Befragung von Schwester M. GUNDULA (Denk) O.S.F. vom 03.10.2002.

Stellungnahme von Engelmann für den Verfasser der Arbeit vom 18.02.2003.

Befragung einer 40-jährigen Bürgerin vom 24.02.2003.

Befragung einer 20-jährigen Bürgerin vom 26.02.2003.

Befragung der Brauereibesitzerin Anna WAGNER vom 29.03.2003 in Bamberg im Altenheim.

Befragung von Franz ENDRES vom 30.11.2003.

Schreiben einer 40-jährigen Bürgerin vom 25.02.2004.

Aufzeichnungen von Schwester M. LINTRAUD O.S.F. von der Schwesternkommunität der Dillinger Franziskanerinnen der Franziskushöhe an den Verfasser der Arbeit vom 30.05.2004.

Schreiben des Generalvikars Alois ALBRECHT an den Verfasser der Arbeit vom 20.08.2004.

Schreiben von Margot ENGERT an den Verfasser der Arbeit vom 11.05.2004.

2.8.2 Telefonate

Telefonat mit dem Arzt Erich DUMMRAUF vom 07.04.2003.
Telefonat mit Schwester M. HELENE, (Hultzler) O.S.F. vom 12.08.2003.
Telefonat mit Schwester M. BONITA O.S.F. vom 09.09.2003.
Telefonat mit Schwester M. GERHILD, (SCHIELEIN) O.S.F. vom 02.03.2004.
Telefonat mit Schwester M. IRIS O.S.F. vom 03.03 2004.
Telefonat mit Herrn SINGER, Mitarbeiter der Staatsbibliothek Bamberg vom 20.04.2004.
Telefonat mit Schwester M. ROSWITHA O.S.F. vom 05.05.2004.
Telefonat mit dem Heimat- und Archivpfleger des Stiftlands, Robert TREML, vom 13.05.2004.
Telefonat mit Alois FÖRTSCH vom 17.09.2004.
Telefonat mit Generalvikar Alois ALBRECHT vom 06.08.2004.
Telefonat mit Domkapitular DR. GÜNTER RAAB, vom 28.02.2005.
Telefonat mit Bernhard SAFFER vom 19.09.2006

2.9 Kirchliche Dokumente

Amtsblatt des Erzbistums Bamberg, Ausgabe Nr. 6, Bamberg 2006

Arbeitshilfen Nr. 199, Katholische Kirche in Deutschland, Statistische Daten 2004, hrsg. vom Sekretariat der deutschen Bischofskonferenz, Bonn 2006

Codex Iuris Canonici, Codex des kanonischen Rechts, Lat.-dt. Ausgabe. Kevelaer ^{5}2001.

Kirchliche Verlautbarungen 1. Stelle, Acta Sanctae Sedis Roma 6, 1870–1841, 1908, (rerum novarum von Leo XIII)[24] Roma 1891–1892.

Diözesane Erlasse für kirchliche Stiftungen, gemeindliche und gemeinschaftliche kirchliche Steuerverbände in den bayerischen (Erz.) Diözesen. Satzung für gemeindliche kirchliche Steuerverbände in den bayerischen (Erz-)Diözesen. (GStVS)

Hirtenwort der deutschen Bischöfe, „Zeit zur Aussaat" – Missionarisch Kirche sein, hrsg. vom Sekretariat der Deutschen Bischofskonferenz, Fulda 2000.

Hirtenwort der deutschen Bischöfe, Missionarisch Kirche sein, Offene Kirchen – Brennende Kerzen – Deutende Worte, hrsg. Vom Sekretariat der Deutschen Bischofskonferenz, Fulda 2003.

Hirtenwort der deutschen Bischöfe, „Allen Völkern Sein Heil", Die Mission der Weltkirche, hrsg. Vom Sekretariat der Deutschen Bischofskonferenz, Fulda 2004.

„Religiöse und kirchliche Orientierungen", Milieuhandbuch, hrsg. von der Medien-Dienstleistung GmbH, München 2006

Statuten der Seelsorgebereiche im Erzbistum Bamberg

3. Literaturverzeichnis

3.1 Monographien und Aufsätze

ABELS Heinz: Einführung in die Soziologie. Der Blick auf die Gesellschaft, Wiesbaden 2004

AMMERICH, Hans (Hrsg.): Das Bayerische Konkordat 1817, Weißenhorn 2000.

ARETZ, Jürgen: Katholische Arbeiterbewegung und christliche Gewerkschaften. Zur Geschichte der christlich-sozialen Bewegung. In: RAUSCHER, Anton (Hrsg.): Der soziale und politische Katholizismus, Entwicklungslinien in Deutschland, Geschichte und Staat, Band II, S. 159–214.

AMERY Carl: Die Kapitulation oder Deutscher Katholizismus heute, Reinbeck 1963

ANZENBACHER, Arno: Christliche Sozialethik. Einführung und Prinzipien, Paderborn u.a. 1997.

BAUR, Andreas: Kleine bayerische Kirchengeschichte, Donauwörth 1964.

BÄRLEHNER, Franz Xaver: St. Franziskus und die große Franziskanische Familie in Deutschland, München 1929.

BAYERISCHES LANDESAMT FÜR STATISTIK UND DATENVERARBEITUNG (Hrsg.): Kommunalstatistik 2002 von der Gemeinde Kemmern, München 2002.

BECK, Rainer: Der Pfarrer und das Dorf. Konformismus und Eigensinn im katholischen Bayern des 17. und 18. Jahrhunderts. In: VAN DÜLMEN, Richard (Hrsg.): Armut, Liebe, Ehre. Studien zur historischen Kulturforschung, Frankfurt am Main 1988, S. 107–143.

BECK, Ulrich: Jenseits von Stand und Klasse? In: BECK, Ulrich; BECK-GERNSHEIM, Elisabeth (Hrsg.): Riskante Freiheiten, Frankfurt 1994, S. 43–60.

BECK, Ulrich: Risikogesellschaft. Auf dem Weg in eine andere Moderne, Frankfurt 1986.

BISCHOFF-WANNER, Claudia: Frauen in der Krankenpflege. Zur Entwicklung von Frauenrolle und Frauenberufstätigkeit im 19. und 20. Jahrhundert, Frankfurt am Main 1994.

BOSL, Karl: Das Armutsideal des Heiligen Franziskus als Ausdruck der Hochmittelalterlichen Gesellschaftsbewegung. In: GRÜNDLER, Johannes (Hrsg.): 800 Jahre Franziskanische Kunst und Kultur des Mittelalters, Wien 1982, S. 45-78.

BRAUN, Placidus: Geschichte der Bischöfe von Augsburg, Band I, Augsburg 1813.

BRAUN, Placidus: Geschichte der Bischöfe von Augsburg, Band II, Augsburg 1814.

BRÜGGEMANN, Beate / RIEHLE, Rainer: Das Dorf. Über die Modernisierung einer Idylle, Frankfurt, New York, 1986.

BREUER, Thomas: Verordneter Wandel? Der Widerstreit zwischen Nationalsozisalischem Herrschaftsanspruch und Traditionaler Lebenswelt im Erzbistum Bamberg, Mainz 1992.

CASUTT, Laurentius: Menschen der Kirche. Zeugnis und Urkunde. Die Großen Ordensregeln, Einsiedeln u.a. 1948.

CELANO, Thomas: Leben und Wunder des heiligen Franziskus von Assisi, Kevelaer 2001.

CHRISTA, Anna: Mein Plan für die Zukunft, Waldsassen 1921.

CRAMER, Valmar: Die katholische Bewegung im Vormärz und im Revolutionsjahr 1848/49. In: LENHART, LUDWIG (Hrsg.), Idee, Gestalter des ersten deutschen Katholikentages in Mainz 1848. Ein Gedenkbuch zum Zentenar-Kirchentag 1948, Mainz 1948, S. 21–283.

DANIEL, Ute / HAUSENS, Karin / WUNDER, Heide: Arbeiterinnen des Herrn, Frankfurt am Main 2000.

DENGLER-SCHREIBER, Karin / KÖBERLEIN, Paul: Leben im Bamberger Land. 150 Jahre Kreissparkasse Bamberg. In: Kreissparkasse Bamberg (Hrsg.): Bamberg 1990, S. 245–270.

DEUERLEIN, Ernst: Erzbischof Jacobus Hauck in der kirchenpolitischen Entwicklung Deutschlands 1912–1943. In: Hanns, Seidel (Hrsg.): Festschrift zum 70. Geburtstag von Dr. Hans Erhard, München 1957, S. 225–231.

DENZLER, Georg: Erzbischof Jacobus von Hauck. In: URBAN, JOSEF (Hrsg.): Die Bamberger Erzbischöfe, Lebensbilder, Bamberg 1997, S. 285–308.

DERSCHAU, Dietrich von (Hrsg.): Entwicklungen im Elementarbereich. Fragen und Probleme der quantitativen, quantitativen und rechtlichen Situation, München 1981.

DOEBERL, Michael: Vom Regierungsantritt König Ludwigs I. bis zum Tode König Ludwigs II. Mit einem Ausblick auf die innere Entwicklung Bayerns unter dem Prinzregenten Luitpold. Entwicklungsgeschichte Bayerns, Band III, München 1931.

DÜFFLER, Johst: Deutsche Geschichte 1933–1945. Führerglaube und Vernichtungskrieg, Stuttgart 1992.

ECKART, Joachim: Ermöglichungspastoral, Ein neues Paradigma in der Seelsorge. Speyer 2004.

EMING, Günter / NEUMANN/ Karl, REYER, Jürgen (Hrsg.): Entstehung und Entwicklung der öffentlichen Kleinkinderziehung in Deutschland von den Anfängen bis zur Gegenwart. Geschichte des Kindergartens. Band I, Freiburg im Breisgau 1987.

ERNING, Günter / NEUMANN, Karl / REYER, Jürgen (Hrsg.): Institutionelle Aspekte, systematische Perspektiven, Entwicklungsverläufe. Geschichte des Kindergartens. Band II, Freiburg im Breisgau 1987.

FELDER, Hilarin: Die Ideale des hl. Franziskus, Paderborn 1951.

FELD, Helmut: Franziskus von Assisi, München 2001.

FELSMANN, Klaus Soziologie kompakt. Eine Einführung. Wiesbaden 2005

FLAIG Bodo / Berthold / Meyer, Thomas / UELTZHÖFFER, Jörg: Alltagsästhetik und politische Kultur: Zur ästhetischen Dimension politischer Bildung und politischer Kultur. In: Friedrich-Ebert-Dtiftung. Praktische Demokratie, FRANK D. Karl (Hrsg.): Köln 1994.

FLICK, Uwe: Qualitative Sozialforschung. Eine Einführung. Hamburg 2002.

FRAUENBUND KEMMERN: Festschrift zum 50-jährigen Gründungsjubiläum des Katholischen Frauenbundes Kemmern, Kemmern 1981, S. 1–52.

FREIWILLIGE FEUERWEHR KEMMERN: Festschrift zum 100-jährigen Gründungsjubiläum der Freiwilligen Feuerwehr 1975, Kemmern 1975, S. 1–45.

FREIWILLIGE FEUERWEHR KEMMERN: Festschrift zum 125-jährigen Gründungsjubiläum der Freiwilligen Feuerwehr, Kemmern 2000, S. 1–30.

FÖLSING, Johannes / LAUCKHARD, Carl Friedrich: Die Kleinkinderschulen, wie sie sind und was sie sein sollen. In: KRECKER, Margot (Hrsg.): Aus der Geschichte der Kleinkindererziehung. Quellentexte, Berlin 1959, S. 168–186.

FREI, Norbert: Der Führerstaat. National- sozialistische Herrschaft. Band I, 1933–1945, München 1993.

GABRIEL, Karl / KAUFMANN, Franz Xaver (Hrsg.): Zur Soziologie des Katholizismus, Mainz 1980.

GABRIEL, Karl: Christentum zwischen Tradition und Postmoderne. In: SCHNACKENBURG, Fries Heinrich (Hrsg.): Quaestiones Disputatae Band 141, Freiburg u.a. 1992, S. 11–220.

GADILLE, Jacques: Die soziale Frage, In: GADILLE, Jacques MAYEUR, Jean- Marie, (Hrsg.): Die Geschichte des Christentums. Religion, Politik, Kultur, Band 11, Liberalismus, Industrialisierung, Expansion Europas 1830–1914, Freiburg u.a. 1997, S. 10–39.

Garz, Detlef / Kraimer, Klaus (Hrsg.): Qualitativ-empirische Sozialforschung. Konzepte, Methoden, Analysen, Darmstadt 1991.

Geiger, Theodor: Arbeiten zur Soziologie. Methode-Moderne Großgesellschaft – Rechtssoziologie Ideologiekritik. Ausgewählt und eingeleitet von Trappe Paul. In: Fürstenberg, Friedrich / Maus, Heinz (Hrsg.): Soziologische Texte, Band 7, Neuwied/Rhein, 1962

Gatz, Erwin: Caritas und soziale Dienste. Zur Geschichte der christlich-sozialen Bewegung, In: Rauscher, Anton (Hrsg.): Der soziale und politische Katholizismus. Entwicklungslinien in Deutschland 1803–1863. Geschichte und Staat. Band II, München u.a. 1982, S. 312–351.

Gatz, Erwin (Hrsg.): Geschichte des kirchlichen Lebens in den deutschsprachigen Ländern seit dem Ende des 18. Jahrhunderts – Die katholische Kirche – Caritas und soziale Dienste, Band V, Freiburg u.a. 1997.

Gemeinde Kemmern (Hrsg.): Bundeswettbewerb 1999/2001, Unser Dorf soll schöner werden. Unser Dorf hat Zukunft. Erläuterungsbericht, Kemmern 2001.

Gestrich, Andreas / Krause, Jens-Uwe / Mitterauer, Michael: Geschichte der Familie, Regensburg 2003.

Gerst, Rüdiger: Chronik des Gesangvereins „Cäcilia", Kemmern 1998.

Girtler, Roland: Methoden der Qualitativen Sozialforschung, Wien u.a. 1992.

Girtler, Roland: Sommergetreide. Vom Untergang der bäuerlichen Kultur, Wien 1996.

Goetz, Hans-Werner: Proseminar Geschichte. Mittelalter, Stuttgart ²1993.

Greschat, Martin: Der deutsche Protestantismus im Kaiserreich. In: Mayeur, Jean-Marie / Greschat, Martin (Hrsg.): Die Geschichte des Christentums, Religion, Politik, Kultur. Band XI, Liberalismus, Industrialisierung, Expansion Europas (1830–1914), Freiburg im Breisgau 1997, S. 656–681

Grothmann, Detlef: „Verein der Vereine"? In: Golücke, Friedhelm, Hüser, Karl, Jarnur, Jörg (Hrsg.): Der Volksverein für das katholische Deutschland im Spektrum des politischen und sozialen Katholizismus der Weimarer Republik, Paderborner Historische Forschungen, Band IX, Köln 1996, S. 17–589.

Guth, Klaus: Konfessionsgeschichte in Franken. 1555–1955. Politik – Religion – Kultur, Bamberg 1990.

Hainz, Michael: Dörfliches Sozialleben im Spannungsfeld der Individualisierung, Bonn 1999.

Halder, Winfried: Katholische Vereine in Baden und Württemberg 1814–1914. Ein Beitrag zur Organisationsgeschichte des südwestdeutschen Katholizismus im Rahmen der Entstehung der modernen Industriegesellschaft, Paderborn u.a. 1995.

Hambrecht, Rainer: Die große Muttergottes-Prozession der Oberen Pfarre während des Dritten Reiches. In: Baumgärtel, Fleischmann (Hrsg.): Ein Gnadenbild in Bamberg. Die Muttergottes der Oberen Pfarre, Veröffentlichungen des Diözesanmuseums Bamberg, Band 13, Bamberg 2002, S. 75–134.

Händel, Frank Bernhard: Die erste Bamberger Kleinkinderbewahranstalt unter der Trägerschaft eines Privatvereins, Berlin 1997.

Heigenmooser, Joseph: Überblick über die geschichtliche Entwicklung des höheren Mädchenschulwesens in Bayern bis zur Gegenwart, in: Beiheft zu den Mitteilungen der Gesellschaft für deutsche Erziehungs- und Schulgeschichte. Beiträge zur Geschichte der Erziehung und des Unterrichts in Bayern, Berlin ⁸1905.

Heimbucher, Max: Die Orden und Kongregationen, München u.a. 1965.

Heinze, Thomas: Qualitative Sozialforschung. Einführung, Methodologie und Forschungspraxis, München u.a. 2001.

Heller, Andreas u.a.: „Du kommst in die Hölle...". Katholizismus und Weltanschauung in lebensgeschichtlichen Aufzeichnungen. In: Heller, Andreas u.a. (Hrsg.): Religion und Alltag. Interdisziplinäre Beiträge zu einer Sozialgeschichte des Katholizismus in lebensgeschichtlichen Aufzeichnungen, Köln u.a. 1990, S. 28–54.

Hirschfeld, Michael: Katholisches Milieu und Vertriebene. Eine Fallstudie am Beispiel des Oldenburger Landes 1945–1965, Köln, Weimar, Wien, Böhlen 2002

Hofer, Markus: Francesco, Ein Mann des Jahrtausends. Die historische Gestalt des Franz von Assisi, Innsbruck 2000.

Hopf, Christel / Weingarten, Elmar (Hrsg.): Qualitative Sozialforschung, Heilbronn 1994.

Hostert, Walter: Militärische Vereine in Lüdenscheid und Umgebung. In: Kulturdezernat der Stadt Lüdenscheid (Hrsg.): Fahne und Verein, Lüdenscheider Vereine und ihre Fahnen von den Anfängen bis 1933, Band II, Forschungen zur Geschichte der Stadt Lüdenscheid-Objekte und Dokumente, Lüdenscheid 1993, S. 65–108.

Hotter, Carl: Menschenopfer in Bayern. Ein modernes Kulturbild aus dem Bierlande, Landshut 1910.

Hradil, Stefan: Alte Begriffe und neue Strukturen. Die Milieu-, Subkultur- und Lebensstilforschung der 80er Jahre. In: Hradil, Stefan (Hrsg.): Zwischen Bewusstsein und Sein. Die Vermittlung „objektiver"

Lebensbedingungen und „subjektiver" Lebensweisen, Sozialstrukturanalyse Opladen 1992, S. 15–56.

HRADIL, Stefan: Die Sozialstruktur Deutschlands im internationalen Vergleich, Wiesbaden 2004, S. 278

HUTZLER, Helene: Chronik des Kindergartens von 1945–1987, Band I, Kemmern 11987.

HUTZLER, Helene: Chronik des Kindergartens von 1987–1990, Band II, Kemmern 1990.

HÜRTEN, Heinz: Katholische Verbände. Zur Geschichte der christlich-sozialen Bewegung, In: RAUSCHER, Anton (Hrsg.): Der soziale und politische Katholizismus. Entwicklungslinien in Deutschland 1803–1863. Geschichte und Staat. Band II, München u.a. 1982, S. 215–267.

JAAP, Lengkeek: Vereine als Ort der Vergemeinschaftung? Eine soziologische Perspektive. In: ZIMMER, Annette (Hrsg.): Vereine heute – zwischen Tradition und Innovation. Ein Beitrag zur Dritten-Sektorforschung. HELLSTERN, Gerd-Michael (Hrsg.): Stadtforschung aktuell, Band 34, Basel u.a. 1992, S. 9–42

JONAS, Hans: Lehrbuch der Soziologie, Frankfurt / New York, 2003

KERSCHENSTEINER, Georg: Begriff der Arbeitsschule, Leipzig u.a. 1930.

KLECKER, Hans: Von der Wiege bis zur Bahre. Geburt, Taufe, Hochzeit, Beerdigung, Speisen und Trachten in der gebirgigen Oberlausitz, Waltersdorf 1994.

KLEIN, Gotthard: Der Volksverein für das katholische Deutschland 1890–1933. Geschichte, Bedeutung, Untergang, Paderborn, u.a. 1996.

KLÖCKER, Michael: Katholisch – von der Wiege bis zur Bahre. Eine Lebensmacht im Zerfall?, München 1991.

KNORN, Peter: Arbeit und Menschenwürde. Kontinuität und Wandel im Verständnis der menschlichen Arbeit in den kirchlichen Lehrschreiben von Rerum novarum bis Centesimus annus, Leipzig 1996.

LAMNEK, Siegfried: Qualitative Sozialforschung. Methodologie, Band I, Eichstätt 1995.

LEHNER, Ulrich: Die Station und Residenz der Gesellschaft Jesu in Straubing in den Jahren 1918 bis 1924, Straubing 1995.

LEJEUNE, Carlo (Hrsg.): Leben und Feiern auf dem Lande. Die Bräuche der Belgischen Eifel. Von der Wiege bis zur Bahre, das Dorf als Lebenswelt, St. Vith ²1993.

LEPSIUS, Rainer: Parteiensystem und Sozialstruktur. Zum Problem der Demokratisierung der deutschen Gesellschaft. In: ABEL, Wilhelm u.a. (Hrsg.): Festschrift zum 65. Geburtstag von Friedrich Lütge. Wirtschaft, Geschichte und Wirtschaftsgeschichte, Stuttgart 1966, S. 371–393.

LIPPERT, Peter: Die Weltanschauung des Katholizismus. In: DRIESCH, Hans /SCHINGNITZ, Werner (Hrsg.): Metaphysik und Weltanschauung, 3.Auflage, Leipzig 1931, S. 17–32.

LÖRSCH, Martin: Systemische Gemeindeentwicklung. Ein Beitrag zur Erneuerung der Gemeinde im Geist des Zweiten Vatikanischen Konzils. In: FRIELINGSDORF: Karl (Hrsg.): Pastoralpsychologie und Spiritualität, Frankfurt am Main, 1999, S. 54–123

LUTZ, Dominik: Wallfahrt, Staffelstein 1989.

MAIER, Hans (Hrsg.): Totalitarismus und politische Religionen. Konzepte des Diktaturvergleichs, Paderborn 1996.

MAYRING, Philipp: Qualitative Inhaltsanalyse. Grundlagen und Techniken, Weinheim – Basel 1983.

MÄNNERVEREIN ST. WENDELIN: Festschrift zum 100-jährigen Gründungsjubiläums des katholischen Männervereins St. Wendelin, Kemmern 1994, S. 1–25.

METZINGER, Adalbert: Kindsein heute. Zwischen zuviel und zuwenig, München 2003.

MORSEY, Rudolf: Franz Hitze (1851–1921), Sozialreformer und Sozialpolitiker des Zentrums, Vortrag aus Anlass seines 150. Geburtstags im Rahmen der Einweihung des Ergänzungsbaus der Akademie Franz-Hitze-Haus am 17.03.2001, Münster ⁵2001.

MOOSER, Josef: Gleichheit und Ungleichheit in der ländlichen Gemeinde. In: Friedrich-Ebert-Stiftung in Verbindung mit dem Institut für Sozialgeschichte Braunschweig. Archiv für Sozialgeschichte. Band 19, Bonn 1979, S. 231–262.

MUCKERMANN, Friedrich: Im Kampf zwischen zwei Epochen. Lebenserinnerungen, bearbeitet und eingeleitet von Nikolaus Junk. In: Veröffentlichung der Kommission für Zeitgeschichte, Reihe A, Band 15, 3. Auflage Mainz 1985.

NEHMER, Reginharda: Chronik der Dillinger Franziskanerinnen von 1890–1998, Kemmern 1998.

PANKOKE-SCHENK, Monika: Katholizismus und Frauenfrage. Zur Geschichte der christlich-sozialen Bewegung, In: Rauscher, Anton (Hrsg.): Der soziale und politische Katholizismus. Entwicklungslinien in Deutschland 1803–1863. Geschichte und Staat. Band II, München u.a. 1982, S. 278–311.

PETZOLD, Linus: Ewiger Wechsel am Webstuhl der Zeit. Ein Faden – Freude – ein Faden – Leid. 136 Jahre Geschichte der Spinnerei in Gaustadt, Bamberg 1996.

PLANCK, Ulrich / ZICHE, Joachim: Land- und Agrarsoziologie. Eine Einführung in die Soziologie des ländlichen Siedlungsraumes und des Agrarbereichs, Stuttgart 1979.

PUJO, Bernard: Vincent de Paul, the Trailblazer, Notre Dame 2003.

RAHNER, Karl / VORGRIMLER, Herbert: Kleines Konzilskompendium. Sämtliche Texte des Zweiten Vatikanums, Freiburg u.a. ²⁸2000.

RATHGEBER, Alphons Maria: Der heilige Franziskus, Nürnberg 1895.

RENNER, Wolfgang: Der Landkreis und seine Bürger, In: ALBART, Rudolf, Unser Landkreis Bamberg, Bamberg 1984, S. 35–78.

RING, Peter: Der Gründungsprozess des Schwesternkonventes der Dillinger Franziskanerinnen in der Gemeinde Kemmern von 1889 bis 1891. Exemplarische Analyse einer Filialgründung der Kongregation der Dillinger Franziskanerinnen O.S.F., Münster 2002. (unveröffentlichte Examensarbeit).

RODAX, Klaus: Theodor Geiger – Soziologie der Erziehung. Braunschweiger Schriften 1929–1933, Soziologische Schriften Band 56, Berlin 41, 1991

RÖHRIG; Hans-Günther: Erzbischof Karl Braun. In: URBAN, Josef (Hrsg.): Die Bamberger Erzbischöfe, Lebensbilder, Bamberg 1997, S. 397–426.

RÖSCH, Heinz-Egon: Sport um der Menschen Willen. 75 Jahre DJK-Sportverband „Deutscher Jugendkraft" 1920–1995, Düsseldorf 1995.

ROSENBAUM, Heidi: Formen der Familie. Untersuchungen zum Zusammenhang von Familienverhältnissen. Sozialstruktur und sozialem Wandel in der deutschen Gesellschaft des 19. Jahrhunderts, Frankfurt am Main 1992.

ROTES KREUZ BAMBERG (Hrsg.): Chronik 1870–1988, Bayerisches Rotes Kreuz, Kreisverband Bamberg, Bamberg 1989.

SCHELER, Max: Die Wissensformen und die Gesellschaft. Probleme einer Soziologie des Wissens, Leipzig 1926.

SCHMIDT, Gustav: Oberfränkisches Brauchtum in alter und neuer Zeit, Bayreuth 1994.

SCHNEIDER, Rainer / KUNZ, Winfried: Systematik der Krankenpflege, Hagen 1991.

SCHREYER, Lioba: Zur Geschichte des Franziskanerinnenklosters Dillingen (1241–1830), Dillingen 1938.

SCHREYER, Lioba: Geschichte der Franziskanerinnen. Von der Gründung bis zur Restauration, 1241–1817, Band I, Dillingen 1982.

SCHREYER, Lioba: Geschichte der Dillinger Franziskanerinnen, 19. Jahrhundert seit der Restauration, Band II, Dillingen 1980.

SCHROTT, Konrad: Kemmern. Ortsgeschichte eines ehemaligen bambergisch-domkapitelischen Obleidorfes, Kemmern 1986.

SCHULZ, Gerhard: Aufstieg des Nationalsozialismus. Krise und Revolution in Deutschland, Frankfurt am Main 1975.

SCHULZE, Gerhard: Die Erlebnisgesellschaft. Kultursoziologie der Gegenwart, Frankfurt u.a. 1992.

SCHWEIGER, Josef: Geschichte des Klosters Michelfeld in der Oberpfalz, Dillingen 1919.

SCHWEIGER, Josef: Geschichte der Dillinger Franziskanerinnen im 19. Jahrhundert, Dillingen 1928.

SCHWEIZER, Herbert: Familie im Wandel. Eine Einführung in die gesellschaftlichen Bedingungen heutigen Familienlebens, Freiburg im Breisgau, 1982.

SIEDER, Reinhard: Die bäuerliche Familie, Sozialgeschichte der Familie, Frankfurt am Main 1987.

STAMBOLIS, Barbara: Religiöse Festkultur. In: WALTER, Bernd (Hrsg.): Tradition und Neuformierung katholischer Frömmigkeit im 19. und 20. Jahrhundert: Das Liborifest in Paderborn und das Kilianifest in Würzburg im Vergleich. Band 38. Westfälisches Institut für Regionalgeschichte. Landschaftsverband Westfalen Lippe. Forschungen zur Regionalgeschichte, Paderborn u.a. 2000, S. 23–394.

STEICHELE, Anton: Das Bistum Augsburg, Augsburg 1872.

SOZIALDEMOKRATISCHE PARTEI DEUTSCHLAND: Festschrift „40 Jahre Sozialdemokratische Partei Deutschlands in Kemmern", Kemmern 1999, S. 1–20.

THAMER, Hans-Ulrich: Verführung und Gewalt, Aus der Reihe: Die Deutschen und ihre Nation, Band V, Berlin 1996.

THAMER, Hans-Ulrich: Der Nationalsozialismus, Stuttgart 2002.

TIPPELT, Rudolf: Bildung und soziale Milieus, Oldenburg 1999.

URBAN, Josef: Das Priesterseminar und die Bamberger Theologie im 19. Jahrhundert, In: HOFMANN, Michael / KLAUSNITZNER, Wolfgang / NEUNDORFER, Bruno (Hrsg.): Seminarium Ernestinum. 400 Jahre Priesterseminar Bamberg, Bamberg 1986, S. 45–86.

URBAN, Josef: Bamberg wird Erzbistum. In: AMMERICH, Hans (Hrsg.): Das Bayerische Konkordat 1817, Weißenhorn 2000.

URBARSCH, Karl: Vereinschronik der Eisenbahnerkameradschaft von 1958–1983, Kemmern 1983.

VAUCHEZ, André: Die Bettelorden und ihr Wirken in der städtischen Gesellschaft. In: VAUCHEZ, André (Hrsg.): Die Geschichte des Christentums, Religion, Politik, Kultur, Machtfülle des Papsttums (1054–1274). Band V, Freiburg u.a. 1990, S. 833–860.

VESTER, Michael /VON OERTZEN, Peter / GELLING, Heiko (Hrsg.): Soziale Milieus im gesellschaftlichen Strukturwandel. Zwischen Integration und Ausgrenzung, Hannover 1993.

VÖGELE, Wolfgang / BREMER, Helmut / VESTER, Michael (Hrsg.): Soziale Milieus und Kirche, Hannover 2002.

WACHTER, Friedrich: General-Personal-Schematismus der Erzdiözese Bamberg 1007–1907, Bamberg 1907.

WASCHKA, Adelheid: Frau im Verband – stark und engagiert. 100 Jahre Frauenbund in der Erzdiözese Bamberg, Katholischer Deutscher Frauenbund Diözesanverband Bamberg e.V. (Hrsg.): Bamberg 2004.

WEBER, Max: Wirtschaft und Gesellschaft. Grundriss der verstehenden Soziologie. Band II, Tübingen 1956.

WINKLER, Richard: „Wie der Lehrer, so die Schüler!" Das Volksschulwesen im Gebiet der Distriktschulinspektion Lichtenfels, Staffelstein, Seßlach und Michelau im 19 Jahrhundert. In: DIPPOLD, Günter / URBAN, Josef (Hrsg.): Im Oberen Maintal auf dem Jura an Rodach und Itz. Landschaft – Geschichte – Kultur, Lichtenfels 1990, S. 25 ff.

WIPPERMANN, Carsten / FLAIG Bodo, Berthold: Milieu und Markt: Die Sinus-Milieus, Sozialwissenschaftliche Fundierung und praktischer Erfolg eines kreativen Forschungsprogramms, Heidelberg 2006

WITTMANN, Angelika: Das Geschichtliche Werden Katholischer Mädchenbildung in Dillingen, Dillingen 1984. (unveröffentlichte Examensarbeit)

WYSS, Stephan: Der Heilige Franziskus von Assisi. Vom Durchschauen der Dinge, Luzern 2000.

ZEHNPFENNIG, Barbara: Hitlers ‚Mein Kampf', Hamburg 2000.

ZEISSNER, Werner: Reformation, Katholische Reform, Barock und Aufklärung (1520–1803). In: URBAN, Josef (Hrsg.): Das Bistum Bamberg in Geschichte und Gegenwart, Band III, Straßburg 1992, S. 24–56.

ZEISSNER, Werner: Erzbischof Josef Schork, In: URBAN, Josef (Hrsg.): Die Bamberger Erzbischöfe, Lebensbilder, Bamberg 1997, S. 209–244.

ZIEGLER, Liobgid: Die Armen Schulschwestern von Unserer Lieben Frau. Ein Beitrag zur bayerischen Bildungsgeschichte, München

3.2 Artikel in Lexika und Enzyklopädien

GABRIEL, Karl: Art. „Milieu". In: LThK³, Band VII, Freiburg u.a. 1998, Sp. 253.

GROSSMANN, Thomas: Art. „Katholikentage". In: LThK³, Band V, Freiburg u.a. 1996, Sp. 1339–1345.

GOTTWALD, Herbert: Art. „Volksverein für das katholische Deutschland (VKD) 1890–1933": Lexikon zur Parteiengeschichte. Die bürgerlichen und kleinbürgerlichen Parteien und Verbände in Deutschland, 1789–1945, Band IV, Köln 1998, S. 436–466.

HEINZE, Barbara: Art. „Louise Marillac". In: LThK. Band X, Freiburg u.a. 1996, Sp. 1380–1381

HIRNSPERGER, Johann: Art. „Visitation". In: LThK³, Band X, Freiburg 1996, Sp. 818.

KÖNCZÖL, Laszlo / KRABBE, Bernhard: Art. „Vinzenz von Paul". In: LThK³, Band X, Freiburg u.a., 1995, Sp. 799–800.

KORTE, Hermann / SCHÄFERS, Bernhard (Hrsg,): Art. „Milieu". In: Einführung in die Hauptbegriffe der Soziologie, Opladen 2002, S. 222–224.

KREUZER, Georg: Art: Hartmann, Bischof von Augsburg. In: LThK³, Band IV, Freiburg u.a., 1995, Sp. 1199.

MAIER, Hans: Art. „Harmel, Leon." In: LThK³, Band IV, Freiburg u.a. 1995, Sp. 1194.

MAUS, Heinz: Art. „Taine, Hippolyte". In: BERNSDOF, Wilhelm (Hrsg.): Internationales Soziologen Lexikon, Berlin 1959, S. 555–556

MOCKENHAUPT, Hubert: Art. „Hitze, Franz". In: LThK³, Band V, Freiburg u.a. 1996, Sp. 172.

FUCHS-HEINRITZ; Werner u.a. Art. „Schicht, soziale Bevölkerungsgruppe". In: Lexikon zur (Hrsg.): Soziologie, Opladen 1994, S. 579–580

MORSEY, Rudolf: Art. „Konrad Adenauer": In: VIERHAUS, Rudolf u.a. (Hrsg.): Deutsche Biographische Enzyklopädie, Band 1, München 2005, S. 46

PORTMANN, A:. Art. „Umweltforschung Brandts". In: Bernsdorf, Wilhelm (Hrsg.): Wörterbuch der Soziologie, Berlin 1969, S. 1190–1193,

SCHASCHING, Johannes: Art. „Rerum novarum". In: LThK³, Band VIII, Freiburg u.a. 1999, Sp.1118–1119.

WERNER, Matthias: Art. „Beginen". In: LThK³ Band II, Freiburg u.a. 1994, Sp. 144–145.

Killy, Walter u.a. (Hrsg.): Art. „Röhm Ernst (Julius)". In: Deutsche Biographische Enzyklopädie. Band 8, München 1998

Oberste, Jörg, Art. „(Ordens)Visitation". In: LThK³, Band X, Freiburg u.a. 2001, Sp. 817–818.

Brockhaus, F. A. (Hrsg.): Art. „Tagwerk". In: Brockhaus, Enzyklopädie in vierundzwanzig Bänden, Band XXI, Mannheim 1995, Sp. 503–504.

Brockhaus, F. A. (Hrsg.): Art. „Taine". In: Brockhaus, Enzyklopädie in vierundzwanzig Bänden, Band XXI, Mannheim 1993, S. 583–584

Bertelsmann Lexikon – Art. „Milieubegriff". In: Das neue Taschenlexikon in (Hrsg.): vierundzwanzig Bänden. Band 10, Gütersloh 1992, S. 209

Brockhaus, F. A. (Hrsg.): Art. „Kardinal Michael von Faulhaber". In: Brockhaus Enzyklopädie in vierundzwanzig Bänden, Band VII, Mannheim 1988, Sp. 139.

Brockhaus, F. A. (Hrsg.): Art. „Röhm Ernst". In: Brockhaus Enzyklopädie in vierundzwanzig Bänden, Band XVIII, Mannheim 1992, Sp. 480.

Nöhbauer, F. Hans (Hrsg.): Art: Kardinal Michael Faulhaber stirbt in München. In: Chronik Bayerns, Dortmund, 1987, S. 526.
Hillmann, Karl-Heinz (Hrsg.): Art: Milieu. In: Wörterbuch der Soziologie, Stuttgart 1994, S. 554

Wollasch, Joachim: Art: Necrologien. In: LThK³, Band VII, Freiburg u.a. 1998, Sp. 720 f.

Ziegler, Walter: Art: Faulhaber, (Michael). In: LThK³, Band III, Freiburg u.a.1995, Sp. 1197

3.3 Handbücher

Apel, Hans Jürgen: Die Mädchenerziehung. In: Liedtke, Max (Hrsg.): Handbuch der Geschichte des bayerischen Bildungswesens, Geschichte der Schule in Bayern von 1918 bis 1990, Band IV, Regensburg 1997, S. 13–70.

Buchinger; Hubert: Die Schule in der Zeit der Weimarer Republik. In: Liedtke; Max (Hrsg.): Handbuch der Geschichte des bayerischen Bildungswesens, Geschichte der Schule in Bayern von 1918 bis 1990, Band III, Regensburg 1997, S. 15–75.

Breitschuh, Gernot: Das Volksschulzeugnis. In: Liedtke, Max (Hrsg.): Handbuch der Geschichte des Bayerischen Bildungswesens, Geschichte der Schule in Bayern von 1800 bis 1918, Band II, Regensburg 1993, S. 617–628.

Keck, Rudolf Wolfgang: Das Verhältnis von Kirche und Schule. In: Handbuch der Geschichte des bayerischen Bildungswesens, Band III, Geschichte der Schule. In Bayern von 1918 bis 1990, Regensburg 1997, S. 160–172.

Hartmannsgruber, Friedrich: Der Kulturkampf in Bayern (1871–1890), Vom Reichsdeputationshauptschluss bis zum Zweiten Vatikanischen Konzil. In: Brandmüller, Walter (Hrsg.), Handbuch der Bayerischen Kirchengeschichte, Band III, St. Ottilien 1991, S. 205–262.

Heim, Dieter: Von der erneuerten Verordnung der Unterrichtspflicht (1802–1870). Regionalgeschichtliche Ergänzung: Oberfranken. In: Liedtke, Max (Hrsg.): Handbuch der Geschichte des bayerischen Bildungswesens, Geschichte der Schule in Bayern von 1800 bis 1918, Band II, Regensburg 1993, S. 177–197.

Heim, Dieter: Das Schulwesen von 1871–1918. Regionalgeschichtliche Ergänzung: Oberfranken. In: Liedtke, Max (Hrsg.): Handbuch der Geschichte des bayerischen Bildungswesens, Geschichte der Schule in Bayern von 1800 bis 1918, Band II, Regensburg, 1993, S. 497–521.

Lazaro, Iriarte: Der Franziskusorden. Lazaro, Iriarte (Hrsg.): Handbuch der Franziskanischen Ordensgeschichte, Altötting 1984, S. 35–143.

Krebs, Uwe: Schule und Kulturkampf (ca. 1870–1890). In: Handbuch der Geschichte des bayerischen Bildungswesens, Geschichte der Schule in Bayern von 1800 bis 1918, Band II, Regensburg, 1993, S. 497–521.

Müller, Gerhard /Weigelt, Horst / Zorn, Wolfgang (Hrsg.): Handbuch der Geschichte der Evangelischen Kirche in Bayern, Band II, 1800–2000, St. Ottilien 2000

Müller, Winfried: Die Neuordnung des Verhältnisses von Kirche und Staat. In: Brandmüller, Walter (Hrsg.): Vom Reichsdeputationshauptschluss bis zum Zweiten Vatikanischen Konzil, Handbuch der bayerischen Kirchengeschichte, Band III, St. Ottilien 1991, S. 85–129.

Rommel Peter /Wetter, Immolata: Die Nichtmonastischen Ordensgemeinschaften, Phasen der Entwicklung, In: Brandmüller, Walter (Hrsg.): Vom Reichsdeputationshauptschluss bis zum Zweiten Vatikanischen Konzil, Handbuch der bayerischen Kirchengeschichte, Band III, St. Ottilien 1991, S. 755–808.

Scheuch, Erwin: Die Beobachtung. In: König, Rene (Hrsg.): Handbuch der empirischen Sozialforschung, Band I, Stuttgart 1967, S. 107–135.

Scheuch, Erwin: Das Interview in der Sozialforschung. In: König, Rene (Hrsg.): Handbuch der empirischen Sozialforschung, Band I, Stuttgart 1973, S. 66–190

SCHEUCH, Erwin: Das Interview in der Sozialforschung. In: König, Rene (Hrsg.): Handbuch der empirischen Sozialforschung, Band I, Stuttgart 1973, S. 136–196.

SCHLUND, Erhard (Hrsg.): Handbuch für das Franziskanische Deutschland, München 1926, S. 54–176.

BOURRICAUD, Francois / RAYMOND, Boudon (Hrsg.): Art. Modernisierung. Soziologische Stichworte. Ein Handbuch, Band II, Opladen 1992, S. 343–350

3.4 Zeitschriftenartikel

ALBART, Rudolf: Unser Landkreis Bamberg. Eine Broschüre des Landkreises, Bamberg ²1984, S. 1–45.

BECK, ULRICH / BECKGERNSHEIM, Elisabeth: Nicht Autonomie, sondern Bastelbiographie, Anmerkungen zur Individualisierungsdiskussion am Beispiel des Aufsatzes von Günter Burkart. In: Zeitschrift für Soziologie, Jahrgang 22, Stuttgart 1993, S. 178–187

BECKERT, Werner Art: Krankenschwester 2-11A20 / 0-6700 Berufe in der Krankenpflege. In: Blätter zur Berufskunde, Frankfurt am Main 2002, S. 8 – 204.

BISMARCK, Klaus VON: Kirche und Gemeinde in soziologischer Sicht. In: Zeitschrift für Evangelische Ethik ¹1957, S. 17–41.

DAMBERG, Wilhelm /DREES, Annette u.a.: Arbeitskreis für kirchliche Zeitgeschichte Münster (AKKZG) Konfession und Cleavages im 19. Jahrhundert. Ein Erklärungsmodell zur regionalen Entstehung des katholischen Milieus in Deutschland. In: Historisches Jahrbuch 120, Freiburg, u.a. 2000, S. 358–395.

DAMBERG, Wilhelm / KÖSTERS, Christoph / LANGER, Bernd u.a.: Katholiken zwischen Tradition und Moderne. Das katholische Milieu als Forschungsaufgabe. In: Westfälische Forschungen. Zeitschrift des Westfälischen Instituts für Regionalgeschichte des Landwirtschaftsverbandes Westfalen-Lippe 43, Münster 1993, S. 588–654.

DAUM, Ralf: Zur Situation der Vereine in Deutschland. Materialien für eine europäische Studie über das Vereinswesen am Beispiel der freien Wohlfahrtspflege. In: EICHHORN, Peter / PÜTTNER, Günter (Hrsg.): Zeitschrift für öffentliche und gemeinwirtschaftliche Unternehmen, Baden-Baden ²³1998. S. 34–88.

EBERTZ, Michael N.: Was sind Milieus? In: Zeitschrift für praktisch-theologisches Handeln. Lebendige Seelsorge. Kirche in (aus) Milieus, Jahrgang 57, Heft 4, Bietigheim-Bissinger 2006, S. 258–264

EBERTZ, Michael N.: Für eine milieusensible Kommunikationsstrategie, In: Communicatio Socialis. Internationale Zeitschrift für Kommunikation in Religion, Kirche und Gesellschaft. HÖMBERG, Walter / SCHMOLKE, Michael / HÖLLER, R. Karl (Hrsg.): Jahrgang 36, Eichstätt-Ingolstadt 2006, S. 253–261

FIEDLER, Christian: Fußball zwischen Wirtschaftskrise und Wiederaufbau, Am Beispiel der Historie des SC Kemmern, In: Bamberger Anpfiff-Magazin, Bamberg ¹2003, S. 35–45.

HAIMERL, Helmut: Die Sinus – Milieustudie: Chance für künftige religiöse Kommunikation. In: Communicatio Socialis. Internationale Zeitschrift für Kommunikation in Religion, Kirche und Gesellschaft. MOMBERG Walter / SCHMOLKE, Michael / HÖLLER, R. Karl (Hrsg.): Jahrgang 36, Eichstätt-Ingolstadt 2006, S. 229–252

KÜHR, Herbert: Katholische und evangelische Milieus. Vermittlungsinstanzen und Wirkungsmuster. In: OBERNDÖRFER, Dieter / RATTINGER, Hans / SCHMITT, Karl (Hrsg.): Wirtschaftlicher Wandel, religiöser Wandel und Wertewandel. Folgen für das politische Verhalten in der Bundesrepublik Deutschland (Ordo politicus, Band 25), Berlin 1983, S. 245–261.

ZISTERZIENSERABTEI WALDSASSEN (Hrsg.): Jahresbericht der Erziehungs- und Unterrichtsanstalt der Zisterzienserinnen in Waldsassen, Schuljahr 1920/21, S. 24–45.

MOOSER, Josef: Gleichheit und Ungleichheit in der ländlichen Gemeinde. In: Friedrich-Ebert-Stiftung in Verbindung mit dem Institut für Sozialgeschichte Braunschweig (Hrsg.): Archiv für Sozialforschung Bonn ¹⁹1979, S. 123–145.

MORSEY, Rudolf: Franz Hitze (1851–1921) Sozialreformer und Sozialpolitiker des Zentrums; Vortrag aus Anlass seines 150. Geburtstags im Rahmen der Einweihung des Ergänzungsbaus der Akademie Franz-Hitze-Haus am 17.03.2001. In: Schriften der Akademie Franz-Hitze-Haus, Münster ⁵2001, S. 36–57.

NIENTIEDT, Karl: Unmittelbarkeit – eine Gnadengabe? Zur katholischen Charismatischen Erneuerungsbewegung. In: Herder-Korrespondenz, Band 37, Freiburg im Breisgau ⁸1983, S. 368–372.

GENN, Felix: Wir brauchen Zeugen, nicht Mitglieder. In: Stadt Gottes, Familienzeitschrift der Steyler Missionare, Jahrgang 129, Heft 7/8, Nettetal Juli/August 2006, S. 6

SCHMIEDL, Joachim: Veränderte Lebenswelten. Die deutschen Frauenorden seit dem Zweiten Vatikanischen Konzil. In: Ordenskorrespondenz 45, Zeitschrift für Fragen des Ordenslebens Bamberg ³2004, S. 272–285.

SC KEMMERN AKTUELL: Bezirksliga Oberfranken West, Bamberg ¹²2003/2004, S. 2.

2 Das schriftliche Dokument, das beweist, dass die Ordensfrauen ihre frühere Wohnung im Schulhaus verlassen haben. StABa K5 Nr. 5395.

Der Bürgermeister der Gemeinde Kemmern - Ofr.
Post: Breitengüßbach

Den 10.Dezember 1938.

An

E.-Nr. 13815

das Bezirksamt Bamberg.

Betreff: Wohnung der **Klösterlichen** Lehrkräfte.

Zum bezirksamtlichen Auftrag v. 28.10.38. Nr.11846 wird folgendes berichtet.

Die Wohnung der klösterlichen Lehrkräfte ist nun endgültig geräumt.

Sie besteht aus folgenden Räumen:

1 Wohnzimmer   4,25 m lang 3,60 m brt.
1 Schlafzimmer 4,25 "   " 3,20 " "
1 Zimmer   3,50 "   " 2,90 " "
1 Küche   3,60 "   " 2,30 " "
1 Abort   3,60 "   " 1,10 " "

Ein weiteres Fremdenzimmer befindet im 1 Stock 4,00 m lang und 2,00 m Breit.

Ferner sind im Dachgeschoß von je 4 m Länge und 2,20 m Breiten eingerichtet. Außerdem ist ein Keller, 1 Waschhaus und eine Holzlege vorhanden.

Der Bürgermeister:
Kraus.

3 Der Dienstausweis von Bürgermeister Pius Kraus, der von den Nationalsozialisten als Bürgermeister in der Gemeinde Kemmern eingesetzt wurde. StABa K5 Nr. 5395.

Das Leben der Schwestern in der Pfarrei Kemmern // 497

4 Das Schwesternhaus in der Klosterstraße. Dieses Bild stammt schätzungsweise aus dem Jahre 1960. Seit der Gründung des Konventes wohnten die Schwestern im Schulhaus, das 1890 erbaut wurde. Nach Aufforderung der Nationalsozialisten mussten die Ordensleute ihre Wohnung zum 30. November 1938 verlassen. Schon frühzeitig bemühte sich Pfarrer Adam Heinkelmann um eine neue Wohnung für die Dillinger Franziskanerinnen. Bereits zum 1. Dezember 1938 konnten alle sechs Schwestern in ihr neues Schwesternhaus einziehen. Bis zum heutigen Tage befindet sich dort der Schwesternkonvent. Bild privat.

5 Eine Besonderheit für die Gemeinde Kemmern: Es wird zu Lebzeiten der Schwestern als Zeichen der Dankbarkeit eine Straße nach Schwester Reginharda benannt. Dadurch sollten sich auch spätere Generationen noch an die Tätigkeiten der Ordensfrauen erinnern. Dies ist in der Gemeinde die einzige Straße, die den Namen einer Ordensfrau trägt. Bild privat.

6 Sr. M. Reginharda O.S.F. und Sr. M. Helene O.S.F. sowie der damalige Pfarrer der Pfarrei Kemmern Geistlicher Rat Georg Götz im Garten des Klosters. Er hatte in seiner pastoralen Wirkungszeit in der Pfarrei Kemmern viel für den Lebensunterhalt der Ordensfrauen getan. Als er im Oktober 1967 in die Pfarrei Kemmern einzog, hat er zuerst das Schwesternhaus neu renovieren lassen. Er hat ihnen eine Heizung und die entsprechenden sanitären Einrichtungen einbauen lassen. Dies war für die damalige Zeit schon ein großer Fortschritt. Bild privat.

7 Schwester M. Reginharda O.S.F., Schwester M. Gerwigis O.S.F. und Schwester M. Frieda Gehardt O.S.F. Die Provinz wählte für die Schwester M. Reginharda die Pfarrei Kemmern als Ort des Ruhestandes. Sie blieb bis zu ihrem Tode dem Konvent zugehörig. Dieses Bild entstand bei der Kircheneinweihung am 7. April 1980. Bild privat.

8 Schwester M. Frieda Gehardt O.S.F., Schwester M. Friedgard Dorsch O.S.F. gebürtig aus der Pfarrei Kemmern und Schwester M. Helene O.S.F. Das Mittagessen fand an diesem Tag in der Gaststätte Leicht statt, was für die Ordensfrauen auch heute noch etwas Außergewöhnliche darstellt, denn Ordensfrauen gehen niemals zum Essen in eine Gastwirtschaft. Dies geben schon die Konstitutionen vor. In diesem Falle wurden sie von der Pfarrei eingeladen. Bild privat.

9 Der frühere Altbürgermeister Franz Dorsch sowie die Schwestern M. Reginharda O.S.F. als Lehrerin an der örtlichen Volksschule und M. Helene O.S.F. als Kindergartenleiterin. Bild privat.

10 Die Hauskapelle des Schwesternkonventes, wo sich ein Tabernakel befindet, in dem die konsekrierten Hostien aufbewahrt werden. Es besteht somit die Möglichkeit, dort täglich die heilige Messe zu feiern. Vorausgesetzt ist die Anwesenheit eines geweihten Priesters. In diesem Bilde erkennt man den früheren Hochaltar. Heute ist dort ein Volksaltar. An der Wand finden sich Abbildungen der heiligen Muttergottes und des heiligen Josef. Im Jahre 1940 erhält der Konvent wahrscheinlich vom Erzbistum Bamberg das „Testimonium benictionis." Bild privat.

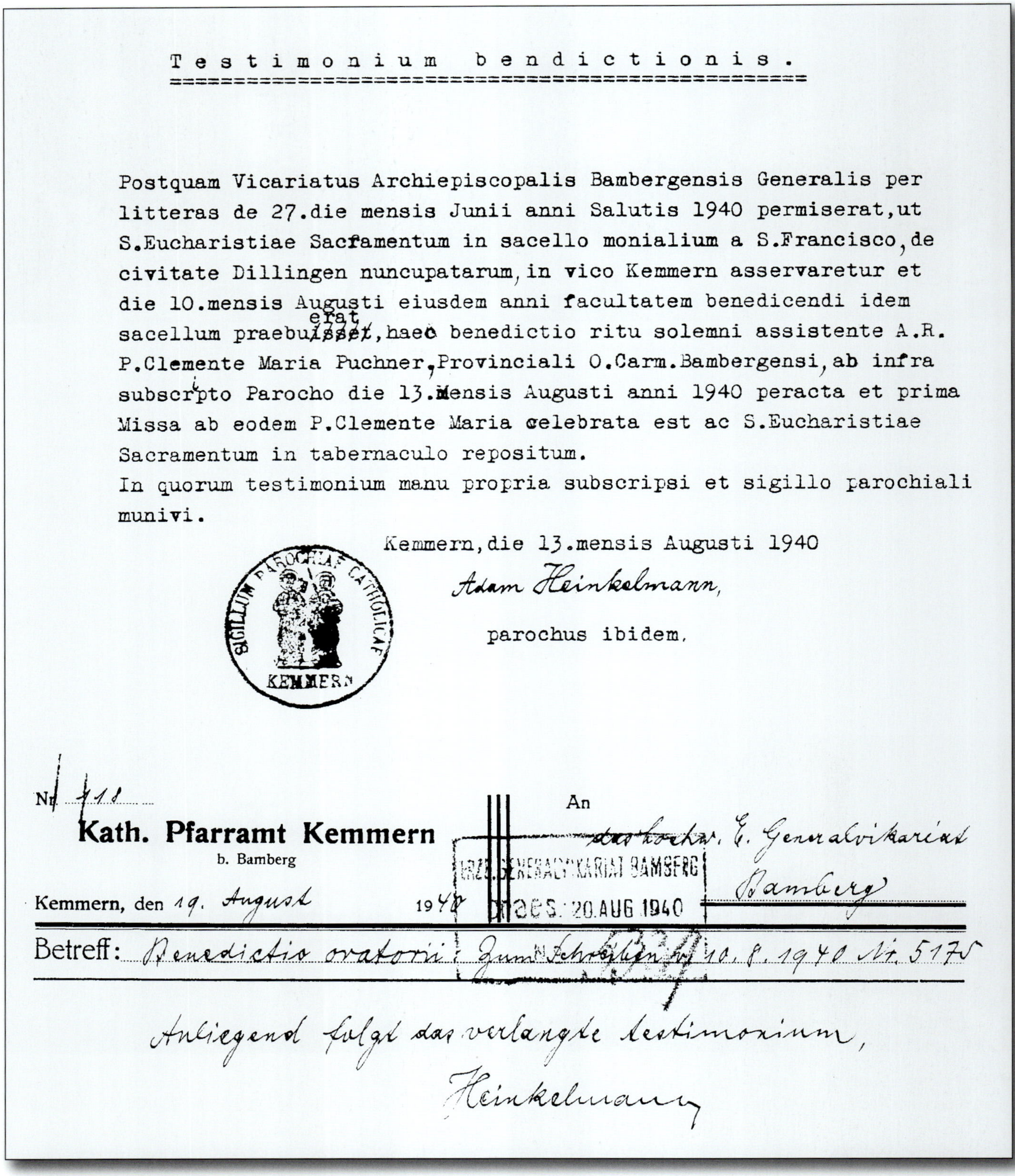

Testimonium bendictionis.

Postquam Vicariatus Archiepiscopalis Bambergensis Generalis per litteras de 27.die mensis Junii anni Salutis 1940 permiserat,ut S.Eucharistiae Sacramentum in sacello monialium a S.Francisco, de civitate Dillingen nuncupatarum, in vico Kemmern asservaretur et die 10.mensis Augusti eiusdem anni facultatem benedicendi idem sacellum praebuisset erat, haec benedictio ritu solemni assistente A.R. P.Clemente Maria Puchner, Provinciali O.Carm.Bambergensi, ab infra subscripto Parocho die 13.mensis Augusti anni 1940 peracta et prima Missa ab eodem P.Clemente Maria celebrata est ac S.Eucharistiae Sacramentum in tabernaculo repositum.

In quorum testimonium manu propria subscripsi et sigillo parochiali munivi.

Kemmern, die 13.mensis Augusti 1940

Adam Heinkelmann,

parochus ibidem.

SIGILLUM PAROCHIAE CATHOLICAE KEMMERN

Nr. 118

Kath. Pfarramt Kemmern

b. Bamberg

Kemmern, den 19. August 1940

An das hochw. E. Generalvikariat Bamberg

ERZB. GENERALVIKARIAT BAMBERG 20.AUG 1940

Betreff: Benedictio oratorii; Zum Schreiben v. 10.8.1940 Nr. 5175

Anliegend folgt das verlangte testimonium,

Heinkelmann

11 Für die Beichtseelsorge der Ordensfrauen im Konvent in Kemmern ist das Bamberger Karmelitenkloster zuständig. Bild privat.

12 (links) Schwester M. Kunigunde Ring O.S.F. und Frater Erasmus Ring. Beide stammen aus der Familie Ring und sind in unterschiedliche Gemeinschaften eingetreten. Schwester Kunigunde hat sich für das Leben bei den Pallotinerinnen entschieden und Frater Erasmus ist bei den Karmeliten der oberdeutschen Provinz in Bamberg eingetreten. Dieses Bild entstand bei seiner ewigen Profess in Straubing im Kloster der Karmeliten. Bild privat.

13 (Mitte) Pallotinerinnen in Gleusdorf beim Kartoffelschälen. Die weltliche Person ist Regina Christa, die das Kloster besucht und sich an der täglichen Küchenarbeit beteiligt. Bild privat.

14 (rechts) Ein Urlaubsbild mit dem Garten des Schwesternhauses, ungefähr im Jahr 1952. Man erkennt rechts Schwester M. Reginharda O.S.F., Lehrerin an der dortigen Volksschule und Schwester M. Ottonia Endres, OSV. v. P. Sie wurde am 17. Februar 1922 in Kemmern geboren und legte am 19. Juli 1949 ihre erste Profess ab. Sie starb am 16. Januar 1990 in Augsburg. Alle diese Bilder zeigen gebürtig aus Kemmern stammende Ordensfrauen bei ihrem Heimaturlaub. Damals war das Fotografieren von Ordensfrauen noch etwas Besonderes. Bild privat.

15 Schwester M. Gabriele Christa O.S.F., bei einem ihrer wenigen Urlaube in Kemmern. In ihrer alten Ordenskleidung steht sie auf dem Steig, der über den Main führt. Bild privat.

Das Leben der Schwestern in der Pfarrei Kemmern // 501

16 Ordensfrauen, die sich zur Kircheneinweihung am Ostermontag, den 7. April 1980, in der Pfarrei eingefunden haben. Es handelt sich um Schwestern des Konventes von Kemmern und um Schwestern, die extra zu diesem Termin in die Pfarrei gekommen sind.
Von links in der ersten Reihe: Die Schwestern M. Regis Bauer, Oberzellerschwester, M. Ottonia Endres, OSV. V.P., M. Milgitha Höfling, O.S.F., M. Gerwigis Zacherl, O.S.F., M. Reginharda Nehmer, O.S.F., M. Pirmina Brehm, Oberzellerschwester, M. Berga Albrecht, O.S.F.
Von links in der zweiten Reihe: Die Schwestern M. Gertrudis Lowinski, O.S.F., M. Friedgard Dorsch, O.S.F., M. Gerharda, Spörlein, O.S.F., M. Philippine Schuhmann, O.S.F., Frieda Gebhardt, O.S.F., M. Witburga Dorsch, O.S.F., M. Amaltraut Albrecht, O.S.F.
Von links in der dritten Reihe: Die Schwestern M. Barbara Schütz Abenberg, M. Heladia Albrecht, O.S.F., M. Jutta Müller, O.S.F. damalige Provinzoberin der Dillinger Franziskanerinnen in der Provinz Bamberg. Bild privat.

17 Die vielen eben aufgezählten Ordensfrauen. Auf der linken Seite erkennt man den damaligen Bundestagabgeordneten Paul Röhner CSU. Im hinteren Teil des Bildes sieht man die Gläubigen der Pfarrei, die dieses außergewöhnliche Ereignis mit großem Interesse verfolgen. Bild privat.

18 Segnung der erweiterten Kirche durch Besprengung mit geweihtem Wasser, daher trägt der Erzbischof ein liturgisches violettes Gewand. Der Weiheliturgie steht der Erzbischof von Bamberg Dr. Elmar Maria Kredel vor. Im Mittelpunkt des Bildes erkennt man die zwei Brüder Hans und Georg Birkel. Sie waren zu dieser Zeit Ministranten in der Pfarrei. Georg Birkel ist momentan Stadtpfarrer in Bad Staffelstein. Die liturgische Reihenfolge sieht im feierlichen Weihezug um die neue Pfarrkirche vor, dass sich nach der Geistlichkeit die Ordensfrauen einreihen. Bild privat.

19 Die feierliche Altarweihe, der eigentliche zentrale Weiheakt der gesamten Weihehandlung durch den Erzbischof. Der Erzbischof trägt das weiße Messgewand. Im Bildhintergrund erkennt man, wie Pfarrer Georg Götz an fünf verschiedenen Stellen auf dem neuen Volksaltar Weihrauch anzündet. Dies ist ein Zeichen des Opfers, das auf dem Altar vollzogen wird. Pfarrer Georg Götz ist auf beiden Bildern zu sehen. Er war der große Initiator und Bauherr dieser Kirchenerweiterung. Sein Name ist mit dieser damaligen großen Baumaßnahme verbunden. Sein pastorales Wirken war spirituell und nicht ausschließlich aktionsgeprägt. Bild privat.

Das Leben der Schwestern in der Pfarrei Kemmern // 503

20 Alle Schwestern, die diese feierliche liturgische Kircheinweihung miterlebt haben, beim Mittagessen in der damaligen Brauerei Leicht. Die Tafel ist festlich gedeckt. Diese Feierlichkeit war für die gesamte Pfarrei ein besonderes Jahrhundertereignis. Bild privat.

21 Pfarrer Georg Götz bei der goldenen Hochzeit der Familie Wagner, die in der Gemeinde eine eigenständige Brauerei betrieb. Daher wurde das Jubelpaar mit der Kutsche von der Kirche zur Brauerei gefahren. Bei solchen Feierlichkeiten war eine Abordnung der Vereine anwesend, bei denen die Jubilare Mitglied waren. Pfarrer Götz hat die Paare auf Wunsch von zu Hause abgeholt. Nach der liturgischen Feierlichkeit hat er die Gäste entweder zur Gaststätte oder zu deren Wohnung begleitet. Pfarrer Götz wurde in der Pfarrei noch mit dem Gruß *„Gelobt sei Jesus Christus"* gegrüßt. Bild privat.

22 Verleihung der Ehrenbürgerschaft an Pfarrer Georg Götz. Er hat während seiner pastoralen Tätigkeit als Pfarrer von Kemmern viele bauliche Aktivtäten unternommen. Beispielsweise wurde die Liturgiereform in der Kirche umgesetzt und das Glockengeläute wurde vom Handläuten auf elektrisches Läuten umgestellt. Von 1978 bis 1980 wurde unter seiner Leitung die Pfarrkirche erweitert und am 11. Oktober 1980 konnte der neue Kindergarten St. Marien durch Domkapitular Hans Wunder eingeweiht werden. Anlässlich seines 70. Geburtstages am 7. Oktober 1982 erhielt Götz die Ehrenbürgerwürde der Gemeinde Kemmern. Bild privat.

23 Pfarrer Georg Kochseder (1958–1967) und Bürgermeister Alois Förtsch (1972–2002). Wichtige Ereignisse im pastoralen Leben von Pfarrer Georg Kochseder war die Schulhauseinweihung am 4. Juli 1965 sowie die Primiz des Neupriesters Günter Raab am 9. Juli 1967 in der Pfarrei Kemmern. Bürgermeister Alois Förtsch hat die Gemeinde Kemmern verändert. Aus einer agrarisch geprägten Gemeinde hat er in seiner 30jährigen Amtszeit eine Wohngemeinde geschaffen, die nun am modernen wirtschaftlichen Leben des 21. Jahrhunderts teilnehmen kann. Das Dorf Kemmern präsentiert sich heute als moderne Vorstadtgemeinde im Landkreis Bamberg. Dieser Wandlungsprozess konnte nur durch viele kommunale Projekte geschaffen werden, wie durch den Bau eines neuen Hochwasserdammes und einer neuen Brücke sowie durch Ortskernsanierung. Bild privat.

Das Leben der Schwestern in der Pfarrei Kemmern // 505

24 Ehrenbürgerverleihung an Schwester M. Helene Hutzler O.S.F. am 12. August 2001 durch Bürgermeister Alois Förtsch. Von links: Zweiter Bürgermeister Johann Bauer, Provinzialoberin Schwester M: Bonita O.S.F und Pfarrer Valentin Tempel. Bild privat.

Ein Kapitel der Ordensgeschichte geschrieben
Schwester Helene Hutzler von den Dillinger Franziskanerinnen zur Ehrenbürgerin Kemmerns ernannt

KEMMERN. Schwester Helene Hutzler von den Dillinger Franziskanerinnen wurde bei einer Feierstunde im Pfarrheim St. Franziskus zur Ehrenbürgerin ernannt. Sie war vor 50 Jahren in den Kemmerner Schwesternkonvent berufen worden.

Erster Bürgermeister Alois Förtsch wies zu Beginn darauf hin, dass das Ehrenbürgerrecht die höchste Auszeichnung sei, welche die Gemeinde vergeben könne. Voraussetzung dafür seien nicht allgemeine Verdienste um Volk und Staat, es müsse vielmehr ein besonderer Bezug zur Gemeinde Kemmern bestehen. Der sei bei der Geehrten in hohem Maße gegeben.

Während ihres fast 39-jährigen Wirkens als Leiterin des Kindergartens habe sie sich um die Erziehung und Bildung der Kinder im Dorf außerordentlich verdient gemacht.

Ausführlich würdigte Förtsch das Leben und Schaffen von Sr. Helene. Am 8. Februar 1925 in Gunzendorf geboren, besuchte sie dort die Volksschule, anschließend die Haushalts- und Berufsschule „Maria Hilf" in Bamberg und ferner die Mädchenmittelschule in Dillingen. Hier legte sie die Staatsprüfungen zur Säuglings- und Kleinkinderkrankenschwester sowie zur Erzieherin ab.

Ihr Weg führte sie als Postulantin von 1945 bis 1946 erstmals nach Kemmern. 1946 erfolgte ihr Ordenseintritt bei den Dillinger Franziskanerinnen, 1947 die Profess und 1950 das ewige Gelübde. Nach einer kurzen Tätigkeit in Marktbreit übernahm sie am 1. September 1951 die Leitung des Kindergartens in Kemmern.

Unter schwierigen Bedingungen begann sie ihre Erziehungsarbeit im Kindergarten „Am Bächla"; die Räumlichkeiten mussten mit der Schule geteilt werden, bis im Oktober 1954 der neue Kindergarten eingeweiht wurde.

Aufgrund des stetigen Wachstums des Ortes erwies sich bald auch dieses Haus als zu klein, und es mussten wieder Halbtagsgruppen eingerichtet werden. Dies entsprach nicht mehr dem geltenden Kindergartengesetz. So entstand 1979 bis 1980 auf Gemeindegelände neben der neuen Schule ein vollständig neuer Bau. Inzwischen ist der Kindergarten „St. Maria" auf vier Gruppen angewachsen.

Pädagogisch nie einseitig gewirkt

Bürgermeister Förtsch schilderte die gute Zusammenarbeit mit der Schule und würdigte besonders, dass ihr pädagogisches Wirken nie einseitig gewesen sei. „Alle Kinder, gleich welcher Herkunft oder Konfession, wurden von ihr freudig und von ganzem Herzen angenommen."

Förtsch vergaß auch nicht ihren Einsatz im kirchlichen Bereich: Schmücken der Kirche, Sorge um die Kirchenwäsche, Ausbildung und Vorbereitung der Kinder auf Erstkommunion und Firmung, aktive Arbeit in der pastoralen Tätigkeit der Pfarrei und im Pfarrgemeinderat. Weil das jahrzehntelange Wirken der neuen Ehrenbürgerin einen wesentlichen Anteil an der seit 111 Jahren währenden segensreichen Tätigkeit des Ordens der Dillinger Franziskanerinnen umfasst, unternahm Förtsch einen Exkurs in die Geschichte der Verbundenheit Kemmerns mit seinen Schwestern, die bis auf das Jahr 1890 zurückgeht.

Bevor er die Ehrenbürgerurkunde überreichte, machte er sich zum Sprecher der Kemmerner Bürger und dankte für alles, was Sr. Helene ihnen an Erziehung und Bildung geschenkt habe – „wichtige Voraussetzungen für die Schule, den Beruf und das Leben".

Dankgottesdienst würdigt Engagement

Pfarrer Valentin Tempel gratulierte namens der Kirchengemeinde, die Träger des Kindergartens ist. Am 30. September würden die neue Ehrenbürgerin und ihre Mitschwester Philippine Schuhmann in einem Dankgottesdienst für 50-jährige bzw. 25-jährige Tätigkeit in und für Kemmern geehrt.

Rektor Zwosta dankte namens des Lehrerkollegiums für die jahrzehnte lange enge Zusammenarbeit und die soliden Grundlagen, die im Kindergarten unter der Leitung von Sr. Helene gelegt worden seien. An den Kindern hätten die Pädagogen deutlich gespürt, dass sie schon viel erfahren hatten: Liebe, Güte, Gerechtigkeit.

Ingeborg Ledermann, die jetzige Kindergartenleiterin, hatte das Geschenk ihres Teams symbolhaft verpackt: Fünf gebastelte Blüten standen für die fünf Jahrzehnte des Wirkens in Kemmern.

Für die Kemmerner Ortsvereine sprach Waltraud Ruß. Ihre Gedanken rankten sich um einen Vers, den ihr einst die Geehrte ins Poesiealbum geschrieben hatte: „Fröhliche Menschen sind nicht bloß glückliche, sondern auch gute Menschen." Die Gratulantin überreichte drei leuchtende Sonnenblumen, Symbol für Frohsinn, Glück und Güte.

Schwester Helene Hutzler bedankte sich für die erwiesenen Ehrungen und betonte, dass sie stolz sei auf die Persönlichkeiten, die sich in den Jahren in Kemmern entwickelt hätten. Sie freute sich über den Anteil, „den ich dazu beitragen durfte". Sr. Helene schloss mit einer Liebeserklärung an Kemmern: Die Menschen hier sind lebensfroh, aufgeschlossen und hilfsbereit.

Höchstes Lob von der Provinzialoberin

Provinzialoberin Sr. Bonita dankte namens des Ordens für die Schwester Helene erwiesene Ehrung und griff auf, was die Geehrte bereits angesprochen hatte: Alle Mitschwestern seien stolz auf diese Ehrung, sie gelte ja auch dem gesamten Orden.

Schwester Bonita hob hervor, wie sich die Schwestern hier von den Bürgern unterstützt fühlen und dankte der Kirchenstiftung und den vielen ehrenamtlichen Helfern für die Erneuerung des Schwesternhauses.

Die Feierstunde war von den „Kemmerä Kuckuck" musikalisch umrahmt worden und klang mit einem gemütlichen Beisammensein aus. KE

Erster Bürgermeister Alois Förtsch ernannte Schwester Helene Hutzler zur Ehrenbürgerin von Kemmern und überreichte die entsprechende Urkunde. Mit auf dem Bild, von links: Zweiter Bürgermeister Johann Bauer, Provinzialoberin Schwester Bonita und Pfarrer Valentin Tempel. FT-Foto: Rudolf Mader

25 Bericht des Fränkischen Tages zu diesem Ereignis. Interessant ist hierbei die Wahl der Überschrift dieses Berichtes. „Ein Kapitel der Ordensgeschichte geschrieben". In diesem Bericht findet sich das gesamte Leben und Wirken der Ehrenbürgerin.

SCHWESTERN IM LEBEN VON KEMMERN – BERUFUNGEN

Mit diesen Bildern soll aufgezeigt werden, wie selbstverständlich es war, dass die Ordensfrauen der Dillinger Franziskanerinnen das katholische Milieuleben der Pfarrei Kemmern während ihres gesamten aktiven Wirkens mitgestaltet haben. Sie haben durch ihre Präsenz im Ort vor allem dazu beigetragen, das geistliche Leben zu fördern. Mit diesen Bildern soll dargestellt werden, wie auf unterschiedliche Weise der katholische Glaube gelebt und gefeiert wurde und noch immer gelebt wird. Auch wenn sich Vieles im Laufe der Zeit verändert hat, so zeigt sich in der Gemeinschaft der Gläubigen eine tiefe Dimension, die oftmals stärker ist als weltlicher Einfluss. Eine geistliche Berufung kann nicht vom Menschen selbst ausgehen, denn es handelt sich dabei um eine Gnade Gottes. Doch der einzelne Mensch kann durch seine innige Beziehung zu Jesus und durch seine Offenheit das soziokulturelle Umfeld schaffen, dass eine Berufung wachsen und gedeihen lässt. In der heutigen säkularisierten Gesellschaft geschieht es immer seltener, dass eine solche Lebensform bei der Bevölkerung auf ein offenes Ohr stößt. Grund dafür ist die immer mehr materialistische Gesellschaft, die es dem Menschen ermöglicht, alle seine Alltagsprobleme selbst zu lösen. Durch dieses soziokulturelle Umfeld ist der Mensch großen Belastungen ausgesetzt, die ihn von einer geistlichen Berufung abbringen. Erst eine Lebenskrise, ein Unfall oder ein sonstiges unvorhergesehenes Leid kann den säkular geprägten Menschen von heute zu der Einsicht bringen, dass es im Leben etwas Höheres gibt, das nicht von dieser Welt ist. Die frohe Gelassenheit, die aus vielen der hier dargestellten Abbildungen spricht, zeigt deutlich auf, dass – trotz des Glaubens an etwas Höheres – durch Stress, Hektik und große Aufregung keine Berufungen geweckt werden. Es sollte daher das Ziel jedes Menschen sein, in einer persönlichen Gottesbeziehung seinen Glauben zu stärken und zu fördern. Nur auf diese Weise könnten auch heute Berufungen entstehen. Die Abbildungen in diesem Buch sind Zeugnis dafür, dass eine Berufung ein Geschenk Gottes ist und dass diese eine Begleitung benötigt. Die Ordensfiliale von Kemmern hat allein durch ihr Dasein diese Begleitung ermöglicht.

26 (links) Grabstein auf dem Friedhof der Gemeinde Kemmern. Es gibt auf diesem Friedhof noch einen Grabstein mit den einzelnen Daten der verstorbenen Schwestern, auch wenn sie nicht auf dem Friedhof in Kemmern begraben sind. Die Dillinger Franziskanerinnen begraben alle ihre verstorbenen Ordensfrauen auf dem Friedhof in Bamberg. Die Eintragung auf dem Grabstein soll in der Gemeinde jedoch zumindest das Gedächtnis an sie lebendig erhalten. Bild privat.

27 (rechts) Der Schwesternkonvent von Kemmern im Jahre 2002 in neuer Zusammensetzung. Von links: Die Schwestern M. Philippine Schuhmann O.S.F, M. Helene Hutzler O.S.F, M. Gunduala Denk O.S.F und M. Agnes Kahl O.S.F. Bild privat.

28 Erzbischof Ludwig Schick anlässlich einer Firmung zu Gast in der Pfarrei Kemmern: Von links: Bürgermeister Rüdiger Gerst, Erzbischof von Bamberg Prof. Dr. Ludwig Schick, Oberin Schwester M. Gudula Denk, O.S.F. Pfarrer Valentin Tempel. Bild von der Gemeinde Kemmern.

29–36 Ehrungen von Schwester M. Helene Hutzler. O.S.F. zu verschiedenen Festlichkeiten, alle Fotos: Johannes Michel

29 Ein freundlicher Glückwunsch von Bürgermeister Rüdiger Gerst zu einem Geburtstag von Schwester Helene. Mit all diesen Bildern soll besonders die Dankbarkeit ihr gegenüber und die Freude der Bevölkerung zum Ausdruck gebracht werden. Die politische und kirchliche Gemeinde schätzt ihre Schwestern auch heute noch sehr und versucht alles, damit die Lebensfähigkeit des Konventes noch lange erhalten bleibt, gerade wenn die Ordensfrauen bereits älter sind. Sie sind fester Bestandteil der Gemeinde Kemmern.

30 Die beiden Bürgermeister Hans-Dieter Ruß und Rüdiger Gerst sowie zwei Ordensschwestern der Gemeinschaft in der Kirche.

31 Pfarrer Valentin Tempel, wie er Schwester M. Helene O.S.F. anlässlich eines Jubiläums in der Pfarrkirche einen Blumenstrauß überreicht.

Schwestern im Leben von Kemmern – Berufungen

32 Pfarrer Valentin Tempel, Schwestern M. Helene und Bürgermeister Rüdiger Gerst in der Pfarrkirche in Kemmern.

33 Von links Pfarrer Valentin Tempel, Schwester M. Helene Hutzler O.S.F., Bürgermeister Rüdiger Gerst, und Waltraud Ruß als Vertreterin der gesamten Vereine in Kemmern.

34 In der hinteren Reihe Bürgermeister Rüdiger Gerst und Pfarrer Valendin Tempel. In der ersten Reihe: Schwester M. Luidgart O.S.F., Schwester. M. Helene Hutzler O.S.F. und Schwester Gundula M. Denk O.S.F.

510 // Schwestern und Berufungen in Kemmern

35 Zweiter Bürgermeister, Hans-Dieter Ruß, Pfarrer Valentin Tempel, Schwester M. Helene O.S.F. und Erster Bürgermeister Rüdiger Gerst.

36 In der Kirche vor dem Volksaltar: Die Schwestern M. Philippine Schuhmann O.S.F., M. Gudula Denk O.S.F., M. Helene Hutzler O.S.F, Provinzoberin von Bamberg M. Martina Schmidt, O.S.F., und M. Luidgart O.S.F.

37 (links) Die Gemeinde Kemmern feiert im Jahr 2017 ihr 1000-jähriges Bestehen. Bei der Eröffnungsveranstaltung überreichte der Bürgermeister der Ehrenbürgerin Schwester M. Helene O.S.F. die erste Ausgabe einer Spruchsammlung „*Nach Kemmern Mundart*". Dieser Festakt bildete den Auftakt zum Jubiläum am 21. Januar 2017 in der Turnhalle der Volksschule in Kemmern. Foto: Johannes Michel

38 (rechts) Bürgermeister Rüdiger Gerst neben Schwester M. Helene O.S.F. und Pfarrer Valentin Tempel. Foto: Johannes Michel

39 Schwester M. Philippine Schuhmann O.S.F., Schwester M. Helene Hutzler O.S.F. und Pfarrer Valentin Tempel bei der gleichen Veranstaltung. Foto: Johannes Michel

40 Schwester M. Philippine Schuhmann O.S.F., Schwester M. Luidgart O.S.F. und Schwester M. Helene Hutzler O.S.F. beim Festakt in der Turnhalle. Foto: Johannes Michel

41–43 Viele Schülerinnen hatten ein Poesiealbum: Ein Album, in das sich Schulkameradinnen, Freudinnen und Lehrkräfte durch den Eintrag eines Spruches verewigen. Durch solche Einträge blieben vor allem die Ordensschwestern bei der Bevölkerung in bleibender Erinnerung. Man wählte kurze Sprüche, versah den Eintrag mit Datum, einem schönen Bild und der Unterschrift, somit hat die einzelne Person eine persönliche Erinnerung beispielsweise an diese Ordensfrau.

Nekrolog von Pater Liborius Albrecht O.F.M.

R. P. Liborius Albrecht †10. Juli 1937

In Kemmern bei Bamberg stand seine Wiege. Als Kind frommer Bauersleute wuchs er unter zahlreichen Geschwistern heran. Mit 12 Jahren fand er Aufnahme in das neuerrichtete Seminar Antonianum, wo er in neunjährigem Studiengang das Gymnasium durchlief. Bis zur 6. Klasse gehörte er zu den Besten der Kasse, gleich hervorragend durch Betragen und Leistungen. Dann warf ihn eine schwere Krankheit etwas zurück. 1907 trat er ins Noviziat Diefurt ein, kam ein Jahr darauf nach Tölz zur Philosophie, 1910 nach München. Sogleich nach dem Cura-Examen erhielt er die Versetzung nach Bamberg, und war dort als Aushilfspater tätig bis Mai 1914. Nach Volkersberg versetzt, traf ihn bald die Einberufung zum Kriegsdienst. Das Reservelazarett Rheinsheim bei Germersheim hielt ihn dann über drei Jahre fest. Hier hatte er viel mehr Schreiberdienst als Seelsorgsdienst zu leisten. Er tut wohl tadellos seine Pflicht, trachtete aber unablässig an die Front zu kommen. Endlich nach vielen vergeblichen Bemühungen, auf Verwenden des Divisionspfarrers P. Polycarp hin, wurde sein sehnlichster Wunsch erfüllt. Am 14. November 1917 erhielt er seine Ernennung zum Feldgeistlichen. Mit unermüdlichem Eifer leistete er zuerst im Osten, dann bis Kriegsschuss im Westen den Fronttruppen die nötigen seelsorglichen Dienste. In wochenlangem Fußmarsch zog er mit seiner Abteilung heimwärts, zurück ins Kloster Volkersberg. Noch im Dezember 1918 kam er als Kaplan nach Nürnberg hatte sich rasch eingebt und wirkte auch hier mit aller Hingabe. Er hatte in 22 Wochenstunden 370 Kinder zu unterrichten, außerdem Sonntagschristenlehre, musste viel beichthören, Sterbende versehen. Da kam man sich genug wundern, wie er noch Zeit fand, die Pfarrkartei aus kleinen Anfängen zu ziemlicher Vollständigkeit auszubauen. Ein schwerer Schlag war ihm im August 1922 die Versetzung nach Mühldorf. Zwei Jahre darauf erhielt er in Marienweiher ein Wirkungsfeld, in dem sich sein Eifer auf allen Gebieten der Seelsorge betätigen konnte. Und noch darüber hinaus. Er verkartete die sämtlichen vorhandenen Pfarrbücher. Auch als er beim Kapitel 1930 Guardian geworden, arbeitete er in der Pfarrseelsorge weiter. Februar 1932 erhielt er das Guardianat Eggenfelden. Schon 1933 musste er wieder wandern. Vikar und Direktor des Dritten Ordens in Bamberg bezeichneten für die nächsten drei Jahre seinen Pflichtenkreis, den er getreulich ausfüllte. Beim Kapitel 1936 wurde er als Vikar und Kaplan nach Gößweinstein versetzt. Er lachte selbst über den weißhaarigen alten Herrn, der als Kaplan in Gößweinstein herumsteigen sollte.

Mit Eifer machte er sich an seine Arbeiten in Kirche, Schule und Krankenseelsorge, wie er es seit Jahren gewohnt war. Aber ein Übel brachte er bereits nach Gößweinstein mit, dass immer ärger wurde. Die Schlaflosigkeit. Wenn er auch glaubte gesund zu sein, so konnte er doch selten vor 2 Uhr nachts einschlafen. Ab 1. Dezember wurde er vom erzbischöflichen Ordinariat zum Pfarrverweser von Elbersberg bei Pottenstein aufgestellt. Mit aller Hingabe betreute er diese Pfarrgemeinde 3 ½ Monate lang. Die Leute dankten ihm auch seinen frommen selbstlosen Eifer, und die Opfer, die er für sie brachte. Oft konnte er die Bitte hören: P. Liborius, bleiben Sie doch bei uns da, dass wir einen guten Pfarrer haben! Mitte März kehrte er wieder zurück. Einige Wochen seelsorglicher Tätigkeit waren ihm noch vergönnt, bis er nicht mehr konnte. Eine schleichende Rippenfellentzündung, die er von Elbersberg mitgebracht hatte, wollte nicht mehr vergehen. Anfang Mai stellte der behandelnde Arzt Herzwassersucht fest, und veranlasste am Mittwoch nach Pfingsten, dass er ins Krankenhaus Bamberg eingeliefert wurde. Kurz vor dem Untergehen leuchtete Sonne seines Lebens noch einmal auf dem silbernen Schimmer seines 25jährigen Priesterjubiläums. Auf dem Krankenwagen liegend wohnte er einer hl. Messe bei, die P. Herigar in der Krankenhaus-Kapelle zelebrierte. Am 29. Juni wars, an dem selben Festtage, an dem er 25 Jahre vorher mit seinem Kurse im Dom zu Freising die Priesterweihe empfangen hatte. Mannhaft trug er sein Leiden und hoffte bis zuletzt auf Besserung. Am Samstag den 10. Juli, war er wie sonst aufgestanden um sich zu waschen und für die hl. Messe anzuziehen. Da sank er in sein Bett zurück. Sein Herz war stehen geblieben. Als P. Herigar einige Augenblicke darauf erschien, ihm die heilige Ölung zu spenden, fand er einen Toten vor. Sein Begräbnis war glorreich zu nennen. Fast vollzählig er schienen die beiden Bamberger Klöster mit dem Seminar, zahlreich der Weltklerus. Hinter dem Sarg ging weinend seine 80jährige Mutter, zahlreiche Verwandte und Heimatgenossen aus dem nahen Kemmern, die große Drittordens-Gemeinde Bamberg, Gläubige aus seinen Wirkungsorten Marienweiher, Gößweinstein, Elbersberg und Nürnberg. Da die Bamberg Conventgruft keinen Platz mehr frei hatte, wurde er in die Gruft des Dritten Ordens beigesetzt, die er als Direktor selbst hatte bauen lassen. Mit P. Liborius haben wir einen guten Mitbruder, einen getreuen Ordensmann, einen überaus seeleneifrigen Priester verloren. Schlicht und innerlich war seine Frömmigkeit lauter und treu sein Charakter hat ihn als ersten seiner acht Kurskollegen zu sich heimgeholt. Wir bedauern, dass es so früh geschah. Er ist sein Leben lang ein treuer, tapferer Kämpfer für das Heiligtum des Herrn gewesen. Der Herr gebe ihm die Palme des Sieges.

44 Pater Liborius steht in der zweiten Reihe inmitten seiner franziskanischen Mitbrüder. Bild privat.

45 Der Franziskanerpater Liborius spielt mit einem Hund im Klostergarten. Bild Bayerische Franziskanerkongregation

46 Primizbild von Pater Liborius Albrecht O.F.M. vom 2. Juli 1912. Bild privat.

47 Totenbild von Pater Liborius Albrecht O.F.M. vom 10. Juli 1937. Interessant ist die auf dem Bildchen hinterlassene Bemerkung, dass er „kurz nach seinem silbernen Priesterjubiläum" gestorben ist. Bild privat.

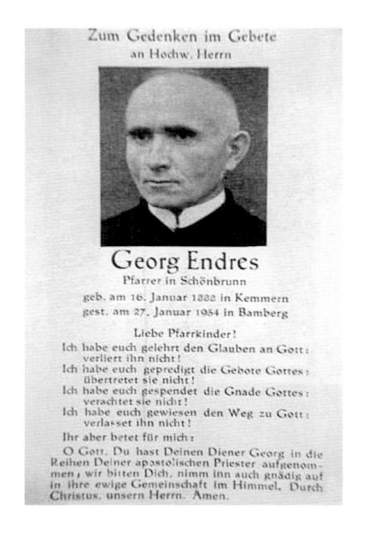

48 Totenbild von Pfarrer Georg Endres. Geboren am 16. Januar 1888 in Kemmern. Die Priesterweihe empfing er am 26. Juli 1914 in Bamberg im Alter von 26 Jahren. Seine Primiz feierte er am 28. Juli 1914 in Kemmern. Seine ersten pastoralen Seelsorgestellen waren am 26. Juli 1914 in Steinwiesen und ab 14. August 1914 wirkte er als Lazarettgeistlicher in Nürnberg. Vom 1. Oktober 1935 bis zu seinem Tode am 27. Januar 1954 war er Pfarrer in Schönbrunn. Er starb im Alter von 66 Jahren und ist in Eggenbach begraben. Bild privat.

49 Die Familie Albrecht um das Jahr 1925. Der Franziskanerpater Liborius Albrecht steht im Mittelpunkt des Bildes. Die Eltern sitzen in der ersten Reihe auf der rechten Seite. Neben Pater Liborius sind seine weiteren Brüder zu sehen. Besonders auffällig sind die religiösen Symbole. Die Mutter hält in ihren Händen ein Buch und auf dem Tisch links steht ein großes Kreuz. Der Sohn auf der rechten Seite ist Balthasar Albrecht. Er trat am 28. März 1937 in den bayerischen Franziskanerorden ein und erhielt den Ordensnamen Ubald. Am 29. März 1938 legte er die einfache Profess ab und war vom 3. April 1938 bis zum 11. November 1938 im Reichsarbeitsdienst tätig. Am 14. April 1939 wurde er zum Wehrdienst eingezogen. Er stürzte am 28. November 1942 über Tunis ab. Das Bild macht deutlich, dass das Familienmitglied mit der geistlichen Laufbahn den Mittelpunkt bildet, gemeinsam mit den religiösen Symbolen. Durch diese Art der Fotografie präsentiert eine Familie ihre Frömmigkeit nach außen hin. Bild privat.

516 // Schwestern und Berufungen in Kemmern

P. Johannes B. Eichhorn

Gestorben am 30. Dezember 1944 in Rahata (Indien).

Von P. Joh. B. Fischer.

Unsere erste Bekanntschaft datiert vom 30. September 1889, dem Tag unseres Eintritts in das Noviziat in Feldkirch-Tisis. Als ich zusammen mit P. Lippert von Regensburg her nachmittags ankam, fanden wir die meisten Kandidaten schon anwesend, auch Joh. B. Eichhorn. Er stammte aus der Bamberger Gegend – Bamberch lautete es auf seiner Zunge –, hatte auch schon einige Semester in Innsbruck verbracht. Eichhorn war ein Zachäus, der kleinste von uns allen. Das damals erforderliche Militärmaß hat er kaum erreicht. Aber trotzdem konnte man ihn nicht übersehen. Wenn er zuweilen, wie es bekanntlich bei kleinen Töpfchen leicht geschieht, kurz aufschäumte, dann schossen Blitze aus seinen dunklen Augen. Er steckte in dem kleinen Mann ein kriegerischer Geist. Ein Onkel von ihm war der im ersten Weltkrieg öfter genannte General Eichhorn. Es sah ungemein putzig aus, wenn der kleine Carissimus gravitätisch mit auswärts gestellten Füßen – ein Zeichen von Herrschucht, Psychologen wissen – durch die Gänge wandelte. Meist oblag ihm, zusammen mit P. Rohner, das Kehren der Gänge.

Im ersten Jahr unseres Noviziates hatten wir P. Thoelen als Novizenmeister. Da ereignete sich auch für c. Eichhorn nichts Aufregendes. Als aber zu Anfang des zweiten Jahres P. Joh. B. Müller – der Zeremonien – Müller – kam, da ging es nicht so glimpflich ab. Eichhorn stand einigermaßen auf Kriegsduß mit den Regeln des Ministrierens. Und in diesen Dingen verstand P. Müller keinen Spaß. So war es unausbleiblich, dass zuweilen ein Gewitter auf den armen Sünder niederbrauchste.

Am Ende unseres Noviziates zogen wir im September 1901 nach Exaeten, um unter den Patres Gietmann, Racke und Helten den Schatz unseres Wissens zu mehren. P. Eberschweiler war unser Spiritual. P. Racke suchte uns in die Geheimnisse der Beredsamkeit einzuführen. Wir mussten von Zeit zu Zeit auch Proben des Fortschritts geben. Einmal stand Fr. Eichhorn auf dem Podium. Sein Thema lautete: „Predigt zur Bekehrung Indiens". Eine Viertelstunde lang wurden die kurzen Sätze in schneidigem Kommandoton heruntergeschmettert. Als die Predigt zu Ende war, sagte der gemütliche P. Racke. „So, jetzt ist Indien bekehrt".

Die Philosophie erledigte Fr. Eichhorn in zwei Jahren – er ließ sich die Semester in Innsbruck anrechnen. Dann machte er in S. Beunos in England die Theologie in drei Jahren (wieder berief er sich auf Innsbruck). Nach seiner Ansicht ge-

50 Primizbildchen von Johann B. Eichhorn S.J.

nügte das für einen Heidenmissionär. Am 27. August 1906 wurde er in Valkenburg zum Priester geweiht. Ein Jahr darauf konnte er die lang ersehnte Reise in das „Wunderland" Indien antreten. Etwa 7 Jahre war er dort tätig, meist in Khandala, als der erste Weltkrieg ausbrach. P Eichhorn musste mit vielen anderen Deutschen Indien als Kriegsgefangener verlassen. Sie wurden einige Monate in London interniert, dann nach Deutschland (bzw. Holland) entlassen. Sofort meldete sich p. Eichhorn als Feldgeistlicher. Da war er wieder in seinem Element. Als auch dieses Experiment vorüber war, trafen wir uns im Dezember 1918 wieder in München, reisten dann zusammen nach Feldkirch, um uns in Exerzitien von dem Staub der Kriegsstraßen zu säubern. Sofort nach unserer Rückkehr nach München erhielten wir unsere Destination von P. Richard: ich zu Burschenvereinen nach Regensburg, P. Eichhorn als Missionar nach Straubing.

Mit Ausdauer und großem Fleiß bereitete er seine Missionspredigten vor. Die Gabe des packenden Redners besaß er

51 Joseph Eichhorn, Bürgermeister von 1900 bis 1906, und seine Frau Kunigunda feierten 1926 goldene Hochzeit. Unter den Kindern des Paares Jesuitenpater Johannes Eichhorn und Schwester Delenaria.

52 Der aus Kemmern stammende Jesuitenpater Johannes Eichhorn war als Feldgeistlicher 1917 in Russland, 1927 ging er wie am Anfang seiner Seelsorgezeit wieder nach Indien, wo er 1944 verstarb

nicht. Seine Predigten und Exerzitien waren nüchtern, phantasielos, aber durchaus praktisch. Dazu der alte Kommandoton. Den Männern sagte er begreiflicherweise mehr zu als den Frauen. Jede Form von „Sentimentalität" war ihm verhasst. So manchmal, wenn wir zusammen einer Predigt von P. Kollmann zuhörten (in der Sakristei), knurrte er: „Hören Sie, hören Sie, wie er wieder auf Tränen spekuliert!" Einst machten wir – P. Eichhorn und ich (wir waren einige Jahre in Aschaffenburg zusammen) – einen Ausflug in den Spessart. Unser Ziel war die berühmte 1000jährige Eiche. Als wir sie gefunden hatten, standen wir ehrfurchtsvollem Schweigen vor dem Zeugen einer tausendjährigen deutschen Geschichte. P. Eichhorn schien unsere Ergriffenheit nicht zu teilen. Schon zu lange dauerte ihm unsere stille Andacht. „Nun kommen Sie endlich, gehen wir weiter!" Und da wir dieser Aufforderung nicht gleich Folge leisteten: „Was schauen Sie denn? Ist doch nur ein alter Baum." Die tausendjährige Eiche war für ihn nur ein alter Baum, sonst nichts.
Wenn er gut aufgelegt war, erzählte er auch die Begegnung König Ludwig I. von Bayern mit einem Bamberger Gärtner. Der König verbrachte oft einige Wochen im Bamberger Schloss. Er pflegte dann ganz allein Spaziergänge in der Umgebung zu machen. Einst kam er zu einem Gärtner, der auf seinem Feld arbeitete. Der leutselige Herr redete ihn an: „Na, G'vatter, was ham ma heut a Wetter?" Ohne von seiner Arbeit aufzuschauen, zischte der Gärtner: „Maulaff, schau selber auf!" Schmunzelnd entfernte sich der König, dem die sprichwörtliche Grobheit der Bamberger Gärtner wohl bekannt war. Gleich darauf kam ein zweiter Gärtner, der in der Nähe arbeitete, auf seinen Kollegen zu und sagte: „G'vatter, hast a große Ehr g'habt." Was für Ehr? „Hast mit'm König g'redt". Ist dös der König g'west? „Jo freilich." Na, do bin i aber froh, dass i nit grob g'west bin.
All die Jahre nach dem Krieg verzehrte P. Eichhorn die Sehnsucht nach seiner indischen Mission. Endlich, ich glaube, es war 1927, durfte er wieder zurück in das Land seiner ersten Liebe, zur Arbeit an der Bekehrung der Heiden. Noch viele Jahre war es ihm vergönnt, in diesem steinigen Weinberg des Herrn zu wirken – in Rahata. Aber doch früher, als ich dachte und wohl auch er selbst, rief ihn der Weinbergvater zu sich es war am 30. Dezember 1944.
Requiescat in pace R.I.P.

Nachruf von P. Johannes B. Fischer SJ in den (ordensinternen) Mitteilungen aus den deutschen Provinzen der Gesellschaft Jesu 17 (1953–1956) S. 323–325

53 Feier der ersten heiligen Kommunion in der Pfarrei Kemmern. Dieses Bild ist in der Ortsgeschichte des Historikers Konrad Schrott unter dem Titel „*Kemmern Ortsgeschichte eines ehemaligen bambergisch-domkaptelischen Obleidorfes*" abgedruckt. Es heißt hier: „Erstkommunikanten mit Pfarrer Nikolaus Hennemann (Mitte), Lehrer Augustin Rössert (rechts) sowie Oberin und Lehrerin Sylvia Ruf (links) vor der alten Kinderbewahranstalt am Bächlein." Die Aufnahme entstand um 1906. Dies ist das älteste erhaltene Kommunionbild aus der Pfarrei, wobei besonders erwähnt werden muss, dass die Aufnahme in der damaligen Zeit etwas Besonderes für die Kinder darstellte. Sie sind alle festlich gekleidet und stehen geordnet in Reih und Glied vor dem Fotografen. Bild privat.

54 Erste heilige Kommunion in den fünfziger Jahren. Das Bild zeigt eine sehr große Kommunionklasse. Zu sehen sind zwei Schwestern, der Pfarrer, die Lehrerin sowie viele Mädchen und Jungen. Das Bild entstand in den 50er Jahren auf der Treppe des Kolonialwarengeschäftes von Anna Ring. Besonders interessant ist die Werbung im Hintergrund. Man erkennt wiederum die festliche Kleidung der Kommunionkinder. Bild privat.

Schwestern – im Leben von Kemmern – Berufungen // 519

55, 56 Festlicher Zug vom Jugendheim zur Kirche. Die Kinder wurden von Pfarrer Georg Götz und von Schwester M. Helene O.S.F. auf diesen festlichen Tag vorbereitet. Am Zug zur Pfarrkirche nehmen die Kommunionkinder sowie die Eltern und Paten teil, die mit Blasmusik abgeholt werden. Schwester M. Helene O.S.F. begleitet die Kommunionkinder. Man sieht an der Seite des Zuges Teile der Bevölkerung stehen, die diesen Festakt beobachten. Bild privat.

57 Gruppenbild der Kommunionklasse des Jahres 1977 mit Ortspfarrer Georg Götz. Auffallend ist hier, dass die Schwester M. Helene O.S.F. fehlt. Bild privat.

58 Festlicher Zug zur Kirche. Hinter dem Pfarrer sind die Ordensschwestern sowie die Bräutchen zu erkennen. Diese deuten darauf hin, dass es sich bei der Darstellung um ein Professjubiläum einer Ordensschwester handelt, da es die Bräutchen nur zu festlichen Ereignissen der Ordensfrauen gibt, beispielsweise aufgrund der drei Gelübde, welche die Ordensfrauen feierlich abgelegt hatten. Neben Pfarrer Georg Götz sieht man Frater Erasmus Ring vom Karmelitenkloster in Bamberg stehen. Interessant ist wiederum der feierliche Zug von der Pfarrkirche aus, wahrscheinlich zum Schwesternhaus, was zur Festkultur der Pfarrei gehört. Das Bild entstand in den siebziger Jahren. Bild privat.

59 Podium auf dem Festplatz vor der Kirche, das extra errichtet wurde, um die Liturgie zu feiern, weil die damalige Kirche zu klein war. Das Bild wurde aufgenommen, als Ordensschwestern das Podium vorbereiteten. Man erkennt die Vereinsfahnen und die Blaskapelle auf beiden Seiten des Bildes. Die Aufnahme entstand Anfang der siebziger Jahre, als die Filiale von Pfarrer Georg Götz geleitet wurde. Man kann hier bereits die Umsetzung der Liturgiekonstitution feststellen, da es sich hier um eine Konzelebration handelt. Bild privat.

60 Ein nachmittäglicher Festakt auf dem Kirchplatz, wobei in der ersten Reihe Pfarrer Georg Götz zu sehen ist. Die zweite Reihe zeigt die Ehrengäste und in der dritten Reihe erkennt man die Ordensfrauen. Dabei sitzen die Verantwortlichen des katholischen Milieus, während das einfache Volk steht. Bild privat.

61 Die Primizfeierlichkeiten im Jahr 1966 von Domkapitular Dr. Günther Raab. Er studierte in Rom kanonisches Recht und wurde dort zum Priester geweiht. Er wurde vom damaligen Bürgermeister Josef Felkl und von den Gläubigen der Pfarrei am Ortseingang herzlich begrüßt. Bilder privat.

62 Die Gäste warten auf den Primizianten. Man erkennt kirchliche und politische Gäste sowie die zahlreichen Vereine. Am Eingang des Ortes sieht man den Willkommensgruß der Gemeinde. Die Primiz fand in der Übergangszeit statt, als Pfarrer Georg Götz im Oktober die Pfarrei übernahm, weswegen man noch Pfarrer Georg Kochseder und Pfarrer Hans Teckenberg erkennen kann.

63 Begrüßung des Kandidaten mit einem Gedicht des Bräutchens. Das Gedicht wurde von den Schwestern verfasst und zu diesem Anlass eingeübt. Dies gehörte zur Festkultur der Pfarrei. Es gibt zu diesem Anlass auch schon die ersten Farbaufnahmen.

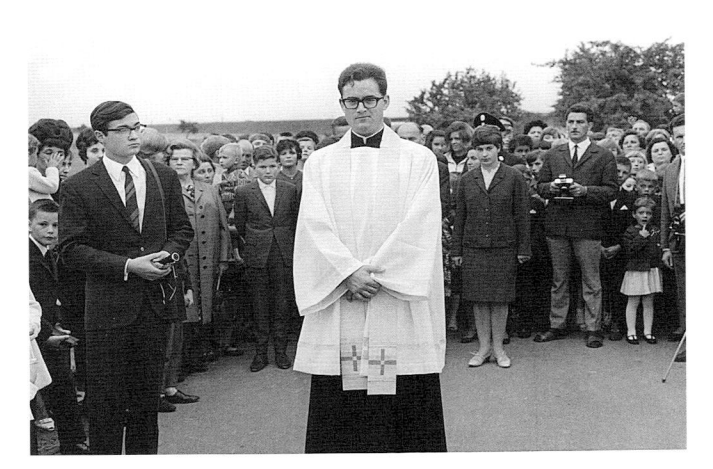

64

65

Schwestern im Leben von Kemmern – Berufungen // 523

69 Der Primiziant erteilt den einzelnen Gläubigen in der Pfarrkirche in Kemmern den Primizsegen. Man erkennt auf dem Bild, dass es damals in der Pfarrkirche noch keinen festen Volksaltar gab.

66–68 Festgottesdienst auf dem Dorfplatz. Man erkennt am oberen Rand des Bildes Ordensfrauen und Pfarrer Georg Götz, der zum damaligen Zeitpunkt noch nicht als Pfarrer von Kemmern eingeführt war.

524 // Schwestern und Berufungen in Kemmern

70 Festgottesdienst auf dem Dorfplatz. Der Primiziant steht vor dem Podium.

71 Festgottesdienst auf dem Dorfplatz. Es handelt sich dabei wahrscheinlich um die erste öffentliche Concelebratio auf dem Dorfplatz nach dem Zweiten Vatikanischen Konzil. Die Priester stehen in zweiter Reihe hinter den Hauptzelebranten. Interessant ist für diese Zeit die Position der zwei Ministranten, die direkt neben den conzelebrierenden Priestern stehen.

72 Der Primiziant mit zwei Bräuchen vor der Türe seines Elternhauses.

73 Der Primiziant beim Mittagessen mit seinen Eltern Ludwig und Kunigunde Raab.

Schwestern im Leben von Kemmern – Berufungen // 525

Günter Raab wurde Domkapitular
Enger Mitarbeiter von Generalvikar Dr. Straub

Bamberg. Erzbischof Dr. Elmar Maria Kredel hat den Bamberger Domvikar Dr. Günter Raab (48) mit Wirkung vom 1. April 1990 zum Domkapitular ernannt. Der gebürtige Bamberger ist seit über 10 Jahren als Erzbischöflicher Generalvikariatsrat enger Mitarbeiter von Generalvikar Prälat Dr. Heinrich Straub.

Nach seiner Priesterweihe in Rom 1966 begann Raab sein seelsorgerliches Wirken als Kaplan in Neustadt a. d. Aisch, bevor er 1969 zum Weiterstudium nach Rom beurlaubt wurde. Dort promovierte er zum Doktor des kanonischen Rechts mit einer Arbeit über kirchliche Verwaltungsgerichtsbarkeit. 1975 wurde Raab Kaplan in Lauf und zwei Jahre später erfolgte die Ernennung zum Domvikar und Domprediger an der Bischofskirche in Bamberg. 1979 wurde Raab Erzbischöflicher Generalvikariatsrat. Sechs Jahre befaßte er sich als Diözesan-Landjugendseelsorger mit Jugendfragen.

Seit 1984 betreut der neuernannte Domkapitular als nebenamtlicher Seelsorger die Pfarrei Wachenroth (Steigerwald).
bbk/Foto: Bärbel Meister

76, 77 Günther Raab als Domkapitular im Metropolitankapitel des Erzbistums Bamberg. Bilder privat.

74, 75 Frater Erasmus Ring legt sein ewiges Versprechen im Bamberger Karmeliterkloster im Jahre 1961 in die Hände des Provinziales der Oberdeutschen Provinz. Bild privat.

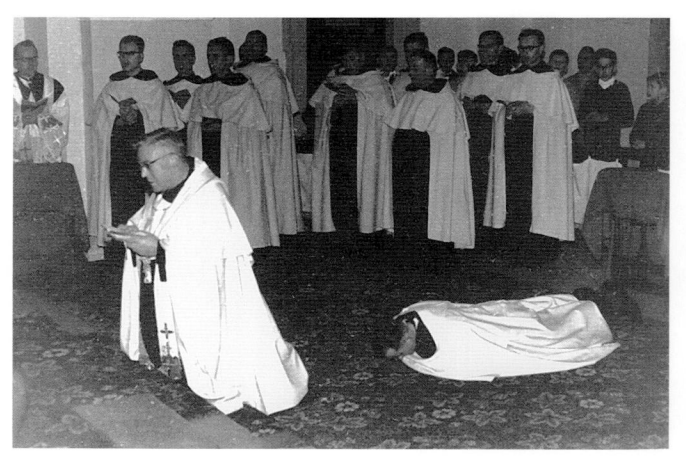

78 Seine Mitbrüder singen die Allerheiligenlitanei, während Frater Erasmus ausgestreckt auf dem Boden liegt. Bild privat.

79 Frater Erasmus Ring übereicht dem Provinzial der oberdeutschen Provinz sein unterschriebenes Dokument. Bild privat.

80 Frater Erasmus mit dem feierlichen Gebetsmantel. Mit der Ewigen Profess verspricht der Kandidat, dass er sein gesamtes Leben in der Klostergemeinschaft verbringen wird. Er verspricht feierlich, dass er diese Lebensweise nach den drei Gelübden der Armut, der Ehelosigkeit und des Gehorsams leben wird. Dieses feierliche Versprechen wird in einem Dokument schriftlich festgehalten. Dieses wird vom Provinzial als Vertreter der Gemeinschaft unterschrieben und gleichzeitig auch vom Kandidaten selbst. Nachdem der Kandidat sein Versprechen feierlich abgelegt hat, liest er das Dokument öffentlich vor und übergibt es dem Provinzial. Man kann diese Feierlichkeit als eine feierliche Vermählung mit Jesus Christus bezeichnen. Bild privat.

81 Der Kandidat, dessen Vater, dessen älterer Bruder Georg Ring und dessen Tante Regina Christa am Professtag im Kloster des Karmelitenordens in Bamberg im Jahre 1961. Bild privat.

82 Andenkenbildchen zur feierlichen Profess. Bild privat.

> Nicht ihr habt Mich erwählt, sondern Ich habe euch erwählt. (Jo 15,16)
>
> Gott sich verbinden,
> seliges Finden.
> Gott sich vermählen,
> glückliches Wählen.
> Laß dich nicht irren,
> blenden, verwirren.
> Alles vergeht,
> Gott nur besteht.
>
> Durch Gottes Gnade und Erbarmen
> am Profeßaltar
> Bamberg, den 19. Nov. 1961
>
> **Frater Erasmus Ring O. Carm.**

83–86 Familienfest: zum Anlass der Ewigen Profess von Frater Erasmus Ring in dessen Heimat Kemmern. Bilder privat.

83 Festliches Essen in Kemmern Bei dieser Feier war der Ortspfarrer Georg Kochseder anwesend, ebenso Gabriele Christa, eine Tante von Frater Erasmus Ring und Ordensschwester der Dillinger Franziskanerinnen in Kaiserslautern. Man erkennt auf der linken Seite Frater Cornelius aus der Konventsgemeinschaft des Karmelitenklosters in Bamberg sowie weitere Ordensmitglieder. Die Aufgabe von Frater Cornelius bestand im Kollektieren von verschiedenen Naturalien für das Kloster in Bamberg. Damit ist das Sammeln von Lebensmitteln und Geld bei der Bevölkerung gemeint. Er tat dies bis zu seinem Tode am 10. November 1990 jeweils zweimal im Jahr auch in der Gemeinde Kemmern. Zur Osterzeit sammelte er neben Geld auch Eier und im September außerdem Getreide. Da die Bevölkerung in Kemmern zur damaligen Zeit noch überwiegend agrarisch geprägt war, fanden sich immer große Spender und Förderer.

84 Ortspfarrer Kochseder und Frater Cornelius beim Karten spielen.

85 Frater Erasmus Ring mit seinen leiblichen Schwestern Regina Christa und Gabriele Christa, beide gebürtig aus Hallstadt.

86 Bruder Nobert Kempf S.A.C., gebürtig aus der Pfarrei Kemmern, mit seinen pallottinischen Mitbrüdern. Er legte am 28. Oktober 1972 sein ewiges Versprechen ab. Er gehört momentan zur Klostergemeinschaft Herrgottsruh in der Diözese Augsburg. Er übt dort den Mesnerdienst aus und ist Organist.

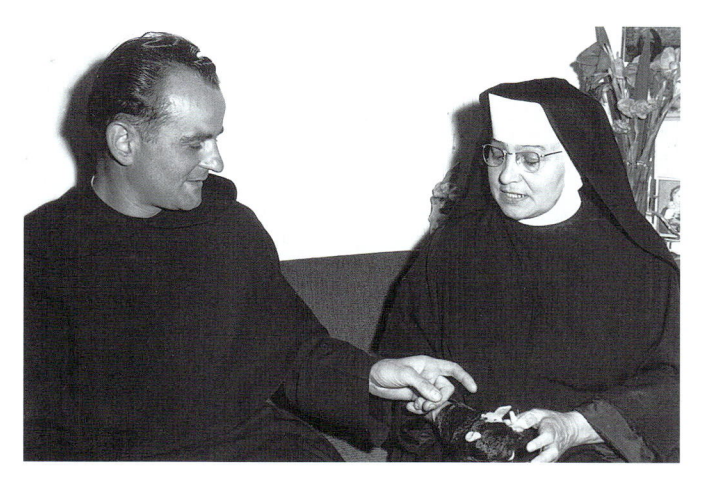

87 Frater Erasmus und Schwester Gabriele Christa. Es war zur damaligen Zeit völlig normal, dass zwei Personen einer Familie verschiedenen Ordensgemeinschaften angehörten. Dies lag vor allem im katholischen Glauben der Familie begründet. Im Gegensatz zur heutigen säkularen Gesellschaft wurde in früheren Zeiten eine persönliche Gottesbeziehung, bereits in der Kindheit von der Familie aufgebaut. Daher war eine Ewige Profess genauso wie eine Primiz für eine Familie eine besondere Feierlichkeit, an der die engsten Familienmitglieder teilgenommen haben. Heute sind solche Feierlichkeiten selten geworden. Bild privat.

88 Bruder Nobert Kempf. Bild privat.

Schwestern im Leben von Kemmern – Berufungen // 529

89–92 Primizfeierlichkeiten von Georg Birkel, gebürtig aus der Pfarrei Kemmern, im Juni 1990

89 Ordensschwestern und Gäste warten auf den Primizianten. Es sind die Ordensschwestern aus der Pfarrei Kemmern sowie drei aus Kemmern gebürtige Schwestern von den Dillinger Franziskanerinnen, die extra zu diesem Anlass gekommen sind. Im Vordergrund erkennt man ein weißgekleidetes Bräutchen und einen Jungen mit jeweils einem Blumenstrauß in jeder Hand. Sie begrüßen den Primizianten am Dorfeingang. Im Bildhintergrund ist die Bevölkerung Kemmerns zu sehen, die sich zu diesem Anlass versammelt hat. Bild privat.

90 Der Primiziant wird von den Ordensschwestern persönlich begrüßt. Man erkennt am Lachen von Schwester M. Helene O.S.F. deutlich die Freude, die sie mit diesem Ereignis verbindet, da ihr Georg Birkel bereits als Kleinkind im Kindergarten anvertraut war. Bild privat.

91 Feierliche Begrüßung des Primizianten am Dorfeingang durch den damaligen Bürgermeister Alois Förtsch. Man sieht im Hintergrund die verschiedenen Vereine der Gemeinde, hier vor allem die Trachtengruppe, mit ihren Fahnen und dem Spruch „Herzlich Willkommen". Der Pfarrer war zu dieser Zeit Hannjürg Neundorfer. Die politischen, kirchlichen und Vereinsvertreter freuten sich über diese Feierlichkeit in der Gemeinde. Bild privat.

92 Festlicher Zug zur Pfarrkirche. Vom Dorfeingang zog man in festlicher Prozession zur Pfarrkirche, wo eine kurze Dankandacht abgehalten wurde. Es war der Abschluss des eigentlichen Weihetages von Georg Birkel. Am nächsten Tag fand in der Pfarrei die feierliche Primiz statt, an der zahlreiche Kemmerner teilnahmen. Bild privat.

"Sei bei uns, Herr, auf unserem Weg und hilf, daß wir Dich erkennen."

„Seid gewiß, ich bin bei euch alle Tage."
Mt 28,20

Um Ihr Gebet bittet

Georg Birkel

zum Priester geweiht
am 23. Juni 1990
im Dom zu Bamberg

Primiz in Kemmern 24.6.90

Nichts soll dich ängstigen,
nichts dich erschrecken
alles geht vorüber
Gott allein bleibt derselbe.
Geduld erreicht alles.
Wer Gott besitzt,
dem kann nichts fehlen.
Gott allein genügt.

Theresa von Avila

93, 94 Andenkenbildchen des Primizianten. Dieses soll auch später an diesen feierlichen Tag erinnern. Die Gestaltung dieses Bildchens obliegt den Primizianten. Darauf ist der Weihetag und der Primiztag abgedruckt. (24. Juni 1990). Bilder privat.

Schwestern im Leben von Kemmern – Berufungen // 531

Herzlichen Dank

allen Verwandten, Freunden, Nachbarn und Bekannten für die vielen Glück- und Segenswünsche, die unserem

Sohn Georg
Primiz
anläßlich seiner Primiz zuteil wurden.

Unser besonderer Dank gilt H.H. Geistl. Rat Hannjürg Neundörfer für die Vorbereitung auf die Primiz (Triduum), H.H. Dekan Theo Kellerer (Primizprediger), H.H. Geistl. Rat Georg Götz und H.H. Joachim Wild, die in Konzelebration den Primizgottesdienst mit Georg feierten. Herzlichen Dank auch den Herren Professoren und den Vorständen von Ottonianum und Priesterseminar für ihr Wirken, den ehrwürdigen Schwestern, unserem 1. Bürgermeister Alois Förtsch, dem 2. Bürgermeister Hans Vogel, dem Gemeinderat, der Kirchenverwaltung und dem Pfarrgemeinderat. Weiterhin dem Kath. Frauenbund für ihr humorvolles Ständchen und die ehrenamtlichen Dienste. Gedankt sei auch dem Kath. Männerverein, der Mesnerin Anna Schmitt, dem Primizbräutchen Julia Weinkauf für das schöne Gedicht.
Für die feierliche musikalische Gestaltung des Primizgottesdienstes sorgte sich der Gesangsverein Cäcilia, der Kinderchor und der Organist Herr Gerhard Kraus.
Herzlichen Dank der Freiwilligen Feuerwehr Kemmern, allen Ortsvereinen mit ihren Fahnenabordnungen und der ganzen Dorfgemeinde für den Häuserschmuck.
Für die musikalische Umrahmung des Festes sei der Jugendblaskapelle Kemmern, den Zitherfreunden Bamberg und der Blaskapelle „Die Spitzbum" gedankt. Herzlichen Dank auch der Brauerei Georg Wagner mit allen Helferinnen und Helfern für die gute Küche und Bewirtung, der Bäckerei Hans Wittmann und Herrn Klaus Engelmann für seinen eindrucksvollen Zeitungsbericht.
Sehr gefreut haben wir uns über das Engagement und die Hilfsbereitschaft der ganzen Pfarrgemeinde.
Allen, die irgendwie zum Gelingen des Festes beigetragen haben, sei hier noch einmal gedankt.
Zuletzt möchten wir noch ein herzliches „Vergelt's Gott" für die hochherzigen Spenden sagen, die Pater Alfred Welker in Cali für seine Kinder richtig verwenden wird.

Anni und Fritz Birkel

Kemmern, im Juni 1990

95 Danksagung der Eltern für diese Feierlichkeit ihres Sohnes Georg Birkel, veröffentlicht in der Zeitung. Besonders auffällig ist, dass sich der Primiziant nicht persönlich an die Bevölkerung Kemmerns wandte, sondern dass dies seine Eltern in seinem Auftrage taten. Georg Birkel lebt schon seit seinem Studium nicht mehr in der Pfarrei Kemmern, daher überließ er den Dank seinen Eltern. Bild privat.

96 Professjubiläum von Schwester M. Gundula Denk O.S.F., die im Jahre 2002 in den Konvent nach Kemmern kam. Es war und ist in der Pfarrei Kemmern Normalität, dass die ganze Pfarrei eine solche Feierlichkeit begeht. Abgebildet ist der Dankgottesdienst in der Pfarrkirche, an dem viele Gläubige aus der Pfarrei teilnahmen. Die erste Reihe ist festlich mit einer roten Decke geschmückt. Im gesamten Mittelblock sieht man viele Ordensfrauen, wahrscheinlich vom Montanhaus in Bamberg. Es handelt sich hierbei um Gäste von Schwester M. Gundula O.S.F. Im Bildhintergrund sind die Fahnen der unterschiedlichen Vereine der Pfarrei Kemmern zu erkennen. Bild privat.

97 Gabenprozession. Vier Ordensfrauen, unter denen sich auch Schwester M. Gundula O.S.F. befindet, tragen die Gaben für die Eucharistiefeier zum Altar. Bild privat.

98 Pfarrer Valentin Tempel gratuliert Schwester M. Gundula O.S.F. zu ihrem Jubiläum. Sie nimmt die Glückwünsche des Pfarrers entgegen. Nach der feierlichen Eucharistie fand in der Kirche eine Gratulationsfeierlichkeit statt, in deren Rahmen der Pfarrer, der Bürgermeister und Vorstände von verschiedenen Vereinen das Leben und Wirken dieser Ordensfrau würdigten. Bild privat.

99 Der damalige Bürgermeister Rüdiger Gerst beglückwünscht Schwester M. Gundula O.S.F. zu ihrem Ordensjubiläum. Bild privat.

100 Prozessionsfeierlichkeit im jährlichen Pfarreileben der Gemeinde, bei der es selbstverständlich war, dass sich die Ordensfrauen daran beteiligen. Da man Schwester M. Agnes Denk O.S.F. und Schwester M. Helene O.S.F. auf dem Bild erkennen kann, ist dieses wahrscheinlich auf den Beginn des Jahres 2002 zu datieren, denn im September 2002 wurde Schwester M. Agnes Denk O.S.F. bereits ins Bischofhaus nach Bamberg versetzt. Bild privat.

Schwestern im Leben von Kemmern – Berufungen // 533

101 Bürgermeister Rüdiger Gerst gratuliert Schwester M. Philippine O.S.F. anlässlich ihres 70. Geburtstages im Schwesternhaus in Kemmern. Dass die Ordensschwestern in der Gemeinde und in der Pfarrei nicht vergessen werden, zeigt die Tatsache, dass der Bürgermeister persönlich ins Schwesterhaus kam und der Schwester zu ihrem Geburtstag gratulierte. Er trägt in der Hand einen Blumenstrauß und ein weißes Kuvert. Man erkennt auf diesem Bild auch die große Freude, die Schwester M. Philippine O.S.F. ausstrahlt. Foto: Johannes Michel

102 Schwestern, die diesen Festtag mitfeierten, darunter. Schwester M. Gundula O.S.F., eine weitere Schwester aus Bamberg sowie Schwester M. Friedgard Dorsch O.S.F., gebürtig aus der Pfarrei Kemmern, die an diesem Festtag zu Gast im Schwesterkonvent in Kemmern war Für den nachmittäglichen Kaffee ist bereits alles vorbereitet. Foto: Johannes Michel

103 Schwester M. Helene O.S.F. und Schwester M. Gundula O.S.F. Beide Ordensfrauen strahlen eine innige Freude aus. Foto: Johannes Michel

104 Glückwünsche des Bürgermeisters an Schwester M. Philippine O.S.F. Foto: Johannes Michel

534 // Schwestern und Berufungen in Kemmern

Wenn man diese verschiedenen Bilder genauer betrachtet, dann lässt sich gut erkennen, dass die Ordensfrauen in der Pfarrei Kemmern tief verwurzelt sind. Als sie dort aktiv tätig waren, prägten sie die katholische Bevölkerung durch ihr persönliches Glaubensbeispiel. Dadurch trugen sie dazu bei, dass die liturgischen Feierlichkeiten in würdigem Rahmen begangen werden konnten, wofür der Gottesdienst auf dem Pfarrplatz noch vor der alten Kirche ein deutliches Beispiel war. Es gab im Leben der Schwestern viele schöne Momente, in denen sie selbst erkennen konnten, dass ihr persönliches Vorbild und ihre Gottesbeziehung Früchte trugen, die über die Grenzen der Gemeinde hinaus Bedeutung haben. Gemeint sind hier die Primiz- und die Professfeierlichkeiten von Leuten, die gebürtig aus der Pfarrei stammten und ihren Dienst im Erzbistum Bamberg verrichten.

Mit großer Freude wurden in Kemmern in Anwesenheit der Schwestern und des Pfarrers sowie des Bürgermeisters diese Feierlichkeiten begannen. Wichtig ist auch zu erwähnen, dass die Ordensfrauen in Kemmern nicht nur integriert sind, sondern dass sich Teile der Bevölkerung dessen bewusst sind, wie die Anwesenheit der Ordensfrauen ihr Leben bereichert hat.

Sie sind noch heute für die Pfarrei ein großer Segen, weil sie täglich im Verborgenen agieren und die Nöte und Anliegen der Menschen vor Gott bringen. Es ist daher selbstverständlich, dass den Ordensfrauen in der Pfarrei auch in einem öffentlichen Rahmen gedankt wurde. Die hier abgedruckten Bilder zeigen zum einen die große Freude der Ordensfrauen, die es dankbar als besondere Ehre empfanden, dass ihnen öffentlich solcher Respekt gezollt wird. Gleichzeitig zeugen sie auch von der engen Verbundenheit kirchlicher und politischer Vertreter, die in der heutigen säkularen Gesellschaft keine Selbstverständlichkeit mehr ist. Man erkennt dies auch an den Formulierungen in den Todesanzeigen beispielsweise bei Schwester M. Gundula Denk O.S.F., wo es heißt: „Unserer ganzen Gemeinde wird ihre Tatkraft, ihr Einsatz und ihre ansteckende offenherzige Freundlichkeit sehr fehlen. Die Gemeinde Kemmern dankt Schwester Gundula für all das Gute, was sie ihren Mitbürgerinnen und Mitbürgern Kemmerns zuteilwerden ließ." (Diese Nachricht war in der Tageszeitung und im Amtsblatt der politischen Gemeinde abgedruckt.) Es kann abschließend als Zeichen des Dankes betrachtet werden, dass die Ordensfrauen solange in der Filiale in Kemmern bleiben dürfen, bis sie pflegebedürftig werden. Dies ist vor allem für die älteren Schwestern eine große Sicherheit, denn sie bleiben, solange es ihnen möglich ist, in ihrem vertrauten Umfeld.

Allerdings neigt sich diese Zeit, in der die junge Generation Kemmerns in eine Ordensgemeinschaft eingetreten ist, dem Ende zu. Dies trägt dazu bei, dass die Kongregation der Dillinger Franziskanerinnen keinen Nachwuchs mehr besitzt, um diese Ordensfiliale langfristig am Leben zu erhalten.

III BERUFUNGSWEG VON PETER RING – JETZT BRUDER M. ABRAHAM

In der heutigen Zeit hört man des Öfteren von Leuten den Gedanken, dass Jesus Christus in der säkular geprägten Zeit keine Berufungen mehr schenken würde. Dies stimmt sicherlich nicht. Gerade in der heutigen Zeit schenkt Jesus Christus viele Berufungen. Die jungen Menschen sind meist mit vielen anderen weltlichen Dingen beschäftigt, so dass sie die Stimme Jesus nicht mehr hören. An meinem hier durch Bilder aufgezeigten Lebensweg soll deutlich werden, dass das Fundament für eine spätere Berufung eine christliche Familie und eine katholisch geprägte Gemeinde und Pfarrei ist. Dies allein sind bereits gute Startbedingungen, doch alle diese Vorteile sind auch mit Problemen und Schwierigkeiten verbunden. Ich bin als Kind dieser Gemeinde von Charaktereigenschaften geprägt, die für ein spirituelles Gemeinschaftsleben nicht gerade förderlich sind. Daher ist der wichtigste Moment einer geistlichen Berufung auch der, indem man auf den Willen Gottes hört und ihn erfüllt. Wenn es der Wille Gottes für einen Menschen ist, dass dieser in einer Gemeinschaft lebt, dann wird er dabei helfen, alle menschlichen und persönlichen Schwierigkeiten, die diesem Ziel im Wege stehen, zu überwinden, um in der Gemeinschaft so leben zu können, dass die Mitglieder einander in Liebe gegenseitig annehmen können.

Dieses Verständnis bringen in der heutigen säkular geprägten Zeit immer weniger Menschen mit, trotzdem gibt es auch für junge Menschen die Möglichkeit sich aktiv mit dem katholischen Glauben auseinanderzusetzten und zu lernen, diesen aktiv zu praktizieren. Auch die persönlichen Probleme und Schwierigkeiten spielen im Endeffekt keine Rolle. Dieses christliche Verständnis ist für eine katholische Familie von großer Bedeutung, dort kann bei den Kindern die christliche Grundlage für eine spätere Berufung gelegt werden.

Bezüglich meiner Berufung möchte ich im Folgendem vier verschiedene Bereiche innerhalb der Gemeinde nennen, die meine Persönlichkeit geprägt haben, gleichzeitig möchte ich die Probleme und Schwierigkeiten aufzeigen, die ich noch immer mit der Gnade Gottes zu bewältigen suche.

Familienleben
In meiner Familie wurde täglich der Rosenkranz gebetet. Obwohl meine Tanten Regina und Hermine Ring ein Lebensmittelgeschäft betrieben, war der tägliche Gottesdienstbesuch um 7.00 Uhr morgens völlig normal. Während eine Tante um 7.30 Uhr das Geschäft öffnete, besuchte die andere Tante stets den Frühgottesdienst in der Pfarrkirche. Man muss ergänzen, dass unser Geschäft direkt neben der Pfarrkirche lag. Für mich als Kind und Jugendlicher war der tägliche Gottesdienstbesuch keine Frage. Das tägliche Gebet wie beispielsweise das Morgen- und Abendgebet oder das Tischgebet waren für meine Familie völlig normal.

Ein sehr wichtiges Ereignis war für mich meine erste heilige Kommunion am 17. April 1977. Ich erinnere mich diesbezüglich an eine Begebenheit aus der damaligen Kommunionvorbereitung, die Pfarrer Georg Götz leitete. Er sagte zu uns Kommunionkindern. Wenn ihr morgen zum ersten Mal Jesu in euer Herz aufnehmt und vorher das Lied: „Jesu, Jesu komm zu mir, o wie sehn ich mich nach Dir, meiner Seele bester Freund, wann werde ich mit Dir vereint" singt, dann dürft ihr euch von Ihm etwas wünschen und glaubt fest daran, dass es in Erfüllung geht." Ich wünschte mir damals, dass ich mal ein Pfarrer wie Pfarrer Götz werden möchte, vor allem wegen der Feier der heiligen Eucharistie. Ich hatte damals noch keine richtigen Vorstellungen von den Aufgaben eines Priesters. Ich habe meinen Wunsch bis heute nicht aus den Augen verloren. Als Kind und Jugendlicher hatte ich stets ein sehr enges Verhältnis zum Kloster der Bamberger Karmeliten. Mein Onkel Erasmus Ring und Pater Albert Först waren für mich wichtige Bezugspunkten. Oftmals habe ich in der Klosterkirche ministriert und über viele Jahre hinweg hatte ich immer wieder Kontakt zu der Ordensgemeinschaft gepflegt. Ich hatte das Glück, dass meine Tante Regina Ring und meine Mutter Lotte Ring meinen späteren Studienweg finanziell unterstützten, dafür bin ich Ihnen bis zum heutigen Tage dankbar.

Verhältnis zum örtlichen Pfarrer
Ich durfte dies als Gnade Gottes erfahren, dass ich in einer Gemeinde und Pfarrei aufgewachsen bin, wo der katholische Glaube aktiv gelebt wurde. Die soziokulturellen Bedingungen, in welche ich hinein gewachsen bin, waren vom katholischen Glauben geprägt. Ich habe meine Gemeinde immer als eine aktive Pfarrei gekannt, in welcher der katholische Glaube aktiv gelebt und praktiziert wurde. Auch Pfarrer Georg Götz hat mich als Heimatpfarrer geprägt. Ich war von 1977 bis zu seinem Weggehen aus der Pfarrei 1989 gerne Ministrant, wobei ich die Ministrantenarbeit nicht als Aktivismus, sondern immer als etwas Geistliches empfunden habe. Mein damaliger Heimatpfarrer Götz war ein Mann der alten Schule und gerade Personen mit einer etwas schwachen Persönlichkeit forderte er gerne heraus. Trotzdem schätzte er meinen Minstrantendienst. Da ich Volkschüler war, holte er mich immer wieder auf den Boden der Tatsachen zurück, weil er wusste, dass ein Kemmern Kuckuck sich zuerst bewähren sollte, bevor er große Ziele hegt. Daher war sein Lieblingsspruch, den er mir immer wieder sagte: „Schuster bleibe bei Deinen Listen"!

Verhältnis zum örtlichen Schwesternkonvent
Ich hatte es bedauert, dass ich zum Schuljahr 1977/78 nicht Schwester M. Reginharda als Lehrerin in der vierten Jahrgangsstufe hatte, denn sie ging bereits in den verdienten Ruhestand. Die Ordensfrauen kannten meine persönlichen Familienverhältnisse gut, denn Schwester M. Reginharda hatte in ihrer 38jährigen pädagogischen Schulerfahrung viele Verwandte meiner Generation erzogen. Hier wurde kein großes Gewicht auf ein gesellschaftsbewusstes Bildungsniveau gelegt. Der schulische Schwerpunkt lag vielmehr auf dem Stillsitzen innerhalb des Schulraumes und noch mein Vater, meine Onkel und Tanten erzählten mir, dass es früher üblich war, dass Kinder trotz der Schulpflicht auf die Schule verzichteten und zu Hause mitarbeiteten, wenn sie bei der Erntearbeit gebraucht wurden. Dies war immer oberstes Ziel, weswegen ich auch lange Jahre mit unserem Lebensmittelladen diesem Vorbild gefolgt bin. Erst der Tod meines Onkels Erasmus am 24. August 1989 bedeutete für mich eine Wende. Es war für die Schwestern im Jahre 1990 zwar problematisch, dass ich den Laden geschlossen habe, doch ich bin mir sicher, das auch dies der Wille Gottes war, auf lange Sicht hätte ich den Laden in der heutigen Zeit nämlich nicht mehr halten können.

Verhältnis zum kulturellen Vereinsleben
Das Vereinsleben habe ich als kulturelle Bereicherung wahrgenommen, weswegen ich mich dort auch aktiv eingebracht habe: bei der Jugendblaskapelle Kemmern und beim Männerverein St. Wendelin. Besonders das Erforschen älterer Archivalien, das Sammeln von historischen Bildern und Schriftstücken fand ich wichtig, daher machte ich es mir zur ersten Aufgabe, die Forschung für den Erhalt der Pro-Musica-Plakette für die damalige Jugendblaskapelle zu übernehmen. Wenn sich auch meine musikalischen Qualitäten nur auf die Kirchenlieder beschränkten, so tat ich doch alles, damit der Verein diese Auszeichnung im Jahre 1985 aus der Hand des damaligen Bundespräsidenten Carl Carsten erhielt. Einige Jahre später gab der Gemeinderat einem ehemaligen Lehrer von Kemmern, Herrn Konrad Schrott den Auftrag, eine heimatkundliche Chronik zu erstellen. Gerne unterstützte ich ihn bei diesem Projekt, indem ich bei den älteren Bürgerinnen und Bürger verschiedenes Bildmaterial sammelte.

Schwierigkeiten und Herausforderungen, die es zu meistern gab
Nach meiner Lehre zum Einzelhandelskaufmann absolvierte ich sofort die Weiterbildung zum staatlich geprüften Handelsbetriebswirt, obwohl mir klar wurde, dass ich

bildungstechnisch neu beginnen musste. Mit meiner Volkschulbildung konnte ich wenig anfangen, dies wurde mir schnell klar. Problem- und zielorientiertes Lernen und Arbeiten habe ich in meiner Heimatgemeinde nie erlebt und erfahren. Hier wurde nach folgendem Motto gearbeitet, „Wo es am ersten brennt, dorthin wird am schnellsten gerennt." Weil mir klar war, dass ich ohne Abitur niemals in der Lage sein würde, Katholische Theologie studieren zu können, habe ich mich im September 1990 – nachdem meine Tante Regina Ring ihr Lebensmittelgeschäft geschlossen hatte – für den Besuch des Spätberufenenseminars St. Josef in Fockenfeld entschlossen. Mein Ziel war das bayerische Abitur. Nach fünf Jahren intensiven Lernens unter der spirituellen Führung der Gemeinschaft der Oblaten des hl. Franz von Sales konnte ich schließlich mein Ziel erreichen. Neben dem Bildungsangebot war für mich vor allem die dortige Persönlichkeitsbildung von herausragender Bedeutung. Ich dachte anfangs, ich könne mein dörfliches fränkisches Gemeinschaftsleben als Bereicherung der dortigen Hausgemeinschaft einbringen, doch ich wurde sehr früh eines Besseren belehrt. Mir wurde klar, dass ein gutes spirituelles Fundament zwar wichtig ist, doch ein vitales Gemeinschaftsleben bedeutet oftmals, seine eigenen Charakterschwächen kennenzulernen und aktiv daran zu arbeiten. Ich lernte dort, dass es für ein aktives Gemeinschaftsleben von großer Wichtigkeit ist, sich stets zurückzunehmen und immer demütig zu bleiben. Oder wie es in einem Sprichwort heißt „Bleibe immer auf dem Boden der Vernunft"! Diese Charaktereigenschaften wurden in meiner Gemeinde nie besonders betont und gefördert. Als Geschäftsmann musste ich gerade das Gegenteil praktizieren, um mich im dörflichen Wettbewerb durchsetzen und überleben zu können. Das spirituelle Gemeinschaftsleben war für mich daher mit einer großen Umstellung verbunden. Als ich im Jahre 1995 das bestandene Abitur in der Hand hatte, sagte Pater Benedikt Leitmeier von Fockenfeld zu mir, „Peter, du kannst dein Ziel erreichen, doch dazu ist noch viel Anstrengung und Ausdauer erforderlich." Ich konnte anfangs mit dieser Aussage nicht viel anfangen, doch heute ist mir klar, was mir Pater Benedikt damit sagen wollte." Das Ziel einer geistlichen Berufung ist nicht sich selbst zu verwirklichen, sondern vor allem den Willen Gottes zu erfüllen. Daher war es für mich neben allen wissenschaftlichen Abschlüssen von großer Bedeutung, mich zu fragen, was Jesus Christus von mir verlangt. An welchem Ort soll ich also meine Berufung leben? Mir war schnell klar, dass meine Wahl nicht auf die Gemeinschaft der Bamberger Karmeliten fallen würde. Nach meinem Referendariat lebte ich für einige Monate bei den Steyler Missionaren in St. Augustin und in Steyl, doch auch hier wurde mir klar, dass dies nicht meine Berufung sein würde. Im Jahre 2012 führte mich der Wille Gottes schließlich nach Aufhausen ins Oratorium des hl. Philipp Neri. Nach einiger Zeit des Mitlebens erhielt ich die Aufgabe, mich um die historische Aufarbeitung des Lebens und Wirkens von Pfarrer Johann Georg Seidenbusch (1641–1729) zu kümmern, um einen Seligsprechungsprozess einleiten zu können.

Vor etwa 23 Jahren, als ich Fockenfeld verlassen habe, wusste ich noch wenig von einer persönlichen Gottesbeziehung sowie von der Erfüllung des Willen Gottes. Ich bin meiner Heimatgemeinde Kemmern auch dankbar dafür, dass ich dort speziell mit diesen Problemen und Schwierigkeiten zu kämpfen hatte. Denn diese zeigten mir den Willen Gottes, der dazu beigetragen hat, dass ich den Weg in die Gemeinschaft nach Aufhausen gefunden habe.

Anmerkungen:
Alle hier abgedruckten Bilder stammen aus dem Archiv des Verfassers.

105 Die Heirat meiner Eltern, Lotte Maria und Ambros Ring, im Januar 1966. Die Konsenserklärung hat der damalige Pfarrer von Kemmern, Georg Kochseder (1958–1967) erfragt und entgegengenommen.

106 Ich wurde in am 15. Juli in der Frauenklinik Bamberg geboren und bereits einen Tag später erhielt ich vom dortigen Diakon in der Kapelle der Klink das Sakrament der Taufe. Diese Frauenklink existiert heute nicht mehr. Der Taufeintrag erfolgte in den Matrikeln der Pfarrei St. Martin in Bamberg, denn die Frauenklink gehörte damals in deren Jurisdiktionsbereich.

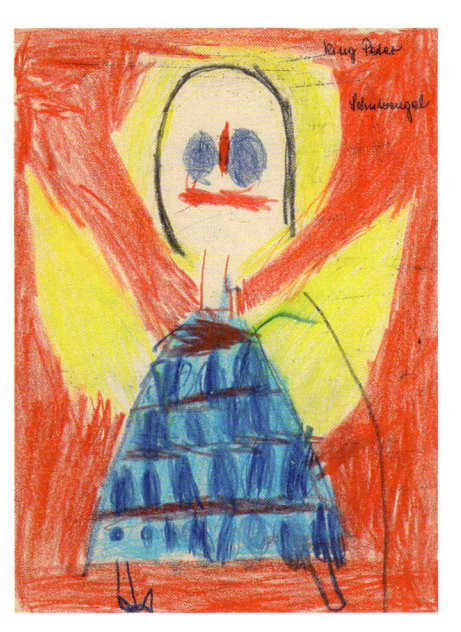

107 Diesen Engel habe ich damals gemalt. Von 1970 bis 1974 besuchte ich den Kindergarten in Kemmern und wurde damals von Schwester M. Helene O.S.F. betreut.

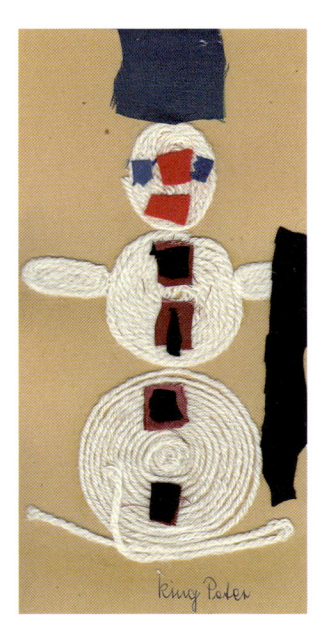

108 Der Schneemann wurde ebenfalls von mir gefertigt. Man erkennt die Schrift von Schwester M. Helene O.S.F.

Berufungsweg von Peter Ring – jetzt Bruder M. Abraham // 539

109 Schulbeginn zum Schuljahr 1974/75 mit Lehrer Peter Diller. Wir waren damals eine starke Jahrgangsstufe. Am ersten Schultag kamen wir mit einer Schultüte zum Unterricht.

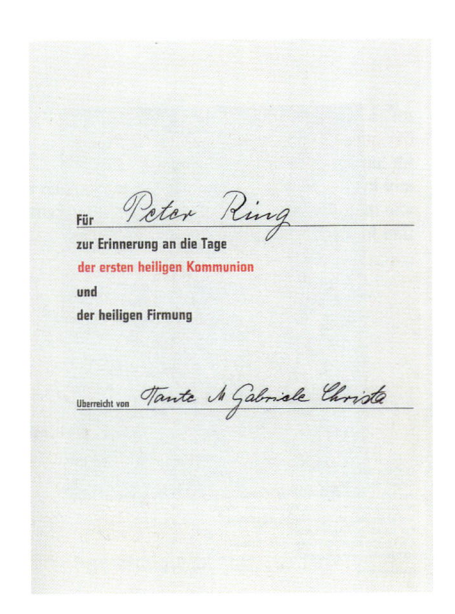

110 Am 17. April 1977 war der Tag meiner ersten heiligen Kommunion. Eintrag von meiner Großtante Schwester M. Gabriele Christa O.S.F.

111 Eintrag meines Heimatpfarrers Georg Götz.

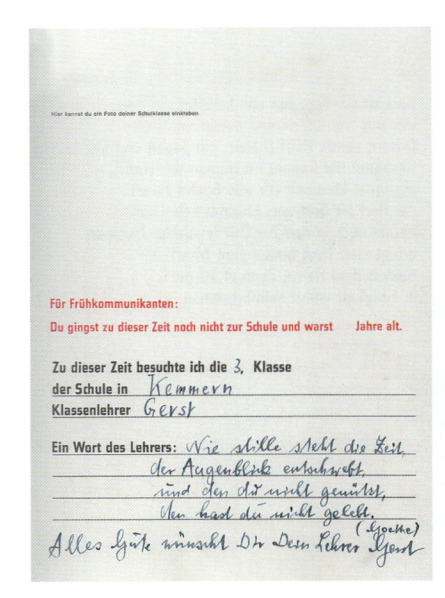

112 Eintrag meines damaligen Klassenlehrers Heinz Gerst.

Schwestern und Berufungen in Kemmern

113 Erinnerungsbild vom Tag meiner ersten heiligen Kommunion mit meiner Großtante Schwester M. Gabriele Christa O.F.S. und meiner Tante Regina Christa auf den Balkon des Anwesens meiner Tanten.

114–117 An Ostern des Jahres 1978 war ich mit meinen Tanten zum ersten Mal in der Ordensfiliale der Dillinger Franziskanerinnen in Kaiserslautern, wo meine Großtante seit 1945 als Lehrerin tätig war. Die Schwester an der Türe ist Schwester M. Jutta O.S.F., die damalige Oberin in Kaiserslautern. Die Gemeinschaft betreibt dort noch immer ein Gymnasium und eine Realschule. Ich war damals zum ersten Mal im Klassenzimmer meiner Großtante, die am 19. Januar 1979 im laufenden Schulbetrieb verstarb. Sie war bei den damaligen Schülerinnen sehr beliebt. Nach ihrem Tode legte jede Schülerin eine weiße Nelke an ihrem Grabe nieder.

118–121 Nach meiner ersten heiligen Kommunion wurde ich Ministrant. Ich habe gerne ministriert, weil mein Weg zum täglichen Gottesdienstbesuch nicht besonders weit war. Der Besuch der täglichen heiligen Messe war für mich völlig selbstverständlich. Am 7. April 1980 kam der Hochwürdige Herr Erzbischof Elmar Maria Kredel zur Einweihung der erweiterten Pfarrkirche in die Pfarrei.

122 Einweihung der Pfarrkirche am 7. April 1980 durch den Hochwürdigen Herrn Erzbischof Elmar Maria Kredel.

123 Ein Bild mit einem persönlichen Glückwunsch meines Heimatpfarrers zu meinem Namenstag am 29. Juni 1981. Er schreibt: „Lieber Peter! Herzlichen Glückwunsch zu Deinem Namenstag und Vergelt's Gott für Deinen treuen Ministranten Dienst! Dein Pfarrer Götz G.R. 29.06.1981"

124 Familienbild: Meine Tanten: Regina Ring, daneben mein Vater Ambros Ring, Franz Ring und meine Tante Hermine Ring. Ganz links: Erasmus Ring. Er war für mich eine wichtige Bezugsperson.

125 Das Lebensmittelgeschäft meiner Tanten Regina und Hermine Ring direkt bei der Kirche. Es handelt sich hierbei um ein Bild aus den fünfziger Jahren.

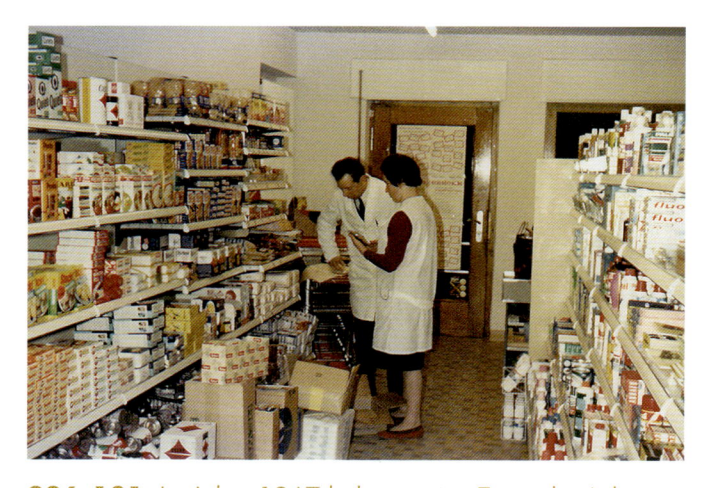

226–131 Im Jahre 1967 haben meine Taten das Lebensmittelgeschäft erweitert und auf Selbstbedienung umgestellt.

542 // Schwestern und Berufungen in Kemmern

132, 133 Zur Eröffnung gab es damals für den Kunden einen ersten Werbezettel.

134 Im Juli des Jahres 1983 wurde ich von der Volksschule in Breitengüßbach mit dem qualifizierenden Hauptschulabschluss entlassen.

Berufungsweg von Peter Ring – jetzt Bruder M. Abraham // 543

135, 136 Nach einer kaufmännischen Lehre bei REWE in Bamberg besuchte ich von 1985 bis 1987 die Lebensmittelfachschule in Neuwied. Ich absolvierte dort den Studiengang zum staatlich geprüften Handelsbetriebswirt.

137–141 Nach dem erfolgreichen Abschluss des Studiengangs in Neuwied ging ich in meine Heimat nach Kemmern ins Geschäft meiner Tante Regina Ring zurück. Wir nahmen zuerst eine kleine Ladenerweiterung vor und haben im Geschäft eine Lotto Toto Annahmestelle eröffnet. Nach dem Tode meines Onkels im Jahre 1989 habe ich den Betrieb bewusst geschlossen, da ich längerfristig eine größere Investition hätte vornehmen müssen. Dies wollte ich nicht, da ich erkannt habe, dass dies künftig nicht mein Lebensweg sein wird.

142 Die Blaskapelle Kemmern. Diese gehörte zum kulturellen Vereinsleben der Gemeinde und spielte zu geselligen und kirchlichen Ereignissen. Dieses Bild entstand im Jahre 1983, als ich gerade mit den Forschungen bezüglich der Pro-Musica-Plakette beschäftigt war. Links neben den Musikern stehen damaligen ältesten Bürger der Gemeinde, rechts Bürgermeister Alois Förtsch (1972–2002) und Georg Kochseder (1958–1967)

143 Die Blaskapelle Kemmern mit Weihbischof Martin Weisend von Bamberg

144 Die Jugendblasskapelle Kemmern gegründet 1980. Sie spielt noch heute zu kirchlichen Ereignissen in der Pfarrei.

145 Als Anerkennung für meine Forschungsarbeit wurde ich im Jahre 1985 zum Ehrenmitglied der Jugendblaßkapelle ernannt, seit meinem Weggang aus Kemmern habe ich jedoch zu diesem Verein keine Verbindung mehr gepflegt.

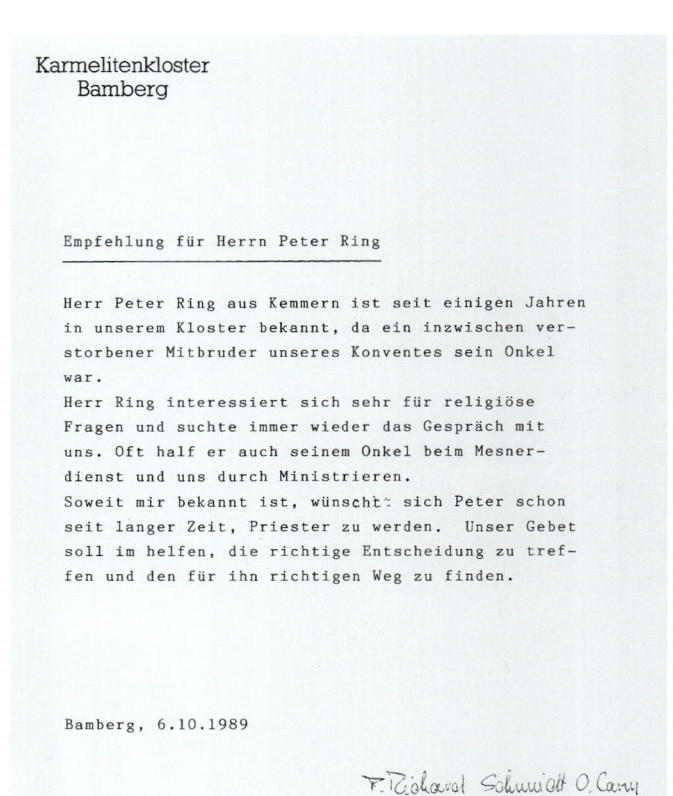

146 Das Karmelitenkloster in Bamberg bestätigte nach dem Tod meines Onkels Frater Erasmus Ring meine enge Verbindung zum Kloster der Bamberger Karmeliten.

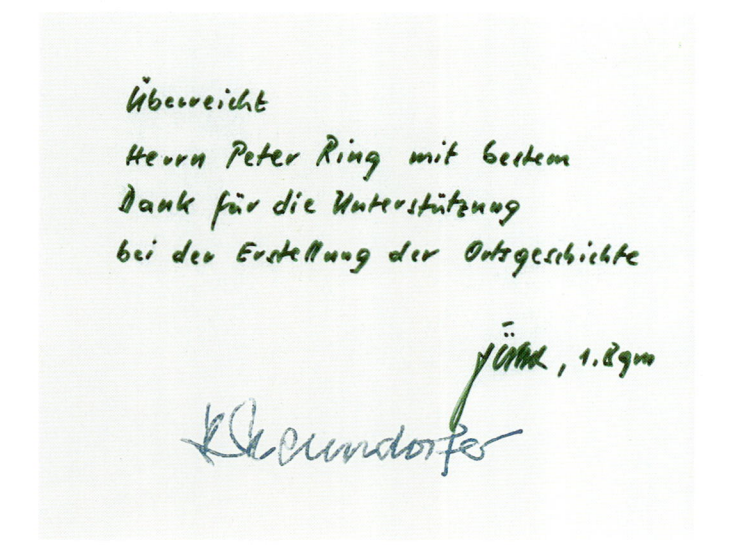

147 Bürgermeister Alois Förtsch beauftragte den ehemaligen Lehrer Konrad Schrott mit der Erstellung einer Ortschronik. Ich habe zu diesem Anlass nach Bildmaterial bei den Kemmern Bürgerinnen und Bürgern gesucht. Bürgermeister Alois Förtsch hat sich dafür mit einem Eintrag bei mir bedankt.

148–150 Besuch des Spätberufenenseminars St. Josef in Fockenfeld von 1990 bis 1995. Das Abiturbild von 1995. Von diesem Kurs sind heute im Bistum Regensburg zwei Priester und im Bistum Passau ein Priester tätig.

Berufungsweg von Peter Ring – jetzt Bruder M. Abraham // 547

151 Beauftragung im Priesterseminar Regensburg durch den damaligen Weihbischof des Bistums Regensburg Wilhelm Schraml

```
    Liebe, gute Regina!

    Wir beten für Dich in die-
sen kommenden Tagen besonders.
Vertraue ganz auf unsern HERRN!
Er wird es gut mit Dir machen.
Schenk IHM all Deine Sorgen,
Deine Angst, alle Nöten.
ER liebt Dich!
In treuem Gedenken immer
            Deine
              Sr. M. Helene, OSF.
```

152 Gebetserinnerung von Schwester M. Helene O.S.F. an meine Tante Regina Ring. Solche Gebetserinnerungen oder Glückwünsche gaben die Schwestern des Öfteren an die örtliche Bevölkerung. Daraus wird ersichtlich, dass die Schwesternkommunität am alltäglichen Leben vieler Leute von Kemmern teilnahm.

548 // Schwestern und Berufungen in Kemmern

153, 154 Nach dem Pfarrer Georg Götz im Oktober 1989 in seinen Ruhestand ging, hat er sich im Jahre 1993 persönlich in einem Brief an mich gewandt. Er hat mich in meiner damaligen Entscheidung bestärkt und dazu ermutigt weiter diesen bereits eingeschlagenen Lebensweg zu gehen.

155–157 Auf diesen Bildern ist ein Gebetskreis abgebildet. Seit 1993 pflege ich zu diesem Gebetskreis eine enge Gebetsverbindung. Sie ist momentan meine einzige Verbindung in die fränkische Gegend. Da in meiner Pfarrei die religiöse Verwurzelung in den letzten Jahren abgenommen hat, habe ich zu ihr keine persönliche Beziehung mehr. Ich komme nur noch für Verwandtschaftsbesuche in die Pfarrei zurück.

Berufungsweg von Peter Ring – jetzt Bruder M. Abraham // 549

158, 159 Bevor ich nach Aufhausen ging, war ich für eine kurze Zeit bei den Steyler Missionaren und habe mich dort anlässlich ihres hundertjährigen Jubiläums ihres Studienhauses St. Augustin bei der Forschungsarbeit beteiligt. Ich war zu diesem Anlass sogar zwei Wochen in Rom und habe im dortigen Generalat geforscht. Pater Karl Revinuis hat aus diesem Anlass ein Buch herausgebracht und sich für meine Forschungsarbeit bedankt.

160–167 Feierliche Aggregation von Br. Abraham am 10. Dezember 2016 in der Wallfahrtskirche Aufhausen. Die Aggregation ist die ewige Aufnahme nach einem dreijährigen Noviziat in die Gemeinschaft. Fotos: Oratorium Aufhausen

160–162 Wallfahrtskirche Maria Schnee in Aufhausen. Bilder vom Archiv des Oratoriums Aufhausen.

163 Pfarrer Johann Georg Seidenbusch (1641–1729) Gründer des Wallfahrtsortes. Bild vom Archiv des Oratoriums Aufhausen.

164 Feierliches Versprechen von Br. Abraham, das der Präpositus Pater Dr. Winfried Wermter CO. entgegennimmt. Bild vom Archiv des Oratoriums Aufhausen.

165 Das feierliche Versprechen wurde kniend vor der Reliquie des heiligen Philipp Neri abgelegt. Pater Winfried nimmt dies als Ordensoberer entgegen. Bild vom Archiv des Oratoriums Aufhausen.

166 Übergabe der Zeichen, die man als Zeichen der Gemeinschaft erhält: das Missionskreuz und einen Ring. Bild vom Archiv des Oratoriums Aufhausen.

167 Gelübdeerneuerung aller anwesenden Schwestern. Einmal im Jahr nach den Gemeinschaftsexerzitien ist es innerhalb der Gemeinschaft Brauch, dass alle anwesenden Ordensfrauen ihre feierlichen Gelübde miteinander vor dem Altar und vor dem Ordensoberen erneuern. Bild vom Archiv des Oratoriums Aufhausen.